泸州市龙马潭区志

LUZHOUSHI LONGMATAN QUZHI

1996—2005

泸州市龙马潭区地方志编纂委员会　编

中国文史出版社

图书在版编目（CIP）数据

泸州市龙马潭区志．1996—2005 / 泸州市龙马潭区
地方志编纂委员会编．－－北京：中国文史出版社，
2014.12
ISBN 978-7-5034-5639-8

Ⅰ．①泸… Ⅱ．①泸… Ⅲ．①区（城市）－地方志－
泸州市－1996—2005 Ⅳ．①K297.13

中国版本图书馆 CIP 数据核字（2014）第 274009 号

泸州市龙马潭区志（1996—2005）

主　　办：泸州市龙马潭区人民政府

主　　编：泸州市龙马潭区地方志编纂委员会

图书策划：方云虎

责任编辑：窦忠如

出版发行：中国文史出版社

网　　址：www.wenshiptess.com

社　　址：北京市西城区太平桥大街 23 号　邮编：100811

设计制作：成都益舟文化传播有限公司　（028）61323177　68881588
　　　　　www.cdyzwh.cn

印　　装：四川川印印刷有限公司　（028）83333222

开　　本：889mm×1194mm　　1/16

印　　张：44

字　　数：984 千

版　　次：2014 年 12 月第 1 版

印　　次：2014 年 12 月第 1 次印刷

印　　数：0001—2000 册

定　　价：320.00 元

ISBN 978-7-5034-5639-8

泸州市龙马潭区行政区划图

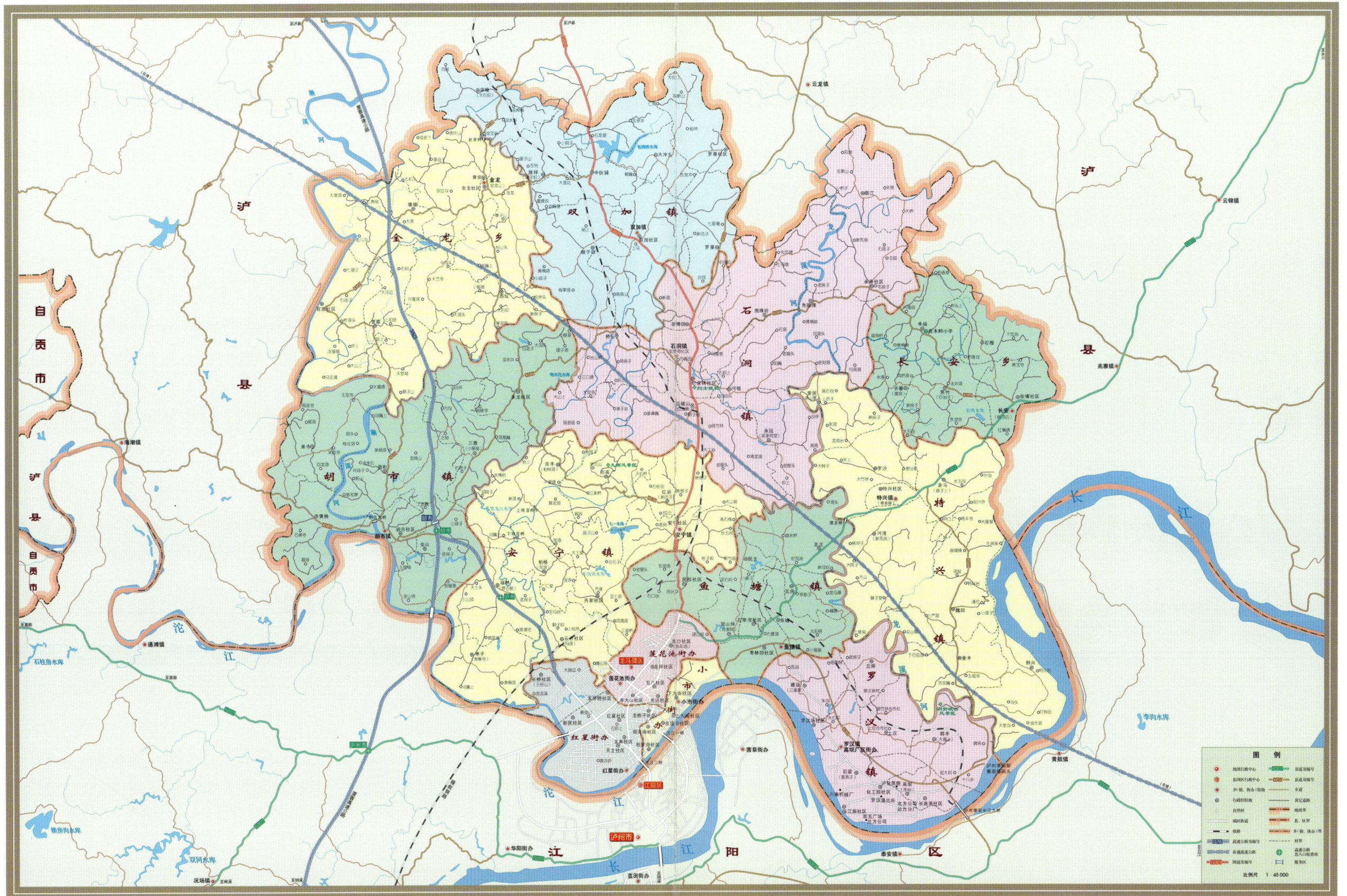

泸县

自贡市

沪县自贡市

金龙乡

双加镇

石洞镇

长安乡

胡市镇

安宁镇

鱼塘镇

特兴镇

龙马镇

罗汉镇

莲花池街办

红星街办

泸州市

江阳区

比例尺 1:45 000

泸州市龙马潭区民政局　提供

龙马潭区城区图

龙 马 潭 区

图 例

泸州市龙马潭区民政局　提供

泸州市龙马潭区地方志
编纂委员会

（2006—2009）

顾　问：刘　云　区委书记

　　　　淳义成　区人大常委会代理主任

　　　　赖朝祥　区政协主席

主　任：徐剑南　区委副书记、区人民政府区长

副主任：谭光军　区委副书记

委　员：王　波　区委常委、区人民政府常务副区长

　　　　牟　红　区委常委、区委宣传部部长

　　　　方　莉　区委常委、区委组织部部长

　　　　戴志林　区委办公室主任

　　　　杨应洪　区人大常委会办公室主任

　　　　王　强　区政府办公室主任

　　　　李应华　区政协办公室主任

　　　　易先炳　区委组织部副部长、区人事局局长

　　　　张伟东　区财政局局长

　　　　王秋梅　区档案局（馆）长、区地方志办公室主任

泸州市龙马潭区地方志
编纂委员会

（2009—2010）

顾　问：刘　云　区委书记、区人大常委会主任

赖朝祥　区政协主席

钟世琼　区人大常委会党组书记、副主任

主　任：徐剑南　区委副书记、区人民政府区长

副主任：方　莉　区委副书记

王　波　区委常委、区人民政府常务副区长

委　员：吴　伟　区委常委、区委办公室主任

吴文涛　区委常委、区委宣传部部长

姚新建　区委常委、区委组织部部长

杨应洪　区人大常委会办公室主任

戴志林　区政府办公室主任

赵胜清　区政协办公室主任

杨长缨　区财政局局长

陈春琼　区委组织部副部长、区人事局局长

王秋梅　区档案局（馆）长、区地方志办公室主任

徐弟潮　区档案局（馆）长、区地方志办公室主任

泸州市龙马潭区地方志
编纂委员会

（2011—2012）

顾　问：刘　云　区委书记

徐剑南　区人大常委会党组书记、主任

赖朝祥　区政协主席

主　任：王　波　区委副书记、区人民政府区长

副主任：方　莉　区委副书记

穆　林　区委常委、区人民政府常务副区长

委　员：杨长缨　区委常委、区委办公室主任

吴文涛　区委常委、区委宣传部部长

姚新建　区委常委、区委组织部部长

杨应洪　区人大常委会办公室主任

吴国勇　区政府办公室主任

赵胜清　区政协办公室主任

龙洪伦　区财政局局长

陈春琼　区委组织部副部长、区人事局局长

徐弟潮　区档案局（馆）长、区地方志办公室主任

泸州市龙马潭区地方志
编纂委员会

（2012—2013）

顾　问：郑　蓉　　区委书记

徐剑南　　区人大常委会党组书记、主任

赖应强　　区政协主席

主　任：曾　平　　区委副书记、区人民政府区长

副主任：穆　林　　区委副书记

叶长青　　区委常委、区政府副区长

委　员：宋　庆　　区委常委、区委办公室主任

吴文涛　　区委常委、区委宣传部部长

涂曲平　　区委常委、区委组织部部长

杨应洪　　区人大常委会办公室主任

吴国勇　　区政府办公室主任

邱　斌　　区政协办公室主任

龙洪伦　　区财政局局长

陈春琼　　区委组织部副部长、区人社局局长

徐弟潮　　区档案局（馆）长、区地方志办公室主任

泸州市龙马潭区地方志办公室

主　　任：王秋梅（2006.8—2010.10）

　　　　　徐弟潮（2010.11—2013.11）

工作人员：王堂勇　先洪锐　饶开铃　薛世容

《泸州市龙马潭区志》（1996—2005）
编辑部

总　　编：李应华　（2006.8—2007.9）

　　　　　王　波　（2010.2—2011.10）

　　　　　曾　平　（2011.11—2014.9）

执行副总编：罗大千　（2006.9—2014.9）

副 总 编：殷朝在　（2009.2—2014.9）

责 任 编 辑：邱有诰　（2012.7—2014.9）

　　　　　章述文　（2012.7—2012.12）

编　　辑：王永华　殷朝在　邱有诰　周旭川　王树恒　陈万镒

　　　　　章述文　谷忠良　彭希昌　施大贵　周克安　杨树华

　　　　　万立荣　李进维　张　举　肖体高　高　舒　袁茂贵

　　　　　黄星俭　苏　佐

图片编辑：张启泉　殷朝在

《泸州市龙马潭区志》（1996—2005）
审查验收小组

组　长：马宗慧

副组长：胡晓玲　　邱　俊

成　员：何晓波　梁建新　杨启林　李学明　赵永康
　　　　冯天林　陈千百　刘竞涛　魏仲襄　杜元高
　　　　刘学奇　马小涛　邓开明　唐　慧　郑水英

序 一

  是中国的改革发展催生了龙马潭区的成立，是厚重的文化底蕴增添了龙马潭区的色彩。1996年，经国务院批准，泸州市龙马潭区成立，因境内有泸州八大景之一的龙马潭公园而得名。

  挑战激发活力、机遇蕴育发展！如一张崭新画纸，龙马潭新区建设大幕开启、灿烂恢宏，凭借地处川滇黔渝结合部和长江、沱江交汇处的区位优势，展望建成泸州市未来城市拓展重要区域和产业发展核心区域的宏伟蓝图，区党政一班人迎难而上，团结合作，带领全区30万人民锐意改革，开拓创新，在这片300多平方公里的热土上，不断绘就日新月异的美好画卷——十年来，坚持树立"抢抓机遇、加快发展"的意识，牢牢抓住经济建设这个中心不放，创新发展思路，破解发展难题，注重一、二、三产业整体协调互动，促进了全区经济快速协调发展；十年来，以努力构建和谐社会为目标，坚持"两手抓，两手硬"方针，切实维护群众利益，促进社会事业全面进步；十年来，以提高党的执政能力为重点，坚持"围绕中心抓党建、抓好党建促发展"，以改革创新的精神，党组织的创造力、凝聚力、战斗力不断增强，党的自身建设不断加强和改进。

  龙马潭区十年来的不平凡历程，值得大书特书、昭示久远。将这些巨大变化、丰硕成果记录在册，编纂《泸州市龙马潭区志》，无疑是一件好事、盛事！经修志人员多年细心编纂、精心打造，《泸州市龙马潭区志》这一功在当代、惠及后世的系统工程，终以成书，可喜可贺！

  书贵在用！我们不但要修好志，还要用好志。以史为镜，可以知古鉴今，启迪未来。千百年来，我国历朝历代所修志书累库盈柜，为中华民族留下了一笔宝贵的精神财富，为子孙后代解读、认知、研究当时的政治、经济、军事、文化、社会诸方面提供了信史材料。当前，龙马潭区正面临发展的重要战略机遇期，即将面世的《泸州市龙马潭区志》，是龙马潭区十多年来拼搏进取的见证和十多年来全面发展的总结，不仅是一笔珍贵的文化、精神财富，也是一册丰富的资料全书。希望全区人民珍惜这部志书，充分利用这部志书，特别是各级领导干部应本着"以史为鉴"的精神，带头读志、用志，借鉴好经验，把握好现在，规划好未来，众志成城推进龙马潭区跨越发展！

中共泸州市龙马潭区委书记　刘　云

2011 年 3 月

序　二

地方志素有"资政、存史、教化"的功能，历来为官方和民间所重视，有"官书""信史"之称。我国编修地方志早已成为优良传统，新中国第一轮修志于20世纪80年代末、90年代初普遍完成。龙马潭区兴建10周年之际，恰逢第二轮修志热潮到来，区委、区政府义不容辞地担当起编纂《泸州市龙马潭区志》的光荣任务。遵照《四川省地方志工作条例》规定，经过组建领导机构、工作机构和落实修志经费等一系列举措，构建起党委领导、人大监督、政府主持、政协支持、部门提供资料、志办专人编纂、有关领导审稿的修志格局，做到领导、机构、经费、队伍及办公条件"五到位"，为修志创造了良好的工作环境和社会氛围。

几年来，区志办在区地方志编纂委员会领导下，在市地方志办公室指导下，按照《四川省第二轮市县级志书编纂规范》，认真培训队伍，广泛搜集资料，精心设置篇目，严谨编写章节，反复核对史实，使《泸州市龙马潭区志》做到观点正确，资料翔实，体例科学，特点突出，文风端正，堪称是一部运用新观点、新方法、新材料而成的思想性、科学性与资料性相统一的志书，为我区首开修志先河，为史志文化宝库增添了一笔可贵的精神财富。

值得一提的是，在修志热潮的推动下，一些部门、单位也积极行动起来编史修志，先后完成了《龙马潭区工商行政管理志》《龙马潭区军事志》《龙马潭区法院志》《龙马潭区农林志》及《罗汉镇志》《阳高村志》等多部志书，展示出"盛世修志"的丰硕成果。

中共泸州市龙马潭区委副书记、区人民政府区长　王　波

2011年3月

凡 例

一、志名：按《四川省第二轮市县级志书编纂规范》第一条规定，本志定名《泸州市龙马潭区志》（1996—2005）。

二、指导思想：坚持以马克思列宁主义、毛泽东思想、邓小平理论和"三个代表"重要思想、科学发展观为指导，运用辩证唯物主义、历史唯物主义观点，实事求是地记述龙马潭区改革开放历史进程中经济社会发展和人民物质文化生活状况，力求思想性、科学性和资料性的有机统一。

三、断限：以1996年建区时为上限时间，文史领域不受此限；其他有的事物为保持原本性，也可适当追溯。下限时间截至2005年，为顾及少数事物发展的完整性和领导干部任职的连续性以及大事记的资料性，其下限延至2008年。

四、篇目：按事物分类设篇章节3个层次，共21篇115章498节。采用章节体与条目体相结合；节以下视情况而定设目；目名用黑体字，子目加括号【　】，目和子目一律不标序号。概述、大事记、史事纪略列在篇前。

五、体式·行文：全书由述、记、志、图、表、录几部分组成，以志为主，坚持横排类目，竖写事项，横不缺项，竖不断线。按语体文、记述体行文，述而不议，寓褒贬于记叙之中，力求简明扼要，文约事丰。并注重二元结构，对有典型意义的事件，由二元文字细述以弘扬真善美。

六、创新·特色：坚持创新的观点，彰显时代特色、地域特色和志书特色，全面体现以人为本精神，用专篇记述全区改革开放的战略决策、脉络走向、发展进步等，避免见木不见林的弊端。凡有管理单位的，其篇章均记述机构、人员和主要领导；乡镇街、行政村（社区）还记述其名称由来、特色产业等；各级各类亮点，力求浓墨重彩反映。

七、大事记：用编年体与纪事本末体结合，记载1996—2008年区内发生的大、要、新、特事件，求粗不求细。凡同一或同类事件，按时序一记到底。

八、人物：分人物考、人物传、人物简介、人物表4个层次。对影响巨大、年代久远、其籍贯又有争议的周太师尹吉甫，特设《尹吉甫故里考》置于人物传之前。人物传以本籍为主，兼顾客籍；以贡献为主，兼顾职级。对在世人物，坚持生不立传，只设人物简介，每人300字左右。人物表分区级党政领导表、区人武部领导表、省以上先进人物表、社会知名人士表、烈士表5项。

九、图照：地图设行政区划图、城区图两种，均由泸州市龙马潭区民政局提供。彩图共109幅。编排不分栏目，采取合理暗分。

十、表格：绝大多数是统计表，也有少数情况表，共有127个。一般随文设置，起到补充正文、丰富史料、提供依据的作用。表格内容一般以各单位提供的资料为据，在表后不加注明。

十一、数字：除无统计意义的数字用汉字外，其他均用阿拉伯字，原则上达5位数的以万为单位、达9位数的以亿为单位；小数点后保留两位；对位的小数用零占位，非对位的不用。

十二、计量单位：按《四川省第二轮市县级志书编纂规范》的要求，仍保留"公里"作为路程的计量单位，"公斤"作为重量单位。耕地面积采用"公顷"作为计量单位。个别地方因特殊情况仍沿用历史习惯以"亩"作单位。

十三、表号按篇章节编号：若一节中有多个表的，在节后分1，2，3。如第二篇第三章第三节有2个表编号为"表2-3-3-1"和"表2-3-3-2"。

十四、简称：行政区划、机关、团体、企事业单位的名称，一般用全称，若全称较长，重复出现时适当采用简称，并在首次出现后加括号注明。

目　录

第一篇　政　区

第二篇　自然环境

第三篇　人口　民族宗教

第四篇　改革开放

第五篇　党　政

第六篇　民主党派　人民团体

第七篇　军事　政法

第九篇　综合经济管理

第十篇　工　业

第十一篇 农 业

第十二篇 商业贸易

第十三篇　交通运输 邮政 电信

第十四篇　城乡建设 环境保护

第十五篇　财政 税收 金融 保险

第十六篇 旅游业 社会服务业

第十七篇　教育　科技

第十八篇 文化 体育

第十九篇　医药卫生

第二十篇　社　会

第二十一篇　人　物

附　录

索 引

CONTENTS

PART 2: NATURAL ENVIRONMENT

PART 3: POPULATION NATIONALITY & RELIGION

PART 4: REFORM AND OPENNESS

PART 5: party policy

Chapter 6: Democratic Party & People's Organization

PART 7：Military & Politics and Law

PART 8：CIVIL ADMINISTRATION LABOR & PERSONNEL

PART 9: COMPREHENSIVE ECONOMIC MANAGEMENT

PART 10: INDUSTRY

PART 11: WATER CONSERVANCY

PART 12: TRADE AND BUSINESS

PART 13: TRANSPORTATION & POSTAL SERVICE & TELECOMMUNICATIONS

PART 14：Urban and rural construction & environmental protection

PART 15: FISCAL AND TAX FINANCIAL INSURANCE

PART 16: TOURIST INDUSTRY & SOCIAL SERVICES

PART 17: EDUCATION & TECHNOLOGY

PART 18： CULTURE PHYSICAL EDUCATION

PART 19: MEDICINE AND HEALTH

PART 20: SOCIETY

PART 21：PERSONAGE

APPENDIX

INDEX

概　述

（一）

　　龙马潭城区位于泸州老城区以北，故称城北新区，是泸州城区的组成部分，中间以沱江为分界线。全区境域南与江阳区隔长、沱两江相望，东、北、西与泸县兆雅、云龙、得胜、牛滩、海潮5镇毗邻。地理坐标东经105°19′19″~105°33′12″，北纬29°52′17″~29°4′25″。辖区面积340.8平方公里（1996年数据），地势北高南低，多数为浅丘，少数深丘，海拔最高处为双加镇加祥寨454米，最低为特兴镇长江水冲坝224米。2005年全区辖7镇2乡3街道；总人口32.82万人，其中有回族、苗族、满族等少数民族1 138人，占总人口的0.3%。区政府驻龙马大道3段，距市政府7公里。

　　1996年龙马潭建区之初，面临人少事多、财力薄弱等困难，但有利条件不少：一是区位优势凸显，境内为川滇黔渝结合部，更是成渝两地进出口通道。不仅中央、省、市属企业和科研单位众多，且有市上一批重大工程项目先后落户区内，投资环境优越。二是交通、通讯条件极为方便、快捷，泸隆、泸荣、泸永3条省道汇合区内，321国道（隆纳高速公路）、隆叙铁路穿越其境，国际集装箱码头建在区内，金鸡渡码头、蓝田机场近在咫尺，陆水空运输和通讯网络健全。三是商贸、建筑、酒类逐渐成为支柱产业，全区有大中型商贸市场24个，建筑施工企业14家，酒类产销企业45家。全区共有个体工商户1.02万户，私营企业136家。四是城郊型农业特点突出，农民人均产粮533公斤，农业生产水平和商品率较高，农副产品种类多、质量好，专业化、集约化经营具有一定的规模和档次。

　　建区以后，历届区委、区政府针对区情及时制定经济社会发展战略。第一届区委、区政府制定的发展战略是："充分发挥区位优势，以城区为中心，开发'两江三线'，走贸工农的发展路子，实施大开放、大通道、大商贸和农业结构大调整。"开局之年运转良好。仅半年时间，各行各业进入了良性循环轨道。1996年全区实现GDP5.81亿元，地方财政一般预算收入2 783万元，新区建设步伐加快。至2000年GDP达15.24亿元，按可比价计算增长44.2%；地方财政一般预算收入3 830万元，增幅37.6%；全区经济社会发展态势进一步趋好。第二届区委、区政府将发展战略调整为："重点发展工业，加快新城区建设，巩固商贸优势，调整农业产业结构，促进群众增加收人，建设税源财政。"并提出"加快工业强区步伐，实现'抢抓机遇，率先发展'战略"，把工业放在优先发展、重点发展的位置。2003年又将发展思路调整为："工业强区战略，商贸中心战略，农业带动战略，城镇就业战略，重才引智战略。"首次确立工业强区战略，为全区经济建设找准了方向。至2006年第三届区委、区政府抓住机遇，将发展战略确立为"工业强区，物流兴区，新村惠民"，把工业、物流和新农村建设作为发展经济的三大抓手，推动全区经济又好又快发展。

（二）

　　建区后，区委、区政府坚决贯彻执行中央关于"改革、发展、稳定"的方针，把改革作为首要任务。首先，深化农村经济改革。在进一步完善第一轮土地承包基础上，1999年9—12月实行第二轮土地承包，坚持"大稳定、小调整"和"增人不增地、减人不减地、增减人口调剂口粮"的政策，受到农民普遍欢迎。以后又通过农村税费改革，取消屠宰税和劳动积累工、义务工，分步调整农业税和农林特产税，不仅减轻乃至取消农民负担，国家还实行多项补贴。"三农"问题大大缓解，富余劳力增多，劳务输出年收入由1998年的1.37亿元升至2005年的2.26亿元，增长96.3%；农民人均纯收入由2291元升至3957元，增长72%。通过实施统分结合双层经营体制，村社集体经济收入由1996年的755万元升至2005年的2872万元，增长2.8倍。第二，着力国有企业体制改革。随着市场经济发展，国有企业受到严重挑战，1996年全区国有企业资产总额3.09亿元，负债2.69亿元，负债率86.9%。区委、区政府迅速制定《国有企业进行产权制度改革实施意见》，建立制度，落实责任人、联系人，区级领导干部分头联系21个重点国企，限期完成改革任务。至2002年5月全区35家国企全部退出国有序列，实现国企所有制和职工身份两个100%转变。通过改组、改造、破产、兼并等举措，一大批企业获得新生。与此同时，对物价体制、财税体制、粮食流通体制、供销合作经济体制等相应改革，绝大部分商品流通进一步放开搞活，由市场调节。利用经济杠杆作用，加强宏观调控，促进国民经济协调发展；在制度上按市场经济规律加强管理。财政实行增量调整，部分税收分享；区对乡镇实行"核定支出、收支挂钩、上交递增包干、超收分成、结余留用"的管理体制，调动了乡镇当家理财、培植税源、发展经济的积极性，促进全区财政收人快速增长。2005年全区地方财政一般预算收入6666万元，比2000年增加2836万元，年均增长12.33%。通过粮食流通体制改革，从国有粮食部门独家专营过渡到多种经营形式的粮油企业（户）市场化经营。供销合作经济体制改革后，6个基层社和医药、农资、日杂、土产4个公司分别组建为股份合作企业和股份制有限责任公司，并以区供销社为依托，创办一批行业专业技术协会、专业生产合作社和社区综合服务社，为发展农业产业化、市场化服务。第三，改革社会保障制度，按照国家基本养老保险、企业补充养老保险、个人储蓄性养老保险模式，实施社会统筹与个人账户相结合的基本养老保险制度。区人大常委会、区政府两次召开会议督促实施国务院《失业保险条例》，征缴失业保险费，严格按收支两条线运作，接受劳动、财政、审计部门的监督。改革医疗保险制度，制定《城镇职工补充医疗保险试行办法》和《城镇个体经济组织人员基本医疗保险暂行规定》，建立多层次医疗保险体系，化解高额医疗风险。工伤保险和生育保险亦相继实施，企业职工和生育女职工的合法权益得到保障。1998年7月实施居民最低生活保障制度，是年全区享受低保2126人次，至2005年扩大到农村，享受对象增至1.13万人次，做到有保必保、应保尽保，使困难群体享受到改革开放成果。

　　在对经济改革的同时，实施政治体制改革。按照"科学执政、民主执政、依法执政"要求，区委、区政府带头改革领导制度，改善领导方式。区委主要抓方向，议大事，管全局，充分发挥协调和引领各方的作用。区政府实行行政首长负责制，健全全体会、常务会、区长办公会，重大政务科学决策，认真接受人大、政协监督。全区分别于1997年、2001年、2005年进行3次机构改革，建立适应社会主义市场经济体制和经济社会发展需要的行政管理体制。通过干部人事制度改革，建立起考核、培训和选拔录用公务员的管理体制、竞争机制和激励机制，促进党政机关勤政、高效、廉洁建设；特别是决策方式、运行机制、政务公开等方面的变革和完善，破除计划经济体制下的职能模式，促使政府职能转变，真正建立起服务型政府。在这一过程中，对教育、科技、卫生、文化等单位亦进行了改革，推动了各项事业蓬勃发展。

　　龙马潭区的对外开放主要体现在招商引资上。区政府多次制定、充实优惠政策，有用地政策、财政扶持政策、奖励政策、投资服务政策等等。一次比一次更实在、更优惠、更具操作性。特别是对各级领导实行激励政策，调动了招商引资积极性。同时不断改善投资环境，使一方热土更具吸引力。2001—2005年全区共引进项目646个，投资总额69.38亿元，协议投资61.81亿元，到位资金36.58亿元，共解决1.87万多人就业。先后引进科维商城、巨龙房地产开发公司、泸州国际集装箱码头、美国科氏沥青公司、中海沥青有限公司、美国伊顿集团、四川大东电力公司等一批上亿元的项目和维维豆奶、金健米业等一批国内外知名企业建成投产，使全区初步形成化工、机械、酒类、商贸等为一体的支柱产业架构。

（三）

　　区委、区政府坚持以经济建设为中心，以深化改革和对外开放为动力，以结构调整为主线，促进经济结构不断优化和经济总量大幅度增长。2005年与1996年比，一、二、三产业比重由23.1∶48.3∶28.6调整为13.3∶51.1∶35.5；地区生产总值由10.26亿元增至32.51亿元，年均增长11.6%；地方财政一般预算收入由0.28亿元增至0.67亿元，年均增长13%；全社会消费品零售总额、全社会固定资产投资分别以年12.0%和19.2%的速度递增。农业结构调整不断向规模化、集约化方向发展，农业总产值由建区初的3.74亿元增至2005年的7.07亿元，年均增长5.3%；畜牧业产值在农业总产中的比重由38.21%上升到55.5%。一大批大中型骨干企业纷纷落户区内，活力大为增强，工业经济在国民经济中的地位日益突出，占GDP比重由30.7%上升到42%。交通建设突飞猛进，三级路网改造71.7公里，公路通车里程由建区初的178公里增至2005年的562.36公里，实现村村通；路面硬化率80%；公路密度每平方公里达到1.69公里；有7个乡镇实现公交化，"半小时经济圈"基本形成。以城北新区为中心的城市组团建设日新月异，建成区面积由5.5平方公里增至11平方公里，城区商品房面积由4.09万平方米增至101万平方米。村镇新建改建房屋面积374.78万平方米。全区人均住房达到41.6平方米，城市绿化、美化、亮化水平进一步提高，综合功能大大增强。城镇市场面积由14.3万平方米发展到56.6万平方米，民营企业、个体工商户发展到1.04万户，从业人员1.78万多人。抓住泸州建成国家级优秀旅游城市契机，不断打造风景名胜景区景点，发展城郊休闲产业，大小农家乐遍布，旅游经济不断上升。

　　10年间，全区国民经济实现跨越式发展，教科文卫等社会事业快速进步。加大教育投入，整合教育资源。1996年教育投入1 218万元，2005年增至5 111万元，学校61所，基本扫除青壮年文盲和全面普九、全面提高义务教育质量的成果得到巩固，龙马潭区被评为省级尊师重教先进集体。大力实施人才开发科普工作，获得市科技进步奖3项；扶持发展5家科技企业成为市级高新技术企业，2001—2005年其产值达12.6亿元。城乡公共卫生体系建设得到加强，突发事件的应急处理能力和传染病、地方病等防控成效大大提高；妇幼保健功能进一步增强；各级医疗机构发展到164个，村卫生站228个，缺医少药状况已不复存在。全区人均寿命达到70.8岁。文化体育事业贯彻贴近实际、贴近群众、贴近生活方针，为经济建设服务；广泛开展群众性文体活动，群众精神文化生活不断丰富，被省政府评为文化先进区。

（四）

区委、区政府着力社会主义精神文明建设，认真贯彻《公民道德建设实施纲要》，广泛开展社会公德、职业道德、家庭美德、个人品德教育和群众性精神文明建设活动。通过军民、警民、城乡共建，全区共创建文明单位156个，其中省级5个，市级60个，区级91个。通过"文明窗口""青年文明号"等创建活动，行业新风普遍树立。在农村通过评选遵纪守法户、五好家庭户、双文明户及敬老好儿女等活动，促进乡风民俗日益好转。坚持依法治区、依法行政，认真贯彻《行政许可法》，不断提高党政干部依法管理经济和社会事务的能力和水平。深入开展普法教育，加强执法队伍建设，提高"立警为公、执法为民"意识，强化执法监督，促进司法公正。人大、政协充分发挥其法律监督、工作监督和政治协商、民主监督作用，人大代表议案和政协委员提案均能全部按规定时限办结，并得到及时整改。牢固树立"稳定压倒一切"的思想，建立领导干部信访包案和信访接待制度，加大信访查办力度，共受理群众来信来访9 556件，办结率95％，各类矛盾纠纷得到有效排解。一些重复、越级上访的老大难问题得到妥善处理。建立"打、防、控"长效机制，强化社会治安联动防范工程建设，社会治安综合治理成效显著。全面启动平安创建工作，完善安全生产管理，对企业生产、建筑工程、水陆交通和消防安全，紧密依靠群众抓苗头，找源头，及时消除隐患。尤其着力解决影响社会稳定和治安突出问题，建成一批平安乡镇、村社、单位、校园、企业和小区，基本实现保一方平安、构建和谐龙马潭的目标。同时，大力推进民主政治建设，尤其深入开展基层民主建设，不断加强村民委员会和社区的组织建设、思想建设和制度建设；坚持实行政务公开、村务公开、厂务公开、校务公开，做到内容、程序、形式、工作、管理五规范，务使群众满意。进一步完善基层政权、自治组织和企业单位的民主管理，基层民主不断扩大，群众满意率不断上升，获得省"村务公开民主管理示范区"称号。

区委遵照中央"党要管党，从严治党"的指示，加强党的建设工作。首先，狠抓领导班子和干部队伍建设，严格按照《党政干部选拔任用工作条例》，建立健全干部选拔和管理的各项制度、规定，制定实施20余项配套制度，强化选任责任，严格实行常委会、全委会票决干部选任制及公示制，增加透明度，杜绝选人用人上的不正之风。第二，充分尊重并认真落实基层党员的参与权、知情权、选举权、监督权，增强党内民主意识。2004年省、市委在区内实施推进党内民主、建立党员先进性长效机制试点，指导金龙乡公推直选党委书记、委员和纪委委员，获得成功。第三，狠抓党员队伍建设，通过"三讲"（讲学习、讲政治、讲正气）和保持共产党员先进性教育活动，强调"一个党委一面旗帜，一个支部一座堡垒，一个党员一名模范"，牢固树立"立党为公，执政为民"和"情为民所系，利为民所谋，权为民所用"的思想，党员思想政治素质得到提高。全面实施党员分类管理和党代会常任制试点，党内民主长效机制更加完善，党员队伍进一步壮大。2005年党员发展到1.3万多名，比建区时增加近一倍。第四，狠抓基层建设，在全市率先调整村级建制，加强村党支部建设，村级领导班子能力进一步提高。由点到面开展"'支部＋协会'农民得实惠"工作，组织各方面力量发展农村经济，带动农民致富。省委在区召开现场会对此经验作了充分肯定，并受到中央办公厅、中央组织部、中央政研室和中央电视台的总结推广。第五，积极开展区、乡、村三级联创工作，即区创先进基层党组织，乡镇创"五好"党委，村创先进党支部，先进党委、总支、支部不断涌现。2003年获省"三级联创先进区"称号。第六，在全区非公有制经济组织中广泛开展"六个起来"活动（把党组织的牌子挂起来，把党员的身份亮起来，把党员的组织生活过起来，把组织的战斗堡垒作用和党员的先锋模范作用发挥起来，把党员的发展工作抓起来，把群团工作带动起来），大力推动非公有制企业党建工作深入发展，全区非公有制企业建党率和组织覆盖率达100%。区委主要领导在中组部召开的全国非公有制企业建党经验交流会上交流。第七，狠抓党风廉政建设，率先开展"经济高速发展，干部廉政不倒"示范区创建活动，建立健全教育、制度、监督并重的预防和惩治腐败体系，开展对收受现金和有价证券等专项治理，消极腐败现象得到有效遏制。第八，由区政协牵头，组织相关部门多次开展行风评议，肯定成绩，指出问题，及时整改，行业风气不断好转，促进全区经济持续健康发展和各项社会事业全面进步。

（五）

区委、区政府坚持贯彻"以人为本，关注民生"的方针和党的富民政策，把最广大人民群众的根本利益、长远利益、当前利益摆在首位，把关心群众疾苦、增加群众收入、提高群众生活水平作为工作的出发点和落脚点。实施"工业强区"战略，通过大力招商引资，引进一批大中型企业，壮大第二产业，带动第三产业发展，扩大就业岗位；多方培植税源，增加财政收入；大力发展交通运输，振兴物流，沟通城乡，方便群众行车运物，发展经济，改善生活。着力解决影响大多数人口的"三农"问题，认真调整农业产业结构，发展农村特色经济，保证农民增产增收，不断减轻农民负担；大力推进扶贫开发，帮助1 215名贫困人口越过温饱线，1.55万低收入人口改善生产生活条件；实施红层找水工程，广大农户的饮水卫生得到改善。加大对农村特困户救助力度，农村低保对象得到应保尽保。农民收入多数用以修房造屋，居住条件普遍改善；政府投资新农村建设，建成和在建中心村18个，村镇面貌焕然一新；一般集镇都扩大一至二倍，楼高街宽，基础设施完善，与城市差距大大缩小。城乡人民储蓄余额增多，购买力增强，彩电、冰箱、空调、移动电话等进入寻常百姓家。尤其是城北新区，街道纵横，高楼林立，电梯公寓突显，优美小区密集，绝大多数市民都有自己的住房，有的10年间换了几次新居。部分市民拥有私车。方便的交通，整洁的街道，琳琅满目的各种商品，悠闲舒适的休息场所，使市民生活丰富多彩，吃、穿、用、住、行越来越讲究，追求名牌、高档、时尚已不是少数人所专有。

通过民主、法制和精神文明建设，城乡居民普遍享受到民主权利，首先是生存权、发展权、财产所有权得到充分保障；名誉权、隐私权、赡养权等各种合法权益受到法律保护；男女平等、婚姻自主、言论自由已成为社会现实。法制化进程加快，司法公正、公平正义已成主流，群众心理较为平衡。随着思想道德建设的加强，人与人之间和谐融洽，互相关心，互相支持，彼此理解的气氛日益浓厚；关爱失学儿童，救助困难群体，为灾区捐款捐物，不惜慷慨解囊。尊师重教、尊老爱幼蔚然成风；礼貌、礼仪越来越为人们所注重。由于电视普及，电脑增多，以及群众文化、网络文化、报刊文化、传统文化、旅游文化、饮食文化不断丰富，群众的精神文化生活越来越充实，公民思想素质不断提高。

总之，建区后的10年，是国民经济实力显著增强的10年，是各项建设突飞猛进、城乡面貌日新月异的10年，是各项社会事业协调发展取得优异成绩的10年，是民主法制和精神文明建设成效显著的10年，是人民群众物质生活、精神文化生活不断改善的10年。10年辉煌成就，得益于党的方针政策，得益于区委、区政府的坚强领导，得益于广大干部、群众的不懈努力，更得益于改革开放的全面推动。由于基础的夯实，经验的积累，条件的改善，2005年后的几年间，经济、政治、文化、社会各个领域更加飞跃发展。全区人民在"激情超越，龙马奔腾"的精神鼓舞下，"工业强区，物流兴区，新村惠民"的发展战略和全面建设小康社会的奋斗目标正在加速实现中。

大事记

1996 年

1 月 26 日　四川省人民政府根据国务院文件精神，下达《关于调整泸州市行政区划的批复》（川府函〔1996〕39 号），设立龙马潭区。

6 月 25 日　中共泸州市龙马潭区临时委员会成立，韩永彬任书记，楚明、刘汉洲、莫锦江、邱树琼任副书记。当日任命一批科局级单位临时负责人。

7 月 1 日　区级各机关在小市新街子 74 号对外办公。

9 月 18—20 日　召开首届党代会，韩永彬当选区委书记，楚明、刘汉洲、莫锦江、邱树琼当选副书记。

9 月 26—29 日　召开首届人大一次会议，刘汉洲当选区人大常委会主任，杨启高、刘文贵、赵伯阳、周隆品当选副主任。楚明当选区人民政府区长，肖荣华、田怀聪、赖朝祥、徐平玉当选副区长。牟文明当选区人民法院院长，程建荣当选区人民检察院检察长。

9 月 26—28 日　召开首届政协委员会，甘正福当选区政协主席，陈登高、付以谦、熊文林当选副主席。

10 月 22 日　区第一届人大常委会任命傅蜀麟等 23 人为区人民政府组成单位负责人（主任、局长）。

12 月 6 日　区国税局办税大厅投入运行，省国税局局长王力等参加庆典并讲话。

1997 年

1 月 14 日　下午，罗汉中学学生在教室做化学实验发生爆炸，伤 6 人，其中重伤 2 人。

1 月 31 日　区委印发《国民经济和社会发展"九五"计划及 2010 年规划》，确立未来 14 年发展战略。

3 月 6 日　罗汉基金会贷给黄某某 2 000 多万元无法收回，储户取不到本息，发生扭闹事件。后市中级法院以诈骗罪判处黄某某无期徒刑。相关责任人杨某某等分别受到处理。

4 月 15 日　区国税局举行 100 名厂长经理、1 000 名个体户参加的税收知识讲座。有 100 名企业法人、100 名个体户代表发出"爱我中华、强我龙马、依法纳税、报效国家"的倡议。

4—8 月　全区开展龙马精神和经济增长点大讨论，最后归结龙马精神为"团结、开拓、创业、兴区"。

5 月 23 日—6 月 7 日　区委书记韩永彬率个体私营经济考察团，赴浙江省、云南省昆明市考察学习，形成《关于龙马潭区民营经济试验区有关优惠政策的报告》。

6 月 12 日 区政府决定，1997 年 6—11 月，全区有计划、有步骤地实施国家公务员制度，推进机构改革。

6—8 月 区财政局开展全区行政事业单位的国有资产产权登记，核定 1997 年国有资产保值增值指标。

7—9 月 全区遭受严重伏旱，7 条溪河断流，成片田块干裂。直接经济损失 617 万元。

8—12 月 推行以乡镇街为重点的机构改革，统一机构设置和人员编制，达到"转变职能、理顺关系、精兵简政、提高效率"的目的。

9 月 区委、区政府印发《科技兴区发展战略》。

10 月 8 日 召开区第一次科技大会。

是月 安宁乡被国家体委授予"全国群众体育先进单位"称号。

是月 区财政局两次拨款 445 万元给小街子小学修建教学综合楼 5 886 平方米，可容 36 个班、2 000 名学生。

11 月 3 日 《泸州市龙马潭区依法治区规划》经区第一届人大常委会第八次会议讨论通过区政府颁布实施。

11 月 20 日 由中华工商时报、中国民族文化艺术交流中心、青春杂志社共同举办的第三届《中国潮金曲》征歌大赛在京揭晓。詹友洋、李乾南、刘开潜合作的《天宽地阔龙马潭》《追星赶月奔向两千年》分别获铜奖和优秀奖，作者应邀赴京参加颁奖晚会和新闻发布会。

11 月 28 日 中央一台《午间新闻》和 12 月 4 日晚《新闻联播》播出"西南出海大通道建设龙马大道促进地方经济"的报道。

12 月 28 日 小市沱江路建设工程开工。该路长 1.1 公里、宽 24 米，2001 年 9 月 27 日，第一期工程通过验收。

1998 年

1 月 1 日 自即日起，全区对上市生猪实行定点屠宰、集中检疫制度。

1 月 14 日 区委、区政府召开个体私营经济工作表彰会，对 50 名先进个体工商户、15 家私营企业和 10 个支持非公有制经济发展的单位进行表彰。

2 月 20—24 日 全国糖酒春季交易会在成都举行，常务副区长肖荣华率玉蝉、三溪、王氏等 16 家酒类企业参会，成交各种酒 1.4 万吨。

3 月 9 日 区内开通党政网，实现与省、市党政网互联。

4—9 月 区人大常委会组织人大代表对区人民法院、乡镇街人民法庭进行工作评议。

5 月 2 日 胡市镇风疹病暴发流行，发病 201 人，及时施救，无人员死亡。

5 月 22 日 安宁乡阳高寺村被确定为全省社会主义新农村建设试点村。是年下半年起新建良丰中心村庄。

是月 罗汉镇在大龙山征地 14.69 亩兴建公墓园。至 2005 年底已投资 800 余万元，建墓穴 2 124 个，安放骨灰盒 1 226 具。

6 月 区委宣传部组织全区干部、群众、学生 1.73 万人参加泸州市"学习十五大，迈向新世纪"知识大赛，100 人获区优秀奖，2 人获市二等奖，3 人获市三等奖。区委宣传部获市组织工作二等奖。

是月 区政协编印《龙马潭文史》第一辑。后分别编印第二、三辑，共33万多字。

7月1日 城市居民最低生活保障制度在小市街道、高坝厂区两个办事处实施，首批150人领取最低生活保障金。

7月7日 16时，长江、沱江水涨到14.25米，超过警戒水位0.25米，严重威胁着沱江路在建工程。区委、区政府主要领导立即组织机关干部、民兵、武警、居民及泸州兵工团共1 500多人参加抗洪抢险，1 000余米堤防工程无一垮塌。

8月7日 省委常委、省纪委书记沈国俊等到龙马潭区调研。

8月20日 区内发现并确认首例艾滋病病毒携带者，为输入型。

8月26日 凌晨，一辆天然气大客车与一辆小客车在关口附近相撞，双方车内多人受伤。出事地点附近的泸县看守所副教导员、党支部书记刘光荣在施救过程中，被一辆超载大货车碾压，刘光荣和另一施救者唐彬当场遇难。

是月 省委、省政府授予龙马潭区"实现全面绿化县（区）"称号。

是月 区第五次人口普查办公室、区基本单位普查办公室分别获"全国先进集体"称号。

是月 自8月起，区人大常委会先后对区人民法院等20个行政机关领导干部进行述职评议。

9月8日 集商贸、运输、餐饮、娱乐为一体的王氏商城投入使用。

9月9日 区长楚明率团赴辽宁省盘锦市双台子区参加鹤乡王白酒节暨经贸洽谈会，并与该区签订友好城区协议书。

10月14日 中国糖酒秋季交易会在长沙市举行。王氏集团等10家企业参会，成交各种酒4 000吨，成交额5 000万元。

11月9日 龙马潭区被评为"四川省农村中医工作先进单位"。

是日 龙马潭区获得1998年度全省水利建设三等奖。

11月15—17日 中国四川第一届名酒节在宜宾市举行。玉蝉酒类集团公司等4家企业参会，成交各种酒600吨，成交额500万元。

12月 区工商局被省人事厅、省工商局评为"工商行政管理系统先进集体"。

1999 年

1月19日 省长宋宝瑞到龙马潭区视察非公企业。

3月5日 区政府制定《清理整顿农村合作基金会实施方案》。中旬，开展清理整顿工作。

是日 省委常委、省军区政委周光荣视察区人武部工作。

3月10日 上午，驻小市的泸县电信局大厅铁皮柜内41部手机、90多部传呼机被盗。市公安局列为特大盗窃案，区刑警大队与绵阳警方配合，于5月11日破案，抓获3名犯罪嫌疑人。

3月25日 区委、区政府作出《关于加快小城镇建设的决定》，把小城镇建设纳入乡镇综合目标管理。

4月5日 黄继光生前的部队首长余绍兴应邀来到龙马潭区为区纪委、区监察局和区国税局干部作抗美援朝英雄事迹报告。

4月26日 安宁镇完成撤乡建镇工作。

5月11日 石洞镇新区农贸市场开业剪彩。

5月25—31日 在省委、省政府举办的'99四川名优特新产品博览会上，龙马潭区参展的3家企业 4 个产品全部获奖。巨皇服装有限公司生产的皇帅牌西裤获金奖，罗沙米业有限公司加工的罗沙贡米获银奖，金谷特米和泸州必昌鞋业有限责任公司生产的伯乐神凉鞋获优秀奖。

6 月 1 日 个体私营企业收费大厅建立，工商、物价、城建、公安、地税、卫生、文化等部门在大厅实行办照、办证、收费管理一站式服务。

是日 参加全省国税系统基层建设工作会议的各级领导到石洞分局参观，此前，区国税局石洞管理分局升旗仪式文章在《中国税务》刊载。

7 月 15 日 中央综治办基层工作处处长王雪鹏与省综治办主任王平到鱼塘镇了解防范工作及综治工作落实情况。

7 月 28 日 区委、区政府决定在全区国有企业、集体企业（含乡镇企业）、股份制企业推行厂务（企务）公开。事业单位参照执行。

9 月 3 日 区委、区政府召开加快交通基础设施建设誓师大会，区、乡镇、村组近 2 000 人参会。会议确定一年内实现全区 48 公里外环线通水泥路，两年内 90% 以上的村、60% 以上的社通水泥路。

9 月 7 日 胡市玻璃厂发生自来水池垮塌事故，死亡 3 人。

是日 全区开展农村土地第二轮承包工作，年底结束。

9 月 8—13 日 区保险局完成全区企业离退休人员基本养老金调整和一次性补发企业拖欠养老金的审核、资金拨付工作。调整单位 17 户，离退休人员 1 428 名。

是月 石洞镇肖湾村被中央精神文明建设指导委员会授予"全国创建文明村镇工作先进单位"称号。

9 月起 全区农村信用合作社推行农户小额信用贷款证办法。农户凭贷款证、身份证和户主私章可直接到信用社贷款。

10 月 26 日和 12 月 3 日 由市政府副秘书长万恩林主持，两次召开官渡渡口义渡经营协调会，先后分别在金龙乡、泸县福集镇举行。

是月 全国双拥工作领导组授予龙马潭区"全国爱心献功臣先进集体"称号。

12 月 1 日 九狮风景区被省政府批准为省级风景区。

12 月 2 日 区刑警大队破获"一一·二九"持械特大抢劫轮奸台属等四大恶性案件，抓获犯罪嫌疑人 9 名，追回赃款赃物折合人民币 11 万元。

12 月 30 日 泸永路鱼塘至特兴段 5.2 公里改造混凝土路面和 118 米大桥（特凌桥）全部完成，总投资 1 490 余万元。经省、市质监部门验收，评为优良工程。

2000 年

1 月 18 日 龙马大道工程开工建设。市委书记、市人大常委会主任杨运洪，市委副书记、市长先开金，市政协主席曹锡森等参加开工典礼。该大道及城市组团规划占地 1.52 平方公里，建筑面积 200 多万平方米，组团内道路 10 余公里，大道全长 4.1 公里，12 车道宽 44 米。龙马大道于 2002 年 9 月 28 日通车。

2 月 21 日 龙马潭区被卫生部授予"防盲、治盲先进区"奖牌，此前，全区开展白内障手术 297 人次，有 270 人重见光明，脱盲率 91%。

2 月 23 日—3 月 3 日 副区长田怀聪带领区计生委一行前往广东省中山市等地考察流动人口计划生育管理情况，与泸县驻广东办事处签订龙马潭区外出人员计划生育双向管理意见书。

是月　省委、省政府授予龙马潭区"小康区"称号。

3月14日　石洞镇被确定为全省100个小城镇建设试点镇之一。是年石洞建管所获"全国村镇建设先进单位"称号。2003年7月17日省政府批准石洞镇为首批小城镇建设重点镇。

是月　石洞花博园建成。该园占地约3 000亩,种植花卉数百种;先后引进34家业主投资3 500万元建成集科研、观赏、餐饮、娱乐为一体的花卉园。

4月14日　区国税局特邀天安门广场国旗护卫队战士惠自立到石洞分局作升旗仪式现场指导。

6月6日　市政府批准新建红星街道办事处、莲花池街道办事处。高坝厂区办事处与罗汉镇实行两块牌子一套人马。6月16日省政府批准新建双加镇、长安乡。4个新建单位均于9月1日挂牌办公。

6月10日　全区最后一批15个村的有线电视网络全部建成,实现"村村通"。

7月22日　国家税务总局局长金人庆等一行到石洞分局视察时,观看升旗仪式。

8月20日　约8时45分,因暴雨后河水猛涨,金龙乡境内官渡渡口临时人行舟桥两端先后沉没,49名行人落水,5人死亡,2人轻伤。

8月24日　特兴镇罗沙贡米获中国农业国际博览会金奖。

9月20日　全区开展机关作风大整顿,全面实行乡镇街、区级机关"首问责任制"。

9月20日　省政协主席聂荣贵到龙马潭区视察。

10月8日　投资50余万元在王氏商城新设置的国税办税大厅投入运行。

10月13日　区委书记韩永彬赴广东中山市西区签订友好城区协议书。

11月26日　凌晨,在江阳区老窖大酒店停车场,发生一起盗窃丰田越野车,打伤保安劫车潜逃的特大案件。区内民警首先发现案情,全警动员,仅4小时就将4名犯罪嫌疑人抓获。

是月　区非公有制经济党工委成立,为泸州第一个从事非公有制经济党建工作的专门机构。

12月　龙马潭区被省委、省政府、省军区命名为"双拥模范区"。

2001 年

1月9日　省委、省政府命名龙马潭区为社会治安综合治理模范区。

3月10日　省人事厅、省工商局授予龙马潭区工商局"红盾百日执法行动先进集体"称号。

3月23日　胡市镇被省文化厅授予"第三批文化先进镇"称号。

3月29日　市政府撤销龙马潭区广播电视局,成立泸州市广播电视局龙马潭区分局。原区台、站播放业务由市局统管。

是月　省政府授予龙马潭区和区计生委"九五期间计划生育工作先进集体"称号。

4月6日　区计经委组织9家企业20多人赴西安参加"中国东西部合作与投资贸易洽谈会"。罗汉镇大光集团引进英标瓦生产线项目,投资700万元,当年建成投产,年产值上1 000万元,创税60多万元。

是月　自当月起,实行机构改革。各乡镇党政机关由10个精简为5个,事业单位由10个精简为4个,各街道党政机关内设机构3个,事业机构1个。区级机关设置:区委7个,政府20个,党政议事协调机构和常设机构各1个。

4—6月　全面推行农村税费改革,取消乡镇统筹费、农村教育集资等向农民收取的行政事业性收费和政府性基金及集资,取消屠宰税,逐步取消统一规定的劳动积累工和义务工;调整农业税和农林特产税政策，改革村提留征收使用办法。2002 年底，全区农民人均减负 36.44 元。

5 月 8 日　官渡濑溪河大桥动工修建。该桥设计长 139 米、宽 8 米，投资 290 万元。

5 月 31 日　龙马潭公园由市园林局移交区政府管理。

6 月 13 日　省总工会党组书记、常务副主席胡先春带领成都、绵阳、巴中等 10 市工会领导到龙马潭区考察个体私营工会的阵地和各项制度建设。

6 月 17 日　区长谢明代表区政府到徐州与维维集团签订投资建厂合作协议，9 月 22 日维维泸州豆奶粉厂破土动工。

是月　区政协成立诗书画院。先后开展诗书画展等活动，以纪念建党 80 周年、邓小平诞辰 100 周年、抗日战争胜利 60 周年，庆祝龙马潭区成立 10 周年。

7 月 16 日　区人武部在石洞召开基层人武部正规化建设现场观摩会，学习推广石洞镇人武部和民兵营、连规范化建设经验，泸州军分区政委叶作军、副市长梅兴岗及区领导谢帮知、谢明等参会。

7 月 25 日　区委印发《关于开展农村基层组织"三级联创"活动的意见》，决定在全区广泛开展"五好"村党支部、"六好"乡镇党委、区创先进基层组织活动。

8 月 16 日　开县丰乐镇第一批三峡移民 24 户 101 人被安置在石洞镇高山子村（今花博园村）12 组。

是月　香港和宝国际有限公司出资 50 万元在特兴镇进行优质麻竹基地建设，栽培优质麻竹 15 万株。

9 月 11 日　以全国人大常委会农业与农村委员会副主任刘中一为组长的《农业法》执法检查团到龙马潭区视察。

9 月 29 日　区长谢明代表龙马潭区与泸州老窖股份有限公司董事长兼总经理袁秀平签订投资合作协议，该公司在安宁镇望天龙村建设老窖工业园区，总投资 2.8 亿元。

11 月 19 日　区委、区政府印发《泸州沱江商业城"川南十大交易中心"实施方案》。"十大"为建材、汽配、鞋类、服装、农资、农副产品、副食品、电子电器、灯饰、粮食十大类。

11 月 22 日　石洞镇顺江村田昌秀因超生子女被罚款不服，在镇计生办服农药而死。后经省、市、区纪检监察部门查实，对 5 名相关责任人分别给予纪律处分。

12 月 1 日　石洞镇党政领导率教办人员和"十佳"教师到对口支援的凉山州喜德县冕山中心校献课，并捐款 6 000 元。次日新民小学负责人一行到喜德县城乡二小慰问支教老师，赠该校价值 8 000 元的教学用品。

12 月 14 日　王氏集团、宏运运输集团联合组建"四川省王氏集团宏运客货运输有限公司"，实现强强联合。

12 月 24 日　泸州宏运（集团）运输有限公司石洞运输分公司长途客车在简阳与一货车相撞，10 人死亡，30 多人受伤。

12 月 28 日　全区第一个"支部＋协会"的经济技术模式在石洞镇肖湾村建成，其经验在各地推广。

是月　区政府调整乡镇街财政管理体制。实行"分税制"管理，乡镇教育经费分级负担，教师工资由区财政直拨。

是月　开展农村第三批"三个代表"重要思想教育活动，全区 1 139 人参加。

2002 年

1 月 国务院人口普查领导组授予龙马潭区"第五次全国人口普查先进集体"称号。

3 月 7 日 区一中、二中、三中和新民中学分别更名为泸州市第十六初级中学、市第十七初级中学、市第十二初级中学、市第十八初级中学。8 月 23 日石油中学二分校与十八中合并为泸州市城北学校。

4 月 25 日 省长张中伟到红星街道视察社区工作，给予充分肯定。

4 月 26 日 泸州市基层人武部建设现场会在石洞镇召开。泸州军分区司令员欧施荣、政委叶作军，副市长梅兴岗莅会并讲话。

4 月 28 日 小市清真寺由泸州市回族清真寺管委会投资 95 万元改建，建筑总面积 1 950 平方米。

4 月 29 日 区委决定在小市、莲花池、红星 3 个街道和区直机关、非公有制党工委、城市街道范围内的中介组织及事业单位的党组织和党员，按职业、年龄等实施分类（8 类）管理。

5 月 8 日 区内维维集团泸州豆奶粉厂第一期工程建成投产。该工程投资 2 500 万元，建成 4 条豆奶粉生产线，年产值 1.5 亿元，创税 500 万元以上。

是月 省委授予龙马潭区"'三级联创'活动先进单位"。

6 月 6 日 区党政办公大楼在龙马大道羊大山工地奠基，2013 年 10 月竣工。

6 月 22 日 石洞镇人武部被解放军总参谋部、总政治部评为"全国基层民兵预备役工作先进单位"。

6 月 25 日 区委、区政府向省创建科普示范县区领导组申请，用 3 年时间建成省级科普示范区。

6 月 28 日 国务院及省税改办领导在市长肖天任等陪同下至石洞镇验收农村税费改革工作，全镇减少农税 158 万元。

是月 国家发展计划委员会命名区物价检查所为"全国规范物价检查所"。

9 月 12 日 自即日起，在城区 11 个农贸市场启动"放心肉"工程，规范生猪定点屠宰基础设施和环境卫生整治。对 67 户经营摊位授予省动物防疫监督总站统一制作的"放心肉定点销售"标识牌。

10 月 罗汉禽蛋、鱼塘肉鸡、胡市水禽 3 个开发技术协会被评为全省百强农技协会。

11 月 20 日 省委组织部命名王氏商城国税办税大厅为"实践'三个代表'示范窗口"。

11 月 省政府授予龙马潭区"村（居）民自治示范区"。

12 月 9 日 全国著名教育专家纪大海教授到区宣讲如何培养学生创新意识、精神、思维、能力及如何创新教育等，听讲逾百人。

12 月 18 日 位于罗汉镇境内的泸州国际集装箱码头竣工运营。该工程是交通部及省、市重点工程，总投资 1.4 亿元，建设规模为年吞吐量 5 万标箱的 1 000 吨级直立式泊位和年吞吐量 60 万吨的散货码头各一个；港区占地 26.67 公顷。

12 月 24—26 日 区第二次党代会召开，选举产生二届委员会，谢明当选区委书记，陈冠松、毛乐平、付希、赖应强当选副书记。赖应强同时当选纪委书记。这次党代会提出"加快工业强区步伐，实现'抢抓机遇，率先发展'战略"。

是月 九狮风景区被国家旅游局命名为"AA 级旅游风景区"。

2003 年

1月4—8日　区政协第二届一次会议召开，赖朝祥当选区政协主席，骆仁初、甘立祥、易先炳、王应淮当选副主席。

1月8—11日　区人大第二届一次会议召开，谢明当选区人大常委会主任，卢燕、周隆品、胡维新、淳义成、程建荣当选副主任。陈冠松当选区人民政府区长，郭庆、牛波、熊启权、曾发海、黄露、赵飞、苏科当选副区长。马超美当选区人民法院院长，黄一平当选区人民检察院检察长。

1月20日　副区长曾发海受区委区政府委托，出席省政府在成都召开的第四批文化先进县（区）表彰大会。

2月　龙马潭区在泸州市率先实行党代表常任制。

3月30日　位于百子图大桥北的科维商城首期工程竣工开业。商城由成都科维集团投资1.8亿元建成。

4月23日　市公交车20路开通石洞花博园。

4月29日　区内发现首例传染性非典型性肺炎病人（山西太原人王景勋），为输入型病例。

是月　龙马潭区被省环保局命名为"省级生态示范区"。

6月3日　区委、区政府决定，按照"龙头企业＋协会＋基地＋农户"的模式，建成"四川奶牛基地"，力争存栏奶牛1万头。

是月　区妇联会同公安分局干警等组成营救小组到山西省灵丘县下关乡将小市洪济桥被拐卖妇女张某某解救回区。7月4日区妇联开展献爱心活动，收到单位和个人捐款3420元，给张某某治疗精神病。

7月28日　区政府将龙马潭公园移交市公交公司经营50年，该公司随即投资500万元进行开发建设。

8月中旬　省国税稽查局局长张培生一行到龙马潭区考察"精品稽查局"的创建工作。

8月21日　区委书记谢明在全国非公有制企业党建工作经验交流会上作《让党员业主成为推动非公有制经济健康发展的中坚力量》的发言，被中组部编印的《让党的旗帜在非公有制经济领域高高飘扬》一书收录。

是月　全区开展动物疫情免疫，共出动2 047人，出勤1 573万人次，普查生猪27.5万头，牛3 526头，羊3.96万只；用药1 910公斤，消毒195.95平方米，预防注射生猪27.52万头，使疑似"W"疫情及时扑灭。

9月29日　列入国家、省、市"十五"期间重点建设项目的泸州泰安长江大桥动工修建。该桥长1 573米，高153.2米，主桥宽29.5米，不等跨斜拉桥梁中跨度为亚洲第一，总投资2.4亿元。2008年9月28日，举行通车典礼。

9月　天绿粮油购销有限公司的"天绿""天牙石"两个品牌被农业部食品质量监督检验测试中心认定为无公害产品。当年盈利40万元。

10月18日　中海沥青（四川）有限公司50万吨重交沥青项目在高坝化工园区开工建设。

11月5日　区机关办公地点从小市迁入龙马大道3段1号。

11月8日　中华全国供销合作总社党组书记、常务副主任周声涛在省市领导陪同下来区考察天寿药业有限公司连锁经营情况，区委书记谢明作汇报。

11 月 9 日 区内发现解放后第二次霍乱（二号病）疫情。第一例病人为特兴镇河湾村万某某。波及 2 镇 2 村 19 个社 189 户 390 人。经采取措施及时扑灭。

11 月 25 日 连接龙马潭区和江阳区的沱江三桥（原名龙西大桥）开工，总投资 5 500 万元。2006 年 12 月竣工。

11 月 龙马潭区获省政府"无规定动物疫病缓冲区建设先进单位"称号。

12 月 红星街道龙桥子社区率先成立侨台工作领导组，建立健全学习、联络、资料归档等规章制度，逐步形成了"社区为侨台服务好，侨台为社区贡献多"的良好局面。

是年 民政部授予龙马潭区"全国村民自治模范区"称号。

2004 年

2 月 4 日 特兴镇被建设部等 6 部委确定为全国小城镇建设重点镇。

是月 区肉鸡、鸡蛋、牛奶、蜂蜜生产基地获"四川省无公害产品生产基地"证书。7 月由金凤凰公司、罗汉蛋鸡场、特兴养蜂场加工厂申报的肉鸡、鸡蛋、蜂蜜获农业部"无公害畜产品"称号。

3 月 18 日 省基层党组织建设流动会与会者到石洞镇肖湾村参观"支部＋协会"工作情况。4 月 10 日《人民日报》与央视焦点访谈记者到肖湾村采访。

3 月 30 日 被评为全市"十大精品"要案之一的泸州卷烟厂（驻鱼塘镇）厂长李某某涉嫌贪污受贿案，经市、区检察机关彻查结案，李某某被判处有期徒刑 6 年，追回赃款近 200 万元。

4 月 13 日 莲花池街道宏达社区被评为全省"青年文明社区"。社区健身队获全国"巾帼文明健身队"称号。

4 月 27 日 《人民日报》刊载李彬摄制的"结合保护生态环境，推进城市化进程"图片报道，实现龙马潭区在《人民日报》用稿零的突破。

4 月 29 日 区政府与泸州天立国际学校联办完中举行签字仪式，区长陈冠松与天立集团董事长罗实分别在协议上签字。

4 月 29 日 区委、区政府召开形势报告暨党风廉政建设动员大会，决定在全区开展创建"经济高速发展，干部廉政不倒"示范区活动。

是月 北京科技大学专家组一行 7 人到龙马潭区考察，研究加快经济发展对策。

5 月 位于回龙湾的龙马大商城开工建设。工程由重庆跨越（集团）有限公司投资 1.8 亿元，将建成川、滇、黔、渝最具规模的单体综合交易批发商城。

5 月 龙马潭区动物科技协会被评为全国百强协会。

6 月 泸州化工厂子弟校移交区政府管理，更名"泸化中学"和"泸州市龙马潭区泸化小学校"，属区教科局直管学校。

是月 龙马潭区被团中央、民政部、国家工商总局、建设部命名为"全国青年文明社区示范城区"。

7 月 28 日 天立学校高中 2005 级学生邹某非正常死亡。31 日校方与死者方达成协议，由校方一次性付给死者方 13 万元。后死者方反悔，在校内焚纸烧香；晚上一些人向校内投掷石块，干扰学校秩序，公安部门介入，事态平息。

是月 胡市、金龙、石洞 3 个乡镇 268 户农民种植禾丰种业公司销售的禾丰 1 号稻种，造成大面积减产。经区法律援助中心介入调查取证和法庭调解，受害农户获赔 10 余万元。

8月上旬　小市派出所获全省优秀派出所称号。

8月19日　开县赵家镇第二批三峡移民18户65人安置在龙马潭区特兴镇走马村2组。

9月8日　区政府被省人事厅、省教育厅评为"尊师重教"先进集体。

9月10日　全市第一个由开发商投资改建的莲花池街道羊大山社区文体广场竣工。

是月　龙马潭区被省委、省政府授予"社会治安综合治理整体联动先进区"称号。

是月　龙马潭区被省政府授予"社区建设示范区"称号。

10月15日—12月16日　区作家协会、音乐舞蹈家协会、曲艺戏剧家协会、文学艺术界联合会相继成立。

10月30日　村级建制调整结束，全区由131个行政村调整为57个，39个居委会改建为34个社区。

是月　长安乡区丰村11组王某某家办小孩满月酒席18桌，食物中毒96人，经抢救全部脱险。

是月　石洞镇获"全国第七批亿万农民健身活动先进乡镇"称号。

12月中旬　石洞镇获省级卫生镇称号。

2005 年

1月　全区开展第一批保持共产党员先进性教育活动，共有66个支部943人参加。6月结束。

2月2日　广大机关干部为城市困难居民和失地农民捐款捐物，共收到6万多元，捐物1万多件，及时发放到困难群众手中。

是月　省委、省政府、省军区再次授予龙马潭区"双拥模范区"称号。

4月9—15日　首届石洞花博园赏花节在花博园举行。签订各种经济协议600万元，销售收入250万元。

4月12日　石洞镇获省委、省政府、省军区"民兵预备役政治工作先进单位"称号。

是月　最高人民检察院对龙马潭区检察院连续5年实现"零上访"经验作出批示，号召全国检察系统学习和推广。省检察院给区检察院记集体二等功。

5月1日　凌晨，全区遭受风雹灾害袭击，最大风力9级，冰雹持续2~5分钟。重灾区金龙乡、双加镇房屋损毁5 127间，其中倒塌260间，受伤15人（重伤1人），农作物受损1 300多公顷，直接经济损失800余万元。

5月12日　由香港健行杏社援助港币10万元修建的罗汉镇中心学校健行教学楼破土动工。同日香港顺德联谊基金会郑裕彤的夫人到安宁镇代表郑裕彤捐款10万元港币修建良丰小学，并将该校更名"郑裕彤第十四希望小学"。

5月22日　省工业工作会议在泸州召开。省委书记张学忠、省长张中伟率与会代表参观位于罗汉镇的中海油建设基地。张学忠对该厂一开始就注重防止污染，给予高度评价。

6月1日　区委宣传部等部门组织"关爱女孩巴蜀行"仪式，有36名贫困女童当场接受区领导的帮扶资助，区委、区政府主要领导与10名贫困女童签订九年义务教育结对帮扶协议书。

6月2—5日　在河南洛阳举行的全国健美锦标赛上，王氏集团职工李博获得男子60公斤组冠军。

7月　国务院第一次全国经济普查领导小组授予龙马潭区"第一次全国经济普查先进集体"称号。

是月　全区开展第二批保持共产党员先进性教育活动，共有269个党组织的6 301人参加。10月结束。

8月4日　长安乡宫阙酒厂因违规操作，发生爆炸事故，6人死亡，1人重伤。

是月　石洞镇残联获中国残疾人联合会命名的"全国先进乡镇残联"称号。

8月25日　中共中央总书记胡锦涛、国务院总理温家宝等党和国家领导人接见龙马潭区公安分局刑警三中队全国英模代表邓广宇等。

8月29日　凌晨4时左右，小市杜家街沱江鞋城发生火灾，直接经济损失近1 000万元，无人员伤亡。是日下午召集区内46个专业市场业主开会，紧急部署安全工作。

9月25日　省农业厅粮油处专家熊凤鸣等到龙马潭区现场检查验收"三百"工程丰产示范片再生稻，亩产最高达303公斤。

是日　区扶贫开发办调查全区贫困人口住房困难户有2 909户、7 112人，其中无房户346户、2 242人，窝棚户841户、2 242人，危房户1 704户、3 982人。

9月26日　区成立网吧义务监督队，聘请离休干部、学生家长、教师、人大代表、政协委员和区干部27人组成义务监督员，开创了网吧社会化管理新形式。

10月14日　国家级爱心福利院——西部特护院落户罗汉镇群丰村，总投资400多万元。

10月26日　泸州世纪锦华房地产开发有限公司投资4亿元，开发建设龙南路46号。

是月　特兴镇魏园村被中央精神文明建设指导委员会授予"全国文明村镇"称号。

11月1日　区政府整体接收泸化医院，将其确定为"高坝街道社区卫生服务中心"，仍挂牌"泸化医院"。

11月25日　区财政局向省财政厅作出《财政状况报告》称：2004年底全区财政隐形赤字5 000万元，其中区级3 200万元，乡级1 800万元；地方政府负债2.82亿元，其中乡镇负债1.36亿元。

11月28日　区政府颁发《城市医疗救助实施细则》。

是月　区人口计生局被中宣部等10个部门表彰为全国婚育新风进万家活动先进单位。

12月30日　浙江温州客商吴圣格、陈振投资4.6亿元，在区成立四川盛龙房地产开发公司，并在小市杜家街购地126.4亩进行开发建设。

是月　在农村71个村（社区）党支部及3个区级机关支部中开展第三批保持共产党员先进性教育活动，5 180名党员参加。

是月　省政府侨务办公室授予红星街道龙桥子社区"十佳社区侨务工作先进社区"称号。

是月　泸州市被评为国家级优秀旅游城市，标志建筑"马踏飞燕"设在龙马潭区内龙南路南端。

2006 年

1月18日　金龙乡在全市率先公推直选党委书记，兰永智当选。

2月15日　中纪委驻教育部纪检组组长田淑兰一行到龙马潭区检查农村义务教育经费保障机制改革情况。

2月16日　联合国教科文组织黄比斌基金会向石洞镇中心校捐赠一批价值3 500元的音乐教材。

3月18—19日　2006年"中国乡村游"泸州启动仪式暨石洞花博园第二届赏花节活动隆重举行。

3月20日　举行由香港慈善机构向内地捐赠轮椅发放仪式，全区20名下肢残疾人得到捐赠。

3月25日　由美国赫克力士、泸州北方化工和江苏飞翔化工合资兴建的赫克力士天普化工有限公司揭牌成立，该公司投资5 700万美元在高坝建设甲基纤维素项目。

6月27日　市委、市政府决定将四川泸州经济开发区交龙马潭区管理。8月2日正式移交。8月9日召开工业企业座谈会，共商开发区发展大计。

6月30日　区委、区政府隆重举行建党85周年暨建区10周年庆祝活动。

7月　全区非秘密级公文全部实行网上传输。区委、区人大常委会、区政府、区政协机关逐步推广网上办公，个别部门开始推行行政许可网上初审措施。

7月30日　龙马潭区获"四川省村务公开民主管理示范区"称号。

8月1日　新修葺的龙马潭公园景区对游人开放。

8月4日　区政府召开地方志工作会议，安排部署首轮修志工作。

8月14日　中石化长江燃料有限公司投资兴建的泸州国际集装箱码头水上加油站通过有关部门验收。该站是全省唯一的大型水上加油站。

9月27日　总投资2.37亿元的市级重点建设工程泸州北方公司有机硅项目在罗汉镇境内破土动工。

10月12日　省建设厅副厅长李又一行到龙马潭区检查指导省级重点建设镇石洞镇的规划建设和特兴镇桐兴村的村庄整治工作。

10月24日　省法律援助中心副主任陈兴文一行到石洞调研法律援助工作，并为区老年人法律援助项目献力。

11月28日　龙马潭区加入沿海与中西部省市区人民政府驻上海联合工作处并为成员单位。

11月8—10日　在区会议中心召开第三次党代会上，提出大力实施"工业强区、物流兴区、新村惠民"战略，优化发展环境，落实"五个统筹"，加强"三个文明"和党的执政能力建设，努力构建社会主义和谐社会，不断开创龙马潭区全面建设小康社会新局面。会上，刘云当选区委书记，徐剑南、谭光军当选副书记；邹毅当选纪委书记。

是月　莲花池街道宏达社区被中央精神文明建设指导委员会、文化部授予"全国文化先进社区"称号。

12月9日　龙马大道安置三小区房屋分配工作会召开，进行211户失地农民的房屋分配，至此安置工作基本结束。

12月25—28日　区政协三届一次会议召开，赖朝祥当选区政协主席，骆仁初、甘立祥、易先炳、王应淮当选副主席。

12月26—29日　区人大三届一次会议召开，刘云当选区人大常委会主任，钟世琼（女）、卢艳（女）、朱永平、杨树华当选副主任。徐剑南当选区长，王波、赖应强、曾发海、苏科、刘著、刘杰当选副区长。柳飔当选法院院长，张明贵当选检察院检察长。

2007 年

1月16日　荣峰商城二楼发生火灾，直接经济损失57.90万元。

3月19日　区召开创建国家园林城市动员大会，与19个责任单位签定责任书。

3月22日　区组织乡镇街、区级部门68个单位开展"知识惠民"捐书活动。

4月3日　区召开工业经济工作会，表彰奖励纳税大户36个，先进企业45个，先进集体12个。

4月27日　区召开酒业发展大会，确定石洞、罗汉、特兴、安宁、胡市、长安为重点乡镇；龙泰酒业等28户为重点企业；确定当年发展目标，分别签订责任书。区政府出资1 000万元建立酒业发展基金；出资 3 000 万元成立中心企业信用担保公司。并将胡市、金龙等确定为红粮生产基地。

5 月 23 日　区推荐三溪、国粹、鑫霸、桂康、天赋浓香、海通、金坛子 7 个企业列入全市 18 个白酒品牌"小巨人"企业。

6 月 31 日　区政府常务会议决定，每年注入 25 万元资金为"援助母亲、关爱女孩"公益基金。8 月 27 日发放，其中 17 名特困女大学生各获得 2 000 元；13 名女高中生各获 1 000 元，共发奖学金 7.2 万元。

7 月 8 日　全区遭受特大暴雨袭击，区长徐剑南等当晚赴乡镇街巡查，无人员伤亡。

8 月 13 日　区政府出台《关于加强酒类发展的奖励扶持意见》，首次设立扩能投入奖、纳税大户奖、销售收入和入库税金上台阶奖、品牌发展奖、招商引资奖等。

9 月 8 日　国家环保总局驻西南督查中心对区节能减排项目进行核查。

9 月 12 日　花博园旅游区通过创建全国农业旅游示范点省检。12 月 12 日，被国家旅游局命名为全国农业旅游示范点。

9 月 22 日　特兴镇魏园村生姜专业合作社申报"四川省名牌农产品"获准。

10 月 9 日　龙马潭公园由区政府收回管理。

10 月 10—12 日　区内 12 家酒类企业参加哈尔滨秋季糖酒会，成交额 1.19 亿元，签约基地建设、原酒供应、成品酒销售项目 5 个。

10 月 13 日　团中央志愿者工作部领导一行到龙马潭区调研社区志愿服务工作。

10 月 16 日　全球 500 强排名第三的荷兰皇家壳牌集团出资组建的壳牌（泸州）沥青有限公司落户区内举行揭牌仪式。

10 月 17 日　省企业治乱减负工作检查组在泓江电解设备有限公司检查，听取区长徐剑南汇报后，连声称赞："龙马潭区治乱减负工作抓得相当好。"

11 月 8 日　中央综治委副主任、中央政法委副秘书长、中央综治办主任陈冀平一行来区调研综治工作。

11 月 12 日　区长徐剑南率团参加上海投资说明会，签约杭州蓝天园林建设集团有限公司综合项目 6 个，协议引资 8.75 亿元。

12 月 19 日　泸州泰安长江大桥举行合龙仪式。

12 月 28 日　泸州港多用途码头举行二期工程开工典礼。省交通厅副厅长张晓和省航务局局长、港航公司董事长贺晓春出席开工典礼。

是月　投资 1 591 万元的金龙乡"金土地"工程通过验收。

2008 年

1 月 31 日　全区开展第一次全国污染源普查宣传，发出《致污染源普查对象的一封公开信》1 万余份；3 月 19 日举行污染源普查全面启动仪式；12 月完成普查数据采集、录入、审核、上报工作。

是月　区政府被国务院第二次全国农业普查领导小组办公室和国家统计局表彰为"2007 年全国第二次农业普查先进集体"。

是月　龙马潭区被科技部表彰为"2005—2006 年度全国科技进步先进区"。

1—5 月　区委宣传部组织 14 个部门开展科技文化卫生三下乡系列活动，义务书写春联 3 300 余副，发放各种宣传资料 4 万多份，开展义诊 1.52 万人次，发放计生药具 11.07 万份，放映电影 200 余场，举办各种训练班 4 期、受训 500 余人。

2 月　泸化医院获得职业健康检查资质，为市内县区医疗机构中第一家。

3 月 10 日　省卫生厅党组书记、厅长沈骥一行视察胡市中心卫生院等 7 个单位，对高坝社区卫生服务中心（泸化医院）提出创建"全国一流、全省第一"的要求。

3 月 17 日　香港隆丰集团有限公司项目总监黎福民一行到龙马潭区考察，拟投资 5 000 万元建设肉鸽及龙马乌鸡深加工项目。

3 月 18 日　在区内 58 公里建立首家殡仪服务站。

是月　长安乡获"四川省文化先进乡镇"称号。

是月　金龙乡人民调解委员会获省高级人民法院、省司法厅授予"优秀人民调解委员会"称号。

4 月 20 日　全国集中销毁侵权盗版及非法出版物泸州分会场销毁活动在区举行。

5 月 8 日　省长蒋巨峰到龙马潭区调研城乡统筹，视察泸州港多用途码头二期工程、泸州北方公司有机硅建设。

是日　省科技厅副厅长周孟林一行到高坝社区卫生服务中心考察卫生适宜技术推广示范基地建设项目。

5 月 12 日　汶川县发生里氏 8.0 级特大地震。当晚区委、区政府召开抗震减灾紧急会议，立即启动应急预案，快速推动防震救灾工作有序开展。

5 月 13 日　全区举行向汶川地震灾区捐款仪式，收到善款近 40 万元和价值 5 万余元的物资。当晚调集救灾纯净水 1.5 万件、方便面 4 000 件、饼干 5 000 件、面包 10 万个、电筒 1 300 支等，抽调企业百余人组成 15 台救灾车辆连夜运往灾区。地震发生后，区人武部迅速制定行动方案，结集人员待命，于 5 月 15 日凌晨由 120 名民兵组成的应急连随同市应急营开赴北川参加救灾。

5 月 16 日　中共中央总书记胡锦涛在汶川地震灾区接见龙马潭区救灾民兵。

5 月 19 日　中共中央政治局常委、国务院副总理李克强在北川接见龙马潭区公安分局救援小分队干警。

5 月 23 日　再次组织向地震灾区捐款活动，收到善款 200 余万元，至此，全区共向灾区捐款 470 余万元，捐物价值近 100 万元。

5 月 29—30 日　区工、青、妇、教 4 部门领导到泸化小学等 5 所学校看望慰问地震灾区来校就读的 72 名中小学生、以及 30 名农村留守儿童、30 名农民工子女、9 名特困残疾儿童。

5 月 30 日　区红十字会将抗震救灾现金 197.52 万元和捐赠物资（折合人民币 73.86 万元）全部通过市红十字会送达地震灾区。

是月　双加镇中伙铺村被评为全国"平安家庭"创建示范村。

6 月中旬　区广电分局组织实施并提前二年完成全区农村有线广播网络工程，共建成镇级广播室 9 个，安装各类喇叭 543 个，点频音柱 21 个，有线广播覆盖 72 个村（社），村通率 100%，农户覆盖率 90% 以上，受益群众 20 余万。7 月 28 日全市农村广播工作现场会在区召开，副区长刘著介绍经验。

7 月中旬　由省农科院、省水稻高粱研究所组成的专家组对金龙乡 200 亩"泸糯" 8 号杂交高粱示范基地现场验收测产，实测面积 0.117 亩，亩产 610.3 公斤，超过全省最高的江安县亩产 608 公斤的纪录。

7 月 17 日　省委常委、政法委书记王怀臣到龙马潭区视察。

8 月 18 日　区总投资 545.39 万元改、扩建的 4 个生猪标准化规模养殖场项目通过省级验收。

是日　根据省军区命令，区民兵应急连全体官兵从绵阳灾区撤回。此前 3 次出动 15 个单位共 261

人前往救灾。

8月25—27日 区内首家三星级饭店汇丰饭店通过省专家组检查验收。同期，国粹酒业有限公司和泸州市泸桂土特产品公司申报省著名商标，通过省工商局审核验收。

8月28日 区举行"关注民生促和谐，扶贫助学暖人心"栋梁工程、金秋助学、计生家庭助学金发放仪式，共发放救助金46.48万元，救助贫困学生238人次。

是月 龙马乌鸡产业化建设项目首次被科技部授予国家级星火计划项目证书。

9月5日 市奥运冠军林植树活动暨创建省级森林城市启动仪式在城北体育场举行。奥运冠军邹凯，市领导朱以庄、刘国强等及三区领导出席仪式并植树。

9月12日 泸州国豪混凝土工程有限公司总投资5 000万元，建成年产30万吨干、湿砂浆搅拌站项目与区政府签约。区长徐剑南、公司总经理张宝忠等出席签字仪式。

9月19日 区政府与泸州隆盛物流有限公司签约隆盛园区项目。该项目总投资6 000万元，占地120亩，两年建成。

9月28日 区举行2008年大学生村（社区）干部暨下派干部培训班结业典礼。40名大学生被充实到12个乡镇的40个村（社区）担任干部。

9月28日 省建设厅将金龙乡西坛村、塘坡村、雪螺村列为省级新农村村庄人居环境治理试点村。

10月17日 区委书记刘云出席在重庆召开的省灾后重建投资说明会，签约项目引资1.1亿元。

10月18日 泸州中裕牧业有限公司在石洞镇雨珠岩村投资新建的年出栏2万头生猪养殖场第一期工程建成投产。

10月23日 市十七中50周年校庆暨田家炳中学授牌仪式举行。

12月9日 举办"返乡农民工专场招聘会"，62个用工单位提供各种就业岗位1 012个，实现就业310人。

12月19日 龙马潭区获"四川省教育工作先进区"称号。

12月23日 参加省教育技术装备工作会的各市州100多名代表，现场观摩胡市中心学校现代教育技术装备的配备及使用情况。

12月30日 截至即日，全区城镇全年新增就业3 703人，完成目标任务116%。

12月31日 区召开纪念改革开放30周年大会，区委书记刘云作报告。并举行文艺演出。

史事纪略

佘英赴日加入同盟会 (1906)

小市人佘英（字竟成）于 1904 年受《革命军》《警世钟》的影响，决意反清。1906 年应四川同盟会首领黄复生、杨兆蓉之邀，到日本加入孙中山组建的同盟会，孙中山命佘英为西南大都督，并派熊克武、谢奉琦与佘英一同回川，发展民主革命力量。佘英回泸州后，与小市绫子街邓西林（同盟会员）等组建同盟会川南支部，开展秘密活动。这是全川最早成立的革命党组织。后在邓家秘密制造炸弹，准备起义之用。

朱德五峰岭题诗 (1916—1918)

护国军旅长朱德 1916—1920 年驻防泸州时，与当地名流组建"东华""振华"诗社，作诗 80 余首。1916 年登五峰岭作七绝一首："泸阳境内数名峰，绝岭登临四望空。立马五峰天地小，群山俯首拜英雄。" 1918 年 3 月 3 日又写《登五峰岭感怀》七律 30 首，以抒发立誓救国救民的革命豪情。

税西恒在洞窝创办济和发电厂 (1923—1925)

今泸县太伏镇白云场人税西恒（1889—1980），1917 年在德国柏林工业大学机械系毕业后，以德国国家工程师身份任西门子电力公司设计师。不久回国，任永宁道尹公署建设科长。他决定在龙溪河下游的洞窝修建济和发电厂。随即筹得资金 20 余万元（银元），于 1922 年秋带领工匠动工兴建，并亲自指挥安装设备。1925 年 2 月电厂建成投产。这是继云南石龙坝后，我国自行设计、施工的第二个水电站。德国工程师参观后称赞"税工程师学识渊博，经验之丰富，实属罕见。"

泸州起义中的小市 (1926—1927)

1926 年 11 月，中共重庆地委军事委员会决定 12 月 5 日泸州、顺庆（今南充）同时起义，以刘伯承为国民革命军四川各路总指挥，黄慕颜为副总指挥兼第一路司令，秦汉三、杜伯乾、陈兰亭、袁品文分任第二、三、四、五路司令。其时，泸州属军阀赖心辉（二十军军长）的势力范围，驻城厢的第二混成旅旅长李章甫是赖的心腹，骄横跋扈，有恃无恐。驻小市的第十混成旅旅长陈兰亭和驻蓝田的第四混成旅旅长袁品文对李十分不满，为拔除起义障碍，12 月 1 日以邀请参加军训学校毕业典礼名义将李诱至蓝田擒获、处决，宣布起义。

1927 年 4 月 5 日，二十一军军长刘湘组织川黔联军围攻泸州起义军。赖心辉的两个旅在五峰岭布阵，其他几方都有严密布防。9 月，刘伯承令纳溪、蓝田、小市驻军撤入城内坚守，多次打退敌人进攻。终因寡不敌众，又无外援，起义军于 5 月 16 日开始撤离。泸州起义共坚持 167 天。

石洞农民协会开展抗租斗争（1930）

1929 年 1 月，中共川南特委在泸城举办干部训练班，讲授《土地革命大纲》等文件，并油印成册，发往各地。1930 年秋，在泸县中心县委领导下，石洞、宋观、得胜等乡组织农民协会，通过张贴标语、召开会议等形式，发动农民开展抗租斗争。

刘湘坐阵佛门坎指挥攻打刘文辉（1932）

20 世纪 30 年代初，泸州属二十四军军长刘文辉的防区。驻军为杨尚周、田冠五两个旅。1932 年 10 月 8 日，驻防重庆的刘湘率水陆空三军 5 万人夺取泸州，亲自在小市后山佛门坎坐阵指挥。28 日攻方用 3 架飞机在钟鼓楼一带投掷手榴弹，炸死数人，伤 10 余人。后组织敢死队泅沱江强攻小北门，因城内顽强抵抗，未能奏效。最后，刘湘采用策反手段，并截获对方的枪弹粮饷，导致刘文辉败退泸州。

巩县兵工分厂迁高坝（1938）

1937 年"七七"卢沟桥事变后，国民政府军政部急电河南巩县兵工分厂将全部机械星夜拆迁四川。12 月决定新厂址选在泸州高坝赶建厂房。为应急需，1938 年 3 月改建小市体仁堂为九工场，月产防毒面具 8 000 副。4 月 16 日迁高坝的原巩县兵工分厂更名"军政部兵工署第二十三厂"，主产化学战剂和防毒衣支援抗日前线。1945 年抗战胜利后转为常规武器生产。解放后该厂相继改为 255 厂、泸州化工厂。2001 年 12 月组建为北方化学工业有限公司。

五峰岭上的大红灯（1939—1945）

抗日战争期间，日本飞机对泸州城多次狂轰滥炸。仅 1939 年 9 月 11 日一次就炸死 1 100 多人，毁城过半。第七区所属 8 县就有 5 个县城遭炸。小市后面排风山于 1939 年 1 月 11 日落弹 1 枚，伤 1 人。为了向市民报警，当局在最高建筑物和附近高山上分别设置 4 个大红灯，提示预备警报、紧急警报、空袭警报和解除警报。其时，泸州的房屋普遍不高（二楼居多），对五峰岭上的大红灯报警，北城很多居民都能看到。许多人在预警后都抢渡沱江到小市后山躲避。

龙马潭区境内首通汽车（1939）

1935 年川政统一不久，国民政府就规划修筑从隆昌至昆明的公路，其中川滇东路从隆昌至云南宣威全长 500 多公里，而隆昌至小市回龙湾长 62 公里。这段公路从 1935 年 8 月七区专署就开始筹备，但一拖再拖，直到抗日战争爆发，急需运送抗战物资，经成都行辕和四川省政府再三催促，1938 年 4 月 8 日动工，经 9 个多月赶修，1939 年 1 月 24 日竣工投入运营。

驻双嘉高三分院二三事（1939—1945）

1939—1945 年期间，四川省在泸州设高级法院三分院，辖宜宾、泸县等 10 多个县级地方法院。抗战时期为避日机轰炸，迁双嘉乡隆庄屋基办公。凡经地方法院一审判决不服的民刑诉讼案，都要上控到高三分院二审。当时的法官们，多数不负责任，常到双嘉街上喝茶、打牌、饮酒，深夜不归。有个姓田的书记官，到开庭时竟找不到卷宗，被老鼠咬烂做窝。有次，法警室的人员到街上要，枪支被盗，清查无果。国民党军队团长赵硕群，因弟兄分田产，枪杀其父一案，被提到双嘉隆庄审问，不知何时赵溜走了，经首席法官等分头寻找，才在一农舍后檐挑上将其抓获。

陈野苹在罗汉举办党员训练班（1939）

1939 年 6 月，中共泸县中心县委在罗汉场半截田举办党员训练班，由县委书记陈野苹主讲党的基本知识和革命形势，进行气节教育，号召学员坚持艰苦卓绝的抗日斗争。

高洞事件（1941）

20 世纪 30 年代末，国民党泸永师管区补充团一营驻石洞场牛市坝。军纪很坏，为非作恶，群众积怨甚深。1941 年农历冬月初六，石洞乡第五保国民兵 100 余人在五斗冲集训。中午回家，刚出门时遇一营两个士兵各挑一挑青冈柴迎面而来，遭到保长刘绍州盘问，两士兵开口便骂。手中持棍的国民兵骨干赖恒章顺手一棍打在一士兵鼻子上，两士兵弃柴而逃。下午，国民兵照常集训。傍晚，10 个士兵把被挑柴户主田清和押着向五斗冲过来。国民兵愤怒至极，立即将 10 名士兵捆绑前行，途中又遇两个士兵，一并抓获，押至高洞，将 12 人全部砍死，抛尸潭中。次日，营部将乡长文庶熙扣留，令交出"杀人凶手"。文乡长即通知五保甲长以上和国民兵班长以上人员到乡公所开会，赖恒章等 8 人明知是骗局，仍挺身而出，全被扣押，交师管区处理。国民政府要员陈诚得知，令师管区司令唐三山将 8 人交地方处理。于是 8 人关进双嘉临时监狱。后 2 人越狱逃跑，1 人取保释放，5 人死在狱中。

冯玉祥到泸州开展爱国献金运动（1944）

1944年4月4日，国民政府军事委员会副委员长冯玉祥到泸州发动"国民节约献金救国运动"。4月26日在澄溪口召开献金大会，学校队带头献金。县男中、女中各80万元，川南师范、高工校各60万元，驻小市山坡上的私立江阳中学100万元揭示后，军乐、掌声、《加油歌》的唱和与"追加""追加"的呼喊声形成高潮，于是每所中学又提高献金金额，江阳中学追加5次，以124万元获团体第一名。

二十三兵工厂的护厂斗争（1949）

1949年11月，泸州解放在即。24日，第七区专员公署兼保安司令部一名工兵连长持联勤总部手令到高坝二十三兵工厂索取10吨炸药，要将泸城夷为平地。代理厂长徐青云以"未接到直接上峰明令，不敢妄动"为由而拒绝，来人怏怏而去。11月25日国民政府国防部保密局派中校特务易学忠到二十三厂对徐青云说："我来的任务是炸掉二十三厂。"徐说："事关重大，须召开厂务会研究一下。"由于爆破队尚未到达，易决定在5天内做好职工往狮子岩搬迁的准备。后经一再拖延，直到30日搬迁工程才完成一小半。这时，人民解放军已逼近川南，即将解放的喜讯在厂里传开，易见爆破队老是不到，只好对徐青云说：只要给他3 000元大洋作路费，可以放弃炸厂。徐为保全工厂，满足了他的要求，遣走了瘟神。

人民解放军经小市解放泸州（1949）

1949年12月1日，人民解放第十军二十八师从赤水县渡河经合江县二里、尧坝进入泸县分水岭。2日，先头部队八十四团到达泰安场。3日上午，二十三兵工厂护厂队长杨绍忠等渡江迎接解放军。中午，部队到达罗汉场。15时，小市人民在水淹土地码头燃放鞭炮，欢迎解放军开进小市。当晚过河进入泸州城，泸州（县）宣告解放。

泸县人民政府迁驻小市（1950）

1949年12月3日泸县解放，16日成立泸县人民政府。1950年8月15日成立泸州市人民政府，实行县市分治，泸县人民政府从城区迁驻小市新街子74号。直到1996年12月20日始迁驻福集新县城。

特兴河湾曾是御敌堡垒 （1950）

1949 年 12 月下旬，泸县二区区政府成立于五通场。1950 年 1 月 26 日（腊月初九）晚上，匪首乜占武率匪众 100 余人攻打二区驻地，区中队长韩正民当场牺牲，副区长李德合等 10 余人被俘，后李在途中逃离时英勇献身。2 月初，一区区政府成立，驻特兴场。鉴于二区被匪颠覆，区政府迁到离场约 1 公里的河湾办公。其时，泸县县委重建二区区政府，20 多名工作人员暂驻河湾，与一区人员并肩战斗。3 月 20 日，新溪匪首谢海清率匪众四五百人包围河湾，经一、二区 30 多名人员有力还击，激战两小时，击毙和俘虏匪徒各一人，匪队溃散。为防止土匪报复，两区人员几经转移驻地，直到 8 月，泸县匪乱基本平息，一区定驻兆雅，二区迁驻太伏。

岳元清互助组 （1951—1956）

1951 年 2 月 9 日，川南行署副主任郭影秋率工作队 100 余人到胡市乡金山村、玉皇观村、临江村开展土地改革试点工作。经过土改，农民有了土地，但又出现新的矛盾，多数农民缺乏耕牛、农具等生产资料，特别是部分劳弱户更是无力耕种。10 月，川南行署农林厅工作队在金山村指导小春生产，动员大家组织起来，团结互助，克服困难，发展生产。贫农岳元清率先成立由 6 户贫农、2 户中农组成"岳元清互助组"，1952 年天旱，该组产粮 28 560 公斤，比上年增产 19%，获泸州地区"模范丰产组"称号。1953 年 3 月 27 日岳元清互助组改办成"岳元清初级农业合作社"，当年人均收入比上年增长 38%。1954 年该社更名"泸锋农业生产合作社"。1956 年 2 月 2 日，改办成"泸锋高级农业生产合作社"，全社扩大到 700 多户，3 000 多人，成为泸州农业的一面旗帜。

朱德委员长视察罗汉公社 （1963）

1963 年 3 月底至 4 月初，全国人大常委会委员长朱德到泸州视察。在视察泸天化和泸州医专后，于 4 月 3 日上午到罗汉公社，听了公社党委书记张国平汇报后，指示："六十条要按具体情况执行，在坚持社会主义原则下具体应用，不能搞一刀截。"下午视察泸州曲酒厂罗汉车间，在同车间党支部书记亲切交谈后，品尝曲酒，他连声称赞"好酒，好酒，泸州大曲在全国、全世界都很有名"。

泸州化工厂险遭厄运 （1967）

1967 年 9 月 5 日，宜宾地革筹负责人王茂聚发动并亲自指挥第三次"武装支泸"，纠集 34 个市县的武斗人员，攻打泸州另一派群众组织。9 月 9 日，驻小市一派退至泸州化工厂，王茂聚指挥的武斗队占领泸州三中一带，派重兵封锁江南。9 月 12 日，重庆"反到底·猛虎团"与"宜宾方面军"在锁江塔附近发生误会双方交火，战斗十分激烈。"宜宾方面军"用高射机枪打燃东风公社建设大队

（现罗汉镇建设村）民房48间，并打死"猛虎团"武斗队员11人，其头目要求王茂聚"给个说法"。泸化厂在这紧急关头，人心不稳，要求撤离。经老红军蔡文泽强行制止，提出"与厂共存亡"。随后，王茂聚在成都军区首长的强大压力下，才将武斗人员撤出泸州。

"武斗公路"（1968）

1967年，王茂聚发动三次"武装支泸"后，泸州两大派武斗升温，驻小市、高坝一派的车辆经过工农桥时，常遭驻忠山一派炮弹袭击。于是被袭击的一派赶修一条从鱼塘至关口约2公里的公路，劳动力主要由泸县组织"地、富、反、坏"分子充任，钢钎、雷管等物资主要由泸化供应。从1968年4月动工至6月竣工通车。人们都说它是一条"武斗公路"，为后来修筑鱼（塘）关（口）公路打下基础。

第一篇　政　区

龙马潭区原分别为泸县和泸州市中区（江阳区）属地。历史上乡镇建置及其隶属关系变动频繁，对每次变动只能述其概要，不可能细致入微。由于地属泸州城郊，地理环境得天独厚，区位优势甚为明显，理当浓墨重彩记述区、乡镇街、村（社区）10 年间所显现出的发展优势，足以证明 1996 年在深化改革中实行区划调整的正确性和必要性。对区，乡镇街、村的名称由来，均略加记述存史，不致湮没。

第一章　行政区划

第一节　龙马潭区建立

1950 年 8 月，泸州市与泸县分置，县级机关寄驻小市，一直有县无城，严重制约区域经济、社会发展，尤其改革开放后，与新形势极不适应。1995 年泸州市人民政府报请上级调整行政区划。1996 年 1 月 26 日，省政府根据国务院文件精神，下达《关于调整泸州市行政区划的批复》（川府函〔1996〕39 号），将泸州市市中区（后为江阳区）的罗汉、鱼塘 2 镇，小市街道、高坝厂区 2 个办事处和泸县的石洞、胡市、特兴 3 镇，金龙、安宁 2 乡划出设市辖龙马潭区（因境内有著名景区龙马潭而得名）。随后，建区筹备工作紧张进行。6 月 25 日经泸州市委批准成立中共泸州市龙马潭区临时委员会，领导建区事宜。7 月 1 日区党政机关在小市新街子 74 号对外办公。9 月 18—20 日，龙马潭区召开第一次党代会，选举产生第一届区委领导成员。9 月 26—29 日召开第一届区人民代表大会第一次会议，选举产生第一届人大常委会和"一府两院"领导成员。9 月 25—29 日召开第一届政治协商会议，选举产生区政协领导成员。至此，区委、区人大、区政府、区政协正式成立。

第二节　属地沿革

清雍正七年（1729 年）设泸州"十大乡"，龙马潭区地域分别为本属一城四乡管辖。宣统二年（1910）小市属城厢；特凌（今特兴）属安贤乡；奇桠（齐家）、来龙、金龙、官渡、胡市属会文乡；石洞、双碑（含嘉祥）、永寿属麟现乡；罗汉属里仁乡。民国 23 年（1934 年）泸县设 42 镇乡，小市属中城镇；特兴属特兆镇；金龙属牛滩乡；来龙、官渡属来龙镇；胡市、奇桠属胡市乡；加祥、双碑属石洞镇；罗汉为罗汉乡。民国 26 年（1937 年）泸县设 6 个区，小市镇属第一区；罗汉、特兴乡属第三区；来奇镇（来龙、奇桠）、金牛镇（金龙、牛滩）、胡市乡、官渡镇属第五区。

1950 年 7 月 10 日，中央人民政府批准泸州市为川南行署辖市，下辖一、二、三区和南北 2 城镇，一区人民政府驻小市，辖小市、罗汉和特兴 13—16 保。同年 11 月调整行政区划，并将区人民政府改称区公所。一区区公所驻小市，辖小市、罗汉及新民、太平（奇桠）等 10 乡。1952 年 3 月，全市调整辖区。一区区公所改驻罗汉，辖小市、罗汉及新民、龙溪等 13 乡。5 月南北城 2 镇合并成立一区人民政府，将原有 3 个区划为 4 个。二区人民政府驻小市，四区人民政府驻罗汉；1952 年 8 月，川南行署撤销后，小市、罗汉属专辖泸州市。6 月泸县设 19 个区，特兴镇及长春、走马、奎丰、龙溪等乡属第一区，区公所驻特兴（后迁兆雅）；石洞镇及双嘉、高山、嘉祥、安宁、永寿等乡属第七区，区公所驻石洞。胡市镇及来龙、来寺、新龙、桥头、金龙、三夹、官渡等乡属第十四区，区公所驻胡市。其后区建制略有撤并。1958 年 10 月，泸县建 65 个人民公社，实行政社合一。区建制调整为 11 个，特兴公社属兆雅区；石洞、金龙、官渡、来龙、太平、胡市公社属石洞区。1959 年 9 月，将石洞、双嘉、永寿、安宁及云龙、毛坝 6 个公社合并成立泸县直属"红旗人民公社"。1982 年撤销公社，恢复乡镇建制。1985 年特兴、奎丰乡属兆雅区；石洞镇和永寿、安宁、双嘉乡属石洞区；胡市镇和齐家（奇桠）、来龙、官渡、金龙乡属胡市区。1992 年撤销石洞、胡市区和奎丰、长安、特兴、双嘉、永寿、官渡、来龙、齐家乡，设石洞、胡市、特兴镇，保留金龙、安宁乡。1996 年 7 月划归龙马潭区。1999 年 4 月，安宁改乡建镇。2000 年 6 月，双嘉从石洞镇析出建镇，长安从特兴镇析出建乡。现全区辖罗汉、鱼塘、特兴、安宁、石洞、双加、胡市 7 镇，金龙、长安 2 乡，小市、红星、莲花池 3 个街道办事处（高坝厂区办事处 2000 年 9 月与罗汉镇政府合署办公）。

第三节　区位优势

龙马潭区位于长、沱江北岸。从胡市镇原新寺村顺江而下至特兴镇原陵岗村，沿江岸线 44.45 公里。南与江阳城区隔江相望，北（含西北、东北）与泸县海潮、牛滩、得胜、云龙、兆雅镇接壤。地处东经 105°19′19″~105°33′17″、北纬 29°52′17″~29°04′25″，地形高中丘窄谷区占 20.2%，浅丘宽谷区占 69.7%，河谷阶地平坝区占 10%。海拔最高 545 米（双加镇嘉祥寨），最低 224 米（特兴镇长江水冲坝）。辖区面积 340.8 平方公里，耕地面积 9 900 公顷，户籍人口 32.82 万人（2005 年），人口密度每平方公里 987 人，区人民政府驻泸州城北新区龙马大道西侧羊大山，距市人民政府驻地 7 公里。

区内新崛起的城北新区是泸州城区的重要组成部分。9 个乡镇多属城区近郊，最远的金龙乡也只有 23 公里。城乡路网四通八达，城区有泸州汽车总站、四川王氏客运站、小市客运站、回龙湾客运站、泸州沱江客运站、泸州超长客运中心 6 个车站，日均发车 1 670 班次，运送旅客 2 万多人次。泸隆、泸荣、泸永 3 条干线串连龙马大道（全长 4.1 公里、12 车道宽 44 米）经沱江 3 座大桥进入泸州中心半岛。隆纳高速公路从胡市连接线发车只需 10 分钟即达区政府。罗汉境内国际集装箱码头是四川省唯一出海口岸，长江黄金水道得到充分利用。城北新区是四川省通往滇东黔北的咽喉要地，是泸州连接成都重庆的必经之路，是川滇黔渝商品交易集散地，有服装、日杂、电器、汽配、鞋类、副食等十大交易中心。回龙湾、百子图大桥北、王氏商城形成三大商圈。四川北方硝化棉公司、泸州北方化工有限公司、泸州鑫福化工有限公司、中海沥青（四川）有限公司及江阳化工厂、长江化工厂等大中型化工企业，为泸州"西部化工城"撑起半壁河山。泸州老窖办公机构移驻城北新区，其实体泸州老窖罗汉生产基地、安宁老窖工业园区及其他生产厂场、车间多在区内。有市政协和泸州医学院城北校区、川南机械厂等 30 多个市级、市属以上行政机关和大中型企事业单位。

龙马潭区 2005 年市属以上行政和部分知名企事业单位一览表

表 1-1-3

属地	名　称	类别	住　址	备　注
红星街道	政协泸州市委员会	行政	南光路	
	省农科院水稻高粱研究所	事业	大驿坝	基地已迁泸县
	泸州老窖公司	企业	南光路	
	天立国际学校	事业	大驿坝	民办
	天立房地产开发公司	企业	南光路	
	泸州市医学教育培训中心	事业	大驿坝	原泸州卫校
	泸州市疾病预防控制中心	事业	大通路	
	泸州利君制衣公司	企业	上花园	
	泸州轻工彩印包装厂	企业	杜家街	
	泸州科维商城（市场）	企业	南光路口	
	山海大酒店	企业	南光路口	
	东方饭店	企业	南光路口	
	船山楼酒楼	企业	柏香林十字路口	
	天寿药业公司	企业	大通路 12 号	
	泸州市质量技术监督局	行政	龙马大道一段	
	泸州市地税局	行政	龙马大道一段	
	泸州碳黑厂	企业	玉带桥	
	泸州市交警支队	行政	龙南路	
	泸州市车辆检测中心	企业	龙南路	
	泸州市运管处	行政	大通路	
	泸州市建平医院	事业	大通路	民营
	四川王氏集团	企业	龙南路	
	泸州超长客运站	企业	回龙湾	

续上表

属地	名　　称	类别	住　　址	备　　注
红星街道	南方高速公路公司	企业	泸州高速收费站	
	龙门大酒店	企业	南光路	
	泸州汽车总站	企业	蜀泸大道	
	泸州市广播电视局	事业	蜀泸大道	
	泸州电视台	事业	蜀泸大道	
	泸州新视广电网络公司	企业	蜀泸大道	
	泸州广播电视报社	事业	泸州广播电视中心	
	龙城大厦	企业	蜀泸大道	
	泸州移动公司	企业	蜀泸大道	
	成都海关驻泸州办事处	行政	蜀泸大道	
	上海大众汽车服务公司	企业	蜀泸大道	
	泸州医学院城北校区	事业	蜀泸大道	
	泸州市天然气公司	企业	蜀泸大道	
	泸州鹏达建材市场	企业	龙南路	
	成都荷花池泸州市场	企业	龙南路	
	泸州市中心血站	事业	龙南路	
	四川希望集团	企业	龙南路	
	泸州汇丰饭店	企业	龙南路	
	泸州华普妇产医院	企业	龙南路	
	泸州市农机局	行政	春晖路1号	
	泸州市卫生执法监督支队	行政	大驿坝	
	泸州市食品药品监督管理局	事业	新民街	
	泸州市长途线路管理局	事业	新民街	
	泸州市土地收储整理中心	事业	南光路	
	泸州市土地矿产交易中心	事业	南光路	
	泸州市体育馆	事业	医学院城北校区	
莲花池街道	泸州长城机电厂	企业	迎宾大道85号	
	长江石油机械厂	企业	迎宾大道一段	
	泸州三友物流集团	企业	龙马大道三段	
	泸州自强工业园	企业	迎宾大道三段	
	泸州"三九"灯饰城（市场）	企业	迎宾大道一段41号	
	泸州武警消防支队一大队	事业	区政府左侧	

续上表

属地	名 称	类别	住 址	备 注
莲花池街道	长江航道公安局泸州分局	行政	龙马大道三段	
	中国联通泸州分公司	企业	龙马大道三段	
	泸州市救助站	事业	齐家路口	
	泸州广电发射台	事业	插旗山	
	四川省广电传输中心（518台）	事业	插旗山	
	帝都大酒店	企业	龙马大道三段	
	安翔民爆公司	企业	龙马大道三段	
	泸州市烟花爆竹公司	企业	龙马大道三段	
小市街道	宝光房地产开发公司	企业	杜家街	
	泸州职业技术学院中专部	企业	杜家街	原水电校
	龙马商城（市场）	企业	回龙街14号	
	泸州蓝天商城（市场）	企业	回龙湾	
	泸州荣峰商城（市场）	企业	沱江路	
	泸州公交商城（市场）	企业	上合道街15号	
	泸州沱江市场	企业	下合道街18号	
	泸州市第二人民医院	事业	上大街社区	
鱼塘镇	泸州维城磁能有限公司	企业	望江路	
	青岛啤酒（泸州）有限公司	企业	东升路	
	泸州天云包装制品有限公司	企业	龙潭路	
	泸州大鹏包装实业有限公司	企业	民权社区	
	泸州生力特粮油有限公司	企业	民权社区	
	维维泸州豆奶粉厂	企业	民权社区	
	泸州南方工程塑料有限公司	企业	希望大道	
	四川宝光药业股份有限公司	企业	望江路	
	泸州华西玻璃钢有限公司	企业	望江路1号	
	伊顿流体连接件（泸州）有限公司	企业	振兴路	
	泸州泓江电解设备有限公司	企业	龙潭路	
	四川科友电器有限公司	企业	望江路	
	泸州国豪混凝土工程有限公司	企业	云华山	
	四川好百年食品有限公司	企业	石堡湾	
	泸州向阳集团房地产开发有限公司	企业	石堡湾	
罗汉镇	北方化学工业公司	企业	高坝厂区	
	北方硝化棉公司	企业	高坝厂区	
	川南机械厂	企业	高坝厂区	

续上表

属地	名称	类别	住址	备注
罗汉镇	鑫福化工有限公司	事业	罗汉场	
	中海油四川有限公司	企业	罗汉场	
	壳牌（泸州）沥青	企业	长通港社区	
	泸州国际集装箱码头	企业	长通港社区	四川唯一出海口
	四川凯达化工有限公司	企业	高坝厂区	
	泸州江阳化工厂	企业	建设村	
	泸州老窖罗汉生产基地	企业	石梁村	
	唐朝老窖	企业	石梁村	
	树风职高	事业	罗汉场	国重

第四节　人文底蕴

　　龙马潭区是泸州历史文化名城的重要组成部分，人文底蕴厚重。西周时，石洞人尹吉甫出任太师，事迹载入《诗经》。其子尹伯奇的抚琴台，列入泸州八景之一。西汉时，遗存岩墓群于长江边，可供古老丧葬文化研究。唐代，佛教文化传入境内，岩墓群侧有千佛岩石刻。北宋大书法家大文学家黄庭坚留有"拙溪"墨宝于罗汉境内。南宋官至礼部尚书的杨汝明，任泸州知州时在五峰岭创办书院，培育人才。明代御史王藩臣建立锁江塔于长江之滨，与江阳报恩塔交相辉映。清代有佛门坎节孝牌坊，洞宾亭乐善好施牌坊，小市、罗汉5处老窖池群等等。著名风景区龙马潭公园文化内涵更丰，唐宋时期曾建碧梧观、冲虚观、龙王庙；明代新都状元杨升庵，清代探花（四川大竹人）江国霖，清代四川按察史赵藩、黄云鹄，民国时期著名爱国人士章士钊，现当代世界著名作家巴金等在此留下了不少诗联文精品。清末小市人佘英，高举反清大旗，多次起义，被捕就义后，县人建纪念碑于中城公园。在小市度过童年的蒋兆和，毕生从事绘画创作，成为世界级国画大师，其代表作《流民图》镌刻在玉蟾风景区。小市人李育灵，抗日期间义卖数十件绘画珍品，把款项全部献给国家。双加许剑霜，积极协助刘伯承领导的泸州起义，后红军长征过西昌，他以雷马屏峨屯垦军第二站区司令身份，救出受伤红军200多人。滇军旅长朱德驻泸时，两次登五峰岭，写诗31首，抒发爱国情怀，为泸州留下宝贵精神财富。留德归来的泸县白云人税西恒，1925年在洞窝创办济和发电厂，首次为泸州送来光明。1930年中共党员刘力生率先建立石洞农民协会，开展抗租斗争。1940年，泸县中心县委书记陈野苹（当时化名田家英）在罗汉半截田举办党员训练班进行气节教育。解放后，一大批南下干部为小市地区带来了革命传统思想作风。改革开放后初期，石洞杨国清卸任支部书记后，广植花木致富，以多种方式回报社会，被评为全省双文明户。

第二章 乡镇街道

第一节 安宁镇

安宁场乾隆时在此设递铺，距泸城5公里，其社会治安对城市影响很大，故以安谧宁静之意，取名安宁铺。1946年建场，解放后设安宁乡，隶属七区（石洞区）。后并入石洞红旗人民公社。1996年7月划归龙马潭区。1999年3月撤乡建镇。其境东临鱼塘镇，南接莲花池街道办事处，西与胡市镇接壤，北与石洞镇毗邻。境内两个场镇赶场期：安宁三、六、九，齐家二、五、八。镇办公地址安宁场。全镇辖区面积46平方公里，辖6个行政村、2个社区，188个村民组，7个居民组；常住3.01万人，其中非农业人口3 717名。有耕地147.93公顷，农村人均0.68亩，2005年产粮1.4万吨，人均占有粮520公斤。完成地区生产总值1.3亿元，财政投入919万元，人均纯收入3 706元，分别比1996年增长58%、315%和192%。先后获得全国群众体育先进单位、市综治模范等多项荣誉称号。历任乡镇党委书记左永兴、李治平、吴国勇、朱永平、刘泽军。历任镇长熊启权、陈家云、沈怀荣、吴伟、刘泽军、黄峰。

村镇建设由泸州市经济技术开发区统一规划，建成商品楼10余幢，建筑面积3万多平方米；建成一处农贸市场3 800平方米，加附属设施共计建筑面积2.02万平方米。全镇7 000多户农民，85%以上建了楼房，98%用上清洁卫生机井水。良丰村从1998年起建中心村庄，2001年修通水泥公路3公里，2003年建成供水设备，建筑面积6 000多平方米，入住村民50余户。

泸隆铁路贯穿全镇，安宁火车站在镇侧；泸隆高速公路、省道219纵贯镇境；市内20路、21路、148路、40路公交车及多路班车穿境而过。镇村通公路率100%，组通公路率70%，镇村公路77公里，硬化率35%。全镇有私营汽车500余辆，机动船50余艘。

境内盛产水果，良丰村有九狮柚80公顷，年产400多吨，2002年来先后在中国西部国际农业博览会上评为优质农产品、无公害农产品，已批准注册，产品供不应求。还有甜橙233.33公顷，龙眼、枇杷66.66公顷，部分挂果，年产果600多吨，年种植云台生姜33.33公顷，产姜近1 000吨，销往成都、重庆、贵州等地。饲养奶牛300多头，年产鲜奶2 000多吨。有313.33公顷水面养鱼，年起水成鱼900多吨。农村富余劳力常年在外或就近务工8 000多人，年收入4 000多万元。

境内有国家粮库、环鑫燃气、兆峰陶瓷、泸州老窖工业园区等一批大中型企业入驻。先后引进泸州永红工程塑料厂、泸州华润建材厂、泸荣酒厂、泸州华宝石化有限公司、泸州凯科饲料有限公司、泸州天之骄子实业集团公司等20余个企业，投入6 374万元，年创产值7 600多万元，创税利820多万元。

优先发展教育事业，有中心小学、初级中学各2所，村校11所，在校生2 700多人，从1999年起连续6年获区教育质量综合评估一等奖。文化活动有健身队、腰鼓队、歌舞表演队、舞狮队各1

个，由学校举办"希望之光"艺术节 6 届；良丰村举办农民运动会 3 次，开展拔河、扭扁担、吹花号、扳手腕、斗鸡等活动。九狮风景区距泸州城区 6 公里，始建于 1993 年，景区拥有 333.33 公顷森林资源，面积 13 平方公里，开发 4.7 平方公里。通过统一规划、公平招标，采取独资、合资方式建设。建成仿古式景区大门、船舫、索桥、龙宫、仿长城、千狮坛、恐龙博物馆、三国城等多处景点。狮文化、龙文化、佛教文化兼备，纳入了川南、渝西旅游网络。20 世纪 90 年代中期盛极一时，年接待游客 20 万 ~30 万人，共接待 200 多万人次。2002 年被国家旅游局评为 AA 级旅游风景区。由区、镇、村在景区内共建的状元山公墓，占地 2 公顷，共建墓穴 1 万余个，至 2005 年安放骨灰盒 9 000 多具。

第二节　石洞镇

石洞因场后污泥河岸有一石洞，夏季涨水时有鲶鱼涌出而得名。清雍正七年（1729 年）隶属泸州麟现乡。民国 23 年（1934 年）设石洞镇，辖双碑场、罗基坎。次年，第五区署驻（辖）石洞。解放后隶属泸县七区、石洞区。1992 年 8 月撤区并乡建镇，泸县双嘉乡、永寿乡并入石洞镇。1996 年 7 月划归龙马潭区。2000 年 8 月，划出双加片区建双加镇。2004 年 10 月将 21 个行政村合并为 9 个，保留 2 个社区。境内两个场镇赶场期：石洞一、四、七，永寿四、七、十。镇办公大楼建在新区。

石洞镇位于泸州城北 10 公里，东临长安乡、特兴镇；南连安宁镇、鱼塘镇；西接胡市镇、金龙乡，北靠双加镇、云龙镇。全镇辖区面积 51.46 平方公里，耕地 1.42 万公顷，辖 9 个行政村，2 个社区居民委员会，229 个村民组，36 个居民组。常住 1.42 万户、4.29 万人，其中非农业人口 6 838 人。2005 年产粮 1.98 万吨，人均占有粮 540 公斤。完成地区生产总值 1.59 亿元，财政收入 806 万元，农村人均纯收入 4 000 元，分别比 1996 年增长 2.27 倍、1.56 倍和 1.69 倍。1998 年以后先后被评为四川省先进文化镇、省劳务开发先进镇、省城镇建设先进镇、省创建文明小城镇示范镇、省级卫生镇、全国亿万农民健身活动先进镇、全国残疾人工作先进镇。历任镇党委书记何世鱼、刘宇、朱永平、胡怀明。历任镇长朱永平、殷忠祥、武正明、唐伟。

石洞镇人杰地灵。早在 2 800 多年前就有高山子村的尹吉甫出任西周太师。1930 年石洞农民协会在党的领导下开展抗租斗争。1941 年五斗冲农民不堪忍受国民党军队的欺压，奋起将 12 名官兵杀死抛入高洞潭中。1954 年泸县人民政府修建石洞烈士陵园，以纪念解放泸县及平息土匪暴乱而牺牲的革命烈士，被列为县级文物保护单位和爱国主义教育基地。

石洞镇交通方便，省道 219、泸荣公路、泸隆铁路穿境而过，市内 20 路、40 路、148 路公交车在镇内有多处站点。镇村公路 132.18 公里，石板路 139.3 公里，村组通车率 100% 和 98%。自 1994 年被批准为省级小城镇建设试点镇以来，至 2005 年共投资 1.5 亿多元，新建和改造房屋 10.2 万平方米，再造了一个新场镇。2000 年起有 5 000 多人饮用泸州自来水。1990 年开始使用天然气，至 2005 年已达 2 000 多户。

1999 年镇党委、政府根据调整农业产业结构和发展经济需要，在高山子、向前、沙河村建造 200公顷集中成片的名、优、特、稀、精水果，花卉苗木生产、科研、繁育基地石洞花博园。由镇政府统一租用农民土地，统一补偿，直接向业主招商引资开发。并出资 200 多万元完善基础设施，做到水、电、路三通。1999—2005 年共招商 34 家，引资 4 080 万元。园内栽种 200 多种花卉，有金茶花、樱花、杜鹃、红叶什兰等名优品种。石洞镇因有这个集观光、休闲、餐饮、娱乐为一体的花博园而名噪市内外。园内已有二星、三星级农家乐4家、2家，一般农家乐10余家，年接待游客20多万人次。失地农民或外出打工经商办企业，或就近务工，人均年纯收入5000多元。

全镇共有名优白酒酿造、销售企业17家，年产酒1万多吨。三溪和玉蝉是泸州酒界五朵金花（泸州老窖、郎酒、仙潭、玉蝉、三溪）中的两朵。三溪酒为国家优质酒，产量、销量经久不衰。玉蝉酒荣获历届商业部和四川省优质产品称号，三次蝉联商业部金爵奖，是四川省质量卫生信得过产品，由中国人民保险公司质量保险。王氏集团"九月九"酒业有限公司年产销优质白酒3000多吨，其酒业中心开发的"川酒王"系列酒，1995年被评为中国名牌产品。

新建的龙马潭区红十字医院（石洞中心卫生院）属一等乙级乡镇卫生院，建筑面积6700多平方米，病床200张，职工40人，2005年门诊5.9万人次，住院2786人次。四川王氏集团公司2002年投资500多万元在花博园建成"王氏敬老公寓"，已入住41人。公司董事长王德彬2003年被省政府授予"敬老好儿女"称号，次年被国家老龄委授予"孝亲敬老之星"称号。肖湾村注重两个文明一起抓，1999年被国家文明委评为全国文明单位。

第三节 特兴镇

特兴是清嘉庆年间特凌场与兴隆庙合并建镇，各取一字得名。民国23年（1934年）特凌镇属泸州安贤乡，1937年建特兴乡，属泸县第三区，1950年属第一区。1958年建人民公社，1985年复乡，1992年撤乡建镇，长安、奎丰并入特兴镇。1996年7月划归龙马潭区。2000年9月划出长安片区7个行政村105个村民小组建长安乡。该镇位于龙马潭区东部长江北岸，长江、龙溪河三面环镇，东与泸县兆雅镇接壤，东南与江阳区泰安镇隔江相望，西北与鱼塘镇、安宁镇毗邻，北与长安乡相连。全镇辖区面积46平方公里，有耕地1504.13公顷，辖7个行政村，1个社区，205个村民组，9个居民组，2005年统计常住8880户，2.73万人，其中非农业人口1768人。境内泸永高等级公路横贯东西，市内公交车34路直达，39路有多处站点；有特奎路、特安路、长永路、奎高路等70多公里镇村公路，村通车率100%。

特兴场原有一条400多米长、6~7米宽的老街，赶场天拥挤不堪。1996年泸永高等级公路贯通，镇党委、政府抓住机遇建设新场镇。2004年被国家六部委确定为全国重点建设镇后，镇政府及镇属各部门在新区建办公楼、住宿房，个体私营企业积极参建。仅3年时间，长1200米新街基本形成，投资1734万元，新建和改建房屋21.9万平方米，但仍以街为市。1999年引资400万元，修建农贸市场1.3万平方米。公共设施配套，接通天然气，饮用自来水，成为一座新场镇。同时启动社会主义新农村建设，1997年魏园村率先在特奎公路旁建中心村庄，建筑面积3万多平方米。硬化街道长400米，并完善水、电、路三通。至2005年已入住93户，300余人，2005年被国家文明委评为全国文明单位。2006年支部成立"十字绣"小组，鼓励妇女学技术、闯市场，其产品在泸州专销。安民村急起直追，从2000年起建村庄，硬化街道1000余米，至2005年入住150多户、490多人。至此特兴镇共有4个商贸集市，安民、奎丰农历二、五、八逢场，特兴、魏园分别为三、六、九，四、七、十。

特兴镇大力调整农业产业结构，尤其着力发展罗沙贡米，已种优质稻533公顷。果品生产依托桐兴村133公顷成片桂圆林，周边又定植桂圆66.7公顷，已陆续挂果，成为年产上千吨珍稀水果镇。全镇种植蔬菜500公顷，其中生姜400公顷，产品远销云南、贵州、重庆。畜牧业产值已占农业总产值50%以上，年出栏生猪2.7万多头。小家禽以鸡、鸭、鹅为主，年出栏180多万只。充分利用塘、库、堰和稻田养鱼，年起水成鱼450多吨。从2001年起加大招商引资力度，先后引进泸州龙之队酒业有限公司、泸州科技燃气技术有限公司、泸州市龙马潭区创发塑料厂等10多家企业，2005年工业产值5 664万元。全镇国内生产总值9 229万元，财政收入542万元，农民人均纯收入3 664元，分别比2000年增长24%、25%和41%。全镇有52个小学教学班，10个初中教学班，学生2 200多人，入学率分别为100%和98.5%。文化活动丰富，魏园村年年办艺术节；特兴社区组建腰鼓队；走马村有艺术团，2000年来6次组队参加区文艺调演，3次获二等奖，1次获一等奖。计生工作1998年以后3次获区一等奖，2次代区迎省、市检查获好评。档案管理1998年经省检查三级达标，2007年省检二级达标。文明单位创建深入开展，已同市、区13个单位结成共建对子，创建区卫生单位5个，文明单位4个，市级文明单位1个，国家文明单位1个，小康村7个。

特兴镇党委、政府先后被区评为"五好乡镇党委"、被市评为文化先进镇、双拥工作先进镇、科普示范镇。历任镇党委书记杨文学、张传耀、陈家云、王强、徐平、熊福均。历任镇长何勇、宋庆、陈仕友、郭志。

第四节　胡市镇

明永乐年间胡市已成小集镇，为便于濑溪河、沱江两岸人民交往，由胡姓人建立渡口，名胡市渡。明属泸州衣锦乡白荔里，清属会文乡，民国23年（1934）建胡市乡。解放后相继属泸县十四区、石洞区、胡市区。1985年撤乡建镇。1992年撤区并镇，来龙乡并入。1996年7月划归龙马潭区。后境域略有调整。2004年4月并村合组，由16个行政村并为5个，保留胡市、来龙2个社区。场期：胡市三六九、来龙二五八。镇办公地址胡市场。

胡市镇位于沱江与濑溪河汇合口，东临石洞镇、安宁镇，南滨沱江，与江阳区隔江相望，西与海潮乡毗邻，北与金龙乡接壤。全镇辖区面积44.7平方公里，有耕地1 064.5公顷，2005年常住9 600户、2.93万人，其中非农业人口4 309人。境内泸富公路横贯东西，隆纳高速公路沟通南北，村、组通车率100%和86%。濑溪河、沱江穿境而过，有年吞吐量4万吨码头1座。

胡市镇按兴工、活商、富民的思路发展经济，主要抓乡镇企业、个体私营经济、农业结构调整和劳务输出4个增长点。积极招商引资发展工业，有企业28家，其中工业26家，年产值1.57亿元。拥有玻璃酒瓶、建材和酒类生产三大产业。四川泸州龙马晶玻有限责任公司，日产名优酒瓶26万只，生产高、中档酒瓶600余种，远销宜宾五粮液、贵州茅台、山西汾酒等20多家名优酒企业，年产值9 000多万元。泸州市第九建筑工程有限公司，有职工2 500多人，年产值6 000多万元，连年被省、市、区评为纳税大户、先进企业。有酒类企业8家，年产优质酒1 200多吨，销售收入2 400多万元。以稳粮调结构、增收奔小康统率农村工作。大力推广宜香杂交水稻良种，全镇种植666余公顷，连年稳产高产。粮经比例由7∶3调为6∶4。着重抓水禽、生猪、水果、蔬菜基地建设，年出栏家禽128万只，生猪等家畜23.23万头，年产水果200余吨，起水成鱼300多吨，多种经营年收入5 800多万元。新栽种甜橙、桂圆、荔枝、梨树2 430多亩，为持续发展奠定了基础。剩余劳力6 000多人外出务工，年收入4 360多万元。全镇2005年完成地区生产总值1.11亿元，财政收入872万元，农村人均纯收入3 693元，均比区划前增长2倍以上。产粮1.35万吨，农村人均占有粮530公斤。先后被泸州市评为小康镇、综治模范镇、敬老模范镇；被四川省定为小城镇建设试点镇，评为省文化先进镇。历任镇党委书记曾平东、陈泽荣、易先炳、兰永智、刘剑、兰荣辉。历任镇长陈泽荣、余元玲、兰永智、兰永生、唐宣华。

1995年着手场镇建设，先后改造胡市二街、一街旧场。至1998年投资2 730多万元，建成982米长9米宽的水泥街道，建房3.6万平方米。并抓住隆纳高速路建设机遇，从高速路出口处到老场口建成一条870米长、32.5米宽的新街。至2005年投资3 570多万元，建成21幢楼房，建筑面积44 360平方米，门市200多个。2001年10月投资1 650万元建成棚盖式农贸市场1座，占地1.13公顷，建筑面积6 450多平方米，有摊位、门市400余个。1999年6月起开发岩湾小区，占地2公顷，投资650多万元，建成房屋1.62万平方米。10年来，胡市共建房18.5万平方米，占地1.8平方公里，比老场扩大一倍多。共有17条街道，长9 700多米，有门市1 390多个。同时投资80多万元，建胡市、来龙2个自来水厂，解决了场镇7 000多人饮水和就近133.33公顷农田灌溉问题。胡市有天然气用户500多户。乡村建设相应发展，全镇70%以上农户修建楼房，建筑面积108.8万平方米，农民住房条件改善。镇内有区属泸州十七中，镇属中心校、村校各2所，幼儿园12所，在校生2 846人，入学率、巩固率、毕业率均达100%。10年来先后投资885万元改善办学条件，2002年来连年获区教学评估一等奖、特等奖。文化活动丰富多彩，镇建有门球场等体育场地，有秧歌、腰鼓、铜管乐、火龙、彩龙等15支文艺队伍，1999年来先后被区、市、省评为文化先进镇。镇中心卫生院属一等乙级医院，设备先进，全天候为病人服务。人口出生率控制在12‰以内，维持着低生育水平。有老年人活动中心，2002年新建胡市敬老院入住107名老人。2000年架通38公里光纤主干线路，实现村村通，被市、区评为先进。文明创建日益深入，有胡市中心卫生院等20余个单位建成市、区级文明单位；1 000余户被评为平安家庭。依托金山村桂圆林（5 000多株桂圆树中，100年以上500多株），引资建成集生态农业、观光、休闲、餐饮、娱乐为一体的泸州近郊一处自然风景旅游区，月接待游客1万余人。

第五节　鱼塘镇

鱼塘镇因附近有鱼塘湾庄园得名，在长、沱江交汇处北岸，东临特兴镇，西与小市、莲花池街道接壤，南与江阳区隔江相望，北与安宁镇毗邻。全镇辖区面积20.5平方公里，耕地579.4公顷，常住6 893户、2.05万人，其中农业人口1.32万人。2005年产粮3 725吨，农村人均占有粮448公斤。实现地区生产总值1.61亿元，乡镇企业完成产值2.73亿元，财政收入1 385万元，农村人均纯收入4 007元。先后被市评为十强乡镇、思想政治工作先进单位，被区评为科普示范镇、最佳文明单位、"六好"乡镇党委。历任党委书记刘元华、陈家云、尹德良；历任镇长曾田野、郑友生、徐平、张征宇、杨劲松。

鱼塘镇民国时期属泸县一区。1950年划入泸州市；1952年建一心乡；1956年划入泸县；1958年建立人民公社；1984年复乡；1992年新民乡并入建镇；1996年7月划归龙马潭区。2000年8月将红星、新民、长桥、互助4个村划出建红星街道办事处；胜利、五八村（五八居委会）及关口村一部划出建莲花池街道办事处。辖6个行政村、3个社区、76个村民组。2005年有村（居）民2.14万人，其中回、苗、布依、侗、壮、傣族26人。有非农人口7 391人。场期一、四、七。办公地址石堡湾街村。

境内有泸隆铁路、219省道、泸永高等级公路、泸州国际集装箱码头进港公路、小（市）罗（汉）公路和建设中的泸州环城路。市内2、20、21、24、32、34、39、40、148、168路公交车过境。207、223路直达。镇村公路11.8公里，村、组通车率100%和86%。

境内除有镇属规模以上企业 6 家外，还有区属泸州好百年食品公司、华西玻璃钢有限公司、维维集团（泸州）豆奶粉厂和市属青岛啤酒（泸州）有限公司、维城磁能有限公司、宝光药业有限公司、生力特粮油有限公司、伊顿流体连接件有限公司、泸州林庄变电站、泸州老窖怀玉制曲工段等企事业多家。

1991 年泸州经济技术开发区管理委员会入驻鱼塘，将镇所在地石堡湾 3 平方公里范围按市政规划统一开发。至 1997 年投资 3 亿多元将新建街道、房屋等，从过去的幺店子变成有 17 条街道、经商门面 300 多间、常住人口 1.9 万多人（含流动人口）的繁荣小镇。

境内名胜古迹较多，有市级文物保护单位龙马潭诗碑、洞宾亭摩崖造像和牛场上贞节牌坊。有兵家必争之地插旗山和旧时泸州八景之一抚琴台，还有龙洞山古庙等。龙马潭公园为市级旅游风景区。

1996 年区划时地区生产总值 7 300 多万元，财政收入 395 万元，农民人均纯收入 1 644 元，至 2005 年分别增长 145%、164% 和 143%。乡镇企业产值 1966 年 12 448 万元，1999 年增长至 3.85 亿元，2000 年镇内区划调整一度下降，通过招商引资继续发展。调整农业产业结构，2005 年粮食面积减少 180 多公顷，蔬菜面积扩大 200 多公顷，产菜 1.12 万吨，增长 38.4%。其中芽菜、酸菜、芹菜等四大传统名菜，发展至 300 多公顷，产量增至 3 800 多吨，分别增长 4.5 倍、4.7 倍，芽菜远销重庆、成都等地。鼓励农民批量饲养龙马乌鸡，建设产业化生产基地。1998 年制订发展规划和优惠政策，修建原种场，购置机械化孵化设备，形成泸永公路一条路发展乌鸡的格局，并申请注册为"龙马乌鸡"。2005 年养殖专业户发展到 150 多户，出栏商品乌鸡 250 多万只，孵化鸡苗 1 000 万羽，远销省内外，产值 6 000 多万元，成为鱼塘镇的支柱产业，有"乌鸡之乡"美誉。

第六节　罗汉镇

因场后寺庙旁有一石似罗汉，故名罗汉场。清雍正七年（1729 年）属泸州里仁乡，民国 23 年（1934 年）置罗汉乡，隶属泸县至解放。1950 年划入川南行署属泸州市所辖，曾为第四区所驻地。1952 年建镇，1956 年划入泸县，1958 年 6 月划回，10 月建罗汉人民公社，1969 年更名东风公社，1982 年复名，1984 年建乡，1992 年设镇，1996 年 7 月划归龙马潭区。其地在泸州城东，长江、龙溪河环抱大部境域，东与特兴镇接壤，南与江阳区隔江相望，西、北与鱼塘镇毗邻。全镇辖区面积 23.24 平方公里，有耕地 539.93 公顷。辖 6 个行政村、68 个村民组，4 个社区。高坝厂区办事处成立于 1958 年 3 月，1969 年 1 月，更名高坝厂区革委会，1980 年复名；1985 年更为泸州市中区人民政府高坝厂区办事处；1996 年 7 月划归龙马潭区；2000 年 9 月与罗汉镇政府合署办公，两块牌子，一套人马。全镇共有 4.1 万人，其中非农业人口 2.21 万人。有场镇 1 个，场期二、五、八。镇办公地点石梁村。2005 年实现地区生产总值 2.92 亿元，工业总值 3.32 亿元，财政收入 1 043 万元。1993 年跻身四川省乡镇企业 200 强，是省文化先进镇。被泸州市评为乡镇企业 10 强镇、思想政治工作先进镇、综治模范镇、双拥模范镇。历任镇党委书记颜泽森、熊启权、陈泽荣、熊启权、宋庆。历任镇长裴世德、王强、刘剑、尹德良、刘本飞。合署前周德秀曾任高坝厂区办事处党工委书记、厂区办主任。

罗汉自古人杰地灵，人文底蕴深厚。北宋大诗人黄庭坚游罗汉场洗脚溪时坠马，在溪边题"拙溪"二字。明代御史王藩臣，在长江北岸建锁江塔。两处皆为市级文物保护单位。20 世纪 20 年代，泸县人税西恒留德归来，在洞窝建济和发电厂，首开工业文明。抗日战争期间，泸县中心县委书记陈野苹在半截田举办党员培训班，进行气节教育。1963 年朱德委员长视察罗汉公社，指示要因地制宜发展生产，改善人民生活。

境内高坝工业园区是泸州大中型企业聚集区。有北方化学工业有限公司（原泸州化工厂）、四川北方硝化棉公司、川南机械厂、泸州江阳化工厂、鑫福化工有限公司（原泸州碱厂）、泸州老窖罗汉生产基地等。四川唯一出海口岸，年吞吐量20万吨的泸州国际集装箱码头建在长通港社区，给区域经济发展带来机遇。小市至罗汉，鱼塘至泸州集装箱码头水泥公路贯穿全境。市2路、24路、168路公交车直通高坝；32路直达集装箱码头。另有若干中巴车频繁往来于罗小公路。有镇村公路25.67公里，村组通车率100%。

罗汉镇1995年乡镇企业产值4.2亿元，创税3 400多万元。后因种种原因一度滑坡。镇政府一手抓乡镇企业改制，盘活资财，实行资源重组，稳住一批骨干企业。一手着力招商引资，发展乡镇企业。2001年成立书记、镇长为领导的招商引资机构，成员分工负责，具体落实任务。并从改善软环境入手，5年来全镇招商项目88个，引资1.75亿元，已形成机械、化工、酒类、物流、建材五大产业，其中规模以上企业有唐朝老窖有限公司、北辰电力、富邦化工、泸州市工程精密铸造厂等12家。石梁村自建3.68万多平方米工业园区，利用闲置房大力招商，引进企业35个，2005年销售收入1.4亿元，纳税340万元，村集体收入28多万元。镇上多次调整农业产业结构，使农民走上富裕之路，石梁村效果最明显。该村1 890人，耕地人均0.21亩，1989年开始饲养蛋鸡，镇政府帮助总结经验，认真推广，1998年，养鸡专业户发展到17户，存栏蛋鸡3万多只。政府因势利导，协助建立欣鑫养殖专业协会，创立"罗汉蛋"品牌，实行支部＋协会＋会员连农户模式。2005年被市科协评为明星协会。是年产罗汉蛋2 878吨，出栏肉鸡61万只，出售鸡苗200万羽，产值3 650多万元。80多户养殖专业户，户均盈利4万多元，全村人均纯收入4 980元，为全区之冠。

随着经济发展，各项事业与时俱进。普通教育除泸化中小学外，有镇办中小学各1所，在校生1 448人。医疗机构除泸化医院外，有镇卫生院（一等乙级）1个，村卫生站13处。福利事业积极推进，2002年由刘锐等人投资150万元在大通山创办爱心特护院，设床位100张，已入住老人80多人次。1998年镇政府在大龙山兴建公墓园，规划墓穴2 100个，安放骨灰盒1 200多具。又与群丰村合作投资200多万元建成大通山公园。全镇有大小农家乐30多家，月接待旅客4万多人次。奇石文化发展迅速，高坝村背靠长江，村民们觅奇石收藏或变卖，有的人因此致富。2005年建立奇石协会，有会员60多人，拥有奇石2 000多吨，积极打造泸州首个奇石村。

第七节　双加镇

双加是1950年11月，泸县将双碑场与加祥乡（原名嘉祥）合并建乡，各取一字得名。双碑场于清同治年间始建，属泸州麟现乡，因街后古庙内有两块石碑，故名双碑场（俗名双碑子）。该乡先后隶属泸县第七区、石洞区。1992年并入石洞镇，1996年7月划归龙马潭区。2000年8月双加片区划出建镇（此前一直为双嘉，建镇时，省上批文为双加），并把胡市镇群丰村，金龙乡颜坪、左岩、凉坳、凉水、杨柳5个村并入双加镇。2004年9月由原17个行政村并为6个，建2个社区，198个村民组。2个场镇，场期双加三、六、十，嘉祥二、五、八。镇办公地点在双加社区。其地东与云龙镇连接，南与石洞、胡市镇毗邻，西与金龙乡为界，北与得胜镇衔接。全镇辖区面积37平方公里，常住7 758户2.67万人，其中非农业人口615人。泸隆、泸荣公路和泸隆铁路穿境而过，市40路公交车直达。修建镇村公路60公里，村、组通车率100%。5年来共引进和筹资3 000多万元新建党政办公大楼、镇卫生院综合楼、计生服务中心综合楼、中心校教学楼、农贸市场、文化广场等。修建长900多米、宽24米的新区主次干道、3 500米长的排污沟及垃圾库、公厕、路灯等设施。投资80万元建起自来水厂，安通天然气管道，广播电视网络村村通。

双加镇大力招商引资，持续发展经济，对引进企业实行"一站式"服务。有泸州市高飞酒业有限公司、泸州市黑土地酒厂、泸州盛世天香南方酒业公司等16户企业落户，加上原有企业共计407户，乡镇企业产值2005年达到1.05亿元，比建镇时增长35%；工业总值5467万元，增长56.7%，实现利税724万元，增长39.2%，入库税金430万元，增长303%。对农村着力调整产业结构，狠抓基础设施建设，实行山、水、田、林、路综合治理，5年来改造低产田1.28万亩，实施水土保持133公顷，治理水土流失面积12平方公里，推广农机具1 500台（套），新增机耕面积400公顷。累计投工300多万个，投资3 000万元，改山坪塘95口，建蓄水池32个，实施退耕还林200公顷。积极发展水产品，依托省级示范项目"万亩无公害水产养殖基地"，利用塘、库、堰200多公顷无工业污染水面和鼓励农民实行稻田养鱼、休稻养鱼，2005年全镇养鱼面580多公顷，起水成鱼785吨，农村人均渔业收入199元。同时积极发展大白鹅、良种兔、生猪等家禽家畜，肉类产量3 250多吨，比建镇时增长29%。农村存款余额4 465万元，增长63%。

双加镇优先发展教育，建镇以来先后投资410多万元，修建村校和中心校教学楼、住宿楼、运动场，新建计算机网络教室、多媒体教室，建筑面积5 700多平方米。共有在校生1 900多人，小学生入学率、毕业率100%；中学生入学率97%。中小学教学质量连续两年获区二等奖。2002年投资100余万元，修建卫生院综合楼1 500平方米，有医务人员29人，病床20张，年门诊6 000余人。计生工作先后获区一、二等奖，获市、省、全国婚育新风进万家乡镇称号。全镇有4个文艺演出队，年演出100余场，观众6万多人次。参加市、区调演，先后获一、二、三等奖。镇有篮球场、羽毛球场、乒乓球台，方便群众锻炼身体。2001年举办农民运动会，开展拔河、跳高、跳远、接力赛，吸引观众近千人。对低保户做到应保尽保。镇、村都建有老年活动室，老龄工作被区评为先进，被市评为敬老模范镇。被区评为科普示范镇，文明单位，水利建设先进集体。档案工作达省一标。历任镇党委书记殷忠祥、苟杰林、傅蜀麟、刘剑。历任镇长苟杰林、尹德良、冷自强、杨奇贵。

第八节　金龙乡

金龙乡因场镇附近有金龙山得名。清代建场，雍正七年（1729年）隶属泸州会文乡，1934年属牛滩乡，后属第五区牛金乡。1948年金龙建乡，1950年隶属泸县十四区（胡市），1958年建人民公社，1982年复乡，1996年7月划归龙马潭区，后境域范围略有变动。2005年11月全乡辖4个行政村，2个社区，54个村民组。境内有2个场镇，场期金龙二、五、八，官渡一、四、七，办公地址在金龙场。

金龙乡位于龙马潭区西北郊，西靠濑溪河，东临219国道，四周与双加、海潮、牛滩、得胜毗邻。全镇面积40.8平方平方公里，有耕地1 055公顷，常住7 435户2.32万人，其中非农业人口1 412人。2005年全乡完成地区生产总值8 176万元，其中农业产值4 916万元，分别比区划前增长1倍以上。完成财政收入143万元，农民人均纯收入3 626元，增长两倍以上。产粮1.31万吨，农村人均占有粮600公斤。先后被市、省评为文化先进乡，市综治模范乡、先进基层党组织。历任乡党委书记余世文、兰永智、安力、易和泽。历任乡长兰永智、戴志林、安力、刘宇、易和泽、刘本飞、吴忠文。

1992年前金龙场街道长约600米，宽2～5米，房屋破烂，街面不平。官渡场街道600余米，门市 100 余个，均无农贸市场，逢场天以路为市，制约经济发展。乡政府经过统一规划，鼓励居民改造旧房建新区。经过 10 年努力，两个场镇共修通水泥过境公路 1 850 米；建农贸市场 5 个，面积 5 000 多平方米；修建砖混结构楼房 12.5 万平方米，其中门市 1 063 个。水电气及卫生、绿化等配套设施齐全，光纤电视、移动电话陆续开通，商机凸显。金龙场 812 个常住户中，外来户占 57.2%。

金龙乡经济收入主要靠种植、养殖、加工和劳务输出。在农田水利基本建设上，先后投资 100 余万元整治 3 座病害水库、42 口山坪塘、5 条石河堰，新建电灌站 4 处，维修渠道 8 000 米，新增灌面 100 公顷，恢复和改善灌面 133 公顷，增强抗御自然灾害能力。着力调整产业结构，实行减粮增果，打造果品之乡，面向市场组织生产。栽种优质桂圆 533 公顷，枇杷 43 公顷，甜橙 91 公顷，花椒 85 公顷，均陆续获益。2005 年产值 1 000 多万元，人均收入 500 多元。利用塘、库、堰养鱼 1 000 余亩，休稻养鱼、稻田养鱼 193 公顷，年起水成鱼 500 多吨。年出栏肥猪两万余头。全乡有 7 000 多人常年在外务工经商，年收入 4 000 多万元，人均 1 858 元，占纯收入 51%，储蓄余额年年增长，2005 年达 1.05 亿元，比 1998 年增长 1.44 倍。

境内有公路 102.3 公里，硬化路面 22%，村组通车率 100%。有线电话、移动通讯基本普及。有初中小学各 2 所，幼儿园 2 所，在校生 2 500 多人，入学率 100%。有医疗卫生人员 40 多人，病床 40 张。有 800 多平方米仿古剧场 1 座，年均演出 10 余场。

第九节　长安乡

长安乡是取长治久安之意。清光绪时属泸州安贤乡，民国 23 年（1934 年）属特兆镇。1951 年建长春乡属兆雅区。1982 年更名长安乡。1992 年并入特兴镇，1996 年 7 月划归龙马潭区。2000 年 9 月长安片区从特兴镇划出建乡。2004 年 10 月调整村级建制，由原来 7 个行政村并为 5 个，设 104 个村民组。2005 年常住人口 1.49 万人，其中非农业人口 373 人。其境位于泸州市东部，东及东北与兆雅镇接壤，南及西南与特兴镇毗邻，西与石洞镇衔接。全镇辖区面积 21 平方公里，有耕地 767 公顷。泸永高等级公路横贯东南，过境车辆流量很大，并有 39 路公交车直达。乡村建有长永路、长石路等多条连接公路，长 57 公里，硬化路面 43%，村、组通车率 100%。

长安乡 2005 年完成地区生产总值 6 276 万元，产粮 9 230 吨，财政收入 366 万元，人均纯收入 3 678 元。先后被市命名为综治工作模范乡、科普示范乡、文化先进乡、爱国卫生先进单位；被区评为"四好班子""五好党委"和最佳文明单位。历任乡党委书记宋庆、肖刚、胡林、唐宣华。历任乡长肖刚、任中榕、朱勇。

乡政府所在地杨氏店，1984 年 7 月开始赶场，场期一、四、七。但场上只有几间店铺，房屋破烂，以街为市。建乡后 6 年累计投资 1 000 余万元，新建水泥街道 5 条和过境公路计 3 000 多米，居民住房 6 万多平方米，门市 210 多个。乡政府及多家乡属单位盖起办公大楼，农贸市场取代以街为市。中小学危房得到改造，场镇配套设施齐全，人居条件改善。个体私营业主及农民纷纷到场上经商办企业，在街上建房的农民有 50 余家，场镇比建乡前扩大 3 倍。

长安建乡后，加强农田水利基本建设，增强抗御自然灾害能力。后整治 50 多处塘、库、堰，完善配套设施，共整修渠道 7 000 多米，移动土石 2.5 万立方米，垒砌条石 5 000 立方米，新建电灌站 3

座，增加蓄水 25 万立方米，灌面 627 公顷。狠抓农业产业结构调整，面向市场积极发展多种经营。至 2005 年调减粮食播种面积 200 公顷，用于种植蔬菜、果树，林牧副渔产值 4 594 万元，比建乡前增长 74%。引进规模肉鸽饲养户 6 家，年出栏肉鸽 16.8 万只，销售收入 180 多万元。产品远销市内外，种植蔺草 67 公顷实行订单式生产，用机器编织加工榻榻米草席远销日本、东南亚等国家创外汇 100 多万美元。引进湘云鲫优质鱼苗繁育大户 1 家，年销售鱼苗 1 200 万尾。全乡水产养殖面 180 余公顷，年起水成鱼 560 多吨，其中优质鱼 250 吨。依靠工业强乡，至 2005 年全乡有个体私营企业 290 多家，引资 1.65 亿元，以酒类、加工、建材、运输、建筑业为支柱产业，是年完成工业产值 7 643 万元，比建乡前增长 77.81%。入库税金 245 万元，增长 2.31 倍。酒类有四川宫阙酒业有限公司、四川泸州醇酒业有限公司、泸州贵族酒厂、泸州长寿酒厂等 6 家生产企业，年产白酒 1.3 万多吨，销售收入 1.16 亿多元，实现利税 680 多万元。

长安乡坚持教育优先，在财政十分困难的情况下，先后投资 160 多万元建教学楼、综合楼、学生公寓、运动场等，改善中小学办学条件。现有小学教学班 25 个 945 人，初中教学班 8 个 369 人，小学生入学率、升学率 100%，初中升学率 92%。全乡 10 个村级卫生站中医工作达标，乡卫生院建门诊、住院综合楼。计生工作保持低生育水平。因地制宜开展文体活动，连年举办农民运动会，设篮球、拔河、扭扁担、掰手劲、挑公粮比赛等项目，吸引上千群众参加。

第十节　小市街道

小市因比泸州城区小而得名，历来为泸州城区组成部分。清宣统二年（1910 年）属城厢，1927 年属泸县。1950 年划归川南行署辖泸州市建县级区。1956 年建小市镇，1986 年设小市街道办事处。1996 年 7 月划归龙马潭。2000 年 9 月龙马潭区调整行政区划，新建莲花池、红星两个街道办事处，从小市划去部分地域，致辖区面积由 3.5 平方公里缩小为 1.5 平方公里。其地在长、沱江汇合口北岸，东与鱼塘镇接壤，南与江阳区隔江相望，西与红星街道办街接，北与莲花池街道毗邻，辖 5 个社区，36 个居民小组，常住 9 923 户、2.79 万人，暂住 1 713 人，其中有 12 个少数民族 213 人。2005 年完成工业产值 1 324 万元，财政收入 838.22 万元。先后获区思想政治工作、四好班子、计生工作、平安街道先进。获市优质服务机关、计生先进、最佳文明单位奖励。获省综治模范街道和法制宣传、严打斗争先进。1985 年计生工作获全国先进，共获各级奖牌 40 多块。历任街道党工委书记皮持国、王永华、殷忠祥、陈治英、冷自强。历任街道办事处主任王永华、兰永智、王平、陈亚琦、陈治英、兰永生、邹学明、王格平。

小市历史悠久，人文底蕴深厚。旧时抚琴台和余甘晚渡是泸州八景之二。古迹葆贞观、清真寺犹存。上码头、绫子街分别为四川同盟会先驱佘英、邓西林住址，溪沟头有国画大师蒋兆和旧居。抗日战争时期，挂在五峰岭上的大红灯是泸城人躲避日机轰炸的信号。小市北侧高矗的马鞍山、三华山是泸州城北的屏障，历来兵家必争。新街子 74 号曾是泸县、龙马潭区人民政府所在地。水、陆、空立体交通网络四通八达，是进出云、贵、川、渝交通枢纽。距泸州机场、泸州国际集装箱码头 5 公里。历来商贸发达，民国时期沿长、沱江北岸停靠船只上千。20 世纪 80 年代上码头一带的泸州化纤批发市场名驰西南数省。物流业日益兴盛，已形成服装、鞋类、家电、副食、五金等 10 大专业批发市场，尤以荣峰、公交、蓝天、沱江几座商城及龙马大商城为轴心的商圈最为繁荣，日流动人口上万，月成交额上亿元。

解放前，小市街道是高低不平而又狭窄的石板路，1953 年修通到罗汉的公路，1966 年将碎石路面改成水泥六角板镶嵌。1970 年筹资改造偏街小巷，疏通下水道，1991 年后又将主道改成水泥路。已涌现出 586 幢楼房，28 个院坝，12 个小区。尤其 2000 年投入 4 000 多万元建成 1 000 多米的沱江路，改变了脏乱差局面。

小市镇下岗职工多，有低保 1 524 户、3 322 人，做到了应保尽保。下大街社区针对零就业家庭就业难，成立家政服务中心，通过技能培训，安置 66 人，组织 1 600 多老人免费体检，为 30 名特困家庭子女入学捐赠现金 3 万多元。计划生育保持低生育水平，两次获区一等奖。

小市教育文卫发达。学校有小街子幼儿园、小街子小学、劳动街小学、泸州市十二中以及区老年大学。医院有中医医院、市第二人民医院、以及利康医院、男科医院等，还有集体、个体医药店铺 10 多家。中老年歌舞、川剧座唱常有活动，"龙潭剧社"坚持常年演出。宗教文化浓郁，余公街清真寺是专门接待外省市及外国穆斯林的指定宾馆；过江楼葆贞观庙会吸引不少善男信女。

第十一节　红星街道

红星是因该地原有新民乡红星村，2000 年 9 月建街道办事处沿用。地处百子图大桥北。东连小市街道，南滨沱江，与江阳区相望，西与胡市镇、安宁镇接壤，北与莲花池街道毗邻。全镇面积 6.5 平方公里，有耕地 55.07 公顷，辖行政村 1 个（长桥村），社区 7 个，村民小组 10 个。常住 9 479 户，3.51 万人，其中农业人口 2 530 人。2005 年完成街道企业产值 4.9 亿元，其中工业总值 2.89 亿元。完成税收 688 万元，农民人均纯收入 3 700 元，被市评为 20 强街镇、计生先进、社区建设示范街道、市综治模范单位。被区评为工业经济工作先进，获区招商引资一等奖。历任街道办党工委书记戴志林、郭大庆、徐寿章。历任街道办主任陈亚琦、徐寿章、杨劲松、陈联英。

红星街道是泸州市城北新区重要组成部分，境内有市政协、泸州老窖股份有限公司、天立国际学校、市广播电视中心等一批市级行政机关和知名企事业单位；有王氏商城等 3 000 多家个体工商户和私营企业；有柏香林、利君花园、醇香园、化工苑等一大批高品位、高档次的住宅小区。境内新街纵横，以龙南路、南光路、龙马大道、大通路、朝阳路及百子图大桥北高速路进出口为枢纽的公路四通八达，成为城北新区的亮点。

自街道办建立以来，一直把发展经济作为第一要务，利用区位优势全方位招商。先后引进项目 95 个，引资 2.05 亿元，实际到位 1.96 亿元，使经济呈现欣欣向荣景象。泸州沱江商业城十大交易中心在红星街道内就有川南电子电器产品、川南建材、川南汽车配件、川南农副产品交易中心等几家规模企业。主要市场有鹏达市场、江阳建材市场、科维装饰城、王氏农副土特产品批发市场、旧车交易市场等。以山海大酒店、东方饭店、船山楼、汇丰、鹏达、王氏大酒店、麻辣空间、龙城大饭店为代表的餐饮娱乐场所，常常宾客盈门。

红星街道计划生育工作一直保持低生育水平，从 2001 年起连续 3 年被市计生局评为先进。劳动保障工作坚持服务民众，先后发放再就业优惠证 1 350 个，帮助再就业 360 多人次，卫生防疫工作接受 2002 年 10 月 80 多次国卫复检均检查合格。

第十二节　莲花池街道

　　莲花池是因所辖宏达社区内曾有一池广种莲花而得名。2000年9月建街道办事处，办公地点迎宾大道145号。辖区面积4平方公里，有耕地53.66公顷，东及东北与鱼塘镇连界，南及东南与小市街道毗邻，西北与安宁镇接壤。辖5个社区（五八社区与龙祥社区合署办公）、20个居民组、20个村民组、3 759户9 287人，其中非农业人口6 968人。街道办成立后面临首项艰巨任务，即修建龙马大道、龙马新城涉及万余农民征地、拆迁、补偿、安置问题，街道干部全力以赴，通过分片包干，反复做群众思想工作、宣传政策，保证了龙马大道建设如期开工。随着4.1公里的龙马大道建成和区政府办公大楼落成，大道两旁高楼林立，汽车配件市场，石材、建材市场，三友物流、汽车展销市场，三九灯饰城，餐饮一条街，农贸市场等相继开业，龙马新城悄然崛起。积极招商引资，培植税源财政。通过公开招商，以商招商，以情招商，2000年引进洪达、利民房地产开发公司，发展个体工商400多户。至2005年共引进企业46家，到位资金1.13亿元。是年完成地区生产总值1.91亿元，财政收入450万元，农民人均纯收入3 680元。

　　2003年莲花池街道被泸州市评为首批示范街道，宏达、羊大山、五八3个社区被区评为示范社区。对低保人员做到应保尽保。对下岗失业人员和失地农民进行技术培训，累计800多人次，已有700多人实现再就业。文化生活活跃，成立街道坝坝电影放映队，月放电影一次，宏达社区建立群众表演艺术团，经常开展露天舞会、健身操、篮球赛等活动。

　　街道办还与辖区内瑶安医院等单位合作，举办大型演出活动"祖国颂"；与三友汽车贸易集团联合举办艺术节"和谐颂"文艺演出，先后被市评为示范街道、文化工作先进、平安创建先进；被泸州军分区评为武装部正规化建设先进；被区评为综治模范、四好班子、年终考核先进。宏达社区曾被四川省评为文明社区，健身队被全国妇联、国家体育总局评为亿万妇女健身活动"巾帼文明健身队"。历任街道党工委书记刘元华、陈玲、任中榕、梅勇。历任街道办事处主任杨应洪、邱斌、梅勇、刘松梅。

第三章　行政村　社区

第一节　乡镇行政村　社区

　　乡镇村民委员会、居民委员会，建区来变动较大。1996年7月全区有村民委员会134个，居民委员会21个。2000年新建长安、双加一乡一镇，并将居委会改建成社区居民委员会。2004年再次调整，村民委员会由131个并成57个，居委会由31个并为17个社区居民委员会。其后未变。

龙马潭区 2005 年各乡镇行政村（社区）基本情况一览表

表 1-3-1

乡镇	村（社区）名	村名由来	合并前村名	村民组（个）	耕地面积（亩）	户籍人口（人）总数	其中非农业人口	主要特色
罗汉镇（高坝厂区）	石梁村	村内有一条石埂子取名	石梁	9	362	2 212	416	种养殖业、机械加工
	高坝村	村内地势平坦	高坝	9	931.204	1 802	218	种养殖业和农业
	群丰村	根据大通山树林取名	群丰	10	1 112.32	1 790	8	农业为主
	上庄村	以山上地形取名	光辉、上庄	16	1 915.95	3 023	40	农业为主
	丘坪村	以地取名	丘坪	9	1 166.4	1 768	—	农业为主
	建设村	以发展而取名	建设	10	1 292.283	2 414	135	农业为主
	长通港社区	以集装箱码头建在长江而取名	泥大坝村	5	478.17	939	45	农业为主
	罗汉场社区	以一石似罗汉而取名	罗汉场	4	—	3 376	3 376	
	临江苑社区	以体制改革后因临长江而取名	上石梁村、工人二村等	34	—	7 952	7 952	
	化工苑社区	以体制改革后而取名	长江村等	23		19 943	19 943	
胡市镇	金山村	村内有金山寺得名	金山、小坝、泸丰	15	2 169.5	3 991	—	桂 圆
	敦和村	村内有敦子寨得名	敦和、新阳、桂坝	18	3 042	4 732	—	桂 圆
	黄桷村	村内有大黄桷树得名	黄桷、新市	18	1 783.2	2 689	—	生 姜

续上表

乡镇	村（社区）名	村名由来	合并前村名	村民组（个）	耕地面积（亩）	户籍人口（人）总数	其中非农业人口	主要特色
胡市镇	来寺村	村内有条山似龙得名	角湾、玉龙、来龙	19	3 206.7	4 852	—	水 稻
	三教村	村内有三教寺得名	三教、流坝	16	2 876.9	4 235	—	甜 橙
	胡市社区	以镇政府所在地得名	直属街村	11	437	5 249	3 552	旅 游
	来龙社区	以原来龙乡所在地得名	白庙村、高丰街村	16	2 444.52	4 802	284	甜 橙
石洞镇	顺江村	以顺龙溪河改名	顺江、花财门	16	3 210	3 218	—	生猪养殖、黄金梨、枇杷
	互助村	以团结互助之意取名	互助、永丰	18	3 150	3 210	—	禽、水果
	雨珠岩村	以地名得名	雨珠岩、先岭埂	19	3 566	3 475	—	粮食、禽、水果
	鱼眼滩村	以地名得名	鱼眼滩、白狮桥	16	3 083	3 601	—	粮食、黄金梨
	花博园村	以石洞花博园得名	向前、沙河、高山子	37	3 227	4 772	—	花卉苗木、蔬菜
	桥头村	以地名得名	桥头、三塘	30	2 342	3 260	—	粮食、休稻养鱼
	岳坡山村	以地名得名	岳坡山、大安、建国	43	5 685	6 170	—	粮食、花木、蔬菜
	永远村	以翻身得解放，幸福到永远之意取名	烂泥沟、促进	24	3 028	3 515	—	粮食、乌鸡、腌菜
	河嘴村	以地名得名	河嘴、阳嘴	28	2 993	3 443	—	粮食、禽、外出务工
	纪念碑社区	以当地地名得名	纪念碑（部分）	18	—	4 666	4 666	经商、务工
	张家祠社区	以当地地名得名	肖湾村、纪念碑（部分）	20	1 126	4 128	1 893	珍稀母本园、休稻养鱼

续上表

乡镇	村（社区）名	村名由来	合并前村名	村民组（个）	耕地面积（亩）	户籍人口（人）总数	其中非农业人口	主要特色
安宁镇	红岩村	该村属丹霞地貌	望天龙、石包丘	15	1 284	2 341	717	石厂
	阳高村	因阳高寺而得名	阳高寺、三溪桥	17	1 589	2 227	689	旅游
	良丰村	良种、丰产之意	良丰、玉合	27	2 737	3 452	961	九狮柚
	齐家村	位于原齐家乡所在地	花石村、白果村、齐家街村	32	3 171	4 075	1 351	蔬菜
	柏杨村	历史习惯	柏杨、河嘴	27	2 614	3 274	963	劳务输出
	福林村	历史习惯	福林、杨柳	18	1 788	2 476	694	甜橙
	云台村	因云台寺而得名	云台、黄山	17	2 052	2 983	925	生姜
	枣子村	该村盛产枣子	苏湾、枣子	25	2 390	3 523	1 041	水果
	安宁社区	位置在镇所在地	安宁村、大元村、安宁街村、南街村	20	1 047	5 874	2 438	商贸
双加镇	枝子园村	以当地枝子园屋基得名	杨柳、枝子园	25	2 016	3 153	—	铁路桥
	中伙铺村	以当地中伙铺屋基得名	中伙铺、黄桷、石龙梗	34	3 100	4 941	—	松滩湖水库
	颜坪村	以当地颜坪村屋基得名	左岩、颜坪	17	1 713	2 191	—	水稻规范化栽培
	凉坳村	以凉坳地名得名	凉水、凉坳	24	1 867	3 005	—	偏远、村庄规划
	大冲头村	以当地著名屋基得名	大冲头	10	1 016	1 566	—	稻鱼基地
	罗星村	由原罗大七星村各取一字	罗大、七星	25	3 592	3 592	—	"六个一"工程
	双加社区	以双加镇得名	义和村、群丰村、上马村、街村	42	2 837	4 830	430	稻鱼基地
	罗基社区	以地域得名	罗基村、加祥街村	27	2 598	3 527	186	加祥古寨

续上表

乡镇	村（社区）名	村名由来	合并前村名	村民组（个）	耕地面积（亩）	户籍人口（人）总数	其中非农业人口	主要特色
鱼塘镇	鱼塘村	由鱼塘湾屋基改名	鱼塘	13	1 709	2 446	—	生姜
	瓦房村	由瓦房屋基改名		9	1 105	1 617	—	乌鸡
	王庄村	由王庄屋基改名	王庄	16	1 726	2 427	—	
	民主村	由人民需要民主改名		9	1 172	1 464	—	
	民光村	由人民需要光明改名		11	875	1 553	—	
	望山坪村	由望山坪屋基改名	望山坪	12	1 406	2 524	—	
	民权社村	由人民需要民主权利改名		9	699	1 386	665	
	石堡湾社区	由石堡湾地名改名		12	—	—	3 068	
	枣子林社区	由枣子林地名改名		18	—	—	4 248	
金龙乡	雪螺村	以雪螺地名得名	程河、雪螺	7	1740	2941	—	甜橙
	塘坡村	以塘坡地名得名	黄坳、塘坡	9	2 682	3 546	—	枇杷、甜橙
	曹坝村	以曹坝地名得名	熊岩、曹坝、夏岩	10	3 322	4 247	—	枇杷
	西坛村	以西坛庵地名得名	天竺、西坛、油坛	10	2 567	3 876	—	花椒、龙眼
	金龙社区	以所在乡政府改名	万里村、擦耳村、金龙社区	6	2 653	4 333	1 296	枇杷
	官渡社区	以所在关渡场改名	石仑村、会文村、官渡社区	8	2 875	4 360	389	龙眼、集镇建设

续上表

内容 项目 乡镇	村（社区）名	村名由来	合并前村名	村民组（个）	耕地面积（亩）	户籍人口（人）总数	其中非农业人口	主要特色
特兴镇	安民村	以安福场借名	安民	20	1 664.47	2 325	10	
	走马村	以走马岭而命名	走马	40	3 116.35	4 914	21	
	河湾村	以屋基而命名	河湾头	37	3 157.2	4 198	14	
	罗沙村	以罗沙贡米而命名	罗沙	21	2 282.39	3 034	6	
	魏园村	以屋基而命名	魏园	34	3 291.88	4 128	20	
	奎峰村	以奎峰所在地而命名	五福寺	30	2 825.8	3 637	11	
	桐兴村	以桐屋基而命名	桐屋基	25	2 124.64	3 265	11	
	特兴社区	以特兴场而命名	特兴街村	9	—	1 925	1 925	
长安乡	张嘴村	以张嘴基而得名	张圩	22	2 303	3 407	516	
	慈竹村	以慈竹林得名	慈竹	25	3 033	3 714	9	
	长春村	以长久春天之意取名	长春	14	1 771	2 070	12	
	幸福村	幸福生活之意取名	幸福	29	2 864	3 831	22	
	石榴村	以石榴屋基得名	石榴	14	1 535	2 033	7	

第二节 街道社区 行政村

较长时期以来，街道、厂区办事处下设居民委员会。1996年小市街道有居委会18个，高坝厂区办事处有居委会11个。2000年8月厂区办与罗汉镇合署办公，实行两块牌子，一套人马。是年9月成立红星、莲花池两个街道办事处，相继将原居委会改建为社区居民委员会。至2005年，全区街道、厂区共有社区17个，村民委员会1个。

龙马潭区 2005 年各街道社区（行政村）基本情况一览表

表 1-3-2

	社区（行政村）名称	名称由来	行政村（个）	村民组（个）	居民组（个）	耕地面积(亩)	户籍人口（人）	
							总数	其中农业人口
红星街道	长桥村	因长桥得名	—	4	6	826	1 580	1 580
	新民社区	由新民村得名	—	—	3	—	3 700	—
	大驿坝社区	由地名得名	—	—	9	—	2 730	—
	天立社区	因天立房地产公司得名	—	—	5	—	2 984	—
	红星社区	由红星村得名	—	—	13	—	7 231	—
	玉带桥社区	由玉带桥得名	—	—	9	—	6 500	—
	龙南社区	因龙南路得名	—	—	9	—	4 160	—
	龙桥子社区	因龙桥子得名	—	—	9	—	3 086	612
莲花池街道	关口社区	由关口地名得名	—	—	18	827.60	2 423	2 007
	宏达社区	由洪达房地产开发公司得名	—	—	7	4 600	2 401	207
	羊大山社区	有附近羊大山得名	—	—	5	—	2 950	—
	龙祥社区	龙马大道旁有金凤桥取龙凤呈祥之意	—	—	5	—	1 921	—
	五八社区	由泸隆公路58公里得名	—	—	3	—	999	—
小市街道	下大街社区	以当地地名取名	—	—	8	—	9 650	—
	上大街社区	以当地地名取名	—	—	9	—	9 200	—
	合道街社区	以当地地名取名	—	—	9	—	5 600	—
	回龙湾社区	以当地地名取名	—	—	6	—	2 600	—
	杜家街社区	以当地地名取名	—	—	10	—	6 100	—

第二篇　自然环境

龙马潭区紧连泸县，地质构造同属四川大地构造新华夏体系。境内大小河流纵横，浅丘宽谷，土地类型多，质地优良，生物资源丰富。属中亚热带季风气候，有雨量充沛，雨热同季，无霜期长，冬暖春早，四季分明的特点，对农作物有利，但旱涝等自然灾害频发，常给农作物带来损失。

第一章　地质　地貌

第一节　地质构造

全区地质属四川大地构造单元扬子准地台坳川东陷褶束、泸州凸褶束的交接构造。陆相开始形成于距今约 2 亿年的中生代前期，直至 1.3 亿年的大片区域仍是巴蜀湖地带。经过燕山运动、喜马拉雅山运动和陆相沉积变化，造成巴蜀湖干涸。在 7 000 万年的中生代后期，与泸县大地构造一同完成，属四川大地构造新华夏体系。区域内出露的地质岩层，以中生代侏罗系的紫色岩层为主，占辖区面积 98% 以上，新生代第四系的更新统老冲积和全新统新冲积地层，占辖区面积不足 2%。

地层构造在 6 000 米以下有古生代二叠系、奥陶系岩层。4 000 米以内中生代侏罗系、白垩系分布最广，依次为三叠系和二叠系。侏罗系、白垩系的紫色、红色岩层在 90% 的地区出露。三叠系岩层在泸县的薄刀岭和龙贯山两翼出露；二叠系只在其山脚部有少数出露。

构造体系以长江为界，长江以北属川东褶皱带南北向构造体系，分 5 个背斜（即龙贯山背斜、玉蟾山背斜、阳高山短轴低背斜、龙洞坪和黄瓜山背斜、金龙山短轴背斜）。背斜成山岭，向斜为宽谷，谷与岭成呈帚状平行。

第二节　地形地貌

地貌特征　全区陆相形成前是水湖地区，在多次地壳变化中，形成凹凸、断裂、褶皱、陷落等不同形态，其地貌特征 90% 以上属丘陵地带。在南北向与东西向陆架结构接触上，出现多线形陷凹地带，构成长江、沱江与濑溪河、龙溪河的河床。龙马潭区属川东帚状褶皱带，东有黄瓜山、北有薄刀岭、龙贯山山脉蜿蜒，造成北高南低的地势。山与岭的连接中，背斜成峭岭，向斜成宽谷，岭谷间形成大片中、浅丘地带。南岸接云贵高原边缘，东西向和偏南北向体系，形成南高北低倒置向斜地势，夹有背向分明、岭谷完整零星桌状山峰。河道沿岸，多为洞穴冲积物与河流冲积物沉积地区，成为河谷和浅丘地貌。境内最高处是海拔454米高的双加镇的加祥寨，最低处是特兴镇的芙蓉岛（长江中坝），海拔224米。绝对高差为230米。

地貌类型　全区地形地貌可分为三种类型：

【河谷阶地平坝地貌】　分布于境内长、沱两江及主要支流沿岸，呈现为断续与大小不等的河漫滩涂及侵蚀堆积的阶地地形地貌。面积33.59平方公里，占辖区面积10.1%，出露地层：河漫滩涂和一、二级阶地上多为第四系全新统新冲积；三、四级阶地上多为第四系更新统老冲积冰碛物及夹有下覆的沙溪庙组紫色泥页岩层。区域温、光、水、热、土条件优越，不仅是粮、经、菜等作物的优势产区，而且是种植龙眼、荔枝等高经济价值的水果基地。

【浅丘宽谷地貌】　分布于境内向斜的广阔区域，面积231.86平方公里，占辖区面积69.7%。地形特征是丘陵海拔250~300米，相对高度20~50米，多单斜小丘陵及单面馒头山，砂岩出露地带多形成条状岭埂或猪背脊山岭，岭谷起伏频繁，呈现宽谷带坝为主的浅丘褶皱地貌，出露岩层以侏罗系、沙溪庙组棕紫色泥页岩夹不等厚灰紫色砂岩为主与少量黄色砂岩。紫色泥页岩物理风化为主，成土更新快，先天肥力高；但侵蚀重，坡土跑水跑土跑肥现象突出，薄、蚀、旱、瘦问题存在。沟冲多而比降小，正冲长而曲。正冲比降不足1%，易滞水，沟排、沟灌设施差，发育多为潜育性亚类水稻土，下湿冷烂田块多，水稻生长易"坐兜"；支冲比降1%~5%，发育多为淹育型亚类水稻土，具有水稻高产、稳产的土壤生产潜力。区域温、光、水、热、土条件优越，是本区粮、经、菜、果、花卉等多种农作物的主要生产基地。

【中丘窄谷地貌】　因岩层褶皱向上拱而隆起的山脉（背斜山）在本区形成少，典型的是阳高山，另在金龙乡、胡市镇等处因岩层被自然剥蚀后形成了一些低桌状山和至高点，由于冲刷强烈，水土流失严重，是水土改良的重点区域之一。地形特征是山岭海拔320~404米，岭谷之间的相对高度50~100米，地势起伏较大，岭谷紧密，带状平行，多顺向窄谷，呈现中丘窄谷地貌，侵蚀现象普遍存在。九狮山、大通山出露岩层主要为侏罗系自流井组、凉高山段黄色沙岩、大安寨紫色泥页岩和沙溪庙分紫色泥页岩，倒竹寺一带出露岩层主要为侏罗系遂宁组红紫色厚泥岩。区域内发育的坡土"三跑"严重。土壤薄、酸、瘦、蚀问题明显；沟冲水田常出现下湿的冷、烂、毒、瘦。区域水热条件较好，粮食生产比浅丘区农事季节偏迟3~5天，是林业、花木、果菜生产的重要区域，面积67.193平方公里，占全区辖区面积20.2%。

第二章 山脉 河流 土壤

第一节 山 脉

龙马潭区地处长江北岸，地势由西北向东南倾斜，因岩层褶皱上拱而崛起的背斜脉最主要的是阳高山。它起于安宁镇九狮风景区，经齐家、来龙，终于石洞镇。全长6公里，宽4公里，呈东北走向，最高狮子岩海拔398米，地貌为中丘陵窄谷。自然植被主要有松、柏、青冈等。

在金龙乡境内的老君山（海拔340米）、马鞍山（海拔342米）、木鱼山（海拔340米）、雪螺山（海拔327米），在长安乡境内的义拱山（海拔373米），因岩层被自然剥蚀后而形成的至高点和桌状山，都有水土严重流失现象。

第二节 河 流

境内有4条主要河流，即长江、沱江、濑溪河、龙溪河。溪沟较多，呈树枝状发育，以阳高山为境内水系分水岭，一支属濑溪河水系在胡市镇注入沱江而后在小市汇入长江。一支属龙溪河系在龙溪口流入长江。4条河水域长98公里。

长 江 境内长江段是龙马潭区河流的总干，从江阳区进入小市境内的王爷庙后，呈斜U字型流经新街子、麻沙桥、鱼塘、罗汉、高坝至特兴奎丰出境。过境长约19.55公里，流域面积17.6平方公里，河道宽广，流量丰富，水位深，便利航运。且水质好，2000年建成泸州北郊水厂，不仅满足城市居民用水，而且还输送到安宁、石洞、双加和泸县福集县城，保障供给广大城乡人民生活用水所需。1997年，建在境内龙溪口上游的泸州国际集装箱码头已正式投入使用，它是四川省唯一出省港口。2000年又在境内的罗汉镇泥大坝村和江阳区的泰安镇的江面上新建一座雄伟的长江大桥使两岸沟通，大大加快西南城市的建设速度，促进泸州经济发展。长江可谓龙马潭区水上交通之"黄金水道"。

沱 江 自泸县海潮流入胡市镇境内后，经小市汇入长江，辖区内流长18.91公里，是长江重要支流。在区内处于下游出口地段，有灌溉、航运之利。由于中上游工农业用水增多，流量比之20世纪60年代大幅度减少，加之沿途城市和工业排污量大，水质较差。沱江河道蜿蜒，水位季节变化大，境内地势较低，汛期防洪任务重。跨江阳区沿江先后建有4座公路大桥，起着交通枢纽的作用。

龙溪河 发源于永川登乐山，经泸县进入石洞镇顺江村，境内流长40.79公里，出口处流量6.9立方米/秒，流域7.3平方公里。有大小河溪支流7条，河床较陡，落差较大，相对而言，洪涝灾害小。在特兴镇和高洞分别建有小水电站。水质一般，工业污染少。建有引水干渠，引泸县三溪口中型水库蓄水为区内农业灌溉之用。

濑溪河 属沱江支流，发源于大足县天山乡，从泸县入金龙乡，自北向南流入胡市镇汇入沱江，境内流长 18.97 公里，流域 4.7 平方公里。河床宽阔，接近河口处建有电站船闸，可分段通航 5～20 吨木船或机动船只。近年来邻县工矿区排污量大，难于稀释，水体自净能力差。

第三节　土　壤

土壤分类　2002 年，区农业局完成《南亚热作资源调查报告》，对全区耕地 1.1 万公顷（田 9 227 公顷，土 1 773.6 公顷），按照市级土壤分类系统进行补充查证，全区农耕地土壤分为水稻土、新积土、紫色土、黄壤土四大土类，8 个亚类，15 个土属，31 个土种。

龙马潭区 2002 年土壤分类表

表 2-2-3　　　　　　　　　　　　　　　　　　　　　　　　　　　　　　　　　　　　　单位：亩

土 类		亚 类		土 属		土 种			土地层母岩及母质
面积	名称	面积	名称	面积	名称	编号	名称	面积	
138 422	水稻土	99 574	淹育型水稻土	2 082	灰潮田	1	灰潮泥田	1 249	新冲积的灰棕冲积物
						2	灰潮沙田	833	
				94 708	紫泥田	3	斑鸠沙田	21 579	沙溪庙组岩层风化物
						4	紫泥田	41 160	
						5	夹沙田	17 344	
						6	沙 田	10 511	
						7	暗紫泥田	4 114	自流井组泥岩风化物
				2 784	钙质紫泥田	8	红石骨田	1 763	遂宁组泥岩风化物
						9	跑沙大土田	1 021	
		19 120	潴育型水稻土	10 795	潴育黄沙泥田	10	白鳝泥	7 058	沙溪庙组岩层风化物
						11	紧口沙田	3 737	
				4 928	潴育黄沙泥田	12	松毛田	2 064	沙溪庙组和自流井组黄砂岩风化物
						13	沙黄泥田	2 155	
						14	沙白鳝泥田	709	
				3 397	潴育老冲泥田	15	卵石黄泥田	3 397	老冲积风化物
		1 972	潜育型水稻土	17 218	下湿紫泥田	16	紫泥下湿田	15 178	沙溪庙组风化物
						17	深脚泥田	2 040	自流井泥岩风化物
				2 510	下湿钙质紫泥田	18	返硝大土田	2 510	遂宁组织岩风化物

续上表

土类		亚类		土属		土种			土地层母岩及母质
面积	名称	面积	名称	面积	名称	编号	名称	面积	
2224	新积土	2 224	石灰性紫色土	2 224	灰棕新积土	19	潮泥土	1 557	长沱两江新冲积的灰棕冲积物
						20	潮沙土	667	
23482	紫色土	421	酸性紫色土	421	淋溶紫色土	21	死沙土	421	沙溪庙组黄砂岩风化物
		21 931	中性紫色土	1 176	暗紫泥土	22	斑鸠沙土	194	自流井组泥页岩风化物
						23	大泥土	982	
				20 755	灰棕紫泥土	24	石骨子土	14 325	沙溪庙组岩层风化物
						25	紫泥土	1 152	
						26	夹沙土	1 785	
						27	沙土	3 493	
		1 130	石灰性紫色土	1 130	红棕紫泥土	28	跑沙大土	1 130	遂宁组泥岩风化物
898	黄壤	898	黄壤	506	沙黄泥土	29	松毛土	292	自流井凉高山段及沙溪庙老风化黄砂岩风化物
						30	沙黄泥土	214	
				392	老冲积	31	卵石黄泥土	392	长沱两江老冲积风化物

　　土壤分布　辖区内的土壤，是由新冲积、老冲积、遂宁组、沙溪庙组、自流井组（含凉高山段及大安寨段）5 组地质岩石层风化的成土母质，再经自然和人为作用，发育为不同土壤。各组地层，既因产生于不同历史的时空环境，具有特定的岩石组合，矿物成份和理化特征，直接影响和形成不同的成土类型；亦因其出露和展布于辖区的不同区域和地带，更决定了土壤分类系统的空间分布。

　　【新冲积母质】　属新生代第四系全新统的近代江河冲积物，距今 0.5 亿年，母质为灰棕色或紫色冲积物，富含沙粒、卵石等，结构松散，矿物质元素丰富，中性或微碱性的田土占耕地面积 2.6%，断续分布于境内长江、沱江沿岸及龙溪河、濑溪河沿岸的河漫滩涂和 1 ~ 2 级阶地。

　　【老冲积母质】　属新生代第四系更新统的冰水沉积物，距今 0.6 亿年。母质由堆积的黄色粘土、粉沙及大小不等的卵石组成，发育的土壤多数粘、酸、瘦，形成的农耕地土壤占耕地面积的 2.3%，断续分布于境内长、沱两江沿岸 3 ~ 4 级阶地。

　　【遂宁组母质】　属中生代侏罗系中统岩层，为强氧化环境下的静湖沉积物，距今 0.9 亿年。岩层为红棕厚泥岩夹粉沙岩，极易物理风化。矿物质元素丰富，微碱性。形成的耕地土壤占耕地面积 3.9%。出露和分布于胡市镇至金龙乡的倒竹寺向斜轴部的中低丘陵地带。

　　【沙溪庙组母质】　属中生代侏罗系中统岩层，为河湖相的动水沉积物，距今 1 亿~ 1.3 亿年。矿物质元素丰富，中性为主，有碳酸盐反应。砂岩化学风化大于物理风化，潜在养分丰富，砂粘比例恰当，宜种性广。发育的耕地面积占耕地面积84.9%，出露和分布于境内宽阔向斜的低浅丘陵及河谷地带。

【自流井组母质】 属中生代侏罗系下统岩层，为浅河湖相的碎屑沉积物，距今1.3亿年以上。岩层组合：大安寨段为紫色泥页岩为主组成，易物理分化，矿物质元素丰富，中性至微碱性，粘粒含量较高，宜种性广。凉高山段为黄紫色薄层泥岩与黄色石英砂岩组成，化学风化大于物理风化，先天性淋溶强烈，不具碳酸盐反应，发育的土壤多数酸、瘦、薄，粮食作物生长差。自流井组两段两岩发育的农耕地土壤占耕地面积6.3%。凉高山段出露和分布在胡市、石洞至安宁镇的九狮山短轴背斜轴部的二、三岭埂的低浅丘陵地带。

土壤特征 境内特定母质、气候、生物、地形、水文和人的种植等因素，在长期综合作用下，土壤形成具有六大特征。

紫色土类更新快、发育浅、幼年土特征明显。区内侏罗系三组地层的紫色母岩占全区面积95%，品质好，矿物质元素含量丰富，节理发达，岩性松软，潜在养分丰富，先天肥力高，宜耕宜种性能好，土壤综合能力强。

水稻土类比重大，淹育型为主，盛产稻鱼。占全区农耕地四大土类总面积83.9%，占稻田总面积71.9%，在省内享有"川南鱼米之乡"的美誉。

土壤物理性粘粒含量较高，淋溶淀积普遍。境内雨量充沛，加剧原生矿物分解和次生粘土矿物形成，使全区土壤、物理性粘粒含量达40%~60%以上，农耕地土壤占耕地总面积97.37%。这类土壤保水保肥力较强，送老壮籽，宜肥宜种性广，适应多种粮、经作物生长。

土壤酸碱度与碳酸盐反应比较大。境内成土母质、地形、水文等因素的多样性和复杂性使土壤呈酸性与碱性，种植农作物根据作物喜酸喜碱生理特性选择相应的土壤类型。作好因土种植，因土施肥，土肥对路，方能提高肥效，达到增产增收。

土壤有机质分解快、消耗多、含量偏低。区类耕地土壤有机质平均含量为1.68%（其中旱地土为1.37%），低于全国中等的四级水平。

土壤生态环境较差，低产田较多。境内处于丘陵顶坡部位的土壤，水土流失严重，存在薄、漏、旱、瘦的低产土，约占旱地42.3%，稻田排灌设施差，存在深、冷、烂、毒的下湿类、硝田等毒质类、薄、板、瘦的漏沙类及白鳝泥田等粘瘦类4种低产田，合计约占稻田31.6%。

第三章　气　候

第一节　气候特征

按纬度位置和海陆位置，区内属湿润型亚热带季风气候。又因地处盆南、长江河谷地带，具有南亚热带气候属性。其特点是：四季分明，温和湿润，雨热同季，光照一般。冬暖（霜雪少）夏长（炎热），秋多缠雨，具有光、热、水分与农作物生长发育同步的自然优势。据石洞气象站（原泸县气象局）1986—2003 年累计资料表明：年均气温为 17.7℃。降水量 991.7 毫米，日照时数 1 075.2 小时，无霜期 331 天。相对湿度 85%，但不同年度和局部地区小气候，常出现干旱、寒潮、大风、冰雹、雷击、暴雨、洪涝等灾害性天气。

区内光照、气温、降水等主要气候资源，在全年时季之间分布极不均衡，其中光照最高的 8 月，其日照时数占全年日照时数 43%，最低的 1 月和 12 月，其日照时数占全年日照时数 9%。气温最高的 7 月和 8 月，月均温 26.8℃和 26.6℃。最低的 12 月和 1 月，月均温仅 8.9℃和 7.6℃。降水最多的夏季（6—8 月），降水量占全年降水总量 50.9%，最少的冬季（12—2 月），降水量仅占全年降水总量 6%。

龙马潭区 1986—2003 年光温水气候资源分布图

表 2 - 3 - 1

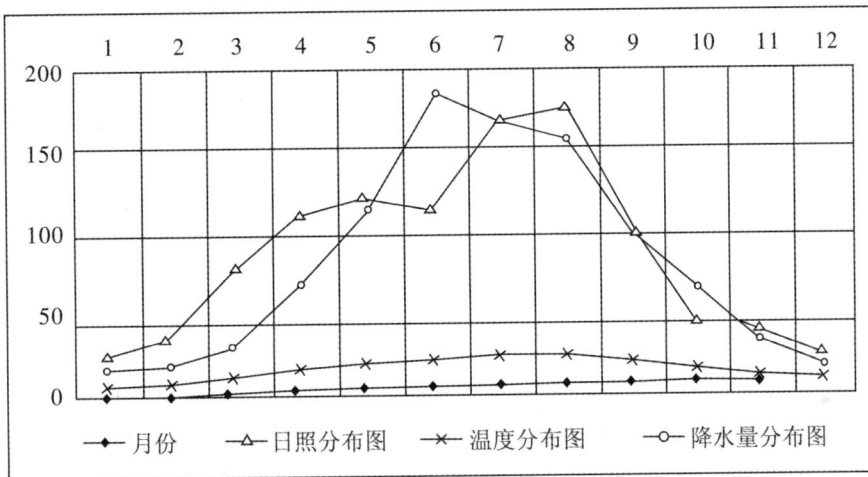

第二节 日 照

区内测算的可照时数为全年平均 4 469.7 小时，而 1986—2003 年的 18 年平均实照时数为全年 1 075.2 小时，仅占全年可照时数 24%。最多的 1990 年实照时数为 1 267.9 小时，占可照时数 28%；最少的 1991 年实照时数为 770.8 小时，仅占可照时数的 17%；年际间实照时数变率较大，差值为 497.1 小时。月平均实照时数最多是 8 月，平均为 175.5 小时，占全年可照时数 43% 和实照时数 16%；最少的 1 月和 12 月，平均实照时数仅为 28 小时，仅占全年可照时数 9% 和实照时数 3%。月际间日照分布不均，境内日照主要集中在 3—9 月，平均为 881.4 小时，占全年实照时数 82%。历年平均太阳辐射值为 91.87 千卡/平方厘米，生理辐射 47.28 千卡/平方厘米。月际间差异大，分布最多的 7 月，平均辐射值为 12.87 千卡/平方厘米和生理辐射 6.43 千卡/平方厘米；最少的 12 月，平均辐射值 3.2 千卡/平方厘米和生理辐射 1.73 千卡；4—9 月太阳光能集中，平均辐射值为 63.7 千卡/平方厘米和生理辐射 32.31 千卡/平方厘米，分别占全年的 69.3%。区内日照和辐射值的特点，为境内大春农作物的高产稳产奠定了光能优势。

龙马潭区1986—2003年平均日照时数统计表

表2-3-2 单位：千卡/cm

月份 项目	1	2	3	4	5	6	7	8	9	10	11	12	全年
可照小时	323.9	316.0	369.8	384.1	419.8	417.8	466.9	407.6	369.8	355.0	320.5	318.5	4 469.7
实照小时	28.0	40.6	81.5	112.0	124.8	113.3	169.2	175.5	105.1	50.4	46.9	28.0	1 075.2
占可照时%	9	13	22	29	30	27	36	43	28	14	15	9	24
辐射值	3.49	4.65	7.39	10.03	9.62	10.56	12.81	12.68	7.94	5.85	3.70	3.48	91.87
生理辐射	1.49	2.49	3.84	5.13	5.00	5.43	6.43	6.26	4.01	3.06	1.20	1.73	47.28

第三节 气 温

区内（1986—2003年）平均气温为17.7℃。最高18.4℃（1998年），最低17℃（1996年）；年际间变化不大，年较差1.4℃。最热月的7月为26.8℃，最冷月的1月为7.6℃；月际间变化大，月较差19.2℃。日极端最高气温为39.0℃（1995年9月6日），最低气温-1.6℃（1993年1月24日）。春、夏、秋、冬平均气温分别为17.9℃、25.9℃、18.2℃和8.7℃，冬季较同纬度气温偏高，霜雪少，春季气温回暖早，夏季酷热而秋季凉。

境内热量资源丰富。≥0℃的平均积温为6 459.4℃；最多为6 729.9℃（1998年），最少为6 212.1℃（1996年）；热量能满足农作物两熟或三熟的需要。稳定通过10℃的年均积温为5 625.7℃，出现初日为3月6日，终日为11月30日，持续天数为270天。稳定通过20℃的年均积温为3 313.7℃，出现初日为5月15日，终日为9月24日，持续日数为131天。适宜多种亚热带经济作物生长和多熟制种植。

龙马潭区1986—2003年各月（季）平均气温变化表

表2-3-3-1 单位：℃

月份 项目	1	2	3	4	5	6	7	8	9	10	11	12	全年
月均温	7.6	9.6	13.4	18.3	22.0	24.3	26.8	26.6	22.9	17.9	13.7	8.9	17.7
极端最高 温及年份	16.9 1987	23.0 2003	31.8 2003	36.0 1990	36.7 1998	37.1 1993	38.6 2003	39.5 1994	39.7 1995	31.3 1999	25.6 1998	19.6 2002	19.7 1995
极端最低 温及年份	-1.6 1993 2001	0.4 2000	1.0 1986	7.3 2001	9.5 1991	15.3 1997	16.9 1992	18.2 1991	14.1 1998	6.5 1986	3.0 1987	-1.4 1991	-1.6 1993 2001
季均温	冬季（12—2月）			春季（3—5月）			夏季（6—8月）			秋季（9—11月）			17.7
	8.7			17.9			25.9			18.2			

龙马潭区1986—2003年气温稳定通过各界线初、终日及积温表

表2-3-3-2　　　　　　　　　　　　　　　　　　　　　　　　　　　　　　　　　　单位:℃

各界线温度	初日（日/月）			终日（日/月）			初、终日间持续天数（天）	初、终日间累积积温（℃）
	平均	最早	最晚	平均	最早	最晚		
稳定通过0℃	1/1	1/1	1/1	31/12	31/12	31/12	365	6 459.4
稳定通过10℃	6/3	8/2	4/4	30/11	16/11	11/12	270	5 625.7
稳定通过20℃	15/5	15/4	10/6	24/9	6/9	18/10	131	3 313.7

第四节　降　水

　　区内（1986—2003年）平均降水量为991.7毫米（降雨占降水总量99.8%）。最多年的1991年为1291.9毫米，最少年的1997年为784.6毫米，年际间差值为507.3毫米，变率大。月季间变率更突出，具明显季风气候特点，最多的6月降雨184.3毫米，占全年降雨18.6%；最少的1月降雨18.5毫米，占年降雨1.9%。降雨集中在4—10月，占年降水量87.1%。春季降水量为220.6毫米，占年降水总量22.2%；夏季降水量为504.6毫米，占年降水总量50.9%；秋季降水量为207.0毫米，占年降水总量20.9%；冬季降水量为59.5毫米，占年降水总量6.0%。由于降水量的月、季分布不均和小地形的差异，境内常出现旱、涝现象交替发生，给工农业生产带来严重灾害。

龙马潭区1986—2003年年均降水量统计表

表2-3-4-1　　　　　　　　　　　　　　　　　　　　　　　　　　　　　　　　　单位:毫米

月份\项目	1	2	3	4	5	6	7	8	9	10	11	12	全年
年均降水量	18.5	20.7	32.9	73.1	114.6	189.3	164.7	155.6	100.9	70.2	35.9	20.3	991.7
最多月降水及年份	29.6 2002	40.4 1992	75.7 1992	168.4 1992	265.1 1992	388.3 1991	339.2 1996	257.0 2002	269.8 1998	125.8 1990	70.9 1996	48.8 1991	1 292.5 1990
最少月降水及年份	9.6 1992	5.3 2003	12.7 1997	30.7 1995	45.1 1993	64.5 1996	43.8 2001	13.3 1997	39.8 2002	27.1 1996	2.0 1992	5.1 1996	784.6 1997
一日最大降雨及年日	8.2 2002.19	12.3 1999.19	28.8 1992.3	75.1 1998.29	109.1 1989.21	209.7 1991.30	82.9 1996.8	179.0 1989.19	93.6 1998.7	39.7 1987.12	21.3 1991.1	11.5 1987.13	209.7 1991.30
四季平均降水量（占%）	冬季（12—2月）59.5（6.0%）			春季（3—5月）220.6（22.2%）			夏季（6—8月）504.6（50.9%）			秋季（9—11月）207.0（20.9%）			991.7（100%）

　　按照降水量≤0.1毫米为微雨、0.1~10毫米为小雨（小雪<1.5毫米）、10~25毫米为中雨（中雪2.5~5.0毫米）、25~50毫米为大雨、50~100毫米为暴雨、100~200毫米为特大暴雨及日降水≥25.0毫米为大雨、日降水≥50毫米为暴雨的划分标准，区内18年平均：微雨以上的雨日为158天，

最多 181 天（1995 年），最少 143 天（1998 年）；雨日分布是春季占年雨日 26.6%，夏季占 27.2%，秋季占 26.6%，冬季占 20.3%；月均雨日量最多的 6 月为 17 天，最少的 12 月为 10 天；月极端多雨日的 1992 年 3 月达到 23 天，月极端少雨日的仅 4 天（18 年出现 4 个月）。大雨的雨日平均为 8.6 天，最多为 14 天（1998 年），最少为 5 天（1993 年）；大雨出现最早为 3 月 3 日（1992 年），最迟为 7 月 1 日（1996 年）；结束日最早为 8 月 11 日（2001 年），最迟为 10 月 16 日（1989 年）。暴雨的雨日年均为 2.3 次，最多为 5 次（2002 年），最少 0 次（2000 年）；18 年共出现暴雨 41 次，最多月为 6、7、8 月，共出现 31 次，占暴雨总次 76%；日暴雨最大降水量为 209.7 毫米（1991 年 6 月 30 日）。

龙马潭区 1986—2003 年各级雨日统计表

表 2-3-4-2   单位：天

月份 / 各级雨日	1	2	3	4	5	6	7	8	9	10	11	12	全年
≥0.1mm	11	11	12	14	15	17	14	12	14	17	11	10	158
≥25.0mm	—	—	0.1	0.5	1.0	2.1	2.0	0.7	0.2	—	—	—	8.6
≥50.0mm	—	—	—	0.1	0.2	0.6	0.6	0.6	0.3	—	—	—	2.3
四季平均降水日数（占%）	冬季（12—2 月）			春季（3—5 月）			夏季（6—8 月）			秋季（9—11 月）			158
	32（20.3%）			41（25.9%）			43（27.2%）			42（26.6%）			（100%）

第五节　湿　度

境内大气湿度按常用水气压（绝对湿度）和相对湿度的标准（1986—2003 年）：水气压的平均数为 18.3 毫巴，最高为 19.2 毫巴，最低为 17.7 毫巴；月均最大水气压 29.5 毫巴（7 月），月均最小水气压 9.2 毫巴（1 月）；日出现最大水气压的 2000 年 7 月 15 日是 40.5 毫巴，日出现最小水气压的 1991 年 12 月 28 日仅 4.2 毫巴，最大和最小差值为 36.3 毫巴。

龙马潭区 1986—2003 年相对湿度统计表

表 2-3-5   单位：%

月份 / 项目	1	2	3	4	5	6	7	8	9	10	11	12	全年
平均相对湿度	88	86	82	81	81	86	85	83	86	89	88	89	85
最小相对湿度及年份	31 1992 2003	37 2003	25 1986	22 1998	24 3 年	32 1993	38 3 年	23 1992	19 1997	33 2002	29 1992	30 2001	19 1997.9

相对湿度关系农作物生长、收晒和病虫害发生发展。境内 18 年累计平均相对湿度为 85%，最大为 87%（1988 年和 1989 年），最小为 83%（2002 年和 2003 年），年际间变化不大，差值仅 4%；但日均变化大，最大可达 100%，最小仅为 19%（1999 年 9 月 9 日），差值可高达 81%；全年 1—12 月平均相对湿度（%）分别为：88、86、82、81、81、86、85、83、86、89、88 和 89；最小的相对湿度（%）分别为 31、37、25、22、24、32、38、23、19、33、29 和 30。

第六节　地温和蒸发量

地　温　根据土壤面层气温为 0/厘米的地温表测定：1986—2003 年平均地温为 19.7℃，比气温偏高 2℃。月均温最高的 7 月，平均地温为 39.4℃；最低的 1 月，平均地温仅为 8.4℃。年内日极端最高地温为 68.3℃（1994 年 8 月 11 日），比日极端最高气温亦高出 28.6℃；日极端最低地温为 −3.3℃（1999 年 12 月 25 日），比日极端最低气温低 1.7℃。

龙马潭区 1986—2003 年地温情况统计表

表 2-3-6　　　　　　　　　　　　　　　　　　　　　　　　　　　　　　　　单位：℃

月份 项目	1	2	3	4	5	6	7	8	9	10	11	12	全年
平均地温	8.4	10.8	15.3	20.7	24.7	27.1	31.4	30.3	25.21	19.1	14.7	9.9	19.7
日极端最高 地温及年份	27.6	36.9	49.5	63.3	60.9	67.2	67.3	68.3	66.4	47.5	40.7	28.6	68.3
	1999	1980	1980	1998	1988	1994	1993	1994	1995	1998	1998	1994	1994
日极端最低 地温及年份	−2.1	−1.4	0.5	1.0	8.7	15.2	17.1	17.8	13.3	6.6	1.1	−3.3	−3.3
	1995	1980	1996	1990	1991	1990	1992	1990	1997	1991	2000	1999	1999

蒸发量　区内 1986—2003 年年均蒸发量为 980 毫米，比年均降水量少 37.8 毫米。干旱年的年蒸发量超过年降水量，出现水份供不应求。最多年为 1 057.9 毫米（1994 年），最少年为 867.3 毫米（1991 年）；月最多为 222 毫米（1994 年 8 月），月最少仅 140 毫米（1997 年 10 月）；日最大蒸发量达 11.7 毫米（1992 年 7 月 25 日）。1—12 月的平均月蒸发量（毫米）分别为：25.4、34.6、68.6、99.6、122.9、113.9、154.5、153.5、97.4、68.5、36.8 和 32.2；1—12 月的各月最多蒸发量（毫米）及年份分别是 33.0（1987 年）、49.5（2003 年）、100.8（2001 年）、171.4（1998 年）、162.6（1994 年）、149.0（1998 年）、200.5（2001 年）、222.9（1994 年）、147.7（2002 年）、72.7（1987 年）、53.8（1992 年）和 34.5（1987 年）；1—12 月各月最少蒸发量（毫米）及年份分别是 17.0（1996 年）、22.3（1997 年）、45.3（1988 年）、79.4（1989 年）、89.5（1998 年）、126.6（1991 年）、107.1（1991 年）、62.8（1994 年）、30.7（1991 年）、20.4（1996 年）和 14.0（1997 年）；1—12 月月平均蒸发量和降水量（毫米）比较大小差异数（±）分别：4.3、11.0、37.9、31.0、−9.1、−39.4、−20.9、−11.0、−21.1、−18.2、−2.9、1.2 和全年 −39.8。

第七节　风　霜雪　雾

风　区内以静风为主，风向多是西北风。18年平均风速为1.0米/秒；1—12月的月均风速（米/秒）分别为0.7、0.9、1.2、1.3、1.3、1.1、1.2、1.2、1.1、0.8、0.7、和1.0。月均最大风速1.8米/秒（2000年5月），月均最小风速0.2米/秒（2003年2月）。按瞬间风速≥17.0米/秒的7级以上称作大风的标准，区内共出现26次，年均1.4次；最多年达5次（1990年），日瞬间最大风速曾达37米/秒（1989年4月20日）。发生大风时季主要是4—7月的春末夏初和盛夏；出现次数以月计，分别是3月1次、4月6次、5月7次、6月2次、7月6次、8月2次、9月1次和11月1次。

霜　雪　区内霜、雪出现较少，时间亦较短。18年共出现降霜46次，年均2.6次；降雪9次，年均0.5次。平均降霜初日是12月22日，最早初日是11月10日（1993年）；平均降霜终日是1月23日，最晚终日是3月10日（1996年）；降霜初日至终日的平均持续日数是29.2天，无霜期年均是331天。降雪平均初日是1月21日，最早初日是12月27日（1992年）；降雪平均终日是1月22日，最晚终日为2月23日（1993年）；降雪初日至终日平均持续日数是1.8天。地面积雪仅有1年（1991年12月27日、28日），占降雪年数的11%，积雪深3厘米，36小时降雨雪量8.1毫米。

雾　区内雾日较多，18年平均出现雾日为全年60天；最多年达99天（1991年），最少年为19天（2001年）。月均雾日最多为12月，最少为5月。1—12月各月平均出现雾日分别是8.4天、5.1天、3.7天、1.8天、0.8天、2.6天、3.1天、3.0天、4.3天、6.8天、9.7天、10.7天。1—12月各月出现最多雾日及年份分别是：16天（1996年）、10天（1996和1997年）、7天（1998和1990年）、3天（1997）、7天（1991年）、7天（1992和1994年）、12天（1993年）、10天（1993和1996年）、15天（1997年）、21天（1993年）、22天（1992年）和全年99天（1993和1997年）。

第四章　自然资源

第一节　土地资源

区内土地资源经1989年《国家土地资源利用现状详查》和2005年《土地资源利用现状变更调整》，全区土地航测量算总面积为3.33万公顷。执行《全国土地利用现状（过渡期）划分标准》，划分农用地、建设用地和未利用地3个一级地类，下含9个二级地类和33个三级地类。

农用地　量算面积2.48万公顷，占土地资源总面积74.5%。下含4个二级类和18个三级类。

【耕地】　（二级类）量算面积1.69万公顷，占农用地68.4%，占土地总面积50.9%。其中三级类的灌溉水田1.05万公顷，占耕地61.7%，望天田1 201.73公顷，占耕地7.1%；旱地5 156.1公顷，占耕地30.4%；菜地136.8公顷，占耕地0.8%。

耕地状况　1996年初至2005年末，全区耕地统计总面积由1.2万公顷减至9 899.33公顷，减少25%，人均占有耕地由0.04公顷减至0.03公顷。其中稻田由9 735.33公顷减至8 392公顷，减少13.8%，旱地由2 264公顷减至1 507.6公顷，减少33.4%。全区10年内减少耕地2 100公顷，其中，国家基本建设占用耕地547.33公顷，占减地面积26.1%，乡镇、村及企业建设占用耕地561.33公顷，占减地面积26.7%，农田水利和农房建设占用耕地99.3公顷，占减地面积4.7%，退耕还林减少耕地605.34公顷，占减地面积28.8%，农业结构调整用地286.67公顷，占减地面积13.7%。

【林地】　量算面积1 971.6公顷，占农用地8%，占土地总面积5.9%（其中含三级类的有林地、灌木林地、疏林地、未成林地和苗圃地）

【成片用地】　量算面积823.1公顷，占农用地3.3%（其中含园林花卉地、桑园、茶园）。

【农业其他用地】　量算面积5 029.8公顷，占农用地20.3%，占土地总面积15.1%（含三级类的农村道路、田坎、坑塘、水利设施、养殖水面等）。

建设用地　量算面积6 037.7公顷，占土地资源总面积18.2%，下含3个二级地类9个三级地类。

【居民工矿用地】　量算面积5 516.4公顷，占建设用地91.4%，占土地总面积16.6%，含三级类的城市用地，建制乡镇地、农村居民点、独立工矿用地、特殊用地等。

【交通用地】　量算面积413.6公顷，占建设用地6.8%，占土地总面积1.2%（其中三级类的铁路用地、公路用地）。

【水利建设用地】　量算面积107.2公顷，占建设用地1.8%，占土地总面积0.3%，含三级类的水库面、水工建筑面。

未利用土地　量算面积2 456.73公顷，占土地资源总面积7.4%；下含2个二级地类和5个三级地类。未利用地中部分量算面积773.5公顷，占未利用地面积31.5%，占土地总面积2.3%，含三级类裸岩面地面积、荒草地面积、石砾面积等。其他地量算面积1 683.3公顷，占未利用地68.5%，占土地资源总面积的5.1%，含三级类的河流水面、滩涂面积。

第二节　水资源

区内水资源突出特征是既有长江、沱江、濑溪河、龙溪河的丰富外来水源；同时又呈现境内有效水资源不足，旱年严重缺水。境内水资源主要来自大气降水，支出主要是土壤蒸发，多年平均年降水量为991.7毫米，年蒸发量为980毫米，年内的降水量比蒸发量仅多11.7毫米。加之大气降水在时空上分布极不平衡，以及旱、涝交替和旱灾频繁等气候特点，都给充分利用有效水资源带来极为不利。因有效水资源是依靠降水时地表产生的径流与拦截径流的水利基础设施。经区内多年对降水与径流深等值的监测，表明两者变化规律一致：即夏、秋两季的降水量占全年降水总量71.8%，冬、春两季降水占全年降水28.1%；而地表径流也是夏、秋两季径流量占全年径流量的75%，冬、春两季仅占全年径流的25%。产水模数较小，全区面积332.64平方公里，多年平均水资源总量为1.83亿立方米（含地下水964万立方米），水资源重复计算量为964万立方米。

水　库　2005年，区内有水库25座（外有泸县三溪口水库1座，供水龙马潭区），其中小（一）型4座，小（二）型21座。正常库容蓄水能力785.37万立方米。有效灌溉面积由1996年的1 880公顷发展至2 240公顷（含三溪口760公顷），净增19.5%；占工程有效灌面的比重由31.1%升至

32.9%，提升2.4个百分点。实灌面积由1 706.7公顷发展至1 860公顷，净增9%；占工程实际灌面的比重由31.7%升至33.5%，提升1.8个百分点。

龙马潭区2005年水库工程表

表2-4-2-1

乡镇名称	库名	库型	集雨面积（平方公里）	坝高（米）	库容（万立方米）		灌面（公顷）		养鱼水面（公顷）
					正常	有效	设计	有效	
安 宁	锅匡岩	小（一）	5.6	18.2	81.5	58.5	320	153.3	12
胡 市	响水沱	小（一）	7.12	11.2	60.8	24.8	340	253.3	18.7
金 龙	擦耳岩	小（一）	3.08	15.6	91.5	64.5	273.3	93.3	7.2
双 加	松滩桥	小（一）	9.09	13.1	107.5	33	420	340	28.5
安 宁	半边田	小（二）	0.25	7.1	20	16.5	—	6.7	10.1
	黑龙江	小（二）	7.06	10	28	7.6	—	5.33	3
胡 市	小湾子	小（二）	0.22	9.2	19.2	11.7	—	6.7	3.8
	打磨滩	小（二）	1.84	7.84	36.1	22	—	40	10
	白 庙	小（二）	0.22	7.69	18.4	15.8	—	6.7	4.6
金 龙	四湾头	小（二）	0.14	8.15	9.4	5.8	—	6.7	2.5
	滩子口	小（二）	3.25	11.5	66.7	45.7	—	66.7	8.7
长 安	岩 湾	小（二）	0.29	13.25	29	24	—	40	4.8
罗 汉	苦担沟	小（二）	0.72	11.7	23	18.5	—	60	3.3
石 洞	流水滩	小（二）	5.49	4.5	21.6	10.3	—	33.3	8.9
	大土湾	小（二）	0.33	8.5	7.6	6.2	—	13.3	2.6
	扬沙田	小（二）	0.21	9.2	9.3	7.8	—	6.7	2.5
	烂泥沟	小（二）	0.16	8.1	9.77	8.8	—	6.7	2.8
鱼 塘	民 主	小（二）	2.8	11.6	21	4	—	46.7	2.7
	新屋基	小（二）	0.3	13.2	15.5	3.8	—	26.7	2.7
双 加	土桥子	小（二）	2.91	7.67	36	31	—	140	5
	大土坪	小（二）	0.12	8.2	20.3	13.7	—	6.7	2.6
	滴水岩	小（二）	0.6	8.6	10.8	2.1	—	6.7	2.3
	学堂头	小（二）	0.1	6.3	16.2	11.2	—	6.7	2.6
	瘦大田	小（二）	0.19	8.54	16.2	10	—	6.7	2.4
	周 冲	小（二）	0.17	6.2	10	4.1	—	13.3	3.1
全区合计			52.26	—	785.37	698.0	—	1440	157.4

山坪塘 境内修塘蓄水保灌溉，历史悠久。1996年后，强化山坪塘整修工程，在整治原有2 450口山坪塘的同时，恢复和新建山坪塘17口，到2005年全区山坪塘达2 467口，蓄水能力1 017万立方米。有效灌溉面积由2 266.7公顷发展至2 300公顷，净增4.1%；占工程有效灌面的比重却由37.5%降至35.7%，下降2.2个百分点。实际灌溉却由2 026.67公顷减至1 996.67公顷，减少2.9%；占工程实灌面积的比重亦由37.6%降至34.9%，下降2.7个百分点。

龙马潭区 2005 年山坪塘基本情况表

表 2-4-2-2

乡镇名称	山坪塘数（口）	正常蓄水（万立方米）	有效灌面（公顷）	保证灌面（公顷）
安 宁	282	98	293.3	260
胡 市	384	193	306.7	240
金 龙	213	60	200	120
长 安	210	80	153.3	133.3
罗 汉	161	64	100	80
石 洞	243	172	473.3	380
双 加	284	114	320	266.7
特 兴	372	129	386.7	333.3
鱼 塘	110	48	73.3	66.7
红星、莲花池街办	108	59	53.3	40

石河堰 境内在主要溪河及其支流上"拦河筑堰"，历史悠久，石河堰显著提高水位，既收蓄水保灌农田和航运方便之利，又为机电提灌站的建设提供更多的水源保障。1996 年来，不断强化石河堰的防险加固和病害整治工程，到 2005 年，全区石河堰 116 处，正常蓄水能力 365 万立方米，有效灌溉面积由 646.7 公顷增至 680 公顷，净增 5.1%；占工程有效灌面的比重却由 10.7% 降至 10.2%，下降 0.5 个百分点。实际灌面由 446.7 公顷发展到 586.7 公顷，净增 31.3%；占工程实灌面积的比重由 8.3% 升至 10.4%，提升 2.1 个百分点。

龙马潭区 2005 年石河堰基本情况表

表 2-4-2-3

乡镇名称	石河堰（处数）	正常蓄水（万立方米）	有效灌面（公顷）	保证灌面（公顷）
安 宁	14	43	126.7	60
胡 市	14	60	120	66.7
金 龙	17	14	60	26.7
长 安	13	26	46.7	20
罗 汉	—	—	—	—
石 洞	18	57	113.3	53.3
双 加	12	10	26.7	13.3
特 兴	12	129	140	100
鱼 塘	13	16	26.7	13.3
红星、莲花池街办	3	10	20	13.3

冬水田 区内地貌属典型丘陵，起伏频繁，田高水低，加之灌溉设施不足，干旱时缺水严重，冬水田蓄水保栽，遂成为水利设施的重要补充。1996 年，区内有冬水田 5 222 公顷，占稻田 54.9%。2005 年，有冬水田 5 248.67 公顷，占稻田 62.5%，上升 7.67 个百分点，对水稻生产起到重要的水利调剂作用。

第三节　生物资源

生物规模　龙马潭区地处亚热带针、阔叶林带，气候地理条件优越，历来生物资源丰富。清《直隶泸州志·食货》载：州境内有"动物类：水禽山禽36种，野兽19种，鱼类28种，昆虫26种，爬虫31种，共140种；植物类：粮食20种，花卉50种，水果31种，竹类21种，树类34种，蔬菜52种，药材35种，其他33种，共271种。"新中国成立以来，虽曾因森林多次乱砍滥伐，林木资源和野生动物类有所减少，但在各级政府大力推进种、养业为主的农业生产开发与发展中，不断引进新物种，给生物资源的发展和增多带来了生机，使区内生物种类愈来愈丰富。据境内生物资源普查，查明动物界的野生动物和饲养动物，以及植物界的高等植物和低等植物，共有2 300多种，呈现了生物门类更趋齐备和更具规模。

高等植物　境内植物界高等植物中，查明主要种子植物有1 856种。其中：农作物有52科104属1 015种；饲草类58科235种；药材类50种。粮食作物有水稻、大小麦、高粱、玉米、薯类、豆类、杂粮等4科14属734种；经济作物有油菜、花生、芝麻、甘蔗、麻类、土烟、席草等4科10属60多种；绿肥有苕子、紫云英、大粒籽苋、箭舌豌豆、黄花苜蓿5种；蔬菜22科42属的13类69种334个品种。果树有14科29属的28种153个品种（系）。观花的木、竹、藤、草本和蕨类有105科404个品种。林业上林种资源有2门3纲79科的用材林119种，经济林88种和观花林木111种。在主要当家的75科332种中，属本地的有70科279种。新中国成立以来，先后从国内外引进5科53种。

低等植物　境内藻类、菌类、地衣等植物广泛分布，资源甚丰。仅水域中常见的藻类有7门63属。其中河流中常见的有11属，优势种为隐藻、维裳藻和实球藻等；水库中常见的有22属，优势种为直链藻、桅杆藻、鱼鳞藻、束丝藻和绿球藻等；池塘中常见的有52属，优势种有隐藻、衣藻、舟形藻和十字藻等15种。境内菌类甚多，菌类中酿酒的有大曲（麦曲）、麸皮（麸皮曲）、甜酒小曲、白酒小曲的酵母菌（德国12号酵母菌、南阳酵母菌、396酵母菌）、米曲霉、黄曲霉、甘薯曲霉、宁佐曲霉和黑曲霉菌等，生产酱油的有米曲、酱油曲霉、酵母菌和乳酸菌，以及食用醋的曲霉菌、酒精酵母菌和醋酸菌等；运用于土壤肥料的有磷细菌、钾细菌、5406菌、固氮菌、大平固氮菌和紫云英固氮菌等。食用菌品种多，品味优的野生品种主要有竹菇、木耳、鸡丝菌、三拔菇、松毛菌、红丝菌、荞粑菌、青苔菌等，人工栽培种类主要有蘑菇、平菇、草菇、香菇、金针菇、木耳、银耳和竹荪等。

野生动物　境内野生动物资源丰富，共有脊椎动物163种。其中哺乳纲有6目11科23种；鸟纲有10目15科26种；爬行纲有5科6种；两栖纲有1科3种；鱼纲有17科105种。属国家二级保护动物有黑颈鹳、鸳鸯和水獭等各类鸟兽。疫源及有害动物约有20种，其中草兔、黄鼠、竹鼠、褐水鼠及蛇类的乌梢蛇、菜花蛇、烙铁头和青竹边蛇等，均为较常见的有害动物。同时，农作物害虫及天敌等昆虫类，亦有601种。其中害虫类有170种，常见的地老虎（土蚕）、螟虫子、蚜虫、卷叶虫及菜青虫等。

饲养动物　境内饲养动物种类甚多，有家畜的5科24种和家禽5科21种，畜禽品种100多个。其中猪有内江猪、长白猪、荣昌猪、约克猪、皮特兰猪、杜洛克猪、英国维尔夫猪、斯格猪、PIC配套系与杂交猪等10多个品种；牛有本地水牛及黄牛、德昌牛、库拉牛和蔺黄牛、中国黑白花奶牛、荷斯坦奶牛7种；羊有本地黑山羊、金堂山羊、南江黄羊和波尔山羊4种；兔有青紫蓝兔、大白兔、齐卡、新西兰、日本大耳白兔、加利福利亚和力克斯（獭兔）7种；鸡有本地鸡、红育鸡、来杭鸡、风岩乌骨鸡、广西大发乌鸡、新杂288、尼克蛋鸡、非州黑鸡和白鸡，以及伊艾、京维、京北939、海南灰世界良种蛋鸡等15种；鸭有本地鸭、大麻鸭、北京鸭、天府肉鸭、樱桃谷鸭和健鸭6种；鹅有花鹅、狮子鹅、川南白鹅3种；犬有本地狗、狼狗、狮毛狗3种；马、驴、骡各1种。同时，其他饲养动物中：鸽有信鸽和肉鸽的美国王鸽2种；家蜂有中蜂和西蜂2种；家蚕有24个品种，其中有华1×南方、苏4×苏3、川×苏13、中华×东肥、603×东肥、734×781、中华×671、603×东34、东3×603、781×7532等。

第五章　自然灾害

第一节　暴雨洪涝

境内常出现暴雨、大暴雨，引发洪涝灾害，造成人财物的严重损失。1986—2003年累计共下暴雨、大暴雨46次，年均2~3次，累计月均分别是：4月1次、5月5次、6月13次、7月10次、8月12次、9月5次，集中出现时间是5—9月，主讯期6—8月发生的次数占暴雨、大暴雨总次76%，最早出现暴雨是4月，降雨75.1毫米（1998年），最晚出现暴雨是9月，降雨51.0毫米（1999年），按照日降雨≥150~200毫米为偏涝，日降雨≥200毫米或月降雨≥250毫米为严重洪涝的划分标准，区境内18年共出现偏涝52次，其中严重洪涝1次，平均3.6年出现1次。洪涝灾害常造成农作物、人、畜、房屋、交通、通讯、水利、设施等严重受损。

第二节　大风冰雹

境内18年间共出现大风26次，年均1.4次，多年出现5次，日瞬间风速最大为37米/秒。出现大风冰雹7次，以春末夏初交替季节发生为主。1989年4月20日凌晨1时20分，境内遭受百年未遇的特大风雹灾害，风力高达40米/秒，冰雹直径20~50毫米，降雹时间15分钟，且密度大，瞬时暴雨量38.8毫米。胡市、金龙、安宁等地灾区房屋倒塌、果木、庄稼、公路、电讯设备严重受损，人畜伤亡很大，直接经济损失超亿元，受到联合国和国家的赈灾补助和救济。1992年5月1—2日，境内另一次遭受大风冰雹（如米粒）袭击，损伤人畜、房屋、粮经作物、电讯设施等，直接经济损失200万元。

第三节　干　旱

全区常见的干旱分：冬干、春干、夏旱、伏旱、秋旱及伏旱连秋旱6种。其中以夏旱、伏旱为最。有"十年九旱"之说。境内18年累计共出现各种旱灾39次，年均2.2次。其中伏旱17次，占旱灾44%，年均0.9次；夏旱14次，占旱灾36%，年均0.8次；春旱5次，占旱灾13%，年均0.3次；秋冬干旱3次，占旱灾0.8%，年均0.2次。每年至少出现一种以上的旱灾，出现春旱又夏旱的3年，夏旱又伏旱的9年；出现春旱、夏旱又伏旱的1年。春旱持续时间最长为77天（1998年），过程降雨仅 14 毫米；夏旱最长时为 38 天（1993 年），过程降雨为 23.6 毫米；伏旱最长时间为 43 天（1997 年），过程降雨仅 35 毫米；冬干最长时间为 59 天（1992 年），过程降雨仅 9.9 毫米。

第四节　寒潮低温

区内 18 年间共出现寒潮 55 次，年均 3.1 次。其中冬季寒潮 16 次，占 29%，春季寒潮 25 次，占 45%；秋季寒潮 14 次，占 26%。寒潮出现最多年为 7 次（1987 年和 1999 年），月中出现寒潮最多为 3 次（2002 年 4 月）。冬季强寒潮（降温≥8℃）有 3 次，最强一次过程 10℃（1996 年 2 月 17—18 日）；春季强寒潮（降温≥10℃）有 12 次，最强一次过程 12.8℃（1996 年 3 月 8—9 日）；秋季强寒潮（降温≥10℃）有 6 次，最强一次过程降温 14.4℃（1987 年 11 月 27 日）。境内春季回暖季节早，18 年中出现低温 4 次，主要发生在 3 月中下旬；最长一次低温持续 6 天（1996 年 3 月 19—24 日）。严重影响大春作物播种和小春作物开花结实。

第五节　雷　暴

境内雷暴主要集中在 4—8 月，年均 32.1 次。出现雷暴平均初日为 3 月 31 日，最早出现是 2 月 17 日（1992 年），最晚出现是 4 月 30 日（1996 年）；年均终日为 10 月 13 日，最早终日为 9 月 2 日（1991 年），最晚终日为 12 月 1 日（1994 年）。雷暴出现最多年为 47 次（1998 年），出现最少年为 21 次（1999 年）。一年的 1—12 月中出现雷暴次数最多月是 7 月，平均 8.5 次；最少月是 1 月，为 0 次。雷暴的出现，常造成人员被电击中伤亡和房屋被烧毁等损失。

第六节　病虫害

水稻病虫害　区内主要有螟虫、卷叶螟、稻飞虱、稻瘟病、赤斑泡沫叶蝉、稻螟等几种。螟虫分二化螟、大螟，以三代螟为主，约占 90% 以上，进入 20 世纪 90 年代，大螟只占 5% 左右。两种螟虫一年发生三代；危害秧田、夏制种田、早稻为第一代（4—5 月）；第二代（6 月初至 7 月上中旬）危害稻田、制种田、生姜等。第三代（8 月初至 8 月中、下旬）。危害再生稻、单季晚稻等。水稻飞虱是水稻主要迁飞性害虫之一；6 月初入境，7 月中旬至 9 月中旬为主要危害期。1998 年 8 月中旬，泸县和龙马潭区部分稻田均出现"通火团"，面积 1 万公顷以上。稻瘟病主要危及早稻，籼优 2 号中稻、籼优 63 的中稻发病，重灾区田块基本无收。赤斑泡沫蝉（雷火虫）危害中稻、高粱、玉米，发生在 5 月下旬至 6 月下旬。稻螟危害中稻，高峰期在 7 月中、下旬。

小春病虫害　小麦蚜虫常年发生面积 70% 左右。1989 年爆发成灾，使部分田块颗粒无收。20 世纪 90 年代发生频率为 40%，油菜蚜虫在 90 年代中后期以春前盛发为主，田块达标率 70% 以上。小麦锈病、小麦白粉病、小麦赤霉病均属常发病害。

蔬菜病虫害　20 世纪 90 年代中后期从外地传入美洲斑潜蝇，是检疫性有害生物。体形十分微小，是潜入植物叶片中取食的双翅目昆虫，危害状呈"鬼画符"。寄生范围广，危害瓜果、蔬菜类经济作物，发生期在 3 月中旬至 10 月中旬。

第三篇　人口　民族宗教

1996 年建区时全区人口为 30.08 万人，其中非农业人口 8.68 万人。随着改革开放深化，经济日益发展，至 2005 年全区人口增至 32.82 万人，其中非农业人口 12.01 万人，加上常住户，城镇化率 63.34％。全区各级干部十分重视人口控制工作，坚持计划生育"三为主""三不变""三结合"和"两个转变"的方针，实行纵向到底、横向到边责任制，一票否决制。由党政一把手亲自抓、负总责，层层签订责任书。因此计划生育政策落实好，无序生育状况改变，全区多年保持着低生育水平，多次被全国和省、市评为先进。

第一章　人口状况

第一节　人口发展与分布

人口数量　1996 年行政建区时，全区总人口 30.08 万人，2000 年全国第五次人口普查为 30.72 万人，2005 年底为 32.82 万人。10 年间全区增加人口 2.74 万人，人口自然增长率 3.03‰。呈低出生、低死亡、低增长态势。

龙马潭区 1995—2005 年人口基本情况表

表 3 – 1 – 1 – 1

项　目 年　度	总户数 （户）	年末户籍登记人口 （人）	其　　中		常住人口 （人）
			非农业人口（人）	女性人口（人）	
1995	93 654	298 643	83 637	147 076	277 233
1996	96 215	300 846	85 787	148 305	275 447
1997	97 991	302 401	87 542	149 031	284 479

续上表

项 目 \ 年 度	总户数（户）	年末户籍登记人口（人）	其 中		常住人口（人）
			非农业人口（人）	女性人口（人）	
1998	99 009	303 612	90 664	149 793	284 421
1999	100 834	305 641	91 821	150 775	291 235
2000	101 505	307 204	95 010	151 724	291 301
2001	101 981	310 175	97 801	153 340	292 669
2002	103 367	314 958	104 405	155 987	301 558
2003	104 294	319 613	111 436	158 177	305 913
2004	105 618	323 991	115 849	160 868	311 091
2005	106 525	328 226	120 111	163 097	319 072

　　人口分布　1996 年行政区划时，区辖 5 镇 2 乡 1 个街道办事处，1 个厂区办事处。辖区面积 340.8 平方公里，总人口 30.08 万人，其中农业人口 21.51 万人，非农业人口 8.58 万人；人口密度 883 人/平方公里。2000 年全国第五次人口普查时，全区总人口为 30.72 万人，其中农业人口为 21.22 万人，非农业人口 9.5 万人；人口密度 902 人/平方公里。2000 年高坝厂区办事处与罗汉镇合署办公，区内行政区调整，增设双加镇、长安乡，红星、莲花池街道办事处。至 2005 年，全区总人口 32.82 万人，其中农业人口 20.81 万人，非农业人口 12.01 万人，人口密度 987 人/平方公里。

<h3 style="text-align:center">龙马潭区 2005 年人口分布情况表</h3>

表 3－1－1－2

项 目 \ 地 区	居民（社区）委员会（个）	村民委员会（个）	辖区内总户数（户）		辖区内户籍登记人口数（人）				
			年末总户数	其中农业户	年末总人口	农业人口	非农业人口	男性人口	女性人口
小市街道办	5	—	9 921	—	27 869	261	27 608	14 015	13 854
红星街道办	7	1	9 479	505	35 143	2 530	32 613	16 984	18 159
莲花池街道办	5	—	3 759	807	9 287	2 319	6 968	4 461	4 826
罗汉镇（含高坝办）	4	6	13 941	4 832	40 981	14 482	26 499	20 091	13 890
鱼塘镇	3	6	6 893	4 088	20 548	13 157	7 391	10 164	10 384
石洞镇	2	9	14 236	10 735	42 860	36 022	6 838	21 665	21 195
胡市镇	2	5	9 600	7 776	29 316	25 007	4 309	15 207	14 109

续上表

项　目 地　区	居民 (社区) 委员会 (个)	村民 委员会 (个)	辖区内总户数（户）		辖区内户籍登记人口数（人）					
			年末 总户数	其中 农业户	年末总 人口	总人口中			总人口中	
						农业人口	非农业人口	男性人口	女性人口	
特兴镇	1	7	8 880	8 046	27 327	25 559	1 768	13 973	13 354
安宁镇	1	8	9 776	7 743	30 115	26 398	3 717	15 171	14 944
双加镇	2	6	7 992	7 758	26 695	26 080	615	13 607	13 088
金龙乡	2	4	7 401	6 536	23 150	21 738	1 412	12 145	11 005
长安乡	—	5	4 647	4 442	14 935	14 562	373	7 646	7 289
合　计	34	57	106 525	63 298	328 226	208 115	120 111	165 129	163 097

第二节　人口变动

自然变动　1996 年全区人口出生率 11.67‰，死亡率 6.61‰，自然增长率 5.06‰。2000 年出生率 7.51‰，死亡率 7.16‰，自然增长率 0.35‰。2005 年出生率 9.50‰，死亡率 6.47‰，自然增长率 3.03‰。十年来均处于低出生、低死亡、低增长态势。

龙马潭区 2005 年人口自然变动表

表 3-1-2-1

项　目 地　区	出　生		死　亡		人口自然增长率 （‰）
	总数（人）	出生率（‰）	总数（人）	死亡率（‰）	
小市街办	209	7.55	195	7.05	0.51
红星街办	270	8.01	112	3.32	4.69
高坝街办	92	4.09	178	7.90	-3.82 （已并入罗汉镇）
莲花池街办	115	12.91	26	2.92	9.99
罗汉镇	268	17.08	239	11.20	2.41
鱼塘镇	216	10.55	148	7.23	3.32
石洞镇	408	9.52	204	4.76	4.76
胡市镇	217	7.38	357	12.15	-4.76

续上表

项目 地区	出 生		死 亡		人口自然增长率 （‰）
	总数（人）	出生率（‰）	总数（人）	死亡率（‰）	
特兴镇	202	7.40	135	4.94	2.45
安宁镇	293	13.40	116	5.32	8.08
双加镇	280	10.50	157	5.89	4.61
金龙乡	308	13.31	227	9.81	3.50
长安乡	201	13.48	149	9.99	3.49
合 计	3 097	9.50	2 143	6.47	3.03

迁移变动 龙马潭区是川、滇、黔、渝结合部和商贸、物资集散中心，有10多个国家级和省级各类批发市场，是长江经济带开发与西部大开发的重要区域。来区经商办企业务工人员逐年增长，1996年人口迁入4 812人，迁出3 991人，净增821人。2000年迁入2 673人，迁出1 714人，净增959人。2005年迁入4 267人，迁出2 003人，净增2 264人，相当于1996年的1.75倍，建区十年间迁入人口大大超过迁出人口。

龙马潭区1996—2005年四项人口变动统计表

表3-1-2-2

单位：人

项目 年度	出 生			死 亡			迁 入			迁 出		
	总数	男	女	总数	男	女	总数	男	女	总数	男	女
1996	3 373	1 714	1 632	1 982	1 154	828	4 812	4 389	423	3 991	3 687	304
1997	3 094	1 614	1 480	2 008	1 121	887	4 967	4 562	405	4 468	4 091	377
1998	2 856	1 494	1 362	1 842	1 071	771	2 743	2 330	413	2 569	2 213	356
1999	2 725	1 414	1 311	1 602	936	666	2 999	2 292	707	2 104	1 548	556
2000	2 302	1 198	1 104	2 195	1 246	949	2 637	1 966	671	1 714	1 086	628
2001	2 143	1 119	1 024	1 412	804	608	5 111	3 828	1 283	1 839	1 086	753
2002	2 296	1 226	1 070	1 718	998	720	5 584	4 220	1 364	1 854	1 064	790
2003	2 360	1 258	1 102	2 245	1 266	979	5 195	3 840	1 355	1 781	946	835
2004	3 293	1 707	1 586	2 032	1 164	868	5 196	3 608	1 588	1 695	982	713
2005	3 097	1 628	1 469	2 109	1 185	924	4 267	3 149	1 118	2 003	1 011	992

第三节 人口结构

性别结构 1996 年全区总人口 30.08 万人,其中男性 15.25 万人,女性 14.83 万人,男女性别比为 1.029:1。2000 年第五次全国人口普查,全区总人口 30.72 万人,其中男性 15.55 万人,女性 15.17 万人,男女性别比为 1.025:1。2005 年全区总人口为 32.82 万人,其中男性 16.51 万人,女性 16.31 万人,男女性别比为 1.012:1。建区十年间,总人口数中男性多于女性。

年龄结构 2005 年,全区人口中,0 至 4 岁 1.49 万人,5 至 9 岁 1.49 万人,10 至 14 岁 1.76 万人,15 至 18 岁 1.45 万人,19 至 24 岁 2.81 万,25 至 29 岁 1.79 万人,30 至 34 岁 3.23 万人,35 至 39 岁 3.88 万人,40 至 44 岁 3.82 万人,45 至 49 岁 1.72 万人,50 至 54 岁 2.82 万人,55 至 59 岁 2.02 万人,60 至 64 岁 1.46 万人,65 至 69 岁 1.11 万人,70 至 74 岁 9 879 人,75 至 79 岁 7 269 人,80 至 84 岁 4 160 人,85 至 89 岁 1 781 人,90 至 94 岁 773 人,95 至 99 岁 199 人,100 岁以上 8 人。

老人结构 截至 2005 年,全区 60 岁以上老人 5.03 万人,占总人口 15.33%。按年龄分组 60～64 岁的 1.46 万人,其中女性 7 123 人。65～79 岁的 2.88 万人,其中女性 1.73 万人。80～99 岁的 6 913 人,其中女性 3 985 人。100 岁以上 8 人,其中女性 6 人。

文化结构 2005 年全区小学 4.39 万人,占总人口 13.37%;初中 2.91 万人,占总人口 8.87%;高中 7 700 人,占总人口 2.35%;大学专科 3783 人,占总人口 1.15%;大学本科 8 468 人,占总人口 2.58%;研究生 28 人,占总人口 0.008%。

职业结构 2005 年全区国有、集体管理人才 297 人,其中女性 91 人。按学历分:大学本科 89 人,大学专科 121 人,中专 43 人,高中及以下 44 人。专业技术人才 2 514 人,其中女性 1 298 人,按学历分:大学本科 731 人,大学专科 1 027 人,中专 633 人,高中及以下 123 人。按职称分:高级职称 156 人,其中女性 61 人。中级职称 1 006 人,其中女性 465 人。初级职称 1 274 人,其中女性 721 人,未评职称 78 人。按专业技术类别分:工程技术人员 33 人,其中女性 8 人。农业技术人员 97 人,其中女性 22 人。卫生技术人员 518 人,其中女性 264 人。教学技术人员 1 892 人,其中女性 959 人。经济人员 18 人,其中女性 13 人。会计人员 37 人,其中女性 25 人。统计人员 3 人,其他技术人员 21 人,其中女性 7 人。全区单位从业人员 7.9 万人,其中企业 3.28 万人,事业 4.14 万人,机关 4 143 人。国有经济单位从业人员 1.16 万人,其中企业 5 644 人,事业 3 943 人,机关 2 095 人。城镇集体单位从业人 1.14 万人,其中企业 1.11 万人,事业 249 人。农村劳动力资源总数 13.75 万人,实有总数 13.01 万人。其中农业 5.93 万人,林业 682 人,牧业 1.38 万人,渔业 2 254 人,工业 1.09 万人,建筑业 1.89 万人,交通运输仓储及邮政业 2 112 人,批发零售贸易业、餐饮业 7 086 人。其他劳动力 1.5 万人,其中合同工、临时工 9 335 人,劳务输出总人数 4.88 万人。

民族结构 2005 年,全区总人口中,汉族 32.7 万人,少数民族 1 138 人,其中蒙古族 18 人,回族 277 人,藏族 61 人,苗族 139 人,彝族 135 人,壮族 48 人,满族 52 人,布依族 52 人,朝鲜族 8 人,侗族 12 人,白族 15 人,瑶族 13 人,土家族 107 人,哈尼族 33 人,傣族 17 人,傈僳族 5 人,佤族 25 人,拉祜族 18 人,水族 5 人,土族 3 人,羌族 59 人,布朗族 3 人,其他民族 33 人。

第四节　人口姓氏

　　姓氏概况　经龙马潭区人口计算机数据中心查询，以姓氏笔划排序为：丁350人，刁369人，于71人，山1人，万1 826人，干4人，卫255人，习2人，马1 952人，丰32人，王2.04万人，韦187人，云3人，木1人，支26人，尤14人，车625人，牛23人，水2人，毛2 040人，仁9人，仇9人，卞5人，文743人，方633人，亢11人，计4人，尹395人，巴1人，邓4 854人，孔854人，甘540人，艾303人，古658人，左506人，石1 406人，龙1 562人，占2人，卢963人，帅28人，旦5人，叶1 235人，申98人，冉404人，史233人，田2 413人，丘1人，白359人，印11人，皮103人，包360人，邝63人，冯2 174人，宁140人，兰1 121人，母28人，匡88人，刑1人，邢87人，扬15人，权12人，达5人，成84人，师11人，吕574人，农1人，朱3 212人，先818人，乔97人，伍1 888人，仲3人，任875人，华258人，向822人，江511人，池9人，汤382人，邬189，庄8人，齐26人，羊3人，关121人，安98人，祁64人，许4 090人，刘2.37万人，毕52人，阮144人，阳333人，阴25人，牟386人，孙1 110人，纪10人，麦9人，严722人，苏473人，杜1 477人，杞2人，李1.86万人，杨1.54万人，巫102人，连35人，肖3 746人，时4人，吴3 554人，呙9人，岑17人，冷597人，邱2 062人，何4 567人，余3 583人，谷116人，狄1人，邹2 877人，况39人，辛21人，应23人，闵200人，宋1 885人，汪1 040人，张1.85万人，陆72人，邵256人，邰2人，武790人，青9人，幸17人，英2人，苗21人，范2 056人，苟400人，茅1人，枉37人，林2 346人，欧271人，卓110人，尚58人，明46人，易739人，罗8 906人，季15人，庞440人，竺1人，岳239人，金406人，周8 519人，银124人，官748人，郑2 858人，单12人，郎16人，屈4人，练8人，孟28人，陈1.7万人，封107人，项22人，赵5 310人，郝51人，荆5人，荣14人，胡5 596人，柯50人，查40人，柏201人，柳258人，要1人，南4人，钟2 605人，郜7人，段694人，禹25人，侯214人，洪118人，俞17人，郗1人，饶306人，施875人，闻13人，姜1 147人，娄6人，前1人，宣13人，宫2人，宪3人，冼6人，祝925人，费124人，胥144人，姚1 311人，贺260人，骆232人，秦622人，敖115人，耿66人，袁2 790人，聂237人，莆1人，莫293人，桂115人，贾562人，夏各3 510人，顾36人，顿11人，柴20人，党10人，晏518人，钱976人，俸4人，倪95人，浦5人，徐7 468人，殷1 233人，翁290人，卿118人，凌25人，高1 554人，郭2 919人，涂374人，诸267人，谈124人，唐4 103人，陶618人，姬2人，桑22人，黄6 252人，菊1人，梅1 133人，曹2 482人，戚8人，龚479人，盛54人，常147人，崔480人，符18人，章918人，淦86人，淳169人，盘13人，麻1人，康257人，旋1人，商369人，宿60人，阎25人，梁2 682人，扈154人，隆23人，揭10人，彭3 450人，斯299人，蒋1 259人，董264人，辜31人，覃33人，粟59人，韩1 318人，喻755人，程1 314人，税509人，傅（付）1 106人，焦66人，储2人，湛21人，温769人，舒1 006人，鲁238人，童841人，普3人，曾4 596人，游950人，谢2 923人，鄢55人，靳18人，蒲452人，蒙17人，楚165人，赖1 176人，雷1 374人，甄1人，虞34人，路28人，简533人，满57人，腾10人，鲍14人，解14人，詹1 244人，雍30人，窦46人，宁13人，窝1人，谬4人，蔡546人，蔺121人，裴321人，管66人，鲜11人，廖1 253人，漆143人，谭1 231人，谯44人，翟28人，熊5 001人，缪79人，樊192人，黎490人，颜1 310人，潘389人，薛313人，薄1人，霍14人，穆49人，戴（代）

338人，魏1 765人，蹇127人，瞿37人，鞠6人，灌3人，上官1人，皇甫83人，欧阳54人。

姓氏人口比例　姓氏数量前10位的，刘姓2.37万人，占总人口的7.16%，王姓2.04万人，占总人口的6.18%，李姓1.86万人，占总人口的5.62%，张姓人口为1.85万人，占总人口的5.59%，陈姓人口为1.7万人，占总人口的5.15%，杨姓1.54万人，占总人口4.67%，罗姓8 906人，占总人口2.69%，周姓人口为8 519人，占总人口2.58%，徐姓人口为7 468人，占总人口的2.26%，黄姓6 252人，占总人口1.89%。

第二章　人口控制

第一节　行政机构与计生协会

行政机构　1996年7月，成立泸州市龙马潭区计划生育局，1998年1月更名泸州市龙马潭区计划生育委员会，2002年区级机关机构改革，更名泸州市龙马潭区计划生育局，2005年4月更名泸州市龙马潭区人口和计划生育局（简称区计生局），历任局长（主任）曾平东、吴国勇、陈治英。内设政策法规股、规划统计股、财务药具股和办公室。人员列编8人（其中工勤员1人）。2005年列编10人，下设区计生宣传技术服务指导站和各乡镇街道计生办、计生服务站。区计生宣传服务技术指导站18人（其中技术人员16人）。乡镇街道计生办23人，2000年增设长安乡、双加镇计生办和计生服务站；增设红星、莲花池街道计生办。2005年底，全区计生办44人，技术服务站28人（其中技术员26人）。

计生协会　计生协会是党领导下的人口与计划生育工作的群众团体，是区科协的组成部分。协会于1997年2月8日成立，选举产生第一届理事成员36人。理事会常务理事15人。由区长楚明任会长，区委书记韩永彬任名誉会长。截至2005年底，全区建立计生协会104个，乡镇街基层协会12个，有会员1.64万人，占总人数5.38%。各级协会成立后，充分发挥参谋助手和桥梁纽带作用，积极宣传计生方针、政策，普及优生优育、优教科技知识；为党和政府的科学决策服务，为会员的生育、生产、生活服务，成为全区计划生育工作的重要力量。按章程要求，配置事业编制人员1名。办公室设在计生局。

第二节　计生发展

区计划生育局成立以后，全区人口和计划生育工作逐步完善管理体制，按照中央要求，坚持"三不变"（人口计划控制目标不变，现行的生育政策不变，党政一把手亲自抓、负总责不变）。落实"三为主"（宣传教育为主，避孕为主，经常性工作为主）。深化"三结合"（计生工作与发展农村经济相结合，与帮助农民勤劳致富奔小康相结合，与建设文明幸福家庭相结合）。促进"两个转变"

（由以往就计划生育抓计划生育向与经济、社会发展紧密配合，采取综合措施解决人口问题转变；由以社会制约为导向逐步建立利益导向与社会制约相结合，宣传教育、综合服务、科学管理相统一机制转变）。着力实现人口与经济社会协调发展和可持续发展的目标。

21世纪以后，人口和计生工作贯彻"三个代表"重要思想，坚持以人为本，全面落实科学发展观，创新思维，创新方法，提高出生人口素质，改善人口结构，遏制人口过快增长，围绕稳定低生育水平，实现人民群众满意的目标。着力建设依法管理、村（居）民自治、优质服务、奖励帮扶、政策推动、综合治理的新时期人口和计划生育工作的新机制。

1996年全区出生3 373人，出生率11.21‰，计划生育率94.43%，人口自然增长率5.06‰，综合节育率91.49%。年终总人口30.08万人。2000年全区出生2 302人，出生率7.51‰，计划生育率96.21%，人口自然增长率0.35‰，综合节育率92.21%。年终总人口30.72万人。2005年全区出生3 097人，出生率9.50‰，计划生育率91.03%，人口自然增长率3.03‰，综合节育率92.82%。年终总人口32.82万人。龙马潭区计生工作成绩突出，1999年被四川省人事厅、省计生委评为先进，2001年被省政府评为"九五"期间计生工作先进，2005年获全国"婚育新风进万家"先进集体称号。

第三节　计生宣传

开展人口和计划生育宣传教育活动，坚持在每年元旦、春节、母亲节、"七一一"世界人口日，集中开展计划生育宣传活动；以文化、科技、卫生"三下乡"为契机，开展街头宣传，广播电视讲话。在区电视台、《龙马周报》开辟专栏，利用橱窗、标语、宣传车等进行系列宣传活动。20世纪90年代，将计划生育宣传教育与群众的生产、生活和生育三者有机结合。特别是21世纪以来，计划生育宣传教育进一步扩展，印制中共中央《关于控制我国人口增长问题致全体共产党员、共青团员公开信》《四川省人口与计划生育管理条例》《社会抚养费征收办法》等单行本下发给广大干部群众；征订《中华人民共和国人口与计划生育法》挂图、《四川省人口计划生育条例》布告以及相关的法律法规录音带》VCD下发各村、社区计划生育活动室；同时编印计划生育法律法规及生殖保健、保护儿童权利宣传资料开展宣传。制作独生子女宣传慰问年画、人口与计划生育知识宣传单发放至广大农户；还特制有宣传标语的茶碗发放到农村、社区计生活动室；制作不干胶标语，发到全区集镇、街道张贴；用印有计生标语的毛巾为奖品，开展有奖知识竞猜。在区内泸隆高速公路312国道、泸隆路、泸永路三条公路干线两旁制作大型喷绘宣传画。各乡镇、街道办在公路沿线，横跨路道、车站码头、商业园区、文化广场等地设置一批大型瓷砖画、喷绘广告画和标语。各乡镇村村建立计划生育活动室，社社有计生文化中心户。各街道社区建立计生文化小区、计生文化大院、计生文化中心户。组织群众开展丰富多彩的宣传活动。在电视台播放计划生育宣传片、科教片、故事片和连续剧，制作字幕、广告宣传等。2002年11月市计生委、市电视台与区计生局联合制作"婚育新风进万家"活动专题片在全市播放。组织计划生育工作先进模范人物事迹报告会，安宁镇阳高村副主任毛正碧为泸州市报告团成员。强化中小学开展人口与计划生育国策教育和青春期生理卫生教育课，增强在校学生的计生国策意识。将人口与计划生育纳入党校、行政学校、人口学校培训课程和各级党委中心学习组学习人口理论。组织开展"关爱女孩成长""关爱母亲健康"和"结对子、手拉手""奖励帮扶"活动。

第四节 技术服务

建立队伍 1996年起，相继建立区计生宣传技术服务指导站（简称计生指导站）和乡镇计生服务站，专门从事计生宣传指导和避孕节育等服务工作。1997年区计生局制定《乡镇计生宣传技术服务管理试行办法》。1999年起，开展创建等级计生服务站活动。经市检查验收，当年有石洞、安宁2个服务站被评为甲级服务站。次年胡市被评为甲级服务站，特兴、金龙评为乙级站，撤并了技术设备差的罗汉镇服务站。2004年长安、双加、金龙评为甲级服务站。截至2005年12月，全区7个乡镇服务站、经省、市复查评审，全部评为甲级服务站，居全市之首。

配套建设 1996年，区计生指导站仅有200平方米工作房，经区先后投资180万元，在龙马大道新建1400平方米的办公大楼，于2005年迁入新址办公。1998年配备"波姆红外线治疗仪""电动流产吸引器"。2003年新购进计划生育流动车1辆，2005年为各乡镇服务站配备电脑、三氧消毒机等。

两证换发 区要求施术人员，必须持有区计生局和卫生局培训考试后正式发给计生手术合格证，并按此证注明项目施术。截至2005年12月，全区符合开展"四术"的有4个站，符合开展"两术"的有4个站。全区29名技术人员中，符合做"四术"的9人，符合做"两术"的8人，开展避孕指导的12人。

人员培训 全区先后选送12人到市计生指导所、泸州医学院、省生殖健康学院进修和脱产学习。鼓励职工充分利用业余时间参加"五大"学习。通过多渠道、多层次学习，技术人员全部获得大、中专以上文凭。

避孕药具 实行双轨制，即计划发放和零售发放。对农村村民由区、乡镇、村社药具发放网络，定人、定时、定量免费发送给夫妻避孕药具。对服药和使用避孕药具人员开展跟踪服务，指导知情选择，避孕应用率和有效率均达95%以上。

服务对象 以农村育龄夫妻为重点，围绕生育、节育和不育做好技术服务、生殖健康服务、母婴健康服务，免费为育龄群众查环、查孕、查病。仅2005年全区免费为12.15万人次三查服务。查出妇科疾病5900人次，治愈率达90%以上。共做手术3941例，上门服务1.16万人次。

第五节 计生"三结合"

1996年起，一直由区长任计生"三结合"组长。从区到乡镇层层建立计生"三结合"办公室。分管农业的副区长任办公室主任。机关部门负责人为领导组办公室成员。区、乡"三结合"办公室做到房屋、人员、设备、经费四落实。并建立目标责任制，确定短期计划和长远规划，同各乡镇、区级有关部门签订"三结合"目标管理，明确帮扶责任人，签订帮扶责任书，办理联系卡，实行挂牌服务。严格考核奖惩。

在推行"三结合"工作进程中，开发出许多结合项目和帮扶形式，有"农业综合开发项目＋计划生育户""劳务综合开发＋计划生育户""党政领导干部＋计生贫困户""帮扶基地＋计生户"等。在有关社会经济政策上均向计生户倾斜，扶持计生家庭率先致富。

在开展"三结合"工作方法上，一方面抓少生快富文明村、文明之家典型，让群众学有榜样，带动一批计生户走共同富裕的道路。另一面抓帮扶低收入水平的计生户，让他们尽快脱贫致富。具体帮扶形式：一是将区、乡镇有资金、技术、实体的部门和非实体的部门搭配起来，重点帮扶一批低收入的贫困计生户。二是在部分乡镇、村集中实施成片帮扶，把有关项目、资金、技术、信息向片区计生户倾斜，帮扶一批计生户少生快富。胡市镇金山村的计生户，在区、镇帮扶下，仅2003年人均增收300元。该村4社计生户文彬一家5口，原住不足60平方米土筑房，年收入5 000元。1999年纳入计生"三结合"帮扶户后，通过部门资助，政府为他提供无息贷款，先后办起幼稚园和田园农家乐，修筑两口鱼塘。2003年，人均纯收入增到7 000多元。并建起宽敞楼房。

2004年全区落实计生帮扶帮带户2 444户，比市下达的任务高出7.38%，其中新增户214户，联系户600户，帮带户1 630户。落实帮扶基地28个，帮扶计生困难户16户。举办科技培训104次，参培3 000人以上。送致富项目36个，制订优惠政策18项，投入各类帮扶资金37.6万元，重点帮扶对象人均年收入显著提高，完成计生率均保持95.1%以上。计生帮扶户多数成为五好家庭户、遵纪守法户、双文明户，生育观念也有较大转变，不少人带动农村周围群众少生优生，成为农村少生优生、勤劳致富奔小康的带头人。

第六节　计生管理

行政管理　1996年后，全区计生工作均实行领导负责制和目标管理责任制。区计生领导组组长和副组长均由区委、区政府主要领导担任，乡镇街一把手亲自抓，负总责。人口与计划生育管理，实行目标管理责任制，市对区、区对乡镇街、乡镇街对村、社区层层签订目标责任书。在管理过程中，把《中华人民共和国人口与计划生育法》、《四川省人口与计划生育条例》等法律法规纳入"三五""四五"普法内容，制定实施办法；健全规范性文件，上报审批备案制度。每年区集中开展两次以上行政执法检查，规范行政执法程序和文书档案，违法者严格按执法程序办事。执法者必须持证上岗，亮证执法，正确执法，文明执法。1996年3月《中华人民共和国行政处罚法》颁布以后，计生工作逐步由行政管理向法制化管理转化。在执法过程中，强调必须遵守国家计生委行政执法"七不准"、省政府"十不准"、省计生委"十禁止"的规定，对违纪违规执法者，视其情节轻重进行处理。

村民自治　2001年《中华人民共和国人口与计生法》规定，计生工作应纳入村委会自治内容。次年开始，全区普遍推广村民自治。主要作法是：制订章程，经村民代表反复讨论作出决定，印发到每家每户，张贴在公共场所，让村民自觉遵守执行。同时围绕生产、生活、生育积极为村民提供优质服务，帮助村民解决困难。订有办理生育证、流动人口生育证明、独生子女父母光荣证、计生免费技术服务以及宣传违法违规怀孕生育的处理及外出务工、经商人员计生管理规定等职责。还有计生村民自治协议书，载明村委会与村民在计划生育方面双方的权利、义务和责任，由村委会与村民直接签订，三年一次，体现对等性。履约管理：区、乡镇、村抓干部和村民的宣传培训，提高管理服务水平，督促违约者履行义务，兑现违约金。违约金实行征收和使用公开，实行村收镇管，主要用于计生宣传、奖励、会议补充经费。由村委会建立健全自治联系、计生会议、优质服务、举报奖励、经费管理等制度，实行村务公开。并将每季度出生的一孩、再生育、违约人员、违约金等收管用情况向群众公布，增加透明度，接受群众监督。

居民自治 小市、红星、莲花池 3 个街道，2005 年有居民 12 万人，外来人口 5.7 万人，共 17.69 万人，开展居民自治难度大。2003 年起，推行城市社区居民自治，重点建立健全以社区居委会为主的管理网络和服务。建立社区计生领导小组、计生工作委员会、计生协会、协商议事委员会。组织计生志愿服务队，选配会员小组长、庭院长、楼幢长。重点抓宣传教育、知情选择、避孕节育措施、信息上报、流动人口管理和社区服务工作。实行已婚育龄妇女集中参加"三查"制度。为失地农村居民，城市低保及特困户独生子女父母奖励金的领取发放服务。依托社区服务载体和社会资源，为育龄人群提供生产、生活和生育等方面服务，为他们排忧解难。

流动人口计生管理 2004 年 3 月，区计生局开展流动人口普查，全区流动人口 7.93 万人，其中外出人口 2.24 万人，占流动人口 28.24%；外来人口 5.69 万人，占流动人口 71.76%。流动人口总量约占全区 25.57%。流动人口的主体是育龄青壮年，是计生部门管理和服务的重点。根据 1999 年 1 月 1 日起施行的《流动人口计生工作管理办法》，完善规范流动人口计生工作管理账、表、册、卡。将流动人口管理纳入目标考核，分别对区级部门、乡镇、街道签订目标责任书，实行一把手负总责。抓决策、抓协调、抓保障、抓考核，统筹规划，加大投入，落实管理经费。由财政出一点，计生部门筹一点，以解决经费不足问题。将流动人口计生工作纳入本地经常性工作，育龄夫妇流出之前，计生、公安、工商、劳动就业、卫生、民政等部门通力合作，切实把住"三关"、做到"六落实"。主动和本区外出人口相对集中的省、市、县区相互签订"双向管理"和服务协议书。及时通报信息，转签计生合同，查验计生证明和相关服务等工作。在外来人口较多的小市、红星、莲花池三个街道建立流动人口管理服务站。逐人逐户开展流动人口登记造册，执行《流动人口婚育证明》验证准入制。将流动人口与常住人口等同对待，热情及时为他们提供法律援助和计生技术服务，免费为他们发放避孕药具。实行辖区管理原则，做到"横向到边、纵向到底"，层层落实责任制、户户签订责任书。工商部门在流动人口较多的个体工商户中率先成立流动人口计生协会。红星街道建立起"社区管理、部门配合、物业协助、业主参与"的封闭住宅区计生综合管理长效机制。解决流动人口在生产、生活、生育中的困难。

经费管理 计生经费由三部分构成，即财政投入、村提留乡统筹和社会抚养费。2002 年后取消村提留乡统筹经费。其支出主要为农民、城市无业居民计生手术费、独生子女保障费及计生工作经费等。财政投入：1996—2000 年区财政按市政府计生目标责任书规定投入。2000 年 8 月 24 日，区委、区政府同意"十五"期间，财政对计生经费的投入人均递增 1.2 元。2005 年达到人均 6 元。年初区、乡镇街分别以 4∶6 的比例纳入财政预算。全区应投入计生事业经费 194.4 万元。其中区投入 77.8 万元，乡镇街投入 116.6 万元，均如数兑现。1996 年 8 月 1 日起，对计生经费实行"乡收乡管、财政监督"缴销制。1997 年 8 月起改为"乡收区管"的报账制。全区制定统一开支范围、审批程序、审批权限等制度，对全区计生经费实行收支两条线管理。区设计生费专职会计，乡镇街设计生费出纳。2004—2005 年计生经费全部进入财政专户，由区财政统一管理。区计生局每月审核，每季度对使用情况进行内审，区审计局定期审计，保证计生经费的使用符合规定。2003 年 3 月，省发布《社会抚养费征收管理实施办法》后，社会抚养费征收实行区、乡镇街分级提留、提成，即乡镇街用 60%，区管 40%。2005 年乡镇街用 70%，区管 30%，其中 20% 作为计生工作好的乡镇街独生子女父母奖励金专账。并将征收经费全部纳入区按区级财政预算管理，用于补充计生工作奖励专项经费。2005 年征收社会抚养费 1.19 亿元。在征收过程中做到严格标准，统一使用加盖社会抚养费专用章的收费收据，否则无效。2004 年 4 月，龙马潭区被全国确定为实施《奖励帮扶计划》试点单位，对农村计生家庭奖励扶助金的管理发放，经过政策宣传、调查摸底、群众评议、三榜公布、三级审核、区级确认等程序，对符合条件的做到一个不错、一个不漏。9 月 24 日在石洞镇烈士纪念碑广场举行农村部分家庭奖励扶助金发放仪式，及时足额发给受益者，经区财政局、计生局（甲方）与区农行（乙方）就委托代理兑付奖励扶助金业务签订协议。甲方委托乙方发放"农村计生家庭奖励扶助资金"，乙方为领取对象开立个人储蓄活期存款账户，并将每人每年 600 元奖励金及时足额划入专户中，直到死亡为止。2004 年共发放 22.2 万元。370 人受益。2005 年共发 38.1 万元，635 人受益。凡取得"独生子女父母光荣证"的夫妻，双方均为农村人口或城镇享受最低生活保障人员中的独生子女父母，每月发给 5 元，全年 60 元。每年在 9 月 30 日前一次性发清。一直发到子女满 18 岁。由于利益导向，自觉实行计划生育的增多。2004 年，全区共生育子女 1 054 个，有 698 对夫妻领取了"独生子女父母光荣证"，有 116 对符合生二孩的夫妇放弃或推迟了生育。

第七节　计生政策

生育政策　10 年间，一直贯彻执行提倡晚婚晚育、少生优生、提倡一对夫妇只生育一个孩子的政策。国家干部职工一对夫妇只生一胎，凡年满法定婚龄并办理婚姻登记手续的妇女，均可办一胎生育手续，孩子出生后可申请办理独生子女证，享受各种优待政策。对某些有特殊情况和实际困难的夫妇，又符合规定照顾生育条件要求生育的，由夫妻双方申请，经区计生局审查批准可隔几年后生育第二个孩子。

晚婚晚育政策　按省规定，男女双方按法定婚龄各推迟 3 周岁以上结婚为晚婚。女方 24 周岁以上生育的为晚育。在初婚妇女中，实行晚婚的人数不断增加，实行晚育的也逐渐上升。

节育政策　《四川省计划生育条例》下达后，就执行《条例》规定的节育政策。即节育采取综合措施，以避孕为主，提倡有两个孩子的夫妻一方采取绝育（结扎）措施；施行手术条件，医务人员要持有县以上卫生行政部门或计生部门颁发的手术合格证；节育手术费，国家工作人员及企事业职工，在本单位医疗费中开支。确因节育手术引起并发症、后遗症的，在治疗期间，治疗费用按节育手术费规定处理。个别施行绝育手术后，因情况变化允许再生育的，凭所在单位证明，经县级计生部门批准，在指定的医疗单位施行吻合手术。

奖励扶助政策　凡取得"独生子女父母光荣证"的夫妻，从领证之日起，每月发给独生子女父母奖金 5 元，全年 60 元至孩子满 14 岁止。从 2002 年 9 月 1 日起延到 18 岁止，月金额 5—10 元。领取"独生子女父母光荣证"的职工，到年老退休后加发 5% 的退休金，从 2004 年 4 月起农村部分计生家庭发放奖励扶助金，每人每年 600 元，直到死亡为止。凡夫妻双方符合晚婚条件的，在国家规定的基础上再增加婚假时间，实行晚育的增加产假时间。对计生工作取得显著成绩的单位和个人，由区、乡镇政府或有关部门给予表扬、奖励。

处罚处理政策　对计划外怀孕、超生的征收社会抚养费；对未到法定婚龄生育的，从生育之月起到取得证书后第 9 个月止，征收社会抚养费。干部职工计划外生育的，除依法征收社会抚养费外，同时给予党纪、政纪处分。对破坏计生工作的，酌情给予处理。构成犯罪的，依法追究刑事责任。单位领导对所辖的干部职工违反计生政策该处理而不处理者，追究领导责任。从 2002 年 10 月起，全区开始执行国家《人口与计划生育法》。

第八节　优生优育

　　自开展计划生育起，全区逐步建立健全妇幼保健院（站），区、乡镇卫生院、计生指导服务站、村级接生员的妇幼保健网络。计生技术指导站、医疗卫生机构和妇幼保健等单位，结合计生宣传活动，广泛宣传遗传与优生、产前保健、儿童疾病防治等优生优育知识。开展婚前医学检查工作，凡新婚夫妇，未经婚前健康检查合格者，不予办理结婚登记手续。防止新生儿出生带来缺陷，禁止患严重遗传性疾病者、近亲者结婚。提倡住院分娩，母乳喂养，科学接生，确保产妇及婴儿健康。开展经常性的儿童健康检查和病残儿童鉴定。定期对婴儿进行预防接种计划免疫等服务，确保人口少生、优生和优育。

龙马潭区1996—2005年计划生育"四率"变动表

表3-2-8　　　　　　　　　　　　　　　　　　　　　　　　　　　　　　　　　　单位：人

项目 年度	年末 总人口	总人口中		总人口中		出生人数			综合 节育率（%）	死亡人数		人口自然 增长率（‰）
		农业	非农业	男性	女性	总数	出生率（‰）	计划生育率（%）		总数	死亡率（‰）	
1996	300 846	215 059	85 787	152 541	148 305	3 373	11.21	94.43	91.49	1 982	6.61	4.6
1997	302 401	214 859	87 542	133 370	149 031	3 094	10.23	96.37	92.62	2 008	6.64	3.59
1998	303 611	212 948	90 663	153 819	149 793	2 856	9.41	96.75	92.70	1 842	6.07	3.34
1999	305 641	212 820	91 821	154 866	150 775	2 725	8.95	96.04	92.87	1 602	5.26	3.69
2000	307 204	212 194	95 010	155 480	151 724	2 302	7.51	96.21	92.21	2 195	7.16	0.35
2001	310 175	212 374	97 801	156 835	153 340	2 143	6.94	94.23	93.14	1 412	4.57	2.37
2002	314 958	210 553	104 405	158 971	155 987	2 296	7.34	94.20	92.13	1 718	5.49	1.85
2003	319 613	208 177	111 436	161 436	158 177	2 360	7.44	94.70	92.03	2 245	7.08	0.36
2004	323 991	208 142	115 849	163 123	160 868	3 293	10.23	92.46	91.25	2 030	6.31	3.92
2005	328 226	208 115	120 111	165 129	163 097	3 097	9.50	91.03	92.82	2 109	6.47	3.03

第三章　民族宗教

第一节　组织机构

1996 年 12 月 30 日，成立龙马潭区民族宗教工作委员会，区委书记韩永彬任委员会书记，相关部门领导为成员。区政府成立民族宗教工作领导组，由副区长田怀聪任组长。2002 年民族宗教工作委员会书记改由区委副书记付希担任，领导组组长改由副区长徐平玉担任。2003 年，由区委副书记牛波任委员会书记，副区长曾发海任领导组组长，日常事务由区民宗办负责办理。

民族宗教工作委员会，民族宗教工作领导组每年研究民宗教工作 2 次以上，听取、分析、研究、部署民族宗教工作。区委、区政府一直把民族宗教工作纳入年终目标考核内容。每年初，区政府与乡、镇、街签订民族宗教工作目标责任书。区人大、政协也分别确定一名副职领导分管，联系民族宗教工作，协调解决有关问题。

第二节　少数民族

龙马潭区建立时，全区有少数民族 16 个，100 余人。2000 年，区内有少数民族 20 个，381 人。2005 年，有 28 个少数民族，1 138 人。少数民族中，以回族人数最多，大部分分布在小市城区内。

区委历来重视少数民族干部的教育、培养、选拔，在同等条件下优先提拔使用少数民族干部。有 1 名少数民族干部任区文化体育局局长、1 名少数民族人士选为市人大代表。2001 年，全区有少数民族干部 21 人、其中科级 1 人、副科级 2 人。区商会换届选举中推选出 1 名少数民族代表担任副会长。2002 年，全区少数民族干部中，有副县级 1 人、副科级 2 人。在市区人大、政协换届选举中，民族宗教界人士选为市人大代表 2 人、区人大代表 3 人、市政协委员 2 人、区政协委员 3 人。

尊重少数民族习俗，为少数民族办实事。每年开斋节，回族群众、泸州医学院的穆斯林学生，都会到小市清真寺进行宗教活动。为方便回族群众过好这一节日，区政府还专门发文，为全区信仰伊斯兰教的少数民族干部、职工放假一天。根据回族的传统习俗和丧葬礼仪，回民死后不火化，政府专门划拨土地作墓地，方便逝者土葬。2004 年、2005 年，市区政府多次召开区内相关部门协调会，解决泸州安陈馆回民墓地问题。最后形成解决方案，由市政府提供 11 亩土地，10 万元资金，龙马潭区政府具体负责解决有关问题。区政府多次召开相关部门座谈会，明确各自的任务和责任，积极做好回族群众的宣传解释和思想稳定工作，多次组织回民代表到胡市镇小坝村察看新墓地，直到他们满意为止。一桩历时 10 多年的墓地纠纷，终于得到妥善解决。

第三节 宗 教

宗教组织 龙马潭区信教群众信仰的宗教有佛教、道教、伊斯兰教、基督教，以佛教信奉者居多。设区以后，各个教派都先后成立了管理委员会，负责其内部事务管理及对外接洽。教徒合计3 000余人，信教群众上万人。

1996年，全区按照宗教事务部门要求持有"三证"（身份证、戒牒、宗教教职人员证书）的教职人员共4人。其中佛教2人：释智炘、释宽悟；道教邓明静、基督教陈思龄。

1998年5月6日，龙马潭区安宁镇阳高寺成立佛教管理委员会，释智炘任管委员会主任。8月26日，小市清真寺成立第五届管理委员会，苏珍桃任主任。

1999年12月，罗汉镇观音寺成立第一届委员会，李显玉任主任。

1999年12月30日，小市葆贞观成立道教领导小组，邓明静任组长。

2003年8月3日，胡市镇基督教常务委员会选举产生第三届管理委员会，王洪任主任。

2001年，全区持有"三证"的教职人员共5人。其中佛教3人：释智炘、释国兴、释心慧；道教邓明静、基督教陈思龄。

2004年，全区有持证教职人员8人。其中佛教2人：释智炘、释心慧；道教3人，邓明静、胡至英、邹至元；基督教2人：王洪、陈思龄；伊斯兰教马兴志。

2005年2月，石洞镇小桥寺成立第一届管理委员会陈崇树任主任。

2005年2月，特兴镇九居寺成立第一届管理委员会，罗治泉任主任。

活动场所 1997年，全区有4个开放的宗教活动场所，其中，佛教2个：安宁镇九狮山阳高寺、特兴镇手爬崖寺。基督教胡市镇基督教聚会点。伊斯兰教小市回族清真寺。

1999年10月28日，批准小市葆贞观作为道教活动场所临时登记点。12月1日，批准罗汉镇观音寺作为佛教活动场所临时登记点。

2001年，全区增加为7个开放的宗教活动场所，其中，佛教4个：安宁镇九狮山阳高寺、特兴镇手爬崖寺、鱼塘镇龙洞山寺、罗汉镇观音寺。道教小市葆贞观。基督教胡市镇基督教聚会点。伊斯兰教小市回族清真寺。2005年2月批准开放石洞镇小桥寺和特兴镇九居寺，全区宗教活动场所增至9个。

【佛教】 佛教在区内流传已久，信徒了却尘缘出家修行的，必须皈依佛、皈依法、皈依僧，剃度受戒。男称"比丘僧"，女称"比丘尼"，按佛教戒律终身居住寺院、不杀生、不饮酒、长年吃素、不娶不嫁。僧尼每日烧香拜佛，诵经礼忏，承接香火供品，代人祈祷。在家信佛居士和信众可荤可素，吃长斋者长期不沾荤腥、不食动物油，吃花花斋者农历初一、十五吃素食，点菜油灯，在家设佛堂神龛，早晚诵经膜拜。每年观音会、佛祖生日等佛教重大节日，九狮山阳高寺，特兴镇手爬崖寺、罗汉镇观音寺等寺庙香客人头攒动，多达千人。

【道教】 区内信奉道教者大多是正一派，在俗居家，可结婚、食荤腥、俗称火居道士或俗家道士，常在外游方化缘，驱邪捉鬼或超度亡魂。少数是全真派，须出家，不结婚，不食荤腥，称为静居道士。此两派从教者除供奉玉清元始天尊、上清灵宝天尊、太清道德天尊外，还祀奉其他神祇。两派教徒均可保留本姓，另取道号，男为道士，女为道姑，统称道人。每年农历三月二十七为道教东皇会，小市葆贞观在这一天举办盛大节日聚会，成百上千的道教信徒信众聚集道观，参加道教法会。

【**基督教**】　胡市镇基督教聚会点，系泸州市基督教会下属的一个基督教聚会场所，设区后，得到区民宗办的认可。按照"自治、自养、自传"原则，定期开展各种基督教活动。除礼拜时信徒聚会外，每年圣诞节、复活节基督教盛大节日时，教友信徒必集会于此，祈祷世界和平，国泰民安。

【**伊斯兰教**】　伊斯兰教，民间多称为回教或清真教，是回族信奉的宗教。伊斯兰阿拉伯本意是"顺从"。顺从安拉旨意的人叫穆斯林，主持人称阿訇，尊穆罕默德为"先知"。泸州市内及附近地区的回民常在主麻日（每周星期五为伊斯兰教礼拜日，称主麻日）、登宵夜（伊斯兰教历太阴年7月17日夜）、入斋节（又称封斋节、把斋节，伊斯兰教历9月为斋月）、开斋节（即肉孜节，伊斯兰教历10月1日为开斋节）、古尔邦节又叫牺牲节、忠孝节，伊斯兰教历12月10日这一天，教徒要宰牛、羊献礼）、圣纪日（又称圣忌日，伊斯兰教历3月12日这一天既纪念穆罕默德诞辰、又纪念他逝世）等时间聚集到小市清真寺进行各种宗教活动，其中以开斋节和古尔邦节最热闹。

宗教事务管理　区民宗办自成立以后，每年开展宗教场所、教职人员的年审工作。1997年4至6月，对全区开展滥建寺庙、乱塑神像及封建迷信活动的治理。1998年，对未经批准修建的小庙、小庵销毁28座，销毁乱塑神像262尊。2000年，支持小市清真寺搞好房地产开发和对百子图、西昌馆回民墓地的收回。协助市房屋安全鉴定办公室对小市清真寺活动场所危房鉴定。牵头协调清真寺管委会与区信用社土地诉讼一案，为双方化解矛盾，申请撤诉做了大量工作。2001年1月，组织力量对非法修建、已形成较大规模的寺庙"龙桥寺"进行了拆除。2002年4月28日，小市清真寺管委会投资95万元对原有的危房进行改建，建筑总面积1 950平方米，于2003年8月改建竣工。2002年至2006年，全区各乡镇、街道办事处均建立三级宗教事务管理网络，区民宗办与各乡镇、街道办事处签订宗教工作责任制，对各开放宗教场所进行目标管理，确保宗教界活动正常开展。2005年，泸州市回族安陈馆墓地问题得到较好解决，并在全区开展学习宣传《宗教事务条例》活动。

第四篇 改革开放

　　龙马潭区建区后，正值政治、经济及各条战线深化改革之际，区委、区政府坚决贯彻执行中共中央"只有改革开放才能发展中国"的重要指示，加快改革开放步伐，推进城乡经济发展。在农村，巩固第一轮联产承包责任制，顺利实施第二轮联产承包责任制，进一步解放农村生产力，调动农民生产积极性，农业连年丰收，解决了农民温饱问题，因势利导推进新农村建设。改革国有工商企业，实施"国退民进"战略，以市场为导向，实行企业改组改造，通过兼并破产，人员分流和强强联合等措施，优化资源配置，解决了区属国有企业负债累累、举步维艰、濒临破产的问题，促进了经济发展，维护了社会稳定。同时，着力对外开放，以招商引资为突破口，利用区外资金发展经济。全区食品、化工、机械三大支柱产业已经形成。政治体制、人事、劳动、社会保障及流通领域等，着力进行了一系列改革，廉政建设、法制建设、道德建设取得突出成就，为龙马潭区各项事业科学发展，又好又快发展奠定了坚实基础。

第一章 经济体制改革

第一节 农村经济体制改革

　　第一轮土地承包 1996 年龙马潭区成立时，全区 1 510 个村民小组都实行农村土地家庭承包，人均承包耕地 0.82 亩。农村土地承包经营，改变了合作化以后，一直把土地所有权和生产经营权归集体，农民按劳动工分分配，长期吃"大锅饭"的旧体制，充分调动了农民生产积极性。同时农户能主动地根据气候、环境、市场、科技等变化，及时调整种植业、养殖业或开辟多种经营，外出务工，增加劳动效益和家庭收入。农民说："大包干，最简单，直来直去不拐弯，交够国家的，留足集体的，剩下都是自己的。"呈现出"生产力大解放，广大农民实现了一年饱肚子，二年穿料子，三年盖房子"景象。在第一轮承包期内，农民人均纯收入由 1996 年的 1600 元升至 1999 年的 2 441 元；农业总产值由 1996 年 3.74 亿元升至 1999 年的 4.21 亿元。1998 年底，全区涌现出年收入上万元的专业户 800 多户，其中养鱼 195 户，蔬菜果树 43 户，加工营销 168 户；劳务输出年收入由 1996 年 4 256 万元增至

1998年的1.39亿元，增长2.14倍。呈现出粮、菜、果、牧、渔、劳务、加工等多种经营模式。但在一轮承包期内，由于先分作业组后搞土地家庭承包，好地、孬地搭配不均，以及进出增减人口频繁，导致人地矛盾突出，部分村社土地承包纠纷上升。其中绝大部分是在不允许承包到户前悄悄搞的，生产队集体财产全部分光，不利集体经济发展。

为强化土地质量管理，1988年由原泸县县委、县政府发文推行土地质量保证金制度。凡农户承包农业社耕地，每位承包人不论面积多少，均须交纳每亩土地质量保证金8～10元，1～3年交清；交纳的保证金上交农业社，纳入乡镇农村合作基金会管理，实行计息与农业社分红；交纳土地质量保证金后，承包者若造成土地质量下降，则在承包期满扣除其保证金；若保持耕地质量，则在承包期满退还。因此，承包户均能做到田坎垮塌及时垒砌，水冲田巴凼及时回填，水土流失及时修复。至1998年底一轮土地承包期满，全区未出现一户扣除保证金的承包户。同时，境内7个乡镇合作基金会利用收取土地质量保证金等730万多元创办企业，累计集资1.36亿元，先后投放1.67亿元，促进乡镇企业和农村经济发展。

第二轮土地承包 1999年，全区实行第二轮农村土地承包，坚持"大稳定、小调整"，不准随意将承包土地打乱重分；承包期延长为30年不变，即1999年9月10日起至2029年10月30日止。并以1999年9月10日零时为界，凡是常住农业人口，享有对本社土地的第二轮承包权，有地划地，无地调利。承包期间，发包方不得收回或调整承包地，实行增人不增地，减人不减地，增减人口调利。调利人吃基本口粮，其标准按所在社人均承包耕地多少而定，一般每人1年150～250公斤，拿钱称粮。土地承包经营可依法转包、出租、互换、转让或者其他方式流转。1999年12月，全区完成土地第二轮承包社1 379个，占92%，签订承包合同6.09万份，全部颁发"经营权证"。2000年，地处集镇面临征地或因历史问题等原因，有125个社未进行第二轮承包。至2004年底，全区第二轮承包调整耕地8 878.68公顷，占总面积88.8%，机动面积219.8公顷；完成二轮承包社1 350个，其中小调整社702个，大调整社648个；颁发土地经营权证书6.34万户，占农户总数99.5%。2003年3月1日起，按照《中华人民共和国农村土地承包法》对全区承包地依法管理，及时充实各乡镇"农村土地承包合同管委会"和增建"农村土地承包经营纠纷调解委员会"，印发承包法书籍720本、教材50本和摘录卡6.36万份，分发农户，利用各种媒体广泛宣传，把完善农民土地承包纳入法制化建设轨道。农民的土地家庭承包经营权进一步受到政策、法律保护。至2005年底，依法流转土地682.52公顷，占耕地面积7.8%，流转农户5 355家，占农户8.14%，有力推动了农业集约化和经营。但在第二轮承包中，一是第一轮承包期内存在退地农户留好退孬，进地农户一次比一次差，而二轮承包规定不能将承包地打乱重分，30年不变政策在部分村社认识不统一，认为时间长了调利困难，还是"大稳定、小调整"好；二是处理部分承包合同和经营权证书的技术不到位，缺失承包地块四界标识和共有人，为土地纠纷和违法将承包地改姓、变性、变质、变量埋下隐患；三是在执行承包期中违法事例较多，按承包法规承包期内发包方不得收回和调整承包地，全区至2005年，却有44.6%和58%的社发生过收回和调整承包地。

2000年实施产权制度改革，把原由村社集体经营的企业和林、果、桑及塘、库养殖业都基本承包给个体经营，集体经济收入除公积金、公益金、管理费3项提留（2005年取消提留统筹）和多种经营承包收入外，多数村社别无财源。

双层经营体制运行后，2005年与1996年相比，全区农村经济总收入由1.95亿元升至3.24亿元（不变价），增长69%。其中村社集体经营由755万元升至2 872万元，净增2 177万元，增长2.8倍。农民人均纯收入由1 600元升至3 957元（比全省人均收入2 230元高1 727元），增长1.5倍。农业劳力人均产粮由1 540.8公斤升至1907.7公斤，增长23.8%。

第二节 国有企业体制改革

随着改革开放深入发展，计划经济日益淡出，市场经济逐步兴起，国有企业受到严重挑战。于是各级从 20 世纪 80 年代末相继采取承包经营责任制，价格、经营、用工、分配四放开，股份制和全员劳动合同制予以应对，均收效甚微。1996 年，全区国有企业资产总额 3.09 亿元，负债 2.69 亿元，负债率 86.9%，仅有净资产 4 051 万元，次年又亏损 3 200 万元。1998 年 1—5 月，23 家预算内国有企业，22 家亏损 1 600 万元，国有资产荡然无存。其间企业改制面大，但触及产权关系变动范围较小。全区租赁、承包企业占改制企业的 60% 左右，股份制、兼并、破产等仅占 40% 左右，深化企业体制改革势在必行。

龙马潭区 1998—2002 年国有企业改制情况表

表 4 -1 -2

企业名称	企业改制		股本金（万元）				股工（人）		资产（万元）	负债（万元）		净资产（万元）
	形式	时间	总额	国家股	法人股	个人股	总数	离退休	总额	总额	银行贷款	
汽车运输公司	股份制	1999.6	213	—	—	213	253	32	554.96	330.20	256	221.79
振兴农机公司	股份制	1998.10	75	—	—	75	42	12	475	200	180	275
玉蝉酒类公司	股份制	1998.9	135	—	—	135	263	110	1 963.7	1 573	900	390.7
华美彩印公司	股份制	1998.4	73.5	—	—	73.5	90	23	403.6	370.6	260	33
五金公司	股份制	1999.6	50	—	—	50	111	21	417.7	321.3	245	-4.55
粮贸公司	股份制	1999.12	20	—	—	20	12	—	197.8	118.6	110	79.8
物资有限公司	股份制	1998.6	97	—	—	97	112	14	146.5	892.9	507	209.3
糖酒有限公司	股份制	1998.12	120	—	—	120	139	67	1 653	1 096	630	273.1
粮油转运站	股份制	1998.11	110	—	—	110	131	30	1 038.4	521.7	460	271.6
粮食服务部	股份制	1998.8	—	—	—	—	43	5	302	21.26	—	207
万丰百货公司	股份制	1998.12	54.7	—	—	54.7	169	40	961.24	768.7	401	80.84
工业供销公司	股份制	1998.9	3.51	—	—	3.51	6	1	80.9	74.9	30	6
建筑有限公司	股份制	1997.3	105	35	39	31	42	7	203.7	118.3	90	85.4
川江起重设备厂	破产	1998.8	—	—	—	—	54	—	207	157	120	50
农工商公司	破产	1999.9	—	—	—	—	9	2	78	120	70	-42
胡市经营站	破产	1998.11	—	—	—	—	32	6	105	93.6	80	11.4
石洞经营站	破产	1998.11	—	—	—	—	19	4	110.9	93.9	60	26.1
矿业公司	破产	1998.11	—	—	—	—	22	3	158.4	63.9	40	84.8

续上表

企业名称	企业改制		股本金（万元）				股工（人）		资产（万元）	负债（万元）		净资产（万元）
	形式	时间	总额	国家股	法人股	个人股	总数	离退休	总额	总额	银行贷款	
材料供应站	破产	1999.8	—	—	—	—	5	1	50.9	89.7	89.7	－40.3
橡塑厂	破产	1998.9	—	—	—	—	187	43	498	670	670	－172
食品公司	破产	1998.11	—	—	—	—	80	31	435	316	316	119
酒类专业公司	破产	1998.12	—	—	—	—	22	2	108.7	167.9	167.9	－73.6
糖酒茶公司	破产	1998.12	—	—	—	—	14	—	83.6	103.5	103.5	－43.7
名城酒厂	破产	1998.3	—	—	—	—	53	—	256.9	148.7	148.7	96.3
特变厂	出售	1998.8	—	—	—	—	42	—	483	256.7	256.7	201
肉食品加工厂	出售	1999.4	—	—	—	—	75	21	156	218.7	218.7	－62.7
饲料公司	转让	1999.7	—	—	—	—	7	—	79.8	70.3	70.3	9.5
园艺场	兼并	1999.11	—	—	—	—	53	19	538	507.1	507.1	29.6
原贸公司	破产	1998.2	—	—	—	—	27	9	133.7	106.9	106.9	29.8
水电建安公司	破产	1998.4	—	—	—	—	25	4	153	90.6	90.6	63
石油公司	破产	1999.11	—	—	—	—	50	—	86.79	43.4	43.4	43.39
小市粮站	解体	2001.4	—	—	—	—	102	交社保7	—	—	—	—
高坝粮站	解体	2001.4	—	—	—	—	55	—	—	—	—	—
胡市粮站	解体	2001.4	—	—	—	—	51	—	—	—	—	—
石洞粮站	解体	2001.4	—	—	—	—	92	—	—	—	—	—

1996年7月，区委、区政府制定《全区国有企业进行产权制度改革实施意见》，按照"三个有利于"原则，力争使国有企业产改面达100%。建立区级领导干部联系企业改革制度，限期完成任务。区党政领导共联系21个重点国有企业，一一落实责任人、联系人，均圆满完成任务。

是年8月，泸州宏运运输公司率先改为股份制"四川泸州宏运运输有限公司"，原泸县印刷厂改为"泸州华美彩色印制有限公司"。至1998年，全区35家国有企业，除允许粮食部门4家两线（政策性业务和商业性经营）运行外，余31家均完成体制改革，触及产权面占87%。其中股份制13家，破产8家，兼并2家，出售4家。原31家国有企业中，1997年15家亏损1 087.7万元，改制后当年降为10家亏损562万元，分别下降33.3%和48.3%。区物资公司1997年亏损120万元，改制后当年扭亏盈利3.4万元。

2001年11月和2002年5月，根据市政府关于《粮食收储公司实施人员再分流，粮油贸易公司实施产权制度改革》的意见，区政府同意小市、胡市、高坝、石洞粮油食品贸易公司解体，300名职工全部解除劳动关系，按规定实行补偿安置，其中7人移交社保局。至此全区35个国有企业体制改革结束。

第三节　宏观经济体制改革

价格体制改革　贯彻中央"大管小活、基本稳定、合理调整"的物价方针，下放定价权。继1990年放开13种名烟名酒价格管理后，次年陆续放开1 244种（类）小商品和部分针织、文化用品、五金、化工品、家具、食品价格；取消民用煤调价报告制度和猪肉、挂面调价申报制度，牛奶、食品、酱油、洗衣粉等实行企业定价，由市场调节；化肥实行出厂指导价，放开零售价。2000年7月，对凡未列入国家基本药物目录的药品及生产经营垄断性供应的麻醉、预防免疫、计划生育等药品外，其他药品价格全部放开。由企业自主定价，实行"政府放权、企业严管"。对生产经营企业实行定价许可证制度，将属于企业或个体工商户自主定价的权利，由政府通过证照形式授权给企业。至2005年，物价管理部门依法治价，以制止乱涨价、乱收费、乱罚款为重点的"三乱"。连年开展对土地、建设、交通、民政、计生、教育、医疗，特别是中小学乱收费进行专项清理整顿。对有严重违纪收费的16所中小学，给予罚款，以示警戒。配合一年一度财政、税收、物价大检查，重点对农资、化肥、电力、石油、农药等价格进行检查，以"米袋子""菜篮子"为主要内容和粮食市场销售价经常性检查监督，把物价政策和调控措施落到实处。先后制定涉农收费项目标准和价格，印发乡镇街《涉农收费和价格公开栏》《涉农收费和价格公示表》，定期上墙公布，把政策交给群众，督促各级切实执行。农村建立价格监督网络，培训价格法规监督员，设立举报电话，公开价格违法行为，查处涉农价格违法收入43.6万元，罚款5.6万元。

区财税体制改革　继1985年市对县（区）实行"核定收支、分级包干、超额成成"的财政管理体制，以分灶吃饭、自求平衡的原则后，1988年上级规定在"划分税种，核定收支、分级包干"财政体制基础上，实行"递增包干上缴"延至2000年。次年起，按照"维持既得利益，实行增量调整"的办法，在中央与地方财政分税制的基础上划分税种，实行市与县（区）部分税收分享，重新确定财政收入范围和税收分享比例。具体是将市级分享的城镇土地使用税部分（10%的6.5）、耕地占用税10%、国有土地有偿使用收入5%、土地增值税20%，随省下划至区，基金预算收入维持省规定不变。1996年，区地方财政一般预算收入2 783万元，至2005年增长到6 666万元，增长1.97倍。支出由3 712万元增长到1.52亿元，增长4.07倍，其中行政事业、教科文卫、农林水、社保各增长2.99倍、3.99倍、4.3倍和16.12倍。累计赤字3 154万元，上缴省两税累计8 369万元。

乡镇财政体制改革　1996年9月成立金龙、石洞、特兴、安宁、罗汉、鱼塘、胡市7个乡镇财政所，2000年9月新增双加、长安财政所，共有干部28人。从1996年7月起，区对乡镇实行"核定支出、收支挂钩、上交递增包干、超收分成、结余留用"的管理体制。2001年后改为区对乡镇实行"划分收支范围、核定基数、上解逐年递增、补助逐年递减"的管理体制。新体制运行调动了乡镇当家理财、发展经济、培植财源的积极性，促进全区财政收入快速增长。2005年，全区地方财政一般预算收入6 666万元，比2000年增加2 836万元，年均增长12.33%。

农村税费改革　从2002年起，全区实施农村税费改革。主要内容是取消乡镇统筹，向农民征收行政事业费和政策性基金及各类集资，取消屠宰税和劳动积累工、义务工；调整农业税和农林特产税政策，改革提留征收使用方法，规范农村税收征收改革。全区实行"统一税率、差别常产"税率。其计税价格为粮油1.07元/公斤，税率为6.9%，附加20%。规定层层不许加码，一律征收现金；农林特产税不重交，核定面积、产量后，由政府批准，张榜公布，并发纳税通知书。1996—2001年，全区农民上交村提留和乡统筹两项费用按规定不超过人均纯收入5%，全区两费实际只占2.49%～1.26%，低于上述标准。人均应付"两费"123.7～61.7元，实付35～32元。2002年取消乡镇8项统筹费，自2002—2004年，农村人均逐年减负35.45、37.32、50.96元。2005年1月，全面贯彻国家停止征收农业税及附加税，开创了农民不交"皇粮"国税的新时代。

税收征管改革 1996年，区地税局组建后，按照"以纳税申报和优化服务为基础，以计算机网络为依托，集中征收，重点稽查"的要求，在小市直属征收所率先改革。与建设银行联姻搞银税一体化，征税大厅于1997年9月投入运行。石洞税务所从1998年1月开始农村税收征管改革试点，建立健全村社协税护税网络，完善代征代扣事宜。2001年，税收机构改革后，设置中心税务所4个，未设所的乡镇建征收管理组，负责全区地税征管。2005年，地税局制定征管改革方案，撤销胡市税务所，改三个街道税务所为管理所，直属税务所改为征收所。原鱼塘所管辖的红星、莲花池纳税户划归直属所，由街道征管，胡市所征管范围划归鱼塘所。

第四节　粮食流通体制改革

1996—2005年，是国家粮食部门深化粮食流通体制改革时期。龙马潭区粮食流通体制改革不断深化，粮油购销业务，从国有粮食部门独家专营过渡到多种经济成份的粮油企业（户）市场化经营。新中国成立初期组建的粮食管理部（后更名粮油管理站）以及后来成立的粮食收储公司和粮油食品贸易公司先后解体，职工按政策安置，完成了全区粮食流通体制改革任务。

"两线"运行 1996年，区粮食局贯彻实施国务院"两线运行"机制。次年，继续按照政策性业务和商业性经营分开，分别核算，合理分摊费用，正确反映盈亏，严格划清政策性亏损和经营性亏损，堵塞企业经营管理中的漏洞，率先在全市完成1992年前挂账消化任务。区、市、省级分别消化145万元、100万元、249.52万元。

三项政策一项改革 1998年，粮食工作的重中之重是贯彻落实"三项政策，一项改革"。即严格执行保护价敞开收购农民余粮，严格执行顺价销售，严格执行粮食收购资金封闭运行的政策。遵照中央要求，农业发展银行对粮食收购资金按照"库贷挂钩，钱随粮走"原则，实行专户专款专用，严禁挤占挪用。同时加强国有粮食企业自身改革，在执行过程中，加强粮食市场管理。是年8月，区政府办牵头会同有关执法部门成立清理整顿粮食市场检查组，按照"管住收购、规范批发，放活零售"粮食流通的市场原则，全区办理"粮食批发准入证"20户。其中国有13户，集体1户，个体6户。维护了全区粮食收购正常秩序。11月16日，区政府召开区粮食系统各单位负责人会议，学习国家关于深化粮食流通体制改革等文件，要求各企业将减员分流方案于11月20日前报区粮食局。25日前到工商局办理法人营业执照变更，月底做好资产划转。11月18日，注销胡市、石洞、高坝、小市4个粮站，各站分别成立粮食收储公司和粮油食品贸易公司。全系统企业13个，职工918人，总资产1.5亿元。其中收储公司4个（石洞、胡市、高坝、小市），职工415人（含离退休人员），资产总额1.21亿元。贸易企业9个（粮食局服务部、小市粮油转运站、龙南粮贸公司、明月物资公司、运输公司以及石洞、胡市、高坝、小市4个粮油贸易公司），职工503人（含离退休人员），资产总额2 820万元。

收储公司人员分流和粮贸公司产权制度改革 2000年8月25日，区粮食局制定《粮食企业改革方案》，经区政府办批转，粮食收储公司实施人员再分流。粮油贸易公司实施产权制度改革。确定一次性安置补偿费8 000元/人，医药费2 000元/人，按工龄每年补偿一个月平均基本工资450元。凡男满 50 周岁、女年满 45 周岁的职工，一律提前离岗休息，按 1999 年末档案工资的 75% 发给。以 30 年工龄为基数，每增一年增 1%，每减一年减 1%。五种保险按规定承保，至退休年龄办理退休手续。粮食收储公司在 2000 年底职工数的基础上减员 30%，次年 6 月，4 个收储公司职工 429 人，除去离退休 164 人，265 人实施再分流。其中 125 人上岗，102 人内退，38 人解除劳动关系。粮油贸易公司产权制度改革目标是：实现公司国有资产、职工身份两个 100% 转变。1999 年 3 月 26 日，小市粮油转运站改制为不设国家股和法人股的宏源商贸有限公司。将安置费量化给 92 人，由在册职工出资购买国有净资产后成为公司股东。2004 年 11 月，整体将个人股权转让私人成为私人企业。10 月 20 日，区粮食局服务部改制为不设国家股和法人股的龙腾商贸有限公司，将安置费量化给 36 人，由在册职工出资购买国有资产后成为公司股东。2003 年 3 月，成为私人企业。5 月，龙南粮贸公司 12 人，明月物资公司 11 人，将企业资产评估后，资产、资金量化分配到人，企业解体。11 月 27 日，小市、胡市、高坝粮油食品、贸易公司解体。小市 102 人（其中 7 人移交社保）、胡市 51 人、高坝 55 人，全部解除劳动关系。3 个公司分别结余资金 17 万元、3 万元、13 万元，全部上交区财政局。次年 5 月 16 日，石洞粮油食品贸易公司解体，92 人解除劳动关系。小市、胡市、高坝、石洞 4 个粮贸公司对 293 名职工进行补偿安置，将 7 名职工移交社保，共支付安置费 586 万元。

全面实行粮食购销市场化改革 2000 年，经过清理核实，摸清了全区粮食系统的"三老"（老粮、老账、老人）家底。至 2001 年底，全区库存商品粮 2.57 万吨；粮食挂账总额 8 398 万元；粮食收储公司职工 382 人，其中在岗 142 人，内退 79 人，离退休 161 人。至 2002 年 6 月底，全区销售粮食 7 429 吨，完成了市政府下达任务。当月 4 个粮食收储公司全部解体。在岗 142 人，解除劳动合同关系，支付安置补偿费 324.75 万元，企业离退休 161 人按人平 1.1 万元（含医药费）支付；79 名内退人员和 1 名离休干部遗孀未统筹补贴，按每人 3 000 元一次性由区社保局管理，共支付 227.87 万元。享受遗属补贴 33 人，按每人 5 000 元发给，共支付 16.25 万元。预缴保险费 79.19 万元。

组建新公司 **【泸州市龙马潭区开元粮食有限责任公司】** 2002 年 5 月组建，国有独资，注册资金 133 万元。人员由粮食局在岗人员兼任。公司主要承担国家、省、市、区的专项储备粮油管理，负责全区救灾粮、军粮、退耕还林等政策性粮食供应。集中管理国有粮食企业改革后的"老粮""老账"和国有资产等。粮改后，石洞、胡市、小市、高坝 4 个粮食收储公司的资产、债权、债务、财务挂账等移交该公司管理。次年 3 月，由区财政局、市农发行、区粮食局组成清查组，对全区粮食企业国有资产全面清理、核实，逐一盘点、登记，并对房产证、土地证重新更名登记，为 144 户下岗职工办理了房产证、土地证，支付费用 30 余万元。处理公司应付款 104.87 万元，应收款 426.36 万元。至此，开元公司资产总额 3 404 万元，负债总额 9 523 万元，2005 年 8 月，对前期财务亏损及占用农发行贷款情况就地审计。将其粮食财务挂账 7 656 万元划入区粮食局。

【泸州市龙马潭区天绿粮油购销有限公司】 2002 年 8 月组建，注册资金 180 万元，其中国有股份（资产）120 万元，25 名个人股东股份（现金）60 万元。职工由区粮食局牵头，在 4 个粮食收储公司下岗职工中公开招考，择优录取 25 名员工任职。公司的主要职责是自主经营市场化粮油，接受主管部门委托代理经营有关政策性、调控性粮食的购销、储存、加工业务，大力发展订单农业，实施川粮工程，助农增收。公司发挥粮食经营主渠道作用。主产"天绿"牌大米被评定为省级优质名牌产品。次年，在国家工商局注册"天绿""天牙石"两个优质大米品牌商标。公司成立以来，年年盈利。2002 年获全省同行业 100 家龙头企业称号。

第五节　供销合作经济体制改革

供销合作社改革始于 20 世纪 80 年代初，1992 年，全面推行经营、价格、用工、分配四放开后，抽本经营改革取得成效。但供销社是计划经济的产物，官办后遗症太重，加之缺乏整体配套改革措施，致改革不彻底。1996 年后，相继进行一系列改革。是年 11 月，特兴、小市供销社和区医药公司、农资公司率先实行集体合同制；次年 1 月，石洞、胡市、罗汉供销社和区日杂、综合贸易公司紧随其后。1998 年遵照省、市政府《关于深化供销合作社社有企业改革若干意见》，区委、区政府认真组织实施，相继成立领导组，制定方案，狠抓落实。2000 年 7 月，特兴供销社依法破产，12 月，区医药公司转为有限责任公司，为改革积累了经验。至 2003 年 3 月，全区 11 个供销社按照"明晰产权、盘活资产、分流人员、重组发展"原则，全面完成经济体制改革，改制面 100%。其中，解体重组 1 个，破产 8 个，改制 2 个。464 名职工全部与企业解除劳动关系，100% 改变身份。781 名离退休干部、职工得到妥善安置，分别按离休 1.8 万元，退休 1.3 万元标准一次性交社保局管理。对 17 名包养工、病残职工，按规定一次性支付生活补助金，结束供养关系。通过资产变现，追收欠款，申请贷款等办法，兑付村民股金 500 万元，偿还贷款 800 多万元。

体改后，全区有 6 个基层社组建为股份合作企业；区医药公司、农资公司、日杂公司、土产公司组建为股份有限责任公司；新建泸州市丰禄农业产业开发有限公司。各基层社和公司全部投入运营。全区供销社把大力发展农村合作经济组织作为工作重点，以供销社为依托，先后领办、联办一批行业专业技术协会、专业生产合作社和社区综合服务社，为发展农业产业化、市场化服务。至 2005 年底，全区建有专业协会 6 个，会员 299 人，其中团体会员 8 个，带动专业户 890 户，当年收入 2 350 万元。全区有专业合作社 7 个，其中种植业 4 个，养殖业 3 个；农户 368 户，村民 368 人，带动农户 1 130 户。区社有直属公司 7 个（农资、日杂、废旧物资回收、丰禄农业开发、医药、天寿、烟花爆竹）。6 个基层社实行开放办社，共有 40 多个专业和经营大户加盟，投股 200 多万元。全区供销系统有经营网点 824 个，其中农资连锁配送中心 1 个，配送点 23 个，日用消费品门市 200 个，烟花爆竹销售点 20 个，天寿、兴欣公司医药连锁店 190 个，废旧物资回收点 20 个，村级供应网点 100 多个。同时建立社区综合服务公司、市场信息服务中心、商品基地各 1 个，天寿药业公司开办 700 多平方米医药超市 1 个。

第二章　政治体制改革

第一节　机构改革

建区初期，区委设工作机构 7 个，人民团体 5 个；区政府设工作机构 25 个，由部委局室管理机构 5 个（正科 1 个，副科 4 个），区属议事协调机构 2 个（正科级）。设区人民代表大会常务委员会、政协委员会、人民法院、人民检察院。

第一次改革 1997年，机构改革重点是界定职责权限，理顺区委部门之间及与人大、政府、政协、政法、群团之间的工作关系。解除政府主管部门与所办经济实体和直接管理企业关系，政府不干预企业生产经营和投资决策，让其自主经营，自主管理。

第二次改革 2001年机构改革主要是落实党的十五大提出的战略任务。通过改革加快实现政企、政事、政社分开和精减、统一、效能的原则，理顺关系，规范运作，改进机关作风，提高工作效率。根据上级文件精神和本区实际情况，决定将农村工作委员会并入区委办公室，挂区委农村工作领导小组办公室牌子，行使区委农村工作职能；区委政策研究室、机要科并入区委办公室，为内设机构，保留牌子；保密委员会办公室并入区委办公室，既是区委办公室内设机构，又是区保密委员会办事机构，挂国家保密局牌子；办公室挂信访办牌子；党建领导小组办公室挂靠组织部；老干部局并入组织部保留牌子；区维护社会稳定领导小组办公室设在政法委，与社会治安综合治理委员会办公室合署办公。宣传部挂区精神文明建设办公室、区委对外宣传办公室（区政府新闻办公室）牌子。统一战线工作部挂区政府民族宗教事务办公室牌子。机构编制委员会办公室为区编委常设办事机构，是区委、区政府工作部门，挂靠人事局。设直属机关工作委员会，保留纪律检查委员会（与监察局合署办公）。撤体改委，其职能并入政府办公室，增挂经济体制改革办公室牌子；法制局更名法制办公室，并入政府办，挂政府法制办牌子。政府办挂区委台湾工作办（政府台湾事务办）牌子。组建国土资源局，计划经济委员会分设发展计划局、经济贸易局。原计划经济委员会矿产资源管理职能划归国土资源局；交通战备职能划归交通局。物价局并入发展计划局，挂物价局牌子。乡镇企业管理局、轻工业局的行政职能并入经济贸易局。粮食局改为政府直属事业单位，政府授权承担行政管理职能。教育委员会与科学技术委员会合并，组建教育科技局，原科学技术委员会承担的引进国外智力职能划归人事局。劳动局改建为劳动和社会保障局，将人事局的机关事业单位社会保险职能和民政局的农村（含乡镇企业）社会保险职能划归劳动和社会保障局。撤销国有资产管理局，其职能并入财政局。环境保护局并入建设委员会，组建建设环境保护局，挂城市管理办公室牌子。旅游管理局改为政府直属事业单位。老龄工作委员会办公室划归民政局，计划生育委员会更名计划生育局。水电农机局更名水利农机局，政府电力行政管理职能移交经济贸易局。农林局更名农林畜牧局。专设招商局。安全生产委员会办公室既是政府工作机构，又是安全生产委员会常设机构，原劳动局的安全生产监督管理职能划归安全办。卫生局挂爱国卫生运动委员会办公室牌子。经上述调整，区政府设工作机构20个，议事协调机构1个。政府机构不分组成部门和直属机构，统称政府工作部门，一律称局、办。各部门内设机构为股级，称股、室。区人大机关设综合办事机构2个，区政协设政协办公室。区级党政群机关行政编制按17%精简，司法系统精简10%。机关服务事业人员编制按精简后行政编制总数15%配置。部门领导职数10人及以下单位配1正1副，11~19人单位1正2副，20人以上单位1正3副。政府工作部门党组书记、副书记分别由担任行政职务的党员干部兼任，不配专职党委书记。

第三次改革 2005年机构改革，遵照省委、省政府文件规定，本着大稳定、小调整原则，重点解决管理体制及职能方面的突出矛盾和问题，建立适应社会主义市场经济体制和经济社会发展需要的行政管理体制。本次改革保留区国有资产经营公司，将发展计划局改为发展和改革局，体改办并入。将经济贸易局更名经济和商务局，承担区经济运行和企业指导、协调内外贸易管理职能。将卫生局承担的食品、保健品、化妆品监管职能划入食品药品监督管理局，药品监督管理仍实行省以下垂直管理。将计划生育局更名人口和计划生育局。撤销区建设环境保护局，分设建设局和环境保护局。

乡镇街机构改革 区划后，乡镇街机构经过三次改革：第一次是1997年，主要是理顺关系，消除一区两制，做到上下对口。决定设党委办公室、人大办公室、政府办公室、政协办公室，纪委、组织、宣传、统战、人事、人武部、团委、妇联、民政、社会治安综合治理、监察（与纪委合署办公）、司法、计划生育、乡镇企业办公室、财政所。直属事业单位设教育办公室、农技、农经、水利水电管理、多种经营管理站和文体、广播电视、农机、畜牧、科技、计生指导、劳动服务管理站及国土所、建设（建筑）管理所等。

第二次乡镇街机构改革主要是适应形势发展调整和增加建制。1999年3月，经省政府批准，安宁撤乡建镇。2000年6月，经市政府批准新建龙马潭区红星和莲花池两个街道办事处和双加、长安两个镇乡。是年8月将高坝厂区办事处职能并入罗汉镇。经调整区属7镇2乡、3个街道办事处。

第三次乡镇街机构改革从2001年4月起，历时1个月圆满完成任务。经过改革，乡镇党政设党政办公室、经济发展办公室、社会事务办公室、计划生育办公室和财政所。乡镇人大编制1名，共青团、妇联在党政办设专兼职人员负责。事业单位规范为4个中心，即农业服务中心，文化体育服务中心，建设土地劳务服务中心，计划生育服务中心。街道设党政办公室、社会事务与计划生育办公室和财政经济办公室。

机关和事业单位改革 1999年全区机关、事业单位清退临时人员160人，为机构改革创造了宽松环境；区党政机关、乡镇街机构改革前47个单位，改革后减少12.77%；内设机构改革前214个，改革后，减少11.2%；人员编制改革前619名，改革后减少12.42%。人大、政协、法院、检察院、民主党派、群团机构改革前16个，改革后17个；内设机构改革前62个，改革后减少17.74%。人员编制改革前192名，改革后减少20.73%。

区、乡镇街机关改革前529人，改革后减少18.15%。人大、政协、法院、检察院、民主党派、群团机关改革前154名，改革后减少20.13%。干部年龄结构，改革前平均48.25岁，改革后平均年龄下降5.25岁。文化素质改革前大专以上占62.5%，改革后提高11%。人大、政协、法院、检察院、民主党派、群团机关改革前平均年龄50岁，改革后降为46岁，文化程度大专以上占64%，提高24%。

第二节 干部人事制度改革

坚持年度考核 全面考核公务员德、能、勤、绩、廉，重点考核工作实绩。考核方式先由个人总结、群众评议，主要领导在听取群众意见后，提出考核等次建议，由本单位负责人或考核委员会确定等次。考核等次按优秀、称职、基本称职、不称职确定到人。考核结果作为调整公务员职级、工资以及对其奖励、培训、辞退的依据。1996年全区党政群机关开始年度考核，评出优秀占12.6%、称职83.2%，未确定等次4.3%。每年如期进行，2005年共考核723人，核定优秀96人，占13.3%，称职626人，占86.6%（没有基本称职），不称职1人。

从1998年起，3次组织微机实用培训，累计训练800多人次，为实现办公现代化打下基础。组织800多人次参加普通话讲座、普通话大赛，组织6 200多人次学法和普法测试，促进依法行政。组织670多人参加WTO知识培训，此外还培训人事干部、检察干警、新任领导干部、后备干部等700多人次，并把参加培训列入目标考核。

把好"三口" 即严把进口，畅通出口、管好楼口。严把进口，规定党群、国家机关在编制内需要从企事业单位、社会公开考试、考核录用公务员，一律按程序办理，按权限审批，做到公正、公平、公开、廉政、合法。1996 年来，全区先后录用 84 名公务员和机关工作者。畅通出口，即允许公务员辞职、辞退、依法退休；允许提前退休。管好楼口，主要指提升副科级以上领导职务或非领导职务公务员严把质量关。按党管干部原则，这些干部由区委管理，组织部承办，人事局协助考察，按干部管理权限审批。2000 年 10 月，公开选拔 5 名区级部门副科级领导干部，并且规定由政府任命的副科干部一律实行试用期一年；新提拔科局领导干部实行为期 7 ~ 15 天的任前公示制，规定领导干部最高任职年龄。开创人事制度改革先例，打破了干部职务终身制。

第三节　政府职能转变

建区后，区政府陆续采取措施破除计划经济体制下政府职能模式，促成政府职能转变，主要在决策方式、审批制度、运行机制、政务公开等方面着力，效果明显。

决策方式　实行依法决策，凡涉及全区发展规划、年度计划、财政预算等重大决策，均由政府全体会或常务会决定；凡涉及乡镇街、部门或企事业单位的重大事项，先征求意见，或以听证会形式听取群众反映。决策运行时，注意跟踪反馈信息，建立决策责任追究制，实现决策权与决策机制责任相统一。

审批制度　1996 年 11 月，区政府建立公文审批制度，本着精减文件的原则，规定区属各部门、单位报送文件一律送政府办公室统一办理，明确审签权限。且要求文件送批前后，政府办按公文处理办法，做好政策、文字、体裁和会签手续把关工作。

运行机制　1996 年 11 月区政府通过工作规则和机关工作程序、文件审批、政府工作会议、表彰先进等，印发乡镇街，使之有章可循。

政务公开　始于 2001 年，主要在 62 个区级机关、乡镇街开展。此项工作由区委领导，政府主抓，民政牵头，人大监督，纪检监察机关协助，办公室组织协调，相关部门配合。建立以区委书记任组长的政务公开领导组负责全区政务公开领导、指导工作。区级机关、乡镇街和派驻站所建立健全内部监督制度。把办公结果与事前事中民主决策、民主监督结合起来，把内部监督与外部监督结合起来，有一套便利、管用、有约束力的监督机制。乡镇街分别成立监督领导组，由人大、纪委和相关人员组成。组长由纪委领导担任，定期不定期开展民主评议活动，听取群众意见。同时充分发挥舆论监督作用，设立公开举报电话、监督信箱收集意见，每年收到意见和建议 200 余条，均及时作了处理。内容涉及工作规划、领导干部廉洁自律、财务收支、干部提拔、考核任用等。公开形式在单位专栏公告、公示及会议、广播电视公布等。其程序先由单位提出方案，经政府审查、党委把关、监督小组审定后公布。公开栏每季度更换一次，做到经常性工作定期公布，阶段性工作逐段公布，临时性工作随时公布。2002 年区政府在罗汉镇召开政务公开现场会，推动了全区民主政治建设和基层民主自治工作。是年全区被省政府授予"自治示范区""村民创建示范区""村务公开民主管理示范区""社区建设示范区"称号。

第三章　开　放

第一节　招商引资

招商机构　龙马潭区招商引资始于1998年，由区计经委、经协办负责。1999年12月起，由计经委项目办公室管理。2001年4月，成立招商局，与计经委合署办公。是年10月，区级党政机构改革，将招商局单独设立，作为区政府对外开放、招商引资的工作部门，定编8人，内设办公室、综合股、商务股。主要职责是贯彻中央、省、市扩大开放的方针政策，会同有关部门研究提出全区对外开放、经济合作、招商引资相关政策，负责招商引资对外宣传，组织和参与全区经济合作和招商引资重要项目的推荐、联络、统筹、协调、跟踪服务工作；调查研究，搜集信息，向区委、区政府提供经济合作、招商引资决策依据；建立和完善经济合作，招商引资信息网络和项目库，提供相关咨询服务；负责招商引资优惠政策的贯彻落实和监督、稽查、督办工作；为外来投资者代办手续，实行一站式服务；协助解决外来投资者反映的重要问题。继后各乡镇街党（工）委、人民政府（办事处）相继成立招商引资领导组，由书记任组长，乡镇长（主任）任副组长，相关部门负责人为成员，具体工作由经济发展办公室负责。招商局历任局长：郭大庆（女）、王联英（女）。至2004年该局分别获市、区一等奖各1次。

政　策　为扩大开放，吸引外资，促进发展。2001年，区委、区政府出台《关于招商引资若干政策规定》《鼓励发展加工工业的意见》，为招商引资工作提供宽松环境和政策保证。同时将招商引资工作纳入目标管理体系，以完成任务成绩优劣，作为对干部使用、升迁的依据之一。将区级领导，乡镇街党（工）委书记、镇长（主任）和区级机关各单位完成任务与经济利益挂钩，年终考核，进行奖惩。2003年1月和2005年12月，制定招商引资政策，一次比一次内容更翔实、更优惠、更具操作性。

【用地政策】　工业用地可通过协议方式优惠出让，出让价格原则上不高于土地征地成本。对投资1 000万元以上，符合国家产业政策的项目，用地价格实行一事一议。

【财政扶持政策】　鼓励生产型企业，3年内年纳税达到30万元以上的，从达到年度起，第一年政府按企业解缴的增值税、营业税、所得税地方留成的50%给予扶持；第二、三年分别按30%、20%给予扶持。区内现有工业企业投入100万元以上实施技改后，在超过原上缴税收基数后新增税收部分参照执行。新办填补空白的大型专业市场和大型商贸企业，3年内主办市场企业自营和物业管理年纳税50万元以上的，从达到50万元的年度起，政府按其解缴营业税、企业所得税地方留成部分30%给予扶持，第二、三年按20%。兴办物流企业，年纳税20万元以上的，政府按企业纳税10%给予扶持。继续实行乡镇街异地落户政策，落户其他乡镇的招商引资企业，实现税收按引进方80%、落户方20%分成。

【奖励政策】　凡引进固定资产100万元以上，符合国家产业政策的生产性企业（项目）和高科技项目，在企业（项目）建成投产后，按企业第一个纳税年度纳税总额2%奖励给项目引进入。引进投资500万元以上的非生产性企业（项目），按照企业第一个纳税年度纳税总额1%奖励项目引进入。凡从国家、省、市和社会团体、个人争取到各种无偿划拨、无偿援助资金（不含单位使用部分），经区招商引资领导小组核定，按到位资金一定比例奖励。对本区经济发展有重大贡献和巨大带动作用的投资项目，可在上述意见基础上另议。对招商引资作出突出贡献的单位和个人，设优质服务奖，给予一次性奖励。企业在享受扶持政策期间，不享受纳税大户奖。

【投资服务】　外来投资兴办企业落户手续，由招商局代为办理，在资料齐全的情况下，10个工作日内办结。实行领导联系重点招商企业制，区委、人大、政府、政协领导分工负责联系招商引资工作，帮助协调企业投资，解决建设过程中的困难和问题。严格按照《行政许可法》要求，建立招商引资绿色通道。认真清理行政审批项目和行政事业性收费项目，对国家规定的行政事业性收费项目，一律按下限标准收取；严格实行"首问责任制""项目责任制""限时办结制""全程代理制"。完善形象测评制度，严格实行责任追究制度，并纳入区委、区政府年终综合目标考核和部门责任人年终考核；加强投诉管理、答复和监控工作，区改善经济发展软环境督查办公室对其实行全面监督。对投资者的投诉，由招商局受理，报区政府分管领导批示后，直接或转交相关部门在规定的工作日内办结，未办结的也应在5个工作日内将办理情况向投诉方说明。

成　效　2001年签订招商项目89个，总投资6.02亿元，到位资金1.89亿元。其中引进市外企业31个、市内区外企业58个。特别是引进全国500强企业——徐州维维集团，来区建泸州豆奶粉厂，首期工程投资3 000万元。其次与泸州老窖签订投资2.82亿元协议。次年区委、区政府提出"重点发展工业""以招商引资统揽经济工作全局"，当年招商项目110个，引进资金6.42亿元，到位3.76亿元，其中引进投资上亿元的科维商城、巨龙房地产开发公司。2002年，建在区内的四川唯一出海口——泸州国际集装箱码头建成运营，港口经济商机明显改善。美国科氏沥青公司、中海沥青有限公司、天津大通集团、世界500强企业美国伊顿集团、四川大东电力公司、浙江台州客商苏维方、福建泉州客商陈南中、香港汇日国际集团有限公司等一批投资上亿元的项目先后入驻。全区初步形成化工、机械、物流、食品、酒类、房地产、商贸为一体的支柱产业。并依靠泸州经济技术开发区江北工业园区，引来宝光药业、老窖生物、永华液压件公司等。依托高坝化工园区，引进年产300吨羟乙基纤维素项目、山东易达石化公司润滑油生产项目，拉长了化工产业链。引进四川长丰航运、豪航国际货运代理、泸州宏图物流、四川重海物流等，为川南片区建成物流中心奠定了基础。依托安宁食品工业园区，建立金健米业、维维泸州豆奶粉厂、酿酒企业等。开展食品工业招商，引进香港宏泰集团、天之骄子集团、四川省喜来食品、四川元隆实业、泸州国醇酒业有限公司，使三个园区经济发展日益强劲。龙马新城建设着力在房地产、道路建设、商贸市场、餐饮娱乐业上抓住机遇，乘势发展。至2005年，7 000多米长的沱江路、8平方公里的泸州城北新区、4.1公里长的龙马大道相继建成。城区由4.1平方公里，扩展至12.5平方公里，比原来扩大2倍。2006年，更是龙马潭区招商引资丰收年，全年引进项目138个，协议引资27.03亿元，到位资金11.86亿元，均创历史新高。其中投资上亿元项目7个，每个项目平均投资2 200多万元。2001—2005年，全区共引进项目646个，投资总额69.38亿元，协议投资61.81亿元，到位资金36.58亿元，共解决1.86余万人就业。其中工业项目和投资分别占48.11%和43.74%。2006年，全区完成国内生产总值39.17亿元（不变价），其中工业增加值18.25亿元，地方财政一般预算收入8 674万元。

龙马潭区 2001—2005 年招商引资重点项目统计表

表 4 -3 -1

项目名称	引资方	投资方	合作方式	投资总额（万元）	到位资金（万元）	签约时间	年创增加值(万元)	年交税金（万元）	解决就业(人)	备注
泸州老窖米业	招商局	泸州老窖罗沙米业	合资	28 186	20 007	2001.6	99 500	2 300	20	
维维集团泸州豆奶粉厂	招商局	徐州维维集团	独资	6 000	2 100	2001.8	15 000	500	320	
150 亩土地开发	龙马大道土地开发公司	泸州巨龙房地产开发公司	独资	12 000	4 890	2001.8	13 600	500	—	
67 亩土地开发	龙马大道土地开发公司	泸州市洪达房地产开发公司	独资	5 300	1 197	2001.9	6 100	244	—	
科维商城	招商局	成都科维自控系统有限公司	独资	18 000	2 400	2002.12	20 000	900	200	
泸州科氏沥青有限公司	招商局	美国科氏	合资	10 000	3 000	2003.2	95 000	1 000	—	
中海沥青四川有限公司	招商局	中国海洋石油总公司	独资	30 000	12 000	2003.4	100 000	10 000	165	
四川中华酒业集团有限公司	鱼塘镇	泸县罗江超	独资	3 000	2 120	2003.1	10 000	500	10	
维维日产150 吨液态奶生产线	区招商局	徐州维维集团	独资	4 000	400	2003.6	—	—	—	全国500强企业
南京长江油运泸州分公司综合基地千吨级油轮运输项目	区招商局	南京长江油运公司	独资	20 800	20 800	2004.6	16 500	1 000	—	

续上表

项目名称	引资方	投资方	合作方式	投资总额（万元）	到位资金（万元）	签约时间	年创增加值(万元)	年交税金（万元）	解决就业(人)	备注
龙马大商城	区招商局	重庆跨越置业有限公司	独资	15 000	7 500	2003.11	—	400	200	
3 000 吨/年羟乙基纤维素生产线		成都四川大东电力有限公司	合资	5 000	1 900	2004.10	—	—	—	
泸州伊顿集团流体连接件公司	区招商局	美国伊顿集团	独资	38 900	3 800	2005.10	—	—	—	世界500强
宝光药业股权收购	区招商局	天津大通集团	独资	11 000	11 000	2005.10	—	—	—	
长丰航运长江干线货物运输	区招商局	重庆北碚区廖嵘嵘	合资	10 000	5 000	2005.11	—	—	—	
金诺御景山居24万平方米小区开发	区招商局	浙江台州苏为方	合资	26 000	16 500	2005.10	—	—	—	
10万平方米东洲墨香苑小区开发	区招商局	福建泉州市陈南	独资	13 000	10 000	2005.11	—	—	—	
深国投资商用置业有限公司建购物广场	区招商局	深国投资置业公司	独资	20 000	20 000	2005.12	—	—	—	世界500强
泸州市世纪锦华房地产公司	区招商局	锦华房地产集团	独资	40 000	40 000	2006.10	—	—	—	

第二节　对外友好交流

　　为扩大对外开放，学习借鉴外地经验，全区采取请进来、走出去等办法，加强友好交流。2001年，区政府组团参加在西安召开的"中国东西部合作与贸易洽谈会"，在成都召开的"中国西部高新技术成果展示洽谈会"，在广州召开的"中国进出口贸易洽谈会"。在西安贸洽会上签订3个协议，区内大光集团引进英标瓦生产线；唐朝老窖集团公司与黄达商贸公司签订销售瓶装酒500吨；唐朝老窖与西安咸阳糖酒公司签约买断唐朝老窖品牌经营权，年销瓶装酒1 000吨。是年6月，区长谢明、常务副区长徐平玉赴徐州维维集团，签订投资4 000万元的招商协议。次年积极推广招商代理制，利用省、市驻外机构、企业家、海内外知名人士，在平时加强联系做好工作基础上，聘请他们为本区招商代理。2003年，区政府组织全区12个乡镇街参加"上海贸易促进会""川港贸易洽谈会""泸州农业博览会""中国国际旅游交易会"，拓宽招商渠道，开展了招商项目收集、论证、整理和包装，当年储备招商项目20余个。从速建立区招商网站，制作多媒体光碟，把区位优势、优惠政策、投资环境等对外宣传，扩大影响。是年与招商局合署办公的区侨联、侨台办服务中心引进台资企业7家，引资5 000多万元，引进韩国企业1家，实现外商企业零突破。同时加快项目库建设，通过清理、筛选、包装20余个项目，在会上、网上发布，引来泸州国际集装箱码头二期工程、川南物流基地、星级宾馆建设等，海内外客商纷纷来电来函询问，收集整理出存量资产信息20多条，通过散发，有的被投资者选中。石洞尖东食品公司破产后的闲置厂房，安宁九狮砖厂闲置30多亩土地，先后被香港凯胤公司、川东南石油公司有偿利用。2004年后，在加强对外联系的同时，强化网上招商，获取了一批招商信息。次年引进项目92个，总投资10.26亿元，实际到位资金8.24亿元，同比增长33.95%和18.51%，其中工业项目47个，到位资金3.05亿元，2006年11月，区委书记刘云率团参加沿海中西部县、市、区驻上海联合工作处会议，龙马潭区加入该处为成员单位，同时区内白酒产业被列入特色产业和资源100位。

第五篇　党　政

　　1996 年建区后，历届区委及时修订发展战略，本着发展才是硬道理思想，揽全局、抓大事、定方向、带队伍，作出了一系列正确决策。团结带领区人大、区政府、区政协和全区人民向既定目标前进。各单位既明确分工，各司其职，创造性地做好份内工作，又要团结合作，协力同心，劲往一处使。全区迅速实现了政治安定团结，经济快速发展，社会全面进步的可喜局面，为持续发展、科学发展，又好又快发展奠定了坚实基础。

第一章　中共泸州市龙马潭区委

第一节　党代表大会

　　1996 年 6 月 25 日，成立中共泸州市龙马潭区临时委员会，韩永彬任书记，楚明、刘汉洲、莫锦江、邱树琼任副书记，7 月 1 日在小市新街子 74 号对外办公。

　　第一次党代表大会　中共龙马潭区第一次代表大会于 1996 年 9 月 18 日，在三江宾馆召开。到会代表 180 名，特邀、列席代表 31 名。大会听取和审议了韩永彬代表临时区委作的工作报告，选出区委委员 25 名，纪委委员 15 名。通过第一次会议，选举产生常委 9 名，韩永彬当选区委书记，楚明、刘汉洲、邱树琼 3 人当选副书记；莫锦江、黄智平 2 人为省下派挂职副书记。区纪委全体会议选举产生纪委常委 5 名，淳义成当选纪委书记。

　　第二次党代表大会　中共龙马潭区第二次代表大会于 2002 年 12 月 24—26 日在王氏大酒店召开。到会代表 190 名，特邀、列席代表 60 名。大会听取、审议了韩永彬代表一届区委、淳义成代表区纪委作的工作报告，选举产生二届区委委员 29 名，纪委委员 17 名。通过第一次会议，选出徐平玉等 9 名区委常委，谢明当选区委书记，陈冠松、赖应强、毛乐平、付希 4 人当选副书记；区纪委全体会议选出纪委常委 7 名，赖应强当选纪委书记。

　　第三次党代表大会　中共龙马潭区第三次代表大会于 2006 年 11 月 7—10 日在区会议中心召开，到会代表 207 名，列席代表 35 名。大会听取、审议了刘云代表二届区委、赖应强代表区纪委作的工作报告，选举产生第三届区委委员 25 名；纪委委员 25 名。通过第一次会议，选出王波等 9 名常委，刘云当选区委书记，徐剑南、谭光军 2 人当选副书记；区纪委全体会议选出纪委常委 7 名，邹毅当选纪委书记。

第二节　组织机构

1996 年建区后，设纪律检查委员会，与区监察局合署办公，既是区委纪律检查机关，又是区政府行政监察机构。

工作机构　设区委办公室、组织部、宣传部、统一战线工作部、政法委员会、农村工作委员会、保密委员会、社会治安综合治理委员会、社会主义精神文明建设委员会、直属机关工作委员会；台湾事务办公室、信访办公室、政策研究室、机要局、老干部局、党校。1997 年 7 月，政法委员会与社会治安综合治理办公室合署办公。2001 年 11 月，组织部挂老干部局牌子，宣传部挂社会主义精神文明建设办公室、区委对外宣传办公室（区政府新闻办公室）牌子，统战部挂民族宗教事务办公室牌子。区委办公室历任主任王平、余元玲（女）、戴志林、吴伟。其余机构领导人在所属项目另述。

派出机构　先后设直属机关、小市街道、高坝厂区、红星街道、莲花池街道、非公有制经济 6 个党（工）委。高坝厂区党工委 2000 年 8 月与罗汉镇党委合署办公，实行两块牌子一套人马。

基层党组织　有石洞、安宁、胡市、双加、特兴、鱼塘、罗汉 7 镇，金龙、长安 2 乡，经贸、教育、交通、卫生、粮食、供销、公安 7 个部门，及小市街道 5 个社区，共建党委 21 个，党工委 5 个。在人大、政府、政协、工商联、发改、民政、司法、财政、人事、劳动、国土、建设、文体、计生、农林、农机、审计、统计、法院、检察院、国税、地税、工商、药监、广电、信用社、工行、畜牧、环保等单位、部门建党组 29 个，负责处理和决定本部门重大问题，完成区委交办任务。

至 2006 年，全区共建党总支 23 个，党支部 421 个，有党员 1.32 万人。

第三节　领导方式

区委通过党代会、全委会、常委会 3 个程序，实行民主集中制。通过制度创新，合理划分党代会、全委会、常委会的权责，加强和改善党的领导。党代会是区委最高权力机关和监督机关，代表名额报经上级党委核准后向下分配，由基层党组织党员直接选举产生。2003 年 2 月，开展党代表常任制试点，第二、三次党代会分别选出常任代表 181 名和 209 名，党代表定期开展活动，履行代表职责。在党代会上，广泛吸收广大党员和民众的意见制定发展战略。第一至三次党代会共收到提案、建议、意见 112 条，办结满意和基本满意率 100%。全委会是党代会闭会期间同级党组织领导机关，执行上级党组织和同级党代表会决议，对区委成员进行监督和评议。区委成立以来至 2007 年，共召开全委（扩大）会 36 次，讨论和决定"九五""十五"发展计划及 2010 年远景规划等一系列重大问题，在全市率先实行票决制。常委会是在全委会闭会期间行使全委会职权的机关，主要抓方向、议大事、管全局。至 2007 年，共开常委会 190 次，讨论和决定若干重大问题，做到民主决策，科学决策，着重在抓方向、议大事、管全局上下功夫。加强对"一府两院"的工作监督和法律监督，支持人大、政协工作。区委书记主持区委工作，一名副书记任区长，行使副书记职权，主持区政府工作，执行区委有关政府工作的决议决定。其余副书记、常委分工负责各项工作。区委实行"集体领导、民主集中、个别酝酿、会议决定"的十六字方针，重大问题集体决定。坚持党管干部原则，加强作风建设，先后开展党务、政务公开，机关作风整顿，改善经济发展软环境。对区级机关行政事务、办事程序、收费项目进行规范，减轻群众负担。1997年制订干部目标管理意见，年末考核进行奖惩。2001年印发《目标管理办法》，年末检查计分表彰先进。

第四节 战略决策

1996年6月，临时区委提出："健全机构，理顺关系，吃透区情，找准路子"的工作思路，9月在区召开的第一次党代会上，制定"充分发挥区位优势，开发两江三线，走贸、工、农发展路子，实施大开放、大通道、大市场、大商贸和农业结构大调整，把龙马潭区建成现代化新兴城区"的指导方针。至2002年区委换届时，全区地区生产总值14.8亿元，财政收入近亿元，分别比1996年增长1.9倍和2.2倍。农民人均纯收入2872万元，年均增收212元。尤其区属工业增长迅速，年均增长15.9%，"九五"计划超额完成，"十五"计划运行良好。2002年，区委在第二届一次党代会上提出："加快工业强区步伐，打造现代新型城区，巩固提高商贸优势，发展农业产业经营，夯实税源财政基础，提高群众生活水平……"一度成为全区人民行动指南。次年，区二届二次党代会上又归纳为实施"工业强区、商贸中心、农业带动、城镇就业、重才引智五大战略"，把工业强区作为首要战略任务，工业快速发展成支柱产业。2006年，在区第三届一次党代会上，提出本届区委施政方针是"工业强区、物流兴区、新村惠民"，把三大任务作为抓手，引导经济持续、快速、健康发展。2007年全区GDP由1996年10.26亿元增至47.11亿元，按可比价计算，年均增长12.3%；人均GDP由3714元，提高到1.52万元，比全省人均高1701元，年均增长10.6%。地方财政一般预算收入由2783万元提高到1.23亿元，年均增长15.4%。经济结构实现重大转变，一、二、三产业比重由1996年的23.12：48.3：28.6，变化为11.4：60.5：28.1。工业在国民经济地位日益突出，工业增加值由3.15亿元，提高到25.55亿元，年均增长18%；工业增加值占GDP比重由30.7%提高到54.2%，年均提高1.11个百分点；工业对GDP增长贡献率由44.1%增长到77.7%；各类工业企业由920家增加到1355家，增长47.3%，其中规模以上工业企业由25家发展到64家，完成工业总值69.6亿元，是1996年的8.25倍。以食品、化工、机械为支柱的主导产业逐步形成。

第五节 产业和企业改革决策

区委对发展思路进一步明确或调整后，都要经党代会、全委会等重要环节发动全区党员、干部、群众，深入学习，领会精神，联系实际，认真执行，形成统一意志和行动。建区之初，区委牢牢把握发展是第一要务，发展才是硬道理的思想，把乡镇企业发展，城郊型农业和组织剩余劳力外出（进城）务工，作为3个新的经济增长点。使各级干部从过去催收催种"粮猪型"农村工作方法中解放出来，做到一年四季抓工业，关键时节抓农业，促进一、二、三产业协调发展。唯有坚定不移发展工业才能强区，矢志不渝搞好农村产业结构调整才能富民。历届区委、区政府始终如一抓改革，在工作步骤上认真贯彻以改革为动力思想，树立改革出成果，改革出效益理念。1999—2001年，全区乡及乡以上独立核算工业企业 86 户，其中"双五十"（产值 50 万，职工 50 人）以上企业 26 户，绝大部分包袱重，运转难，濒临倒闭破产。区委、区政府当机立断，从 1996 年开始，就把企业产权制度改革作为头等大事来抓，由区委书记、区长挂帅，任企业体制改革领导组正副组长，相关部门负责人为成员，号称"一把手"工程。年初层层签订责任书，实行目标管理责任制，年终考核兑现奖惩。严格按照党的政策、原则对各类企业进行改革。其核心是彻底转变职工身份、彻底明晰产权做到两个 100%，帮助企业走出困境获得新生。至 2001 年，全区企业改制任务基本完成。31 个国有工商企业体制改革率先于 1999 年完成，220 户乡镇企业中，"双五十"以上企业 2001 年完成产改任务。同时养老、失业、医疗、工伤、卫生、生育等配套改革迅速推进，企业职工社会保障大大增强，社会稳定。通过改革，1997 年盘活存量资产 5 500 多万元，转让出售闲置资产 3 000 多万元，募集资金 600 多万元，增强了企业活力。职工们由单纯劳动者变为资产所有者，主人翁地位增强，劳动积极性高涨，企业效益上升。改革实施"国退民进"战略（国有企业退出发展民营企业），实行所有制结构大调整。2000年，全区发展个体工商户 2 215 户，与上年同比净增 2 024 户，创产值 7 721 万元；新发展私营企业 92 户，净增 78 户，创产值 1.08 亿元。为解决发展资金不足，区委、区政府把招商引资作为要务，采取请进来、走出去，以环境招商、以情招商、以优质服务招商，以商招商等办法。2001—2007 年，全区招商引资引进项目 960 多个，总投资 127.88 亿元，到位资金 76.53 亿元。维维集团、中海沥青、英荷壳牌沥青等一批知名企业相继落户龙马潭区。

第六节　党的建设

执政能力建设　区委以加强党的执政能力和党员先进性建设为主线，开展党的思想、组织、作风、制度和反腐倡廉建设，为全区改革开放和现代化建设提供政治保证。干部思想作风建设长抓不懈、常抓常新。以区委中心学习组为龙头，区级机关和乡镇街领导干部中心学习组为两翼，带动全区党员、干部学习，做到年学习不少于 12 天。重在学以致用，联系实际，提高认识，改进工作。先后开展了"三讲"（讲学习、讲政治、讲正气）、"三个代表"（中国共产党始终代表中国先进生产力的发展要求，代表中国先进文化的前进方向，代表中国最广大人民的根本利益）、保持共产党员先进性和学习实践科学发展观教育活动。每次都由区委下发文件，开会动员；作出安排，分段实施；联系实际，查找问题；建章立制，整改落实，以提高党的执政能力，巩固党的执政地位，提高党员素质，加强基层组织建设。群众对"保先教育"满意率占 98.53%。一些党员干部存在的宗旨不牢，工作不实，作风不正等问题得到解决，涌现出一批先进典型。

干部人事队伍建设　按照《党政领导干部选拔任用工作条例》，建立健全干部选拔和管理的各项制度、规定，制定并实施 26 项配套制度，强化选任责任，严格实行常委会、全委会票决干部选任制度，提高干部任用工作透明度。开展干部在线学习培训，外派挂职锻炼，外出考察学习等。加强基层组织建设，落实基层党建工作责任制，探索实施党代表常任制，不断完善区委领导集体议事和决策机制，进一步健全党代会制度。逐步形成一个责权明确、相互配合、有效制约的科学领导体制；创新实施基层党建工作问责制，对 2 个单位实行问责。积极开展"三级联创"活动（村创"五好"党支部、乡镇街创"五好"党委，区创基层组织建设先进）。着力抓好农村、城市社区、新经济组织和社会组织的党建工作，全区规模以上非公企业党组织实现全覆盖。深入推进"农村小康快车"党建工程，推行农村无职党员设岗定责，积极健全"支部＋协会＋农户"运行机制。狠抓农村党员远程教育，建设了 66 个村级站点。加强机关党的建设，积极开展"部门帮村、党员帮户"活动，完善党内帮扶长效机制，设立党内帮扶基金。积极实施"一村一名大学生村干部"计划，选送 83 名大学生到村（社区）挂职锻炼。

反腐倡廉建设 认真落实党风廉政建设责任制，在坚决惩治腐败的同时，着重治本，更加注重预防，注重制度建设，着力构建教育、惩治、预防腐败体系。创造性开展"经济高速发展，干部廉政不倒"示范区活动。2007 年在全市率先实行交纳廉政保证金制度，以预防腐败。加强反腐倡廉宣传教育和廉政文化建设，利用典型案件开展警示教育。加大专项治理力度、深入治理医药、教育、涉农等领域突出问题，纠正不正之风。建区来共立案查处违纪案件 123 件，涉案 140 人，挽回经济损失 1 400多万元。

第七节　纪检工作

纪检机构 区划调整设纪委，临时区委指定淳义成主持工作。1996 年 10 月党代会上，淳义成当选纪委书记。纪委与监察局合署办公，由纪委一名副书记兼监察局长。1996 年 9 月 20 日，经区首次党代会选举产生 15 名委员、5 名常委；2002 年 12 月第二次党代会选出 17 名委员、7 名常委；2006 年11 月第三次党代表选出 25 名委员、9 名常委组成区纪律检查委员会，每届任期与区委相同。履行教育、监督、惩处、保护职能；落实领导干部廉洁自律，查处违法违纪案件，纠正行业不正之风。区纪委、监察局在区委、区政府和市纪委、监察局双重领导下工作。至 2005 年，下设基层纪委 13 个，纪工委 5 个，纪检组 26 个，直接对其考评、奖惩和任免。纪委常委会实行集体领导与分工负责相结合。监察局负责查处政府各部门及国家公务员、乡镇街人民政府主要负责人违反国家政策、法律、法规及违反政纪行为，受理申诉、控告等。纪委机关设办公室、执法监察室、控告申诉室、纪检监察室、案件审理室、教育调研室、党风廉政建设室。代行区党风廉政建设和区政府纠正行业不正之风领导组办公室职责。纪委曾获省及省级机关荣誉 15 项、市及市级机关荣誉 25 项。历届纪委书记淳义成、赖应强、邹毅。监察局长姜朝明、邱斌。

反腐倡廉 2000 年前针对党员干部违纪主要是接受请吃、收礼、多占住房，用公款安装电话、购置移动通讯工具等。纪委采取发文件、会上讲、个别谈话、组织专项清理。清出公费电话、移动通讯260 多部，全部作转让处理，收回公款 36 万多元。继后逐步建立健全党风廉政责任制，年初逐级签订责任书，纳入年终党建目标考核兑现奖惩。给 240 余名科级干部建立廉政档案，反腐倡廉向规范化、制度化发展。至 2006 年，共拒收礼品 58 万多元，上交礼金 21 万多元；个人申报收入 300 多人次，申报重大事项 50 余人次；领导找干部廉政谈话 190 多次，诫勉谈话 10 人次。审计离任干部 9 人，查出违纪金额 28 万多元，同时查处了 48 人借用公款，10 个单位用公款买商业保险，收缴违纪款 20 余万元。查处一起村社干部在征地拆迁中贪污窝案，处理 7 人，挽回经济损失 100 多万元。

预防犯罪 2000 年前主要对采购药品吃回扣、重点工程和建筑市场等领域实施监察。对公检法、交通、教育、卫生等 10 个部门和单位进行专项治理。清理整顿农村合作基金会，查出党员干部借款、担保借款 99 万元；个别乡镇政府和部门挪用合作基金会资金 44 万元，通过监察均如期如数归还。1999 年 7 月，全区大办交通，累计投资 4 337 万元，纪委及时介入，成立督查组，全部实行公开招投标，未发现质量和腐败问题。对建筑市场建立招投标领导组，确保公平、公开、公正，防止腐败现象发生，查处违纪案件 14 起，挽回经济损失 195 万元。2001 年起，进一步完善 28 个重点企业挂牌保护制度，派出专人联系，维护合法权益。强化建筑市场监管，当年投资 7 278 万元的建筑工程，共 97 个单位投标，26 个中标；基础设施建设工程投资 6 525 万元，共 33 个单位投标，8 个中标。均签订廉政合同，未发现问题。农网改造二期工程涉及 3.93 万农户，如期完成计划，没有不良反映。此外对低保救助、村级财务、文化市场、检查假冒伪劣商品、政府采购、政务公开、查处交通事故等，纪委亦积极参与，施加影响。2003 年，区级机关减少行政审批项目 40 个，国资公司清理 23 个单位，收回房屋 6 300 平方米，土地 9 万平方米，价值 8 000 多万元。对 55 名干部公开考察预告，46 名干部任前公示，对 178 名干部任免实行票决，230 名干部述职述廉，2 210 多名干部接受群众评议。

减负监督 建区后主要围绕农民负担重，中小学乱收费，群众看病难、看病贵，以及职能部门不正之风展开监督查处。

【农民减负】 按法定标准农民负担不能高于上年人均纯收入 5%，至 2001 年全区平均数为 2.45%，低于额定标准，人均年负担 82.21 元（含农业税）。个别乡镇受利益驱动，非法集资、非婚生育罚款、生猪防疫收费等加重群众负担，及时作了纠正。当年国家实行税费改革，次年降至人均 45.77 元。2005 年全部取消农村税费，农民从此享受到不交租不纳粮，且种粮、买种子，买农资等每年国家还要补助全区 900 多万元，人均 40 多元。

【制止中小学乱收费】 建区后，中小学乱收费曾一度泛滥，经清查退回违规收费 229 万元。纪检部门年年发文件，提要求，搞督查，签订责任书，直至追究当事人责任，中小学乱收费现象逐年减少，2004 年 9 月组织 3 次检查未发现问题。

【解决看病难、看病贵问题】 全区进行多次专项治理，取缔无证经营 92 家，查处伪劣药品 89 起，金额 50 多万元；处理违规收费 38 项，28 万多元。2004 年实行药品招投标采购制，让利患者 27.9 万元。

【纠正部门不正之风】 2004 年集中清理整顿自行统一着装的 16 个单位 782 人，通过整顿，停止着装单位 7 个 186 人，收回制式服装 191 套。清偿拖欠农民工工资和建设工程款 636 万元，建立工程担保制度，防止类似事件继续发生。制定全区行风评议制度，组织医疗卫生、公安、环保、劳动等 18 个系统的行风、政风评议，收心得体会 625 篇，自我剖析材料 587 篇，建立和完善机关《首问责任制》《民情日记》《政务公开制度》等，加强了经济发展软环境建设。

廉政教育 针对新时期腐败问题发生规律，着力在预防腐败，加强教育上下功夫。1997 年 7 月，开展党风廉政教育活动，播放反腐倡廉录像片 1 300 余场，组织讨论 600 多次，收心得体会 890 多篇，讨论稿 67 篇，使上万人受教育。后经常采取上党课、搞反腐倡廉知识测试、竞赛、观看典型案例等对党员干部进行教育，做到警钟长鸣。2002 年，全区新建电教站点 158 个，加上原有站点共 274 个，覆盖全部乡镇街、机关和农村党支部。

电教工作走上了规范化道路，其经验在全市推广。2004 年 5 月，开展"经济高速发展，干部廉政不倒"大宣教活动，着力打破经济越发展、腐败越严重怪圈。采取街头宣传、张贴标语、观看影视片，开展座谈讨论、重走长征路、演讲比赛等，收心得体会 321 篇，对全区党员干部起了警示作用。当年违纪案件下降 16%，党员违纪人数减少 42%。通过信访、下访、设举报箱等收集案件线索，查处重大违纪案件。1996—2005 年受理群众来信来访 2 833 件，收到电话举报 189 次，经查证核实，结案 78 件，涉案 98 人，其中科级干部 27 人，一般党员 71 人。受党纪处分 88 人，政纪处分 22 人，双重处分 12 人，挽回经济损失 1 302.36 万元。

区纪委监察局1996—2005年党纪政纪案件处分统计表

表5-1-8

项目 年度	案件数（件）	人数（人）	科级干部（人）	一般党员（人）	党纪处分（人）					政纪处分（人）						双重处分（人）	挽回经济损失（万元）
					开除	留察	撤职	严警	警告	开除	撤职	降级	记大过	记过	警告		
1996	3	3	—	3	2	—	—	1	—	1	—	—	—	—	—	1	5.7
1997	14	14	4	10	11	1	—	1	1	2	—	—	—	—	—	2	56.1
1998	7	7	1	6	4	1	—	2	—	—	1	—	—	—	—	1	20.7
1999	6	6	—	6	1	—	—	1	2	—	1	—	—	—	—	1	852.8
2000	10	18	12	6	5	2	—	3	2	—	1	—	3	4	1	3	94.2
2001	6	10	3	7	2	—	—	2	4	—	1	—	1	1	—	2	15.4
2002	5	5	—	5	—	1	—	1	1	—	—	—	2	—	—	—	7
2003	6	7	—	7	—	—	—	3	—	—	—	—	—	—	—	—	31.5
2004	5	7	3	4	—	—	—	3	—	—	—	—	—	—	1	—	135
2005	16	21	4	17	10	3	—	7	1	—	1	1	—	—	—	2	83.96
合计	78	98	27	71	39	13	—	24	12	3	5	1	6	5	2	12	1 302.36

第八节 组织工作

建区时，区委设组织部，当年10月配部长、副部长。2001年9月，组织部指导石洞镇肖湾村成立经济技术协会，实施"支部+协会，农民得实惠"的经验迅速在全区推广。重视选拔、培养、任用女干部，先后三次获省委组织部、省妇联颁发的"伯乐"金奖；老干部工作两次被省委评为先进。2001年11月，在全市率先成立非公有制经济党（工）委，2003年，区委书记谢明赴京参加中组部召开的经验交流会，其经验印发全国。2003年，被列入全省17个党代表常任制试点单位之一，着力探索党代会、全委会、常委会"三会"之间的职责权限，完善区委领导集体议事和决策机制。2004年在全市率先开展村创"五好"党支部，乡镇创"五好"党委，区创"基层组织建设先进"活动，被省委评为"三级联创"先进。同年，省委、市委在金龙乡实施推进党内民主、建立党员先进性长效机制试点，指导金龙乡公推直选党委书记、委员和纪委委员获得成功。历任组织部长徐宽富、雷敏、方莉、姚新建。

本着"坚持标准、保证质量、改善结构、慎重发展"的十六字方针，重点在生产和工作一线发展党员，1996年全区党员7 000余名。至2005年，共有党员13 057人。年龄、文化、性别构成发生较大变化，其中45岁以下、高中以上文化、女党员分别占31%、41%和23%。在开展"三级联创"中建立区领导联村、区机关单位包村、乡镇党委成员联户责任制。2000年区委决定加强农村党支部阵地建设，采取联系村部门扶持一点，个体私营企业赞助一点，村上自筹一点，区、乡镇补助一点（每个村补5 000元）办法共投资900多万元，使全区农村134个党支部（后调为57个）率先在全市达到村有办公用房80平方米以上。并配有彩电、VCD电教设备，建有党务、村务公开栏等，使村党支部有了"家"。实行机关单位、部门联系村派驻干部制度，开展结对帮扶党员户活动，共投入资金100余万元，办好事10 000余件，帮助贫困党员、群众9 000多人次，党的基层组织建设迅速增强。2002年3月，积极参与省委组织部开展的党员分类管理试点，将61个机关企事业单位离退休党员448名转至3个街道的15个社区管理，让他们在社区建设中发挥作用。

重视党员干部理论学习，区委、机关单位、乡镇街都有中心组学习制度，年均学习不少于12天。为了使学习教育活动形式多样，效果良好，1999年5月区成立电教室，配备电视机、摄像机，自采自制电视教育片多部，3次被省评为先进。加上购买上级制作的电视教育片定期组织党员收看，成为对干部、党员思想教育的新形式。区、乡镇街均有党校、有教员、有计划、有制度，定期学习，是开展党员、干部教育的常设阵地。2000年，全区认真抓"讲学习、讲政治、讲正气"教育活动，走访群众2 300多人次，收集意见和建议1 700多条。通过边整边改、集中整改，群众满意率99.1%。接着分批开展"三个代表"重要思想教育活动，参学1 400多人，走访3 900多人次，收集意见、建议8 100多条，梳理出问题600多个，逐一落实责任人限期整改。2005年1月起又开展为期一年半的保持共产党员先进性教育活动，把"立党为公，执政为民"和"情为民所系、利为民所谋、权为民所用"贯穿其中，是新时期党内一次思想整顿和作风整顿。首批36个单位940多名党员干部参加，以"千名干部进千家征千问帮千户解千难"为题，全区21名区级党员干部、54个区级机关组织近千名干部结对帮扶农村481人。慰问群众1 500多人，发慰问金27万多元，捐衣物1万余件，办好事958件。二批"保先"教育6 300多人参加，以"与党同心、与群众贴心、保持共产党员先进性"为题，开展"共驻共建、党内帮助、结对帮扶"活动，全区共结对93对，捐资8万余元；党员结对帮扶581户，资助7万余元；助学205名，捐赠6万余元。三批"保先"教育5180多名党员参加，以"干部受教育、群众得实惠"为目标，建立和完善了"保先"教育的长效机制；党组织战斗堡垒和党员的先锋模范作用得到进一步发挥，群众满意率98.53%。

通过干部人事制度改革，加强了干部管理，干部学历教育效果明显。建区以来鼓励干部在职参加省委、市委、区委党校，区教师进修校学历班学习，提高文化水平。2005年全区干部3476人，大专以上学历从31.74%上升至78.45%，高中学历从39.12%降为21.23%，初中学历从17.62降为5.49%。此外通过调训、区内短训、外出学习培训8 500多人次。在干部选拔任用上采取组织、群众推荐，个人自荐方式，2002年推荐出85名年轻干部，公开选拔5名副科级领导干部。2002年下发党政干部考察报告、差额考察、任前公示制度等，区委常委会讨论干部任免实行票决制，执行领导干部谈话、报告个人重大事项和收入申报制度、经济责任审计、干部监督联席会议制等，至2005年已对55名科级领导干部进行经济责任审计。

1996年6月设老干部局，2001年组织部挂老干部局牌子。历任局长郑友生、张怀君、易先炳、陈春琼、胥世海。区委领导坚持半年接待老干部代表一次，订有联系老干部制度，做到"生有祝贺、病有探望、故有悼念、重大节日慰问"，切实落实政治、经济待遇。建有485平方米老干部活动中心，设备齐全，常年开放，属全市一流活动阵地。至2005年老干局共管理干部99人，其中离休65人。老干局2000年建成区级最佳文明单位，曾五年被市、两年被省评为先进。

第九节　宣传工作

1996 年 6 月设区委宣传部，刘卫平为负责人，10 月配备部长、副部长。内设办公室、理论科（学校教育科）、区委对外宣传办公室（区政府新闻办公室）、精神文明办公室（宣传文艺科）、《龙马通讯》社。宣传部曾被《人民日报》海外版、省委宣传部、省国土局 3 次评为先进；6 年获市委宣传部目标管理一等奖；多项工作 18 次被市委、市政府和市级单位评为先进；1999 年建成区级最佳文明单位。历任宣传部长刘卫平、刘涛、牟红、吴文涛。

理论教育　宣传部设专职理论教育干部 1 人，以区委中心学习组为龙头，区级机关和乡镇街领导干部中心学习组为两翼，带动全区党员、干部学习，已达到规范化、制度化要求。建区来主要学习《邓小平文选》第三卷、《建设有中国特色社会主义理论学习纲要》《邓小平论社会主义精神文明建设》《邓小平经济理论学习纲要》和党的十五大、十六大精神。2000 年前重点学习《建设中国特色社会主义若干重要理论问题》《三讲教育必读篇目》、中央关于西部大开发精神等。继后学习邓小平理论、"三个代表"重要思想、江泽民在建党 80 周年纪念会上讲话、《公民道德建设实施纲要》、WTO 理论知识和党的十六大精神等。

坚持抓重点、分层次、理论联系实际学用结合。区级以上领导干部（区委中心学习组）采用自学和集中学，定期学和小集中封闭学，教员辅导和学员发言，请专家学者专题辅导等形式开展学习。有时根据学习内容涉及面，临时扩大至乡镇街或区级单位科级领导参加。先后请省委党校彭穗宁教授讲"三个代表"；省社科院副院长达凤全讲实践"三个代表"促进经济发展；四川十大律师之一李玉声讲合同法促进和谐文明；市委副书记赵锡嘉讲构建和谐社会等，把理论学习引向深入。学习实行点名制、考试制，年理论学习在 12 天以上。对乡镇街、区级机关中心组学习则采取提示重点、自学、讨论或小集中方式集中学习。一般干部学习，先培训理论骨干，让他们在单位学习中充当教员，共培训 30 余场，参训 1 600 多人次。宣传部理论教员主动到基层讲课 40 余次，听众 2 000 余人次。

区委要求中心学习组成员，每人每年上交调研文章不少于一篇，列入目标管理进行考核，均如期完成任务。先后开展"龙马精神""迎回归、盼统一、爱祖国、爱家乡""如何落实'三个代表'""西部大开发、龙马潭区怎么办""入世后怎样迎接挑战""全面建设小康、龙马潭怎么办""实施工业强区，我该怎么办"等大讨论。共收论文、调研文章 410 多篇，在市、区报、台上用稿 210 多件，其中获奖 60 多件。2003 年，区委书记谢明的《实施五大战略推进龙马潭区经济快速发展》，副书记付希的《以德谋政、用权为民》，纪委书记赖应强的《关于党风廉政建设和反腐工作调查报告》，均在市报发表。次年谢明的《支部＋协会推动龙马潭区小康建设》，区长陈冠松的《从上海带回什么》亦在《泸州日报》头版、四版刊用。2004 年区委书记张明的文章在《泸州日报》"理论与学习专栏"刊载。

1997 年 4 月创办《龙马周报》后，辟有"理论学习"专栏，区广播电视分局办有理论学习节目，至 2005 年，共刊登理论学习信息、论文、调研报告 450 多篇，播送稿件 530 多件。每年由区委书记或区长向全区干部作形势报告两次，累计听众 2 万多人次。2002 年，区中心组集中学习十六大精神后，四大家领导到基层宣讲 16 场，听众 3 000 多人次。2003 年，学习"三个代表"重要思想后，由常委带领宣讲团分赴乡镇街和企事业单位宣讲 16 场，听众 1.5 万人次。

宣传群众　形式多样，注重实效。迎接香港、澳门回归，庆祝建国 50 周年、建党 80 周年、纪念长征胜利 70 周年、抗日战争暨世界反法西斯战争胜利 60 周年等，均下发文件，安排部署，要求层层开展报告会，组织文艺演出，撰写纪念文章，搞书法、美术作品展，激发群众爱党爱国情怀。抓住重大节日，编排节目下乡演出，2001 年春节前，区委决定抽调文艺骨干集中排练 30 天，编排一台反映时代特色文艺节目，于春节前后下乡演出 15 场，观众 8 万多人。先后组织迎接香港回归、公民思想道德建设、建党 80 周年、国防知识和党的十六大知识竞赛等，共动员 3 万多人次参加，试卷收回率均在 97% 以上。干部下乡面对面向群众宣传。2003 年 8 月，全区掀起贯彻落实"三个代表"重要思想高潮，区领导下乡宣讲 16 场，听众 1.4 万人次。印制宣传品广泛宣传，由宣传部精心组织和策划，先后编印《龙马潭区》《龙马潭区招商手册》《商务旅游》和庆祝建区十周年会刊，《看龙马》《龙腾马跃》画册，发送区内外。从 20 世纪 90 年代兴起的科技文化卫生三下乡，群众喜闻乐见，区委非常重视，年年认真组织，并不断赋予新的内容。至 2005 年，下乡单位发展到 10 多个，"三下乡"活动共散发科技资料 67 种、8.02 万多册，发放计划生育药品 1.3 万多盒，接受咨询 7.68 万人，技术培训 36 场，听众 2.8 万多人次。

学校教育"三指导"　主要是校风师德建设，学生品德教育和学校政治课的指导。每年年初下计划由教育管理部门组织实施，宣传部检查督促，总结经验表彰先进，先后开展"让学生成才、让家长放心、让社会满意、树文明新风"征文比赛、演讲比赛。召开教育系统党建工作会、精神文明建设会，培训理论教育骨干。进行学校思想教育整顿，开展"让孩子唱自己的歌和倡导读好书活动"。组织中小学生以"党在我心中"为题进行演讲比赛、作文比赛，激发爱党爱国热情。评选师德标兵，举行隆重表彰，组织巡回演讲互相启迪。2005 年 8 月，以纪念抗日战争胜利 60 周年为契机，开展弘扬民族精神系列活动，请关工委老干部轮流到部分中小学校作报告，讲述如何同日本鬼子作斗争的亲身经历或见闻，使学生受到生动的爱国主义教育。

创办《龙马周报》　1997 年 4 月，区委决定创办《龙马周报》机关报，年底前为赠阅阶段，1998 年 1 月至 2003 年 12 月为订阅阶段，每期印数 3 000 份。2004 年 1 月起，根据国家新闻出版署整顿地方报刊精神，更名《龙马通讯》，由订阅改为赠阅，每期印数 1 270 份。其间报台密切配合，年用稿 7 000 多件。2001 年，区广电分局收归市广电局管理，节目统一制作，致使区内外宣传一度削弱。至 2005 年《龙马周报》《龙马通讯》共出刊 400 多期、采用稿件 3.4 万多件，同时外送稿件在省级以上新闻单位用稿 500 多篇，市级用稿 3 500 多件，有 5 件作品在省级以上新闻单位获奖，有 30 多篇文章被市委宣传部和市新闻学会、新闻协会评为好新闻。历任总编刘卫平（兼）、刘涛（兼）、李厚明、熊廷斌，主持工作副总编李彬、张宇。1996 年 7 月后，各乡镇街和区级机关企事业单位相继成立通讯报道组，共有 110 多名骨干通讯员。每年把报道任务列入党建工作目标管理，年终考核计分，兑现奖惩。为鼓励通讯员多写稿、写好稿、上大报、上头条，1999 年宣传部制定稿酬奖励制度。规定在《人民日报》头版头条或头版用稿 1 件，分别奖 2 000 元、1 000 元；在《四川日报》头版头条或头版用稿一件，奖 1 000 元、500 元；其余新闻媒体根据用稿难易程度，均有奖励稿酬规定。此举调动了专业采编人员和业余通讯员的积极性。他们白天忙工作，晚上挑灯夜战，争取多做贡献。同时采取把稿子送出去，把记者请进来，加强全区宣传。先后邀请《人民日报》海外版、中央电视台、澳门《莲花卫视》《经济日报》《四川日报》等 20 多家知名媒体来区采访，发表了《非公有经济党旗红》《打造半小时经济圈》《龙马潭区委书记、区长谈工业经济发展》《龙马潭区人均收入创新高》《龙马潭区农民增收畜牧打主力》等 30 多篇有分量的文章，提高了新区知名度。

第十一节 文明单位创建

1997 年 1 月，区委成立以区委书记任主任的精神文明建设委员会，区委副书记、人大副主任、副区长、宣传部部长任副主任。办公室设在宣传部，配专职干部 1 人，负责日常工作，由宣传部部长或一名副部长兼文明办主任或副主任。后经多次调整，仍保持这个规格。

确认文明单位 在区划调整中，由泸县和市中区整体划归龙马潭区的文明单位，按条件写出自查总结，经复查合格，有 89 个保持文明单位称号；在区划中分流为两个单位的，由分流单位按条件申请，经验收合格确认 23 个。在区划调整中撤销、合并的，有 8 个文明单位消失。在调整中未分流，又同时负责泸县和龙马潭区业务工作的，有 4 个文明单位由泸县主管。调整中分流的省、市文明单位5 个，由省市主管部门处理。

自 20 世纪 80 年代开展创建文明单位活动，创建形式从机关单位发展到各行各业和街道社区，从城市发展到农村，创建工作深入人心。创建文明行业始于 1998 年，面向与人民群众生产、生活密切相关行业开展。先后有区供电局、国税局、地税局、工商分局、农行获此荣誉。文明窗口始于 2002年，先后有区农行、国税、地税、供电局营业厅、社保局服务厅、烟草局石洞营销部挂牌。

创建文明村·文明社区 石洞镇肖湾村 1999 年被中央精神文明建设委员会授予全国创建文明单位先进村后，特兴镇魏园村 2005 年获得全国文明村称号。此外鱼塘镇民权、望山坪村，安宁镇阳高寺村亦先后建成区级文明村。创建文明社区始于 2001 年，当年莲花池街道宏达社区在全市率先建成文明社区；至 2005 年，有市级文明社区 3 个、区级文明社区 7 个。

开展共建活动 始于 1984 年，在警民、军民共建基础上发展为城乡共建，互相促进。2001 年区级机关下乡联村，开展"一帮一"共建活动的单位占 80% 以上。共建单位纷纷向农村送信息、送技术、送资金，共谋发展，改善了党群、干群和城乡关系。

评选"三户"活动 始于 1990 年，在农村创评遵纪守法户、五好家庭户、双文明户，促进农民自我教育、自我管理、自我约束，村风民俗好转。2003 年，全区评出遵纪守法 2.09 万户，五好家庭3.27 万户，双文明 8 891 户，分别占总户数 32%、50% 和 13%。

开展龙马精神大讨论 区划后已开展两次，1997 年通过全区自上而下，自下而上深入讨论，龙马精神主题词为"团结、开拓、创业、兴区"；2008 年再次开展大讨论，定格为"激情超越，龙马奔腾"。

五项创建 区文明办在文明单位创建中，主要开展了以下五项工作：

【培训】 增强创建意识。1997 年起，文明办坚持每年办培训班一至二期，把创建文明单位目的意义、方法步骤、具体要求教给大家，每次由领导亲自备课，认真讲解，使与会者学有所获，增强创建文明单位意识。至 2005 年共办培训班 18 期，参训 600 多人次（含村支书、主任）。

【创建】 列入工作目标。2001 年，区委在党建工作会上，要求各单位一把手要把创建文明单位列入工作日程，抓好本单位和所属单位创建活动，并列入党建工作目标管理内容，年终考核，兑现奖惩。

【规范】 管理工作到位。2004 年文明办规定，凡申报创建文明单位，必须在上年写出书面申请，批复后始建，接受文明办检查、指导和监督。建成后书面申请验收，通过后由区精神文明建设委员会批准授牌，然后两年复查一次，实行动态管理。

【创新】 与时俱进不断充实内容。原创建文明单位凡有违反计划生育政策、综治工作者均一票否决。2005年增加安全生产、环境卫生等内容，同时要求文明单位必须打造学习型团队，创建节约型单位，带头落实科学发展观。

【公示】 体现公平、公正。文明单位必须接受群众监督，保证质量，已建成或创建中的单位都要在显眼位置竖牌。2005年规定凡是当年申报验收、复查的文明单位，要在《龙马通讯》上公示一次，接收社会反映。至2007年，全区有文明单位135个，其中全国文明村2个（石洞镇肖湾村、特兴镇魏园村）；省级文明单位4个（区纪委监察局、检察院、农行、石洞信用社）；市级文明单位72个；区级文明单位104个。

第十一节 统战工作

统战机构 建区时，设区委统战部，10月配部长、副部长。统战部与对台办、民宗办、侨联合署办公。内设办公室、综合股、民宗股。工作涉及民主党派，党外知识分子，无党派人士，少数民族，宗教界，非公有制经济人士，台港澳同胞等。统战部的经济统战、民族宗教，统战宣传、民主党派、党外知识分子管理、统战理论研究等工作先后20多次被市级主管部门评为先进。历任部长陈登高、骆仁初、易先炳、王应淮。

少数民族工作 坚持贯彻党对少数民族的方针政策，保证他们参政议政的权利。2005年，全区干部中共有少数民族21人，其中副区级、正科级各1名，副科2名。历届市、区人代会、政协会均有少数民族参加。2002年有市人大代表1名，政协委员2名；区人大代表、政协委员各3名。2006年11月换届，有市人大代表2名；区人大代表2名；区政协委员1名。

宗教工作 对9个宗教管理机构均依法予以保护。通过调查研究，积极协调，妥善处理了回族安陈馆墓地问题。积极支持小市清真寺扩建，于2003年建成2500多平方米，含礼拜寺、餐饮宾馆等，是泸州市唯一伊斯兰涉外宾馆。同时区委、区政府多次开展制止滥建寺庙，乱塑神像及封建迷信活动，销毁小庙28座，拆除神像262尊。建立区、乡、村三级宗教事务管理网络和乡村宗教工作责任制，每年与各场所签订《宗教工作目标管理责任书》，半年督查，年终检查，表彰先进。全区宗教界思想稳定，曾7次被市评为民族、宗教工作先进。

党派工作 1996年起，对全区各民主党派支部、支社按时进行换届选举，保持组织健全，每月召开一次座谈会。在历届区人大代表，政协委员中，民主党派人士均占一定名额，并有2名民主党派成员和1名无党派人士担任区人大常委会副主任、区政协副主席和副区长。每年均召开民主党派、工商联负责人参加的全区重大方针政策、人事安排通报会、协商会2~3次。凡列入党外后备干部的民主党派人士，组织上积极培养，政治、经济待遇一视同仁。一、二、三届区政协委员中，民主党派代表分别为13人、19人、20人；二、三届有人大代表各2人；市四、五、六届政协委员中，区内民主党派代表分别为2人、5人、5人；市五届、六届人大代表中，区内民主党派代表均为4人。

联系社会各界 全区党外知识分子2001年1015人，其中高级职称27人，中级576人。2006年，统战部把农林、畜牧、教科、卫生、水利农机5个局定为党外知识分子联系点，把优秀党外知识分子充实到人才库，建立起2140余名党外人士人才数据库。民族宗教工作取得长足进步，依法开放宗教活动场所 9 个，信教群众 2 万余人。

坚持区领导联系非公有制企业制度，团结、帮助、引导、教育非公有制经济人士放心发展民营经济。建立乡镇街工商联分会和各类行业分会、行业协会，采取"以商招商""以诚招商""以情招商"办法招商引资发展工商业。至 2006 年，全区有个体工商户 1.88 万户，私营企业 514 家。注册资本500 万元以上的 21 家，其中集团公司 3 家，非公有经济代表人士 29 人。

全区有华侨 1 人，侨眷 385 户、2 673 人，回国定居台胞 11 人，旅居海外侨胞、港澳同胞 185 户、500 余人，其中华侨代表人士 50 余人，均按党的统战政策做好他们的工作。

第十三节 政法工作

1996 年 6 月建区时，设区委政法委员会，挂社会治安综合治理办公室牌子，合署办公，杨忠荣主持工作，10 月配书记、副书记；2001 年 10 月机构改革，设区维护社会稳定领导小组办公室（简称维稳办），合署办公，由政法委副书记罗永华主持工作。历任政法委书记邱树琼、付希、牛波、赵飞、吴伟。主持工作副书记杨忠荣、罗永华、刘宇、吴伟、安力、谢维斌。政法委设办公室、政工科、执法督查督办室，挂综治办、防邪办、维稳办牌子，合署办公。

整顿队伍 政法委协助区委组织部考察、管理全区政法部门中层以上干部，根据形势需要，对政法队伍思想、作风建设进行教育整顿。2003 年 6—9 月开展"党员先锋工程教育活动"，再次进行全区政法队伍思想作风整顿，实行开门整风。向部门发出征求意见书 232 件，召开座谈会 29 次，走访单位70 余个，排查问题 37 个。通过教育整顿，查处了高坝法庭陈某在执法中徇私舞弊案，被判有期徒刑 2年，同时查处两起违纪违法事件，对全区政法队伍震动很大。2005 年 1—6 月，在政法系统中开展保持共产党员先进性教育活动，以"一个党委一面旗帜，一个支部一座堡垒，一名党员一个模范"为题，开展创先争优活动，改善党群、干群关系。5—10 月开展"规范执法行为，促进执法公正"专项整治活动，重点解决徇私枉法、权钱交易，违法违纪、玩忽职守和部门保护主义等问题，重塑了政法队伍形象。

维护稳定 1996 年 11 月，成立以区委书记韩永彬、区长楚明为正副组长的维稳领导组，办公室设在政法委合署办公，由政法委副书记兼主任，领导组经多次变更，仍然保持这一模式。1997 年 6月，罗汉合作基金会把 2 000 多万元资金贷给黄某某无法收回，储户不能正常取款引起恐慌，聚集至镇政府扭闹党政负责人，损坏办公用品，扬言"要杀几个来摆起，把事态闹大，上面好来解决"。政法委维稳办及时研究处置方案，要求党员干部带头，不准介入闹事，严格控制事态发展。按预案各就各位，统一口径"借款要还"，立即组织资金分期兑付。政法部门派人到现场维护秩序，坚持骂不还口，打不还手，做艰苦细致疏导工作，事态逐渐平息。继后部分企业军转干部要求解决一个身份、两个待遇（即干部身份和政治、经济待遇），失地农民要求解决生活困难、企业改制下岗职工要求解决就业问题等，还有泸州碱厂、泸州化工厂、一航司、川塑厂等企业改制遗留问题，修建铁路、高速公路农民阻挠施工等问题也较突出。维稳办积极参与，扎实工作，先后解决了鱼塘镇枣林园安置小区、枫林小区、中海油安置小区和龙马大道安置三小区因征地补偿问题发生的群体性事件。尤其是 2005年 8 月 29 日，沱江鞋城发生火灾，195 户经营户和 50 多家住户受灾，直接经济损失 600 多万元，涉及受灾户子女入学、日常生活、灾后重建等问题更为严峻，维稳办积极组织协调深入现场扎实工作，安定情绪、化解矛盾，均妥善解决相关问题。

依法监督 政法委根据群众来信来访反映的问题，转有关部门督查。其中转区法院 18 件，经督查失实 8 件，无执行条件 2 件，正在办理 3 件，属实 5 件，全部作了纠正和回复，群众感到满意。尤其 2005 年 8 月 10 日，张某某反映区法院在建筑工程施工合同纠纷案中，错判张支付拖欠农民工工资17.48 万元，要求更正。经督查法院属实，决定撤销原判，保护了当事人合法权益。

打防结合·预防为主 1996 年 11 月，成立以区委副书记邱树琼、常务副区长肖荣华任正副主任的区社会治安综合治理委员会，后经多次调整，保持上述规格。1996 年 10 月至 2008 年 12 月先后由杨中荣、罗永华、黄荣、熊开荣、李玉明主持日常工作。综治工作实行"打防结合，预防为主"方针和"条块结合、以块为主、属地管理""谁主管、谁负责"原则。建有《一票否决制》《综治工作检查考评制》《五部委工作联系制》《发案追究领导责任制》等。每年对乡镇街、机关、企事业单位综治工作进行半年初查、年终考核兑现奖励。得 79 分以下单位为不合格，当年各项工作不仅不能评先进，还要收缴综治工作保证金。当年全区被评为省级模范单位 1 个，市级 41 个，区级 125 个、表彰奖励见义勇为先进个人 43 人，社会治安形势迅速好转。1998 年、2001 年先后被市委、市政府和省委、省政府评为社会治安综合治理先进区。2005 年被省委、省政府命名为社会治安整体联动工作先进区，被省综治办评为综治工作宣传先进单位。2006 年 7 月全区开展平安创建活动，坚持"打防结合，预防为主，专群结合，依靠群众"的方针，建立治安防范长效机制，着力解决影响社会稳定和治安突出问题。通过层层发动，扎实工作，年底建成区级平安乡镇街 4 个，平安单位、村社、校园、企业和小区 48 个。鱼塘镇、莲花池街道被命名为市级平安单位，2007 年 1 月被省委、省政府命名为省级平安区。

龙马潭区公安分局 1996—2005 年专项斗争一览表

表 5－1－12

年度	内　容
1996	开展为期两个月的破案会战和"打零包、挖团伙、破大案"的禁毒专项斗争
1997	开展夏季严打整治和打击"流氓伤害"专项整治行动
1998	开展"抓防范、打抢劫、反盗窃"为专项斗争和开展打击走私、盗窃、抢劫机动车犯罪的专项斗争
1999	"抓防范、反盗窃"专项斗争，7、8、9 三个月开展一次"追逃破案、惩严治爆、管理防范"专项斗争和区域性破案战役
2000	4、5、6 三个月在全区开展除暴扫黑专项斗争，反扒专项斗争和冬季破案会战
2001	开展"打黑除恶""治爆缉枪""狂飙 A－E"五次集中统一行动和破案会战，追逃等专项行动
2002	开展了"狂飙－F"和"狂飙－G"专项行动，和重点治乱专项行动，禁毒专项斗争
2003	开展"打两抢、抓防范"整治行动和冬季破案会战，指纹破案会战，打击盗窃、破坏电力设备、窃电犯罪专项行动
2004	开展"压发案、多破案"百日竞赛活动，破案追逃专项行动
2005	开展"打黑除恶""侦破命案""两抢一盗""春季严打攻势"等专项行动

第十四节　区直机关工委工作

1996 年 6 月建区时，设直属机关党委，曹家佑为负责人，10 月配书记。2001 年 10 月机构改革，更名直属机关工作委员会，11 月至 2002 年 2 月未配书记，由副书记彭跃苹主持工作。建区之初，区委赋予机关党工委"理顺机关党组织、负责小市地区企事业单位党建工作"任务。2002 年 7 月，组建党委 1 个，总支 3 个，党支部 103 个，管理在职和离退休党员 1 833 名。1998 年将党委 1 个、总支 2 个、企事业单位党支部 57 个移交主管局党委管理，机关工委管党总支 1 个，党支部 46 个，有党员 960 名。2002 年，省委组织部在区内试行《城市社区党员分类管理》，将离退休干部职工党员 448 名移交所在街道社区。2004 年，区公安分局 5 个支部 120 名党员改为本局党委管理。至 2005 年，机关工委直管党委 2 个，党总支 1 个，支部 58 个，在职党员 825 名。历任书记曹家佑、彭跃苹（女）、谢芳（女）。机关工委 2004 年建成区级最佳文明单位，至 2007 年先后 3 次被市委评为先进党组织，2 次被省直机关工委和省妇联评为先进。

理论学习　工委先后建立健全科级党员干部中心联组学习考评、党务干部理论骨干培训制度等，形成以中心组为龙头、科级党员干部为重点、党支部为基础的学习网络。采取集中与自学、脱产与在岗学、理论学习与业务知识学习有机结合。至 2005 年举办专题培训班 22 期，参训 780 多人次；组织报告会、听课 6 000 余人次，创学习型机关 10 个。从 2001 年起，先后开展"三个代表"重要思想学习教育和保持共产党员先进性教育活动，做到有组织、有计划、有检查、有总结。通过深入发动，专题讲座，认真学习对照检查，边学边改等措施，党员受教育面占 98%。强调理论联系实际，在"五一"风雹灾害发生后，工委立即动员组织救灾，一周内给受灾乡镇送去捐款 16 万多元，衣物 2 万余件，鼓励灾民生产自救。

机关工委组织建设　通过抓班子、抓队伍、抓管理，组织建设日益规范。工委按期组织换届，建区来机关党组织已换届 4 次，培训、考核、选任班子成员 510 余人。着力班子"学习、团结、勤政、廉洁"建设，创"四好"班子 60 个。每年举办入党积极分子培训班，通过课堂教学，请离退休老党员讲传统，到忠山烈士陵园祭奠先烈等活动，坚定政治信念，树立远大理想。10 年共培训入党积极分 622 人，发展新党员 207 名。为了严把党员质量关，在做好推优、预审、公示的前提下，2005 年 12 月，率先在工商局党支部进行发展党员票决制、提问制试点。落实党建工作责任制，做到一起部署、检查、考核、总结、奖惩。建区来年年对机关党组织考核表彰，10 年间受市委、区委、党（工）委表彰的先进基层党组织、践行"三个代表"示范单位 242 个；表彰优秀党务工作者、优秀共产党员 712 人。

机关工委作风整顿　运用会议学习、专题讲座、短期培训、观看正反面典型影视片，组织座谈等对《建立健全教育、制度、监督并重的惩治和预防腐败体系实施纲要》的贯彻落实，建立一把手负总责的党风廉政责任制，倡导民主作风和调查研究之风。凡涉及全局性工作、发展党员、人事变更、干部任免、创先争优、经费使用等坚持集体研究决定，实行阳光操作。对区委提出的工作任务，党工委认真研究积极贯彻执行，2003 年针对机关存在"不诚信、不用心、不务实、不亲民、不自律"问题，区委决定开展作风整顿，党工委会同纪委认真组织实施。通过思想发动、集中学习、自查自纠、开门纳谏、建章立制等阶段，历时 3 个月。结合开展"工业强区、我该怎么办"大讨论，收到心得体会 600 多篇，机关干部改革创新意识增强，上班迟到早退、不用心、不自律、无所事事的现象少了，擅离职守情况基本杜绝；门难进、脸难看、事难办的情况没有了。2002 年，开展践行"三个代表"示范行动，通过申报审核，首批确定在纪委、组织部等 8 个支部和 12 个部门中开展，次年"七一"经过考核验收，予以表彰。2004 年又确定 11 个支部和 9 个部门为改进机关作风示范单位。区纪委、监察局察民情，解民忧，赢得群众称赞；区文体局坚持推行先进文化，建成省级文化先进区；区法院民一庭把人民是否满意作为工作唯一标准，当年人均审结案 100 余件，创历史新高。在开展"三级联创"，联村帮扶工作中，机关各部门真心实意为基层办实事。工委与区水利农机局合作，帮助魏园村引进企业 2 个，协调资金 10 多万元，架通输水管道，协助该村 2005 年建成全国文明村。

龙马潭区 1998—2005 年扶贫济困奉献爱心统计表

表 5 - 1 - 13

单位：万元

时间 \ 项目	捐助原因	捐助金额（万元）
1998.9	长江流域发生百年不遇洪灾	10
1999.5	全区严重旱灾	6
2001	开展"三个一"关爱活动	2.19
2002	为贫困党员建帮扶基金	7.65
2002	开展机关农村一帮一活动	28.19
2003.1	春节慰问贫困党员·困难群众	15.4
2003.8	慰问复员转业军人	1.28
2004	抗击"非典"	14
2004	双加镇"5·01"遭风雹灾	16
2005	春节慰问困难群众	21.9
合计		123.63

第十五节　农村工作

1996 年 6 月，成立农村工作局，方向为负责人，10 月配局长。1998 年 1 月更名农村工作委员会。2001 年 10 月机构改革，并入区委办公室，同时建立农村工作领导小组，由区委副书记付希任组长，农工委挂农村工作领导小组办公室牌子，行使农村工作职能，负责日常工作；同时挂劳务开发、扶贫开发、三峡移民办公室牌子，合署办公。是全区农业和农村工作综合协调、管理部门，负责农业管理、服务和指导；又是区委、区政府加强农村三个文明建设的农口管理机构。历任局长（主任）：方向、李治平、冷自强、兰永志、张征宇、陈玲。

结构调整　区委、区政府积极引导农民以市场为导向、效益为中心，调整农业产业结构，实现增产增收。1997 年，区委下发《关于加快农业产业化发展意见》，提出建立优质米、名优水果、小家禽、传统名菜、水禽水产、商品席草六大商品基地。农工办积极组织实施。至 2005 年，除粮食稳步发展外，栽种名优水果 2 773.33 公顷，种植传统蔬菜 2 640 公顷，花卉 300 公顷，产禽蛋 6 870 多吨，起水成鱼 5 000

多吨，均比 1997 年成倍增长，农民人均纯收入由 1 600 元增至 3 957 元，过上小康生活。

扶贫工作 始于 2001 年，分新村扶贫、插花扶贫、产业扶贫多种形式，在调查研究基础上，制订出 10 年扶贫开发计划。积极上报项目，争取扶持资金，发动群众投劳投资，开展各部门联村联户联项目活动，形成上下齐心抓扶贫的局面。新村扶贫以改善村社道路、水利设施和人畜饮水为重点，带动农户改厕、改灶、改圈、改饮水、改道路。首批实施的安宁镇良丰村、特兴镇桐屋基村、双加镇罗大村，总投资 435.5 万元，其中上级补助 86 万元，修公路、石板路 32.5 公里，建沼气池 180 口，改造水井 400 余口，改建农房 50 余户，新建果园 1 100 余亩，使 1 600 多人改善了生产生活条件。从 2001 年起，先后在长安乡慈竹村、特兴镇高洞村等实施插花扶贫；至 2005 年，共投资 373.4 万元，其中上级补助 60 万元，新建机耕道 22.6 公里、石板路 10.8 公里，建蓄水池 42 个，修排灌渠 4 800 米，种果树 1 100 余亩，为农村发展增添了后劲。全区有富余劳力 7 万多人，区委、区政府坚持"外输内转"并举，数量、质量、效益并重的原则，做到先培训、成规模、高层次地输出，2005 年培训劳力上万人次，向外输出 4.8 万多人，就地转移 1.6 万多人，年劳务收入 3.5 亿多元。

三峡移民安置 始于 2000 年 8 月，全区首批安置任务 70 人。通过成立领导组、建立办公室，抽调干部专司其职，最后决定在石洞镇高山子村 12 社 219 省道旁集中建房安置 24 户 101 人，超额 44% 完成任务。2004 年第二批安置任务 18 户 54 人，在特兴镇走马村二社泸永公路旁集中建房，安置移民 65 人，又超额 20% 完成任务。

第十六节　政研 保密 机要 信访

政　研 建区时，区委办公室含政策研究职能，2000 年 4 月，成立区政策研究室，为区委调查研究和决策参谋机构。2001 年机构改革，政研室并入区委办。针对农民增收缓慢、村级集体经济薄弱、村社干部素质不高和构建和谐社会、关心困难群体等问题开展调研，为区委、区政府提供决策参考。其中《加速发展光纤电视，丰富农村文化生活》《发展奶业的实践与探索》《发展现代物流业，促进经济发展的思考》《对失地农民的调查与思考》等调研报告，受到区委好评。至 2005 年，共编发《调查研究》77 期，《决策参考》15 期。历任主任兰永生、谢林、杨劲松、鲁志勇（兼）。

保　密 区划时设区保密委员会办公室，与国家保密局一个机构，两块牌子，由区委办代管。2001 年，保密办并入区委办，挂国家保密局牌子，承担区保密委日常工作。连年利用法制宣传日宣传国家《保密法》，对乡镇干部、青干班学员进行保密知识教育。2001 年先后为全区重点涉密单位配备微机干扰器、隔离卡等保密设施；强化打字、复印单位管理；对新闻报道、招商引资、专项斗争、大中专招生、考调公务员、公选领导干部等提前介入，主动配合，有效防止失泄密事件发生。历任保密委办公室主任（保密局长）徐寿章、杨劲松、马宗祥、李朝斌。

机　要 1996 年设机要科，由区委办管理，同年 7 月，开展密码通信工作。2003 年 4 月，设四川党政网泸州市龙马潭区管理中心，与机要科合署办公，7 月机要科更名机要局。主要贯彻执行党和国家有关密码通信方针政策，具体负责全区通信任务。围绕"优质、保密、高效、无事故"要求，做好机要通信工作。1997 年 7 月，开通乡镇明电传真。1998 年 3 月在全市率先开通党政网，经 4 次改造，至 2005 年全面完成区级各部门、乡镇街入网工作，实行公文网上交换，未发生过失泄密事件。自 2000 年后，先后被省政府办公厅、市密码工作领导组、市党政网建设领导小组评为先进。历任科长（局长）吴箐文、许有权、袁小兵。

信 访 区设信访办，属区委内设机构。2001年10月，升格为区委办代管副科级单位，2005年10月，增挂区政府信访办牌子。主要承办本级和上级政府信访事项，指导全区信访工作。建立健全区、乡镇街、村三级信访网络，落实信访人员，处理信访问题。坚持区领导定期接待群众、阅批来信、处理信访问题的制度；规范办事程序，变上访为下访。实行目标管理责任制，年终考核，兑现奖惩。至2005年，共编发《信访专报》53期，先后4次被市评为信访工作一等奖。历任主任艾玉凤、童正芳。

第十九节 党校工作

1996年6月，成立区委党校，从泸县县委党校分流8人，办公地点58公里原泸县党校，10月配校长、副校长。2000年2月挂区行政管理干部学校牌子，实行一个机构两块牌子。2001年10月，迁至58公里刺绣厂，2003年迁小市新街子74号院，校区建筑面积3400多平方米。1996年7月至2003年2月，党校设党委、党支部、工会办公室、教育室，2003年增设后勤服务中心（属办公室）。2004年5月增设招生办公室，至2005年，设办公室、教育室和电大工作站。2006年9月，设理论室，招生办与教育室合并。历任党校校长（负责人）刘卫平、徐宽富（区委组织部长兼）、付希（区委副书记兼），雷敏（组织部长兼）、谭光军（副书记兼）、方莉（组织部长兼）、姚新建（组织部长兼）。历任常务副校长、党委书记先世全、刘仲平。

先后办青年干部政治理论培训班，副科级领导干部培训班，科技干部培训班，公务员培训班，村、社区干部培训班等，累计培训干部1850多人次。学历教育有大专班1093人，本科546人。省委党校函授大专本科、中央党校函授本科、省干函院大专和省委党校函授村、社区干部法学本科累计2069人。2003年秋，设泸州电大龙马潭工作站并招生，有行政管理、教育管理、汉语言文学、计算机专业等，招生200多人。中专学历教育4个班100多人。

科研方面，党校工作人员共撰写论文130多篇，其中在省、市级理论刊物发表或获奖50篇。刘仲平参加全国、省、市学术交流会4次，3次在会上发言。2007年2篇调研报告获省级奖励。校内《学习与思考》出刊8期，选载论文150多篇。党校先后被省评为科研先进单位，被市评为先进县区党校；2人被评为市委优秀党务干部、思想政治工作先进个人。

第二章 龙马潭区人民代表大会

第一节 机 构

1996年7月1日，成立区人民大表大会筹备组，组长刘汉洲，副组长杨启高，着手筹备首届区人民代表大会工作。设立选举委员会广泛宣传，进行选民登记，分配代表名额，确定选举日，依照选举法提名推荐候选人。9月2日召开选举大会，全区22万多选民投票，选出179名人民代表。区首届人民代表大会于9月26日在三江宾馆召开，会期4天。刘汉洲当选人大常委会主任。杨启高、刘文贵、赵伯阳、周隆品当选副主任。

人大常委会设办公室和人事代表联络工作委员会、法制工作委员会、经济工作委员会、科教文卫工作委员会。

历任办公室主任：李维均、王平、杨应洪；人事代表联络工作委员会主任：邹素英、马武慧、颜红；法制工作委员会主任：刘佳明、赵明；经济工作委员会主任：邓礼全、李治平、傅蜀麟；教科文卫委员会主任：郑光辉、傅蜀麟、熊廷彬。

第二节　人民代表大会会议

第一届人代会　建区后确定人大选举日为1996年9月2日。经组建工作班子，宣传动员，分配代表名额，开展选民登记，提名推荐候选人等阶段，至8月18日共提名候选人1 223人，是正式代表名额的6.8倍。经再次协商，至8月28日，公布正式代表候选人258名。参加投票选民227 600人，参选率98.9%，选出区人民代表179人。其中：中共党员114名，占63.7%，民主党派和无党派人士65名，占36.3%。妇女、少数民族、工人、农民、军人、机关干部、离退休人员、商业贸易均有代表。具有广泛性、代表性、先进性。是年9月26日召开首届区人代会，刘汉洲当选区人大常委会主任，杨启高、刘文贵、赵伯阳、周隆品当选副主任。2000年1月刘汉洲退休，韩永彬当选区人大常委会主任。2001年3月韩永彬调离，杨启高当选区人大常委会主任。1998年6月刘文贵病逝，1999年2月和2001年3月，补选方向、程建荣为副主任。首届人代会至2001年届满，经请示市、省人大常委会，为与各级人大换届同步，同意延至2002年9月换届。

第二届人代会　确定2002年12月13日为选举日。成立以区委书记谢帮知任组长的领导组，建立工作班子，经过扎实细致工作，至11月28日提名推荐候选人797名，是代表名额的4.3倍。经再次协商，12月8日公布正式候选人252名。经正式选举，选出区二届人大代表179名。其中中共党员131名，占73.2%，非党人士代表48名，占26.8%。妇女、少数民族、军人、教科、文卫、领导干部、农民、机关工作人员、居民、工人均有代表。2003年1月8—11日，二届人大一次会议在王氏大酒店召开，谢明当选人大常委会主任，卢艳（女）、周隆品、胡维新、淳义成、程建荣当选副主任。后谢明调离，2005年1月，张明当选区人大常委会主任。

第三届人代会　2006年12月26—29日在区会议中心召开。出席大会代表179名，其中中共党员130名，民主党派和无党派人士代表49名，分别占72.6%和27.3%；少数民族代表、军人代表各2名，教科文卫代表32名，分别占1%、1%和17.9%；领导干部代表76名、工人代表12名、农民代表30名，分别占42.4%、6.7%和16.7%；非公有制经济代表12名、居民代表15名、分别占6.7%和8.3%。大会通过民主选举，选出人大常委会委员18人，刘云当选人大常委会主任，钟世琼（女）、卢艳（女）、朱永平、杨树华当选副主任。

第三节　常务委员会

常委会组成　根据《地方组织法》，县（区）以上地方各级人民代表大会设常务委员会，作为本级人民代表大会常设机构，对本级人民代表大会负责并报告工作。常委会组成人员由人代会选举产生，大会闭会期间行使代表大会部分职权。常委会议一般两月召开一次，必要时随时召开。首届人代会当选人大常务委员会 16 人，设主任 1 人，副主任 4 人；二届人代会当选常委 17 人，设主任 1 人，副主任 4 人；三届人代会当选常委 25 人，设主任 1 人，副主任 4 人。

常务委员会议　首届人大常务委员会 1996—2005 年共举行常务会议 71 次。审议全区有关政治、经济、文化等重大议题 186 次，听取 186 个单位工作汇报，作出决定、决议 98 项。按照法律程序任免机关干部 300 多人。

第四节　职权行使

人大常委会依法行使决议决定权、人事任免权、监督"一府两院"工作，开展工作评议和法律评议，确保国家法律、法令正确实施。

决议决定　1996 年 12 月一届人大二次常委会以来，通过关于开展法制教育"三五"普法规划的决议，依法治区决定；调整财政预决算决议，同意殡葬管理实施办法；对法院判决部分案件实行备案监督的决定，建立错案责任追究制；批准预算外资金管理办法等。1999 年 7 月后，作出关于加快交通建设决议，保护外来投资者合法权益的决定，"四五""五五"普法决议。先后停止两位人大代表履职。接受多位代表、常委、正副主任因工作变动或退休提出的辞职。紧紧围绕发展经济，民主法制建设，社会事业进步开展工作。至 2007 年，人大依法作出 82 项决议和决定，听取和审议 192 专项工作情况报告。人民代表共提出建议、批评、意见 960 多件，部分已转化为区委、区政府正确决策，民主法制建设不断增强。

人事任免　建区时，依法设立国家权力机关、行政机关、审判和检察机关。区首届人代会后，10 月 22 日人大常委会召开第一次会议，任命办公室、法工委和人事代表联络工作委、教科文卫工作委主任。任命区政府办公室主任、人事局局长等 25 名区级机关领导干部职务。12 月 6 日，常委会 2 次会议任命 49 名法院、检察院、干部职务。至 2007 年底，一至三届人大常委会共任命干部 386 名，免职 115 人。

监督一府两院　监督分工作监督和法律监督，开展评议是对"一府两院"进行工作监督和法律监督的有效形式。评议又分工作评议和述职评议两种。

【工作评议】　根据省、市人大常委会统一部署，区人大 1997 年 4 月组织人大代表对检察院进行工作评议。旨在促进该院提高执法水平，维护社会稳定，服务经济建设。分准备、调研、评议、整改 4 个阶段，限期 5 个月完成。成立以区委书记韩永彬任组长的领导组，设立办公室，通过召开动员会、评议会，要求检察院 1 个月内送整改方案，3 个月内汇报整改情况，适时检查验收。1998 年 4 月、2001 年 6 月，先后对区人民法院、公安分局进行工作评议，效果良好。法院纠正误判案件 2 起，制订《廉政十不准规定》《立案暂行规定》等一系列文件，力戒今后。通过评议，指出公安分局存在以拘代侦、轻程序法等现象，纠正 4 件查处有误案件。

【述职评议】 1999 年 5 月，区委批转人大常委会党组关于对人大选举和人大常委会任命的国家机关工作人员进行述职评议实施方案。规定评议指导思想、内容、方法步骤，照章操作。1998 年 8 月，率先对法院院长牟文明，副院长许虹、谢维斌进行述职评议。分准备、调查、评议、整改四个阶段，被评人根据评议意见，一个月内书面报人大常委会，经主任会议审定，3 个月内向人大常委会报告整改情况。对述职评议中态度不端正或测评为不满意且整改不力，或有严重问题者，人大常委会按干部管理权限和程序依法处理，或交有关部门处理。继后年年开展述职评议，2000 年评议区人事局、统计局、广播电视局、建设委员会、国土资源局、财政局、检察院（副检察长）7 位单位领导。至 2005 年共评议区级机关部门领导 23 人，逐一对被评干部进行全面综合考核，实事求是地肯定成绩，找出不足，指出努力方向。

第五节　接待代表与信访

1996 年 11 月，区首届人大常委会印发《关于组建代表组和开展代表活动的通知》，要求驻区、乡镇街人民代表分别编组开展活动，每季度一次。采取视察、调研、走访方式，了解群众愿望和要求。同年 12 月，人大常委会人事代表联络工作委员会印发人大代表视察意见，规定时间、内容，就近视察。同时建立人大常委会主任、副主任定期（每月 15 日为接待日）接待人民代表来访和常委会组成人员联系代表组制度。人大常委会组成人员分工联系代表组；邀请部分代表参加人大常委会和参与评议"一府两院"工作。2005 年 6 月，人大常委会建立和完善信访接待制度，规定逢单月 10 日为代表接待日，由主任或副主任亲自接待，必要时请"一府两院"、司法局派员参与。对群众的要求、意见、建议按信访处理规定，由各委跟踪督查、督办，务求件件落实。

1998 年 7 月，区人大常委会成立信访工作领导组，半年研究一次工作，分别了解社会动态和"一府两院"工作。平时信访由各工作委员会归口接待，信访处理，件件有着落。

第三章　龙马潭区人民政府

第一节　机　构

筹备阶段 1996 年，接泸州市委文件通知成立龙马潭区人民政府筹备组，由临时区委指定楚明任组长，肖荣华、赖朝祥、田怀聪、徐平玉为成员。负责区政府筹备工作及临时行使行政权，并搭建区政府组成单位领导班子，由区委行文确定各单位负责人。

首届政府 9 月 29 日经区人代会选举，楚明当选区长，肖荣华、赖朝祥、田怀聪、徐平玉当选副区长。后楚明调离，谢明当选区长；谢明调离，陈冠松当选区长。其间滕中平、熊启权、史乃广先后选为副区长。

区政府设工作机构25个：办公室、计划经济委员会、经济体制改革委员会、财政局、人事局、劳动局、国土局、地方税务局、统计局、乡镇企业局、交通局、建设旅游局、司法局、监察局、民政局、审计局、贸易局、农村工作局、广播电视局、教育局、文化体育局、卫生局、计划生育局、粮食局、科学技术监督25个局（委、办）。非序列设管理机构4个：政府法制科、国有资产局、物价局、环境保护局；事业单位1个。

1997年机构调整，界定职责权限，规范工作关系，解除政府主管部门与所办经济实体和直接管理企业的隶属关系，取消工业、商业等政府经济管理部门的行政公司，有条件的改为经济实体，其行政职能划归经济贸易管理部门。为解决多头管理、政出多门问题，将相同或相近的职能部门，交由一个部门承担，理顺工作关系。

2001年10月再次进行机构调整，新设招商局、安全生产委员会办公室，撤销经济体制改革委员会，其职能并入政府办公室。撤销贸易局、乡镇企业局、轻工总会，并入经济贸易局。撤销国有资产管理局，并入财政局。法制局更名为法制办，并入区政府办公室。教育委员会和科学技术委员会合并组建区教育科技局。物价局并入发展计划局，挂物价局牌子。环境保护局并入建设委员会，组建建设环境保护局。区计划经济委员会分设发展计划局、经济贸易局。在国土局基础上组建国土资源局。在劳动局基础上组建劳动和社会保障局。计划生育委员会更名为计划生育局，农林局更名为农林畜牧局，水电农机局更名为水利农机局。区粮食局、旅游局改为政府直属事业单位。经上述调整，区政府仍为21个工作机构，即国土资源局、发展计划局、经济贸易局、教育科技局、劳动和社会保障局、建设环境保护局、计划生育局、水利农机局、农林畜牧局、招商局10个局。保留政府办、监察局、司法局、财政局、人事局、民政局、交通局、文体局、卫生局、审计局、统计局11个办（局）。粮食局、旅游局改为事业单位，设议事协调机构1个。改革后区级党政群机关行政机关编制由346名减为287名，减少59名，精减17%。

第二届政府　2003年1月8日至11日召开的二届一次人代会上，陈冠松当选区长，后陈调离，刘云代理区长。郭庆、牛波、熊启权、曾发海、黄露、赵飞、吴伟、苏科当选副区长，郭庆调离，王波当选副区长。

2005年4月，区级机关进行全面改革，解决管理体制及职能问题，建立适应市场经济的行政管理体制。区发展计划局改为发展和改革局，撤销经济体制改革办公室，其职能并入发改局。经贸局更名为经济和商务局，成立区食品药品监督管理局。计生局更名为人口和计划生育局，撤销建设环境保护局，分设建设局和环境保护局，监察局与纪委合署办公，列入政府工作部门，不计工作机构，区政府仍设21个序列机构：政府办公室、国土资源局、发展和改革局、经济和商务局、教育科技局、民政局、司法局、财政局、人事局、劳动和社会保障局、建设局、环境保护局、交通、文化体育局、卫生局、人口和计划生育局、农林畜牧局、水利农机局、审计局、统计局、招商局。设直属事业管理单位粮食局、供销社。

第三届政府　区人大常委会2006年12月26日至29日在会议中心召开的三届一次人代会上，徐剑南当选区长，王波、赖应强、曾发海、苏科、刘著、刘杰当选副区长。

设21个序列机构：政府办、安监局、发改局、经商局、教科局、人事局、劳动局、财政局、民政局、交通局、文体局、卫生局、计生局、建设局、环保局、审计局、统计局、水利局、农林局、招商局、司法局21个局（办）。设直属事业单位4个：粮食局、畜牧局、城管局和供销社。设议事协调机构1个（编办）；设工作机构2个（开发区、政务服务中心）。

市直属在龙马潭区的四川省泸州经济开发区管理委员会（副处级），科级单位15个：国税局、地税局、工商行政管理局、质量技术监督管理局、烟草专卖局、食品药品监督管理局，公安分局、国土资源分局、广播电视分局、龙马潭供电局，人寿保险、财产保险公司，中国工行龙马潭区支行、中国农行龙马潭区支行，区农村信用合作社联合社。

第二节　领导体制

区长负责制　区长主持政府工作，执行区委有关政府工作的决议决定和上级政府的指示、命令，实行行政首长负责制。在区长领导下，副区长分工负责，协助区长工作。区政府办公室主任在区长和分管副区长领导下，协助处理区政府日常工作。区长外出由常务副区长主持政府工作。区政府通过全体会、常务会、区长办公会研究讨论重大问题，作出决议决定，开展施政。历任区政府办公室主任傅蜀麟、李应华、罗永华、谢林、王强、戴志林。

政府全体会议　由区政府全体成员，即区长、副区长和区政府工作部门的主任、局长组成，特邀区人大常委会、政协有关领导列席。全体会半年或一年召开一次，由区长或常务副区长召集和主持。会议议题由区长或区长办公会、政府常务会确定。全体会议的主要任务是：传达贯彻上级重要指示、决议、决定和会议精神；通报有关重大事件和全区政治经济形势；部署区政府重大工作举措和重大政策决定；总结、部署政府工作；讨论通过提交区人民代表大会审议的《政府工作报告》；讨论通过需要由全体会决定的其他重大问题。至2005年，共召开区政府全体会20次。

政府常务会议　由区长、副区长组成，区政府办公室主任、副主任及与议题有关的部门主要负责人列席会议。根据需要邀请区人大、区政协、人武部领导列席会议。常务会一般每月召开一至二次，由区长或委托常务副区长主持。常务会议题由区长、副区长提出，经区长或常务副区长审定。议题涉及两个以上部门的，除重大事件外，均应在会前组织协调或责成主管部门牵头协调。常务会主要任务是传达贯彻上级重要决定，研究贯彻措施，讨论决定向上级的请示、报告；讨论决定区政府工作安排；讨论通过提交区人大常委会审议议案和人事任免，讨论决定区政府各部门负责人（副职）任免、奖惩；讨论决定区政府文件、决定、命令；讨论决定各乡镇、各部门请示区政府的重要事项；讨论决定以区政府名义召开会议对个人表彰、奖励等。至2005年，区政府共召开常务会97次，讨论议题480多个。

区长办公会议　区长办公会不定期召开，由区长或受委托的副区长主持。议题由区长或副区长确定。区长、副区长、政府办公室主任、副主任及与议题有关部门负责人参加。主要任务是：研究分析一个时期经济形势；处理政府重要事项；听取有关部门汇报；研究有关需要区长、副区长协调的重大问题。至2005年共召开区长办公会110次。

第三节　施政方式

政令执行　凡国务院、省、市政府直发或转发至区文件，区政府均及时阅读，领会精神，联系实际，开会贯彻或拟文下发，始终与上级保持一致。建区来按照上级精神，印发了《关于贯彻整顿会计秩序进一步提高会计工作质量的通知》《关于进一步加强反假货币工作意见》《全民健身计划纲要》《关于切实做好三峡库区农村外迁移民安置工作的通知》《关于做好第五次人口普查工作的通知》《关于做好第一次全国经济普查工作的通知》《关于农村第二轮土地承包的意见》及关于开展医疗救助、城市低保、农村特困户救助意见等30多个文件，做到件件有着落。凡是市上要求及时反馈情况，都如实作书面汇报。凡需要全区及时贯彻落实的工作都及时组织实施，确保件件有着落。

命令发布 建区后，区政府共发布命令2个：1997年4月3日，《全区军人抚恤优待若干规定》（共9款52条），经区政府第四次常务会议通过，以第1号令颁布实施；1997年4月30日，区《殡葬管理实施办法》（共5章32条），经区人民代表大会常务委员会第五次会议审议通过，区政府以第2号令颁布实施。

执法工作 区长是第一责任人，副区长对分管部门和系统的依法行政工作负主要责任；区政府办公室主任协助区长、副区长做好依法行政工作；政府各部门主要负责人是本部门或本系统依法行政责任人。区政府及区直各部门实施行政执法主体公告制、执法责任制和执法过错追究制，持证上岗、亮证执法，做到严格执法、文明执法、公正执法。对有法不依、执法不严、执法犯法者，追究责任。1999年，区政府对行政执法人员发放"四川省行政执法证"，明确执法依据，界定执法权限和范围。

项目实施 至2005年，区政府组织实施重大项目20多个，其中改善交通占40%。含泸永公路36公里改造工程，鱼塘至特兴连接工程，石洞至永寿公路改造工程，新建德龙桥、官渡濑溪河大桥，大驿坝沱江路防洪护堤工程等。投资8 000多万元新建和改扩建水泥路面100多公里。建成4.1公里长、60米宽的龙马大道，新修区政府办公大楼，建成龙马大商城十大交易中心等工程。引资1 200多万元，修建英才外国语学校和城北学校。通过招商引进维维集团（泸州）豆奶粉厂、美国科氏沥青，为全区经济发展打造航母。

报告工作 1996—2007年，区政府共向区人代会作政府工作报告12次。为发扬民主，科学决策，充分听取意见，每次写成初稿，均印发各民主党派、各单位征求意见，适时召开会议听取大家发言，再由执笔人反复修改而成。尤其制定"九五""十五""十一五"社会经济发展规划时，区政府都充分发动群众认真讨论，反复问政于民，问计于民，然后定稿付诸实施。区政府十分尊重人大常委会，自觉接受监督，如提请审议任命干部职务的请示、开展重大工作的报告、工作进展情况汇报等。关于下达经济考核指标、开展法制教育规划、殡葬改革实施办法，农民负担管理情况、换届选举情况、综治创模、财政收支、社会发展执行情况等报告，年年都有10余件。向市政府报告工作（含请示、报告、调查报告、督办事项报告、专题汇报等），区政府主动争取领导，把全区工作置于市政府领导和指导下实施，确保各项工作有序进行，健康发展。向上级的专项请示、报告、汇报，均保证质量，如期送达，无重大失误。

第四节　经济发展

主要经济指标 1996年，全区国内生产总值10.26亿元，地方财政一般预算收入2 783万元，农村人均纯收入1 600元。建区后区政府带领全区人民艰苦创业，至2002年首届政府任期届满，国内生产总值19.15亿元，人均GDP由3 714元增加到6 444元。工业经济快速发展，区属1 394个工业企业，完成产值20.13亿元，年均增长15.9%，工业在GDP中比重由30.7%上升到34%。其中31个规模以上工业企业实现产值11.51亿元，1023个工业企业实现产值8.71亿元。农村经济稳步发展，是年产粮11.16万吨，实现总产值4.55亿元。农民人均纯收入2 872元。第二届政府把工业强区放在经济发展首位，以招商引资为突破口，保持工业经济快速增长。2006年届满，属地工业总值58亿元，比 2002 年增长 188.1%，年均增长 30.3%。全区实现国内生产总值 37.2 亿元，比 2002 年增长 67.9%，年均增长 13.8%。其中第一产业增加值 4.6 亿元，年均增长 5.5%；第二产业增加值 20.8 亿元，年均增长 18%；第三产业增加值 11.8 亿元，年均增长 11.4%。实现地方财政收入 8 600 万元，同口径增长 102.5%，年均增长 19.3%。农民人均纯收入 4 299 元，年均增长 10.7%。一、二、三产业结构比例由 2002 年 15.7∶47.6∶36.7 变化为 12.5∶55.8∶31.7。

企业体制改革　首届政府任期正值深化改革时期。在市场经济冲击下，计划经济时代建立的国营工商企业，城镇集体企业，乡镇企业弊端凸现，亏损严重。区委、区政府把企业改革作为头等大事来抓，实行"一把手"工程。每年年初下任务，层层签订责任书，实行目标管理责任制，年终考核兑现奖惩。至 2001 年，全区国营工商企业、城镇集体企业、主要乡镇企业均如期完成体制改革任务，全区普遍建立现代企业管理制度，区体改委连续 3 年被市评为先进。完成"国退民进"战略、企业迎来一个新的发展时期。二届政府坚持以改革为动力，把改革引向深入，出台了进一步深化中小企业改革意见，完成了区石油公司、特兴经营站等 12 户企业的改制工作。配套改革全面推进，农村税费改革、教育人事制度改革、教育投入保障机制改革、农村卫生体制改革、乡镇机关事业单位改革、社会保障体制改革、区级财政体制改革等逐步深化。粮食流通体制改革、供销体制改革、财政、金融、住房、医疗等各项改革稳步推进。顺利完成区级社会保险机构合并、村级建制调整和泸化医院、泸化中小学接收工作等。开放水平进一步提高，努力打造招商引资软环境，创新招商策略，积极培育外向型经济。

商业贸易　龙马潭正值长沱二江交汇口北岸，属泸州核心城区部分，水、陆、空交通方便，系川、滇、黔、渝商贸物资集散中心，1992 年被省政府批准为"泸州沱江商业城"。1996 年区辖小市商贸业十分繁荣，号称"川南荷花池"，有各类批发市场面积 14.3 万平方米，商业用房 2.81 万平方米，每日进出客商上万人次。首届政府指导思想明确，制定优惠政策，大力发展专业市场，鼓励个体工商业、私营企业经营活动；届时共有市场 43 个，营业面积 43.8 万平方米，分别比建区时增长 38% 和 173%。王氏商城、蓝天商城、鹏达建材市场、沱江鞋城、公交商城相继交付使用。第二届政府常抓不懈，围绕大市场、大商贸、大流通发展思路，全力打造川南商贸物流中心，以"诚信龙马"塑造市场形象。至 2007 年，各类专业市场发展到 46 个，市场面积 54 万平方米。社会消费品零售总额由 1996 年的 3.87 亿元增加到 14.24 亿元，年均增长 12.6%。至此，回龙湾、沱二桥北、王氏商城"三大商圈"逐步形成，民营经济快速发展，全区民营经济增加值由 3.19 亿元增至 25.89 亿元，年均增长 19.2%。对外出口实现突破，2007 年出口创汇 4 217 万美元。

工业强区战略　1996 年区委明确提出走"贸、工、农"发展路子，2001 年后先后提出重点发展工业、实施工业强区战略，而且把招商引资作为发展工业的突破口，引进项目、引进资金、引进人才发展自己。2001 年，区成立招商局，作为区政府对外开放、招商引资的工作部门。区政府把招商引资作为发展经济的重要手段，列入政府工作重要日程，出台了《关于招商引资若干政策规定》《关于鼓励发展加工业的意见》等优惠政策，后经多次修改、逐步完善，具有针对性、可操作性，辅以周到热情服务，为外来投资者创造了良好宽松环境。当年全区招商引资取得突破，签订项目 89 个，协议引资 6.02 亿元，到位资金 1.89 亿元。时任区长谢明 6 月 17 日赶赴徐州与中国 500 强企业维维集团签订投资协议，首期工程投资 3 000 万元兴建维维集团泸州豆奶粉厂，9 月在鱼塘镇破土动工，次年投产，年产优质奶粉上万吨，产品销往云、贵、川、黔，成为全区食品龙头企业。2002 年，区政府提出"以招商引资统揽经济工作全局"，广泛深入开展工作，投资上亿元的科维商城、巨龙房地产开发公司，美国科氏沥青、中海沥青、天津大通集团、美国伊顿集团、四川大东电力公司、以及浙江、福建、山东、重庆、香港等地知名工商企业先后来区落户。至2007年，招商引资共引进项目960多个，总投资127.88亿元，到位资金76.53亿元，改变了全区工业落后局面。全区工业形成食品、化工、机械三大支柱产业，工业在国民经济中地位日益凸显，一、二、三产业结构1996年为23.1∶48.3∶28.6，2007年调整为11.4∶60.5∶28.1。工业增加值由3.15亿元增加到25.55亿元，年均增长18%。工业增加值占GDP比重由30.7%提高到54.2%，年均提高1.11个百分点。工业对GDP增长的贡献率由44.1%增加到77.7%。各类工业企业发展到1 355家，增长47.3%，规模以上工业64家，完成工业总值69.6亿元，占工业总值88%。白酒产业强势推进，2007年，产酒13.6万吨，销售收入23.16亿元，纳税1.32亿元，分别比上年增长44.6%、101%和41%。

新村富民　区政府引导农民以市场为导向，效益为中心，调整农业产业结构，指导农民增产增收，巩固农业基础地位。首届政府提出建立优质米、名优水果、小家禽、传统名菜、水禽水产、商品蔺草六大基地已见成效，产量、产值成倍增长。龙马乌鸡、罗汉蛋、河春牌蜂蜜、云台生姜已创立品牌，形成规模生产。投资6 560万元进行农村交通建设，建成三级路网61公里。农村山、水、田、林、路、气、机综合治理，顺利完成节水浇灌、人畜饮水、农业综合开发、水利工程整治等任务。二、三届政府继续以农民增收为核心，着力推进传统农业向现代农业跨越。积极扶持农业龙头企业和农村专业技术协会、专业合作经济组织，一乡一品、一村一业格局基本形成。全区有农业龙头企业11个，专业经济组织89个，甜橙、生姜、马铃薯、花卉、生猪、无公害水产品基地不断扩大，2007年畜牧业占农业总产值56%。新村建设启动7个村庄，新农村建设4个村试点，实施"一建五改"（建房改厨、厕、圈、路、灶）户办工程380多户，新建沼气池4 840多口，完成120多项集镇基础设施建设，建设机耕道270多公里。农业基础地位进一步夯实，全区投入水利建设资金1.3亿元，完成19座病险水库整治工作，新增和改善灌面640公顷，建成农村供水站4个，解决万余人饮水困难。据统计，2007年，全区农业总值由1996年3.74亿元增至8.82亿元，年均增长5.6%。有市级以上农业产业化龙头企业13个，专合组织97个，形成生姜、龙马乌鸡、红粮、生猪4大优势主导产业。特兴镇桐兴村、石洞镇花博园村、安宁镇阳高村3个市级新农村试点建设顺利推进，石洞花博园村成功建成国家级农业旅游示范点，全区有国家级无公害农产品4个（天绿牌香米、天牙石米、罗沙贡米、生姜），无公害禽畜产品4个（生猪、罗汉蛋、龙马乌鸡、河春牌蜂蜜）。人民生活质量不断提高，至2007年，农民人均纯收入由1 600元增至4 865元，比全国平均水平高725元，年均增长10.6%；城乡居民人均储蓄余额由2 394元增至8 943元，年均增长12.7%；农村人均居住面积44.8平方米，完成草房变瓦房、瓦房变楼房的转变。全区公路通车里程由187公里增至567公里，村通率100%，硬化率80%；全区9个乡镇中有7个开通公交车，半小时经济圈基本形成。

第五节　社会事业

区政府实施科教兴区战略，教育投入由1996年的1 218万元，增至2007年的7 536万元；义务教育先后实现"两基"（基本普及九年义务教育、基本消除青壮年文盲）、"两全"（全面完成普九任务，全面提高教育质量）；教育事业长足进步，基础教育得到加强，素质教育不断深化。探索多元化办学新体制，先后建成江北小学、英才外国语学校、天立国际学校等民办或民办公助学校，形成多元化办学体制。1996—2007年完成市政府重点科技计划18项；城乡卫生体制改革进展快，效果好，卫生体系逐步完善，突发公共卫生事件应急能力明显提高。"非典""高致病性禽流感""人—猪链球菌""乙型脑炎""二号病"等危害大的传染病得以成功防治，有效保护了人民群众身体健康。计划生育保持低生育水平，妇幼保健功能进一步增强，医疗机构由25个发展到167个，病床由145张发展到655张。实施积极的就业政策，多渠道、多形式安置下岗失业人员，建区以后，实现再就业2.08万多人，城镇人口登记失业率控制在4.7%以内。社会保险参保人数扩大到3.9万人，增长32%。有线电视入户率由23%提高到54.5%，实现100%行政村通有线电视、广播工程。城乡救助体系日益健全，加大对社会弱势群体救助力度，关注失地农民，启动农村低保，提高城乡低保和农村五保发放标准，做到应保尽保。2006年发放低保金2404万元，新建和改建敬老院5个，社会事业全面进步。先后荣获全国村（居）民自治示范区、全国普法先进集体、省社区建设示范区、省双拥模范区、省级平安区、省文化先进区、省教育先进区、全面绿化达标先进区等多项殊荣。

第六节　外事侨台工作

1996年7月，区委统战部、台办、侨联合署办公。1999年5月，台办与区政府办合署办公，对外挂区委台湾工作办公室和政府台湾事务办公室牌子。继后，几经撤并调整，至2006年9月，区外事侨台办、侨联机构和人员并入政府办公室。

全区有归侨1名，侨眷385户2673人，在区定居经商台胞11人，台属162户344人。旅居海外侨胞、澳港同胞185户500余人（其中华侨代表人士50余人）。通过工作，引进"侨心工程"教育捐赠项目8个，金额230多万元，招商项目6个，引资3000多万元。至2005年，帮助"三胞三属"（海外侨胞，港、澳同胞，台湾同胞及其在国内眷属）解决升学、就业、参军、招干、工作调动30余人次，处理生老病死、产权纠纷、生活待遇等问题40余个；两年被市评为先进；2005年，红星街道龙桥子社区被评为"全省十佳社区侨务工作先进"。

第四章　龙马潭区政协

第一节　机　构

1996年6月，建区时成立区政协筹备组，由甘正福、陈登高、傅以谦、熊文林组成，甘正福任组长。是年9月25—29日，首届区政协一次全委会在三江宾馆召开，甘正福当选政协主席，陈登高、傅以谦、熊文林当选副主席，郭文质当选秘书长。2003 年 1 月 4—8 日，政协二届一次全委会在小市电影院召开，赖朝祥当选政协主席，骆仁初、张定友、杨中荣、翟忠会、甘立祥当选副主席，李应华当选秘书长。2006 年 12 月 25—28 日，政协三届一次全委会在区会议中心召开，赖朝祥当选政协主席，骆仁初、甘立祥、易先炳、王应淮当选副主席，傅蜀麟当选秘书长。

区政协第一届委员会设政协办公室和提案、经济工作、文史资料工作、学习、群众工作委员会。2001 年组建诗书画院。政协第二届委员会设办公室、提案、法制、经济工作和教科文卫工作委员会，保留诗书画院。

历任办公室主任：郭文质、傅蜀麟、李应华、傅蜀麟、赵胜清。历任提案工作委员会（提案法制委员会）主任：刘昭文、王永华、车惠玲。历任经济工作委员会主任：刘忠孝、皮持国、郑友生、殷忠祥、赵胜清、张征宇。教科文卫工作委员会主任：关键。学习委员会主任：陈登高（兼），周惠英。历任群众工作委员会主任：熊文林（兼）、张运禄。

第二节　政协全委会

第一届全委会　1996 年 9 月 25—29 日，在三江宾馆召开。会议议程：一、听取政协筹备组工作报告；二、听取区委书记韩永彬讲话；三、列席区首届人代会一次会议；四，选举区政协主席、副主席、秘书长、常委。第一届委员会设委员 150 名，实际安排 130 名，实到 130 名，选举产生常委 21 名。首届委员会由 24 个界别组成。其中中共党员 64 名，占 40%。

第二届全委会　2003 年 1 月 4—8 日，在小市电影院召开。会议议程：一、听取和审议政协首届委员会常务委员会工作报告。二、听取和审议提案工作报告。三、听取区委书记谢明讲话。四、列席区人大二届一次代表大会。五、选举区政协二届委员会主席、副主席、秘书长、常委。第二届委员会设委员 170 名，实际安排 160 名，实到 153 名，选举产生常委 18 名。二届委员会仍由 24 个界别组成，其中中共党员 64 名，占 40%。

第三届全委会　2006 年 12 月 25—29 日，在区会议中心召开。会议议程：一、听取和审议第二届委员会常务委员会工作报告。二、听取和审议提案工作报告。三、听取区委书记刘云讲话。四、列席区人大三届一次代表大会。五、选举政协第三届委员会主席、副主席、秘书长、常委。第三届设委员 170 名，实际安排 169 名，实到 156 人；当选常委 25 名。三届委员会有中共党员 68 名，占 40.5%。

第三节　主要工作与活动

政治协商　建区后区政协主席、副主席分别应邀列席区委、人大常委会议，区政府常务会议；各专委负责人参加区属各部门重要会议，就制订政策、工作报告、发展规划、年度计划、预算决算、体制改革、对外开放、人事安排等重大事项进行协商。同时定期不定期向政协委员、民主党派、各界人士通报情况，征求意见。至 2006 年先后有 34 个单位主动到政协协商工作。首届区政协围绕全区"九五"计划及 2010 年远景目标制定，召开民主党派、社会团体、各界人士代表参加的协商会，多次组织讨论区委、区政府《关于大力发展个体、私营经济的意见》。1997 年，政协一届四次常委会专题讨论全区农业发展问题，向区委、区政府送交《关于调整农业结构，促进农村经济快速发展的意见和建议》，在区委、区政府《关于加快农业产业化发展的实施意见》中得到体现。继后区政协紧紧围绕全区企业改制、生态环境、三级路网建设、发展工业等进行调研和协商，提出建设性意见。区二届政协以后，精心选择全区改革、发展、稳定的热点、难点问题进行视察、协商，形成《面对泸州市酒类企业税收政策的调整，采取积极对策》《进一步改善投资环境》《尽快建立中小企业贷款担保基金和企业技术改造基金》《关于加强人口与计划生育工作的建议》《关于调整经济发展思路》《在社会主义新农村建设中应注意的几个问题》等 10 多项调研报告，报送区委、区政府决策参考。

民主监督 区政协参加区委、区人大、区政府组织的对国家法律法规的讨论、工作汇报、执法检查和检查督导；参加经济社会发展规划和重点项目审议；参与领导干部党风廉政建设、行风评议、机构改革、换届选举等活动。通过上报提案、批评建议、视察调研，充分反映社情民意，加强民主监督。政协一届委员会开展视察调研活动 158 次，对劳动、物价、民政、财政等 22 个部门的工作出工作简报 112 期，《视察与建议》26 期，撰写调查报告和调研文章 27 篇，反映《社情民意》15 期，其中 9 条意见被市、省和全国政协采用。会同工商、税务等部门调查小市专业批发市场多头管理问题，通过召开座谈会，写出《龙马潭区个体私营经济发展状况调查报告》报市政府，存在问题得到及时解决。首届区政协共收提案 478 件，立案 455 件，办复率 100%。二届区政协开展视察调研活动 154 次，撰写议案和调研文章 32 篇，收集社情民意 458 条，报送区委、区政府 162 条，报市政协 97 条，印发《社情民意》16 期。《关于尽快将小市王爷庙、半边街至洞宾亭片区列入市政规划的建议》《把化解乡镇债务作为考察领导干部政绩的建议》《失地农民的安置和出路问题》，受到上级重视，其中最后一件，国务院总理温家宝和两位副总理均作了批示。2005 年整理社情民意 17 条报市政协，其中有 11 条，经市委、市政府领导批示责成相关部门督查督办予以回复。2006 年，区二届政协共收提案 764 件，立案 612 件，办结率 100%。

参政议政 区政协围绕中心，服务大局，及时对区委、区政府重大决策、人事任免提出意见、建议，积极建言献策。且身体力行，真抓实干，直接参与建设。首任政协主席甘正福，区划后继任泸永公路工程建设指挥部常务副指挥长；副主席陈登高、张定友，曾分别任龙马大道工程建设指挥部常务副指挥长、小市沱江路工程建设副指挥长。继任主席赖朝祥，副主席熊文林、杨忠荣亦先后领导枣林园社区和中海油征地拆迁，橡塑厂企业改制及清理整顿农村合作基金会工作，政绩突出，受到各级好评。首届政协围绕企业扭亏增盈和产权改制，写出《解放思想、深化改革、抓好企业扭亏工作》报告和关于实施农业结构大调整、加快小康工程建设；关于医疗卫生、农村经济工作有关问题；关于发展旅游、奶牛，小城镇建设的建议等 10 多篇调研报告，供区委、区政府决策参考。二届政协，又写出拟建城北学校，村级建制调整，企业改制后运行情况，畜禽防病情况调查，完善农业服务体系，优化配置教育资源，加强村级小学教育等文章 20 余篇。至 2006 年共有 60 多位委员在政协全委会上作参政议政发言。区政协党组成员分别联系民主党派，坚持半年一次座谈会，征求意见和建议，邀请相关人士参加政协会议、视察调研等。帮助他们制定工作计划，为民主党派学习活动提供资料、场地和服务。邀请其中代表参加政协重要会议、视察调研及座谈会等。2004 年，区民革支部撰写的《行政机关发生行政诉讼法定代表人应到庭应诉》提案，2005 年 1 月致公党等 5 个民主党派《关于加大对党外干部培养教育力度》联合提案，受到区委、区政府的肯定。2002 年末，二届政协全委会民主党派共书写提案 101 件，有 7 件被评为优秀提案。九三学社支社、致公党支部、民建总支、民革支部、民盟支部均被评为参政议政先进单位。至 2007 年，区政协先后参与全区各类重大议题协商 15 次，开展视察 346 次，收到委员提案 1 765 件。爱国统一战线发展壮大，积极培养选拔党外干部，已建立 2 140 余名党外人士人才数据库。

小组活动 区政协建立主席、副主席和专委联系委员小组制度，小组长列席政协常委会。1998 年 4 月，倡导开展每位政协委员每年至少"搞一次调查、提一条信息、写一份提案、办一件实事、交一个朋友"活动，为小组活动赋予新内容。罗汉镇小组多次组织视察企业，参观地膜蔬菜种植，论证旅游项目建设，评议法庭等；金龙乡小组积极为修建官渡大桥、整治擦耳岩水库、场镇建设、殡葬管理等开展调研；胡市镇小组对新区建设积极建言，视察村级公路、计划生育工作等；特兴镇小组围绕市场管理，视察村民委员会，为建设旅游项目献策。石洞、安宁、鱼塘镇小组视察小康村公路建设、镇办企业等，所提提案受到党政领导重视。至 2006 年，区政协共表彰优秀政协委员 94 人次，优秀提案 32 件，先进委员活动小组 10 个。

文史与诗书画工作 建区来，出版《龙马潭文史》3 期，共印制 3 000 册，收集作品 87 篇，计 30 多万字。把全区往事、奇事，抗日烽火、传统文化、旧址寻踪、建设光辉、"三农"亮点、新区新貌记录下来，传承后世。

2001 年 6 月成立诗书画院，先后举办"庆祝中国共产党建党 80 周年""纪念邓小平诞辰 100 周年""纪念抗日战争和世界反法西斯战争胜利 60 周年""庆祝龙马潭区建区 10 周年"书法美术展，展出作品 440 多件，编印《龙马朝阳》诗书画册等。

第六篇　民主党派　人民团体

　　建区来，全区各民主党派迅速建立健全组织，本着"长期共存、互相监督、肝胆相照、荣辱与共"的方针，积极参政议政，建言献策，围绕中心，服务大局，作了许多卓有成效的工作。人民团体各部门爱岗敬业，忠于职守，围绕区委中心任务，创造性地开展工作，成为区委联系人民群众的桥梁和纽带。

第一章　民主党派

第一节　民革龙马潭区支部

　　民革机构　1996年6月建区时，中国国民党革命委员会泸州市龙马潭区支部，由国民党革命委员会泸县支部分流成立，后经三次换届选举，刘旭晴、董良华先后任主任委员，游健代主任委员，李乾南、杨德智、游健、林志荣任副主任委员。

　　民革宗旨　民革支部充分发挥党员文化水平高、联系群众多的优势，"以围绕中心、服务大局、多作贡献"为宗旨，注重队伍建设，认真组织社会服务；深入开展调查研究，积极为经济建设和社会进步建言献策。开展送教育、送科技、送文化下乡活动多次，帮助两名贫困学生完成学业，指导贫困户发展生产，到联系村赠送图书价值1 400多元。

　　民革参政　建区来，民革党员中被选为省、市、区人大代表4人次；市、区政协委员8人次；被推荐为行风监督员、教育特约监督员3人次。提交议案、提案和调研报告58篇（件），受到区委、区政府充分肯定。

第二节　民盟龙马潭区支部

　　民盟机构　1996年6月建区时，中国民主同盟泸州市龙马潭区支部，从民主同盟泸县支部分流26名盟员成立，后经两次换届，付以谦、周亚琼、王悦利、彭华权先后任主任委员，周亚琼、徐远志、黄修华、彭华权任副主任委员。民盟成员主要分布在教育、科技、农业等战线，其中有高级职称 13 人。

民盟活动　支部负责人坚持参加区四大家召开的通报会、协商会、座谈会和调查、视察活动；认真履行政治协商、民主监督、参政议政职能；积极撰写提案、议案。建区来共交提案、议案 50 余件，社情民意 20 多条。其中《农村剩余劳动力转移现状及对策》《农村专业合作经济组织发展情况调查》等，受到区委、区政府肯定。充分发挥农业科技人才优势，在鱼塘开展科技支农活动，引进新品种、新技术，开展科技讲座，在推广优质稻、优质水果、日本紫色苕等项目见成效。2006 年与王庄村开展新农村共建活动，次年与区供销社机关党支部结成互助共建对子，互相促进。资助一名贫困学生，向王庄小学捐书 160 册。

民盟泸州市十二中支部于 1984 年成立，先后发展盟员 18 名，其中大专学历 15 名，大部为省市学科带头人。有 3 名盟员在市区音乐界、美术界享有盛誉。历任主任委员张昌琪、李智能、李宗贵、余占琴。

第三节　民建龙马潭区总支部

民建机构　1996 年 6 月建区时，中国民主建国会泸州市龙马潭区支部，从民主建国会泸县支部分流人员建立。几经换届，卢光友、高建国先后任主任委员，傅邦明、杨昌明、卢光友、诸朝兵、汪永久、杨仕清任副主任委员。2005 年成立总支，高建国任主任委员，左建平、周玉黎任副主任委员。2008 年 7 月民建龙马潭区基层委员会，主任杜朝林，副主任潘勤、李中年。至 2007 年有会员 45 名，其中大专以上文化 26 名。会员中有市人大代表、政协委员各 1 名，有区政协委员 5 名。

民建活动　总支负责人坚持参加区四大家召开的会议、调查和视察活动。全体会员积极参政议政，撰写议案、提案、调研报告。至 2007 年共交 243 件，其中《大力发展物流企业》获区政协优秀提案奖；《临港工业园区建设初步思考》获市政协三等奖；《酒业发展调查与思考》获市委政务调研二等奖。

民建与区九三学社支社携手帮助安宁镇云台村发展生姜，指导良丰村栽种柚子，与金龙乡西坛村签订为期 3 年的《富民兴村科技合作协议书》，争取到沼气池建设国债资金 30 万元。筹集救灾资金 1.1 万多元。会员积极开展招商引资工作，引进企业 33 户，引资 2.65 亿元，向上级争取无偿资金 2058 万元，先后被民建市委、省委及民建中央评为先进。

第四节　农工民主党龙马潭区小组

农工民主党泸州市直属支部龙马潭区小组于 2005 年 12 月建立，有党员 5 名，其中区政协委员 3 名，市政协委员 1 名，关键任小组长，每年开展活动 1~2 次。为市、区政协建言献策，写提案 10 余件；反映社情民意 7 条。党员热心公益事业，"非典"期间个人捐款 1 万余元，先后捐资助学 5 000 余元，党员左建平每年为贫困病员减免医疗费 2 万多元。

第五节　致公党龙马潭区支部

致公党机构　建区时成立中国政公党泸州市工作委员会龙马潭区支部，有党员 13 名，2007 年发展到 27 名，其中大专以上文化占 74%，17 名有海外关系。历任主任委员周祖明、邱宗惠、卢艳；副主任委员刘诗琴。

致公党活动　2007年，区政府把实施10个以上行政村广播电视共缆传输列入"为民办十件实事"之一。支部发动党员积极参与，扎实工作，至年底已建成镇广播室1个、村广播室10个，安装广播喇叭100余只，超额完成任务，受到区政府表扬。支部先后被泸州市致公党委员会和区政协评为先进。

致公党参政　党员中被选为市、区人大代表2人，其中区人大副主任1人；市、区政协委员4人，其中区政协常委1人；被推荐为特约监察员、检察员、教育督导员、审计员2人。党员积极提交提案、议案和调研报告，累计20余件，其中卢艳撰写的《改造小市旧城区》《沱江筑堤美化泸州市》，很有针对性，曾在《泸州晚报》发表，引起各级重视。

第六节　九三学社龙马潭区支社

九三学社机构　1997年9月，成立九三学社泸州市龙马潭区支社，共有社员18名，其中高级职称10名，占55.6%，历任主任委员甘立祥，代理主任罗江荣；副主任罗江荣、陈跃明、唐才禄。

九三学社活动　社员主要由科技、卫生、经济界人士组成，个个学有专长，积极为经济发展、社会进步出谋划策。科技界在优质水稻、经济作物丰产技术、农村能源、水利建设方面发挥所长；医药界在中医内科、骨科方面积累了经验；经济界在审计、评估、物价及农村经济管理方面发挥作用。社员们积极开展"撰写一件提案，提供一条信息，收集一条社情民意"和支社撰写三件集体提案，以及开展三项科技服务活动。5年来支社上交集体提案21件；政协委员个人写提案44件；人大代表个人写建议案18件，提供信息15条。同时支社还联系50个科技示范户，开展15次科技下乡，实施10个帮扶项目。2002年同安宁镇签订富民科技合作协议，帮助良丰村新建无公害九狮柚基地500亩；指导云台村发展生姜300亩；帮助云台、良丰和石包丘村开展沼气"一建五改"示范工程50户，均已见效。2005年又与金龙乡西坛村签订富民兴村科技合作协议，帮助争取资金，实施农村沼气国债项目和庭院绿化项目。2003—2007年，支社4次被区政协评为先进；被九三学社市委、省委评为先进各一次；甘立祥被九三学社中央评为优秀社员。社员中有市人大代表1名，区政协委员3名。

第二章　人民团体

第一节　区总工会

组织机构　1996年6月建区时组建区总工会，设办公室、维权部，工作人员3名。2002年，设综合职能办公室，历任总工会主席刘朝秀（女）、淳义成（区委常委）、牟红（区委常委）、吴伟（区委常委）。

1996 年 6 月，全区基层工会 120 个，职工 6 892 名。至年底建机关工会 31 个，占应建会 91%。2000 年 5 月后，6 个工商所、个协、私协成立联合工会工作委员会，统一管理个体私营企业工会；全区 12 个乡镇街工会（工委）相继成立。2001 年 9 月后，建社区工会 26 个。2004 年 11 月后，石洞镇、长安乡总工会成立。2005 年底全区基层工会 451 个，其中机关 35 个，区直属企事业单位 30 个，教育系统 23 个，卫生系统 10 个，粮食、供销系统各 2 个，国有（控股）企业工会 1 个，非公有制企业工会 348 个，共有会员 16 067 名。分系统建立工会工委 9 个。

民主参与 10 年间各级工会不断完善职代会制度建设，至 2005 年底，建立职代会制度的企事业 80 多家，加上区域性、行业性职代会制度，覆盖企业 385 家，近 7 000 人。各学校参照职代会条例，建立健全教师代表大会制度，职（教）代会参与审议单位行政工作报告、改革方案、生产经营等，上万名职工提合理化建议 5 000 多条，被采纳 2 000 多条，产生经济效益 12 万多元。1997 年开展每年一次民主评议企业领导干部活动，全区 80 多家企业 200 多名领导经民主测评，规范干部行为。1999 年全区企事业单位推行厂务公开制度，2001 年区总工会、安宁小学获四川省厂（校）务公开先进集体称号，区中医院、华美彩印有限公司受市厂务公开领导组表彰。

职工权益 1996 年起，区总工会同劳动部门在企业中建立平等协商制度和签订综合性集体合同的企业 328 家 1.57 万名，其中股份制企业 16 家 820 名，非公有制企业 312 家 1.5 万名。区总工会与区劳动和社会保障局、区经贸局建立劳动关系三方协调机制，解决全区劳动纠纷。2004 年参加协商处理劳资纠纷 10 件，为职工提供法律依据，争得经济补偿。

职工之家 根据不同行业、类型的"建家"考核细则，开展"职工之家"创建和上等升级活动，至 2005 年底建成先模"职工之家"区级 121 家，市级 38 家，省级 3 家。

开展各具特色的劳动竞赛活动。10 年间 1 万余人次参加"岗位练兵"，6 000 余人次参加 20 个项目的技术比武活动，提合理化建议 1 万余条，采纳 460 条。涌现先进集体 10 个，先进个人 30 名，评选劳模 38 名（区 24，市 12，省 2）；教育工会评出拔尖人才 61 名（区 50，市 9，省 2）。区两次召开劳模表彰大会。

送温暖工程 至 2005 年底全区有困难职工 1 946 名。1997 年元旦、春节期间，区内 75 个单位干部职工捐款 10 多万元，筹资 15 万元，慰问 450 户；筹集"两保"（社会保险、基本生活保障）资金 10 万元，解决橡塑厂、川江厂几百名职工最低工资。各基层工会开展"进万家门，解万家难，暖万家心"送温暖行动。至 2005 年，计筹资 150 余万元，送慰问金 130 万元，帮助 6 180 户次职工解困，为 1 262 名职工减免再就业培训费，740 多名下岗和失业人员实现再就业，430 人自谋职业。为困难职工子女升大学开展捐资助学活动，共筹资 30 多万元，为 200 多名特困职工子女提供助学金；为 30 多名劳模免费体检，帮助 4 名全国及省劳模解决住房及生活津贴。

工会干部和职工的教育培训 区总工会组织工会干部和职工学习《工会法》《劳动法》《安全生产法》《婚姻法》《集体合同条例》等法律法规，参加"三月法制宣传月"系列活动。10 年中举办工会干部培训 14 期，2 000 余人次参加学习，各基层工会组织 1.32 万名职工学政治、文化、科学、业务，运用宣讲会、演讲赛、知识竞赛等，进行普法教育和爱党、爱国、爱岗敬业、社会公德、传统美德教育。

女职工工作 1998 年 3 月成立区总工会女职工委员会，各基层工会建立女职工委员会或小组，2005 年有女职工会员 5 000 多名。区总工会举办女工干部培训 20 多期，800 多人参加学习《劳动法》《工会法》《妇女权益保护法》、新《婚姻法》等。组织全区女职工开展"双文明竞赛"等建功立业活动，参赛者占女职工数 85%。涌现一批先进女职工集体和先进工作者，开展"文明家庭、好妻子、好媳妇、好婆婆"评选活动，先后表彰"文明家庭" 35 户，好媳妇、好婆婆、好女婿共 42 名。举办"心理健康知识"讲座 5 场，组织 620 名女职工妇科检查，使 35 名病人及时治疗。帮助 605 人参加大病互助保险，有 3 人获赔。

第二节　团区委

组织机构　建区时，建立共青团区委，工作人员 3 名。历任团区委书记任中榕（女）、邹学明、徐香兰（女）、刘斌（女）。1996 年全区共青团员 5062 名，2005 年 2.73 万名，团（工）委 16 个，团总支部 12 个，团支部 78 个（其中非公企业团组织 10 个）。2002 年宏达社区团支部被团中央命名为全国五四红旗团支部。2004 年区获省团建先进称号。

少先队工作　建区后团委代行少先队工作。2004 年，少先队区一代会选举徐香兰任委员会主任。

1999 年，全区 16 个方队，1 000 余名少先队员和辅导员参加庆祝建国 50 周年、建队 50 年暨少先队鼓号队检阅式活动。2000 年，小街子小学、安宁镇齐家中心校建成区级少先队基础建设示范学校。2001 年，小市、红星、莲花池街道少工委成立。全市少先队理论研讨会暨"新世纪我能行"体验教育活动现场推进会在劳动街小学举行。2002 年全区组织寒假"红领巾颂道德"社区少先队活动。同年举行长安九年制学校少先队理论研讨会，全区少先队开展"养成道德好习惯"活动。2003 年，小街子小学被省命名为少先队理论研讨基地，江北小学和杜家街社区为省社区少先队示范学校（社区），石洞小学为市红旗大队。区内 2 名教师为省优秀辅导员，1 名优秀少先队员。2004 年评选表彰第二届十佳少先队辅导员和十佳少先队员。

双争双创活动　1997 年罗汉机械厂铸造二班评为省级青年文明号，2001 年王氏集团成为全区首家获"全国青年文明号"单位。10 年间评选十佳青年文明号、青年文明号创建集体 50 个，十佳杰出青年、青年星火带头人、青年创新带头人、杰出青年岗位能手、自学成才先进个人 105 名。

1996 年 11 月，全区团员青年开展"共青团服务百村致富奔小康活动"，联系 40 个村，培训农村养蚕、稻田养鱼、大棚蔬菜、养鸡、养猪等 20 余项 6 500 人次。2004 年，石洞镇肖湾村团支部书记潘立军被评为全省十大杰出青年农民，覃朗、谭显华被团省委分别表彰为优秀乡镇团委书记、优秀团干部。2005 年，卫正霞被评为全国青年中心建设点工作先进个人。

青年志愿者活动　10 年内开展希望工程爱心储蓄、我身边的希望工程、讲文明树新风、慰问敬老院、抗洪抢险、迎国检保金牌等活动 40 余项，募集 57 万余元，资助贫困生 60 多名。1997 年会同区民政局开展"一助一"结对 152 个优抚、救济对象。组织小市 400 余名团员青年宣传志愿者行动和综治创模，开展义诊、法律咨询、农技咨询服务。1998 年，区青年志愿者服务总站成立，开展卫生清扫、维修钟表电器、义务补鞋、医疗咨询等 20 余项特色服务。2004 年，泸州医学院与团区委在 3 个街道建立大学生社会实践基地 5 个。"爱心助学"募集 4.8 万元，资助贫困生上大学。2005 年开展学英模树新风等 11 项活动，上千名团员青年深入社区、农村服务。

青少年教育培养　1997 年开展"迎回归、盼统一，爱祖国、爱家乡"系列活动。2005 年举行第十届"做了不起的新一代龙马潭人"读好书故事演讲比赛。10 年内开展"文化直通车""健康成长在社区""永远跟党走"等活动 30 余项 70 余次，500 余人参加各类培训班 20 余次。全区 20 余名团干部走上党政领导岗位。2001 年，与特兴镇合作在芙蓉岛营建"青少年世纪林"，全区 580 名青少年参与。纪念五四运动 82 周年，组织篝火晚会，"我心中的党员"和"新世纪新青年"演讲比赛，召开"新世纪、新青年、新希望·各界青年学习江总书记七一讲话"座谈会，向全区青年发出"积极投身现代化新区建设，向先进学习"的倡议。联合 3 个街道及区级 5 个部门开展社区青少年文娱演出、知识竞赛等 8 项活动 30 多场次 1.6 万余人次参加。是年寒暑假组织"让红领巾飘起来"社区青少年活动。2003 年，举行第二届青年论坛和"区长与青年面对面"座谈会，开展"做一名让党放心、让青年满意的团干部"演讲比赛。各学校组织开展"向生活陋习宣战，争做健康小卫士"签名活动。组织泸州医学院大学生"三个代表"和"公民道德"实践服务团，深入基层宣传、实践《公民道德实施纲要》。建立青少年法制教育基地，完成"我为小平故里植棵树"募捐活动，上交捐款 1 万多元。2004年，团区委被评为省"保护母亲河行动"先进集体。并获市"读好书"系列活动组织奖。2005 年参加全市未成年人维权宣传月启动仪式，开展禁毒宣教活动，在市劳教所建立禁毒教育基地。

第三节　区妇联

组织机构　建区时，组建区妇女联合会，设办公室，工作人员 3 名。历任主席张运禄（女）、吴箐文（女）、钟雅文（女）。

1996 年 7 月，全区 9 个乡镇街均建立妇女联合会，兼职妇联主席 9 名。2003 年 9 个乡镇、3 个街道、34 个社区妇联全部建立，有专兼职妇女干部 48 名。

区和乡镇机关、教科文卫事业单位建妇女委员会，乡镇街居委会和企业建妇女代表会。2005 年全区有 50 个机关事业单位妇委会，58 个农村妇代会。有专兼职妇女工作者 257 人。

创先争优　开展"巾帼建功""双学双比""巾帼文明岗"创建等系列活动中，区妇联获省"巾帼建功"先进单位、市"双学双比"先进集体等 15 项荣誉。10 年中涌现"巾帼建功"标兵 36 名、"双学双比"女能手 35 名，妇联系统先进集体 26 个（市 2），先进个人 22 名（市 7）；"巾帼建功"先进集体 19 个（市 4），先进个人 40 名（市 5）。命名"巾帼文明岗"25 个（省 1，市 8）；市"三八"红旗集体 4 个，市"三八"红旗手 3 名。市优秀妇联干部 2 名。

1996 年，区妇联广泛开展爱岗敬业、岗位建功，组织各种形式的技术比武、岗位练兵，提高劳动技能，促进下岗女工就业创业。对妇女进行理想道德和人生观、世界观、价值观教育；开展争创"五好"家庭、文明家庭知识竞赛，评选"五好"家庭、和谐家庭、好妻子、好婆婆、好儿媳、好市民等活动。1998 年为下岗、失业女工排忧解难，结对帮扶特困下岗女职工 62 户。每年举办一次"春风送岗位"妇女就业专场招聘会，立足部门职能，为下岗失业妇女、农村进城妇女提供免费培训和职介服务。

巾帼人才工程　区妇联每年召开一次副科级以上女领导干部会议，号召她们在各自岗位建功立业。2005 年，区委、区政府、区人大各有 1 名女领导干部。全区科级以上领导干部中有女性 60 名，占 28%；党委、政府工作部门配女干部 22 名，占 79%。2000 年、2005 年两次获省培养选拔女干部工作"伯乐奖"。1996 年，以扶贫行动作为"双学双比"活动重点，提供科技指导、技术培训、市场和就业信息咨询等服务，帮助脱贫致富。10 年中全区建"双学双比"示范基地 57 个，农村妇女培训学校 11 个，以花木为主的"三八"科技示范基地 16 个，农村妇女指导中心 2 个，免费开展技术咨询。举办实用技术培训 209 期，培训 7 万余人次。组建 7 支 40 人的巾帼志愿者队伍，开展科技帮扶活动20 余次，全区建专业技术协会 86 个。

典型树立　引导妇女发展一村一品一户一色的专业生产。全区培养农村妇女科技致富带头人 540

名，女农技员 158 名，女营销大户 18 户。围绕全省开展"百万妇女创业成才行动"，打造"川妹子"外出务工品牌，2005 年举办家政服务培训 4 期，200 余人参训。与北京、深圳妇联等建立家政服务输出关系，输出家政服务员 45 名。

家庭教育 10 年中，推进未成年人思想道德建设，以"为国教子、以德育人"为主题，以"争做合格家长、培养合格人才"为重点，协调社会各方面力量，开展一系列家庭教育活动。评选出全国五好文明家庭、市十佳文明家庭各 1 个，市家庭教育先进集体 2 个，先进个人 2 名。

1996 年全区开展"做个好母亲、教育好子女"演讲比赛。1997 年各乡镇街开展多种形式家庭教育活动，组织参加全国妇联发起的"年轻妈妈读书评比"活动。建立家教咨询服务站、家长学校等家教阵地，由部分离退休干部组成家教报告团到各中小学开展青少年心理教育、青少年犯罪与家庭教育、革命传统教育等巡回讲课，教育其树立正确的人生观、价值观。2005 年区成立家庭教育研究会，建立示范家长学校 8 所（省 1，市 2，区 5），家长学校 47 所，社区家教指导站 2 个，家教咨询服务站 13 个，聘请专兼职家教辅导员 25 人，建起全区家教网络，规范家教阵地。联合相关部门开展"小公民道德建设"、家庭教育知识巡回讲座，评选"为国教子、以德育人"好家长等活动。

维权工作 10 年间，各级妇联本着"一手抓维权，一手抓发展"工作方针，履行妇联工作职责，加强民主监督，搞好维权服务。每年开展"三八"维权月宣传。2005 年，未成年人受法制教育率 70%，妇女受教育率 80%。接待群众来信来访 101 件，办结率 100%。

2000 年，12 个乡镇街妇女维权服务中心全部开展工作。2004 年，成立区法律援助中心妇联工作站，开通维权热线 13 条。2005 年，建立每月主席接待日和律师接待日制度，区、乡镇、村三级信访网络和妇女法律援助组织网络，成立帮教小组、禁毒队伍 13 支，青少年维权岗 15 个。1 名区级、12 名乡镇妇联干部任区法院特邀陪审员。2003 年，精神病妇女张某被拐卖到山西省灵丘县下关乡，由区妇联牵头，会同公安干警等组成 7 人小组，将她营救回乡治疗；并募爱心捐款 4 千余元供其生活补助。

妇女儿童工作 10 年来，妇女参与权和决策程度提高，范围扩大。2005 年，全区有女人大代表 184 名（省 1，市 9，区 46，乡 128）；女政协委员 67 名（市 6，区 61）。所占比例均高于全市平均水平。全区有女干部 1342 人，占干部总数 50.7%。所有乡镇街党政班子均配有实职女领导干部。

【妇女劳动权益保障】 全区 21.1 万从业人员中，女性 9.9 万人，占 46.7%。城镇就业 3.9 万人，女性占 21.1%。参加基本养老保险、医疗保险、失业保险、工伤保险，女性分别占 42.7%、42.1%、52.7% 和 46.0%。城镇企业职工生育保险覆盖率 65.0%。

【妇女儿童教育普及】 全区 3~6 岁儿童入园率 87.9%，小学学龄儿童净入学率 100%，初中阶段入学率 97.0%，其中女性 97.2%。高中阶段入学率 76.0%，其中女性 75.6%。成人女性识字率 95.1%，青壮年女性识字率 99.8%。

【妇女儿童生存环境改善】 婴儿死亡率降到 8.0‰，5 岁以下儿童死亡率降到 8.01‰。婴儿母乳喂养上升到 91.1%，5 岁以下儿童中重度营养不良患病率降到 3.9%。

【救助活动】 对 40 名品学皆优的贫困学生，121 名孤、残儿童和特困下岗职工子女结对扶助，救助"春蕾女童"132 人，累计捐款 5.1 万元，捐物 2 000 余件。2005 年，开展关爱"留守儿童"工作，结对帮扶 152 名贫困儿童，筹集 20 万元款物慰问残疾、贫困儿童 800 余名。实施"巾帼扶贫"工程，争取扶贫项目 4 个，资金 158 万元。

第四节　区工商联

组织机构　建区时建立区工商业联合会，历任会长熊文林、车惠玲（女）、翟忠会、杜朝林。

2005年底，全区个体工商户8 420家，从业人员8 460名；民营企业787家，从业9 394名。1997年成立商会，与区工商联一套班子，两块牌子。有特兴、莲花池等5个基层商会，会员300余名。罗汉商会为市先进基层商会，区工商联为市组织建设先进单位。

参政议政　10年中，撰写《关于发展种草织席生产的建议》《关于龙马潭区个体私营经济发展情况的调查报告》《加强非公有制企业党组织建设的思考》《关于进一步发挥工商联作用促进个体私营经济加速发展的建议》《巩固繁荣沱江市场的建议》《关于更好地发挥泸州市经济技术开发区作用的建议》《关于停止对流通环节重复交叉执法检查收费处罚的建议》等提案12件。区工商联协助区非公有制经济党工委，对没有成立党组织的非公企业，与企业主沟通，引导企业建立党组织。已建基层党组织20余个，党员520名。区工商联为市参政议政、支持经济建设先进单位。

宣传培训　学习宣传中央关于非公经济各项方针政策，贯彻落实区委、区政府发展个体私营经济优惠措施。经常与个体私营业主交心谈心，帮助解决实际困难。每年春节与区委统战部上门慰问个私业主代表。对部分经济困难会员给予资助。为捐资助学、抗击非典、助残扶贫、春节送温暖、支持新农村建设、公益事业等捐资1 500万元。

会员服务　维护个私业主合法权益，协调解决不公正待遇62件。为个私业主提供发展个私经济优惠政策信息40余条。2005年，区工商联、民经办同经济商务局等协调民营经济融资问题，为华西机械有限公司和5个企业贷款2 100万元，并争取省、市对民营企业无偿贴息贷款105万元。全区民营经济增加值16.47亿元，增速高于GDP4.2个百分点，对GDP增长贡献65.8%。全省民营经济综合评价，在181个县区中，名列57名。

第五节　区科协

组织机构　区划时建区科学技术协会，设办公室、普及部、学会部，工作人员4名。10月成立区科技咨询服务中心。历任科协主席王长海、邹素英（女）、刘树权（女）、舒大烈。12个乡镇街道科协配有专职秘书长。2005年，有区级学会、协会13个会员845名。2001年，石洞镇肖湾村经济技术协会成立，支部+协会工作模式向全市推广。2005年全区农技协会组织81个，会员1.1万人。

科普工作　区科协贯彻实施《科普法》，在科普宣传、科技培训推广与应用及创建科普示范区等方面开展工作。2005年全区科普示范工作全面达标，成为省科普示范区。区科协3次获省先进集体，1次获中科协先进集体称号。

10年中，区科协组织广大科技工作者，每年3月开展"科普之春"宣传月活动，发放科普宣传资料80万件；展示科普挂图3 400幅次，宣传展板300余块，播放科技影像80余部，办科普讲座680余期，受训农户50万人次；义诊6 200人次，发计生药具2 300余盒。

1997—2000年，会同区人事局对45岁以下公务员、事业单位人员1 620余名，开展35期计算机应用、电算化知识培训。青少年计算机培训18期，485人参训，获团中央颁发合格证书。每年各乡镇不少于 8 万人次接受实用技术培训。区党校每年组织区乡干部开展科技理论知识培训。省劳模邹才巨，在担任金龙乡农技校、科协专干期间，指导 3 500 户甜橙种植户，发展 400 公顷甜橙基地，推广甜橙基地间作西瓜、蔬菜等作物 330 多公顷，直接为农民增收 750 余万元。2004 年 9 月到胡市指导栽种甜橙，连续 13 个昼夜奋力抗旱，挽救 20 余万株濒临死亡的果苗，减少经济损失 10 多万元。

各乡镇科协在农村产业结构调整中，建立专业生产科普示范基地 2 个以上，树立"一乡一品"特色；种植规模万亩以上，优良品种率或农产品优质商品率 95% 以上。其中畜禽、蜂蜜产品和水产养殖项目被农业部、农业厅确定为无公害项目生产基地。培养科技示范户 7 619 户。

1998 年，在农业产业化经营中涌现一批农村专业技术协会和"田状元""土专家"，开展种养、加工、营销等业务，会员人均收入高于一般农民 2 000 余元。罗汉欣鑫养殖协会等 7 个协会成为市明星协会，龙马乌鸡协会、罗汉禽蛋开发协会，石洞、特兴养蜂协会，鱼塘乌鸡协会，胡市水禽协会，成为省百强农技协会。区动物科技协会成为省农业产业化经营龙头企业协会、全国百强农技协会。

2002 年，开展农村基层干部、党员科技大比武竞赛活动，省、市领导向获奖乡镇赠送科技图书 5 000余册，向十佳农村党员科技示范明星颁奖授证书。1998 年，区科协组织 400 余名青少年参加全国计算机知识应用竞赛活动。每年举办全国、省、市青少年技术创新大赛，选送参赛作品 800 余件（项），获全国奖 2 项，省奖 15 项，市奖 226 项。

学术交流　科技咨询　区教育学会，每年开展专业学术交流活动 10 次以上，撰写论文 300 多篇，获奖 560 篇，市表彰 12 篇。区农学会、水利农机学会、动物科技协会对实施国家、省、市级科技项目，撰写论文、申报材料 150 余件，参与项目鉴定 120 余次。《美国强德勒柚无公害栽培技术》等 2 篇论文，在全国绿色品果研究会上交流；《四川泸州中华倒刺鲃鱼人工繁殖技术研究》《云芸素在柑桔上的应用》，分获农业部一、二等奖。

实施金桥工程，有 10 万亩罗沙米系列优质稻工程、3 万亩甜橙项目、优质生姜生产基地、万头优质奶牛养殖、无公害蜂产品生产基地、十里稻藕鱼建设、万亩工程化稻田养鱼、胡市水禽养殖基地、农田梯坡改造、龙马乌鸡开发、长安蔺草种殖、罗汉农业科技园区甜橙苗开发等重点项目，申报省、市 26 项。其中万亩工程化稻田养鱼等 4 个和 6 名优秀组织者获省表彰。

第六节　区侨联

建区时，区归国华侨联合会成立，先后与区委统战部、区政府办公室、区招商局、区台湾事务办公室合署办公。1999 年区侨联第一次代表大会选举关键为侨联主席，继任至 2008 年 12 月。2001 年，区侨联机构单设，由专职副主席王悦利主持工作。

1999 年、2003 年，在全区开展两次侨台情普查，有归侨 1 名，侨眷 385 户 2 673 人，在区定居和经商台胞 11 人，台属 162 户 344 人，旅居海外侨胞、港澳同胞 185 户 500 余人。

1996—2005 年，组织侨台干部"三胞三属"学习涉侨、涉台法规座谈会 30 余人次，帮助"三胞三属"解决升学、就业、参军、招干、工作调动 30 余人次，处理生老病死、房产、经济纠纷、生活待遇等 40 余件。2002 年，国务院海外重点联系人士、加拿大福特公司华洪食品有限公司董事长、加拿大上海联谊会会长马开廉一行 5 人到胡市镇来寺村寻根问祖。2003 年，强制拆除殷某违法建设工程，维护台胞合法权益。区侨台部门引进"侨心工程"教育捐赠项目 8 个 230 万元。招商引资项目 6

个 3 000 多万元。

2003 年，红星街道龙桥子社区成立侨台工作领导小组，为市开展侨台试点工作，建立健全学习、联络、资料归档等规章制度。2005 年被省政府侨务办公室授予十佳社区侨务工作先进称号。2004 年、2005 年，区外事、对台、侨务工作获市先进单位称号。

第七节　区残联

组织建设　1996 年 11 月，区残疾人联合会成立，与区民政局合署办公，历任理事长（副）胡怀明、杨奇贵、穆升、冯正江。有工作人员 2 名。乡镇街成立残联组织，有专兼职干部各 1 名，均为区残联理事。成立肢体残疾人、盲人、聋哑人、精神病人、智残人亲友 5 个协会。红星、玉带桥等 13 个社区为区级残疾人工作示范社区。全区 80% 社区和 50% 村建立残协。

10 年来，组织区镇两级残联参加市培训班 2 期 30 人次，区残联培训班 3 期 40 人次，参加市手语培训班 21 人次。2005 年，石洞镇被评为全国残疾人工作先进乡镇，羊大山、红星、关口、上大街 4 个社区为市级残疾人工作示范社区和先进社区。罗汉镇高坝等 5 个村，双加镇中伙铺、特兴镇走马村等为市级残疾人工作示范村。

宣传普查工作　每年 3 月 3 日"爱耳日"，5 月"全国助残日"及其他残疾人节日，均开展宣传活动。2005 年，各乡镇街残联干部和各村、社区残疾人工作者对残疾人进行半年普查，残疾人总数 1.47 万名。其中听残 962 名，视残 1 853 名，智残 601 名，肢残 6 621 名，精神残疾 1 654 名，多重残疾 3 008 名。

扶贫解困　全区约有 7 000 名贫困残疾人，其中特困 3 500 名。按《残疾人扶贫五年计划》，区残联向农业银行贷款 200 万元，帮助残疾人发展生产，拓宽就业门路。为 250 余户解决基本资金。10 年中，为农村特困残疾人减免各种税费 110 余万元。全区有 570 名残疾人享受低保金，每年区财政为残疾人支付低保金近百万元。2005 年起，建立全区特困残疾人长效帮扶制度，120 户每月享受 20 元生活补贴，每年支付 2.88 万元。2002 年后，石洞花博园等 3 个扶贫基地直接安置残疾人 40 余名，省、市补贴 10 多万元。实施贫困残疾人危房改造 40 户，支出专项资金 20 多万元。每年"全国助残日"和春节均对残疾人走访慰问，慰问金近 250 万元。实施"扶残助学春雨行动""中西部地区盲童入学"项目，为 35 名贫困残疾学生补助 4 万元。

就业技能培训　1998 年，区残疾人就业服务社成立，向残疾人开展就业服务工作。实施《按比例安置残疾人就业办法》，对区内安置残疾人不达比例的单位收取残疾人就业保障金。历年间，组织花椒、龙马乌鸡、大白鹅等种养殖技术培训和盲人按摩、家电维修、电脑等生产技术培训 15 期，参训 500 余人次。斥资开创就业岗位，开办红星社区残疾人保洁服务中心、残疾人服务点、打字复印社，全区建福利企业 7 个，共 1 600 余名残疾人实现就业。

残疾人康复工作　1999 年，会同区卫生局组织乡镇街和医疗单位进行眼病普查，低视力患者 1 229 名，盲人 867 名，白内障患者 331 名，实施手术 244 例。2004 年完成白内障"健康快车"术前筛选工作 800 名，手术 145 例。历年来，区残联斥资近 25 万元，为 660 名白内障患者做复明手术，脱盲率 97%，脱残率 90%。为 500 名特需残疾人配用盲杖、盲表、拐杖等。肢残康复 120 例。帮助 10 名脑瘫儿童康复。普及型假肢装配大小腿 38 例，为 120 名肢残人赠送轮椅、近 1 万名特需人群补碘，残疾少儿入学率 80%。

残疾人文化生活　1999 年，17 名队员参加市第三届残运会，获团体第一名和道德风尚奖。2002 年参加市残运会，获团体第四名。参加省第四届残运会，肢残人王强在田径项目中获两金一银，女肢残人彭继红获银牌。2003 年，区代表队参加市残疾人文艺汇演获团体三等奖，男女二重唱《十五的月亮》获三等奖。2005 年 5 月，参加市残疾人文艺汇演获团体第一名；10 月特奥残疾运动员、智残人陈敏代表市参加全国残奥会，获两银一铜。

第八节　区文联

区文学艺术界联合会于 2004 年 12 月成立，无编制人员，牌子挂在区文明办。文联主席由区委常委、宣传部长牟红、吴文涛兼任。下属作家、书法、美术、音乐、舞蹈、摄影、戏剧曲艺家协会。

区文联按"贴近实际、贴近群众、贴近生活"方针，开展文学艺术创作和交流活动。2005 年书法、美术协会参加赤水市纪念长征胜利 70 周年书画展，选送作品 60 余件；参加古蔺县太平镇"红色旅游"宣传作品展，选送作品 40 件。音乐舞蹈家艺术团，每周五定期排练节目，有《希望之光》等歌舞、歌曲、舞蹈节目 20 余个，随时可组队演出。参加全国第十一届推新人大赛，23 名音乐、舞蹈、书法、美术人才中，有 6 名分获一、二、三等奖，3 名进入十佳，占全市获奖率 54%，推荐 2 名参加全国第十三届推新人大赛，均获省、市十佳选手。

2005 年，组队参加市第二届农村文艺调演，《修路情》《美丽的大脚》获一等奖。青年作家兰永生出版散文集《藕塘无藕》。黄一平、商绍敏、兰永生在《四川文学》《泸州文艺》等杂志用稿 20 余篇。书法美术家协会召开笔会 7 次。区文联被市文联评为先进集体。

第十节　区社科联

区社会科学联合会 2005 年 12 月成立，宣传部副部长张燕、马宗祥兼任主席，下属教育、会计、计生、质量管理协会，二野军大校史研究会、医学会等 10 个团体，会员 100 余人。

2006 年与宣传部联合举办"建设社会主义新农村"征文活动。区委书记刘云与区党校副校长刘仲平合写《对当前新农村建设工作存在问题的调查与思考》；与区委宣传部联合开展"落实科学发展观——工业强区发展战略""构建和谐龙马潭"理论研讨活动，收论文 100 余篇。代理区长徐剑南《加快龙马潭区临港工业集中发展区建设的思考》、副区长赵飞《树立科学发展观，推进龙马潭区工业经济又好又快发展》、调研文章《龙马潭区农村基层党风廉政建设情况剖析》《廉政文化'六进'活动》和《龙马潭区关于进一步繁荣发展哲学社会科学的实施意见》报区委、区政府决策参考。

开展"科普之春"活动，组建 10 个服务团服务"三农"（农村、农业、农民）。送科技、文化、卫生下乡，发放《人口与计划生育法》《母婴保健知识》《山羊饲养技术》《新农机具使用维护技术》《黄栀子栽培技术》《无公害蔬菜栽培技术》《白鹅饲养技术》等 67 种 8.02 万多册，发送避孕药具 4 种 1.3 万多盒，现场咨询 7.68 万人次，赠送药品价值 2 万多元，优良品种 400 公斤，饲料 200 公斤，果苗 100 余株。农业学会技术人员深入 9 个乡镇培训无公害蔬菜栽培技术，甜橙、桂圆、生姜、奶牛、大白鹅等技术。水利农机学会、计生协会、卫生协会等，先后开办实用技术培训 36 场，听众 2.8 万多人次；图片展览、挂图宣传、放映坝坝电影，观众 3.7 万多人次。

区社科联到机关、乡镇街、中小学宣讲"八荣八耻"。张国祥以《认真抓好党建工作，正确把握荣辱内涵，努力践行职业道德》为题，先后到泸州十二中、城北学校、泸化小学、社保局等14个单位宣讲，听众2 000多人。刘仲平以《牢固树立社会主义荣辱观，做新时期思想道德的楷模》为题，先后到卫生局、交通局、长安乡、鱼塘镇等单位宣讲，听众200多人。为13个基层党委撰写宣传材料，会同区党校把"八荣八耻"编入党课教材。

第十节　区红十字会

1996年11月，区红十字会成立，选举产生第一届理事会成员24人。由副区长田怀聪任会长，区长楚明任名誉会长。2003年11月，区红十字会第二届理事会调整，由副区长吴伟任会长，区长陈冠松任名誉会长。区红十字会事业编制1名，经费列入财政预算，办公地址在卫生局内。建会时有团体会员5个，会员310人。至2005年底，共有团体会员单位30个，会员773人。

区红十字会接受区人民政府和市红十字会的双重领导，区卫生局历届局长均担任区红十字会常务副会长，负责领导组织区红十字会的日常工作。1997至2005年，区政府将红十字会工作列入卫生局工作，一同安排、检查、考核、奖惩。市红十字会对区红十字会实行目标责任制管理，从1997年起，区红十字会每年都对非红十字会医疗机构、药店、车辆上的红十字标志等进行全面清理整顿，纠正率90%以上。

第七篇　军事　政法

　　军事部分主要是记载泸州市龙马潭区人民武装部，区内驻军和武警部队、民兵等组织的沿革及军事政治建设情况。

　　政法部分主要记载泸州市龙马潭区人民法院、人民检察院、公安分局、司法局的机构建设，领导班子筹备，工作人员调整，地方关系协调，队伍建设等过程。由于深化改革，社会关系变化，利益格局调整，各种矛盾交织，不稳定现象时有发生。新组建的政法队伍既有压力，也是动力。为使工作进入良性轨道，区政法机关不等、不看、不依赖。把依法治区、治院、治局统一到宪法和党的十四、十五大全会精神上来，以各自工作为出发点，分工合作、共克时艰、团结协调。以改革促进步，以创新促发展，围绕经济建设大局稳步快捷地推进政法事业与时俱进。经过10年的实践得出的结论是：只有改革创新，才能进步，才能将党中央的"依法治国、执法为民"方针落到实处，才能在建设经济强区过程中，更有力地打击各类犯罪，保一方平安，构建和谐社会。

第一章　军　事

　　泸州市龙马潭区人民武装部兼区人民政府兵役机关，受泸州军分区和龙马潭区委、区政府双重领导。区人武部自建立以后，在军事建设、兵役工作、民兵建设等方面卓有成效，单位和主官多次被上级评为先进。石洞镇人武部被总参谋部、总政治部评为全国民兵预备役工作先进单位。尤其是"双拥"工作，党政军民密切共建，龙马潭区两次被市、省评为"双拥模范区"。

第一节　机　构

　　区人民武装部　建区时，奉成都军区1996年司务字第13号命令，成立中国人民解放军四川省龙马潭区人民武装部，为正团级单位，隶属泸州军分区。区人武部设军事、政工、后勤三科，编制现役军官10人，含部长、政委、副部长（兼科长）各1人；科长2人，参谋、干事、助理员5人。7月1

日对外办公，地点小市伍复街1号。2004年贯彻军委精简整编方案，人武部军官名额减少四分之一，11月执行新编制，配部长、政委、副部长兼军事科长各1人，保留军事、政工、后勤三科，各配科长1人，增编士官1人（未配），保留行政事业编制10人。2006年4月，人武部迁龙马大道春雨路办公。

中共党组织 根据解放军《政治工作条例》和省委组织部、省军区组织部《关于县（市、区）人武部收归军队建制党组织工作的通知》，区人武部设第一书记（由区委书记担任）、书记、副书记各1人，委员6人。1名主官参加军分区党委任委员，1名进入区委任常委。实行军队系统和地方党委双重领导，人武部内实行党委集体领导下首长分工负责制。部党委会成立时，成立纪律检查委员会，由1名副部长（党委委员）任书记，委员5人，在同级党委和上级纪委双重领导下工作。区人武部机关党支部，设支部书记、副书记各1人，委员5人，在部党委领导下工作。

事业单位 1996年9月，人武部收归军队建制后，机关人员由现役军官和地方行政事业单位职工组成。11月，经区委常委会决定，区人武部直属民兵武器装备库、民兵训练基地两个事业单位编制10人，由区财政全额拨款，在民兵事业费科目列支。2003年12月，根据国务院和人事部全面推行人事制度改革要求，事业单位人员一律由固定工改为聘用制。人武部10名职工均与单位签订为期3年的《聘用合同书》，从而实现由身份管理向岗位管理转变，由行政任用向平等协商的聘用关系改变，建立起适应市场经济体制的用人制度。

基层人武部 农村乡镇和城市街道、厂矿、企事业单位依照《兵役法》和《民兵工作条例》设立地方军事组织。至2005年12月，全区9个乡镇、3个街道及泸州北方公司、川南机械厂、泸州鑫福化工有限责任公司、四川王氏集团公司、龙马晶玻有限责任公司、江阳化工厂6个企业均建起人武部，共计18个基层人武部。

驻厂军代室 一是总装备部驻泸州地区军事代表室（正团级），隶属总装备部重庆军事代表局，1954年驻国营255厂。2003年9月，上级决定该室与驻宜宾地区军代室合并成立中国人民解放军总装备部驻泸州地区军代室，负责255厂、515厂、661厂、692厂军事装备订货、军器科研生产验收等。二是第二炮兵驻692厂代表室，隶属二炮驻重庆军事代表局（正团级），1973年12月设立，1978年7月升格为军代室。1983年7月与长江起重机厂军代室合并组成驻泸州化工厂军代室。692厂改设火工品组，2001年二炮下文通知恢复驻692厂军代室。三是海军驻泸州地区692厂军事代表工作组（正团级），隶属海军装备部重庆军事代表局。2006年成立，驻692厂。

驻军·武警部队 共5个单位：一是成都军区通信二总站71分队，20世纪70年代驻大驿坝（正连级），1997年撤销。二是武警龙马潭区消防大队，1996年驻辖区（正营级）。三是武警龙马潭区中队，2004年3月组建（正连级），隶属武警泸州市支队，驻市武警支队院内。四是武警泸州市消防第一中队，2001年10月驻莲花池街道58公里（正连级），隶属武警泸州消防支队。五是武警驻692厂中队，为武警泸州市支队直属大队二中队（正连级），隶属武警泸州市支队。1988年组建驻厂。

第二节 军事建设

军事训练 区人武部主要进行基本军事技术和相关专业技术训练。军官坚持在职训练，学习军事理论、建军方针、原则，参谋、政工、后勤、民兵和兵役工作业务，进行队列、轻武器训练，熟悉现有民兵武器装备的性能与使用。1996年来每年组织军官参加省军区和军分区组织的轮训。次年学习江泽民主席以正确理论、高科技知识武装头脑的指示，部长王尊祥、科长马志强被省军区评为优秀学员。继后以"军事过硬"为目标，强化机关参谋业务和高科技知识训练、军事学术研究，军区年终考核成绩优秀。训练主要贯彻"科技强军、科技兴训"方针，突出"新六会"（会使用微机写、画、传、读、算、记）和"三打三防"（打隐形飞机、巡航导弹、武装直升机，防精确打击、电子干扰、敌方侦察）知识训练。通过培训，机关干部综合素质提高，受到军分区表扬。1997 年、2002 年，区人武部军事科被军分区评为先进。

驻厂军代室军事训练　主要根据各自担负任务、学习相关理论知识与实践军器验收结合进行，确保军器质量。本着"军工产品质量第一"的方针，不断强化质量意识，提高军检验收能力。1999 年来，总装备部驻泸州地区军代室 4 次被总装重庆军代局评为质量工作先进单位，2 次被评为科训工作先进单位。2003 年第二炮兵驻 692 厂军代室，立集体三等功一次并被二炮重庆军代局评为"质量先进单位""靶场无故障单位"。驻军武警内卫、消防部队，根据担负任务开展军训。武警驻 692 厂中队训练内容包括队列、射击、器械、擒敌术、战术、体能等，提高执勤和处置突发事件能力。1996 年该队组队参加市支队比武获擒敌术、器械体操第二名。2000 年获支队团体比武第二名；次年被支队评为军事训练、军事比武先进。武警消防中队，1996 年起开展实用技术、战术训练。2000 年后把训练场地逐步转移到现场，进行消防知识和技能训练，提高实战能力。2001 年来先后参加宏达、厚丰化工厂火灾，内江"三二"沱江污染事故，2005 年"八四"长安宫阙酒厂爆炸、"八二九"沱江鞋城火灾等抢险，2 人立二等功一次，11 人各立三等功一次。

正规化建设　按照"依法从严治军"方针，用"统一指挥、统一制度、统一编制、统一纪律、统一训练"培养部队高度组织性、计划性、准确性和纪律性，达到统一行动。1996 年开始实施，次年争取到上级军事机关和地方业务经费 30 万元，投入设施建设和指挥车购置，制定防暴、抢险、动员战备预案，使人武部逐步走上正规化。从争创四好（学习、团结、勤政、廉洁）建班子，质量建军创牌子，规范营区建房子入手，推进人武部正规化建设。1999 年征兵工作、民兵训练，军事科先后被省、市评为先进。2000 年开展人武部正规化建设达标活动，区政府拨款 25 万元装修原泸县人武部楼院和强化硬软件设施建设，当年接受省军区检查基本达标。2003 年 9 月，人武部异地新建破土动工，2006 年 10 月投入使用。同时驻 255 厂军代室、驻 692 厂军代室正规化建设分别在 1996 和 2000 年被上级评为先进。

信息化建设　1997 年区人武部机关配齐电脑和加密传真机，次年普遍学习使用，完成计算机等级考核培训；2006 年全部达到一级水平，其中达二级 3 人。是年 9 月按照省军区信息化建设规划和军分区"三网合一"工程建设要求，人武部投资 14 万元，增添器材设备，进行军事综合信息网、电视电话会议网和值班监控系统建设，次年 1 月交付使用。

政治工作　区人武部实行军队系统党委和地方党委双重领导制度，区委书记兼任武装部党委第一书记，人武部两名主官分别任书记、副书记，一名主官进入区委常委，另一名参加区政府常务会议。区委把军事工作列入日程，不定期开会"议军"，对军事工作实施领导。1996 年成立区武委会，半年召开一次会议，研究解决重要问题。区人武部当好区委党管武装"参谋"，本着小事不干扰，大事多请示原则，主动争取、自觉服从地方党委领导。军队党的建设主要是贯彻从严治党方针，坚持党要管党，党管干部原则，加强党的组织建设、思想建设和作风建设，保证军队任务完成。通过健全党组织，组织政治学习，健全制度等措施，保持共产党员先进性。从 1999 年起，在人武部党委领导下，按照区委和分区党委安排部署，先后开展"三讲""三个代表"、保持共产党员先进性和学习实践科学发展观教育活动，调动了官兵建功立业积极性，区人武部先后有王尊祥、黄自强、刘代忠等 8 人被军分区和区委评为优秀共产党员。255 厂军代室党支部被评为先进党支部，692 厂军代室何晓娟、郑洪、丁华被评为优秀共产党员。2003 年，692 厂武警中队被市支队党委评为先进党支部。各单位常年开展理论学习、党风教育、艰苦奋斗、尊干爱兵、革命人生观和爱国奉献精神教育，抵制"灯红酒绿"影响，增强了官兵政治意识、大局意识和战略意识，有力推动了军队建设。全区军事系统 1997 年来受省级表彰先进集体 5 个、先进个人 2 人；受军分区表彰的先进集体 14 个，先进个人 22 人；立二等功个人 2 人，三等功集体 4 个、个人 2 人。2007 年，区人武部被省军区授予"五好"人武部称号，部长江峰被表彰为"五好"人武部主官，副部长张尚林被评为"爱军精武"标兵。

后勤保障 区人武部设后勤科，军官后勤供应由军分区后勤部负责，职工经费开支由区财政划拨。军代室、武警部队设后勤干部，隶属上级后勤机关。后勤业务包括军需、财务、医疗卫生、交通运输等。财务经费实行集中统一管理，按级负责，按标准发放，报销审批坚持"一支笔"签字，区人武部经费开支无违纪违规问题。2005 年 1 月起，财务由军分区统一管理，人武部对军分区实行报账制。被装按地区标准由后勤部门发放，给养凭手续向驻地粮食部门定点购买，享受国家差价补贴。医疗卫生、军人及随军工作家属、未成年子女凭医保卡到体系医院或就近地方医院治病。计划生育多次被区评为先进。军械、车辆装备不断更新，先后装备有 54 式、64 式手枪，56 式、79 式、81 式步、冲、机枪及防暴、消防、通信、工兵、防化器材。车辆配备有越野车、东风载重车，红旗牌、帕萨特牌轿车。营房营产属地方产权，区人武部有旧营房 3 396 平方米，新营房 3 550 平方米。军代室用房由驻厂单位解决。武警消防一中队 2006 年 7 月入驻，在区政府大楼左侧建成房屋 3 600 平方米，硬件设施达标。

第三节　兵役工作

兵役机关 按《兵役法》和《征兵工作条例》规定，辖区各级人武部兼任同级人民政府兵役机关，是兵役工作的常设机构，负责办理本区域的兵役工作。征兵领导小组及办公室，是征兵期间同级党委、政府、军事机关领导下的征兵工作议事协调机构。由区长任组长，分管副区长、区人武部主官任副组长，有关部门主要领导为成员。征兵办公室设在区人武部军事科，从区人武部和政府有关部门抽人组成。内设秘书、宣传、政审、体检、后勤等，负责日常事务。主要任务是依法为中国人民解放军、武警部队征集义务兵、志愿兵、军校学员。1978 年 4 月起，国家实行义务兵与志愿兵相结合的兵役制度。

义务兵征集 征兵工作在每年 10—12 月进行，征集年龄为 18 岁至 20 岁，大学生放宽到 22 岁。文化程度城市高中（中专）、农村初中毕业。全日制高校在校生本人自愿应征入伍，符合条件可批准服现役，学校保留学籍，退伍后准予复学。同时规定从非军事部门直接招收志愿兵，优化部队兵员结构，加强部队建设。新兵身体条件要求越来越高，从 1955 年起，男兵身高由 1.55 米提高到 1.62 米，女兵由 1.50 米提高到 1.60 米。体检组遵守《征兵体检工作纪律》，坚持谁检查谁签字负责，并与职称晋级和奖惩挂钩，在常规检查分析淘汰基础上，对拟批准入伍的青年，统一进行肝功能和乙型肝炎表面抗原检查，淘汰率 20% 左右；进行尿液化验和性病科检查，淘汰率 5% 左右。2005 年增加了艾滋病、吸食毒品检查和心理测试，确保新兵身体全面合格。由于基层武装部事前对应征青年进行了初审、目测，应征青年体检合格率保持在 40% 左右，政治条件主要强调对本人现实表现的审查。在乡镇街、派出所认真调查、严格审查的基础上，区政治审查实行村（居）委会、企事业单位、毕业学校、辖区公安派出所、乡镇街政府和区征兵政审组五级负责人签字负责制，防止把不合格人员征入部队。审批定兵在区征兵领导小组负责人主持下，由征兵办召集体检、政审组长和乡镇街分管领导，人武部长，派出所长和接兵部队负责人集体审批，确定应征人员名单，择优选送。然后就地交接，办完手续，组织欢送。军校招生自1997—2005年，对1768名填报军队院校考生进行政审，合格率84.7%，组织1 492人军校招生体检，合格率40%，被军事院校录取235人。从1996—2005年，全区共征集新兵2 295人，其中农村1 247人，城镇1 048人，无责任退兵。其中安宁、石洞、鱼塘、特兴4镇，多次被区评为先进。10年中，区征兵领导小组3次被省评为先进。军属优待主要体现在政治和经济方面，政治上通过各种形式宣传"一人参军、全家光荣"，动员全社会尊重热爱军属，每年春节、"八一"节期间，层层召开军属座谈会或进行走访慰问，为新军属挂光荣牌，倾听他们意见等，经济上优待落实。1997年4月，区政府发布《龙马潭区军人抚恤优待若干规定》，当年农村义务兵军属优待金每户1 040元，乡镇为其买保险400元，城镇每户400元。1999年全区义务兵每户优待金1 520元，次年调为1 720元，均为全市最高标准。2003年农村实行费改税后，义务兵优待由区财政支付，全区每户平均1 750元，仍为全市最高标准。

龙马潭区2005年本籍团职以上军官表

表7－1－3

姓 名	乡镇街	单 位	职 务	军 衔	备 注
张志成	安宁镇	军事科学院院务部	副部长	1993年少将军衔	1953年参加志愿军荣立三等功2次
舒安康	特兴镇	后勤部第三后方基地财务处	处 长	1992年大校军衔	1962年入伍
杨正权	石洞镇	后勤部总队	副总队长	武警大校军衔	1978年被评为支边先进个人
李元炳	胡市镇	武警水电四川总队	副政治委员	1997年大校军衔	1976年荣立三等功2次
袁义良	安宁镇	成都军区空军装备部装备处	处 长	1996年大校军衔	荣立三等功4次
周述和	安宁镇	驻泸95439部队	高级工程师	2000年大校军衔	荣立三等功2次
徐海泉	罗汉镇	空军后勤部高级工程师	监督室主任	1996年大校军衔	荣立三等功1次
翁祥泽	安宁镇	昌都军分区	副参谋长		1956年入伍
袁树成	安宁镇	成都军区某部后勤处	处 长		曾参加中印、中越反击战、西藏平叛
皇忠俊	石洞镇	驻川某部	副团长		多次参加抗震抗洪救灾
屈 强	石洞镇	泸县人武部	部长、政委		
皇甫孝成	石洞镇	第三军医大高原军医系	政 委	2005年中校军衔	荣立三等功1次
詹天发	鱼塘镇	空军沈阳鸿向宾馆	经 理	1993年上校军衔	
朱尚全	安宁镇	空军某部军需处	处 长	1992年空军上校	
童在湘	鱼塘镇	泸县人武部	副部长	1996年中校军衔	
周永才	石洞镇	叙永县人武部	部 长	1996年上校军衔	曾参加甘孜平叛

续上表

姓　名	乡镇街	单　位	职　务	军　衔	备　注
刘洪开	莲花池街道	第三军医大院务部	参　谋		曾参加对越自卫反击作战
张选伦	胡市镇	解放军某部	副政委	1995 年中校军衔	曾参加对越自卫反击作战
胡永清	特兴镇	武警贵州总队第一支队	政委	1999 年上校军衔	
唐忠贵	石洞镇	成都军区房地产	会计师	文职四级	
杨克春	红星街道	泸州消防支队	政治处主任	1999 年中校军衔	
何忠禄	特兴镇	济南军区坦克训练基地	教研室主任	2002 年上校军衔	
李贻权	罗汉镇	泸州消防支队	政委	2002 年上校军衔	
刘祖清	金龙乡	西藏军区训练大队	大队长	2002 年上校军衔	曾参加对越自卫反击作战
徐成刚	胡市镇	空军某部	副政委	2004 年空军中校	

退役安置　1996 年以后，本区对退役回乡义务兵、志愿兵由区民政局统一安置。采取安置就业、扶持就业、自谋职业和多渠道、多形式安置措施。本着哪里来回哪里去和均衡负担原则，由政府分配任务包干安置或由属地政府下达指导性计划安置，确保安置政策落实。1996—2005 年，全区共接收退伍士兵 1 980 人，其中城镇人伍 810 人，志愿兵 57 人，按政策安置相应工作 867 人，其余发给自谋职业补助金。全区共接收农村退伍义务兵 1 170 人，军地两用人才使用率 60% 以上。

军队干部转业　由地方政府安排工作、本人自主择业、政府协助就业、领取退役费等方式进行安置。1996—2005 年接收转业军官 57 名（其中团职 1 名、营职 21 名，连职 19 名、专业技术军官 16 名）。安排工作和职务的 43 名，自主择业 14 名。转业军官在区担任领导职务的有时任区人大副主任、党组书记淳义成，区委常委、宣传部长牟红，区政协副主席骆仁初，另有科级干部 18 名。同时积极做好离退休军官安置工作，至 2008 年，区民政局已接收安置 3 名正团职干部，其中区人武部部长、政委各 1 人移交市军队离退休干部休养所，另一名由民政局接收回乡分散安置。

国防动员　龙马潭区 1996 年 10 月成立国防动员委员会（与武委会一套班子两块牌子），由区委书记任主任，2001 年 4 月改为第一主任，区长任第一副主任，后改为主任，区人武部军政主官和政府分管领导任副主任。2003 年 10 月，开展军民通用装备动员潜力调查，经层层统计，次年建立数据库，组建民兵装备保障分队，开展军事训练。2005 年制定军民通用装备动员预案，组织演练，逐步形成动员能力。预备役登记分军官和士兵，1997 年 5 月，市上首次对预备役军官授衔。交通战备办公室 2003 年 3 月挂牌，由交通局局长任主任。是年 7 月，区政府决定成立交通战备领导小组和军警民联合保护通信线路领导小组，增挂区通信线路安全办公室牌子。后组建客运、货运、水运、公路工程 4 个专业保障中队 86 人。是年区交通战备办公室被市国防动员委员会评为先进。全民国防教育主要对国防理论、历史、法制，国防常识、科技、经济及国防形势、国防体育和人民防空等学习训练。自 1996 年 10 月区成立国防教育委员会办公室起，年年制定计划，争取经费，开展重大节日纪念、学生军训、"双拥"创模国防知识竞赛、军事训练、印发宣传资料等，把全民国防教育落到实处。

第四节 民兵建设

领导体制 区人武部是本地军事领导指挥机关，负责区内民兵工作。乡镇街和企事业单位人武部，负责办理本单位民兵工作事宜。地方党委领导民兵工作主要形式是地方党委书记兼任同级军事机关党委第一书记。成立人民武装委员会，召开党委议军会议，对民兵工作实行领导。乡镇街、企事业党委书记是同级人武部党内领导，负责向上级党委和军事机关报告民兵工作。

民兵组织建设 建区时，共有民兵3.51万人，基干民兵2 868人，组成5个基干民兵营，22个连，152个排；次年通过整组、出入转队，民兵建制基本一致。1997年贯彻总政、总参《关于深化民兵工作调整改革意见》，按照"稳定数量、优化结构、提高质量、打牢基础"的原则，开始转为重点抓基干民兵、应急分队、专业技术分队和民兵信息网建设，完成基干民兵占总人口0.7%的储备任务。民兵编组向乡镇企业、大中型企业扩展。2002年新增基干民兵100人，新建专业技术分队3个，调整应急分队1个。2005年民兵总数2.9万人，基干民兵2 139人，分别占总人口8.9%和0.65%，其中技术兵占38.85%。1996年8月，区政府决定组建128名民兵应急分队（连），分别在泸州化工厂、四川塑料厂、泸州碱厂、石洞镇各建一个排30人，排长由专武部长担任，连长、指导员由区人武部干部兼任。继后结合民兵整组对应急分队多次调整，加之辖区市属企业民兵工作转属军分区，全区应急分队改变为小市、红星、莲花池街道和石洞镇组建4个排，各30人。同时在乡镇合编抢险救灾分队4个排120人。1997年6月，贯彻"质量建军、科技强军"方针，通过民兵整组，发现基干民兵中有专业技术人员503人，1999年组建专业分队5个（高机、防化各2个，防控分队1个）。2004年6月，调整组建民兵专业分队7个（防化、通信各2个，工兵、高机、高炮各1个），有民兵551人；新建对口专业分队3个（医疗救护、军械、水电气抢修各1个）有民兵208人。专业技术兵在基干民兵中比例从24.4%提高到36.7%，为战时科技支前打下基础。民兵干部年年考核调整，保持组织健全。2005年全区配备民兵连以上干部279人，其中转业、退伍130人，经过军训68人；配备排干部173人，其中转业退伍99人，经过训练35人。

民兵训练 1997—2001年，全区民兵训练年年进行，主要训练基干民兵、应急分队、专业技术兵和民兵干部，学习军事技术、初级战术课程，军政比例8：2。按照"劳武结合"原则，由各级人武部分级组织实施。2000年4月，民兵训练突出技术兴训主题，组织农村民兵应急分队训练，同时组队参加市民兵军事三项比武，获个人名次1项。10月以泸化厂民兵为主，组队参加市第三届城市运动会，获团体总分第一，女子个人全能第一等8块奖牌，该厂人武部长张昌文立三等功1次。继后改变训练方法，区集训民兵干部和教学骨干，基层联片训练基干民兵，年均15天。至2005年共训基干民兵580人，应急分队366人，专业技术兵60人。2003年接受军分区考核，获射击第1名，总分、队列、步哨第3名。2006年7月，区摩托化民兵应急分队（连）接受省军区综合能力考核，获全省第6名。2001年前，民兵训练经费从农村提取，次年实行费改税制度，训练费由中央财政转移支付，区财政拨付。企业民兵训练费2003年起纳入当地财政预算列支。

政治教育 民兵政治教育以党的基本路线和国防教育为主，结合日常工作，随时进行。以民兵整组、军事训练、征兵工作、重大节日、抢险救灾为契机，开展全民普法，建立青年民兵之家，参与国防知识竞赛，学习《国防教育法》和学雷锋、树新风等适时对民兵和民兵干部进行政治教育。专职人武干部建区时乡镇9人，企业6人，后几经变动，2005年5月，全区配专武干部24人，其中退伍军人14人。乡镇街武装部长列入副科级职务，享受相应政治、经济待遇。

武器装备 建区时区无营房和库房，城市民兵武器由企业集中保管，武装干部轮流值班。区人武部部长、政委与军分区司令员、政委签订《武器装备管理安全责任书》，层层落实责任制。通过仓库加固，柜室加锁，看守加人办法，确保武器安全。2001年1月，经军分区批准，企业民兵武器集中到泸县人武部武器库代管。5月泸县武器库迁新址，库房移交本区。2003年9月，区人武部建设新营区，投资20万元，建设武器库200平方米，2006年启用。由于武器数量减少，离军分区又近，区民兵武器由军分区武器仓库代管。

达标活动 分年度目标管理和基层人武部建设达标两种，前者始于1997年，由区委、区政府、区人武部作出《龙马潭区加强民兵预备役建设的决定》，对基层民兵建设内容与标准作出统一规定，开展民兵工作达标活动，纳入乡镇街党建工作目标管理考核。区人武部将年度武装工作细化成若干项计100分，年终接受检查，逐项计分，至2005年，年年获一、二等奖。同时在石洞镇人武部进行规范化建设试点，2001年7月，区人武部在该镇召开正规化建设现场会，其经验受到各级领导肯定。4月，全市基层人武部规范化建设现场会在石洞召开。9月，区人武部下发《龙马潭区基层武装部正规化建设检查验收标准》，进一步明确软、硬件设施标准，每年接受上级检查。2003年，全区16个基层人武部，达标率84.21%。安宁、罗汉、胡市镇和莲花池街道4个人武部被市委、市府办、军分区政治部评为先进。石洞镇人武部被总参谋部、总政治部评为全国基层民兵预备役工作先进单位；泸州北方公司民兵营、石洞镇人武部及部长朱春燕，被成都军区国防动员委员会分别评为国防后备力量建设先进单位和个人。2005年全区16个基层人武部达标任务全面完成。

动用民兵 为先后使民兵积极参与社会治安综合治理，严厉打击刑事犯罪，处置突发事件，全区组织联防队300多个，出动民兵1 200多人次，协助公安部门抓获人犯94人。1998年沱江洪灾、2000年官渡浮桥垮塌、2002年石洞响水沱水库险情、2005年长安宫阙酒厂爆炸，处处都是民兵抢险在前。至2005年，共出动民兵1.2万人次，他们用鲜血、生命、汗水和智慧保护国家和人民财产安全。特别是2008年汶川大地震后全区民兵18个小时完成集结，5月15日，应急分队261人奉命开赴北川灾区，历时96天，按照区委、区政府提出的"完成任务，确保安全，树好形象"的要求，出色完成北川救援，安县助耕，绵阳疏散人员、转运物资等任务。营救出1名被困170小时的老年妇女，多次受到上级表扬。有16名民兵"火线入党"。双加镇民兵朱福强不顾经营运输业务，承包建筑工程，日收入2 000多元；施小勇放弃10多万元承包工程参加救灾。5月16日，胡锦涛总书记视察北川灾情，接见了龙马潭区民兵，对大家鼓舞很大。

参加经济建设 从1996年起，各级人武部建立联系点，动员民兵参建致富活动，2005年先后帮助高坝厂区、罗汉镇上庄村、高坝村、双加镇罗基村发展经济，提前实现小康。安宁镇人武部组织发展柚子67公顷18万多株，2005年产"九狮柚"400多吨，产品供不应求，年收入5 000元以上的57户。

第五节　国防教育

建区以后，区委、区政府、区人武部把国防教育纳入全民思想教育和部队政治教育体系常抓不懈。主要通过下列方式进行：一是充分利用广播、电视、文艺活动、知识竞赛和召开会议，以《兵役法》《国防法》《国防教育法》为内容，进行爱国主义、革命英雄主义和国防法制教育。二是党政领导干部每年开展一次"国防日"活动，结合民兵点验、学生军训、党校干部培训，讲国防教育课，听众 5 000 余人（次）。三是在《龙马周报》开辟专栏，在电视台开办专题节目，在中小学校开设国防教育课，在交通、医院、旅游等服务窗口设立军人优先、军人免费标志。四是在乡镇街、大型企业所在地设双拥标语牌。五是在烈士陵园设爱国主义教育基地以及举行军民共建活动，扩大国防教育面。至 2004 年，全区办双拥专栏 280 期，书写标语 5 000 余条，在新闻媒体报道 128 次，军警民中受"双拥"教育面 95% 以上。区先后投资近 100 万元改造石洞烈士陵园，完善爱国主义教育基地设施。

第六节 拥政爱民

1997 年 3 月，区人武部牵头制定《龙马潭区驻军拥政爱民规定》《军民共建公约》，首先开展军民共建文明单位活动。至 2003 年 8 月，全区有军民共建单位 24 个，其中区人武部先后与工商分局、区委办、财政局等开展军民共建活动，达到相互促进的目的。255 厂、692 厂军代室、消防大队等积极参与文明共建，密切了军政军民关系。其次军事机关参加经济建设，支持政府工作，至 2003 年 8 月，部队参与经济建设劳动日 22.3 万个，动用车辆 1 190 台（次），支援公益事业项目 9 个，环境项目 14 个，治理荒山 160.67 公顷，植树 10.3 万株。建扶贫联系点 31 个，帮扶 1.6 万人脱贫，建立助学对子 78 个，扶持失学儿童 600 人，累计捐款 6 万多元。部队抢险救灾 76 次，出动 2.1 万多人次，车辆 570 台，抢救遇险群众 6 000 余人次，抢运物资 80 余吨。特别是 1998 年 7 月 8 日，驻泸工兵团和武警支队官兵 400 余人，参加沿江路大堤保卫战，使大堤安然无恙。龙马潭区于 1999 年 8 月、2000 年 12 月先后被市、省命名为"双拥模范区"，2002 年、2005 年，经市、省组织复查验收合格，再次被命名为"双拥模范区"。

第二章 审 判

第一节 机 构

1996 年 6 月 25 日，区人民法院筹备组成立。7 月，法院临时设刑事、民事、经济、行政办案组和办公室（政工、政研）5 个内设机构。12 月，设刑事、民事、经济、行政（兼理执行）审判庭 4 个。1998—1999 年，设告诉申诉庭、执行庭。2000 年 10 月，根据最高人民法院《人民法院五年改革纲要》，设立执行局（与执行庭合署办公）、审判监督立案庭。2002 年 3 月，机构改革，报上级法院和区委批准法院保留刑事审判、行政审判、审判监督、立案、执行庭局等，撤销民事审判庭和经济审判庭，设民事审判第一庭和民事审判第二庭。设政治工作部、办公室、督查督办部、行政管理、后勤保障 5 个部门。

1996 年建院时，保留原泸县设立的石洞、胡市和原市中区设立的小市、高坝 4 个人民法庭。1997 年 5 月，撤销小市法庭，将特兴、高坝 2 个法庭合署办公。2003 年 3 月机构改革，保留高坝、胡市、石洞 3 个法庭。

2003 年 9 月，区法院由"57 公里"迁至春雨路 16 号审判综合大楼。2005 年有干部职工 59 人。历任院长牟文明、马超美、柳飚。

第二节　制度建设与队伍建设

制度建设　建院 10 年间，区法院不断加强和完善以制度建设促队伍建设的治院方略。坚持"以制度管人，按制度办事，以制度建院"的建院思路。对制度改革本着依法、适用、科学的原则，破旧立新，对不适应的制度不断摒弃，使经过 10 年实践检验的 55 个制度，成为规范法院工作行动的尺码。

第一届法院院长牟文明制定《区法院工作制度》《立案暂行办法》《办案规范》《审委会讨论案件的规定》《关于结案审查制度的规定》等制度，为建院初期的法院工作打下基础。第二届法院院长马超美订立立案管理、案件回避、执行工作、诉讼文书制作技术规范、内勤工作、错案责任追究、诉讼卷案调送及审判流程管理、委托评估等制度。第三届法院院长柳飚制定案件质量评查实施细则等 17 项管理制度，严格审理程序，提高审判员的程序、效率、责任意识；强化诉讼调解工作机制，充分发挥调解结案、化解矛盾的作用；强化一审案件质量的评查和二审发、改案件评析制度；建立完善审判质量考评管理责任追究机制；进一步完善执行命令权、执行裁决权、执行实施权"三权分离"等制度使执法更加规范化。

队伍建设　通过各种制度的建立健全，提升干警的法律素质和道德素质。培养文明审判、严谨细致的工作作风和礼仪规范行为；坚持以岗位培训为主，提高法官的业务素质和司法技能；规范对招聘人员的培训与管理；建立廉政说明、告诫制度，层层签订廉政责任书，定时开展警示教育；向社会聘请 12 名廉政监督员，监督法官党风廉政建设。向社会公布干部监督电话，接受社会各界监督。

第三节　刑事审判

1997 年 7 月，区法院出现人少案多局面。由于法官的法律素质参差不齐，在审案过程中，习惯于职权主义审判方式和"先请后审，先定后审"，"以结代立，以结代执"等重实体、轻程序做法，这类审判方式的特点是"纠问式"，即庭前实体审查职责和大量的普通程序审理，极大地影响了效率和司法公正，刑事审判改革势在必行。

立案分立　建院之初，有的业务庭和部分审判法官沿用传统落后的"立审不分"模拟，出现争案子、争管辖，甚至谁找的案子由谁办；一度出现关系案、人情案等等弊端。1998 年 8 月成立"告诉申诉审判庭"负责立案工作，将立审分离。2000 年 6 月成立立案庭，彻底改变"立审不分"局面。缓解了群众告状难，也减少了人情案、冤案、错案的发生。由分散、多头、任意型管理向集中、统一规范。

审监分立　建院之初，由于行政编制不足，没单设审判监督庭，该项业务由民事审判庭代管。形成自己监督自己的格局，易于出现错案、冤案。于是，1998 年 5 月成立告诉申诉审判庭，基本实现审判监督分立。1999 年 10 月，最高人民法院颁发《人民法院五年改革纲要》，把"审监分立"作为改革的首要任务，区法院于 2001 年 2 月，设立审判监督庭，负责审判监督，对再审案件、发回重审案件、申诉信访等审理查处，实现了真正的"审监分立"，健全了审判组织体系。

审执分立 建院之初，编制名额不足、执行案源不多，未设专门执行机构。有关民事、经济、非诉讼执行案件的执行事项，均由行政审判庭或人民法庭的审判员办理，称为"审执合一"。实践证明，这种"审执合一"会导致执行不力、不规范及互相推诿等现象屡有发生，当事人合法权益往往得不到保护，群众意见大，法院形象受到影响。1998 年 3 月，区法院设执行庭，行政案件的执行由执行庭专门负责，初步实行了庭审分立。2000 年 10 月，区院加大改革力度，特成立了执行局，与执行庭合署办公，在业务上接受省高级法院和市中级法院的统一领导、管理和协调，使执行工作与审判工作真正实现了"审执分立"。

审判程序 随着改革的深化，区法院于 2002 年建立审理期限跟踪为核心的审判程序流程管理。次年 3 月制定《审判流程管理规定》和《流程管理卡使用规定》。规定明确应当受理的各类案件，均由立案庭统一审查，统一编号，填写受理通知书、立案审批表和审判流程管理卡，并将所立案件输入计算机，在立案后 2 日内将相关材料移送业务庭，同时从立案到案卷归档的全过程均运用计算机管理。各业务庭结案后，将审判及结案情况填入流程管理卡，交回立案庭。对临近审限期满前 20 日的案件，由立案庭发出预警通知，每月通报各承办法官收、结和未结案件，防止了超审理期限结案，促进了审判工作的公正和高效。

当庭质证认证 1997 年，区法院对庭上质证的审判方式进行了改革。诉讼法要求一切证据必须查证属实，才能作为认定事实的依据。区法院于 2002 年对庭审的质证原则作出细化，逐渐将举证的责任依法归还给当事人，让法官把审判的精力集中到组织庭审上，形成由当事人举证为主，法院依法调查取证为辅，法官组织证据交换，当庭质证，公开认证。

依法公开审判 10 年来，区法院依照《宪法》、刑事、民事、行政等诉讼法之规定，不断修正，完善对涉及国家秘密、个人隐私、14 岁以上不满 16 岁的未成年人犯罪、商业秘密、离婚案等不采取公开审判。对公开审理的各类一审案件，依法公开审理，坚持公开审判，逐步提高了当庭的宣判率，有利于群众监督，增加透明度，以公开促公正。

简化审理 区法院于 1996 年 11 月推出"简化审理"的创新审判方式，即变庭前实体性审查为程序审查；充分发挥法官在庭审中的地位和作用，行使法律赋予的权利；保护自诉人和受害人的合法权益；发挥简易程序快速、灵活的优越性。为了实行"简化审理"，区院与检察、公安、司法行政机关座谈协调，达成共识：区法院进一步深化审判方式改革；全面落实公开审判制度，逐步提高当庭审判率；提高裁判文书质量，提高审判长驾驭、指挥庭审的能力；依法多用简易程序审理案件；建立《简易程序制度》，明确被告人自愿认罪前同意适用本制度进行审理的，可采用简化方式审理。

该改革方案的具体内容是：对公诉案件不在开庭前作具体审查，只就检察院提交的起诉书和主要证据目录、复印件、证人名单作程序审查。认为符合开庭法案件的，便决定开庭审判；对公诉案件实行繁简分流，对案情复杂、重大、疑难的，组织合议庭审判；案情简单、事实、证据类型单一，被告人认罪的，依法由审判员一人独任审理；对被告人认罪并同意适用《认罪案件意见》审理的，或检察院建议适用简化方式审理的，以普通程序简化审理；对被害人直接起诉的轻微刑事案件，同时强调自诉人的举证责任，法院指导当事人举证，开展必要的调查取证；在庭审中，保护被告人的辩护权，引导当事人举证质证、指控与辩护等活动，本着"疑罪从无"原则；加强法庭以法说理，依法据事据理让当事人认罪服判，尽量减少上诉和缠诉；把好案件审判限期与审判质量关，防止超期羁押和错、冤案件。

第四节　民事审判

　　1996年8月，区法院按照《民事诉讼法》与高院对该法的要求，即对适用简易程序的案件有可能重新适用普通程序审理。但采用普通程序审理往往诉讼周期长、成本高、损害当事人的合法权益，损害法院形象。有的当事人其诉讼成本几乎等于诉讼标的，这种滞后于经济发展的现象，人民群众称之为"打官司难"，"迟到的公正"等。区法院于1997年4月，开展民事审判改革，其作法是：

　　转变观念　主动服务，对民事案件，区法院不是等案上门，而是上门服务。1997年4月，区法院领导分别走进罗汉镇、泸化厂等了解经济纠纷发案原因；召集金融机构负责人座谈，从中找出服务辖区国有企业、金融和农村合作经济组织问题的切入点。针对区、乡镇农村合作基金会管理混乱，资金出借户头多、金额大、清收困难、兑付期限紧迫、债权人工作人员少、债务人难找等困难，区法院抽出入手，主动配合其清收工作，指导农金会收集证据；法院集中力量办案；缓交诉讼费；集中审判和审判与执行相结合。区法院作出承诺：让农金会打得起、打得赢官司、赢了官司能兑现、收回股金，保证按时兑付给股民。

　　当事人举证为主法院依法取证为辅　坚持"谁主张，谁举证"原则。但在当事人不便或不能取证时，仍依职权收集相关证据。区法院在民事、经济（商事）审判中，摒弃只强调当事人的举证责任、法官坐堂问案的做法，除买卖购销、借款合同纠纷等当事人能够自行收集、举证之外，对其不便或不能自行收集、举证的，或者法律规定应由人民法院收集证据的，仍由审判人员调查取证，以此保证及时查明事实，公正裁判。当事人举证与法官查证取证有机结合，递进了民情，强化了法官的责任感及防止错、冤案的发生。

　　以庭审为重心依法简化诉讼程序　对民事、经济（商事）纠纷自立案开始，即按证据多少，案情难易、金额大小、影响面广狭等进行分类和繁简分流。宜用简易程序审理的，采取直接开庭，即在答辩期满后择日开庭；如被告明确表示不作书面答辩的，即在口头通知双方当事人到庭后随到随审。适用普通程序审理的，指案件证据种类较多，或者数量较大，均作证据分组；根据当事人的自愿进行庭前展示，当事人双方均无异议的，该证据证明的事实即不再在庭审中举证和质证。有争议的证据，要求当事人在限期内补充新的证据证明，连同争议证据一起，须经庭审举证、质证、认证，方能作为认定事实的证据。凡此类审理，都要围绕争议焦点进行，充分听取当事人对事实、证据的陈述和辩论。这种审判方式的优点是：克服了拖时间，慢节奏；防止诉讼突袭，使当事人输、赢均明白原由，减少上诉、申诉和再审；提高了法官的责任感和办案质量和效率。

　　增强法官驾驭审判能力和规范庭审行为　区法院在民事审判改革中，注重选拔高素质的法官依法担任审判长、独立审判员。不定时地组织审判委员会成员及骨干法官集中到邻区、县法院观摩学习。每年组织法官对本院重大典型案子进行观摩考评。对疑难案进行模拟辩论，各抒己见，最后作出结论；改进庭审模式，将纠问式改为陈述辩论式。经过观摩示范逐渐提高法官对"陈述辩论式"审判的理解，并能运用；在调解民事纠纷案例上下功夫，将矛盾化解在法律允许的范围内。

　　走出法院就地开庭，巡回审判　区法院坚持"两便"原则。对金额小、法律关系单一、证据少、事实简单的民事、商事纠纷都由各人民法庭审判。撤销乡镇人民法庭后，仍在石洞、安宁、特兴等乡镇设立临时接待室、巡回审判站，在当事人所在场镇开庭，巡回审判，以方便民众。对能电话通知当事人的，不发书面通知；用电话要求当事人补办诉讼文书的，先电话联系补办手续；对当事人双方自愿达成调解协议，需及时制发调解书的，由承办法官加班加点赶办。10 年间，携案下乡巡回审理民事、商务经济纠纷达 100 件。

化解矛盾依法据事以理服人 区法院在民事审判的改革中，注重调解，化解矛盾。其原则是：根据《民事诉讼法》自愿和合法的原则进行调解；调解不成，及时判决。实行审限期内高、中、低效结案、调解、当庭审判、上诉改判或发回重审等目标考核制度。强调办案法官对民事、经济（商事）审判方式改革既重视调解，又尊重当事人的意愿；既坚持调解的法定程序，又不借口调解而忽视审限期和办案效率；既讲究办案的法律效果，又注重以人为本，化解矛盾的方法和策略，依法依理服人，使矛盾的双方当事人在法官主持下，相互让步达成共识。

深化审判管理体制权责利一致 区法院按权责利一致的原则，要求审案法官要能审，敢判。多年来实行审判长、独任审判员资格制，合议庭和独任审判员办案负责制。对办案合法、公正、高效、经济的审判人员增加办案补贴；对违法违纪办错案或者工作出错的审判人员实施相应的惩罚，调动了审判法官大胆审理，敢于独立判案的责任感，摒弃了无论什么案件都要交审判委员会讨论的"木偶式"工作作风。此改革措施，增强了审判人员的事业心和积极性，较为有效地防止了错、冤案及违法审判、拖案、积案的发生。

第五节 行政审判

庭前会议证据展示 建院之初，依据《行政诉讼法》及高院的有关法律规定，成立经济（商事）审判庭和行政审判庭。经济商事审判庭主要针对商务活动中有关合同、借贷、欠款、赖账等引起的诉讼审判；行政庭主要审判离婚、房产、邻里矛盾、赡养民事等诉讼。两者既有分工又有共同点。在司法实践中，立案庭既可将某一案件交经济庭又可交行政庭，常产生界线模糊难分的现象；上诉人究竟该找经济庭还是行政庭也难确定。2000 年，区法院改革行政审判，将经济审判庭与行政审判庭合并为民事审判庭，即民事一庭，民事二庭。一庭负责民事纠纷审理，二庭负责经济纠纷审理；主审法官和书记员在出庭前应拟出庭审时双方应解决的问题提前召开会议；通知原告、被告、第三人及其各方代理人参加庭前会议；书记员负责核对当事人，由主审法官或其委托的法官主持庭前会议；由原告提出被告具体行政行为认定事实不清，证据不足，或程序不合法的理由；由被告向原告展示认定事实的证据，原告确认无异议的分为一类，原告有异议的分为另一类，并由原告申诉理由；由主审法官根据证据展示情况，分别告知诉讼权利义务与有关事项；主审法官理出争议焦点，提出要求，让参会双方当事人、代理人充分发表意见。此项行政审判改革措施，有利于让民事纠纷的双方认识到自己的过错与违了什么法，为顺利判决打下基础。

裁判文书 2000 年，在行政审判改革的同时，区法院对民事裁判文书的改革重点是：在第一审民事判决书制作时，加强对质证中有争议证据进行分析、认证，增强判决的说理性；通过裁判文书，不仅记录裁判过程，而且公开裁判理由，公布法律依据条款，使该文书能经得起社会公众及时间的检验。2003 年，在裁判文书改革实践中，发现民事裁判文书中仍存在与实际不相适应、不合理格式，及说理逻辑不强，内容和形式分离等问题。区法院进一步推进民事裁判文书的改革。采取从繁简分流，加强灵活性，破"八股文"文风；从质证证据的争辩特点，强调论证性；从对当事人追求真理的心理，强调文书的评析说理；体现公开审判经过，诉辩意见、举证和质证、认证、断理。

圆桌审判 区法院为体现对未成年人的人文关怀，于 2004 年 7 月率先在全市首次推出圆桌审判，由副院长蓝胜莲担任审判长，组成合议庭，依法不公开审理未成年人犯罪案件，公诉、被告、辩护、法定代理人到庭参加了诉讼。

第六节　执行工作

建院以后，"执行难"是区法院一直感到棘手的一项工作。2000年10月对执行方式进行了改革。

执行工作及结案方式　从1999年起，区法院逐步减少异地执行，增加依法委托其他法院执行或申报中级法院提级执行，规范受托执行；压缩积存老案，发放债权凭证；改变"一竿子到底"的办案机制，探索执行决定权与执行实施权分离制度；禁止独人执行的组织模式，实行2人以上共同执行职务的小组办案负责制；依法回避利害关系案件，依法增加办案透明度，保护当事人的知情权，鼓励群众和基层组织支持协助执行；强化当事人的举证、听证和对评估、拍卖机构及结果的异议、选择权等。从2001年11月起，人民法庭不再负责执行工作，防止执行工作与审判工作不必要交叉和可能产生的混乱。

执行机构和执行工作体制　区法院于2000年10月成立执行局，与执行庭合署办公，配备副局长2名、执行人员若干人，使执行人员编制占全院总编制的13%以上。执行工作接受上级法院的统一领导、管理和协调，增强抗干扰能力和抵制地方保护能力。

委托评估拍卖的程序和方式　执行案件财产的评估、拍卖，关系到当事人的切身利益，同时也体现执行者是否公正合理，当事人有权参与或知情。2004年11月最高院出台有关执行中查封、扣押、冻结、拍卖等规定，明确于2005年1月1日起实施。区法院迅速贯彻落实，并具体化：进一步明确由分管院长、纪检及执行局负责人参加随机抽签方式为主的《委托评估、拍卖制度》，使整个执行工作的评估、拍卖环节制度化、透明化，克服了原来在该环节的暗箱操作容易滋生腐败等问题。

第七节　审判监督

审判监督制度，是宪法和法律确立的司法原则之一。建院10年间，区法院以改革为动力，坚持全面实施监督与法院本职工作同行的原则。

刑事监督与制约　在刑事审判过程中，遵循《宪法》《刑事诉讼法》关于"分工负责，互相配合，互相制约"的原则。自觉接受检察机关的法律监督。检察院对刑事审判的监督：开庭3日前法庭通知公诉人出庭支持公诉，监督法庭的审判活动是否合法公正；庭审中，充分听取公诉人对确认证据、事实的意见；评议审判时，认真采纳公诉词和起诉书的意见和建议；宣判后及时向检察机关送达判决书；检察机关在法定期限内对判决书提起抗诉的，及时将全案移送二审法院审理；上级检察院对生效刑事判决依法提出抗诉的，按审判监督程序进行再审。1996年至2005年，在区法院审结公诉案件1 022件1 399人中，区检察院对一审判决依法抗诉的5件5人，二审改判的2件2人，维护原判3件3人。同时，区法院履行"互相制约"职责，依法秉公裁判。1996年12月至2005年12月办理的公诉中，宣告无罪的2件2人，公诉机关撤诉的8件9人，退回补充侦察的26件32人，判决改变定性的21件27人，防漏纠错的84件97人。

民行审判监督　此类监督可分为法院内部监督和人民检察院法律监督两部分：

【法院内部审判监督】 这项监督可分为依法由本院决定再审，上级法院指令再审，当事人申诉、申请再审后本院决定再审3个部分；依本院决定再审程序具有主动纠错特点。这主要是院长、副院长在签发判决、裁定、审查执行时产生异议的；其次是处理信访督查督办事项；第三是办理人民代表、政协委员意见、批评、建议，执法检查及案件在质量复查评查中，发现原判确有错误的，由院长提请审判委员会决定再审。1996年至2005年，本院决定再审的民事、行政案件9件，均作了改判；指令再审、改判1件；当事人申诉、申请再审的，具有被动纠错性质的29件，再审改判14件；对再审维护原判的15件。

【检察院法律监督】 在民、行审判监督中，由检察院按照审判监督程序提起抗诉后引起的再审，简称抗诉再审。1996年至2005年，抗诉再审59件民事、经济商贸案件，占同期再审案件的60.82%；再审后改判或部分改判的34件，占抗诉再审案件的57.62%；维护原判的25件，占42.37%。本院对抗诉再审案件从程序上落实公开，通知检察员到庭履行职务，行使法律监督。

人大政协监督 建院10年来，区法院坚持自觉接受区人大和政协的监督。每年两会期间，由院长代表本院向人大、政协作工作报告，接受人大代表、政协委员的审查监督，倾听他们提出的意见、建议；还不定期向区人大常委会、政协委员会汇报、通报本院工作，落实整改；接受人民代表对个案的监督意见，认真办理、依法处理；正副院长向人大常委会述职，接受评议监督；制定人民代表、政协委员联系制度，落实办理机构，明确责任，自觉接受人民代表、政协委员的监督；有计划邀请人民代表、政协委员旁听刑事、民事、商事、行政案件的公开审判，并座谈征求对审判活动的意见和建议；在人民代表、政协委员中聘请（特邀）廉政建设监督员，对法院法官的执法和业外活动行使法律监督。

群众信访监督 1996年7月，区法院成立民事（告诉申诉）审判组，负责信访接待。1998年6月成立告诉申诉审判庭，下设信访接待室，负责信访接待和申诉复查工作；2000年6月成立立案庭后，信访接待业务归立案庭、办公室、纪检监察室共同处理；2002年制定《信访接待制度》，建立院长接待制度，进一步规范信访工作接待，为群众监督、申诉开通绿色通道；为便于群众对法官的监督，候审大厅挂出《案件结案期限栏》《法官不得有的行为》《干警纪律》；向社会公布院长办公室、督查督办办公室举报电话。

新闻舆论监督 建院10年间，区法院逐渐完善新闻舆论监督审判活动。对社会有较大影响，具有警示世人的案件邀请媒体参与，接受记者采访，配合记者调查访问，统一新闻发布，使公众和新闻媒体及时了解事件真相或诉讼进展，满足公众的知情权。从1997年起，设立政策法律研究室，配备新闻宣传干部，对口媒体对案件审判的采访、监督报道。

案件评查监督 从建院开始，就将案件质量评查与年度执法检查，年终目标考核结合进行。2001年12月起，将初期的评查监督深化为：对审判、执行工作的公正率与效率实行量化和质效并举式监督管理。在实践过程中逐渐完善，形成一套较为科学的《案件质量评查制度》和《工作差错责任追究制度》。

对评查合格率高的主审、执行法官，在评先晋级中优先考虑；对合格率低的法官给予相应的制裁。此法推出后，据2003年6月统计，同比一般差错率下降53.69%；无签名或笔误现象，由50%降至不足1%；高效结案率大幅上升，案均耗时缩短7.44天。截至2004年6月，督办室累计评查各类案件6 001件，查出在2002年结案的案件中，文字、标点符号等存在瑕疵达1 714件，占当年结案数的71.72%。2003年存在瑕疵79件，占当年结案数3.15%。2004年1—6月，评查案件1 150件，存在瑕疵41件，占3.57%。同年7月，案件质量评查监督改为由审监庭负责监督实施。并在原有制度上增加了五条措施：建立案件质量评查体系；明确案件质量评查重点范围；明确案件质量评查标准；明确案件质量评查运行机制；明确案件质量评查责任。审监庭自评案件逐渐完善，2004年7月至2005年12月，先后评查案件3 799件，其中刑事案件258件，民商案件2 577件，行政案件26件，执行案件928件。查出有质量瑕疵的案件184件，占评查总数的4.84%。其中刑事案件18件，民商案件112件，执行案件54件。按照工作差错失误追究制度，处罚主办责任法官40人，并给予相应的经济处罚。

陪审员监督 1996—2004年，由于历史、社会、经济、政治等原因没有依法选举、任命人民陪审员，采用区、乡妇联主任挂名陪审员，区法院在审判案件时，没有让这些名义陪审员参加合议庭审案。2004年8月，第十届全国人大常委会第十一次会议，颁布《完善人民陪审员制度的决定》后，区法院将此纳入工作议程之中，采取单位或组织推荐的方式，由区法院院长提请同级人大常委会任命，任期五年。2005年4月28日，区人大任命19名人民陪审员。2005年6—12月，先后有3名人民陪审员进入审判庭陪同法官审理3个案件，其中刑事案1件，民事案2件。

第三章 检 察

第一节 机 构

区划后，1996年7月1日龙马潭检察院在伍复街68号办公。2000年4月，迁到莲花池街道办事处宏达社区北苑路3号办公。2004年1月，再迁到莲花池街道办事处龙马大道春雨路17号，即新检察大楼办公。

1996年6月18日，泸县检察院79名干部和工人，分配龙马潭区检察院27名，其中干部25人，工人2名。历任检察长程建荣、黄一平、张明贵。

区检察院成立后，设批捕、起诉、法纪、控申、监所、民事行政、政工、纪检监察、技术科的反贪污贿赂工作局、研究室。反贪局设领导一正二副，其余科室设一正一副。1996年11月29日，区委组织部通知，同意刘宇等16人任区检察院检察员。随后，刘宇改任反贪污贿赂局局长。1999年6月7日，区机构编委会批准该院成立司法警察队，张健任队长。

第二节 检察管理

首届领导班子管理措施 区人民检察院成立后，首届领导班子面对"分流"后缺资金、缺装备、缺人才，及人心不稳定，方方面面的关系还没理顺等问题，院党组提出"保持稳定，尽快理顺关系，高起点、严要求、开拓进取、争创一流""从头迈步，塑造辉煌"的建设新院思路。具体措施是：一、划分职责，理顺关系，积极完成各项工作任务。二、抓政治、法律、法规学习。三、抓

x

业务培训，现场练兵。四、充实办案力量，改善装备条件。五、从严治检，狠抓队伍建设。六、推行办案责任制。

第二届领导班子管理措施　第二届领导班子治院措施总体精神是：坚持把"三个代表"作为主线贯穿始终，坚持把保持共产党员先进性贯穿始终，坚持提高党的执政能力贯穿始终，黄一平检察长提出联系工作实际的创新激情理念。

总体目标：提高全院干警的政治、业务素质；强化法律监督，坚持公平正义，以人为本、立检为公，执法为民，打击犯罪、制裁贪官，保一方经济，保一方平安。

在第一届制定的各项制度基础上，又制订《控告申诉工作首办责任制》《检察长接待、批阅首办责任制制度》，全面落实控告申诉案件首办责任制。成立"青少年维权"领导小组，制定《未成年人犯罪的办案规则》。制定反贪部门与刑检部门相配合的《自侦案件侦诉联动机制》。建立和完善人民监督员制度。建立预防超期羁押的长效机制，实行每月定期汇报制和通报制。把反贪工作放在重中之重位置，做到思想到位，精力到位、指挥到位。狠抓队伍建设，坚持用班子建设带动队伍建设。全面推行公诉改革，率先在全市检察系统推出试行"主诉检察官引导侦查"的办案制度。积极开展职务犯罪预防工作。深化"检警一体化"的办案制度，让法警大队介入（配合）办案。强化"信访"工作。

建院十年间，逐渐健全和完善管理机制，围绕素质抓队伍，抓好队伍促业务的队伍建设思路，由建院初期的12项制度，经过不断修订，至2005年12月，完善49项制度。

第三节　刑事检察

侦察监督　自1996年9月至2005年的10年间，依法打击各类刑事犯罪，由侦察监督科提起审批逮捕1 090件1 579人，其中，经检察长或检委会审查批准逮捕案件共1 023件，逮捕嫌疑人1 406人，报批率89.4%。为防止错案，一旦发现疑点，坚持对被拘留的犯罪嫌疑人进行审查讯问。1997年批捕科受理的批捕案件中，刑事拘留的犯罪嫌疑人101人，大部分均作过讯问，保障无罪之人不受刑事追究。1999年侦查监督科防止错捕10人，并对1997年以后的4名保外就医罪犯进行全面复查。其中在省女子监狱办理的一件保外就医罪犯，因病情不符合保外就医条件，及时与省女子监狱联系后，作收监处理。对1998年以后的4名减刑假释罪犯进行全面审查，发现问题及时与有关部门联系，有效保证了保外就医、减刑、假释的严肃性。

公诉检察　建院10年来，公诉科提起公诉的案件1 100件，涉案人员1 577人，经法院审判的判决率达95.1%。在提起公诉时，运用审查起诉职能，深挖漏罪漏犯。2000年共追漏犯8人，追诉漏罪2条。在审查区公安分局移送起诉钟某故意伤害致死案件时，深挖漏犯，将漏网的同案犯夏某、熊某某、陈某某、陈某、刘某某等人送上法庭接受审判。在审查被告人龙某某盗窃、抢劫案时，还挖出其骗取他人财物和转移、代为销赃等漏罪，并迅速锁定相关证据，依法对其进行了追诉。

2000年，区内发生一件涉黑抢劫团伙案，起诉科顶住压力，提前介入，锁定罪犯的犯罪证据，还查清了这伙犯罪分子的盗窃、抢夺两项漏罪。经查，被告人刘某、罗某（女）等7人合伙作案，于2000年12月3日，罗某在市某宾馆结识了被害人张某某，得知其身上有数千元现金，遂起歹念，与姘夫刘某共谋抢劫。次日下午，罗某约张某去九狮玩耍，刘便通知余某、张某等人携带封口胶、杀猪刀等作案工具，驱车提前赶往九狮千狮坛风景点，正当张某某、罗某在此三楼观光时，刘某用铁环猛击张的头部，卡脖子，一歹徒还用杀猪刀砍其手掌，刺伤右大腿，并用封口胶封嘴，捆其手脚，当场

x

抢劫张某某 4 200 元,皮夹克衣服 1 件,皮带 1 根,皮鞋一双等物。在审查此案时,起诉科沉到基层明查暗访,挖出这伙涉黑团伙横行乡里、偷抢扒盗欺压百姓的种种罪行。又挖出刘某一伙于同年 11 月 25 日晚,借故买酒,在泰安镇某商店,以匕首威胁的暴力手段实施抢劫的犯罪事实。在补充侦查取证过程中,一桩未破的盗窃案被群众揭发出来。最后,法院采信了公诉机关的意见,刘某等 7 名犯罪分子分别被判 7～14 年。九狮百姓无不拍手称快,有的还放了鞭炮。

对失足青少年实行人文关怀 在打击犯罪的同时,注意拯救失足犯罪的青少年,对初犯、偶犯、过失犯及主观恶性小情节轻微的未成年人犯罪,采用不逮捕措施。1996—2005 年,受理未成年人案件 98 件 136 人,不捕的 37 件 45 人,占其中三分之一。对已捕判刑的也尽力做好教育感化工作。2004 年 6 月的一天,办案干警在副检察长向明的带领下,到蓬安监狱去感化、帮助失足青年滕某。向明说:"本来你正是读书的好年华,与我的儿子岁数也相差无几,你犯了罪,只有好好改造争取减刑,才对得起父母及亲人,对得起自己啊!"谦和朴实的话语,捂热了小滕的心。当滕某从其他干警的谈话中知道向明的儿子正在准备高考时,内心非常激动,颤抖地说:"我一定听你们的,好好改造,重新做人。"向明还对监狱领导提出,这孩子本质不坏,希望好好引导改造他,使他早日回归社会。原来滕某是一个卫校学生,2000 年 11 月为帮朋友出气,将张某刺伤致死。滕某入狱后几天不吃不喝,甚至想一死了之。向明获知后,立即将这个少年作为重点帮教对象。采用书信、电话问候的方式关心他在狱中转变情况,并与检察官采取分人分批专程到狱中看望他,给他送去法律专科自考教材、报名费及生活用品,面对向明等人的关心、资助,滕决心重新做人。一次他挺身而出制止了服刑犯打架事态的恶化,受到牢狱当局的表扬。他还积极学习文化知识,被选为牢狱卫生员。他常给被害人的父母写信,痛恨自己的行为,希望双老接受他当"儿子"为老人尽孝。可两个老人忘不了丧子之痛,迟迟未回音,滕某通过几年间数十封信的忏悔和恳求,两老终于认下了这个夺命的"儿子",回信希望他好好改造,早日出狱。检察干警还时时与他通书信或电话。他多次减刑,还记功一次,被评为"接受改造积极分子"。

第四节 反贪污贿赂工作

建院 10 年间,反贪局共立案侦查贪贿案件 222 件 216 人,为国家、集体挽回经济损失 7 000 余万元。1997 年初,院党组提出加大反腐力度,要求反贪局干警在查办大案、要案,特别是发生在"三机一部"(党政机关、行政执法机关、司法机关、经济管理部门)的案件上要有新的突破。该院立案侦查 11 件 12 人,全部是贪贿大案,其中"三机一部"案件 5 件、要案 6 件,挽回经济损失 84.4 万元,荣获全市检察系统反贪工作第二名。其后,始终把查处重、大、要、热点案件作为反贪工作的首要任务。派出有经验的侦查人员,对"罗汉基金会案"和川南矿区作为办案的重点,由正、副反贪局长亲自挂帅,经过不懈努力,仅从这两个线索入手就挖出贪贿案件 7 件 7 人,其中特大案件 2 件。原罗汉镇党委书记、捕前系江阳区地税局副局长罗某某(正科级)受贿案;泸州化工厂设备能源处副处长程某某(副县级)受贿要案;川南矿区井下作业工程公司压裂二队队长何某某伙同副队长周某某,共同贪污公款案等。均及时作了查处。2003 年,反贪局受理各类案件 41 件,立案 23 人,其中贪污 8 件 16 人,挪用公款 5 件 5 人,私分国有资产 2 件 2 人,大案 11 件,要案 5 件,"三机一部"案件 5 件。全年为国家挽回经济损失 200 余万元。2004—2005 年,反贪局侦破了泸州卷烟厂群贪案。该案被泸州市评为"十大精品"要案。2005 年 3 月 30 日,卷烟厂厂长李某某因犯受贿罪、贪污罪被法院判处有期徒刑 6 年，涉案的同伙也分别领刑。此案追回脏款 200 余万元，为国家挽回损失 3 000 余万元。该厂职工奔走相告，有的还放鞭炮庆祝。

第五节　监所检察

建院 10 年间，监所检察部门履行刑罚执行的监督职责，实现了连续 10 年"零超期"目标。10 年中，共计监督收监执行人 31 人、纠正刑罚执行方面的违法行为 58 次，办理监外执行罪犯和劳教人员犯罪案 35 件 39 人、申诉案件 28 件 28 人，其具体事例有：

监察超期羁押　1998 年春节前和 3 月、5 月下旬，区检察院对市看守所收押的本区司法机关办理的案件人犯在诉讼阶段是否超期羁押进行 3 次全面清理，随时跟踪监督侦查机关拘留人犯的时间以及提请批捕、移送起诉、法院宣判的时间，通过这些具体的监督措施，从中发现超期羁押人犯 9 人。其中区公安分局超期羁押 8 人，这 8 人中超刑事拘留期 7 人，超期最长的达 418 天，监所根据超期的性质及时向公安机关发出违法情况登记表，予以纠正，维护了人犯应有的合法权益和《刑事诉讼法》对诉讼时效规定的严肃性。另外，还检察、督促释放 1 名涉嫌拐骗儿童的陈某，陈系聋哑人，1998 年 8 月 8 日被区公安分局刑事拘留，经过 5 个多月侦查，对陈的身份没有查明，尤其关键的是对陈涉嫌的事实没有查清，监所发现后立即与公安机关研究，提出改变强制措施，公安机关 1999 年 1 月 19 日将陈释放。

监察看守制度　加大对看守所收押的各类刑事、经济人犯监管的监督力度，防止通风报信、串供、翻供、脱逃事故的发生，维护正常的监管秩序。一是从源头上监督，即经常给看守所提出提审人犯必须坚持 2 人提讯。二是律师会见人犯应按照不同的诉讼阶段和内容会见，不能在侦查阶段按照起诉阶段的内容会见，会见地点只能在律师会见室，不允许在会见室以外的区域会见，特别是贪污、贿赂等经济人犯的，会见更要严格把关，以保证诉讼的顺利进行。三是发现看守所有违法情况，立即提出纠正。1999 年 6 月 15 日该院发现江阳区法院的 2 名工作人员于 1999 年 6 月 4 日下午 5 时许，持提押票到市看守所提讯龙马潭区院反贪局侦办涉嫌贪污犯罪的嫌疑人蓝某，事前未提提讯理由，提讯时本案又属侦查阶段，影响了办案，这显然违反了修订后的《刑事诉讼法》第十八条第二款之规定，属违法行为。区监所及时向市看守所通报此事，要求坚决杜绝此类事件再度发生。

监察保外就医　对保外就医罪犯加大监督力度。1999 年考察监狱保外就医情况，发现省女子监狱办理的保外就医强奸犯张某，因病情不符合保外就医条件，即向省女子监狱发出收监执行通知书。还发现泸县看守所在办理抢劫罪犯蓝某（家住金龙乡）的保外就医过程中，不按照程序办理，在市公安局没有审查批准前就于 1999 年 5 月 6 日先行将蓝保外就医，于是监察看守所对此事进行了全面审查。

第六节　控告申诉检察

建区以后，区检察院坚持"以人为本"和"勤政爱民"方针，与老百姓保持零距离，常与他们面对面对话，加以引导。在办理各种上访案件过程中，将失误降到"零点"，称为"零缺陷"。

1997 年，区检察院控申科获群众举报安宁乡大元村五社社长石某贪污 5 万元的线索后，立即深入实地。调取该社账目认真审核，调查有关证人，收集大量材料，得出结论：石某只有 2 000 余元的违法所得，不构成贪污罪，并将调查结果在村民大会上公布，消除了群众的疑惑。罗汉镇高坝村马湾生产合作社举报社长刘某某贪污 8 000 元的问题，曾上告到省、市有关部门，检察干警及时和罗汉镇政府一起聘请审计师、经济师将该社 1989 年至 1996 年的账目逐笔审核，并找有关证人查清了刘某某贪污一事不成立，召开村民大会公布近 10 年的所有账目，村民评价说：检察机关办事实在，给群众解决了近 10 年间心中的大疑团。1998 年 1 月 5 日有 7 名个体出租车司机大清早来到控申接待室反映：不服区人民法院民事调解书上所调解的内容，多次找区法院未果，请求检察院帮助解决。接待干警认真听取当事人的叙述并做了笔录，经与区法院取得联系，区法院为平息事态发展，赔偿了出租车驾驶员 20 多万元损失费。为此，区法院法纪科通过调查对办理此案的承办人陈某以涉嫌徇私舞弊究其罪责。

2002—2003 年，民行科办理的民事、经济、行政申诉案 54 件，立案 46 件，提请抗诉和建议提请抗诉 17 件。2004 年，民行科提请抗诉 11 件，市院采纳 7 件。其中，泸县远大煤矿资产转让合同纠纷案，诉讼标的 1 060 万元，法院经 4 次审判，当事人四川蓉华热电燃料公司、泸州天祥商贸有限公司申诉到市检察院、市院交区检察院办理，经审查，建议市院按照审判监督程序提起抗诉，为当事人挽回了经济损失。

2003 年，区检察院推行《控告申诉工作首办责任制度》，做到重大信访件件有结果。检察长接到群众反映本区有劣质奶粉销售时，安排专人到罗汉、鱼塘等地走访调查，了解到劣质奶粉出自川塑食品批发市场，顺藤摸瓜，发现劣质奶粉"健鹿"卖给江安县一个体户，致使江安怡乐镇三岩村石龙组农民杨某某的一对双胞胎婴儿食用 6 个多月后，出现"大头婴儿"症状，其中一婴死亡。另一个体户张某某将 30 袋"健鹿"牌奶粉卖给叙永县马岭一个体户刘某某出售，致使一受害者的婴儿食用后，也出现"大头婴儿"症状。邓某某将 6 件"全圣"牌奶粉先后销售给江安县个体户陈某，陈又卖给农民罗某，致使其孙女营养不良，出现"大头婴儿"症状。事件发生后，该院控申、民行科会同工商、公安认真调查得出结论：5 个个体经营户均是在不知晓的情况下先后进货伪劣商品，且事件发生后均能积极配合调查，帮助追查货源的出处。并对所有被伤害的婴儿进行赔偿，源头的供货商罗某正在追寻之中。行政执法部门以此为契机，全面清理和整顿市场，遏制了类似事件的再次发生。同年 7 月，控申、民行科联合出动，对泸化中学、罗汉小学、六九二厂及高坝居民联名申诉泸州老窖公司下属蛋白饲料厂外排烟尘污染一案，通过深入现场调查，通过调取一系列环境保护局相关监测报告材料，掌握了该厂污染"超标"数据，发出《检察建议》两个月后烟尘污染得到治理。

2005 年 3 月 28 日，控申科收到一封来自泸州市看守所服刑人员陈某的申诉信，反映法院判决书对他在异地关押的时间未折抵，导致多服刑 8 天，恳请检察机关纠正。控申科立即到法院借阅卷宗，走访公安机关原案承办人，并向广东省中山市看守所发协查函，终于查清了陈于 2004 年 4 月 22 日至 4 月 29 日，共 8 天在异地关押，而案卷无记载，导致法院判决时未折抵刑期。于是及时向法院发出《检察建议》，申诉人的刑期得抵减 8 天。陈某某在收到裁定书后，给区检察院来信说："是你们为我讨回了公道，失去了自由才倍感自由的可贵，哪怕只减刑一天，对我来说也是非常珍贵的！"

第七节　反渎职工作

1999 年反渎职犯罪科收到渎侦线索 19 件，均全部研究，严格依照程序法和管辖范围查办案件。对于主体资格不符合、反映情况不真实等举报，均回复说明原因。石洞镇双加治安室谭某非法使用械具一案，针对治安管理中存在的问题以及治安员素质低等情况，向石洞镇政府发出书面建议，当地政府立即着手整顿全镇范围内的三个治安室，处分了非法野蛮使用械具的当事人，调整了治安室的工作人员。10 年间，共受理侵权渎职线索 52 件，其中司法系统 7 件，行政执法部门 3 件，涉嫌玩忽职守 1 件。2004 至 2005 年，受理渎职侵权案 11 件，立案 3 件 3 人分别为滥用职权，玩忽职守。2000 年，金龙乡官渡发生浮桥垮塌事件，有人扬言不满足其要求就要到市、省上访。检察长黄一平率领反渎职犯罪科干警深入基层，了解到事件真相：一个自称为"土律师"的武某某为了敲诈当事人的钱财，聚众闹事。当检察院干警会同公安人员，将其阴谋向群众揭露后，当事人的家属才知道，检察官是在帮助他们，后来武某某被依法判刑 4 年。同时，对该乡分管安全的副乡长杨某某，是否构成渎职罪，经反渎职检察干警全方位调查，认定杨在本案中不存在过错，不构成渎职罪，依法对杨作出了不起诉的决定。

进入 21 世纪以后，区检察院连续 5 年实现人民群众零上访，2005 年 4 月，最高人民检察院检察长贾春旺对此作出批示："四川泸州市龙马潭区检察院处理信访的做法确实有效，非常好，值得全国检察机关学习借鉴。"并指示在全国检察系统推广此经验。四川省人民检察院授予该院集体二等功。

第四章 公 安

第一节 机 构

1996 年 8 月 12 日，泸州市公安局龙马潭区分局成立，公安干警分别来自市公安局、原市中区公安分局和泸县公安局。在区分局成立前，筹备组设政治处、办公室、第一科（负责政治侦察工作）、第二科（负责经济文化保卫工作）、第三科（负责治安工作）、第四科（负责预审工作）、刑警队、法制科、户政科、行政拘留所、看守所和小市、高坝、罗汉、胡市、金龙、石洞、特兴派出所，11 月 6 日，增设禁毒科。1997 年 1 月 10 日，成立安宁派出所；1 月 28 日，成立鱼塘派出所。次年 1 月 15 日，成立分局指挥中心和行政装备科，6 月 5 日，在泸州市收容遣送站内设立市公安局龙马潭区分局收容遣送站派出所，与民政局合署办公。1999 年 8 月 3 日，将收容遣送派出所改名雀岩派出所。2000 年 5 月 24 日，高坝派出所划归高坝分局（2004 年 5 月并入龙马潭区公安分局）。是年 6 月 15 日，成立建设路派出所。2001 年 6 月 14 日，成立红星派出所、莲花池派出所。2001 年 5 月，分局实行机构改革，将内设机构归类合并为 11 个，即机关办公室、政工科、纪律检查委员会、监督科、警备督察队、离退休工作科、指挥中心、科技通信科、法制科、装备财务科、户政科；另设 5 个一线实战部门，即国内安全保卫、经济犯罪侦查、治安管理、刑事侦查、禁毒缉毒 5 个大队。其中刑事侦察大队下设办公室和技术、特情、重案及一、二、三共 6 个中队。全区有 12 个派出所，即小市、红星、莲花池、石洞、安宁、鱼塘、胡市、金龙、特兴、罗汉、雀岩、建设路派出所。2004 年 3 月 23 日，分局实行警务机制改革，内设机构调整为：办公室、政工监督处、装备财务科、国保大队、刑事侦查大队、治安大队、法制科和 12 个派出所。8 月 2 日，原宪桥分局玉带桥派出所并入红星派出所。2005 年

7月11日，分局将缉毒中队、经侦中队从刑事侦查大队划出，独立为禁毒缉毒大队、经济犯罪侦查大队。11月7日，将政工监督处调整为政工科，纪律检查委员会从政工科划出，离退人员工作由政工科管理，警备督察队归纪委领导。分局历任局长：申家寿、张述斌、袁建宏、黄平、卢天润。

第二节　队伍建设

公安队伍作风整顿　1996年10月，区分局开展纪律作风教育整顿。针对区划调整后出现的民警作风焕散、敬业精神差等6个方面问题进行整改。全局101名干警参加教育整顿和警察责任教育。1997年，分局开展爱民月、学习济南交警、漳州110"为人民服务、树公安新风"活动，先后创建文明窗口4个，为民做好事实事71件，慰问辖区敬老院11个，向贫困市民捐资3 000元。5月，分局被批准为市级文明单位。次年11月至1998年6月，分局开展财务、执法自查专项整改活动，清理执法办案和行政管理工作中出现的"三乱"（乱收费、乱罚款、乱摊派），对存在的37个问题，整改22个，走访单位109个，召开座谈会42次，发征求意见信100份，接受群众建议和意见43条。次年，按队伍正规化建设要求，分局清退非执法主体人员50名。2000—2004年，分局在深化改革中，将"三讲"（讲学习、讲政治、讲正气）作为提升干警政治、业务的动力，联系实际进行严格、公正、执法专题讲座，使全局干警的政治、业务素质得到提高；分局针对干警中存在的"冷、硬、横、推"等执法不严、不公等问题进行自纠；分局认真贯彻公安部、省公安厅"五条禁令""八条严禁"，强化队伍纪律；分局组织开展"为民执法、为民服务，我为分局做什么"等5个方面专题大讨论，将"禁令"从感性认识提到理性认识高度；分局开展了队伍正规化建设、规范化管理，以争创"三个一流"为载体，组织开展了"心中无人民，不配当警察""分局创一流，我该怎么干"的警示大讨论。2005年5月，分局开展集中处理群众信访问题的公安"大接访"活动，提出"人人可受到局长接待，件件能得到妥善处理"的惠民行动，当年，共接访50起，全部办结，切实解决了一批关系群众切身利益的信访问题。

干警教育培训　分局建立以后，坚持走教育培训、科技强警之路。1996年，举办《刑事诉讼法》《行政处罚法》学习班，培训民警101人。分局14名民警参加各类成人自考函授学习。次年，开展岗位练兵活动，对治安、刑侦、消防、派出所等岗位民警进行列队、实弹射击、擒拿格斗、侦察等训练，培训干警218名，38名民警参加函大学习。1998年，举办2期培训班，推荐出5名大练兵尖子参加市局组织的岗位练兵比赛，获第二名。1999年，以部门为单位，坚持每月一次队列训练，半年一次擒敌比赛，5月分局组织警体运动会。2000年，共办各类训练班9期，培训民警1 000余人次，参加市局治安户政系统岗位练兵比武活动获第一名。次年，举办各类培训班8期，培训民警500余人次；民警参加自学函大考试，取得大专学历92名，其中本科21名，使分局大专以上学历人数达51.4%，比建局初期提高了34%。2002年，培训民警600余人次，学习民警手册，行政和刑事执法等专业知识。2003年，开展为期两个月的计算机操作技能培训，举办培训班10期，培训民警350人次。2004年，开展"全警参与、重在基层、立足岗位、注重实效"的岗位大练兵活动，按"干什么、学什么、缺什么、补什么"的要求，确定每周五为"必训日"，分4批分别对刑侦、治安系统民警进行为期11天的强化训练。2005年，分局继续深化大练兵活动，分别举办2期《治安管理处罚法》和计算机培训班，培训民警850余人次，11月，分局组织民警参加"四川省基本法律知识考试"平均成绩95分。

2004年3月起，分局开办"法制沙龙"，由法制科组织办案民警共同探讨疑难案件和执法中遇到的问题，采取以案说法，交流体会，展开讨论，各抒己见，至 2005 年 10 月，法制沙龙已办 15 期，600 余人次参加活动。

第三节 刑事侦察

刑侦体制 1998 年以前，由基层派出所承担辖区范围内的一般刑事案件的破案工作，刑侦部门主要负责指导派出所破案，并对大要案、成片性、系列性案件实施侦查。1998 年，分局实施刑侦体制改革。派出所的工作重心转为安全防范、治安管理、人口管理等基础工作，并负责查办案情简单、对象明确的一般性案件。刑警大队分别在小市、鱼塘、石洞下设三个责任区刑警中队，对案件实施"分片管理、分级负责"。

龙马潭区 1996—2005 年破案统计表

表 7-4-3

年度\数量\项目	总发案（件）	总破案		其中大案（件）		打击处理（人）			
		件	比率%	发	破	总数	逮捕	劳教	直诉
1996	359	216	60.2	96	53	35	26	3	6
1997	551	433	78.6	189	150	129	93	31	5
1998	825	662	80.2	264	196	140	115	17	8
1999	1 046	720	68.8	326	206	132	103	21	8
2000	1 432	825	57.6	586	251	143	117	13	13
2001	1 714	938	54.7	701	302	170	128	35	7
2002	1 723	1020	59.2	806	350	153	119	23	11
2003	1 572	851	54.1	884	411	225	119	70	36
2004	1 682	896	53.3	920	359	252	146	40	66
2005	1 605	956	59.6	978	479	352	218	59	75

刑侦专项行动 建局初期，辖区刑事案件呈高发态势，抢劫、盗窃、扒窃等犯罪突出。分局于 10—11 月展开破案会战，侦破策略是"打零包、挖团伙、破大案"。在两个月中破获各类刑事案件 214 件，重特大案件 72 起，抓获犯罪嫌疑人 137 名，摧毁犯罪团伙 23 个、81 人，缴获赃物折款 20.7 万元。1997—1999 年，分局先后开展夏秋严打整治行动、"抓防范打抢劫反盗窃"专项行动和追捕逃犯专项行动，破获各类刑事案件 321 起，其中大案 86 起，抓获疑犯 296 人，查获各类犯罪团伙 30 个 102 人，追逃抓获 67 人（网上追逃 29 人），查处治安案件 508 起 379 人。破获流氓打斗、伤害案件 10 起。还告破一批抢劫杀人陈旧大案。

2000 年年初，区内带黑社会性质的恶势力威胁到人民群众的生命、财产安全。分局在 4—6 月开展除暴扫黑专项行动，抓捕一批涉黑恶势力的首要分子。其间开展"反扒"专项治理，打击处理了一批扒窃累犯。2001—2002 年，在为期两年的社会治安"严打整治"专项斗争中，按公安部统一部署，开展了狂飚 A－G 专项行动，共打掉涉黑团伙 15 个，成员 93 人；破案 116 起，移交检察院提起公诉、法院判刑 25 人。2003—2005 年，分局开展"打两抢抓防范"专项整治行动，抓成片性、系列性、团伙性侵财案件和挂牌案件的侦破，全力开展指纹破案会战，打击盗窃、破坏电力设备犯罪，全方位追逃，侦破一批积案，共破获各类刑事案件394起，其中大案159起，打击处理99人，抓获逃犯21人。

刑侦重特大案件 建局10年，刑侦大队破获了一系列重、特大案件，包括：1997年3月14日，鱼塘大道发生两名歹徒用器械击伤摩的驾驶员头部，抢走价值6 000余元的嘉陵牌125摩托车。1998年3月17日凌晨，省水稻高粱研究所下属泸塔酒厂工人下班在杜家街被两名男青年拦路抢劫杀害。同年8月18日凌晨，3名蒙面持刀人窜入石洞镇精米加工厂业主家中，将其捆绑，抢走2 000余元财物。次年11月29日凌晨，小市回龙湾沱一桥下发生持械抢劫轮奸台属案件，同日凌晨，王氏商城C区96号门市被盗茶叶价值9万余元。同日晚，出租车驾驶员在大驿坝被两名男子持刀抢劫。2000年1月27日，3疑犯手持一张480万元的银行假汇票到银行行骗。2001年9月7日凌晨，3名歹徒在沱一桥抢劫杀死受害人。2003年5月23日凌晨，小市中码头发生杀死两人案件。2004年9月18日，辖区发生绑架案。10月1日晨，一客商随身携带的价值3万余元的珠宝被抢劫。2005年6月12日，一涉黑人员携带"六四式"手枪敲诈业主现金1万元及物资等。以上案件均被侦破，并将犯罪分子缉拿归案，绳之以法。

经济犯罪侦察 区划后，分局成立经文保大队负责经济犯罪侦察工作。1997年，全区经济犯罪立案5起，涉案金额50余万元，全部破案，追回赃款20余万元，逮捕1人。次年，立案5起，涉案赃物折价40余万元，逮捕3人。1999年，成立经济犯罪侦查大队，经侦工作进入独立办案程序，力度加大。1999—2005年的7年间，全局共立案100件，破案75件，抓获犯罪嫌疑人121人，涉案金额1 790万元，挽回经济损失800多万元。其间1999年协办涉税案12件，挽回经济损失106万元。

第四节　社会治安

特种行业管理 1996年区划时，全区有特种行业177家，其中旅馆业62家、废旧金属收购业79家、印刷刻字复印业36家；文化娱乐场所446家。同年，特业职工提供案件线索29条，协助破获刑事案件15起，协助查处治安案件21起，抓获违法犯罪人员28人。

龙马潭区1997—2005年特种行业统计表

表7-4-4

项目\年度	旅馆（家）	废旧金属回收业（家）	印刷复印业（家）	文化娱乐业（家）	特种行业（家）	协查刑事案件（起）	查处治安案件（起）	抓获违法犯罪（人）
1997	69	74	34	363	177	114	115	83
1998	73	54	14	351	141	57	192	34
1999	96	67	50	356	213	—	4	4
2000	102	55	45	203	202	5	—	25
2001	106	63	31	197	200	—	—	27
2002	107	72	15	193	194	—	28	12
2003	52	—	—	—	—	—	—	—
2004	140	81	3	—	—	—	—	—
2005	142	101	3	—	—	—	—	—

危险物品管理 1996 年区划时，全区有民用爆炸物品单位 237 个，其中生产厂家 5 个，存储单位 18 个，销售商家 198 个，使用爆炸物单位 16 个；爆破专业人员 100 名。区划后对境内的 3 家火炮厂，5 个烟花爆竹批发点，11 家常年使用爆炸物品的单位重新审核，半年内未发生安全事故，并收缴民用枪 6 支、炸药 6 千克、雷管 100 枚、子弹 15 发。次年对 219 家涉爆涉危单位进行了审查换证，取缔 2 个非法生产烟花爆竹厂家。1998 年，培训从业人员 500 余人，完成 39 家危险品单位的审验换证工作，取缔 2 家非法销售爆炸物品个体户。1999 年，对 52 家涉爆单位的 86 名爆破人员进行了年审，换发公、检、法、银行、军工单位的持枪证 292 个，对 36 个涉爆场所进行全面整顿。次年，对 4 个烟花爆竹生产厂家，541 个单位，26 个加油站，352 个涉爆场所，32 个市场进行了拉网式大检查，发现隐患 1 236 个，重大隐患 50 个，发整改通知书 885 份，取缔不符合安全生产条件厂家 4 个。2001 年开展"治爆缉枪"专项活动，缴获非法枪支 216 支，管制刀具 68 把，雷管 6 枚，炸药 970 公斤，导爆线 150 米，军用手榴弹 1 枚，军用子弹 298 发。次年，开展对治安混乱地段整顿，对存放放射源的安全保卫工作进行了细致检查，确保万无一失。2003 年，开展金融单位枪支弹药安全大检查，11 月对全区爆破专业人员进行专业考核，重新审核其资格，给 52 名合格者办理爆破员作业证。次年，共查处违反枪支管理规定案件 3 起，违反爆炸物品管理规定的案件 9 起。2005 年，全区共查处违反枪支管理规定案件 1 起，违反爆炸物品管理规定案件 9 起。

内保业务 1996 年 8 月 20 日，泸州市公安局将原市中区公安分局列管的泸州市碱厂、四川省农业科学院水稻高粱研究所在内的 19 个内保单位的保卫关系移交至分局管理。

区划调整后，全区内保单位增至 104 个，其中文保 51 个，经保 53 个，全区设单位保卫科 33 个，有内保干部 112 人。1997 年，全区实有内保单位 122 个，其中文保 60 个，经保 62 个，建立 48 个保卫科，共有保卫干部 165 名。次年，分局文保大队先后抽调保卫干部 20 名，对内保单位进行安全大检查 7 次，发现各种隐患 40 余起，发整改通知 4 份。2002 年，分局加强对内保单位管理，共检查内保单位 18 个，查出安全隐患 39 处。次年，全区共有内保单位 75 个，其中重点内保单位 40 个，全年内保单位提供线索 81 条，协破刑事案件 24 件，协查治安案件 42 件，协助抓获违法犯罪嫌疑人 48 名。2004 年，全区共有内保单位 78 个，其中重点内保单位 41 个，全年内保单位提供线索 93 条，协破刑事案件 18 件，协查治安案件 49 件，协助抓获违法犯罪嫌疑人 39 名。2005 年，全区内保单位 86 个，重点 43 个，全年内保单位提供线索 92 条，协破获刑事案件 29 件，协查治安案件 51 件，协助抓获违法犯罪嫌疑人 37 名。

第五节 出入境管理

1996 年区划后，公安分局将出入境管理业务交文保部门管理，下半年全局共受理公民因私去港、澳、台地区和国外探亲、定居、务工共 13 人。次年，全区入境 31 人次，因私出境 5 人次，年内查处两起涉外案件。1998 年，共受理因私出国出境 60 人次，入境 53 人次。次年至 2005 年，因私出国出境 804 人次，入境 158 人次。2002 年，中国加入世贸组织后，公安部、省公安厅相继出台和改进了出入境管理措施，缩短了出入境办证周期，出入境人员明显增加。

第六节　国内安全保卫工作

民族宗教的安全保卫　1996年，全区共有佛教场所3处，伊斯兰教活动场所、基督教聚会点、道教活动场所各1处，此6处场所宗教活动正常。次年，分局与区统战部联系，对高坝石梁观音庙、高坝工人村、鱼塘红星村小庙、石洞、特兴等地的5处非法宗教活动场所，建立专门的联系机制进行引导整治。2001年9月11日，美国发生基地组织用飞机撞毁100层大厦事件，先后有国际恐怖组织嫌疑人从阿富汗潜入中国，分局国家保卫部门迅速部署密控工作。2002年取缔了8个非法聚会点。2003年3月，有3家开发公司到清真寺墓地施工，引起部分回民不满，发生争执，分局国保部门与相关部门配合化解了这场纠纷。同年7月，金龙乡出现基督教未经批准的传教活动，分局积极宣传宗教政策，使非法传教者停止了活动。2004年，分局与5个宗教活动场所签定安全责任书，取缔非法传教点2处。2005年，分局加强对宗教活动场所检查，全年共查处非法传教点3个，对50余名信徒进行了法律、法规宣传教育。

学校社科领域的安全保卫　2002年5—6月，分局将全区21个重点文化单位安全保卫工作列入直管，同时与32个重点企业、单位共同建立国内安全保卫工作联络小组。次年，中国出现"非典"疫情，分局加强了对学校、企业的巡查和保卫。2004年，国保部门在文保单位、企业确定国内安全保卫人员。区划以来，分局担负起了每年高考和成人高考试卷押运、看守工作，并负责考场周围的治安整治和安全保卫。

查处危害国家安全等案件　1996年下半年，分局联合贵州警方，查处吴某利用封建迷信诈骗群众钱财、奸淫妇女多名的案件，该案涉及辖区200多名受骗、受害群众。9—11月，分局查处了辖区内利用"航金股票"进行诈骗的两个非法组织"西南国际长城会"和"国共联帮组织"。2000—2005年，国保部门破获危害国家安全案件10件；破获非法气功案件29件，抓捕、拘留、劳教57人次；收缴非法书籍、录像、光碟等非法宣传品3 012件。

国保基础建设　1996年下半年，分局通过各种渠道，搜集各类情报信息122条，"六害"案件线索30条，查破危害国家安全的各类案件20起。次年，分局在邓小平逝世、香港回归、党的十五大召开等敏感时期及时排查不稳定因素，掌握动态，收集信息，加强了对23名重点人员的管控。2001年春节前夕，市一航司3个月未领到工资的100余名退休工人上访，分局及时疏导，提出方案，经多方协调，促成有关部门补发工资，平息了事态。2003年，分局的"三级情报网络"在化解泸州烟厂职工安置补偿问题、罗汉镇失地农民征地补偿问题等不安定因素中，起了重要作用。1998—2005年，分局收集信息3 021条，其中甲级75条，乙级466条，特级情报423条，重要情况及一般情报1 000余条。

第七节　户政管理

户籍政策　1998年起，公安机关先后出台了一系列户口改革措施，逐步取消了"农业人口"和"非农业人口"的户口性质，按居住地划分为"城镇居民户口"和"农村居民户口"。新生婴儿（含计划外生育和非婚生育婴儿）可随父随母入户。父母为现役军人的婴儿可选择生活条件好的祖父母（外祖父母）的常住户口的所在地申报户口。同时，放宽了户口迁移及投靠限制，凡依法成立的法人组织集体户内的人员可随迁配偶或未成年子女在单位入户；具有国家承认的大专以上学历人员或具有相关技术职称专业人员均可在县内城镇入户。在县内城镇购买有商品房或投资、经商的人员及其直系亲属可办理户口迁入手续，并在户口管理中体现"人性化"，取消了被判处徒刑、被决定劳动教养的人员注销户口的规定。2004 年，公安机关户口管理，继续坚持"具有合法固定住所和稳定职业"作为迁移或投靠落户的基本条件。放宽户口迁移及投靠限制，实行户口托管制，推进户口管理城镇化进程。

居民身份证管理 1997 年，居民身份证由 15 位号增加到 18 位号。分局户籍管理部门根据国家2003 年颁发"居民身份证法"扩大了领证范围，未满 16 周岁的未成年人，也可申领居民身份证，按此对辖区内部分居民补办了身份证。从 1998 年起，分局户籍管理部门已将申领、换领、补领及户籍宣传工作作为公安机关的一项日常业务。

第九节　消防工作

1996 年行政区划后，分局消防大队围绕城镇建设，加大消防监督力度和执法力度，狠抓安全生产周和"11·9 消防日"宣传活动，常年坚持"119"火灾报警 24 小时值班备勤制度。

龙马潭区 1996—2005 年重大火灾统计表

表 7－4－8－1

项　目 年　度	火灾次数（起）	人员伤亡		直接经济损失（万元）
		亡（人）	伤（人）	
1996	17	—	5	32.7
1997	24	—	4	19.6
1998	26	1	1	63.8
1999	26	1	5	19.9
2000	29	1	7	55.5
2001	19	1	1	115.39
2002	23	—	1	40.4
2003	22	1	1	37
2004	13	—	1	9.9
2005	14	8	1	1 489.254

龙马潭区 1996—2005 年典型火灾统计表

表 7 - 4 - 8 - 2   单位：万元

时 间	起火地点及原因	损 失
1996.11.19	川塑厂副食品批发市场内 248 号摊位发生火灾，为炒货引起	4.75
1996.12.14	个体汽车川 E04017 在运输过程中液蜡发生泄漏，滴在排气管上引起	4.85
1996.12.14	泸化厂一附分厂车间楼上酒精储罐渗漏的酒精随电缆流到楼下开关箱内，酒精遇电火花引起	4.8
1997.9.7	区供销社回龙湾仓库电器短路引起	9.1
1997.11.23	罗汉民生机械厂工人因使用电焊焊接时不慎将焊渣掉进废油盒中引起	4.5
1998.3.2	小市交通路 34 号门市百货批发市场起火，原因不明	22.37
1998.5.31	小市交通路百货市场 65 号门市电线短路引起	9.5
1998.6.24	小市杜家街 91 号皇冠皮鞋厂电线短路引起	4.6
1998.9.9	四川维城磁能有限公司因粉碎机在粉碎发泡剂时，由于机内温度较高，引燃发泡剂	6.5
1998.12.4	泸州市方山宝山有限公司发生火灾，纵火	5.2
1999.1.6	石洞交通车队川 E01658 车辆油管破裂，遇高温燃烧	4.0
2000.1.8	鱼塘镇王庄曲药厂，电气线路短路引起	19.9
2002.2.1	小市交通路 40 号门市起火，原因不明	7.8
2003.1.21	区烟草公司川 E01218 奥迪车因电气线路发生故障引起	8.0
2003.1.21	王氏商城 C 区 92 号门市，用火不慎引起	9.3
2003.6.28	川 E18938 出租车与川 E20480 相撞引起	6.5
2003.11.2	区玻璃厂玻璃液泄漏引起	4.2
2003.12.9	新民街 5 号楼刘平家蜡烛照明不慎引起	12.96
2003.12.16	川 E26676 桑塔纳轿车因电气线路故障引起	6.24
2005.8.4	长安乡张嘴村四川宫阙老窖集团公司酒库发生爆炸，引发大火，6 人死亡，1 人重伤	450
2005.8.29	沱江鞋城突发大火，系电气线路短路引起	991

第九节　禁缉毒

缉毒破案　1997 年，分局共侦破毒品案件 86 起，打击违法人员 12 名（其中逮捕 1 人，劳教 11 人），强制戒毒 42 人，缴获海洛因 14 克、罂粟壳 1 公斤及毒品注射器具。1998 年至 2000 年，侦破毒品案件 266 起，其中大案 22 起，缴获海洛因 291.6 克，打击处理违法人员 49 名（其中逮捕 28 人，劳教 21 人），强制戒毒 105 人。2001 年 5—6 月，开展"狂飚－C"集中扫毒行动，10 月 20 日—11 月 31 日，开展"清理整顿易制毒化学品市场及打击制毒犯罪活动专项斗争"等禁毒统一行动，全年共侦破毒品案件 152 起，缴获海洛英 177 克，打击处理 34 人（其中逮捕 13 人，劳教 21 人），查处涉毒违法人员 265 人，强制戒毒 63 人。至 2001 年，全区公开查缉网络体系初步建立，在鱼塘、特兴两个收费站设立了毒品检查点，加强双向查缉工作。次年，开展了为期两个月的整治娱乐场所吸食"摇头丸"行动，全年共破获毒品案 123 起，其中重特大案件 4 起，抓获毒品违法人员 159 人，摧毁毒品犯罪团伙 6 个，打掉吸毒窝点 8 个，打击处理 27 人，强制戒毒 74 人，缴获海洛因 845.5 克。2003 年至 2005 年，共破获毒品案件 159 件，抓获涉毒人员 182 人，强制戒毒 122 人，打掉吸毒窝点 4 个，摧毁毒品犯罪团伙 2 个，缴获海洛因 1 072.5 克、摇头丸 500 粒。

禁毒宣传 分局成立以后，在每年国际禁毒日"六二六"期间，都深入开展禁毒宣传，通过设立宣传站点、张贴宣传标语、悬挂横幅、印发禁毒宣传手册、播放录音录像磁带等形式，开展广泛的禁毒宣传。

龙马潭区国际禁毒日 1998—2003 年宣传情况表

表 7 - 4 - 9

年度	组织区干部（人次）	印发宣传资料（张、册、盒）	设宣传站（个）	参加主要部门或领导	参加学校学生	受教育人次	处理贩毒	宣传范围
1998	700	1 000 20 000 60	14	区禁毒小组、人大代表、政协委员	5 所学校	10 余万	—	全区乡镇 10 个、学校 5 所
1999	600	1 000 2 0000 60	26	区党、政部门	3.6 万人	10 余万	—	全区乡镇 10 个、学校 5 所
2000	500	1 000 1 0000 170	28	区禁毒小组、人大代表、政协委员	—	10 余万	公捕 6 人，劳教 7 人	全区乡镇、街 12 个、学校 5 所
2001	500	1 000 20 000 190	46	区禁毒小组、人大代表、政协委员	—	10 余万	公捕 6 人，劳教 16 人	全区乡镇、街 12 个、学校 5 所
2002	246	1 250 12 500 140	32	区禁毒小组，区委、人大、政协领导	18 所学校受教育师生 12 000 余人	10 余万	—	全区乡镇、街 12 个、学校 5 所
2003	未报	800 28	28	区禁毒小组，人大、政协领导	8 所学校近万人次	10 余万	—	全区乡镇、街 12 个、学校 5 所

注：宣传资料"张"指标语、横幅；"册"指手册；"盒"指录像、录音、光碟或磁带

禁吸戒毒 1997 年，分局大力开展摸排工作，摸排出吸（扎）毒人员 225 名。次年，相继在小市、石洞、罗汉摸排出新增吸、贩毒人员 79 名，全区在册吸毒、贩毒人员达 340 名，全年共收戒吸毒

成瘾人员 49 名。1999 年，全区共收戒吸毒人员 43 名，自愿戒毒 30 名。当年，在特兴镇启动禁毒"试点工程"，设立禁毒机构，签订禁毒责任书 391 份，登记涉毒者 74 名，确定帮教人员 84 名，落实帮教对象 53 名。2000 年，中央电视台、人民日报社、四川电视台、泸州电视台等新闻单位对特兴镇"无毒社区"经验作了报道。次年，共强制戒毒 63 人，限期戒毒 8 名，全区有 57 名吸毒人员通过戒毒，连续三年未重新吸毒。2001 年新增吸毒 4 人，比上年新增吸毒 8 人相比，新吸毒率同期下降 50%。2002—2003 年，禁毒部门重点推广"三帮一"和"四帮一"的帮教机制，分批对吸（扎）毒人员进行摸排，通过帮教，两年共有 188 名三年以上未重新吸毒。全区 133 个村中，有 128 个村未被毒品侵害，全区无毒社区达 67%。2005 年，全区有吸（扎）毒人员 361 名。

禁毒绿洲计划 1999 年 6 月 4 日，区禁毒领导小组制定"属地管理、划片净化、形成绿洲"的"禁毒绿洲计划"，将小市、石洞、特兴划为重点区域，其余为一般区域，采取分类划片包干的方式形成禁毒网络。禁毒"绿洲计划"分为两个阶段：1999 年 5 月至 2000 年 12 月为第一阶段，2001 年至 2002 年 12 月为第二阶段。前阶段主要目标是：以 1998 年调查摸底核实吸毒人数为基数，将新吸（扎）毒人员增长率控制在 5% 以内；登记在册的全部接受戒毒治疗，复吸人员一律实行劳教；区域内公职人员、在校学生中无吸毒人员；登记在册的吸（扎）毒人员 70% 落实帮教，30% 回归社会；对区域内涉毒案件基本做到能发现、控得住；区域内无非法成片种植的毒品原植物。第二阶段的目标是：社会面基本无新吸毒人员；登记在册的吸（扎）毒人员全面落实帮教，登记在册的 60% 回归社会；遏制毒品消费市场，堵截毒品入境通道，打击零包贩毒，毒品消费市场实现零增长；建立一套完善的禁毒工作和"打、防、管、建"的良性运作机制，控制毒情不出现反复；夯实禁毒群众基础，逐渐消灭产生毒品违法犯罪的社会诱因。2003 年禁毒责任制得到全面落实，"无毒社区"覆盖面达 75%，全区 133 个村（居）委会中，有 128 个未受毒品侵蚀。

第五章　司法行政

第一节　机　构

1996 年 7 月 1 日，龙马潭区司法局成立，由泸县司法局划拨人员组成。赵明、张光琼为负责人。同年 11 月 21 日，通过考试，录用魏朝述等 13 人为司法行政干部。局内设六个职能股室，即办公室、政工股、宣传教育股、公证律师股（同时挂法律援助中心牌子）、基层工作股、安置帮教工作股（同时挂区安置帮教工作领导小组办公室牌子）。历任局长（主持工作副局长）赵明、兰荣辉、殷忠祥。

在全区乡镇、街道、企事业设立司法机构：1996 年建区后，对原调解委员会进行了整顿清理充实。次年，重新健全了城乡结合部，流动人口聚集区的调解组织建设。2003 年，各乡镇、街道司法调解中心更名为人民调解委员会，企事业单位建立调解组织 76 个，全区共有调解组织 213 个，调解工作者 690 人。同年 9 月，区综治办、人民法院、司法局联合对各乡镇、街道、企事业单位 230 余名调解委员会主任进行业务培训。建局至 2005 年，10 年间，区有泸州市龙马潭区公证处、神马律师事务所。基层法律服务所由建区之初的 5 个发展到 12 个，执业法律服务人员 69 人。

第二节　法制宣传

"三五"普法宣传教育　1996—2000 年，全区开展"三五"普法。1996 年 11 月建立普法领导组，组长刘汉洲（区委副书记、区人大常委会主任）；副组长邱树琼等 5 人；组成人员有区公、检、法、司一把手等 11 人。领导组办公室设在区司法局，由区政法委副书记杨中荣兼任办公室主任，区司法局局长赵明兼任副主任。1998 年，调整领导组，成员由原来的 11 人增为 14 人，赵明兼任领导组办公室主任。

"三五"普法的对象是工人、农民、知识分子、干部、企事业单位经营管理人员、学生、个体劳动者。重点是乡、科级以上干部，特别是县、处级以上干部、司法人员、行政执法人员、企事业单位经营管理人员、青少年。作法是：举办普法培训班，聘请大学政法系教授来区对区级和乡镇机关干部进行普法培训。尔后成立法制教育讲师团。先后组织法律知识培训班 411 次，参训人员 8 171 人，全区办宣传专栏 273 期。5 年间，组织 9 075 人参加四川省百万公民依法治省法律知识竞赛。1998 年起，加大普法力度，当年订购《公民民事经济法律知识》2 000 余册，组织乡镇村社干部、企业经营管理人员学习《经济合同法》《行政复议条例》《婚姻法》《继承法》《村民委员会组织法》等法律，普及面 90% 以上。1999 年 5 月 12—20 日，区法建办司法局利用赶场天在全区乡镇开展送法下乡活动，发放宣传资料 9 000 多份，接受法律咨询 600 多人次。1999 年 6 月，聘请理光律师事务所高级律师李玉声为区委中心组成员及乡镇党委书记 30 余人讲授《合同法》。在全区 36 所中小学配齐兼职法制副校长，设法制辅导员 72 名。并成立青少年法律宣传帮教团，定期登门进行法制教育。区法建办还制定《龙马潭区"三五"普法依法治理实施细则》，做好普法合格证的颁发工作，区级机关发证率 95%，乡镇干部发证率 91%，企事业单位职工发证率 85%。2000 年 8 月上旬，区法制建设领导组成员分成四个组，对全区 9 个乡镇街和 50 个单位部门的"三五"普法工作进行检查验收，全部合格。

"四五"普法宣传教育　2001—2005 年，是"四五"普法阶段。领导组由区委副书记、政法委书记付希任组长，区政府副区长、政法委副书记牛波等 7 人任副组长；成员 15 人。确立"四五"普法的目标是实现"两个转变，两个提高"。即努力实现由提高全民法律意识向全民法律素质的转变；全面提高全体公民，特别是各级领导干部的法律素质，努力实现由注重依靠行政管理手段向注重运用法律管理手段的转变；全面提高社会法治化管理水平，全方位推进各项事业的依法治理，促进全区经济建设和各项社会事业的健康发展。以每年 12 月 4 日国家现行宪法实施日为全国法制宣传日，将普法尽量向偏远地区进行宣传。

2002—2003 年加大宣传力度，分别到 9 个乡镇利用赶场天开展宣传活动，重点是《宪法》《刑法》《民法通则》《土地承包法》《国土资源法》《人口与计划生育法》《生产安全法》等法律，散发宣传资料 3 万份，发送读本 4 000 余册。参与区人大常委会组织的《代表法》颁布 10 周年宣传月活动；开展"六二六"禁毒日宣传"热爱生命，拒绝毒品"活动。还组织国家公务员、企事业单位经营管理人员、中小学教师、高中生等 8 000 人参加省法建办等单位联合举办的四川省"国宝杯""四五"普法百万公民法律知识大赛。2004 年 2—4 月，区司法局开展"崇尚法治，依法治区"为主题的活动。举办大型讲演比赛 18 场，区机关、乡镇街、企事业单位、金融系统、学校 150 多人参赛。区法建办组织小街子小学、鱼塘中学、成都电子高专泸州分校学生600余人到市劳动教养所听劳教人员现身说法，讲述《我吸毒经历》《失去美好年华》《诱惑的代价》的亲身经历，对青少年震动很大。同年《宪法修正案》公布后，区法建办购买200多册，发到机关、企事业单位学习。先后出动宣传车到12个乡镇、街道巡回宣传，发放《宪法》知识竞赛试卷6 500份。邀请省高级人民法院法官杨丽对机关650名公务员进行《行政许可法》知识培训，经考试全部及格。组织国家公务员、党群干部、企事业单位管理人员4150人参加全省"四五"普法法律知识考试。2005年3月4日至3月17日区法建办组织开展送法下乡活动，区人民法院、区人民检察院等10多个部门到乡镇宣传《道路交通安全法》《信访条例》等法律法规。3月1日，在城区开展法制宣传活动。两次共设宣传点59个，散发宣传资料5.5万余份。全年围绕"两个转变，两个提高"的普法工作目标，收集整理几年来近万张图片、文件、资料，将全区5年的普法、依法治理工作录制成专题片《法治龙马》，受到市检查组好评，"四五"普法顺利通过验收。

第三节　民事调解

2003年11月，各乡镇街成立司法调解中心，各村委会、社区居委会和企业事业单位成立调解委员会，由司法局负责业务指导。

1996年建区后，及时充实调解人员，重点整顿了村级调解委员会。开展"五无"村活动（即无民事纠纷转化为刑事案件，无民事纠纷造成非正常死亡，无民事纠纷引起群众性械斗，无民事纠纷引发群体上访，无民事纠纷未调解上交）。在预测控制纠纷上下功夫，注重季节性，多发性，易激化纠纷的排查、调解工作，确保社会稳定。半年受理民间纠纷1 676件，已调解1 618件，占96.5%，调解成功1 490件，占92.8%。

1997—2002年，拓宽调解工作领域，建立健全了城乡结合部和流动人口聚集区的调解组织。对乡镇司法助理员进行业务培训。继续开展创建"五无"村活动，做到有部署，有检查，有总结，使人民调解工作规范化、制度化。各乡镇成立以分管乡镇长为组长，司法助理员、综治办主任为成员的专项治理领导组，推行纠纷调解责任制，切实把纠纷解决在基层。共受理并调解纠纷1.23万件，调解成功率为98%，创建"五无"村级单位154个。2003年，各乡镇街司法调解中心更名人民调解委员会，企事业单位建调解组织76个，全区共有调解组织213个，调解人员690人。9月26日区综治办、区人民法院、区司法局联合对各乡镇街、企事业单位230多名调解委员会主任进行业务培训。至2005年共受理各类纠纷4 718件，调解成功4 565件，成功率96%。通过调解化解矛盾，避免民事纠纷转化刑事案件58件；避免民间纠纷引起自杀12件；避免发生群众性械斗12件；防止群体性上访31件。2005年，司法部授予北方化学公司调解委员会"模范调解委员会"称号。

第四节　律师事务

龙马潭区现有神马律师事务所。在司法行政机关的指导监督下开展业务活动。

龙马潭区1996—2005年律师业务活动统计表

表7-5-4

项目 年度	担任法律顾问（家）	刑事辩护（件）	民事代理（件）	经济代理（件）	行政代理（件）	非诉讼代理（件）	代写法律事务文书（份）	法律咨询（人）	法律援助（件）
1996	19	39	241	—	5	13	92	346	—
1997	38	131	286	133	10	246	—	—	9
1998	28	75	248	124	10	11	122	2 780	20
1999	16	46	243	21	—	19	179	1 545	20
2000	18	12	138	70	32	5	30	300	20
2001	14	—	161	21	3	11	36	3 560	—
2002	41	94	251	—	—	62	1 040	2 960	168
2003	22	24	201	—	—	16	150	2 950	38
2004	62	19	235	39	2	158	—	500	312
2005	167	18	227	—	—	—	207	550	146

第五节　公证事务

　　2003年2月后，区内各公证处按省司法厅规定建立公证诚信制度。在办公场所醒目位置，设立公证执业公示栏。公示内容：《公证服务收费标准》《公证员廉洁执业的若干规定》《公证员执业道德基本准则》，执业公证员及辅助公证人员名单，公证处和主管司法局、物价局的监督投诉电话。司法行政机关聘请人大、政协、法院、检察院、物价、审计、纠风办等部门人员为特邀公证监督员。实行公证责任赔偿制度，凡因公证处的过错，出具错证，给当事人造成损失的，要按规定予以赔偿，切实保护当事人的合法权益。司法局定期对公证质量进行检查，把公证质量的监督、检查制度化、经常化，完善内部管理机制，以降低错证率，杜绝假证。对当事人投诉及来信来访反映的公证质量问题，司法局及时调查处理和纠正。并实行定额奖惩目标管理责任制，进一步规范公证人员的职业道德和执业纪律，积极拓宽公证服务领域。坚持"公正、合法、无争议"的公证原则，强化公证质量管理，提高公证质量。

　　1996—2005年，办理公证事务12 413件。其中1996、1997年两年共办理民事公证213件；经济类公证1148件；公证合格率100%。1998年开展办理《城市房屋拆迁安置补偿协议》公证，向被拆迁户宣传拆迁安置补偿政策，为其房产继承、遗嘱、遗赠、扶养协议等提供法律服务，开展被征地人员自谋职业协议公证，为国家征用土地服务，全年办理公证485件，全部合格。1999年办公证682件，其中为泸化厂办理了主张权利的法律行为公证，使诉讼时效中断，保护了债权人的合法权益。

2001 年公证业务拓展到"保全证据""提存""汽车消费贷款""住房按揭贷款"等，全年办理 1
823 件。

第六节　基层法律服务

　　建区之初，仅有基层法律服务所 5 个，至 2005 年发展到 12 个，每个乡镇街均有 1 个，基层法律
工作者共 69 人。石洞、特兴等法律服务所率先为外出务工人员签订法律服务合同，为农民工提供法
律服务。服务内容：1. 被厂家随意拖欠、克扣工资；2. 与其单位或者个人发生经济或其他纠纷；3.
遇有人身损害、伤残、死亡的索赔；4. 外出务工人员法制宣传工作；5. 外出务工人员在外期间其家
庭成员发生的纠纷。1997—2005 年以来先后为外出务工人员签定法律服务合同 15 000 余份。2001 年 2
月和 2002 年特兴、胡市法律服务所分别获得市级"文明法律服务所"称号。

龙马潭区 1996—2005 年基层法律服务工作统计表

表 7 - 5 - 6

项目 年度	担任法律 顾问（家）	诉讼代 理（件）	非诉讼代 理（件）	协办公 证（件）	法律咨询 （人）	代写法律 文书（件）	为农民签订法律 服务合同（份）
1996	34	210	192	57	1 299	576	—
1997	32	333	150	56	1 776	657	1 800
1998	43	523	273	65	3 497	955	2 139
1999	198	296	374	128	2 400	695	2 400
2000	584	302	307	48	1 800	—	2 100
2001	156	451	289	64	2 579	1 058	2 400
2002	163	449	281	61	—	991	2 100
2003	88	663	—	47	3 550	2 180	—
2004	55	486	238	42	2 400	298	800
2005	68	324	94	24	2 997	701	—

第八节　法律援助

　　组织结构　2000 年 11 月区政府成立以副区长吴伟为组长，公、检、法、司、财政、劳动、民政、
工会、妇联、共青团、残联等部门负责人为成员的法律援助工作指导委员会，组织、指导、协调全区
的法律援助工作。区司法局设立法律援助中心，各乡镇街、律师事务所、公证处、工会、妇联、团区

委、残联、侨联、老龄委等部门建立 20 个法律援助工作站。全区形成了法律援助机构网络化、管理规范化、队伍专业化的工作格局。

法律援助宣传　2001 年至 2005 年，区司法局加大宣传《法律援助条例》力度，组织法律援助中心律师、法律工作者，开展"宣传日""送法下乡""送法进社区"等宣传咨询活动 20 余次，办专栏 15 期，散发宣传资料 1.5 万份，便民联系卡 1 000 张，法律援助卡 500 张。认真学习省司法厅等 9 厅局《关于贯彻落实〈条例〉切实解决困难群众打官司问题的实施意见》等法规。

法律援助行动　在"贫者必援，弱者必帮，残者必助"原则的指导下，1997 年至 2005 年全区律师、公证、法律工作者共办理法律援助案件 743 件，其中典型案 2 例：2004 年，辖区发生一起假种子坑农事件，胡市、金龙、石洞 3 个乡镇 268 户农民种植市禾丰种业公司销售的禾丰 1 号稻种，造成大面积减产，农民索赔无望。区法律援助中心，派律师等法律工作者深入 3 个乡镇实地调查取证，5 次召开诉讼代表座谈会，3 次组织分管乡镇长协调，4 次参加法庭庭审调解，以禾丰种业公司赔偿受害农户损失 10 余万元告终。2005 年 8 月 29 日沱江鞋城发生火灾，造成 191 户经营户、54 户居民、77 户门市投资户财物重大损失。区法律援助中心派 10 名律师和法律工作者迅速介入，一方面参加区委区政府处置火灾工作会议，为区领导处置善后工作提供法律意见和建议；另一方面主动参加与受灾户对话会，宣讲政策、法律，多次召开受灾户代表座谈会，提出事故处置方法和意见，积极为他们提供法律援助，维护受灾户合法权益。

第八节　刑释人员安置帮教

安置帮教领导小组　安置帮教领导小组成立于 1997 年 7 月，2003 年 10 月区委、区政府调整刑释、解教人员安置帮教领导小组，区委副书记兼政法委书记牛波任组长，副区长兼政法委书记吴伟、区政法委副书记安力、区司法局局长兰荣辉任副组长，区委办公室主任等 12 名局级领导为成员。领导小组办公室设在司法局，司法局副局长廖竞瑜任办公室主任。2004 年 6 月调整安置帮教工作领导小组，由区政府副区长兼综治委副主任吴伟任组长，区政法委副书记谢维斌、区司法局局长兰荣辉任副组长，成员由政府办公室副主任曹天林等 14 人担任，办公室仍设在司法局，办公室主任由廖竞瑜继任。全区建基层帮教组织 12 个，成员 98 人。

主要帮教工作　（一）对全区刑满释放、解除劳动教养人员逐个建立个人档案资料，做到对象清、底子明、资料准。（二）落实刑释解教人员帮教责任，采取各种形式妥善安置就业，并落实专人负责帮教。（三）推进安置基地建设，确定特兴泸州印务有限责任公司为安置帮教基地，制定安置帮教工作制度，实现对刑满释放、解除劳动教养人员"包安置、包教育、包管理、包转化"的工作目标。2004 年 4 月和 8 月组织法律工作者走进社区对刑释、解教人员和服刑在教人员的家属开展法制宣传、法律咨询和法律援助活动。（四）开展社区矫正试点工作。坚持以人为本，社会各界参与，维护稳定为宗旨，选择小市上大街社区试点，建立两支社区矫正队伍：一支由民警、法律工作者、社区专干组成，一支由社区党总支部、居委会委员、老党员组成。两支队伍分工合作，对社区 6 名帮教对象建立人头档案和"四帮一"制度。

第八篇　民政 劳动 人事

在建区后的 10 年间，龙马潭区民政、劳动、人事工作，紧紧围绕经济建设这个中心，大胆改革，面向基层，服务群众。在拥军优属，优抚安置，困难群众救助，基层组织建设中，依法调处劳动纠纷，监督企业依法经营，建立完善保障制度，帮助下岗工人和失业人员再就业，建立劳动市场，搞好劳务输出。对公务员、专业技术人员管理，指导大中专生安置就业，引导人才合理流动，执行全区机构改革等方面的工作，都取得了好的成果。拥军优属，拥政爱民（简称"双拥"），1999 年 10 月，全国双拥领导组授予龙马潭区"爱心献功臣"先进集体；2000 年和 2005 年，两次被省委、省政府、省军区命名"双拥模范区"。

第一章　民　政

第一节　机　构

区划时成立区民政局，行政编制 9 人，机关后勤事业编制 1 人。局领导设一正一副。下设办公室、救灾救济股、优抚安置股、社会事务股、基层政权股、最低生活保障股，挂靠机构有区双拥工作领导组办公室，区老龄工作委员会办公室。下属事业单位有收容救助站、殡葬管理所、石洞烈士陵园管理所、状元山公墓管理所。2001 年将农村社会养老保险职能划归劳动和社会保障局管理，区残疾人联合会原挂靠民政局，2001 年实行单列。历届民政局长：李华明、胡怀明、刘元华、吴国勇。

第二节　优抚安置

牺牲病故抚恤　享受抚恤的对象为牺牲、病故人员的父母、夫妻和子女，16 岁以下弟妹及托养已故人员而现又需依靠已故人员赡养之亲属。抚恤分为一次性抚恤和定期定量抚恤。一次性抚恤标准：1996 年实行对牺牲病故人员生前月工资标准计发，因公牺牲发 20 个月，病故发 10 个月。2004 年 10

月1日起：烈士发80个月，因公牺牲发40个月，病故发20个月。获得中央军委授予荣誉称号的增发35%，获得军区级授予荣誉称号的增发30%，立一等功增发25%，二等功增发15%，三等功增发5%。定期定量标准为：1996年因公牺牲军人家属：家居农村的每人每月发72元，城镇的每人每月发78元；病故军人家属家居农村的每人每月发67元，城镇的每人每月发72元。2005年5月1日起，对烈属：家居农村的每人每年3 276元，城镇的每人每年4 788元。因公牺牲的军人遗属：家居农村的每人每年3 276元，城镇的4 488元。病故军人家属：家居农村的每人每年3 168元，城镇的4 188元。1996年全区73人享受定期定量抚恤，其中烈属40人，病故军人家属33人。2005年41人享受抚恤，其中烈属19人，因公牺牲军人家属3人，病故军人家属19人。

伤残抚恤　人民解放军、人民公安部队指战员，国家工作人员，民兵民工因战因公致残的，国家给予伤残抚恤。2004年10月前伤残等级分特等、一等、二等甲级、二等乙级，三等甲级、三等乙级。并分因战、因公、因病。2004年6月1日起分为10个伤残等级，每人每年抚恤金标准为：一级因战1.22万元，因公1.19万元，因病1.09万元；二级因战1.05万元，因公1.01万元，因病1.01万元；三级因战9 740元，因公7 060元，因病6 460元；四级因战7 740元，因公7 060元，因病6 460元；五级因战6 060元，因公5 500元，因病5 020元；六级因战4 808元，因公4 528元，因病3 928元；七级因战3 688元，因公3 328元；八级因战2 568元，因公2 248元；九级因战2 008元，因公1 768元；十级因战1 448元，因公1 288元。伤残军人每人每月护理费标准为：1996年因战特级202元，一等162元。2005年7月1日起因战、因公一级和二级410元；因病一至四级307元。1996年全区享受伤残抚恤201人，其中在乡一等1人；二等甲级9人，二等乙级18人；三等甲级41人，三等乙级44人；在职一等2人；二等甲级9人，二等乙级18人；三等甲级28人，三等乙级31人。2005年享受伤残抚恤197人，其中在乡一等因公1人；二等甲级因战5人，因公3人，二等乙级因战7人，因公8人，因病3人；二等乙级因战7人，因公8人，因病5人；三等甲级因战13人，因公18人；三等乙级因战5人，因公23人。在职因公一等1人，二等甲级因战5人，因公17人，因病1人；三等甲级因战10人，因公20人；三等乙级因战14人，因公22人。

退伍军人补助　1996年在乡老复员军人596人，带病回乡复员军人81人，全部享受了定补。每人每月定补标准为：老复员军人32元，带病回乡复员军人20元。2003年月1月1日起老复员军人107元，带病回乡退伍军人82元。2005年1月起老复员军人148元，带病回乡退伍军人89元。

烈军属优抚待遇　1996年全区烈军属584户。优待经费由乡镇街统筹，每户每年400～800元，非农业户口由街村居委会动员居民筹资解决，每户每年150～300元。1997年后改革优待金筹资办法，实行以区统筹、全区负担。凡居住本区内公民，包括行政机关、企事业单位职工，每人每年筹资5元，村民和无工作的居民3元，不足部分由区财政解决。当年实现农村义务兵家属每户1 400元，城镇义务兵家属每户400元。2001—2005年优待经费由区财政统一支付，取消原筹资办法，农村义务兵家属每年每户发1 750元，城镇的每户400元。烈属、伤残军人的优待面按20%补助，每户每年优待300～500元。

烈士褒扬　1954年兴建泸县革命烈士纪念碑。纪念解放泸县牺牲的革命烈士。1963年改建为泸县革命烈士陵园。1996年划归管理，更名龙马潭区石洞革命烈士陵园。由于长久失修，2003年筹资160万元改建，占地4.35亩，建楼房1幢400平方米，用于办公和陈列烈士资料。改建了烈士纪念碑和可安葬100名烈士的墓台。

烈士陵园现已安葬革命烈士52名，其中泸县管理时安葬14名，多数是泸县征粮剿匪战斗中牺牲的烈士。1990年由中央军委主席江泽民签发授予的战斗英雄邓尚春烈士安葬在这里。2004年区政府决定将罗汉镇等地的在解放战争和征粮剿匪战斗中牺牲的谢云安等38名烈士遗骨也转葬于此。石洞烈士陵园成为区内唯一的革命传统教育基地，每年清明节，各乡镇街组织干部、职工、村（居）民、中小学学生等近万人前来扫墓，敬献花圈花篮，缅怀先烈，聆听革命先烈的英雄事迹介绍，接受爱国主义教育。

退伍军人安置　1997年以后，全区复员退伍军人安置领导小组办公室设在民政局，由民政局长兼任办公室主任，具体负责安置事宜。按"从哪里来，回哪里去"的原则安置，家居农村的由区安置办负责介绍回乡从事农业及其他行业。非农业户口退役战士、士官、伤残军人、荣立二等功以上人员实行安置就业。安置去向主要是行政机关工勤人员岗位和区属事业单位、国营企业、私营企业、街道社区等。1997—2000年，安置城镇退伍士兵、士官、伤残退伍军人494人，安置率100%。安置回乡退伍军人336人。2001年实行安置改革，因退役士兵安置矛盾突出，采取安置就业、扶持就业、自谋职业相结合的办法，重点鼓励自谋职业。区政府制定对自谋职业人员一次性经济补助办法，其标准：城镇义务兵按全区职工人年平工资的两倍发给，士官按3倍发给。2001—2002年城镇士兵自谋职业的每人一次性发给2.18万元，士官3.36万元。2005年增为城镇士兵2.73万元，士官4.19万元。凡属市属企业的子女自谋职业的一次性发给3万元。自谋职业的经费来源：2001—2003年采取筹资办法；2004年起由区财政统一负责。5年间安置人员自谋职业225人，支付自谋经费787.5万元。

第三节　双拥工作

双拥工作领导组　1996年以后，区委召开常委会、区政府召开常务会研究拥军优属、拥政爱民工作41次，将其列入社会发展规划，写进《龙马潭区社会主义精神文明建设"九五"规划纲要》《区委工作要点》《区政府工作报告》，并将建"双拥模范区"工作写进区第二届党代会、人代会、政协全委会报告，提交代表、委员讨论，形成共识。同时成立以区委副书记、区长楚明为组长，22个相关单位为成员的双拥工作领导组，下设办公室，由民政局长兼任办公室主任，落实办公地点和办公经费。乡镇街建立相应的拥军优属领导组。区机关、事业单位、企业、村委会、社区建立服务组织189个，并完善《双拥工作会议制度》《军地互访制度》。

宣传教育　坚持开展各种形式的双拥和国防意识教育，贯彻《兵役法》《国防法》，把国防、双拥和爱国主义教育纳入全民教育体系，列入宣传、教育、文化、广电部门工作计划。建立爱国主义教育基地。通过召开会议、举办演讲、文艺演出、知识竞赛、参观军营、慰问优抚对象、祭扫烈士墓等形式宣传双拥工作。10年间开办专栏380期，书写标语6 000余条。电视、电台、报纸专题报道210次，宣传教育面达95%。

优抚对象解难　完善各项法规政策，制定了《军人抚恤优待若干规定》《拥军优属若干规定》《优抚对象公费医疗减免措施》等。对全区伤残军人、军队离退休干部的有关政策待遇全部兑现。义务兵军属和其他烈军属优待面均达100%。农村义务兵军属优待标准：2004年起达到1 750元，居全市第一。区政府每年要对困难的优抚对象在原规定优待标准基础上另增加400～500元补助。建立优抚对象医疗困难救助体系，落实下岗伤残军人的公费医疗，对二等乙级以上伤残人员全部实行公费医疗，三等伤残军人的伤痛复发治疗费全部报销。另解决优抚对象医疗困难补助423人，每年解决医疗补助费用20多万元。区财政投入7万元补助20户困难"三属"，为其解决住房问题。区教育部门为35户优抚对象困难户解决子女入学难问题。

拥军办实事 区政府制定现役军人立功受奖机制，对获英模称号和立一、二、三等功的本籍军人分别予以2 000元、1 000元、500元、200元奖励。1997—2005年奖励立功人员206人，奖金5.6万元。2001—2004年区政府为区武装部解决经费150万元，并在安宁镇境内划拨1.33公顷地作为训练基地。区人事、劳动部门协助解决军人家属调动和安置就业6名。区司法部门建立涉军维权机构，协助部队妥善处理解决军地纠纷2起，依法协助审理涉军案3件，接待涉军上访事件23起，全部解决。先后帮助35名军属维护自己的合法权益。每年春节、"八一"建军节，区委、区政府主要领导和双拥领导组成员带着慰问物资到驻军部队、武警中队、人武部、消防支队慰问，连年支出慰问费3万多元。

驻军拥政爱民 驻泸部队视人民为父母，把泸州当故乡，组织"为民服务组"5个55人，与部分乡镇结为对子，帮助120多家贫困户脱贫致富。每年春节、"八一"前夕，为特困人员和特困党员捐款送温暖，为再就业和希望工程等公益事业捐款10万元，救助失学儿童620名，义务献血1 200人次；积极参加抗洪抢险、灭火救灾突发性事件20多起，保护人民财产和生命安全。

创建双拥模范区 为做好全区的拥军优属、拥政爱民工作。从1996年8月起，区委、区政府将创建省级双拥模范区列入工作重点。按照省双拥领导组制定的"创模"标准逐一落实，层层建立双拥领导组织，制定领导组成员单位工作职责。出台军人抚恤、烈军属优待、复员军人安置、伤残军人医疗费报销、国防教育等10多个规范性文件，确保优抚对象的优待政策全面落实、建立健全军地互访制度，做到双拥工作经常化、制度化、规范化。1999年9月，市双拥领导组授予安宁镇政府、区教育局为拥军优属先进单位；同年10月，市委、市政府、军分区命名鱼塘镇、罗汉镇为拥军优属模范镇，全国双拥领导组授予龙马潭区"全国爱心献功臣"先进集体。2000年被省委、省政府、省军区命名为"全省双拥模范区"，2005年再次被省委、省政府、省军区命名为"全省双拥模范区"。2001年和2005年全区召开双拥工作表彰大会，共表彰先进单位46个，先进个人169人次。

第四节 社会救济

农村救济 每年对农村困难户发放救济经费，帮助他们克服生产、生活、治病等困难，使之生活安定。1996年以后，开展了春荒、寒衣、临时困难及定期定量医疗救助。

【春荒救济】 每年春节后，各乡镇均摸底了解各村组缺米缺钱的贫困户，上报区民政局，再由民政局进行调查，写出春荒调查报告，上报区政府和市民政局，争取救济资金。1996年以后，共发放春荒救济102万元，救济1.73万户次、3.46万人次。

【寒衣救济】 极少数特困户群众因年老、孤独，无钱购置衣被过冬，民政局每年冬季均拨专款购置棉衣、棉被发放。对象为无依无靠的五保户、残疾人、孤儿，家庭人口多劳力少、生活困难大的贫困户，遭受自然灾害而经济严重困难的农户，烈军属、复员退伍军人优先享受。由村民小组提名、组民评议、村民委员会审核，乡镇政府批准，民政办负责发放。1996年以后，为8 460人次发放寒衣被子，支出经费34万元。

【临时救济】 区政府每年均拨出一定的临时救济金，解决群众临时生活困难其标准按乡镇人口总数，每年初下达计划。1996—1999年人均0.10元，2000年起年人均0.14元。救济办法由个人申请，组评，村审，乡镇政府审批发放。10年间发放37.2万元，救济临时困难户7 440户次。

【定期定量生活救济】 从2005年5月起，将年人均收入625元以下的和因病、因残、因灾或其他原因丧失劳动能力的特困户，纳入定期定量救济。标准为每人每月20元。2005年定救1 900人，发放定救金 45.6 万元。

【农村医疗救助】 2005 年区政府制定《农村医疗救助实施细则》。救助对象为农村五保户、特困户、贫困残疾人、贫困优抚对象。救助标准：农村每人每次住院救助金 150～600 元。经费来源：每年由中央、省、市给予一定补助，社会捐赠，不足部分由区财政列支。2005 年救助农村困难户住院病人 33 名，经费 9 000 元。

城镇居民救济 对城镇居民中无依无靠、无生活来源的鳏寡孤独和残疾人以及退职老弱病残职工，实行定期定量救济或临时困难救济。城镇的寒衣救济和临时困难救济与农村救济相同。1996 年城镇居民中鳏寡孤独和残疾人定补标准为每人每月 60～64 元。国民党起义人员 50～54 元。退职老弱病残职工按月薪 40% 发给。1998 年 7 月，小市、高坝居民无依无靠、无生活来源的鳏寡孤独和残疾人、特困户、退职老弱病残人员 150 人，全部享受最低生活保障待遇。1999 年全区低保范围扩大到乡镇街村居民、下岗职工、无业人员、退休和在职职工。家庭收入人均低于最低生活保障标准的均列入低保范围。低保标准随着物价的上涨因素逐年提高。1998 年每人每月 100 元，2002 年增为 135 元，2004 年再增为 145 元。实行低保制度以后，共有 49 796 人次享受低保补助，共发放低保金 2 405.4 万元。实现了有保必保，应保尽保。

灾害救济 1996—2005 年，区内年年都有不同程度的自然灾害，其中较为严重的旱灾 2 次、风雹灾 3 次、水灾 8 次，总经济损失 6 000 多万元。据灾害规律和特点，区委、区政府每年初制定救灾预案。每遇重大灾害，区领导亲自组织指挥救灾。洪水来临前，民政局坚持每天 24 小时的防灾值班，发现灾情及时报告区领导，通知有关部门，组织人员深入灾区，发动群众查灾救灾恢复生产。10 年来发放灾害救济金 134 万元，接受社会捐赠 24.18 万元。解决了 1.26 万人次受灾困难群众的吃饭、穿衣、恢复生产等问题，帮助困难灾民恢复和修建房屋 310 间。

第五节 社会福利

乡镇敬老院 1996 年全区有敬老院 14 所，2001 年区政府研究决定将条件差的敬老院调整合并为 9 所。至 2004 年，区、乡镇政府采取群众集资、乡镇财政出资、区民政局补助等办法，共筹资 245 万元，新建和改建 9 所敬老院，总建筑面积 5 497 平方米。现敬老院基础设施健全，做到了通电、通水、通公路。石洞、安宁敬老院还通了天然气。均配置彩电、洗衣机、电风扇、电冰箱或冰柜。安宁、石洞等多数敬老院都配置席梦思床垫。各院有娱乐活动室。基本能满足老人精神文化生活需要。

1996—2002 年五保老人吃粮由其所在村民小组负责每人每年黄谷 320 公斤，零用金由乡镇群众提留中解决，每人每月 40～50 元。2003 年由于国家税费改革，对农村免收农业税和提留，五保老人的生活来源全部由区、乡镇共同承担。集中供养的五保老人每人每月 150 元，分散供养的 100 元，并保留承包地。至 2005 年，全区五保老人 809 人，集中供养 384 人，每年供养金 69.12 万元。分散供养 425 人，每年供养金 51 万元。为改善老人生活，积极发展农工副业，9 个敬老院共有耕地 1.13 公顷，每年总收入 3.4 万元，最差的年收入 2 000 元，石洞镇敬老院最好，年收入达到 1 万元。

王氏敬老公寓 四川王氏集团有限公司董事长王德彬，于 2002 年 12 月投资近 500 万元在石洞花博园内新建一所公益性的"王氏敬老公寓"。属民办福利事业单位，可接纳 200 位老人。2004 年 3 月 23 日首批接收 41 位五保老人。其生活费由石洞镇政府每人每月发给 150 元，不足部分包括吃、穿、用、治病等全由王氏集团承担。2003 年王德彬被四川省授予"敬老好儿女"称号，2004 又获得全国

"孝亲敬老之星"称号。

龙马潭区西部老人特护院 位于罗汉镇大通山。由退休干部刘锐等 6 人于 2002 年 3 月创办。是一家集养、疗结合的民办老年福利事业。征地 0.27 公顷，修建砖混结构平房 1 600 平方米，有床位 100 张，住宿房间内有厕所、热水洗浴、彩电、保暖系统等设备。院内设有门诊、医疗、药房、按摩、文化娱乐、书画、棋牌等活动室。总投资 150 万元。现有管理服务人员、医生、护士等 20 人。服务项目有：生活护理、卫生护理、心理护理、医疗保健、食疗保健、户外运动、临终关怀。2002—2005 年先后接收高龄老人、痴呆、瘫痪老人等 150 人次。已为 54 名老人临终服务。该院被国家确定为"爱心护理工程"试点单位。

第七节 社会事务

婚姻登记 民政局或乡镇民政办公室负责办理结婚、离婚登记，补办结婚证，依法处理违法的婚姻行为。1996—2005 年，全区婚姻登记管理人员 18 名，为提高他们的业务素质，民政局每年组织一次业务培训，学习《婚姻法》和省《婚姻登记管理条例》等法律法规以及办证业务，档案管理等。通过考试对合格者发给"婚姻登记管理合格证书"。10 年间，婚姻登记管理人员做到依法管理，依法登记。民政局每年都要到乡镇抽查婚姻登记状况，登记合格率达 99%，没有出现违法登记行为。办理婚姻登记过程中，坚持宣传《婚姻法》，结合"三五""四五"普法，印发资料 5 000 份，开展"三下乡"活动，组织公民学习，增强法律意识。自由恋爱、自主婚姻、男女平等、敬老爱幼、互助互爱、家庭和睦及自觉执行规范管理的社会新风尚逐渐形成。

全区统一使用民政部印发的"结婚证书""离婚证书"，统一启用"龙马潭区人民政府婚姻登记专用章（钢印）"。严格履行初审—受理—审查—登记—发证程序。2003 年 10 月前实行的婚姻登记条例规定：结婚应提交所在单位或村（居）民委员会出具的婚姻状况证明、婚前医学检查证明、户口、居民身份证，方能办理结婚证，离婚应提交所在单位或村（居）民委员会出具的介绍信、婚姻登记机关审查离婚申请，自受理申请之日起 1 月内，对符合离婚条件的，予以登记，发给离婚证。2003 年 10 月 1 日后实行新的省《婚姻登记管理条例》。申请结婚的男女当事人只要符合规定的结婚条件，持本人户口簿，身份证到户口所在地的县（区）民政局或乡镇政府婚姻登记处，双方作无配偶及对方没有禁止结婚的亲属关系的签字声明，就可以办理结婚登记手续，领取结婚证。离婚只需要本人户口簿、身份证、结婚证及双方签署的离婚协议书即可办理，发给离婚证。1996—2005 年全区办理结婚 2 2068 对，离婚 1 988 对（不含法院判决和协议离婚）。

殡葬管理 1996 年，区政府制定《殡葬管理实施办法》，各乡镇街认真宣传贯彻殡葬有关政策法规，积极开展工作，当年完成火化 530 具，火化率 26.76%。1997 年起，区政府进一步加大宣传处罚力度，层层建立殡葬管理责任制，列入区政府目标考核。理顺殡葬处罚程序，做到处罚程序统一、处罚文书统一、处罚标准统一、处罚票据统一，殡葬工作进入法制化、规范化率逐年上升，年年超额完成市政府下达的火化目标任务。10 年间全区死亡人口 1.92 万人，火化 7 559 具，火化率 40.15%。从 1999—2003 年连续 5 年被评为市"殡葬工作先进区"。

状元山公墓 1993 年修建。位于安宁镇阳高村。公墓占地近 16 公顷，建房 2 栋 360 平方米。内设办公、休息、悼念、骨灰盒储存、档案等室。现有办公人员 5 名，1995 年省民政厅核准墓园为永久性的经营性公墓，1994—2005 年接收墓主安葬骨灰盒 5 060 个。

殡管所　区殡葬管理所成立于1996年8月。管理人员2人，在民政局内办公。具体负责本区殡葬管理。火化遗体接运等工作，现有殡葬运尸车1辆。1996—2005年共接运遗体火化7 559具。另外，58公里有殡仪馆1处，隶属泸县民政局，亦负责接待周边地区丧葬事宜。

收容救助　区收容救助站于1996年6月设立。管理人员2人，办公地点在民政局内。具体负责本区内收容人员的接收、审查、管理和遣送。收容对象主要是乞讨或变相乞讨、露宿街头生活无着、无正常居所、无合法证件、无正当生活来源的流浪人员。对他们实行救助、保护和遣送。1996—2005年救助695人次，其中老年人232人次，妇女178人次，14岁以下儿童285人次。救助人员中盲流占38%，乞讨者占18%，一般外流占36%，常流者占4%，行骗者4%。

第七节　基层组织建设

村民委员会　【组织建设】　1996年，全区有村民委员会131个，设村党支部书记、村主任、副主任、文书各1名，村委会委员3～5名。2004年调整村建制，由原131个行政村村民委员会合并为57个。调整后的村民委员会设干部3名，即主任、副主任、委员各1名。加上党支部书记共4名，称"四职干部"。文书由委员兼任，妇女、共青团、调解、治安、福利、计划生育等工作由主任、副主任兼任。按组织法要求建立了村务公开、干部廉洁、财务管理、报告工作、村民评议、村民代表议事、干部考核等制度。制定了村主任、副主任、委员工作职责。村委会办公场地落实，30%的村办公用房达到100～140平方米，50%的村达到150～200平方米，20%的村达到200平方米以上。村干部工资补助落实。2003年前，村四职干部每人每月160～200元。从2004年起每人每月400～500元。

【换届选举】　按国家《村民委员会组织法》村民委员会实行民主选举、民主管理、民主决策、民主监督。按《组织法》规定对村民委员会进行了第四、五、六届换届选举。成立村选举小组，其人选由村民代表会议提名，报经乡镇选举委员会审查确认，小组成员3～5人。村选举小组在乡镇政府和人大主席团指导下负责组织实施本村的选举工作，包括制定选举方案，宣传发动群众，选民登记，组织村民大会选举，公布并上报选举结果。村民委员会主任、副主任、委员由本村有选举权的村民直接选举产生。选举实行公平、公正、公开的原则。候选人由本村有选举权的公民直接提名，实行差额选举，无记名投票，当场公布选举候选人的选票和选举结果。村民委员会每届任期3年。按期换届，可连选连任。村民委员会下设生产建设、科教文卫、人民调解、治安保卫、计划生育、社会福利等委员会。各委员会成员分别由村（居）民委员会、村民代表3～5人组成。

【村务公开】　按照市上"五规范""一满意"标准，做到内容、程序、形式、工作、管理规范、群众是否满意为检验公开工作是否合格、是否有效的根本尺度。各村成立5～7人组成的村务公开监督小组，负责本村村务公开监督。小组成员由村民选举产生。村务每季度公布1次，重大事项随时公布。公开形式各村都设有公开栏，以张榜公布为主。公开内容，主要是群众关心的重点、热点问题。村民委员会年度工作计划和村干部3年任期目标，村财务收支，双提方案，农业税征收，义务工、劳动积累工使用方案，水电费收缴标准，计划生育指标，违法生育处罚，承包地、宅基地、自留地、山林地的使用、调整、审批方案，发包、拍卖、租赁项目和公益事业的建设，救济款使用分配情况等。通过公布，群众对本村的重点热点问题清楚、明白、满意。全区从1998—2002年131个村民委员会都作了村务公开，公开率100%，比较规范的村有50%。2004年合并为57个村后、继续坚持村务公开制度，70%的村达到规范。

社区建设 【组织领导】 2000年2月成立以区长为组长、分管区委副书记、分管副区长为副组长、相关部门为成员的社区建设工作领导组。办公室设在民政局。区政府相继出台《关于加强社区建设的意见》《2001—2005年社区建设发展规划》《2003年社区建设工作要点》等文件。实行区、乡镇街领导干部联系社区工作制度，乡镇政府和街道办事处均成立了社区建设工作领导组。

【社区组织管理】 2001—2004年，先后将52个居民委员会改建为34个社区居民委员会，其中城市社区居委会19个，乡镇社区居委会15个。2004年社区组织面向社会公开招聘社区干部68人。并按《组织法》规定程序依法选举社区居民委员会。居委会设主任1名，副主任1至2名，委员3~5名。下设治安调解、社会福利、文化卫生、环保等工作委员会。各社区建立党支部或党委，配备居民组长、楼院院长。区政府组织街道、社区筹资620万元建成服务站、所、点、室383个，购建房屋6830平方米。34个社区都有办公场地，有办公经费。莲花池和红星街道办事处下属社区全部配了电视、电话、微机，实行现代化办公。社区干部待遇，区财政每人每月补助400~700元。经济发展好的社区干部，加上本社区收入补助，可达1000元以上。

【社区服务】 社区利用383个服务站、所、点、室开展便民利民服务，重点面向老人、残疾人、儿童、优抚对象、贫困户的救助和福利服务。小市街道办下属社区利用区属单位搬迁遗留下的房屋开展了饮食、茶园、卫生服务站、家电维修、职业培训等服务项目。宏达社区办了幼儿园。区级相关部门面向社区服务，公安部门在城区社区各建立警务室，实行一区一警。司法部门进社区开展各种形式的法制教育，每年2~3次；社区居民受教育面达80%以上。文化部门指导协助社区成立腰鼓队25支，业余健身队13支，设健身房9处，电教室23间，图书阅览室18间。劳动部门为下岗工人、待业人员开展再就业培训，为4000多下岗工人、待业人员、农转非人员提供就业。卫生部门在社区建立卫生服务站、点34个，开展义诊120次，8000多人次接受检查治疗。民政部门低保工作进社区，实现了困难社区居民最低生活保障应保尽保。

第八节 社团和民办非企业管理

社会团体登记管理 1998年10月25日，国务院《社会团体组织登记管理条例》颁布后，区政府确定民政局为社团登记管理机关和社团业务主管单位。具体负责社会团体组织的审查、核准、登记、发证、年检，并依法监督管理。1999年以后，对原有社团进行清理，凡符合条件的予以保留。由业务主管单位通知社团组织到民政局登记机关办理换发由民政部统一印发的"社团登记书"或"社团法人登记书"。对新发展的社团组织登记做到严格把关，按规定的条件和程序，成熟1个发展1个。至2005年底，全区依法登记社团组织29个，其中专业性5个，行业性20个，学术性3个，联合性1个。坚持按民政部颁布的《社会团体组织年度检查暂行办法》，每年一季度年检，合格率98%。

民办非企业登记管理 随着改革开放，各类民办非企业增多，为加强管理，确保其健康发展，区成立"民办非企业单位领导组"。下发了《关于开展民办非企业单位复查登记工作的通知》。召开复查登记动员会，明确复查对象、登记范围。确定全区所有民办非企业单位统一由民政局登记管理，实行业务主管单位和登记管理机关双重负责，从严把关。对不符合登记条件的民办非企业单位一律不予登记。从2001—2005年已复查登记民办非企业单位32个，其中法人单位4个，个人28个。按隶属行业划分，教育类12个，卫生类17个，其他3个。民办非企业单位法人32名，其中女性14名。已建立民办非企业党组织2个。

第九节　老龄工作

老龄工作委员会办公室　1996年12月3日成立区老龄工作委员会。由区长楚明任主任，人事局正局级调研员杨顺全任副主任，有关单位为成员，聘请离休干部姚建文为名誉主任，老龄委办公室设在人事局。2001年10月，老龄事业划归民政局管，调整了领导成员，成立以区长为主任，分管副区长、民政局局长为副主任，政府办、组织部、宣传部、人事局、老干局、区直机关党工委、劳动和社会保障局、卫生局、司法局、妇联、总工会等单位领导为成员的老龄工作委员会。办公室设在民政局，由民政局局长兼办公室主任。配专职老龄工作人员1名。乡镇街设立相应机构，由乡镇长（主任）或党委（工委）副书记为主任，办公室设在社会事务办。

老年人协会　乡镇街建立老年人协会，一般由乡镇街退休干部或企事业退休干部任会长，在乡镇街老龄委指导下开展工作。各村、社区建立老协分会，由原村老支书、老主任任分会会长。两级老协理事会由会员大会选举产生，任期3年。老协会制定协会章程、建立健全会议、学习、财务等制度。定期开展，组织会员学习。协会干部会员深入村组农户宣传老年法，协助村委会调解赡养纠纷，教育村民自觉遵守老年法规，孝敬老人，弘扬中华民族传统美德，推动养老、敬老、计划生育、殡葬改革等工作。罗汉镇的村和社区都成立老年协会，定期开展活动。石梁村近200名老人，村上每年支持老年协会物资和经费约5 000元，使活动经费有保证。每年春节给本村老人每位发慰问金50元，老年人享受到了改革开放的成果。2005年底，全区有老年人协会91个，会员1.39万人。

贯彻《老年人权益保障法》　《中华人民共和国老年人权益保障法》（简称《老年法》）颁布实施后，区级机关各部门、乡镇、街道和各老年人协会以各种形式大张旗鼓地宣传贯彻《老年法》，号召全区人民和各部门都来关心老龄事业。每年春节、重阳节，以宣传《老年法》为重点，围绕老龄工作，区政府和乡镇领导都发表电视讲话。区老龄委将《老年法》制成录音带和印成资料发给各乡镇进行宣传教育。乡镇还以墙报、板报、专栏、张贴标语等形式宣传贯彻《老年法》。在宣传中注重抓正反典型事例教育，以江阳区分水乡宋氏兄弟遗弃老人惨死案为反面教材，组织全区公民收看电视，印发简报，将宋氏兄弟遗弃老人情况发到村和社区，作反面典型教育。同时区政府发文表彰一批敬老先进典型。重点表彰了胡市镇精心护理瘫痪婆婆20多年如一日的好儿媳淳义容等敬老好儿女。通过正反典型教育，树立正气，基本杜绝了不赡养老人的不正之风，尊老敬老的社会风气得到好转。

为贯彻落实《老年法》，区政府制定《老年人事业发展规划》。坚持为老年人办实事，2003年对809名五保老人按城市标准享受低保，100岁老人每月给予营养补助由原100元增至200元。90岁以上老人到指定医院每年进行一次免费体检。村委会、社区居委会把尊老敬老写进村规民约，动员年轻夫妇签定《敬老保证书》。对赡养老人有纠纷的家庭，经司法部门或老协组织调解后签定《赡养协议书》。2004年，区成立老年人法律援助站，乡镇建立法律援助点。至2005年，为老年人提供法律咨询136起，法律援助8起。2004年10月，区老龄委和司法部门得知鱼塘镇石堡湾社区游某不赡养老人纠纷事件后，及时赶到现场，通过调解，说服了子媳，老人的吃住问题得到落实。

发展老龄经济　老龄福利事业的发展，为老龄工作提供了资金保证。至2005年有老龄福利事业单位142个，由乡镇街、村（社区）两级老委会（老协会）主办经营茶园、商店、饮食、花木苗圃等。同时老协坚持每年组织腰鼓队、龙灯队、清吹队为村居民红白喜事，为各类企业开张或促销宣传演出等、收取适当的服务费，每年收入150多万元。

老年教育 【老年大学】 泸县老年大学创办于 1989 年，校址小市余公街。1996 年移交本区，更名龙马潭区老年大学。2003 年迁到新街子原区政府办公楼底楼。由区长兼任校长，区老龄办主任兼任副校长，选聘离退休干部任常务副校长。建立党支部、学委会、妇代会、班务会。聘请市老年大学任教的教授、专家为主体教师对学员教学。每年办学 2 期，上期 3—6 月，下期 9—12 月。每期 3 ~ 4 个班，分为保健、舞蹈、太极拳、音乐、书画、电脑等班。开设的公共课有政治、时事、法律、公民道德、卫生保健、园艺知识、家用电器；专业课有书法、门球、音乐舞蹈、太极拳（剑）、电脑。招收学员主要是区属机关、企事业单位离退休人员、城区内社会老人。近几年，学员逐年增多，原每期 100 人左右，2004 年增至每期 300 多人。2000—2004 年招收舞蹈班学员 944 人次，太极拳班 789 人次，保健班 759 人次，电脑班 106 人次。95% 的学员基本学会了所学的知识。为充实学员学习活动内容，展示教学成果，为服务社会，学校有计划地组织学员开展旅游、联欢、歌咏、书画、钓鱼、棋牌、门球等活动。近年来参加区政府迁址文艺汇演、建市 20 周年汇演、省"向阳杯"全省老年人暨首届老年人太极拳（剑）比赛的开幕式大合唱。2003 年 12 月，组织太极拳班 73 人参加市体彩杯运动表演获优秀奖。

【老年学校】 1996 年后，各乡镇先后兴办老年学校 10 所。领导班子健全，多数是乡镇长或党委副书记兼任名誉校长，选聘能力较强的退休干部任专职副校长，由相关人员组成校务会，在学员中设班务会抓班务工作。师资是从党政干部、退休干部、教师、医生中聘请，教室场地及办校经费由乡镇财政解决。学习内容有时事政治、法律、卫生保健、体育健身等。每年办班 1 ~ 2 期，每期 4 个月，每月上课 3 ~ 4 次，每次 2 节课。至 2005 年，老年学校共有学员约 2 600 人次。

第十节 勘界与地名管理

区县边界勘定 1996—1997 年与周边县区联合勘界。经制定联合实施方案、现场踏勘、埋设界桩、野外测绘、室内整理等阶段，完成市内两条边界，即龙马潭区与泸县、与江阳区的边界勘定工作。勘界结束后，区政府与泸县政府、江阳区政府签定了联合勘定的《行政区域界线协议书》，并报经省政府批准认可。勘定的边界线为双方共同遵守的"法定线"。"泸龙"边界线西起于泸县海潮乡兴隆村 13 组，胡市镇新市村 4 组；东止于泸县兆雅镇玉皇村 9 组，特兴镇陵岗村 3 组。全长 92 公里。"龙江"边界线以沱江、长江实地主航道中心为界，东起于江阳区黄舣郭石村 1 组，特兴镇陵岗村 3 组；西止于江阳区况场韩坝村 1 组，胡市镇新寺村 4 组。全长 40.45 公里。权属界线明确，双方无争议。

乡镇、街道边界勘定 2001 年 8 月 6 日，按市政府要求开展乡镇边界勘定工作。乡镇政府和街道办分别成立勘界领导小组，召开联合勘界工作会，制定联合勘界实施方案，共同负责联合勘界实施工作。是年 9 月 29 日，乡镇勘界结束。9 个乡镇、3 个街道办事处划分 23 条行政区域边界线，即安宁石洞线、安宁胡市线、安宁红星线、安宁莲花池线、鱼塘安宁线、小市鱼塘线、罗汉鱼塘线、鱼塘特兴线、小市红星线、红星莲花池线、小市莲花池线、鱼塘莲花池线、石洞金龙线、罗汉高坝线、罗汉特兴线、特兴长春线、特兴石洞线、长春石洞线、石洞双加线、石洞胡市线、胡市金龙乡、双加金龙线、鱼塘石洞线，总长 181.6 公里。权属界线明确，走向清楚，无边界和资源权属争议。

街道命名 本区管辖的城区开发建设和乡镇建设，经过 10 年艰苦工作，已初具规模。新建街道 100 多条。为便于城区社会化管理，根据国务院《地名管理条例》的有关规定开展新建街道命名工作。通过广泛征集，在各单位干部职工及基层群众建议的基础上，经区地名办公室收集、整理属城区内街道，报市政府命名。乡镇街道报区政府命名。

【市政府命名街道】 共97条。鱼塘片：迎宾大道、站前路、环站路、琴台路、玉泉路、振兴路、龙潭路、东升路、一心街、四厂街、安宁大道、通联路、望湖路、鱼跃路、希望大道、望江路、方井街。南高新区片：龙南路、醇香路、大通路、蜀泸大道、香林路、锦绣路、沱江路一段、玉带路、祥和街、红星路、龙马大道、枫林街、新民街、春江路、春晖路、南光路、沱江路二段。回龙街北面迎宾大道一段、迎宾大道二段。回龙湾片：汇金路、留佳街、水井坎西路、龙井街、胜利街、永新街、龙桥街、莲花街、北苑街、荷叶巷、玉峰街、水井坎东路、排风巷、沱江路三段、沱江路四段。杜家街北片：金源路、金华路、金山路、园明街、向阳路、安程路、洪达路。龙马大道片：长乐街、春雨路、晶玉街、摇翔路、星月街、永宁街。莲花池片：陶然路、芙蓉路、连心路、齐关街、玉井街、金桥街、采莲街、望月街、金塘街、玉池街、莲园街、樟苑街、印象街、风林街。高坝片：进港路、罗高路、石梁北路、石梁南路、长江路一段、长江路二段、码头路、油布北路、油布南路、观音巷、江坡路、内油布巷、北方路、高坝西路、高坝东路、工人路、化工路一段、化工路二段、化工路三段、化工路四段、航天路。

【区政府命名街道】 共57条。金龙乡：金龙街、钟山街、龙云路、龙尾巷、育新街、革新街、致富街、沿河巷。长安乡：泸永路、长安街、杨四街、新店街。安宁镇：安宁街、南溪街、齐家街。石洞镇：张家祠东路、张家祠南路、张家祠西路、张家祠北路、一门山路、观音堡路、农贸街、横街、沿河街、后街、东风街一段、东风街二段、建设街、翻身街、永寿街。莲花池办事处：鼓楼街。特兴镇：特兴一街、特兴二街、忠烈巷、走马巷。鱼塘镇：方井街、桃李巷、龙风巷、牌方巷。胡市镇：旭东一段、旭东二段、旭东三段、胡市一街、胡市二街、胡市三街、滨河街、民乐街、小湾街、胡金街、康府巷、转角巷、新园巷、来龙街、黄家巷。

地名标志牌设置 2003年8月，由区民政局负责，有关部门配合，对城区内已命名的街、路、巷进行地名牌设置工作。主要大道、大街安装双柱牌，一般街巷安装单柱牌进行规划、设计、制作、安装。至2004年完成设置标志牌298块，包括双柱牌99块，单柱牌100块，墙牌99块；其中双柱牌蓝底白字牌43块，绿底白字牌56块，单柱牌蓝底白字牌66块，绿底白字牌34块，墙牌蓝底白字牌59块，绿底白字牌40块。2005年完成12个乡镇、57个村、15个社区地名标志设置工作。标志地名牌418块，其中街道牌40块，行政村地名牌204块，社区街道牌174块。

第二章 劳 动

第一节 机 构

劳动局 建区时成立劳动局，行政编制6名，机关后勤服务事业编制1名。内设办公室、劳动关系与监察股（挂劳动争议仲裁办公室牌子）、综合计划工资保险股、职业技能开发与就业股、劳动安全保护股，下属就业、社会保险两个二级局。2001 年 12 月劳动局改建为劳动和社会保障局。根据职能调整，内设机构精简了劳动保护股、职业技能开发与就业股，将技能培训与就业管理职能划归办公室负责。2003 年 4 月成立区劳动力市场，乡镇街成立劳动保障所。局领导设 1 正 1 副。历任局长：姜大钊、舒大烈、刘元华。

就业局　区就业服务管理局于 1996 年 11 月成立，属劳动和社会保障局直属二级局（副科级），自收自支事业单位。1999 年 8 月起所需经费列入区财政全额预算，职工工资由区财政支付。内设办公室、失业保险股、财务股、企业管理股、劳动力市场（职业介绍中心）。2003 年 5 月起增设再就业办公室与企业管理股合署办公。局领导 2 名、职工 6 名。历任局长黄亚平、何小波、陈丽。2004 年 12 月从小市综合大楼 5 楼迁至小市新街子 74 号办公，2005 年 12 月迁至龙马大道星月街 18 号。

社保局　区社会保险局于 1996 年 11 月成立，隶属区劳动和社会保障局管理的二级局（副科级）。内设办公室、养老统筹股、财务股。2000 年起增设医疗保险股，属全额拨款事业单位，总编制 13 人，局领导设 1 正 1 副。办公地点：1996 年在小市伍复街 94 号，2003 年在小市新街子 74 号，2005 年迁至龙马大道星月街 18 号。历任局长李远平、刘松梅。

第二节　就业与再就业

组织保障体系　企业改制和劳动用工制度改革后，国有企业、集体企业下岗工人增多，年均 250 ~ 300 人，加之每年新增就业人口 2 600 ~ 3 000 人，安置就业难度大。区政府于 1998 年成立以区长为组长，劳动保障、财政、人事等有关职能部门为成员的就业再就业领导小组，办公室设在劳动和社会保障局。建立和完善了再就业工作目标责任制，把再就业工作纳入各乡镇街和区属各部门目标管理，作为政绩考核的主要内容，层层分解，督促落实。建立再就业服务中心，国有企业下岗职工可进入再就业服务中心领取基本生活费，接受培训指导，实现再就业。2000 年建立下岗申报备案制度，下岗职工由领取基本生活费享受失业保险，向劳动力市场过渡。2003 年区政府调整充实再就业工作领导小组，建立成员单位领导联系会议制度，成立再就业救助中心和劳动力人才市场，乡镇街成立劳动保障所，建立企业下岗职工基本生活保障制度，失业保障制度，最低生活保障制度，确保下岗人员的基本生活。

优惠政策　落实社区实体企业减免税收政策，鼓励更多的企业开发就业岗位吸纳下岗人员。街道社区企业逐年增多，1999 年新发展 3 个社区实体企业，安置下岗人员 50 人，实现产值 626 万元，创税 22 万元，利润 12 万元；2001 年发展 10 个企业，安置 156 人再就业，实现增加值 1 250 万元，创税 79.1 万元，利润 60 万元；2005 年发展 73 个企业，安置再就业人员 480 人，实现增加值 1 990 万元，创税 163 万元，利润 120 万元。放宽办理"再就业优惠证"，使再就业人员都能享受政策优惠。至 2005 年共办证 6 563 册，其中失地农民 2 498 册。持"再就业优惠证"人员中 3 316 人享受减免税费。为 41 人担保小额贷款 53.9 万元，其中贴息贷款 4 人，金额 7.3 万元。区政府多渠道筹集再就业专项资金 437.7 万元，为 3 971 名再就业人员享受职业介绍补贴金额 26.4 万元，为 1 249 名享受再就业培训补贴金额 31.79 万元，170 人享受社保补贴金额 28.1 万元，665 人享受社区公益性岗位安置救助对象补助金额 33.92 万元。

援助活动　以乡镇街劳动保障所和社区为依托，对下岗失业人员、失地无业农民、城镇居民零就业家庭、"40、50"大龄就业困难对象进行摸底调查、建立基础台账，报区就业局实行动态管理。区属各部门、企事业单位，建立空岗报告制度。区政府要求各用人单位录用人员须通过区劳动力市场，其岗位由就业局统一掌握调配，并优先安排弱势群体。发动机关、事业单位、民营企业开展"腾岗、献岗"活动，近3年共开发公益性岗位789个。区政府组织8次"开展再就业援助服务周"活动，帮助就业困难对象实现再就业2 007人，其中"40·50"大龄人员1 236人，帮助零就业家庭663户，每户实现1人以上就业。区、乡镇街就业部门开展"一走、五送"上门活动，走访135户"40·50"人员就业困难对象，送去再就业政策、职业指导、培训信息、就业岗位、生活保障。区再就业联席会议成员单位还开展了对10户特困下岗失业户解决生活、治病、工作等方面的困难。1997—2005年，指导城镇再就业人员实现就业1.36万人，其中新增就业和再就业8 207人，下岗失业人员就业3 931人，其他就业1 446人。

第三节　劳动工资管理

工资总额宏观调控　《劳动法》规定：国家对工资总量实行宏观调控。调控形式，对实行工效挂钩的企业实发工资总额不准突破核定的工资总额基数、效益指标基数、浮动比例计算应提取的工资总额。实行工资总额包干的企业，不准突破核定的包干工资基数。实行计划管理的企业不准突破下达的工资计划数。对企业多提工资总额或违反规定超发工资的，除按规定如数扣回外，视情节轻重对企业进行经济处罚和给予责任人行政处分。1996年，区管国有企业工资总额实行宏观调控的40家，其中工效挂钩的2家，是年重点审计26家，超过工资总控制数的13家，金额181.97万元；结余的12家，金额186.78万元；一家持平。由劳动局追加工资总额以弥补6家企业超支部分，金额1 313万元。1997—1999年，核定企业工资总额包干基数，劳动局以1家1文的形式分别下达38家、20家、27家，调控金额分别为1 517.91万元、2 264.2万元、2 440.5万元。3年粮食系统累计22家（次），调控金额1 088.7万元；供销系统33家（次），金额379万元；建筑系统6家（次），金额2 787万元；交通运输系统4家（次），金额603万元；商业系统10家（次），金额290万元；其他10家（次），金额1 073万元。2000年后企业纷纷改制，至2002年下降至6家，但工资总额宏观调控仍持续进行。

经营者年薪制　1998年，劳动局在罗汉供销社对实行经营者年薪制试点。2000—2001年，选择营利制度健全，经营效益好，又是纳税大户的泸州彩印包装厂、泸州华美彩色印制有限公司、区糖酒有限公司等6家企业，先后实施经营者年薪制。实施程序，先由企业呈报方案，劳动部门批复实施，年末审计考核，劳动部门批准兑现。2001年兑现的轻工彩印包装厂，超额完成2000年度各项考核指标任务，资产保值完成1 722万元，比考核数1 655万元超出4%；所有者权益完成738万元，比考核数710万元超出4%；实现利润12.7万元，比考核数10万元超出27%；实现税金91.01万元，比考核数70万元超出30%；产值完成1 152万元，比考核数1 000万元超额5%；销售收入1 190万元，比考核数1 100万元超额9%。风险收入比率89%，累计风险收入为2.67万元，（风险收入=基本年薪险3万元×收入比率89%=2.67万元）。加上基本年薪收入平均为4.29万元，最高为5.66万元、最低2.9万元。与本企业在岗职工平均工资的倍数为，最高的5.99∶1，最低的4.12∶1。

建立最低工资保障制度　企业改制后，实行自我管理、独立经营、自主分配、自负盈亏、照章纳税。为保护劳动者的正当收入，劳动保障部和省政府颁发了单项最低工资规定。最低工资系反映劳动者在法定时间或依法签订的劳动合同约定的时间内，提供正常劳动的前提下，用人单位依法应支付的最低劳动报酬。最低工资标准：2002年7月起，市政府发布的龙马潭区应执行的最低工资标准为230

元；2004 年 7 月执行的是 340 元。要求用人单位与劳动者签订劳动合同时确定工资待遇，或实际支付劳动者的工资均不得低于当时发布的月最低工资标准。劳动局每年组织有关人员深入各企业调查，其结果是，区内所有企业，包括服务行业雇用人员的工资收入都超过了最低工资标准。

第四节　社会保险

城镇企业职工基本养老保险　建立统一的企业职工基本养老保险制度，促进经济和社会健康发展，保障离退休人员的基本生活。养老保险实施范围：企业职工，包括合同期 1 年以下的临时工、农民合同工、城镇个体工商户及其从业人员；企业离退休人员，城镇个体劳动者退休人员。基本养老保险费筹集：1996 年 7 月至 1998 年 6 月，实行差额缴拨。1996 年 7 月起实行"收支两条线"，按企业全部职工缴费工资的 25%、30%、35% 比例分档次计提。2002 年 7 月起各类企业统一按 22% 征收；2004 年起按 20% 征收。职工个人缴费比例：1998 年前为 3%；1998 年 1 月以后为 4%；1999 年 7 月后按 5%；2002 年 7 月按 6%；2003 年后按 8%。截至 2005 年末，全区养老保险覆盖 1.43 万人，10 年新增参保人数 1.01 万人。累计收养老保险费 1.42 亿元。支付养老金 7.89 亿元，结余 6 248 万元。

职工失业保险　为保障下岗、失业人员的基本生活，区劳动就业部门认真贯彻国务院《失业保险条例》，努力征收失业保险基金，重点放在事业单位。对国有企业、集体企业和私人企业，1996 年征收共 56 户，应征收入数 2 487 人，基金征收率占 97%。发放下岗失业人员生活补助 80 人次，金额 8.8 万元。2001 年征收 221 户，应征收入数 4 847 人，基金征收率占 93%，发放补助 101 人次，金额 17.26 万元。2005 年征收 190 户，应征收入数 4 760 人，基金征收率发放补助 3 124 人次，金额 81.94 万元。10 年间共征收失业保险单位 1 670 户次、4.45 万人，总金额 773 万元，发放下岗失业人员补助 1.23 万人次，金额 498.68 万元。

医疗保险　【企业职工医疗保险】　1996 年 7 月起至 2000 年 5 月，医疗保险实行社会统筹金（大病统筹），按上年度在职职工工资总额 3% 和退休人员基本养老金 8% 缴纳。医保统筹金支付范围：一次住院费用超过 500 元以上至 6 000 元的，由统筹金支付 70%，单位 20%，个人 10%；0.6 万~1.2 万元的，统筹金支付 80%，单位 12%，个人 8%；1.2 万~3 万元的，统筹金支付 90%，单位 6%，个人 4%；3 万元以上的，统筹金支付 50%，单位 25%，个人 25%。

【城镇职工基本医疗保险】　2000 年 6 月起至 2005 年后，根据《国务院关于建立城镇职工基本医疗保险制度的决定》，凡城镇所有用人单位（含企业、机关、事业单位、社会团体、民办非企业单位）的职工都应参加医疗保险，实行属地管理。基本医疗保险费由用人单位和职工共同缴纳，缴费标准：职工本人上年工资总额 2%；用人单位 7%。其中医疗保险基金由统筹基金和个人账户构成。划入个人账户比例，按职工缴费工资计算，不满 30 岁按 2.7% 计入，满 30 岁不满 50 岁按 3.4% 计入，退休人员按本人上年基本养老 4% 计入。个人账户包干使用，用于支付门诊医疗费。统筹基金主要用于支付住院费用，参保人住院医疗费用实行单次结算，按照医院一、二、三级不同等次，每次住院统筹金起付标准：分别为 400、500、600 元，退休人员为 300、400、500 元；报销比例为 85%、80%、75%，退休人员 92%、88%、84%，全年累计支付限额为 2 万元。住院医疗费由参保人员金额垫付。从 2005 年 3 月起，参保人住院后直接同医院结付，由个人承担的自费和自付部分医疗费用，属医疗保险统筹支付的医疗，由定点医疗机构与社保局直接结算。2002 年区政府制定《城镇职工补充医疗保险试行办法》，参加补充医疗每人每年缴纳 36 元。2005 年调为 53 元，在一年内基本医疗保险支付出 2 万元以后，扣除非保险责任后的医疗费，由保险公司按90%的比例给予赔付，赔付最高金额为15万元。

【城镇个体经济人员基本医疗保险】 2002年8月，区出台《城镇个体经济组织人员基本医疗保险暂行规定》，从规定之日起，凡参加区本级社会基本养老保险，按时足额缴纳养老保险的个体经济人员、个体劳动者、自由职业者以及国有、集体事业解除劳动关系的人员均可参加。累计缴纳基本医疗保险最低不能少于20年，以全市上年度职工平均工资的80%为基数缴纳，费率为9%，其中3%划入个人账户，6%为统筹基金，享受城镇职工基本医疗保险同等待遇。2003年10月，为了同市上统一标准，区转发《泸州市城镇个体经济人员基本医疗保险暂行规定》，按泸州市上年度职工平均工资的9%或6%选择缴纳，缴费年限最低男满30年、女满25年。1997年后连续缴纳不得少于10年。1996年前的工作年限可视同缴费年限。按平均工资9%缴纳的，享受基本医疗待遇，建立个人账户，划入比例同城镇职工；按平均工资6%缴纳的，只享受城镇职工住院治疗保险待遇。至2005年末，医疗保险参保总人数1.14万人。累计征收医疗保险费4343万元，支出医疗费用2839万元，结余1503万元。

工伤保险 实行市级统筹、分县区管理，区社保局承办工伤保险业务，负责基金的筹集管理，待遇支付和工伤职工及其供养亲属的管理服务工作。工伤保险费综合费率为全市职工工资总额的1.05%，一类为0.8%，二类中建筑运输为1.5%。其他1%；三类中化工为1.5%，其他3%。二、三类实行费用浮动。工伤性质认定，由各级劳动和社会保障局负责。工伤医疗待遇：2003年12月31日以前认定的工伤1～4级伤残人员和5～10级已退休伤残人员，用人单位按上年度工伤平均医疗费标准，一次性交纳10年医疗费给社保局。伤残人员旧病复发，由工伤基金支付。2004年1月1日以后认定的工伤，参保职工在协议医疗机构发生的治疗费用，符合省市支付规定的，由原资金渠道支付，未参保的工伤医疗由单位支付。截至2005年，全区工伤保险参保人数3546人。累计征收工伤保险费190万元，支付工伤残待遇共计32人，其中5～6级8人，7～10级16人，其他8人；支付因工死亡3人，供养直系亲属45人，累计支出工伤保险待遇72万元，结余118万元。

生育保险 为维护企业女职工的合法权益，区政府制定《企业职工生育保险暂行办法》。生育保险基金采取"以支定收，收支平衡"的原则，按单位职工工资总额的1%参加征集。享受生育保险条件：婚姻符合《婚姻法》规定，生育符合计划生育政策，参加并缴了生育保险基金的。保险基金支付的项目和标准：产假期间的生育津贴，按企业上年平均工资计发。支付项目：生育期间检查费、接生费、手术费、住院费和药费。截至2005年，生育保险参保人数1720人。10年间累计征收生育保险费132万元，支付生育保险待遇194人，金额48万元，结余85万元。

机关事业单位养老保险 从1997年7月起，行政和全额拨款事业单位征收比例为个人2%，单位2%，差额自收自支事业单位征收的比例为个人24%，单位统筹多于4%。从2005年起，行政和全额拨款事业单位征收比例为个人4%，差额、自收自支事业单位征收比例为个人4%，单位统筹金统一为23%。

新型农村社会养老保险 至2005年，全区共参保人数6301人，退保187人，有346人领取农保金。

第五节　职业技能培训

随着企业改制和劳动用工制度改革，区属国有企业、集体企业下岗工人增多，加之这部分人员多数缺乏专业技术，再就业难度大，为帮助下岗人员实现就业，区就业培训中心与乡镇、街道社区和社会各界联合，就地就近举办就业培训班，并免费为参加再就业人员培训提供教材费、授课费。各主持培训的单位专门聘请专业教师授课，开设专业课程有电脑、电工、焊工、厨师、美容美发、家电维修、物业管理、家政服务、卷帘门制作安装、缝纫、创业培训等 10 多个专业。10 年间培训就业再就业人员 5 931 名，其中下岗失业人员 2 540 名，失地无业农民 563 名，农民工技术培训 356 名。下岗失业人员经过培训 94% 实现再就业，其他就业人员占 79%，家庭变化就是其中一例。周静云，男，22岁，初中文化，他是家中长子，眼睛高度近视，其父周洪举，55 岁，脚部残疾，其母黄宣英 43 岁，语言障碍残疾，其弟周翔 16 岁在校读高中，一家 4 口因田土被征用而失地无业，找不到工作，生活日渐贫困，全家靠其父在外地找点零星耕地种植和打零工糊口，周静云初中毕业后，四处找工作，都因视力原因被拒用。劳动就业部门了解这一情况后，上门动员他们家人参加就业培训，2005 年推荐周静云到伊顿流体连接件（泸州）公司应聘锻压工，其母黄宣英后被推荐到江都花园物业管理公司从事保洁工作，这家有 2 人找到了如意工作，加之其父周洪举仍坚持找地耕种和打零工，全家每月收入近2 000 元，生活有了保障，家庭面貌大大改变。

龙马潭区 1996—2005 年劳动职业技能培训统计一览表

表 8 - 2 - 5

项目 年度	培训城乡劳动力人数（人）	培训后实现就业率（%）	培训下岗失业人数（人）	参加创业培训人数（人）	为失地农民培训人数（人）	农民工技能培训人数（人）
1996	367	80	—	—	—	—
1997	750	81.1	—	—	—	—
1998	610	95	231	—	—	—
1999	436	85	165	—	—	—
2000	406	80	100	—	—	—
2001	456	80	200	—	—	—
2002	480	77	336	—	—	—
2003	420	75	343	—	—	—
2004	480	73	394	131	—	—
2005	1 525	65	771	281	563	356
合计	5 920	79	2 540	412	563	356

第六节 职业介绍

1996 年后，各乡镇、街道、社区分别成立职业介绍中心（所）16 个，为劳动力供求双方提供职业信息、职业咨询、鉴定职业技能与职业能力，为求职人员提供职业介绍 9 250 人。2002 年 7 月，为加快建立市场就业机制，适应劳动力市场需求，建立区劳动力市场，地点位于小市荣峰商场三楼。2005年3月，在区政府支持下购买龙马大道星月街18号楼二层，面积350平方米，用于劳动力市场"一站式"服务大厅，开展职业介绍服务工作更方便了。2002—2005年，为各类求职人员提供职业指导2.1万人次，免费提供职业介绍2.04万人次，年均介绍就业成功率55%，直接组织劳务输出5 826人。

<h3 style="text-align:center">龙马潭区1997—2005年劳务输出情况统计表</h3>

表8－2－6

项目 年度	区年末乡村劳动力实有总数（人）	劳务输出总人数（人次）	其中直接组织输出人数（人次）	劳务输出净收入（万元）	为求职人员提供职业介绍（人次）	为求职人员提供职业指导（人次）	介绍成功率（%）	举办各类招聘会（场次）
1997	136 250	22 353	721	10 490	—	—	—	—
1998	134 455	26 438	548	13 360	—	—	—	—
1999	131 566	29 782	771	14 307	—	—	—	—
2000	129 992	31 521	805	16 136	—	—	—	—
2001	123 520	33 950	670	17 141	—	—	—	—
2002	127 588	35 110	650	18 141	1 200	1 880	73	12
2003	125 417	37 300	402	20 451	7 800	8 800	64	60
2004	127 533	37 800	450	20 833	6 856	4 500	56	46
2005	130 148	48 803	809	26 222	4 500	5 800	30	52
合计	1 166 469	303 057	5 826	157 081	20 356	20 980	55	170

第七节　劳动关系调整

区劳动局于1997年4月制定《关于全面实行和健全劳动制度的意见》，要求全区所有企业单位与职工必须签订劳动合同，私人企业和个体经济组织与其雇用人员应当通过签订劳动合同的形式确立劳动关系，同时健全劳动合同管理制度。劳动行政主管部门督促国营、集体、私营企业和个体经济组织的劳动关系双方签订劳动合同，并对劳动合同的真实性、合法性和可行性进行审查与鉴证，确保其法律效力。鉴证劳动合同双方当事人到场，用人单位一方为法人代表，或委托代理人，劳动者一方应为签订合同本人或委托代理人。1997年国有企业签订劳动合同3 215份。2001年签订780份，2004年186份。非国有企业1997年2 710份，2001年2.26万份，2004年6 090份。1997—2005年先后鉴证劳动合同1.57万份。在鉴证合同时发现并纠正不平等合同331份。

第八节 劳动保障监察

劳动监察部门依据《四川省劳动和社会保障监察条例》，对建立的劳动和社会保障内部管理制度，招用工人订立履行劳动合同，遵守女职工、未成年人和残疾人的特殊劳动权益保障规定，遵守职业培训、职业介绍、职业技能鉴定等情况实行监察。在开展监察工作中坚持以事实为依据，以法律为准绳，采取日常巡视检查，专项检查，群众举报投诉检查和年度检查等方式依法纠正和查处被监察对象的违法违规行为。1997年起对全区职业介绍单位全面检查，先后对16家符合条件的发给《职业介绍许可证》，对未经批准，非法开展职业介绍的17家介绍所给予取缔。1998年重点抽查劳动用工单位60户，查处涉及克扣、拖欠劳动者工资3件，违法招收童工3件（16岁以下儿童13名），共处罚金3.24万元。1998—2005年共监察用人单位1 112家，涉及劳动者2.64万人，群众举报立案专查750件，劳动保险年检220家，涉及劳动者1.76万人。参与处理突发性事件19起，涉及劳动者7 247人。补签劳动合同6 525份。追发劳动者工资1.41万人，金额1 384万元。社会保险费征缴督促登记311家，涉及劳动者1.03万人，督促缴费109家，涉及劳动者1.27万人，追缴保费280.8万元。纠正违反职业资格和职业培训规定的单位15家，清退风险抵押金14.4万元，涉及劳动者285人。接受群众举报2 255件，审查用人单位规章386件，纠正违法规章236件。

第九节 劳动争议仲裁

劳动争议仲裁委员会于1996年7月成立。国有企业建立劳动调解委员会。对劳动争议本着合法、公正、及时处理的原则，着重调解协商处理，调解协商不成的可向本企业劳动争议调解委员会申请调解，再调解不成的，可向区劳动争议仲裁委员会申请仲裁。当事人也可直接向劳动仲裁委员会申请仲裁，对仲裁裁决不服的，可向人民法院起诉。1996—2005年，先后受理劳动争议案件594件，其中劳动者申诉案592件，用人单位申诉2件；属国有企业43件，非国有企业551件，涉及劳动者当事人5 285人。在争议案件中有集体劳动争议案91件，涉及争议当事人2 468人，劳动者申诉的案件中属劳动报酬的223件，占总案件数的37.54%；社会保险121件，占20.3%；福利待遇109件，占18.35%；解除劳动合同36件，占6.06%；变更合同13件，占2.19%；终止劳动合同3件，占0.51%，结案率100%。立案调查的劳动争议案，由仲裁调解的246件，占41.41%；仲裁裁决的203件，占34.18%；其他方式处理的145件（包括双方撤诉等），占24.41%。在处理的案件中劳动者胜诉的435件，占73.23%；用人单位胜诉23件，占3.87%；双方部分胜诉的136件，占22.9%。案外调解争议160件。不服裁决向人民法院起诉的9件。

表 8—2—9

龙马潭区 1996～2005 年劳动争议仲裁案件统计表

年份	案件受理情况 案外调解争议数（件）	劳动者申诉数（件）	用人单位申诉数（件）	涉及劳动者当事人数（件）	集体劳动争议案件数（件）	集体劳动争议案当事人数	争议原因 劳动报酬（件）	福利待遇（件）	社会保险（件）	解除劳动合同（件）	变更劳动合同（件）	终止劳动合同（件）	其他（件）	结案数（件）	仲裁调解（件）	仲裁裁决（件）	其他方式（件）	用人单位胜诉（件）	劳动者胜诉（件）	双方部分胜诉（件）	案外调解争议数（件）	不服裁决同问题向法院起诉（件）	来信件数（件）	来访人数（次）
1996	12	12	—	12	—	—	—	—	—	—	—	—	12	12	—	12	—	—	12	—	—	—	—	—
1997	12	12	—	12	—	—	1	11	—	—	—	—	—	12	7	1	4	—	7	5	15	1	—	95
1998	15	14	1	38	2	17	—	12	—	3	—	—	—	15	9	6	—	1	4	10	20	2	—	150
1999	46	46	—	58	1	12	15	—	—	—	—	—	31	46	3	6	37	1	18	27	25	—	—	165
2000	34	34	—	34	—	—	—	—	—	—	—	—	34	34	34	—	—	—	34	—	25	—	—	192
2001	43	43	—	91	3	41	5	12	—	8	6	—	12	43	11	19	13	1	27	15	11	3	—	2 320
2002	52	51	1	330	6	183	10	35	—	4	1	2	—	52	32	12	8	2	46	4	15	3	8	3 586
2003	80	80	—	153	2	72	36	39	—	2	2	1	—	80	36	28	16	—	72	8	12	—	25	4140
2004	150	150	—	2 406	38	1 204	66	—	73	11	—	—	—	150	58	60	32	10	105	35	12	—	55	6 030
2005	150	150	—	2 151	39	939	90	—	48	8	4	—	—	150	56	59	35	8	110	32	25	—	120	6 720
合计	594	592	2	5 285	91	2 468	223	109	121	36	13	3	89	594	246	203	145	23	435	136	160	9	208	23 398

第三章　人　事

第一节　机　构

1996年建区时成立区人事局。行政编制9名，机关后勤服务事业编制1名。领导职数1正2副。内设办公室、专家职称管理股、工资福利退管股。主要职能为综合管理国家公务员和专业技术人员，推进全区国家公务员、专业技术人员队伍建设；综合管理企事业人事制度改革，调整人才结构，促进整体性人才资源开发；综合管理全区行政机关、事业单位的工资、福利和退休退职工作，管理行政机构改革及机构编制工作；负责区属事业单位机构编制的日常工作。2001年将机关事业单位社会保险职能划归劳动和社会保障局；老龄委员会工作划归民政局承担；原科学技术委员会承担的引进国外智力职能划归人事局负责。历任局长：徐宽富、杨文学、易先炳、陈春琼。

第二节　编制管理

成立管理机构　1996年11月，区成立以区委副书记、区长楚明为主任，区委副书记刘汉洲为副主任，组织部长徐宽富、人事局长杨文学、财政局长胡维新为成员的机构编制委员会，具体管理机关事业单位机构编制工作。编制委员会办公室是区编委常设办事机构，挂靠区人事局，由人事局长兼任办公室主任。2001—2005年由于领导变动，及时调整了区机构编制成员。

区级机关行政编制　1996年，市编制委员会批准区机关行政编制320名，当时泸县分流本区实有人数376名，超编56名，经区机构编制委员会讨论报区委、区政府批准，以370名行政编制定编。机关事业编制按行政编制370名的15%计控为56名。最后编委给区级机关（党群、人大、政府、政协各部门）下达行政编制357名，机关事业编制56名。后经过2001、2005年两次机构改革，行政编制由原370名减为332名，机关事业编制由原56名减为52名。

区政法部门编制　政法部门系单列编制机关。1996年行政编制140名，2001年增加1名。通过两次机构精简，现实有人数120名，减少21名。

乡镇街编制　1996年区下属5镇、2乡、2个街道（厂区）办事处，行政编制320名，实际下达编制298名。乡镇街事业编制按320名行政编制的15%计控为48名。2000年建制调整，全区增设双加镇、长安乡和红星街道办事处、莲花池街道办事处。人员从原乡镇干部中调整，没有增加编制。2001年机构改革调整，重新核定乡镇街行政编制为323名，事业编制26名。2005年再次机构改革。12个乡镇街行政编制由建区初期的320名减为302名。事业编制由48名减为21名。

事业单位编制 区属机关、乡镇街事业编制严格控制，及时定编。对其他事业单位较长时间不定编，实行宏观管理、总量控制。全区除中小学外，所有事业单位进行了定编，包括区直73个事业单位定编545名；乡镇街90个事业单位定编174名。2004年对全区21所中小学校定编为1 630名。

第三节　公务员管理

公务员过渡工作 建立和推行国家公务员制度是人事制度的重大改革。根据《国家公务员暂行条例》和省、市有关文件精神，于1997年6月起开展党政机关工作人员向国家公务员过渡的工作。区政府成立以区长楚明为组长，区委副书记刘汉洲为副组长，组织部、区纪委、区委办公室、区政府办公室、财政局、人事局等单位主要领导为成员的领导组，办公室设在人事局。机关单位、乡镇建立相应的领导组。区政府制定《实施国家公务员制度方案》《国家公务员非领导职务设置办法》《国家公务员考核暂行办法》等文件。确定推行公务员范围有区政府办公室、计划经济委员会、财政局、人事局、劳动局、国土局、地税局、统计局、乡镇企业局、交通局、建设委员会、司法局、民政局、审计局、贸易局、经济体制改革委员会、农村工作委员会、广播电视局、教育委员会、文化体育局、科学技术委员会、卫生局、计划生育委员会、粮食局。监察局按纪委机关参照试行公务员制度。政府部门管理的行政机构：区物价局、环保局、国资局、法制局。政府议事协调机构的办事机构：区机构编制委员会办公室。党群、人大、政协、法院、检察院等机关参照管理的实施工作同步进行。由区政府统一安排部署、统一培训学习、统一考试考核。具体日常工作由组织部门和人事部门分头负责。确定参照公务员单位19个，因法院、检察院另有规定未列入。乡镇街政府机关、党群机关，含聘用干部属公推范围。实行国家公务员制度的部门和单位在工勤岗位上工作的人员，不列入实施国家公务员制度的范围。被批准为实施公务员制度的单位和参照管理的单位，在机构改革中定职能、定内设机构、定人员编制的基础上，参照原有岗位设置运行的情况，本着一个职位由一人承担的原则，合理划分，设置职务。职位数不得超过机关行政编制数，职位层次设置相应于机构规格，领导职务与非领导职务的设置不超过规定限额比例。区行政机关设立主任科员、副主任科员、科员、办事员，其中主任科员、副主任科员职数按本部门科级领导干部职数50%设置，主任科员只设1人。分别审查后，进行考试考核，按程序办理现有人员过渡为国家公务员。非领导职务设置，编写职位说明书，按干部管理权限办理职务任命手续，将具备规定条件的人员过渡为国家公务员。历经一个月，完成全区公务员过渡工作。区级机关工作人员除1名受开除党籍处分未过渡外，225名过渡为国家公务员。乡镇街机关工作人员除1名受留党察看处分未过渡外，167名过渡为国家公务员。

公务员考核 公务员考核分为平时和定期考核。考核公务员的德、能、勤、绩、廉，重点考核工作实绩。考核方式先由个人总结，群众评议，领导提出考核等次建议，再由本机关负责人或考核委员会确定考核等次。考核等次按优秀、称职、基本称职、不称职4个等次确定。考核结果作为调整公务员职级、工资以及对公务员的奖励、培训、辞退的依据。1996年党政群机关年度考核，优秀公务员占12.6%，称职占83.2%，未确定等次及缓确定等次占4.2%。2005年全区公务员参加考核723人，优秀96人，占13.3%；称职626人，占86.6%；不称职1人。

公务员培训 为提高公务员综合业务素质，1996—2005年，区人事局坚持对本区公务员进行分级分类培训，主要内容：电脑使用、WTO知识、行政许可法、公共管理和公共政策、创新能力、外语知识、推广普通话、"四五"普法及全区人事干部业务知识等，共培训41期，参培4 823人次，考试合格率95%。特别是通过电脑培训，区政府机关、党群机关、政法机关等全部实现了电脑办公，提高了工作效率。

龙马潭区1998—2005年公务员培训情况统计表

表8－3－3

项目 培训时间（年）	培训内容	举办培训班数（期）	培训公务员数（人次）	考试合格率（％）	备 注
1998	电 脑	12	400	95	包括专业技术人员
1999	计算机专业	4	166	95	
	人事干部业务及管理	4	405	100	包括事业单位人事干部
2000	初任、任职更新知识	4	131	100	
	创新能力外语知识	2	80	100	
	后备人才	1	20	100	
2001	计算机	4	209	100	
2002	WTO知识	1	671	100	全区公务员及工作人员
	新录用公务员业务知识	1	18	100	
	推广普通话	1	355	—	区机关公务员及工作人员
2003	人事统计工作	2	400	100	包括事业单位
2004	学习行政许可法	2	720	100	包括全区事业单位执法人员
2005	公共管理和公共政策	3	1 248	100	全区公务员和机关工作人员
合 计	—	41	4 823	—	

公务员考录 严格按照制录用公务员，没有编制不得补充人员，有编制缺额需要补充人员，坚持按《国家公务员录用暂行规定》，采取公开报名、统一笔试、统一面试、统一组织考核、统一体检等程序，并坚持公正、公开、廉政、合法等原则招录国家公务员。1996年建区后，区人事局协助市人事局招考区法院、检察院、司法局公务员，参加报名800多名事业单位职工和社会待业青年，经考试考核，择优录用37名。2002年，为强化公务员队伍建设，针对乡镇街机构改革后人员严重缺编状况，面向社会公开招考公务员，303名报考，录取了15名年龄在35岁以下、文化程度在大专以上的优秀人才充实到各乡镇街机关。

第四节　专业技术人员管理

技术职称评审机构 1996年11月4日，区成立职称改革工作领导小组，负责组织领导全区专业技术人员的技术职称评审工作。领导小组办公室设在区人事局。是年12月4日，区职称改革工作领导小组成立11个系列初级职称评审委员会，在区职称改革工作领导小组的领导下分别负责本系列专业技术人员的初级职称评审工作。

专业技术人员评聘 专业技术人员实行评聘公开，已取得的专业技术资格只能作为聘任的依据。专业技术人员聘期原则上为 3 年一届。任期满后，做好续聘工作。续评程序是个人总结、群众评议、组织考核、续聘。1997 年续聘高、中、初级职称专业技术人员 1 547 人。2000 年续聘 1 657 人。2003 年续聘 1 840 人。为专业技术人员办理续聘证书共 5 044 人次。至 2005 年，审查、评审、认定专业技术人员任职资格 2 556 人，并办理任职资格证书，对卫生、经济、计算机、外语等专业技术人员颁发证书 871 人次。新聘用 754 人。推荐到市省评审中高级科技人员 630 人。

专业技术人员培训 坚持对全区专业技术人员进行继续教育，已形成制度。继续教育的形式主要是采取办培训班、组织技术人员学习，更新知识。至 2005 年共办电脑培训班 24 期，参训科技人员 1 356 人次，考试合格率 96%；有 31 名专业技术人员参加全省职称计算机考试，省上颁发了合格证书。专业技术职务英语培训 1 240 人，有 84 名参加全国英语考试取得合格证书。与组织部、畜牧局联合举办农村人才技术培训 600 余人次。组织全区事业单位 4 150 人次参加高新技术知识培训。全区专业技术人员经各种途径接受不同形式的继续教育约 1.6 万多人次。

专业技术人员考核 从德、能、勤、绩 4 方面年度考核专业技术人员，并把考核结果作为评优晋级的重要依据。1996 年考核分为 3 个等次：优秀、合格（称职）、不合格（不称职）。2003 年分为优秀、合格（称职）、基本合格（基本称职）、不合格（不称职）4 个等次。优秀比例按 15%，最多不超过 20%。1996 年全区有 1990 名在职专业技术人员，其中副高级职务 19 人，中级 544 人，初级 1 387 人，未具备专业技术任职资格 40 人。考核结果，优秀 299 人，合格 1 688 人，不合格 4 人。2005 年 2 126 人，其中副高级及以上任职资格 32 人，中级 704 人，初级 1 251 人，未具备专业技术任职资格 139 人，考核结果，优秀 340 人，合格 1 702 人，基本合格 4 人。

第五节　工资福利管理

工资结构 1996 年机关工作人员（除工勤人员外）执行的是基础工资、职务工资、级别工资、工龄工资 4 个部分及津补贴组成。基础工资执行同一标准。职务工资按办事员、科员、副科级、正科级、副处级、正处级等不同职务分别设若干档次，不同职务其职务工资相差较大。级别工资从办事员的 15 级至正处级的 7 级。工龄津贴则据个人工作年限计算，每工作 1 年增加 1 元。机关工人实行岗位等级工资制，其工资构成由岗位工资、技术等级工资按 3∶7 的构成比例计算出奖金（活工资）。事业单位工作人员工资分为固定部分和活的部分，一般按全额拨款、差额拨款、自收自支三类不同性质的单位区别对待。全额拨款固定部分与活的部分构成比例为 3∶7，差额按 4∶6，自收自支按 5∶5。事业单位调整工资，国家只制定某职级固定部分，而活的部分按其经批准执行活工资比例计算出各人活的部分增加金额。专业技术人员实行技术职务等级工资制，主要分为专业技术职务工资和津贴。管理人员工资实行职员职务等级工资制，主要分为职员职务和岗位目标管理津贴。

工资调整 【基本情况】 1997 年 7 月 1 日参加机关事业单位调资人数 9 713 人次，月增资总额 25.63 万元，人均月增资 26.39 元。1999 月 1 日调资人数 3 772 人，月增基础工资（职务工资）30.43 万元，月增级别工资 16.52 万元，人均增资 125 元。2001 年 1 月 1 日调资人数 2 796 人，月增资总额 3.1 万元，人均增资 108.4 元。是年 10 月 1 日调资人数 2 675 人，月增资额事业人平 21.56 元。2003 年 7 月 1 日事业单位调资人数 2 672 人，月增资总额 13.96 万元，人均增资 51.85 元。

【机关公务员工资调整】 基础工资 1997 年 7 月 1 日由原每人每月 90 元调为 110 元，1999 年 7

月 1 日调为 180 元，2001 年 1 月 1 日调为 230 元。级别工资 15 ~ 1 级，1999 年 7 月 1 日由原每人每月最低 55 元、最高 470 元，调为最低每人每月 85 元、最高 720 元，2001 年 1 月 1 日调为最低 115 元、最高 1 166 元。职务工资 2001 年 10 月 1 日由原 50 ~ 480 元调为 100 ~ 850 元，2003 年 7 月 1 日调为 130 ~ 1 150 元。行政机关事业工勤人员岗位工资标准、奖金部分（活工资）按照其工资构成比例相应提高。行政机关新录用人员的试用期工资标准也相应提高。

【离退休（职）人员退休费调整】 国家对离退休（职）人员增加离休费、退休费和退职生活费都与在职人员同步进行。随着机关事业人员调整工资，相应增加离退休（职）人员的离退休（职）生活费。

【奖励工资】 从 2001 年起执行发放年终一次性奖金的规定。发放对象是年终考核为称职（合格）及以上人员，奖金标准为当年第 12 月本人的基本工资，次年 1 月份兑现。事业单位 3% 工作人员晋升工资档次，指标由省按照事业单位年末总人数计算出 3% 晋升工资指标，层层下达，每两年进行一次。晋升工资指标属奖励工资性质，主要奖励有突出贡献的专业技术人员和管理人员。

日常工资办理 工资业务办理属经常性工作，包括职务变动，新录用人员试用期、见习期满转正定级，转业干部安置套定地方级别，农、林、水等第一线科技人员的浮动工资，护龄教龄津贴，非护、教行政管理人员岗位津贴，司法干部岗位津贴，老干部工作岗位津贴，正常晋职级等业务办理。2000 年办理正常晋升职务工资 3 242 人，办理增加级别工资 116 人，事业单位 3% 晋升工资 162 人，离退休（职）人员增加离退休（职）费 1 495 人，办理新任职务工资 239 人，安置退伍军人重新核定工资 119 人，技术工人晋升技术等级调升工资 43 人，农林水第一线科技人员浮动工资 63 人，更改连续工龄 5 人。

职工福利 区政府按照国务院及省上有关规定落实了职工应享受的各种福利待遇。

【病假待遇】 病假在两个月以内的，发给原基本工资；病假超过两个月不超过 6 个月的第 3 个月起，工作年限不满 10 年的发给本人工资的 90%，满 10 年及以上的工资照发；病假超过 6 个月的，从第 7 个月起，工作年限不满 10 年的发给本人工资的 70%，满 10 年及以上的发给 80%；符合离退休条件的发给 100%；获得省及以上劳模等人员，经批准可适当提高病假待遇，但不得超过本人原工资。

【生育待遇】 女工作人员怀孕，在指定的医疗机构检查和分娩时，对其检查费、接生费、手术费、住院费和药费在公费医疗中报销，产前检查按出勤处理。产假 90 天（产前 15 天，产后 75 天），难产增加 15 天。多胞胎生育的，每多生 1 个婴儿，增加产假 15 天。怀孕不满 4 个月流产的，根据医务部门的意见，给予 15 ~ 30 天产假。怀孕 4 个月以上流产的给予 42 天产假。2002 年规定，晚育（妇女 24 岁以上生育第一个子女）的给予 30 天晚育假，同时给予男方护理假 15 天。实行全母乳喂养的，给予 30 天母乳喂养假。产假期工资照发。

【年休假】 1996—2005 年实行的是连续工龄满 5 年不满 10 年的，每年休假 7 天；连续工龄满 10 年不满 20 年的，每年休假 10 天；连续工龄满 20 年及其以上的，每年休假 14 天。

【婚丧假】 工作人员结婚或其直系亲属死亡后，可由单位掌握批准，给予婚假 5 天，晚婚（男 28 岁，女 23 岁以上）的，在正常婚假基础上增加 20 天。丧假 5 天，或另给路程假。

【探亲假】 机关、事业、企业执行同一制度。配偶之间、单身工作人员与父母之间、已婚工作人员与父母之间分居两地的可享受探亲假。探望配偶，每年给予一方探亲假 1 次（不含配偶系部队干部者），假期 30 天；未婚工作人员探望父母的，原则上每年给假 1 次，假期 20 天，两年探 1 次，给假期 45 天；已婚者探望父母每 4 年给假 1 次，假期 20 天。上述假期包括公休假和法定节日在内，不包括路途所需的时间。探亲路费、探望配偶和未婚工作人员探望父母的往返路费由单位报销。已婚探父母的往返路费，在本人月基本工资30%以内的由本人负担，超过部分由单位报销。

【公费医疗】 国家机关、全民所有制事业单位实行公费医疗。工作人员患病到指定医院看病时，除挂号费、营养费、住院伙食费、就医路费自理外，其诊疗费、检查费、手术费、住院费、非自理药品费等，均按规定在公费医疗费中报销。

【福利费】 国家规定由财政按工资总额比例提取福利费，用于职工因患病和天灾人祸所造成的特殊困难补助和集体福利事业。福利费提取标准，区按工资总额3.5%、乡镇4%。福利费由财政专项储存，人事局办理。办理程序由单位、个人申请，区福利委员会审批，财政局凭人事局通知发放到补助单位或个人。

【丧葬费】 2005年前行政事业单位的在职人员、离退休人员死亡丧葬费按死亡本人当月基本工资额或基本离退休费金额计发10个月。

【一次性抚恤金】 因病，非因公死亡的，一次性抚恤金按死亡时10个月的工资计发（工资的组成，以机关事业单位基本工资为准）；因公牺牲的，一次性抚恤金按牺牲时的20个月工资计发；革命烈士一次性抚恤金按牺牲时的40个月工资计发。

【遗属生活困难补助】 补助方式为定期或临时补助。补助对象：依靠死者生前供养的父、夫年满60周岁，母、妻年满50周岁，子女、弟、妹未满16岁，或年满16岁仍在普通中学学习，上述对象中基本丧失劳动能力的，并包括抚养子女长大的抚养人、遗腹子女、养子女、前夫所生子女、同父异母或同母异父弟妹。居住在泸州市区的遗属，其补助按公务员基础工资的75%，县城的按65%，乡镇农村的按55%发给；离休干部遗孀按85%发给。死者配偶有收入的，其工资收入在低于科员职务工资二档，级别工资为13级与基础工资之和的，不负担遗属生活费，超过此数的部分作为遗属生活困难补助费，超过部分不够规定补助标准的应予以补足。

机关事业单位工作人员死亡丧葬费、遗属生活困难补助，一次性抚恤金均由家属申请、单位签意见，人事局办理。1998年办理死亡抚恤金24人次。2000年办理遗属生活费困难补助85人。2002年办理死亡抚恤金42人，遗属生活困难补助25人。2003年办理死亡抚恤金42人，遗属生活困难补助26人。

第六节　安置与就业指导

人才交流机构 区人才交流服务中心于1996年11月18日成立，为区人事局股级事业单位，编制2人。办公地点小市新街子74号。服务宗旨是加强对人才市场管理和监督，规范人才市场行为，维护人才市场秩序，促进人才市场发展。主要承办业务是收集整理储存和发布人才供求信息，开展职业介绍、培训、人才测评、组织智力开发、成果转让和法律、法规允许的其他业务。2003年起与军转安置股共同负责办理军转干部接收安置工作。

安置政策调整 1998年前，对大中专毕业生的就业渠道，国家计划内招收的统分毕业生、委托和定向培养的毕业生等是由区政府制定统筹安排的分配原则安置。1998年起，非师范类大中专毕业生的就业安置实行政策指导，实行就地就近，双向选拔，自主择业的办法。属国家计划内招收的统分毕业生，原则上采取一定范围内通过双向选拔的办法，人事部门协助就业，委托和定向培养的毕业生按招生时规定就业，国家计划内的自费生实行自主择业。2000年后，所有毕业生就业均为双向选择，自主择业。军队转业干部2001年前实行政府包揽，统一安置，2001年起实行自主择业的安置办法。

就业指导服务 随着国有企业改制，行政事业机构改革，职工下岗，机关减员分流，安置矛盾突出，为解决好大中专毕业生的安置就业，区人才交流中心做了以下工作：一是抓宣传教育，引导大中专毕业生自主择业。通过广电、下发文件、办墙报、发专刊、办培训班等形式提供信息，引导大中专毕业生认清就业形势，更新择业观念、在多种所有制范围内择业，实现就业目标。二是举办专场人才交流会，请用人单位与毕业生直接见面交流，自我展示，参与竞争，为双向选择提供机会。三是人事代理，内容包括人事档案、人事关系、招聘求职、社会保险、个人户口、专业技术职称评定、党组织关系等。代理对象包括大中专毕业生，企事业单位的各类人员，辞职辞退以及其他方式与原单位脱离工作关系的机关工作人员，自主择业的企业军转干部，西藏、三州内调干部，以及其他需要人事代理的单位或个人。至2005年个人委托人事代理781人次。

军队转业干部安置 对计划分配的军转干部按统筹兼顾、分散安置、保证重点、妥善安排、合理使用的原则和指令性分配办法安置。计划分配军队转业干部的随调配偶，其工资待遇，社会保险，子女入学、入托、入户以及住房等问题，也按上级文件精神落实。1996—2005年，共接收转业干部47人，转业干部家属8人，全部安置。2001—2005年接收自主择业军转干部21人，按军队自主择业办法落实他们的政治待遇和住房补贴、退役金发放、随军家属安置、子女入学入托、医疗保险等具体事宜。

第七节 机构改革工作

全区分别于1997、2001、2005年对区级和乡镇街党政机构，全区事业单位进行了机构改革。

改革领导机构 由区委书记任机构改革领导组组长，区委副书记、区长，区纪委书记任副组长，组织部、宣传部、区委办、政府办、人事局、财政局、监察局等部门领导为成员。并由区机构改革领导组和区机构编制委员会共同负责全区机构改革工作，区机构编制办公室负责机构改革的日常工作。领导组成员随工作变动而调整充实。

机改实施方案 区委、区政府制定《党政机构改革实施方案》《机关人员分流实施方案》，明确机构改革的重点是转变职能、理顺关系、精简部门内设机构和人员编制。重新界定各部门的职责权限。理顺区委部门之间、区委部门与人大机关、政府部门、政协机关、群众团体之间的职责分工，规范工作关系，调整相应职能，健全科学的管理机制。确定党政工作部门的规格和名称、人员编制、领导职数及人员分流的具体优惠政策和分流办法。

组织实施 区委、区政府专门召开区级机关机构改革动员大会，各单位认真组织学习机构改革有关文件，在统一思想认识的基础上，定职能、定内设机构、定编制人员，通过"三定"进一步转变职能，实现政事、政企、政社分开，理顺工作关系，规范政府行政行为，达到精简人员编制，提高工作效率和机关人员素质的目的。同时注重做好分流人员的思想工作，做到人员分流平稳过度。

通过三次改革，精简了机构、减少了冗员，优化了干部队伍。

第九篇　综合经济管理

　　1996年，全区人均地区生产总值3 714元，农民人均纯收入1 600元。是时，工业基础薄弱，产品落后，产值不高；商业企业濒临亏损状态，市场作用尚未充分发挥，个体私营经济发展缓慢；农业人口占全区总人口50%以上，农业结构不合理，经济效益差；财政收入不丰，长期未摆脱"吃饭财政"的困境。龙马潭区成立后，区委、区政府迅速制定发展战略，充分发挥区位优势，走贸、工、农全面发展的路子。采取果断措施，改革一切不适应市场规律的经济体制，实行"国退民进"，大力发展个体私营经济。着力改善软硬环境，大量招商引资，努力增加工业总量，提高科技含量。投入大量资金，加强农业基础设施建设，改善农业结构，提高经济效益。改变投资主体，实现多元化投资格局。采用以产业政策引导投资方向，适应市场经济规律。在管理上，充分发挥各部门的职能作用，在服务中实施监督，在制度上加强管理，并不断组织检查，推动计划的完成和质量的提升，实现各行各业并肩前进，共同发展。利用税收、金融、价格、市场等杠杆作用，加强宏观调控措施，促进国民经济综合平衡，协调发展。农村"两费"取消，农业税全部减免，新农村建设大步推进，广大农民过上小康生活。城市面貌发生根本变化，正向健康富裕的新区挺进。

第一章　发展计划管理

第一节　机　构

　　建区时成立龙马潭区计划经济局，内设财务室、企管股、计投股、政工股，办公室，共有员工14人，行使计委、工业局、二轻工业局和药品生产经营管理的职能。同年12月，计划经济局改名计划经济委员会。1999年4月19日，成立区经济协作办公室，与区计划经济委员会合署办公。对外是区政府独立的工作机构，对内是计经委的内设机构。2001年10月，区计划经济委员会改为发展计划局和经济贸易局。物价局并入发展计划局，两块牌子，一套人马。2005年4月，区发展计划局改组为发展改革局，区经济体制改革办公室并入发改局，内设发展规划股、投资股、项目管理股，改革综合股、价格管理股、收费管理股、办公室，共有员工 14 人。先后任局长或主任：杨树华、冯光宇、杨道华、曹天林。

第二节 计划编制与实施

1996 年，组织专门班子，对全区工业、农业、第三产业、城乡基础设施、人口布局等全面情况进行调查研究，在充分获得第一手资料基础上，经一年多的努力，几上几下，征求各方意见，反复修改论证，于 1997 年下半年完成《九五计划和 2010 年远景目标规划》的编制任务。报区委、区政府审查后，于当年 10 月 29 日提交区人民代表大会第二次会议审查批准。由区政府发文下达执行。其跨世纪的战略目标是：充分发挥区位优势，以城区为中心，开发"两江三线"，走贸、工、农发展路子，实施大开发、大通道、大市场、大商贸和农业结构大调整的发展战略，把龙马潭区建设成为现代化的新兴城区。

"九五"期间的主要目标是：改革经济体制，转变经济增长方式，提高经济效益。到"九五"末期，全区地区生产总值达到 14.57 亿元，年均增长 13.6%；人均地区生产总值达到 4 200 元。年均增长 12.6% 元；工农业总产值达到 12.16 亿元，年均增长 13.6%；其中工业总产值 8.35 亿元，年均增长 20%；全社会固定资产总投资，五年累计达到 12.8 亿元；财政收入达到 7 650 万元，年均增长 15%；城镇居民人均可支配收入达到 2 280 元，年均增长 10.9%。

2010 年远景目标是：全区地区生产总值达到 34.8 亿元，年均增长 9.1%。第一步，于 2008 年在 2000 年的基础上翻两番，为实现远景目标奠定雄厚基础。到 2010 年远景目标实现时，城市化水平达到 70%，城乡人民生活在小康基础上更加富裕。扣除物价上涨因素，城镇居民人均可支配收入达到 1 万元，农民人均纯收入达到 4 490 元。

经济计划运行的结果是：到 2000 年末，全面完成"九五"计划，全区地区生产总值 15.2 亿元。其中：第一产业 2.7 亿元；第二产业 7.1 亿元；第三产业 5.4 亿元。人均地区生产总值 5 232 元。农民人均纯收入 2 580 元。全区财政收入 9 244 万元，比 1996 年增收 4 061 万元，增长 79.5%；其中地方财政一般预算收入 3 830 万元，比 1996 年增收 1 047 万元，增长 37.5%。五年累计新增固定资产 42.8 亿元。

到 2005 年，超额完成"十五"计划。全区地区生产总值 32.5 亿元，比 2000 年翻一番，比 1996 年增长 2 倍多。其中第一产业 4.3 亿元；第二产业 16.6 亿元；第三产业 11.6 亿元。人均地区生产总值突破 1 万元大关。农民人均纯收入 3 957 元。全区财政收入 1.54 亿元，比 2000 年净增 6 168 万元，增长 66.7%，年均增长 10.8%。其中地方财政一般预算收入 6 666 万元，比 2000 年净增 2 836 万元，增长 74%，年均增长 11.7%。

全社会工业总产值年均增长 24.1%，工业占国民经济的比重由 2000 年的 32.6% 上升到 2005 年的 41.3%。工业对 GDP 增长的贡献率由 2000 年的 62.5% 上升到 2005 年的 78.1%。"十五"期间，新增固定资产 69.4 亿元，比前五年净增 26.6 亿元。

龙马潭区1996—2005年国民经济计划执行情况统计表

表9-1-2

项目 年度	地区生产 总值（万元）	第一产业 （万元）	第二产业 （万元）	工业 （万元）	第三产业 （万元）	人均地区生产 总值（元）
1996	102 633	23 725	49 547	31 460	29 361	3 714
1997	114 405	24 707	54 702	39 895	34 996	4 086
1998	130 136	25 321	63 764	42 182	41 051	4 575
1999	139 693	26 104	66 554	45 485	47 035	4 853
2000	152 391	27 409	71 250	49 646	53 732	5 232
2001	168 029	27 859	77 207	57 240	62 963	5 755
2002	191 465	29 990	91 093	65 047	70 382	6 444
2003	220 311	32 995	108 619	76 530	78 697	7 253
2004	266 298	41 209	133 918	99 132	91 171	8 632
2005	325 133	43 316	166 302	134 324	115 515	10 318
10年合计	1 810 494	302 635	882 956	640 941	624 903	60 862

第三节　经济计划管理

计划管理　1996年以后，为适应社会主义市场经济发展需要，逐步取消生产计划、商品流通计划、物资分配计划，保留固定资产投资计划的编制和管理。按照"统筹规划，协调服务和监督管理"的要求，从直接管理、微观管理转向运用经济政策、经济手段实行宏观管理。注重综合平衡，讲求经济效益，由管理型向服务型转变。在实际运作中，采取指令性计划与指导性计划相结合的管理办法。是年7月18日下达《关于重申加强商品房开发计划管理有关规定的通知》，规定商品房开发建设实行政府指令性计划管理，凡建筑面积1万平方米以上或投资500万元以上的开发项目，必须编制可行性报告和科学论证决策书，上报区计划经济局转报市计划经济委员会审批立项；一万平方米以内的商品房开发建设项目，由区计划经济局审批立项，报市计划经济委员会备案，严禁搞计划外商品房建设。7月，下达《关于1996年晚秋作物面积和化肥供应计划的通知》，要求全区种植双季稻498公顷，蓄留再生稻600公顷，供应尿素254吨，实行指导性计划管理。对于"九五"计划和远景目标规划，则采用市场经济手段，运用经济政策和产业政策，实行宏观管理。

调控措施　1996年全区国有工商企业35户，资产总额3.09亿元，负债2.69亿元，资产负债率86.9%，净资产只有4 051万元，1997年又亏损3 200万元。全区城镇集体企业75户，乡镇集体企业26户，也大面积亏损，严重阻碍着城区经济正常运行。是年10月14日，区政府下发《关于国有企业产权制度改革实施意见的通知》，对全区企业分期分批进行改制，到1999年底，基本完成产权制度改革任务。通过改制，盘活存量资产5 500万元，转让闲置资产3 000万元，企业集资股金600多万元，增强了企业活力。区物资公司1997年亏损120多万元，改制后的1998年，一举扭亏为盈，实现利润

3.4万元。向阳集团、胡市玻璃厂、三溪酒类集团等一批企业，一跃成为全区税利大户。在改革国有企业、集体企业的同时，实行"国退民进"战略，大力发展非公有制经济。1997年，区政府下发《关于大力发展个体私营经济的意见》，当年发展个体工商户1 029户，次年发展2 636户，连续4年新发展8 338户，全区共有个体工商户1.86万户，比1996年增加82%。注册私营企业发展到493家。2000年，个体和私营企业零售额3.1亿元，占全区商品零售额的55.6%；工商税收4 500万元，占全区工商税收的60%。

投资引导　建区时工业基础薄弱，酒业有玉蝉、三溪和几个小型酒厂，品种单一，产值不高。化工、机械、印刷、运输等行业，生产落后，效益不佳，以后改变了单纯依赖政府投资现象，形成了多元化投资格局，改计划指标控制为按国家产业政策要求引导投资方向。10年间，全区固定资产总投资110多亿元，引进徐州维维集团泸州豆奶粉生产线、美国科氏沥青、中石油、青岛啤酒、英标瓦生产线等一批新型企业，增强了工业生产总量和科技含量，改善了产业结构。同时，引导各方投资，投入市场建设，先后开发建设沱江化纤、鹏达建材、回龙湾家电、杜家街鞋类、公交服装几大市场，改善商业结构。陆续建立回龙湾、王氏商城、杜家街、驿通等客运站，为发展交通运输业提供有利条件。加上西南出海大通道——泸州集装箱码头建成投产，引进三友物流、南京长江油运公司、重庆轮船运输公司，为发展物流业开辟了新的途径。

通过上述调控，到2005年全区工业总产值45.3亿元，是1996年的4.3倍。

计划监督　每年编制国民经济计划，报经区人代会或人大常委会批准后，由区政府与各经济主管部门签订经济目标责任书，并制订与之相配套的《经济目标责任制考核办法》和奖励办法。按照上述目标和办法，实施监督检查，主动帮助有关部门和企业。

第四节　项目管理

1996年，贯彻省政府《关于深化投资体制改革的决定》，区政府积极推行项目法人责任制，投资项目资本金制，建设项目招投标制和工程项目监管制。

1999年12月9日，区政府决定成立项目管理办公室，与区计划经济委员会合署办公。负责对全区各类建设项目的调研、筛选、评审、论证和监督管理。

凡政府投资的项目，首先推行项目法人责任制和招标投标制，并建立相关的监督机制，让招投标工作做到"公平、公正、公开"。对其中重大建设项目，实行跟踪监管，直至派出稽查特派员参与建设全过程实施监督。对社会投资建设项目，为发挥多元化投资积极性，首先确立投资者的主体地位，按国家产业政策加以诱导。采取协调服务，间接监督和管理。

2000年以后，逐步改进项目管理方式，对政府投资的公益性建设项目，推行"代建制"；对企业使用非政府投资又符合国家产业政策的非重大项目和非限制类项目，逐步实行登记备案制；对必经行政审批的投资项目，尽量减少审批环节，设定审批时限，提高审批效率。尽可能减少经济活动中的行政干预和微观事务管理。

1996—2000年，5年累计投资42.8亿元，其中基本建设投资25亿元，更新改造1.54亿元，房地产开发7.41亿元。

2001—2005年，累计总投资近70亿元，比1996—2000年增长62.1%。其中基本建设投资29.4亿元，5年净增4.4亿元。

第二章 物价管理

第一节 机 构

1996年7月1日，建立龙马潭区物价局。内设办公室、业务股、收费管理股，下设物价检查所和泸州市价格事务所龙马潭区分所。编制9人，历任局长邓礼全、陈治英（女）。

2001年11月，区政府机构改革，将物价局与计划经济委员会合并，成立泸州市龙马潭区发展计划局。对外保留"泸州市龙马潭区物价局"牌子。对内是一套班子。从事物价工作的人员8名，由副局长陈治英分管物价工作。

2005年7月，区经济体制改革办公室并入发展计划局，更名泸州市龙马潭区发展改革局。对外保留物价局牌子。分管物价工作的领导和工作人员依旧。区物价检查所改为独立核算的事业单位。

第二节 价格管理

市场物价管理 按照"管理、调控、服务"为中心的物价工作方针和国家有关物价政策的规定，首先管好政府定价和政府指导价的25个商品，包括粮油和重要生产资料及人民生活必需品。遵循"分级管理、依法治价"原则，对上述重要商品，由物价局发出通知，按通知价格执行，各单位、部门、企业，不得任意定价，损害消费者利益。1997年1月16日，区物价局发出《关于尿素价格的通知》，规定每吨尿素销售价格1 300～1 400元；厂家超产自销价控制在每吨1 900元以内。3月14日，发出《关于1997年度粮油收购价格的通知》，规定上等稻谷每50公斤76元，小麦72元，玉米74元，油菜籽130元。定购以外粮食，实行最低保护价，敞开收购。10月20日发出《杂交水稻种子销售价格的通知》，规定每公斤批发价11.7元，零售价12.2元。对牵涉广大群众利益的客车票价，居民用水、用电、用气的价格，严格按泸州市物价局文件规定执行。对普通商品，贯彻中央"大管小活、基本稳定、合理调整"的物价方针，下放定价权。依照《四川省企业定价管理办法》的规定，企业在职权范围内，按规定自主定价，以增强企业随行就市的能力和企业活力。为保证生产经营企业开展公平竞争，自觉运用价格杠杆，增强自我约束机制，必须在内部健全价格管理机构，完善定价制度，正确行使国家授予的定价权。做到"政府放权、企业管严"，物价部门采取多种形式，宣传国家的价格政策，让企业在熟悉价格法规的基础上自行定价。对市场零售商品价格，实行"明码标价、一货一签"的管理制度，随时检查监督。为解决物价部门管理力量不足，于1996年7月30日，函请各单位、各乡镇街配备一名兼职物价管理干部，协助物价管理。为使明码标价制度化，1999年9月8日，会同区工商分局发布《关于加强和改进明码标价工作的通告》，按照国家计委《关于商品和服务实行明码标价的规定》精神，对违反明码标价规定情节严重者，处以 5 000 元以下罚款或停业整顿直至吊销营业执照处罚。11 月 16 日，召开各专业市场和有关单位参加的会议，落实明码标价制度，签订《明码标价责任书》，确定"明码标价示范街"，以点带面，推动明码标准标价工作。

2005 年，进一步完善市场价格监测、预报、预警制度和三级价格监督体系，定时定点采价。选择石洞、特兴、罗汉 3 镇的农资经营门市为采价点。对化肥、农药、稻种实行最高限价管理。明码标价，上墙公示，专人监控。全区建立 12 个物价监督监测站，制定监督监测实施细则，培训专职人员，建立长效监督机制。

行业收费管理　1996 年，根据《四川省价格管理条例》规定和省市物价、文化管理部门关于娱乐、服务业价格（收费）监审标准，会同区文体局制定出娱乐、服务业价格（收费）监审规定，要求国有、集体、个体、部队和外商经营的服务场所，都应遵循公开、公平、诚实守信、正当竞争的原则，实行报价审批管理制度。物价部门根据服务单位的设施、技能、质量、卫生和环境等条件，划分为特、一、二、三、四和等外 6 个等级，由经营者申报，主管机构审定，物价部门批准，核发《四川省娱乐服务业价格（收费）等级证》和价目表。明确标价，亮证收费。1997 年全区发放《价格等级证》342 个，把娱乐、服务业的价格纳入规范管理范围。对医疗服务收费管理，按市政府《关于泸州市非营利性医疗服务价格规范方案》规定标准，要求各医疗服务机构，作出公示，按公示标准收费。随着时间的推移，市场的变化，不断进行调整。1999 年 10 月 21 日，区物价局下发《关于全区旅店价格分等定级实施细则的通知》，要求各宾馆、旅店、招待所重新核定等级，调整收费标准，切实做到公开、公平、诚实守信。11 月 10 日，区物价局发出通知，要求全区职介、婚介、房介、美容美发及经营性公墓等行业，明码标价，上墙公示，亮证经营。

行政事业性收费管理　行政事业性收费，产生于改革开放初期。国家财政体制，由过去的"统收统支"改为"分灶吃饭、预算包干"。行政机关和事业单位，为弥补"预算包干"经费之不足，利用有偿服务政策，设立一些收费项目，并将收费行为作为开展业务活动的一种手段。进而出现多收、高收、乱收的现象。1997 年，省政府印发《四川省行政事业性收费许可证管理办法》，"收费许可证"分"行政事业性收费许可证"和"临时许可证"两种，由省级物价部门制定，收费许可证有效期为 3 年，每年年审合格由发证机关审查后加盖公章，方可继续使用。临时性收费办理"四川省行政事业性收费临时许可证"，有效期最长不超过一年。收费统一使用"四川省行政事业性收费专用收据"，否则，交费人有权拒交。对财务独立核算、直接实施收费的单位，核发"收费许可证"。对不具备法人资格的单位和收费点，办理"收费许可证"副本。1997 年全区颁发"收费许可证"350 个、副本 150 个，包括民政、公安、国土、文体、建设、计生、教育等 30 多个部门。到 2000 年增加到 500 个，全年收费总额 7 500 万元，比 1996 年增收 4 408 万元，增长 1.4 倍。2000 年 7 月 6 日，完成对 1999 年度行政事业性收费的年审工作，年审收费单位 267 个，已办收费许可证单位 259 个，审验《收费许可证》447 个，全年收费金额 7 663 万元，比上年有所减少。查出违纪收费项目 25 项，违规金额 89 万元，分别作出清退和没收的决定。9 月 27 日，召开全区行政事业性收费、中介服务收费的清理整顿会，区委领导号召各单位自查，上报区物价局抽查。会后，区物价局组织 3 个调查组，深入乡镇、市场，发现一起，纠正一起，对群众反映强烈的婚姻登记、电价、生猪检疫、建房、计生等收费项目，进行专项整治。通过检查，责令取消收费项目 73 个，纠正收费项目 71 个，一年减轻群众负担 300 多万元。2000—2002 年连续 3 年对全区行政事业性收费开展年审，其中 2000 年收费 7 483 万元，2001 年收费 5 796 万元，2002 年收费 6 225 万元，3 年累收 1.97 亿元，比同期地方财政收入多出 6 684 万元。查出违纪收费项目91个,金额192万元。通过年审,取消国土、劳动、计生、民政、公安等多个部门的不合理收费项目221个,注销《收费许可证》20个,清退金额37万元,没收8万多元,罚款3万多元,为群众减轻负担300多万元。

到2004年年审时,全区"收费许可证"尚存280个,其中正本123个,副本157本,全年收费总额5 839万元,比2000年下降20%。其中,行政性收费867万元,事业性收费4 644万元,经营性收费328万元。

对中小学和幼儿园收费,按照上级政府价格主管部门和教育行政部门有关规定,制定收费标准,各学校不得自定收费项目。由于前些年教育经费不足,财政资金又不能及时到位,以致某些学校巧立名目,向学生高收费、乱收费,加重学生负担。物价部门对此进行监督,每年开学后,组织力量对各学校收费项目、标准进行检查,凡不符合上级规定的收费项目和标准,一律视为乱收费,分别情况作出清退、没收、罚款的决定。

2005年区物价局与全区23所中小学建立教育收费定点联系制度,签订《价格监督检查当事人承诺书》,物价工作人员分片包干,参与学校收费诚信承诺活动,联系学生,及时了解学校收费动态。避免乱收费行为再度发生。

农村"两费"管理　农村推行"家庭联产承包"后,过去农业社集体承担的"公共提留"和"乡镇统筹",转由农民个人负担。这两项经费主要用于村社干部和乡镇部门中不属国家财政拨款的工作人员和农村公共福利事业的支出。随着农村各项事业的发展,乡镇工作人员不断增加,农民负担越来越重。成为影响农民生产积极性,影响基层政权巩固,危及国家长治久安的大问题。为此,1996年,中共中央、国务院发出《关于切实做好减轻农民负担工作的决定》(简称《决定》),省委、省政府发文要求做好此项工作。区委、区政府对减轻农民负担工作实行党政统一领导,主管部门承办,有关部门协办,执法部门监管。凡违反"减负"政策的行为,实行"一票否决"制。农民合理负担的"两费",依法收交,农民应承担的"义务工",征得农民自愿,可"以资代劳",但绝不允许强迫实行,增加农民经济负担。

物价部门根据《价格法》有关规定,对涉农收费项目实施监管。首先宣传贯彻中央《决定》和省委、省政府"三个稳定""五个严禁""三个减免""两个增加"等13条措施,使之家喻户晓,从而提高各级干部执行"减负"政策的自觉性。增强农民的政策意识,自觉履行合理负担的义务,抵制不合理负担的错误。各乡镇根据实际情况制定预算方案,报经主管部门批准,提交乡镇人代会讨论通过,计算到户。填写农民负担监督卡,列入农业承包合同,凭卡收费。对上交"两费"确有困难的特贫户、烈军属、伤残军人,经群众讨论同意,可适当减免。收取"两费"必须使用财政部门统一印制的专用收据,分户立账。对资金的使用,实行预、决算制度。先由有关部门提出使用计划,经乡镇分管领导"一支笔"审批,方可使用。严禁平调,挪作他用。各乡镇、村都设立"财务公开栏",把农民负担的项目、标准和资金使用情况,上墙公布,接受群众监督。每年必须向乡镇人代会报告,张榜公布。物价部门聘请一批具有专业知识的兼职或专职审计人员,采取定期或不定期的方式,对两项资金进行审计,并在石洞、鱼塘、罗汉3镇建立农民负担监测网,在其他乡镇确定2~3户农民作为监测联系点,定期了解农民负担情况,查处违反政策的案件。

1998年全区收取农民"两费"682.4万元,人均负担31.8元,占上年人均纯收入的2.3%,低于中央和省不超过5%的规定。全区全年农民所投"义务工"总计229.6万个,每劳平均负担17个,低于泸州市标准。

2001年起,随着国家对农业投入的加大,农民负担逐年减少,直至免征农业税,全部取消农民负担。

龙马潭区物价管理工作，1996 至 1999 年连续 4 年被省物价局表彰为"价格信息先进单位"。

第三节　价格检查

根据国家《价格法》和《四川省物价管理条例》规定，区物价局对市场物价、服务性收费和行政事业性收费、涉农涉企收费等开展检查。物价局内部制定了一系列规章制度。1996 年 8 月，印发《机关工作人员守则》，要求物价工作人员坚守岗位，遵纪守法、廉洁奉公。1998 年 8 月，制定《行政执法责任制》的总体方案，规定局级领导和各股室的执法程序和考核办法。9 月，成立行政执法过错责任追究领导小组和行政执法案件审查小组，随即制定《遵纪守法、秉公办案、廉洁勤政工作守则》。10 月，印发《行政执法过错责任追究办法（试行）的通知》，对追究范围、责任划分、职责认定等都作出明确规定。在建立健全自我约束机制，有法可依、有章可循的情况下，开展价格检查工作。1996 年 11 月，查出区属 7 个乡镇电管站、农机站采取扩大范围，提高标准，自立项目等办法，违规收取电费，电表安装及材料费 5.8 万元，分别作出处罚决定，退还用户 2 250 元，没收上交财政 5.58 万元。遵照上级《关于开展建设项目收费检查的通知》，于 1997 年 9 月，对罗汉、安宁、石洞国土所、建管站的收费情况进行检查，查出违规收费 10 项、金额 47.8 万元，除责令停止收费外，退还农户 23.8 万元，没收 1.3 万元。11 月，会同区财政局对区级机关、7 个乡镇、两个街办的行政事业性收费进行年审，审查收费单位 227 个，收费许可证 273 个，收费项目 247 个。查出违规收费 67 项、金额 146.3 万元，分别予以没收和退还用户，并纠正和取消收费项目 12 项。1998 年 12 月 31 日，通过物价检查，下发《关于取消部分不合理收费项目的通知》，取消民政、国土、公安、文体、建管、计生等 10 个部门的 23 个不合理收费项目，并发出行政处罚决定书 8 份。对学校、卫生院、计生站等 7 个单位违规收费 11.5 万元，分别作出决定，没收 8.9 万元，退还学生 2.56 万元。还对执法违法的单位，乱收的 5 万多元，处以全部没收上缴。1999 年 3—11 月对某小学违规向学生收取操场建设费 6.3 万元，责令全部退还学生。对两个公安派出所违规收费 7 500 元予以没收。查出某电管所违规收费 6 800 元，责令全部退还用户，并罚款 2 000 元。查出某中学违规收取班费、补课费共 6.35 万元，责令全部退还学生，并罚 1.7 万元。查出某医院违规收取抢救费、观察费共计 8 万元，予以全部没收。查出某电管站在某场镇电网改造中违规收费 9 400 元，责令其全部退还用户。群众给区物价局送来"清正廉明、秉公执法"的锦旗。是年立案查处违规案件 33 件、金额 62.2 万元，处以罚款 25.3 万元，清退消费者 14.4 万元，没收违法所得 9 万元。2000 年立案查处违法收费案件 18 件，违纪金额 58 万元。并对市场"明码标价"进行全面检查，授予区医药公司为"明码标价示范店"。2001 年 1 月，对全区 23 个行政机关的收费主体、收费项目、收费标准进行严格审核。确认收费项目 195 项，收费标准 1 100 个，取消收费项目 16 个，降低收费标准 17 个，停止收费项目 14 个，通过清理整顿，一年减轻群众负担 70 多万元。2002 年 1 月，查出非法收取押金、保证金、集资款 136 万元，分别处以退还和没收。取消外来务工人员的暂住证费和流动人口管理费，一年减轻群众负担 30 多万元。

2003 年在抗击"非典"期间，对全区 200 多家大小医疗机构用于防治"非典"药物的价格开展全面检查，查出两家有违反价格的行为，给予分别罚款 600 元的处理。历时两个月，对全区中小学收费开展专项检查，查处违法案件 23 件、金额 104.4 万元，退还学生 92.5 万元，没收 12 万元。全年受理群众投诉违反价格政策的案件 94 件，办结 87 件，立案查处 11 件，处理违法金额 49 万多元。2005

年9月，会同有关部门转发国家6部委《关于开展全国教育收费专项检查的通知》，要求各中小学、幼儿园，将合法收费项目、标准在学校"公示栏"公布，接受社会、群众监督。

龙马潭区物价检查工作受到上级肯定。2001年2月20日，被省物价局授予"四川省规范物价检查所"称号。6月，被国家计委授予2000年度"全国规范物价检查所"称号。

第四节　价格服务

1997年，泸州市价格事务所龙马潭区分所拓宽价格服务领域，提高价格服务质量，全年接受委托价格评估63件，标的金额148万元。1999年1月，区分所更名泸州市龙马潭区价格事务所，随即制定章程和服务收费标准，广泛开展对外价格服务。3月，完成了泸州川光蓄电池厂的财产评估工作，标的金额349万元。

2000年1月，区价格事务所更名为泸州市龙马潭区价格认证中心，进一步扩大价格服务范围，开展对涉案物品、有形资产、无形资产的鉴定和价格法规的咨询。全年为司法、行政、企业委托评估、鉴定130次，涉物300余件，标的金额5 265万元。为行政执法和企业改革提供了准确的价格依据。

第三章　工商行政管理

第一节　机　构

1996年建区时，成立泸州市工商局龙马潭区分局，设人事监察科、政策法规科、企业登记管理科、个体私营经济管理科、经济监督检查科、市场管理科、消费权益管理科、办公室。下辖小市、高坝、安宁、石洞、胡市5个工商所。后又设特兴、鱼塘工商所和小市工商二所。年底，全局在册职工87名。1997年8月，区分局内设机构改为1室3股1队，即办公室，人事教育股，经济合同管理股，市场监管股，公平交易监督检查队。

1999年8月，根据国务院国发〔1998〕41号文"省以下工商行政管理机关实行垂直管理"精神，区分局更名四川省泸州市工商局龙马潭分局，归省工商局垂直领导。2002年3月，龙马潭分局更名四川省泸州市龙马潭区工商局。2005年12月，设办公室、人事教育股、市场管理股、注册登记股、政策法制股、纪检监察室、党办室和经济检查大队，"12315"指挥中心。下辖5个工商所。全局在册职工109人。历任局长曹刚、孙久坤、林皿、彭华东、曾田野、赵孝勤。

第二节　企业登记管理

1996 年，全区共有各类企业 1 521 家，其中国有企业 191 家，集体企业 1 309 家，联营企业 1 家，股份制企业 11 家，股份合作制企业 9 家。因行政区划，地属名称改变，当月开始换发新的营业执照。按省局规定：凡从事计算机运用、机械加工等 30 个工种的从业人员，应具有由政府或劳动部门颁发的相应职业资格证书，工商行政管理部门才能登记注册，换发营业执照。本区全部按规定办理，对个别没有职业证书的从业人员，通过培训取得资格证后予以补办。企业的换证工作当年年底前基本办理完毕。

1997 年 9 月 14 日，为贯彻市委、市政府《关于加快城市经济发展若干问题的意见》，拟定如下举措：凡企业合并组成核心企业为集团公司或股份公司的，注册资金 20 万元以上或有 3 个以上子公司的，可直接注册登记，其登记费按变更登记收取；增加资本金的，其增加部分，按国家规定收取；企业注册资金达 1 000 万元的，可直接注册登记；新办个体私营企业，凭本人身份证及申请书即可注册登记，不限雇工人数，按申请人数核定。并可先经营、后完善手续；对独资、合资私营企业的注册资金在 10 万元以下的，不必验资即可注册登记。1998 年，对全区无照经营的医疗机构进行清理，限期办理登记注册手续。

1999 年，执行市工商局、粮食局规定：粮食收储企业的分支机构应办理营业执照，其经营范围可核定为"粮食收购、储备、原粮批发"。粮食附营企业，可经营原粮批发，但必须是收储企业购进的原粮，不得自行收购粮食。粮食贸易企业在本区内不得设立粮食批发业务的分支机构，粮食主附企业分开后，原有的基层粮管站、粮管所及其分支机构的营业执照统一注销。对设立有限责任公司、股份有限公司须提交登记申请书、全体股东委托证明书、企业名称批准通知书、公司章程、法人身份证明书、股东决议、董事会决议、公司住所证明、验资报告、监事会纪要、股东出资协议和财产转让保证书、专项审批文件。股份有限公司还要提交批准文件、成立大会记录、筹办公司的财务审计报告。设立非公司企业法人登记，亦须提交企业法人申请书、主管部门或审批机关批准文件、企业法人组织章程、验资证明、企业负责人的身份证明、经营场所证明、企业名称核准通知书、法人代表履历表及其身份证、从业人员名单、分支机构核准通知书及对企业法人监督管理形成的文件。2000 年，执行对企业名称核准，应遵循先申请、先核准和不重、不近、不混、不造成公众误识的原则。

2001 年，支持国有企业以债权转股权，以无形资产作价投资入股，并鼓励其分流、下岗人员新办股份合作制企业。国企改革的注册登记，不收登记费。鼓励、引导下岗职工从事个体私营经济，凭下岗证或身份证即可申办营业执照，当天申请，当天领照，并允许试营，3 个月内免交市场管理费和设施服务费。对下岗职工申办独资企业、合资企业注册资金在 10 万元以下的，不验资即可登记注册。为做好企业登记注册工作，成立"文明登记窗口"领导小组和"重大企业登记注册事项会审"领导小组。要求办理注册登记人员，进一步规范登记工作行为，简化登记审批程序，实现"一站式"管理、"一条龙"服务，实施注册登记"绿色通道"工程，推进标准化的登记管理制度，严把市场准入关，维护正常的市场经济秩序。在办理各类企业登记申请时，由区审查员受理审查，交核准员核准或驳回。并规定审查员和核准员实行资格确认和受权制。对符合条件的人员，经考试合格，取得资格证书，由局长签发企业登记审查员或核准员"授权书"，方能从事企业登记工作。通过全省考试，区工商局有 18 人取得合法资格。

龙马潭区 1996—2005 年注册企业统计表

表 9 – 3 – 2

单位：家

项目 年度	国有	集体	私 营			
			个人独资	合伙	有限公司	企业集团
1996	191	1 309	107	19	53	—
1997	262	1 515	144	28	81	—
1998	287	1 329	210	29	103	—
1999	323	859	264	29	127	—
2000	275	645	323	30	140	—
2001	268	574	235	23	82	—
2002	164	437	118	23	82	—
2003	68	272	204	23	120	—
2004	66	274	415	25	199	—
2005	63	271	532	25	230	—

第三节　市场管理

市场布局　1996 年 8 月 26 日，区政府成立市场建设领导组。规划和指导全区市场建设。其指导思想是：以巩固商贸优势为目标，努力提高市场知名度，增强市场辐射力，使全区商贸市场上品位，上规模，形成集约化、专业化、规范化的大市场格局。规划建设川南十大交易中心。到 2005 年，投入市场建设资金 4.35 亿元，建成并启用的市场 48 个，占地 524.7 万平方米，初步形成大市场格局。其中，城区最繁华的市场有：公交大楼服装批发市场，交通路百货批发市场，粮食局化纤批发市场，沱江小商品批发市场，杜家街鞋类批发市场，王氏商城农副土特产品批发市场，回龙湾家电市场，川塑厂副食品市场，鹏达建材市场，58 公里石材市场，三友汽车交易市场等。在乡镇街较为繁华的市场有：鱼塘农贸市场，特兴综合市场，金龙蔬菜市场，胡市仔猪市场，石洞木材市场，高坝农贸中心市场，罗汉农贸市场，安宁农贸市场，小市余公街农贸市场，红星农贸市场等。

监管模式　把平时坚持经常性的市场管理巡回检查制度，作为工商部门的管理目标考核，并制定巡回检查奖惩办法，逗硬兑现。具体作法是：对市场主办者的经营资格、经营行为、服务管理等方面进行常态化的监督，让市场主办单位依法行事。加强市场巡查，不断查处违规经营行为。尤其对关系国计民生和影响人民生命财产安全的商品，实行定期不定期抽查。并对经营企业建立信用管理体系，鼓励他们遵纪守法，诚信经营。1998—2001 年，先后对鹏达建材市场、三九灯饰城、蓝天商城表彰为"重质量、讲诚信"先进单位。在各大市场中开展"满意在市场，有事找工商，共建文明市场"的流动红旗竞赛，川塑厂获工业品市场第一名；上码头获农贸市场第一名，分别发给奖金和流动红旗。推动各市场向正规化方向发展。同年 4 月，在石洞小学成立全市第一个"红领巾投诉站"，发动学生检举投诉违规经营行为。在沱一桥至中码头建立"打假维权，让消费者满意文明一条街"示范基地。以推动文明市场建设。成立龙马潭区市场巡查大队，各工商所设立市场巡查中队，取消传统的驻场管理方式，对市场举办者、经营者、管理者实行全方位监督。制定14条巡查管理制度，采取"延时制""错班制""联合交叉制"等多种巡查方法，使市场巡查工作更加有力有效。

红盾执法行动　2001年国务院决定，把整顿和规范市场经济秩序作为一项重要政治任务来抓。国家工商总局作出开展"21红盾执法行动"的重大部署。区工商局成立"21红盾执法行动"领导小组和办公室，精心组织，统一行动。在各大市场悬挂横幅标语85幅。宣传20多场次。每周在电视台播放"21红盾执法行动"的动态，大造声势，让国务院整顿和规范市场经济秩序的方针政策家喻户晓。当年检查全区300多户粮食经营户，查出违规经营案件15件，没收粮食48万多公斤，罚款67万多元。会同农业局植保站对种子、农药、化肥、农机及配件的经营者进行拉网式检查，处理一批无照经营户和过期农药销售户。深入文化市场，开展"扫黄打非"，查出违法经营者44户，罚款3 000多元，收缴盗版光盘1 000余盒，淫秽光盘600余张。在31户网吧经营户中，取缔不合格的9户，无证经营2户，罚款1 100元。会同烟草专卖局检查35个烟草经营企业，2 972个烟草经营摊点，查出无照经营101户，证照不齐68户，违章违法案件71件，罚款6.47万元，没收假烟3 150条，走私香烟750条。深入汽配市场，取缔非法经营4户，没收假牌照9块。检查4个旅游景点，54户"农家乐"，取缔无照经营11户，补办营业执照4户。开展"金花行动"，保护名优产品，查处仿冒"泸州老窖"酒3 000多瓶，没收各类名酒空瓶5万多个，罚款1 500元。检查加油站22个，取缔无照经营2户，责令两个站停业整顿。检查烟花爆竹经营户72户，取缔无照经营2户，限期整改12户。

2002—2005年，继续开展"红盾执法行动"。4年共查处违纪案件2 094件，立案查处94件，罚款233.51万元。整治各类市场20多次，检查摊点、门市600余户，查获假冒泸州老窖特曲22件，变质化猪油2吨，假冒不锈钢盆135个，掺杂辣椒面1 300公斤，假冒床上用品18件。销毁冒牌白乳胶284桶，劣质万能胶52件，劣质香皂20件，不合格石膏板221件，变质猪油19桶，不合格腊制品500公斤，有毒竹笋2.32吨，没收冒牌汽车2辆，陈化变质粮5.72吨。并完成两项突击任务：一是严查"毒鼠强"，配合公安、防疫部门，出动142人次，对全区12个场镇开展拉网式检查，取缔非法销售毒鼠药6户，没收散装毒鼠强6.5公斤，其他毒鼠药118袋。二是预防"禽流感"，出动260人次，检查家禽市场21个，清查兽药20多件，没收过期失效兽药230瓶，全区未出现一例禽流感。把分散的城市农资经营户迁到红星农贸市场，使之更加规范，便于管理。区工商局2002年被省人事厅、省工商局授予"红盾执法行动"先进集体。

第四节　商标合同广告管理

商标管理　1996年8月，成立四川省商标事务所龙马潭区代办点，由区工商分局派人担任商标事务代办员，受理全区企事业单位和个体工商户的商标注册申请，提供商标法律咨询。1997年代理申请商标5件，其中，申办注册3件，转让2件。查处商标侵权案3件，查获假冒酒582瓶，罚款3.07万元。

1998年，代理申请商标12件，续展2件，变名1件，补证1件，查询5件，转让3件。查处商标侵权案2件，冒用他人注册商标案8件，处罚金额6.8万元，没收假酒822瓶，洗衣粉3 000袋，香皂360块。开展注册商标证验证工作，验证内容：是否改变注册商标的关系、图形及其组合；是否改变注册人姓名、地址；是否自行转让注册商标；是否连续3年停止使用注册商标；是否超出核定的商品范围；是否伪造、涂改商标注册证，商标注册证件有否遗失，在使用中是否标明注册商标；是否签订商标使用许可合同；是否应续展而未办续展手续。全区验证注册商标52个。

2004年，成立保护注册商标专用权行动领导小组，查处商标违法行为。检查经营户573户，交易市场30个，查处商标侵权案17件。其中假冒驰名商标10件，其他7件。侵犯食品商标10件，其他7件。违法经营金额32万元，罚款12万元。1996—2005年全区登记注册商标55个，其中省著名商标2个，市知名商标7个。

经济合同管理 一是经济合同鉴证。审核认定签约双方，主体资格是否合格，标的是否符合国家政策、法规，条款内容、文字表达、经济责任是否清楚、准确。凡符合"自愿互利、真实合法、协商一致"的经济合同，予以鉴证。1996年开始，从过去强制性鉴证逐步转向自愿要求鉴证，努力提高合同履约率。是年鉴证各类经济合同1 416份，标的总额4 490万元。1997年鉴证2 041份，标的1 828万元；其中银行借款合同203份，贷款金额437万元；1999年鉴证合同1 037份，合格率100%。2000年为拓宽鉴证范围，与火车站配合，对容易出现纠纷的货物中转代办合同进行鉴证，解决了货主与代办者许多纠纷。全年鉴证合同1 041份，标的总额1 400万元，其中物资中转合同金额580万元。二是实施"合同解忧"工程。成立"合同解忧工程"领导小组，帮助企业确立合同管理"三全""三统""三落实"制度，增强防骗意识，提高合同管理水平。尽可能为企业避免或挽回经济损失。并利用抵押、担保等手段，为企业筹措资金，发挥经济合同的效益。2001年4月，走访"解忧"联系户三源汽修厂，该厂存在资金周转困难，发现该厂有油漆房可以抵押，建议办抵押贷款合同。几天内就解决了燃眉之急。三是开展"守合同、重信用"的评选、推荐活动。从1997年以后，多次举办《经济合同法》培训班，先后有840人参加考试，使更多的经营者知法、懂法、守法，运用法律维护自身合法权益，以推动"守合同、重信用"的评选推荐工作。两年评选79家，其中，区级24家，市级44家，省级11家。凡获省、市命名为"守合同、重信用"的企业，按人均工资给予奖励。2003年开展对命名企业的复查，对不符合考核认定条件的企业，撤销其"守合同、重信用"称号，不得对外悬挂匾牌和使用信用证书。先后被命名为省级"守合同、重信用"的企业有：玉蝉酒类公司、三溪酒类集团公司、龙马潭建筑安装公司、王氏集团公司、泸州建筑工程公司、泸州第九安装公司。

广告管理 1997年，全区广告经营单位8个，从业人员45人，广告营业额38万多元。由执法人员清理户外广告22次，消除非法广告900余张，查处6件，罚款2 000元。1988年广告经营单位12个，新发展4个，广告营业额95万多元。这些经营单位都是兼营，没有专业广告公司。查处非法广告案18件，处罚金额1.2万元，消除户外非法广告4 500余张。2005年全区还有广告经营户11户，查处户外广告54条，虚假广告案5件，处以罚金4.13万元。

第五节　企业监督管理

属地管理 全区每个工商所，对属地企业都建立"经济户口"，包括企业索引表、企业户口登记表、分支机构登记表，实行"一表一卡""一簿一机"的经济户口管理模式。日常检查的内容有：是否未经核准登记，擅自从事经营活动；是否按规定挂置营业执照，有无涂改、伪造、出租、转让、出卖营业执照的行为；是否在住地标明企业名称，其产品包装与企业名称是否相符；是否擅自改变住所和经营场所；是否超出核准的经营范围；是否抽逃注册资金。将所有企业分为四大类，从市场准入、经营行为、市场退出三方面记录企业的全部情况。并建立企业信用激励和信用披露机制。2001年，小市工商所引导辖区内企业开展信用评比，有12家企业分别被评为省、市、区"守合同、重信用"企业。

检查管理制度　每年对辖区内企业实行一次年度检验。审查企业的合法性，确认企业的经营资格。从1997年开始，按期开展年度检验，要求各企业在每年3月15日前，向年检机关报送《年检报告书》及上年相关资料，然后由年检机关对其住所、使用名称、经营项目、经营范围、注册资金、财务制度、前置审批手续等全方位检查，发现问题及时处理。2000年，对辖区内烟花爆竹生产经营企业进行一次全面清理。检查生产经营户149家，有13家的营业执照上没有核准"烟花爆竹"，责令停止经营，对严重违规者，坚决予以取缔。对危险化学品实行"三证"（生产许可证、经营许可证、运输资格证）管理制度，凡缺"三证"之一的生产经营企业，限10日内补办，否则取消其经营资格。2002年年检结束后，命名天寿药房二门市为"百城万店无假货"示范店。随即实行《企业年检免检办法》，免检条件为：1.连续两年年检合格，且无违规违法行为的企业；2.获得国家、省级命名为"守合同、重信用"或"重质量、讲诚信"的企业；3.获得驰名商标、著名商标、知名商标的企业。免检期不超过两年。如发现有违规违法行为，立即取消免检资格，3年内不得免检。

2004年，进一步加强安全生产工作，严把市场准入关，对建筑、运输、食品、餐饮、危险化学品等生产经营企业，严格审查其前置审批手续，尤其是煤矿生产企业"三证一照"不齐的或许可有效期满的，一律不得通过年检。检查辖区危险化学品生产企业11户，经营企业18户，发现"三证"不齐的5户，责令其停业整顿，限期重新办理营业执照，没有前置审批许可的，一律不予办理。对区内会计师事务所、人才劳动职介所、婚介所、房介所和资产评估机构、监理机构、拍卖机构、招标投标代理机构等进行清理整顿。查主管部门与中介机构是否脱钩，党政机关工作人员有无在中介机构中任职，主体资格是否合法，有无营业执照，有无批文许可，在经营中有无违规违法经营行为。对不符合法律规定的中介机构，限期整改，整改不到位的，依法取缔。

第六节　个体私营经济管理

1996年全区有个体工商户1.6万户，从业人员1.26万人，私营企业179户，员工2 212人，当年向国家交缴税3 529万元。12月，区委、区政府制定《关于大力发展个体私营经济的意见》，要求工商行政管理部门，对个体工商户和私营企业，在政策上要享受与城乡集体企业同等的政治待遇和政策优惠。要加大支持力度，放宽经营范围，简化登记审批手续，为发展个体私营经济创造良好的外部环境。为方便登记注册，对申请登记的个体工商户和私营企业，既可在经营场所申办，也可直接到登记机关申办。并与税务机关联合建立"办证服务中心"，实行"一站式"服务。对下岗失业人员从事个体经营的，除国家限制的行业外，从批准经营之日起，3年内免缴市管费、注册登记费、合同鉴证费。

1998年在全区工商系统开展"十百千"活动，即联系10户下岗职工，100家私营企业，1 000户个体工商户。帮助他们解决项目、资金、场地、信息、技术等各方面的困难。成立个体私营经济维权中心，由神马律师事务所选派律师为个体工商户和私营企业担任法律顾问，代理各类诉讼案件，提供法律咨询和法律服务。支持个体工商户和私营企业在各种经济成分之间，开展联营、合作，走联合发展和规模经营的道路，支持他们申请注册商标，开展广告宣传，扩大私营企业的知名度。支持和引导他们依法签订经济合同，增强信用意识和法律意识。对守法经营、勤劳致富、积极参加社会公益事业的个体工商户和私营企业，由政府给予表彰奖励。两年受表彰的私营企业35家，个体工商户70户。在鼓励发展的同时，进一步加强管理。依法向个体工商户和私营企业收取工商行政管理费（2003年6

月1日停收）。对私营企业每月最多不超过1 000元。对未经核准登记擅自开业的，登记中隐瞒实际情况、弄虚作假的，超出核准登记范围，从事生产经营活动的，不按规定办理变更登记、重新登记和注销登记的，出租、转让、出卖、伪造或复印营业执照的各类违法行为，处以违法所得3倍以下罚款，最高不超过3万元，没有违法所得者，处以1千元以上1万元以下的罚款。

龙马潭区1996—2005年个体私营企业统计表

表9-3-6

年度	个体、私营企业	户数（户）	从业人数（人）	注册资金（万元）
1996	个体户	10 624	12 624	3 931
	私营企业	179	2 212	5 312
1997	个体户	12 437	15 037	4 557
	私营企业	253	2 873	8 606
1998	个体户	14 607	17 184	5 431
	私营企业	342	4 180	11 082
1999	个体户	16 590	19 181	6 045
	私营企业	420	4 632	12 906
2000	个体户	18 614	21 205	6 696
	私营企业	493	5 553	21 127
2001	个体户	10 515	10 542	3 785
	私营企业	340	3 185	20 410
2002	个体户	11 253	11 353	4 450
	私营企业	223	3 265	21 589
2003	个体户	10 148	10 148	3 790
	私营企业	347	4 625	26 382
2004	个体户	9 277	9 307	3 750
	私营企业	639	6 953	52 880
2005	个体户	8 420	8 460	3 733
	私营企业	787	8 129	61 993

2000年1月1日起，换发新的营业执照，原有执照作废。如持旧照经营者，视无照经营予以处罚。对全区个体工商户和私营企业，开展全面清查，逐户登记造册。对依照法律规定须经前置审批的行业，必具前置审批手续，否则予以取缔。特别是烟花爆竹和易燃易爆行业作为重点整治对象。全区清理此类行业339户，取缔27户，停业整顿99户。2003年1月，区成立取缔无照经营加强市场管理领导小组，由区政府领导任组长、公安、工商、环保、质监、卫生、文化、烟草等部门负责人为成员。制定取缔无照经营的行动方案，开展"红盾执法"行动。全区共检查个体工商户和私营企业4 650户，发送预警通知607份，取缔无照经营610户，补发营业执照455张，现场处理58户，罚款6万多元。立案调查17件，暂扣铝材、防水油毡、瓷砖等物资价值50多万元。

2004—2005 年，检查个体工商户和私营企业 5 200 户，发送预警通知 600 份，取缔无照经营 460 户，督促办照 733 户，现场处罚 51 户，罚款 2.7 万元。对个体工商户实行分层分类登记管理。依据各户平时的信用程度，经过严格考查，划为五级：优良信用户为绿色 AA 级；诚实信用户为绿色 A 级；信用警示用蓝色 B 级；一般失信用黄色 C 级；严重失信用黑色 C 级表示。

第七节　保护消费者合法权益

查处违法行为，打击制售假冒伪劣商品，保护消费者合法权益是工商部门的职责之一，贯穿整个工作始终。每当节假日前后，工商部门都组织市场大检查，对制造销售假冒伪劣商品的违法行为给予坚决打击，保证节日商品安全。局内设"12315"指挥中心，应急违规案件处理。设"12315"群众举报电话，方便消费者投诉，受理违规经营行为和假冒伪劣商品的举报。1998 年区工商局在各乡镇、商业集中区和集贸市场设立投诉站 22 个，联络站 4 个，至 2005 年底共建立 61 个消费者申（投）诉、举报联络点。每年"三一五"前后开展多种多样形式的宣传活动，销毁假冒伪劣商品，已形成制度。

1996 年石洞镇查获一生产劣质棉絮窝点，扣挡劣质棉絮 175 床，半成品 3 件，皮棉 4 件。胡市查获一起售假磷肥案，扣挡假磷肥 2 700 公斤，是年办理行政处罚案件 16 件，罚款 6 850 元。次年"三一五"前夕，重点检查农贸市场，没收一大批假冒伪劣商品。有假冒厂名的包装袋 1 万个，香水 300 瓶；假冒"太子王"衬衣 30 件；劣质大冰 500 袋、软管饮料 8 件、过期"小太阳"饮料 500 瓶；假冒古钱币 300 枚、"兰香"洗衣粉 5 件、劣质糖果 5 件；无厂址、厂名的"新诗芬""诗丽娜""柔美丝"洗发露 397 瓶；过期变质罐头、饮料 102 瓶（包）、注水鸡鸭（灌重金粉）25 只；假冒岩蜂糖 15 公斤，过期洗发水 55 瓶，无证经营玉米种子 126 公斤，假种子 7 公斤，失准称 50 把，假冒、霉变烟 221 包，较好地维护了群众利益、维护了市场信誉。后维权工作更加深入扎实，维权范围逐步扩展，从人们日常生活用品到粮油主食品；从烟、酒、茶、肉食品到农用化肥、农药等农业生产资料商品；从家用电器到汽车配件全方位进行监控和整治，市场信誉逐步提高。

龙马潭区 1996—2005 年保护消费者权益情况表

表 9 - 3 - 7

年度	消费主题	消费者投诉（件）	调解（件）	为消费者挽回经济损失（元）	群众来信来访（人次）
1996		165	164	18 251.35	971
1997	讲诚信反欺诈	178	177	112 388.50	890
1998	为了农村消费者	214	213	93 910	303
1999	安全、健康消费	189	186	54 522	5 634
2000	明明白白	191	189	55 100	2 162
2001	绿色消费	265	263	73 973.6	1 016
2002	科学与消费	188	184	79 300	1 326
2003	放心消费环境	329	319	648 600	796
2004	诚信维权	415	415	119 801	681
2005	健康维权	319	304	329 600	1 004

第四章　质量技术监督

第一节　机　构

1996 年设区时，科学技术委员会与技术监督局合并，组成泸州市龙马潭区科学技术监督局，内设技术监督股、法制稽查股、科技管理股和办公室。有工作人员 15 人。1997 年 2 月，局内设产品质量监督检验所和计量测试所，两所合署办公。1998 年 1 月，成立区科学技术委员会，原龙马潭区科学技术监督局更名泸州市龙马潭区技术监督局。2000 年 4 月，撤销区技术监督局，成立泸州质量技术监督局龙马潭分局，由市局垂直领导。2001 年 11 月，分局改为泸州市龙马潭质量技术监督局，仍实行垂直管理。2005 年 12 月，内设 3 股 1 室，有工作人员 17 人。历任局长詹从焱、王天俊、刘众望。

第二节　标准化管理

工业标准化管理　1996 年开展"质量周"检查，检验火砖 200 余组，白酒 180 余组，预制构件 60 余件，食品饮料 50 个，发现有些企业对标准化认识不足。1997 年初，举办生产企业标准化生产培训班，贯彻国家《产品质量法》《标准化法》。并按照国家 GB10792—89 标准的规定，对全区饮料生产企业的产品标准进行审查修订，提高了部分质量指标，促使饮料生产企业改善工艺，提高质量。1998 年，为宣传《质量法》和《标准化法》，在小市街头、回龙湾设宣传台，发放宣传资料 2 000 余份，并请新闻单位宣传报道，造成生产企业家家重标准，消费者人人重质量的社会氛围。当年为企业修订标准 10 个，制定食品标准 5 个，企业标准备案 16 家。

1999 年是《标准化法》公布实施 10 周年，区成立消灭无标准生产（简称"消无"）工作领导小组，由常务副区长徐平玉任组长。有 11 个局的负责人参加，开展声势浩大的"消无"工作。分 5 个阶段进行。第一阶段：宣传动员，发放宣传资料 500 余份，大力宣传消灭无标准生产的重大意义和按准标组织生产的好处。使企业和生产工人提高认识，自觉按标准生产。第二阶段：摸底排队，先后出动 50 余人次，对 90 家具有一定规模的企业调查摸底，弄清各企业的技术状况、执行标准、管理水平、质量优劣，进行全方位排队。对没有生产标准的企业，帮助制定标准；标准不完善的帮助修订标准，并建立标准档案，实行科学管理。第三阶段：登记办证，组织力量到各乡镇街现场办公，对各生产企业产品的执行标准逐一登记，办理生产企业产品执行标准证书。全区共办理标准执行证书 85 份。第四阶段：自查整改，先由企业自行检查是否按标准组织生产，然后组织"消无"工作人员深入企业抽查标准执行情况，查漏补缺，帮助完善制度，规范生产标准。第五阶段：检查验收，巩固"消无"成果。

2000 年上半年检查 90 家生产比较正常的企业，共有 105 个品种，符合标准的 101 个，标准覆盖率96%，比开展"消无"前上升10个百分点。通过1年半的"消无"工作，狠抓标准化生产，提高了产品质量。其中最突出是永红工程塑料建材厂，其产品通过ISO9002质量认证，销路拓宽、经济效益好转。全区工业总产值比"消无"前增长15.8%，销售收入增长28%。是年底经市局检查验收，达到了省、市要求，验收合格。全年完成企业标准备案85个，办理标准执行证书85份，办理企业代码证150个，年审150个。2001年，调查162家企业，将其主要资料按行业纳入微机管理，坚持从源头上把好质量关。全年办理标准执行证书18个，对8家企业修订了新标准。检查发现不符合标准的15个，新备案标准10个。帮助云海食品厂等3家新五类食品制定新标准。

2002—2004年，对1999年以前的企业标准，进行复查清理，清理全区32家企业，将其全部资料报市局复查。重点检查涂料、花岗石、汽车修理等行业，要求他们按行业标准组织生产。全年审查73个企业的标准执行证书，有39家修订了执行标准。整顿和规范预制构件生产企业，严格按标准组织生产。对不办证书又不按标准生产的企业，予以处罚。查处2家水泥包装不合格。新办标准执行证书32个，换证45个，查处涉标案件43件，处以罚金10多万元。加强工业标准化体系建设，查出无标生产企业21家，帮助他们制定标准，新办标准执行证书26个。年检企业组织代码证180个，新办114个。按照区委、区政府部署，积极推进泸州国家级优秀旅游城市标准化建设，按照优秀旅游城市相关标准，配合有关部门组织实施，按时完成了目标任务。

农业标准化建设　2002年，开始推广农业标准化试点工作。区局会同区农林、科教等部门，多次到特兴镇调研，发现该镇引进的"大头麻竹"可进行标准化试点。于是，对该品种的种植技术、生长性能、利用价值等实地考察，确定为龙马潭区农业标准化示范基地。区政府发出《关于加快农业标准化体系建设的实施意见》，确定了龙马潭区农业标准化建设的任务和长期目标。

2004年，在前两年立项的基础上，经过调查研究，由区政府向省质监局递送《关于恳求批准安宁镇九狮柚示范区的函》称：九狮柚主要集中在安宁镇良丰村，该村共种果苗49 000多株，逐渐成林，面积53.3公顷，种植户420户，实行支部＋协会＋农户的产业联动模式。技术上有安宁农技服务中心和九狮柚协会负责。平均亩产只有500多公斤，总体质量良好，产品供不应求。但一些种植户在选苗、栽种、管理、防治病虫害方面不够规范。因而质量不平衡，产量较低，三级以上优质果仅占55%左右，导致经济效益上不去。拟通过对该项目实施农业标准化体系建设，把九狮柚面积扩大到133.3公顷，亩产达到1 000公斤，年产值可达2 400多万元。省质监局批准了该项实施计划。根据项目要求，区局收集整理了"GB7715—1994食品标签通用标准""DB51336无公害农产品生产技术规程""DB511336无公害产品产地环境条件"等8项国家和地方标准。按照省局《关于认真做好农业标准培训工作的通知》，围绕上述8个标准，于当年12月组织专题培训，邀请区上有关单位和镇、村、社领导干部及九狮柚种植户共300多人参训。以国家标准化管理委员会编制的《农业标准化培训大纲》为主要内容，讲授农业标准化面临国际、国内的严峻形势和农业标准化的工作目标及其主要措施，农业标准化、农产品加工及流通环节中标准化管理的基本知识。通过培训，形成了一致意见，认为推行农业标准化管理是发展优质农业，全面提升产品质量，增加农民收入的重要途径，也是改变我国农业生产落后面貌的重要措施。

第三节　计量管理

计量管理工作，一是依法开展年度检查，对所有计量器具实行强制性检验；二是对市场上用于贸易结算的计量器具和定量包装商品，依法进行不定期抽查，建立日常监管制度。

1996 年是国家《计量法》颁布实施 10 周年，以此为契机，大力开展宣传活动，在沱江、回龙湾市场，发放宣传资料 500 多份，宣传《计量法》和《计量监督管理条例》，使经营单位和个体工商户懂得"短斤少尺"是违反国家法律的大问题。在提高认识的基础上检查批发和零售企业 235 家，发现部分瓶装酒份量不足；有的袋装米重量不够；有的布匹尺码短少，分别给予警告或相应处理。1997年，对用于贸易结算的计量器具，全面实行强制性检定。以计量测试所为主要力量，组织专门班子，分派到各类市场、各商店门市和个体工商户，服务上门，逐台检测。经几个月时间，检验了地磅 7台，台秤 245 台，案秤 123 把，木秤 789 支，定量砣 890 个，压力表 237 只，加油机 120 台。受检率98%，合格率 95.7%。

1998—2005 年，一直坚持对市场各类计量器具和定额包装商品的检查监督。先后出动车辆 80 多台次，200 多人次，深入各大商场，各乡镇街开展 20 多次计量检查。受理计量纠纷案件 23 件，处理坑害群众的个体工商户 50 多人，对 7 家商业进行处罚。抽查计量器具 2 000 多台次，销毁木质劣秤100 余支。对各酒类包装企业、食品生产企业的定量包装商品进行多次检查，帮助 18 家企业取得市级计量确认。抽查加油机 400 多台次，取缔非法加油站 2 个，帮助 10 个加油站建立健全计量管理制度，并办理了操作员上岗证。其中 1999 年组织两次计量检查，抽查 125 家零售商店、260 个固定摊点，对违反计量管理规定的行为，分别给予批评教育或经济处罚。2002 年出动车辆 15 台次，人员 45 人次，检查生产企业 20 家，座商摊点 40 个。抽查的商品有食品、洗涤用品、粮食、油料、建筑材料 5 大类共 300 余件。对 15 个加油站、70 台加油机开展计量执法检查，对个别出售劣质油的加油站作出处理。通过检查，促进加油站提高油质，计量更加准确。2004 年检查 62 家生产企业的定量包装商品，发现个别有短斤少两的现象，责令其立即改正，并给予批评教育。又组织力量对 9 个超市、9 个卫生院、14 个邮政网点、11 家餐饮企业的计量器具进行抽查，对未按规定检验和超期未检的单位，进行查处，维护了市场的合法竞争，保护了消费者利益。2005 年，在元旦、春节、"五一""十一"黄金周期间，加大对市场计量秩序的整治工作。检查 23 个贸易市场，抽验计量器具 154 台，抽查定量包装商品 75批，检查 21 个加油站，12 个粮食销售点，17 家医疗单位。当年有 5 家企业通过市级计量确认。

第四节　产品质量监管

随着市场经济发展，市场上相继出现假冒伪劣产品，危害国家、社会及消费者利益，扰乱正常的贸易秩序和经济秩序。1996 年，集中整治农资市场，查处劣质化肥 80 余吨，处置无证生产的农药 200多瓶，无保质期的农药 100 多瓶，为农民挽回经济损失 40 多万元。在电器市场查出不合格的电扇 500余台，及时作出处理。1998 年，加大打假力度，年初充实稽查队伍，任命 6 名兼职稽查员参与打假工作，坚持以查大案、端窝点为重点。全年出动 200 多人次，查处劣质化肥 100 余吨，劣质农机配件100 余件，钢材 60 余吨，低压电器 150 余件，无标生产的饮料 20 余件，为消费者挽回经济损失 50 多万元，处罚 10 万余元。1999 年，全年出动 300 余人次，查处生产销售假冒伪劣产品案件 32 起，货值180 多万元，其中立案侦查的大案 14 件，处罚金 86 万元。下半年检查汽车配件市场，处理两个销售不合格弹簧钢板的经营户，制止危及安全的产品进入市场。在执法过程中，坚持文明执法，严格遵守"五公开""十不准"的规定。当年在全市行风评议中受到好评。

2000 年，成立稽查大队，下设两个分队，专门从事打假工作。出动 600 余人次，深入王氏商城、小市、回龙湾、沱江二桥至 58 公里一带，检查农药、农机、农膜、建材、汽配、食品、家电、燃油、洗涤用品等9大类产品，立案29件，现场处理10件，货值180余万元，罚没19万元。10月26日，国务院召开全国联合打假行动电话会，区政府成立打假领导小组，办公室设在区质监局，指挥全区打假工作。11月会同区烟草专卖局，对小市、回龙湾一带的烟草经营户突击检查，关闭5家假烟经销点。12月16日，检查大米批发、零售门市20家，发现3袋大米嫌疑有毒，立即责令送检。是年，经全国人大修订的《中华人民共和国产品质量法》从9月1日起实施，区局组织宣传活动，印发宣传资料1 000余份，在沱江市场设立宣传台，播放新的《产品质量法》，在宣传台前，展示假冒伪劣产品，让群众识别真伪。接待咨询群众200多人。

2001年，大力整顿和规范市场经济秩序，把打假列为各项工作的重点，由局长亲自带队，深入调查研究，查出制假商品案27件，现场处罚16件，涉案金额167万元。查出望山坪和关口两个粉丝厂，用硫磺熏烤的米线、粉条1.2万多斤，其二氧化硫残留量超标10倍。查出金秋日杂经营部销售不合格农膜15吨，货值10万余元。查出大富蔬研所几次销售和生产假农药。查出龙马电器销售商场不合格的"创华"空调。检查木制装饰材料经营户20户，抽样30个，合格率仅占10.3%。对涉及人民生命安全和消费热点的建材、食品、农资等开展检查，立案24件，现场处罚15件，涉案金额80万元。对家具中的有害物抽样检查11家，有10家的有害物超标；抽查涉及安全的建筑扣件，抽样11个，全不合格；抽查花岗石19个，不合格18个。是年，贯彻落实国务院《质量振兴纲要》，开展"质量月"宣传活动，帮助50家企业建立质量管理体系，严把质量关，争创名优产品。后来有4家企业创出了名牌。对全区食品企业进行拉网式检查，重点检查糖果、糕点、食用油、干鲜制品、饮料等"五小"企业和家庭作坊，对不符合卫生条件的厂家，责令限期整改。与区安办一道，检查危化品生产企业12家，建立安全管理制度和企业档案。受理消费者举报的案件17件，经调查处理，为群众挽回经济损失120多万元。2004年抽查生产企业358家，抽查产品13批次，合格率88.3%，比上年上升4个百分点。同时，开展对食品生产企业专项整治行动。由3名正副局长带队分别到9个乡镇和3个街道办事处，对所有食品生产企业的产品、原材料及其生产流程、生产环境一一查看，查出有隐患的17家，处罚其中较严重的9家。对建材市场开展专项整治，查处了用"地条钢"生产螺纹钢、盘圆的生产企业和使用单位，查处非法生产劣质钢材、销售无证钢材的案件14件，涉案金额45万元。检查23个水泥经销点，不同程度存在质量问题，分别作出处理。是年5月，经群众举报，执法人员明查暗访，端掉一个非法生产"雕牌""立白"洗衣粉的窝点，查获假冒洗衣粉1 146袋，原材料4吨，涉案金额3万多元。为此，广州立白集团和南风洗涤用品公司送来"打假先锋""企业卫士"的匾牌。

2005年3月5日，组织打假工作人员，到石洞镇雨珠岩村田间地头，开展打假宣传活动，发放农技资料500余份，现场向农民演练鉴别假冒伪劣产品的方法。

是年9月20日，在科维商场邀请20家企业参加，举办"奉献优质产品、构建和谐社会"为主题的"质量月"大型宣传活动。来自各个行业的厂长、经理纷纷表示要以质量求生存、求发展，努力争创名牌产品。

为了提高产品质量，质监局党支部，组织三支共产党员服务小分队，与云海食品厂等5家企业结为共建和谐的帮扶对子，帮助解决困难，提高质量。还为港湾食品厂、家权粉丝厂等70多家企业建立内部质量管理档案，要求按质量、按标准组织生产。

第五节　质量认证

通过贯彻执行《产品质量法》和《标准化法》，推动了企业产品质量提高。全区160多家规模企业，均按标准组织生产，力争上档次、创名牌。

2005年，泸州北方化学工业有限公司的"双牌"羧丙基甲基纤维素钠、四川宝光药业有限公司的"宝光牌"胃力康，分别获省政府"四川名牌产品"称号。维维集团泸州豆奶粉厂获省质监局2005年度质量管理先进企业称号。

几年间，由区质监局推荐，经国家认证机构评审，获得产品认证和质量认证的有：泸州北方化学工业有限公司、泸州长城机电厂、四川维城磁能有限公司、泸州科迪电器有限公司、北方化工机械制造有限公司、兆丰陶瓷泸州外墙砖有限公司、泸州唐朝老窖集团有限公司、青岛啤酒泸州有限公司、泸州酒业有限公司、泸州鑫霸实业有限公司、泸州三溪酒类集团有限公司、泸州北方侨丰化工有限公司、泸州龙马晶玻有限公司、泸州永华液压器材有限公司、泸州市工程精密制造厂、泸州佳誉猪鬃有限公司、泸州金鑫活塞环有限公司、维维集团泸州豆奶粉厂、泸州长江喷雾器厂、泸州天彩塑料制品厂、四川国和电力设备制造有限公司。其中泸州北方化学工业有限公司获体系认证和产品质量认证各1个，泸州天灵开关有限公司获体系认证和强制性认证各1个，泸州长城机电厂获一个体系认证和两个强制性认证，泸州科迪电器有限公司获体系认证和强制性认证各1个，北方化工机械制造有限公司获体系认证和强制性认证各1个，泸州长江喷雾器厂、泸州天彩塑料制品厂、四川国和电力设备制造有限公司获国家强制性认证；其他获推荐性认证。

第五章　审计管理

第一节　机　构

1996年设立龙马潭区审计局，下设1室4股：办公室、财政金融股、行政事业股、经济责任股、固定资产投资股。行政编制9人，事业编制1人。至2005年底，内设机构和人员编制依旧。历任局长吴远奇、殷忠祥、邱斌、董琪。

第二节　国家审计

1996年至2005年围绕经济建设、廉政建设和改革开放服务重点，开展审计监督工作。10年间共审计单位 237 个，审计出违纪金额有 1 亿多元。其中属管理不规范的金额 7 275 万元，损失浪费资金 40 万元，应交财政而未上交的 197.7 万元，应减少财政拨款和补贴的资金 68.7 万元，应归还正渠道 的资金 410.67 万元，应调账处理的资金 32 万元。

审计的项目中，财政预算单位 31 个，违纪金额 4 128 万元；财政决算单位 40 个，违纪金额 2 541 万元；农业与资源环保单位 4 个，违纪金额 24 万元；企业 11 个，违纪金额 62 万元；审计专项资金 19 个单位，违纪金额 8 万元，固定资产投资项目 25 个，违纪金额 216 万元；审计领导干部离任经济 责任 55 人有经济问题。通过审计，上交财政资金 103.7 万元，占应上交的 57.27%，其中税金 31 万 元，罚款 40 万元。归还正渠道资金 137 万元，占应归还的 33.36%。自行纠正管理不规范资金 4 235 万元，占应纠正的 54.3%。

审计案件中，较为典型的有：（1）1999 年 5 月，审计泸州市闻达实业公司，发现公司会计员淦某 烧毁账据，涉嫌贪污公款 13.5 万元；支取现金不入账，贪污 4 016.23 元；冒领工资 2 780 元，共计 137 858.44 元，减去支大于收金额 2 855.77 元，实际侵占国家财产 13.5 万元。是年 10 月 14 日，移 送区公安分局侦查后，送交区检察院提起公诉。（2）2001 年 4 月 1 日至 12 月 18 日，对龙马潭一中教 师住宿楼工程竣工决算审计，建设单位送审工程金额 186.96 万元，审结为 115.82 万元，审减 71.14 万元；送审基础工程金额 108.2 万元，审结为 94.21 万元，审减 14 万元；其他项目审减 18.87 万元，共计审减 104 万元。同时查出该校超计划建筑面积 400 多平方米。除责令建设单位冲减虚构成本 104 万元外，还责令到计划部门办理追加建设项目的一切手续。（3）2002 年 8 月 22 日至 9 月 24 日，对区 供销社主任杨某某任期内进行审计，发现该单位于 2001 年 1—5 月，应缴个人所得税 8 807.85 元而未 缴纳；1997 年 10 月至 2000 年 5 月，以白条支付维修费和目标考核奖等 1.23 万元，违反国家发票管 理规定；1997 年 7 月收到区财政局退还胡市、石洞两社的增值税（图书、课本）中，有 3 300 元被会 计员程某私人贪污；还发现该单位账目混乱，收支结余不清，尤其是 2001 年 10 月份的《会计凭证》 全部丢失，未能提交审计。审计决定，对该单位白条列支罚款 1 000 元，加上应交个人所得税 8807.85 元和会计员程某贪污财政退税款 3 300 元，共计 1.31 万元，限于 12 月底前上交财政专户。（4）2002 年 12 月，对区国土局局长伍某离任审计，发现该单位于 1996 年至 2001 年 12 月，漏交税款 15.79 万 元；转移收入 171.93 万元。共计 187.72 万元。审计决定，限期全部上缴财政专户，并处以罚款 2 万元。

第三节　社会审计

1996 年 8 月 27 日，区审计局成立审计事务所，由车惠玲任所长，具有法人资格，对外开展有偿 服务，自收自支、独立核算、自负盈亏、依法纳税。1996 年，接受企业的委托，审计了区属物资公 司、医药公司、特种变压器厂、玉蝉酒厂、振兴农机厂、食品加工、糖酒公司、运输公司等 10 多家 企业，为全区改革开放和经济建设提供了准确的数据。1997 年继续对外开展有偿服务，审计单位 26 个，验资 41 户，评估资产 9 户。是年 11 月由熊永胜任所长。

1998 年，根据国家审计署的改革方案，审计事务所与审计局脱钩，由国有事业单位改为民营机 构，独立经营。1999 年元月，区审计事务所与区审计局脱离，独立对外开展社会审计工作。1998 年 至 2000 年，共审计的企事业单位 137 个，验资 333 户。2000 年年底，区审计事务所更名"泸州市开 元会计师事务所"，迁移到泸州市大山坪办公，在更广范围开展审计工作。

第六章　安全生产监管

第一节　机　构

1996年7月，龙马潭区设立安全生产管理办公室，谢林任主任，与区劳动局合署办公。承担安全生产综合管理、职业安全监察、矿山安全监察和特种设备安全监管职能。1999年7月，特种设备安全监管任务交区质监局。

2001年10月，成立区安全生产委员会办公室，苟杰林任主任。既是区政府的工作机构，又是安委会的办事机构，综合管理全区安全生产工作。行政编2人，后勤1人。2003年6月，区安全生产委员会增挂"泸州市龙马潭区安全生产监督管理局"牌子，历任局长苟杰林、徐平。2004年6月，在局内成立安全生产监督执法大队，杨海波任大队长，编制2名。2005年10月"区安全生产委员会办公室"更名为区人民政府安全生产委员会办公室。

第二节　宣传教育

在"以人为本，安全第一"的方针指导下，每年坚持开展"安全生产宣传月"活动，2000年5月，区长楚明发表电视讲话，号召全区人民学习安全法规和安全知识。出动宣传车8辆，张贴宣传标语600多幅，发放宣传资料2万多张。发动市民创建"平安大道"。并与小市部分商家签订"交通文明条约"。9月，区政府通报本区"八二〇"官渡浮桥沉陷事故，教育干部群众，警钟长鸣，注重安全生产。10月，区政府举办各企业参加的安全生产培训班。尔后层层举办。其中，交通系统举办4次，参训1 100多人次。各乡镇街逐级组织学习安全知识，使80%的群众都受到一次安全生产教育。同时，组织生产企业坚持一月一次安全生产会，查隐患，添措施，扎扎实实开展"百日安全生产活动"。国务院通知从2001年起把"5月宣传周"改为"6月宣传月"活动。2001年6月，全区设宣传点26个，区委书记谢帮知、区长楚明到宣传点发放宣传资料，接受群众咨询。在学校向学生发放《学生安全守则》5 000多册，全区101所学校，近4万名师生，秋季开学第一课，统一讲安全，使广大师生牢固树立安全意识。2002年，区委、区政府发出《关于在农村开展安全生产宣传教育的通知》，要求农村各级干部，召开专门会议，向广大村民、车主、船主、企业业主宣传安全法规和安全知识。

2004年，由消防部门组织企业相关人员开展消防技能和安全知识竞赛，提高安全意识。驾驶协会利用车船年检，对机动车驾驶员进行安全知识考核，并再三警示，使之克服麻痹思想。区安办对鱼塘经济开发区的企业法人和管理人员，进行为期3天的安保培训，使之做好安全保卫工作。

2005 年，区安办根据《危险化学品安全管理条例》规定，组织全区 364 家烟花爆竹的生产、经营企业和个体户，举办培训班，学习安全法规和安全知识。交警三大队，开展交通安全教育"进学校、进机关、进企业、进农村、进家庭"的五进活动。消防大队利用长安乡"八四"酒罐爆炸事故的教训，及时对全区酒类企业的管理人员，组织专门培训，使之居安思危，言危思进。

第三节 安全监督执法

区政府根据国家《安全法》和《四川省安全管理条例》规定，每年召开一次安全生产动员大会，每季专题研究一次安全生产工作，每月召开一次安办主任会议。形成"政府统一领导，部门依法监管，企业包干负责，社会广泛参与"的安全管理制度。每年春冬和节假日，区政府召集有关部门组成安全检查组，全面开展安全生产执法大检查。1996 年以后，从未间断。

2001 年，围绕查违章、除隐患这个主题，组织 9 个组，对全区烟花爆竹、民爆器材、水陆交通、化工运输、工业企业、建筑施工、食品卫生、城乡用电等，开展全面检查。取缔非法生产烟花爆竹厂 8 个，没收炸药 870 公斤，雷管 443 发，导火绳 150 米。查出消防安全隐患 725 起，签发整改通知书 529 份。检查船舶 406 艘，处罚违章船 10 艘。检查车辆 600 余台，处罚违章司机 47 人。查封无证砖厂 1 个。是年 12 月 17 日，副区长熊启全带队检查川塑厂副食品市场，发现全场灯火通明，普照蜡烛。立即责令全部关门，熄灭灯火。当场制定整改措施，消除了隐患。

2002 年，由区上四大家领导分别带队，于春节前后和"五一""十一"黄金周期间，深入城乡各地开展安全生产大检查。解决了石洞场口长期堵车，官渡码头经常拥挤的不安全问题。关闭了九狮风景区未经验收的索桥，解除了物资公司火工仓库的火灾隐患。

2003 年，确定 26 个企业为重点监控对象，聘用 150 名安全生产义务监督员实施监管。通过检查，解除了 5 处重大安全隐患，对 15 家非煤矿山企业（页岩砖厂）进行专项整治，关闭不符合安全条件的 3 家。检查水上安全，没收非法船 1 艘，取缔 2 艘。检查娱乐场所，责令停业 3 家，12 人受到治安处罚。

2004 年，全年组织 5 次安全大检查，查出隐患 534 处，现场整改 473 处，限期整改 55 处。销毁非法载客的废船 1 艘。责令搬迁了存在火灾隐患的沱江毛线市场。

2005 年，安监执法大队成立，直接监管非煤矿山、危险化学品和烟花爆竹 3 个行业。全区有危化品生产企业 6 家，经销商 21 家，经审查报批，办理了生产许可证。对烟花爆竹的生产经营户，逐一清理登记，有 364 家办理了许可证。20 家非煤矿山企业，有 9 家申请继续生产，经审查向 7 家颁发了生产许可证。是年 8 月 4 日，长安乡宫阙酒厂发生酒罐爆炸重大事故后，区委、区政府立即组织拉网式检查，在 81 个单位中，发现安全隐患 201 处，签发限期整改通知书 17 份，立案查处安全事故 3 起。

关于特种设备的安全监督，已划归质监部门管理。2000 年，全区有特种设备 85 台，其中，锅炉 60 台，压力容器 20 台，电梯 5 部。全年出动 130 余人次，帮助检修锅炉 35 台，办理操作员证 60 个。2001 年，组织普查小组，逐台登记造册。通报批评 16 家，责令停止使用废锅炉 5 台，销毁"土锅炉"8 台，对 10 家违规使用锅炉的单位进行了处罚。

2005 年普查结果，全区有危化品包装容器 160 台，电梯 36 部，锅炉 87 台，起重机 37 台，气压瓶 17.55 万个，压力管道 1 612 米，全年组织 3 次安全大检查，发现安全隐患 88 起，其中重大隐患 8 起，责令整改 53 起，立案查处 5 件，通报批评 23 家。

第四节　安全生产应急救援

2001年，区制定《防范特大安全事故发生和应急处置预案（讨论稿）》，区政府行文发各单位讨论，提出修改意见后下发，该《预案》共五章十三条、十二节。规定特大安全事故应急处置领导小组组长由区长担任；副组长由分管安全的副区长和政府办主任担任；区安办、公安分局、经贸局、交通局、环保建设局、卫生局等单位主要领导为成员。负责指挥全区突发特大安全事故应急救援行动。下设办公室和5个专门小组，分别由分管副区长任组长，有关委局负责人为成员，按照各部门制定的应急预案，开展救援救护工作。并制定报警、指令、抢险、后援、清扫等一系列应急处理程序。对人员、器材、培训、演练、监督检查和考核都作出明确规定。区政府把特大安全事故应急处置工作纳入目标管理，每年考核一次。要求各单位、各部门根据预案文本，结合实际，建立健全重大安全事故应急处置的责任制度，制订出相应的预案。

2003年4月，区政府办印发《地质灾害防御预案的通知》，通报全区17处可能发生地质灾害的危险点及其预防措施，对防御责任人、值班电话予以公布，严阵以待。

第五节　安全事故

2000—2005年，全区发生重大安全事故6起，死亡22人，受伤38人，直接经济损失1 840万元。其中，死亡最多的是长安乡宫阙酒厂储酒罐爆炸，死亡6人。经济损失最大的是小市沱江鞋城发生火灾（大火燃烧近10个小时），损失990万元。发生一般安全事故5 541起，死亡162人，受伤3 063人，直接经济损失796.94万元。其中道路交通事故5 409起，占97%，伤亡3 139人，占81%。

龙马潭区1999—2005年重大事故统计表

表9-6-5-1

时　间	地　点	事故单位	事故类别	死亡人数（人）	受伤人数（人）	经济损失（万元）
1999.9.7	胡市镇自来水厂蓄水池垮塌	胡市玻璃厂	水池垮塌	3	15	70
2000.8.20	官渡浮桥钢丝绳断裂	龙马潭区交通系统	浮桥沉陷	5	—	80
2001.12.24	成渝高速路简阳碰车	石洞运输公司	交通事故	5	17	200（责任各半）
2004.12	金龙乡黄桷村8社	金龙乡万里村刘正富	交通事故	3	—	30
2005.8.4	长安乡宫阙酒厂储酒罐爆炸	宫阙酒厂	爆炸	6	6	470
2005.8.29	小市杜家街	沱江鞋城	火灾			990
合　计	6起重大事故			22	38	1 840

龙马潭区2000—2005年安全生产事故统计表

表9-6-5-2

项目\年度	事故起数	死亡人数	受伤人数	经济损失（万元）	其中											
					生产事故（起）	死亡人数	受伤人数	经济损失（万元）	道路交通（起）	死亡人数	受伤人数	经济损失（万元）	其他事故（起）	死亡人数	受伤人数	经济损失（万元）
2000	852	33	436	176.5	2	2	—	13	818	26	428	96	33	—	8	67.5
2001	1056	19	338	158.3	1	—	1	2.6	1035	17	336	87.1	20	2	1	68.5
2002	1057	27	569	113.67	—				1031	27	569	73.27	26	—	—	40.4
2003	1036	28	568	139.30	2	2	—	9.1	1010	26	568	72.9	24	—	—	57.3
2004	841	29	517	103.49	3	3	1	23.16	825	26	516	70.13	13	—	—	10.21
2005	699	26	635	105.78	3	1	2	32.1	690	25	632	66.18	6	—	1	7.5
合计	5 541	162	3 063	796.94	11	8	4	79.96	5 409	147	3 049	465.57	121	2	10	251.41

注：其他事故含火灾、农用电、溺水、房屋倒塌等

第七章 国土资源管理

第一节 机 构

建区时成立龙马潭区国土局，内设办公室、建设用地股、地籍股、规划股、资产管理股、统征办、地籍事务所。2003年9月，区国土局改为"泸州市国土局龙马潭区分局"。内设办公室、土地管理股、矿产监察股、综合服务中心。在乡镇设鱼塘、石洞、胡市3个中心国土所，罗汉设单列国土所，由分局直管，共有员工44人。历任局长伍箭、熊克伟、王明友、崔迎兰。

第二节 土地规划

遵照国务院《基本农田保护条例》和四川省实施细则的规定，依据本区地形、地貌、交通、水利条件、耕地肥力和经济发展方向，将全区所有耕地分为两级保护：一级保护区，总面积8 542.37公顷，其中：河谷平坝，占地53.95平方公里，面积1 781.61公顷，占一级保护区20.8%，主要分布在本区长、沱江北岸和濑溪河、龙溪河流域的乡镇。包括罗汉、鱼塘、特兴、胡市、金龙等部分村社。

该区域地势平坦，水利设施齐全，土壤肥力较高，是本区重要农业产区之一；浅丘宽谷，占地231.86平方公里，面积6 076.9公顷，占一级保护区71.1%，各乡镇均有分布。该区域土壤肥力较高，交通水利设施基本齐全，是主要农业产区之一；蔬菜基地，保护面积683.87公顷，占一级保护区8%，主要分布在罗汉、鱼塘、特兴、石洞、安宁、胡市等乡镇。二级保护区，总面积2 545.67公顷，其中：中丘中窄谷占地46.83平方公里，保护面积1 567.29公顷，占二级保护区的61.6%，土壤理化性状差，养分缺乏，属低产田土，分布在安宁、石洞、胡市、金龙等部分村社。其次是集镇建设周围二级带。主要考虑城镇建设用地不能满足时，将要占用的耕地，面积884.47公顷，占二级保护区34.7%。再次是主要公路干线二级带（隆纳高速路、泸隆路两旁）扩建公路时所需用的土地，面积93.88公顷，占二级保护面积3.7%。

实行分类保护的基础上，编制用地计划。根据《土地管理法》规定和国民经济发展需要，分6个用途：（1）农业用地：面积2.45万公顷，占辖区面积73.76%。其中：基本农田保护面积1.7万公顷，占1996年年末耕地面积91.64%，本类型在全区各乡镇均有分布。（2）园艺用地：面积794.26公顷，占辖区面积2.39%，该类土地零星分散，分布在境内各地，集中连片面积小，园地中以果园为主。（3）林业用地：面积1 898.24公顷，占辖区面积5.71%。主要分布在境内中丘及长沱江沿岸。（4）城镇建设用地：面积2 055.71公顷，占辖区面积6.18%。主要分布在城北新区，高坝片区和安宁、石洞、胡市、特兴、双加等镇。（5）村镇建设用地：面积3 355.65公顷，占辖区面积10.09%，包括广大农村居民点及其间的道路和零星树木。在地域分布上呈零星状态。（6）独立工矿用地：面积624.7公顷，占辖区面积1.88%。主要分布在罗汉、鱼塘、石洞、安宁等。

上述规划时限：1997—2010年。本区从1997年8月到1998年2月，即完成土地利用的编制计划，经省市专家评审，报上级批准实施（一经批准，具有法律效力，任何单位和个人不得违背和任意修改。若有重大变动，必须报上级政府批准后，方可更改）。2000年6月14日，该编制工作获省局优秀成果二等奖。2002年4月19日，省国土资源厅授予区国土局耕地保护工作先进单位称号。

第三节　用地管理

用地制度　以土地利用总体规划为依据，制定相应的土地用途管制规则。凡划入农业使用的土地，必须用于农业生产或直接为农业生产服务；划入园艺和林业使用的土地，应分别用于发展园艺业、林业及其生产设施；划入城市、村镇及工矿等建设使用的土地，要严格按照批准建设规模合理使用。土地规划和用途管制，纳入政府目标管理，作为政绩考核。土地利用规划和年度执行情况，每年要向政府报告，由同级政府审定，报上级政府备案。土地管理部门，建立土地利用动态监测和信息反馈系统，及时掌握和解决土地使用中存在的问题。

用地制度改革　《中华人民共和国城镇土地使用权出让和转让暂行条例》颁布实施，土地使用方式发生了根本变化，由过去无偿无期使用，改为有偿有期使用。土地使用权，分划拨和出让两种。按《土地管理法》规定，国家机关和军事用地、城镇基础设施用地、公益事业用地、国家重点扶持的能源、交通、水利用地，可用划拨方式，其他用地均为有偿出让。出让方式有招标、拍卖、协议3种，并规定最高使用年限：住房用地70年，工业用地50年，商业旅游用地40年，其他用地50年。

1996年，龙马潭区的国有土地实行有偿使用。以协议方式供地。2002年，国家规定，出让国有土地时，为增加透明度，一律实行招标、拍卖或挂牌出让。龙马潭区因遗留问题较多，未及时执行招、拍、挂制度。延至 2004 年才全部实行招、拍、挂方式，出让国有土地使用权。

国家征地管理　1999 年前，按《土地管理法》规定，征用土地，实行分级管理，区政府对耕地 3 亩以内，其他土地 10 亩以内，具有审批权，超出上述标准，报市以上政府审批。由用地单位与农村集体经济组织签订征地协议，报有权批准机关审批。用地单位向农村被征地单位支付土地补偿费、安置补助费和青苗及附着物补偿费。耕地补偿费，按该耕地前 3 年平均年产值 4～6 倍计算；安置补助费以需要安置的农业人口，每人按该耕地前 3 年平均产值 2～3 倍计算，最高不超过 10 倍，耕地以外的土地，按上述标准减半计算。如果"两费"加起来，尚不能让被安置的农民保持原有生活水平的，报经省政府批准，可增加安置补助费。但"两费"之总和，不得超过前 3 年平均产值的 20 倍。青苗和附着物的补偿，按实际损失合理计算。此外，用地单位还需向国家缴纳相应的规费。因征地造成的剩余劳力，通过发展农副业生产或举办乡镇企业加以安置，安置不完的，可安排到用地单位就业，其安置补助费拨给用人单位。

1999 年 1 月，按新的《土地管理法》规定，征用土地必须报省级以上政府审批，由县（区）土地主管部门申请使用国有土地。其征地补偿费，耕地费按前 3 年平均年产值 6～10 倍计算，安置补助费，按需要安置人口，每人以前 3 年平均产值 4～6 倍计算，最高不超过 15 倍。耕地以外的"两费"，按耕地标准减半计算。如果"两费"总和，尚不能保持被安置农民原有生活水平的，经省政府批准后，可适当增加安置补助费。但"两费"总和，不超过前 3 年平均年产值的 30 倍。

占用耕地单位，应负责占补平衡，开垦相应数量的耕地。没有条件开垦的，应缴纳开垦费，其标准按"两费"总和的 1～2 倍计算。

2004 年，按照省委《关于做好失地无业农民安置工作的通知》，改革征地补偿方式，实行地随人走，对被征地单位 18 岁以上农转非人员，办理养老保险手续，并给每人 8 000 元一次性补助。对年男满 60 周岁，女满 55 周岁的，可在社保机构领取基本养老金。对未到养老年龄的，可享受不超过 24 个月的择业补助费，每月 180 元（后改为失业保险金，每月 347 元）。涉及房屋拆迁的，实行以货币还房，每名安置人口以 30 平方米计算，按当地经济适用房价格返还。

农村建房用地管理　根据《土地管理法》规定，农村村民建房，应符合乡镇土地利用总体规划和村镇建设规划。凡能利用旧宅基地的，不许新占土地；确需新占地的，由本人申请，村社同意，乡镇审核，报市政府授权审批。每户村民只能拥有一处按规定标准的宅基地。其标准每人 20～30 平方米。3 人以下按 3 人计算；4 人以上按实数计算。使用农用地以外的土地，可适当增加，每户增加部分，不超过 30 平方米。出卖、出租住房后，再申请建房，不予批准。未经批准或超面积建房的，按土地法规查处。

第四节　土地开发与保护

根据本区人多地少，人地矛盾十分突出的实际，必须"开源与节流"并重。2000 年编制了《龙马潭区土地开发复垦整理规划》，全区待开发的耕地资源 353.33 公顷，适宜耕种的 183 公顷。1998 年至 2000 年，对金龙、石洞、双加 3 乡镇中成片的五处荒地，相继开发，新增耕地 64.42 公顷，其中，金龙擦耳村 31.1 公顷；塘坡村、黄坳村 16.32 公顷，石洞雨珠岩村 7 公顷，双加群丰村 3.33 公顷，大冲头村 4.67 公顷。

由于土地后备资源不足，重点进行开发整理。根据《龙马潭区土地整理近期实施规划》，从 2004

年起，陆续申报金龙乡国家投资土地整理项目；石洞镇、双加镇省投资土地整理项目。2005 年初，金龙乡国家投资土地整理项目开始实施，8 月底完工。该项目整理面积 825 公顷，新增耕地 124 公顷。石洞镇省投资土地整理项目，已例入资金计划，预计整理面积 838 公顷，新增耕地 96 公顷。

第五节　地籍管理与矿产资源管理

地籍管理　1996 年以后，将全区土地权属、面积、用途等登记造册，报上级政府批准后，向土地所有者、使用者颁发土地证书，确认土地所有权和使用权。本区所登记的集体土地所有权包括：乡镇级农民集体土地所有权，村级农民集体土地所有权，社级农民集体土地所有权。国有土地使用权包括：公民个人国有土地使用权，全民单位国有土地使用权，集体单位国有土地使用权，外商企业国有土地使用权。集体土地建设用地使用权包括：村民住宅占地使用权，乡镇企业占地使用权，乡镇村公共设施占地使用权。到 2005 年，全区国有土地使用权累计发证 1.15 万本，覆盖率 85%；集体土地使用权，累计发证 3.09 万本，覆盖率 90%；集体土地所有权，登记发证 40 本，覆盖率 0.5%。

按照 1999 年全国土地证书年检工作的要求，开展了土地证的年检。由区政府发布土地证书年检公告，通知使用土地的单位和个人在规定的时间、地点，向土地行政主管部门提交土地证书及有关证件，由国土主管部门审查核实后，在记事栏加盖印章。年检后，逐级统计，汇总上报。

矿产资源管理　龙马潭区矿产资源贫乏，除探明未开采的石油、天然气外，没有其他主要矿产资源。仅有依法取得采矿许可权的页岩制砖企业 11 家，砂岩石料加工 1 家，还有沱江沿线河道采沙作业多处。按国家有关法规加以管理。2005 年对安宁境内非法采石行为，进行清理查处，关闭非法采石场 7 家。

第六节　测　绘

1996 年 10 月 18 日，在区国土局内设地籍事务所，编制 4 人。属自收自支，独立核算的事业单位。负责全区测绘工作。1996 年至 1998 年，全区普遍开发建设，尤其在鱼塘、安宁和城北新区一带以及沿江路段等，每处开工建设和征用土地，都对该地的地理位置、地形地貌作出测量，绘制图表，以确定建设方案。测绘人员，按照国家《测绘法》有关规定精心测量，准确界定、绘制清楚，作出各项测量成果报告。并按国家测绘局或当地物价部门批准的价格，向委测单位收取合理费用。1998 年，新开龙马大道，分 3 次征地 66.67 公顷，测绘任务十分繁重，该所负责人杨绍平带领职工连续奋战几个月，圆满完成测绘任务。2000 年隆叙铁路龙马潭区段，占地 37.07 公顷；安宁火车站建设用地办理土地使用证，均由该所完成测绘任务。2002 年 12 月，区地籍事务所改为民营事业单位，与区国土局脱钩。法人代表杨绍平申请办理泸州鸿嘉地籍勘测咨询有限公司，在泸州大慈路 6 号楼办公，承接测绘任务。2004 年，本区申请金龙乡国家投资土地整理项目，涉及 4 个村，面积 12 平方公里，整理面积 825 公顷，将新增土地 120 多公顷，委托杨绍平的公司承担测绘任务，按时按质做出了测绘报告，让土地整理工作得以顺利开展。该公司由开始的 4 人，发展到 10 人，其中专业技术人员由 1 人发展到 8 人，承接城区各地的测绘任务。测绘事业不断发展。

第七节 土地执法

每年利用全国"土地日"的大好时机，开展土地法规宣传活动。2003 年 6 月 25 日，区局和区四大家领导一起，在小市街心花园设立宣传台，大力宣传国家《土地管理法》和《四川省土地管理条例》，主要领导亲自接受咨询，发放宣传资料。在广大群众充分了解土地法规基础上，全面落实"预防为主、预防与查处相结合"的国土资源执法监察方针，不断完善动态巡查责任制度。通过动态巡查，把国土资源违法行为制止在萌芽状态。同时对重大违法行为立案查处。

2003 年，对全区 1999 年以后的土地违法行为进行全面清理。查出违法案件 55 件，面积 295.27 公顷，其中非法圈占土地 12 宗，面积 5.47 公顷，集体非法入市 1 宗，面积 1.27 公顷，未经批准设立园区 3 个，占地 264.87 公顷。同时清出闲置土地 5 宗，面积 3.47 公顷。在清出的案件中，属城市规划区内 26 件，面积 80.53 公顷，占 27.28%，其余大部分属农业用地。应立案查处的 53 件，及时处理 10 件，面积 2.2 公顷，没收建筑物 3 540 平方米，罚款 6.57 万元。其余案件陆续调查处理。

至 2005 年，全区共查出国土资源违法案 422 起，立案查处 397 起，涉案面积 33.86 万平方米，结案 397 起，收回土地面积 2.05 万平方米，罚款 305 万元。其中较为典型的案件有：鱼塘镇望山坪村云华山社村民朱某某，于 2004 年元月，未办任何用地报批手续，非法占用集体土地 6 680 平方米，用于非农建设，将土地开成平场和汽车便道，破坏了土地耕作层。报经市国土局批准，下发《土地违法案件处罚通知书》，责令他于年底前恢复耕地面貌，交还集体，罚款 6.68 万元。长安乡张咀村 19 组村民邓某某，于 2004 年 4 月，未办理任何用地报批手续，擅自占用集体土地 53 平方米，用于修建住宅。报经市国土局批准，下发处罚决定书，没收其非法建筑之砖木结构房屋 53 平方米。在严格执法的同时，积极创建"三无"乡镇活动，达标率 80%。1996 年，石洞镇被省政府授予省"三无"乡镇称号。

第八章 统计管理

第一节 机 构

1996 年建区时成立龙马潭区统计局，10 月 30 日周映秋任局长，1998 年 5 月，区编委通知，泸龙编发〔1998〕7 号确定公务员编制 7 人，2000 年 7 月，局内增挂龙马潭区统计执法大队牌子，周映秋兼任大队长，机构规模和人员编制不变。内设办公室、综合股、城镇股、农村股。2003 年 10 月 10 日，设立普查中心，属事业单位，编制 2 人。1996 年 10 月至 2005 年 12 月局长周映秋。

第二节 统计制度

统计标准化制度 全区统计工作，1996年来所执行的60多种报表，全部按国家《统计法》规定的标准设置，每次抽样调查的表式设计、计算方法都按国家规定，结合本区实际，以科学手段，作出真实反映。对各乡镇、各主管部门、各企事业单位的统计项目、统计指标、统计表式都按规定标准作出明确规定。实行的统计方法，以周期普查为基础，以经常性抽样调查为主体，以全面报表、重点调查、科学推算为补充。全区统计工作人员，都按国家统计局持证上岗暂行规定的要求，不断组织培训。从1998年8月至2005年9月，先后对机关、企事业单位、社会团体的专、兼职统计人员进行8次专业培训，每次3~4天，学习统计法规和统计知识，培训后，经考试合格，发给"统计上岗证"，全区获证人员230名。1998年12月2日，对全区133个村级统计人员进行短期培训，学习统计报表，统计台账的制作方法和统计工作的基础知识以及统计法规。2001年9月，随着统计工作的进步和新的要求，对各乡镇农业统计人员进行4天专业培训，学习相关业务知识和国内生产总值（GDP）的计算方法以及统计法规，让新的统计方法得以全面推行。为推动统计工作标准化管理，区政府于2003年2月14日和2005年11月7日，两次发出通知，要求认真做好统计工作，加强统计队伍建设，提高统计工作水平，为统计工作标准化管理起了推动作用。10年中全区国民经济和社会发展各项重要统计数据及重要指标，反映本区真实情况，经得起检验，没有出现过虚报、瞒报等统计违法行为。

统计资料管理制度 区统计局从1996年起，执行的专业统计报表共有7套57种，包括农村经济、工业、商业、建筑业、交通运输业、固定资产投资、物资、劳动工资等。到1997年，增加农村住户调查一项，其统计报表有7种。这些报表中，有月报、季报、年报、快年报，再加上抽查、普查、专项调查等各类资料，达数百种之多。按国家《统计法》规定，实行分级管理。凡国家和地方布置的调查统计资料和全区性的统计资料，归区统计局统一管理，在区局内部分项目，分部门确定专人管理，并建立严格的档案制度和台账制度。凡属各部门调查统计资料，由主管部门的统计机构或统计人员负责管理；各企事业单位的调查统计资料，由本单位的统计机构或统计人员负责管理；各乡镇街的调查统计资料，由乡镇街统计人员负责管理。所有单位的统计机构或统计人员都要建立健全台账、审核、接交的档案制度。对尚未公开的统计数据，属国家机密的，必须严格遵守保密制度。

统计资料评估制度 区统计局为确保统计数据真实可靠，制定了重要统计资料的定期评估制度。从1996年起，成立了重要统计数据评估小组，局长周映秋任组长。由副局长、综合股长，及专业统计人员为成员，对月报、季报、年报和专项调查的重要数据，定期分析研究，综合集体意见。对不切实际的调查统计数据，驳回重新调查，再次评估；对符合区情，符合实际的统计资料，由评估小组签字确认。未经评估的重要统计资料，不得使用。

统计资料的提供与发布制度 根据《四川省统计管理条例》规定，区级领导机关对各乡镇、各部门、各单位进行目标管理，对经济效益、工作实绩的考核，属统计管理指标范围的数据，一律使用统计机构提供的统计数据。各部门、各企事业单位、各人民团体，进行目标管理，对经济效益、工作实绩的考核，属统计范围的数据，必须使用本单位统计机构或统计人员提供的统计数据。统计局对外提供统计数据时，须经局长或分管副局长审批后，由综合统计负责人提供。提供统计数据，实行现场咨询，严禁用电话或网络提供统计数据，对外发布的统计资料，必须真实可靠。区统计局对外发布统计资料，报市统计局核准；所发布的数据，必须与核准的数据一致；区内各主管部门、各乡镇对外发布统计数据，须经区统计主管部门核准，所公布的数据必须与核准的数据一致。新闻媒体需要发表尚未公布的有关国民经济和社会发展中的重要数据，须经区统计机构审核同意，并说明资料来源。任何单位和个人使用本地区全社会性的统计数据，也须经区统计机构许可，否则将按有关法律规定处理。

统计登记证管理制度　《四川省统计管理条例》规定，国家机关、社会团体、企事业单位及其他组织和个体工商户，在批准成立或领取营业执照之日起，30日内；建筑单位在项目开工前，应持有关证件到当地政府统计机构办理统计登记手续，领取由省统计局统一印制的统计登记证。区统计局于1998年8月4日，发出通知，在全区实行统计登记证制度。要求各单位按规定设立统计机构或配备专、兼职统计人员，办理统计登记手续，领取由省局统一印制的统计登记证。到2005年底，全区发放统计登记证147本。

第三节　统计调查

1996年来，严格按照《统计法》规定，制定调查计划和抽样调查方案，报经区政府批准后，开展统计调查和专项抽样调查。1996年11月5日，制定农村住户调查方案。在全区选定不同类型的8个自然村和100户不同经济状况的农户，作为长期进行农民家庭生产生活状况调查对象。要求这些农户，从1997年元月1日起，分月分季分年作好记录，聘请8个调查员帮记，并按照调查内容及时报送调查统计表。调查内容有：住户基本情况、经济收支、生活消费、农副产品产量的生产与销售等。从1998年起，增加粮食收支、耐用品（电视、冰箱、空调和重要机具等）拥有量和农村小康建设等项目。1997年3月，选定30个商品交易市场开展调查，项目40多个。通过调查，写出统计分析报告。1998年1月，对全区大、中、小型企业，开展企业景象抽样调查，调查的大型企业有泸州化工厂，中型企业有中国航天工业总公司等6家企业，小型企业有沱江商业集团公司。从这些企业的多项数据中分析研究，写出统计调查报告。1997—2005年，还分别开展多项抽样调查，有工业企业生产状况，工业产品价格，劳动力状况，百分之一人口，零售商品，城市居民生活状况，群众安全感等。每次抽样调查都参照常规的统计数据分析研究，得出正确结论。10年中还开展过几次大的普查：1997年1月，积极组织实施开展龙马潭区全国第一次农业普查，成立农业普查办公室，周映秋任办公室主任。组织专门班子，历时数月，完成了普查任务，为全区制定农业远景规划提供了可靠依据。2000年11月1日，配合全国第五次人口普查，区上成立人口普查领导小组，常务副区长肖荣华任组长，办公室设在统计局。普查时限，以2000年11月1日零时为普查标准时间，普查内容有：人口数量、性别、年龄、民族、文化等。从而弄清全区准确人口状况，为制定国民经济计划提供了可靠的依据。普查结束后，区人口普查办公室获全国先进集体奖；肖荣华、周映秋、兰吉良获全国先进个人奖。2003年12月31日，配合全国开展第三产业普查，普查标准时间为2003年12月31日，普查的内容包括单位基本情况、主要属性、从业人员、财务收支、资产状况等。通过普查为全区发展第三产业提供了确切依据。2005年1月，配合全国开展第一次经济普查，普查标准时间为2004年12月31日，普查内容包括：单位标志、从业人员、财务收支、资产状况、企业生产能力、使用的主要原材料和消耗能源以及科技开发投入等，于2005年3月完成普查任务。

第四节 统计服务

《四川省统计条例》规定，各级统计机构应当做好统计信息咨询服务工作，充分利用可以公开的统计信息为社会公众服务。区统计局在做好统计报表的基础上，通过对数据的分析研究、加工整理，分别适时编成《国民经济进度资料》《内部参阅》《统计资料手册》《统计公报》等资料，定期或不定期刊印，供党政领导和各主管部门作为指导工作、制定计划的依据。平时的专项调查和抽样调查，都必须经过文字整理报送有关领导或主管部门，为党的中心工作服务。1996年8月开始，每下月初根据全区的统计月报，经过分析整理编印成《国民经济进度资料》，送区领导机关和各主管部门及各个乡镇。其内容有：国民经济主要指标、工业产品产值产量、市场销售、工商税收、财政收支、计划生育等。自2003年2月起改名《经济动态》，内容增加招商引资、固定资产投资的情况，减少了计划生育的内容。从1997年起，将年终统计的国民经济和社会发展各项数据，进行汇总和文字分析，从各个方面、各个角度加以论述，编成《统计资料手册》（年鉴），分送区级机关、各部门、各乡镇。从1997年起，每次年3月，对上年统计数据分门别类，加以说明，编印成《统计公报》内部发行。将上年全区国民经济和社会发展的成果公开向社会公布，实现公开透明，为社会公众服务。此外，还对全区私营经济发展进行常态式监测。根据每月各私营企业和个体工商户的报表及统计部门的抽样调查加以整理，定期或不定期提出民营经济发展分析评估报告，协助政府和有关部门发展民营经济。2001年，全区国民经济综合统计获市一等奖；2002年，农村住户调查、计算机业务、妇女儿童监测3项获市专业统计一等奖；工业贸易、劳动工资、国民经济核算、国民经济综合、企业调查6项获市专业统计二等奖；统计基础工作、统计专业、农业统计、乡镇信息、固定资产投资5项获市专业统计三等奖。

第五节 统计监督

1997年7月，区政府决定成立统计执法大检查领导小组，常务副区长肖荣华任组长，区人大办、区政府办、区监察局、区统计局负责人参加，办公室设在统计局。检查分宣传学习、检查、处理3个阶段。首先组织各单位各部门学习《统计法》《四川省统计管理条例》《统计法概论》，在学习宣传的基础上，开展执法大检查。7月18日，召开各自负责人参加的统计执法大检查动员大会，随即，各乡镇街、各单位制定相应的自查方案，一边学习、一边自查。各乡镇街、各主管部门对所属企业组织抽查，有的还组织交叉检查。区领导组从主管部门中抽调熟悉统计业务的骨干，组成两个检查组，于8月13—15日，抽查4个企事业单位，加上乡镇街和主管部门共68个单位，抽查率10.8%，未发现虚报、瞒报、伪造、篡改等违法行为。但发现有的单位领导对统计工作不够重视，编制不落实，统计人员频繁变动，致使统计工作难以开展，时有迟报、错报、漏报的现象发生。还有个别企事业单位统计基础工作差，原始记录混乱，没有建立台账制度。有的统计人员业务素质差，工作不熟悉，以致统计指标不完整。石洞企办室，在上报工业企业主要指标中，缺报现象严重，特别是中间投入指标，大部分企业未报。通过检查，加大了统计法规的贯彻力度，提高了各级领导和统计人员依法统计的自觉性，为做好今后的统计工作打下了良好基础。对严格执行统计法规，统计资料准确，报表及时，原始记录清楚，台账制度健全的区粮食局、泸州鼎力碱业公司、龙马潭食品加工厂等进行了表彰。

2001年，由区监察局、司法局、统计局组成统计执法大检查领导组，制定检查方案发各乡镇街和区级有关部门，要求开展自查，限期提交自查报告。各单位立即召开统计人员会议，传达贯彻执法大检查方案，并组织力量开展自查。不久就有10多个部门、单位提交了自查报告，发现不少问题，乡镇企业局查出，有的酒类企业未按进销差价计算，多报产值。有的私营企业未交统计报表，由村文书估计推算上报。区计生委抽查6个村，发现在外地超生13个小孩，未在本地入户，造成人口数据不实。区执法检查组抽查6个单位，通报批评1个单位，责令限期整改。2005年4月，完成经济普查任务后，又组织力量对经济普查数据和2004年统计报表，再次开展统计执法大检查。

第十篇 工 业

1996年6月建区时，区属工业基础薄弱，多为城镇集体企业和乡镇企业，规模小，产品档次低，1996年区属工业总产值39 254万元，这是造成"吃饭财政"的重要原因之一。1996—2006年间，区委相继提出工业发展战略，由"贸工农发展路子"调整为"重点发展工业"，又调整为"工业强区"为首的五大战略，到2006年再确立为"工业强区，物流兴区，新村惠民"的发展战略，仍把发展工业放在首位。经过一系列改革、发展，工业在国民经济中的地位日趋突出，1996—2007年工业增加值由3.15亿元增到25.55亿元，年均增长18%，工业增加值占GDP增长贡献率由44.1%提高到77.79%。其中，酿酒工业发展尤为强劲，2005年末，拥有酒类重点发展乡镇6个，重点企业32家，列入全市"小巨人"企业7家。至2008年，酒业纳税占区财政收入约50%。

第一章 工业综述

第一节 管理机构

1996年建区时，工业企业管理机构沿用旧体制、分条分线分级管理。具体由5个部门负责。

区计划经济局 （含原计委、工业局、二轻局、经济协作办公室），1997年12月更名"泸州市龙马潭区计划经济委员会"，负责全区工业企业管理，其时有区属国有及国有控股企业11户泸州特种变压器有限责任公司、泸州华美彩色印制有限责任公司、泸州玉蝉酒类有限责任公司、区肉食品加工厂、泸州名城曲酒厂、泸州川江起重运输机械厂、泸州橡塑制品厂、泸州轻工彩印包装厂、泸州刺绣厂、泸州东方编织厂、龙马潭区服装公司。区计经委直管特种变压器公司、华美彩印公司。时任局长（主任）杨树华。

区乡镇企业局 负责管理全区88户乡镇工业企业，有江阳曲酒厂、胡市玻璃厂、贵友酒厂、通用机械厂、大鹏包装实业公司、宏达有机化工厂等。历任局长李应华、苟杰林、郑友生。

区轻工总会 建区时，二轻局职能划归计经委，但同时又把泸县所有二轻企业划归区轻工总会管理，实际上总会存在。当时全市正常运行的轻工企业28户，后市政府发文通知，将二轻企业按属地管理原则，划归泸县 20 户、江阳区 4 户，龙马潭区 4 户。他们是：泸州轻工彩印包装厂、泸州刺绣厂、泸州东方编织厂、龙马潭区服装公司。1996 年 11 月建区轻工总会，由王治平主持工作，1998 年 11 月任会长，至 2001 年 11 月单位撤销。

区贸易局 负责贸易系统商办工业管理，有玉蝉酒类有限责任公司、区肉食品加工厂、泸州名城曲酒厂三家，局长谢永福。

区水利农机局 负责管理系统内工业企业，有泸州川江起重运输机械厂、泸州橡塑制品厂。局长贺光惠。

2001 年 10 月，区政府进行机构改革，撤销计经委、乡镇企业局、贸易局、轻工总会，组建龙马潭区经济贸易局，集计经委、乡镇企业局、贸易局、轻工总会企业管理职能为一体，行使全区工业经济和规模以上工业企业管理职能。农机系统原管理的两个企业 1998 年破产，水利农机局工业行政管理职能自然消失。

第二节 基础状况

1996 年建区时，属地国内生产总值 10.26 亿元，区属国内生产总值 8.17 亿元，区属工业总产值 3.93 亿元。区财政收入 5 183 万元，农村人均纯收入 1 600 元。乡镇负债多，层层都是赤字财政，"吃饭财政"，只能勉强维持刚性支出，无资金投入区域经济发展。工业多为城镇集体企业和乡镇企业，规模小，产品档次低。是年全区有属地工业企业 920 家，区属工业 862 家，国有及国有控股企业 31 家，其中区属 11 家。区属乡及乡以上独立核算工业 86 家，其中国有及国有控股企业 7 家，拥有固定资产 2.67 亿元。

经过 1997—1999 年企业产权制度改革，区属独立核算国有企业华美彩色印制公司、泸州特种变压器公司、玉蝉酒类公司实施整体转让退出国有；泸州名城酒厂、区肉食品加工厂、川江机械厂、橡塑制品厂依法破产。1996 年全区属地轻、重工业生产企业分别为 665 家、255 家，其中区属乡及乡上独立核算轻、重企业数分别为 32 家、28 家；区属乡及乡以上独立核算轻、重工业总产值分别为 1.62 亿元、4 017 万元（当年价），龙马潭区工业格局是以轻工业为主，产业结构需不断调整优化。

第三节 发展措施

1996 年建区至 2008 年，三届区委先后召开 8 次党代会，及时研究新情况，解决新问题，总结新经验，紧紧围绕发展是第一要务，制定工业强区战略。在第一次党代会上，提出"充分发挥优势，以城区为中心，开发'两江三线'走贸、工、农发展路子，实施大开放、大通道、大市场、大商贸和农业结构大调整"发展战略，把工业摆在发展的首位。在具体工作中，区领导要求各级干部明确指导思想，学会"弹钢琴"，做到一年四季抓工业，关键时节抓农业，使工农业协调发展。把发展乡镇企业、组织农民外出务工、发展城郊型农业作为新的经济增长点。2001 年区委、区政府又适时提出"重点发展工业，加快新城建设，巩固商贸优势，调整农业产业结构，促进群众增收，建设税源财政"的工作思路，将工业放在优先发展和重点发展位置。区委、区政府领导经常引导各级干部算账对比，强调指出，工业强，税收多，积累快，有投入，有发展则区强。在农村继续进行产业结构调整，面向市场组织生产，向农业产业化、市场化过渡，农民亦可就地致富。2003 年，进一步调整为实施五大战略发展思路，即"工业强区战略、商贸中心战略、农业带动战略、城镇就业战略、重才引智战略"，把"工业强区"，作为五大战略之首。2006 年，新一届区委确立"工业强区、物流兴区、新村惠民"发展战略，把工业、物流和新农村建设作为发展经济的三大抓手，推动全区经济持续、快速健康发展。至2007 年，全区 GDP 由 1996 年的 10.26 亿元提高到 49.11 亿元，按可比价计算，年均增长 12.9%；人均 GDP 由 3 714 元提高到 1.52 万元，比全省人均高 2 300 元，年均增长 13.7%；财政收入由 5 183 万元提高到 2.23 亿元，年均增长 14.2%，其中地方财政一般预算收入由 2 783 万元提高到 1.23 亿元，年均增长 14.5%。

　　经济结构实现重大转变。2007 年一、二、三产业结构由 1996 年的 23.1∶48.3∶28.6，变化为11.4∶60.5∶28.1。工业在国民经济中地位日趋突出，1996—2007 年工业增加值由 3.15 亿元增到25.55 亿元，年均增长 18%；工业增加值占 GDP 比重由 30.7% 提高到 54.2%，年均提高 1.96 个百分点；工业对 GDP 增长贡献率由 44.1% 增加到 77.7%；各类工业企业由 920 家增加到 1 355 家，增长47.3%，其中规模以上工业企业由 25 家发展到 64 家，完成工业增加值 69.60 亿元，是 1996 年的 8.25倍，占全区工业总产值 88%。以食品、机械、化工为支柱的主导产业逐步形成；白酒产业强势推进，鑫霸集团等一批酒类企业，成为全区重要税源。2001—2007 年全区招商引资引进项目 960 多个，总投资 127.88 亿元，到位资金 76.53 亿元。维维集团、中海沥青、英荷壳牌沥青等一批知名企业相继落户，产生了良好的带动效应。工业带动了第三产业迅速发展，至 2007 年，增加值由 2.94 亿元增到13.25 亿元，年均增长 12.3%；社会消费品零售总额由 3.87 亿元增加到 14.24 亿元，年均增长12.6%；商贸物流持续发展，各类专业市场发展到 46 个，面积 54 万平方米，回龙湾、沱二桥北、龙马新城"三大商圈"逐步形成。经济体制改革不断深化，非公有经济加快发展，全区民营经济增加值由 1996 年的 3.19 亿元，增至 2007 年的 25.89 亿元，年均增长 19.2%。对外出口实现零突破，2007年出口 4 217 万美元。

第四节　企业改制

　　20 世纪 80 年代末，计划经济的弊端日益凸现。1996 年全区国有企业资产总额为 3.09 亿元，负债2.69 亿元，负债率 86.9%，仅有净资产 4 051 万元。1997 年又亏损 3 200 万元，国有资产濒临负数，企业体制改革势在必行。1996 年 10 月 14 日，区政府下发《关于国有企业产权制度改革实施意见》的通知，对国企改制的任务、形式和政策作了明确规定。随即成立区企业产权制度改革工作领导小组，由区委书记韩永彬、区长楚明任正副组长，相关部门主要领导为成员，实行"一把手"负责制，开展对口联系，责任到人，确保改制任务完成。按照领导组提出"吃透区情、找准路子、作好规划、大胆开拓、调查研究、制定方案、突出重点、配套推进"的工作思路开展工作。是年全区产权制度改革取得突破：列入产权改制企业 341 家，改制 295 家，改制面占 86.5%。其中国有工商企业 35 家，改制29 家；城镇集体企业 57 家，改制 34 家；乡镇集体企业 249 家，改制 232 家。改制主要形式：有限责任公司、股份制、股份合作制、转让、拍卖及企业兼并、破产组建集团公司、租赁承包等多种形式。其中租赁承包 234 家，占 79%。继后区委、区政府每年定期不定期听取体改工作汇报，召开经济体制改革工作会，年初签订目标管理责任书，明确任务，实行奖惩，逐级负责，层层落实，确保任务完成。针对前期改革中有的未能触及产权或触及不够的情况，区领导反复强调，企业改制要100%明晰产权、100%转变职工身份，否则就是走过场。1999年3月区政府召开体改工作会，区长楚明指出，当年是企业深化改革年，也是改革攻坚年，年内国有工商企业31家必须100%完成改革，100%改变职工身份；城镇重点企业改革触动产权关系必须达到95%以上。经过努力，当年列入改制企业69家，完成触产关系改革66家，占96%。其中31家国有企业做到两个100%；城镇集体企业12家，完成触产改革11家，占91.6%；列入改革的重点乡镇企业26家，完成24家，占92.3%。至年底全区企业改制任务基本完成。继后乘胜推进，开展查漏补缺活动，2002年全区企业改制任务圆满完成。其中35家国有工商企业1999年完成31家。

从1997年企业改制起，全区盘活存量资产5 000多万元，转让出售闲置资产3 000多万元，加上股份合作制企业职工募集资金600多万元，增强了企业经济实力和活力。通过改制重组职工由单位劳动者变为资产所有者和劳动者，主人翁地位由虚变实，倍加关心企业利益和财产增值。促进企业发展、生产稳定、收入增加，经营成果不断提高。原31家国有工商企业，1998年15户亏损，亏损额817.6万元，次年改制后亏损13家、亏损634.7万元，分别比上年下降13.3%和22.4%。区物资公司改制前1997年亏损120多万元，次年改制后一举扭亏为盈，1999年盈利3.4万元。向阳集团、胡市玻璃厂、三溪酒类集团、鹏达建材公司等企业经济效益大幅提高，成为全区纳税大户。万丰百货有限公司，改制后强化内部管理，加强市场营销，企业由1999年亏损56万元，次年降为14万元，下降75%。振兴农机公司，通过分配制度改革，由1999年亏损7万元，次年转为盈利1万多元。华美彩印公司健全法人管理措施，由上年亏损67万元，次年减亏63万元。小市粮食转运站改制后，通过内部挖潜，职工月收入增加100多元。一建司改制前职工无收入，人心涣散，企业整体出让后，职工人均获安置费3万多元，人心稳定。小市供销社经营部职工生活无着，矛盾尖锐，企业整体出售后，每人获安置费4万多元。因此企业职工普遍欢迎改革、支持改革、配合改革。改革后优势企业乘势扩张，玉蝉酒类公司盘活存量资产，积极开发新产品，改进销售办法，产量比改制前（1999年）提高131%，利润上升111%。大鹏包装实业有限公司放手大干，征地1.63公顷，投资1 500万元，建成防伪瓶盖生产线车间投产，年产值1 400多万元，创税利100多万元。2001年再征地2.67公顷，投资2 000万元，进一步扩大生产规模。四川王氏集团、宏运运输集团强强联合，组建四川王氏宏运客货运输有限责任公司，走集约化、集团化发展路子。

龙马潭区乡镇街企业2000年触动产权制度改革统计表

表10-1-4-1   单位：家

乡镇名称	企业总数	其中"双五十"	触产权数	触产面（%）	产改形式						
					股份合作制	租赁	承包	目标责任制	出售	破产	挂靠
鱼塘镇	47	3	45	95.75	—	—	—	—	10	—	33
罗汉镇	58	8	56	96.55	11	1	—	1	11	12	22

续上表

单位：家

乡镇名称	企业总数	其中双五十	触产权数	触产面（%）	产改形式						
					股份合作制	租赁	承包	目标责任制	出售	破产	挂靠
特兴镇	10	3	8	80	1	1	—	1	3	2	2
安宁乡	18	2	17	94.4	—	1	—	—	6	—	11
石洞镇	9	1	7	77.8	2	—	—	2	2	—	3
双加乡	3	—	3	100							3
胡市镇	12	3	10	83.3	—	2	—	—	10	—	—
金龙乡	26	3	23	88.5	—	3	—	—	5	—	18
长安乡	7	1	7	100					7		
莲花街办	19	—	19	100					18		1
红星街办	11	2	11	100					11		
合　计	220	26	206	93.64	14	8	2	4	83	16	93

注：1.“双五十”即资产50万元、职工50人以上的企业，为乡镇重点企业；2. 26家“双五十”企业中触动产权改革的24家，触产面92.3%

　　企业改制，实施国退民进战略，即国有资产从企业中全部退出，职工全部取消国有企业职工身份，实现两个100%转变后，大力发展个体工商户和私营企业，实现所有制结构大调整。2000年发展个体工商户2 215户，总数达1.66万户，净增2 024户，创产值7 721万元。营业收入8.66亿元。新发展私营企业92家，总数达420家，净增78家，创产值1.08亿元，销售收入1.06亿元。新建、扩建王氏商城水果批发市场、鹏达建材市场、红星农贸市场、乐源小区农贸市场等，一批上档次，有辐射力市场投入运营，吸纳2万多人就业。1999年民营经济销售总额2.45亿元，占全区社会商品零售总额53.8%；纳税3 529万元，占全区工商税收总额55.6%，国退民进战略取得重大胜利。区体改委1996—1999年3年获市政府企业体制改革目标管理一等奖，一年获二等奖；从1998年起连续5年被省体改委评为先进单位。

龙潭区 2000 年乡镇 "双五十" 以上企业产权制度改革情况表

表 10 - 1 - 4 - 2

主管单位	企业名称	资产数（万元）	职工数（人）	产改形式	备　注
鱼塘镇	江北彩印厂	200	57	挂　靠	
	通用工程机械厂	106	56	挂　靠	
	大鹏包装公司	—	—	挂　靠	
罗汉镇	大光电力器材公司	485	86	股份合作	
	罗汉机械公司	1 100	296	股份合作	
	密封电池公司	583	97	股份合作	
	帮力化工公司	476	77	股份合作	
	江阳饲料厂	121	65	出　售	
	生力化工厂	325	57	出　售	
	宏达有机化工厂	896	88	出　售	
	江阳曲酒厂	1 860	351	出　售	
特兴镇	特兴机砖厂	105	130	出　售	
	江北建筑公司	532	820	出　售	
	飞跃经济开发公司	—	—	破　产	
安宁乡	安宁页岩厂	317	120	出　售	城镇重点企业共 12 户：股份合作制 5 户，破产 2 户，股份制 4 户，出售 1 户。
	九狮建筑公司	132	500	出　售	
石洞镇	泸州十建司	1 700	860	目标责任制	
红星街办	新民开发公司	1 045	67	出　售	
	南方建筑公司	435	520	出　售	
胡市镇	胡市玻璃厂	329	505	出　售	
	沱江建材厂	100	97	出　售	
	区建发公司	1 313	516	租　赁	
金龙乡	金龙建材厂	65	104	出　售	
	金龙建筑材料厂	84	109	出　售	
	金龙建筑公司	658	812	出　售	
长安乡	贵友酒厂	135	115	出　售	
供销社	日杂公司	760	52	股份合作	
	石洞供销社	273	67	破　产	
	胡市供销社	540	59	破　产	
经贸局	鹏达公司	1 675	384	股份合作	
	轻工彩印包装厂	1 385	368	股份合作	
	轻工一建司	299	58	出　售	

续上表

主管单位	企业名称	资产数（万元）	职工数（人）	产改形式	备 注
小街办	宝莲街纸箱厂	105	56	股份合作	城镇重点企业共12户：股份合作制5户，破产2户，股份制4户，出售1户。
交通局	宏运集团公司	1 380	320	股份制	
	石洞运输公司	260	138	股份制	
	胡市水陆运	58	425	股份制	
	胡市运输公司	160	141	股份制	
科教局	洪达房地产公司	110	61	股份合作	

第五节　发展变化

1996 年建区后，区委、区政府着力实施"工业强区"战略，工业在国民经济中的地位显著提升，对全区国民经济和社会发展贡献率大幅度提高，工业成为全区国民经济主导产业。

1996 年末，全区有属地全社会工业企业 920 家，其中区属全社会工业企业 862 家，市属以上工业企业 58 家；实现属地全社会工业产值 11.01 亿元（当年价，下同）。其中：区属工业总产值 3.93 亿元；区属乡及乡以上独立核算工业企业 86 家，产值 2.03 亿元。由于实施工业强区战略，2000 年，全区属地工业企业发展到 1 515 家，其中，区属企业 1 471 家，市属以上企业 44 家。实现属地全社会工业总产值 15.4 亿元，其中，区属工业 8.19 亿元，市属以上工业 7.21 亿元。全区属地独立核算国有工业企业 31 家，其中，区属 13 家，市属 19 家；实现属地独立核算国有及规模以上工业总产值 9.8 亿元，其中，区属工业 2.67 亿元，全区工业占 GDP 比重 15.9%，工业对国民经济增长的贡献率 8.1%，拉动 GDP 增长 0.8 个百分点，助推全区经济健康发展。至 2005 年，全区属地全社会工业企业 1 480 家，其中区属全社会工业 1462 家，实现属地全社会工业总产值 45.28 亿元，其中，区属工业 27.6 亿元；实现属地全社会工业增加值 13.43 亿元，其中，区属工业增加值 7.15 亿元。全区属地规模以上工业企业 45 家，实现工业总值 36.7 亿元，其中，区属 19.2 亿元，市以上 17.5 亿元；实现工业增加值 11.7 亿元，其中，区属 6.6 亿元。全区工业占 GDP 比重 42.6%，工业对经济增长的贡献率 76%，拉动 GDP 增长 10.6 个百分点。与 1996 年相比，属地全社会工业总产值增长 3.27 倍，区属全社会工业总产值增加 6 倍，属地全社会工业增加值增加 3.3 倍，区属工业增加值增加 5.5 倍，全区工业占 GDP 比重提高了 29.1 个百分点，对经济增长的贡献率提高 63 个百分点，工业对 GDP 的拉动力提高 9 个百分点，工业成为全区国民经济发展的主导产业。

龙马潭区 1996—2005 年工业企业及产值表

表 10 - 1 - 5 - 1

年份	区属企业单位（家）	区属工业产值（万元）	属地工业产值（万元）	区属规模以上工业企业数（家）	区属规模以上工业企业总产值（万元）	非公有制经济工业总产值（万元）
1996	862	39 254	106 138	—	—	16 755
1997	970	60 129	137 568	—	—	30 623
1998	1 033	62 035	112 546	8	16 781	40 960
1999	1 283	72 719	139 908	11	19 798	59 921
2000	1 471	81 926	154 048	13	26 720	68 721
2001	1 256	89 357	173 735	12	30 376	79 412
2002	1 352	106 092	201 317	16	42 536	92 565
2003	1 468	127 958	251 406	18	54 518	108 753
2004	1 438	172 285	314 425	24	95 334	107 347
2005	1 462	276 059	452 760	33	191 860	155 808

　　全区工业形成食品（酿酒）、化工、机械三大产业，发生了重大变化。一是企业个数增多，1996年有 862 家。乡及乡以上独立核算工业企业，2005 年发展到 1 462 家，增长 69%。二是企业规模大，1996 年乡及乡以上 26 家独立核算单位，2005 年发展到 33 家规模以上企业，年产值 19.19 亿元，比1996 年增长 3.88 倍。三是产业结构变化，全区国内生产总值 2005 年达到 25.23 亿元，比 1996 年增长3 倍，一、二、三产业比重较大，特别是工业迅速增长。1996 年区属国内生产总值 8.17 亿元，其中第一产业 2.37 亿元，第二产业 2.86 亿元（工业 1.1 亿元），第三产业 2.94 亿元，比重为 29.1∶35∶35.9，经过 10 年努力，2005 年完成区属国内生产总值 25.23 亿元，其中第一产业 4.48 亿元、第二产业 10.35 亿元（工业 7.15 亿元），第三产业 10.4 亿元，一、二、三产业比重为 17.8∶41∶41.2。四是经济结构变化，民营企业大发展，其工业总产值 2001 年 7.94 亿元，2005 年 16.58 亿元，增长96.2%。外资企业从无到有，至 2005 年已有台、港、澳规模以上企业 3 家，中外合资企业 1 家，引资1.51 亿元。五是企业类型变化，经过产权制度改革，国有企业从 2001 年 5 家，2005 年减少到 1 家，经济增加值由 16.8 亿元，增加到 31.51 亿元，增加 93.5%；私营企业从 7 家增至 22 家，民营经济增加值由 1996 年的 3.16 亿元增至 16.88 亿元，按可比价计算增长 3.34 倍。

龙马潭区2001—2005年区属规模以上工业企业主要行业指标分类表

表10-1-5-2

行业类别	2001年			2002年			2003年			2004年			2005年		
	企业（家）	工业总产值（万元）	利税总额（万元）	企业（家）	工业总产值（万元）	税总额（万元）	企业（家）	工业总产值（万元）	利税总额（万元）	企业（家）	工业总产值（万元）	利税总额（万元）	企业（家）	工业总产值（万元）	利税总额（万元）
食品加工制造业	1	15 812	239	2	25 575	2 063	2	33 872	3 095	3	39 574	3 003	4	41 042	3 244
饮料制造业（酿酒业）	16	6 791	2 742	13	5 820	3 401	15	7 351	5 688	7	7 859	3 147	8	9 793	4 174
造纸及纸制品业	2	1 599	90	2	1 577	125	3	1 678	91	1	1 239	21	2	2 590	93
印刷业	2	847	53	1	503	12	2	641	34	—	—	—	—	—	—
化学原料及化学制品制造业	1	667	85	—	—	—	2	2 451	239	1	1 339	38	3	3 189	166
塑料制品业	4	2 311	158	2	1 528	140	4	5 955	130	1	1 322	72	1	1 359	53
非金属矿物制品业	3	6 432	1 013	4	7 570	826	3	663	850	2	6 808	560	3	7 634	326
金属制品业	1	262	25	3	975	51	2	3 504	36				—	—	—
通用设备制造业	4	1 136	19	5	1 873	122	8	1 456	243	3	2 855	212	3	2 964	155
电力机械及器材制造业	1	806	30	3	1 863	191	2	1 986	204	2	2 208	127	2	2 236	98
其他制造业	3	398	41	2	344	35	1	139	14	—	—	—	1	583	29

第二章 酿酒工业

第一节 概 况

龙马潭区是市内最大的酒类及包装材料生产、包装、销售、运输集中区；是中国浓香型原酒生产基地；政、银、企合作促进酒业发展示范区。2005年，拥有酒类重点发展乡镇6个，重点企业32家，列入泸州市酒类"小巨人"企业7家，规模以上酒类企业12家。拥有酒类注册商标200个，国优产品 4 个，部省双优产品 21 个，四川名牌产品 1 个，四川著名商标 2 个，泸州市知名商标 2 个，使用泸州酒地理标志企业 10 家。年产白酒能力、包装能力 10 万吨，酒类产品及包装材料远销全国各地和日本、韩国、东南亚地区。2008 年共产酒 13.6 万多吨，销售收入 23.16 亿元，纳税 1.32 亿元，分别比上年增长 44.6%、101% 和 41%。入库税金除国家两大名酒（泸州老窖、古蔺郎酒）外，区属酒业纳税占全市三分之一以上，占区财税收入约 50%。

区内具有酒类生产地理环境、气候条件、土壤、原料、勾兑技术优势；拥有红粮酿造、包装、包材、运输、广告策划产业配套；有众多国优、部省双优、四川名牌、四川著名商标优势；有泸州老窖集团股份有限公司龙头带动；有政、银、企合作促进酒业发展示范区特点；有浓香型、酱香型、清香型、兼香型并存发展之优势；不断出台促酒业发展的财政扶持政策和奖励政策。把酿酒工业越做越大。

区委、区政府一直把发展酒业作为工业强区的重中之重来抓，走优质高效发展之路。区里成立以区委书记、区长为正副组长的酒业发展领导组，由一把手亲自抓，分管领导具体抓，年年签订目标管理责任书，年终考核验收兑现奖惩。2007 年层层签订酒业发展目标责任书后，相关部门和乡镇街建立工作制度，将责任落实到人。区委、区政府目督办建立跟踪督查机制，定期进行检查督促。设立扩能投入奖、销售收入上台阶奖、纳税大户奖、品牌培育奖、酒类人才贡献奖、专业技术人才奖、酒业营销能手奖等，调动了从业人员积极性，当年实现三个突破。产酒 10.5 亿升、销售收入 11.35 亿元、入库税金 9390 万元，分别以 293.6%、181.9% 和 151.5% 完成市政府下达任务。经年终检查核实，共发各种奖金 500 多万元。同时区委、区政府强化服务，着力营造酒业发展环境，一是结合机关行政效能建设，大力推行并联审批制和全程代办制，方便企业办理相关手续。当年协助新引进酒类企业办理证照 28 套、承办年审酒类产销许可证 135 件，酒类流通备案登记证 96 个，减轻了企业负担，受到企业好评。二是着力解决酒类企业建设过程中存在问题，区委、区政府领导多次深入企业调研或召开座谈会，收集情况，使 10 多家企业在建设过程中遇到的征地拆迁、场地平整、水电供应、工程扩建等问题得到及时解决。三是净化酒类市场，年内组织相关部门开展酒类流通执法检查 3 次，打击违法，保护合法。四是积极协调帮助企业解决融资问题。区政府出资 1000 万元建立酒业发展基金，用于支持企业科技创新、品牌创新、贷款贴息等。出资 3000 万元建立中小企业信用担保公司，为企业贷款提供方便。建立政、银、企三方合作机制，当年为桂康、鑫霸、国粹、天赋浓香等酒类企业担保贷款 3800 万元。五是强化宣传、扩大影响。区上积极组织业主参加成都春交会、泸州酒博会、长沙秋交会、西部博览会，签约 15 个，意向性成交 8.37 亿元。不时在各种媒体上制发广告进行宣传，树立龙马潭区酒业良好形象。六是着力招商引资，是年引进酒类投资项目 27 个，总投资 4.8 亿元，到位资金 2.6 亿元；技改项目 12 个，完成投资 1.41 亿元。

全区酒类品种，主要产销清香型白酒、浓香型曲酒、酱香型曲酒、兼香型曲酒、青岛啤酒。清香型白酒（又称小曲酒、高粱酒、烧酒），此类酒以高粱、谷糠壳、曲药为原料，经蒸煮、入窖发酵、蒸馏出酒。生产周期短，价格低，品质好，是人民群众钟爱之物。全区酿酒工业主要集中人力、物力，充分发挥当地资源优势，大力发展浓香型大曲酒。此类酒用浓香型鼻祖泸州老窖传统工艺酿造，以其浓香扑鼻，入口醇和，回味悠长，饮后尤香之风格，在全国广大城乡乃至世界各地都有市场，一批年产销大曲酒上万吨的企业应运而生。酱香型曲酒国家名酒古蔺郎酒厂在区设包装厂，连年销售增长幅度大。2008 年，全区授予各行各业纳税上百万元的大户 62 户，酒类企业占 27%。随着人们生活改善，生活质量提高，2001 年青岛啤酒股份有限公司与火炬化工集团合资在辖区鱼塘镇建青岛啤酒（泸州）有限公司，注册资金 1.11 亿元，占地 6.67 公顷，员工 248 人。公司依托青岛啤酒管理、品牌、技术、资金、人才优势，经改造硬件设施达到同行业先进水平，年产能力 6 万吨。2007 年产啤酒 5 万多吨，产值上亿元，是全区唯一啤酒生产厂家。

第二节　酿　造

烧酒、曲酒的主要原料是红粮，制曲原料用小麦，酿造啤酒的原料用大麦。在计划经济时期，酿酒严格按计划生产，计划供应，据 20 世纪 70 年代史料统计，人均年耗酒量 1.5～2.5 公斤。此间所产糯高粱、小麦，只能用于充饥。党的十一届三中全会后，农村实行家庭联产承包责任制，极大地调动了农民劳动生产积极性，粮食产量直线上升，人均产粮普遍由 200 多公斤上升到 500 多公斤，增产一倍多，家家有余粮，为发展酿酒业打下了坚实的物质基础。

全区沿长江、沱江北岸 18 公里水域，水源丰富，多属弱碱性优质水。且雨量充沛，年均降雨 1 000 毫米左右，塘、库、堰星罗棋布，配套完善，径流蓄水亦能保障酿酒所需。全区属亚热带季风气候，年无霜期 340 多天，日照 300 天左右，日均气温 17.8℃，宜各种农作物生长，有利发展酿酒。且精通酿酒技术者人才济济，中国名酒泸州老窖传统酿造工艺和现代科学酿造方法，精通者众，是发展酿酒事业的重要因素。

1978 年，党的十一届三中全会召开后，本地各级领导不约而同地想到发展酿酒业，因它投资小，见效快，前景好。于是开展市场调查，草拟论证报告，申请银行贷款，一个群众性酿酒热潮，在 20 世纪 80 年代初期悄然兴起，一度出现"乡乡点火，村村冒烟"的景象，全区建成大小酒厂 300 多个，后经淘汰、改造、重组，至 2007 年全区共有规模以上酿酒企业 24 家，年产优质酒 9.4 万多吨，缴纳税金 9 300 多万元，成为龙马潭区工业强区的支柱产业。

第三节　销　售

自产自销　全区酿酒企业绝大多数都是自产自销，或委托他人代销、经销，以销促产，所以各企业几乎都有生产窖池、酿造车间、储酒仓库、瓶装酒灌装生产线、成品酒陈列室及配送专车等，基本上都是自成体系。为方便群众购酒，企业开展批零服务，为扩大影响，增加市场占有量，企业均在当地城镇闹市区建门市，设专柜，营销本厂系列瓶装酒，展示企业形象。并派出推销员走街串巷，深入机关、商场、酒楼，洽谈业务，千方百计扩大影响，增加销售。泸州海通酒业有限公司（原区糖酒公司）是一家集生产、销售为一体的股份制企业。1981 年注册生产"青狮"牌高粱酒，以优质糯高粱为原料，采用传统工艺精心酿制而成，具有清香、醇和、甘甜、回味悠长独特风格，先后被市食品工业协会、省商业厅、省酒类专卖事业管理局评为优秀产品；企业被省质量技术监督局评为质量管理先进企业；2006 年被全国白酒企业专家组评为优质白酒重点企业，全省清香型白酒典范。由于"青狮"牌白酒质量稳定，物美价廉，畅销不衰，由当初年销几百吨，2004 年后增长到 1 万吨左右。从 1997—2008 年，连续 12 年被区委、区政府授予纳税大户称号。

宣传促销　全区酿酒企业均十分重视宣传促销，将新工艺、新产品、新包装，新品牌，经常印制宣传资料广为散发，或在新闻媒体上作广告宣传，或者资助公益活动冠名企业名称。直到运去企业产品，积极参加省、市乃至全国糖酒交易会、贸易洽谈会、博览会，零距离向客户宣传产品，展示成品，品尝样品，洽谈业务，争取订单。2001年由区政府组团参加西安"中国西部合作与贸易洽谈会"，唐朝老窖与陕西黄达商贸公司签约销售瓶装酒500吨，与咸阳糖酒公司签约销售散装酒1 000吨。2008年，区委、区政府领导率队参加成都、泸州、长沙交易会和西部博览会，销酒4.34万吨，成交8.37亿元，签协议15个，创历史新高。

长途运销 酒城产好酒早已全国闻名，因此外地常有客商来泸州批量购买优质散装酒运回，经请酒类勾兑师勾兑冠以品牌包装瓶装酒出售。全区有20余户酒类中介商从事此类业务，他们自备盛酒槽罐车或租船装运，按协议约定，在本地灌装某种原浆酒，界定各项指标，密封后直运对方企业。酒送到后，买方当场验收，办好移交，结清款项。结果承运方、采购方均有利可图，达到双赢。全区用此类方法外销酒连年上万吨。20世纪80年代中期，四川王氏集团董事长王德彬把泸州（含龙马潭区地产）酒运往山东、山西、江苏销售，为泸州酒出川作出了贡献。由于外销量大，获利颇丰，加速了原始资本积累，为继后建立王氏商城、四川王氏集团有限公司打下基础。

第四节　骨干企业

龙马潭区酿酒工业发展迅速，呈现出新老企业在市场竞争中并肩前进局面，涌现出一批骨干企业。

四川泸州三溪酒类（集团）有限责任公司 是一家多元化发展的民营企业。酒类有三溪酒厂、三溪酒类销售公司、百家春酒类公司、老泸王酒类公司、富贵酒类公司、康乐酒类公司、汇江酒类公司等十余家公司。有30年以上窖池90口，一次性储酒能力4 000多吨，包装生产线6条，日包装能力3万件，年产酒万余吨，是省先进企业，中国食品达标企业。"三溪"牌系列酒38°、45°、52°、60°分别于1988年被评为中国优质酒，2002年被评为四川名牌产品。房地产板块有四川泸州三溪房地产开发有限公司和贵州习水三溪房地产开发公司，是四川泸州、贵州遵义知名房地产开发企业。同时还全资拥有川南地区唯一一家五星级酒店泸州市酒城宾馆。从1997年8月成立三溪酒类（集团）公司起，在董事长周良骥的领导下，经过1 000余名员工艰苦奋斗，已成为泸州知名民营企业集团，连续12年被区委、区政府授予纳税大户称号。

四川唐朝老窖（集团）有限公司 由四川泸州江阳曲酒厂、建设机械厂、金方酒业公司、金华机械厂、诚信酒业公司联合组建以酒类生产、销售为主体的跨行业集团公司。它位于罗汉镇，毗邻泸州国际集装箱码头。公司占地26.67公顷，拥有原酒生产窖池1 000余口，有全自动灌装流水线十条，年产瓶装酒2万余吨，现有员工1 000余人，其中各类高中级科技、管理人员80余人。系列产品唐朝老窖、盛唐朝、唐朝大贵人、金唐朝等畅销不衰。江阳头曲、江阳玉液为历届部、省双优酒，中国名牌产品，1993年在香港国际名酒博览会上获特别金奖和包装金奖。公司曾先后获"中国明星企业""全国基础管理一级企业""四川省百强企业""四川省二级计量企业和全面质量管理达标企业"以及省市"重合同、守信用"单位称号。产品通过"ISO9001国际质量管理体系认证"；2003年"唐朝"牌商标获"四川省著名商标"。从1997年起，连续10年获区委、区政府纳税大户称号，1年被评为纳税先进。

泸州酒业有限公司 由原"泸州牌"泸州大曲酒业有限公司、"泸州牌"泸州酒业有限公司董事长，"国粹"商标持有人涂国友精心策划并于 2004 年 4 月注册，年生产能力 5 000 吨。"国粹牌"系列酒，集京剧、陶瓷、中医中药、蒸馏白酒四大国粹文化于一身。其主要标识为：京剧脸谱。由中国瓷都江西景德镇烧制的国粹酒大酒瓶，瓶高 1.52 米，瓶身绘有 416 个不同人物，神态各异的京剧脸谱，盛酒 800 公斤。曾获上海大世界基尼斯纪录。2006 年 3 月，国家著名白酒专家沈怡方、高月明、胡永松、曾祖训、高景炎、赖登绎、谭崇尧、杨明，对"国粹牌"系列酒高度评价："无色透明、窖香舒适、醇香绵软、香味协调、甜净味长、浓香型风格典型；包装独特，具有鲜明个性，集传统工艺，陶瓷之缸，京剧之形，泸州酒文化之精粹于一体，是极具增长潜力的白酒品牌"。2006 年 9 月，"国粹牌"国粹酒被文化部授予"中华文化名酒"称号。

泸州鑫霸实业有限责任公司 由原泸州老窖酒厂实业开发公司改制设立。始建于 1979 年，占地 16 万平方米，有各类高中级技术人员 200 余人，主营白酒灌装、酿造、浓香型白酒类综合制造经营。公司下设泸州国用酒业有限公司、泸州龙溪河酒业有限公司、泸州漕溪酿造有限公司、泸州鑫霸实业白酒灌装四个分公司。公司拥有老窖池群两个、窖池 800 余口，有酒类灌装生产线 18 条，包装能力 10 万吨，是泸州老窖集团最大配套企业，是泸州酒业集中发展区最大综合酒类制造企业、是国内设备最先进白酒灌装生产企业和白酒综合制造企业。公司有 10 万吨白酒灌装、生产能力和 3 万吨优质原酒酿造能力。可为大品牌企业提供从基酒酿造、白酒酒体设计、灌装到成品出厂全过程或部分过程锁链服务。公司拥有自主知识产权的"龙溪河""泸神""国用""酒城老窖"等品牌系列白酒产品及外埠 OEM 贴牌。在 2006 年全国白酒高级专家鉴评组鉴评中，经中国白酒高级专家组成的评审组鉴评，认为该公司生产的浓香型白酒具有"无色透明、窖香幽雅、陈味舒适、淳厚绵甜、香味协调、回味悠长、风格典型"等特点。公司是全省酒类发展重点企业，市酒类骨干企业，2007 年列入全市酒业发展小巨人行列，年销售收入逾 3 亿元，公司注重产品质量，通过 ISO9001 质量体系认证，拥有定量包装商品生产企业计量保证能力证书。多次被地方政府授予"销售大户""纳税大户"和"产品质量先进企业"称号，先后获"中国四川 200 家最大市场占有食品企业""白酒十佳效益食品企业""全国酒行业优秀企业""全国酒行业明星企业""中国（四川）优质白酒重点企业"称号，并获"中国国际食品博览会金奖""四川省质量管理先进企业"，2008 年入驻泸州酒业集中发展区，自筹资金建设近 1 万平方米厂房，自主引进 4 条国内最先进白酒灌装生产线，在园区内率先投入生产，成为泸州酒业集中发展区内投资最大的重大骨干企业。产品销往全国各地（含港、澳、台地区）和俄罗斯、韩国等。

四川桂康酒业集团有限公司 原为泸县长安曲酒厂，建于 1980 年，1995 年转为民营企业，2005 年更为现名。公司注册资金 1 133 万元，现有固定资产 3 360 万元，实际资本 1 133 万元。占地 5.35 万平方米，有员工 360 人。主要从事浓香型白酒原酒生产，生产能力为年产 8 000 吨优质白酒，储存能力 7 000 吨。产品远销江苏、湖北、广东、广西、浙江、安徽等地。企业先后获省、市 30 多项殊荣，是省级"重合同、守信用"企业。2003 年被国家质量检测中心和中国食品工业协会审定为"国家质量、卫生、安全全面达标食品""中国知名品牌"。2004 年通过 TSO9001 国际质量认证。2005 年被中国名优品牌管理中心评为"中国名优名牌产品"和"四川省民营企业质量工作先进单位"。

四川省泸州玉蝉酒类有限公司 前身为泸州国营玉蝉酒厂，是 20 世纪 80 年代泸县酒业五朵金花

（三溪、玉蝉、海潮、泸江、名城五个部省优质酒）之一。1998 年改制为股份有限公司。公司占地 4.13 公顷，拥有固定资产 1 800 万元，年生产优质浓香型曲酒 1 500 吨，主产"玉蝉"牌系列产品有：52°玉蝉精窖、39°玉蝉藏酒、9°玉蝉五星精品特曲、39°玉蝉精制特曲、39°玉蝉特曲、39°玉蝉大曲、46°玉蝉大曲、玉蝉窖酒等，产品畅销广州、江苏、西藏、大连、重庆、昆明、成都等地。该系列酒曾 18 次获部省双优，三次蝉联中国商业部金爵奖，首届中国食品博览会双金奖，被十世班禅大师指定为进藏专用酒。公司连续 12 年被评为四川省工商行政管理局"重合同守信用"企业，"玉蝉"牌注册商标，被省工商局评为著名商标、市知名商标。被省卫生防疫站、食品监督检验所评为"食品卫生、质量信得过企业"。从 1997—2008 年，3 年被龙马潭区授予纳税大户，6 年被区评为纳税先进企业。

四川九月九酒业有限责任公司 厂区占地 3.33 公顷，有现代化瓶酒包装车间、数千吨储酒设施和先进的检测化验设施设备。有数十名酿造、勾兑高级工程师，具有年产万吨酒类产品能力。拥有固定资产 7 500 万元。主要从事酒类生产、包装及销售。以原酒质量好闻名全国，是省内八大原酒酿造和供应基地之一，是酒城泸州酒业重要组成部分。

第三章 食品加工 农副产品加工 医药制造

第一节 食品加工

龙马潭区食品加工业比较薄弱，起步迟，发展慢。1996 年仅有肉食品厂、儿童食品厂、五峰牛奶厂等 28 家小企业，固定资产总值 1 800 多万元，年产值 2 100 多万元。在区属工业产值中占 1%，其余均是为小区群众服务的作坊式食品加工业，如把大豆加工成水豆花、豆浆、豆腐卤、豆腐干、腐皮；把小麦、玉米磨成粉、加工成面条、包子、馒头、窝窝头出售；将油菜籽、芝麻、花生米压榨出油，供群众选购或代客加工；自宰或代客宰杀家禽家畜，用其部分或全部辅以佐料，加工成卤制品、腌腊制品在市场销售，既方便了群众需要，又繁荣了市场供应，且解决了群众就业问题，具有很强的生命力。

21 世纪初，区委、区政府通过招商引资，引进食品加工企业，食品加工业面貌开始改变。先后引进维维集团（泸州）豆奶粉厂、金健米业（泸州罗沙）有限公司、生力特粮油有限公司、四川好百年食品有限公司等一批成规模、上档次食品加工企业先后落户本区。2005 年完成产值 1.59 亿元，比建区时增长 7.56 倍，但仍然比例很小，其产值只占全区工业总产值 4.2%。

维维集团（泸州）豆奶粉厂 2001 年 6 月开工，次年 5 月投产。厂址鱼塘镇民权村，占地 4.67 公顷，一期工程投资 3 000 万元，年产豆奶粉 1.2 万吨，是维维集团在西南地区建设唯一生产基地。主要产品：维他豆奶粉、加钙豆奶粉、花生豆奶粉，产品畅销滇、黔、渝及全国各地。至 2005 年共生产维维牌豆奶粉3.91万吨，完成产值4.56亿元，收入3.83亿元，实现税金1 339万元。2007年完成产值1.88亿元，销售收入1.76亿元，实现税利3 380万元，从投产起连续7年被区委、区政府授予纳税大户称号。先后被省评为质量管理先进企业，被国家质监总局授予维维产品质量免检证书和中国名牌产品称号。

金健米业（泸州罗沙）有限公司　位于安宁镇，是2000年由湖南金健米业股份有限公司与泸州老窖股份有限公司合资组建交叉控股有限责任公司。实有资本2 500万元，职工50人，主要从事粮食收储、调拨、批零、加工、销售业务。投资3 000万元引进日本专业大米加工成套设备，日产精米100吨生产线。主产"金健"牌优质米，先后被评为"全国用户满意产品""全国放心粮油产品""中国名牌产品"和"国家免检产品"，获国家绿色食品证书，通过国际质量标准体系认证。主要产品有"金健"牌、"罗沙"牌、"润之"香牌系列优质米。2004—2005年共加工大米1.05万吨，完成产值3 541万元，收入3 971万元，实现税金328万元。

泸州市龙马潭区天绿粮油购销有限公司　是2002年区粮食系统深化改革重组的国有控股企业。注册资金222万元，集仓储、加工、粮油购销，是全省100家粮食产业企业之一。公司拥有两套大米加工设备，年加工能力3.6万吨，主产"天绿""天牙石"牌产品。"天绿"牌大米获全国放心米、无公害产品称号。产品畅销全市和川、滇、黔、渝各地。

四川好百年食品有限公司　是市政府批准的江阳区、龙马潭区城区唯一生猪定点屠宰企业，负责生猪定点屠宰和猪肉鲜销供应，承担市政府实施"放心肉"工程重任。公司位于鱼塘镇，占地2公顷，建筑面积1.1万多平方米，绿化3 000多平方米，总投资1 100多万元，2003年12月竣工，次年1月试产。工程完全按照国家《猪屠宰与分割车间设计规范》《四川省定点屠宰厂（场）分级达标验收试行方案》的规定进行设计和建设。屠宰车间安装有国内最先进的现代化自动流水生产作业伐，每班屠宰能力1 000头，日屠宰量3 000头。有功能完善的鲜肉配送大厅一座和专用标准化箱式送货车10辆；建有投资上百万元，采用先进的SBR生物处理法，日处理污水500立方米的污水处理厂，在环境保护治理上首开同行业先河。在屠宰加工中，严格按照国家《生猪屠宰操作规程》，制定了《活猪收购"五不准"》（不准母猪、公猪、注水猪、病猪、瘦弱猪进厂）和生猪产品上市鲜销"十不准"》（放血不全、有注射孔、皮肤病、黄胆病、水份超标、有创伤等不准上市销售）制度。公司除常年驻国家动物检疫人员12人外，专门设置了肉品品质检验部，按规定配备肉品品质检验员8名，从活猪进厂到屠宰加工各个环节，都由20名专业人员按国家检疫、检验规程实施检疫、检验，严把质量关。自2004年元日开业至2008年12月，共屠宰生猪96.38万头，平均月宰1.61万头。检出有问题猪肉，公司严格按照农业部制定的《病死动物和病害动物产品生物安全处理规程》和病死及死因不明动物处置方法进行无害化处理。其中销毁病害猪231头，高温处理病害猪1 106头，检出有问题的病变内脏和肉品109吨，全部作焚烧处理，确保市民身体健康。2008年公司顺利通过农业部无公害农产品认证。

第二节　农副产品加工

龙马潭区属泸州城郊型农业区，家禽家畜饲养业发达，2007年出栏肥猪25.52万头，同比增长8.1%；出栏肉牛1 620头，同比增长7.3%；产肉1.85万吨，同比增长8%；出栏家禽843万只，同比增长7.4%；产肉1.19万吨，同比增长9.1%。养鱼面积720多公顷，比1996年增长23倍，起水成鱼 7 400 多吨，增长 3.5 倍。因此各类饲料需要量大，增长快，饲料商家看准了这个商机，竞相抢占市场。

泸州希望饲料有限公司　1995 年率先来龙马潭区龙南路创业，拥有资产 5 000 万元。主要产品有"希望""南国""川刘""嘉好"等五个品牌十大系列，200 多个品种，销售网络覆盖全川各市、县，辐射成、渝、滇、黔，成为川南饲料行业旗舰。2000 年被列为市内重点企业之一，连续 4 年产值过 2 亿元，先后获省、市"重合同、守信用企业"，非公有制先进企业，市先进私营企业，省优秀企业，省乡镇企业 20 强，市十佳营销企业。至 2005 年累计生产混配饲料 63.25 万吨，完成产值 12.37 亿元，销售收入 12.26 亿元，3 年被区委、区政府授予纳税大户称号，5 年被评为纳税先进。

泸州市凯科饲料有限责任公司　2003 年 6 月投产，集饲料研发、生产、销售和畜禽养殖技术服务为一体的股份制企业。占地 0.66 公顷，年产饲料 5 万吨，采用全国领先水平全电脑控制自动生产设备，生产高档优质猪、鸡、鸭、兔配合饲料、浓缩饲料。产品有凯科、复兴、帝王、凯德利等，畅销云、贵、川、渝。2003—2005 年完成产值 3 530 万元，销售收入 3 410 万元。该企业享受农副产品加工企业免税政策。

第三节　医药制造

龙马潭区医药工业仅有四川宝光药业股份有限公司一家，原系鱼塘镇"皮仁堂"手工药房，始建于清乾隆年间，1956 年，公私合营成立"皮仁堂"药厂，后改为"泸州制药厂"，1994 年改制，更名"泸州药业有限责任公司"。1997 年，公司产品"风湿液"年销售收入过亿元，企业完成原始资本积累，开始涉足其他产业。1998 年投资组建成都同乐房地产公司、泸州宝光房地产开发有限公司。随着公司发展壮大，企业推行改制，与成都彩云医药科技开发有限公司等 5 家共同成立"四川宝光药业股份有限公司"，总股本 3 600 万元，泸州宝光药业集团占股本总额 88.06%。2003 年，宝光集团将持有宝光药业股份全部置换给四川宝光科技讯发股份公司，进入上市公司。2005 年四川郎酒集团和成都市同乐房产及宝光集团将持有的四川宝光科技开发股份有限公司的股权转让给天津大通集团，使天津大通集团成为上市公司第一大股东，公司则成为天津大通投资集团有限公司全资子公司。宝光药业拥有先进的生产设备及质量管理体系，有着雄厚的科研实力、覆盖全国的销售网络、先进的管理理念和高素质的人才，2005 年完成总产值 1.06 亿元，销售收入 5 012 万元，实现利润 241 万元、税金 597 万元。生产各种产品 13 种，重点品种有：胃力康颗粒、阿卡波糖胶囊、妇乐颗粒、氨基葡萄糖片。公司是国家 GMP 认证企业。2003 年通过 GMP 认证的片剂、胶囊剂、颗粒剂 41 个；次年认证口服液、糖浆剂、酒剂品种 7 个；颗粒剂品种 17 个，片剂 14 个品种，胶囊剂品种 10 个，酒剂品种 2 个、糖装剂品种 4 个、口服液品种 1 个。公司 1992 年获全国医药保健博览会金奖，首届"国际中小企业新产品技术展览合作洽谈会"优秀展品奖，全国"名优新医药、器械、保健品博览会"金奖；1993 获省政府"优秀产品"二等奖。次年获省政府"名、优、特、新产品博览会"金奖；1995 年获国家中医药管理局中国中药名牌产品奖；1999 年获"四川名、优、特、新博览会"银奖。公司是省高新技术企业、省重点保护企业、劳动管理信得过单位；1998 年成为国家中成药企业 50 强，制药企业信息化示范企业，农行 AAA 级诚信单位。曾先后获国家、省、市项目资金支持约 200 万元。1998 年抗洪抢险，捐赠药品和现金价值 1 068 万元。产品风湿液、妇乐、利肝隆是国家中药保护品种。风湿液曾获中国中药名牌产品奖、全国医药保健博览会金奖；胃力康颗粒为国家重点新产品、省名牌产品、国家保密品种、"国家中医药学会·内科脾胃病专业委员会"推荐用药。2007 年完成工业产值 1.27 亿元，销售收入 1.14 亿元，实现利润 1 068 万元，税金 678 万元。

第四章　化工　机电　建材

第一节　化　工

全区化工行业，主要包括石油加工业和化学原料化学制品制造业。按其原料，又分天然气化工、石油化工两大类。龙马潭区正处西南化工城腹地，有泸州北方化学工业有限公司、四川北方硝化棉公司、鑫福化工有限公司、江阳化工厂等多家规模以上企业。受其影响和带动，区属化工企业应运而生。迅速成为全区工业主导产业。1996 年全区有属地化工企业 3 家，占属地乡及乡以上独立核算工业企业 86 家的 3.5%，产值占 5.5%，工业增加值占 8.5%。2000 年有国有规模以上化学工业企业 2 家，占区属工业 6.3%，化学工业总产值占 1.8%，工业增加值占 1%，收入占 3.4%，实现税金占 3.8%。至 2005 年全区有规模以上化工企业 12 家，增长 3 倍；企业资产总计增加 25.16 亿元，增长 207.4 倍；完成工业总值增加 27.4 亿元，增长 246.2 倍；工业增加值增加 8.26 亿元，增长 130 倍；销售收入增加 26.78 亿元，增长 350.6 倍；实现税金增加 1.87 亿，增长 519.7 倍。化工业资产总计、工业产值、销售收入、实现税金，均在全区 45 户属地规模以上工业中占 40% 左右。

龙马潭区主要年份化工行业主要经济指标统计表

表 10－4－1－1

项目 年度	企业总数（家）	资产总计（万元）	工业总产值（万元）	工业增加值（万元）	销售收入（万元）	实现税金（万元）	职工（人）
1996	3	1 213	1 113	635	764	36	16
2000	2	1 568	1 770	269	1 450	62	168
2005	12	252 839	275 123	83 211	268 597	18 746	7 049
2005 比 1996 ±	9	251 626	274 010	82 576	267 833	18 710	7 033

注：1. 工业总产值为当年价；2. 统计口径为：1997 年及以前为乡及乡以上；1998 年及以后为规模以上

基础化学原料制造　1996 年区属 3 家，拥有资产 1 213 万元，年产值 1 113 万元，销售收入 764 万元，创税 36 万元。2000 年后进入发展快车道，至 2005 年全区有规模以上基础化学原料及制品制造企业 9 户，拥有资产 19.28 亿元，年产值 158.79 亿元，收入 16.21 亿元，实现税金 5 261 万元，各项指标占全行业75%左右。2005年与1995年相比分别增长157.9倍、141.6倍、212.2倍和145.1倍。

炸药及火工产品 区内主要有泸州市江阳化工厂，位于龙马潭区罗汉镇建设村，1965年6月投产，国家批准定点生产民用爆破器材专业厂家，占地16.50万平方米。有资产2 683万元，注册资金850万元。现有职工400人，具有大专文化和各类专业技术人员128人。年生产能力为各类民用炸药1万吨，主要产品有粉状铵梯炸药、粉状铵梯油炸药、乳化岩石炸药和乳化煤矿许用炸药、膨化硝铵炸药等。2002年，实现销售收入3 318万元，税金360万元。2003年实现销售收入3 744万元，上缴税金440万元。2004年实现销售收入5 018万元，上缴税金557万元。

有机化学原料制造 境内有泸州富邦化工有限公司，位于龙马潭区罗汉镇群丰村，私营企业。成立于2002年12月，注册资金50万元，资产总额1 079.91万元。有员工90余人，其中大专文化以上技术人员31人，具有中高级职称23名，科技研发人员13人。主要产品有2.5—二甲基、2.5—己二醇和炔二醇，生产己二醇1 500吨/年、炔二醇500吨/年。年工业产值2 000万元，销售收入2 500万元。

龙马潭区1996—2005年基础化学原料制造

表10-4-1-2

项目 年度		企业总数 （家）	资产总计 （万元）	工业总产值 （万元）	工业增加值 （万元）	销售收入 （万元）	实现税金 （万元）	年均职工人数 （人）
1996		3	1 213	1 113	635	764	36	16
2000		2	1 568	1 770	269	1 450	62	168
2005		9	192 759	158 796	43 203	162 134	5 261	6 840
2005年比 1996年±	绝对数	6	191 546	157 683	42 568	161 370	5 225	6 824

注：1. 工业总产值为当年价。2. 绝对数计算为：该项期末数与期初之差

沥青工业 境内有两家，即中海油泸州沥青有限公司和泸州科氏沥青有限公司。

【中海沥青（四川）有限公司】 由中国海洋石油总公司于2003年在西南地区控股的自主经营企业。是年10月开工，地址罗汉镇泥大坝村，次年8月投产，总投资3亿元，年处理石油50万吨，生产30万吨重交沥青、5万吨沥青，年产值10亿~13亿元，利税1亿元。主产中海36-1重交沥青和改性沥青。前者产品质量达到世界同类产品先进水平，是空位代替进口沥青的民族品牌产品。畅销川、渝、滇、黔、湘、鄂等地。投产两年多时间，共生产沥青和油品48.2万吨，实现工业产值4.74亿元（当年价），创税1.45亿元。

【泸州科氏沥青有限公司】 招商引资兴建，2004年投产，注册资金388万美元。位于罗汉镇泥大坝村，占地面积34亩，是美国科氏材料公司在中国投资的第八个厂。年生产能力8万吨改性沥青、4万吨乳化沥青。公司拥有1万吨的基质沥青储罐，可同时储存不同规格型号产地的沥青，并具有多个改性沥青、乳化沥青生产罐、成品罐，可同时生产6种不同规格的乳化沥青、改性沥青。2004—2005年共产产品3.06万吨，完成产值8 600万元，销售收入7 020万元，创税222万元。

龙马潭区2004—2005年原油加工及石油制品制造统计表

表10-4-1-3

项目\年度	企业总数（家）	资产总计（万元）	工业总产值（万元）	工业增加值（万元）	销售收入（万元）	实现税金（万元）	年均职工人数（人）
2004	2	58 674	22 764	9 557	22 693	1 243	216
2005	3	60 080	116 326	40 008	10 462	13 486	209
2005年比2004年± 绝对数	1	1 406	93 562	30 451	93 769	12 243	-7

注：1. 工业总产值为当年价。2. 绝对数计算为：该项期末数与期初之差

第二节　机　电

机电工业主要指机械工业、电器工业，以机械制造、电器制造为主，包括液压件、动力机械、石油、化工、饮料专用设备和配电控制设备、电线及电工器材制造等。区内2000年只有机电小型企业4家，资产2 562万元，完成产值1 880万元，销售收入1 633万元，实现税金117万元，各项指标只占乡及乡以上独立核算企业的1%~1.9%。2005年企业发展到10家，拥有资产1.16亿元，完成产值1.46亿元，销售收入1.25亿元，实现税金667万元。企业户数增长1倍，拥有资产增长4.86倍，产值增长12.5倍，销售收入增长21.9倍，实现税金增长13.5倍，职工人数增长21.2倍。

重点企业：

泸州泓江电解设备有限公司　厂址鱼塘镇，2000年4月投产。职工121人，资产415万元，专业从事隔膜法金属阳极电解槽设计、制造、修复。年产金属阳极电解槽500台（套），修复阳极箱500台（套），生产（扩张）阳极片2.5万片，修复重涂阳极片3.5万片及氯酸盐电解槽500台。2001—2005年完成产值660万元，销售收入6 176万元，创税343万元，从2002—2008年中，五年被区委、区政府授予纳税大户称号、两年被评为纳税先进企业。

泸州工程精密铸造厂　建于1997年，2000年由红星迁至罗汉镇。拥有资产320万元，主产车用涡轮壳、空压机策略静壳和大功率柴油机燃油泵等。2001年获ISO9001（2000）质量管理体系认证，2003年获市高新技术企业、人才开发先进单位、A级诚信纳税企业称号，被重庆重汽、红江、江津增压器厂和资阳车辆厂认定为优秀配套企业。2002—2005年完成产值4 337万元，销售收入4 368万元，实现税金303万元。2003—2008年中5年获区委、区政府授予纳税大户称号，一年被评为纳税先进企业。

泸州通用工程机械厂　更名为华西机械有限公司，1981年建厂，主要从事机械加工和液压油缸部件、总成及系统生产。产品销往青岛、济南、广州、佛山、上海、洛阳、西北地区及成、渝等工程机械生产基地。2002—2005年完成产值1 968万元，销售收入2 264万元，创税129万元。

泸州长城机电厂　20世纪50年代建立，系泸州市下划二轻集体企业，主要从事电线电缆和电镀加工业务。其高达牌电线电缆为四川知名品牌，产品质量享誉川南，获CCC国家强制性产品认证、中国质量认证中心ISO9001（2000）质量管理技术体系认证。电镀产品质量深受省内外用户信赖，特别

擅长超大、超长、超重特殊件电镀加工，为国家军工、民用产品生产和国民经济发展作出了贡献
2002—2005 年，完成产值 2 593 万元，销售收入 2 350 万元，创税 126 万元。

龙马潭区主要年份机电工业主要经济指标统计表

表 10-4-2

项目 年度	企业总数 数量（家）	资产总计 数量（万元）	工业总产值 数量（万元）	工业增加值 数量（万元）	销售收入 数量（万元）	实现税金 数量（万元）	职工（人）
1996	5	1 986	1 079	775	543	46	57
2000	4	2 562	1 880	354	1 633	117	424
2005	10	11 639	14 594	5 658	12 450	667	1 263
2005 比 1996 ±	5	9 653	13 515	4 883	11 907	621	1 206

注：工业总产值为当年价。

泸州长江石油工程机械有限公司 1998 年投产，以生产石油钻控设备为主，产品销往云南、贵
州、广西、新疆、陕西、重庆、山东等地，出口美国、加拿大、俄罗斯、阿联酋、伊朗等。2000 年引
进 7 000 米石油钻机转台技术生产的 ZP275、ZP175、ZP375 产品连续 3 年在国际贸易会上参展获好评。
2003—2005 年完成工业产值 2 320 万元，销售收入 2 045 万元，创税 96 万元。

泸州华西玻璃钢有限公司 位于鱼塘镇望江路，2000 年 9 月投产，职工 106 人，资产总额 200 万
元，主要产品冷却塔、玻璃钢容器、夹纱管道，产品销往西南三省及重庆。2007 年实现工业总产值
5 931 万元，销售收入 5 791 万元，利润总额 685 万元，实现税金 1 195 万元。

第三节 建 材

本区建材工业包括陶瓷墙地砖、粘土砖、页岩砖、石材和其他建筑装饰材料加工业。建材工业除
兆峰陶瓷（泸州）外墙砖有限公司外，其余建材企业规模小，数量少。乡镇砖厂有胡市、金龙、关口
等 5 家，有花岗石、大理石石材加工业 30 余家，主要集中在迎宾大道 58、59 公里一段，专事给房屋
装修业配色配料。

兆峰陶瓷有限公司座落在安宁镇，注册资本 2 000 万元，占地 67.5 亩，生产车间 9 457.5 平方米，
两条墙地砖生产线，设计能力年产 300 万平方米。产品畅销川、渝、黔、湘、鄂、沪等地，质量达到
或优于 GB/T41002-2006 标准，获省质量信誉 AA 级企业称号；通过 ISO9001 质量认证，获省住宅推
荐产品和全国建材推荐产品证书；获省群众喜爱商品和第五、六、七届名牌产品称号。2002—2005 年
共完成工业产值 8 492 万元，销售收入 7 373 万元，创税 520 万元，年均吸收 200 多人就业。

第五章 印刷包装

第一节 门 类

龙马潭区印刷、包装工业含纸制品、玻璃制品、塑料（金属）制品，主要为市内外酒业生产服务。1996 年全区有乡及乡以上独立核算印刷、包装企业 13 家，拥有资产 4 057 万元，完成工业产值 5 271 万元，销售收入 4 655 万元，实现税金 209 万元，分别占全区工业 15% 至 22%。随着酒业生产日益发展，印刷包装工业不断壮大，至 2005 年拥有资产 1.07 亿元，完成产值 1.03 亿元，销售收入 1.13 亿元，创税 578 万元，分别比 1996 年增长 164.2%、94.8%、143% 和 180.9%。

龙马潭区主要年份印刷、包装主要经济指标统计表

表 10－5－1

项目 年度	企业总数 数量（家）	资产总计 数量（万元）	工业总产值 数量（万元）	工业增加值 数量（万元）	销售收入 数量（万元）	实现税金 数量（万元）	职工（人）
1996	13	4 057	5 271	1 711	4 655	209	94
2000	6	9 311	9 409	2 544	8 440	812	1 970
2005	5	10 718	10 266	3 484	11 310	587	2 162

注：1. 工业总产值为当年价

第二节 重点企业

泸州华美彩色印制公司 原泸县印刷厂，1998 年改为股份制企业，拥有固定资产 800 多万元，建筑面积 400 多平方米。有对开双色机、四开四色机、电脑激光照排先进设备。主要承接书、报、刊、画册、宣传品、杂件印制，经省批准公开印刷单位，被省评为首批诚信印刷企业。年销售收入 600 多万元，1997—2008 年 12 年中 4 年被区委、区政府授予纳税大户称号，7 年被评为纳税先进企业。

泸州轻工彩印包装厂 原为泸州市轻工企业，1998 年改制。主产纸制礼品酒盒、外包装纸箱、长期为泸州老窖、四川郎酒等知名厂家服务，多次被省、市评为先进企业、诚信企业。从 1997—2008 年 12 年间，6 年被区委、区政府授予纳税大户称号，5 年被评为纳税先进。

泸州大鹏包装实业公司 前身是泸州包装材料总厂，厂址鱼塘镇，1988 年建，拥有资产 1 000 万元，占地 2 万平方米，主产防伪酒瓶盖。重点为泸州老窖股份有限公司、贵州茅台集团、绵阳丰谷等大型酒类企业服务。1998—2005 年完成产值 1.09 亿元，销售收入 9 940 万元，创税 743 万元，11 年间，7 年被区委、区政府授予纳税大户称号，4 年被评为纳税先进。

泸州金豪包装制品公司 2001 年 1 月，区招商引资项目，是泸州老窖股份有限公司包装材料定点生产企业之一，同时为郎酒、茅台等著名品牌配套生产酒类包装制品。拥有资产 5 000 万元，占地 2.07 平方米，职工 300 余人，有瓦楞纸箱和彩印制作先进装备，公司获 ISO90001－2000 质量管理体系认证。主产单纸酒盒、手工礼品盒、彩箱、普箱等中高档产品。2005 年完成产值 1 100 万元，销售收入 1 162 万元，创税 30 万元。

四川泸州龙马晶玻有限责任公司 原为胡市玻璃厂，民营独资企业，占地 30 亩。拥有玻璃窑炉 2 座、烤花炉 3 台，年产玻璃液 3.5 万吨，日产玻璃酒瓶 26 万余只。主产水晶料、晶白料、高白料高中档玻璃制品，畅销全国各地知名酒类企业，出口韩国。1998—2005 年完成产值 3.41 亿元、销售收入 3.21 亿元，创税 2 838 万元。连续 11 年获区委、区政府纳税大户称号。

第六章　驻区市属以上工业

第一节　概　况

改革开放前，区内市属以上主要工业企业有泸州化工厂、692 厂、四川省塑料厂、泸州碱厂、江阳化工厂、泸州市磷肥厂 6 户。改革开放后，特别是建区后，环境不断改善，大中型工业企业纷纷落户本区。原有企业通过改组改造和重组，总体得以发展壮大。2005 年，全区规模以上工业企业 32 家，其中市属以上规模工业企业 13 家。泸州老窖集团有限责任公司、泸州北方化学有限公司、四川北方硝化棉有限公司、中国航天科技集团公司川南机械厂、泸州鑫福化工有限公司、泸州佳誉猪鬃有限公司、兆峰陶瓷（泸州）外墙砖有限公司、四川宝光药业股份有限公司、泸州长城机电厂、泸州市江阳化工厂、四川维城磁能有限公司、青岛啤酒（泸州）有限公司、伊顿流体连接件（泸州）有限公司。其中，国有及国有控股企业 4 户，其他各种经济体制企业 9 户。

属地全社会工业企业实现总产值和工业增加值：1996 年分别为 10.61 亿元、3.15 亿元；2000 年分别为 15.4 亿元、4.96 亿元；2005 年分别为 45.28 亿元、13.43 亿元。2005 年与 1996 年相比，两项增长分别为 326.8% 和 326.3%。

第二节 市属以上主要企业

泸州老窖集团有限责任公司 公司本部设在龙马潭区，罗汉大型生产基地也在区内，其前身为"四川省专卖公司国营第一酿酒厂"。该厂由解放前泸州36家老酒作坊于1952年联合组建，属公私合营性质。是年，泸州老窖特曲酒被评为全国四大名酒之一，成为浓香型白酒典型代表。1993年12月，泸州老窖酒厂作为独家发起人改组为股份制企业（国有控股企业）。公司总股本8 688万元，其中国家股6 500万元，公众股2 188万元。1994年更名泸州老窖股份有限公司。5月"川老窖"（0568）在深圳挂牌上市。其后，企业不断做大做强，先后收购市内10多家企业和年产1.5万吨的阆中保宁醋公司、酱香型湖南武陵酒厂。开发罗沙米项目，成立罗沙米业公司。现产业横跨酒业、矿业、制玻、建材、包装、运输、服务等多个行业，有控股公司10家，参股公司9家。同时不断开发新品种，增加市场份额。转制前白酒人均月产量4.9吨，转制后的第10个月起，人均月产量11.6吨，增长237%。

公司自1994年成为全国食品行业中第一家上市公司以来，两度被深圳证券交易所评为"优秀上市公司"。至2005年，全公司拥有窖池1.01万口，其中百年以上老窖池1 619口，储酒能力8万吨，包装生产能力15万吨。公司专业技术人才实力雄厚，拥有2名"中国酿酒大师"，6名国家级尝评员，数百名酿酒技师。公司在国内酒类企业中有诸多独特优势：拥有始建于1573年的国宝窖池群，连续使用至今，1996年经国务院批准为行业首家全国重点文物保护单位；"泸州老窖酒传统酿制工艺"作为国内浓香型白酒唯一代表，入选首批国家级非物质文化遗产名录；国窖1573酒为中国白酒鉴尝标准级酒品，2006年获得中国驰名商标；泸州老窖特曲为中国首批十大驰名商标之一，使公司成为全国酿酒行业唯一拥有"双驰名商标"企业；并首开全国白酒企业拥有"两种香型、两朵金花"的先例。

泸州北方化学有限公司 前身为泸州化工厂。1933年始建于河南省巩县，名巩县兵工分厂，直属国民政府军政部。1938年2月迁建来泸州高坝，更名军政部兵工署第二十三兵工厂，生产枪炮支援抗战。解放后，更名泸州化工厂（25厂）。2001年10月改制建立泸州北方化学工业有限公司，注册资金1.2亿元，固定资产4.62亿元（原值），公司为中国兵器工业集团公司直属国家重点保军和具有外贸经营综合性大型化工企业，有职工5 000多人，各类专业技术人员1 000多人。能生产"双五"牌民品八大系列、几十个品种，其中硝化棉产销量属世界第一，甲基纤维素和羟乙基纤维素生产能力居亚洲第二。2004年工业总产值8.99亿元，销售收入10.25亿元。

四川北方硝化棉有限责任公司（简称SNC） 2002年8月，由泸州北方化学工业有限公司与西安惠安化学工业有限公司合资兴建。注册资金1.3亿元。2004年10月，增加泸州老窖等股东，注册资金1.4亿元。公司总部位于西部化工城高坝精细化工园区，生产基地布局于泸州、西安和江西泰和。有员工1 000多人，各类专业技术人员130余人。硝化棉为其主要产品，2004年产销规模居世界第一，人均创利税约4万元。产品远销亚洲、欧美、大洋洲、中东20多个国家和地区，占全球份额约20%，占国内市场份额约60%。2005年泸州北方化工公司以控股40%，与美国赫克力士公司、江苏飞翔化工股份有限公司合资组建赫克力士天普化工有限公司，北方硝化棉公司为其控股企业。

中国航天科技集团公司川南机械厂 始建于1970年，为中国航天科技集团公司所属唯一研制生产航天火工装置专业生产厂。成功研制开发出具有国际先进水平的以钝感点火器、隔板起爆器和非电传爆系统为代表的第二代航天火工装置，解决火工品"防静电、防射频"安全问题。研制生产的点火器、电管爆、起爆器、爆炸螺栓、切割器、拔销器、小型固体发动机、导破索类、聚能分离切割类、非电传爆系统等系列火工装置，广泛应用于长征系列运载火箭、卫星系列、神舟飞船等航天器上；并为航天科技集团及航空、船舶、兵器等行业提供品种繁多、用途各异的个性化火工品。新产品及预研成果在航天型号上转化应用，缩短我国与世界航天火工技术水平的差距，有些新技术、新成果已达到国际先进水平。工厂依托航天火工技术优势发展的石油火工品，广泛应用于中海油、大港、华北、四川、中原、吉林、大庆等油田。中国石油在伊朗、苏丹、印尼、蒙古、缅甸、哈萨克斯坦、吉尔吉斯斯坦、阿塞拜疆等国从事射孔作业石油企业，所用起爆传爆装置，80%以上由该厂生产提供。

泸州鑫福化工有限公司　前身为泸州市碱厂，当时属国有企业，1972 年建于罗汉镇境内。2002年 4 月完成转制后，为四川鑫福集团控股的中型氯碱民营企业。注册资金 5 678 万元，总资产 1.9 亿元，有专业技术人员 125 人，年烧碱生产能力 3.4 万吨，在全国近 200 家氯碱中居 42 位。配套生产无机氯产品、有机精细化工产品三大系列近 20 个品种。其主要产品获得国际验证机构 ISO9001：2000 质量认证。2004 年完成总产值 1.16 亿元，利润 1 529 万元，纳税 756.5 万元。公司投资 4 000 万元，实施《四川西部化工城发展规划》中四氯化碳装置技改项目后，年增产值 3 900 多万元，增利税 700 多万元。

第十一篇　农　业

　　龙马潭区地处泸州市郊区，属城郊型农业，条件比较优越。建区后，正值第一轮农村土地承包责任制尾期。1998年，在总结第一轮承包制经验的基础上，继续推行完善第二轮土地承包责任制，依靠党的"三农"政策，认真落实农业税费改革的政策措施，减轻农民负担，调动农民生产积极性。依靠科技进步，增大资金投入，在耕作、水利、机具、种养技术和管理服务等方面，不断革除传统习俗，强化现代科技含量，推进法制建设，大力调整农业结构，全面发展城郊型农、林、牧、渔、加工等特色农业，增强农业产业化经营。加之除个别年头洪旱灾外，全区较为风调雨顺，因而农业连年稳产高产，农林牧渔经济结构日渐合理，生态环境日趋改善，农业比较效益提升，农民收入增长，农村全面建设小康社会日益发展。

第一章　管理机构

第一节　机构演变

　　1996年龙马潭区成立，由泸县分流的原农工委、农业局、林业局、畜牧局、水电局、农机局合并组建"泸州市龙马潭区农村工作局"。方向任局长。内设办公室、计财股、管理股、人事政工股，23个业务站。共有职工123人。1997年9月2日，农工局内新设农林、畜牧、水电农机3个二级局。人事和重大政策由农工局集体研究和统一部署外，授权3个二级局独立行使相关的业务管理和行政执法。2001年10月，区级机构改革，农林局和畜牧局合并组建农林畜牧局。水电农机更名水利农机局。2004年4月，农林畜牧局分设为农林局和畜牧局。

第二节　农林管理机构

　　区农林局　内设办公室、计财股、人事科教股和农技站、经作站、林业站（含林政股、造林股、公安科、科技推广站、病虫检疫站 5 块牌子）、土肥农环站（含土肥站、肥料监测站、农业环保站、农村沼气办 4 块牌子）、植保植检站（含农药质监站）、农经站（含农村合作基金联合会、农村土地承包管委会、农村经济审计站，2003 年撤销农村合作基金联合会及审计站）、种子站（含种子质量监测站及种子公司）。2001 年贯彻种子法又单独设立种子质量监测站及种子公司，还有菌种站（食用菌生产的事业型企业管理单位）、农科所（试验研究粮食作物栽培的事业单位 2003 年解体）、农业广播电视学校和农技培训校（2003 年撤销）等 13 个行政和事业机构。并直辖生产经营型的区园艺场（2001年解体），农工商联合公司（1998 年破产），林产品公司（2002 年解体）及种子公司（2004 年解体）。2005 年全局有在职职工 38 人。历任局长何全正、赵胜清、鲁智勇、陈家云。

乡镇站　1996—2000 年，全区 9 个乡镇均设置农技站、多经站、农经站和林业站。人财物权由区农林局和乡镇政府实行"条块结合、双重领导、以条为主"的管理机制，共有在职专业技术人员 69人。2001 年，乡镇机构改革，撤销农技站、农经站、多经站和林业站，设"乡镇农业服务中心"，人财物权归乡镇政府统一行使，在职专业技术人员减至 34 人，减少 50%。乡镇服务中心，由国家基层事业单位转变为社会化服务机构，公益性服务的功能和能力有弱化趋势。

第三节　畜牧管理机构

区畜牧局　内设办公室（含财务室）、畜牧生产股（2001 年撤销）、畜牧兽医股、饲草饲料股、信息市场流通管理股和畜牧站（2004 年撤销）、防疫检疫站和兽医监检所于 2004 年合并更名动物防疫监督站、畜牧基层管理站。并直辖畜禽繁育改良站（2006 年撤销）和畜禽服务公司（1999 年 5 月注销）。2006 年全局在职职工 14 人（含工人 2 名）。历任局长颜泽森、鲁智勇、熊福军、鲁智勇。

乡镇畜牧兽医站　1996 年全区设新民、鱼塘、罗汉、特兴、石洞、金龙、胡市、安宁 8 个站。2000 年 8 月新民站撤销并入鱼塘站，增建城区畜牧站。2004 年 5 月增建长安、双加 2 站，至此全区共有 10 个乡镇畜牧兽医站。1996—2004 年 4 月，乡镇站的人事、财务、业务三权实行"条块结合、双重领导"的乡镇政府和区畜牧局共管机制。2004 年 5 月起，改为区畜牧局主管。对乡镇站推行"统一管理，统一分配方案，分站核算，自负盈亏"的体制。2005 年全区乡镇畜牧站共有在职职工 72 人，比 1996 年减员 20 人，减少 21.7%。

第四节　水利农机管理机构

区水利农机局内设办公室、财务审计股、水政水资源股、水政监察大队（含水利管理站及水土保持防监站）、水产渔政管理站（含水产技术推广站）、农机管理站（含农机技术推广站及农机安全监理站），以及区防汛抗旱办公室和区农田水利基本建设办公室。2005 年，全局有干部职工 23 人，由贺光惠任局长。

1996—2000 年，全区 9 个乡镇均建有水利农机管理站。人财物三权实行区水利农机局和乡镇政府共管机制，共有在职职工 28 人。2001 年乡镇机构改革，撤销管理站并入"乡镇农业服务中心"，人财物三权统归乡镇政府行使，在职职工减至 12 人，减少 57.1%。

第二章 农业生产条件

第一节 劳动力

农业人口与劳力数量 1996 年，全区农业人口 21.51 万人，占总人口 30.08 万人的 71.5%；劳力资源 14.14 万人，扣除学生和超龄人口后，实有劳动力 13.55 万人，占农业人口 63.4%。随着城镇化和农业人口向城市转移，到 2005 年，区内农业人口减至 20.81 万人，减少 3.3%，占总人口 32.82 万人的 63.4%，下降 8.1 个百分点；劳力资源和实有劳动力减至 13.75 万人和 13.02 万人，占农业人口的 62.5%，下降 0.9 个百分点。

劳动力从业结构 1996—2005 年间，随着改革开放和农民价值观念的变化，从事农林牧渔生产的农业劳动力由 10.02 万人减至 7.61 万人，减少 24.1%；占农村实有劳力的比重由 74% 降至 58.5%，下降 15.5 个百分点。而从事工业、建筑、运输、商贸等非农业的劳动力由 3.5 万人增至 5.4 万人，增加 53.4%；占农村劳力比重由 26% 升至 41.9%，提升 15.5 个百分点。同时，农业劳力中的青壮年逐渐走出家园，进城打工或经商，留在农村种地务农的多数是老年、妇女、儿童及残疾人，戏称"993861 部队"。外出务工者由 1.82 万人增至 4.88 万人，增长 1.69 倍，其中女性占 36.8%，出省占 53%；劳务输出的年收入由 1996 年 4265 万元增至 2005 年 2.62 亿元，净增 5.15 倍，成为发展农村经济的一支主流产业队伍。

第二节 耕 地

耕地面积 2005 年末，全区耕地统计面积 9 899.6 公顷（量算面积 1.69 万公顷，增长系数 171.1%）。其中稻田统计面积 8 392 公顷，占耕地 84.8%（量算面积 1.17 万公顷，增长系数 138.9%）；旱地土统计面积 1 507.6 公顷，占耕地 15.2%（量算面积 5 292.87 公顷，增长系数 351%）。

面积变化 1996 年初至 2005 年末，全区耕地统计面积从 1.2 万公顷减至 9 899.33 公顷，减少 17.5%；人均占有耕地从 0.04 公顷降至 0.03 公顷，减少 25%。其中稻田从 9 735.33 公顷减至 8 392 公顷，减少 13.8%；旱地从 2 264 公顷减至 1 507.6 公顷，减少 33.4%。

减少成因 全区 10 年内减少耕地面积累计 2 100 公顷。其中，国家基本建设占用耕地 547.33 公顷，占减地面积 26.1%；乡镇、村及企业建设占用耕地 561.33 公顷，占减地面积 26.7%；农田水利和农房建设占用耕地 99.33 公顷，占减地面积 4.7%；退耕还林减少耕地 605.34 公顷，占减地面积 28.8%；农业结构调整用地 286.67 公顷，占减地面积 13.7%。

第三节 农田灌溉

工程灌溉 1996 年，全区水利工程 2 634 处。设计灌溉面积 7 320 公顷（田 6 920 公顷），保证灌溉面积 4 340 公顷（田 4 320 公顷），有效灌面 6 046.67 公顷，占耕地 50.4%。2005 年水利工程增至 2 714 处。设计灌溉面积 7 980 公顷（田 7 446.67 公顷），保证灌面 5 020 公顷（田 4 966.67 公顷），有效灌面 6 680 公顷，占耕地 67.5%。比 1996 年的设计灌溉面积、保灌面积和有效灌溉面积分别增加 9%、15% 和 10.5%。

冬水田灌溉 1996 年，区内有冬水田 5 222 公顷，占稻田的 54.9%。2005 年，有冬水田 5 248.67 公顷，占稻田的 62.5%，上升 7.6 个百分点。

水库灌溉 2005 年，区内有效灌溉面积 2 200 公顷（含三溪口水库 760 公顷），占工程有效灌面的 32.9%；实际灌溉面积 1 860 公顷，占工程实灌面积的 33.0%。比 1996 年分别提升 1.8 和 1.3 个百分点。

山平塘灌溉 2005 年，区内有效灌溉面积 2 300 公顷，占工程有效灌面 35.3%；实灌面积 1 966.67 公顷，占工程实灌面积的 34.9%。比 1996 年分别下降 2.2 和 2.7 个百分点。

石河堰灌溉 2005 年，区内有效灌溉面积 680 公顷，占工程有效灌面的 10.2%；实际灌溉面积 586.67 公顷，占工程实灌面积的 10.4%。比 1996 年分别下降 0.5 个百分点和提升 2.1 个百分点。

提灌站 2005 年，区内有提灌站 106 处，装机 138 台，提水有效灌溉面积 1 400 公顷，占工程有效灌面的 21%；实灌面积 1 220 公顷，占工程实灌面的 21.7%。比 1996 年分别提升 0.3 个百分点和下降 0.7 个百分点。

节水灌溉 2000—2002 年，全区完成节水增效灌溉示范工程 2 处，新增节水灌面 528 公顷。

旱山村集雨节灌 2002—2004 年，全区完成旱山村集雨节灌各类微型水利工程 217 处，新增灌面 53.33 公顷。

第四节 农业机具

农业机械化程度 1996—2005 年，全区农机总动力的年用量由 3.17 万千瓦增到 7.28 万千瓦，上升 1.3 倍。其中柴油动力增至 3.96 万千瓦，提升 90.3%；汽油动力降至 145 千瓦，下降 81.3%；电动力增至 3.22 万千瓦，提升 2.2 倍。区内全面实现农田灌溉机械提水，基本实现农副产品机械加工和农村生产生活用品的机械运输，普遍使用半机械化的双（单）人脚踏打谷机及脱粒机，钢板组合犁及水耕机，背负式喷雾器及机动喷雾器。机械化程度快速提高，减轻了农民劳动强度，提升了劳动生产率和农业现代化水平。

灌溉机具 2005 年，区内有排灌机械 2 596 台/15 071 千瓦（其中柴油机 2 461 台/9 057 千瓦、电动机 135 台/6 014 千瓦），农用水泵 2 103 台、节水灌溉机械 18 套。年内机电提水灌溉作业面积 6.73 万公顷，结合普通使用微电泵灌田。全面实现机械化提水灌溉，彻底改变了传统农业水灌田的落后面貌。

加工机具 2005 年，区内有粮食加工机械 2 762 台，油料加工机械 36 台，饲料粉碎机 1 153 台。

加工农副产品 21.37 万吨。全面实现粮油产品和饲料加工机械化，取代了过去人畜为动力的手工操作方式。

运输机具 2005 年，区内有运输型拖拉机 228 台，动力 4 055 千瓦；农用运输车 329 辆，动力 1.77 万千瓦。运输作业共 1 836 万吨公里。基本实现农村生产、生活和主要农产品的运输机械化，逐渐取代了长期以来肩挑背磨的人力运输。

植保机具 2005 年，区内有机动喷雾器 49 台，动力 131 千瓦，植保作业面积 1.34 万公顷次；结合农户普遍使用的手提式和背负式喷雾器，确保了植物保护及病虫防治的机械化和半机械化。

收获机具 2005 年，区内有脱粒机 1 293 台，动力 2 024 千瓦。脱粒粮食 22.7 万吨。结合农民普遍使用的双（单）人脚踏打谷机，基本实现水稻和小麦收获的半机械化及机械化，但其他粮油作物收获，仍是人力手工操作为主。

耕作机具 2005 年，区内有水耕机 247 台，动力 988 千瓦，机耕面积 3 466.67 公顷，实现了部分稻田机械化作业。但多数耕地仍然是牛、人为动力，使用钢板组合犁和锄头、耙子进行手工操作。

第五节 肥 料

施肥用量 2005 年，区内人畜禽及稿秆等产肥总量约 150.05 万吨，工业化肥实物用量 2.52 万吨；耕地和果桑园地平均每公顷用人畜禽稿秆肥 70.1 吨，用化肥 1 176 公斤。折合每公顷平均施用氮磷钾的有机纯养份 1 255.5 公斤，化学氮磷钾的纯养分 198 公斤，有机加化学纯养分每公顷 1 453.5 公斤：其中每公顷平均氮（N）595.5 公斤，磷（P_2O_5）465 公斤，钾（K_2O）462.6 公斤；氮磷钾施用结构比例为 1：0.78：0.78，渐趋合理。

有机肥 1996 年后，区内广增有机肥源，尤其农业结构大调整，养殖业快速发展，饲养的畜禽猛增，产肥量大，质量高。2005 年，全区种植水厢胡豆 473 公顷，放养细绿（红）萍 666.67 公顷，稻草还田 6 666.67 公顷，建沼气池 3 093 口，产优质肥 7 732.5 吨；发展出栏肥猪 22.03 万头和存栏母猪 1.55 万头，年产肥 67.7 万吨；出栏肉牛和存栏牛 5 217 头，年产肥 5.48 万吨；出栏山羊和存栏羊 9.52 万只，年产肥 7.82 万吨；出栏鸡、鸭、鹅、兔 786.15 万只，年产肥 43.04 万吨；养蚕 329 张，产肥 7.131 吨；农业人口 20.812 万人，年产肥 17.08 万吨；粮油作物稿秆产草木灰 2.79 万吨。年产有机肥共计 151.05 万吨，每公顷施用 70.1 吨。折合氮磷钾养分 2.69 万吨，每公顷施用 1 255.5 公斤，其中氮（N）418.5 公斤、磷（P_2O_5）399 公斤，钾（K_2O）439.5 公斤。比 1996 年的有机肥产量和每公顷氮磷钾的养分用量，各增长 1.02 倍和 1.37 倍。

无机化肥 1996 年后，区内主推化肥使用"稳氮增磷补钾"，开展平衡施肥，改革单一施用氮肥方式，强化科学配方，氮肥深施等技术的普遍运用，推动化肥施用结构改善。2005 年全区使用化肥实物量 2.52 万吨，其中氮肥品种尿素、碳酸氢铵、氨水、硫酸铵、硝酸铵等 1.22 万吨，磷肥品种过磷酸钙、钙镁磷肥等 7 412 吨，钾肥品种硫酸钾、氯化钾等 379 吨，氮磷钾三元复合肥 5 158 吨；折合氮磷钾养分 5 668.9 吨，每公顷平均 265.5 公斤：其中氮 177 公斤、磷 66 公斤、钾 22.5 公斤。比 1996 年的实物量、氮磷钾养分量和每公顷施用量分别增长 13.5%、140% 和 53.1%；同时氮磷钾施用结构也由 1：0.17：0.09 改善为 1：0.36：0.13，渐趋合理。

第六节　农业投入

1996—2005 年，全区积极开展争项目、争资金和勤汇报的"双争一汇"与努力自筹资金，增加农业投入。农业项目资金投入累计 5 348.60 万元：其中国家投入 861.50 万元，省投入 1 126.96 万元，市投入 613.58 万元，区、乡镇及群众自筹资金合计投入 2 751.56 万元。分别用于农林业 1 555.78 万元，畜牧业 440.61 万元，水利农机 3 357.21 万元。

龙马潭区 1997—2005 年农业项目投入统计表

表 11 -2 -6   单位：万元

| 单位 | 年度 | 项目（工程）名称 | 投入项目金额 | | | | | |
			国家	省	市	区、乡镇	群众	合计
农林	1999	完善区农技中心建设	—	35	—	—	—	35
	2000（2005）	甜橙基地建设（含综合开发）	50	11.36	193.35	13.91	889.16	1157.80
	2002（2005）	天然林资源保护工程	63	—	—	—	—	63
	2002（2004）	优质稻基地区建设	—	—	28	—	—	28
	2002（2004）	退耕还林工程	129	—	—	—	—	129
	2002（2005）	无公害蔬菜基地建设	—	—	33	—	—	33
	2005	稳粮增收三百工程	—	30	—	—	—	30
	2005	沼气示范工程	—	—	50	—	—	50
	2005	森林植被恢复工程	—	30	—	—	—	30
畜牧	1996	水禽县建设	—	50	10	—	—	60
	1998（1999）	鱼塘乌鸡基地建设	—	—	1.2	40.6	—	41.8
	1999	良种公猪和供精站及石洞种猪场	—	30	—	3.2	—	33.2
	1999	优质肉猪配套技术	—	20	—	—	—	20
	1999	金龙、胡市草食家禽和水禽基地建设	—	—	—	2.5	—	2.5
	2001	省优质禽兔配套技术	—	20	—	—	—	20
	2002	国家无规定动物免疫示范区	80	—	—	—	—	80
	2003	胡市山羊基地建设	—	—	20	—	—	20
	2003	奶牛基地兽医服务体系建设	—	—	—	20	—	20
	2004	国家无规定动物免疫示范区建设	53	—	—	—	—	53
	2005	省生猪产业化扶贫项目	—	60	—	—	—	60
	2005	全区防治人·猪链球菌病	—	—	—	30.11	—	30.11

续上表

单位	年度	项目（工程）名称	投入项目金额					
			国家	省	市	区、乡镇	群众	合计
水利	1997—1999	农村人畜饮水工程	—	69.6	6.6	415.82	112.53	604.55
	1998—2005	抗旱救灾补助	53	46	6	494	—	599
	1998	罗汉长江防洪护岸	10	—	—	—	—	10
	1998	长江防洪救生高台	7.5	11	—	—	—	18.5
	1998	双加枝子园村抗旱补助	—	—	—	3.0	—	3.0
	2002—2004	病险水库整治	—	100	65.52	198.23	—	363.75
	2002—2004	灌区续建和节水示范工程	—	200	100	114	—	414
	2001—2002	节水灌溉示范工程	100	59	50.91	—	—	209.91
	2001—2002	场镇供水第一批	121	90	9	—	—	220
	2002—2004	场镇供水第二批	195	100	—	38.15	—	333.15
	2004—2005	旱山村集雨节灌	—	100	40	21.35	—	161.35
	2000	农机先行县建设	—	65	—	155	—	220
总计	—	—	861.50	1121.96	613.58	1749.58	1101.69	5348.60

第三章　种植业

　　区内自然条件较优越，种植业较发达，种植农作物种类多。粮食作物主要有水稻、小麦、玉米、高粱、薯类和豆类；经济作物主要有油料、糖类、麻、烟和席草等；蔬菜有根菜、芥菜、白菜、绿叶菜、甘蓝、茄果、瓜类、豆类、薯芋、葱蒜及水生、野生和多年生等13个大类100多个品种；水果有柑橘、龙眼、荔枝、枇杷、桃、李、梨、柿、枣、杏、樱桃、石榴、香蕉、葡萄、草莓等14科100多个品种；园林花卉有105科400多个品种；以及花椒、少量药材、蚕桑和茶树种植。耕地利用率高，大田生产主要种植粮食、经济、蔬菜等农作物；2005年耕地农作物播种面积20 196.47公顷，硬算复种指数高达204%，粮食播种面积占农作物总播种面积的82.5%。

第一节　粮食作物

　　粮用耕地　区内随着种植业结构调整和建设用地的增加，粮食作物播种面积与用地面积逐年减少。1996年粮食作物播种面积1.85万公顷，粮用耕地1.03万公顷，人均粮地0.03公顷。2005年粮作播种面积减至 1.63 万公顷，粮用耕地减至 8 005.8 公顷，人均粮地 0.02 公顷。分别减少播种面积 2 206.7 公顷、粮用地 2 336 公顷和人均粮地 0.01 公顷，减少 11.5%、22.9% 和 30.5%。

粮食产量 1996 年，全区粮食总产 11.58 万吨，人均粮食 385.1 公斤，其中大春（秋粮）产量 10.38 万吨（水稻产量 8.29 万吨，占大春 79.8%），占粮食总产 90%；小春（夏粮）产量 1.2 万吨（小麦产量 1.04 万吨，占小春 86.9%），占粮食总产 10%。随着粮用耕地和播种面积逐年减少和结构优化，粮食总产、人均粮食，以及大小春产量比重均发生变化。2005 年，全区粮食总产降至 11.32 万吨，人均粮食 345.2 公斤，分别减 2 519 吨和 39.9 公斤，下降 2.2% 和 10.4%。其中大春产量 11.39 万吨（水稻产量 8 万吨占大春 77%），占粮食总产 91.7%，其比重上升 4.7 个百分点；小春产量 9 440 吨（小麦产量 6 382 吨占小春 67.6%），占粮食总产 8.3%，其比重下降 0.7 个百分点。在增加投入和科技进步的推动下，全区粮食作物单位面积产量却持续高产稳产，稳中增产。2005 年，粮食播种面积每公顷产 5 610.9 公斤，耕地每公顷产 1.14 万公斤，比 1996 年播种面积单产 6 247.5 公斤和耕地单产 9 745.5 公斤，每公顷分别净增粮食 691.5 公斤和 1 701 公斤，提升 11% 和 17.4%。

龙马潭区 1996—2005 年粮食生产统计表

表 11-3-1-1

项目 年度	大春粮食作物			小春粮食作物			全年粮食作物		
	播种面积 （公顷）	产量 （万吨）	单产 （公斤/公顷）	播种面积 （公顷）	产量 （万吨）	单产 （公斤/公顷）	播种面积 （万吨）	产量 （万吨）	单产 （公斤/公顷）
1996	15 137	10.381	6 858	3 402.9	1.203	3 535	18 539.9	11.584	6 248
1997	14 969.4	10.542	7 042	3 374.5	1.214	3 407.6	18 344	11.756	6 408.4
1998	14 846.4	10.731	7 228.5	3 548.4	1.210	3 409.5	18 395	11.941	6 491.2
1999	14 894	10.826	7 293	3 554	1.227	3 453	18 448	12.053	6 535.5
2000	14 422.6	10.509	7 286.4	3 245	1.202	3 703.5	17 666	11.711	6 623.3
2001	14 112	10.311	7 308	3 131.3	1.096	3 499.5	17 243.3	11.407	6 616.5
2002	13 749.3	10.111	7 354	2 914.5	1.050	3 603.3	16 663.8	11.161	6 697.6
2003	13 336	9.862	7 395	2 726.7	1.012	3 711	16 062.7	10.874	6 769.5
2004	13 749.9	10.250	7 455	2 360	0.921	3 903	16 109.9	11.171	6 951.3
2005	13 751.3	10.388	7 554	2 580.7	0.944	3 658.5	16 332	11.332	6 939
合计	142 966.9	103.911	7 268.1	30 838	11.077	3 592	173 804.6	114.99	6 616

水稻种植 区域盛产水稻，种植历史悠久，栽培类型有 3 种。

【双季稻】 区内 1986 年双季稻耕地每公顷产量 9 396 公斤，比该年中稻的 7 792.5 公斤，净增 1 603.5 公斤，增产 20.6%，农民推广积极性高，种植双季稻占水稻总播种面积的 59.2%。随着杂交中稻＋再生稻栽培配套技术不断改进和创新，单产与双季稻接近。1990 年双季稻耕地每公顷产量

9 715.9公斤与中稻 + 再生稻每公顷产量9 262.5 公斤，只高出4.9%；而双季稻所需投入却大大超过中稻 + 再生稻；尤其在种粮效益回报低和青壮劳力大量外出务工的情况下，农民不愿意种双季稻，面积逐年减少。1996 年区内双季稻种植598.67 公顷，仅占水稻用地的6.2%，双季稻播种面积1 017.33 公顷，占稻作总播种面积10.1%，双季产量5 084 吨，仅占水稻总产1.3%，至2005 年完全消失。

【中稻】 1996—2005 年，中稻累计种植9.12 万公顷，年均9 115.33 公顷，占粮食作物总播种面积52.4%；累计产稻谷81.359 万吨（含再生稻产量），年均7.98 万吨，占粮食作物总产量69.4%；年均每公顷产稻谷8 754 公斤，比粮食作物平均单产高出32.3%。1997 年开始，稻作结构调整，改高产型为优质高产型，先后引进部颁一级、二级米的优质稻品种8 个，发展优质稻生产，到2005 年，累计种植优质稻3 万公顷，占中稻65%～70%。

【再生稻】 为中稻休眠芽经人工培育蓄留，俗称"抱孙谷"。1996—2005 年，再生稻累计蓄留6.21 万公顷，年均6 212.45 公顷，占中稻68.2%；累计产稻谷8.63 万吨，年均8 631.11 吨，占中稻产量（扣去再生稻的中稻产量）的12.1%；年均每公顷产稻谷1 389.3 公斤。其间，在强化科技进步和创新的推动下，再生稻单位面积产量获得长足进展。2005 年再生稻每公顷产稻谷1 690.7 公斤，比1996 年的645 公斤净增1 036.7 公斤，提升158.5%。

龙马潭区 1996—2005 年水稻生产统计表

表 11 -3 -1 -2

项目 年度	水稻面积（公顷）		水稻产量（万吨）		备注
	耕地	播种	总产	占全年粮食（%）	
1996	9 711.3	10 123.3	8.287	71.5	播种面积只计中稻和双季早稻及晚稻面积（未计再生稻）。用地面积只计中稻和双季晚稻面积（未计双季早稻和再生稻）
1997	9 625.3	9 984.7	8.447	72.1	
1998	9 575.5	9 724	8.471	70.9	
1999	9 576	9 649.3	8.468	70.3	
2000	9 357.3	9 394.7	8.257	70.5	
2001	9 250	9 270	7.992	70.1	
2002	9 045.3	9 053.3	7.824	70.1	
2003	8 845.3	8 849.3	7.655	70.4	
2004	9 104	9 114	7.929	71	
2005	9 087.3	9 087.3	7.997	70.5	
合计	93 177.3	94 249.9	81.327	70.7	

旱粮种类及生产 旱粮分大春（含晚秋）作物和小春作物。大春主要有高粱、玉米、大豆（含冬大豆）、杂豆、红苕、春（秋）洋芋；小春主要有小麦、大麦、胡豆、豌豆、冬洋芋。

【高粱】 境内栽培历史悠久，主要作酿酒工业原料。但在"八五"至"九五""十五"期间，泸州地区大型酒业多从东北调进高粱或用食用酒精勾兑，减少了本地高粱收购，高粱种植逐年减少。1996年，区内高粱种植面积1 072.93公顷，占大春旱粮播种面积22.4%；产高粱4 549吨，占大春旱粮21.7%。到2005年，高粱种植面积降至321.93公顷，减少751公顷，减70.1%，占大春旱粮种植的6.9%，降低15.5个百分点；产高粱1529吨，减少3 020吨，减66.4%，占大春旱粮比重降至6.4%，降低15.3个百分点。

【玉米】 俗称"苞谷"，旱粮中的高产作物。随着畜牧业的快速发展，市场需求激增，"饲料之王"的玉米种植也迅速增多。同时系列杂交良种引进和配套栽培技术的推广应用，每公顷玉米产量从历史上的3 000公斤上升到4 800公斤。建区后，区委、区政府把玉米列为"旱粮增收工程"，增强基地建设和科技投入力度，使玉米生产由1996年种植面积827.42公顷，总产4 053吨，占大春旱粮面积16.9%和产量19.4%发展到2005年的1 491.47公顷，净增664.05公顷，增长80.3%，总产8 113吨，净增4 060吨，增长100.2%；占大春旱粮面积和产量的比重上升到32%和33.9%，分别提升15.5和14.5个百分点；每公顷产量也由4 899公斤上升到5 439公斤，净增540公斤，提升11%。

【小麦及少量大麦】 种植历史悠久，是小春主要粮食作物，在不断更新品种和改进栽培技术的推动下，每公顷产量从历史上的1 500公斤上升到3 822公斤。1996—2005年，全区累计播种小麦2.35万公顷，年均2 346公顷，占小春粮食作物的75.7%；累计产量8.96万吨，年均8 960吨，占小春年均粮食产量的80%。经种植业结构调整，发展蔬菜，减少大小麦：其播种面积和产量从1996年的2 720公顷和1.05万吨，下降到2005年的1 733.33公顷和1.48万吨，分别减少986.67公顷和0.41万吨，下降36.3%和39.1%。

【甘薯】 俗称红苕，是人畜共用的大春主要粮食作物。1996—2005年，累计种植2.91万公顷，年均2 909.33公顷，占大春旱粮年均播种面积的43.9%；累计产原粮（5折1）11.22万吨，年均1.12万吨，占大春年均产量的46.2%。随着结构调整和科技进步，虽减少种植面积，却提升了单产和总产，播种面积由1996年的2 580公顷降至2005年的2 166.67公顷，减少413.33公顷，净减16%，而总产却由1.07万吨增至1.12万吨，净增500吨，提升4.6%；每公顷产量由4 153.5公斤升至5 161.5公斤，净增1 008公斤，提升24.3%。

【洋芋】 学名马铃薯，随着市场需求，发展城郊特色农业，区内着力开发冬春秋三季生产和科技创新，洋芋生产发展迅速。由1996年种植面积小春季的38.4公顷和大春季10.33公顷，产原粮（5折1）141吨和51吨，每公顷产量3 671.9公斤和4 937.1公斤；发展到2005年小春季的198.47公顷和大春季的152.67公顷，产原粮增至1 446吨和1 017吨，每公顷产量上升至小春季的728.5公斤和大春季的6 661.4公斤。分别比1996年种植面积增加的160公顷和大春季的142.34公顷，净增4.17倍和13.98倍；总产量增至小春季的1.31万吨和大春季的966吨，净增9.26倍和18.94倍；每公顷产量净增小春季的3 613.8公斤和大春季的1 724.3公斤，分别提升98.5%和34.9%。

【大豆】 为大春季养地作物，兼具食用菜用饲用多功能，开发潜力大，但单产不高。净作少，间作、套作或增种多。品种有金黄豆、大黄豆、绿蓝籽、大白水豆、黑豆及先后引进的塞凯Z0、贡豆5号、宁镇2号和开发的冬大豆等。1996年种植499.33公顷，总产1 480吨，占大春旱粮比重的10%和7%；每公顷产量2 964公斤。2005年种植面积降至498.93公顷，减少0.12%；总产增至1 957吨，增产32.2%，占大春旱粮比重的10.7%和8.2%，分别上升0.7和1.2个百分点；每公顷产量增至3 924公斤，净增960公斤，提升32.4%。

【杂豆】 主要品种有绿豆、白茶尖、黄茶尖、花脸豆、鱼眼豆、赤豆和小麻豆等，均为大春养地作物。是调剂食物结构的重要食品原料。种植适应性强，多为增、间、套作。1996—2005年，全区累计共播种杂豆 247.4 公顷，年均 24.47 公顷；共产杂豆 887 吨，年均 8.87 吨；分别占大春季旱粮的面积 0.6% 和产量 0.5%。每公顷年均产量 3 585.3 公斤。

【胡豌豆】 胡豆别名蚕豆。胡豌豆均具食用、饲用、肥土作用，为小春重要养地作物，省工省肥，适应性强，多为间套种植。1996—2005 年，共播种 6 162.73 公顷（含豌豆 883.33 公顷），年均 616.27 公顷；共产胡豌豆 1.43 万吨（含豌豆 1 960.8 吨），年均产量 1432.7 吨；分别占小春粮作面积的 24.3% 和产量的 20%。每公顷年均产量 2 324.7 公斤，其中胡豆 2 344.5 公斤，豌豆 2 208 公斤。

其他旱粮作物还有荞子、荞麦、燕麦等，多散种于山地或零星空隙地。

第二节　经济作物

种植比例 区内大田经济作物主要有油料的油菜、花生和芝麻，有糖类的甘蔗，有麻类的黄麻、苎麻，有烟类的土烟，有地方特色品种席草等。但历来经济作物种植偏少，比重小。1996 年，经作播种面积共 743.53 公顷，仅占大田农作物总播种面积的 1.4%；2005 年，经作播种面积降至 415.53 公顷，减少 330 公顷，占农作物总播种面积的 1.1%。在经济作物种植结构中，油料作物比重大，1996 年播种面积 588.4 公顷，占经作播种面积的 79.1%；2005 年，降至 345.8 公顷，减少 242.6 公顷，占经作播种面积的 83.1%。其次是席草和甘蔗。黄麻和烟类种植特少。

种植品种 【油菜】 受区域气候制约单产较低，以及市场售价影响，种植逐年减少。1996—2005 年，油菜播种面积由 538.87 公顷降至 258.47 公顷，减少 50.8%；产量由 792 吨降至 491 吨，减少 38%；每公顷产量却由 1 469.7 公斤升至 1 899.6 公斤，单产提升 29.4%。

【花生】 随着人民生活改善，市场需求增加和花生的增收效益提升，种植花生的积极性逐年增长。1996—2005 年，区内花生播种面积由 47.53 公顷升至 79.53 公顷，增长 67.3%；产量由 121 吨升至 269 吨，增长 1.22 倍；每公顷产量由 2 545.8 公斤升至 3 256.6 公斤，单产提升 27.9%。

【芝麻】 境内"小磨麻油"久负盛名，但因历来开发差，仅作调料油而需量小；普遍为增、间、套作种植，面积少。1996—2005 年，共种 15.3 公顷，年均 1.53 公顷；共产芝麻 40.1 吨，年均仅 4.01 吨；每公顷平均单产 2 620.9 公斤。

【甘蔗】 随着市场经济发展，境内糖厂破产倒闭，甘蔗作鲜食销售，栽培亦以零星种植为主。区内发挥城郊农业特色，甘蔗种植有一定程度发展。1996—2005 年，甘蔗播种面积由 23.33 公顷升到 27.33 公顷，增长 17.1%；产量由 482 吨升至 806 吨，增长 67.2%；每公顷单产由 2.07 万公斤升至 2.95 万公斤，增产 45.6%。

【席草】 境内种草织席历史悠久，编织的"府席"于清康熙年间已成名牌产品，远销南洋。20 世纪 80 年代，引进日本蔺草新品种及其种、染、收、晒、贮、织等技术与设施，在石洞镇建立"泸县东方编织厂"，主产系列提花席、普席和"榻榻米"（日语草席），定销日本与畅销国内外各大市场，实现产业化经营与稻—草复种轮作制的"双千田"（亩平千元钱和千斤杂交晚稻），推动席草大发展，种植比重占经济作物总面积的 29%~47%。随后因日本在浙江省另设新点与国内外市场对草席需求改变，销售日衰，企业破产倒闭，席草种植逐年萎缩。1996—2005 年，席草种植由 114.8 公顷降至 40 公顷，减少 65.2%，所占经作播种面积比重由 15.4% 降至 9.7%；产量由 896 吨降至 321 吨，减少 64.2%。

【黄麻和土烟】 境内黄麻多作编织草席的经绳和绳系，黄麻种植也随种草织席的兴衰而起落。

1996—2005 年，黄麻播种面积由 3.47 公顷降至 0.2 公顷，减少 94.2%；产量由 9 吨降至 1 吨，减产 88.9%；每公顷产量却由 2 593.6 公斤升至 5 000 公斤，提升 92.8%。土烟：随着吸叶烟人的快速减少，土烟生产急剧萎缩，种植微乎其微。1996—2005 年，共种植 1.4 公顷，年均 0.14 公顷；产量 4.3 吨，年均 0.43 吨；每公顷平均产量 3 071.4 公斤。种植接近消失。

第三节　蔬　菜

品种资源　区内种植历史悠久，不断引进新品种，特别是 20 世纪 80 年代后，大量引进国内外许多新种子，使品种资源愈来愈丰富。2005 年全区种植蔬菜种类共有 13 类 69 种 334 个品种，其中人工栽培的有 12 类 66 种 331 个品种，野菜类主要有 3 种 3 个品种。

种植规模　1996 年，区内蔬菜生产特色不突出，花色品种不多，经营规模小，产量不足，市场竞争力不强，蔬菜产值占种植业产值的比重小。随后，区政府先后制定《农业发展的思路与框架》《城郊农业的发展与打算》《"九五"计划及 2010 年目标规划》，把蔬菜生产放在种植业结构调整和发展的重要地位。强化组织领导，增加投入，突出基地建设，开展专业化和产业化经营，品种配套，改革耕制，推广破季栽培、地膜覆盖栽培、塑料大棚栽培、遮阳网覆盖栽培等新技术。发展青菜、奶奶菜、生姜、芹菜四大名菜，开发"泸州芽菜""泸州酸菜"两大名牌产品，全区蔬菜生产持续快速发展。1996—2005 年，蔬菜种植面积由 1 656.33 公顷增至 2 674 公顷，净增 1 017.67 公顷，增长 61.4%；占农作物总播种面积的比重由 7.8% 升至 13.2%，上升 5.4 个百分点；产量由 4.13 万吨增至 6.54 万吨，净增 2.41 万吨，增长 58.4%；产值由现价的 1 876 万元增至 4 233 万元，净增 2 357 万元，增长 1.3 倍；占种植业产值的比重由 8.2% 升至 16.6%，提升 8.4 个百分点。

第四节　水　果

水果生产　1996—2000 年，区政府制定《产业发展规划》和《南亚热带特色农业规划》，开发"两江三线"（两江指长江、沱江，三线指泸隆、泸永、隆纳高速公路），实施"绿色工程"。先后建设长江、沱江、龙溪河、濑溪河沿岸的"优质龙眼荔枝带"，建设鱼塘、安宁两镇的"伏季水果片"与胡市、石洞、金龙 3 乡镇的"优质水果片"。建设珍稀水果为主的"九狮风景农业大观园"和石洞镇肖湾村有 5 种 38 个品种的"珍稀水果母本园"。2001—2005 年，进一步发展江河沿岸特兴、胡市、金龙 3 乡镇 9 村的"优质龙眼基地"与隆纳高速公路沿线金龙、胡市、安宁 3 乡镇 16 村的"优质甜橙示范基地"的建设工程。紧密结合市政府"十五"期中的"甜橙龙眼两大优质水果"开发项目，扩大基地规模和增加科技投入，实现全区水果生产持续快速发展。1996—2005 年，全区水果种植面积由 785.67 公顷增至 2 777.60 公顷，净增 1 991.93 公顷，增长 3.5 倍；全年水果产量由 1 953 吨增至 4 180 吨，净增 2 227 吨，增长 2.1 倍；水果年产值（按 1990 年不变价计）由 329 万元增至 1 499 万元，净增 1 170 万元，增长 3.5 倍；水果产值占种植业产值比重由 3.5% 升至 13.7%，提升 10.2 个百分点。

果树资源　区内土壤、气候等自然条件优越，适宜多种果树生长，加之种植历史悠久，不断引进驯化，尤其 1996 年后，优选和引进新优果树种类日趋增多，使果树资源愈丰，品种更多。至 2005 年全区果树种植资源共有 14 科 28 种 153 个品种（系）。

品种结构　2005 年，全区水果种植结构：柑橘占 59%，龙眼占 28.6%，梨占 6.2%，枇杷占 2.4%，荔枝、桃李及葡萄等水果占 3.8%。水果产量结构：柑橘占 56.4%，龙眼占 8.04%，梨占 13.4%，桃占 2.61%，枇杷占 1.63%，李占 1.34%，荔枝、樱桃、石榴、杏、柿及草莓、葡萄等产品占 16.58%。

【柑橘】　种植历史悠久，20 世纪 80 年代后期，远销东北、华北、西北市场的红橘渐被福建等地的芦柑取代，销售不畅，境内部分红橘被毁。建区后，及时采用高换技术将红橘换成甜橙，并引进柚子和杂柑等多个新优品种，增大项目资金和科技投入力度。1996—2005 年，全区共投资项目金额 11.57 亿元（中央、省占 5.3%、市占 16.7%、区占 1.2%、农民自筹占 76.8%），加强柑橘基地建设。其种植由 566.67 公顷增至 1 656.67 公顷，增长 2.9 倍；产量由 1 855 吨增至 2 356 吨，净增 27%。其间 2002 年区内"九狮柚"获第一届四川中国西部农博会的优质农产品奖，2005 年甜橙品种奈维林娜获第二届四川中国西部农博会的名优农产品金奖。

【龙眼】　又名桂圆，属区内独具优势的特色优质水果。清末《南裔志》："每年收干桂圆四、五十万斤，为农家副业之大宗，销路上至川西各县，下至渝、万、宜、沙，黔省尤占多数。"但长期以来"重收不重管，毁损不发展"，1996 年区内龙眼成片园地仅有 14.2 公顷，分布在特兴镇桐兴村和胡市镇金山村的两江北岸，其余 62.47 公顷均为各乡镇零星种植，年产量仅 20 吨。随后区政府着力开发和发展龙眼生产，加强基地建设，强化科技创新，引进蜀冠、泸丰等品质更优的新品种，推行种植面积由 76.67 公顷增至 794.2 公顷，净增 9.4 倍；产量由 20 吨升至 336 吨，增长 15.8 倍。其间，2002年，胡市、特兴两镇的 147.33 公顷龙眼基地，经省厅认证为。"无公害农产品生产基地"。特兴镇兴办的"泸桂圆""邓桂圆"两家干桂圆加工厂，产品质优味美，包装精致，知名度高，畅销省内外。

【荔枝】　誉为"果中皇后"，是区内又一特色水果。1996 年为 12 公顷，2005 年为 13.33 公顷，仅增长 11.1%。经过探索科技创新，解决荔枝"花而不实"的生产难题。1997 年区农林局经作站，全面推广鱼塘镇钟泽家种植单一品种"大红袍"荔枝园，用高换法将部分枝条换成"糯米慈"和"绛纱兰"后，品种间相互授粉，使荔枝连年丰收；并以科学施肥和病虫害综合防治技术，推动了全区荔枝产量快速提升，年产量由 1 吨升至 33 吨，增长 32 倍。

【梨】　1996 年后，区内着力开发早熟质优味美的伏季水果，引进"日本藤梨"系列新优品种，普及良种良法，推动梨树生产快速发展。到 2005 年，种植面积由 60 公顷升至 317 公顷，净增 4.3 倍；年产量由 11 吨升至 561 吨，增长 50 倍。

【枇杷】　境内伏季名优水果，历来开发差，品种老化，种植少。1996 年后，强化基地建设及规模生产力度，引进多个新优品种，推广"矮化密植早结丰产栽培"新技术，推动枇杷生产快速发展。到 2005 年，种植面积由 2.67 公顷增至 66.67 公顷，增长 25 倍；年产量由 4 吨升至 68 吨，增长了 17 倍。2000—2002 年，石洞镇顺江村和金龙乡金龙社区及曹坝、天竺村引进"大五星"嫁接苗，成片发展 40 公顷，采用"矮、密、早"丰产栽培技术，2～3 年后每公顷产量达到 1.5 万公斤，质优味美，畅销市场。

【桃李】　定植到挂果周期短，见效快，春花夏熟，味美质优。1996 年后，不断引进新优品种，普及良种良法，推进其较快发展。到 2005 年，种植面积由 30 公顷升至 46.67 公顷，增长 55.6%；产量由 34 吨升至 165 吨，增长 3.9 倍。

第五节 花木 蚕桑 茶叶

园林花卉 境内气候土壤适宜南北多种木藤草竹蕨类花卉植物生长，栽培历史久远，开发和引进驯化品种资源多，尤其 20 世纪 80 年代后，随着经济建设全面发展，人居环境不断改善，以及绿化、美化、净化城镇和交通道路的市场需求，引进新品种，开发园林花卉成为境内种植业的一种新兴产业应运而生，花木品种资源愈丰。2005 年，区内有木（竹）本的松、柏、杉、樟、榆、桑、豆、楝、茄、萝、罗汉松、南洋杉、悬铃木、山龙眼、大麻黄、胡颓子、桑寄生、虎耳草、无患子、大风子、八角枫、桃金娘、夹竹桃、马鞭草、山茱萸、千层菜、杜鹃花、金缕梅、紫茉莉、柳叶菜、苏铁、银杏、杨柳、杨梅、胡桃、桦木、壳斗、木兰、腊梅、木通、杜仲、蔷薇、芸香、苦木、橄榄、大戟、黄杨、漆树、鼠李、锦葵、木棉、梧桐、山茶、石榴、珙桐、五加、柿树、木樨、玄参、忍冬、山矾、柽柳、卫茅、海桐、槭树、冬青、小檗、藤黄、马钱、爵床、棕榈、百合等 74 科 308 个品种；有草（藤）本及蕨类的豆、菊、姜、茄、兰、苋、十字花、金粟兰、秋海棠、报春花、堇菜花、龙胆草、旱金莲、紫茉莉、马齿苋、夹竹桃、虎耳草、猕猴桃、仙人掌、龙舌兰、天南星、鸭跖草、美人蕉、牛龙牛儿苗、石竹、唇形、肾蕨、百合、五加、大戟、葫芦、罂粟、睡莲、葡萄、旋花、石蒜、凤梨、芭蕉、鸢尾等 44 科 96 个品种，删除同科异本，区内木竹藤草本及蕨类的园林花卉共有 105 科 404 个品种。其中 1996—2005 年新引进的木（竹）本植物 44 种和草（藤）本花卉 3 种。

1996 年区政府制定农业结构大调整规划方案，把园林花卉生产大发展视为农村经济增长和农民致富奔小康的一条重要途径，强化组织领导、产业化经营和科技创新，推进园林花卉生产成规模地快速发展。1999 年石洞镇率先启动，带动双加、安宁等周边乡镇效仿，使全区园林花卉产业成为独具特色的种植业。2005 年区内花卉种植面积由 13.33 公顷升至 304.87 公顷，增长 22.9 倍；花卉产值由 2001 年 54 万元升至 226 万元，4 年增长 4.2 倍。已建立花木企业 20 多家，其中有注册的"四川泸州益地园林有限公司""泸州向阳集团园林有限公司""泸州老窖园林有限公司""泸州市双加园林有限公司""赵氏园林科技有限公司""紫薇园林有限公司""雪美园林有限公司""兴旺花木场"8 家龙头企业。实现公司＋基地＋农户的规模化、规范化和产业化的生产经营。

花木园区 1999 年，石洞镇党委、政府率先启动在本区优化调整种植结构中，发展花木产业，在高山子、向前和沙河 3 个村，规划设计建成以园林花果生产为主的市级生态农业示范园区石洞花博园。制定优惠政策，招商引资，至 2005 年镇政府出资 200 多万元完善水、电、路三通的基础设施，引进 35 家业主投资 4 080 多万元，进行园区建设，使花卉种植面积达 166.67 公顷。品种有红茅槐、小叶榕、假槟榔、黄桷兰、天竺葵、垂丝柳、高山榕、鹅掌楸、红叶李、红叶梅、榆叶梅、小桃红、千层金、绿梅、桂花、肉桂、雪松、东魁杨梅、乐昌含笑、深山含笑、龙船花等 100 多个新优品种；并间植黄金梨、水晶梨、美国布朗李、大五星枇杷、琯溪蜜柚等优质水果 10 公顷，组成观花、观叶、观果的观光园。实现山、水、林、田、路、机综合治理系统化，生态农业立体化，花果品种多样化，生产规模化，管理专业化，经营产业化，道路水泥化，服务设施规范化，环境美洁化，交通信息现代化。成为全市旅游风景区的一个新亮点，每年接待游客 10 万人次以上。拥有注册花卉龙头企业 4 家；建有餐饮住宿、休闲娱乐多功能的"星级农家乐"8 家；泸州—石洞—永寿线的公共汽车直穿园区；园区开发直接推动花博园中心村小康建设的全面发展，2005 年，该村集体经济 14.8 万元，村民人均纯收入 3 820 元，人居砖混结构小楼房和电视光纤入户率 80% 以上，饮用清洁井水 90% 以上，沼气池

"一建三改"和"六个一"工程全面启动，村容村风焕然一新，先后被省市区政府评为"村民自治示范村""科普示范村""安全文明村""全省卫生村"。

蚕　桑　境内栽桑养蚕历史悠久，曾经是农民一项重要副业收入。1996 年后，随着茧丝受国际国内市场行情长期低迷的影响，蚕茧销售不畅，农民积极性受到挫折，栽桑养蚕逐渐衰退。到 2005 年，区内栽桑面积由 83.6 公顷降至 57.67 公顷，减少 68.5%，零星桑树由 499 万株减至 62.2 万株，减少87.5%；养蚕发种由 1 881 张降至 329 张，减少 82.5%，产茧由 35 吨降至 15 吨，减少 57.1%。10 年共发种 7 868 张，年均 786.8 张；产茧 262.7 吨，年均 26.27 吨。

茶　场　区内低浅丘陵地貌为主，适宜种茶地域小。2005 年，茶场面积由 1996 年的 2.67 公顷降至 1.87 公顷，减少 30%；茶叶产量由 2 吨降至 0.8 吨，减少 60%。10 年共产茶叶 13.7 吨，年均1.37 吨。

第四章　林　业

第一节　林地　林种

林　地　林地主要集中分布在九狮山、大通山及其两翼的深中丘地带，以马尾松、湿地松、火炬松、杉木等用材林为主；浅丘地区呈小片零星分布，引进松、桉树、青枫和竹类较多。2000 年后，在实施天然林资源保护和退耕还林工程中，营造以巨桉、杨树、花椒、龙眼、麻竹及庭院植物等树竹为主的经济林和生态林，调整树种结构。2005 年全区林地总面积（含四旁植树）7 080.9 公顷，比 1996年净增 1 611.9 公顷，增长 29.5%；其中林业用地 4 352.9 公顷，净增 1 874 公顷，增长 75.2%。在林用地结构中，有林地 4 318 公顷，增长 75.6%，其他疏林地 4 公顷，灌木林地 5 公顷，苗圃 6.5 公顷，未成林造林地 17.6 公顷和宜林荒山荒地 19.4 公顷。在有林地的组成中，用材林 8.8%，防护林 7%，薪炭林 17.4%，特用林 0.4%，经济林 29.2%，竹林 37.1%。活立木蓄积量由 4.79 万立方米升至94.48 万立方米，增长 98.3%；森林覆盖率由 7.2% 升至 21.2%，增加 14 个百分点。

林种资源　2005 年，全区调查林种资源丰富，树、竹共 391 个品种，分属 2 门 3 纲 79 个科。其中用材林木 119 种，经济林木 88 种，观花林木 111 种。在主要当家树竹的 75 科 332 种中，长期本地生长的 70 科 279 种，1950 年以后，从国内外引进的有 5 科 53 种。

名木古树　2005 年，区内有名木 3 株。其中罗汉镇 2 株：1 株红豆树，树高 24 米，胸围 150 厘米，树龄 120 多年；1 株红樟，树高 21 米，胸围 180 厘米，树龄 105 年；市第二人民医院内三叶树（重阳木）1 株，树高 20 米，胸围 300 厘米，树龄 130 年。另有 100 年以上古树 8 株。其中黄桷树（榕树）6 株，分别长在长安乡、特兴镇、罗汉镇和胡市镇，最具代表性的 1 株在长安乡杨氏店，其树龄 450 年，高 18 米，胸围 590 厘米；龙眼 2 株在胡市镇，以金山村学校内的 1 株最突出，树龄 140年，高 20 米，胸围 300 厘米。

第二节　采种育苗

1996—2005 年间，区内无国营和集体专业采种育苗机构，区政府在 9 个乡镇扶持采种育苗专业大户，鼓励社会力量投资兴办苗圃，着力发展石洞花博园为中心的育苗基地建设。2005 年，全区育苗面积 266.67 公顷，满足了林业发展需求。

育苗技术开始以种子撒播、点播、条播的"露地育苗"为主，逐步改进为种子育苗与枝条扦插并重，全面发展"地膜保温育苗""大棚育苗"和"营养袋育苗"新技术，提高苗木质量和出苗率，提高造林成活率。

育苗重点由培育用材林为主，发展为用材林、防护林、经济林、绿化苗木与园林花卉育苗并重，适应了林种结构调整和绿化工程的市场需求。

第三节　植树造林

全民义务植树和四旁植树　1996 年以后，继续贯彻落实林业"两制"，坚持"谁造谁有"政策，调动农民植树积极性；建立义务植树登记制度，大力开展全民义务植树活动。2000 年以前，全区植树造林主要是全民义务植树的基地建设与四旁绿化植树的乡村造林。到 2005 年，全区义务植树 530 万株，四旁绿化植树 520 万株，造林面积 2 728 公顷。

全面绿化　1996 年以后，区绿化委员会持续组织交通、水电、城建等部门，对农村、城镇、水系、道路全面开展绿化工作。1997 年 8 月完成，经省绿化委员会踏查验收合格。1998 年 8 月被省委、省政府命名"全面绿化达标先进区"。

天然林资源保护工程　2001 年 11 月，龙马潭区被国家列入天然林资源保护工程区。编制《2001—2010 年天保工程实施方案》和《天保工程区森林分类区划方案》，将 2 494.4 公顷森林管护责任落实到山头、地块、班组和个人，打桩立牌、封山设卡和巡山护林。到 2005 年，共完成公益造林 213.33 公顷，封山育林 513.33 公顷。

退耕还林工程　2002 年本区列入国家实施退耕还林工程区。在长沱两江沿岸水土流失重和集中成片的金龙、胡市、石洞、双加、特兴和安宁 6 乡镇实施。到 2005 年，成片造林 1 533.33 公顷：其中退耕地造林 800 公顷，宜林荒山造林 733.33 公顷。

第四节　森林培育保护

林木抚育　1996—2005 年，全区共完成幼林抚育 8 666.67 公顷次，中幼林抚育 6 000 公顷次，成林抚育 2 000 公顷次。

病虫防治　区内森林病虫害有松赤枯病、落针病、松毛虫、松尺蛾、舞毒蛾、松墨天牛、油松球果小卷蛾、杉梢小卷蛾、樟叶蜂、双条杉天牛、方班天牛、竹织叶野螟、竹蝗、梨食心虫等。贯彻落实"预防为主、综合防治"的方针，常年用化学、人工、生物、仿生剂和营林技术防治。1998 年发生舞毒蛾虫害，区农林局用人工摘卵烧毁和化学药物杀虫双管齐下防治面积 506.67 公顷，防治率 95.6%，防效 80% 以上。1997—2005 年间，对湿地松、火炬松林区，连年持续实施统一药械、经费、人员、时间和行动"五统一"的群防群治，10 年来林区未出现过病虫害大发生。

护林防火 1996 年后，全区设立护林防火指挥机构，制定《森林防火预案》，普遍开展法治教育，增添防火设施通讯工具；把护林防火纳入乡镇目标考核、乡镇长负责的责任制。将安宁、双加、石洞、罗汉等重点林区乡镇列入一级火险区，建立领导小组和联防机构，成立重点村义务扑火队，并持续开展技术培训和林区巡防。10 年间未发生森林火灾，区农林局连年被市林业局评为护林防火工作先进单位。

第五节　林业经营管理

林木采伐管理 1996 年，按《四川省林木采伐管理办法》，对胸径 5 厘米以上乔木和生产竹材为主的竹林纳入限额采伐管理。2000 年启动天然林资源保护工程，全面停止商品林采伐，按照国家下达农民自用材采伐计划，核发采伐证。至 2005 年，共采伐桉树等林木 689.4 立方米。

林地征占管理 1996 年，执行林业部《使用林地许可证制度》规定，征用或转让及出租集体林地 0.67 公顷以下与国有林业企事业单位内部使用 2 公顷以下用于非营林性生产的林地，由区林业局审批发证。2001 年执行国家林业局《占用征用林地审核审批管理办法》，临时占用，除防护林和特种林外的其他林地面积 2 公顷以下者，由区林业局审批的规定。

林权登记发证 2006 年 6—12 月，本区完成 2002—2004 年退耕还林工程中各乡镇退耕还林农户的林权登记发证和林权证归档，全区共 9782 户。

第五章　畜牧业

第一节　畜牧发展

畜牧生产 1996 年以后，依靠政策、科技和投入，调整结构，发展城郊型畜牧生产，从家庭副业发展为专业化生产和农业产业化经营，从传统饲养发展为科学饲养，从以生猪为主发展为畜禽并重全面开发，全区畜牧生产实现持续快速增长。2005 年比 1996 年：生猪出栏由 19.13 万头增至 22.03 万头，净增 12.7%，猪肉由 1.24 万吨增至 1.6 万吨，增长 28.3%。肉牛出栏由 52 头增至 136 头，增长 1.6 倍，牛肉由 5 吨增至 136 吨，增长 26.3 倍；山羊出栏由 0.34 万头增至 6.17 万头，增长 17.1 倍，羊肉由 97 吨增至 952 吨，增长 8.8 倍；肉兔出栏由 1.03 万只增至 89.15 万只，净增 85.6 倍，兔肉由 206 吨增至 1 114 吨，增长 4.4 倍。小家禽出栏由 114.25 万只增至 697 万只，增长 5.1 倍，禽肉由

1 645吨增至9 700吨，增长4.4倍；禽蛋出售由566吨增至6 873吨，增长11.1倍。蜂蜜（含少量蚕茧）出售由127吨增至1 243吨，增长8.8倍。牛奶供销由1 336吨增至4 920吨，增长2.7倍。

畜牧经济 2005年与1996年相比：畜牧业产值（按1990年不变价计、下同）由7 457万元增至18 087万元，净增1.43倍。占农业总产值比重由38.2%升至55.8%，成为支撑农业经济的半壁河山。农民人均畜牧经济收入由346.7元增至868.9元，人均增收522.2元。担起脱贫致富的大梁。其中生猪产值由6 086万元增至7 424万元，增长29%，占畜牧产值由83%降至41%下降42个百分点。肉牛（含牛奶）和山羊产值由131.73万元增至776万元，增长4.3倍；占畜牧产值由1.8%升至4.3%，提高2.5个百分点。肉兔和蜂蜜（含少量蚕茧）产值由138.41万元增至915万元，增长5.6倍；占畜牧产值由1.9%升至5.1%，提高3.2个百分点。小家禽（蛋）产值由982.86万元增至8 971万元，增长8.1倍；占畜牧产值由13.2%升至49.6%，提高36.4个百分点，凸现为本区发展城郊型畜牧经济的最大亮点。

良种推广 【生猪】 20世纪80年代，区内生猪以地方良种荣昌猪为主，随后引进长白猪、大约克夏、杜洛克，发展长×荣等二元杂交猪。2002年引进太湖猪、斯格猪、PIE等作种猪，发展三元杂交猪，PIE配套系。

【水牛、黄牛】 以本地良种为主；奶牛主要是外国进口的黑白花纯种公牛和本地母牛杂交选育的中国黑白花奶牛良种，2003年引进100头荷斯坦奶牛新良种。

【羊】 以地方良种黑山羊、金堂山羊为主，引进少量南江黄羊和波尔山羊良种，发展杂交改良地方种。

【兔】 以引进驯化的青紫兰和白兔为主，另有少量加利福利亚、日本大耳白、齐卡、新西兰、力克斯等肉兔和皮肉兼用兔。

【鸡】 肉鸡以快大型的广西大发乌鸡为主；蛋鸡以引进培育的尼克蛋鸡为主，1998年罗汉蛋鸡场引进伊沙、艾维、京北939、海南灰等世界优良蛋鸡种，经过培育于2002年注册"罗汉蛋"商标；兼用型鸡以地方良种山地乌骨鸡为主，鱼塘镇"泸州金凤凰禽业有限公司"经过选育培养，2001年注册"龙马牌乌鸡"商标。

【鸭】 以地方良种四川大麻鸭及其杂交鸭为主，另有少量肉用为主的天府鸭和樱桃谷鸭。

【鹅】 以地方良种四川白鹅为主。

【鸽】 肉鸽以引进培育美国王鸽良种为主。

养殖科技 【养猪】 改革过去养猪有啥吃啥，饲料单一，稀饲熟喂，吊架子的传统饲养方式，20世纪80年代推广仔猪"早、全、旺"科学补饲，生猪饲料配方，生料湿喂，直线育肥，防病驱虫，按时出栏。90年代推广母猪重复受精，仔猪早期断奶补饲等多胎高产技术，使科学繁殖、育仔、催肥出栏等新科技得到普遍应用。加之1996年后"希望""通威""正大"等多个工业配方饲料在市场大量推销，农民养猪多购回添加剂或浓缩颗粒，配上玉米、红苕、稻麦、糠麸等精料和青料混合饲养催肥；城郊部分农户则以收购城市餐馆、食堂的泔水为主饲养的育肥出栏。出栏周期，普遍由过去1年以上缩至4~6个月，体重100公斤左右。

【养牛】 20世纪80年代后，区内普及稻田免耕法和机耕面积逐渐扩大，养牛减少。2005年耕牛头数比1996年减少18%，由少数农民独户饲喂，平时割青草混合干稻草饲喂，劳役时补添精料；养牛户带牛带犁耙以打工方式帮助其他农民搞好稻田耕耘。奶牛多由专业户、企业平时用种草、割草和秸秆青贮饲喂，产奶时按2：1~2.5：1精料饲养奶牛。

【养羊】 改变传统利用草坡地的零星散养及拴放，发展专业大户规模养殖，推广高床羊舍圈养，配套种草、补饲和配精料,消毒防病等新技术。

【养兔】 改变传统的地面散养、混养为主,推广规模养殖的笼养、网箱平养,公母大小分群饲养,仔兔补饲,定期消毒、投喂预防药物和免疫注射等新科技。

【养鸡】 逐渐改变农民零星散养敞放、白天自由觅食、晚归适当添料的传统饲养方式,推广适度规模养殖,山地圈养和网上饲养,补喂全价颗粒饲料及消毒、防病等新技术;1997—1998 年罗汉蛋鸡和鱼塘乌鸡推广无公害配套技术,成果突出,2005 年获市政府科技进步二等奖。

【养鸭】 改变过去养鸭的 3 月上旬养雏鸡,10 月上旬结束养雏鸭与经过 20 多天培育后,白天赶入稻田、塘库、河堰自由觅食,晚归适当添料的传统繁殖和饲养方式,发展规模养殖,推广冬季养鸭和网箱养鸭,倡导全价配合饲料喂鸭,以及消毒防病等新技术。

【养蜂】 1996 年以后,全区发展专业大户和企业规模养蜂,成立专业技术协会,交流养蜂技术,增加科技含量,开发无公害蜂蜜生产,打造品牌产品,使蜂蜜商品产量由 1996 年 75 吨增至 2005 年的 1145 吨,增长 15.7 倍。

基地建设 **【生猪】** 1999—2000 年投资 53.2 万元,建设优质良种公猪养殖场和供精站,优质肉猪生产配套技术体系;在石洞、胡市兴建种猪基地,建二级扩繁群种猪场 3 个,选育祖代母猪 200 头,推广父母代良种母猪 200 头。2001—2005 年投资 193 万元,建设全国无规定动物免疫示范项目区,在特兴、胡市落实省的生猪产业化抚贫项目工程;并先后支持社会力量投资建设养猪基地有"鱼塘种猪场""一凡种猪场""富民种猪场""群丰猪场",王氏集团投资 50 多万元在石洞兴建"好百年种猪场"和生猪人工受(授)精站,发展良种公猪和 DLY、约克母猪 217 头,年产三杂仔猪600 头。

【奶牛】 2003 年依托中国知名企业"维维集团泸州豆奶粉厂"落户区内,区政府规划万头奶牛以上的四川奶牛基地县(区),制定《加快推进奶牛基地建设的意见》,实施优惠政策,落实组织和技术措施,斥资 20 万元健全奶牛兽医服务体系,兴建奶牛冷配中心和疫病监测中心,扶持专业户发展奶牛小区 2 个,帮助建设"泸州先锋乳业有限公司""泸州九狮生态农庄"与"泸州五峰乳业有限公司"等。2004 年该区经省畜牧食品局认证为"无公害奶牛基地",2005 年存栏奶牛 1 706 头,比1997 年 402 头净增 1 304 头。

【羊、兔】 1999—2003 年投资 21.5 万元,在金龙、胡市建设草食家畜基地,发展人工种植优质草 140 公顷,出栏山羊 4 000 多只和肉兔 7 万余只,发展农家运用集约化高床羊舍圈养的专业大户300 户。

【养蛋鸡】 蛋鸡:1997 年建设罗汉蛋鸡基地,成立罗汉禽蛋开发技术协会,与四川畜牧兽医学院联成帮扶网络,在高坝社区新建笼养 2 500～5 000 只鸡舍及孵化房共 26 幢的养鸡场,新购现代化设施伊爱 1920 型孵化机 14 台、巷道机 2 台和饲料机 1 台,加大投入和科技含量,开发无公害养鸡生产。年内养种鸡 21 万只,销售种鸡苗 650 万羽和鸡蛋 200 吨,产值 1 100 万元,利润 100 万余元,产品远销川渝滇黔等省市;2004 年经省畜牧食品局认证为"罗汉蛋无公害生产基地"。兼用型乌鸡:1998—1999 年市、区、镇财政投资 41.8 万元,在鱼塘镇瓦屋村兴建"乌鸡原种场"和"禽病诊断中心",成立肉鸡开发技术协会和兴建四川畜牧兽医学院的教学、科研、实验基地网络。1998 年原种场转租"泸州金凤凰禽业有限公司",推广配套乌鸡无公害生产技术,发展"基地＋企业＋农户"的产业化经营,新建父母代扩繁场 25 个和孵化中心 2 个,增购现代化扩繁种鸡的设施 1 800 台套,扩建无公害设施,占地 26.67 公顷的生态示范养殖场,生产安全、风味好、营养价值高的地方特色乌骨鸡。2004 年经省畜牧食品局认证为"龙马牌乌鸡无公害生产基地",并获农业部授予的"无公害畜物产品"称号和中国西部四川泸州第二届农博会授予的"知名品牌"奖;2005 年存栏乌鸡 127.81 万只,销售乌鸡223.63万只和乌鸡苗600万羽，产值收入2 800万元。

【养良种鸭】 1996年投资60万元，建设省水禽基地县，1999年斥资在胡市建水禽产业化基地，扶持专业大户规模养殖，发展良种鸭2.4万只，外销鸭苗120万只，回收肉鸭81万只，实现年产值1 333.5万元，利润210万元。

第二节 疫病防治

主要动物疫病 严重危害畜禽生产和人体健康的主要动物疫病，区内有牲畜口蹄疫，生猪的猪瘟、肺疫、丹毒、仔猪副伤寒、仔猪白痢和黄痢、水肿病、溶血性链菌病、流行腹泻、乙型脑炎、囊尾蚴、弓形体、细小病毒、流感、蛔虫、支原体肺炎和猪蓝耳病；牛有出败病、肝片吸虫病、挤癣和黏膜病；羊有布氏杆菌病、肝片吸虫病、羔羊痢疾、蜱和疥癣；鸡有新城疫、巴氏杆菌病、传染性支气管炎、传染性喉气管炎、白痢、马立克氏病、法氏囊病、鸡痘、球虫病和产蛋下降综合症；鸭有鸭瘟、巴氏杆菌病、病毒性肝炎和传染性浆膜炎；鹅有小鹅痕和巴氏杆菌病；兔有兔瘟、巴氏杆菌病、疥癣和球虫病；犬有狂犬病、瘟热病、细小病毒和传染性肝炎及螨虫。

主要疫病预防 【牲畜口蹄疫】 1996—2005年，执行国家法定强制免疫制。持续开展疫情普查，对圈舍、交易市场和屠宰场严格消毒，圈舍消毒密度95%以上，春秋两季对全区猪、牛、羊全面开展强制性免疫注射，禁止任何单位和个人到疫区引进牲畜和产品。一经发现有疑似性疫情，立刻实施强制扑杀患病牲畜和消灭疫病。2003年2月有20头具疑似牲畜口蹄疫的仔猪贩卖到胡市、安宁两镇的10个村14个社15户农家，并有部分生猪发病，死亡1头，区政府立即启动防治紧急预案，把与36头患病仔猪同户同圈饲养的猪牛羊全部扑杀和深埋，隔离观察临近农户的生猪71头，发病区的圈舍、场地立即消毒处理。同时全区开展疫情普查生猪3.5万头，销毁运载工具，消毒圈舍110圈次和场地2万平方米，经过综合防控，未再现流行疫病传染。

【猪瘟】 执行强制免疫制。1999—2005年，全区持续采用两段免疫法为主，即阉割仔猪时注射初免，上市交易时注射补免；再结合春秋两季农村大面积普遍开展预防注射的普免，强化猪瘟疫病防治；其间，2002年执行初免时给饲养户发动物免疫证明，2002年后再执行免疫时增加猪耳上佩戴免疫耳标，并规定生猪销售、运输和屠宰时，必须出示证明和耳标，否则给予补免、补检或增收费用和罚款等处理。1999年初，群丰、三塘、桥头3个村9个社32户农家，发生猪瘟的病猪143头和其中死亡139头的疫情后，区、镇立即启动应急预案，就地封锁、隔离、扑杀病猪24头及严格进行无害化处理，紧急预防接种生猪141头，病区消毒圈舍412圈次和场地4 000多平方米，控制了疫病蔓延；以后区内虽偶有零星散发，但均未流行。

【鸡新城疫】 1996—2005年开展的鸡新城疫预防：主要采用对孵抱房和专业养鸡户两段免疫法，实施7日龄注射初免，20日龄注射二免；农村散养农户，推行春秋两季注射普免，但免疫密度不够，秋冬季和春末夏初在部分地区常有零散病疫。

【高致病性禽流感】 2004年初，执行国务院办公厅紧急通知，区政府建立"防治高致病性禽流感指挥部"，启动紧急预案，开展全区疫情普查，圈舍消毒，种禽紧急注射免疫，可疑病禽一律扑杀，交通要道增设疫情检查站，禁止禽类及产品入境，暂停敞养禽只及放飞信鸽等，直到2月6日全市均未发现疫情，工作恢复到预警状态，9月转入常规防控；到2005年底，区内未发生此类疫病。

【人·猪链球菌病】 2005年7月，资阳、内江两市发生猪Ⅱ型链球菌病感染人体致死事件后，疫情迅速蔓延省内相邻市县。区政府随及建立健全组织机构，启动防治重大动物疫情预案，建立24小时值班和疫情D日报告制度，水陆交通要道增设疫病监控点，发布通告，广泛开展疫情普查与预防性药物消毒和注射免疫，做到不宰杀、不销售、不转运和不食用病死猪，就地无害化处理病死猪等；至8月24日，全区普查生猪14.6万头，用药物5.4吨消毒圈舍304万平方米，免疫注射生猪4.9万头，发现病猪1 624头，打捞病猪3头，无害化处理生猪236头，疫情监测点劝返生猪1 399头；区乡投资防控经费30.11万元，用于补助无害处理金额3.6万元，发放宣传资料19.8万份，发宣传告知农户6.23万家，培训医务、屠工和社会人员2.47万人次。全区因此未发生1例由该病感染人体致死事件。

【急性败血型猪丹毒】 1999年4月，金龙乡有8个村31个社的81户农家，有131头生猪突发该疫病，并死亡76头。区、乡立即启动防治紧急预案，组织相关人员深入疫区普查疫源，现场采样送检化验，封锁疫点，隔离病猪，紧急消毒，注射免疫与无害化处理病死猪等，仅用半月时间便全面扑灭此病疫。

【狂犬病】 1996—2005年间，区政府一直建有"防治狂犬病指挥部"，日常预防工作由卫生局负责，城区由公安局主管。每年开展常规注射免疫，注射密度未达到城区95%及农村85%的规定指标。

【动物检疫】 1996—1998年底，执行《家禽防疫条例》，动物检疫工作由区动物防疫监督站与委托各乡镇畜牧兽医站共管。检疫范围仅限于区内农贸市场销售的动物及产品，贩运出境的生猪检疫由乡镇站和乡镇"生猪办"共管；食品经营站则"自检"。1998年1月开始执行国家《动物防疫法》，动物检疫工作收归区站统管，在站内分设城区、鱼塘、罗汉、特兴、石洞、金龙、胡市、安宁检疫组。3月调整机构，站内设办公室，下设小市、鱼塘和石洞检疫组，检疫员统一调配。同时健全执法程序和案件审批手续，建立人员岗位责任制、执法听证制和过错追究制，分片负责动物检疫与防疫监督检查、疫情监测和扑灭。其他单位和冻库、加工厂、屠宰场等均一律由法定机构执行动物及产品检疫，合格动物出具检疫证明，合格商品加盖验讫标志，引种动物及精液、胚胎和种蛋必须办理检疫审批手续，并应达合格标准，交通部门凭证承运产品。2001年5月，区政府发布《加强动物和动物产品申报管理的通告》，规定动物及产品在出售、迁移、贩运、引种和屠宰前，必须向动物检疫机构主动申报，经检疫机构检验合格发给证明后，方可自行处理。并增设18个检疫申报点开展工作。2003年区内动物检疫进一步深化改革：区站新建督查组，负责全区动物防疫检疫监督和事件处理；分片建立产地检疫片区责任制，设立主检员和协检员责任制；检疫员建立竞争上岗制和月月集中学习培训制；实施检疫费、消毒费分环节收取与统收统支的财务管理制。

【动物疫情监测】 1996—2002年，区内缺乏监测设施，只能开展动物流行病的调查、采样和送交市动物检测站或省兽医总站检测。2003—2005年，启动"国家无规定动物疫病区示范区"项目，区设"动物疫情监测诊断中心"，罗汉、特兴、双加、金龙4个乡镇设"动物疫情诊断室"，每个乡镇设1~2个"疫情信息监控点"，形成监测网络。相继开展猪瘟、口蹄疫、禽流感、鸡新城疫等免疫的抗体测定和奶牛结核病、布鲁氏菌病、鸡白痢、狂犬病等疫病的监测，规模养殖场和奶牛场的免疫效果监测，屠宰场的猪肉水分监测。建立全区动物疫情信息通报和诊疗技术交流机制，并于2004年5月将全区疫情监测进入农业部全国动物疫情网络的信息管理体系。

第三节　屠宰销售

1996—1998 年，全区生猪屠宰销售，是由猪肉个体经营者收购农户生猪自由屠宰后运往市场营销，在营销市场中经兽医卫生检疫员实施宰后猪肉检疫，合格猪肉盖检疫合格验讫印章，发合格证明，并收取费用后准予销售；不合格者视情况给予不同处理。

1998 年 1 月贯彻落实国家《动物防疫法》和《生猪屠宰管理条例》，全区建立 27 个生猪定点屠宰场，10 月开始"定点屠宰，集中检疫，统收税费，分散经营"。屠宰场定点多，个体经营，设备设施落后，卫生防疫条件差，不能确保肉品卫生质量，不利于检疫、工商、税务的统一管理。

2003 年下半年市政府公开招标，把泸州市城区定点屠宰经营权授予四川王氏集团"好百年食品公司"。随及该公司投资 1 000 多万元，在鱼塘镇鱼塘村兴建现代化流水线作业的生猪屠宰场。2004 年 1 月 1 日实施城区各农贸市场猪肉销售均由"好百年屠宰场"统一供应；撤销区内小市、红星、莲花池办事处及鱼塘、罗汉 2 镇辖区内的所有定点屠宰场，禁止其他定点屠宰场屠宰的生猪进入城区农贸市场销售。

好百年屠宰场检疫由市畜牧局牵头，区畜牧局主办，江阳区畜牧局协办。两区各派 5 名动物检疫员组成驻场生猪检疫组，实行宰前、宰后同步检疫和 24 小时值班制。2004 年全年共检疫生猪 19.95 万头；查出病猪及不合格猪 425 头，占检疫 2‰；补检重检 6 254 头，占检疫 3%；无害化处理生猪 425 头，占检疫 2‰；检疫胴体猪肉 1.23 万吨，查出病害猪肉 2.98 吨，占检疫 2.5‰；检疫内脏 1 887.95 吨，查出不合格内脏 10.5 吨，占检疫 5.6‰；销毁肉、脏 12.95 吨，占检疫 1‰；高温处理不合格猪肉 27.09 吨，占检疫 2‰，并于 9 月检测猪肉水分，共检测 1.42 万头，占总数 2‰，均未发现超标水分猪肉，出场猪肉全部水分监测合格。让广大市民吃上"放心肉"。

第六章　现代农业建设

第一节　农业结构调整

目标调整　全区属城郊型农业。建区时农业人口 21.51 万，占总人口 71.5%，农村、农业、农民问题受到区党政领导高度重视，把农业结构大调整作为建设新兴城区的发展战略。随即在"粮猪安天下"的温饱农业向"稳粮增收"的小康农业发展进程中，着力推进农业两个转变，由粗放型向集约化经营转变，由传统型向现代农业转变，不断提高综合生产能力和经济效益。农业结构调整的定性目标是"山清水秀民富裕"；定量指标是发展种植业、养殖业、农产品加工业。坚持农林牧渔经济产值结构优化调整，种植业和养殖业内部品种结构优化调整，优化区域布局，突出城郊特色农业；做到粮食、经作和饲料结合，种植、养殖和加工结合，农业、工业和商贸结合，科技、教育和生产结合，实现经济效益、生态效益和社会效益同步发展，促进农民致富奔小康。

重点项目 1997 年，区委、区政府制定"12333"工程，即开发 1 万头奶牛生产基地，培育 2 个以上龙头企业，建设 3 个特色农业园区，打造 3 个品牌产品，抓好 3 个小康示范村建设，突出"一乡一品"特色产品。经过真抓实干，全面实施，到 2005 年，依托维维集团泸州豆奶粉厂和奶牛协会，建设以特兴、石洞、安宁为轴心的奶牛生产基地，存栏奶牛由不足 200 头增至 2 000 多头，向"全省万头奶牛基地县（区）"发展；依托金健（泸州）罗沙米业公司和天绿粮油公司，发展以罗沙贡米为主的优质稻 3 万公顷，促进农民增收近亿元；注册"罗汉蛋""龙马牌乌鸡""河春牌蜂蜜"和"酒城牌蔬菜"等知名品牌，推动养鸡年产值净增 5.4 倍，蜂蜜销量净增长 8.8 倍，蔬菜年产值增长 1.3 倍；兴建罗汉农业园区、石洞花博园和安宁优质甜橙示范园区，带动全区蔬菜大棚生产、园林花卉和优质甜橙大发展；石洞花博园、胡市金山、安宁良丰、罗汉群丰、长安幸福、特兴魏园和安民，均列入市级小康建设示范村。形成独具特色的石洞花卉、罗汉蛋鸡、鱼塘乌骨鸡、双加水产、长安蔺草、胡市山羊、金龙果业、安宁生姜等知名品牌，向集约化、产业化和无公害产品发展。

农林牧渔经济结构 区内长期存在"粮猪安天下"和"农业为主，粮食为主"的生产模式，农林牧渔经济结构比例失调，农村经济发展缓慢，农业经济效益低，农民增收致富难。1996 年后，以市场为导向，区域优势为基础，科技和投入为动力，实施农林牧渔生产结构大调整；在全面优化发展农林生产的同时，突出优化发展畜牧和渔业生产，实现农林牧渔经济效益和总产值的较快提升，至 2005 年，农林牧渔产值结构比例由 1996 年的 61.3：1：35.2：2.5 调整为 36：0.5：55.5：5.6。按 2005 年价计算，农业产值由 2.3 亿元升至 2.55 亿元，增长 10.9%，其比例调减 25.3 个百分点；林业产值 378 万元减至 322 万元，减 14.8%，调减 0.5 个百分点；牧业产值由 1.32 亿元升至 3.93 亿元，增长 1.98 倍，调增 20.3 个百分点；渔业产值由 919 万元升至 3 960 万元，增长 3.3 倍，调增 3.1 个百分点。农林牧渔总产值由 3.74 亿元升至 7.07 亿元（含服务业），净增 33 301 万元，增长 88.9%，年均增长 8.9%。

龙马潭区 1996—2005 年农林牧渔总产值结构统计表

表 11 -6 -1

单位：万元

年度	农林牧渔总产值	农业		林业		牧业		渔业		服务业	
		总产值	占%	总产值	占%	总产值	占%	总产值	占%	总产值	占%
1996	37 439	22 963	61.3	378	1	13 179	35.2	919	2.5	—	
1997	38 604	22 072	57.2	356	0.9	15 201	39.4	975	2.5	—	
1998	41 239	21 874	53	330	0.8	18 076	43.9	959	2.3	—	
1999	41 562	19 644	47.3	295	0.7	20 260	48.7	1 363	3.3	—	
2000	41 808	19 201.4	46	303.4	0.7	20 705.8	49.5	1 597.5	3.7	—	
2001	43 638	19 316	44.3	313	0.7	2 216	50.8	1 823	4.2	—	
2002	45 533	19 455	42.7	323	0.7	23 631	51.9	2 124	4.7	—	
2003	50 475	19 331	38.3	314	0.6	26 875	53.3	2 485	4.9	1 470	2.9
2004	65 522	24 160	36.9	321	0.5	36 214	55.2	3 242	5	1 585	2.4
2005	70 740	25 476	36	322	0.5	39 266	55.5	360	5.6	1 716	2.4

注：1996—2002 年未含服务业产值

农作物种植结构 1996—2005 年，全区农作物种植在"稳粮增收"原则下，调减粮食种植，发展经济作物，优化种植结构。粮食作物：随建设用地增加和结构调整，粮食作物播种面积和用地面积分别调减 11.5% 和 22.5%。其中水稻种植调减单纯高产型水稻品种，优化发展罗沙米的滇屯、川香、宜秀系列优质高产水稻品种，播种面积占水稻 70%，米质达到国家部颁二级优质稻米标准。旱粮种植调减高粱播种面积 10.1%，优化发展"饲料之王"杂交玉米，调增播种面积 80.3%。经济作物：着重发展水果、花卉和蔬菜，其种植面积调增水果 2.1 倍，花卉 22.4 倍，蔬菜 61.4%。

林业植树结构 1996 年以后，全区植树造林将过去用材林为主调整为竹林、经济林、薪炭林、防护林并重，着力改善生态环境，增加林竹植被、提高森林覆盖率。到 2005 年，林竹植被面积由 2 478 公顷升至 7 080.4 公顷，调增 1.86 倍；森林覆盖率由 7.2% 计升至 21.2%，调增 14 个百分点。在有林地结构中：竹林 1 602.8 公顷，占 37.1%；经济林 1 261.4 公顷，占 29.1%；薪炭林 750.2 公顷，占 17.1%；用材林 380 公顷，占 8.8%；防护林 308 公顷，占 9.1%；特用林 15.4 公顷，占 0.4%。

牧业养殖结构 1996—2005 年，牧业生产调整养猪为主为畜禽并重，着力优化发展小家禽和草食牲畜，使牧业产值增长近 2 倍，占农林牧渔总产值比例由 35.7% 升至 55.5%，调增 20.3 个百分点。在牧业产值结构中：生猪产值占 41%，调减 42 个百分点；牛肉牛奶和山羊产值占 4.3%，调增 2.5 个百分点；兔和蜂蜜产值占 5.1%，调增 3.2 个百分点；小家禽（蛋）产值占 49.6%，调增 36.4 个百分点。

渔业养殖结构 1996—2005 年，将渔业生产以塘库堰河养鱼为主调整为稻田养鱼并重，捕捞为辅，着力推广养殖新科技和优化鱼类品种，使水面养鱼面积增长 1.4 倍，鱼类总产量增长 2.4 倍，渔业产值增长 3.3 倍，占农林牧渔总产值比例由 2.5% 升至 5.1%，调增 3.1 个百分点。其中水面养鱼结构：塘库堰河养鱼面积增长 24.4%，占水面养鱼 30.2%，调减 7.3 个百分点；稻田养鱼面积增长 72.7%，占水面养鱼 69.8%，调增 7.3 个百分点。成鱼起水产量结构：塘库堰河养鱼产量增长 73.8%，占养鱼产量 40.5%，调减 41.1 个百分点；稻田养鱼产量增长 10.3 倍，占养鱼产量 59.5%，调增 41.1 个百分点。鱼类总产：水面养鱼产量增长 2.5 倍，占总产量 89.4%，调增 1.8 百分点；捕捞产量增长 1.9 倍，占总产量 10.6%，调减 1.8 个百分点。

第二节 农业产业化经营

示范工程 1996 年以后，全区在农业产业化经营中，用"带动农民干"和"干给农民看"的示范工程作向导，坚持政府引导、部门指导、业主经营、群众参与、规模发展。组织区、乡镇和村社干部到山东、江西、湖北等省和成都等地参观学习农业产业化经营经验，结合区内实际做好项目基地的示范工程。其中：优质稻、洋芋、水果、蔬菜、席草、龙眼、甜橙、花卉等种植业项目示范工程 12 项；畜牧、水产养殖业示范项目工程 15 项。2005 年，"罗沙贡米"中心示范片的特兴等镇完成示范面积 800 公顷，农民人均增收 300 多元，带动全区完成优质稻栽培 2 000 公顷，新增产值 480 多万元；同时，示范工程带动经作蔬菜新增产量 2.4 万吨和产值 2 357 万元；果树新增面积 1 991.9 公顷和产量 2 227 吨；园林花卉新增面积 291.5 公顷和产值 226 万元；畜牧养殖新增产值 2.61 亿元，新增农民人均纯收入 522.2 元；渔业新增产量 3 001 吨和产值 3 041 万元。

专业户扶持 1996 年以后，区内回乡知识青年、复员退伍军人，尤其从外地务工回乡的打工仔，既拥有一定资金又学有一技之长，成为专业经营大户的好把式；同时，农业结构调整中的新兴项目、优良品种、先进科技大量引进，为种、养和各项专业生产创造了有利条件；加上区委、区政府的政策扶持和部门的全面指导，使各类专业户规模经营得到快速发展。至 2005 年，全区有园林花卉、果树、蔬菜、席草的种植专业户 253 户，经营土地 348.5 公顷，户平规模 1.38 公顷，其中园林花卉 89 户，用地 195.75 公顷，户平 2.2 公顷；果树 72 户用地 84.59 公顷，户平 1.17 公顷；蔬菜 91，户用地 42.82 公顷，户平 0.47 公顷，席草 1 户，用地 25.33 公顷。调查其中 179 户，年产值收入共 2 027.71 万元，户平 11.3 万元，其中园林花卉 32 户平均 26.2 万元，果树 50 户平均 2.6 万元，蔬菜 76 户平均 5.4 万元，席草 1 户产值 122.6 万元。兴办养猪场 135 户，养母猪和仔猪 120 户，养羊 200 户，养鸡和运销 224 户，养鱼和鸭 465 户，加工和营销蔬菜 931 户，饲料经营 125 户。

建设专业组织 1996 年，为了提高科技水平，扩大经营规模，解决市场信息和产品销售等问题，各种专业户自愿联合起来，在区科普协会指导下，吸收有关科技人员参建农村专业技术协会或专业合作经济组织，至 2005 年，全区建立农村专业技术协会 85 个，会员 1.38 万人，建农村"支部＋协会"专业合作经济组织 85 个。依托专业协会和专业组织，广泛开展农业规模生产和产业化经营，推动农业经济快速发展。2002 年 1 月，特兴养蜂协会与蜜蜂生产、加工、经营的企业和个人，组成跨地区、跨行业的技术经济联合组织，发展会员 126 人，联系会员 95 人，实行协会＋企业＋基地＋农户和产、供、销一体化经营；协会下属养蜂场常年有 6 万多群蜜蜂在全国流动采蜜，按照无公害生产蜂蜜的系列产品，品种达 40 多个，实现年产蜂蜜 3 500 多吨、王浆 30 多吨、花粉 300 多吨、蜂蜡 200 多吨和蜂胶 1～2 吨，年均产值 2 500 多万元。2004 年，协会中经工商局注册的"河春"牌系列蜂产品被农业部授予"无公害畜产品"称号，远销 10 多个省、市和香港 100 多家连锁店。2000 年特兴镇魏园村建立支部＋协会的生姜合作经济组织，由协会统一采购优质良种、指导技术、规范操作、沟通市场信息和产品销售，使全村生姜种植由 1.33 公顷增至 2005 年的 100 公顷，平均每公顷产姜由 22.5 吨升至 38.07 吨和产值 13.32 万元，纯收入 7.77 万元，比种水稻 10 多公顷的收入还高，群众总结：一年姜十年谷，依托协会能致富。

发展龙头企业 1996 年来，区委、区政府一直把加快发展龙头企业作为实现农业产业化、现代化和农产品增值、农民增收的重要途径，制定优惠政策，协调扶持各种龙头企业蓬勃发展。到 2005 年，全区拥有 100 多家种植、养殖和加工的大小企业，推荐"龙头"企业 25 家。

【粮食】 有金健米业（泸州）罗沙米有限公司、泸州天绿粮油股份有限公司、泸州高坝面粉厂等实行订单农业，推动优质稻和粮食生产快速发展，促进农民种稻增收 7 000 多万元。

【蔬菜】 有龙马潭区满堂红食品厂、泸州好吃香食品有限公司的加工企业，注册的"满堂红"牌酸菜、芽菜和"好吃"牌泡菜，打造的品牌产品畅销川、渝、黔、滇、粤等地，带动区内青菜、奶奶菜、生姜和芹菜四大名菜快速发展，使蔬菜产值提升 1.3 倍。

【果业】 有泸州邓氏土特产品有限公司、四川泸州桂圆有限公司等果品加工企业，注册"邓桂"牌和"泸桂"牌桂圆的品牌产品，每年加工营销干桂圆 320 吨，产值增收 300 多万元，推动名优水果龙眼生产快速发展。

【园林花卉】 有四川泸州益地园林有限公司、泸州市双加园林有限公司、雪美园林有限公司、赵氏园林科技有限公司、紫薇园林有限公司、兴旺花木场、泸州老窖园林有限公司、向阳集团园林有限公司 8 家注册龙头企业，实行公司＋基地＋农户的产业化经营，推动花卉生产大发展，产值收入提升 4.4 倍。

【畜禽】 有泸州维维豆奶粉厂、泸州市五峰乳业有限公司、四川好百年食品公司、好百年种猪场、泸州金凤凰禽业有限公司、罗汉蛋鸡种鸡场等龙头企业实行企业＋基地＋农户的经营，推动畜禽生产大发展，使牧业产值现价由 1.32 亿元升至 3.93 亿元，增长 1.98 倍。

培育交易市场 1996 年后，区内发展王氏水果、农副产品、粮油、种子、饲料、农药、化肥等一大批城区批发和零售市场，发展乡镇集市和兴建 32 个综合农贸市场，新增建筑面积 73.01 万平方米。同时培育农村经纪人与强化交通、信息网络建设，保障市场物流、信息畅通。为区内农业生产资料和农产品市场交易搭建优质平台，给农业产业化经营的全面开展奠定了坚实基础。

区动物科技协会 在区委、区政府大力支持下，区动物科技协会于 1999 年成立，挂靠区畜牧局。至 2005 年，发展团体会员单位 17 个，个体会员 1 860 人，联系指导农户 7 200 家，联系合作单位有区动物科技咨询服务所、动物疫病监测中心、奶牛冷配中心、动物医院等技术服务机构。其中：个体会员拥有高、中、初级职称的科技人员 113 名，公司、企业和养殖场的负责人 26 名，养殖专业户 1 196 人；辖属团体会员单位拥有区畜牧兽医协会、兽药饲料经营协会、屠工屠商协会、罗汉蛋鸡协会、龙马乌鸡协会、特兴养蜂协会、特兴白鹅协会、先锋乳业协会、胡市黑山羊协会、长安肉鸽协会专合组织 10 个。

区动物科技协会成立后，以整合资源、实业开发、打造品牌、系统服务、提升效益为宗旨，以服务"三农"、奉献社会为职责。坚持市场为导向，发展城郊型畜牧业为特色，专业养殖户为基础，产品加工为重点，实施协会＋公司＋基地＋农户的产业化经营，创办科普示范基地，开展专业技术培训，推广养殖新科技，突出产前、产中、产后的系列化服务工程。对推动本区畜牧业的品种结构优化、生产规模集约化，科技运用现代化，商品生产品牌化，以及推进畜牧经济效益快速提升，农民收入快速增长和农村小康社会全面建设等方面，成效突出。2001—2002 年，先后被省、市农村工作领导小组和产业化领导小组联合授予"泸州市农业产业化经营重点龙头企业""四川省农业产业化经营先进龙头企业""四川省农业产业化经营重点龙头企业"等称号。2003 年，该协会及其辖属的罗汉蛋鸡协会、龙马乌鸡协会、特兴养蜂协会，同时被省科协等 6 个部门联合授予"四川省百强农村专业技术协会"称号；协会理事长当选为四川省农村科技协会常务理事。2004 年，区动物科技协会又被国家科协授予"全国百强农村专业技术协会"称号。2005 年，再次被省科协评选为"四川省科普工作先进单位"。同时其联系合作的区动物科技咨询服务所，于 2004—2006 年连续 3 年被省人事厅、省咨询业协会联合授予"四川省科技咨询工作二等奖"。

第三节 农业科技运用

良种繁殖和推广 1996 年后，良种繁殖继续执行"种子生产专业化、质量标准化和布局区域化、由县统一供种"方针，增添现代仪器设备和基础设施，强化种子管理和质量监测，保障种子生产和市场营销的良种质量；加强推广力度，保障良种广泛运用。到 2005 年，全区杂交水稻制种面积共计78.67 公顷，供应和营销杂交水稻 32 万公斤，杂交玉米 6 万公斤和小麦 1.5 万公斤。主推滇屯和杂交水稻 II 优、K 优、川香、宜香等 21 个优质稻当家品种，优质稻面积达 3 万公顷；推广杂交玉米的川单、成单、渝单、临奥、登海等 20 多个新优品种。高粱的高沱沱、九匹叶、青壳洋高粱等 9 个地方良种；红苕的川薯 27、徐薯 18、南薯 88、渝薯 34、宿芋 1 号等 20 多个良种。"绵阳""川育""川农"等 10 多个小麦新优良种，"万油""绵油""蜀杂"等 10 多个油菜新优良种，"狮选""天府"等花生良种。"冬大豆""贡豆"等大豆良种，使区内粮油作物运用良种面积达 90% 以上，同时，保障了良种的适时更新换代。

稻田免耕　水田传统耕作是四犁四耙或三犁三耙后，栽中稻或早稻；双季稻田是早稻收后一犁二耙栽晚稻；栽秧后都要中耕 1～2 次。1996 年后演变为轻型农业的"少耕法""半旱式免耕法"及"全免耕法"。多数水田推行一犁一耙栽秧和双季稻栽晚稻的全免耕；栽秧后用除草剂除草不再中耕。深冷烂毒泥田多数推广"半旱或免耕法"的开沟作埂（一沟一埂宽 0.5～0.6 米，深 0.3 米）栽秧替代多犁多耙栽秧，使重力水灌溉变为毛管水浸润灌溉，协调烂泥田水、热、气、肥矛盾，增产增收显著。部分种稻养鱼户则推行"以鱼代犁耙"不犁不耙栽秧的全免耕。

旱地耕作　1996 年后，全区实行小春播种前翻土平整，播种后用除草剂不再中耕；小春收割后翻土平整，移栽玉米或高粱，苗期浅中耕 1 次，拔节前再中耕培土作埂，结合套作栽红苕；玉米或高粱收后中耕红苕 1～2 次。旱地改制土，麦收前在预留空行内，先翻土挖窝或直接挖窝移栽玉米或高粱；麦收后结合中耕培土作埂套栽红苕或间作豆类。大豆在花前施肥浅中耕 1 次，以保大豆增产增收。

冬水田熟制　1996—2005 年，全区冬水田的熟制主要有 4 种模式：一是秋冬蓄水养鱼，翌年大春种一季中稻或休稻养鱼；二是冬水田中稻＋再生稻；三是秋（末）冬蓄水或蓄水养鱼，大春种一季早稻接着种一季晚稻；四是秋冬蓄水种席草或中药材泽夕等，翌年 5 月席草收后种一季迟中稻，实现粮钱双丰收。水旱轮作制。秋冬不蓄水，种 1～2 季旱地作物，既克服长期关水带来的冷烂毒，改善土壤理化性状，又充分开发资源，复种 1～2 季作物增产增收，其熟制主要有：晚秋种红苕或蔬菜—冬春种麦或菜或油—春夏种水稻的三熟或四熟制；麦—稻稻的三熟制；油菜或蔬菜或水厢胡豆—稻稻的三熟制等 3 种模式。

旱地熟制　全区实行的旱地熟制主要有 4 种模式：一是小春（麦或油或菜或胡豆）—大春粮食作物（玉米或高粱或间大豆或杂豆）的三熟、四熟制；二是小春（麦或油或菜或胡豆）—大春经济作物（花生或芝麻或甘蔗或黄麻或土烟）的三熟、四熟制；三是小春蔬菜—大春蔬菜的多熟制；四是田坎小春胡豆套豌豆间作跑马油菜—大春玉米或高粱或大豆—晚秋红苕或蔬菜的多熟制。

病虫害预测预报　1996 年以来，全区加强植物病、虫、鼠、草、害的预测报，建立健全网络，开展粮、经、菜的病虫田间调查，实施田间调查与整理历史资料结合，统筹分析，科学预测预报，提高对病虫害适时防治的精确度和准确率。每年据预测预报制定防治方案，分别在大春、晚秋和小春生产培训会议进行信息发布或讲授；同时据病虫害预发进程，印发简报或在电视上发布信息，确保每年防治病虫害的准确率均能达到 90%～95% 以上。

植物检疫　1996 年以来，开展产地检疫 500 多批次，检疫种子 30 多万公斤和苗木 24.6 万多株；开展调运检疫 100 多万项次，检疫种子 287.14 万公斤（水稻 166.89 万公斤、玉米 120.15 万公斤），苗木 89.39 万株（果苗 61.38 万株、花卉 28.21 万株），水果 264 吨。同时，开展境内检疫性有害生物调查，1998 年普查果、菜、花卉共 1 306.7 公顷，发现美洲斑潜蝇危害面积 14.3 公顷，及时组织扑灭；1999 年普查 48 个村 153 户农民的柑橘 10 万株，未发现检疫性病虫害；2003 年普查发现引进种植的 4.32 万株甜橙苗木发生检疫性的柑橘溃疡病，随即组织拔株烧焚、彻底消灭，并经 2004 年省、市踏查验收合格；2004 年普查发现特兴、罗汉、鱼塘沿长江岸边，有随水漂流入境的恶性草害紫茎泽兰危害农田 58.3 公顷，及时组织消灭。

病虫草鼠害防治　【病虫害防治】　1996 年以来，坚持"预防为主，综合防治"方针，开展农业防治、生物防治、物理防治、生物化学药物防治。到 2005 年，用抗病良种和检稻桩等农业防治面积 7 013.3 公顷，用 TPM 生物技术防治水稻、小麦和水果共 6 880 公顷，用诱虫灯、黑光灯、频振式杀虫灯和温汤浸种等物理防治粮食作物 1 400 公顷，用生物、化学药物防治农作物 51.424 万公顷，防治草害 6.52 万公顷。每年防治病虫草鼠害面积近 6 万公顷，挽回粮食损失近 2 万吨。

【鼠害防治】 1998—2000 年开展农田农舍灭鼠活动，防治鼠害面积 4 万公顷，挽回粮食损失1 万吨。

科学施肥技术 区内农户传统"习惯施肥"，有机肥和化肥配合施用差，对化肥氮、磷、钾配方技术未掌握，多单一偏施滥施化学氮肥，缺磷少钾，造成减产减收。1982 年土壤普查，开始测土配方施肥。1996 年来，继续推广"有机肥为基础，氮磷钾复混肥为骨架，单质化学氮肥作补充，针对性施用微肥"的测土配方平衡施肥技术，对比试验揭示比习惯施肥：水稻增产 12.4% ~ 16.4%，小麦增产 15.3% ~ 21.9%，高粱增产 14.7% ~ 16.8%，玉米增产 20.9% ~ 22.7%，红苕增产 20.9% ~ 24.5%，柑橘增产 40.1% ~ 68.9%。到 2005 年，仅粮食作物累计 8.58 万公顷，新增粮食 1 462.86 万公斤，新增值 5 970.29 万元。

种植栽培技术 1996 年后，先后推广粮、油、果、菜、花卉育苗和栽培的地膜增温保湿、遮阳网降温保湿和大棚增温保湿等技术，使温、光、水、热资源得到充分开发，保证农作物适期早播早栽，抗灾、壮苗、延长营养生长期，增产增收效益好。推广水稻旱育秧面积 2.33 万公顷，新增稻谷 1 247.02万公斤；推广杂交稻糯稻间作栽培面积 3 333.33 公顷，新增糯稻25 万多公斤；推广再生稻配套高产稳产新技术，使再生稻平均单产提升 1.8 倍。推广中稻半旱式栽培、宽窄行栽培、塑料软盘抛秧栽培和强化栽培等新技术，使全区水稻大面积平均单产提升 7.6%。推广旱地改制、小窝疏株密植与玉米、高粱、红苕、油菜等粮油作物适度密植技术，增产增收效果显著。推广柑橘高换技术，将 2 万多株红橘完全更新为优质的脐橙、血橙和椪柑等新品种；推广甜橙、龙眼、枇杷、梨树等矮、密、早丰产栽培技术，使水果生产得到快速发展。

第四节 耕地质量建设

中低产田土改造 建区前，境内耕地中的中低产田土面积占总耕地90%左右。其中，旱地多存在坡、薄、蚀、瘦，跑土、跑肥、跑水严重。稻田多存在水系紊乱，串灌、漫灌和隐匿性冲刷严重，造成深、冷、烂、毒及粘瘦类的低产田占总田35%。耕地质量差，严重制约耕地综合生产力提升。1996 年后，区委、区政府强化组织领导，增强耕地质量建设力度，借助攀西农业综合开发土地治理项目和区内农业综合开发的投入，开展分期分批分区域的山、水、田（土）、林、路、气、机综合治理。执行生物、工程、化学、农耕农艺 4 大规范措施，坚持宜林则林、宜果则果、宜粮则粮的合理布局。做到旱地坡土坡改梯，保土有坎，排水有沟，沉沙有凼，蓄水有池，护坎有草，行走有道，土壤达到平、厚、壤、固、肥，变三跑土为三保土。稻田调整田形，规范排灌系统，实施水、路、沟、池、桥、涵、闸的综合配套建设，达到能灌能排，能水能旱，灾年也能高产稳产。到 2005 年，全区共治理低产田土 5 208.33 公顷，配套新建田间排灌沟渠 158 公里、蓄水池和便民池 237 口、沼气池 6 492口、便民石板路 44.5 公里和机耕道 40 公里。同时新建优质甜橙基地 1 000 公顷。

培肥地力 1996 年后，执行"沃土计划"，开展以增施有机肥为基础培肥地力，建设高产稳产农田，提高耕地质量。经过快速发展牧业，增加畜禽优质有机肥产量，推广配方施肥和稻草还田，增种绿肥和牧草，兴建沼气池增加优质有机肥源与每年冬春开展"百日积肥"活动，广辟肥源等措施，增加有机肥施用量，提高土壤有机质含量。到 2005 年，亩平施用有机肥年均递增 10% 以上，土壤有机质含量提高 0.5 个百分点，比较有效地提高了耕地质量。

第五节　农业生态建设

1996年后，区委、区政府认真执行党中央、国务院关于"大抓植树造林，绿化荒漠，建设生态农业"和"再造山川秀美，促进经济发展"与"坚持保护环境的基本国策，植树种草，搞好水土保持，防止荒漠化，治理生态环境"等重要指示，狠抓全面绿化、森林植被、综合治理、生态农业、控制污染等措施的全面落实。

植树造林　1996年后，全区通过绿化达标项目，推行全民义务植树制和"四旁"植树制，至2005年共植树1 050万株，实现农村、集镇、城区、道路、水系全面绿化，并于1998年经省现场踏勘验收合格，被省授予全面绿化达标先进县（区）称号。2001年启动国家天然林资源保护工程项目，至2005年封山育林513.3公顷，新造公益林213.3公顷，抚育中幼林1.16万公顷；2002年启动国家退耕还林工程项目，至2005年实现退耕还林和宜林荒山的成片造林1 533.3公顷。全区林木植被面积由1996年的5 469公顷升至2005年的7 080.9公顷，增加1 611.9公顷，增长29.4%；森林覆盖率由1996年的7.2%升至2005年的21.2%，提高14个百分点。改善了农业生态环境。

综合治理水土流失　1996年，全区结合攀西农业综合开发治理土地项目，改造中低产田土与实施分流域的水土保持工程建设，开展生物、工程、化学和农耕农艺的综合治理。到2005年，全区治理水土流失面积32.7平方公里，治理小流域4条和坡改梯面积41.3公顷；同时，新建生态型甜橙基地1 000公顷和综合改造中低产田土5 208公顷，控制水土流失，发展良好农业生态环境。

农业生态型果树和园林花卉基地　1997年启动"两江两河"农业生态型龙眼基地建设，到2005年，基地面积达794公顷，比1996年增加777.3公顷，增长46.6倍。2000年启动泸州市"十五"期内优质甜橙基地项目建设，到2005年，新增农业生态型甜橙基地794公顷。1999年启动市生态农业石洞花博园的园林花卉基地建设，实施山、水、林、田（土）、路配套治理，带动全区园林花卉基地发展，到2005年，农业生态型园林花卉基地面积达304.9公顷，比1996年的13.3公顷增加291.6公顷，增长21.9倍。

无公害农产品生产基地　20世纪80年代后，随着工业快速发展，环境与农业投入品（农药和肥料）污染加剧与保护人体健康和农业可持续发展的矛盾日益突出。2000年，全区无公害农产品基地建设，通过派员学习，按照国家、省制定的"无公害农产品标准"（DB51/355）、产地环境条件（DB51/356）、投入农药准则（DB51/357）和肥料标准（DB51/358）等，制定本区地域和产业品种的规划和无公害农产品生产技术操作细则，组织农户在菜、果、粮和蛋、鸡、蜂蜜、牛奶的生产中推广运用，并向省申请派人到区对产地环境实地检测，以及取水取土回省化验分析认证。2002年9月，省批准认证区内"酒城牌无公害生姜生产基地"。2003年批准认证特兴、罗汉、鱼塘、安宁、石洞5镇的生姜、包包菜（酸菜）、芹菜、洋芋种植面积670公顷的"无公害农产品生产基地"。2004年2月，批准认证全区的蔬菜、甜橙、柚子、龙眼、优质稻、高粱等"无公害农产品生产基地"7 913.3公顷。同时，认证罗汉镇罗汉蛋鸡、鱼塘镇乌骨鸡、特兴等镇蜂蜜、安宁等镇牛奶的"无公害畜产品生产基地"。其中"罗汉蛋""龙马乌鸡""河春牌蜂蜜"系列产品于同年获农业部认证为"无公害畜产品"。

农村沼气池和省柴节煤灶　2002年启动9个乡镇农村沼气池改建和新建，以及省柴节煤灶开发和完善的能源建设，通过利用沼气池封闭式发酵分解植物稿秆、人畜粪尿、生活垃圾等废弃污染物，生产沼气新能源，生产无病虫害的优质有机肥和优质鱼饲料，并以建池联动改水、改厨、改厕和改圈，改善农家清洁卫生，消除污染，优化环境，发展无公害的有机农业，形成生态农业的良性循环。到2005年，全区新建农村家用沼气池7 000多口，新建省柴节煤灶8 000多户，推动农村生态建设良性发展。

第七章　农业服务

第一节　农经服务

1996—2005年，全区农经服务是在调整充实农业合同管委会和兴建农村土地承包经营纠纷调委会的同时，强化农经管理职能，加大对土地承包、农民负担、农村集体财务三大监管力度；担负农业和农村经济年度统计和农情信息报告；落实和推进农业社会化服务、农业产业化经营、农村专业合作经济组织等3项指导任务；积极搞好农村土地中介、劳务中介、产销合同规范、会计委派、集体资产经营5项服务。其间在第二轮土地承包中，发放手册30本和宣传资料6.36万份，完成土地延包村社1 379个，占92%；签订承包合同6.08万份和颁发承包经营权证6.09万户，占92%；延包土地8 878.67公顷和机动土地219.8公顷。依法合理流转承包土地746公顷，占延包土地8.4%；流转农户5 353户，占延包农户8.8%。

第二节　农技服务

1996—2005年，全区农技服务工作是调查总结农业生产经验，推广现代农业科技，为当地党政机关领导农村经济发展当好助手和技术参谋，参加制定生产、技术的规划和计划与组织实施；根据农业发展、产业开发、科技创新和农民要求，开展全方位及多种方式的农技服务。一是引进先进技术和品种与向农业管理部门勤汇报，争取农业多立项和专项资金多投入，为区内农业发展提供活力和动力；二是积极完成上级下达的的项目、"丰收计划"与课题的试验、示范和推广任务，提高农业的社会经济和生态效益；三是广泛举办广播电视、讲座、板报、印发资料、开展"三下乡"科技咨询等服务，提供信息和普及农业科学技术，提高农民科学种田水平；四是兴办经济实体，技物结合，开展产前、产中和产后服务。五是指导村社农技员、农村专业合作经济组织和协会，提供专业生产服务。

第三节　农机服务

1996—2000年，全区农机服务工作是协助区政府制定农机发展规划、计划，推广农业现代机具，提高农业机械化程度，并组织实施全区农副产品加工、农村运输、农作物保护和收获脱粒、农田灌溉和耕耘开展现代化农业机械运用。根据农机发展、推广计划和受理要求，开展多种方式的农机服务。一是"双争一汇"，2000年争取到本区列入全省第二批农业机械化先行县项目区，用项目投资220万元（省补助65万元、自筹155万元），推广小型耕整机150台（套）、电动风车200台、机动脱粒机675台（套）、柴油提灌机91台（套），减轻劳动程度，提高农业生产率，增收效益显著。二是举办机手现场技术练兵，开办农机技术培训班，印发技术资料，努力提高机手技术水平。三是强化农机生产、维修、销售的监测和管理力度，保障农民的农机消费利益。四是加强农机产品质监和认证、农机销售营业许可证办理，以及监理农机入户、办证、转籍和年检，确保农机安全运行。五是加强机耕道建设的规划质监和管理，确保运输通畅。六是组织农机防洪抗旱，为农民减灾增收服务。

第四节　农业教育培训

专业技术教育培训　1996—2005年，原设立在区内58公里泸县农业技术培训学校和中央农业广播电视泸县分校仍属泸县，区内未单独建校，区内知识青年仍可就读农广校，取得大专、中专毕业文凭。区内专业技术培训：一是邀请中科院重庆科研所、重庆市农科所、四川省农科院水稻高粱研究所、四川农业大学等科研教学单位的专家、教授多次来区授课和现场指导，先后对果、菜、稻等种植新科技进行专项培训，提高专业技术理论和运用水平；二是根据专业特点举办5~7天的短期培训班，经考试合格后发给结业证书，先后举办果树、蔬菜新科技培训班172期，培训基层干部和技术员355人次；发给种植员《农民绿色证书》300多人；培训果农、菜农2.8万人次。

会议培训　1996—2005年，每年大春、晚秋、小春3次生产会议中，由区农林局技术专家，从会议授课到现场操作，开展栽培、科学施肥和病虫害防治等综合技术培训；区培训到乡镇干部和技术员，乡镇培训到村社干部和农科员，村社培训到农户。形成上下相接、左右贯通的培训网络，使农业科技新成果运用落到实处，推动农业生产快速发展。

基地和项目培训　1996—2005年，区内结合全省"百千万"科技活动、科技入户工程、基地建设和项目实施，组织专业科技人员，深入基地和项目区域的村社，开展试验、示范、推广的田间培训，或现场授课，操作示范，或入户咨询，解疑释难，对农民进行面对面的技术培训。区农林局邹才巨在金龙乡开通热线电话，果农遇到技术疑难，直接电话传呼，随呼随到作现场指导，受到果农交口称赞，被评为省劳模。

媒体宣传培训　1996年后，广泛采用广播电视、印发技术资料等多形式，开展宣传培训，提高干部群众的现代农业科技运用水平。到2005年，印发农业技术资料5万多份。

第八章 农业执法与农民减负增收

第一节 农业执法

农林行政执法 改革开放以后，农林法制建设不断健全和完善，1996 年，区农林局在相关站股配置专兼职执法人员 13 名，经省、市、区举办法律法规培训考试合格，申办省政府行政执法证，持证上岗开展农林行政执法。2001 年 12 月，执行农业部《关于推行农业执法工作意见》，结合区行政机构改革，区政府批准由原区农林局执法人员在局内成立政策法规股挂农业执法大队牌子，进一步健全农业行政执法的组织机构。

1996 年以后，全区持续开展农林法律法规多形式的宣传教育，提高全社会农林业行政执法，依法治农、护农、兴农的意识。研究起草本区农林业地方性规章和政策，履行法律法规赋予的农林行政执法职能。依法开展对本区种子、农药、化肥、林木、果苗生产经营，农产品质量，野生动物保护，林木采伐、加工、营销等进行经常性的监督检查。对有关农产品执行行政事业收费监管，依法监管农民负担、农村土地承包和耕地使用权的合理流转；依法对区内发生违反农林法律、法规和规章的案件进行调整处理，包括实施行政许可管理，行政强制措施和行政处罚。承办有关方面交办、移交的违反农林法律、法规和规章的案件，以及在独立或联合办理违法案件中，遵照法律程序和时间向有关方面移交案件和向上级报告执法情况，以及重要大案及时报告上级审核备案。依法管理本区公民、法人和其他组织有关农林法律、法规和规章范围内的投诉、举报及纠纷调解。到 2005 年，先后投入普法和执法资金 50 多万元，出动农林执法人员 2 000 多人次；检查农资经营网点（门市）862 次，查处违法案件 16 件，没收非法农产品 6 吨，规范农资经营网点 150 家；查处杂交水稻非法制种 0.34 公顷，组织烧毁柑橘溃疡病株 4.2 万株；查处假冒伪劣果苗 4 万多株和非法砍伐、贩卖的竹木 1 000 立方米，没收非法捕获和贩卖保护动物蛙、鸟、蛇、猴 1 万多只，放归大自然；挽回经济损失 2 000 多万元。清理涉农负担项目 7 343 项次，修改收费标准和方法 1 282 项次，取消不合法不合理的农民负担 528 项次；接待来信来访 630 多人次，查处案件 23 件，指导督促乡镇办案 34 件。

农机行政执法 按照国家《农业机械化促进法》《道路交通安全法》与省《农业机械管理条例》《农村机电提灌管理条例》《农业机械安全监理和事故处理条例》等法律法规。1996 年，成立农机安全管理站，配置专兼职执法人员 6 名，依法开展农机行政执法。履行法律、法规赋予的职能职责。加强对全区农机作业、加工、运输及农机经营户、专业户的监督管理，严格审批、办证和年审，查处违法行为。到 2005 年，本区先后编制了《行政执法责任总体方案》《重特大事故处理预案》《安全事故范围重大责任体系图》《安全生产责任体系图》和《安全生产九项工作制》。组织安全培训 815 人次，印发宣传标语 1 941 张；上路检查运输拖拉机 386 台，查处违章机车 93 台；强制报废"三无"车辆 7

台，调解电灌站纠纷6起。

水政执法 按照国家《水法》《水土保持法》与省《水政监察工作实施细则》等法律法规，1998年成立区水利监察大队；2002年增挂水利管理站和水土保持预防监督站牌子，配置专兼职执法人员8名，依法开展行政执法。履行法律法规赋予的职能职责，保护区内水资源、水土资源和渔业资源。保护水域、水利工程及设施，维护电力投资户、经营户和用户的合法权益，督查水事活动，查处违法行为，协调处理水事纠纷。配合司法部门查处水事案件，办理行政裁决、行政处罚决定或其他处置。审批、核发水行政许可证，征收水政规费的水资源、水土保持补偿、水土保持防治及河道采砂等费用，加强取水计费管理和水质检承办水行政应诉、理赔事务。1998年，区水电农机局编制并实行《执法岗位责任制》《行政执法责任制总体方案》《水政监察大队执法人员岗位责任制》《水政监察人员的权利和义务》《水政违法案件办理程序》《水政执法错案追究制》以及水政执法的考核、培训、统计、档案管理等的方法和制度。1999年8月，区水政作出罗汉镇光辉村三湾塘应由村委会管理、收入专户储存、专款专用于村的水利事业，任何单位不准挪用的行政裁决，而该村的上屋基八社不服，连续上诉区法院和市法院，结果两次法院均依法判决区水政胜诉，树立了区水政公平、公正和严肃执法的良好形象。

渔政执法 按照《渔业法》《渔业法实施办法》《水污染法》《水生野生动物保护实施条例》《严禁炸鱼、毒鱼及非法电捕作业的通告》与《水产种苗管理办法》《乡镇船舶和渡口安全管理办法》等法律法规。1996年成立区渔政站和水产股两块牌子一套班子，配置兼职渔政员17人，依法治渔、护渔和兴渔。履行法律法规赋予的职能职责，开展江河重点天然产卵场立碑护渔。每年区政府发出一号布告，对本区江河实行季节性分段性禁止捕鱼，鱼政与公安联合检查江河水库养鱼护鱼情况；发放法律法规宣传资料近万份，张贴省通告和标语20多条幅，广播、电视宣传10多次，培训小一型水库管理所长与江河、水库鱼船的船员共150人。严格审批、核发捕鱼和鱼船的许可证及年审，严厉打击和处理非法电鱼、炸鱼、毒鱼及偷鱼、抢鱼的人员，情节严重者给予刑事拘留或判刑。营造了较好的渔业发展环境。2003年先后有省水产局局长张忠孝一行与农业部长江渔委会主任吴光辉带领四川、江西、安徽、上海等省市渔政领导来区检查渔政执法工作。

第二节　农民减负增收

减负政策 根据国家先后颁发的《关于制止向农民乱派款、乱收费的通知》和《农民承担费用和劳务管理条例》与《四川省农民负担管理条例》等规定：农民承担费用和劳务除缴纳税金及完成农产品定购任务外，依法承担的"三提八统两工"（村社集体3项提留、乡镇8项统筹费和义务工、劳动积累工）实行总量控制、定项限额、定向使用、财务公开政策。农民每年上交3项提留和8项统筹的总金额，以乡镇为单位，以国家统计局统计数字为依据，不得超过上年农民人均纯收入的5%。1996年，区规定人均提留和统筹费在上年基础上绝对值增加3元，一定3年不变。1997—2001年，人均提留统筹费绝对数不超过1997年的预算额，一定3年不变。村社集体3项提留费占2.5%：其中用于集体扩大再生产的公积金占1%，兴办公益福利事业的公益金占0.5%，村行政管理费占1%。乡镇8项统筹费占2.5%：其中用于村教育的教育费占1.5%，计划生育、优抚、民兵训练、有线广播、卫生、文化等民办公助事业费占 1% 。"两工"中每个劳力年均负担用于植树造林、公路建勤、修缮校舍的"义务工"标准工日 5~10 个;用于农田基本建设的"劳动积累工"标准工日 10~20 个。

减负监管 1996—2002 年,全区为切实减轻农民负担,狠抓组织机构、责任制与监管制度建设。

【监管机构队伍】 1996 年建立由区委、人大、区政府和区纪委、监察局、农工委、农林局、物价局等单位组成的农民负担监督管理领导组,办公室设在农林局的农经站,确定 1 名副局长具体管理和农经站站长承办日常农民负担管理工作。每个乡镇建立农民负担管理领导小组,在乡镇党委统一领导下,乡镇政府主持全乡镇农民负担的监督管理工作,乡镇农经站承办日常业务配置 1 名专(兼)职农民负担监督员。

【落实责任制】 1996 年中共中央、国务院下发《关于切实做好减轻农民负担工作的决定》,规定减轻农民负担由党政一把手亲自抓,并负总责,是减负的第一责任人,纳入年度目标考核,与奖惩挂钩。根据中央文件提出的 13 条减负措施,全区进一步完善减轻农民负担的各项规章制度。减负工作实行分级负责制,由党政统一领导,主管部门承办,有关部门协办,执法部门监管。定期检查督促考核,违反农民负担政策实行"一票否决制"。农民负担"两费"应依法依据按期收交,不准动用警力或牵猪牵羊挑粮拿物抵资。对困难户经村民讨论通过,上级批准实行减免。"两工"投入按法定年龄,原则上以投劳为主,以资代劳应经农民自愿同意,因病和其他原因不能承担劳务时,经村民评议和组织批准实行减负。严禁未经省以上人民政府批准的行政事业性收费和集资、摊派,以及无法律法规依据的罚款。对违反农民负担管理和增加农民负担造成不良后果的,必须及时如实上报,不准弄虚作假,并依纪依法严肃处理。收费、投劳坚持总额控制,项目幅度比例确定必须依法依据呈报审批;"两费"资金使用坚持一支笔审批。使用专用收据,分户立账,分项核算,专款专用,年初年终预决算,节余转下年使用,严禁挪用平调。

【建立收费公开公示制度和监测网点】 乡镇和村委会分别设立"政务公开栏",农民负担项目、金额、使用情况上墙公布,接受社会监督。确定每年 3 月 15 日至 4 月 15 日为全区减轻农民负担宣传月,广泛宣传,接受舆论监督。区委、区政府领导每月不定期在政府会议室接待上访群众与宣传农民负担政策,平常由区农经站站长接待来访群众,解答农民负担的法律法规和政策等问题。区委、区人大、区政府每年组织区纪委、监察局、农林局和涉农部门深入乡镇、村社和农户调查了解农民负担情况 2~3 次;不定期地处理有关检举、控告及申诉案件。

农税减免 2001 年 1 月,成立区农村税费改革试点工作领导组,经组织队伍、学习培训、调查摸底、制定方案,6 月全区试点铺开。贯彻中央和省对农村税费改革要求:取消农民负担乡镇 8 项统筹费,其中乡村两级义务教育、计划生育、优抚和民兵训练等支出纳入乡镇财政预算,乡级道路建设由乡财政安排与村级道路建设由村民大会协商解决,广播电视、文化、卫生等支出主要在有偿服务中解决和乡财政适当补助。取消面向农民收取的农村教育集资与政府性基金和集资(农村中小学危房改造由乡镇财政预算安排),取消农村屠宰税及随屠宰税收取的附加和基金。由农民上交的 3 项村提留纳入新的农业税或农业特产税附加 20% (不超过农税常年产量的 8.44%),改由税务部门收取,镇管村用。乡财政或农经站纳入专户监管,属村集体经济组织及成员共同所有,用于农田水利建设、购置生产固定性资产、兴办企业等扩大再生产,以及村社干部报酬与供养五保户,补助困难户等福利事业。"两工"投入,用 3 年时间(2002 年 14 个,2003 年 9 个,2004 年 5 个)逐步取消后,公益性事业用工由村民大会或代表大会一事一议筹劳或筹资办理。每个农村劳力每年筹劳不超过 10 个标准工日,筹资不超过 15 元，并原则上不出村。属于防洪抢险、抗旱等紧急任务，经区以上政府批准，可临时动用农村劳力，但须明确时限和数量，除此，其他任何地方、部门不得违背农民意愿无偿动用农村劳力，若按农民自愿原则动用劳力时，以资折劳须按每个劳力标准工日 5 元执行。农业税收实行改革：农业特产税的应税品种由过去 2 个环节征收减为 1 个环节收税；调整农业税的计税面积、产量、价格，计税率为 6.9%。到 2001 年 12 月，全面完成农村税费改革试点工作。2002 年 6 月，市委、市政府分配给全区转移支付资金 606 万元，使税费改革政策在本区落到实处。

减负增收　本区认真贯彻执行农民负担管理和减负增收的方针政策，成效明显。1996—2001 年，农民上交村提留与统筹 2 项法定负担费，由占上年人均纯收入 2.49% 降至 1.26%，比法定不超过 5% 的底线减少 3.74 个百分点；按照占上年纯收入 5% 计农民 2 项负担；6 年全区农民人均减负 374.7 元，人年均减负 62.45 元。2002—2004 年，税费改革减负更显著，仅取消乡镇统筹（按照占上年人均纯收入 2.5% 计算）1 项费用，3 年人均减负 221.93 元，人年均减负 70.64 元；同时，农业税逐年减少，人均负担的农税和附加（含村提留）总金额由税改前 2001 年的 70.44 元降至 2004 年的 19.48 元，3 年人均减负 123.72 元，人年均又减负 41.24 元。2005 年 1 月 1 日起，全面贯彻国家停止征收农税及附加税，开创农民不交"皇粮国税"的历史新纪元。

减负政策和措施调动了农民科学种田的积极性，促进农村经济全面发展，农民人均纯收入由 1996 年的 1 600 元升至 2005 年的 3 957 元，增长 1.47 倍。农民高兴地说："减负政策暖人心，增产增收增干劲，小康致富党指引，道路越走越光明"。

第九章　水　利

第一节　蓄水保水工程

农田水利基本建设和水土保持　全区成立以区长为指挥长的"农田水利基本建设指挥部"，负责规划设计，制定方针政策，强化各种措施，分年度分解任务落实到乡镇、村社，严格乡镇目标管理责任制。1996 年确定农田基本建设以水利建设为中心，实施山水林田路机综合治理方针。1997 年将水利建设为中心调整成治水为中心，增强节水灌溉和农村人畜饮水解困的工作力度。2001 年发展以水利经济为中心，实施"治水兴区"，增加农村道路建设、场镇饮水和水库病险整治等新内涵。2003 年进一步落实"依法治水"和"谁建设、谁管理，谁投资、谁受益"的水利政策，推动水利工程建设的良性循环。2001—2005 年，先后 6 次被市政府评为农田水利基本建设先进单位，获一、二等奖各 2 次。同时，结合农田基本建设，按流域分批分期开展水土流失综合治理，到 2005 年共治理小流域 4 条，治理面积 32.7 平方千米，完成水土保持工程坡改梯 4 处，面积 413.33 公顷。

水库病险整治　全区水库多数建于 20 世纪 70 年代，设计施工不规范，建设质量差，病害险情时有发生。1996 年 6 月执行水利部和省水利厅的统一部署，由区水利局局长和市水利局的专家组成"水库大坝安全鉴定专家组"，经 2 年多的实地勘测和鉴定，查出 25 座水库中有三类病险水库 10 座，二类病害水库 8 座，并编写水库大坝鉴定资料报告省、市水利主管部门。2001—2002 年，省、市水利主管部门下发 3 年基本完成现有病险水库整治意见，区政府随即制定《关于病险水库除险加固的通知》，分年度分乡镇落实具体任务，列入年度目标考核。全方位增加投入，增强宣传和技术培训力度，强化病险水库整治设计、施工的规范化和标准化，实行项目公开招标和业主负责制，严格工程质量的监测和管理。成立以副区长为组长的"水库除险加固竣工验收组"，开展现场检查验收。到 2003 年 4 月底，全区共投入资金 563.75 万元（省、市补助 165.52 万元，区乡自筹 398.23 万元），全面完成治理病险水库 19 座，占病险水库 100%。其间 2001 年完成锅匡岩、擦耳岩、松滩桥 3 座小（一）型和土桥子、烂泥沟、滩子口、四湾头 4 座小（二）型病险水库的整治和验收；2003 年 4 月完成全区病险水库工程整治和市级验收，提前 1 年半在全市率先销号，市政府授予水库除险加固第一名奖。2005 年，省农水局组织专家现场验收，被省政府评为先进集体。

塘库堰整治和渠系配套工程　1996 年以后，加强全区山平塘、石河堰等水利工程的兴修整治与渠系配套建设。到 2003 年，全区共兴修整治塘堰 1 088 处，新建渠道 35 公里，整治渠道渗漏 46 公里，恢复改善灌溉面积 2 533.33 公顷。

农村人畜饮水工程　1997 年，省政府下达 3 年基本解决农村人畜饮水解困任务。1998 年初，区成立以区长为组长的"两年基本解决农村人畜饮水困难领导组"，增加投入，加强领导，对乡镇实施目标管理，全面落实分年度的工程建设任务。到 1999 年底，全区共投资 604.59 万元（省、市补助 76.2 万元、区乡自筹 604.55 万元），新建饮水工程 4 482 处，其中打井 3 910 口，建蓄水池 571 口和集中供水站 1 处；解决农村 2.53 万人和 4.21 万头牲畜的饮水困难。

场镇供水工程　2000 年，经省计委、省水利厅批复和市计委、市水利局批准；2001—2002 年全区投资 220 万元（国家补贴 121 万元、地方配套 99 万元），在胡市、特兴新建和验收集中供水站 2 座，解决 0.7 万人饮水困难；2003—2004 年，投资 333.15 万元（国家补助 195 万元、地方配套 138.15 万元），在金龙乡、金龙官渡场、胡市来龙场、石洞镇、石洞永寿场及安宁良丰村等地新建和验收集中供水站 6 座，解决 1 万多人的饮水困难。

节水灌溉工程　2000 年，全区列为全国第二批节水增效灌溉示范区之一。2000—2002 年，全区投资 414 万元（省补助 200 万元、地方配套 214 万元），在罗汉镇建设管灌 666.7 公顷，渠灌 100 公顷和喷灌 6.7 公顷，新增节水灌面 773.4 公顷。2002—2004 年，投资 209.91 万元（国家补助 100 万元、地方配套 109.91 万元），在石洞建设管灌 53.33 公顷，渠灌 100 公顷，喷灌 24 公顷，新增节水灌面 173.33 公顷。

旱山村"集雨节灌"工程　2001 年，全区列为全省旱山村"集雨节灌"工程示范区之一。2002—2004 年，投资 161.35 万元（省补助 100 万元、地方配套 61.35 万元），在安宁镇建设各类集雨节灌工程 217 处，解决 1 100 人饮水困难和新增灌面 53.33 公顷。

江河管理和工程建设　全区成立后，认真执行国家河道管理条例，加强区内长江、沱江段及濑溪河等防洪工程建设与河道采砂管理。1996—1997 年，在胡市场镇沱江边新建护岸防洪堤 60 米；1997—1999 年，依托市向阳建筑开发公司，建设长沱两江汇合处王爷庙至沱江一桥 1.1 公里堤防工程，建成集防洪、绿化、环保、休闲、商贸、交通于一体的小市沱江路（沿江路）。其间 1998 年初，区政府完成呈送省、市的《四川沱江（泸州段）防洪规划报告》，确定到2005年完成沱江左岸出口处王爷庙至木岩寺（逆流而上）5.05公里的一期堤防工程建设任务，并于1998年9月投资18万元（含国家补助7.5万元），在奎丰长江河心州坝开工建设钢筋混凝土砌体组成的1、2、3号防洪救生高台，台高243米，建筑面积200平方米。2001年，完成奎丰长江中坝的一期护坝工程建设；2002—2003年，由市水利局创新江务开发公司承建，完成沱江二桥至大驿坝1.75公里的堤防工程建设；2003—2005年，由市国土局兴建，完成大驿坝至木岩寺2.2公里的沱江堤防工程；同时，在胡市濑溪河边岩湾开发区完成防洪护岸工程300米。

河道管理　1997—2001年，对全区长江、沱江段的河道采沙管理，执行河道、航道、矿产"三家管理三家收费"政策，按沙石收入3‰收取管理费，发放采沙证93个，收费8万多元。2002年执行《长江河道采沙管理条例》，省、市统一收费发证，区水政监测大队负责采沙事权处理。

防汛抗洪　龙马潭区每年4—10月大雨、暴雨频繁，长江、沱江汛期一到，常有洪水上涨，危及胡市、城区、罗汉和奎丰等地。区政府高度重视，健全指挥机构，制定防洪预案，汛期昼夜值班，一遇灾情立即组织人力、物力、财力，全面开展抗洪救灾。1998年6月，区内连降大雨，7月6—14日，长、沱两江洪水暴涨，水位16.18米，超过警戒水位0.25米，严重威胁小市沱江路堤防工程和人民安全。区委书记、区长亲临现场指挥，组织区机关300多人、区人武部300人、武警100人、泸州工兵团400多人和居民400多人，装抬土袋阻挡洪水冲击，填筑防洪墙600多米，使1 100米的堤防工程无一垮塌。调集6台抽水机，帮助被淹的北郊水厂抽提积水，使水厂很快恢复对城区居民的供水。对小市三华山发生的多处岩坡裂缝，组织建设部门及时开展坡面排水，水泥沙浆封面，避免了山体滑坡灾害出现。以后1999—2003年相继发生洪涝灾害，区政府每次都及时组织力量，全面开展抗洪救灾，把受灾损失降到最低。

抗旱保收　区内旱灾频繁，常出现冬干春旱、夏旱、伏旱和秋旱，严重威胁农业生产和人畜饮水。区政府积极应对，1996年投资7万元，购置各类抗旱机具和柴油抽水机24台；建立健全区抗旱服务队和9个抗旱分队，配足抗旱机组人员。当1997年、1999年、2001年、2003年的严重旱灾刚刚抬头时，由区委、区人大、区政府、区政协领导带队，组织7个工作组深入旱灾乡镇调查旱情，发动广大干部群众抗灾夺丰收，确保农业生产稳定发展。到2005年，全区共投入抗旱救灾补助599万元（国家投资53万元，地方配套546万元），先后抽水203万立方米，灌溉农田3 466.7公顷，增产粮食3 100多吨。

第二节　水产业发展

渔业生产规模　1996年以后，全区实施渔业内部结构调整，推行业主经营，落实养鱼承包责任制。增加投入，引进优良鱼种，推广先进养殖技术，改善鱼类饲料配方，突出丰产示范片和水产基地建设，推进渔业生产快速发展。到2005年，全区水产养殖面积由1996年的1 543.4公顷（塘库堰养鱼578.8公顷、稻田养鱼964.6公顷）增至2 386公顷（塘库堰养鱼720公顷、稻田养鱼1 666公顷），净增1 421.4公顷，增长54.6%；鱼类产量由1996年的1 643吨升至5 640吨，净增3 997吨，增长2.4倍；其中养殖产量由1996年的1 439吨升至5 040吨，净增3 001吨，增长2.5倍，每公顷产鱼由932.4公斤升至2112.3公斤，净增1179.9公斤，提高1.3倍；捕捞产量由1996年的204吨升至600吨，净增396吨，增长1.9倍。渔业产值由1996年的919万元升至3960万元，净增3041万元，增长3.3倍。

鱼类品种 全区鱼类品种共有48种（未含引进品种和长江鱼类），分别隶属12个科6个目：鲤科34种，占70.8%；鲍科4种，占8.3%；其余10科鱼类10种，占20.9%。以鲤科鱼类在品种、数量和分布上都较多，成为全区水域中的优势鱼群。区内养殖经济鱼类的主要品种有鲤科的鲢、鳙、草、鲫、鲤、翘嘴红鲌、三角鲂、赤眼鳟；鳢科的乌鳢（乌棒）；鲶科的鲶鱼和一定数量的中华倒刺鲃鱼、长吻鮠（江团）、白甲鱼等名贵鱼种。2000年，全区养殖产量2414吨，其中鲤科的鲢鱼975吨，占40.4%；草鱼788吨，占32.6%；鲫鱼277吨，占11.6%；鲤鱼237吨，占9.8%。其他科的鱼类139吨，仅占5.6%。保护鱼类有鲟鱼、鲵、胭脂鱼等珍稀品种。严格执行国家珍稀动物保护条例，误捕的都放回江河。

鱼类常见病害 由于水质污染加剧，水温升高，饲养密度过大，混养比例失调，消毒不严，饲料不洁，管理不善和捕捞伤害等因素，鱼类病害增多。全区鱼类常见疾病有：病毒性疾病的传染性出血病、痘疮病、鲤鱼出血性腐败病、斑点叉尾鮰肠道败血症4种；细菌性疾病的白头白嘴病、赤皮病、疖疮病、坚鳞病、打印病、烂鳃病、穿孔病、尾柄病、溃疡病10种；真菌性疾病的水霉病、鳃病2种；藻类引起的打粉病1种；寄生虫引发的疯狂病、小瓜虫病、斜管虫病、车轮虫病、指环虫病、三代虫病、钩介幼虫病、中华蚤病、锚头蚤病、鱼虱病、鱼怪病11种；非生物引发的气泡病、跑马病、弯体病、泛池和中毒5种。同时，常见敌害生物有青泥苔、水网藻、水蜈蚣、中华水爷、红娘华、松藻虫、剑水蚤、田鳖、蚌类、螺类、蛙类、鸟类和鱼类的鳜鱼、鲶鱼、乌鱼及翘嘴红鲌等。

病害防治 坚持"预防为主，综合治理"方针，推广科学养殖，实行无病先防、有病早治，全面消灭病因或病原体，切断传染与侵袭途径；在山平塘换水养鱼前用生石灰撒入塘内，严格消毒杀菌；投放大规格鱼苗，合理配搭品种，配方饲养，精心管理；捕捞不伤鱼群，规范操作；广用增氧机，提高水中氧气含量，结合药物适时治疗等新科技，确保鱼类健康生长。

鱼苗生产 1996—2005年，全区鱼苗生产逐渐由国营、集体转为个体民营为主，由零星分散向基地化和规范化发展，生产鱼苗种类以草鱼、鲢鱼、鳙鱼、鲤鱼等繁殖为主，澎泽鲫、建鲤、团头鲂、黄颡、大口鲶、中华倒刺鲃等鱼苗也有少量繁殖。

山平塘养鱼 全区山平塘2467口，养鱼水面由1996年的426.7公顷减至2005年的420公顷。着重发展山平塘丰产片，引进团头鲂、细鳞斜颌鲴、澎泽鲫、淡水白鲳等新品种，应用增氧机，推广投放化肥、饲草、饲料科学配方的喂鱼技术和鱼鸭混养新模式。使鱼类产量由2001年的1062吨增至2005年的1120吨，增长5.5%；丰产示范片由1996年的每公顷1621.5公斤升至2004年的3240公斤，单产提高近1倍。

水库养鱼 全区水库25座，1996年落实养鱼责任制，养鱼水面由94.9公顷增至2005年的120公顷。推广水库养鱼高产示范片，投放大规格鱼苗和投草、投肥的养鱼丰产技术，加强科学饲养管理，开展鱼病综合防治，发展鱼鸭混养，提高成鱼产量。2005年产鱼300吨，比2001年的271吨净增29吨，增长10.7%，每公顷产量由2277.3公斤升至2500公斤，增长9.8%。

稻田养鱼 1986年，境内开发稻田养鱼丰产技术的稻、鱼、鸭生态养鱼模式，引进团头鲂、细鳞斜颌鲴、澎泽鲫、淡水白鲳等，推广科学饲养和病害综合防治；实施以点带面，开展技术培训，打击电鱼、毒鱼违法行为，提倡稻鱼生产双丰收。到1992年，稻田养鱼丰产片每公顷产鱼765公斤和产稻谷7875公斤，完成农业部稻田养鱼"丰收计划"，评为全省先进单位。1999年，在双加镇、石洞镇、长安乡、金龙乡建设高标准稻田养鱼工程，8月参加全市竞标会，中标186.7公顷，2000年承包业主经营，双加镇建成连片规模经营的规范化稻田养鱼工程33.33公顷。2001年，龙马潭区率先在全省开发稻田"休稻养鱼"新模式，每公顷休稻养鱼产鱼6～11.25吨，产值4.5万~9万元，纯收入1万~1.5万元，相当于种稻收入的10倍以上；2003年8月在营山县召开的全省稻田养鱼现场会上，龙马潭区作典型经验交流，年底建成休稻养鱼工程786.7公顷。到2005年，全区稻田养鱼面积由1996年的964.6公顷增至1 666公顷，净增701.4公顷，提升72.7%；养鱼产量由265吨增至3 000吨，净增2 735吨，增长10.3倍；每公顷产鱼由274.7公斤升至1260.5公斤，单产增长3.59倍。

溪河养鱼　全区有两江两河和较多的一、二级支流，过去多数是自然繁殖，人工捕捞为主。1996年后加大开发溪河养鱼力度，相继开展石河堰拦河养鱼、溪河流水养鱼、江河网箱养鱼；从单纯天然繁殖转变为人工放养，从"人放天养"转变为精细管理；养殖水面不断扩大，成鱼产量不断增加。到2005年，全区溪河养鱼水面由1996年的23.9公顷增至180公顷，净增156.1公顷，增长6.5倍；成鱼起水由2001年的412吨增至620吨，净增208吨，增长50.5%。

鱼类饲料　区内过去水面养鱼多数实施"人放天养"，依赖天然繁殖饵料生物资源为多种鱼类特别是为鲢、鳙鱼提供适口饵料。1996年后的塘、库、田、堰和网箱养鱼，多数通过投草、投肥、投料，直接或间接为鱼类提供丰富饵料，常用玉米、油菜饼、蚕蛹、水产专用化肥、人畜家禽粪肥、粮食加工附产物、畜禽下脚料、肠衣粉、血粉等精料，配合黑麦草、苏丹草、聚合草、象草、高丹草等青料饲喂，从人放天养逐渐转变为精养和半精养。同时，饲料加工技术深化，加工饲料品牌在全区市场增多，先后有通威、正大、凤凰、巨星、万千、隆生和润丰等多个品牌产品广为推销，为渔业生产发展提供了更加丰富的配方饲料。

第十二篇 商业贸易

泸州自古以来水运发达,上通成都,下达重庆以东。龙马潭区是泸州城区组成部分,商贸覆盖川西、川南、滇东北、黔北地区,是西南地区物资集散地。交通方便,陆路有隆叙铁路、隆纳高速公路(321国道)和219省道,直通川陕滇黔。水路有长江黄金水道,四川第一港——泸州集装箱码头物运可达长江沿海各埠及海外各地。由于地理条件优越,成为泸州市两大商业中心区之一,尤其批发贸易具有极其重要的地位,大小市场林立,经济繁荣,拉动了社会经济发展。

第一章 商贸综述

第一节 管理机构

1996年建区时,成立区贸易局,谢永福为负责人。10月,任命局长、副局长。2001年10月,机构改革,撤销计经委、乡镇企业局、贸易局、轻工总会组建经济贸易局,挂"泸州市龙马潭区酒类产业局""泸州市龙马潭区中小企业局"牌子。2005年7月,更名经济和商务局。历任局长谢永福、杨树华、陈玲。

建区时从泸县粮食局分流17人成立龙马潭区粮食局,指定周天虎负责,10月任命局长、副局长。辖胡市、石洞、高坝、小市粮贸公司,转运站、服务部、工业、服务公司。内设办公室和购销、储运、保卫、财会、统计股。历任局长周天虎、朱永平、赵胜清、冯正江、张小华(副局长主持工作)。

1996年7月,由原泸县供销社分流7名工作人员及部分资产组建区供销社,办公地址小市横街子65号。内设办公室、业务科、政工科。次年1月,调整为一室四科:即办公室、政工科、综合治理科、财会科、业务科。1999年1月,区机构编制委员会通知,区供销社为正科级事业单位,编制9人,区财政每年定额补助10万元。2000年3月,区供销社调为一室三科:办公室、政工科、财会审计科、业务科。12月区委同意将区供销社在编的7名事业人员和17名离退休干部的经费,从2001年1月1日起纳入区财政预算。同时,取消原定每年10万元定额补助,并不再向所属企业收取行管费。

2004 年 3 月，区委、区政府决定，将区供销社从财贸口划入农口管理。4 月，区供销社迁至小市回龙湾 19 号综合楼办公。历任供销社主任杨乾荣、冯正江。

第二节　商业网点

1996 年建区时，全区商业批发网点 2 136 个，零售网点 5 218 个，总计 7 354 个。随着经济发展，市场和网点随之增加。2005 年，全区城市商业网点增至 1.22 万户（含摊位数），营业面积 80.5 万平方米，从业人员 2.73 万人，营业总额 12.6 亿元。

全区市场和网点的分布特点是：分布广但相对集中。主要集中在小市、红星、莲花池三街道和鱼塘、罗汉两镇。城区市场和网点主要分布在"两大商圈""三条街""七大专业市场"。两大商圈：回龙湾商圈、龙南路商圈。三条街：南光路饮食休闲文化一条街、红星路夜间小吃一条街、龙马大道汽贸汽配一条街。七大专业市场：以龙马大商城、王氏商城为重点的副食、干鲜批发市场，以公交商城、荣峰商城为重点的服装市场，以宏源商贸、交通路市场、沱江市场为重点的化纤百货批发市场，以五交化、王氏五交化一条街为重点的五金交电批发市场，以王氏鸿盛鞋城为重点的鞋类批发市场，以鹏达建材、科维商城为重点的建材批发市场，以三友物流、川南汽贸为重点的汽贸汽配市场。

全区商贸经济特点：一是以批发零售贸易为主，餐饮业为辅。其中，批发零售贸易占社会消费品零售总额的 78.6%，餐饮业占 13.3%。二是非公有经济为主。非公有经济占社会消费品零售总额的 89.5%。三是商贸业创税额占全区半壁河山，是地方财政收入的重要来源。2005 年收缴商贸税金 8 890 万元，占全区税额的 50.52%。商贸经济是拉动国民经济的重要力量。

第三节　市场发展变化

20 世纪 80 年代初期，小市回龙湾一度形成化纤批发市场，有 6 个交易场所，500 多个销售点，上市品种 6 000 多个，日成交额 60 多万元，曾名噪一方，被誉为"川南荷花池"。后因种种原因，化纤市场萎缩，鞋类、服装、灯饰、五金、副食品等专业批发市场悄然兴起。建区时，商贸市场是"一少两小"状况，即数量少、规模小、销售额小，制约了商贸发展。区划后，区委、区政府把"贸、工、农"定格为发展经济路子，十分重视城乡市场建设，一批各具特色的专业市场如雨后春笋发展起来。至 2005 年，共建 33 个市场，投资 3.65 亿元，增加摊位、门市 7 000 余个，市场面积 50 多万平方米，配套设施完备，为商贸业持续发展奠定了基础。城区市场发展更快，泸州有成规模建材市场 5 处：科维商城、鹏达建材市场、沱江建材市场、江阳建材市场、富凯建材市场。尤其泸州科维商城，2003 年建成，市场占地 5.33 公顷，经营面积 5 万多平方米，集建材、饰材、洁具、五金、家具为一体，市场辐射川滇黔渝。泸州小商品交易市场服装、日用品、灯饰、电器、五交化等批发市场亦集中在城北新区。其中回龙湾商圈形成公交商城、龙马大商城、荣峰百货批发城、沱江市场和蓝天商城等服装、鞋类、灯饰、干货土特产批发销售区；泸州五交化市场和王氏五交化市场形成五交化产品销售区；另外一批中小规模商品批发市场、门市散布在城区内，生意红火。龙马大道三段形成各类汽车维修、汽配销售一条街，铸成一个汽车产业大商圈，成为新的经济增长极。

第四节　重点市场

王氏商城　是王德彬 1996 年独家投资兴建的大型综合批发（零售）市场。商城东连迎宾大道，西接龙南路。占地 40 多公顷，建筑面积 18 万平方米。内设副食品、卷烟、酒类、饮料、土产干鲜、姜蒜调料、水果、五交化、摩托车、日杂日化、窗帘、鞋类、种子、兽药、粮油、饲料等十多大类商场。有经营铺面摊位 1 700 多个，入驻商家 1 700 多家，年交易额近 6 亿元。直接从业 5 000 多人，是西南地区最大的批发（零售）市场之一。商城内汽车站日进出车辆数百辆，可达川滇黔渝地区。在商城内入驻工商、税务、消协等行政执法部门，随时为商家和客商提供服务。王氏商城已成为泸州经济繁荣和带动周边地区的商贸发展中心。

龙马潭区 2005 年部分知名商场一览表

表 12－1－4

市场名称	地　址	类　别	投资（万元）	商贸面积（m²）	门市、摊位（个）	开办时间
王氏商城	沱二桥北	消费品市场	6 327	92 000	680	1998
科维商城	沱二桥北	装修材饰市场	7 500	55 000	110	2003
鹏达建材市场	沱二桥北	建材市场	3 700	25 000	210	2000
泸州市公交市场	小市回龙湾	服装市场	1 200	31 000	610	1990
龙马大商城	小市回龙湾	副食、服装、鞋类综合市场	400	11 000	132	1994
沱江市场	小市下合道街	日杂、副食品市场	1 930	23 500	1 024	1994
荣峰商城	小市交通路	服装、日用品市场	260	8 700	235	1990
川南三九灯饰城	迎宾大道	灯饰品市场	3 700	7 000	38	2002
蓝天商城	沱一桥北	灯饰家电市场	2 650	15 000	70	1999
泸州鸿盛鞋城	龙南路	鞋类专业市场	1 500	20 000	300	2005
晶艺电器	回龙湾	家用电器市场	767	10 000	25	1996
化纤批发市场	小市下合道街	化纤批发市场	162	800	55	1986
沱江建材市场	沱二桥北	建材市场	1 300	17 000	85	2001
成都荷花池市场	龙南路	消费品市场	2 000	32 000	230	2004
五交化市场	回龙湾	五交化专业市场	850	6 700	190	1996
高坝农贸市场	高坝石梁村	农副土特产品	40	5 800	342	1987
红星农资市场	红星小区	农副土特产品	3 600	11 000	610	2000
莲花池农贸市场	宏达社区	农副土特产品	350	3 000	210	2002
三友物流集团	龙马大道三段	汽车交易市场	1 500	16 000	25	2003

泸州公交商城 由泸州市公共交通有限公司 1990 年投资兴建，位于小市回龙湾沱江一桥北端，地处泸州商贸集散中心。建筑面积3.5 万平方米，拥有 700 余家服装批发商。是一座以服装批发为主，兼营床上用品、棉布、毛线、日用品、小百货等大型综合市场。商城建立来，商务经久不衰，日益繁荣，稳定发达，商品辐射川滇黔渝地区，是泸州服装百货交易中心和川南最大的服装批发市场。商城内设有沱江汽车客运站，日发各类客车 200 余班次，商家客户不出商城就能乘车到达各地。商城管理规范、服务一流，先后获"全国文明市场""四川省文明市场""泸州市文明市场""泸州市十强市场""泸州市十大文明市场""消防安全诚信承诺先进单位"称号。

泸州科维商城 是市政府批准建设的市级重点专业市场，位于沱江二桥北端，占地 6.67 公顷，建筑面积 10 万平方米，入驻规模商家 200 多户。科维商城是一座集建材、饰材、灶具、洁具、家具、窗帘布艺为一体的家装一站式购物商城。是川南设施最齐备、布局最合理、档次最高的装饰材料批发中心。其"家装一站式购物模式"，首开泸州家居行业的先河。商城除经销国际、国内知名品牌商品外，还兼营美食、休闲、宾馆、娱乐等业务，形成以人气聚商气、以商气聚财气的良好氛围。

沱江鞋城 位于杜家街，面积1.38 万多平方米，有经营户 450 多户，专营各种档次鞋类，部分商品来自重庆璧山，品牌鞋类购自全国各地，商品面向城乡大众，部分销往滇、黔。2005 年 8 月遭受火灾后，部分迁至王氏商城。此外位于迎宾大道 59 公里的川南三九灯饰城建筑面积 7 000 多平方米，入驻批零商 40 多户；位于沱一桥北的蓝天商城，面积 1 500 多平方米，经销商 60 多户；位于小市交通路百货批发市场，经营户 500 多户；位于龙南路的鹏达建材市场、沱江建材市场、富凯建材市场，面积5.5 万多平方米，入驻经营户 200 多户，均形成各具特色专业市场，诚信服务各地商家。

第二章　商业营销

第一节　批发与零售

社会消费品零售总额 1996 年，全区社会消费品批发零售总额为 4.04 亿元。随着社会经济发展，社会消费品零售总额迅速增加。至 2005 年增加至 10.48 亿元，比 1996 年增长 1.6 倍。

餐饮·娱乐·商店和客运 建区时，商业、服务业发展滞后，至 2005 年，旅游、娱乐、商店和客运收入仅 1.26 亿元。其中，餐饮 3 698 万元，娱乐业 78 万元，商店 3 624 万元，客运 5 158 万元。从业1 409 人。

第二节　物　流

龙马潭区物流产业，是二十一世纪兴起的。2005 年，全区有登记注册的公路货运企业 15 家，个体货运企业 50 余家，拥有车辆 3 390 台，其中 500 台以上的 2 家。"三友物流集团"车辆最多，共计

800 多台。水路运输企业 4 家，拥有船只 30 余艘，当年货运量 509 万吨，其中公路货运 499 万吨。物流产业从业人员 400 人。全区积极建设三大物流基地：一是高坝物流中心，主要依托泸州国际集装箱码头、中海油、北方化学公司、鑫福化工等企业；二是安宁物流基地，主要依托泸州火车北站和老窖科技园区、金健米业、维维豆奶、兆峰陶瓷、希望饲料集团等工业企业。三是城北物流基地，主要依托一批专业批发市场商品进出以及城市日用品配送等进行建设。此外，积极培育"第三方面"的物流企业，主要是公路、水路运输各 1～2 家，面向西南辐射全面的大型物流企业，逐步形成川南物流中心，四川二级物流枢纽。

第三节　对外贸易

出口贸易　出口贸易业务始于 2001 年，至 2005 年全区有出口资质的企业 26 户：赫克力士天普化工有限公司、泸州北方化学工业有限公司、四川北方硝化棉股份有限公司、四川维城磁能有限公司、泸州佳誉猪鬃有限公司、泸州迪邦进出口贸易有限公司、伊顿流体连接件（泸州）有限公司、喜来多（四川）食品有限公司、四川宝光药业有限公司、青岛啤酒泸州有限公司、泸州宏达有机化工厂、泸州富邦化工有限公司、中国航天科技集团公司川南机械厂、泸州市天泰生物科技开发有限公司、四川泸州市龙马晶玻有限责任公司、四川泸州金鑫活塞动力有限公司、泸州市龙马潭区宏运蔺草制品厂、泸州科氏沥青产品有限公司、泸州市成宇进出口贸易有限公司、泸州华塞商贸有限公司、四川天宇油脂化学有限公司、四川唐朝老窖（集团）有限公司、四川安美科燃气技术有限公司、兆峰陶瓷（泸州）外墙砖有限公司、四川煌盛管业有限公司、泸州科力实业开发有限公司。2001—2005 年，出口创汇额 243 万美元。出口商品主要有：四川北方硝化棉股份有限公司的硝化棉，泸州富邦化工有限公司的己二醇，赫克力士天普化工有限公司的甲基纤维素，伊顿流体连接件（泸州）有限公司的伊顿流体连接件等产品。

经济合作　主要是外商来区投资兴办合资或独资企业，至 2005 年有 7 家外资企业先后兴办合资企业 4 家，独资企业 3 家，共投资 94.8 万美元；此外外派劳务 134 人。

龙马潭区 2005 年外商投资企业情况表

表 12-2-3

项目 企业名称	外方国籍	企业类型	经营年限（年）	投资总额（万元）	注册资本（万元）	合同外资额及比例（万元）	
泸州迪邦进出口贸易有限公司	美 国	合资企业	120	45	45	11	24%
泸州永华液压器材有限公司	维尔京群岛	独资企业	12	302	259	302	100%
泸州科氏沥青产品有限公司	美 国	合资经营	30	776	388	620	80%
泸州天合花纸有限公司	韩 国	独资企业	30	27	19	27	100%
喜来多（四川）食品有限公司	香 港	合资经营	12	34	24	17	50%
伊顿流体连接件（泸州）有限公司	美 国	独资企业	—	199	199	199	100%
赫克力士天普化工有限公司	维尔京群岛	合资经营	50	5 700	1 900	740	13%
合 计			—	7 083	2 834	1 916	—

第三章 粮油购销储运

第一节 粮油收购

粮食收购 收购粮食以稻谷为主，改革前后经历了三种形式：一是粮食定购，1996—2001年，实行合同定购，由国有粮食企业与农户签订粮食收购合同，粮食收获后，农户按合同数量交国有粮食企业，国家对国有粮食企业实行价格补贴。二是粮食产业化和粮食订单收购，从2002年起进行粮食产业化和粮食订单收购工作的探索。找准品牌，狠抓基地，实行"公司＋农技＋农户和支部＋协会"产供销一条龙服务。分别在特兴、长安、石洞、胡市4个乡镇建立基地，努力做好产前、产中、产后服务，实施品牌战略。2005年，区粮油贸易公司在胡市镇、金龙乡建立优质稻种植基地，与农户签订订单66.67公顷，品牌为"德旺牌大米""德旺牌香米"。三是2005年开始颁发《粮食收购许可证》，对符合条件的粮食经营、加工企业、转化用粮企业和个体粮食经营者颁发《粮食收购许可证》43个，促进了全区粮食收购工作有序进行。

粮食收购价格几经变更，1996—1999年，省上制定指令性定购价，其间，粮价波动不大。1996年粮食定购价格（1公斤中等粮食下同）：小麦1.36元、稻谷1.42元、玉米1.44元、标一米2.14元。1999年，小麦1.32元、中籼杂交稻谷1.28元、中籼常规稻谷1.18元、1年以上（含1年的陈稻谷、玉米收购价），按比同级当年产新粮每公斤低0.06元。从1997年开始，逐步减少粮食定购计划。对定购计划外的粮食，实施保护价收购（全市统一价格）。是年，每公斤中等粮食收购保护价：小麦1.28元，中籼杂交稻谷1.34元，玉米1.32元。1999年：小麦1.24元，中籼杂交稻谷1.10元，早、中籼常规稻谷1.00元，玉米1.10元（1年以上陈稻谷、玉米每公斤低同等新粮0.06元）。从2000年起，不分粮食定购价、保护价，统一为粮食收购价。其中，2001年，中等粮食收购价：小麦0.96元，稻谷1.04元，全省玉米退出保护价收购范围。2002年，粮食收购价格全面放开。2002—2005年，订单农业不断发展，粮食企业与农户签订订单收购粮食时，其价格由粮食企业按随行就市原则自主确定。4年所签订优质稻谷收购价格与一般杂交稻谷的价格比例分别为1.4：1，1.4：1，1.5：1，1.5：1。2005年，国家决定对重点粮食品种实行最低收购价。早籼稻三等最低收购价每公斤1.40元，中晚籼稻三等每公斤1.44元。按照五个等级执行，等级差为每公斤0.04元。当市场价低于最低收购时，由国家指定的国有粮食企业挂牌敞开收购。收购价格高于销售价格的差额，由国家财政补贴。2004年起，为调动农民种粮积极性，中央采取对种粮农民进行粮食直补政策，由地方财政直接兑现。1996—2003年，全区粮食定购数为5.28万吨，实际完成5.4万吨，超额1284吨；2004年、2005年，实行粮食直补政策，两年定购数为2.5万吨，实际完成5.57万吨。

油料收购 全区耕地有限，农民种植油料作物不多，历年收购任务都未完成。1996年，市下达本区收购计划350吨，完成169吨，占48.29%。1998年起，油料收购放开，至2003年，未下达油料收购计划，只下达目标任务。2004 年，仅完成 10 吨。2005 年计划 200 吨，完成 38 吨。

1997—1998 年，油菜籽收购执行国家指导价格，每公斤中等价 2.60 元，等级差上下浮动 10%。1999 年，中等价 2.40 元，等级差 0.10 元。2000—2001 年中等价 1.80 元/公斤，等级差为 0.10 元。按"购得进、销得出、不亏损"的原则，允许上下浮动 10%。2002 年起，油料收购价格彻底放开，由企业按照随行就市原则自主确定。

第二节　粮油销售

粮食销售调拨　按上级下达计划实施，1996—2005 年共销售粮食 15.25 万多吨，满足了群众需要，维护了社会稳定。其间 1996—2000 年 4 月，粮油按计划供应：根据国家粮食部颁布《市镇粮食供应办法》，规定居民口粮按劳动力类别、年龄大小等定量，归户计算，凭证供应。户籍、人口、工种变动时，凭户口证办理增减、转移手续。粮食供应分为 4 类定量，特重体力劳动 24 公斤/月，3 周岁以下儿童 3.5 公斤/月；城镇居民 12.5 公斤/月；机关单位职工 13.5 公斤/月，细粗粮搭配按 70% 大米、30% 面粉比例供应。蔬菜基地菜农每人每月供应 5～7.5 公斤，具体数量由菜农将每月种植面积上报核定下达供应计划，细粗比例，按菜农的田土面积情况确定。1998 年蔬菜市场放开，停止菜农粮食供应。食用植物油实行计划供应，非农业人口按每人每月供应菜油 0.25 公斤；商业用油按营业额核定计划或随粮配售。机关、学校、企事业等非经营性单位用粮、油，按月提供计划由区粮食局审批。

龙马潭区 1996—2005 年粮食销售调拨计划表

表 12 - 3 - 2 - 1

年度 \ 项目	市下达计划（吨）	完成实绩（吨）
1996	1 销售定购粮　10 500 2 调拨定购粮　1 855 1997 年 3 月追加　250	3 095　　占计划　37.38% 全年销售市场粮　15 782 其中口粮　13 706
1997	1 调出小麦　1 250 2 调入小麦　3 821 3 调入大米　500 4 粮食销售　10 800	361 7 008 全年销售市场粮　12 880
1998	销售定购粮　7 300	全年销售市场粮 4684　其中：大米　1 454 小麦　765 大豆　1 415 杂粮　1 050 调入　844 调出　952

续上表

项目 年度	市下达计划（吨）	完成实绩（吨）
1999	销售定购粮　12 500	四个收储公司完成 5 919　其中：小麦　625 大米　3 046 杂粮　2 247 粮贸公司销售市场粮 2741　其中：小麦　1 400 大米：　319 大豆：　2 杂粮　420
2000	销售　9 000	国有粮食购销公司完成　10 339 其中：小麦　1 549 大米　8 580 红粮　210 粮贸公司销售市场粮　1 599
2001	销售　7 500	全年销售点　11 831　　其中：小麦　768 大米　11 056 红粮　7 粮贸公司销售　105
2002	销售　26 871	全年销售市场粮（含老粮稻谷　19 371） 分品种： 小麦　1 056 稻谷　25 629 红粮　146
2003		全年销售市场粮　11 616 分品种： 小麦　57 稻谷　11 503 红粮　56
2004	销售　10 000	全年销售市场粮　21 677（全部是社会粮食企业） 分品种：　小麦　86 稻谷　21 560 玉米　30 红粮　1
2005	销售　11 500	全年销售市场粮　43 750（社会粮食企业纳入报表） 分品种：　　稻谷　33 346 小麦　7 782 玉米　346 其他　2 276

油脂销售　1996—2000年4月，按照居民供应及有关政策规定下达销售计划，5月至2004年粮食流通体制改革后，未下达油脂销售计划。2005年，市下达油脂销售目标任务200吨，完成739吨。主要是《粮食流通管理条例》颁布后，加强了对全社会粮油企业的管理，增加了王氏批发市场经销商销售。

粮食销售价格　1996—1997年，政策性粮食销售价格实行省级政府定价，分级管理。1997年市粮食局根据国粮办〔1997〕38号文件精神，发出《禁止国有粮食企业降价销售粮食的紧急通知》，泸州市执行全省统一粮食最低批发价，最低零售价。

龙马潭区1997年大米销售最低价格表

表12-3-2-2　　　　　　　　　　　　　　　　　　　　　　　　　　单位：元/公斤

价格 标准	零售价		系统内批发价		系统外批发价	
	产　区	销　区	产　区	销　区	产　区	销　区
标一米	2.40	2.46	2.20	2.30	2.36~2.38	242~2.44
标二米	2.28	2.34	2.08	2.18	2.24~2.26	2.30~2.32
特　米	2.54	2.60	2.34	2.44	2.50~2.52	2.56~2.58

注：1. 产区胡市、石洞、特兴；2. 销区小市、高坝、粮贸公司；3. 袋装特米批零价按散装价加包装费

1998年实行顺价销售，市物价局、粮食局对产、销区粮食批发价实行定价。市粮食局确定胡市镇为产区，其余为销区，1999年起，由各企业按照随行就市原则制定销售销价，2002年起，粮油购销价格全面放开。

粮食批发准入制度　1998年，根据国务院和省上规定对从事粮食批发业务实行粮食准入制度。凡具备规定条件的单位和个人，经县以上粮食行政管理部门审查批准，发给粮食批发准入证，再由工商行政管理部门发给营业执照，并在税务机关办理税务登记后，方可从事粮食批发业务，准入证由省局统一制发。

城镇居民粮油供应　1993年前，全区城镇居民的口粮和食油，按劳动差别、年龄等定量供应，落实到人。每户发一本"城镇居民粮油供应证"，居民凭证定点购买。1993年，经销粮油的个体商户增多，粮食、食油均可在市场自由购买，凭证供应已无实际意义。2005年5月1日起，按国务院规定，本区全面取消城镇居民粮油计划供应，实行40多年的粮油计划供应制度彻底废除。

专项粮食供应　军米、退耕还林粮均由天绿粮油购销有限公司供应：2002—2003年全区退耕还林面积1500亩，每亩年供应粮食150公斤；2004年起，国家对退耕还林农户直接进行现金补贴。救灾、救济、扶贫粮食供应，1998年，市两次下达全区150吨和25吨救灾粮计划。由区民政局分配下达救灾粮计划25吨到各乡镇，灾民出资购买。1999—2005年，未出现大的自然灾害，没有使用该指标。

处理陈化粮、老粮和高价位粮食　2000年12月20日前，全区对1.08万吨陈化粮（稻谷1.04万吨、小麦352吨）进行了处理，2002年处理全部老粮，次年开元粮食有限公司库存576吨高价位粮处理完毕。

第三节　粮食储运

仓储工作　1996 年 7 月，区粮食局下属有 4 个粮站，12 个储粮所（点），全区粮油库存平均 3 万 ~5 万吨。在粮食流通体制改革过程中，强化仓储工作。一是采用低温、低湿、低药储粮办法，运用生物、物理、化学原理防治害虫。二是实行责任管理制，保管员、验质人员对入库粮油负质量、数量的责任。入库后，实行责任管理制和岗位责任制。保管、防治、检验人员按各自的岗位制负责到底；责任人员离开岗位时，实行离岗交接，做到上不清下不接。三是严格执行粮油检查、检测制度，严格按照限定日期检查检测粮温。

龙马潭区日常检查检测粮温期限表

表 12－3－3－1

储量类别	粮温低于 15°（含 15°）	粮温高于 15°
安全粮	15 天内至少 1 次	10 天内至少 1 次
半安全粮	10 天内至少 1 次	5 天内至少 1 次
危险粮	5 天内至少 1 次	1 天 1 次

储备粮·存粮　1997 年，在石洞镇张家祠修建省粮食储备库，容量为 1.5 万吨。2000 年，经省上验收交付使用。粮改后划为开元粮食有限责任公司资产。1996—2005 年，国家对各级储备粮食进行严格计划管理。包括中央储备粮、甲字粮和省级、市级、县（区）级储备粮。1999 年，市下达周转库存粮计划（原粮）1.03 万吨，随后又下达周转库存粮计划 1.08 万吨，超储部分由财政进行超储利息费用补贴。区粮食局、财政局及时将计划分解到 4 个粮食收储公司，确保计划完成。

龙马潭区 1996—2005 年粮食库存统计表

表 12－3－3－2　　　　　　　　　　　　　　　　　　单位：吨

项目 年度	定购粮	市场粮	平价周转粮
1996	3 899	4 431	3 237
1997	4 970	5 702	（老粮）1 945
1998	11 401	7 526	1 945
1999	收储公司商品粮粮贸公司商品米	18 343	223
2000	国有粮食购销公司	17 287	—
2001	全区	17 287	—
2002	全区	7 371	—
2003	全区	7 724	—
2004	全区商品粮	稻谷 5 268	—
2005	全区商品粮	10 355	—

第四章 供销合作商贸

第一节 供销系统经营单位

农资公司 1996年6月，原泸县农资公司分流职工23人到区内，7月独资组建区农资公司，12月，公司实行集体协商、集体合同制度，2002年，依法宣告破产。

日杂公司 1996年6月，原泸县日用杂品公司（含草席公司）整体划归龙马潭区，7月，更名区日用杂品公司。11月注销泸县草席公司，次年8月，日杂公司实行集体协商、集体合同制度，2004年4月，依法宣告破产。

土产公司 1996年6月，原泸县土产公司（含棉麻公司、废旧物资回收利用公司）整体划归区内。7月，更名区土产公司，1999年12月，注销物资回收利用公司，土产公司更名土产物资回收公司，2002年10月，依法宣告破产。

综合贸易公司 1996年6月，原泸县供销社综合贸易公司整体划归龙马潭区，7月，更名区供销社综合贸易公司。次年10月，实行集体协商、集体合同制度。2001年11月，依法宣告破产。

医药公司 1996年6月，原泸县医药公司整体划归区内。7月，更名区医药公司。2000年6月，区政府发出通知，要求建立强化为农服务新体制，先后改制和新组建四川天寿药业有限公司、兴欣药业有限公司、双江农业生产资料有限公司、源通日用杂品有限公司、聚源土产物资回收有限公司、丰绿农业开发有限公司、乐民烟花有限公司，这些公司均为股份制企业。10月公司实行集体协商、集体合同制度，11月，医药公司改制。

基层供销合作社 1996年7月，由原泸县胡市供销社划出海潮、高寨，石洞供销社划出云龙、茅坝，兆雅供销社划出特兴、长安、奎丰分社及原市中区的小市、鱼塘、罗汉3个供销社划归龙马潭区，组成胡市、石洞、特兴、小市、鱼塘、罗汉6个基层供销合作社。2000年后，相继依法解体。

第二节 农资经营

实施绿色服务工程 1996年10月，区供销社认真贯彻执行国务院指示精神，发出关于实施"绿色工程"的意见，农资系统和基层社职工积极行动起来，努力学习农资业务技术知识。同时深入农村村组，具体帮助村民学习掌握科学施肥，防治病虫害技术。是年，帮助村民完成配方施肥、病虫防治各1333.33公顷，地膜覆盖333.33公顷，建小康示范村2个。1997—1998年，绿色工程完成配方施肥6213.33公顷，化学除草6393.33公顷，病虫防治1066.66公顷，地膜覆盖面积2286.66公顷，建小康示范村14个、庄稼医院19个、村综合服务站66个，向农民进行科普宣传9.65万人次。

组织化肥供应 供销系统把搞好农资经营作为中心工作来抓，区供销社经常强调提高经营管理质量，落实责任制，确保农民利益不受损害。农资部门面对市场，深化改革，积极应对。首先调整机构，减员增效，调出职工3人，划出门市实行承包经营3人，鼓励停薪留职3人；石油业务交职工家属承包；将原有科室重新组合，集中精力，抓好中心。二是扩大采购范围，保障农资供应。1999年，重新在泸天化厂、川天化厂派驻工作组，巩固和恢复多家厂商关系，完成了泸天化、川天化股份公司、中泰硫磷公司、内江工程塑料厂的合同签订，意向性地与泸州化专氮肥厂、泸县化肥厂、鸿鹤化工厂、重庆农药厂等供货单位建立合作关系，为全区农业生产备足货源，保障了及时供应。把绿色服务工作落到实处。

龙马潭区1997—2005年农业生产资料销售统计表

表12-4-2

项目 年度	农资销售			化学肥料			销售农药 （公斤）
	销售总值（万元）	农药械（架）	农地膜（吨）	销售（吨）	氮肥（吨）	磷肥（吨）	
1997	1 936.4	1 035	25.76	22 844	18 663	2 874	413518
1998	842.3	283	19.32	29 196	20 138	7 638	296147
1999	625.5	—	10.25	35 671	6 926	1 959	39 925
2000	668.6	—	—	15 676	12 997	1 637	31 753
2001	754.9	—	12.01	10 114	8 193	1 118	27 504
2002	527.7	—	9.07	6 692	5 612	567	15 097
2003	801.0	—	13.62	14 370		1 785	6 856
2004	963.3	—	14.80	9 436		1 420	34 075
2005	758.8	—	11.70	8 499	—	1 298	8 913

第三节 农产品收购

20世纪80年代初，国家放开二类农副产品管理，由于供销社经营机制未转变，加之开放政策不配套，市场竞争不平等，呈现出畅销农副产品多家抢购，滞销产品无人问津，一度造成农民砍果树、毁茶园情况。供销社经营农副产品份额逐年减少，受到多方限制，至90年代末，供销社农副产品购销机构已名存实亡。后经体制改革，供销社致力于参与农业产业化经营，积极发展以供销社为依托的各类专业合作社和专业技术协会，建立商品基地，助农增产增收。

龙马潭区1997—2005年农副产品收购统计表

表12-4-3　　　　　　　　　　　　　　　　　　　　　　　　　　　　　单位：万元

项　目 年　度	商品购进总值（万元）	其　中
		农副产品（万元）
1997	5 537.4	141.9
1998	4 293.7	17.5
1999	2 293.2	15.0
2000	4 390.9	9.6
2001	6 263.4	8.2
2002	6 513.4	—
2003	7 193.6	—
2004	7 426.2	—
2005	8 002.5	—

第四节　日用品经营

　　1998年9月，区供销社发出《关于大力开拓市场的意见》。次年12月，市盐业公司、区物价局、区供销社召开座谈会达成共识：根据全区蔬菜腌制加工和年宰用盐多的实际，由市盐业公司提供散装食盐给各基层供销社供应市场。市盐司调给基层社的散装加碘食盐调拨价每吨935元，基层社零售价每吨1 160元。1999年，个体商业迅猛发展，加之日用消费品经营和价格全面放开，对供销社巩固、拓展市场阵地形成严重挑战。供销社自身经营管理和经营方式尚未完全摆脱传统模式的束缚，使形势更加严峻。多年来因政策因素所背历史旧账和人员包袱沉重，致业务萎缩。21世纪初，主要的日用工业品、日用杂品、副食品（除食盐）等基本上处于停滞状态，效益低下，负债增加，各基层供销社相继被迫依法破产。

龙马潭区1997—2005年主要生活日用品销售统计表

表12-4-4-1

项　目 年　度	日用生活资料消费品总值（万元）	铁锅（口）	食糖（百公斤）	卷烟（百条）	酒（百公斤）	食盐（百公斤）
1997	1 382.2	7 822	850	7 096	139	22 052
1998	1 936.8	3 155	432	238	370	1 699
1999	1 113.8	—	3 798	1 190	3748	9 264
2000	2 015.3	—	2 801	4 213	14 194	14 248
2001	3 325.2	—	2 417	3 561	27 294	7 857
2002	2 360.7	—	—	—	—	10 868
2003	1 586.3	—	—	—	—	5 300
2004	1 542.6	—	—	—	—	2 961
2005	1 192.3	—	—	—	—	21 976

注：销售总值增加主要是药品销售

龙马潭区 1997—2001 年主要工业日用品销售统计表

表 12 - 4 - 4 - 2

月份 年度	自行车 （辆）	电灯泡 （百个）	电视机 （台）	电风扇 （台）	洗衣机 （台）	电冰箱 （台）	各种布 （百米）	各种服装 （件）	洗衣粉 （百公斤）
1997	40	235	420	648	171	31	1 467	4 453	2 183
1998	28	513	263	577	67	—	80	3 930	63
1999	20	721	167	566	125		211	8 230	308
2000	8 601	—	1 854	1 783	1 207	190	1 199	15 059	4 921
2001	960	—	2 481	2 624	1 770	180	4 837	11 917	4 844

第五节　烟花爆竹经营

　　烟花爆竹是由国家专控，供销社专营商品。1996—2004 年 4 月，归口区日用杂品公司经营。按"谁主管、谁负责"和"管经营、管安全"的原则，日杂公司经理和批发部、经营部负责人相应承担辖区范围安全责任。采购员、押运员、仓库保管员、门市营业员分别负责各自岗位的安全工作。2004 年 4 月，区乐民烟花爆竹有限公司成立，烟花爆竹归乐民公司专营，是年 5 月至 8 月区安全办公室、供销社、工商分局等单位多次联合发文或由区政府办公室批转强调加强烟花爆竹生产、经营安全管理。乐民烟花爆竹有限公司根据上级文件精神，对公司内部调运、储存、销售环节进行周密布控，完善规章制度，严加管理。对销售网点，从严监督。至 2005 年烟花爆竹生产、储存、销售环节，均未发生重大事故。

第五章　专营商品购销

第一节　烟草专卖与管理

　　专营商品主要反映烟草和石油，烟草由国家颁布法令，宣布国家专卖，并由国家专卖机构管理和经营。石油未立法专卖，但石油的生产和商业营销，由国家石油公司垄断。

　　烟草专卖　1996 年，区划调整后，经国家专卖局批准，组建区烟草专卖局、四川省烟草公司泸州市龙马潭区公司，两块牌子，一套人马。区专卖局领导体制是："统一领导，垂直管理，垄断经营"。即区专卖局的业务经营活动，直接受市专卖局领导和管理，具体体现在货源由市专卖局配送，盈亏由市局统一核算。因此，其任务主要是依法行政，加强专卖管理工作，扩大卷烟销售，为上缴国家更多利税作贡献。

专卖管理　国家颁布《烟草专卖法》《烟草专卖管理条例》，宣布国家对烟草商品实行专卖政策，由国家专卖机构垄断经营。区专卖局成立后，通过各种形式，对专卖法规进行深入宣传。提高卷烟经营户守法观念和自我约束意识。在此基础上，加强专卖管理工作力度，采取以下举措。首先加强烟草市场管理工作，1996年，区专卖局对辖区内的烟草专卖零售许可证，实行限期全部更换，初步清理了市场。次年，要求取得烟草专卖委托批发许可证的企业，要在规定范围内从事烟草制品批发业务。取得烟草专卖零售许可证的企业或个人，要在当地烟草专卖批发企业进货，并接受专卖行政管理部门的监督和管理，不得销售非法生产的烟草制品和从事烟草制品的非法经营活动。否则一经发现，一律予以没收。2000年，学习重庆、武汉经验，全区推行专销结合、户籍式管理模式。具体办法是抓"五个一"基础工作。即一户一证、一户一号、一户一卡、一户一书、一户一档。同时，区专卖局加强内部管理，在系统内部进行专卖法规教育，要求职工不得参与制造销售假烟等违法活动，否则将受到严肃处理。1999年2月，区专卖局实行专卖管理目标考核责任制。2002年，要求网点送货人员做到"五统一"，即送货人员标志统一、零售摊点标志统一、送货统一、价格统一、摆放统一。2003年，内部实施人事用工制度改革，按照公平、公正的原则和条件，竞争上岗，调动了干部、职工的积极性。其次加强专卖执法，整顿市场。1996年12月31日，由市政府发通告，关闭小市中码头非法卷烟批发交易市场。1999年8月，区政府组织有关执法部门对沱江、上码头、王氏商城卷烟交易市场予以取缔。次年9月1日，召开卷烟经营户会议，区政府明确宣布，限时取缔沱江、王氏商城、小市上码头卷烟自由批发市场。对市场上销售走私烟、假冒烟行为，组织力量狠狠打击。并加强路查路检。部署远程情报系统，配合有关部门协同作战。1998年9月，查获陈某无证运假烟案，对其非法运输60件翡翠烟按市场批发价总计6万元的25%罚款；其余22件伪劣烟全部没收，集中销毁。同年，区专卖局在公安、工商、技监等部门配合下，查获浙江温州在全区的10余家连锁店贩卖"中华""玉溪"等六七种假烟。1999年，查获王氏商城内非法卷烟800多件、沱江市场30多件。并在几个市场周围的农家、住所、租用房等端掉窝点17次，共查获假冒香烟800多件，罚款67万元。2000年，区专卖局成立稽查大队，壮大打私打假力量。2004年，破获违法案件258起，查获卷烟887箱，其中假冒卷烟398箱，罚款95万元。2005年，先后查获假冒卷烟1032件，移交公安机关案件4起，刑拘7人，有效遏制了卷烟市场非法经营活动。

龙马潭区1999—2005年专卖管理情况表

表12-5-1-1

项目 年度	违法案件（起）	查获卷烟（件）	查获假冒卷烟（件）	罚款数（万元）
1999	53	5 516	—	107
2000	—	—	—	—
2001	665	2 000	291	150
2002	665	2 000	291	150.4
2003	1 800	1 600	—	150.4
2004	1 128	1 173	—	91
2005	828	1 765	1 032	95.2

烟草营销 由于专卖系统的领导体制决定，区专卖局无组织货源任务，其主要工作是促进卷烟销售。一是进行卷烟市场的网络建设。1996 年，区专卖局开始试行网点建设，次年，开办自选商场，3 月，在胡市、石洞、鱼塘、罗汉自建批发网点 4 个，直供 411 个零售单位（户）。是年，建立起"以我为主、调控市场、垄断经营"的卷烟销售体系。依靠自己的网络，面向千家万户，实现了"全面防销、全面配送、专销结合、访销结合、微机管理"的新型经营形式。2003 年，为了提升网络运行质量，实行"电话订货、网上配货、电子结算、现代物流"的现代流通形式，访销员角色也逐渐转换为市场客户经理。区专卖局以"上海网建"为目标。努力实现传统商业向现代流通转变。2005 年末，辖区内持证经营户2 146户，电话订货率 100%，成功率 97%。电子结算户 1 145 户，占全区零售户的 53%，电子结算成功率97%，基本实现两电工作的规范管理。二是川烟市场的培育与销售。进口烟、外省烟（主要指云贵烟）在辖区市场畅销，相反，川烟走势较差。因此，专卖局在完善自建网络基础上，狠抓川烟市场培育，在川烟各厂家的支持下，与西昌卷烟厂联合向特约经营户发放卷烟零售专卖柜，同成都、什邡、泸州等烟厂开展联营，在泸州宣传促销；在特兴市场上设连销店，积极培育川烟市场。1997 年，专卖局将胡市、石洞、罗汉 3 个委批点改为批发点。次年，借网点收回重建之机，分别进行 3 次什邡、成都烟摸奖促销活动和开展"心连心"活动，密切了厂商关系，增加销售额。2002 年，区专卖局制定《川烟重点培育品牌推广方案》和《考核奖励措施》，增强了客户对川烟的经营积极性，川烟营业额明显上升。2005 年，销售三类卷烟 2.55 万箱，占总销量 40.13%，比上年增长 29%。利税显著增加。

龙马潭区烟草公司 1999—2005 年经济运行情况表

表 12 -5 -1 -2

项目 \ 年度	销售收入（万元）	销售卷烟（箱）	销售川烟（箱）	销售娇子（箱）	销售单箱（箱）	销一、二、三类烟（箱）	上交利税（万元）	利润（万元）
1999	7 180	14 500	7 300	—				11.7
2000	—	—						
2001	6 352	11 082	5 255	—	5 374	3 452	135	254.87
2002	8 940	66 048	27 400	—	1 396.3	28 941		555
2003	8 055.7	62 003	—	—				
2004	8 703	59 125.8	23 945	—	1 332.7	30 561.3	—	1 603
2005	10 300	63 643	20 329	15 10	1 396.3	30 044	1 150	1 801

第二节　石油供销

1996 年建区时，区未成立石油经营机构（石油公司）。市场的石油（成品油）供销业务，由中国石油天然气股份有限公司四川泸州销售分公司直接经营。市公司在区境内安宁、鱼塘、罗汉、石洞、胡市等地设置 10 个加油站（供应点），货源由市公司配送，供应的方针是为工农业生产、为人民生活服务。加油站服务人员约 60 名，每日 24 小时营业，供应项目有车辆用油、农业用油、城乡人民零星生活用油，年销售量 2.5 万吨。1996 年以后，石油供应在规格和数量方面做到保障需要、供应及时，未发生过货源短缺现象。

第十三篇 交通运输 邮政 电信

1996 年至 2005 年，区内交通运输业实现从量变到质变的飞跃。由碎石路发展到高等级公路、高速路乃至铁路，由出行难变为"村村通"，架起一道道富民桥。推动着区域经济发展和人民生活改善，促进农村小康的实现。邮政与 150 多个国家、地区建立通邮关系，经营范围扩大，路网增加，邮递更加方便快捷。信息网络发展突飞猛进，全区相继建立电信、联通、网通、移动、铁通等多家公司，业务覆盖城乡各地。手机进入寻常百姓家。电子政务在机关单位普遍开展，实现办公无纸化、传递快速化。

第一章 交通运输综述

第一节 机 构

1996 年建区时，建立交通局。行政编制 9 人，其中工勤人员 1 名，内设办公室、财务审计股、计划工程股、安全生产股、战备办公室。直管单位有区公路养护管理段，路政大队，收费公路管理站、渡口管理站。代管单位有市分支机构区运输管理所、航务管理所（地方海事处）、交通稽征所。局领导设正职 1 名，副职 2 名，历任局长：易先炳、张征宇、谢林。

第二节 事业发展

公 路 建区时区内有 321 国道线 1 段，长 20.24 公里（2001 年后改为省 219 道）；省道 1 段，长 13.94 公里（二级）；区道 3 段 21.24 公里（四级）；乡道 7 条 34.7 公里（四级占 60%），专线 12.5 公里（四级）；村道 11 条 54.3 公里（等外级），共 156.92 公里。2005 年公路发展到：国道广成线 1 段 12.46 公里（沥青路混凝土）；省道 2 段 34.18 公里（高等级）；区道 5 条 88.23 公里（水泥路）；乡镇道 23 条 142.04 公里；村道 256 条（段）303.08 公里（水泥路、砂石路、泥路），共 579.9

公里。10 年增加 423.07 公里。

客 运 建区时，有客运站 3 处，即小市汽车客运站、泸州沱江客运站、石洞客运站。至 2005 年新发展客运站 6 处：回龙湾汽车客运站、泸州超长客运中心站、泸州汽车客运总站、四川王氏集团泸州客运中心站、长安乡客运站、鱼塘客运站。全区客运企业有区汽车运输公司（原泸县国营车队）、四川宏运（集团）运输有限公司（原泸县二车队）、石洞运输有限公司、胡市水陆运输公司、区公共交通有限公司。建区时 5 个客运企业共有客车 1 034 辆，2005 年发展到 3 574 辆，管理人员由 105 名增加到 240 名，驾驶员由 1 250 名增加到 4 085 名，分别增长 2.45 倍、1.28 倍和 2.26 倍。

货 运 建区时，有货运单位 15 家，货车 1 680 辆。到 2005 年全区货运企业有三友物流运输集团有限公司、平安运输公司、利普运输有限公司、神龙运输公司、宏成物流有限公司、鱼塘汽车队、鸿安物流有限公司、宏发货运部、宏图物流、永泰运输有限公司、太极物流信息有限公司、八达物流、缘源通物流有限公司、华宇物流有限公司、国耀货运、四通运输有限公司、世达运输、环宇物流、四祥物流有限公司、长宏物流有限公司、鑫星网络技术有限公司、鑫利鸿运物流有限公司、江北运输有限公司、兴新货运有限公司、宏鑫水陆运输物流有限公司、大发汽车队、卓越运输有限公司、万达货运信息部、万通物流有限公司、金麒麟运业有限公司、恒利物流有限公司、金盛物流有限公司、顺利物流、城际通货运有限公司、正华物流有限公司、发财货运部、蓝天物流中心、龙驰川粤物流服务中心、鼎盛汽车运输有限公司等 173 家，车辆增加到 4 016 辆，其中危险品车 199 辆。车辆管理人员由 1 780 名增加到 2 860 名，驾驶人员由 2 010 名增加到 4 820 名。年货运量由 183.5 万吨增加到 437.6 万吨。

第二章　陆路交通运输

第一节　铁　路

铁路修建与运营 途经区境的隆泸铁路于 1988 年 12 月破土动工，1992 年 12 月建成通车。初期，曾开通客运至成都，因客量过少，不久停运。1993 年 4 月开通货物临时运输，全长 55.4 公里，区境内 29.43 公里。全线设泸州安宁、福集、嘉明北 3 个货运营业站。泸州安宁站年运量约 50 万吨，收入 1 000 余万元。1994 年 10 月开办一票直通运输，1996 年 1 月至 2005 年 12 月，累计完成运量 650 多万吨，收入 4 亿元。2001 年 1 月，通过改制，泸州铁路有限公司挂牌成立。2002 年，争取国债投资 6 800 万元，对线路进行技改，更新所有旧钢轨，整治全部线路，次年技改完成，提高了运营速度和安全系数。泸叙铁路于 1999 年 11 月 18 日动工，全长 160 公里，区境内 7 公里，2007 年 10 月建成通车，通过沱江铁路桥与江阳区连接。

第二节　高速公路

西南地区（泸州）出海南通道—隆纳路段约 70 公里高速公路列入国家"九五"重点建设公路干线。1994 年投资近 20 亿元修建隆纳高速公路，工程分期进行，1999 年完成第一期工程—泸隆段 53 公里，2000 年全线贯通。

区内有高速公路北至泸县界，南至江阳区沱江三桥中心，长 12.46 公里，其间建有沱三桥、打磨滩桥、张坝桥、雪螺山桥 4 座大桥长 813.1 米；胡市立交（中）桥长 100 米，小桥 5 座长 223.5 米。建涵洞 44 处，大、中、小桥路基均为 25 米，沥青路面宽 23.5 米。桥梁负荷载重，汽车超 20 级，挂 120。原泸隆公路 321 国道于 1999 年改为省道，隆纳高速公路改为 321 国道。投资 7.8 亿元修建隆纳高速公路泸州连线（胡市—红星）约 4 公里，1995 年 3 月动工，1997 年 4 月底完工，包括原泸隆路 321 国道改造。同时完成中间隔离带绿化。

第三节　路网建设

为贯彻落实市委、市政府《关于加快地方三级路网建设的决定》，区委一届十次全委会议作出《关于加快交通基础设施建设的意见》。区交通局制定"九五"计划及 2010 年公路建设规划。区政府于 1999 年 8 月中旬组织乡镇村党政主要干部到乐山、巴中、青城等参观学习三级路网建设经验。8 月 25 日召开 2000 多人的三级干部誓师动员暨捐款大会，确定目标任务：一年内把全区 48 公里外环线建成水泥路，从小市—鱼塘—罗汉—奎丰—长安—永寿—石洞—双加 42 公里处—金龙—官渡—胡市—檬子垭—齐家—迎宾大道一段，总长 71 公里。用两年时间使全区 90% 以上的村，60% 的社建成水泥路，50% 的户道路面硬化。全区公路建设总里程 224.5 公里（列入三级路网 48 公里）；其中石洞镇 48.2 公里，金龙乡 38.5 公里，胡市镇 36 公里，安宁镇 31.5 公里，特兴镇 25.7 公里，鱼塘镇 13.5 公里，罗汉镇 21.1 公里。区政府与各乡镇签订目标责任书，实行目标管理。乡镇及时召开誓师动员大会，分解任务，并与各村签订目标责任书，分级管理。为保证路网建设的工程质量，区政府和职能部门采取统一测绘设计，统一质量标准，统一技术监测，统一检查验收和公开、公平、公正招投标，坚持谁受益、谁负担的原则。各乡镇建立健全路网建设领导机构，加强领导，带领广大村民齐心协力，大办交通，通过两年多的艰苦努力，三级路网和村社户道建设顺利推进，各项指标任务按期完成。到 2002 年，累计投入交通建设资金 7 800 万元，建成沥青（水泥路）61 公里，改造水泥路 48 公里。投资 2 084 万元，新建和改造村、社公路 166.5 公里。投资 2 168 万元，完成水泥路 45 公里。投资 1 040 万元，完成水泥混凝土或石板路户道 161 公里、使 8 870 户的路面硬化。全区公路通车里程由建区时 156.92 公里上升到 469.6 公里。乡镇 100% 通水泥公路，72% 的村通水泥路，公路通村率由 68.6% 上升到 100%，社通公路约占 62%。长安乡、村、社连通公路，户道硬化约占 55%；安宁镇阳高村 8 个社 310 户，总投资 140 万元，修建村社公路约 10 公里，宽 4～8 米，厚 15～20 厘米水泥混凝土路面。公路到户率 80%，户道路面硬化 20%，该村实现社社通公路，户户通石板路，减轻人力运输，促进旅游业发展；莲花池街道办事处关口社区（原鱼塘镇关口村），投资 37 万元，对 11 个社 350 户路面硬化、村社干道 1.2 米、户道 0.60 米水泥板辅成，方便人畜运输。区政协主席赖朝祥、办公室主任赵胜清利用节假日及星期天为民办好事实事，解决红星办事处长桥村历史性出门难问题，赖负责筹集资金和思想工作，赵负责技术指导，组织动员捐款50余万元，投劳折款20万元，修路涉及3个村，17个社，约1 000户，建成10公里户道，宽1.2米，厚8厘米水泥混凝土路面。后有100余户建新房，购买摩托车30多辆、架车200多辆，推动产业结构调整、促进经济发展。一个以连通乡镇为主线，村社为支线，户道为终端的交通枢纽网络建成，1999年区评为市三级路网建设先进单位。石洞镇、特兴镇和金龙乡被评市三级路网建设先进乡镇。

龙马潭区2005年公路一览表

表13-2-3
单位：公里

编号	行政等级	路线名称	起点名称	讫点名称	总里程	技术等级	路面类型	修建时间	改建时间	涵洞（处）
总计					579.99					866
一	国道				12.46					44
1	国道	广成线	沱江三桥	泸县界	12.46	高速	沥青混凝土	2000年		44
二	省道				34.18					61
1	省道	隆渠路	泸县界	沱二桥北	20.24	二级	沥青表处	1938年	1984年	25
2	省道	泸盐路	泸县界	关口	13.94	二级	水泥混凝土	1957年	1999年	36
三	县道				88.23					304
1	县道	泸荣路	岔路口	七星庵	3.64	二级	水泥混凝土	1953年	2004年	10
2	县道	泸富路	小市	海潮界	56.25	四级	水泥混凝土	1976年	2000—2005年	191
3	县道	中胡路	中伙铺	胡市	18.20	四级	水泥混凝土	1995年	2001年	78
4	县道	三回路	三一队	回龙湾	1.444	二级	沥青表处	1938年	1994年	—
5	县道	胡沱路	胡市	沱二桥	8.60	高速	沥青混凝土	2000年		25
四	乡道				142.04					457
1	乡道	小互路	小市	互助村	3.48	四级	水泥混凝土	1989年		14
2	乡道	红胡路	红星	胡市	14.28	等外	砂石	1998年		47
3	乡道	长河路	长桥	河嘴	5.73	等外	砂石	1997年		26
4	乡道	关胡路	关口	胡市	9.17	四级	水泥混凝土	1994年	2000年	27
5	乡道	安鱼路	安宁	鱼塘	6.53	等外	砂石	1998年		46
6	乡道	安胡路	安宁	胡院子	18.03	等外	砂石	1998年		62
7	乡道	石鱼路	石洞	鱼塘	7.25	等外	砂石	1998年		23
8	乡道	石特路	石洞	特兴	9.59	四级	砂石	1995年		56
9	乡道	双罗路	双加	罗基坎	3.72	等外	水泥混凝土	1965年	2000年	2

续上表

编号	行政等级	路线名称	起点名称	讫点名称	总里程	技术等级	路面类型	修建时间	改建时间	涵洞（处）
10	乡道	鱼瓦路	鱼塘	瓦房	4.19	四级	水泥混凝土	1978年	2001年	23
11	乡道	河鱼路	河湾	鱼坝	6.06	等外	砂石	1998年		25
12	乡道	洗丘路	洗脚溪	丘坪	3.49	等外	水泥混凝土	1987年	2000年	4
13	乡道	石光路	石梁	光辉	2.47	等外	水泥混凝土	1986年	2000年	9
14	乡道	上群路	上庄	群丰	3.74	等外	水泥混凝土	1986年	2000年	9
15	乡道	红十路	红庙子	十八厢	1.08	四级	水泥混凝土	1986年	2000年	4
16	乡道	沟五路	沟头	五福	6.6	等外	砂石	1998年		36
17	乡道	向先路	向前	先里埂	5.61	等外	砂石	1999年		24
18	乡道	金桥路	金龙	桥头	4.87	等外	砂石	1999年		20
19	乡道	曹程路	曹坝	程河	6.12	等外	砂石	1999年		—
20	乡道	黄程路	黄桷坪	程河	4.72	等外	砂石	1999年		—
21	乡道	三阳路	三溪	阳高	4.31	等外	水泥混凝土	1975年	2001年	—
22	乡道	大踩路	大冲头	踩断山	4.18	等外	水泥混凝土	1997年	2001年	—
23	乡道	石红路	石堡湾	红庙子	6.82	四级	水泥混凝土	1938年	1984年	—
五	村道	256条			303.08	等外	水泥路、砂石、无路面	1997—2003年	1999—2003年	—

第四节　桥梁涵洞建设

公路桥　区内公路四通八达，桥梁逐渐增多。2005年全区有公路桥63座，其中大桥9座，中桥12座，小桥42座，人行桥194座。

【沱江大桥】　全长363.30米，跨沱江，空腹式石拱桥，桥跨组合为7～40+20m，中心桩号为K60+600，1960年8月建成，1983年加宽桥面。2002年对2#墩基础采用砼护基加固。现由城管局管理。

【沱江二桥】　原名百子图大桥，北端位于红星街道办事处境内，跨沱江，为钢筋混凝土肋拱桥，长418米，桥跨组合为5～76米，中心桩号K59+681，1994年建成，是年4月18日通车，是沟通南北的主桥之一。

【沱江三桥】　原名龙西大桥，是龙马大道沟通泸州半岛的主桥之一。2003年11月始建，2006年竣工，跨径米/孔100+148+100，主桥长368.9米，预筋砼空腹式、钢架拱，桥宽6车道24米，人行道 2x5 米，2007 年 7 月验收合格。

【高速路大桥】 初名沱三桥，在胡市金山村四社，跨沱江，钢筋混凝土肋拱桥，长 520 米，高 20 米，宽 25 米，中心桩号 K1814+500，跨径米/孔，446/5。设计荷载汽车－超 20 级，建于 2000 年，通高速路。

【打磨滩大桥】 位于胡市镇金山村五社。桥长 113.5 米，高 8 米，宽 25 米，水库跨泄洪道，钢筋混凝土肋拱桥。中心桩号 L1815+900，跨径米/孔，93/2，设计荷载汽车－超 20 级。建于 2000 年，连通高速路。

【雪螺山大桥】 位于金龙乡雪螺村 1 社，长 107.6 米，高 8 米，宽 26.5，中心桩号 L1824+860，跨径米/孔，82.6/2，设计荷载汽车－20 级，2000 年建成。

【胡市大桥】 是泸富公路上一座空腹式石拱桥，长 122 米，高 15 米，宽 8 米，中心桩号 K52+655，跨径米/孔，92.6/2，汽车－20 级，1978 年建成，该桥通车后，海潮至胡市乘汽车只需半小时。

【张坝大桥】 位于金龙乡塘坡 5 社，长 72 米，跨溪流，空腹式石拱桥，高 9 米，宽 26.5 米，中心桩号 K1823+720，跨径 40 米/孔，设计荷载汽车－超 20 级，2000 年建成。

【特凌桥（得龙桥）】 是泸永公路上第一道桥梁，50 年代中期将原人行桥改建为汽车桥，长 36.5 米。1999 年 12 月公路改道新建特凌桥（得龙桥），长 118 米，高 18 米，宽 12 米，中心桩号 K35+500，跨径米/孔，85/3，设计荷载汽车－20 级。成为四川泸州至重庆的一座重要公路桥梁。

【胡市立交桥】 位于广成线，胡市（转盘）钢筋混凝土立交桥，长 100 米，高 6.4 米，宽 26.5 米，中心桩号 K1816+545，跨径米/孔 80/4，汽车荷载 20 级，2000 年建成。

【官渡大桥】 位于龙马潭区金龙乡，横跨濑溪河。由于河水较深，来往人多，渡船、浮桥及码头设施存在严重的安全隐患。2000 年，市、区政府决定修建公路桥。由省交通厅公路规划勘察设计研究院设计，四川路桥建设股份有限公司承建。2001 年 4 月 8 日开工，2002 年 3 月 18 日竣工。技术标准汽车荷载 20 级，挂 100，5 孔预应力钢筋混凝土空心板桥，全长 139.12 米，宽 8 米。总投资 298.5 万元。

另有公路小桥 42 座，长 1 253.3 米；其中解放前修建 2 座，桥长 51 米；1950 年至 1995 年修建桥梁 12 座，长 318.2 米；其余的 28 座长 884.1 米，均建于 1999—2005 年三级路网建设期间，上接县（区）道，下联乡、村社公路。

人行桥 分布在乡间溪河上，连接两岸，方便行人和人力运输。原人行桥多为石桥，是当年绅士动员群众投劳、捐钱而建。1950 年后，公路基础设施建设发展，将人行桥逐步改建或新建成公路桥梁。保存古桥 159 座。建区后，新建人行桥 35 座，其中水泥桥 29 座，石板桥 6 座。

涵 洞 区内建公路同时修建涵洞 866 处，建区前修建 105 处，建区后加快交通基础设施建设，新建涵洞 761 处。涵洞的主要作用：一是公路连接（向纵深发展）；二是为公路排水；三是修建公路不截断水源；四是通过涵洞引水灌溉。新建泸盐路 13.94 公里（泸永路），同时建涵洞 36 处；新建区道 5 条，长 88.23 公里，建涵洞 304 处；新建乡镇道 23 条，长 142.04 公里，新建涵洞 457 处；在 1988—2003 年三级路网建设中，新建村道 256 条（段），长 303.08 公里，新建涵洞 604 处。

第五节 公路养护

公路养护管理有专业养护道班 3 个,工人 16 名,负责区道 88.23 公里(5 条段)和区境内省道 S307 线泸盐路(泸永路)42 公里,高等级水泥路养护管理;并对乡镇道公路 23 条(段)142.04 公里指导养护管理。养路段承担区道和部分省道的养护管理任务,好路率、综合值在全市检查评比中名列前茅,多次获省、市、区主管部门奖励和表扬。

龙马潭区 1996—2005 年公路养护管理情况统计表

表 13 - 2 - 5

年度 \ 项目	省道		区道	
	好路率(%)	综合值(%)	好路率(%)	综合值(%)
1996	80.15	80.21	71.32	75.59
1997	95.5	86.7	91	83.3
1998	91	83.3	72.8	70.9
1999	97.5	88.1	71.2	71.3
2000	100	89.6	71.2	71.3
2001	100	95.55	72.3	73.96
2002	92.3	88.6	82.42	73.77
2003	100	93.7	83.3	74.7
2004	93.5	80.5	84.5	74.6
2005	91.2	73.3	83.5	73.33

第六节 规费征收

运输管理所 区运管所财务征费股负责全区车辆规费征收解缴,负责办理税务代征代收工作。严格执行交通部、财政部、国家发展计划委员会、国家经济委员会和《四川省道路运输管理条例》规定,向群众公示收费文件和收费标准,严格依法征收,财务收支手续完备,数据准确。会计凭证、账薄、报表等档案资料齐全,管理到位。

公路收费管理站 建于 1996 年 7 月 1 日,是区交通局自收自支事业单位。内设办公室、财务科、票据管理室、稽查处、监所室、收费所(辖鱼塘、立石收费站)。公路收费是经省交通厅、财政厅、物价局批准,从 1996 年 1 月起收取车辆通行费,至 2006 年 12 月 21 日止。后经省政府同意泸州对省道 307 线泸盐路泸州段全长 44.7 公里收费还贷公路项目进行整合，再经川交公路同意收取车辆通行费还贷，至 2028 年 6 月 30 日。10 年来，收费呈上升趋势，2004 年比 2003 年上升 2.94%，2005 年比 2004 年上升 3.06%。由于坚持依法收费、文明收费，收费站年年被市、区交通局评为先进单位。2004 年区委、区政府命名为安全文明单位。

龙马潭区 1998—2005 年运管费征收统计表

表 13－2－6 单位：万元

年　度	运管费征收
1998	176.16
1999	185.96
2000	194.06
2001	166.10
2002	189.81
2003	265.29
2004	307.15
2005	429.15

稽征所 区交通稽征所组建于 1997 年 3 月，受市交通稽查收费处和区交通局双重领导。5 月 1 日，成为省属行政事业单位。实行以省为主，省、地（市）、县（区）交通部门多重领导。区稽征所工作人员 5 名：所长、支书、副所长各 1 名、职工 2 名。稽征所代表国家及地方依法履行征收辖区内机动车辆的公路养路费，客、货运输车辆附加费，车辆购置附加费，2001 年费改税为代征。2003 年 6 月起，为市政府代征沱江二桥管理通行费，将稽征所人员和业务划转国税部门，稽征所依法征收车辆税。全区有客车 3 270 辆，货车 4 016 辆，征费率 100%。征公路养路费：1997 年收 854 万元，2005 年收 2 218 万元，比 1997 年增收 1 364 万元。征收货运附加费：1997 年收 178 万元，2005 年收 473 万元，比 1997 年增收 295 万元。征客运附加费：1997 年 57 万元，2005 年收 457 万元，比 1997 年增收 400 万元。农用车征收养路费，1997 年未征，2005 年收 70 万元。

第七节　车辆运输

2005 年，全区有客货运输企业 178 家，其中客运 5 家（二级企业 1 家）；货运 173 家，拥有营运客货运输车 7 590 辆，其中客车 3 574 辆，客运车 1 781 辆，宏运集团公司 260 辆，长龙集团公司 446 辆，石洞运输公司 85 辆，胡市运输公司 20 辆，区公共交通有限公司 500 多辆，农村小客车 70 多辆，的士车近 400 辆，还有轿车等。客车中超长客运车 78 辆，开行广州、浙江等 6 个省市 12 条超长客运线路；货车 4 016 辆。有汽车维修企业 168 家，其中一类企业 4 家、二类 24 家、三类 140 家。汽车客运站由 3 个发展到 9 个，其中二级站 4 个、三级站 2 个、农村站 3 个。有搬运装卸 488 家，运输服务

49 家，从业 826 人。年征收公路运输管理费 150 余万元。

客运企业 【宏运（集团）运输有限公司】 系一级企业。始建于 1996 年 8 月，率先创建民营股份制企业，到 2002 年底，扩股收购四川泸州运通有限公司、合江九支运输有限公司等四个法人股东。开创了泸州至广东沿海和福建等超长客运，后又开辟泸州至厦门、泉州超长线路。1996 年新建广东中山西区沙朗车站，是全省运输企业首创。公司有总资产 1.02 亿元，净资产 6 138.4 万元；客车 260 多辆，其中高客 46 辆，主要经营泸州到广东（中山、番禺、斗门、珠海、顺德）、福建（厦门、泉州）等省超长客运线路。省内有泸州至成都客运线路 39 条，其中超长线路 10 条，年运送出川旅客 15 万人次。并涉足旅游、餐饮、建筑、宾馆等产业。2000 年投资 500 余万元，在城北新区蜀泸大道新建一座 16 层宏运综合大厦，集旅客吃住行乐为一体，大力发展超长客运、旅游客运。1996 年省交通厅授予道路客运优质文明服务竞赛优胜企业和道路客运先进单位；1997 年评为全省一类一级道路运输企业；并被交通部授予优秀 QC 小组称号。1996 年起年年被评为区交通系统先进单位，获安全一、二等奖，被区税务局评为纳税大户，获安全生产管理工作一等奖。2000 年省公安厅、财政厅、工商局、国税局、地税局联合授予守法诚信单位；1998 年至 2004 年评为区支行信誉等级 AAA 企业；2003 年被市工商局授予守诚信重质量先进单位；2004 年被省交通厅授予创建超长客运优质文明服务示范单位；2005 年初经市运管处检查验收，省交通厅复查验收泸州至福建优质文明超长客运线合格。公司董事长兼总经理王开有从 1997 年至 2004 年曾 3 次被省交通厅授予交通系统优秀企业家和授予宏运公司明星企业称号。公司年行驶 859 万公里，其中超长线行驶 857 万公里，短线行驶 2 万公里。年客运班车 4 230 班次，其中广东线 2 864 班次，福建线 1 366 班次，安全运送旅客 16.3 万人次；全年收入 4 177 万元，其中客运收入 3 577 万元，服务站收入 251 万元，物业收入 31 万元，企业收入首次突破 4 000 万元大关；上缴国家税费 320 万元。创建泸州至福建优质文明超长客运线，优质文明服务示范车 34 辆，安检站 4 个，驾驶员 34 名，窗口 3 个，修理厂 1 个，科室 2 个。各项优质文明服务含量，经省交通厅、市交通局检查合格。

龙马潭区 1996—2005 年客运量统计表

表 13 - 2 - 7 - 1

项目 年度	客运量（万人次）	客运周转量（万人公里）
1996	1 013.73	27 121.96
1997	1 002	25 499
1998	742.4	1 025.95
1999	878.2	1 025.95
2000	933.1	4 476.8
2001	1 010.4	49 790.4
2002	1 050.4	49 895.4
2003	1 091.8	53 060
2004	1 083.8	63 368
2005	1 157.8	63 580

【四川泸州长龙运业集团有限公司】 创建于 2002 年 4 月,同年 12 月道路运输获交通部二级客运企业资质,被"中国道路运输协会"批准为协会会员,2004 年评为四川省"服务质量明星企业",同年被省政府安全生产委员会评为"全省交通旅游业安全生产先进单位"。集团公司坚持"安全、诚信、高效、创新"理念,以服务旅客,服务社会为宗旨,重质量、讲诚信,连续 4 年取得安全、效益双丰收。公司下设 3 处 1 室、6 个分公司。主要经营泸州至广东东莞、深圳、潮阳、龙岗、中山、顺德、番禺,南海、浙江绍兴、新疆昌吉、云南昆明、贵州贵阳及成都、重庆等跨省市、超长高速旅游客运线 83 条、960 班。集团公司拥有客运车 446 辆,二级客运站 1 个,一类修理厂 2 家,公司总资产1.18 亿元。

客运站 建区时有 3 个客运站,2005 年发展到 9 个。其中:二级 4 个,三级 2 个,乡镇客运站 3个,年客运量 1 157.8 万人次。发展农村小客车 271 辆,实现通公路的村皆通客车。创建了小市至永寿农村客运文明运输线 1 条,回龙湾客运站获区级文明单位。主要客运站有:

【小市汽车客运站】 建于 20 世纪 50 年代,位于回龙街 16 号,隶属原国营泸州汽车运输总公司,2002 年改制为泸州市川泸运业有限公司(属二级客运站)。1988 年 11 月站房扩建,1992 年 3 月竣工。站房占地 7 043.98 平方米,办公楼 4 983.98 平方米,售票室和候车厅 1 022.1 平方米,发车场为混凝土地面 2 060.64 平方米。

【泸州沱江客运站】 地处回龙湾几大商贸批发市场集散中心,1996 年 10 月投资 450 万元改建成客运站,占地 4 000 平方米,其中候车厅 105 平方米。2001 年 2 月被省运管局核准为开放性三级客运站,日接送川内外客运车辆 211 班,39 条运行线路,日客流量 3 000 人次以上,满足了广大乘客及商家需求,同时营造了安全、公平、有序的良好客运市场环境。客运站内设站长(经理)室 1 人,综合办公室 3 人,场地指挥 6 人。沱江客运站从建站至今,无论机构设置、人员编制,还是规章制度,都严格按照安全、高效、低耗、优质等现代企业的制度运行。做到生产安全和优质服务,从建站至 2005年,无安全责任事故发生,确保交通方便,货物流通,促进客运站与各运输市场共同发展。

【王氏客运中心站】 地处龙南路 26 号。按国家一级站标准设计建设,于 1998 年 9 月建成营业,经省交通厅批准为国家二级汽车客运站。占地面积 2 万平方米,其中发车场 1.2 万平方米,候车及售票大厅 3 000 平方米,站前广场 2 500 平方米。有员工 61 人(其中再就业职工 35 人)。客运中心站设客运科、安全稽查科、财务科、经理办公室。客运中心站一直把安全和服务质量作为头等大事来抓,各项管理制度,应急预案,组织机构齐全。各种软、硬件设施完善,管理到位,2004 年 11 月被评为省级"文明汽车客运站",成为清洁、文明、规范、安全的行业窗口。运行省内外线路 60 多条,其中超长线路 27 条。

王氏客运站 1998—2001 年经营情况表

表 13-2-7-2

项目 年度	班次	客运量(万人)	年度	班次	客运量(万人)
1998 年	27 804	40.9552	2002 年	132 030	139.9827
1999 年	119 920	124.5723	2003 年	134 102	147.2000
2000 年	125 781	129.3767	2004 年	130 815	161.3122
2001 年	129 679	135.1786	2005 年	136 178	170.2626

【农村客运站】　有石洞客运站,属自收自支的股份制企业,实行企业化管理。该站于 2000 年 1 月动工,同年 6 月 30 日竣工投入运行。占地 0.68 公顷,建站房 9 502 平方米,车场 4 430 平方米,总投资 100 万元。按国家二级客运标准修建。车站配备有先进设备,高档音画设备,有舒适的住宿、停车环境和繁华的各类商业部门,集客运、商贸为一体,是面向社会全方位开放公用型汽车客运站。主要为客运经营者提供发车场所、车辆源头安全管理服务;为旅客提供候车环境,以公开、公平、公正为服务宗旨;保护参营车辆和旅客合法权益,创建良好的客运秩序。长安乡客运站和鱼塘客运站相继在 2005 年建成投入运行。

货运企业　【泸州三友物流运输集团有限公司】　为省三级企业,建于 2002 年 10 月,注册资金 1 008 万元,公司有集装箱、自卸车、大货车、罐装货车共 1 080 辆,其中危险品运输车 100 辆。有管理人员 40 人,公司业主有 1 100 多人,总资产达 1 亿多元。下属公司有:泸州三友汽贸公司、区三友实业有限公司、区世荣汽车修理厂、泸州三友运输集团赤水办事处、泸州三友物流运输集团自贡分公司、泸州三友物流运输集团泸州港分公司、泸州三友物流运输集团泸县分公司。公司总部位于龙马大道三段,建有办公大楼、停车场、汽车展场,汽车修理厂。占地近 2 万多平方米。建成初具规模的现代汽车交易市场。公司上交国家税金:2001 年 71 万元;2002 年 79 万元;2003 年 100 万元;2004 年 140 万元;2005 年 200 万元。三友集团与中国人民财产保险公司、中华联合财产保险公司、天安财产保险公司、大地财产保险公司、太平洋财产保险公司等签订了货物、车辆、驾驶员人身保险常年合同。同时为中保、中华、天安、大地和太平洋公司车辆、货运、人身保险代理人。常年为中海沥青(四川)有限公司、泸州科氏沥青有限公司、泸州长江工程集团公司、泸州老窖股份有限公司、泸天化集团股份有限公司等大型单位提供运输服务。其经营范围:普通货运、危险品货运(液氨、酒、汽柴油、氧气、乙炔、硝化棉、液氯、碱)、货运站服务、货运代理、货运信息服务、汽车销售服务(江淮、王牌、十通、春兰、三环、欧曼)。集货运仓储、货运装卸、货物检选及加工服务为一体,实行多功能、现代化、规模化集约经营。按省二级资质货运企业要求和 ISO9001 质量标准进行管理。其理念是客户至上,以人为本,诚信经营,科学管理,效益至上。是区委、区政府、区运管所、市交警确定的三大优秀企业之一和先进集体、区级文明单位。

【泸州市平安运输公司】　属集体企业,建于 1993 年 9 月,开展货运、代理车辆财产保险,购车分期付款等业务。公司有各种货车 326 辆,年代理保险费收入 600 万元,2003 年来年年投放 1 000 万元,为有开车技术无资金来源的运输户垫付购车费,同时办理分期付款手续。公司有固定办公楼,员工 14 人,有轿车 2 辆,注册资金 666 万元。2001 年有车 323 辆,2005 年发展到 808 辆,其中垫付款车 519 辆,垫付款 4 559.84 万元。2005 年总投入 2 908.8 万元,比 2001 年增收 1 746 万元;上交国家税收 175.9 万元,比 2001 年增加 146 万元,增长 54.1%。1999 年来连续 7 年被市工商局评为"守合同重信用"企业,2001 年来连续 5 年被区政府评为"纳税大户"。其客户主要分布在泸州、宜宾、贵州、云南等地,年货运量 700 多万吨。公司是泸州规模大、综合实力强的货运企业之一,具有抗风险能力。

【泸州市七星运业有限公司】　在石洞镇,原系泸州市七星车队,2004 年 2 月经核准登记注册,注册资金 50 万元,有大小货车 400 余辆,其中危险货运车 60 辆,从业 100 余人,总资产 600 万元。

下设市七星运业有限公司泸州分公司（汽车销售），其办公室和停车场占地 8 000 多平方米。被评为全区道路交通安全先进单位、纳税先进单位。

第八节　车辆维修

区内机动车维修企业 232 家，其中一类企业 5 家，二类 32 家，三类 195 家。运管所认真做好维修行业市场布局、网点配套，核发许可证和年度审验等工作。提供经济技术信息、咨询服务，组织经验交流和技术培训等工作。同时对维修工进行培训和职业技能鉴定工作。2002—2003 年培训维修工 200多人，领取维修从业资格证 170 人。龙马潭区是全市汽车配件市场最多的区，有从事汽配销售商 500余家，满足汽修需要，坚持"五不出车"，提高出车率，增加经济效益。

世荣汽修厂　占地面积 500 平方米，机具齐全，有员工 18 名，其中管理人员 4 名，技工 14 名，年均修理客车 30 辆，货车 30 ~ 40 辆，小车 50 ~ 60 辆，年均收入 60 余万元，上交国税 3.6 万元，地税 0.4 万元，利润 2.5 万元。

泸州市龙马潭区运输有限公司（长龙一分公司）修理厂　位于迎宾大道一段 118 号。总占地 1 万平方米，其中厂房 4 000 平方米，各类机具齐全，有员工 55 名，其中管理人员 6 名，技工 35 名，其他人员 14 名，对内修理，年均客车二级维护保养 1 060 辆次，小修客车 8 000 余辆次。确保公司 100余辆客车做到"五不出车"，提高了安全出车率和经济效益。

第九节　驾驶员培训

机动车驾驶员培训主要有蓝泰公司驾校，建于 2001 年 9 月，培训基地在石洞镇原 321 国道 46 公里处，占地 34 万平方米（4 公顷），场内有校舍、考场、食堂、小卖部、绿化带等，训练场面积 2.96万平方米。有教职员工 40 人，其中管理人员 13 人，理论教员 3 人，教练员 24 人。有教练车 39 辆，其中大客车 4 辆、大货车 20 辆、桑塔纳车 4 辆、北京吉普车 7 辆、川路车 2 辆、摩托车 2 辆；教学用透明教具 2 套，电教板一套，投影仪一套以及交通标志图、汽车零部件挂图等。开设有 A、B、C、D、E 型车培训班和增驾 A 照、B 照培训班。是泸州市唯一一所教学设备设施和培训车型最齐全的驾校。2002 年 7 月至 2003 年 5 月，投资 200 多万元对培训基地教练场、教学楼、食堂、教学配套设施、绿化等全面改造。各种设施更加完善。不断强化内部管理，坚持以"规范管理、服务第一"的办学宗旨，狠抓职工队伍建设。在教学中，坚持执行交通部颁布的《教学大纲》，造就一支职业道德好、专业知识强、培训技术精、优质服务工作人员、学科老师和教练员。在办学资质、教学设备设施、教学管理、安全管理等方面，均达到驾校的标准。2003 年在全省驾校资质评审中，获一类驾校资质。2004、2005 年驾校整顿验收中，获一类驾校资质。5 年来教学质量一年上个新台阶，学员毕业考核合格率 100%。教职工职业道德水平不断提高，无违纪、违规、乱收费行为，无学员投诉、无媒体曝光、无重大安全责任事故发生。2005 年被市道路运输协会吸收为常务理事单位，被市运管处授予"教学、教育、服务、质量社会满意学校"；被市政府授予"泸州市再就业先进单位"称号。同年 7 月组团参加全区机动车驾驶员安全法规知识竞赛活动获团体第二名。在经营中，做到依法经营，公开、公示培训项目、收费标准和依法纳税。2002 年至 2005 年向国家纳税 300 多万元，连续 4 年获区政府"纳税先进单位"称号。5 年间，为全市交通运输输送 1.1 万名合格驾驶员，其中 2001 年 1 145 人，2002 年1 906 人，2003 年 2 012 人，2004 年 2 855 人，2005 年 2 946 人。

第十节　人畜运输

人力运输　由于交通运输业快速发展，运送物资主要靠车辆。但在一些不通车辆的地方和车站、码头、仓库等处必须用人力转运，从事短距离搬运或装卸工作；城市市民装修新房，需要人力挑运砂石；在车站、码头需要人力挑运行李和货物；部分企业单位需要人力短途运输和装卸。区内从事短途运输人员约 2 000 多人，运输工具主要是板车、竹筐、扁担，农村人力运输尤为重要。

畜力运输　20 世纪 70 年代后期，畜力货运多被机动车取代。党的十一届三中全会后，城乡经济迅猛发展，1998 年全区实现小康。农民建楼房急剧增加。为解决农户无公路，运输建房材料难，部分农民购买驮马，帮助农村建房户运砖瓦、水泥、砂石等，减轻人力运输。原农村无人养马，至 2005年全区养马 400 多匹，为农村建楼房户有偿服务。

第三章　水路交通运输

第一节　航道和港口渡口

航　道　区内有长江、沱江、濑溪河、龙溪河河流 4 条，响水沱水库 1 座，通航里程 102 公里。其中长江龙马潭段 20.5 公里，从王爷庙—陡坎子，属三级航道，由长江泸州航道局维护建设管理，最枯水位通航能力达 1 000 吨级。沱江 19.1 公里，濑溪河境内流长 18.97 公里，龙溪河境内流长40.79 公里，由自贡航道队维护建设管理，响水沱库区航道 3 公里，属库区管理。

港　口　【泸州国际集装箱港口（码头）】　位于高坝工业园区中海沥青（四川）有限公司专业港口（码头）上游 150 米，一期工程于 2002 年 12 月 18 日竣工运营，总投资 1.4 亿元，占地 26.67 公顷，有货场 10 万平方米，仓库 2 500 平方米。码头前沿设 40T－25M 低架门机 1 台，后方货场设 40T－30M 龙门吊车 1 台，另配有拖挂车 3 台，平板车 4 台，50T 汽车吊 1 台、ZT 叉车 6 台专业装卸运输机械，设计年吞吐量 5 万标箱，拥有 1 000 吨级直立式泊位 1 个和滚装、散货码头 1 座、转运方便快捷；海关监管验查等口岸配套设施完善，从港口装船可直达长江沿岸各城市港口并出口海外。根据船舶吃水量，靠离码头安全等因素，码头前沿线顺水流方向成直线布置在 217 米等深浅附近，与水流方向大致平行。2005 年 5 月 22 日，全省工业工作会议在泸州召开，省委书记张学忠、省长张中伟率与会代表参观建设工地，张学忠对中海油落户四川给予高度评价。他说："中海油这样的大企业来泸州投资建厂，一开始就重视防治污染，这一点很值得我们的企业学习，在长江沿岸的企业能不能增加竞争力，防治污染非常重要，既要抓经济效益更要抓社会效益。"

【中海沥青（四川）有限公司专业港口（码头）】 位于泸州集装箱码头下游150米。根据油品装卸作业特点和码头自然条件，港口采用浮码头型或由铜趸船、活动钢引桥、钢联桥、阀室平台和接岸引桥组成。厂区占地18.67公顷，于2003年3月18日动工修建，仅用8个月时间建成年产值超10亿的大型化工企业。2004年6月19日竣工交付使用。港口共有3个1 000DWT油泊位，年吞吐量65万吨，从上游往下游依次布置有1#、2#、3#，油泊位，泊位间距25米，总长325米，3个油泊位钢趸联桥相互连接。根据船舶吃水和靠离安全等因素，码头前沿线顺水方向直线布置在217米等深浅附近，与流水方向平行。根据货种、船型及航道现状条件，港口综合通过能力为83万吨/年，随着泸州与重庆航道条件改善，港口通货能力将达到98万吨/年。

渡 口 全区现有货运码头12座：长江村、长通公司散货码头、朝天门、洞宾亭、二道溪、罗汉基地、集装箱、市一航司、王爷庙、新货场、鑫福化工、中海沥青原油。其中，公用码头3个（集装箱、王爷庙、新货场）；其余均是企业专用码头。经营单位8个：北方化工、长通公司、市一航司、市国资公司、泸州老窖、市航务局、鑫福化工、中海沥青。其货运码头，危险品吞吐量大，居全省第一。主要危险品有原油、碱、沥青、柴油、轻腊油、硝化棉、民用化学品及爆炸品。国家、省投资50%、市30%、区20%，共投资80余万元，修建龙口子等11个乡镇客运码头，改善乘船条件，确保水上交通运输安全。

龙马潭区2002—2004年新建渡口统计表

表13-3-1

年度 \ 项目	渡口名称	渡口位置
2002年	龙口子客运码头渡口	胡市镇
2003年	白塘浩客渡码头渡口	特兴镇
2003年	中坝客渡运码头渡口	特兴镇
2003年	长江村码头渡口	罗汉镇
2003年	罗汉客渡运码头渡口	罗汉镇
2004年	大码头渡口	安宁镇
2004年	洞子上北码头渡口	胡市镇
2004年	洞子上南渡码头渡口	胡市镇
2004年	官渡码头渡口	金龙乡胡市河边
2004年	黄桷坪客渡码头渡口	沱江边
2004年	狗脚湾客渡码头渡口	胡市镇沱江边

市政府对16个主要渡口分别命名：长江有罗汉、龙溪口、长江村3个；沱江有中码头、犁渊坎、观斗山、木岩、大码头、白沙嘴、狗脚湾、黄桷坪8个；濑溪河有洞子上、鱼儿滩、马脚滩、落旗滩4个；龙溪河有龙马潭公园1个。

第二节 水路运输

区内有船舶的乡镇7个，客船39艘，432吨，514.95千瓦，842客座；货运船舶37艘，3.5万吨，2.45万千瓦；非运输船舶228艘，趸船4艘，游船19艘。

龙马潭区2005年船舶机械统计表

表13-3-2-1

单位名称	客渡船（艘）	货运船（艘）	运力（吨）	千瓦	客座	备注
胡市水陆公司	33	—	354	482.55	714	
罗汉镇	1	—	40	32.4	48	
龙马潭景区	1	—	8	—	—	人力横渡
金龙乡	2	—	12	—	20	
胡市镇	2	—	18	—	60	
南京油运公司	—	32	31 688	23 040	—	
三庆公司	—	2	2 636	1 056	—	
乡镇自用船	—	100	—	—	—	生产船
渔船	128	—	—	—	—	
游船	19	—	—	—	—	
囤船	—	4	2 501	—	—	水上加油站

胡市水陆运输公司拥有客轮运输船舶33艘，354吨，共482.55千瓦，714客座；2001年客运量26.94万人次，旅客周转量164万人/公里；2005年客运量为38万人次，旅客周转量225万人/公里。

龙马潭区2001—2005年航务管理客、货运量统计表

表13-3-2-2

项目 年度	客运量（万人次）	货运量（万吨）	旅客周转量（万人/公里）	货物周转量（万吨/公里）	港口吞吐量（万吨）	集装箱	
						吨	TEV
2001	26.94	20.78	164	1 268	23.65	—	—
2002	25.90	11.46	160	675	28.43	—	—
2003	35	10	219	533	15.28	20 223	1 655
2004	47	9	323	1 975	56.82	121 151	8 535
2005	38	9.37	225	11 898	92.92	278 300	21 475

罗汉客渡运码头有客船1艘，40吨，32.4千瓦，48个客座位；龙马潭公园1艘横渡船8吨，人力横渡旅客进出园区；其他各景区有游船19艘，为旅客旅游服务；金龙乡、胡市镇各有义渡船2艘，负责行人安全横渡。

辖区内有货运船舶37艘，3.5万吨，2.45万千瓦。水路运输主要货物有煤、原油、成品油、集装箱（含危险品集装箱），泸州市危险品进出港量居全省第一，主要有酒精、四氯化碳、氯化钡、润滑油基础油、馏份燃料液、对硝基甲苯、磷酸、空气泡、乙醇、乙醚、硫磺等。货物主要流向是长江三角洲，2005年货运量9.37万吨，货物周转量1.12亿吨公里。运输服务业有南京油运公司拥有32艘货物运输船，3.17万吨，2.3万千瓦；三庆公司有2艘货物运输船，2 636吨，1 056千瓦。为泸州货物进出港服务。

第四章　安全与战备

水陆安全坚持"安全第一，预防为主"综合治理方针，层层建立安全领导组，健全各类安全责任和管理制度，实行目标管理，加大检查和隐患整治，对违章者依法处罚，加强宣传教育和技能培训，开展安全防范活动。10年来交通事故均控制在市下达指标内，确保交通安全和社会稳定。被省、市评为交通安全先进单位。

第一节　陆运安全

1996年以后，交通局把安全生产工作放在首位，研究制定安全措施，切实对"春运""防洪""安全生产月""五一""十一"等阶段性工作加大安全检查监督。

1998年12月，成立区路政管理中队，隶属区交通局领导，属自收自支事业单位。2003年4月将区路政管理中队改为大队，内设路政办公室、巡查股、编制8名，在编5名，借调2名。路政大队成立以来，重点宣传公路的法律法规，开展路政巡查，有力控制公路两侧建筑红线，查处各种违反公路管理的法律法规案件，保护区内公路产权，保障公路完好、安全畅通。全区原有6个乡镇以路为市，几年来路政大队反复给乡镇做工作，投资新建农贸市场5个，减少和防止交通事故发生。

陆运安全教育　10年间共设宣传台310次，书写标语8 570张，发宣传资料1.87万份，举办各种培训班220期，参培2万多人次；还举办《安全生产法》知识竞赛活动，有900多人参赛。提高企业职工和船员、驾驶员的安全意识，营造"人人学安全、讲安全"的氛围。2003年投资2.8万元，整治危险路段6处，完成市下达整治计划100%；开展危险化学品运输专项整治工作，经专项验收，由原来的10家减少为5家，取缔不合格危化品运输企业5家，减少事故隐患。

道路运输管理　在超长线、高速路、旅游客车、危化品运输车安GPS卫星定位监控仪84台。对车辆实行监控。制定《道路运输重大交通事故及抢险救灾物资人员运输应急处理预案》《公路桥梁损毁抢险实施应急处理预案》等；维护道路运输市场秩序，加大对非法营运面包车、摩托车、超载车等违章行为处罚力度；开展安全生产大检查，做到边查边改，通过安全专项整治活动，减少事故发生。

安全生产责任制　2001 年落实各基层单位安全生产责任制，与企事业单位签订安全责任书，做到责任明确、任务落实；各企事业单位分别同车间班组、科室、驾售人员签订安全目标责任书 1 290 份。建立安全生产领导组 20 个，做到有人抓、有人管。交通局每年召开安全领导组会议 4 次，企事业安全例会 6 次，安全工作做到有布置、有检查、有总结。当年对春运、防洪前，开展安全生产周（月）活动，领导组成员对车站、企业、车间、渡口等重点地方进行安全检查 9 次，车站严格控制"五不出站"（驾驶员身体不适，车辆安检不合格，驾驶员酒后和不按规定配备驾驶员，车辆超载超高，天气恶劣不宜行车）安全例检和严禁"三品"（易燃、易爆、腐蚀物品）进站上车，查出未做到"五不出站"车 166 辆次，例检不合格车 1 385 辆次，油漆 165 桶，火柴 3 件，鞭炮 11 盘，礼花 470 根，农药104 件，香蕉水 1 桶，硫酸 1 桶等专运物资，避免事故发生，确保交通安全。2003 年交通局投资173.8 余万元，用于隐患整改和基础设施，为安全生产奠定基础。同时召开防非典和交通安全会议 14次，发文 46 份。投资 0.6 万元用于防"非典"消毒等。并采取四项措施确保非典期间交通畅通，做到"交通不断、人流不断、病源切断"。共出动消毒安检车 6.73 万辆，车站消毒 6 个，发班车 6.91万班次，安全运送旅客 54.82 万人次。对乘车旅客实行登记和检测体温，坚持 24 小时值班等，堵住了"非典"病人的流动。

龙马潭区 2000—2005 年路政大队清查路障统计表

表 13 - 4 - 1 　　　　　　　　　　　　　　　　　　　　　　　　　　　　　　　　单位：处

项目 年度	损坏公路及设施		违章建筑		占用公路及其留地		公路接道		超限运输		设置广告标牌	
	发生	处理	发生	处理	发生	处理	发生	处理	发生	处理	发生	处理
2000	67	67	12	12	113	113	2	2	293	293	9	9
2001	50	50	8	8	164	164	3	3	163	163	3	3
2002	31	31	—	84	84		2	2	—	11	11	
2003	18	18	—	36	36		1	1	2 101	2 101	3	3
2004	18	18	—	33	33		3	3	1 914	1 914	6	6
2005	30	30	—	14	14		1	1	981	981	4	4

春运安全　历年春运期间（40 天），建立春运领导组，层层签订安全责任书，实行目标管理。做到早准备、早安排、早落实，客运流量持续均衡，运力投放合理，车辆状况良好，驾驶员精心操作，服务质量好，无误班次、甩客、宰客现象。整个春运期间运输企业做到旅客走得了、走得好、走得安全。2000—2001 年春运，陆路运输分别投放 244 辆、258 辆，开行 2.27 万班次、2.87 万班次，运送旅客 943 万人次、838.38 万人次。其中：超长开行 827 班次、953 班次，运送旅客 35.5 万人次、35.26 万人次。两年年均客运收入 1 439.8 万元。其中超长收入 1 302.3 万元。受到省、市、区的表扬和奖励。

第二节　水运安全

建立机构落实责任　水上管理部门建立安全领导组，在水路生产营运上坚持"安全第一、预防为主"方针，认真吸取全国、全省重大交通事故教训，加大交通安全宣传，建立健全各种安全规章制度，重点对"春运""防洪""安全生产月""五一""十一"等阶段性工作进行安全检查监督，杜绝水运事故发生。查隐患促整改：2003年投资16万元，改造长江罗汉渡口客渡船1艘，提高其安全性；投资15万元，完成5处小码头基础设施建设，为安全营运提供条件；严格执行客渡船签单制，海事处建立《水上安全监督巡查制度》，加大现场检查及夜巡力度；制定《重特大水上交通事故应急预案》，做到日常管理与专项治理相结合，坚持对重点渡口、码头、逢场天、节假日实行"划片包干""严防死守"责任制，做到定人员、定责任、定码头，强化现场监控管理。

确保春运安全　每年春运前对专业运输客船全部进行检查、维修、整改。2001年春运期间，运管所、区运输公司、石洞运输公司分别在水路上检查和自查船舶684艘次，纠正违章船39艘（次），查获非客船载客4艘，没收3艘，处罚1艘。企业同驾驶员签订安全责任书807分，监管部门与船长（负责人）签单开船。强化宣传，书写标语844条，散发安全资料900余份，大横幅10幅，办春运版报3期，促进春运工作圆满完成。

第三节　事　故

建区后，安全生产均在市政府规定下达的万公里控制指标之内。1996—2005年，全区共发生各类交通事故114起，其中重大安全事故两起：2000年8月20日上午8时45分左右，因暴雨后河水猛涨，金龙乡官渡渡口临时人行航桥两端沉没，49名行人落水，5人死亡。2001年12月24日，泸州宏运（集团）运输有限公司石洞运输分公司长途客车在简阳与一辆货车相撞，10人死亡，30多人受伤。

龙马潭区1997—2005年交通事故统计表

表13-4-3

年度＼项目	事故（次）	其中			市规定指标（百万公里）		
		死亡（人）	伤（人）	经济损失（万元）	0.7%（次）	6.2%（人）	9.6%（万元）
1997	38	4	23	37.5	—	—	—
1998	27	3	23	42.12	—	—	—
1999	9	7	11	14.9	0.49	0.6	0.38
2000	11	1	4	8.3	0.54	0.19	0.19
2001	9	13	23	0.44	0.22	0.44	—
2002	10	1	3	11.29	0.48	0.19	0.69
2003	6	16	17	0.24	0.63	0.66	—
2004	3	1	12	0.11	0.04	0.08	—
2005	1	1	7	0.04	0.04	0.27	—
合计	114	47	123	114.94	—	—	—

第四节　战　备

2003年3月，成立龙马潭区国防动员委员会，下设交通战备办公室，交通局长兼任办公室主任。同时成立交通战备领导组。由分管区长任组长，区武装部长、政府办主任、交通局长任副组长，有关单位领导为成员，办公室设在交通局，由交通局长兼任办公室主任。后于8月5日成立区军警民联合保护通信线路领导小组，组长王强（区政府办主任）。副组长谢林（区交通局局长），吴云昌（区武装部军事科科长），张剑锋（区交通战备办公室副主任），高展（区公安分局副局长），陈学军（区广播电视分局副局长），陈治忠（泸州移动通信分公司综合办副主任），吴强（泸州市联通分公司网络维护部经理）。另有5名成员。办公室设在区保护通信线路安全办公室内。10月27日调整区交通战备领导小组。组长赵飞（区政府副区长），副组长游泳（区委常委、区人武部部长）、王强（区政府办公室主任）、谢林（区交通局局长）。有关10个部门、单位主要领导为成员，办公室设在区交通局，由谢林任办公室主任，张剑锋（区交通局副局长）任办公室副主任。后区战备领导组每隔5年调整一次。区机构编制委员会行文在交通局内设3名兼职交战办工作人员，区财政每年拨款5 000元作为交通战备办公室（以下称交战办）日常工作经费。按照国务院、中央军委1995年2月颁布的《国防交通条例》，实行"统一领导、分级负责，全面规划、平战结合"原则，负责辖区国防交通、通信规划、保护等工作，以确保战时和特殊情况下，国防交通、通信畅通。2002年8月起，区交战办先后制定《国防交通应急保障方案》《公路工程专业战备保障方案》《交通战备专业队伍年度训（演）练计划》，同时组建22人的客运保障中队。2003年后，每年对专业保障队伍进行调整充实。已组建客运、货运、水运、公路工程4个专业保障中队，设中队长、指导员、副中队长等共86人，年龄均在45岁以下。

战备保障运输工具有客车262辆（其中：中客车160辆，大客车102辆），驾驶员391人，救护车1辆。货车约360辆（其中油罐车21辆），驾驶员545人。同时对保障目标进行了战备勘察，形成勘察资料，制定日常维护及保障方案。每年5月17日世界电信日，开展一次保护通信线路宣传活动，营造爱线护线良好氛围。2003年，区交战办被市国防动员委员会评为"交通战备工作先进单位"。

第五章　邮　政

第一节　机　构

邮政局　建区时，全区邮政业务由驻小市的原泸县邮电局管理。实施邮政电信分营。1998年10月成立泸县邮政局后，该局只管邮政业务。2004年1月成立龙马潭区邮政局，局长张仕春、陈晓林、胡攀。局机关在小市下合道街27号，下设综合办公室、市场部、保险代理业务部、监督检查部和车队、经警队，员工52人。局机关2004年被评为省级文明单位，次年被省邮政工会评为模范职工之家。拥有生产经营车3辆，自行车8辆，邮政绿卡联网点16个，ATM（自动柜员机）3台，邮资机1台。

基层局所 建区时，原属泸县邮政局的小市、胡市、石洞3个邮电支局和安宁、齐家、双加、永寿、特兴、长安、来龙、金龙、官渡9个代办所划归市邮电局管理，鱼塘、高坝、罗汉、炭黑厂邮电所亦属市局。1998年邮政电信分营，鱼塘、炭黑厂邮政所划归小市支局，罗汉所划归高坝支局。至此，小市、胡市、石洞、罗汉邮政支局均属市邮政局直管。2004年建立区邮政局，辖石洞、高坝2个中心支局，下合道街、柏香林2个城区邮政所。区局共辖支局、所17个。即区局直辖城区邮政所、炭黑厂所、柏香林所。石洞邮政中心支局辖双加、金龙、官渡、胡市、来龙、安宁、永寿邮政所。高坝邮政中心支局辖鱼塘、罗汉、特兴、奎丰邮政所。

第二节　邮路网络

1988年，省邮电管理局调整泸州干线邮路，县区组成汽车邮路3条，全区邮件主要由泸州至隆昌邮路运送，逐日班，途经小市、石洞；1995年8月，新辟重庆—泸州自办汽车邮路，逐日班，途经石洞、安宁；1997—2003年，小市城区邮件由市局投递。继后为加快报刊邮件传递速度，增设精品报刊邮路。经多次调整，市邮局调整邮路：新辟泸州—成都精品报刊邮路，途经胡市；泸州—高坝邮路，增设水井坎邮件交接点，途经龙马潭支局、高坝、罗汉、鱼塘、医学院、警校。

干线邮路 大山坪—高坝，每日上下午各1班。途经小市、鱼塘、罗汉、高坝、特兴、长安、石洞、双加、安宁、来龙、胡市、柏香林。

城区段道 小市原为4个段道，2004年1月区邮政局成立增为7个。后城区又改为市局投递，为方便群众寄交普通信函，在下合道街、下大街22号、新街子74号、水井坎邮亭、58公里政府宿舍、天立学校、香林路、炭黑厂设置信箱，由投递员定时开启。

乡镇邮路 主要指乡镇至所辖其他乡场邮路，9个乡镇，平均5.8公里，最远的也在10公里内。

农村邮路 农村邮路指农村投递线路，即镇乡投递邮件到村社。班期为周六班，也有周二班。一般为步行班，也有投递员自备摩托车、助力车、自行车或顺路搭乘乡村客车、公交车。共49条，平均每条13.8公里，行程最远的42公里。

第三节　邮政业务

全区邮政与150余个国家、地区建立通邮关系。经营函件、印刷品、包裹、汇兑、特快专递、储蓄、报刊发行、集邮等传统业务和物流代收费、代售国债、代发养老金、代理保险、广告、零担等新型业务，收入年年增长。2005年业务总收入593.78万元。

函　件 函件业务，主要是平信、挂号信、明信片和印刷品。1986年调整信函准寄范围，书籍、报纸、期刊和教材一律作为印刷品交寄，事务性通知、稿件、提货单、请柬、征订单、协议、合同、票据、入场券、照片、报表等作为信函交寄。1991年恢复法院使用邮件回执业务，1999年推出商业信函业务，2000年开办混合信函业务。

资　费 新中国成立至1990年，普通信函（平信），一直为0.08元/封（限20克以内）。1990

年，邮政资费调整，普通信函本埠 0.10 元/封，外埠 0.20 元/封；明信片，本埠 0.10 元/张，外埠 0.15 元/张；印刷品每 100 克 0.04 元，外埠 0.08 元；信函挂号费 0.30 元/件，快件 0.80 元/件（100 克内），100 克至 500 克，每增加 100 克加 1 元；普件查询费 0.50 元/件，航空函件费每重 10 克加 0.05 元。1996 年，资费再次调整。平信不分本埠外埠一律 0.50 元/封，挂号费 1 元/件，明信片 0.40 元/片，印刷品每 100 克 0.60 元，同时取消函件航空费及普通邮件查询费。1999 年 3 月，调整为平信本埠 0.60 元/封，外埠 0.80 元/封；函件挂号费提高为 2 元/件。区邮政局成立后，2004 年出口函件 50 万件，收入 44.84 万元；2005 年出口函件 36 万件，收入 77.69 万元。

包　裹　包裹资费，1990 年前实行"一局一费"和"一区一费"制。后调整资费，民用、商品、纸质品包裹，采用不同计费标准。民用包裹按寄递里程分区核定，500 克起算，按此前标准加收资费 150%；商品包裹按调整后民用包裹资费加收 50%；纸质品包裹按寄递里程分区核定，500 克起算，按调整后的"包裹资费计费"区率计费。包裹处理费，普包每件 0.50 元，大件商品包裹每件 1 元。1996 年 12 月后，包裹资费适当提高，取消商品流通包裹、纸品包裹资费和大件商品包裹处理费。包裹每 500 克为一计费单位，按当时包裹资费例表，资费上调 50%。2004 年全区出口包裹 0.99 万件，收入 23.49 万元；2005 年出口包裹 1 万件，收入 25.31 万元。

汇　兑　邮政汇兑有普通、电报和电子汇兑。1958 年 1 月至 1990 年 7 月，汇费一律按汇款金额的百分之一收取，每笔汇款最低汇费 0.10 元（电子汇兑与普通汇款同）汇款金额在 10 元及以下一律收汇费 0.10 元，超过 10 元的，按汇款金额的百分之一收取汇费。汇款金额不足 1 元的按 1 元计算。电报汇款除按上述标准收取汇费外，每笔加收电报费 0.50 元。后汇兑资费调整：每汇 1 元或其零数收 0.01 元；每笔汇款最低汇费 0.30 元，查询费 0.50 元。1999 年，国家邮政局对超限额汇款（一次汇款 1~5 万元）业务实行简化处理。2000 年 3 月，香港与内地开通邮政间汇兑业务。2001 年 4 月起相继开办特快送汇业务、传统汇兑与电子汇兑切换（传统汇兑业务停办）邮政汇款回执业务。2004 年全区开具汇票 1.9 万张，业务收入 11.38 万元；2005 年开汇票 1.7 万张，业务收入 9.86 万元。

报刊发行　2004 年报纸期发数 2 万份，累计数 316 万份；杂志期发数 0.69 万份，累计数 10 万份；报刊流转额 216 万元，业务收入 54.06 万元。次年报纸期发数 2.3 万份，累计数 389 万份；杂志期发数 0.57 万份，累计数 8.9 万份；报刊流转额 245 万元，业务收入 56.88 万元。

集　邮　全区 2004 年设集邮点，成立集邮协会，注册会员 9 人，至 2007 年增至 40 人。2004 年集邮 0.84 万枚，业务收入 5.31 万元；2005 年集邮 3.3 万枚，业务收入 21.97 万元。

特快专递　1994 年 1 月始办特快专递业务，快捷、优质、专人专车投递。此项业务除投递邮件外，还办理同城速递鲜花、礼仪速递以及跨地 EMS 特快专递。按照时限标准分为当日递 1~4 时达；次日递（次日 20：00 前达）。2001 年 4 月开办特快送汇业务，经与公安分局、交警大队、计划生育局等部门签订协议，开办身份证、交通证、流动人口证件等专递。2004 年收入 110.09 万元；次年收入 132.27 万元。2005 年 8 月开办"EMS 当日递"业务。

邮政快件　快件业务自 1989 年开办，由于资费不高、方便、快捷，得到广大客户尤其是进城务工农民的喜爱，1990 年起资费调高、快件业务呈"低—高—低"状。随着通信条件改善，特别是电信通讯的飞跃发展，邮政快件业务于 1998 年 7 月停办。

储　蓄　1986 年 7 月恢复邮政储蓄业务，1994 年有小市、石洞、胡市、高坝等储蓄点，各乡镇邮电所相继开办整存整取、零存整取、定活两便、定额、定期、活期、存单汇转储业务。以后又陆续增设代收话费、代发养老金、代办保险等。2003 年邮储余额 7 664 万元。2004 年末增至 1.06 亿元，邮储业务收入 237.24 万元。

第四节　邮政改革和科技兴邮

邮政改革　区邮政局建立时员工从 10 多个部门调入，所有传统业务、新业务重新配置。区局领导始终坚持"人民邮政人民办，办好邮政为人民"的宗旨，提出打造积极竞争，敬业精艺，坚韧奋斗，优质服务，追求成功，能力过硬的员工队伍；不断强化经营理念，调整经营策略，创新经营方式，努力拓展邮政业务市场；抓好优质服务，实现邮政经营奋斗目标。

首先是改革人事、用工、分配制度。2004 年以后，先后制定《职工绩效考核办法》《效益工资考核办法》《待岗人员管理办法》《管理员问责制》。全区人力资源基本资料汇编成册，形成《岗位责任书》《工作描述书》《任职说明书》。落实《农村邮政支局管理办法》，建立中心支局管理制度，加强生产单元、电脑软件统版业务管理。实施四川省《城市邮政营业、投递班组及农村支局管理工作标准》《邮政营业、投递规范化服务评定标准》，加强对营业、投递和农村支局规范化管理力度，认真贯彻落实国家邮政部颁发的《邮政规范》和省局有关检查评定标准，年年开展"创优质服务，树邮政形象"活动，开展诚信经营。邮政窗口对外推行承诺服务，建立邮政社会监督体系，聘请 22 名社会监督员。同时，内强素质，采取自办或与兄弟单位合办培训班，送员工到省、市局参加培训和组织岗位练兵、技能比赛等提高员工业务技术水平。强化员工建设，完善优质服务常态机制，所有网点的服务日趋规范，真正使客户"办一次邮政业务，得到一份温馨"。

科技兴邮　区邮政局遵照科技兴邮发展方向，着力邮政科技建设，已经建成覆盖全区金融联网，实现邮通和邮券通。并建立物流信息、名址库和包裹速递查询系统。部分网点安装了监控设备。1995 年始办邮政绿卡，邮储绿卡除具有存取款、查询等基本功能外，持卡还可享受工资收入进账、缴纳税费及有关支付结算服务。2004 年 10 月统一使用邮政储蓄应用软件版本工程（简称邮储统版）它是全国先进计算机网络之一和中国邮政的一项重大信息工程。邮政储蓄有此网络系统做支撑，提高了邮政储蓄服务质量，增强了风险防控能力。2005 年 5 月，开通"邮保通"业务，实现在邮局代理网点完成投保、划款、出单等销售过程便捷高效的代理手段。当年 6 月，两网互通工程上线，电子汇兑和邮政储蓄对接，实现互通。开办账户类汇款业务，实现汇兑资金和储蓄资金整合，在原"现金—现金"汇款业务上，为客户提供"现金—账户""账户—现金""账户—账户"汇款。7 月，罗汉邮政所率先实现邮政储蓄全国联网，通存通兑，继后，官渡、安宁对外开办汇兑联网业务，至此，全区邮储网点实现全国联网；邮政电子化支局分批上线，邮政营业从传统的"多足鼎立"操作方式向现代邮政迈进，方便用户交寄邮件，查询便捷。2005 年 7 月，实行邮件电子化处理，确保给据邮件及时上网。全程自动分检、自动登单、跟踪查询、资费稽核。邮件信息一次录入，全程共享，是给据邮件作业模式的重大创新，8 月，报刊发行系统统版上线，依托邮政综合网进行核心业务处理，包括收订、要数、生成分发数据及投递数据信息查询、人网点操作、内部生产作业等采用终端方式，报刊经营分析、电子查验、运行监控等操作人员使用浏览器直接访问全国中心进行操作。2006 年 11 月，报刊分发系统上线，全方位提高邮政报刊发行业务信息化水平和专业生产处理效率，实现直接要数。接着速递综合信息处理平台一期上线，实现动态跟踪查询和生产作业大集中，提升速递的经营管理、质量管理和核算管理水平。

第六章　电　信

第一节　电信公司

机构演变　1996 年建区后，区内电信除罗汉镇（含高坝）、鱼塘镇仍属市邮电局直管外，小市及其他乡镇均属泸县邮电局管辖。1998 年，原泸县邮电局所属服务区域小市、石洞、胡市划归市邮电局直管。至此，城区及乡镇电信全部由市邮电局统管，一直没有设立分管全区电信的机构。1998 年 5 月，无线寻呼从市邮电局分离，另立无线寻呼公司。是年 10 月，邮政电信分离，市电信局成立。1999 年 7 月，移动通信与电信局分离，另立移动通信公司。2004 年 11 月，电信政企分离，成立中国电信集团电信公司泸州分公司。2001 年 1 月，电信推进多元化经营，主辅、主附分离，成立市电信实业有限公司。2003 年底，中国电信集团上市公司在境外收购四川电信。2004 年 1 月 1 日原中国电信集团四川省电信公司泸州分公司更名四川省电信有限公司泸州市分公司。全区各乡镇均设有电信公司营业厅，管理有关网络及营销。

网络发展　20 世纪 80 年代前、中期，区域内均使用磁石摇把子电话，线路全是架空明线，仅小市有 2 条 7 组 4 芯电缆。1989 年后又相继开通程控交换机，石洞镇安装 2 000 线，启用大堂电信 SP30 交换机，扩充交换机来电显示等业务，小市、胡市、石洞等乡镇也一并进行网络改造。1995 年 12 月 16 日，泸州及龙马潭区电话号码从 6 位升至 7 位。

1996 年 7 月 15 日，泸州电信开通独立长途局，优化电信网络，为客户提供更加安全和充裕的通信需求。是年起，泸州电信大力发展固定电话。交换机从最初的 3 000 门发展至 1998 年 10 万门、2000 年 28.7 万门，2005 年突破 50 万门。

2005 年 9 月，泸州电信网完成固定电话智能化改造，开展向客户提供被叫彩铃、移机不改号、跨端局广域虚拟网等业务。同年 12 月，四川大客户软交换长途网络建成，向客户提供视频语音综合电话终端和个性化多媒体通信。

【传输网】　1996 年，四川电信启动省一期数字传输工程，当年建成投入使用。泸州出口传输电路迅速扩充到 500 多个 2MB/S 带宽。1997—2005 年，相继启动全市 SDH 一、二、三、四期传输工程建设，由富士通、朗讯、西门子、烽火、华为 40 波道波分设备，市出口传输不断提高数量级别，满足了各类业务及客户租用电路的需求。此间，龙马潭区建设两个 622MB/S 的 SDH 传输环网，覆盖所有乡镇。

【数据网】　1996 年开通 DDN 数字数据网，实现了众多行政企事业（尤其是金融）的相互联网，共享资源数据。1997 年 7 月 18 日，市开通国际互联网，跨入网络世界。1998 年泸州有了自己的综合性网站"中国酒城"。主要反映泸州的经济、文化、风土人情等，推出"软件宝库""休闲时空""聊天室"等 10 余个栏目，访问量在 175 万次左右。1999 年 9 月 9 日，市电信局推出具有"酒"特色的专业站点"中国酒类信息网",专为全国各酒类生产厂家和销售企业服务。2000年7月,市电信互联网中继带宽由原来的2M扩展到155M,拨号由320个扩大为1 280个,可同时容纳1 280个用户拨号上网。2005年全市互联网用户近5 000户。

电信业务

【电报业务】 20世纪90年代初,是电信部门主要业务,随着通信技术不断进步,通信方式和业务不断增加,电报业务开始萎缩,逐年下滑,几乎停止。

【传真业务】 1991年,泸州市传真业务较少,国际及港澳台传真为零。以后逐年增多,1998年最多,以后又逐年下滑。由于传真终端的普及,传真直接走进单位、家庭,到电信公司办理传真业务的客户几乎绝迹。

【固定电话业务】 固定电话用户1991年全市不到1万户。1999年、2000年、2003年、2005年固定电话用户比1991年分别增长10倍、20倍、40倍、60倍。

1991年1月1日,市内电话初装费类别:单位、个体工商户每部4 300元,党政机关和中小学校、幼儿园、医院每部2 600元,私费住宅每部2 100元,材料费按实收取。市内电话按照包月制:甲种用户(住宅用户)每月每部18元,乙种用户(办公用户)30元;复式计次月租费每月每部9.60元,乙种用户15元。2000年3月21日后,市话户月租费略有上调,国内资费略有降低。从2001年7月1日起,泸州电信按国家规定取消电话初装费和附加费,装一部电话只需要工料费158元。后承诺用户使用电话一年,不收工料费,甲种电话月租费20元,乙种18元。资费自主权进一步下放到通信运营企业,通过各种丰富的套餐,用户可自主选择。

【小灵通业务】 泸州市和龙马潭区2000年6月28日开通,当年全市即达1万用户。2003年、2005年用户分别达到2000年的10倍、20倍。小灵通短信业务从2004年开办。2001年12月20日,四川电信小灵通短信业务与省联通公司互通,随后又与中国移动手机互通。

【互联网业务】 泸州于2000年建成投产,当年用户100多户,至2003年1.2万多户,2006年已超过6万多户。互联网资费从2000年4月1日起,大幅度降低,用户费由100元/户降为50元/户,拨号网络使用费不分时段次统一降为每小时2元。至2005年全市全区主要的ADSL资费为512K118元/月、1M158元/月、2M198元/月。另有计时产品,月基本费18元,使用费3元/小时,180元封顶。

【来电显示业务】 区内2001年开办。执行全省统一的标准资费6元/月的功能显示费。

【七彩铃音业务】 是主叫拨打被叫,在成功振铃时,主叫听到的不再是传统的回铃声,代之以用户事先设置好的个性化音乐或话音,当被叫摘机后,铃声线被切断,双方正常通话,此业务从2005年开办。

【800业务】 又叫集中付费业务,分为国内被叫和国际被叫以及全球被叫集中付费业务。1996年开通时本地网统一为0.30元/分钟,长途电话执行当期长话相同的资费标准。1998年起统一调整为0.15元/分钟,国内长途仍执行与普通电话相同的资费。超过3 000元话费,超出部分9.5折优惠;超过1万元,超出部分9折优惠。原800客户大部分转用功能更健全的4008业务。

【语音信箱业务】 即利用电话语音信箱向用户提供存储,提取话音留言及其辅助信息的一项服务,语音信箱系统主要向用户提供普通信箱和布告信箱两种业务。此业务于2003年开办,到2005年用户数有所回落。

【互联星空业务】 是指依托中国电信建设的互联星空业务支撑平台,为互联网用户提供丰富的网络应用内容服务,同时实现为SP代收费的增值服务。提供的服务内容包括电子信箱通知类(邮件、电话、短信通知等)、IP通信类(Ipphone. IP视频通信即时通信类业务等)基础服务类业务以及包括咨询服务、在线娱乐、在线教育、电子商务、在线理财、医疗保健、公众服务等增值类业务。此业务于 2003 年开办，当年用户超过 3 000 多户，到 2005 年用户达 2 万多户。

【新视通业务】 是通过中国电信视迅平台，向客户提供的一种以视觉为主，方便接入、易于获得、公众化、多媒体的视频通信新业务，利用异地间的语音、图像和数据等信息的实时交互传递。此业务于 2005 年开办，当年用户超过 100 户。

服务发展 1997 年，邮电部门开展第一个邮电服务年，泸州市龙马潭区邮电企业建成二级服务企业。电信用户满意度为 81.34%。是年投资近千万元建成市内电话业务计算机综合管理系统，从业务受理到工程施工都实现了计算机控制管理。通过 97 系统，用户可方便地实现联网办理电信业务、联网交费。2005 年 4 月，又投资 400 多万元对 97 系统扩容建设，实现了 97 系统的本地联网。

2000 年，初步建立了"有问题找 180"的一站投诉处理体系：对热线分台清导通话及违规服务问题进行整治，坚决关闭有问题的社会分台，采用 160、180 加密技术，防止盗打电话；认真执行《资费争议处理办法》，对资费争议积极妥善处理；加强计费设备检查，建立严格的资费稽核、计费处理等流程，提高计费准确率；向用户提供多种形式话费查询方式，完善多媒体查询系统，增加 160、168 查询话费，在收费主要窗口免费向用户提供长话清单。2001 年，花巨资完善计算机管理系统，并在全省率先试点建设 1000 号客户服务系统，为提升服务质量提供保障；建立和完善 96180、180 和首问负责制以及社会服务顾问"四位一体"的服务投诉处理系统，在外部聘请 24 位社会服务顾问，在内部全面推行"首问负责制"，极大地方便用户的咨询投诉；进一步规范窗口营业管理，按照用户至上的观念重新审视相关业务管理规定，进一步提高服务效率；推行客户回访制度，加大与用户的沟通。电信客户满意率达 95%。2002 年，全面开通"1000"客户服务热线，全面推行银行代交话费制度，并以"1000"为龙头，狠抓服务流程再造，内部逗硬监督考核，认真落实观念转变、投诉畅通、关怀沟通、高效服务、领导责任制等五大工程，服务质量切实改善。客户服务热线"1000"的满意率为 98%。2003 年客户服务以落实电话和上门回访为主要形式的主动关怀服务，将等客上门转变为送服务上门，对新用户、投诉客户、商端客户做到 100% 回访，确保用户投诉件件落实。用户综合服务满意率 91.09%。2004 年全面开展承诺服务提升月等活动，采取检查、监控、回访三结合的服务质量管控方式，增强企业员工的整体服务意识。全年各项服务指标均达标并有所提升。客户综合服务满意率为 91.83%。2005 年以提升客户感知为核心，从以我为主改为以客户为主，注重客户全程体验，关注服务的每个环节和细节，并在全省电信行业中首建服务工作评价体系和多维度的服务考核体系，实现从点到面的服务管控转型。全年客户综合满意率达 93.45%。

第二节 联通公司

中国联通泸州分公司 1998 年 5 月成立，同年 9 月 7 日正式运营。2006 年泸州国信寻呼公司并入。在区党政大楼旁兴建联通综合楼，占地 1.07 公顷，建筑面积 1.1 万平方米，投资 4 000 万元，2007 年竣工，2008 年初迁入办公。

联通网络建设 1998—2002 年，新开 GSM 基站近 200 个，系统容量 12 万门。2004 年，GSM 八期和 CDMA 三期工程完工，新建 CDMA 和 GSM 基站近 300 个；完成 165 三期工程；新建数据专线用户 6 个点、长途特区 7 个点、IP 超市 10 个点；配合完成四川联通二干南环升级工作。2005 年斥资 1.8 亿打造 GSM 等 9 期基站并全面开通。泸州 GSM 和 CDMA 移动通信网络交换容量累计达 35 万门，在网用户超过 35 万。全区乡镇覆盖率达 100%。

联通电信业务　1998 年 8 月 18 日，泸州联通 130 正式对外放号，彻底打破了泸州移动通信市场垄断格局。2002 年 4 月 8 日，CDMA133 网络与全国 300 多个大中城市同步开通正式运营。CDMA 网是联通的"生命工程"，它具有独特的优势：话音清晰、不易掉话、低辐射、保密性强、新业务承载更加成熟。联通移动电话在全市全区市场占有率占 35% 以上。

【**固定电话**】　2001 年 11 月，PSTN 市话业务开通，只针对集团用户办理。

【**互联网业务**】　2000 年 6 月，泸州联通开通 165 国际互联网业务。2002 年 9 月，与本区宝光小区签订宽带协议，泸州联通第一个宽带小区投入使用。

【**193 长途业务**】　2000 年 7 月，开通 193 长途业务，联通长途是国家第二长途公众网，接入号为"193"。

【**IP 长电话业务**】　2006 年 6 月，开通 17910/17911IP 电话业务。联通 IP 电话业务是利用联通 IP 网与国际互联网及其他电信网相连接，向用户提供国际、国内电话服务分为卡业务和注册业务，接入号分别为 17910 和 17911。

【**无线寻呼**】　2000 年 6 月，泸州联通与国信寻呼合并后，国信寻呼改名联通寻呼。寻呼网络包括本地网（126/127）、省网（128/129）、国网（198/199）。2005 年 10 月因用户大量萎缩而全部关闭寻呼。

【**其他增值业务**】　2002 年下半年始，先后推出多项增值业务，至 2005 年 12 月，已推出联通炫铃、10198 联通秘书台、彩 E、互动视界、联通在信、定位之星、神奇宝典、联通总机、视讯新干线、丽音街等多项增值业务。

市场营销　GSM 是公司收入和利润的主要来源。为确保 GSM 业务完成经营任务，公司专门召开 GSM 业务发展研究会，确定工程战略，并成功策划包装"新自由卡""泸州 20 卡""联通 31573 卡""小区卡"等品牌，在优势市场做好防守和稳定，在弱势市场做好进攻，低、中、高市场都得到积极开拓和巩固。

数据固定电话、互联网业务以集团用户为突破口，大力发展专线业务。以新业务带动其他业务发展，"无线公话/商话""公话超市""如意信箱""一号通""联通在信"等新业务收入形势良好，互联网业务收入居全省第二。

特色服务　以"客户至上，用心服务"为服务理念，以"用户满意"为目标，全力打造服务品牌，注意客户感受，大力改善服务硬件设施。2000 年，泸州联通在全市电信行业首推"首问责任制"并率先推出低柜台面对面服务、导购式服务，实现用户缴费一单清、一台清。开通 6111001 服务热线、建设 96133 语音免费充值系统，让用户方便快捷。为方便用户缴费，还与多家银行和邮政储蓄等签订代收费协议，全市 400 个金融网点均可缴纳联通话费。

第三节　移动公司

中国移动通信集团四川有限公司泸州分公司成立于 1999 年，地址在蜀泸大道与大通路交汇处（移动大楼）。2004 年成立直属分公司，管理江阳区、龙马潭区业务。2007 年 8 月成立龙马潭区分公司于移动大楼内。市、区分公司主要经营移动话音、数据、IP 电话和多媒体业务、计算机信息网络国际联网和基于移动通信的各类增值业务。拥有"全球通""神州行""动感地带"等著名品牌以及

"大灵通""小康卡""自由行"等地方品牌，用户号段包括139、138、137、134。为方便学校与家长联系，在泸州十二中、下大街小学、城北学校开设"家校通业务"。公司成立以来，坚持"追求客户满意服务"的经营理念，实施"服务与业务领先"的战略，加快建设与发展，增强核心竞争力，建成了一个覆盖范围广、通信质量高、业务品种丰富、服务水平一流的移动通信网络。网络规模达到88万户，实现了100%的乡镇、100%城区、100%高速公路的连续无缝覆盖。建设98个村通基站，将泸州村通覆盖率由原来的80%提升到93%，本区村通覆盖率为100%。建成了以营业厅服务、1860电话服务和互联网服务以及大客户个性化服务为主体的客户服务体系，全市营业网点400多个。本区蜀泸大道、罗汉镇、石洞镇均设有自办营业厅，另有合作营业厅31个，特殊专营店7个。至2005年底全市累计缴纳税收上亿元，创造就业岗位几千个。

龙马潭分公司有员工68人。他们根据用户需求，推广全球通、神州行、动感地带三大品牌。至2007年底，区内用户达12万户，收入8 000万元。公司组织高品质，高性价比的中低端移动手机，面向区内用户推广，并让利销售移动心机8 000台。配合经济和商务局在全区建成30个万村千乡店。已建成村级店26个为推动农村信息化、农村流通体系发展进行的村务信息化建设得到各级领导高度重视。区政府成立了以副区长王波为组长的村务信息化工程领导小组，下发《关于在全区范围内实施村务信息化建设的通知》，指导信息化工作的顺利开展。"农村信息机"是集村务信息化管理、农业信息查讯和发布、通讯广播三大核心功能于一身的信息化产品，有助于农村政务、农业供销系统的信息化建设。2007年7月，分公司投入30余万元赠送全区103台农村信息机并负责安装。

第四节　铁通公司

中国铁通集团有限公司泸州分公司2004年成立于大通路龙城大厦。区内设经营部一个，与分公司同址，并在龙南路、小市中码头、鱼塘镇分别设营业厅。

铁通网络建设　以"支持市场发展，强化运营管理，加强网络保障、培育运（行）维（护）队伍"为工作重点，对网运人员进行强化培训，提高对网络的实时监控和资源、质量管理能力。2005年完成建设投资320万元。新建交换局2处，共2 040线，扩容交换用户线428线；新建宽带局2处，共188线，扩容宽带用户线882线。

铁通电信业务　泸州铁通开设除公众移动业务以外的各项基础增值业务。主要有：本地电话、长途电话、数据、互联网接入及增值、电话卡类（2005年在区内的泸州医学院新校区开通校园卡）、视讯、800被叫集中付费、85105呼叫平台、400主被叫分摊付费、信息服务、IPVPN等10多种业务。

铁通固话的特点为：实惠（电话资费标准下浮10~15%）、优质（话音清晰）、环保（有线传输、无辐射）、吉祥（电话号码"6"字当头）。网通宽带的特点为：独享宽带、高速稳定；上网、打电话互不干扰；流量、计时、包月多种套餐任选。还设置多项便民热线，有金融证券频道、铁路列车时刻查讯、旅游专线查询、天气预报查询热线。方便快捷，资费便宜。2005年完成固话装机2 934台，宽带装机1 020台，电信总收入322万元。

第五节 电子政务

电子政务网络建设 1997年建网之初，由区委机要科负责启动区党政网建设规划编制。当年12月《龙马潭区党政系统办公决策网络服务系统工程建设方案》经区委25次常委会研究同意，报市委办公室办公自动化领导小组批准组织实施。1998年2月，网络系统工程开工建设，月底完成办公楼后楼综合布线及中心机房建设。首期投入18.33万元用于机房装修和服务器、不间断电源、电路电器等配套设施购置以及区委、区政府主要领导用机与中心机房设备连接局域网基本建设。3月通过省、市验收，在全市的县区中率先开通党政网，实现与省、市党政网互联。

管理体制 区党政网由区委机要科（局）负责日常事务，挂四川党政网泸州市龙马潭管理中心牌子。2000年，成立区党政网建设领导小组，由区委副书记袁顺康任组长。2003年调整为区长任组长。2003年4月，设立四川党政网泸州市龙马潭区管理中心，与区委机要科（局）合署办公，具体负责本区电子政务内网的建设管理工作。2003年4—9月网管中心相继设立全额拨款事业单位，编制2名。

线路升级 为提高网络运行速度，区党政网中心曾先后4次改造线路。1999年12月，将1998年设置的X·25专线改造为64KDDN专线；2000年12月，党政网与互联网实现物理隔离，新开通一条128KDDN专线互联网；2002年3月，将原有DDN专线统一改造为M带宽ADSL专线；2003年11月底迁入新办公楼时，将2M党政网ADSL升级为2M光纤，2M互联网线路升级为10M光纤线路。2004年起，乡镇街和党政大楼外的区级部门陆续开通1M带宽的ADSL专线，结束了仅能通过电话拨号接入党政网的方式。

网络覆盖 党政网建设初期，只联接区委、区政府主要领导和区机要局工作用机。1999年底配齐区级党政领导工作用机，全区接入近20台。2000年联网工作站35台，2001年45台，2002年25个区直部门60余台接入网。2003年底顺利完成新党政办公楼网络集成，联网电脑近100台，2004年启动乡镇街接入党政网工作，红星、罗汉率先通过ADSL线路接入。至2005年底，全面完成区级部门、乡镇街接入网工作，实现党政网在区党政机关的全面覆盖。

网络运用 区党政网最初采用LOTVS LOTUS数据库存与省、市实现数据共享查阅，建立区重要会议资料和区委办文件、期刊数据库，方便文件和资料查阅、存储。2001年建立区党政主页并不断完善。2004年起，建立区委、区政府信息上报数据库，试行部门、乡镇街上报信息无纸化，陆续开通网上资料交换，公开信箱和专题信息等栏目，推动党政信息、资料、文件网上发布、交换和查阅。2005年7月起，开展公文网上交换试运行，至2005年底，实现部门、乡镇街上报区委、区政府信息报送、采编、发布无纸化。

总体效用 区党政网最初只有几台微机联网，至2005年底，有近300台微机接入，成为全面覆盖区乡党政机关的电子政务内部网络。从最初的通过数据库模式向区领导提供参阅信息，发展为面向全区党政机关工作人员，集政务信息发布交流、公文网上流转、对内对外宣传的综合性电子政务内网平台。全面提高了全区办公自动化水平和机关办公效率。2000年，龙马潭区被省委、省政府办公厅评为四川党政网建设优秀单位。

第十四篇　城乡建设 环境保护

　　建区 10 年间，城乡建设发展又好又快。在全面完成城区、组团、镇、村规划基础上，分别建立领导机构，组织建筑和房地产开发企业，逐步进行建设。尤其是组织实施新城区重点工程项目、重点集镇和中心村庄建设，以及城乡基础设施建设等，加快了城市化进程。建设用地规模相应扩大，并带动建筑业、房地产业及其相关产业向前发展。

　　10 年间，认真贯彻执行《环境保护法》《环境噪声污染防治法》，重点防治工业、建筑、餐饮和文化娱乐产生的废气、废水、噪声等污染。每年利用"6 月 5 日世界环境日"开展环保宣传；在各个时期执行"三同时"（同时设计、同时施工、同时验收）与"环评"制度；对违反环保的行为进行严肃处理，使全区环保事业步入正常轨道。

第一章　城乡建设综述

第一节　管理机构与职权

　　1996 年建区时，区成立建设旅游局。1997 年 11 月，更名泸州市龙马潭区建设委员会。2001 年 10 月，将旅游职能划出，组建区旅游局，区建委更名龙马潭区建设环境保护局。2005 年 4 月，撤销区建设环境保护局，分设区建设局和区环境保护局。5 月，将区城市管理局从区建设局分出，由二级局升为一级局。先后任区建委（局）主任（局长）有张定友、余世文、易和泽。

　　1996—1998 年，内设机构有：办公室、规划建设股、环境保护局（二级局）、建工企业管理股、旅游股、计划财务股。直属单位有：区房地产监理所（交易所）、房产公司、房地产开发公司、建筑设计室、白蚁防治研究所、城市管理办公室、建筑质量监督站。2002 年，亿隆房地产开发公司解散。2003 年 4 月，区城管办升为区城市管理局（二级局）。2003 年 8 月、10 月，建筑设计室、房产公司先后改制。2005 年设建设局后，保留办公室（计划财务）、规划建设股、建筑业管理股、房地产开发管理办公室和区房地产监理所（交易所）、白蚁防治研究所、建筑工程质量监督站、建筑施工安全监督站。

区、乡镇均建立有"村镇建设管理所"，属区建设部门基层事业单位，配备3至5名工作人员，继后改为"建设土地劳务服务中心""村镇建设服务中心"。由当地政府领导，在区建设部门指导下，负责辖区内村庄规划和建设管理工作。

全区按市上规定，小市、红星、莲花池街道办事处和罗汉、鱼塘、安宁3个镇规划范围内的建设职能及各项管理，统一由市规划建设部门管理。区只负责石洞、胡市、特兴、双加4个镇和金龙、长安2个乡以及罗汉、鱼塘、安宁3个镇规划区外的乡村建设管理。1997年11月5日，市建委委托区建委管理除街道和鱼塘镇以外的房地产管理工作。1997—1998年，市政府先后委托区政府修建小市沱江路、龙马大道中段（齐家路口至炭黑厂）。除此，城区的开发建设及土地征用，市上一直未放权。

第二节　城镇发展变化

城镇化　建区时，辖小市和高坝（厂区）2个办事处及7个乡镇，总人口30.08万人，农业人口21.51万人，非农业人口8.58万人，城镇化率45.3%。随着社会经济发展，农民收入逐年增加，尤其农村剩余劳动力转移，部分流动人口转为非农业人口，有的入城买房经商，有的投亲靠友，故城镇人口变化大。至2005年底，全区人口增至32.82万人，农业人口减至20.81万人，非农业人口增为12.01万人，城镇化率63.34%。

小场镇　小场镇（不含罗汉、鱼塘、安宁镇）全区共3.5平方公里，常住人口1.43万人。至2005年底，面积扩展为4.23平方公里，常住人口增至2.88万人，小场镇人口增长一倍。

城　区　建区时，小市城区3.5平方公里，人口2.79万人，房屋多系民国时期所建，且平房、二层居多。泸县县属机关建有部分楼房自住。小市东西方向狭长，南面濒临长、沱江边，北靠三华山、五峰岭，受多种条件制约，发展缓慢。部分居民住房，更是破烂不堪。至2005年底，城区面积增至10余平方公里，城镇规模扩大一倍多。

第二章　城镇建设规划

第一节　城区规划

城市总体规划　由中国城市规划设计研究院编制的2005—2020年《泸州市城市总体规划》，要求以产业空间为导向，形成中心半岛和城北新区两个中心。在8个组团中，全区占3个组团，建设用地规模约占总数的三分之一。

城北组团：由小市片区和城北新区组成城北组团，人口规模 20 万人，用地规模 13.2 平方公里，以金融、贸易、教育、文化、办公、体育、居住等综合布局，形成城北中心。

城东组团：由鱼塘、高坝片区组成城东组团，人口规模 8.9 万人，用地 1.27 平方公里。以化工、电子、药业、酿酒、仓储、物流、对外交通等工业为主的专业性功能组团。整合现有产业空间，并向东发展新的城市产业。

安宁组团：即安宁片区，人口规模 1.6 万人，用地 1.5 平方公里。依托铁路站场，形成对外交通，含物流、加工工业为主的专业型城市功能组团，在现有基础上向东发展。

分区规划　《泸州市城北新区分区规划》，其范围是西南侧至沱江边，东以泸隆公路为界，北至铁路线，总面积 13.37 平方公里。2001—2020 年，建成集居住、商贸、教育、文化、体育五大城市功能区，人口 13 万，建设用地 12.17 平方公里，人均用地 93.6 平方米。

为指导区内建设，市规划建设局对几处作了小区详细规划或专项规划：

——百子图大桥（沱江二桥）北两侧桥头设计，由规划设计院于 2002 年 10 月编制；2003 年 6 月，经市政府批准实施。

——城北新区杜家街以南修建性详规，2002 年 10 月由市设计院编制，面积 0.5 平方公里；2003 年 6 月，市政府批准实施。

——城北新区控制性详规，2003 年由市设计院编制，规划面积 12.6 平方公里，2003 年 8 月 19 日通过专家评审，市政府批准实施。

——罗汉和安宁镇省级试点小集镇的修建详规，2003 年 7 月由市设计院编制，市政府批准实施。

——龙马大道齐关段控制性详规，市设计院于 2004 年 5 月编制，规划面积 2.45 平方公里，市政府当年批准实施。

——小市转角店至麻沙桥控制详规，市设计院于 2004 年 5 月编制，市政府当年批准实施。

——城北玉带桥整治规划，市设计院于 2004 年 5 月编制，市政府当年批准实施。

——龙西大桥（沱江三桥）桥头城市设计，2005 年市设计院完成编制。

——安宁至鱼塘控制性详规，10 平方公里范围，2005 年市设计院编制。

第二节　小场镇规划

全区有大小场镇 14 个，位于市规划区的罗汉、鱼塘、安宁三镇，由市统管。属区管理场镇 11 个，其中建制镇 4 个，一般场镇 7 个。

这些场镇多数在行政区划前，由当时乡镇政府组织规划，并经泸县政府审批实施。建区后，继续对各乡镇境域总体规划和场镇建设规划进行清理、检查，1997 年经省建设委员会验收合格，获村镇规划成果三等奖。

随着经济发展形势需要，从 1999 年起，先后对胡市、双加、长安、特兴 4 乡镇及官渡场重新编制规划。其中胡市镇专请具有甲级资质的省城乡规划设计研究院编制；其余 4 个场镇由省村镇建设规划设计院（乙级）编制，5 个场镇的规划方案，均符合法律、法规和技术标准要求；2002—2003 年，全部经区政府批准实施。至 2005 年底，又对金龙场、石洞镇、特兴镇重新测量，进一步修编规划，使规划日臻完善。

龙马潭区 2005 年场镇建设规划表

表 14-2-2

数据 \ 项目 \ 场镇	面 积		人 口		街道情况 （2005年底） （公里）	房屋建筑 （2005年底） （万 m²）	市场建设 （2005年底） （个）	绿化用地 （2005年底） （m²）
	近期 （公顷）	远期 （公顷）	近期 （万人）	远期 （万人）				
石洞镇	200	300	2.0	3.0	6.89	50.41	2	16 571
石洞镇永寿场	9	9.8	0.04	0.07	1.40	2.41	—	900
胡市镇	90	160	1.2	2.0	2.67	39.66	1	4 300
胡市镇来龙场	3	8	0.05	0.1	2.56	2.10	—	3 500
双加镇	27	73.6	0.3	0.8	2.88	7.57	1	6 303
金龙乡	25	56	0.17	0.7	1.66	9.97	1	1 900
金龙乡官渡场	24	45	0.3	0.6	3.52	11.98	1	2 400
特兴镇	80	125	1.0	1.5	1.65	17.58	1	1 300
特兴镇奎丰场	2	12.8	0.05	0.16	0.82	2.42	—	400
长安乡	25	74.5	0.25	0.6	2.95	8.08	1	900
安宁镇齐家场	8	10	0.08	0.1	2.22	6.14	—	2 500
小 计	493	874.7	5.44	9.63	29.22	158.32	8	40 974

第三章　城区建设与管理

第一节　重点工程

小市沱江路　小市沱江路（转角店至沱江大桥段）是集防洪、商贸、交通、环卫、休闲于一体的城市综合配套工程。市政府委托区政府开发建设，给予政策优惠。1997 年 9 月 16 日，成立以副区长徐平玉为指挥长，周隆品、黄智平、张定友、杜超群、王永华、詹友源为副指挥长的小市沱江路工程建设指挥部。抽调 20 多人组成四科一室，开展具体工作。工程由市政设计院设计，采用直立式拉筋挡土墙，从江边筑墙挡土，确保道路、绿化和房屋建设。工程由区房地产开发公司鱼塘分公司（后更名向阳房地产开发公司）承建，于 1997 年 12 月 28 日动工。实行业主制，在"五统一"（统一规划、统一建设、统一政策、统一建设标准、统一质量监督验收）的基础上，按规划红线和水电部门划定的防洪线以及批准的规划组织实施。为确保工程质量，指挥部与业主，业主与施工单位，层层签定目标责任书，全面落实目标责任。重庆建筑工程学院派专家全程监督。为抢在洪水前把挡土墙修好，施工队和设计、监理人员，坚持24小时作业，于1998年4月30日，完成了236米标高的挡土墙。1999年完成路面，2000年完成路灯、绿化、排污、车行道、人行道和各种标志工程。2001年9月27日，历时4年，路宽24米，长1.1公里，行车道宽10米的沱江路第一期工程通过验收。此路通车，使小市交通拥挤状况得到缓解。同时，公司投资4 000多万元，建成房屋16幢，建筑面积10.6万平方米，将小市江边原有的破烂房屋全部改造，一幢幢楼房屹立，绿树成荫，小市面貌焕然一新。

市政设计院和市水电局负责组织修建的沱江大桥以上杜家街至百子图大桥（沱江二桥）段的沱江路修通，宝光花园、利君花园等楼房屹立于沱江之滨。

龙马大道　建区时，通过论证，提出修建方案，1998年6月，市政府批准立项，并委托区政府开发建设。确定首期工程道路60米宽，1.8公里长，行车道宽44米，双向12车道，投资1.35亿元，可建房屋400万平方米。区委、区政府于1998年9月9日，成立"龙马大道建设工程指挥部"，由副区长徐平玉任指挥长，陈登高、张定友、周隆品、余世文、詹友源任副指挥长，并抽调30多人组成指挥部工作班子，经认真规划、设计，制定出可行性方案。采取政府管理，业主投资的办法。干道建设先路后房；小区建设成片开发，自行完善配套，工程总业主是市巨龙房地产开发公司。继后省国土资源管理局的惠泽公司参与开发，2000年1月8日开工，因市、区权属问题停工半年。2001年春，市政府作出关于加快龙马大道建设的决定，再次委托区政府组织实施。于是重新成立以区长谢明为指挥长、副区长徐平玉为副指挥长的龙马大道建设工程指挥部。复工后的大道建设由市七建司和十建司中标承建，大道两旁的房屋陆续由十多家房地产公司开发。其间，由副市长蔡炳中主持"齐关段"1.1公里长的大道，由泸县玉河建司负责承建。南端的龙西大桥（沱江三桥）至炭黑厂1.2公里的大道，由市国土资源局和市经济开发公司负责承建。由于市、区两级政府高度重视和施工单位的努力，投资3亿多元（含中段1.35亿元）建设的龙马大道，于2002年9月28日全线贯通。

大道从关口至龙西大桥（沱江三桥），全长4.1公里，总宽度90米。其中：双向12条车道宽44米（包括非机动车道2条、公交专用车道2条、慢车道4条、快车道4条）；两侧各宽23米、合计46米。大道分为三段：关口至春雨路为龙马大道三段；春雨路至红星路口为龙马大道二段；红星路口至龙西大桥（沱江三桥）为龙马大道一段。大道"一纵四横"：龙马潭区中医院—春雨路为第一条十字路；红星路口—炭黑厂为第二条十字路；蜀泸大道（全长3.4公里）即隆纳高速为第三条十字路；城北新城区—泸州医学院分校为第四条十字路。

区党政办公大楼　工程由重庆煤炭设计院设计，市十建司承建。市七建司建会议中心，于2002年6月开工，斥资3 100万元，建成主楼8层（局部10层），副楼6层，裙楼2层，会议中心2层，总建筑面积2.1万平方米，2003年10月竣工，11月，区委、区政府、区人大、区政协及大部局委办，由小市新街子74号迁驻其中。

第二节　组团建设

城北组团　1996年后，按照"统一规划，合理布局，综合开发，配套建设"的方针，加大城北组团建设力度，先后有泸州经济开发区、市七建司、市建司、市十建司等40多家房地产开发公司，组织上万建筑大军进入建设工地，征地533.33公顷，多渠道投资75.3亿元，至2005年，建成各类房屋面积506万平方米，成为一个现代化崭新城区。

新城区房屋鳞次栉比。特别引人瞩目的是百子图大桥（沱江二桥）北波士顿国际大厦，高32层，其余一般楼层为6～7层，10层以上的高层建筑有30多幢。各种居住楼、商业楼、办公楼、综合楼，遍布街道旁和主要干道交叉口。专为市民提供的房产住宅小区近100个，其中，乐源、汇金、洪达、洪源、国税、柏香林、南天苑、锦华苑、生源、摇竹苑、汇源和被征地"农转非"人员安置小区，其建筑面积达46.2万平方米。天立花园、碧绿华庭、锦绣山水、印象山庄、碧水锦绣城、六和苑、清泉银座、蓝色空间、紫荆花园、向阳花园、江都花园、红星花园等环境优美，设备配套，功能齐全，大大改善了市民居住条件和人居环境。建设中突出人性化理念，一般都有绿化地、停车场、物管办、保安室等；高档的有喷泉、鱼池、假山、亭榭及名贵花木、小桥流水景观。香林苑是泸州第一个省级示范区，占地5.74万平方米，建筑面积9.10万平方米，建7层高的房屋11幢，住宅7.03万平方米，有游泳池、健身场地等。"金诺·御景山居"是四川省唯一的国家康居示范工程，其设计得到建设部住宅产业化专家审查认可，占地面积13.65公顷、开发面积23万平方米，对泸州开发建设有示范作用。

泸州广电中心大楼，建筑面积近2万平方米，投资6 000多万元，建成集办公、采编、演播为一体的广电大厦。福源大酒店建筑面积1.73万平方米，集商业、餐饮、办公一体的综合大楼。三九灯饰城系全框架结构，建筑面积2.13万平方米，其中营业用房1.24万平方米。"金色城市花园"投资1亿多元，建筑面积1.5万平方米，有住宅31幢，门市292个，车库3处。小市沱江路（杜家街段）建有宝光花园、紫荆花园等12个小区，结合旧城改造，扩建住宅和商业用房，建筑面积18万平方米，人居环境大大改善，并带来商业繁荣。

新城区开发，促进了街道建设。区内除改造杜家街老街道，修建沱江路外，还在城北新建了龙马大道、南光路、向阳路等30多条新街道。总长31.3公里，其中最宽最长的龙马大道总宽度90米，是泸州城市大动脉；50米宽的蜀泸大道，即隆纳高速连接口（包括双向6车道23米，两侧非机动车道14米、绿化带9米、人行道4米），从南端穿城而过；45米宽的龙南路、香林路；还有迎宾大道、南光路、鱼塘路、希望大道等。24米以上的次干道有望江路、大通路、红星路、朝阳路、春晖路、向阳路、汇金路、沱江路、杜家街等。20米以下的有金山路、玉带路、金源路、金华路、锦绣路、御景路、枫林路、沁园路、醇香路、安程路、星月街、长乐街、祥和街、莲花街、五峰街、临光街、新民街20多条支线。连同旧街道近100条。

新城区市场棋布星罗。小市原化纤市场、公交商城、杜家街鞋城等，多年来一直是泸州市商业交易中心，建区后，政府更加重视市场建设，先后建成市场40多个，建筑面积50多万平方米。泸州科维装饰城，位于百子图大桥北，是市政府批建的市级重点专业市场，占地80亩，投资1.8亿元，建筑面积13.8万平方米，其中商铺10.2万平方米，仓库1.3万平方米，餐饮、宾馆1.8万平方米，是一座经销装饰材料、灯饰、家具的大型商城。泸州鹏达建材市场是泸州十强市场和十大文明市场。1996年第一期工程总投资1.5亿元，占地3.3万平方米，建筑面积9.2万平方米，2001年自营鹏达大酒店经营面积1.39万平方米。2003年12月，第二期工程竣工，招商入驻5.27万平方米，有板材、五金、木地板、精品超市及家具展览区等十大专营区，商品辐射川、滇、黔、渝及周边区域。王氏商城是省级农贸综合市场，投资超亿元，占地500亩，建成农产品·副食品和干鲜、水果、摩托车、五金、服装、百货、鞋类八大专业市场，面积15万平方米，是西南地区最大的综合批发（零售）市场，内设车站和酒店，功能齐全。龙马商城位于回龙湾，占地50亩，总投资1.5亿元，建筑面积6万多平方米，建有商铺1 500多个，是川滇黔渝结合部最具规模的十大类交易批发商城。三友物流集团，是全区23个物流企业中最大的企业，有各种货运车辆1 000余台，拥有7个下属运输公司，运输业务遍及全国各地。因市场规模扩大，吸引了4 000多家私营商户入驻，带来商贸经济繁荣。

新城区绿化。开发建设时，从规划、设计、实施到经费，绿化都得到保证。开发居住小区绿化配套，由开发建设单位划出绿化用地，委托园林部门和绿化工程队负责实施。新开发的许多小区都有中心花园和绿化地带，街道绿化发展很快。过去那些无法植树的狭窄街道，在旧城改造时加宽种上行道树；城区绿化率27.55%，人均绿化面积4.2平方米。

新城区交通。沱江大桥、二桥、三桥横跨南北，形成一个"川"字，直通对岸半岛中心。城区设有泸州汽车总站、王氏客运站、小市客运站、回龙湾客运站、超长客运站、沱江客运站6个车站。平均日发班车1 300～1 600个班次，运送旅客1.6万～2万人次；另外有近40个班次的公交车以及泸永、泸荣、泸隆公路过境或直达车辆进出城北新区。

龙马潭区通过公交车班次一览表

表14-3-2

序　号	班次（路）	公交车起讫地址
1	2	三星街—高坝
2	168	市府路—高坝
3	207	摇竹苑—鱼塘
4	24	王氏商城鞋城—高坝
5	34	中国第一窖—特兴
6	20	龙透关—石洞花博园
7	148	龙透关—石洞花博园
8	21	龙透关—九狮
9	32	天益广场—集装箱码头
10	19	回龙湾—张坝
11	178	回龙湾—茜草干道
12	39	回龙湾—长安
13	40	回龙湾—双加
14	15	回龙湾—杨桥
15	223	体育场—龙马潭公园
16	217	碳黑厂—蓝田
17	211	公交运营公司—宪桥
18	230	春晖路—朝阳路
19	231	朝阳路—蓝田客运站
20	236	柏香林—警校
21	243	金山路—泸医分校
22	237	巴士四季阳光—市政府

续上表

序　　号	班次（路）	公交车起讫地址
23	214	龙透关—转角店
24	216	绿景路—龙马潭区法院
25	210	天益广场—王氏商城
26	213	建设路—大驿坝
27	212	龙透关—红星小区
28	222	龙透关—泸医分校
29	18	回龙湾—四〇四
30	128	红星小区—纳溪区政府
31	3	王氏商城—安富停车场
32	158	小市合道街—纳溪客运站
33	29	回龙湾—安富桥
34	201	回龙湾—瓦窑坝
35	33	小市合道街—甜蜜公园
36	241	摇竹苑—转角店
37	246	朝阳路—城西新区
38	226	金山路—张坝

　　城东组团　组团内原有泸州北方化学工业有限公司、中国航天科技集团公司川南机械厂、泸州鑫福化工有限公司等，后来北方硝化棉公司、美国科氏材料公司等大中型企业也已在此落户。引进了四川维城磁能有限公司、青岛啤酒（泸州）有限公司、泸州泓江电解设备有限公司、华西玻璃钢有限公司等上百家集体和私营企业汇集城东，工业园区集中成片开发，城市功能得到优化。泸州国际集装箱码头，是四川重点工程，第一期工程，投资3亿元，征地26.67公顷，建成用房5 600平方米（含仓库2 500平方米），货场10万平方米，年吞吐量20万标箱，成为四川省第一大港口、西南走向世界的重要口岸。2003年10月开工建设的中海沥青（四川）有限公司，总投资3亿元，占地17.87公顷，工程建筑总体布局由码头区、原油罐区、生产装置区、成品罐区、污水处理区、锅炉区、排水及消防系统、装车区以及综合办公区组成，是一个年增加值超10亿元的大型化工企业。引资3 000万元建成的维维集团泸州豆奶粉厂，建筑面积3.54万平方米，年产值1.3亿元。泸州老窖股份公司罗汉基地，占地55万平方米，20世纪80年代建成老窖池1 000口，年产名优曲酒6 000多吨。鱼塘镇是城东组团的组成部分。改革开放前，这里只有居民30多户，不到100人。20世纪90年代泸州经济技术开发区进驻，加快了集镇建设，现已建成面积3平方公里、常住1.9万多人（含流动人口）的集镇。城东组团的罗汉镇是省级试点的小集镇，石梁至树风职高约两公里公路两旁原是农田和蔬菜地，而今建成厂房、门市、住宅区，集镇面积扩大两倍。

安宁组团　安宁场在20世纪80年代只有几户场镇人口。20世纪90年代列为省级试点小场镇，且泸州火车站建在安宁，带动了场镇发展。至2005年底，人口、房屋增长近10倍。境内隆叙铁路、隆纳高速公路、219省道、沱江航道等纵横交错，形成水陆交通网络。泸州平安运输公司、江北物资货运部，拥有汽车1 000余台。先后有国家粮库、老窖曲酒工业园区、兆峰陶瓷厂、永红塑料厂和30多家私营企业在此建厂。至2005年，泸州凯科饲料有限公司、泸州大鹏包装厂、泸荣酒厂等20多家企业投资6 900多万元，建厂面积3万多平方米。安宁老窖工业园区占地12公顷，投资1.2亿元。建成包装生产车间、玻璃瓶库、包装材料、成品暂存库、成品酒库、车间办、3万吨储酒库等，建筑面积4.27万平方米，年增加值达10亿元。金健罗沙米业用地1.33公顷，投资3 000万元，建筑面积8 000多平方米，日产米100吨；厂区公益设施齐全，绿化、道路占50%。安宁新建集市贸易市场，占地1.17公顷，投资702万元，建成近2万平方米（含住宅）的综合农贸市场。

第三节　经济开发区

经济开发区概况　四川省泸州经济技术开发区于1992年7月成立，1993年2月，经省政府批准升为省级重点开发区。该开发区位于鱼塘镇，涵盖安宁镇规划范围，规划面积为4.62平方公里。开发区以产业开发为重点，配套发展仓储、商贸、金融、文化、住宅等多种产业。其中鱼塘片区以发展生物医药和建材、五金、农产品加工为主，安宁片区以发展仓储物流和食品、农产品加工为主。10多年来，开发区一手抓新建城区基础设施，改善投资环境，一手抓招商引资，引进外企入驻，使各项建设得到长足发展。2003年6月，根据国务院和省委、省政府关于清理整顿土地市场的要求，市政府将开发区土地经营权收回，对原有人员进行分流，土地、债权、债务由市国土局接收，土地以外的资产移交给市财政局。2006年1月，国家发改委将开发区发展主要产业确定为食品、医疗、机械。2006年8月，开发区办理移交手续，由区政府直接管辖。

土地规划与使用　成立开发区时，省政府批准规划面积为800公顷，实际规划面积789.81公顷。2005年4月，国土资源部核减规划面积为462.91公顷，经10多年的开发建设，已征用土地275.6公顷（含已出让土地158.27公顷，存量土地117公顷），尚未征用的土地192.71公顷。这些土地大部分属于山坡或沟壑，"三通一平"（即通水、通电、通路、平整土地）和填方难度大，且资金投入较多。在存量土地中，鱼塘片区106.8公顷，安宁片区10.6公顷（包括部分规划道路用地、绿化地及不可使用地）。

开发建设　开发区累计引进项目215个，有工业企业130多家（含港澳台及外资企业11家），从业人口1.6万人，先后共投资26亿元。2005年完成工业增加值8亿多元。其中，规模以上工业企业17家（市属以上5家、区属12家），分别是宝光药业、维城磁能、老窖制曲基地、大鹏包装、泓江电解、科迪电器、维维豆奶、王氏集团、长江石油、好百年公司、三溪集团、泸州希望饲料、金健米业、玉蝉酒业、轻工彩印、青岛啤酒、兆峰陶瓷。这些规模以上工业2005年完成工业增加值5.1亿元，实现销售收入4.7亿元，实现利润总额1 661万元。青岛啤酒（泸州）有限公司，1996年2月，在鱼塘镇动工修建，投资7 000多万元，占地5.33公顷，次年3月投产，设备、技术先进，产品质量合格，年产啤酒3万吨，供不应求。

市政公用设施　开发区先后斥资1.57亿元，完善和新建区内各项市政公用设施。其中以3 075万元建成一条宽32米长3.7公里的道路；8条宽16～24米长共计5公里的道路；以130万元建成排水系统；以112万元建成绿化面积4.16万平方米；以1 900万元新建、改建变电站两座，10千伏输电线路51.66公里，380/220伏低压线路56公里；安装配电变压器176台/47 395千伏安；以8 200万元建成日产5万吨水厂1座及供水管网26.78公里；以519万元建成4万立方米储气站1座及供气管网8.87公里；以1 735万元建成通讯、闭路电视光缆433（孔）公里。

此外，在枣林园小区，新建住房36幢、8万平方米，安置"农转非"人员1 176户、3 402人，使之安居乐业。

第四节　城市管理

1996年9月，成立区城市管理办公室和城建监察中队，隶属区建设旅游局。2003年6月，由区爱卫办、城监中队、区城管办合并成立区城市管理局，属区建设环保局（二级局）。2005年5月，改为区政府直属城市管理局。内设办公室、爱卫办、城市管理股、综合执法大队。历任局长周远兰、武正明。

区城市管理办（局）成立后，着重抓城市环境公共卫生、市容市貌工作。从1998—2005年中，组织力量，在小市地区及城乡结合部，先后两次开展突击性"全国卫生城市"迎复查，保金牌，两次开展"爱国卫生宣传月"活动、5次例行执法检查。印发法规、规定、"门前三包"责任制，有关市容市貌和环境卫生宣传资料11.1万份；拆除有碍观瞻的户外广告、陈旧吊（挂）牌、破旧遮阳伞、棚架等3 600块（处）；取缔违章占道，拆除货亭、邮亭、烟摊、水果摊、净鞋点等1 066处（个）；清除卫生死角和大型垃圾堆308处；清除大街小巷"牛皮癣"5 880处；发出书面整改通知书980份。

2002年8月，全市再次开展"创卫复查"活动，市、区主要领导上阵，全民动员，连续宣传4次，印发宣传资料3 000份，区城管办和综合执法中队与市综合执法大队配合，搬迁市场6个，货场35家，规范占道经营245户，取缔占道经营摊点125个，拆除货亭、邮亭29个，破旧遮阳伞棚858个，大型户外广告12块，清除卫生死角10多处。10月，顺利通过国家卫生城市复检。

2005年，为推行人性化管理，努力构建管理者与被管理者之间的和谐统一，对临时占道经营许可户，实行"协议管理"，签订管理协议书214份，改进了执法方式。

第四章　村镇建设

第一节　场镇建设

重点集镇建设　全区9个乡镇中，被列为省级试点小集镇的有石洞、胡市、特兴、罗汉、安宁5镇；市级试点乡镇有金龙、长安、双加，特兴被列为全国重点乡镇，石洞被列为省级重点镇。领导重视，政策扶持，把握机遇，加快了试点镇建设进程。其中石洞、胡市、特兴镇成就突出。

【石洞镇】　至 2005 年底，共投资 1.5 亿元，征地 13.1 公顷，建设面积 2.2 平方公里，建成房屋 50.38 万平方米。修建省级农贸市场和新区市场；两条横街，完成新区主次干道一、二期工程。新修街道 1.94 公里，改、扩建街道 6.89 公里。新修政府办公大楼和高标准的石洞中心校。建成住宅 34.14 万平方米，公共建筑 10.2 万平方米，生产性建筑 6.04 万平方米。投资 555.25 万元进行基础设施建设，完成绿化 6 100 平方米，修排污防洪道 1 500 米，全镇公益设施齐全，水、电、气皆通。随着集镇各种功能完善，省粮库、泸州邮电局、川南矿区录井公司等 20 多个单位相继到石洞投资建设。引进泸州天力润滑油有限公司、泸州森禾园艺有限公司、泸州市泸粮酒业有限公司、重庆市创新教育集团，共投资 4 000 余万元在石洞发展。依托镇区发展的万亩生态农业科技园区"花博园"，集生态农业、休闲、观光、餐饮娱乐为一体，已初具规模。

【胡市镇】　2000 年，被列为省级小城镇试点镇，先后投资 1.19 亿元，建筑面积 39.66 万平方米。其中住宅 20.1 万平方米，生产用房 11.33 万平方米，公益性建房 8.23 万平方米。绿化 4 300 平方米。改建街道 3 条，长 1 005 米，宽 7~9 米；新建大道 1 条，长 870 米，宽 100 米，其中车道 32.5 米，两边是绿化带和人行道；建规范的住宅小区和标准的农贸市场。胡市中心校投资 825 万元，建教学楼、教师公寓、中心幼儿园等，建筑面积 9 300 平方米。成都立吉公司经理邱华于 2005 年自愿为母校捐资 200 万元，新建 3 100 平方米的教学大楼 1 幢。已接通民用和工业天然气，场镇的基础设施和公益设施不断完善。

【特兴镇】　2004 年，被列为全国重点镇建设，多渠道投资 5 670 万元，共建房 18.91 万平方米。其中生产用房 2.8 万平方米，新建住房 11.55 万平方米，营业房 4.7 万平方米，改建房屋 4.10 万平方米，相当于再造一个特兴镇。建砼街道长 1.2 公里，宽 22 米，排污管道 150 米，公厕 4 个共 125 平方米，垃圾库 30 平方米。做到水、电、气、路、通讯、光纤、宽带 7 通。新增场镇面积 0.5 平方公里，建政府办公大楼、派出所、信用社、基金会、计生指导站、税务所、泸州联通等，也在此修建办公、营业、住房。还有 20 多家私营企业投资建房营业。该镇又多渠道筹资 400 万元，征地 24 亩，建成 1.3 万平方米的综合农贸市场。

小场镇建设　建区时，全区小场镇面积 3.5 平方公里，房屋建筑面积 62.45 万平方米。建区后，建设步伐加快，至 2005 年底，先后投资 8.37 亿元，建成 4.23 平方公里，其中房 209.3 万平方米（改造房屋 30 万平方米）。1996—2005 年底，各场镇投入资金 1.07 亿元，完成基础设施建设 255 项，修建街道 49 条，总长 35.66 公里，其中混凝土街道 23.46 公里。新安装街道路灯 440 盏，街道照明、供电设施和通讯设施完善。有公厕 33 处，垃圾库 18 个，排污设施 30 处，排污管道 21.05 公里。各场镇供水设施齐备，部分安装民用天然气。乡镇政府所在地，都有一条宽敞的街道，1 个综合的农贸市场，有一个以上规模居住小区，1 个文化中心和休闲娱乐场所，中小学和卫生院齐全。吸引力、辐射力和综合服务功能提高，小场镇的承载能力日益增强。

第二节　中心村庄建设

各乡镇政府组建村镇建设管理所，从 1996 年起，在区建委指导下，本着"有利生产、方便生活、合理用地、节约用水、保护环境、远近结合"的原则，针对各行政村不同特点，在住地和耕地相对集中成片的情况下，分别编制规划方案，由当地政府批准施行。全区 57 个行政村中，于 1996—2000 年施行的中心村庄 25 个，2001 年至 2004 年施行的 21 个，未列编制规划的 11 个。

龙马潭区 2005 年市级重点中心村建设情况表

表 14 - 4 - 2

乡镇	中心村	首批入住		修建房屋总面积（m²）	其中			门市（个）	道路	
		户数（户）	人口（人）		公共建筑（m²）	住宅（m²）	生产建筑（m²）		长度（m）	面积（m²）
特兴镇	魏园村	100	247	21 670	5 565	16 105	—	141	1 400	7 100
特兴镇	安民村	124	421	18 965	5 205	13 760	—	145	2 000	9 000
安宁镇	良丰村	49	165	12 362	2 722	8 720	920	113	4 130	24 485
石洞镇	花博园村	126	445	25 010	1 000	23 610	400	25	975	11 107
胡市镇	金山村	135	502	32 155	1 080	31 075	—	27	750	4 500
罗汉镇	群丰村	67	239	12 993	400	12 593	—	18	1 000	3 000
长安乡	幸福村	130	389	24 778	8 900	14 188	1 690	228	500	2 200
合 计	7 个	731	2 408	147 933	24 872	120 051	3 010	697	10 755	61 392

2002 年 6 月，区委、区政府下发《关于进一步加快小城镇和中心村建设的意见》，2003 年 4 月，区政府发出《关于进一步加强农房和中心村建设管理的通知》，经乡村干部和群众不懈努力，推动中心村工作向前发展。至 2005 年底，已完成规划、批准逐步实施的中心村有 51 个，计划建成面积 60 公顷，入住农户 1 万余户，人口 4.2 万多人。其中特兴镇的魏园村和安民村、安宁镇的良丰村、石洞镇的花博园村、胡市镇的金山村、罗汉镇的群丰村、长安乡的幸福村，已建成市级中心村，成为全区中心村典范。首批入住农户 731 户，人口 2 408 人，修建房屋面积 14.79 万平方米。

特兴镇魏园村中心村庄 原名民主村，以驻地魏姓庄园而得名。距奎丰场 1 公里。村庄建起后，曾被市委、市政府评为文明单位，省委、省政府评为文明村，2005 年 10 月，被中央精神文明建设指导委员会授予"全国文明村镇"称号。

该村庄建设于 1998 年开始规划，2004 年建设告一段落。至 2005 年入住农户 93 户 300 人（涉及 3、4、5、6、7、9 个农业社），街道布局以 T 字形展开，两旁房屋依次排列；硬化街道长 400 米，宽 12 米，种有行道树 80 株，新建住宅 1.61 万平方米，公共建筑 5565 平方米。基础设施齐全，安装有自来水、天然气、闭路电视、电话、照明用电等。建有公厕、垃圾库、幼儿园、卫生站（甲级）、茶馆（6 家）、餐馆等配套设施。组建有老年秧歌队 1 个（成员 20 多人），村内重要活动和村民婚丧寿宴，应邀前往。农历四、七、十赶场。

特兴镇安民村中心村庄 安民村建村时取民心安定之意，位于特兴镇西南，距特兴镇、石洞镇、永寿场均 5 公里，全村辖区 4.6 平方公里。有村民小组 20 个，均通公路，其中 16 个小组靠近龙溪河，另 4 个小组在两个电灌站之下。有 10 个村民组饮用自来水，另 225 户自己打井用水。安装 10 千伏（KV）配电变压器 6 台，有线电话 300 部，设有卫生站 5 个，被市评为卫生村。

该村庄于 1996 年由省村镇规划设计院规划，2000 年在原来的幺店子（安福场）8 户居民的基础上逐步发展起来的。修建住宅 1.38 万平方米，公共建筑 5 205 平方米，新修水泥路 2.97 公里，其中街道占 1.2 公里，公厕 2 个，垃圾库 1 个，场上卫生站 3 个（其中 1 个甲级卫生站），茶馆 4 家，私营商业 20 多家，2005 年前入住 124 户 421 人。农历二、五、八赶场，成为工业品和农副产品交换地。

安宁镇良丰村中心村庄　良丰村因境内有凉峰山，后以谐音"良丰"得名，距镇政府7公里。2001年，纳入本市首批15个重点中心村之一。建设占地0.35平方公里，新修住宅8 270平方米，公共建筑2 722平方米，入住村民49户165人。街道平坦宽敞，房屋分两侧排列。自来水、电、光纤、通讯等基础设施齐全，有甲级卫生站；有香港顺德联谊总会郑裕彤捐资修建的希望小学。

由于村镇建设成绩优异，1998年至1999年，区建委先后获省建委"村镇规划管理第一名""村镇规划成果三等奖""目标管理集体建设先进单位""村镇规划完成质量先进单位"称号。此外，石洞镇建管所2000年获建设部"全国村镇建设先进单位"称号。

第三节　农村住房建设

解放前农村住房多为茅草房，低矮阴暗潮湿，或人畜共住。浅丘和平坝地区以土木结构为主，小青瓦房屋较多，也有穿木结构和茅草屋，且多为一房多屋。解放后，土改没收了地主住房，农民分得部分房屋，民居略有改善。合作化运动后，新修的多为生产队保管室、养猪场、牛栏等集体建筑。"四清"运动后，农村经济稍有好转，那些人口多、分居分灶的农民，修了部分土木结构房屋。1978年后，农民收入逐渐增加，建房的人日益增多，开始修建砖木结构房屋。随着劳务输出人员增多，男女青壮年外出打工挣钱，温饱问题解决后，着手改善居住条件，修建砖混结构楼房越来越多。建区10年间，特别是最近几年来，党和政府以人为本，重视民生，不断出台减轻农民负担政策，农民收入增加，不少农民继续在外打工，寄钱回家，在原有住房的基础上，又建一批新房，多数为两层，少数三层。全区农村投入建房资金5.94亿元，共新建房屋276万平方米。农村人均使用面积由1996年的22.28平方米，增至2005年底的26.95平方米，且房屋质量有较大提高。有农民编顺口溜说："解放前住草房，60年代住瓦房，80年代住砖瓦房，90年代建楼房，21世纪大变化，新式楼房穿衣裳（指外装饰）"。

第四节　农村基础设施建设

农村道路　解放前农村以小路为主，乡场与乡场之间有石板大路，小市至永川是"东大路"，区内只有泸隆公路。1952年修筑泸荣公路，1956年修筑泸永公路，1958年"大办交通"，乡与乡之间开始修公路，石油钻井队在区内钻井，留下一批公路，随后连接成乡、村公路。新农村建设以来，三级路网改造工程促使公路建设迅猛发展。至2005年底，全区公路总长度为562.36公里，密度为1.69公里/平方公里，有桥梁16座。乡镇间公路全部建成水泥路面。全区57个行政村实现村村通，水泥路面达53%。公路虽然增多，但乡间石板路在广阔农村仍起着重要作用。新农村建设把道路改造作为主要内容，一些乡村重修石板路，从村村通到社社通。

农村饮用水　区内地下水丰富，多数地方打井，都可取到水。1980年起，农村始用机压井取水，改善饮水条件。2005年，全区有自来水站11个，用水人数达2.3万人。散居农户大多数在屋前屋后打井或在塘库、小溪用电机抽水饮用。到井口挑水饮用的农户少了。

农村用电　解放前农村农民多用麻杆、松油干照明，后改用桐油、菜油、煤油。困难时期，煤油计划供应量很少，每户每月只有几两，照明困难。直到20世纪70年代农民才开始用电，1983年9

月，部分乡镇通电，1985年用电户达80%，以后用电不断增加，但线路差，布局不规范，继后各乡镇成立水电管理站。至今农村用电普及，电视机、电风扇、打米机（兼打饲料）、抽水电动机、饮水机、VCD视听机等家用电器，陆续进入农家。

随着电视进入农家，各乡镇开始为农户安装闭路电视。1998年春，区广电公司向全区联网，至今已覆盖所有行政村，有线电视通村率100%。同时，农村安装电话的农户也越来越多。

农村社会服务事业　农民温饱问题解决后，农村社会服务事业相应发展。10年间，各乡镇投资新建或完善各村卫生站医疗点。开展合作医疗后，按规定报销医药费，农民就地就医十分方便。全区57个行政村，大部分都有学校和幼儿园，生源少的，并入中心校就读。距场镇较远的村，还设有商店、茶园、老年活动室等，使群众足不出村，就可买到生活必需品，也为农民休闲、娱乐、品茶聊天提供了好去处。

第五章　建筑业

第一节　建筑企业

1996年建区时，全区有建筑施工企业13家（一级企业1家、二级6家、三级6家）。区建设部门着力将其打造为支柱产业，经企业全体职工努力，建筑企业不断发展壮大。截至2005年12月，全区建筑施工企业增至28家，其中建筑施工总承包企业15家（一级企业1家、二级10家、三级4家）；建筑施工专业承包企业7家（均为三级企业）、建筑劳务分包企业6家（全为一级企业）。共有分公司59个、工程处34个，职工总数3.94万人。其中项目管理人员455人（一级77人、二级348人、三级30人）；工程技术人员2665人（一、二级建造师536人，高工71人，工程师1576人，助工482人）；其他经济师、会计师以及施工员、特殊工种等，均做到持证上岗。

企业资质　10年中，部分建筑施工企业的资质有所提升。有三级晋二级的，二级晋一级的；并由过去单一的房屋建设发展到公路工程、水利水电工程、市政公用工程等10多种门类的资质。施工能力由过去修普通民用住宅，发展到既可修各类民用建筑，也可以修各类工业建筑，还可修高速公路、铁路、港口、桥梁等等。市场竞争能力大大增强。

机械设备　国家将建筑施工企业的施工机械作为考核资质等级的硬指标，规定一级总承包企业机械设备资产为6000万元，二级为2000万元以上。区内建筑施工企业28家，机械设备齐全，资产数额超过国家规定标准，有塔吊、搅拌机、推土机、挖掘机、装载机、大型起重机以及运输车辆等大中型机械设备约3000台（套），其中市建司和九建司分别为1268台（套）、70台（套），可满足大中型工程施工需要。全行业注册资金为4.1亿元，有固定资产6.94亿元。同时，部分建筑企业自己开办有预制构件厂和机械设备租赁公司，为建筑施工提供方便。

建安产值与主要建筑企业　城乡建设和建筑企业迅猛发展，建安产值（即建筑业增加值）逐渐增加。1996—2000 年累计完成建安产值 33 亿元，最高年为 8.4 亿元，最低年为 5.57 亿元，年平 6.60 亿元；2001—2005 年累计 48.94 亿元，最高年 11.84 亿元，最低年 7.81 亿元，年平 9.79 亿元。同时完成税利 1996—2000 年为 1.02 亿元，年平 0.20 亿元；2001—2005 年为 2.37 亿元，年平 0.47 亿元。其中上交税款年平 2000 万元左右。

龙马潭区 2005 年主要建筑企业情况表

表 14-5-1

企业名称	法人代表姓名	职工人数（人）	注册时间	资质	注册资金（万元）	固定资产（万元）
泸州市第七建筑工程公司	唐兴武	4 566	1980 年 1 月	房屋建筑施工总承包一级 混凝土预制构件专业承包二级	5 382	6 998
四川省泸州市建筑工程公司	曾志高	4 768	1980 年 10 月	房屋建筑施工总承包二级 公路工程施工总承包二级 市政公用工程施工总承包二级 公路路面工程专业承包二级 装饰装修工程专业承包二级 建筑幕墙工程专业承包二级 水利水电施工总承包三级	6 180	4 852
四川省泸州市第十建筑工程公司	石美华	3 196	1980 年 12 月	房屋建筑工程施工总承包二级 公路工程施工总承包二级 市政公用工程施工总承包三级 建筑装饰装修工程承包二级 机电设备安装工程承包二级	5 100	4 900
四川省泸州市第九建筑工程有限公司	扈正江	2 500	1980 年 1 月	房屋建筑施工总承包二级 市政公用工程施工总承包三级 土石方工程专业承包二级 建筑装修专业工程专业承包二级 建筑防水工程专业承包三级 起重设备安装工程承包三级	2 020	1 530
四川省泸州市川南建筑安装工程公司	王明旭	3 270	1964 年	房屋建筑工程施工总承包二级 建筑装饰装修工程专业承包三级 预制构件生产专业承包三级	2 120	1 750
泸州南方建筑工程有限公司	杨万平	1 792	1993 年 3 月	房屋建筑工程施工总承包二级 市政公用工程施工总承包三级 建筑幕墙工程专业承包三级 建筑装饰装修工程专业承包二级 土石方工程专业承包三级	2 382	—
四川省泸州市龙马建筑工程有限公司	毛正权	1 483	1982 年 5 月	房屋建筑工程施工总承包二级	2 060	2 300

续上表

企业名称	法人代表姓名	职工人数（人）	注册时间	资　质	注册资金（万元）	固定资产（万元）
四川宏宇水电建设安装工程有限公司	唐棣富	1 250	1975 年 5 月	房屋建筑工程施工总承包二级 水利水电工程施工总承包三级	3 126	4 180
四川省泸州太昌建筑安装工程有限公司	王　涛	1 598	1995 年 3 月	房屋建筑工程施工总承包二级 建筑装修装饰工程专业承包三级 土石方工程专业承包三级 建筑防水工程专业承包三级	2 488	2 789
四川省泸州市九狮建筑工程有限公司	邓世荣	1 700	2000 年 9 月	房屋建筑工程施工总承包二级 市政公用工程施工总承包二级 建筑装饰装修工程专业承包三级 起重设备安装工程专业承包二级	2 550	2 380
泸州市永昌建筑工程有限公司	任志敏	2 163	1978 年 2 月	房屋建筑工程施工总承包二级 建筑装饰装修工程专业承包二级 建筑防水工程专业承包二级 预制构件生产专业承包二级	2 030	2 202
四川省泸州市金龙建筑工程公司	潘建辉	1 982	1980 年 1 月	房屋建筑工程施工总承包三级 土石方工程专业承包三级 建筑防水工程专业承包三级 建筑装饰装修工程专业承包三级	880	1 171
四川天沛水利水电建设工程有限公司	钟德刚	1 450	2005 年 2 月	房屋建筑工程施工总承包三级 水利水电工程施工总承包三级 市政公用工程施工总承包三级 建筑装饰装修工程专业承包三级	2 069	1 878
泸州市龙马潭区高坝建筑工程有限公司	罗永富	867	1984 年 12 月	房屋建筑工程施工总承包三级 筑装饰装修工程专业承包三级	700	841
泸州市龙马潭区江北建筑工程公司	王彬	760	1992 年 9 月	房屋建筑工程施工总承包三级	730	3 600

【泸州市第七建筑工程公司】　系国家一级房屋建筑施工总承包企业，始建于 1980 年元月，曾名"泸县社队建筑公司""四川省泸县第二建筑工程公司"。仅有固定资产 60 万元，主要带领泸县区乡建筑施工队伍进行艰苦创业。从引进人才、先进管理经验入手，本着"质量求生存，安全出效益"，在诚信经营理念指导下，公司从小到大，从弱到强。从修建简单的工程到修建结构复杂的高楼大厦；从繁重劳动密集型粗放式手工操作到科学的机械化施工。公司在巩固老基地的基础上，不断向外拓展，到 1994 年，建安产值突破亿元大关，1995 年固定资产总值增至 6 800 万元，企业资质由三级升为一级。1996 年泸州市建区时，企业更名"泸州市第七建筑工程公司"，由龙马潭区管辖。经 10 年艰苦创

业，公司以房屋建筑施工总承包为主，兼营公路、市政、水利水电、建筑装饰装修、钢结构等工程及机具设备租赁、建筑材料、餐饮服务等。公司始终坚持质量第一、安全第一的方针，2000 年企业通过国际管理体系认证，已按标准质量管理，向社会提供优质产品。公司有在册职工 4 566 人，其中高级管理人员 63 人，中级管理人员 205 人，高中级专业技术人员 1078 人，一、二级建造师和项目经理233 人，专业技术人员持证率 100%。公司下属 20 多个分支机构，主要分布在重庆、云南、贵州、湖北、陕西、甘肃、青海、新疆、宁夏、内蒙古、河北、北京、河南、山西、福建、西藏、浙江等地。年施工面积在 50 万平方米以上，竣工面积 30 多万平方米，产值 2 亿多元，工程合格率 100%，优良率 80% 以上。公司先后获四川省"天府杯"金奖和"优质奖"，吉林省"双优特别奖"，云南省"优质工程奖"。先后被评为全国 500 强最大规模、最佳经济效益企业；四川省综合实力百强企业、明星企业，全省建筑施工企业管理优秀单位，全省"重合同、守信用"企业；泸州市建筑行业 30 强企业，市建筑业对外劳务输出先进单位、对外开拓先进企业、建设银行"AAA"级信用单位。

第二节　建筑企业管理

人才技术培训　区建设部门把人员培训视为提高企业整体素质，提升其竞争力的重要手段。10 年间，坚持每年进行一次项目经理建造师培训，一次专业技术人员培训，一次"九大员"和两次工人职业技能培训，累计达 1.89 万人次。有 536 人取得二级以上建造师资格，有 71 人取得高级工程师职称。举办 7 期农村工匠从业资格培训，有 184 人取得农村村镇建筑工匠资格证书。

工程质量管理　区建设部门严格要求各建筑企业，认真贯彻执行各项法规和技术标准，落实到施工全过程。施工前，坚持先勘察、后设计、再施工的原则，制定出符合实际的施工组织设计，建立施工现场质量管理保障体系和质检制度，做到层层把关。施工中，加强对进场的原材料、构配件、成品、半成品材料的复检；对砂浆、砼、钢材焊接、防水材料等检查；班组、工序之间的自检、互检、交接检，发现不符合质量要求的，及时纠正。坚持原材料未经监理工程师签字的，一律不得使用，上道工序未经监理工程师签字认可的，不得进行下道工序施工。工程竣工后，由区建设局委托区建设工程质量监督站，负责工程质量监督，确认合格后，始交建设单位。10 年间，全区建设工程质量，由于管理到位，一次交验合格率达 100%。工程质量优良率 70% 以上。区属七建司先后获四川省"天府杯"金奖 2 次，银奖 1 次；南方建司获省"天府杯"金奖 1 次；十建司获省"天府杯"金奖 1 次，银奖 1 次，湖北省"楚天杯"金奖 1 次。本区所属建筑施工企业所承担的工程项目中，先后有 106 个工程项目被全国市、地以上建设行政主管部门评为优质工程。区建设局 2001 年被评为四川省建筑业管理先进单位。

安全管理　遵循"安全第一，预防为主"的方针，把安全生产工作放在各项工作的首位，重点预防高空坠落，物体打击，机电伤害等事故发生。区建设部门督促各建筑企业制订各项安全规章制度和防范措施，主要有：

【安全生产责任制】　建设局主要领导、企业经理、项目经理、施工班组长、工人在各自的职责范围内对安全生产负责，并层层签订责任书。做到安全生产，人人有责。

【安全生产教育】　通过举办安全知识培训班、讲座或知识竞赛，召开安全会议等多种形式，向企业干部、工人进行安全教育。新工人进入企业，必须进行"三级教育"（公司对项目、项目对班组、班组对工人进行教育）。电工、焊工、起重机械、架子工等特殊工种，还须进行专业培训，考试合格持证后，方能上岗。

【专项技术措施】 对结构复杂、专业技术性强、危险性大的特殊工程，如爆破、深基坑、大开挖、高切坡、大型吊装、水塔、烟囱、高层脚手架、塔机安拆等，必须编制专项安全措施，并经专家签字后，将安全技术措施向操作者交底，然后检查落实。

【开展安全检查】 检查的目的在于发现问题和解决问题。针对各个时期的实际情况，组织力量，由领导带队，采取定期的、季节性的（包括夏季、雨季）、综合的、专业性的、经常的各种形式安全检查。发现隐患，进行定人、定期整改。对严重"三违"（违章指挥、违章操作、违反劳动纪律）行为，除及时纠正外，予以严厉处罚，并扣分记入不良记录档案。

10年间，全区建筑施工企业，未发生重大生产伤亡事故。2001—2004年，区建设局连续4年被市上评为建筑施工安全生产管理先进单位。

第三节　建筑设计

建区后，区内设计任务主要由区设计室承担（自收自支事业单位），隶属区建委领导，业务上受市建委指导，设计资质为丙级，承担工业与民用建筑设计。有国家二级注册建筑师2名、建筑工程师2名、助理工程师1名。2000年区编委将其由自收自支事业单位改为全民所有制企业。2003年区设计室改制，将原有人员妥善安置后，另出资组成非公有制的泸州龙腾设计公司。8年间，该室严格管理，坚持先勘察后设计，打破地方垄断，面向社会，提倡设计竞争。对主要街道和重要建筑，坚持设计招标，先作方案，然后公开评审，择优选用。加强施工图纸、设计文件的审查管理，保证设计质量，为建筑工程把好第一关。

第四节　对外开拓和劳务输出

1996年建区后，区建设部门，为使建筑企业对外开拓和劳务输出继续发展，坚持立足全省、扩展省外、巩固原来的老基地、发展新基地战略。适应国家西部大发展的需要，建筑劳务输出逐步由沿海向内陆和西部转移。在建筑企业整体素质上尽力培育一批资金雄厚、工程技术人员素质高、管理一流，在省内外、国际市场上，具有竞争力的施工总承包企业。同时发展一批专业精通，技术尖端的专业承包企业和门类齐全、技术水平较高的劳力分包企业。经不断努力，至2005年底，全区建筑企业，在福州、厦门、贵阳、重庆等地站稳了脚跟。在湖北、云南、新疆、甘肃、内蒙古、广东、山西等省区都有工地。对外承包和劳务输出得到进一步巩固和发展，建筑劳务输出收入逐渐上升，实现建筑业劳务输出36.2万人次，收入53.5亿元。1997年3月，区建委被省建委评为建筑劳务基地和劳务输出先进单位。2001—2002年被省建设厅评为全省对外开拓和劳务输出先进单位；1997—2005年先后9次被市评为对外开拓及劳务输出先进单位。

龙马潭区 1996—2005 年建筑业总产值和劳务输出情况表

表 14 -5 -4

项目　　　　年度	建筑业总产值（万元）	完成建筑业利税额（万元）	建筑劳务输出	
			人员（人次）	收入（万元）
1996	56 166	1 740	35 672	42 982
1997	53 602	1 823	35 068	43 284
1998	44 387	1 865	35 491	45 176
1999	44 602	2 153	36 425	47 298
2000	66 103	2 648	38 219	48 107
2001	107 741	4 483	38 560	49 763
2002	127 184	3 026	38 980	52 470
2003	137 199	4 543.3	31 926	68 130
2004	121 258	4 734.6	35 016	50 161
2005	138 953	6 937.38	36 862	87 745
合计	1 121 984	33 953.28	362 219	535 116

第六章　房地产业

第一节　房地产管理

房地产管理机构　1996 年建区后，区建设局下设房地产开发管理办公室，负责制定全区房地产开发规划和实施方案，开展企业资质审核，指导和协助开发企业征地办理拆迁许可证及危房鉴定等工作。建立房地产监理所和房地产交易所，管理城镇房屋的产权产籍和交易。建立区房产公司，负责区内国家直管公房的经营、出租和维修（2003 年 12 月解体，人员按改制方案进行安置）。

1997 年 11 月，市建委委托区建设旅游局负责除鱼塘镇以外乡镇房地产行政管理工作。2001 年 10 月，市建委将房屋权属登记审批权限下放给区房地产监理所。2005 年 5 月，市府办发文，将高坝片区房屋登记委托区建设局办理。

办理房屋权属证书　区房地产监理所在建区后的 10 年中，共办理城镇和农村房屋所有权证 1.67 万件，面积 209.4 万平方米。对房地产权属进行有效管理。

遵照市政府《关于颁发全国统一房屋权属证书的通告》，从 1998 年 7 月 1 日起，全区正式启用全国统一房屋权属证书。在对场镇房屋进行清理登记的基础上，从 2000 年 3 月 1 日起，开始换发新的

"房屋所有权证"。累计办理城镇房屋权属登记共 1.45 万件，发证面积 166.4 万平方米。2001 年 2 月，区政府颁布《村镇房屋权属登记管理办法》，并印发村镇房屋所有权证、村镇房屋共有权证、村镇房屋他项权证式样，率先在罗汉镇发证后，经区建委批准，将村镇房屋权属登记权下放给乡镇政府管理。至 2005 年底，已发放村镇房屋所有权证 2 157 件，面积 43 万平方米。发证后的房地产产权产籍资料，经精心整理已达省一级档案标准。

房地产交易与抵押　20 世纪 90 年代前，各乡镇房地产交易行为不多，少数房地产买卖，向当地财政部门缴纳契税，领取契约、契本契后就算完事。房地产交易所成立后，依法对房地产买卖、交换、抵押实施管理。因房地产交易所和房地产监理所是合署办公，在办理房产过户前，首先要进行买卖和交换登记，完税后才能发证，故一直是一条龙服务，方便群众，管理有序。10 年中，共办理房地产买卖（交换）2 500 多件，面积 25 万平方米，交易额 1 亿元。

房地产抵押是房地产交易市场管理的重点。1997 年底，按建设部《城市房地产抵押管理办法》，对原有房地产抵押工作进行了全面整顿和改革，严格审批制度，保证了抵押管理健康发展。10 年中，共办理房地产抵押 826 件，他项权证价值 1.34 亿元。

国家直管公房　各乡镇均有农村和场镇公房。1985 年后，农村公房实行免租使用（由住户负责维修），场镇公房直接由国家管理。1996 年后，经公房普查，建立有公房卡片，钉铁质公房门牌，使公房管理走上正轨。由于公房多数是低矮结构，加上年代久远，质量差，维修量大。几经调高租金，仍不能达到"以租养房"目的。于是，将零星公房对外出售。1999 年 4 月，区政府决定，将国家直管公房交给各乡镇政府管理，区里只管少数公房。在管理同时，对有开发价值的公房进行改造后出售，计 12 处，面积约 2 000 平方米。

白蚁防治　1997 年 4 月成立区白蚁防治研究所，与房地产监理所合署办公，因预防处理缺乏制约机制，几年来只预防处理两万多平方米。

第二节　房地产开发

1996 年 7 月，泸县城乡建设综合开发公司更名泸州市龙马潭区房地产开发公司（全民企业），由区建设旅游局主管，在区内城镇实施房地产开发建设，每年新开工 1 万多平方米。1999 年 10 月，又更名"亿隆房地产开发有限公司"，后因法人代表侯某某经营管理不善，欠账较多，且该人长期杳无音信，2002 年自行解散。

随着城北新区大规模开展建设，吸引不少外来企业驻区开发。至 2005 年底，在辖区内从事房地产开发的公司 44 个。鉴于市辖区的关系，存在管理交叉问题，区房地产管理办公室，只管区属 13 个开发企业。主要管理企业的组建、资质、开发规模、项目审查，办理商品房登记，填发预售许可证等。由于众多区内外房地产开发企业入驻，对本区建设作出巨大贡献。据 26 家开发公司统计，在 45 个小区内，建设面积 173.42 万平方米；修建 7 个市场，面积 20.44 万平方米；修街道 9 条，长 1.37 万米，面积 30.21 万平方米。其中，王氏房地产开发有限公司，早在建区前，就率先抓住商机，在龙南路侧进行房地产开发。继后，开发规模越来越大，10 多年来，先后开发总面积共计 31.06 万平方米。建设市场面积约 15 万平方米，设有副食品、百货、鞋类等 8 个专业市场，吸引入驻商家 1 200 多户，从业 3 000 多人在此经营。内设王氏客运站，以自贡、内江、荣昌、江安、长宁跨县市客运班线为主，兼营合江及胡市、海潮、玄滩班线，日发班次 450 班，日均客运周转量 4 000 多人次。同时，先后建设六和苑、国税、枫林山庄3个小区，建设面积5.56万平方米。修建金山路、汇金路、向阳路3条，长度6 000米，面积10.5万平方米。

驻龙马潭区2005年部分房地产企业开发业绩统计表

表14－6－2

开发企业名称	资质等级	法人代表	企业住址	主要开发业绩		
				小区建设（m²）	市场建设（m²）	街道建设长、宽（m）
王氏房地产开发公司	三	王德彬	王氏商场	六和苑25 000 国税小区18 000 枫林山庄12 600	王氏商场150 000	汇金路1 500×16 金山路3 000×18 向阳路1 500×18
向阳房地产开发公司	二	刘登堰	水井沟	向阳花园A 50 000 向阳花园B 80 000	向阳市场	小市沱江路2 000×14
福源房地产开发公司	三	王忠荣	春雨路	福源小区35 000 丹桂苑12 000 银盘山庄9 600 汇源小区18 000	银盘山庄13 000	春雨路1 500×40
洪达房地产开发公司	三	熊亮洪	洪达小区	洪达小区60 000	—	洪达路220×14
天立房地产开发公司	三	罗实	南光路21号	天立花园41 350	—	—
巨龙房地产开发公司	三	周良骥	小市沱江路	摇竹苑62 000 金色城市花园15 000		星月街2 000×18
正力房地产开发公司	三	余恩庆	春雨路馨天地	馨天地16 000	—	春雨路1 000×40
新鑫房地产开发公司	三	龚国树	望江路一段	江都花园180 000	江都市场3 100	顺江路1 000×30
科维房地产开发公司	三	胡永忠	南光路5号	科维小区18 000	科维22 000	—
金诺房地产开发公司	三	苏为民	南光路42号	金诺御景山庄230 000	—	—
国美房地产开发公司	三	邓伯文	春晖路12号	国有公房小区19 000	—	—
印象房地产开发公司	三	吴刚	莲花池6号	印象山庄32 900		
洪源房地产开发公司	三	杨忠	迎宾大道一段	洪源小区27 400		
宝光房地产开发公司	三	汪俊林	杜家街	小市沱江路180 000		
利君房地产开发公司	三	陈利君	利君花园	利君花园29 600	—	—
花园房地产开发公司	三	陈绍清	鸭儿凼	碧水锦绣城73 000 清泉银座35 600		
锦华房地产开发公司	三	张伯树	南光路10号	锦绣山水14 000 华锦苑46 000		

续上表

开发企业名称	资质等级	法人代表	企业住址	主要开发业绩		
				小区建设（m²）	市场建设（m²）	街道建设长、宽（m）
华江房地产开发公司	三	胡建勋	高坝	大通苑 93 600	高坝农贸市场	—
跨越房地产开发公司	三	韩 庆	龙马大商城	—	龙马大商城 15 000	—
兴荣房地产开发公司	三	罗永贵	城北广场	蓝色空间 80 000	—	—
南天房地产开发公司	三	杨万平	红星路 3 号	南天苑 48 000	—	—
富豪房地产开发公司	三	张光勋	乐源小区	乐源小区 16 600	—	—
生源房地产开发公司	三	杨建军	玉带桥	生源小区 16 000	—	—
泸南房地产开发公司	三	严 强	汇金路 4 号	汇金小区 20 000	—	—
国泰房地产开发公司	三	王国平	南光路 25 号	碧绿华庭 110 000	—	—
兴隆房地产开发公司	三	张良清	龙马大道一段	枫林小区 9 985	—	—

第三节　房地产市场

建区以后，房地产市场一直处于迅猛发展阶段，全区 44 家开发企业先后参与新城区和城镇的开发建设。城市房屋建设每年以 30 万~40 万平方米速度增长，使城市尤其是城北新区发生了巨大变化。同时，以住宅为主的房地产市场，带动了相关产业发展。

房地产开发企业，经历了由区内到区外和区外开发企业入驻的过程；经历了由零星开发向小区成片开发的转变。向阳花园、柏香林、金诺·御景山庄等数十个小区，功能齐全、绿化好、环境美、设备配套的大批商品房投向社会，供群众择优选购，满足了社会住房需要，近几年商品房一直处于热销阶段，尽管年年大量发展，但存房量却很少。

以龙马大道带动城北新区房屋的快速发展，新建住房与小市旧城房屋有很大的优势，新区房屋吸引老城区住户，卖旧房买新房的人越来越多，房地产二级市场日趋活跃。

住房改革　建区初，正值全市第二次住房改革，搞二次出售，由部分产权改为全产权，并办理全产权《房屋所有权证》。1997 年后，按国家继续推动现有公房出售政策，各乡镇相继开展住房制度改革，向职工出售部分非成套公有房屋，加上经济适用房投向社会，建立和完善廉租房制度等一系列措施，使区内群众的居住条件得到改善。

中介机构　区内房地产中介机构不少，仅经省、市建设部门培训、考核发证取得资格的房地产经纪人和房地产评估师就有 10 人，他们在区从业，使房地产中介服务行为得到进一步规范。

物业管理　区内物业管理企业 10 家，其中天立、王氏、宇通、广大、良木居、宝光、兴荣、江都 8 家为三级；向阳、盛大两家为四级，服务项目和内容日趋完善。大多数采取半封闭式管理，坚持全天候 24 小时保安执勤；完善的邮政和电信服务，让业主足不出户就可以与外界联络沟通；电话、留言转告，为业主带来方便；专业服务绿化、公共卫生、公共设施维修，以及代收代付水、电、气费，竭诚为业主服务。图书室、茶房和包括有棋牌的活动室，为业主提供休闲娱乐释放空间；专业维修人员提供业主家中各类设备维修，让业主满意。

第七章　环境保护

第一节　机　构

1996 年建区时成立区环境保护局（副科级）及直属环境监理（监测）站。2001 年 10 月，区建设环保局内设环保股。2005 年 4 月，分设区建设局和区环境保护局。先后担任环保局局长黄翠模、郭大庆、余世文、陈仕友、魏朝述、安力。内设办公室、综合股（污染控制、自然生态保护、建设项目管理）、环境监察大队（2003 年 8 月，由原来的环境监理站更名），共有工作人员 10 人。

第二节　环保规划与实施

全区是省内酸雨控制区，主要控制污染物为二氧化硫等，区环保局遵循《环境保护法》《环境噪声污染防治法》等规定，结合区情，制定了"九五""十五"环保规划，并采取各种措施加以实现。

龙马潭区"九五"期间环保规划与实施表

表 14 - 7 - 2 - 1

序号	环境规划的目标任务	规划实施完成情况
1	建设项目环境影响评价制度执行率逐步达到 80%，"三同时"执行率达 60%，环境设施运行率 80%。	审批"三同时"生产性建设项目 10 个，非生产建设项目 44 个。 城区烟控区覆盖率达 100%。
2	排污收费 60 万元（计划）	实际排污收费 73.5 万元（含工业、建筑、餐饮业等）。
3	计划完成老污染治理项目 2 个。	完成老污染治理项目 11 个，投入环保补助金 20.98 万元，已达标排放单位 9 个，占总数的 53%。其中市控重点污染源完成 5 个，达标率 60%。

续上表

序号	环境规划的目标任务	规划实施完成情况
4	工业废水排放量控制在1 000吨以内；工业废水处理率达60%。 工业废气处理率40%，配合有关部门，改变城市及农村燃料结构，以提高大气环境质量。	工业废水排放量达28.5万吨，其中化学耗氧量（COD）530吨，工业废水处理率65%。 工业废气排放量41 322标立方米，其中二氧化硫909吨，烟尘620吨，粉尘560吨；工业固体废弃物排放量2 800吨，其中危险固废物0.8吨。工业废气处理率为62%。
5	适应城市的管理要求，对第三产业管理达到90%	取缔"十五小"电镀企业6个。 全区森林覆盖率28.2%，城市人均绿地面积15.57平方米，绿化率为27.5%。

龙马潭区"十五"期间环保规划与实施表

表14-7-2-2

序号	环境规划的目标任务	规划实施完成情况
1	水环境规划目标： 长江、沱江干流，龙溪河、濑溪河大小河流水质达到Ⅲ类水域标准。水质主要指标是：高锰酸盐小于8毫克/升，生化需氧量小于4毫克/升，非离子氨小于0.02毫克/升，亚硝酸盐小于0.15毫克/升（以当量计）。 空气环境质量规划目标： 总体空气质量应达到Ⅱ级标准。主要指标是：二氧化硫日平均浓度小于0.15毫克/立方米，二氧化氮日平均浓度小于0.12毫克/立方米。 声环境质量规划目标： 在功能区达标的基础上，扩大噪声达标区面积。	区内水系基本达标Ⅲ类水域标准。区内空气环境质量稳定在Ⅱ级标准内。
2	新建项目必须执行环境影响评价制度和"三同时"制度，执行率100%。	严格执行环境影响评价和"三同时"制度，执行率达100%。
3	污染物排放总量控制： 化学耗氧量560吨，石油类0.5吨，烟尘560吨，二氧化硫1 000吨，粉尘670吨，工业固体废弃物5 000吨。	全区6个市控重点排污企业、11个区控重点排污企业全部达到国家规定标准。
4	污染治理能力目标： 工业废水处理率80%，工业废水排放率95%，工业废气处理率70%，工业固体废弃物综合治理率80%。	投入环保资金200多万元（含自筹和补助），工业废气处理率达68%，工业废水处理率达73%。
5	生态环保目标： 开展植树造林，水土保持等工作，保护和恢复生态环境，逐步建成长江上游绿色生态屏障和水源涵养。实现森林覆盖率28.43%，水土治理面积5平方公里。	新造林2.91万亩，退耕还林面积2.3万亩。
6	城市环境综合治理目标： 饮水源水质达标率100%，烟尘区覆盖率100%，噪声达标覆盖率55%，排污费征收面85%，建成区绿化率29.8%。	关闭电镀企业1个（大光集团）。
7	重点控制区域和行业为："两江一河"（即长江、沱江、龙溪河）和饮用水源保护区；重点行业为化工、建材、机械、矿山开采、轻工及饮食娱乐服务业。	区内污染防治专业公司增至6家，治理项目已由传统的工业废水和生活污水扩展到餐饮油烟等范围。

第三节 生态环境保护

全区系省级生态示范区，切实做好生态环境保护工作，对逐步构建长江上游绿色生态屏障十分重要。为此，区政府制定了《2006—2020 年生态建设规划》，同时，于 2005 年 9 月，向各乡镇政府、街道办和有关部门发出《关于建立生态环境保护联席会议制度的通知》。其主要内容为：研究审定生态环境保护分期规划和相关部门的实施方案以及相互配合综合执法的具体措施等。区环保部门，除执行区政府的《规划》和《通知》外，协同有关部门，采取相应措施，保护好以下重点生态环境：龙马潭公园风景区，石洞花博园农业生态区，小市江北公园区，安宁九狮风景区。还有高坝洞窝、胡市金山桂圆林、双加松滩桥水库、特兴芙蓉岛、罗汉大通山公园、官渡十里翡翠长廊等。重点是生态植被、珍稀果树以及以白鹭为代表的珍稀鸟类，长江中以中华鲟、胭脂鱼为代表的珍稀鱼类。

第四节 污染治理与执法监督

环保宣传教育 1996 年 10 月至 2005 年 9 月，区政府和区环保部门先后 10 次向各乡镇街及相关部门，下发关于污染物排放总量控制和环境污染治理及噪声污染控制等规范性文件，供各级学习及督促企事业单位贯彻执行环境保护的依据。1997—1999 年，以"6 月 5 日世界环境日"为契机，区主要领导通过召开会议或在电视台，向干部群众发表保护环境讲话。之后，按环境保护法规定，结合区情，每年都安排形式不同、内容丰富的保护环境宣传教育活动，利用电视台播放环保系列专题片，《龙马周报》上刊登保护环境文章，街头设置宣传咨询台，悬挂横幅标语和图片，向市民发送《市民环保手册》《环保行动指南》等宣传资料等 4 万多份；创建"绿色社区""绿色学校"等。使广大干部群众进一步提高环保法律意识，为治理环境污染奠定思想基础。

建设项目执行"三同时"制度，凡新、改、扩建工程项目（生产性工业企业、非生产性房地产业、餐饮、娱乐服务业）的环境保护设施，必须与主体工程同时设计、同时施工、同时竣工验收投产使用。1996—2005 年，全区"三同时"执行数为 169 项（生产性项目 43 项，非生产性 126 项）。随着建设事业发展，审查"三同时"项目逐渐增多，其中 2001—2005 年执行数为 115 项，占总数 68%（生产性 33 项，非生产性 82 项）。1996—1998 年主要对房地产项目的生产污水处理设施进行"三同时"监督与验收。1999 年起，对所有新、改、扩建项目，都必须进行"三同时"制度。执行率 100%。

与"三同时"同步实施的环境影响评价制度，1999 年开始执行，2003 年工作走上正轨，工商、计划、文化、林业、水利等部门，把环境影响作为审批的前置条件。1999—2005 年，未发生因环境影响的行政投诉。环评执行率 100%。

行政处罚 1996 年 10 月—2002 年 7 月，先后关闭污染严重的齐家电镀厂、东风电镀厂、长江液压电镀厂等 7 家企业。对少数污染企事业单位，未办"三同时"手续或未报建设项目环境影响报告书（表）以及拒不制定治理污染措施等行为，区环保部门以事实为依据，法规为准绳，视其情节轻重，分别给予行政处罚。1996 年至 2005 年底，全区累计处罚企事业单位 41 个，罚款金额 19.6 万元。

2000 年 3 月，长城液压电镀厂因未报建设项目环境影响报告书，给予罚款 1 000 元。2005 年龙马晶玻有限公司被罚款 3.45 万元。2002 年 4 月 22 日，市八建司因拒报建筑施工噪声污染事项，处以罚款 8 000 元，但该公司不交罚款，区环保局于 2003 年 3 月 5 日向区人民法院申请强制执行，八建司遂于 3 月 24 日上交罚款 8 000 元，排污费 2 000 元，历时近一年了结此案。

专项治理污染环境行动　根据群众举报，部分餐饮行业的油烟污染、文化娱乐和建筑施工行业噪声污染，干扰群众生活的情况比较严重。区环保部门遵照区领导组 2004 年 8 月发出的《关于开展整治违法企业保障群众健康专项行动的通知》，组织力量在城区范围内，先后开展了一系列治理环境污染的专项行动。计有沱江路娱乐行业，泸隆公路 58—59 公里沿线石材加工厂，城区建筑工地等噪声污染专项整治行动，结合中高考禁噪工作，开展餐饮业油烟污染和文化娱乐业噪声污染为主的城区环境综合治理整治行动等等。通过专项治理行动，促进了一部分污染企业自觉进行治理和整改。维维泸州豆奶粉厂，2004 年 11 月，斥资 13 万余元，安装了化学耗氧自动在线监测仪，监控厂内污染水质。

排污费征收　按照上级规定，区环保部门向污染企事业单位征收排污费。1996—2005 年，被征单位 1 071 个（次），排污费金额 340.4 万元。所征排污费全部上交区财政，70% 用于补助污染企业治理污染，5% 上缴市环保局，25% 用于环保管理建设。从 2004 年起，所征的排污费全部解缴入库。

2003 年 5 月，区环境监察大队被省环保局评为环境监察先进单位。2005 年 10 月，省人事厅、省环保局授予区环境监察大队"全省环境保护系统先进集体"称号。

第十五篇 财政 税收 金融 保险

财政、税务、金融、保险部门积极为区委、区政府和全区人民当家理财，增收节支，保障民生，排忧解难，维护社会稳定，促进经济社会发展。10年间，预算内收入 9.69 亿元，年均增长 19.74%，与 1996 年比，增长 1.97 倍。在培植税源上狠下功夫，坚持征管并重，税收额年年上升。积极开拓经济流通领域，储贷并举，城乡居民储蓄强劲增长。10年间，各项存款余额从 9.43 亿元增至 32.82 亿元，增长 2.48 倍。保险事业发展迅猛，共开展寿险、财险等 20 个大类、70 多个险种业务，收、支保险费均逾亿元，对构建和谐社会发挥了"稳定器"作用。

第一章 机 构

第一节 财税机构

财政局 1996 年建区时，区财政局成立，内设办公室（含人事政工股）、行政社保股、预算国库乡财股、农财农发股、经济建设投资股、国资股（含统计评价股）。1999 年成立财政收费票据监管中心。2004 年成立国库支付中心。2005 年成立国资中心。7 个镇、2 个乡均设财政所，在册员工 59 人，其中区局 31 人，乡镇财政所 28 人。历任财政局长胡维新、张维东、杨长缨。

国税局 建区时，区国家税务局成立，内设办公室、征收管理科、税收政策法规科、税源管理科、计划征收科、人事科、监察科、稽查局，城区第一税务分局、第二税务分局、石洞分局、信息中心。干部职工 96 人。历任局长邬江、梁一中、王惠、晋元井。该局于 1997 年 4 月被四川省人事厅、省国家税务局评为 1996 年度全省国税系统先进集体。石洞税务分局于 2001 年 12 月由人事部、国家税务总局表彰为全国税务系统先进集体。计划征收科于 2004 年 10 月获四川省创建青年文明号十年成就奖。

地税局 建区时，区地方税务局成立，内设综合税收管理股、法制股、计划财务股、农业税收管理股、办公室、监察审计室；下设稽查局、直属税务所和石洞、鱼塘、罗汉、胡市 4 个基层所。在职职工 72 人。历任局长喻恩惠、张杉、李红、简锐。

第二节　金融保险机构

中国人民银行泸县支行　龙马潭区成立后，泸县支行同时负责泸县和本区金融监管，经理国库、货币信贷政策传导和窗口指导等金融服务工作。历任行长沈志刚、李剑、高福春、周星成（副行长主持工作）、刘国华、王启贵。2005 年在册干部职工 25 人。2003 年 12 月，泸县银监办事处成立。县人行职能转换，监管职能分离，工作重点从金融监管为重点转向以传导、贯彻执行货币政策，维护金融稳定，加强反洗钱工作，提供金融服务等。

中国工商银行股份有限公司泸州分行龙马潭支行　1996 年泸县与龙马潭区分设时，中国工商银行泸县支行同时管辖县、区所有网点。2003 年 7 月分设龙马潭支行和泸县支行。2005 年 10 月，龙马潭支行更名中国工商银行股份有限公司泸州分行龙马潭支行。历任行长王毅、胡友华、李怀平、古华富、李宁、魏敏。10 年间，由于工商银行机构改革、人员分流，实行扁平化管理，网点由原来的 27 个减至 1 个，人员由 243 人减至 16 人。2001 年被评为省级最佳文明单位。

中国农业银行泸州市龙马潭支行　区划后，农业银行随之调整，将江阳支行的高坝分理处和泸县支行的石洞分理处、胡市分理处、回龙湾分理处、营业部 5 个机构的人员和所有业务组建为中国农业银行泸州市小市分理处。1997 年 1 月 8 日，中国农业银行泸州市龙马潭支行挂牌成立，这是区划调整后唯一以龙马潭冠名的银行。内设资金营运部、信贷业务部、财务会计部、保卫部及办公室。下设小市、高坝、石洞、胡市、回龙湾 5 个分理处。2005 年，干部职工 192 人。历任行长杨必先、葛健、赵德勇、熊刚。该行 1998—2004 年，先后被省委、省政府表彰为"省级文明单位"，被中国农业银行总行授予"精神文明示范点"称号。

中国建设银行股份有限公司泸州城北支行　原名中国建设银行泸县支行。1997 年 10 月更名中国建设银行泸州市分行小市支行；2004 年 10 月更名中国建设银行泸州城北支行；是年 12 月更名中国建设银行股份有限公司泸州城北支行。1996 年，干部职工 79 人，下设会计柜、储蓄柜、综合科。历任行长王兵、陈安富、包兰、王辉（副行长主持工作）、税建华。该行 1999 年被省公安厅评为"金融机构安全防护设施合格"单位。

泸州市商业银行小市支行　泸州市商业银行 1997 年 9 月由 8 家城市信用社和 2 家农村信用社合并而成，名泸州市城市合作银行。1998 年更名泸州市商业银行、泸州市商业银行小市支行。2005 年末，有小市支行营业部和回龙湾、莲花池、城北、沱江、炭黑厂、江北、鱼塘 7 个二级支行。历任行长淦华华、龙维华。2005 年末有员工 58 人。

中国银行龙马潭支行　1991 年 12 月 14 日成立中国银行泸县支行，地址小市中大街。在区境内设杜家街分理处和上码头、莲花池、交通路、安宁 4 个储蓄所，1996 年 8 月 19 日，泸县支行更名龙马潭支行，住址迎宾大道。历任行长田健、刘兴洋、张宏、刘武、施云川。

龙马潭区农村信用合作社联合社　建区时，成立农村信用合作社。1997 年 11 月，改为农村信用合作社联合社。内设综合社务科、计划信贷科、稽核科、财务会计科（后改为综合电脑科）、监察保卫科及营业部。辖特兴、石洞、安宁、金龙、罗汉、胡市 6 个独立核算的农村信用社，有非独立核算的信用分社 14 个，储蓄所 2 个。在岗职工 176 人，1996 年至 2005 年管理组负责人宋正东、理事长兼主任杨英俊、罗明华。

中国人寿保险股份有限公司龙马潭区支公司　1995 年 5 月由中国人民财产保险公司泸县支公司分

业后成立中保人寿保险有限公司泸县支公司。1999年1月从泸县支公司中分设龙马潭区支公司。内设经理室、办公室、财务科、业务科、内务科。2006年6月取消科室建制，设个人代理人管理岗，组训管理岗，公司经理室。共有员工7人。历任经理何元国、杨淼、刘建。

中国人民财产保险股份有限公司龙马潭支公司　1998年3月成立。内设综合管理部、业务拓展部、客户服务部等机构。2005年有员工28人，大专以上文化占80%以上。历任经理李毅刚、蓝世潮、陈忠、郑波、钟卓。

第二章　财政收入

第一节　预算内收入

1996—2005年，全区财政总收入9.69亿元，平均每年递增19.74%。其中，地方财政收入4.62亿元，平均每年递增11.43%。2005年，财政总收入1.54亿元，与1996年相比，净增1.02亿元，增长1.97倍。地方财政总收入4.62亿元，其中各种税收4.02亿元，占地方财政收入的87.8%；工商税收入2.37亿元（含企业所得税、增值税），占税收总额的58.84%；农业税收入4 847万元（2004年起停征），占税收总额的12.85%；个人所得税3 373万元，占税收总额的8.8%，城建税3 261万元，占税收总额的8.1%。2002年开展农村税费改革，上级财政每年补贴地方财政936万元。1996—2004年8年共收农税4 847万元，平均每年605.8万元，上级财政补贴是实收农业税的1.54倍。

龙马潭区1996—2005年财政收入统计表

表15-2-1　　　　　　　　　　　　　　　　　　　　　　　　　　　　　　　单位：万元

项目 年度	财政 总收入	其中地方 财政收入	其　　　中					上级补助	
			税收	行政性收费	罚没	专项	其他	总收入	其中专拨
1996	5 183	2 783	2 620	—	74	68	21	2 212	560
1997	5 662	3 457	3 124	—	322	—	11	2 210	478
1998	6 718	4 027	3 580	—	202	137	180	2 691	18
1999	8 084	4 685	4 090	—	346	138	111	3 361	1 121
2000	9 244	3 830	3 354	—	254	154	68	5 414	1 319
2001	8 727	4 369	3 841	—	348	180	—	4 358	1 572
2002	11 359	4 801	4 193	—	372	236	—	6 558	2 283

续上表

| 项目\年度 | 财政总收入 | 其中地方财政收入 | 其中 | | | | | 上级补助 | |
			税收	行政性收费	罚没	专项	其他	总收入	其中专拨
2003	12 438	5 451	4 775	—	423	250	3	6 987	2 358
2004	14 055	6 102	5 207	80	453	352	10	7 953	2 988
2005	15 412	6 666	5 496	176	640	348	6	8 746	3 057
合计	96 882	46 171	40 280	256	3 434	1 863	410	50 490	15 754

第二节　预算外收入

1996—2005 年，区财政预算外资金共收入 2.01 亿元，年均 2 011.6 万元。其中，2002 年起，收入大量减少，从上年 3 381 万元，减到 1 435 万元，下降 57.5%，原因是农村实行税费改革，取消了"自筹统筹资金"收费项目，减轻农民负担。2004 年，预算外资金收入大幅下降，从上年 2 363 万元减到 838 万元，下降 64.57%，原因是许多收费项目纳入预算内管理，财政收入更加制度化、科学化。

龙马潭区 1996—2005 年财政预算外资金收入统计表

表 15－2－2　　　　　　　　　　　　　　　　　　　　　　　　　　　　单位：万元

| 项目\年度 | 总收入 | 其中 | | | |
		行政事业费	社保基金	自筹统筹	其他
1996	1 716	697	188	745	86
1997	2 110	1 400	200	420	90
1998	2 211	1 561	132	425	93
1999	2 497	1 307	333	368	489
2000	2 710	1 482	—	704	524
2001	3 381	2 196	—	812	373
2002	1 435	1 268	—	—	167
2003	2 353	1 768	—	—	585
2004	831	177	—	—	54
2005	872	812	—	—	60
合计	20 116	12 668	853	3 474	2 521

第三章　财政支出

第一节　行政管理支出

1996—2005 年，全区共计上解省财政 8 369 万元，本级财政支出 8.82 亿元。2005 年财政支出 1.52 亿元，比 1996 年增长 3.07 倍。行政管理支出 3.31 亿元，其中，离退休人员经费 1.41 亿元，占 42.72%，此项经费 1976 年仅 571 万元，2005 年支出为 2 220 万元，净增 1 649 万元，增长 2.88 倍。具体项目是：全区各行政事业单位（含乡镇）人员和公检法司机关人员的工资、奖金、办公费、旅差费、会议费等项费用。1996 年全区财政拨款开支人数 5 072 人，人均基本工资 344 元。2005 年，升至 6 370 人，增加 1 298 人，人均基本工资 978 元，分别增长 25.59% 和 1.84 倍。

第二节　基本建设支出

1996—2005 年，区财政基本建设支出 3 746 万元，占总支出的 4.24%，主要用于农田水利基本建设和城镇基础设施建设。计有胡市镇蔬菜基地、安宁镇名优水果基地、石洞花博园、罗汉科技园区、特兴镇三溪水渠工程、罗沙贡米生产基地、农业综合开发以及全区三级路网建设等。

第三节　教科文卫支出

1996—2005 年，区财政对教科文卫支出 2.9 亿元，占总支出的 32.19%。其中，1996 年支出 1 231 万元，至 2005 年支出为 4 923 万元，净增 3 692 万元，增长 2.99 倍。在教科文卫支出中，教育经费支出 2.13 亿元，占整个项目的 73.47%，占财政总支出的 24.19%。1996 年下半年起，把乡镇级教师的经费收归区级财政管理，教师工资按时足额发放，保证了教师队伍的稳定。

第四节　就业和社会保障支出

1996—2005 年，区财政对就业和社会保障（含优抚和社会福利救济）共支出 7 704 万元，占总支出的 9.44%。其中，1996 年支出 80 万元，当时没有就业和社会保障支出项目。1999 年起，增加该项目，当年支出 411 万元。2001 年，开始实行城镇居民最低生活保障制度，当年发放低保金 543 万元，至2005年，连续4年低保金支出2 117万元。在该项支出中，就业和社会保障支出2 805万元，占36.4%，抚恤和社会福利救济费4 899万元，占63.57%（含低保金2 117万元）。

第五节　农业支出

1996—2005年，区财政对农业支出8 910万元，占总支出10.34%，主要用于农林水部门的事业费及农业开发、支援农业生产等。其中，农林水事业管理费2 462万元，占27.64%，农业开发资金2 571万元，占28.85%，支援农业生产资金3 877万元，占43.98%。

第六节　投资等项支出

1996—2005年，区财政投资支出1 723万元，占总支出1.96%。其他支出3 982万元，占总支出4.52%。主要用于村社干部政策性补助和补贴，支援不发达地区及上述未含的各项支出。

龙马潭区 1996—2005 年财政支出统计表

表 15－3－6　　　　　　　　　　　　　　　　　　　　　　　　　　　　　　单位：万元

项目\年度	总支出	其中							上解省两税支出	备注
		行政事业	教科文卫	农林水	社保	基建	专项	其他		
1996	3 721	1 736	1 231	267	80	40	65	302	1 269	
1997	4 298	1 768	1 331	431	118	126	0	524	1 323	
1998	5 019	1 943	1 866	543	167	147	100	253	1 563	
1999	6 397	2 172	2 058	903	412	210	162	480	1 635	
2000	7 399	2 704	2 418	1 071	482	366	107	251	1 765	
2001	8 838	3 548	3 099	1 020	500	312	210	149	80	专项
2002	11 164	4 063	3 687	1 188	1 156	500	198	372	226	专项
2003	12 296	4 657	3 824	1 074	1 373	490	216	662	79	专项
2004	13 859	5 284	4 586	1 264	1 496	356	307	566	50	专项
2005	15 177	5 205	4 923	1 149	1 920	1 199	358	423	379	专项
合　计	88 168	33 080	29 023	8 910	7 704	3 746	1 723	3 982	8 369	

第四章　财政监管

第一节　财政预算编制

区财政局编制预算的单位195个，预算开支的人数6 218人，其中，行政单位58个，开支人数5 159人。每年年初遵照《预算法》，在2002年以前，实行基数加增长的模式，从2000年起，在区级机关中的6个单位进行部门预算试点，2005年扩大到12个单位推行部门预算。每年的财政预算指标下达后，根据实际情况加以调整；每年秋季报区人大常委会批准实行。

第二节　财政资金筹集

税收征管是财政收入的主要来源。1996—2005年地方财政总收入4.62亿元，税收4.02亿元，占87.68%。建区时，由于工业基础薄弱，无骨干税源企业，全区范围年纳税10万元的仅18户。后经招商引资，引进企业，引进技术、引进资金，支持酒类企业纳税上百万元的骨干企业，加强技术改造，创优质，创名牌，积极培植重点税源。2003年，引进企业新增税收1 126万元，仅泸州维维豆奶粉厂，当年完税1 000万元。全区财政收入升至1.24亿元，比上年净增1 079万元，增长9.5%，其中，地方财政收入5 451万元，比上年增长11.92%。通过科学论证，找准项目，积极筹集资金，争取省市支持。1996年，上级补助560万元。2005年下拨3 057万元。适时开展财政税收大检查，打击偷、漏、抗税行为，查补税款，1999年查补税款300多万元。

第三节　收支监管

财政监督和财政分配是财政工作的两大职能。财政收支分配的过程，又是重点监督的过程。区财政局除了加强预算管理、预算外资金管理、专项资金管理及会计制度管理外，从1996年起，坚持与税务、物价部门配合，开展财务税收物价大检查。对政府采购行为，按有关规定，加强监管。在行政事业性收费方面，首先从票据监管入手，于1999年建立财政票据管理中心，印发管理文件，建立票据使用综合档案，加强对各单位收费票据的监控。每年对各单位的收费情况开展年度审查，1999年3至6月，对1998年度的收费进行年审，审查全区7个乡镇、2个街道办事处和227个机关单位。年审中，撤销收费项目2个，废止违规收费票据。2004年2—4月，对全区9个乡镇、3个街道办事处和区级机关的各种行政事业性收费进行年审。参加年审单位143个，审查收费许可证288个，年审率

96%，收费总额 5 356 万元。年审收费项目 207 个。查出违纪收费项目 13 项，金额 150 万元。通过年审，让收费单位真正做到凭证收费、挂牌收费，提高收费透明度，接受群众监督。2005 年，贯彻《财政违法行为处罚处分条例》，把财政监督贯穿于财政收支的全过程，让财政监督工作从"重收轻支，重外轻内，重查轻改"的片面倾向，逐步转移到"收支并举，内外并行，监督并重"的正确轨道上来。逐步建立对财政收支全过程、全方位的财政监督运行机制，充分发挥财政监督的预警监测、分析、保障、规范作用，不断提升财政监督的层次和水平。

第四节　会计管理

区财政局历来注重对会计工作的监督和管理，1996 年 9—12 月，开展全区"会计证"检验工作。对已取得"会计证"而未在岗人员，取消会计证资格；持有"会计证"已退休者，在"会计证"备用栏中注明，仍可留用；对受到撤职以上处分的人，吊销或收回"会计证"。根据省财政厅《关于四川省会计证管理办法的通知》，在 1998 年内统一换发新"会计证"。从当年起，根据省财政厅《四川省建账监管暂行办法的通知》，区财政局对全区所有建账单位，每年实行年检制度。次年 10 月 31 日，公布修订后的《中华人民共和国会计法》，区财政局根据《会计法》有关规定，每年夏秋之间对全区持有"会计证"人员，组织学习和业务培训。2000 年，省财政厅等 6 厅（局）联合下发《关于进一步加强依法建账，实行会计建账监管有关问题的通知》，区财政局对全区应建账和已建账的单位进行清理，进一步健全会计账目，加强对会计人员素质教育和纪律教育，严肃处理提供虚假会计信息的单位和责任人，进一步加强了对会计工作的监督检查力度。2003—2005 年，按照川财监督〔2003〕46 号、〔2004〕10 号文件精神，成立了以财政局副局长龙洪伦为组长的检查组，抽查全区的会计信息质量，对存在问题作了严肃处理。2005 年，以《会计法》颁布实施 20 周年为契机，在全区范围内，集中开展纪念《会计法》宣传活动，使广大公民知法、懂法，严格按法律办事，致全区形成依法理财，崇尚诚信的良好氛围。当年，组织农村财务人员，集中培训学习《农村集体组织会计制度》，培训村会计 87 人，健全了农村经济会计制度。

第五节　国有资产管理

国有资产管理机构　1996 年组建区国有资产管理局，由财政局副局长邱斌兼任国资局局长。2001 年成立区国有资产经营公司，注册资本 500 万元。由国资局局长任总经理；成立董事会，由财政局局长胡维新任董事长。2002 年，上级通知县（区）不设国资局，原国资局自然消失，其工作任务由财政局国资股承担。2005 年，成立国有资产管理中心，由财政局副局长龙洪伦任主任。

对原国有投资企业的管理　1996 年全区国有投资企业 35 家，年初有总资产 2.69 亿元，年末 2.97 亿元，当年负债 2.53 亿元，年终亏损 1 811 万元。次年初总资产 2.93 亿元，年末 2.09 亿元，当年负债 2.68 亿元，年终亏损 3 191 万元。1998 年，年初总资产 1.68 亿元，年末 1.66 亿元，比上年减少 1.43 亿元（原因是减少了 19 家企业），当年负债 1.56 亿元。次年管理国有企业 14 家，比上年减少 7 家，其中破产 3 家，歇业待破产 4 家。年初总资产 1.53 亿元，年末 9 076 万元，当年负债 1.33 元，亏损 4 227 万元。2000 年，国有企业改革步伐加快，原有小型国有企业，是计划经济产物，体制落后，不适应市场经济发展，上年剩下的 14 家企业大都负债累累，无法生存，除保留粮食收储公司管理国库粮外，其余均按破产法有关规定和企业改制的政策法规，全部破产处理。至此，原有的国有投资企业全部消失。

国有资产登记评估按照《国有资产产权登记管理试行办法实施细则》的规定，区财政局对全区行政事业、企业单位的所有国有资产进行逐项登记，家底清楚，产权明晰。2004 年，又对全区 40 多个行政事业单位及乡镇、街国有资产逐项检查登记。对各单位国有资产处置，均按规定程序评估。各企业、行政事业单位，凡调出、出售国有资产的，必须经主管部门审核同意后，向区国资局报送"资产评估立项申请"，经合法评估机构评估后，报区国资局确认评估结果。再经区国资局审核，由区政府审批国有资产调出或出售报告。

国有资产保值增值　2005 年末全区固定资产原值 7 518.83 万元，折旧 311.68 万元，固定资产净值 7 207.15 万元。

龙马潭区 2002—2005 年国有及控股企业主要指标对照表

表 15 - 4 - 5　　　　　　　　　　　　　　　　　　　　　　　　　　　　单位：万元

年度　　　项目	2002 年末	2005 年末	增长
固定资产	2 686	7 258	4 572
流动资产	3 140	4 165	1 024
无形资产（含土地使用权值）	274	927	652
资本公积	1 043	6 795	5 732
盈余公积	61	246	185
负债和所有权者权益总计	6 346	12 460	6 160
年末合并国有资产总量（计算机自动生成数）	1 867	8 747	6 880

第五章　国　税

第一节　税种税率

增值税　是以商品生产流通和劳务服务各环节的增值因素为征税对象的一种流转税。增值税率有三档：基本税率为 17%，低税率为 13%，零税率只限出口货物。本区涉及免征增值税有以下几类：农业生产者销售的自产农业产品（包括种植业、养殖业、林业、牧业和水产业生产的各种初级产品）；个体户残疾人员提供加工、修理、修配、劳务；承担粮食收储任务的国有粮食购销企业销售粮食、饮料、农膜，批发和零售种子、种苗、化肥、农药、农机。从2005年5月1日起，对废旧物资回收经营单位销售其收购的废旧物资免征增值税。符合民政福利企业的实行即征即退税收优惠。

消费税　是对一些特定消费品和消费行为征收的一种税。共设11个税目，14个档次的税率，最低3%，最高45%。本区涉及项目主要是酒税。2001年5月1日前，按从价定率征收消费税。当年国家调整酒类产品消费税，调整后的白酒行业实行从量定额和从价定率相结合的复合计税办法，在对粮食、薯类白酒征收25%和15%消费税不变的前提下，再对每500克白酒上缴0.5元消费税。2006年4月1日起，白酒税率调整为：粮食白酒、薯类白酒的比例税率统一为20%，定额税率为0.5元/500克或0.5元/500毫升，从量定额税的计量单位按实际销售商品重量确定。

企业所得税（国税）　即从企业所得中征收的税种。自1994年1月1日起执行。实行独立核算的企业或组织，为企业所得税的纳税义务人，法定税率为33%。为了支持企业发展，对利润小的企业实施优惠，3万元（含3万元）以下的，执行18%的优惠税率；年应纳税额在3万元以上至10万元的，执行27%的优惠税率。全区涉及西部开发企业，凡新办企业符合国家规定鼓励类产业项目，经税务机关审核确认后，可享受有关优惠政策；对新办劳动就业服务企业、达到残疾人安置比例的民政福利企业，给予减或免征企业所得税。

外商投资企业所得税　是对在中国境内的外商投资企业生产、经营所得和其他所得征收的税种。1991年7月1日开征。外商投资企业所得税按应纳税的所得额计算，税率为30%；地方所得税税率为3%。对生产性外商投资企业、外商投资开办的产品出口企业和先进技术企业可以享受免税、减税待遇。

个人利息所得税　以个人从境内取得储蓄存款利息为记税依据而征收的一种新税种，1999年11月1日开征，2005年税率为20%。2005年1月1日起，对教育储蓄存款利息所得免征个人所得税。

车辆购置税　是对购置车辆的单位和个人征收的一种税，它的前身是车辆购置附加费，由交通部门征收，1985年5月1日开征，进口车征收车价的15%，国产车征收10%。2000年11月16日，国务院颁布《中华人民共和国车辆购置税暂行条例》，次年1月1日起开征，由国税局征收，原有车辆购置附加费取消。车辆购置税征收范围包括汽车、摩托车、电车、挂车、农用运输车等，税率为10%。车辆购置税实行从价定率的征收办法，纳税人在向公安机关车辆管理机构办理车辆登记注册前缴纳。设有固定装置的非运输车、防汛专用车和森林消防专用车免征。

第二节　税收征管

征　管　1996年在"征、管、查"三分离的征管模式下，税务局下设征管分局、稽查分局。征收和管理明分暗不分，实际是由一个分局负责。征管方式，对账册不健全的个体工商户、集体企业、小酒厂等实行查账、查验、查定、定期定额征收；对账务健全的纳税人实行查账征收。1997年，以纳税申报和计算机网络为依托，集中征收，稽查征管模式初步形成。"征、管、查"实行以票管税，加收滞纳金制度。次年1月1日起，直属征收分局纳税户和所有增值税一般纳税人集中到办税服务厅申报纳税，小规模纳税人到各税务分局纳税，农村个体户仍在各乡镇驻场申报纳税。2002年6月1日起，所有纳税人集中到办税服务厅申报纳税，应用计算机征管，开通电话申报、邮政网点申报，建立

"一窗式、一站式、一体化"管理与服务机制，加强税收执法监督，税收征管趋于科学化、规范化。

登记与申报　纳税人领取营业执照 30 日内，持身份证、营业执照、房屋租赁合同、企业成立文件等有关证件到税务机关办理税务登记，"自核自缴"，开门定额。确定实行定期定额征收的个体工商户，其纳税额的核定，按经营时期的淡旺季分当年 11 月至次年 1 月、2—4 月、5—7 月、8—10 月为纳税期。每个纳税期的次月 10 日前，由纳税人申报，其方式可直接到税务大厅办理，也可采用邮寄办理。

减免税　主要是增值税和企业所得税。由纳税人提出申请，税务机关调查审核，区国税局、地税局根据权限审批或报请市局、省局审批后，通知纳税人执行。税收减免有：核定有关税种的起征点，达到或超过者全额征税，未达到则免征。部分税种设定税额，如个人所得税，在计算工薪收入应纳税款时扣除 800 元，免予征税；对亏损企业，新建企业，实行不同程度的税收减免。

评税制度　对个体工商户实行纳税评议，由行业评议（行业组长、个体劳动者协会、工商行政管理所、税务部门组成评议小组）、税务机关核定、张榜公布发定税通知书。对承包承租经营、无账或账册不全、不能会计核算的企业，均按评税方式纳税，由税务部门核定一定期限内（一般为一个月）纳税定额。应核定或需调整纳税定额，由税务人员到生产、经营地调查情况，集体评议纳税定额方案，公布评议的方案并征求纳税人意见确定应纳税额。

国税发票管理　税务机关对使用发票加强税务管理，以票管税，减少税收流失。纳税人持税务登记证办理发票准购证后领取发票。同时税务机关验旧换新，审核纳税人开具的发票金额与申报纳税的经营收入是否一致，发票是否按要求填开。1993—1997 年，企业领购发票均凭发票准购证核准的种类、数量、购票方式向税务所或分局申请领购。1998 年起区国税、地税直属征管纳税户和增值税一般纳税人领购发票，凭发票准购证核准的种类、数量、购票方式，分别到国、地税办税服务大厅办理。2002 年 6 月 1 日起，实行集中征收，所有纳税人领购发票均凭发票准购证核准的种类、数量及购票方式，统一到国、地税办税服务大厅办理。各基层税务所或分局不再向纳税人发售发票。次年 4 月 1 日起，为逐步实现"发票控税"，在餐饮、娱乐、旅馆、美容美发等行业开展"即开型"有奖发票活动，鼓励消费者消费时索取发票，当年发票营业税增收 36 万元。

第三节　税务稽查

每年年初制定稽查方案、稽查计划，据群众举报，上级安排或随机抽样确定稽查对象，按计划下达稽查通知。据稽查工作底稿出具结论报告；对有问题的纳税人下达税务行政处罚事项告知书，告知对其拟处罚的事由、数额及其应享受的听证、复议等权利。据稽查报告出具审理报告，经领导审批后出具稽查处理决定书和处罚通知书送达纳税人，最后向被查纳税人追缴税款、滞纳金、罚款，构成犯罪的移交司法机关追究刑事责任。且每年检查税务征收情况和内部检查执法情况，纠正执法中的错误行为。

1996 年 11 月，区国税局增值税专用发票专项检查结束，对当年三季度末增值税税负在 1% 以下的 27 户商业、物资企业（一般纳税人）进行专项检查。共查出漏记销项税款 15.48 万元，多抵进项税款 5.26 万元，其他违规 3.07 万元，合计查补税款 23.81 万元。是年 11—12 月，开展税收大检查，检查纳税户 105 户，查补税款 60 余万元，全部追缴入库，另催缴欠税 59 万元，罚款 2.3 万元。1998 年 8

月，全区税务登记验证工作结束，清理出漏征漏管150多户，处罚50多户，查补税款1.5万余元。11月，开展个体税收专项检查工作，有2 560户个体户通过自查、自报、自缴的方式主动到国税局补缴税款80余万元。12月，稽查局全年累计入库税金及罚款218.84万元。2003年8月21日，区国税局推出税务稽查事后建议制度。通过税务稽查职能，进一步加强税收征管，帮助纳税人更好地执行税收政策，建立健全有关管理制度，避免偷税漏税行为发生。推行税务稽查事后建议制度，分为两类：一类是对内部提出加强和提高征管执法质量建议制度，一类是对纳税人加强和改进税收核算、提高申报质量提出建议制度。次年5—6月，区稽查分局指派4名干部代表区局参加全省税收专项检查，共查出应补增值税1 434万元，加收税款滞纳金351万元，稽查报告经省稽查局领导审核，受到充分肯定。

第四节　税务执法

加强税务登记和发票、账簿粘贴簿的建立与使用，新开业纳税人监控、停歇业纳税人复核以及减免税和扣除项目等执法工作。执法人员主动出示执法证、检查证，使用文明语言；发现问题，根据权限下达相应的文书，让纳税人在文书送达回证上签字。每年4月，开展形式多样的"税收宣传月"活动，以书法、征文、知识竞赛等形式，向中小学生进行税法知识宣传，举办知识讲座，开办培训班，向企业法人和财会人员进行依法纳税的宣传教育。1997年4月，区国税局分别在六楼会议室和小市三倒拐礼堂举办100名厂长、经理及1 000名个体户参加的税收知识讲座。泸州江阳酒厂、泸州玉蟾酒厂等100名企业法人及杨全海等100名个体户代表向全区纳税人发出"爱我中华，强我龙马，依法纳税、报效国家"的倡议。是年9月，分别在小市和石洞镇对全区一般纳税人企业法人及财务负责人300多人进行《征管法》和纳税信用等级内容业务培训，受到纳税人好评。10月21日，举办为期一天的金融、保险业税法知识培训，参培有各专业银行、保险公司、城市合作银行、信用社、基金会负责人及财会人员50多人。

第六章　地　税

第一节　税种税率

营业税　是对在国内提供应税劳务、转让无形资产或者销售不动产的单位和个人，就其经营活动的营业额（销售额）为课税对象征收的一种流转税。营业税应税劳务规定的税目有交通运输业、建筑业、金融保险业、邮电通信业、文化体育业、娱乐业、服务业。本区营业税收入以金融、房地产、交通运输、建筑业为重点行业。

龙马潭区 2005 年营业税税目税率表

表 15 -6 -1 -1

税　目	征收范围	税率
交通运输业	陆路运输、水路运输、航空运输、管道运输、装卸运输	3%
建筑业	建筑、安装、修缮、装饰及其他工程作业	3%
金融保险业	金融、保险	5%
邮电通信业	邮政、电信	3%
文化体育业	文化、体育	3%
娱乐业	歌厅、舞厅、卡拉 OK、歌舞厅、音乐茶座、台球、高尔夫球、保龄球、游艺	5%～20%
服务业	代理业、旅店业、饮食业、旅游业、仓储业、租赁业、广告业及其他服务行业	5%
转让无形资产	转让土地使用权、专利权、非专利技术、商标权、著作权、商誉	5%
销售不动产	销售建筑物及其他土地附着物	5%

房产税　是以房屋为征税对象，按照房产原值或租金收入为计税依据，向产权所有人征收的一种税。本税采用两种方法计税，一是按房产原值扣除30%后的余值按1.2%计税，二是对房屋出租按租金收入12%计税。2000年起，对个人住房出租用于居住的按4%计征房产税。

资源税　是国家对开发和利用国有自然资源的单位和个人，因资源结构和开发条件的差异而形成的级差收入所征收的一种税。其征收范围限定为原油、天然气、煤炭、其他非金属矿原矿、黑色金属矿原矿、有色金属矿原矿和固体盐。龙马潭区征收资源税的品目比较单一，主要是沙、石等非金属矿产品。1996年，区地税局对市地税局规定的部分应税矿产品单位换算比例，按幅度内的最高配额进行确定，具体标准是：条石1立方米=2.7吨，河沙1立方米=1.6吨；页岩：生产450块页岩砖耗页岩1吨；粘土：生产400块土砖耗用粘土1吨，生产2 500块粘土瓦耗粘土1吨。2003年对全区沙石资源税耗用计算标准为：沙石开采生产者每立方米按1.6吨计算，每吨按1元计征；砖混结构房屋按实际建筑面积每平方米耗用沙石0.9吨计算，每吨按1元计征；预制板按生产6平方米耗用卵石1吨，生产24平方米耗用河沙1吨；水泥电杆按生产150×8规格，5根耗用沙石1吨；按生产130×7规格，6根耗用沙石1吨，生产其余规格，8根耗用沙石1吨计算，每吨按1元计征。

城镇土地使用税　是国家对拥有土地使用权的单位和个人征收的一种税，对在城市（含县城）、建制镇、工矿区范围的使用土地的行为按年征收。1996年区地税局成立后，对全区城镇土地使用税源进行测算，全面实施市区范围内调整后的税额，对小市、高坝、罗汉、鱼塘及58公里等市区地段调整了土地使用税征收标准。1998年1月1日起对石洞、胡市、特兴3个建制镇的土地使用税征收定额由原来的每平方米0.5元，调整为1元。2003年7月1日起执行重新明确的城镇土地使用税地段划分及征收标准。

【三级】　年税额每平方米4元。包括：（1）小市沱江路到上码头—伍复街向西至杜家街、龙马潭运输公司口对应的所有地段。（2）沱一桥—回龙湾（含蓝天商城、公交商城、川塑厂）—客运站（含乐源小区、新民停车场、王氏五交化一条街、汇金路）—龙马大道口所有地段。（3）从排风山—丝绸大楼—水井坎—洪达小区—龙马大道口临公路门面。（4）沱二桥—龙南路（含向阳街、鹏达建材市场、王氏商城、区工商分局）—龙马大道口对应的所有地段。

【四级】　年税额每平方米2.5元。（1）小市上码头—麻沙桥（含沱江路、余公街、半边街等对应所有地段）。（2）伍复街（含教师进修校、市二人医）—水井坎—洪达小区—宝莲街的所有地段。（3）龙马潭运输公司口—沱二桥底对应的有所地段。（4）南高新区、龙马大道。

【五级】 年税额每平方米 1.5 元。（1）所有建制镇。（2）工矿区：炭黑厂、高坝工矿区（含罗汉场、石梁村）。（3）石堡湾、大驿坝。

土地增值税 是对转让国有土地使用权、地上建筑物及其他附着物所取得的增值额征收的一种税。其税率采用四级超率累进税率，最低税率 30%，最高税率 60%。1998 年 5 月 1 日起，区地税局对转让房地产土地增值税实行预征，预征率按纳税人类别和房地产所处区域划分差别比例预征率。2003 年，对房地产开发企业土地增值税实行定额征收，其征收标准为：按实际建筑面积计算，南高新区普通住宅每平方米 10 元，营业用房每平方米 20 元；小市片区、龙马大道、江北开发区普通住宅每平方米 8 元，营业用房每平方米 16 元；其余地段（乡镇）普通住宅每平方米 2.4 元，营业用房每平方米 4 元；电梯公寓一律上浮 30%。对房地产开发企业实行定率征收，其征收标准为：按实际销售收入计算，南高新区普通住宅适用征收率为 0.8%，营业用房为 1.6%；小市片区、龙马大道、江北开发区普通住宅为 0.6%，营业用房为 1.2%；其余地段（乡镇）普通住宅为 0.24%，营业用房为 0.4%；电梯公寓一律上浮 30%。房地产开发企业挂靠或项目承包业务发生的，一律实行定率征收，其征收标准：按实际销售收入计算。南高新区住宅适用征收率为 1.04%，营业用房为 2.08/%；小市片区、龙马大道、江北开发区普通住宅为 0.78%，营业用房为 1.56%，其余地段（乡镇）普通住宅为 0.31%，营业用房为 0.52%；电梯公寓一律上浮 30%。

城市维护建设税 以缴纳增值税、消费税、营业税的单位和个人为纳税人，以实际缴纳的增值税、消费税、营业税税额为计税依据。城市维护建设税实行差别比例税率，纳税人在市区的，税率为 7%；在区县城、建制镇的，税率为 5%；不在市区、县城或建制镇的，税率为 1%。

龙马潭区 2005 年城市维护建设税税率划分表

表 15-6-1-2

范　　围	税　　率
小市、红星、莲花池街道办事处、高坝厂区办事处、鱼塘镇、罗汉镇（两镇属城区规划）	7%
石洞镇、胡市镇、双加镇、特兴镇、安宁镇	5%
长安乡、金龙乡	1%

印花税 是对经济活动和经济交往中书立、领交的凭证征收的一种税。1999 年起，本区对企业购销合同印花税实行核定比例征收，工业企业按购销收入 60% 计税；商业企业购进按 60%、销售按 20% 作为计税，比例为万分之三。2002 年在对商业、工业企业按核定征收的基础上，对建筑业按结算收入的 100%，按所购建筑材料成本 20% 以及房地产开发企业按销售收入和结转建安成本 100% 计征印花税，并统一房地产开发企业一律按万分之五计征。2004 年 7 月 1 日起，依照印花税征收范围、根据纳税人生产经营及收支情况，对印花税各应税项目核定一定比例征收。

车船使用税 是对行驶于国内公共道路车辆和航行于国内河流、湖泊或领海口岸的船舶，按照其种类、吨位和规定的税额计算征收的一种使用行为税。该税采用定额税率。自 1986 年开征以后，与实际税源存在很大差距。2004 年，本区对行政事业单位和个人拥有的所有机动车辆作了车船使用税税源普查登记工作，共查出车辆 2 247 辆，其中应纳车船使用税的 2 107 辆，免税的 140 辆。

企业所得税（地税）　是对企业生产、经营所得征收的一种税。该税的计税依据是应纳税所得额，即纳税人每年度的收入总额减去准予扣除项目后的余额。其基本税率为33%，并实行两档照顾税率：年应纳税所得额在 3 万元以下企业，减按 18% 税率征收；年应纳税所得额在 10 万元以下至 3 万元的企业，减按 27% 税率征收。

个人所得税　我国现行的个人所得税采用的是分类所得税制，即将个人取得的各种所得划分为 11 类，分别适用不同的费用减除规定、不同的税率和不同的计税方法。该税的课税范围包括工资所得，个体工商户生产经营所得，对企事业单位的承包经营所得，劳务报酬所得，稿酬所得，特许权使用费所得，利息、股息、红利所得，财产租赁所得，财产转让所得，偶然所得和其他所得。1997 年 1 月 1 日起，龙马潭区对从事个体行医及应聘坐堂应诊的医生征收个人所得税。是年，对建安企业实行承包经营后，不能准确进行会计核算的承包人个人所得税核定 2% 征收率。1998 年 7 月 1 日起，实行部分行业个人所得税定额、定率征收办法及标准。2000 年 9 月 1 日起，对全区个体工商户个人所得税征收率统一：即各乡镇个体工商户个人所得税统一按 1% 征收；对城区（含鱼塘、石堡湾）的个体工商户个人所得税统一执行 2% 的征收率。征收对象包括工业、商业、加工业、修理修配业的个体工商户。2000 年 1 月 1 日起，对建筑安装企业和装饰装修承包人的个人所得税征收率调整为：建筑安装修缮工程按 1%。建筑、安装修缮双包工程按 100 万元以下 1%，100 万元至 500 万元按 1.5%，500 万元至 1 000 万元按 2%，1 000 万元以上按 2.5% 计征。2003 年 6 月 1 日起（实际从 10 月 1 日起），建筑安装个人所得税征收率重新核定如下：100 万元以下按 2%，100 万元至 1 000 万元以下按 2.5%，1 000 万元以上按 3% 计征。对装饰装修居室和个体营业用房个人所得税征收率为：100 万元以下按 2%，100 万元至 1 000 万元按 3%，1 000 万元以上按 4% 计征。2003 年起，纳税人代开货物运输发票征收所得税的征收率为 3.3%。其中个人所得税为预扣征收率，年度终结后按有关规定汇算清缴，多退少补。

农业税　是国家依照税法规定向从事农业生产有农业收入的单位或个人征收的一种税。全区农业税平均税率为 11%，随同农业税正税征收 15% 的附加。纳税人应纳农业税金额按照稻谷的定购价格计算。1998 年，石洞税务所开始进行农村地方税收征管改革试点。对农业税实行实物征收，货币结算核算到户（户交村由村代结算）的征管办法。从 2002 年起，开展农村税费改革工作，以农民二轮承包用于农业生产的土地面积作为计税面积，计税常产全区统一标准为 600 公斤/亩，农业税税率统一确定为 7%，附加比例按照税改后农业税和农业特产税税额的 20%，农业税价格按 1.07 元/公斤，农业税减免方式由原来的"先征后返"改为"先减后征"，灾歉减免实行"即灾即减"。2004 年，农业税率降低三个百分点，按 4% 的税率执行，附加随同正税同步降低。根据省委决定，2005 年起停征农业税。

农林特产税　是国家向从事农业特产品生产取得收入或从事部分农业特产品收购单位和个人征收的一种税。本区农业特产税品目较少，主要有花卉、水产、席草、水果类。1997 年 1 月 1 日起，对单位和个人收购猪皮免征农业特产税，对单位和个人收购牛皮、羊皮减按 5% 的税率征收。2002 年制定调整农业特产税方案，取消原一个应税品目两道环节征税，实行一个应税品目只在一道环节征税，对农民房前屋后种植和间种的农业特产品免征特产税，禁止按人头或田亩分摊。2003 年 6 月 1 日起，对从事除烟叶外的农业特产品生产、收购单位和个人，一律不再缴纳农业特产税及附加。

耕地占用税　是对占用耕地建房或从事其他非农业建设单位或个人征收的一种税，属于特定行为税。该税采用固定税率即固定税额制度。本区税额标准为：鱼塘、罗汉镇每平方米 5 元；特兴、安宁、石洞、胡市、双加镇和长安、金龙乡每平方米 4.5 元。采取国土局把关，地税局自征办法。2000 年 11 月 1—30 日，对 1995 年以后所发生的未经批准的地方建设项目占地进行了全面清理。

契税　是对房屋产权发生买卖、典当、赠与、交换等转移变动征收的一种税。契税以土地、房屋权属转移当事人签订的合同成交价格或核定的市场价格作为计税依据，由征收机关参照当地土地使用权出售、房屋买卖的市场价格核定。龙马潭区契税税率为3%，对个人购买自用普通住宅减半征收。

教育费附加　教育费附加按纳税人实际缴纳的增值税、消费税、营业税税额的3%计算征收。

地方教育费附加　根据《四川省地方教育费附加征收使用管理办法》，凡在省内缴纳增值税、营业税、消费税的单位和个人，均应按实际缴纳"三税"的1%交纳地方教育费附加。对从事卷烟生产企业减半征收；对"三资"企业暂不征收。征收地方教育费附加从2004年1月1日起执行。

交通建设费附加　以各缴纳入实际缴纳的增值税、营业税税额为计算依据，按交通建设费附加的附加率计征，与增值税、营业税同时缴纳。其附加率为4%，2002年停征。

文化事业建设费　各种营业性歌厅、舞厅、卡拉OK厅、音乐茶座和高尔夫球、台球、保龄球、网吧等娱乐场所，广播电台、电视台和报纸、刊物等广告媒介单位及户外广告经营单位，均按营业收入3%缴纳，全区于1997年开征。

第二节　税收征管

税收征收管理制度的主要内容有：纳税登记、纳税申报、发票管理、税收基础管理等。

税务登记　包括开业、变更、停复业、注销登记及《税务登记证》验证、换证、非正常户处理、税收证明管理等。

1996年7月，开展对辖区内国营、集体、个体工商户变更税务登记工作，全区核发地方税务登记证6 335户。次年对税务登记进行验证工作，共验证4 731户。1998年7月开展税务登记验证和清理漏征漏管工作，历时45天，共验证5 263户。1999年7月10日开始税务登记换证工作，换发地方税务登记证6 737户，2000年验证6 415户，次年清理漏征漏管户860户，全区验证5 850户，验证率98.3%。从2002年10月1日起，设立泸州市税务登记中心，在区内的单位、企业和个体工商户，新办、变更、注销税务登记，一律在税务登记中心办理。2004年按照新《税务登记管理办法》，对漏征漏管户进行清理，共查出625户，对这部分纳税户，按新办法进行管理。2005年专门组织20余人对城区漏征漏管户进行拉网式检查，共查出漏征漏管近600户，全区税务登记办证率达98%，漏征漏管率控制在5%以内。

纳税申报　是纳税人在报缴税款时应履行的一种法定手续，也是税务机关办理征收业务，核定应纳税款，开具纳税凭证的重要依据。纳税人、扣缴义务人办理纳税申报可以采取直接申报、邮寄申报、电子申报和代理申报等方式。1997年对全区各征收单位纳税申报进行检查，制定出台了对各征收单位纳税申报率考核奖惩办法。次年对纳税人实行纳税申报分类管理，对A级纳税人使用绿色申报表，B级使用蓝色申报表，C级使用黄色申报表，D级使用红色申报表。6月份对评定出的D级纳税人，作为C级纳税人加强申报管理，对A、B、C级纳税人分别使用绿、黄、红纳税申报表。全区集体纳税户申报率达90%，专业市场的部分个体户实行纳税申报。是年全面推行个人所得税代扣代缴责任制，对企事业单位、社团、民办事业、行政机关单位全面签订代扣代缴责任书。2000年简化定期定额个体户纳税申报程序，可以半年申报、分月缴纳，税务机关按季填发核定通知书。2003年起，对所有企业全面推行纳税申报手册，个体户推行办税手册。2005年10月始，对缴纳增值税的个体工商户，把月申报纳税改为季申报，简并征期，提高办事效率。

地税发票管理 区地税局成立时，征管股负责发票管理工作，2001年11月28日，成立综合税收管理股，发票管理由该股负责。基层征收单位负责税收管理权限范围内的发票供应（配售）工作。发票检查由综合税收管理股、稽查局、各基层征收单位共同负责。1997年实行新版饮食业、旅店业定额发票，从1999年9月起对定额发票消费抽奖，2001年实行新的定额发票消费抽奖办法，凡在龙马潭区范围内消费取得面额10元以上的饮食、娱乐业定额发票，10元以上的旅馆业定额发票均可参与抽奖。2003年4月1日起，统一使用全市统一的"即开型有奖发票"，分为"即开型有奖定额发票"和"即开型有奖税控收款机专用发票"。2004年4月1日起扩大抽奖范围，10元以下的饮食、娱乐业定额发票，旅馆业定额发票，茶楼、美容美发等其他服务业发票和使用税控收款机的机打发票，均可参与抽奖。2005年4月，实行发票全面换版工作，对各税务所、用票单位、发票印制单位进行全面检查，制定《发票审验制度》，区局从5月1日起正式启用发票计算机管理系统，加强对发票计划、领用、保管和监督。

税收征管改革 1996年区地税局组建后，积极稳妥地推行征管改革，按照"以纳税申报和优化服务为基础，以计算机网络为依托，集中征收、重点稽查"的要求，在城区小市、直属征收所实施第一步，与建设银行进行银税一体化，征税大厅于1997年9月投入运行。石洞税务所于1998年1月起开始进行农村税收征管改革试点，建立健全村社协税护税网络，完善代征代扣任务。2001年12月，税收机构改革后，设中心税务所4个，在不设所的乡镇建立征收管理组。2005年，地税局制定征管改革方案，撤销胡市税务所，设三个街道税务所为管理所，直属税务所为征收所，将鱼塘税务所原来管理的红星、莲花池2个街道办事处辖区内的纳税人划归直属所和三街所进行征收和管理，将胡市税务所征管范围划归鱼塘税务所。

重点税源管理 1997年，分别对区内8户企业上年征收营业税情况进行调查，派专人到企业逐户核实。2001年实行重点税源情况报送办法，对年纳税额300万元以上企业和营业税年纳税额100万元以上企业，报送《地方税收重点企业税源情况月报表》《税收资料调查表》。2005年，根据全区企业经营状况和纳税情况，将年纳税额5万元以上企业确定为重点税源企业，派人不定期深入企业，提供税收政策咨询，规范财务制度，使其依法诚信纳税。

建筑安装业 1997年，对外来建筑安装业由稽查局管理，并实行税收保证金制度。次年，加强对农村建筑安装营业税征管。2001年，区地税局派员到区建委开展税务登记和发放施工许可证"一站式"管理，对施工企业发放《建筑工程项目税务登记表》，由各所登记造册，实施跟踪管理，及时结算工程税收。2003年起规范对建筑业的税收征管，落实税务管理人员，建立分户档案。对建筑业发票的管理视同完税凭证定期结报。对工程投资在20万元以上的，对其应纳税额实行单项工程管理。

房地产行业 区划之初，房地产开发业还未形成。1998年理顺了房地产税收环节，组织实施私有房出租实行核定计税价格征税的管理办法。2001年加强房地产开发企业所得税的征收管理，对房地产开发企业制定征收管理办法。对房地产税收征管实行项目管理，各开发项目按售前、预售、销售实现和经营成果4个环节进行征管。2003年对辖区房地产开发企业土地增值税进行鉴定，认定其征收方式，确定征收额和征收率标准。

交通运输业 区地税局成立后，对运输企业纳入正常征管。1999年对个体（承包、挂靠）车辆进行定额管理，2000年对原有个体（承包、挂靠）车辆，特别是超长客运车辆定额进行一定幅度的调整。2000年开展交通运输业挂靠情况的调查，调查企业22家，明确划归本区管理12家。是年制定《货物运输业税收管理措施》，对税务所管辖的18个自开票纳税人和12家代开票纳税人进行专项检查，取消不符合规定的2家自开票纳税人。对辖区内17家自开货运发票企业和11家代开货运发票企业进行辅导，于12月20日对自开票纳税企业按照规定进行年检，经过年审认定16家企业继续保持为自开票纳税人。

服务业 1997年，对饮食、旅店业实行定额发票以票管税。这是实行以票管税的第一年，全区410家饮食业，全年纳税167万元，比上年同期增长3倍。次年，对城区夜间经营餐饮的个体户进行清查。2000年，抽派26名税务干部，历时1个月，对区内饮食服务业、旅馆业、娱乐业及其他服务行业进行清理调查。2002年对其月收入达到3万元以上的纳税人，推行使用税控收款机。2004年4月1日，对餐饮、娱乐、茶楼加强税收征管，制定《餐饮、娱乐、茶楼税收征管措施》。

第三节　税务稽查

1996年建区后，全区各地税所成立检查组。1997年11月，区稽查分局成立，取代原内设机构中检查股职能。1999年3月10日，稽查分局改建为稽查局，各所成立稽查小组，共有稽查人员21人。2004年起撤销基层所稽查小组，由稽查局统一行使全区的检查职能，稽查人员共8人。

税收稽查实行行政执法责任制，打击和查处制造贩卖假发票和偷、抗税为重点的涉税案件，1996—2004年，共查处偷逃税款2 300多万元，罚款500多万元。1999年开展企业所得税汇算检查，查补税款、罚款及滞纳金63.4万元，对饮食娱乐、建筑、交通运输、中介机构等行业发票进行专项检查共查625家；4月份，对小市、龙南路、石堡湾的建筑安装企业40家进行一次拉网式检查，查补税款80多万元。5月份，对土地使用权转让检查43家，查补税款20多万元，此外，还对全区房地产开发企业进行检查，查补税款、罚款近110万元。2001年，开展185家企业所得税、18家金融、保险、7家中介机构专项检查，查补税款185万元。2003年5月19—23日，组织税收入员分14个组对全区土地税、资源税进行检查，共查补土地增值税231万元，资源税58.9万元。全年共稽查113家，查补税款、罚款及滞纳金253万元。在公开媒体上曝光并移送公安机关处理和申请人民法院强制执行各1件。2005年5月，开始对房地产开发、建筑安装行业进行专项检查，查补税金及附加、罚款、滞纳金280余万元。是年与国税局开展联合检查，采取互相登记信息和交换资料的方式，对1家工业企业实行专案检查，全年检查纳税人53家，查补税款、罚款、滞纳金350万元。

第四节　税务执法

执法检查 2003年3月，区地税局成立法制股，相应调整地方税务执法责任制领导小组、重大案件审理委员会、普法依法治理工作委员会等相关机构，与各税务所、稽查局签定行政执法责任书，将执法职责分解到执法岗位和执法人员。是年，对2个基层所进行单位执法和个人执法评议。3月5—25日，对各基层单位进行票证检查暨内部审计；6月底至7月初，围绕市地税局执法检查和执法监察内容进行自查。2004年，与基层税务所设立兼职法制员，制定地税系统的《行政执法过错责任追究办法》，结合行风评议，开展执法评议工作。5—6月，对基层单位税收征管、税收票证、税款入库、税收法制、稽查行为、税收政策执法情况进行综合自查。2005年，成立减免税审批委员会，减免税事项经综合股初审，再由法制股提请减免税审批委员会和行政执法领导小组集体审议。是年4—6月，组织对基层单位进行综合检查，对检查中发现的问题，进行责任追究。

重大案件　2003年审理重大税务稽查案件9件。在对某建材有限公司的检查中，发现该企业作为个人所得税的代扣代缴义务人，少代缴个人所得税15.4万元，收取物管费26.3万元，未缴纳营业税及附加。经重大案件审理委员会审理，责令补缴税款18万元，并罚款11.9万元。在对某运输有限公司的检查中，发现运营车辆少申报缴纳营业税及附加6万元，规费收入、租赁收入等其他收入少报67万元，责令查补税款共计13.9万元。2004年审理重大税务案件10件，查补税款共计368.5万元，收滞纳金30万元，罚款28.3万元。其中，对某建筑工程公司8处的检查中，发现几处已完工交付使用工程未申报纳税，共计查补税款182.5万元，滞纳金15.4万元，罚款8.3万元。在对某房地产开发公司2002年、2003年的税收检查中，发现开发房屋23幢未足额申报纳税，并少缴契税、房产税和土地使用税，共计补税86.6万元，滞纳金6.7万元，罚款2.6万元。2005年结合稽查局案件复查，审理重大案件5件，查补税费、附加21.28万元，并收滞纳金2.98万元，罚款8.58万元。

税法宣传　1997—2005年，区地税局办专栏、板报，利用有线广播电视，开展税收知识100题有奖竞赛，制作大型税收宣传公益广告，举办展览，散发宣传资料，以多种形式进行税法宣传。2002年的税收宣传月以"诚信纳税，利国利民"为主题，表彰诚信纳税人，组织老年秧歌队上街宣传，利用农村税费改革调查开展宣传工作。是年10月15日在宣传国家《税收征收管理法实施细则》的活动中，散发资料3 000余份，书写标语20幅，在各办税服务厅设立宣传台，10月18日对100余名纳税人进行税收法制培训。当年开展农村税费改革宣传，在全区各显要地段书写大幅标语948条，在各乡镇街政务公开栏办板报46期，发放农村税费改革宣传提纲6万余份，设立宣传台，利用宣传车宣传，召开乡村干部会、农村村民院坝会数十次，利用新闻媒体在电视、报刊上宣传。2005年，用以会代训方式，搞专项宣传，各乡镇所通过"三干会"等形式，进行税收政策培训，全年先后8次通过各种会议进行货物运输业税收政策和个人所得税代扣代缴政策宣传，参训人员460余人。

税收优惠　税收优惠政策是指按照税法规定对纳税人进行税收减免的政策。2002年，对全区5家校办企业、8家民政福利企业、17家劳动就业服务企业进行年检，有18家企业享受税收优惠政策，减免税收200万元。2003年制定关于贯彻在"非典"期间调整部分行业税收优惠政策的实施意见，规定从2003年5月1日—9月30日对饮食业、旅店业、出租汽车公司实行定额征收的税收优惠，减半征收营业税、城建税。对饮食业、旅店业实行以票管税、查账征收及税控收款机的，将兑奖联在次月申报或下次购买发票时，凭主管税务机关审核后，据实减半抵扣应纳营业税、城建税。对餐饮、旅店、旅游、娱乐、公路客运、水路客运、出租汽车等行业城市教育费附加、地方教育费附加（含职工个人教育费）统一按30%减征，文化事业费全部免收。全区有40家企业，1 227户个体户享受税收优惠，减免营业税32.3万元，城建税2万元，个人所得税7.4万元，基金附加1.5万元。落实再就业税收优惠政策，进一步明确享受再就业税收优惠政策的对象、标准和程序。是年有商业企业5家，服务企业2家，个体127户享受减免。安置下岗失业人员658人，减免营业税1.83万元，企业所得税244.3万元，城建及附加1.2万元。2005年，按照国务院对西部大开发的税收优惠政策，有2户企业享受免征企业所得税413.5万元。劳服企业8家，安置下岗人员530余人，报经批准减免企业所得税329.5万元。落实安置"四残"人员税收政策，共有民政福利企业13家，经批准免征企业所得税64.85万元。新办下岗人员从事个人经营的211户，免征各项税收22.13万元。

1999年7月1日至2005年12月31日，为下岗失业人员从事个体经营的工商户免费办理税务登记证，每户免收工本费65元，共免费办理税务登记证1 288户，免收金额8.37万元。

龙马潭区 1997—2005 年纳税大户一览表

表 15－6－4

法定代表人	企业名称	授予纳税大户称号年度								
		1997	1998	1999	2000	2001	2002	2003	2004	2005
陈先亚	泸州轻工彩印包装厂	获	获	获	获					
刘本良	四川唐朝老窖（集团）有限公司	获	获	获	获	获	获	获	获	获
	泸州金方酒业有限公司									
王德彬	四川王氏（集团）有限公司	获	获	获	获	获	获	获	获	获
雷政权	泸州华美彩色印制厂	获	获	获	获					
赵尔通	泸州市龙马潭区糖酒公司	获	获	获	获	获	获	获		
汪恕梅	泸州市海通酒业有限公司									获
杜邦清	泸州玉蝉酒类（集团）有限公司	获								
何本勤	泸州玉蝉酒类（集团）有限公司								获	
王开有	泸州宏运集团运输有限公司	获	获	获	获	获	获			
曾志高	泸州市建设安装工程总公司	获								
余元华	泸州市富贵酒业有限公司	获								
周良骥	泸州三溪酒类（集团）有限公司		获	获	获	获	获	获	获	获
刘登堰	鱼塘开发公司	获								
	龙马潭区房地产开发公司			获						
	泸州向阳企业（集团）有限公司			获	获	获	获	获		
罗明华	龙马潭区农村信用合作联社		获							
张文树	胡市玻璃厂		获	获	获	获				
	泸州龙马晶玻有限责任公司							获	获	获
李洪	泸州烟草公司龙马潭区分公司		获	获	获	获				
杨小发	泸州烟草公司龙马潭区分公司							获	获	获
杨明	泸州大光集团有限公司		获	获	获					
张新义	泸州北辰电力设备制造有限公司						获	获		
石美华	泸州市第十建筑工程公司			获		获		获		获
熊顺江	泸州鹏达建材有限公司			获	获					
任启均	泸州市厚丰精细化工厂			获						
罗休竹	泸州希望饲料有限公司			获	获					
沈渝	泸州宏达有机化工厂			获	获	获				
向阳	泸州市第七建筑工程公司			获	获					
吴隆辉	泸州石洞酒厂			获	获	获				
黄政桂	泸州市包装材料总厂		获	获						
毛正权	龙马潭区建筑安装工程有限公司		获	获						

续上表

法定代表人	企业名称	授予纳税大户称号年度								
		1997	1998	1999	2000	2001	2002	2003	2004	2005
吴　敏	泸州老窖滋补酒业有限公司		获	获	获		获	获	获	
李　皓	龙马潭区酒类生物制品有限公司				获	获	获	获	获	获
谢世明	泸州市江阳汽车队				获					
邓开华	泸州市龙潭窖酒厂				获					
黄政桂	泸州市大鹏包装实业有限公司					获	获	获		
熊亮洪	泸州市洪达房地产开发公司				获	获				获
朱守响	维维集团泸州豆奶粉厂						获	获	获	获
柴　剑	泸州酒业有限公司							获	获	获
杜朝林	泸州老窖永盛烧坊销售公司							获	获	获
刘世荣	龙马潭区三友实业有限公司							获	获	获
赖大军	四川鑫福矿产营销公司								获	
宋贵友	四川泸州贵友酒厂							获		
王　林	泸州科氏沥青有限责任公司								获	获
王　光	中海油泸州沥青有限公司									获
张祖良	泸州泓江电解设备有限公司							获		
杨大军	泸州市平安运输公司								获	获
蒲正海	泸州市精密铸造厂								获	
许基容	泸州安宁酒厂									获
魏云飞	龙马潭区红粮酒业有限公司							获		
	泸州国用酒业有限公司								获	
姜伯开	泸州鑫霸实业公司									获
张良杰	泸州市大鹏玻璃制品有限公司								获	获
胡建勋	泸州华江实业开发公司								获	获
张　玲	泸州市臻美酒业有限公司								获	获
邱连才	龙马潭区顺平酒业有限公司								获	获
费　敏	泸州创元经贸有限公司									获
夏常富	泸州龙马潭区龙泰酒业有限公司									获
张吉才	泸州兴荣房地产开发公司									获
邬忠虎	泸州醇生酒业有限公司								获	获

　　注：1.1998年起规定入库龙马潭区税金50万以上，2001年改为100万以上企业，由区委、区政府授予纳税大户光荣称号并颁发奖金；2.表中"获"表示获得纳税大户称号

第七章 金融 保险

第一节 储 蓄

城乡居民储蓄存款 1996—2005 年，全区城乡居民储蓄存款强劲增长，各项存款稳定增加。国家为控制物价上涨，抑制通货膨胀压力，多次调整存款利率和降低、取消保值补贴率，但由于城乡居民的长远投资意识增强，用于子女上学、家庭购房和养老等方面的长远投资储备心理支配，致储蓄存款仍为居民投资首选。10 年间，平均每年净增 1.8 亿元。2005 年各项存款余额由 1997 年的 9.44 亿元增至 32.83 亿元，增长 2.48 倍。其中储蓄存款由 1997 年的 845.2 万元增至 26.16 亿元，增长 2.21 倍占各项存款余额的 80%。

储蓄种类 1996—2005 年先后开办多种储蓄业务，主要有：活期储蓄存款、活期有奖储蓄、定活两便储蓄、整存整取定期存款、存本取息定期储蓄存款、零存整取定期储蓄存款、零存整取集体户有息有奖定期储蓄存款、集零存整取定期储蓄存款、定期定额有奖有息储蓄存款、定期定额实物有奖储蓄存款、定期定额实物有奖保值储蓄存款、酒城妇女爱国有奖储蓄存款、黄金戒指奖售储蓄存款、实物贴水储蓄存款、特种储蓄存款、贺卡有奖储蓄存款、贺卡储蓄存单、独生子女储蓄存款、华侨人民币定期储蓄存款、大额可转让定期储蓄存单、外币储蓄存款、教育储蓄存款、通知储蓄存款、邮政储蓄、住房储蓄等。

龙马潭区 1996—2005 年金融单位存款余额统计表

表 15 - 7 - 1 　　　　　　　　　　　　　　　　　　　　　　　　　　　　单位：万元

金额 年度 金融单位	1996	1997	1998	1999	2000	2004	2005
农行龙马潭支行	21 064	25 411	28 957	35 100	43 556	87 940	105 717
工行泸州分行龙马潭支行	—	—	—	—	—	55 044	97 657
泸州市商业银行小市支行	12 475	12 724	16 182	17 758	—	33 935	38 754
泸州市龙马潭区农村信用合作社联合社	25 352	—	—	—	—	—	69 588
中国建设银行股份有限公司泸州城北支行	10 566	17 102	19 703	20 139	23 415	7 744	12 620
合 计	69 457	55 237	64 842	72 997	66 971	184 663	324 336

第二节 贷 款

1996—2005 年，全区金融机构的信贷工作通过贯彻落实"有保有压"及"稳健的货币信贷政策"，加大"三农"（农村、农业、农民）和中小企业的信贷投放；支持地方经济建设、工农业生产发展、财政增收、增加城乡居民收入，不断提高生活水平，经济实力不断增强。1996 年后，金融机构主要开展有工业、农业、商业、乡镇企业、中小企业、个体私营企业、小额农户、质押抵押、个人住房按揭、个人消费、下岗失业贷款、助学贷款、票据贴现等各种贷款业务。贷款余额由 6.7 亿元增至 2005 年的 11.68 亿元（含中行、商行），增长 74%。县人行累计发放支农再贷款 1 亿多元。金融部门提供信贷资金，促进了全区工业、农业、商贸、零售商品批发、文教卫生事业及农村经济的发展；支持了公用设施、农村电网改造、三级路网改造、广播电视村村通、农村饮水工程、沼气建设、农户改厨、改厕、建院、建房等人居环境改造建设的实施。

区农村信用合作社联社以支农工作为主线，支持农业结构调整，以农民增收为目标，以全面推进社会主义新农村建设为重点，切实做好信贷支农工作。2005 年，全区发放三农贷款 4.1 亿元；占累计放贷总额 35.11%。为支持农村产业结构调整，培育和发展区域特色农业经济作出了贡献。至 2005 年，全区信合部门累计发放信贷资金 1.99 亿元。罗汉信用社贷款 78 万元支持罗汉镇石梁村的"欣鑫养殖协会"，该协会会员 180 户，主要以养鸡为主。全村存栏鸡 100 万余只，其中蛋鸡 10 万余只，年产"罗汉蛋"200 万斤，"罗汉鸡"200 万只，鸡苗 100 多万只，年销售收入 3 000 多万元。特兴信用社贷款 70 万元支持"公司+农户"模式的长安"宏远蔺草制品厂"，年种植蔺草 40 多公顷，加工草席 15 万条出口日本，实现净利润 40 余万元。被租地农户在蔺草种植、管理和加工中可取得劳务收入 130 余万元。安宁信用社贷款 50 万元给三台、黄山等村农户进行规模养猪，贷款 3 万元支持岳永中生猪存栏 210 头。同时，针对维维豆奶落户安宁镇的优势，贷款 35 万元支持丁科荣、石明生等 25 户农民养殖奶牛 110 多头。石洞信用社贷款 350 万元支持以杨定全、杨勇为代表的石洞花博园建设，园内种植面积 200 公顷，有大型业主 34 户，带动全镇种植花木 133 公顷，带动周边 250 多农户，年产值 1 000 余万元，创利税 300 余万元，人平增收 3 470 余元。金龙信用社累计贷款 145 万元支持种植龙眼 8 万多株、甜橙 18.2 公顷、花椒 50 公顷、枇杷 16.67 公顷，已初见成效。

区信用联社还积极培育农业产业化龙头企业，发放贷款 1 650 万元重点支持泸州五峰乳业、红华农资公司、四川川种公司、泸州佳誉猪鬃厂 4 家农村产业化企业，带动一大批农户发展。为支持民营企业，全区共发放贷款 3 000 余万元。计有贷款 1 500 余万元重点支持长江喷雾器厂、安宁粮食加工厂、罗汉面粉厂、华鑫机械有限公司、可达日化、安宁酒厂、九月九酒厂、秦汉贡酒、上海大众汽车泸州销售服务有限公司等。为支持新农村建设，区联社和信用社对获得"文明新村"的特兴镇桐兴村 82 户给每户 1 万~2 万元的贷款授信，授信额达到 138.6 万元。为适应"三农"发展的需要，解决农户贷款无担保、手续繁杂的问题，从 1999 年 9 月起，全区农村信用社推行农户小额信用贷款证办法，农户凭"两证一章"（贷款证、身份证、户主私章），在核定限额内，直接到信用社办理贷款，贷款额度从 500 元至 5 000 元逐步发展至 2 万元。至 2005 年末，全区农村信用社建立了小额信用贷款档案 6.49 万户，占总农户 99.08%，累计向农户制发贷款证 5.36 万个，占农户数的 81.85%，农户小额贷款总授信度达 1.52 亿元，从根本上解决了农民贷款难问题。与推行农户小额信用贷款相匹配，全区信用社又相继开展农户信用等级评定和创建信用村、镇工作。至 2005 年末，共评定信用等级户 6.27 万户，其中优秀户 1.07 万户，较好户 2.87 万户，一般户 2.32 万户。石洞、金龙、胡市、罗汉、特兴、安宁 6 个信用社分别在辖区内各创建一个信用村。是年末，区信用联社各项存款余额 6.96 亿元，各项贷款余额 4.79 亿元。

中国农业银行龙马潭支行于 2003 年 9 月率先在全区金融系统成立金融超市，超市设在科维商城，以诚信、高效、便利为服务宗旨，整合金融产品，简化办事程序，面向市场面向客户，并向客户郑重承诺 48 小时内可实现个人贷款从咨询、申请、受理、调查、审批发放。推行开放式、一站式、分区式、差别化的全新模式，为全区各类企业和个体工商户提供方便、快捷、安全的金融服务。至 2005 年末，龙马潭农行各项存款总金额 10.57 亿元，各项贷款余额 2.51 亿元，不良贷款 7 万元，利润 1 769 万元。

中国工商银行股份有限公司龙马潭支行坚持"以客户为中心，以市场为导向，以效益为目标"，进一步加大个人银行业务工作力度，以电子银行为核心，持续实施"大个金""大个贷"项目工程，储蓄存款余额 2.95 亿元，净增 188 万元，新发放个人贷款 1.48 亿元。实现中间业务收入 391 万元，同比增长 1.32 倍。同时，新兴业务发展加快，增加理财金账户 149 户，开通各类电话银行 1 255 户，网上银行 1 046 户，手机银行 2 498 户，发放各类银行卡 6 748 张，开通 POS 机 3 台，实现基金销售 1 245 万元，代理保险 410 万元。还对最后几笔不良贷款，结合政策剥离，妥善处置，使不良贷款降为零万元。对新发放的个人贷款逾期率始终控制在 0.2% 以内。至 2005 年末，工行龙马潭支行各项存款余额 9.77 亿元，增加 4.26 亿元，各项贷款余额 2 974 万元，比年初下降 330 万元，实现账面利润 633 万元，不良贷款余额为零。

龙马潭区 1996—2005 年部分年度金融单位贷款余额统计表

表 15－7－2

单位：万元

金融单位 ＼ 年度 金额	1996	1999	2002	2004	2005
农行龙马潭支行	24 614	28 626	30 712	25 082	25 089
工行泸州分行龙马潭支行	12 960	—	—	—	2 040
泸州市商业银行小市支行	6 523	—	—	—	13 170
泸州市龙马潭区农村信用合作社联合社	15 870	—	—	—	47 916
中国建设银行股份有限公司泸州城北支行	4 723	9 639	13 148	10 326	10 078
合　计	64 630	38 265	43 860	35 408	98 293

商业银行小市支行坚持立足地方，立足中小企业、服务广大市民的市场定位，贷款业务在不断规范管理的过程中发展，资产质量随着管理的加强和业务的发展不断提高，贷款业务品种根据发展需要不断创新和增加。1997 年贷款余额 6 523 万元，中期不良贷款 1 779 万元，不良贷款占贷款总额 27.27%。9 年间，积极支持中小企业和个体私营企业以及国有改制企业发展，积极支持省、市重点项

目建设。先后向小市沱江路、南高新区开发、小市杜家街鞋类市场、鹏达化工建材市场、化纤市场、龙马大道建设等发放贷款；向四川和益电力股份有限公司、胡市玻璃厂、王氏集团、向阳集团、三溪集团有限公司、酒业玻璃有限公司等发放贷款。开办"下岗失业人员小额担保款"，帮助下岗职工建业。其中扶持化纤市场个体户冯勇已发展成立资产过亿的杭川振帮绣品有限公司，个体户李才华已发展成立资产过亿的多丽丝有限公司。同时，加强贷款管理，确保信贷资金安全，至2005年末，各项贷款余额1.32亿元，比成立时增加6 647万元，其中不良贷款余额1 573万元，比成立时减少206万元，不良贷款占贷款总额11.94%，比成立时降低15.33个百分点。

第三节　金融监管

监管沿革　建区后，人行泸县支行制定《区划调整金融机构设置方案》，各金融机构相继设立，开展业务。泸县支行同时肩负全区金融机构的金融监管和金融服务工作。1996—2003年，泸县支行通过对金融机构及其营业网点的检查和非现监管，保证金融机构合规合法业务经营，稳定辖区金融秩序。同时加强对辖区金融机构的常规稽核检查和专项检查，审批金融机构经营金融业务许可证，机构网点增设搬迁及撤、合、并，为企业开立基本账户，新办、年审贷款卡等；处罚无证经营、擅自更名、违规证照经营、高息揽储的金融机构。县人行对金融机构高管人员实行约见谈话制度和政绩档案管理，加强对社会乱集资、乱拆借、乱办金融业务（各种基金会、储金会、股金会）的"三乱"打击查处力度。1998年，为适应农村金融体制改革，加强对农村合作金融机构的监督管理，县人行成立"农村合作金融管理科"，增强基层人行金融监督管理的独立性和有效性，加强了对农村信用社的监管力度。2000年8月县支行成立"金融监管科"，建立健全"大监管体系"，全方位监管辖区内金融机构的业务经营活动。2003年12月9日，泸县银监办事处成立。

现金管理　加强现金管理，有利控制社会集团购置力膨胀，有利治理通货膨胀，确保币制稳定。县人行会同辖区各金融机构一道，认真贯彻落实《现金管理条例》有关规定，加强对各企事业单位和个人大额支取现金的管理。1996年以后，泸县人行加强辖区现金大检查工作：检查有无坐支、白条抵库、库存现金与现金账目是否相符。发现问题按《现金管理条例》规定处罚和整改。1999年，泸县人行制定《四类账户清理整顿方案》，规定一个企事业单位只能开设一个基本账户，且只能在基本存款账户提取现金，同时对单位和个人大额用现提取，必须按规定程序审批，填写"大额现金支付登记表"，及时上报县人行备案。不得以放松大额现金管理，特别是以放松大额现金管理支取为条件进行不正当竞争；开户银行对开户单位一日一次性提取现金5万元及其以上的，应要求开户单位填写《大额现金支付台账》，按规定审批后支取，并逐笔登记，填写《大额现金支付登记表》，于季后15日内报当地人民银行备案；开户银行对一次性提取现金20万元及其以上的，应要求取款人至少提前一天预约；开户银行对居民个人一日一次提取现金5万元及其以上，柜台经办人员必须要求取款人提供有效身份证件，并经审核后方可支付；开户银行对居民个人一日一次性提现或一日数次提现累计超过50万元及其以上的，应逐笔登记，填写《大额现金支付登记》，次日向当地人行上报备案。

经理国库　建区后，县人行多次组织财政、税务、国库部门召开联席会，共商财税入库工作。采取走出去，请进来方法，学习外地双设机构经理国库管理经验，顺利实施了泸县与龙马潭区两个国库的分设工作。保证了正常操作运行，为本区财税及时缴纳入库、划拨及辖区经济发展，起到了积极作用。1996—2005年，为了认真履行国库职能，保证国库资金安全，确保财政各项预算资金的收缴划拨，泸县人行主要抓了以下几项工作：一是抓制度落实、岗位整合，促进国库工作规范化管理；二是加强组织领导，推动财税和金融体制改革的顺利实施；三是强化基础，坚持规范操作，努力提高国库工作的服务水平；四是加强与财政税务、商业银行和农村信用社经收处、乡镇国库的横向联络，保证预算资金准确及时入库和支拨。2005 年末，本区财政总收入实现 1.39 亿元，比 1996 年增长 2 倍。

第四节　保　险

保险种类　【人寿保险】中国人寿保险股份有限公司泸州市龙马潭区支公司主要开展人身保险、个人团体企业年金保险、健康保险、医疗保险、养老保险、重大责任保险等业务。

【**人民财产保险**】　中国人民财产保险股份有限公司泸州市龙马潭支公司主要开展机动车辆保险、企业财产保险、人身意外伤害保险及附加意外伤害医疗保险、学生幼儿意外伤害保险、公众责任保险、供电责任保险、餐饮场所责任保险、校园方责任保险、雇主责任保险、办公室综合保险、产品质量责任保险、个体私营工商业财产保险、计算机保险、建筑安装工作保险、家庭财产保险等 20 个大类、78 个小类的险种业务，在农业保险方面开办参繁母猪及生猪保险业务。

保险赔付　中国人寿保险股份有限公司泸州市龙马潭区支公司和中国人民财产保险股份有限公司泸州市龙马潭支公司，充分发挥保险保障功能，积极参与重大责任承保，重大事件处理，提供灾害救助和风险保障。1996—2005 年，区财产保险公司共收入各类保险费逾亿元，支付各类保险赔款逾亿元，上交国家税金 1 000 余万元。2004—2006 年，区人寿保险公司共收保险费 5 336 万多元，短期赔付 226.95 万元，其他赔付 385.18 万元。

第十六篇　旅游业　社会服务业

泸州市龙马潭区旅游资源较为丰富，有九狮风景区、龙马潭风景区及石洞花博园等多处景区景点。建区后相继建立旅游管理机构和旅游营业机构（旅行社），发展农家乐，"创优"迎国检，招商助旅游，2005年实现旅游收入2.4亿元。社会服务业迅猛发展，无论城区乡镇，餐馆酒店遍及大街小巷，从小面馆到大餐厅，烧烤冷饮到星级酒店，风味独特，档次各异。集餐饮、住宿、娱乐为一体的综合酒店相继出现，旅馆成倍增加。20世纪80到90年代，兴旺的宾馆在小市，2000年后，豪华宾馆悄然转移到迎宾大道、蜀泸大道、龙南路一带。整顿娱乐行业，游戏室、歌舞厅步入健康有序经营轨道。保安队伍的壮大，管理模式的改进，让居民和商户居住安心，买卖放心。旧货行业的兴起，整合资源，变废为宝，保护环境，成为一种新的理念。美容美发按摩浴脚，更体现新时代对健和美的追求。汽车维修美容，让整洁美观的大车小车来去便捷，物业公司更处处为居民和商户提供方便。

第一章　旅游业

第一节　管理机构

1996年建区时，成立区建设旅游局，内设旅游管理股，对全区旅游业实施管理。局长张定友，分管旅游工作副局长詹有源。1997年3月区建设旅游局更名区建设委员会，内设旅游管理股。建委主任余世文，仍由副主任詹有源分管旅游工作。2001年10月区旅游局单设，为区政府直属事业单位。次年定编，编制3人，历任局长胡怀明、陈俊洪。2003年4月区旅游局划归区招商局，属招商局二级局。2005年4月，区旅游局又列入区政府直属事业管理局。6月，区旅游局档案达省一级标准。7月，成立区旅游执法大队和区旅游质量监理站。

第二节　旅游业发展

　　2001 年 10 月区委、区政府制定《关于龙马潭区级党政机关机构改革实施方案》，确定旅游局为区政府直属事业单位。2002 年 2 月区编委给旅游局定编，为旅游业的发展营造了良好的发展空间，旅游局开展的一系列创建活动，推动了全区旅游业健康发展。1997 年和 1998 年，九狮风景区先后获"泸州市 1997 年名酒节三等奖""泸州市市级文明风景区""旅游景区管理先进单位"。1999 年 11 月以政府搭台，业主唱戏的方式，投入 4 000 万元动工兴建石洞花博园景区。2002 年九狮风景区被国家旅游局命名为"AA 级旅游风景区"，汇丰饭店被市核准为二星级旅游饭店。2003 年 6 月区政府二届六次常务会对龙马潭公园改制转让实施方案进行专题研究；7 月将公园移交市公交公司经营 50 年，公司随即投资 500 万元完善公园设备设施，拟建成高档次的休闲度假风景区。10 月 18 日区党政主要领导和各相关部门负责人参加市旅游发展大会，对全区旅游发展目标定位和具体工作开展起了重要作用。2004 年 6 月 11 日，区政府与市政府签定《泸州市创建中国优秀旅游城市目标任务责任书》，20 日全区召开"创优"工作动员大会。30 日区委出台《加快龙马潭区旅游产业发展的决定》，确立全区旅游业发展的目标是：一，建成川南旅游中转城市和旅游集散地；二，建成泸州假日度假休闲观光旅游的后花园；三，将旅游业培养成为全面建设小康社会的经济增长点。同时成立区旅游发展领导小组和办公室及创建优秀旅游城市指挥部，区长陈冠松任组长和指挥长，并提出加快旅游开发和建设的新措施。区政府每年投入数十万元，搞景区景点基础设施建设和规划、设置景区标示，印发宣传资料等，加强宣传力度。9 月 25 日区旅游局组织各风景区、旅行社、星级饭店、旅游汽车公司、旅游产品厂家、农家乐等到市报恩塔广场参加市首届旅游博览会。旅游局展出的图片及旅游产品，放映风光片，演出文艺节目，给市民留下了深刻印象，并有 2 人的旅游摄影作品获奖。11 月 18 日区召开几千人参加的创建中国优秀旅游城市及旅游发展大会，动员全区各级领导和群众积极参与创建工作。2005 年 2 月区旅游局被市评为 2004 年度先进单位。4 月 15 日历时 7 天的石洞花博园首届赏花节，以花会友，以节招商，在篝火歌舞晚会中落幕。5 月 13 日四县三区创优观摩学习会在本区举行。6 月 8 日省旅游局副局长张古率省创优督导组在副市长李小端陪同下，视察创建工作，给予充分肯定，指出小市清真寺的创优工作做得很好，是整个川南片区最壮观的清真寺。9 月和 12 月，创建工作分别通过省和国家检查验收，泸州市被评为中国优秀旅游城市，中国优秀旅游城市的标志性雕塑"马踏飞燕"屹立在泸州城北新区，龙南路和南光路交汇处。

龙马潭区 2002—2005 年旅游业统计表

表 16 - 1 - 2

项目　　年度	旅游接待		旅游收入			旅游企业	
	总人次（万人次）	其中外宾（人次）	总计（亿元）	其　　中		单位（个）	从业人员（人）
				外汇（美元）	旅游产品收入（万元）		
2002	53	0	1.91	2 000	200	23	800
2003	54	10	2.11	2 000	500	35	853
2004	55	50	2.2	5 000	800	37	925
2005	65	35	2.4	10 000	1 100	42	980
合　计	227	95	8.62	19 000	2 600	—	—

第三节　主要景区

龙马潭风景区　原名龙马潭公园，位于鱼塘镇瓦房村醉月岩下，距泸州中心半岛 10 公里，因龙溪河水流经大回湾，洄流汇集成潭，中有小岛，其岛若浮。四周茂林修竹，环抱一泓碧水；岛上竹木成荫，有"山围潭水水围山，翠竹荫中一画船"之奇观。千百年来，因岛上层楼奇景、水中仙阁，素有小蓬莱之称、珠宫仙境之誉。观亭阁楼，巍峨典雅；画栋雕梁，古香古色，为蜀中世外桃源。尤以摇竹观鱼、龙潭涨潮、龙潭祈雨、国母放生池、岛上桃花源、岸边十里修竹吸引各地游人。1980 年政府重修龙马潭，成为市郊水上公园。2003 年 7 月由市公共交通有限公司投资开发，建成文化内涵深厚、景观优美、生态协调、集文化品位与自然风光于一体的景区。以江南园林风格还原昔日风貌，以传统园林设计达到天人合一，成为现代旅游资源整合、充满时代活力的风景名胜区。

花博园景区　位于泸（州）隆（昌）、泸（州）荣（昌）公路交汇处的石洞镇花博园村，距泸州中心半岛 10 公里，占地 200 公顷。景区内绿树成荫，鲜花怒放，百鸟争鸣，由北向南的护花溪徜徉其间，是人们休闲好去处。1999 年 11 月动工修建，采取政府搭台、业主唱戏的方式，共投入 4 000 多万元，按现代农业园区要求规划设计、建设，以生态观光、花卉水果种植和餐饮娱乐为主，年接待游客 30 万人次。园区设有游人接待中心、旅游商品购物中心和二星级旅游厕所，中心村庄初具规模。景区种植玫瑰、杜鹃、白玉兰、天竺葵等几百种花卉，并有黄金梨、柚子等水果 20 公顷。10 家农家乐各具特色，其中有三星级 1 家，二星级 6 家，一星级 2 家，可承接中小型会议及住宿。全国敬老楷模王氏集团董事长王德彬投资 700 多万元，在园中修建一所敬老公寓，让石洞镇的五保老人安享晚年。全国农业委员会副主任刘中一、国家体育总局局长刘鹏，以及市、区各级领导先后到花博园视察，给予充分肯定。石洞镇正以"与时俱进，求实创新，团结拼搏，敢于争先"的精神，努力打造泸州后花园，不断提升园区档次，注入新的文化内涵，将景区建设成为"花的世界，鸟的故乡。人的去处，玩的地方。鱼翔浅底，水月花香。闲庭漫步，田园风光。富裕文明，生态村庄。"

九狮风景区　位于安宁镇境内，距泸州中心半岛 6 公里，景区面积 11.2 平方公里，森林覆盖面积 333.33 公顷。群山环抱，风景优美，是泸州近郊型风景旅游胜地。区内景点有状元山、水帘洞、秀水湖等。传说当年建文皇帝避难到泸州，经过九狮山，站在状元山翘首远望，但见对面青山丛中，山峦起伏如九只雄狮引颈长啸，十分壮观，触景生情，挥毫题诗赞曰："登上状元山，观赏九狮游，向狮一招手，一狮调了头。"九狮山因此得名。安宁镇党委、政府为全面开发这一景区，总体规划用 5 年时间，投资 8 800 万元，分三期实施建设。第一期工程实施中，没有依靠国家贷款，全凭优惠政策，招商引资开发。从 1993 年 8 月破土动工，1995 年元月完成第一期工程，建成一批起点高、规模大的旅游景点。仿汉代造型的石刻艺术大门，高大雄伟；148 米长的铁索吊桥横跨醒狮湖，似长龙卧波；别具一格的水上娱乐城，豪华舒适；醒狮湖边的龙宫，全长 200 余米，龙驾祥云于醒狮湖边，被誉为东方第一龙；卧莲观音，独具传奇色彩；千姿百态、气势磅礴的千狮坛，堪称石刻艺术的瑰宝；长 17 米的恐龙化石，在九狮山发掘出土，让人惊叹。还有三国城、地下游乐宫、阳高寺禅院等，形成一个集人文景观、自然景观于一体，以狮文化游览为主题的旅游胜地，已纳入川南、渝西旅游环绕网络中的骨干景点。1994—1999 年共接待中外游客 200 多万人次，2002 年 12 月被国家旅游局评为全国 AA 级旅游区。

芙蓉岛风景区 由芙蓉岛、犀牛峡、桂圆林三部分组成，位于特兴镇东部，与泸县兆雅镇毗邻，东邻长江，距泸州中心半岛15公里。从特兴镇沿景区公路经奎丰—魏园村—九居寺下行，进入主景区芙蓉岛，在66.67公顷的江心小岛上，林木、花卉生长其间，给人以田园风光、江天一色之感。芙蓉岛东部，在长达8公里的大峡谷中，瀑布、山泉、深潭、小溪与亚热带植物交错。悬崖峭壁，石藤高挂，藏兵深洞，岩居人家，浩浩大江，构成一幅壮美的峡谷大川图。还有摩崖石刻、龙王石碑、田间怪石及前人耕种留下的手爬岩石梯，更为此增添了几分神奇色彩。长江边，3.5万株桂圆百年老树，连绵5公里，从龙溪河一直延伸到新溪子，形成一道亮丽的景观。芙蓉岛风景区以峡谷地貌景观与江岛景观为特征，兼顾山水景观、农艺景观。其中有红岩子瀑布、岩居人家、吊树岩瀑布、犀牛峡谷、犀牛潭、藏兵洞、行雨龙王神位碑；有手爬岩寺、桂圆林、石城墙、燕儿岩；岛上有鱼鳅石、马王堆、奇石滩、观光农业园；还有古道、古镇、古寺、老街等景点。景区总体规划由泸州市设计院编制完成，2005年5月由区人民政府批准实施。规划面积16平方公里，按国家AAA级景区标准规划设建成集山、水、园、林、岛、石、峡为一体的综合景区。

第四节　景区传说

王昌找水 传说唐时有王昌者，家于潭侧。一日入市，遇落魄仙，呼王昌易元子，传其术，以马送归，马化龙入潭。是年天大旱，王昌找水感动仙姑，允借水三日。王昌千辛万苦，引山泉浇地，万物复苏，村民得救。而三日后，潭中水往下流走，王昌为保住水而跃入潭中，化作龙马沉入潭底，堵住龙洞，保住水源，使乡亲们免受旱灾之苦而获得丰收。老百姓感念王昌恩德，每逢年节到潭边祭祀，投石于潭，天长地久，水中浮现一岛，据说这就是王昌化身。传说各异，中心却不离王昌找水这一主题。

杨慎放生 据传说明代嘉靖年间，状元杨慎谪居泸州，住在白塔寺内，一天晚上龙马托梦求救，说它厌住龙宫，思慕人间，变做乌鱼，畅游水中，误入渔网，被人捉住，务求一救。第二天一早，杨状元上街，见一鱼翁手提一只十多斤的乌鱼沿街叫买，便掏出一锭银子，高价买下这只乌鱼，乘轿来到龙马潭，放入潭中。乌鱼向杨状元叩头致谢，随即没入水中。不一会儿，只见龙宫开启，一龙子从水中出来，拱手道："今奉龙马之命，送恩公翠竹一支，若恩公闲暇，摇动此竹，龙马便派下属迎接恩公到龙宫游玩。"说完，告辞而去。一日，杨状元来到龙马潭游玩，想起放生之事，便将翠竹摇动，霎时间，潭水分开一条大路，从龙宫延伸出来，龙马正率众水族前来迎接。杨状元在龙宫受到热情款待，不知不觉，三日过去，回到人间已是三年。此事一传十，十传百，传入京城，国母闻讯，便在文武百官陪同下，由杨状元带路，前往龙马潭放生，摇竹观鱼。这一天正是四月初八，以后遂定为放生节。后来，人们在潭边竖碑，上刻"国母放生池"。

洞宾托梦 梦仙亭为泸州名胜古迹，因感梦神仙而得名。传说吕洞宾云游到江阳古城，因贪杯醉卧江边，被观音菩萨扶立于岩壁之上。一醉就是数百年，岩壁上留下了他的影踪。明代初年，一姓邓的乡绅，为之造像。嘉靖年间，上南屯金事崔谏奉命到泸州剿叛，在船上梦见一个黄衣道人，勉其知事必能建功，他日有期再相会于长江岸边，后道人之语果有应验。崔依梦巡游到此，见造像方悟，托梦人便是吕洞宾，于是捐金造亭以表愿信。

第五节　景区题咏

龙马潭诗联　明正德年间状元杨慎谪居泸州时，留下许多传闻逸事、诗联佳作，其《夏旱祈雨》诗曰"漫拟修琏戏广川，土龙泥鹤尽成垺。风云急送三更雨，庭院如鸣百道泉。云汉如今无旱魃，甫田自古有丰年。吾庐坐爱凉如洗，好续兰台赋飒然。"清嘉庆进士卓秉恬在泸州先后写下《游龙马潭》《重游龙马潭》。道光十七年进士、探花汪国霖读两诗后，欣然作《和海帆先生重游龙马潭原韵》："清樽不为晚凉开，自俯空潭洗俗埃。积水若浮孤岛去，虚岚时拥小窗来。船头鱼影花千片，镜里螺痕翠一堆。便拟移家长此住，何须海上问蓬莱。"清光绪举人内阁中书罗顺藩为龙马潭冲虚观大殿题写楹联："大好春光长鳜鱼，看流水桃花，觉此间别有天地；不难变化如龙马，问蓬莱琼岛，更何时际会风云。"清末永宁道尹赵藩所撰一副楹联："为问好游人，来何所闻，去何所见；别有会心处，山不在高，水不在深。"1891年永宁道观察使黄云鹄撰书的"龙马知何处，仙人未可寻；惟余潭下水，终古照丹心"的诗碑至今犹存。广西巡抚柯逢时所撰楹联是"骏马有谁知，叹莽莽风尘，尽多俗眼。纵教骨驻燕台，枉费此黄金千两；形摹汉殿，空留下青史几行，何如摆脱牢笼，四百烟波飞去好；神龙真莫测，笑区区世界，盖览浮鸥。趁此月明仙岛，听吹残玉笛双声；枉老江潭，冷抱着罗云一片。只恐偷闲高卧，三春雷雨醒来迟。"此外，泸州文士万慎及全国知名人士章士钊、巴金、茅盾以及当代许多文人或诗，或联，或文，留下许多佳作，其载体多为书籍。

洞宾亭联　山门古联："白日看千人拱手，夜晚观万盏明灯。"吕洞宾摩崖石刻像联："醉月临江酣万古，活人感梦被三泸。"洞宾亭外两副木刻对联："朱紫难留，三尺青锋裁组绶；衣冠不振，一天明月醉风涛"（谢守清撰）。"权拥金丹，成仙难出世；沉酣窖洞，过海不瞒天"（陈天啸撰书）。锦凝台外一副木刻对联："毂跱于斯，夜静台高呼朗月；城乡在望，晨兴天外漱流云"（余安中撰书）。千佛岩入口的两副木刻对联："留住光华，刻石摩崖千佛像；招来意像，登亭临水一江秋"（罗恢绪撰）。"千树菩提，万丈佛光辉两塔；一亭梦幻，满岩灵气锁双江"（罗大千撰）。观音阁外的木刻对联是"跨鹤行云，先七仙飞来福地；舞蛇弄笛，伴千佛醉倚琼崖"。

杨继谟乐善坊·李氏节孝坊楹联　该坊建于清道光二十三年（1843），原在百子图附近宏道堂，2008年迁在洞宾亭旁。正门联："施三千贯以济贫穷，洵称善举；使四十人而安饱，欣沐纶音。"正门边联："甘心苦节，绣谷当年，荣膺紫诰；崇志乐施，江阳此日，恩赐丹书。"背门联："节以孝传，钦颁凤诰流芳远；福缘善庆，宠锡龙章沛泽长。"背门边联："节励青年，五夜闺中心是铁；恩荣白发，九重天上字如金。"顶联为："圣德高明光日月，皇恩浩荡壮山河。"左右两边还各有一联。

宋氏节孝牌坊联　该坊位于鱼塘镇望山坪村牛场上，现由市劳动教养管理所围在墙内。清光绪元年（1875）建。四根方形门柱上镌刻四副楹联，正面两副为："汛柏矢操，孤鸾悲镜影；折荻垂教，三凤振家声。""苦节享芝龄，寿木腾辉九秩；阃仪光梓里，贞珉永勒千秋。"背面两副为："丹管沐殊荣，丝纶日焕；紫宸褒令范，绰楔云高。""设账溯前徽，素帷不减文宣幔；怀清同劲节，丹穴长留巴妇台。"

九狮风景区联　景区状元山公墓山门牌坊石刻对联，正中是："万里风尘，一方窀穸，始于晨止于夕；九天闾阖，百世馨香，逝者往存者安"（谢守清撰）。左是"死更何求，翠柏苍松为我伴；祭而无憾，清风明月动人思"（罗恢绪撰）。右是"名邑拥名山，松柏千层灵气旺；福人眠福地，子孙万代状元多"（罗大千撰）。背面三副中、左、右分别为余安中、鲁功洲、蓝启发撰写："入土为安，天地为庐，个个皆幽士；盖棺定论，子孙定向，行行出状元""纵文胆诗心，此地安居，应无烦恼；

伴山魂水魄，三生有幸，大有可为""阳高圣地，一塔凌空，九狮膜拜；净土纶音，四时人化，七尺皈依"。卧莲观音殿外的木刻对联"大士劳心，那知身卧心非卧；阳高示梦，默识禅玄梦亦玄。"（戴炜群撰书）。

花博园联 蜜蜂源大门"花俏清平，四面笙箫谐万籁；诗崇典雅，一楼风月醉重阳。"（罗大千撰，谷中良书，木刻）楼门"竹影婆娑频把酒，秋心激越好吟诗。"（戴炜群撰书，木刻）。

花博园赋 酒城以北，石洞之旁。山川秀丽，花木汪洋。满园滴翠，四季飘香。心连九域，名播八方。此间有花博园者：结农业调整之硕果，呈旅游发展之春光。是因：党政精明，导航卓越；镇村默契，创业辉煌。此所谓：新思维开新格局，大手笔写大文章。

斯园也，天地人兼得，水电路三通。政府搭台，商家唱戏；农民得益，能者擒龙。绮阁琼楼，争镶美景；奇花异草，共沐春风。鲜花笑对朝阳，娇娇滴滴；玉树喜沾时雨，郁郁葱葱。农家乐、笑语频频，主宾谊厚；文友筵、欢声阵阵，诗酒情浓。戴月归家，记忆长留香径里；关灯就寝，梦魂犹在绿丛中。

斯地也，乃尹吉甫之故乡，是石洞镇之热土。人杰地灵，龙飞凤翥。受半岛之熏陶，受两江之哺乳。与五峰岭为邻，与九狮山为伍。盈盈水一湾，灿灿花千树。鸟叫虫鸣，蜂飞蝶舞。植物群兮欣荣，负离子兮丰富。假期结伴，极好游场；生态观光，最佳去处。仰天府之明珠，羡人间之画圃。望美景而动遐思，闻盛名而牵雅愫。斯处也，能不招徕旅客之流连，勾引神仙之倾慕乎？

诗曰：游人纷至百愁消，赢得诗魂兴更高。

借问何方春最好？芳园十里尽妖娆。（罗大千撰）

第六节　农家乐

旅游业的迅速发展，带动了农家乐的兴起。九狮山风景区有 12 家，电视塔周围有 20 多家，胡市金山桂圆林、石洞花博园等都有规模不等的农家乐。

龙马潭区 2005 年星级农家乐一览表

表 16 – 1 – 6　　　　　　　　　　　　　　　　　　　　　　　　　　　　单位：星级

名　称	地　址	级　别	名　称	地　址	级　别
紫藤苑	石洞花博园	三星级	九狮休闲山庄	九狮风景区	二星级
碧绿山庄	石洞花博园	二星级	金山田园	胡市金山桂圆林	二星级
绿野山庄	石洞花博园	二星级	金山农夫	胡市金山桂圆林	二星级
桃源山庄	石洞花博园	二星级	西坝农家乐	电视塔	二星级
蜜蜂源	石洞花博园	二星级	田园山庄度假村	特兴镇	二星级
赵苑	石洞花博园	二星级	巴口香	石洞花博园	一星级
百花园	九狮风景区	二星级	竹香园	石洞花博园	一星级
花果园	九狮风景区	二星级	君家花园	石洞花博园	一星级

紫藤苑　位于石洞花博园中心，2001年3月兴建，12月29日开业，是市内首家三星级农家乐。总投资150万元，占地0.67公顷，建筑面积2 000平方米，会议室300平方米，住宿床位40个，停车场600多平方米。员工14～28人，经营项目有餐饮、游览垂钓、文化娱乐等，年利润20万元以上，最高年份达到28万多元。2001—2005年上缴税费20万元。以乡村的环境、家常的口味、城市的服务、农家的收费体现经营特色，满足不同品位的消费者需求。先后多次接待过成都、重庆、内江、宜宾等外地游客及外籍游客，深受好评。客座教授日本的井上、中国台湾歌星高胜美都先后在此观赏紫藤花开、就餐和参加各种活动；剑桥少儿英语教师连续3年在紫藤苑过春节；江安戏剧学校的老职工70人在这里开展了一周活动，开办摄影、书画、图片展览，举行演出。泸州市群众艺术馆曾在此举办年会，邀请省群众艺术馆同行参加，各区县许多单位在此开展集体活动，常在夏季、冬季举行篝火晚会，一年大约十多次。阳春三月，紫藤花开，更吸引不少游人。市诗书画组织年年来此举行活动，挥毫泼墨，吟诗作画；市著名书法家余安中热情赞美紫藤苑，留下墨宝"紫韵留芳久，藤牵入梦长。苑深迎倩女，馆静待游郎。水榭鱼鳞乐，山庄酒瓮香，多思寻胜地，情结此仙乡。"

电视塔景区农家乐　鱼塘镇望山坪村插旗山，海拔337米，山上电视塔高135米，登塔俯瞰，泸州风光尽收眼底。临近江北公园，绿树浓荫，鸟语花香，游人络绎不绝。当地农民纷纷办起农家乐，其中最有名的有绿色度假山庄、西坝农家乐、燕子岩农家乐。绿色度假山庄，原名插旗山庄，2004年4月由业主王小林更名，是电视塔景区集餐饮、住宿、会议、野炊、烧烤、休闲于一体的最大的一家农家乐。山庄在绿色丛中，自行种菜、养猪、养鸡，饮食原材料来源正宗；自备蒸汽机，饮食器具全经高温消毒，让消费者放心。2004年后，业主投资50多万元，新建了烧烤园、蒙古包烤全羊、野炊区、天桥、停车场、儿童乐园，改造和扩建了原有厨房、餐厅。现有餐厅2个，800多平方米；会议厅一个，可召开300多人的会议；客房5间，雅间5套，床位30多个；棋牌场地容80多桌；鱼塘1口，可供垂钓。还有两部小车接送客人，对红白喜事实行配套服务。最具特色的是"篝火晚会"，夜幕降临，客人围着广场中间的篝火，或歌或舞，尽情欢乐，最多时达3 300多人。西坝农家乐于1997年由农妇叶喜芳创办，利用自家100多平方米的简易平房，外搭敞棚开始营业。由于经营得法，生意越来越红火，2001年新修了近300平方米的楼房，规模进一步扩大，设备设施齐全。有餐厅、会议室、棋牌室、游乐场，桌凳80多套，麻将桌近100张，配有专车迎送客人。楼外花木复苏，绿树成荫，幽篁拔翠。90年代，市诗书画院院长张婉萍赠诗："翠竹深深留远客，泸阳景色望中收。熏风拂拂人如醉，一叶扬帆不系舟。"燕子岩农家乐是当地农户于1997年用自己一楼一底住房、院坝和自然岩腔兴办的农家乐。业主邓从贵投资10多万元，修筑两重堡坎，广植花木，美化燕子岩自然风景。岩腔长约40米，上滴清泉，下笼绿竹。岩前平坝约300多平方米，清爽、幽静，是盛夏避暑、品茗、饮酒、对弈、玩牌的理想去处。

第七节　旅行社

2005年底，全区有3家旅行社，分别是阳光旅行社、巴士旅行社、宏运旅行社。

阳光旅行社　系现代运业集团的直属企业，位于龙南路驿通客运站，是经四川旅游局审批，交纳足额保证金的国内旅行社。该社设施完善，配有豪华奔驰凯斯鲍尔大巴、金龙大巴、全顺、依维柯等各型高中低档旅游车，为顾客提供安全、舒适、快捷、优质的旅游服务。经多年精心挑选，培养了一批导游和知识全面、服务热情、恪守道德规范的高素质员工队伍，以一流的设施、管理、服务，赢得广大旅游者的青睐。

巴士旅行社 成立于2000年，属泸州玄滩运业有限公司二级单位，位于蜀泸大道1号山海大酒店底楼，是经市旅游局批准、工商行政部门核准注册、具有独立法人资格的集体企业。旅行社拥有最新车型豪华金龙、隆鑫等音响齐全、冷暖空调完备的旅游车队，还有一批高素质的旅游管理人员及专业导游。主要经营省内外各类旅游业务，为国内旅游团体及散客提供观光、旅游、疗养、考察、票务等一条龙服务。经营方针："只要你想到我们会做到"；服务宗旨："唯诚唯信，待客为先"；服务承诺："视信誉如生命，待游客如亲人"。以此树形象，创品牌。

宏运旅行社 隶属泸州宏运（集团）运输有限公司，位于沱江路1-1号六楼，是经省市旅游局批准、市工商局登记注册、具有法人资格的旅游企业。公司有旅游车队、宾馆等配套齐全的旅游设施；有经验丰富、业务精干的管理人员。主要从事旅游业务组织、接待及配套服务。服务宗旨："信誉第一，宾客至上"；经营原则："热情、诚挚、守信"。以微笑的服务，好客的宏运，塑造"开拓、创新、进取"的企业精神。

第二章　社会服务业

第一节　餐饮业

1996—2005年间，餐饮业发展变化迅速。1998年全区有饭店、酒店、羊肉馆、火锅店、早餐店、烧烤摊点、冷饮店、卤香店等餐饮业集体37家，个体1 599家；2005年，集体31家，个体1 100家。新开办的餐饮店规模大、档次高，综合服务功能齐全，一些传统老店相继落伍，一些小店相继停办。至2005年底，规模大的餐饮店有山海大饭店、王氏大酒店、汇丰饭店、龙门酒店、船山楼酒店、麻辣空间、五味轩火锅、北方大酒店、帝都大酒店等。

山海大饭店 山海大饭店是泸州市唯一以欧式建筑风格为特色的三星级综合性旅游饭店。地处蜀泸大道1号，紧邻泸州长途汽车客运站，距机场15分钟车程，距火车站和轮船码头20分钟车程。

饭店建筑面积1.65万平方米，共11层，其中1层设大堂小商场；2层为咖啡吧和保健按摩；3~4层为中餐厅和浴足中心。餐厅设有两个大厅和16个宴会包间，可接纳90余桌的桌席和上档次的零餐及会议餐。5层设有三个面积为80~200平方米的高档会议室，6~10层全部为客房，11层为美容美发中心，饭店停车场可同时停放车辆50余辆。

饭店有客房105间，设有豪华套房、高级商务单间、豪华单间、豪华标准双人间、三人间等多种房型，提供免费早餐；房间全部配备分体式和柜式空调、24小时热水、防盗智能门锁，可免费拨打国内市区长途电话和宽带上网，部分客房还配有液晶电脑；独立浴室大多采用落地玻璃与室内间隔，精致洁净。尤其卫生间同时配置的座便器和蹲便器，既考虑了星级酒店的要求，更兼顾了中国人的习惯，独一无二的设计充分彰显饭店管理的人性化。

汇丰饭店 位于城北新区的交通枢纽中心，是由泸州汇丰发展有限公司投资并经营管理的以餐饮为主，集住宿、会议、棋牌、娱乐、休闲于一体的星级饭店。距泸州机场7公里，泸州港5公里，火车站8公里，临近沱江二桥、隆纳高速公路、泸州汽车总站和王氏客运站，区位优势明显。饭店总投资450万元，布局合理，配套设施齐全，空间宽敞，采光充足，色调协调，装饰典雅，风格独特。15层大楼，总面积1万多平方米，大小会议室4个，大小餐厅28个，可同时容纳1400人就餐；豪华套房、单间、标准间73间。另设商务中心、棋牌、浴足、按摩和练歌房等综合服务项目。附一楼配有专用停车场，大门外有停车位，可供82辆车停靠。电梯、空调、安全通道、制冷和配用电设备运行良好。董事长赵连富，按现代企业管理模式，设餐饮部、客房部、营销部、总经办、人力资源部、财务部、保卫部、工程部等部门；成立了党支部、团支部、工会等党和群团组织。2002年8月18日开业以来，面对激烈的市场竞争，全体员工和衷共济，以争创一流为目标，高起点、高标准、高要求，科学规范，严格管理，在探索中前进，在前进中发展，逐步建立起先进的经营理念和管理模式。开业以来，一直坚持"质量第一，信誉第一"的宗旨和"星级服务，大众消费"的原则，秉承"安全、健康、质量"的消费理念，以客人为中心，全力开展诚信服务、微笑服务、贴心服务、超值服务和标准化服务，着力营造"温情、热情、亲情"的和谐氛围。餐饮以盛行川南上千年的"九大碗"乡村风味为主，家常口味，大众化消费，价廉物美，让客人吃得放心，住得舒心。既能满足鲍翅宴席的高档消费，又紧紧抓住绝大多数普通消费者的需求，在平凡中独显特色，赢得远近消费者普遍赞誉。2002—2005年，上缴国家税收200多万元。饭店注重企业文化建设，坚持以人为本，注重员工思想业务素质提高。每年、每季度均在员工中评选优秀工作者，大张旗鼓进行表彰；每逢节假日，安排员工自编、自排、自演节目；坚持自办学习园地，扬正气，树新风，提倡助人为乐，表彰好人好事。饭店认真履行社会职责，为政府解决下岗失业人员再就业和农村剩余劳动力170多人；出资资助部分小学生和贫困大学生如胡玉丽等完成学业。企业先后获省、市餐饮名店，省、市最佳星级饭店，省、市青年文明号，省川菜发展优秀企业，市文明单位等称号。

王氏大酒店　由四川王氏集团1998年独资修建，位于龙南路26号，地处全区中心商务地带和交通枢纽中心，占地面积3900平方米，建筑面积1.7万平方米，是集餐饮、住宿、茶楼、会议、水疗休闲会所、保龄球健身、品茗娱乐等多功能为一体的商务酒店。有128套客房，其中96套房按四星级标准建设，设有商务房、豪华标间、行政楼等；有32间为花园别墅套房，可满足不同层次人士商务办公和住宿需求。会议中心有200多人的会议厅和五个中小型会议室。王府御宴有20余个风格别致的雅间和两个宴会大厅，由当地名师主理，有精品川菜、特色菜、风味点心及燕、鲍、翅等名菜，用料考究，给人以独特的饮食文化和艺术享受，可同时接纳近1000人就餐。

王氏水疗休闲所是全市最具规模和档次的休闲中心，环境幽雅、轻松舒适。御香轩茶楼风格典雅，贴心服务，棋牌娱乐，应有尽有。王氏保龄球健身中心，设有保龄球区、形体区、力量区、心肺功能区、桌球区，是泸州唯一拥有保龄球设施的健身场所，常年聘请国家级健美教练为宾客提供健身指导和服务。

2008年大酒店被全球酒店论坛授予"全球酒店特殊贡献奖"，被省卫生厅授予食品卫生A级单位称号。

帝都大酒店　位于龙马大道二段红绿灯十字路口，距区政府数百米，与龙马商城斜对门，交通方便，环境优美。占地1万多平方米，有建筑面积3万多平方米，是一家集住宿、餐饮、咖啡吧、浴脚休闲、美容美发、会议中心、停车场为一体的三星级大型商务酒店。各项设施设备齐全、款式新颖。以中餐为主，名厨主理，承接各种高中低档宴席，可同时接待700多人就餐。坚持以人为本服务理念，为客人提供安全、舒适、快捷、卫生的一流服务。住宿部按三星级标准建设，共有72个套间、

140 多个床位。自 2006 年开业以来生意越做越好，年纳税 20 多万元。且积极回报社会，踊跃参与救灾和扶贫帮困，至 2008 年，累计捐款 18 万多元，捐物折价 1 万多元。

武陵山珍 武陵山珍天立店，位于天立国际学校北侧。牌名由原国务委员、全国政协副主席陈俊生题写。该店 1997 年创办，是中国第一家用百余种野生菌菜森林美食和土家苗寨特色菜有机组合、科学加工而成的新菜系，填补了中国乃至世界野生菜系的空白。据专家研究，常吃武陵山珍，具有提高人体免疫力，抑制肿瘤细胞，开启人体功能和美容减肥，延年益寿的作用。公司曾获"重庆名火锅""中国名餐饮""全国绿色餐饮企业"和"世界优秀养生保健科技成果奖""国际养身保健产品金奖"等。先后接待了原国务委员迟浩田、博鳌亚洲论坛秘书长龙永图和美、英、法、德、日等多国外宾。

通过 10 余年努力，武陵山珍公司形成了以东方魔汤为龙头，绿色王食品为龙身、东方魔饮为龙尾的绿色生态产业链。至 2005 年企业已发展直销店 20 多家，连锁店 80 多家，以鲜香的味道，丰富的营养，独特的保健，神奇的功效，深受中外食客喜爱。

龙马潭区 1996—2005 年部分知名餐旅业一览表

表 16-2-1

名 称	地 址	经营场地（m²）	档次	行业类别	可接待量（人）	企业性质
山海大酒店	蜀泸大道 1 号	16 500	三星级	中餐	900	个体
王氏大酒店	龙马潭区龙南路王氏商城	17 000	创四星	中餐	1 000	公司
汇丰饭店	龙南路	10 100	三星级	中餐	1 800	个体
帝都大酒店	龙马大道二段 32 号	10 000	三星级	中餐	1 000	合伙企业
龙马宾馆	回龙湾	3 000	三星级	住宿	120	分公司
东方饭店	南光路 2 号	3 000		中餐	600	个体
船山楼	南光路 13 号	1 500		中餐	400	公司
龙门大酒楼	南光路 25 号	800		中餐	300	公司
武陵山珍	南光路	500		火锅	200	公司
川味轩	大通路 12 号	3 000		火锅	1 000	分公司
麻辣空间	蜀泸大道 8 号	1 100		火锅	600	个体
天河酒店	龙马大道二段 45 号楼 22 号	2 000		中餐	500	公司
同时达大酒店	龙马大道二段 22 号 7~11 层	1 000		住宿	100	公司
高升楼酒楼	龙马潭区小市沱江路	2 000		中餐	600	个体
伊斯兰餐厅	小市余公街 5 号清真寺	400		中餐	150	个体

第二节 旅馆业

1996 年全区有旅馆 62 家，从业人员 509 人。2005 年增加到 142 家。20 世纪 80 年代和 90 年代，旅店宾馆上规模上档次的主要集中在小市，有泸县招待所、玉蝉酒家等。2000 年后，情况变化，从沱江一桥起到迎宾大道，是全区旅馆比较集中的地方，且具有一定规模，如沱一桥宾馆、亚东宾馆、金正旅馆、蓝天电梯公寓、旺角宾馆、双江宾馆、富苑宾馆、惠晶宾馆、神川旅馆、龙马宾馆、诚信宾馆、旺客多宾馆、北苑宾馆、合道街社区招待所、薪禄宾馆、鸿达招待所、岷峰宾馆、雨龙宾馆、水井坎旅社、九狮宾馆、森达宾馆、龙井宾馆、洪达宾馆、福源宾馆等。龙南路一带新建宾馆规模大档次高，有王氏大酒店、汇丰饭店、驿通宾馆等。

龙马宾馆 座落在迎宾大道 1 段 1 号，回龙湾客运站对门。乘车前往下车即入店，外出办事出门就有超长客运站、回龙湾客运站、公交车站和川流不息的的士车，交通非常方便。龙马宾馆是四川省巨洋酒店集团下属企业之一，建筑面积 3 000 多平方米。1998 年开业，企业日益发展。2003年建成二星级宾馆，企业几经整改，秉承星级宾馆，大众消费理念。2008 年再次改造房屋按三星级装修，除底楼作大厅、门市，二楼作餐厅外，其余都是住宿和管理用房。计有商务标间、商务套房各 5 套，普单 22 间、标间 43 间，床位 120 余个。2006 年被区评为先进基层党组织和文明诚信私营企业。员工们积极参加当地社会公益活动，累计为捐资助学、抗震救灾和向社会送温暖，捐款捐物 5 万多元。

玉蝉酒家 位于小市上码头，1986 年开业，属于国有商贸企业。1998 年改制为股份制企业，集餐饮、住宿于一体，住宿部有客房 130 间，500 多个床位，分高间和普间。高间有彩电、空调、电热水器，用水方便。从开业到 2000 年，玉蝉酒家远近闻名，党委、政府的大型会议，泸州市名酒节，学生中考、高考、体检，多在此住宿。平时每天住宿的客人 300 人左右，最多时超过 500 人。

第三节 茶楼业

1996 年至 2005 年，全区共有大小茶楼、茶馆、茶摊 300 多家，从业人员 400 多人，以小茶馆居多，分布于城乡各地，为亲朋好友聚会闲聊场所，乡镇赶场天，更是农民信息传递的中心。随着人们生活质量提高，单纯品茶的茶馆几乎很少，绝大多数是棋牌娱乐场所。位于沱江路一带的小茶馆，更是人们品茶观景的好去处。城区出现的高档茶楼，设施完备，常是商务人士洽谈业务的地方，王氏大酒店的茶楼，是棋牌休闲、商务洽谈、情感交流的好场所。城区也有许多满足大众消费的茶园，红星农贸市场附近有近 20 家大小茶园，其中规模大一点的有黄三姐茶楼、洪达茶楼等。每天喝茶聊天、打牌娱乐的少则几十人，多则上百人，这里通常是大众消费的首选。

第四节 娱乐业

1997 年 10 月底，区内有歌舞厅、卡拉 OK 厅、音乐茶座 202 家，电子游戏 52 家，气枪打靶 7 家，游乐 2 家，文化茶园 26 家，旱冰场 2 个，台球 36 家。1999 年 11 月底，歌舞厅、卡拉 OK 厅、音乐茶座 88 家，茶楼 8 家，电子游戏 137 家，气枪打靶 3 家，游乐 2 家，文化茶园 89 家，旱冰场 2 个，台球 1 家，保龄球 1 家。2005 年引进大型文化娱乐场所 2 家，引资 300 多万元，解决就业 45 人。文体部门坚持一手抓繁荣，一手抓管理，加强对娱乐场所的检查监督，特别注重治理校园周边环境，打击接纳未成年人的非法网吧，对娱乐场所的管理，逐步做到"宏观调控，优化结构，合理布局，规范管理，健康有序"。

电子游戏厅 三江游戏厅和德胜游戏厅是区内规模较大的两家游戏厅，都位于小市综合大楼。三江游戏厅，业主刘东投资约 20 万元兴办，面积 180 平方米左右，有游戏机近 50 台，每天接待消费者近百人，营业额三四百元。德胜游戏厅，业主谭顺刚投资 30 多万元兴办，面积 260 多平方米，有游戏机近 70 台，每天接待消费者近百人，营业额 500 余元。区文体局按有关政策法规对电子游戏厅进行严格管理，把电子游戏对青少年的不良影响减少到最低限度，特别是把保护未成年人列入监管重点，公布举报电话，做到有报必查、必果。

练歌房 开心天地娱乐城和格莱美数码歌城是全区两家大型文化娱乐场所，分别在科维商城的第三楼、四楼，2005 年 4 月开业。开心天地娱乐城，业主喻鹏飞投资 160 万元兴办，场地面积近 700 平方米，有 18 个包间、18 套设备及点歌系统，平均每天接待消费者近 200 人，营业额近 3 000 元。格莱美数码歌城，业主张守铭投资近 180 万元兴办，场地近 700 平方米，18 个包间，有独立的点歌系统，7 套投影设备，2 台液晶电视，9 台普通电视，18 套音响设备，以接待商务人员为主，平均每天消费者 200 人左右，营业额近 4 000 元。

保龄球健身中心 在王氏大酒店第三楼，1999 年开业，设有保龄球区、形体区、力量区、心肺功能区、球桌区和休息区。这是市内第一家有保龄球设施的健身场所，采用美国宾士域球道设备，有 8 条国际标准枫木球道，常年聘请国家级健美教练为客人提供健身指导。

第五节 物 业

龙马潭区开展物业服务起步较迟，发展却很迅速，从 1999 年成立第一家物业公司起，2000 年即达 3 家，到 2005 年末发展到 18 家。有的物业公司常管理几个小区，有的还兼管商场、销售物资。通常是物业公司同小区业主签订物业服务合同，按合同进行物业管理，提供物业服务。向小区派驻保安员，巡视小区治安；派出保洁员，打扫小区院坝、楼道卫生；安排管理人员，抄水、电、气表，收物管、水、电、气等费用；派出专人管理花木，维修人员做好相关设备设施维修维护。管理商场的公司，还负责收取场地租金、水电费、管理费，打扫公共区域卫生，作好安全保卫等。

乐园房地产物业管理有限公司 位于留佳街 6 号 2 幢 18 号，1998 年元月开业，1999 年注册，股份制企业，为市内首家小区式开发公司，有 200 多平方米的办公楼 1 幢，电脑 2 台，业务包括农产品市场管理和物业管理。市场管理办公室人员 4 人，保安 12 人，清洁工 4 人，维修工 3 人，广播 1 人。农产品市场由公司修建，租赁给经营户（其中专卖户 48 家，批发 108 家），销售水果、干鲜、蔬菜等农产品。经营范围涉及宜宾、自贡、重庆、永川、叙永、古蔺等地。为规范市场管理，要求经销商对号入座，派驻保安巡视市场，安排专人维护维修水电设施、排污设施和安全通道，打扫卫生，查抄水表、电表，收取水费、电费、场租。开业第一年，只收水电费，免收场租、摊位费。物管办人员 3 人，保安 8 人，清洁工 6 人，维修工 4 人，负责乐园小区 12 万平方米、1 000 多家住户、经营户的水电气管理、安全管理、清洁卫生、公共设施维护维修、绿化管理，提供优质服务。1999 年物业管理费每平方米收 0.15 元，2005 年收 0.25 元。小区不是封闭式管理，进出人员多，管理难度大。公司坚持"以人为本，方便住户"，严格管理，提高服务质量。历年被龙马潭区工商局评为"重合同守信誉单位"。

四川王氏物业管理有限公司 位于龙马潭区王氏商城，2003 年注册，属王氏集团下属公司，服务范围：物业管理、各类专业市场管理、房屋代出租和销售建材、五金。物业管理规范，交易秩序良好，安全消防设施完备，保安 24 小时巡回服务，清洁人员定时做好保洁服务，管理人员及时收取房租、水、电等费用。公司坚持"公开、公平、公正"原则，维护商家利益和消费者权益，尽力做好服务工作，打造商城良好的品牌，商城多次获得省、市、区"先进市场""文明市场""十强市场""平安市场"等荣誉称号。

龙马潭区 1996—2005 年注册物业管理公司一览表

表 16－2－5

企业名称	地 址	注册年度	法人姓名	主营范围
乐园房地产物业管理有限公司	留佳街 6 号 2 幢 18 号	1999	秦祖均	物业管理、社区服务、零售副食品
福源物业管理有限公司	龙南路 1 号	2000	王志强	物业管理、副食品批发零售、机电维修
泸州向阳物业管理有限公司	鱼塘镇	2000	李家玉	物业管理（三级）、房屋租赁、代理活动、销售日用百货
龙南物业管理有限公司	龙南路 63 号	2001	李德宽	房屋、门面、摊位租赁
洪达世纪家园物业有限公司	莲花池	2001	熊亮洪	物业管理
泸州祥隆物业管理有限公司	沱江路 1 号	2001	包良文	物业管理（三级）、房屋租赁
城北物业管理有限公司	大通路 16 号	2001	张兴武	物业管理、停、洗车服务
维隆物业管理有限公司	迎宾大道 1 段 127 号	2001	但成碧	物业管理（三级）
泸州广大物业管理有限公司	龙马大道新天地小区 1 幢 18—19 号	2002	喻恩庆	物业管理（三级）、销售五金、机电产品、化工原料
龙腾物业管理有限公司	龙马潭区政府	2003	梁 萍	物业管理
利民物业管理有限公司	迎宾大道 1 段 145 号	2003	罗在兰	物业管理
四川王氏物业管理有限公司	王氏商城	2003	李丽娟	物业管理、房屋代租、销售建材、五金
泸州康居物业管理有限公司	大通路 2 号	2003	程鸿鸿	物业管理、销售五金、建材、百货
泸州嘉禧物业管理有限公司	大通路 25 号 1 幢 2 单元 10 号	2003	段少华	物业管理（三级）、家电维修、家政服务
泸州三木物业管理有限公司	鱼塘镇希望大道 1 段 4 幢 2 单元 21 号	2005	刘丽萍	物业管理、房屋租赁、家政服务、劳务派遣
泸州盛大物业管理有限公司	鱼塘镇希望大道 1 段 4 幢 2 单元 1 号	2005	先威凤	物业管理（三级）销售五金、百货
泸州为普物业管理有限公司	高坝工人村 40 号楼 2 楼	2005	杨泽友	物业管理、宾馆、舞厅、印刷、建材
泸州永康物业管理有限公司	春晖路 8 号 1 幢 8 号	2005	易国荣	家政服务、物业管理（仅限于办理相关资质证用）

第六节　保安服务业

全区保安服务业从 1996 年以后，有从业人员 1 278 人，其中市保安服务公司龙马潭分公司 554 人（派驻 56 个单位 232 人，安防大队 3 个中队 40 人，业务指导单位 206 人，社区警务室协助执勤保安 76 人）；公司物业保安 228 人，21 家企业自建保安 86 人，厂区护卫经警 167 人，市保安服务公司及江阳区分公司派驻 70 人，暂未列入保安序列实属保安性质的内保人员 173 人。从起步、整顿、规范、发展几个阶段，探索出一条具有龙马潭区特色适应市场经济规律的新路子，尤其是区保安分公司在公安机关指导下创建的"保安赔付制"，实现保安业、保险业、商贸业的有机融合，收到显著的社会效益和良好的经济效益，受到社会好评，系国内首创。《泸州日报》《泸州晚报》《四川日报》《华西都市报》《人民公安报》《社区》杂志及泸州电视台、四川电视台等媒体相继跟踪报道，在国内各地推广。

龙马潭区拥有川南最大的商贸批发市场，是川、滇、黔、渝毗邻地区物资集散中心，流动人口集中、复杂。如何减少案件的发生，成了公安派出所工作的重心，于是"保安赔付制"应运而生。2003 年 10 月刚推行时，只有 3 名保安、23 家商户投保，到 2006 年有 35 名保安、2 500 户商家投保，服务收入达 70 万元，实现保安业、保险业和商贸业的共赢。

2003 年 8 月小市派出所民警汪洁在开展街面防范时，听到一商户说："这里的治安确实难管，假如我们能出一点费用，能不能确保财产安全呢？"汪洁想：如果能与保险公司取得共识，共同替商家承担责任的话，可能会有商家出钱来买平安。他在调查中发现，好多商家每月支出约 400 元请人看门面，被盗了还没保障。若商家每月出 50 元请保安，由保险公司承保，商家出小钱就能保平安。仅回龙湾就有 2 000 多商户，加上已建的和在建的各大商场，可发展商家 3 000 余户，如签约户达到三分之一，每户按最低保额 2 万元计算，每户每年 600 元，可筹集资金 60 万元，交保费 8 万元，扣除工资等费用，保安公司还可获利 10 万元，治安防范资金将基本摆脱等、求、靠、要的被动局面。汪洁把这一想法向所领导汇报后，经研究一致同意试行。通过宣传发动，从 2003 年 10 月起，3 名赔付制保安员首先进入指定岗位，对每月交纳 50 元服务费的 20 家商户进行每天晚 8 时至次日早 8 时巡逻守护，一旦发生盗抢案件，由保险公司在投保额内赔偿 2 万元损失。试行 4 个多月，投保商户尝到甜头，其他商户主动上门签约的越来越多。为使保险公司有效益、商家有保障，他们在防范上下工夫，将签约商户信息输入电脑归档，在辖区内设置 5 个固定值勤点，同时安排 4 名保安穿插巡逻，对签约商户实现无死角，全方位守护，并建立起保安风险责任制和逐日回访商户等管理制度，保安员的责任心明显增强。保安赔付制实施以来，保安员在巡逻中抓获盗窃嫌疑人 93 人，制止撬盗门市案件 52 起，惊跑盗贼 120 次，制止斗殴、调解纠纷 346 起，抢险救灾 17 次，巡逻中做好人好事 651 件，为商户和群众挽回经济损失 148 万元。

第七节　旧货业

1996 年，区内有废金属收购业 79 家。2005 年，有废旧回收点 101 个。主要回收废纸、废金属、废玻璃、废塑料、旧家具、旧家电、旧车等。从事旧货行业的既有坐商，也有奔走于城乡大街小巷收购旧电视、冰箱、洗衣机、电脑、空调的行商。坐商集中的地方形成一定规模的市场，有泸州市物资产业集团旧车市场、南方旧车市场、洪源小区和石洞镇的旧家具市场等。

洪源旧家具市场 在莲花池洪源小区，2001年开办，是城区唯一一处颇具规模的旧家具市场。开办初期，这一行业只有3家，后来发展到6家。经营范围由开初单一的收售家用家具，到后来收售家用家具、办公家具、餐饮类家具、旧门窗、旧家电等。主要收售旧办公家具有办公桌凳、会议桌凳、文件柜、保险柜等；家用家具有床、床垫、衣柜、梳妆台、家用沙发、茶几、餐桌、凳子、鞋柜、燃气灶等；餐饮家具包括各类条形、圆形餐桌、椅子、凳子；旧家电包括电视、空调、冰箱、洗衣机、热水器、电脑、饮水机、电风扇等；另外还兼收售木门、木窗、防盗门、药柜、货柜、货架等。经营特色是：可上门收购（不局限于只收购送上门的旧家具），但不送货上门。销售方式灵活，既可在市场内销售，也可在客户家中"量身定做"各类家具。一些业主凭借集收售、维修、制作于一体的优势，满足客户不同层次的需求。由于人民生活水平的提高，许多家庭家具升级换代，旧家具市场就成为被淘汰的旧家具的集散地；也因为旧家具经济实惠，常常受到一些资金暂时短缺的消费者光顾。

龙马潭区聚源土产物资回收有限公司 位于与乐源小区临近的龙桥子社区，2002年3月开业。公司场地面积100多平方米，收售废金属、废纸、废玻璃、废塑料等，以废铁（钢材）为主。生意最好时，每天能收购几百元的废铁（钢材）。收购的废金属卖给茜草钢厂，由厂方派车拉货；废书废报纸交海潮纸厂；废玻璃由玻璃厂派车来收；废塑料由塑料颗粒厂自己上门收货。

泸州市物资产业集团旧车市场 位于龙南路27号，1998年开业，属泸州市物资产业集团下属公司。场地面积0.38公顷，有交易大厅，办公室6间，设备设施齐全。公司员工9人，负责管理旧车市场。业主40人，以租赁方式承租门市、场地，向公司交纳房租、水电等费用，自主经营，范围包括旧机动车交易、代办咨询、信息服务等。2005年，交易旧车5 365台，交易额6 000万元。

第八节 美容美发按摩浴足业

自1996年起至2005年末，全区共有美容美发室、浴足室、按摩房300余家，美容美发学校1所，从业人员700余人。各种类型的浴足房、修脚室以药物洗脚、熏脚，脚趾修剪、脚病治疗，为消费者提供服务。按摩房有健康人开的，也有残疾人开的，从业人员都经过特殊培训，根据各自特长分别进行理疗按摩、柔身按摩、爽身按摩、中式按摩、泰式按摩，经穴按摩，手法多样，以祛病强身、康复理疗、消除疲劳为客人服务，常受一些头昏、头痛、失眠、神经衰弱、颈椎病、肩周炎、腰酸背痛、机体功能失调引起的慢性病患者的光顾。一些大型酒店，如山海大酒店、龙马宾馆等也设有浴足室、按摩房，为旅客提供服务。大大小小的美容美发店，除作面部清洁护理、发型修剪、护理、洗染烫发、盘花外，有的也兼销售美容化妆品，为消费者提供服务。

雅芳美容美发店 位于石洞镇新区张家祠南路，1998年8月开业，有门市2间，近80平方米。美容师伍小容，经过专业培训，能熟练为美容消费者敷设面膜，作面部清洁保养，美容化妆。理发师先平，是石洞新区从事美发的唯一年轻男士，剪平头是其特长，也能做各种发型，剪发、洗发、染发、烫发、修面，手艺娴熟，服务周到热情，深受顾客喜爱，长年累月，平均每天来理发的都有20人左右。店里除美容美发外，还经销雅芳美容化妆品，产品正宗，价廉物美，大众化消费，每月销售额5 000多元。

玉容美容美发技术学校 位于回龙湾沱江一桥桥头亚东宾馆二楼。创办于1997年8月。校舍面积1 200平方米，教室12间，实习场地2间，教职员12人。校长兼美容讲师王玉容，白求恩医科大学毕业，1998 年于法国瑞思娜纹刺专业进修毕业，1999 年进修 NLP 毕业，2001 年在北大研修心理学与美容，曾获 2002 年亚太地区第五届美容美发大赛"最佳教育成就奖"。高级美发师刘仕海，拥有 20 多年美容美发经验，1998、2004 年分别在四川标榜美发学院、台湾沙宣美发学院深造，1999 年参加第 20 届国际十大杰出美发美妆名师（讲师）国际大赛，获"金发奖美发师全国亚军""金眉奖美眉名师全国冠军"。美容技术总监、专业化妆、纹绣讲师、技师、色彩设计师周杰明，1995 年于香港蒙妮坦美容学院毕业，2002 年于法国瑞思娜美容保健学院高级纹绣专科进修，2000 年中国第二届超级化装大赛，获"十大杰出作品奖"，2002 年世界华人超级美容美发大赛，获"纹刺优秀大奖""晚妆化妆亚军"。凭借雄厚的实力、优秀的师资、高质量的教学，成为川南同行业的佼佼者，赢得社会各界的首肯和同仁的青睐。学校办学宗旨："严谨、博艺、务实、育才"；办学方针："人无我有，人有我精，人精我新，开拓创新"；办学目标："全面培养，突出重点，学以致用，重于实践"；办学特色："岗位职能化，工作程序化，要求严格化，教学规范化，管理制度化"。学校开设专业美容师初中级班，全科班、研修班，香港专业美容师进修班，化妆、纹绣、漂唇、绣眉、美甲、现代漂染专科班，晚妆发型设计班及粤、港、澳流行发型设计专科班，2005 年起，开设美容院院长特训班。凡年满 18 周岁具有高中以上学历的城乡青年，均可到校咨询报名入学；下岗职工凭下岗证、再就业证、优惠证参加培训，学费全免；特困青年凭乡镇和街道民政部门证明，经校方核实，可减免学费。1997—2005 年，先后招收学员 3 000 人，就业率达 99%，成为全市就业培训中心的中高级美发师实习培训基地。2003 年，被市工商局、消费者协会评为"重质量讲诚信单位"。

第九节　汽车维修美容业

1996 年以后，随着车流量增加，汽车维修美容业迅速发展。年底，区内汽车维修业不到 200 家；2000 年达到 237 家；2005 年发展到 304 家，一、二类汽维修业 40 家，能对各类汽车进行全方位维修，其中公交公司汽修厂、永梁汽车修理厂、三源汽修厂、上海大众汽车泸州销售服务有限公司等属于一类维修企业；川泸运业第二分公司汽车修理厂等属于二类维修企业；其余 264 家属于三类维修企业。这类企业服务范围包括：发动机修理、车身维修、电气系统维修、自动变速器维修、车身清洁维护、涂漆、轮胎动平衡及修补，四轮定位检测调整、供油系统维护及油路更换、喷油泵喷油器的维修、曲轴修磨、汽缸镗磨、散热器维修、空调维修、汽车装潢（篷布、坐垫及内装饰）、挡风玻璃更换等。汽车美容实际由汽车维修中的车身清洁维护、涂漆、装潢等项目承担，单纯的洗车场也在承揽车身清洁维护的业务。

上海大众汽车泸州销售服务有限公司　（原上海桑塔纳汽车维修有限公司）位于蜀泸大道 23 号，成立于 1999 年 5 月，公司占地近 0.67 公顷，建筑面积 3 200 多平方米，包括销售展区、维修车间、配件仓储库房、生活用房等；停车场和绿化面积分别为 800 多平方米。先后投资 500 多万元，按上海大众汽车销售服务全新标准模式建设，是集"整车销售、特约维修、配件销售、信息反馈"为一体的股份制企业。年维修小型车辆 7 000 多台次，拥有德国进口的百事霸 VAG1995 车轮定位仪、油漆烘房、车身校正仪、五气体分析仪、罗宾耐尔测冷充放机、轮胎动平衡仪、发动机综合测试仪 VAG1551、VAG1552、VAS5051 等先进设备和设施以及各类专用工具。在高起点硬件投入的同时，更注重软件建设和人力资源开发，从服务顾问、技术总监到技术工人，50 多名员工，均经过培训合格上岗，三分之一以上拥有大专及以上学历。是泸州地区最早实现全过程微机管理的维修企业。开业以来，始终坚持以"纯正的配件、精湛的技术、热情的服务"确保维修质量。1999年度被市公路运输管理处评为汽车维修优质修车优质服务先进单位；2000年3月，被省交通厅评为汽车维修优胜企业；2003年9月，被市质量技术监督局评为服务质量先进企业；2003年、2004年先后被区运管所评为汽车维修行业先进单位、诚信守法企业。2004年4月，公司通过ISO9001—2000质量管理体系认证，获中质协质量保证中心颁发的《质量管理体系认证证书》，被市运管部门树为泸州地区软硬件过硬的行业标兵。

川泸运业第二分公司汽车修理厂　（原31队汽修厂）在迎宾大道一段19号，原是川泸运业公司的一个科室，1956年公司车队组建之日起，就一直承担本企业车辆维修保养。1994年，挂牌成立小市汽修厂。厂区停车场面积3 000多平方米，厂房面积1 300平方米，有效作业车位15个，地沟4个，其他各种通用、专用设备30多台，为各型汽车维修提供较好的服务环境。年维修车辆400～500台，属于二类汽车维修企业。该厂技术力量雄厚，18名员工中助理工程师、高级技工各1人，检验员2人，其余均为中级技工，大多从事汽车维修工作20多年，具有丰富的工作经验。1997年、1999年、2001年度先后被评为先进集体，1999年被评为优质修车优质服务优胜企业。

泸州天天汽车美容装饰城　创建于2001年，位于莲花池北郊加油站对面，总面积2 000多平方米，有洗车场、装饰车间、皮套房、美容车间，投资60多万元兴办，有员工50多人。创立以后，坚持以"信誉求发展，质量求生存"的宗旨和"以人为本，以德治企，以市场为中心、客户为重心、技术为核心，以今天的质量创明天的品牌，涵盖售前、售中、售后服务的全过程"发展理念，深受新老客户欢迎，规模不断扩大。年洗车近4万台次，装饰车辆近4 000台次。公司以高端的设备、专业技术的雄厚实力，为用户装配高中端导航系统、原车真人像DVD、反应快捷的可视雷达、安全可靠的铁将军系列防盗器、独特防锈抗腐蚀底盘装甲、真皮座套、冰丝亚麻坐垫等设备。可为汽车封釉镀膜、装饰隐型车衣、作GS 27漆面金属镀钛、漆面还原、蒸气室内除臭、加香护理等装饰维护保养。美国进口的嘉世德膜，可防强烈的紫外线照射；以亮洁洗车液洗过的车，不伤漆面，光亮如新。公司已跻身A级洗车站行列。

第十节　中介业

1997年，全区有2家中介机构，至2005年增到17家。除区房地产交易市场、三禾汽车租赁公司外，其他属于个体企业。职业中介条件要求比一般中介业高，必须经劳动局核准，再经工商局审核才能办理营业执照。职介所可以经营房屋、婚姻中介，一般中介所则不能从事职业介绍。

职业中介　招聘（工）单位向中介所联系时，需要出示招聘手续、相关证件，提供招聘单位名称、地址、联系方式、招收工种、人数、工作环境、工作条件、工作要求、工资待遇等信息，并向求职者公布，供其选择。求职者与职介所联系时，须出示身份证、户口簿、技术等级证、操作证、毕业证等有效证件，提出就业意向、工资待遇等条件。中介所根据求职者的要求与招聘单位联系，推荐就业。按物价局审核的标准收费：求职登记建档每人10元，保姆、家政20元，普通工种50元，保安等特殊工种60元，专业技术工种80元，联合招聘50元，委托职业介绍机构招工100元。对下岗职工给予优惠，免费推荐就业。

房屋中介　售房户或出租户与中介所联系，出示产权证、身份证，提供房屋位置、地段、户型、面积、装修、设备设施、家具、售价或租金、押金、联系方式等信息，中介所公布信息，供购（租）

房户选择。购（租）房户如满意，与中介所联系时，须出示身份证，由中介机构带领看房，能达成共识，则签订协议，委托中介所代办相关手续（如两证、按揭等）。费用按照购房成交额的1%或年租金的5%收取。

婚姻中介　男女双方与中介所联系时，须提供身份证、婚姻状况证明、家庭情况、财产情况、经济收入、婚姻要求、家庭住址、联系方式等信息，根据双方的意愿，联系双方约会，能否成功由双方决定。登记收费每人20元，婚姻成功每人收费100元。也有的登记不收费，约会见面每人收费100元。

【元明顺珍职介所】　元明职介所位于沱江一桥桥头，1997年6月开业。经过劳动局培训，有中介资格证、上岗证，3家连锁店分别为龙回、元元、利民中介所，员工7人。以本市职业介绍为主，同时开展房屋中介、婚姻介绍。一般每年推荐就业8 000人左右，房屋租赁100套左右，婚姻介绍成功的只有几对。顺珍职介所位于上大街81号楼，1997年8月开业，员工5人，经营范围：市内职介、房屋中介、婚姻介绍。一般情况每年推介就业1 000人左右，婚姻介绍约见对象几对或十几对。房屋中介好的年份一年成交二三十套，少的年份只有几套或十几套。

【泸州市龙马潭区三禾汽车租赁有限公司】　位于龙南路16号，股份制企业，2003年8月20日开业，员工6人。经营范围：汽车租赁、中介。车主向公司出示身份证、车辆合法手续，把车挂靠在公司，由公司代办车辆上户、营运手续、营运保险等合法手续。租车人向公司出示身份证、驾驶证，提供一定数额的保证金。公司把车租出去，按租车费的10%收取中介费，每年经营总额在50万~60万元之间。

第十七篇　教育　科技

　　1996—2005 年，是龙马潭区教育和科技发生深刻变化的 10 年。教育和科技，从机构设置、人员编制到管理职能，都在发生一系列变化。教师队伍、科技队伍，从人员结构到人员素质，越来越精干。办学体制、管理体制、投资体制的一系列改革，学校布局的调整，使办学规模和办学效益正跨入一个新的档次。素质教育日益深入人心，新课程改革又为素质教育注入了新的活力。民族地区的支教工作从起步到持续开展，义务教育从巩固"两基"成果到"两全"普九，幼儿教育、小学教育、初中教育、高中教育、职业教育、成人教育、特殊教育分别从不同侧面展示了 10 年间全区教育特色。科技普及，科技培训，科技创新，高科技推广，新成果转化，正随着"四亿工程""45233 工程"的实施，科技企业的兴起，科技示范园区的建设，成为全区经济新的增长点。

第一章　机构与管理

第一节　教科机构

　　教育局（教委、教科局）　1996 年 7 月区教育局成立，刘涛任局长。内设党办室、行政办公室、人事职改股、教育股、计划财务股、政府督导室、招生自考办公室，行政编制 13 人，其中局长 1 名，副局长 2 名，机关后勤服务编制 2 人。11 月改为教育委员会，刘涛任教委主任。1998 年 2 月，刘涛任区委宣传部长兼教委党委书记，副主任张乃林主持教委工作。11 月至 2001 年 10 月，苏大烈任教委主任，内设机构和人员编制未变。11 月教委和科委合并为教育科技局，王应淮任局长。内设党办室、行政办公室、人事股、教育股、科技股、计划财务后勤管理股，政府督导室、招生自考办公室。行政编制 15 人，其中局长 1 名，副局长 3 名。乡镇、街设教育办公室，2004 年 5 月撤销。1996—2005 年，区教育局、教委、教科局先后获省以上荣誉 10 余项。

　　科学技术监督局·科委　1996 年 7 月至 1998 年 1 月，原科委与技术监督局合并为科学技术监督局，詹崇焱任局长。内设办公室、财务室、科技管理股、技术监督股、法制稽查股、技术检验测试所。人员编制 16 人，其中行政人员 5 人，事业人员 11 人。1998 年 1—11 月，科学技术监督局又划分

为科学技术委员会和技术监督局，詹崇焱兼科委主任，人员编制5人，其中行政人员2人，事业人员
3人。1998年11月至2001年10月，刘树全任科委主任。内设办公室、科技管理股。人员编制7人，
其中行政编制干部3人，工人1人；事业编制干部2人，工人1人。1999年后，乡镇设科技站，归科
委领导。2001年11月，科委与教委合并为教科局。

第二节　行政管理

教科局行政实行双重领导管理，在机构设置、干部管理、经费保障、义务教育、社会协调等方面
受区政府直接管理。在教育教学、课程设置、教研科研、教改课改、科普宣传、科技交流、科技成果
管理及推广应用等方面，同时受市教育局、科技局的领导管理。乡镇教办、乡镇中心学校、乡镇科技
站、科技协会也受双重领导管理，既受乡镇政府直接领导管理，也受教科局领导管理。二者既可独立
运作，又密不可分。区直属中小学校和教师进修校由教科局直接管理，区科协独立建制，归党群口。
2001年10月机构改革以后，按普及九年义务教育"以县为主"的要求，教科局强化乡镇学校的管理。
2004年5月区、乡镇机构改革，撤销乡镇街教育办公室，建立乡镇中心学校和片区学校，实行以中心
学校为核心的乡镇学校管理新体制。乡镇公办幼儿园划归中心学校或片区学校管理。同时成立城区幼
教办，编制2人，人员来自原科委事业单位，负责管理城区幼儿园。

区政府、市教育局、市科技局对教科局实行目标管理，教科局对直属学校、乡镇教办也实行目标
管理。每年年终，由教育督导室牵头，对全区各中小学进行教育目标的全面考核评估，作为教科局奖
励学校的依据，促进学校教育全面均衡发展。乡镇教办对乡镇中小学、幼儿园同样实行目标管理，督
导评估。

第二章　教育体制改革

第一节　办学体制改革

区政府依据《民办教育促进法》，对民办教育实行"积极鼓励，大力扶持，正确引导，依法管
理"的方针，逐步形成以政府办学为主，公办学校与民办学校共同发展的多元化格局。

民办公助学校　2002年天立集团创办天立国际学校。2004年4月和12月，区长陈冠松与天立集
团董事长罗实签订《关于联合举办民办公助高完中的协议》《关于联合举办民办公助高中的协议的补
充协议》，12月3日区政府印发《联合举办公助学校实施方案》。依据协议和实施方案的规定，天立
学校属民办公助性质学校，实行董事会领导下的校长负责制，隶属区政府管理。学校负责在市十六中
择优聘用教职员工90人，在区内每年招收公助高中班4个，初中班4个。在2004年秋期至2006年春

期的过渡期内，天立学校按正式聘用十六中教师人数，每人每年至少返回 1 万元给十六中，以平衡该校其他教师待遇。区政府承担初中、高中公助班有关教育经费、教职工档案工资和办公费等总额 120 万元，按月拨给天立学校；每年给予该校 5 万~10 万元修缮费用。

引资兴办民营学校 2003 年 4 月区政府常务会、区委常委会研究引资兴办民营学校问题，会议决定：泸州十八中与矿二校合并，在龙马大道一侧组建城北学校；利用十八中闲置校址兴办民营学校。教科局批复泸州市英才教育发展有限公司，确定：1. 校名：泸州英才外国语学校。2. 办学规模：在现有校园土地 0.67 公顷、教室 20 间的基础上，由英才教育发展有限公司投资 1 000 万元，再征地 0.8 公顷，扩建装修教学楼，新建综合楼、食堂、学生公寓，购置先进的教学设备设施，办成一所具有 24 个班级规模、能容纳 900 名学生就学的全寄宿制、全封闭式的民营学校。3. 办学体制：建立学校董事会，法定代表人林峰任董事长，实行董事会授权的校长负责制。6 月，区政府印发《引资兴办英才外国语学校的实施意见》，对学校办学的指导思想、办学宗旨、办学性质、学制、学籍管理、教师选聘和待遇、原十八中固定资产的处置等作了明确具体的规定。

民办私立学校（幼儿园） 1993 年泸州市市中区文教局批准成立民办私立江北小学。建校之初，学校租用泸县种子公司闲置仓库作校舍，面向社会招生，主要招收外来人员和农民工子女。2002 年 8 月区教科局为减轻该校经济压力，批准江北小学成立"智趣学校"。2003 年 5 月江北小学迁至泸县农广校内，有了更大发展空间。2005 年秋期江北小学已从建校之初的 4 个班 59 人发展到 24 个班 1 000 多人。1996 年 7 月全区有幼儿园 54 所。2000 年 9 月区教委颁发《民办幼儿园办园标准》，进一步规范民办幼儿教育的办学条件和教育管理。2005 年 9 月教科局提出积极发展幼教事业，坚持以公办幼儿园为主导，民办幼儿园为主体的原则，鼓励民间资金积极投入办园。2005 年全区民办学校、幼儿园发展到 70 多所，办学条件、学校管理和教育质量都有明显改进。

第二节 人事制度改革

校长聘任制 1999 年 8 月区政府常务会议通过"四制"（校长聘任制、教师聘任制、教职工结构工资制、学校经费包干制）改革初步方案。区一中、二中、三中、小街子小学、劳动街小学首先实行"四制"改革。随后，乡镇中小学也开始"四制"改革。2000 年市委印发《关于深化学校管理体制改革的意见》，提出实行校长聘任制，有条件的学校可实行选任制，打破行业、干部、工人界限，鼓励学历合格、懂教育、具备学校管理能力和工作经验、身体健康、有志于教育工作的人到学校作校长。2004 年 6 月教科局下发《深化人事制度改革，全面加强教师队伍建设》的文件，决定全面实施校长负责制、教职工全员聘任制、岗位目标责任制和结构工资制。7 月，泸州化工厂子弟学校移交区政府。8 月区委常委会研究同意王秀卿为泸化中学党支部书记，聘用崔跃进为校长，牟黎、向世平为副校长。实行校长聘任制和校长负责制，一聘三年，在聘任期内，经考察考核，履行岗位职责好的可续聘，否则不再续聘。

教职工全员聘任制 1999 年 8 月在直属学校开始实行教职工聘任制，乡镇所在地学校试点，2000 年乡镇中小学也开始实行。教职工聘任制，双向选择，竞争上岗，专业技术职务评定与岗位聘任分离，可低职高聘，也可高职低聘；待遇按实际聘任职务标准确定。未聘人员作待聘处理，控制在 2% ~5% 之间。待聘期间，只发基本工资，待聘时限超过一年者，其人事关系可转市、县区教育人才交流中心实行人事代理。2002 年实行教师全员聘任制，建立"能上能下，能进能出"，竞争上岗，优胜劣汰的教师任用新机制。5月区委常委会同意当年补充20名高中教师，7月经过备课、讲课、业绩考核，区委、区政府最终聘任了15名教师，其中区外11名，区内4名。8月石油中学二分校移交龙马潭区，48名教职工划归教科局管理。教科局按双向选择办法，择优聘用30名农村中小学教师。12月省政府办公厅印发《四川省事业单位人员聘用制管理试行办法》，从2003年1月1日起施行。事业单位聘用制要求事业单位与工作人员通过签定聘用合同，确定双方聘用关系，明确双方的责任、权利和义务。通过实行聘用制，转换事业单位用人机制，实现单位人事管理由身份管理向岗位管理转变，由行政任用关系向平等协商的聘用关系转变。2004年6月23日，区成立教育事业单位人事制度改革领导组，区委副书记、区长陈冠松担任组长。6月教科局下发《深化人事制度改革，全面加强教师队伍建设》的文件，允许学校教职工辞职，鼓励具有其他专长的人员到企业或其他行业工作；鼓励超编学校教师支援缺编的农村学校；允许职员、超编学校现岗的专任教师在规定的年龄内离岗待退。6月区政府召开"教育人事制度改革"动员大会，要求各单位围绕改革发展，稳定大局，引入竞争机制，提高办学效益，建立与社会主义市场经济相适应的教师能进能出、能上能下、竞争择优、充满活力的用人机制，实现学校人才管理制度化、规范化、科学化。2004年全区精简机构34个，1 820名教职工全员参与人事制度改革，应聘1 731人，占教职工总数的95.1%；未参加应聘的89人（离岗待退85人，辞职2人，自行择业2人），占4.9%。已签聘用合同的1 671人，占应聘人员的96.5%，；待聘人员29人，占1.7%；缓签合同31人，占1.8%。人员分流173人，占教职工总数的9.5%。2005年5月区委、区政府下发《关于进一步深化教育单位人事制度改革的意见》，提出完善聘用和续聘工作，加强未受聘人员管理，继续推行绩效工资制，以及泸化中小学的干部人事制度改革。

第三节　基础教育课程改革

2001年教育部颁发《基础教育新课程改革纲要（试行）》，2002年省上启动省级课改实验工作。2003年全区成为全市首批课改实验区，3月区政府成立基础教育课程改革实验领导小组，副区长曾发海任组长，教科局局长王应淮等任副组长。6月因人事变动，领导小组调整，增加区政府办公室副主任刘利为副组长，教师进修校校长张建军为成员。6月20日区政府二届五次常务会议听取教科局、区教师进修校关于新课程改革有关问题的汇报，会议原则同意全区新课程改革方案，正式进入新课程改革实验。全区先后召开各种动员会32次，发放宣传资料6 000多份，举办电视讲座3 000多次，按照"全面参与，以人为本，民主合作，优质高效"方针，开展全方位的课改工作。

课程改革培训　根据教育部"先培训，后上岗，不培训，不上岗"原则，2003年4—7月，先后选派各科教研员、各中小学骨干教师参加省、市级课改培训，各学科4~6人，共计100多人。8月教师进修校组织全区将担任秋期一、七年级的任课教师上岗培训。培训语文、数学、英语、科学、思品、体育与健康、音乐、美术、综合、生物、地理、历史等学科教师，参培732人次。经考试通过率达96.8%。未通过的参加市组织的补培补考，至9月，课改年级教师全部通过上岗考试，取得上岗合格证。12月又进行各科跟踪性培训。

课程改革学科优质课竞赛　为促进对新课程课标、教材、教学的研讨，教学难点的突破，为后续课改培训选拔示范性授课人才，推出青年骨干教师，市教育局于2003年11月至2004年4月举行2004年课程改革学科优质课竞赛，69名教师进入决赛。参加决赛的教师努力追求三维目标，自觉贯彻新课程理念，体现"师为主导，生为主体，疑为主轴，动为主线"的原则，全市3 000多名教师观摩决赛。决赛结果：全市产生一等奖 19 名，二等奖 46 名，三等奖 40 名；全区获一等奖 5 人，即安宁中学杨关平的初中数学，泸化中学贺志远的初中地理，小街子小学刘莹的小学语文，英才外国语学校王映梅的小学数学，泸化小学刘小梅的小学品德与生活。

课程改革研究成果 教师们在新课程改革实践中，不断学习、探索、研究、总结，硕果累累。2004 年 5 月区教科局公布省、市、区基础教育课程改革研究优秀成果评奖结果：获省三等奖的是劳动街小学林志荣、陈洁的《开发课程资源，促进学生在"玩"中学》、小街子小学何维伦的《构建信息共享的语文课堂》、区进修校李显清的《新课程新视野下的幼儿教师》；获省优秀奖的研究成果 9 项，市一等奖 1 项、二等奖 1 项、三等奖 3 项、优秀奖 7 项，区一等奖 5 项、二等奖 8 项、三等奖 15 项。

第四节 投资体制改革

教育投资坚持以国家投入为主。1996—2000 年，财政拨款 1.12 亿元。2000 年以后，财政拨款逐年增加，2003 年 3 940 万元，2005 年 5 111 万元。2001—2005 年，财政拨款共计 2.06 亿元。

农村义务教育经费保障机制改革 农村义务教育经费保障机制，根据省改革方案采用分级承担的方法。省级支出大头，达到应承担经费的 60% 以上。免除学杂费资金，农村中小学公用经费由省全额承担；校舍维修改造资金按省与市 8∶2 分担；享受"两免一补"政策所需资金由市级负担；寄宿制贫困学生生活补助由县（区）承担。2004—2005 年，区政府执行中央有关政策，对义务教育阶段学生实行"两免一补"。

多渠道筹集资金 教育部门多渠道筹措教育资金，主要有：1. 教育费附加。2000 年统计征收城市教育费附加 105 万元，农村教育费附加 220 万元，职工教育费附加 25 万元。2001 年城市教育费附加 167 万元，农村教育费附加 246.1 万元，职工教育费附加 20.3 万元。2. 勤工俭学收入。1998 年勤工俭学提供教育经费 195 万元；2000 年为 290 万元；2001 年校办企业、勤工俭学提供教育经费 219.6 万元；2003 年，勤工俭学收入用于教育 63 万元。3. 争取国家、省、市资金。1997 年，引进省、市无偿资金 100 多万元；2001—2002 年危房改造专项资金，中央 118 万元，省财政 12 万元，市财政 5 万元。2001—2004 年，危房改造资金投入，中央专款 183 万元，省财政 70 万元，市财政 50 万元。2004 年 5 月胡市中心校修建教学楼，中央预算内专项资金投入 35 万元。4. 社会捐资。1997 年小街子小学新建综合教学楼，香港邵逸夫捐助 40 万元港币。2001 年特兴镇奎丰中心小学新建教学楼，香港应善良基金会捐助 22.56 万元，什邡卷烟厂捐助 2.6 万元。2005 年 11 月鱼塘中心校教学楼危房改造，接受中国烛光教育基金捐赠 30 万元。5. 自筹资金。2004 年 11 月学校校园扩建工程总投资 2696 万元，资金来源：银行贷款 516 万元，争取上级财政补助 60 万元，学校自筹 2120 万元。2005 年鱼塘镇中心校危房改造，政府自筹资金 10 万元。1996—2005 年，全区多渠道筹集教育资金累计 1.13 亿元，学校办学条件得到很大改善。

第五节 后勤服务改革

1999 年，多数学校将后勤推向市场，实施改革。主要模式有：1. 全部引资修建学生公寓、食堂，由投资者经营若干年，到期全部资产归学校所有。2. 部分引资修建，或由学校与出资者共同经营，或由出资者独自经营,向学校缴定额经费,盈亏自负。3. 学校全额出资修建,或交总务处经营管理,或承包经营。2003 年 11 月长安九年制学校引资 40 万元修建学生宿舍和食堂,由投资者经营 10 年。2004 年 4 月市十七中引资 400 万元,修建 4 200 平方米的学生公寓和 1 500 平方米的学生食堂。公寓经营管理收益年限为 24 年,食堂为 14.5 年。收益年限满后,公寓、食堂及附属设施、设备不作价归学校所有。该校招商引资经营的学生食堂成为全市首批示范食堂。2004 年 11 月区发展计划局批复泸化中学,同意学校投资 2 696 万元,修建 2 幢 1.08 万平方米学生公寓、1 400 平方米学生食堂。资金通过银行贷款、财政补助、学校自筹等途径筹集。后勤服务社会化改革,使学校设施、设备不断完善,学校也从后勤的困扰中解脱出来。

第三章　普通教育

第一节　义务教育概况

巩固"两基"和"两全"普九　1995 年泸县通过省政府"两基"(基本普及九年义务教育,基本扫除青壮年文盲)合格验收。1996 年 7 月区政府把"两基"工作摆在突出位置,巩固"两基"成果,提高"两基"水平。1997 年区政府成立"两基"工作领导组,区长楚明任组长,副区长田怀聪任副组长。7 月区教育局下发《关于"普九"必备资料、表册及自查方法的通知》,并在胡市召开"两基"迎复检软件工作现场会。12 月教育局与各股室签订目标责任书。当年经检查验收合格,获市基础教育目标考核一等奖。1998 年区政府继续贯彻《中国教育改革与发展纲要》和《教育法》《义务教育法》《职业教育法》,在上年教育装备投入 30 万元基础上,又投入 80 万元用于教育软件,使普及程度和办学条件均达到或超过国家标准。1999 年获基础教育评估二等奖;2001 年评为市"两基"工作先进单位;2002 年获市基础教育目标考核一等奖。2003 年 11 月市政府"两基"复查团以抽签方式,定点检查胡市镇、罗汉镇,面上检查其余乡镇 31 所学校,受检单位均达到合格标准。2004 年撤销乡镇街教育办公室,新组建九年制义务教育学校 12 所。2005 年 8 月区政府下发《关于实施"两全"普九,加强"两基"巩固提高工作的意见》,提出全面普及九年义务教育,全面提高九年义务教育质量的总体规划:2007 年达到"两全"普九合格标准,2009 年达到优秀标准。随着九年义务教育的普及,扫除青壮年文盲的任务也迎刃而解。2004、2005 年先后获市基础教育目标考核二等奖。

九年制学校　2004 年 5 月前,区内只有城北学校、特兴镇奎丰学校 2 所九年制学校。2004 年新组建的九年制学校有石洞、双加、特兴、鱼塘、金龙、罗汉、长安、安宁 8 所中心学校和石洞镇永寿、胡市镇来龙、安宁镇齐家、金龙乡官渡 4 所片区学校。

【石洞中心校】　2004 年 5 月石洞镇初级中学、中心小学、中心幼儿园和 5 所村小组建成石洞镇中心学校,设幼教部、小学部、初中部。占地 3.1 万平方米,学生 3 317 人,教师 183 人,其中大专以上学历92人。学校的办学理念：以人为本，以德治校，改革立校，科研兴校、依法治校；校训：砺志、尚理、博学、成才；校风：团结、文明、求实、创新；办学特色：团队一体载德育，田径球技竞峥嵘，均衡发展促和谐。2005年该校《农村幼儿园家园合作办园模式的研究》获区政府普教科研成果一等奖，教学工作成果、教师教育工作获区一等奖，教学目标综合评估获区特等奖。被评为市"教育常规管理年"先进学校、贯彻《学校体育工作条例》先进学校、家庭教育工作先进集体、卫生工作先进单位。

【城北学校】 位于龙马大道一侧，南靠炭黑厂，由原泸州十八中和泸州气矿第二职工子弟学校合并而成的一所新型九年制义务教育学校。占地2.67万平方米，建筑面积8 196平方米，电教、音乐、舞蹈、实验、图书、阅览等教学设施达到较高标准。2005年完备了校园电视台和闭路电视系统。学校有小学班14个，学生865人；初中班19个，学生1 023人；教职工94人，其中大专以上学历92人，市学科带头人2人。学校以"宽基础，拓能力，注重综合实践"为办学理念，提高教育质量为根本，2004年获区教育质量综合评估一等奖，2005年获区教育综合评估一等奖、小学教育质量综合评估特等奖。

龙马潭区1997—2005年义务教育普及表

表17-3-1   比率:%

项目 年度	小学				初中				壮年文盲率	适龄残疾儿童入学率
	入学率	辍学率	毕业率	完成率	入学率	辍学率	毕业率	完成率		
1997	99.3	0.3	98	98	96.6	2.81	95.78	86.22	0.085	65
1998	100	0.02	99.5	99.89	98.79	1.60	98.9	98.64	0.04	94.6
2000	99.83	0	99.85	—	95.19	1.58	97.89			85.71
2001	98.64	0	97.30		95.87	1.73	97.79	—		95.08
2002	100	0	99.82	—	92.91	1.72	988.71	—	—	87.50
2003	100	0	99.4	99.3	98	1.6	98.5	92.5	0.30	84
2004	100	0.01	100	99.93	100	1.62	98.90	96.5	0.05	94.5
2005	100	0	100	100	97.0	1.26	99.0	97.7	0.05	92.0

第二节 小学教育

小学教育概述 1996年区内有公办小学101所（含村级学校75所），厂矿小学4所，教学班457个，在校生2.31万人，教职工651人。小市片区只有小街子、劳动街两所小学，43个教学班，在校生2 580人，生均占地面积4.2平方米，与国家规定生均占地面积11~13平方米的标准相差甚远。2001 年全区有小学 82 所,在校生 2.16 万人。2002 年初,全区小学占地面积 23.69 万平方米,校舍建筑面积 9.66 万平方米,计算机 275 台,图书 19.29 万册,教学班 521 个,在校生 2.19 万人,教职工 1 049 人,其中专任教师 944 人。2005 年全区直属九年制学校 1 所,小学 4 所,乡镇中心学校 9 所,片区学校 5 所,村校 35 所,私立小学 2 所,占地面积 22.75 万平方米,校舍建筑面积 9.3 万平方米,计算机 935 台,图书藏量 1.95 万册,教师 1 012 人,班级 488 个,学生 2.25 万人。

龙马潭区 1996—2004 年小学教育情况统计表

表 17 - 3 - 2 - 1

项目 年度	学校数 (个)	小学村校 教学点(个)	班数 (个)	学生数 (人)	项目 年度	学校数 (个)	小学村校 教学点(个)	班数 (个)	学生数 (人)
1996	19	75	538	21 130	2001	16	54	540	21 628
1997	19	78	592	24 048	2002	15	49	521	21 906
1998	19	76	576	23 488	2003	14	46	600	22 539
1999	20	69	570	22 647	2004	14	36	494	22 556

校点布局调整 从 1997 年起,全区着手校点布局调整,撤销上码头小学和龙马潭四中,将两校校址作为小街子小学校园。1998 年 9 月小街子小学迁新校址。2002 年区教科局下发《关于中小学校点布局调整的实施意见》,按照小学就近入学,初中相对集中,整合教育资源,提高办学效益原则,进行校点布局调整。当年撤销特兴镇奎丰初级中学、中心小学,在两校之间新征地连成一片,组建特兴镇奎丰九年制学校;撤并双加镇枝子园村、红岩村两所小学,迁到新建的杨柳村完小;撤除鱼塘镇一心教学点,并入新征地 14 亩扩建的鱼塘镇中心校;合并长安乡初级小学、中心小学,以中学校址为基础新征地 16 亩扩建为长安乡九年制学校。2003 年撤除石洞镇岳坡山村小学,学生分流到建国小学和石洞中心校;撤除石洞镇永寿白狮桥村小学,合并到永寿中心小学;撤除双加镇踩断山村、石龙埂村小学,分别合并到加祥完小、中伙铺完小。2004 年撤除石洞镇大安村小学,学生分流到安宁镇九狮完小、胡市镇来龙完小、石洞镇桥头完小;撤除胡市镇新桂村小学,并入胡市镇中心学校。按照区委、区政府《关于撤销龙马潭区乡镇教办、聋哑学校和调整中心学校的通知》,组建各乡镇所在地 9 所中心学校和 4 所片区学校。新组建的学校,设小学部、中学部和幼教部(没有中学或幼儿园的不设),各部各有负责人,分工负责,统一管理。2005 年撤除罗汉镇前程村小学,并入罗汉镇中心学校和上庄完小。至年底全区村级学校校点调整为 35 个,教育资源得到合理整合。

学 制 1997 年龙马潭区将"六三"学制(小学六年,初中三年)转为"五四"学制(小学五年,初中四年),从秋期起执行新改制课程计划。2002 年春期,又将"五四"学制转为"六三"学制。

龙马潭区 1997—2005 年小学毕业生抽考成绩表

表 17 - 3 - 2 - 2

时间	科目	实考人数（人）	平均分（分）	及格率（％）	最高分（分）	最低分（分）	80 分以（％）	各分数段人数（人）			
								40 分以下	49～59 分	60～79 分	80 分以上
1997	语文	4 204	88.2	98.33	99	20	86.85	19	51	483	3 651
	数学	4 204	83.3	87.42	100	3.5	70.60	220	307	707	2 968
	自然	4 210	76.6	85.09	100	11	51.02	222	465	1 451	2 148
1998	语文	4 122	84.8	97.48	—	—	79.50	146	85	741	3 277
	数学	4 122	83.9	92.14	—	—	73.07	19	203	786	3 012
	思品	4 122	90.9	98.54	—	—	92.92	121	46	232	3 830
1999	语文	4 496	86.1	98.85	99	—	83.90	14	44	677	3 772
	数学	4 496	82.9	92.75	100	—	70.48	3	236	1 001	3 169
	思品	4 496	99.4	99.44	100	—	96.31	90	22	151	4 320
2000	语文	3 603	90.4	99.53	100	19	92.56	3	16	251	3 335
	数学	3 602	86.1	93.80	100	9.5	79.21	1	158	526	2 853
	思品	3 400	94.0	96.59	100	—	93.15	65	113	117	3 167
2001	语文	3 460	83.7	98.82	100	20	80.98	3	36	638	2 781
	数学	3 322	85.1	93.89	100	3.5	72.31	5	154	717	2 402
	社会	3 282	88.0	94.55	100	12	81.32	49	114	434	2 669
2003	社会	2 246	90.46	96.13	100	2	86.82	65	57	209	1 950
	思品	2 341	93.6	98.59	100	14	89.45	30	27	214	2 094
2004	语文	3 627	91.11	98.27	100	7	94.65	6	48	141	3 433
	数学	3 627	88.98	94.87	100	3	84.56	655	121	374	3 067
	思品	3 580	92.68	97.23	100	—	90.25	20	79	250	3 231
2005	思品	3 071	94.06	99.15	100	—	94.20	10	15	152	2 893
	自然	3 071	91.57	99.41	100	—	83.63	4	14	225	2 828
	英语	2 178	87.07	93.94	100	—	80.53	48	84	292	1 754

　　全区单设小学小街子小学，创建于 1923 年，因校址在小市小街子 61 号而得名。早前为地辖泸州市市中区直属学校，1997 年划为本区直属学校。是年城区校点布局调整，在小市排风山原四中旧址改扩建新的小街子小学，1998 年 9 月迁入新校址。学校占地 1.1 公顷，有 200 米环形跑道的运动场，5 866 平方米的教学综合楼。各类教学用房按国家统一标准的学校用房图纸施工建设，实验室、微机室、语音室、美术室、音乐室、多媒体教室、图书阅览室、广播室、录像室、舞蹈练功房等室内设备设施齐全。2005 年秋，学校有 30 个教学班，学生 1 862 人；教职工 80 人，其中特级教师 2 人，中学高级教师 2 人，小学高级教师 41 人。1996 年以后，学校两项科研成果获省政府三等奖，两项课改项目获省教育厅三等奖，两项科研成果获市政府二等奖。2000 年至 2005 年先后获市文明单位、省体育

达标先进单位、市示范家长学校、全国红旗大队、省百所艺术教育特色学校、省艺术教育先进单位、全国少年电子技师等级评定单位、《中国少年报》基地学校、全国少先队特色小队、省科技教育示范学校、省少先队理论研究基地、省"小公民"道德建设实践基地、市"十佳先进单位"、市"绿色学校"、实验教育示范学校、现代教育示范学校、"十佳"精神文明单位、省校风示范学校、省校本教研基地校、市常规管理先进单位等 20 多种荣誉称号。

第三节　初中教育

　　1996 年 7 月区内有初中 17 所，157 个班，学生 8 100 人。1997 年初中 19 所，在校生 1.17 万人。2004 年春期，初中 215 个班，学生 9 996 人。5 月撤销泸州市第十八初级中学，并入城北学校；撤销胡市镇初级中学，并入泸州市第十七中学。其他乡镇中学也撤销，与中心小学、中心幼儿园合并组建乡镇中心学校或片区学校。中心学校或片区学校设中学部，负责管理初中教育教学工作。

　　2005 年春期，全区初中 17 所，223 个班，学生 1.13 万人，教师 579 人。2003 年以后，全区义务教育阶段质量不断提升，特别是初中毕业会考成绩，平均分、及格率、优生率等几项指标都处于全市第一。2004 年全区初中毕业会考成绩居全市第一，平均分高出全市 41.34 分。2005 年初中毕业会考平均分高出全市 50.10 分，及格率高出 9.37%，优生率高出 12.29%。

龙马潭区 1998—2005 年初中毕业生会考成绩统计表

表 17-3-3

项目 年度	初一入学人数	初三毕业人数	三年巩固率（%）	参加会考人数	各科均及格		总分各科平均（分）	平均分及格率（%）
					人数	比例（%）		
1998	3 511	3 172	90.34	2 996	1 245	41.56	78.83	68.79
1999	2 528	2 114	83.62	2 103	965	45.87	73.67	75.89
2000	2 432	2 067	84.99	2 052	899	43.81	77.80	77.34
2001	3 697	3 139	84.09	3 139	986	31.41	72.49	78.41
2002	3 501	3 172	90.60	3 172	1 947	61.38	74.17	79.56
2003	3 527	2 979	84.46	2 979	887	29.79	75.58	84.26
2004	3 333	3 028	90.85	2 512	1 429	56.89	73.32	80.37
2005	3 266	2 926	89.69	2 926	2 019	69.02	79.14	89.17

　　全区单设初中泸州十二中，1978 年 9 月由小市下大街小学升格更名而来，原属泸州市市中区管辖的一所单设初中。1996 年 11 月，更名泸州市龙马潭区第三初级中学，2003 年 3 月恢复原名。原校址小市下大街 91 号，2005 年 7 月整体迁入小市双井沟 43 号原泸州十六中校址，秋期有教职工 61 人，20 个教学班，学生 1 133 人。学校占地 53 公顷，有 150 米环形塑胶跑道的运动场、学生公寓、标准的理化生实验室、微机教学室、语言实验室、多媒体阶梯教室。2003 年远程教育系统开通到各教研室、

微机室和多媒体教室。2000—2005 年获 10 多项荣誉，计有市推行《国家体育锻炼标准》先进单位、全国教育科学"十五"规划课题 FFB011148 实验研究学校、市基础教育课程先进单位等；科研课题《初中语文读写双快训练》获省政府普教科研二等奖；直属学校综合评估获区一等奖；教研工作 3 次获区一等奖，师训工作获二等奖；教育教学质量综合评估连续 3 年获区一等奖；《运用现代教育技术提高初中学生语言表达能力研究》获市政府普教科研一等奖，并滚动为省级科研课题继续研究。

第四节　高中教育

1996 年全区公办高中 2 所，企办高中 1 所，共 20 个班，学生 1 230 人；1999 年 44 个班 2 412 人；2002 年 65 个班 3 810 人；2005 年 86 班 4 586 人，教师 305 人。2004 年 4 月区政府与天立国际学校签定《关于举办民办公助高完中的协议》，天立国际学校与十六中整合，成为民办公助学校；十六中不再招高中。7 月泸州化工厂子弟中学整体移交给区政府，更名泸化中学，成为集初中、高中、职高为一体的综合完中。8 月胡市镇初级中学并入泸州十七中。至 2005 年区内共有 3 所高级中学校：

泸化中学　位于高坝工业园内，建于 1958 年，原名"泸化红旗中学"，为国营泸州化工厂子弟中学。1964 年，由地辖泸州市文教局统一管理。1966 年交回泸州化工厂管理，更名"泸州化工厂子弟中学"。1972 年开始招收普高新生，成为完全中学。2004 年 7 月，整体移交区管理，更名为"泸化中学"。该校占地 4.1 公顷，校舍建筑面积 1.45 万平方米。区接收后，经扩建占地 15 公顷，校舍建筑面积 4.15 万平方米。有理、化、生实验室 8 间，语言实验室 2 间，图书阅览室 3 间，电子阅览室 1 间，微机教室 2 间，各年级配有多媒体教室，移动多媒体设备 1 套。已开通校园网和远程教育系统，各种音像信号和网上信息可直接传输到各教研室和教室。2002 年，泸化技校并入泸化中学，成为集初中、普高和职高为一体的综合性完全中学。2005 年有初中 14 个班，学生 639 人；普通高中 37 个班，学生 2 190 人；职高 4 个班，学生 124 人；教职工 214 人（中学高级教师 61 人，一级教师 87 人），教师学历达标率 98%。1982 年，成为省级重点中学；1997 年，评为省校风示范学校。2000—2005 年，高中应届生参加高考 1 871 人，本科上线 786 人，上线率 42.01%；重点本科 217 人，上线率 11.60%。

天立国际学校　建于 2002 年。2004 年 4 月区政府与该校签订《关于联合举办民办公助高完中的协议》，政府在提供师资、生源、降低办学成本等方面给予支持，并将该校 170 名教师纳入全区教育事业编制管理，福利同公办教师一样，体制属于民办公助性质。学校规模：最大收生容量 3 600 人，最大班数 78 个（高中 30，初中 48），其中公助班 18 个（高中 6，初中 12）。公助班只招收区内小学、初中毕业生。首批招收公助班学生，高中 2 个班，学生 90 人；初中 1 个班，学生 45 人。2005 年该校高考理科重本上线率 44.7%，普本上线率 75.3%；文科重本上线率 20.3%，普本上线 53.8%。文理科重本上线率居全市第一。

泸州十七中　建于 1958 年。原名泸县第七初级中学，校址泸县牛滩镇金山寺。1960 年迁到牛滩菜河坝，1962 年停办，学生转入牛滩民中，1963 年复办，迁入胡市公社黄桷坪大队牛栅子处。1996 年更名泸州市龙马潭区第二初级中学。2002 年更名泸州市十七中学，2004 年 8 月胡市镇初级中学并入。2000 年 1 月，评为市级文明单位；4 月评为省中小学德育工作先进单位。2002 年评为"四川省《国家体育锻炼标准》实施办法先进单位"、市绿色学校。2005 年 7 月评为省农村中小学现代远程教育工程项目学校；12 月评为"四川省传统体育项目示范学校"。1996—2005 年，先后有 100 多名考生考入全国各地体育高校，其中有北师大、天津体院、重庆师大等重点高校。

2004 年、2005 年，全区高考本科上线人数分别是 378 人、398 人，创历史记录。

龙马潭区 2005 年片区以上学校一览表

表 17－3－4－1

项 目 校 名	校址	建校时间	性质	管属	类别	办学规模			校长	最高命名
						教职工（人）	班数（个）	学生数（人）		
泸州十二中	小市双井沟43号	1978.9	公办	区直属	普通中学	61	20	1 133	陈 禹	泸州市基础教育课程改革先进单位
泸州十六中	小市双井沟43号	1986.9	公办	区直属	普通中学	94	4	191	王和平	
泸州十七中	胡市镇黄桷村1社	1958.9	公办	区直属	普通中学	125	32	1 632	周锡伦	四川省中小学德育工作先进单位
泸化中学	高坝工业园区内	1958.9	公办	区直属	综合完中	209	55	2 953	崔跃进	四川省重点高中
城北学校	龙马大道南靠炭黑厂	2002	公办	区直属	九年制学校	93	33	1 888	梁 田	
小街子小学	小市排风山	1923	公办	区直属	完小	81	30	1 862	杨正碧	四川省校风示范学校
下大街小学	下大街91号	1945	公办	区直属	完小	37	18	988	许 斌	市现代教育示范学校
新民小学	红星街道大通路	1957.9	公办	区直属	完小	78	30	1 811	许宗富	龙马潭区文明单位
泸化小学	高坝工业园区内	1939	公办	区直属	完小	68	24	1 314	张焱明	泸州市绿化示范学校
江北学校	鱼塘镇民权村	1993.3	民办	区直属	九年制学校	47	24	1 349	吴永彬	四川省社会力量办学先进单位
英才外国语学校	红星街道龙南路	2003.6	民办	区直属	完小	80	13	513	李 静	泸州市民办教育先进集体
石洞镇中心校	石洞镇街村	2004.5	公办	乡镇属	九年制学校	186	76	3 361	邓伦崇	市常规管理先进学校
金龙乡中心校	金龙乡街村	2004.5	公办	乡镇属	九年制学校	70	26	1 180	刘光明	

续上表

项 目 校 名	校址	建校时间	性质	管属	类别	办学规模			校长	最高命名
						教职工 （人）	班数 （个）	学生数 （人）		
安宁镇 中心校	安宁街村西柑 子林	2004.5	公办	乡镇属	九年制 学校	88	31	1 529	周 凯	全国抗非典先 进集体
鱼塘镇 中心校	鱼塘镇石堡湾 社区	2004.5	公办	乡镇属	九年制 学校	108	42	1 893	潘立勋	泸州市绿化示 范学校
特兴镇 中心校	特兴街村 28 号	2004.5	公办	乡镇属	九年制 学校	85	37	1 427	程 明	
双加镇 中心校	双加镇双加社 区友谊街	2004.5	公办	乡镇属	九年制 学校	100	32	1 375	甘良海	
罗汉镇 中心校	罗汉镇街村	2004.5	公办	乡镇属	九年制 学校	98	35	1 473	杨双文	
长安乡 中心校	长安乡街村	2004.5	公办	乡镇属	九年制 学校	64	29	1 377	罗加明	
胡市镇 中心校	胡市镇街村	2004.5	公办	乡镇属	九年制 学校	68	29	1 507	余明久	
胡市镇 来龙学校	胡市镇来龙片	2004.5	公办	片区学校	九年制 学校	45	18	898	潘立岗	
金龙乡 官渡学校	官渡顺河街	2004.5	公办	片区学校	九年制 学校	65	31	1 333	宋凌飞	
安宁镇 齐家学校	齐家街村	1950	公办	片区学校	九年制 学校	58	27	931	张志远	龙马潭区文明 单位
特兴镇 奎丰学校	奎丰街村 10 社	1951	公办	片区学校	九年制 学校	44	17	782	周中明	
石洞镇 永寿学校	永寿街村	1952	公办	片区学校	九年制 学校	34	19	746	高树银	
天立 国际学校	城北新区香林 路 3 段 3 号	2002	民办 公助	直属 学校	完中	311	67	2 858	田 亩	合格高完中
教师 进修学校	小市双井沟	1996	公办	直属 学校		—	—	—	张建军	四川省合格教 师进修校

注：表中的建校时间为 2004 年 5 月的，均系学校布局调整时间，并非始建时间

龙马潭区 2005 年村级学校一览表

表 17 - 3 - 4 - 2

单位：人

学校名称	学校地址	教师数	学生数	学校名称	学校地址	教师数	学生数
石洞镇高山子村小学	石洞镇高山子村	9	218	石洞镇阳嘴村小学	石洞镇阳嘴村	7	144
石洞镇烂泥沟村小学	石洞镇烂泥沟村	9	200	石洞镇桥头村小学	石洞镇桥头村	8	149
石洞镇建国村小学	石洞镇建国村	6	69	石洞镇雨珠岩村小学	石洞镇雨珠岩村	5	101
石洞镇花财门村小学	石洞镇花财门村	3	41	金龙乡西坛村小学	金龙乡西坛村	7	115
金龙乡塘坡村小学	金龙乡塘坡村	3	50	金龙乡黄坳村小学	金龙乡黄坳村	5	108
金龙乡雪螺村小学	金龙乡雪螺村	3	62	金龙乡程河村小学	金龙乡程河村	3	61
安宁镇柿子坪村小学	安宁镇柿子坪村	6	85	安宁镇苏湾村小学	安宁镇苏湾村	10	186
安宁镇良丰村小学	安宁镇良丰村	9	155	安宁镇云台村小学	安宁镇云台村	4	74
安宁镇福林村小学	安宁镇福林村	4	43	安宁镇玉合村小学	安宁镇玉合村	3	20
鱼塘镇王庄村小学	鱼塘镇王庄村	7	144	鱼塘镇民权村小学	鱼塘镇民权村	8	124
鱼塘镇民主村小学	鱼塘镇民主村	3	21	罗汉镇工农坝村小学	罗汉镇工农坝村	18	282
罗汉镇前程村小学	罗汉镇前程村	5	52	罗汉镇上庄村小学	罗汉镇上庄村	4	46
胡市镇来寺村小学	胡市镇来寺村	11	287	胡市镇龙兴村小学	胡市镇龙兴村	11	145
特兴镇走马村小学	特兴镇走马村	8	160	特兴镇河湾村小学	特兴镇河湾村	5	118
特兴镇安民村小学	特兴镇安民村	8	151	双加镇罗大村小学	双加镇罗大村	7	103
双加镇加祥村小学	双加镇加祥村	2	49	双加镇中伙铺村小学	双加镇中伙铺村	11	289
双加镇凉水村小学	双加镇凉水村	8	198	长安乡青枫湾村小学	长安乡青枫湾村	10	250
长安乡长春村小学	长安乡长春村	4	91				

第四章　幼教 职教 特教 成教

第一节　幼儿教育

　　幼儿教育概况　1996 年 7 月区内有幼儿园 144 所，其中城区 16 所，农村 128 所；教育部门办园 82 所，社会力量办园 54 所，企业办园 8 所。在园幼儿 7 708 人，3～6 岁幼儿入园率 64.1%。1997 年 1 月区教委下发《关于实行幼儿园（班）登记注册制度，颁发"办园许可证"的通知》，对师资、场地、设施、设备等办园条件提出具体要求，以规范幼儿教育和管理。通知要求从元月起对各级各类幼儿园（班）重新登记注册，颁发"办园许可证"，有效期1年，每年8月换证，只有符合办园条件，取得"办园许可证"，方可办幼儿园（班）。2000年全区有幼儿班265个，在园幼儿7 649人，教职工335人，专任教师293人，幼儿入园率73%。8月批准成立65个办学单位，允许其实施幼儿教育，要求已取得办学资格的民办幼儿园，力争在2002年前达标。2005年全区有幼儿园79所，其中私立69所（乡镇36所，城区33所）。教职工541人，专任教师368人，350个班，在园幼儿8 522人，幼儿入园率87.4%。幼儿教育开设六门课程：语言（少数幼儿园除教汉语外，还教英语）、数学、艺术、健康、社会、科学，并以新的办学理念，力求办出特色。

幼教管理 1996年10月起，城区幼儿园的资质审查、学前教育管理、教师继续教育、师训、教研等由小市街道办事处教育办公室负责管理，乡镇教育办公室负责管理本乡镇幼儿园。2004年5月撤销教办后，新组建乡镇中心学校和城区幼教办，分别负责本乡镇幼儿园和城区幼儿园的资质审查、安全督查、教育管理、师训、教研和教师继续教育等工作。

小市幼儿园 系区直属，由原泸县县级机关幼儿园和江北幼儿园合并而成。1999年8月，两园合并后，迁到小街子61号。该园占地3 039平方米，建筑面积3 600平方米，户外活动场地1 630平方米。1998年2月、2000年12月，经先后复查合格，仍为省级示范幼儿园。2004年12月成为省幼儿教师继续教育示范基地。2000年9月《幼儿双语训练研究》获市政府首届普教科研成果三等奖。2002年4月《幼儿良好行为习惯养成教育研究》《幼儿科学启蒙教育研究》均获区政府第二届普教科研成果二等奖；2005年11月《幼儿语言表达能力训练的途径和方法研究》获区政府第三届普教科研成果二等奖。

民办金诺国际幼稚园 2003年创办的全市首家个性化小班制精品幼稚园。它以让孩子"在快乐中生活，在快乐中成长，赢在起跑线"为办学理念，着力培养具有爱心，善于和谐相爱，富于个性，习惯良好的现代儿童。以创新为发展之本，特色为生存之道，走全新的"特长教育课程化"之路，把"快速阅读""全英文教学""考级舞蹈""武术""珠心算""围棋"等特色教育融入幼儿一日活动之中，互相交融，共同促进，让孩子在玩中学，学中玩，多才多艺，身心健康发展。先后获区教师技能比赛团体一等奖、省少儿风采大赛银奖。教师在全国、省、市、区各级刊物上发表文章20余篇。

第二节 职业教育

职业教育概况 1996年7月全区有区、乡镇共管的农民文化技术学校（农校）及教学点114个，其中乡镇农校7所，村级教学点107个。1997年处于半停顿状态。1998年后，农校名存实亡，职业教育主要由树风职高、江阳职高、泸化中学职高部（原泸化技校）等校承担。泸化中学职高部设财会、机电、计算机、化工工艺4个专业，招收160人，就业率达100%。区内学生读职高的大部分到树风职高。1998—2002年职业教育完成招生任务情况分别为380、392、418、468、409人。2004年职高招生任务600人，实际完成624人，其中泸州职业技术学院86人，泸州电大6人，树风职高318人，江阳职高135人。2005年任务860人，实际完成783人，其中泸职院22人，泸州电大17人，树风职高292人，财经校75人，江阳职高161人，泸州卫校74人，工业技校31人，长江职校4人，南高职校、天星职校各1人。职业高中招生最高年份未突破800人，而普通高中招生1998年仅为636人，2005年则为1 708人，显出普高发展迅速，职高发展滞后的趋势。

树风职高 始建于1941年，原为泸州市三中，校址在罗汉镇。1985年改为职业高中。1991年成为"四川省级重点职业高中"，1996 年经国家教委批准成为"国家重点职业高中"。2000、2004 年由教育部组织"国家重点职高"复查合格。2003 年被市政府命名为"泸州市农村劳务开发培训基地"，并经省劳动和社会保障厅、省总工会审定为"四川省再就业培训基地"。2004 年 5 月被省政府命名为"四川省劳务开发培训基地"。该校占地 11 万平方米，建筑面积 3.35 万平方米。实验实训设备总值 800 万元，建有校园网，有计算机 580 台，用于教育教学、人事档案、财务统计、后勤服务、行政办公等。图书藏量 10.8 万册，体育设施齐备，卫生医疗设置符合国家要求。近年来共投资 430 万元，建起 44 间实作实训室：其中微机室 9 间，电子电器应用与维修模拟室 10 间，财会模拟室、餐饮实作室、钳工实作室、机加工车间、汽车模拟室、语音室、形体房各 1 间，客房实作室、书画室各 2 间，琴房、烹饪实作室各 3 间，多媒体教室、服装实作室各 4 间。教职工 162 人，专任教师 133 人；专业课教师 66 人（双师型教师 33 人），实习指导教师 24 人（双师型教师 10 人）；高级教师 34 人（特级教师 1 人），中级教师 57 人，高级技师 18 人；有全国、省、市各类学会会员、省市职教中心教研骨干 32 人。2005 年学校开设有电子电器应用与维修，机械电子，汽车维修与驾驶，计算机应用，电子商务，饭店服务与管理、烹饪，美术与服装，艺术文秘与幼师，工业与民用建筑等专业，57 个教学班，在校生 2 634 人。学校机构完善，构成德育管理、教学管理、后勤保障管理、招生就业管理四条线。坚持走产教研结合路子，形成招生、教学、培训、就业、升学一条龙服务办学模式。近 10 年中，向社会输送 6 000 多名各类技术人才，有 500 多名优秀毕业生进入高等院校。被誉为"川南教育的一面旗帜，全省职教战线的光荣"。

第三节　特殊教育

1996 年 7 月区内有 1 所聋童学校。1997 年 7 月普查，全区 0～15 岁聋哑儿童 47 名，残疾适龄儿童入学率 65%。1998 年"三残"（智力、听力、视力残疾）儿童入学率 94.6%。1999 年聋哑儿童在校生 11 人（其中在聋童学校就读 3 人，市特殊教育学校就读 4 人，在外地就读 4 人），入学率 91.11%。12 月区政府决定撤销聋童学校，由市特殊教育学校安置该校校级干部 2～3 人、专任教师 8～10 人，其余分流。学生转到市特殊教育学校，按本区户口现在就读人数，由区财政支付市特殊教育学校办学经费每年每生 1 000 元；由学生户口所在地乡镇用教育费附加解决生活费每年每生 400 元。2000 年"三残"儿童入学率 91.99%。2001 年 8 月区教委下发《关于聋童校从 2001 年秋期起停止招生的通知》，聋童学校办学职能终止。2002 年"三残"儿童入学率：智残 94.9%、聋哑 90%、盲童 100%。2004 年全区"三残"适龄儿童共 34 人，其中依法免学 16 人，其他 18 人，仅 1 名智残儿童因故辍学，入学率高于国家、省、市要求。

第四节　成人教育

学历教育　1996 年区划后，原地方成人教育学校不能满足社会急需高学历人才的需求，成人教育主要由高等院校承担。1999 年全区成人高考考生 476 人，其中专升本 107 人，专科 369 人（文科 173 人，理科 196 人），上线 350 人，录取 247 人，占考生总数的 51.89%。上半年，31 次自考报名 1 148 人，2 582 科；下半年，32 次自考报名 1 143 人，2 848 科。全年共 2 291 人，5 430 科，比 1998 年增加 132 人，528 科。获得单科合格证 1 089 人；毕业 111 人，累计毕业 801 人。2000 年参加成人高考
773 人，其中专升本 235 人（师范类 177 人，其他 58 人）；专科 538 人（文科 255 人，理科 283 人），
录取 422 人，占考生人数的 54.59%。区教委组织两次自考，上半年 1 415 人，下半年 1 198 人，共 2
613 人，6 571 科次。获得单科合格证 1 389 人，毕业 110 人，累计毕业 911 人。2004 年成人高考 310
人，其中专升本 181 人，专科 129 人（文科 67 人，理科 62 人），录取 237 人（专升本 120 人，占报名
人数的 66.3%；专科 117 人，占报名人数的 90.7%），占考生总数的 76.5%。4 次自学考试，报名 1
580 人，2 602 科，及格 667 人，占报考人数的 42%，及格 832 科，占报考学科的 31.9%。毕业 64 人，
累计毕业 1 295 人。

技术培训 科委、科协、教科局根据农村产业结构调整的需求，因地制宜组织各种技术培训。
1997 年举办 2 期"绿色证书"培训，参培 200 人；实用技术培训 195 期 5.95 万人次。1998 年 3 月聘
请市园科所、市蔬菜办专家到金龙、胡市、安宁等地对种植专业户进行"龙眼栽培及管理""生姜种
植技术"的现场培训。聘请专家在鱼塘镇举办"乌鸡养殖技术"培训。1999 年举办各种培训班、讲
座 50 多期，参训 3 000 多人。2000 年开展农村种养技术培训 4 期 300 多人。2001 年 3 月聘请龙眼种植
专家曾世才到特兴镇桐屋基村进行"龙眼管理技术"现场培训。2003 年 7 月组织区内高新技术企业和
部分民营科技企业参加市科技局组织的科技企业管理培训和科技信息化培训。2005 年 3 月区委组织部
与畜牧局联合举办农村实用技术培训；5 月在安宁阳高村开展科技现场培训会；10 月区人事局、畜牧
局按照"2 + X"，培训模式，开展农民技术员培训。

第五章　教育经费与设施

第一节　教育经费

教育经费主要来源于国家财政拨款，同时也通过各种渠道筹集。区政府依法做到教育经费"三个
增长"，城市维护费和农业税附加按规定比例安排用于教育。城市教育费附加依法足额征收，由财政、
教育部门安排用于教育。在乡镇统筹费中，按规定比例和数额首先保证农村教育费附加。此项附加由
乡镇人民政府收取和管理，用于本乡镇范围内校舍维护、危房改造和学校布局调整，以及学校公用经
费支出。中小学生校均公用经费按标准收取，区财政部门把核定的农村中小学公用经费列入财政预算
并逐年增加。中小学杂费收入主要用于学校公用经费支出。审计局会同财政、教育部门，对教育经费
投入、管理、使用进行定期审计、监督，确保按规定收取的上述各项经费全部用于教育。1996 年 9 月
起，教师工资由区财政统一发放。1996—2000 年，财政对教育的拨款共 1.12 亿元；2000 年以后，财
政拨款逐年增加，2003 年 3 940 万元；2005 年达 5 111 万元。2001—2005 年，财政拨款共计 2.06 亿
元。同时多方筹措教育资金，用于教育发展，1996—2005 年共筹措 1.13 亿元。

龙马潭区 1996—2005 年教育经费筹措及使用一览表

表 17-5-1   单位：万元

项　目 年　度	财政拨款	其他 渠道筹资	合计	人员经费	公用经费	人员经费 所占比例（%）
1996	1 218	848	2 066	1 057	1 009	51.16
1997	1 492	665	2 517	1 152	1 365	45.77
1998	2 214	1 004	3 218	2 081	1 137	64.67
1999	2 793	1 233	4 026	2 325	1 701	57.75
2000	3 480	675	4 155	2 570	1 585	61.85
2001	2 381	1 395	3 776	2 347	1 429	61.88
2002	4 312	1 001	5 313	2 991	2 322	56.30
2003	3 940	1 119	5 059	2 701	2 358	53.39
2004	4 838	1 339	6 177	3 300	2 877	53.42
2005	5 111	1 979	7 090	3 847	3 243	54.26

第二节　教育设施

　　1996 年以前，全区已实现"两基"达标，硬件设施符合"两基"验收标准。1996 年 7 月至 1999 年，全区村级学校建设投入资金 310 万元，年底 85% 的村校有了围墙、校门、绿化带、30 米直径跑道和较好的教学用房。2000 年区一中等 5 校安装了多媒体教室；区三中、劳动街小学、鱼塘中学、来龙中学、双加中学各配备教学计算机 30 台。2002 年全区中小学新配置微机 1 047 台，多媒体电教控制软件 26 套。2003 年全面启动信息技术教育，小学三年级以上均开设计算机课程。2004 年 5 月全区学校有计算机 1 656 台，其中小学 429 台，每 100 人 1.8 台；初中 571 台，每 100 人 5.7 台；高中 656 台，每 100 人 14.7 台。2005 年 7 月全区已建成计算机网络教室 35 间，拥有计算机 1 120 台；1 所完中建了校园网，2 所直属学校接入城域网。8 月区政府向市政府申请教育部"校校通"工程建设项目经费补助 752 万元，用于建设计算机网络教室、多媒体电教室、教育城域网、语言实验室、电子阅览室、区教育城域网中心信息教育平台。11 月区政府办下发《教育技术装备"十一五"计划和 2010 年发展规划》，着手改进全区学校教育技术装备的配备。年底中小学校生均占地面积 12.7 平方米；有图书 41.99 万册，其中小学 20.02 万册，生均 8.8 册，初中 14.33 万册，生均 14 册，高中 7.65 万册，生均 17 册，均达到国家规定标准。

龙马潭区 1996—2005 年办学条件一览表

表 17 - 5 - 2 - 1　　　　　　　　　　　　　　　　　　　　　　　　　　　　　　　　　单位：平方米

项目 / 年度		学校占地面积	校舍建筑面积	教学辅导用房面积						行政办公用房面积	
				合计	其中					合计	其中教师办公室
					教室	实验室	图书室	微机室	语言室		
1996	小学	244 565	91 320	48 411	—	—	—	—	—	6 588	—
	中学	125 729	62 723	18 248	—	—	—	—	—	4 440	—
1998	小学	279 758	102 432	56 532	51 311	2 381	1 524			11 645	5 670
	中学	130 072	56 959	20 082	14 383	2 668	1 676			6 858	4 856
1998	小学	271 988	104 884	53 690	49 410	2 474	1 685			9 035	5 967
	中学	136 234	80 639	22 436	16 603	2 788	1 251			5 441	2 974
1999	小学	285 604	118 402	61 390	54 112	3 100	1 777			14 050	6 374
	中学	176 600	89 193	29 499	21 973	3 203	1 725			6 955	3 942
2000	小学	289 011	126 217	64 031	58 971	3 200	1 860			13 846	5 866
	中学	176 945	85 474	27 511	22 041	3 600	1 870	—	—	5 153	4 120
2001	小学	239 924	96 299	58 215	50 061	2 523	1 371	555	255	9 219	5 655
	中学	183 505	76 948	36 801	25 818	3 634	1 872	923	220	6 298	4 201
2002	小学	236 862	91 936	56 845	48 759	3 685	1 391	881	255	9 222	5 266
	中学	301 074	105 797	47 079	32 663	6 157	2 864	2 067	859	8 440	5 462
2003	小学	234 132	91 091	55 338	46 638	2 775	1 140	1 180	129	10 624	5 257
	中学	346 967	155 658	54 712	38 697	6 442	2 660	2 412	952	13 935	7 626
2004	小学	227 463	90 194	53 177	46 814	2 491	1 078	1 743	252	9 050	5 136
	中学	340 680	155 220	54 120	39 209	6 076	2 280	2 228	778	12 177	7 751
2005	小学	22 7488	92 993	54 062	47 145	2 481	1 106	1 831	279	9 934	5 780
	初中	336 653	153 658	51 136	35 374	7 345	2 622	2 325	812	10 689	6 364

龙马潭区 1996—2005 年教育设施统计表

表 17 - 5 - 2 - 2

项目 / 年度		生活用房面积（平方米）	其他用房面积（平方米）	校舍建筑中（平方米）		运动场馆面积（平方米）	计算机（台）	图书藏量（册）	电子图书（片）	固定资产总值（万元）	
				危房面积	当年新增面积					合计	其中仪器设备价值
1996	小学	26 762	9 559	—	6 005	—	—	130 810	—	1 504	111
	中学	32 378	7 657	—	4 755		—	93 509	—	1 235	54
1997	小学	34 255	—		2 157	—	—	150 388	—	1 640	117
	中学	30 019	—	64	—	—	—	92 711	—	889	76
1998	小学	35 317	6 842	24	11 210	—	—	173 325	—	1 926	134
	中学	47 760	5 002	23	8 580	—	—	99 646	—	1 926	195
1999	小学	42 962	—	2 254	6 522	—	—	211 747	—	2 288	129
	中学	52 739	—	703	18 993	—	—	131 241	—	2 429	137

续上表

项目\年度		生活用房面积（平方米）	其他用房面积（平方米）	校舍建筑中（平方米）		运动场馆面积（平方米）	计算机（台）	图书藏量（册）	电子图书（片）	固定资产总值（万元）	
				危房面积	当年新增面积					合计	其中仪器设备价值
2001	小学	18 137	10 728	2 380	3 064	89 159	179	192 723	52	2 681.13	149.51
	中学	25 431	8 418	1 703	0	65 679	536	188 955	245	2 884.20	312.55
2002	小学	14 807	11 062	4 160	4 304	91 360	275	192 887	52	2691.1	149.85
	中学	40 064	10 214	3 553	11 999	84 691	819	220 777	358	4 223.56	342.63
2003	小学	14 936	10 193	9 360	4 383	90 870	429	200 259	97	2 747.78	158.42
	中学	58 099	28 912	6 229	51 047	98 421	1 227	219 770	511	5 777.54	509.71
2004	小学	14 238	13 729	6 276	3 821	87 269	850	193 340	95	2 806.17	226.37
	中学	60 693	27 230	5 670	580	96 687	1 209	205 818	553	6 541.92	520.41
2005	小学	13 851	15 146	6 844	1 978	86 952	935	194 911	110	3 240.18	231.76
	中学	74 172	17 661	5 040	450	94 695	1 355	208 538	593	6 514.89	477.19

第三节　清理学校乱收费

规范收费标准　1996 年区物价局、教育局联合发文，调整中小学、幼儿园收费标准。1997 年区物价局、教委转发国家计委、教委"治理全国中小学乱收费问题，减轻人民群众负担，维护社会安定"的文件，发出自查通知，要求各校按文件精神作好收费自查。并规定各类学校春期收费标准：每生每期，村小完小 160 元，中心小学 180 元，城区小学 200 元，初中一、二年级 250 元，三年级 280元，高中一、二年级 350 元，三年级 400 元。教委与乡镇街教办、直属学校签订学校收费管理责任书，局机关各股室对联系乡镇、学校收费情况进行督查。7 月物价局、财政局、监察局、教育局联合下发《关于非义务教育高中招收择校生收费标准的通知》，规定从秋期起，高中（含职高）"择校生"收费标准：省级重点中学每生三年不超过 7 500 元，一般中学不超过 5 000 元。12 月教委下发《关于调整九年义务教育阶段学校收费限额的通知》，调整 1997 年秋期中小学生费用结算和之后一段时间小学、初中收费限额。2003 年 3 月要求各校严格执行"三公开"和"一证一册一据"收费制度，严禁中途违规收费。11 月区纪委、监察局、发改局、教科局联合下发《关于治理中小学乱收费工作的意见》，要求各校严格执行"五项制度"（治理教育乱收费目标管理责任制、收费公示制、收费"一证一册一据"制、教育收费检查制、治理教育乱收费责任追究制），作到"四个统一"（统一学校收费管理、招生计划管理、代办项目管理、各类办班管理）和"九个不准"。2004 年 5 月区教科局、监察局、发改局、总工会联合下发《关于聘请教育收费义务监督员的决定》，经区人大、政协、纠风办、直属学校推荐，四单位决定聘请 16 位教育收费义务监督员，监督学校、地方政府、教育行政部门及其他部门是否严格执行国家教育收费政策。8 月教科局、物价局、财政局联合下发《关于贯彻执行在全区义务教育阶段学校实行"一费制"收费办法的通知》，决定从秋期起，在全区实行"一费制"收费，并规定了具体的收费标准。10月物价局、财政局、教科局联合下发《关于进一步完善教育收费公示制度的通知》，要求各校按照教科局提出的标准制作公示栏，在规定时间全面完成收费公示上墙。11月教科局制定《治理教育乱收费工作制度》，进一步规范各校教育收费行为。2005年2月物价局向全区中小学、幼儿园转发《泸州市物价局在"保先"教育活动中认真开展对中小收费进行专项治理的紧急通知》，教科局与各校签定《治理乱收费责任书》。3月监察局转发《泸州市监察局关于加大查处力度坚决遏制教育乱收费的通知》。7月物价局、财政局、教科局下发《关于从新公布我区中小学收费政策及有关问题的通知》，对中小学收费项目、标准重新公布，对个别收费标准作适当调整。

治理违规行为　1997年1月，区教委要求各校自查，凡超标准收费一律无条件限期清退，截至4月9日，仅特兴镇各校就清退给3 668名学生超标准收费7.8万元。1998年教季审计21所学校，清退不合理收费1.86万元。2003年3月教科局下发3个文件，严肃处理罗汉中学、石洞中学、长安乡教办乱收费问题，明令在4月1日前，将违规收费全部清退给学生。3月31日长安乡纪委将长安乡九年制学校违规收取的初三补课费、中小学生兴趣活动费、教育集资费共计4.82万元全部没收交财政。9月25—26日，教科局、发计局、监察局、财政局组成联合检查组，对全区中心校以上学校的收费进行专项检查，检查面100%，清退违规收费11.67万元。9月29日小街子小学主动将两年向一年级新生暂借的1 000元/生（毕业时还）费用，共计18.48万元全部退给学生家长。9月30日奎丰九年制学校将违规收取每生5元班费和95元智趣活动费作了清退。截至9月底，全区自查2003年秋期违规收费项目22个，总金额172.62万元，清退122.11万元。12月25日家长举报城北学校违规收费，教科局局长立即通知校长，责令当日中午前将违规收取的信息技术费、补课费9.69万元全部清退给学生家长。随后市调查组进驻城北学校。2004年1月18—19日，区纪委、监察局追究城北学校校长和教科局有关负责人的责任，分别给予党纪政纪处分。2004年秋期，全区清退不合理收费158.85万元。2005年从春期开学到3月份，全区共清退不合理收费70多万元。

第六章　教　师

第一节　师资结构

公办学校教师　1996年6月区教委接收在职教职工1 585人，其中来自泸县1 109人，江阳区476人；退休教师464人，来自泸县290人，江阳区174人。当年民办教师233人，1996—1999年"民转公"182人，全部转完。2005年全区教职工2 022人，退休856人。

文化知识结构　1997年，教师学历：本科114人，专科560人，中师804人，高中50人，初中及以下68人。2001年教师学历：本科213人，专科701人，中师780人，高中37人，初中及以下40人。2005年，教师学历：本科611人，专科796人，中师466人，高中24人，初中及以下13人，教师学历由低向高转化。

专业技术结构　1997 年，教师专业技术职称：高级 9 人，中级 450 人，初级 970 人，未评级 155 人。2001 年，技教师专业技术职称：高级 26 人，中级 686 人，初级 941 人，未评级 104 人。2005 年教师专业技术职称：高级 123 人，中级 814 人，初级 923 人，未评级 29 人。高级职称人员是 1997 年的 10 倍多，未评职称人员大幅度减少。

教职工年龄结构　教师年龄结构分别为：1997 年 35 岁以下 803 人，36～45 岁 364 人，46～54 岁 383 人，55 岁以上 46 人。2001 年 35 岁以下 787 人，36～45 岁 448 人，46～54 岁 434 人，55 岁以上 102 人。2005 年 35 岁以下 785 人，36～45 岁 579 人，46～54 岁 431 人，55 岁以上 119 人。55 岁以上教师虽明显增多，青壮年教师仍为主体。其中中学教师趋于年轻化，小学教师趋于老龄化。

政治面貌　1997 年教职工中党员 329 人，团员 218 人，民主党派 5 人，无党派 1 044 人；2001 年党员 435 人，团员 288 人，民主党派 12 人，无党派 1 036 人；2005 年，党员 568 人，民主党派 29 人。

教职工工种　1997 年专职教师 1 583 人，职员 13 人，工人 86 人；2001 年教师 1 757 人，职员 14 人，工人 111 人；2005 年专任教师 1 896 人，职员 13 人，工人 113 人。

民办学校教师　随着民办教育的兴起，民办学校教师的队伍也在不断壮大。2005 年，全区民办学校教职工 478 人，承担着 6 122 人的教育教学任务。其中专任教师 383 人，职员 87 人，工人 8 人；师范类大专学历 87 人，非师范类大专学历 28 人，中师学历 250 人，高中中专学历 17 人；高级职称 13 人，中级职称 40 人，初级职称 43 人，未评职称 287 人。民师年龄：30 岁以下 186 人，31～40 岁 134 人，41～50 岁 45 人，51 岁以上 18 人。

第二节　教师待遇

政治待遇　第一、二届区人代会代表中有教师 5 人、7 人，分别占代表总数的 2.8%、3.9%。第一、二届政协委员中，有教师 9 人、13 人，分别占 5.2%、6.8%。英才外国语学校的李静还当选为市第五、六届党代会代表。除参政议政外，受各级表彰的教师有：全国先进工作者樊钰；省优秀教师张朝元、郑涛、游莉、简兴全；优秀教育工作者谭孝高、吴永彬、邹伦群；优秀班主任田云菊；先进德育工作者李纳声；民办教育先进个人吴永彬；优秀辅导员熊仁均；"三八"红旗手李静；特级教师周远平、杨正碧、陈洁、钟永鸿、祝永昆；市首届十大女杰李静；区"十佳巾帼建功标兵"朱文英。还有市、区级优秀教师、先进教育工作者 300 人。1996—2005 年，共为 412 名 30 年教龄的教师颁发荣誉证书和纪念品；各届教师节，都有党政领导、社会各界人士参加庆祝活动。1998、2000 年教师节，区委、人大、政府、政协领导分别到直属学校慰问教师。2004 年 7 月，区教科局组织优秀骨干教师李静、郭一勤、王应芳赴九寨沟考察。9 月 9 日区委、区政府召开第二十个教师节庆祝大会，区委书记谢明、区长陈冠松分别讲话，向教师们表示节日祝贺。会上表彰优秀教师、先进教育工作者和尊师重教先进集体、先进个人。次日四大家领导分 4 个组，慰问 12 所学校的教师。

经济待遇　1996 年 9 月，区上将原乡镇财政收入用于农村中小学教职工工资发放部分，按规定划拨到区，由区财政在"教师工资资金专户"中单独核算，财政部门通过代发银行直接划入教职工在银行开设的个人账户上，在全省率先实行教职工工资纳入区财政直拨。每月 10 日前，工资由银行划拨到教职工个人账户上，保证教师工资按时足额发放。1997 年 10 月 22 日，市政府下发《关于保障教师工资按时发放有关问题的通知》，要求各级政府切实解决好教师工资中津补贴全额发放，确保教师津补贴与当地公务员金额相同。按国家规定，每年有 3% 的教师可晋升一级工资，经年度考核合格的教师每两年可正常晋升一级工资，特级教师享受国家特殊津贴。从 2001 年起，每个教职工一年除领取 12 个月工资外，还可领到相当于一个月工资的一次性国家奖金。2002 年 7 月至 2003 年 12 月，教师每人每年医疗保险费 36 元，2004 年 1 月 20 日，区社保局调整为每人每年 53 元。教职工年均工资 2000 年为 1.04 万元，2005 年为 1.16 万元。

第三节　培训提高

职业道德培训　1996 年 8 月区教育局力倡"校以育人为本，师以敬业为乐，生以成才为志"，加强校风、教风、学风建设。1997 年 9 月区教委表彰爱岗敬业十佳教师，激励教师献身教育事业。1999 年区委宣传部、教委组织全区教师参加"爱岗敬业，适应改革"为主题的思想教育活动。2000 年暑假，全区中小学教师集中一周时间学习《教育法》《义务教育法》《教师法》，重点学习《中小学教师职业道德规范》。每位教师写出 3 000 字以上的心得体会，教委收到 1 892 篇。2002 年 5 月教科局成立"四五"普法领导组，发送 1 400 多册"四五"普法教师读本。暑假，全区教师继续学习《中小学教师职业道德规范》，并请专家学者作专题讲座。2003 年 3 月普遍开展学《规范》，强师德，铸师魂，练内功活动。6 月教科局下发《关于在全区学校开展"诚信与形象"大讨论的通知》，将学习讨论与贯彻《公民道德建设实施纲要》结合起来，加强师德建设。2004 年，区政府通过全面实施教师形象工程，对教师进行共产主义理想信念教育，全心全意为人民服务教育，艰苦奋斗勤俭办学教育，教书育人为人师表教育。2005 年 9 月教科局表彰第二届十佳师德标兵；10 月市二届师德报告团来区举办专场报告会，到会 1 000 多人。

学历层次培训　1996 年"三沟通"学员小学教师 105 人，中学教师 43 人。区教师进修校举办初中、高中学历小"三沟通"班各一个，面授 10 天，授课 280 节，参培 110 多人，初中教师"三沟通"学员 21 人获专科毕业证书。1997 年教师进修校举办各种培训班 8 个，培训 30 天，278 人参培，104 人获小"三沟通"毕业证书，14 人获大"三沟通"毕业证书，2 人获专业合格证书；63 名初中学历幼儿教师参加省广播教育学校举办的 97 级幼师班学习，至 2000 年 7 月，38 人毕业，达到中师学历。1999 年 44 人参加川师大专升本教管函授专业，187 人参加川师大小学教育专业自考助读函授进修班学习，5 人参加在职教师研究生课程进修班学习。2000 年全区参加各种学历层次培训学习的教师 542 人，其中专科 283 人，本科 251 人，研究生 8 人，学历培训教师占教师总数的 31.22%。2001 年秋期，教师中有研究生 5 人，正在进修的 18 人；大学本科 250 人，正在进修 280 人；专科 490 人，正在进修 240 人；中师 492 人；未达到规定学历又未参加进修的只有 13 人。教师学历达标率分别为：小学 96%，初中 91%，高中 79%。2004 年小学、初中教师学历达标率分别为 99.6%、96.97%。2005 年秋期有 40 名教师参加川师大成人教育学院在教师进修学校设立的教育学本科函授教学点学习。从 1996 年到 2005 年，全区 1 000 多名教师通过脱产、函授、自考、"三沟通"学习，学历层次提高，整体水平上升，实现了教科局提出的教师学历达标要求。

专业技能培训　1996 年 9 月区政府成立小学教师继续教育领导组，区教委制定《小学教师继续教育登记制度实施细则》《小学教师基本功训练实施计划》，对小学教师专业技能训练提出明确具体的要求。1998 年 5 月教科局制定《中学教师继续教育暂行规定》《中学教师继续教育登记制度实施办法》，规定中学教师继续教育的内容、必学时间。1999 年 985 名教师参加小学教师五项基本功第四等级检测，388 人达标；1142 人参加组织教育活动检测，499 人达标；966 人参加"三笔字"检测，261 人达标。598 人参加初中教师五项基本功第五等级检测，544 人达标；简笔画检测 602 人，361 人达标。2000 年小学教师规范性培训参培面达100%，等级检测达四级的占65% 以上。2001 年全区教师参加继续教育学习、纳入继续教育登记、学时达标、职业技能达第五等级均为100%。2003 年 9 月教科局要求中小学教师全部参加信息技术培训和检测。教师信息技术培训机构、培训辅导网络也随之建立。至 2005 年 9 月全区已进行 7 次检测。

龙马潭区2001 年中小学教师基本功检测达标统计

表17 -6 -3

单位：人

级别 项目 教师类别	三笔字		简笔画		组织教学活动		普通话		教具制作	教学技能
	三级	四级	三级	四级	三级	四级	三级	四级	四级	四级
中学教师	—	490	—	471	—	380	111	480	—	—
小学教师	11	561	14	571	21	580	180	820	510	48

骨干教师培训 1999 年3 月区教委确定向世平等9 人为市级中小学青年骨干教师后备人选，汪永久等44 人为区级中小学青年骨干教师后备人选。2001 年秋期起，全区 250 名教师参加第五期骨干教师业务培训。2003 年 9 月区教科局确定姜勇等62 人为第二届中小学骨干教师，并于教师节予以表彰。2004 年 2 月14—19 日，区举办第二届骨干教师培训班，39 人参培。2005 年 3 月教科局选送 38 名教师分别参加省特级教师高级培训班、特级教师后备人选研修班、骨干教师研修班学习。

第四节 教育研究

教研机构 1996 年 7 月教育局教研室成立，属教育局管辖事业单位。教研室主任由进修校校长兼任。中小学校由教导处（教务处）兼行教研、科研职能。2003 年春，区教研室将教研和科研分为两个独立的办公室，分别配置教研室和科研室主任。各中学和中心学校也相继成立科研室，形成教研与科研既互相独立又各自联系的研究体系。

常规教研 在区教研室领导下，各中小学教导处（教务处）或教研室按教研计划组织各学科教研组开展经常性的教研活动。或集体备课、或专题讲座、或组织教研课、或走出去请进来开展教学经验交流等，形式多样，生动活泼。根据教育规律，深入探讨教材教法，寻求既减轻学生负担，又有利于提高教育质量的最佳途径。区教研室的专职教研员负责组织指导本学科的教研活动。区教育领导机关通过教研室对各校教研工作进行检查、评估，以此推动各校教研的深入开展。

课题科研 2003 年前，教研室同时管理课题科研和常规教研，并已取得较好成果。龙三中的《初中生读写双快综合训练》、小街子小学的《小学教学优化管理研究》，分别获省政府二等奖、市政府二等奖。科研室成立以后，出台了《教育科研课题指南》，相继制定了《教育科研"十一五"规划》《教育科研过程管理办法》《科研评估细则》，省、市、区级课题科研和校级微型课题科研都得以广泛开展。教科局在省校本科研基地小街子小学进行校本教研改革试点，编写校本课程，开展乡村教师、青年教师、骨干教师教学技能竞赛，促进教师教育能力提升。科研室组织开展各种形式的科研课题11个，科研讲座55次，参与4 500多人次。2003—2005年，以十二中的《初中语文快速读写训练》、长安中学的《农村学校团队活动》、泸化小学的《小学生想象作文训练》为推广对象，举办了21场教育科研成果报告会。

研究成果　10年间全区教师的教研、科研获得各级表彰，计有省政府2项，省教育厅3项，市政府18项，市教育局22项，区政府32项，教科局和科协1330项。区教育科研表彰会：第一届于1998年4月2日召开，获区政府表彰的科研项目二等奖4项，三等奖5项；第二届于2002年4月15日召开，一等奖2项，二等奖5项，三等奖3项；第三届于2005年12月13日召开，一等奖3项，二等奖5项，三等奖7项。

学术交流　区内校际间学术交流主要通过教育学会的活动来开展。教育学会于1996年12月成立，会员650人，选出理事50人，常务理事10人，下设小学语文、数学专业委员会。乡镇教办、直属学校也相继成立教育分会。2002年后，体音美、幼教、中学语文、外语、物理、化学等专业委员会相继成立，学会体系进一步健全。教育学会围绕教研和科研、教育改革和发展，以素质教育为宗旨，教育质量为中心，研究和探索素质教育的内容、方法、途径，在各级刊物和交流会上发表和交流了许多有价值的研究成果。

教科局还邀请专家学者为教师作专场学术报告，2001年12月19日，全国著名教育专家、省教育学会秘书长纪大海教授应邀来区，就培养学生创新意识、创新精神、创新思维、创新能力及教师如何适应创新教育等问题作专场讲演。2004年9月邀请教育专家赵家骥教授作"小学教育研究"专场学术报告4场，参会教师1 000多人。

泸州十二中的教研工作　泸州十二中教研工作由学校教研组和科研室共同组织开展。科研室主要负责课题科研。教研组分语文、数学、外语、艺体、文科综合（政、史、地）、理科综合（理、化、生、信息技术）6个组，每组有一名分管领导（副校长或主任）负责，教研成果和教学成果与同组教师一同列入考核。教研活动由学校统一安排，活动形式分集体备课与教学研讨，两者交替进行，间周一次。教学研讨包括上课、听课、评课和理论学习，每次教学研讨都有一个主题，有专人主讲。集体备课分年级、分学科进行，由备课组长安排主备人先写出教材中某章节的教案，再在组内交流，集思广益，充实完善。学校开展了各种课题研究，《初中语文读写双快综合训练》2001年揭题，获省教学科研成果二等奖；《运用现代教育技术提高初中学生表达能力实验研究》2005年揭题，获市科研成果一等奖。校级微型课题，主要针对教学中的疑难开展研究，教师参与面达90%以上。教研和科研，促进了教师专业化成长和教育质量的提高，学校有市级学科带头人5人，市级优秀教师9人，市、区级学科新课程指导教师10人，获省、市、区优质课竞赛一等奖20人。2001、2003、2004、2005年，教学质量为全区第一；2003—2005年，连年中考全区第一。2001、2002年，获区教研工作一等奖，2004—2005年，获区教研工作成果一等奖。2005年1月，被评为市基础教育课程改革先进单位。

第七章　素质教育

第一节　德　育

德育工作系统　1997年区直属中学开始设置德育处（政教处）。学校德育工作领导组、德育处（政教处）、共青团、学生会、少先队、政治课（思品课）教师、班主任等组织和人员，构成了学校德育工作系统。以政治课（思品课）为先导，对学生进行系统的思想教育、品德教育、政治教育，为树立正确的世界观、人生观、价值观奠定基础；共青团、学生会、少先队，通过组织活动形式对学生进行思想品德教育；德育处、政教处以贯彻《中小学生守则》《中小学生日常行为规范》为指导，规范学生日常行为，养成良好生活习惯和行为习惯；班主任配合德育处（政教处）把学生教育管理落到实处。

德育"7254"系统工程　1997年2月为贯彻省、市德育工作会议精神，结合开展"五讲"（讲文明、礼貌、道德、卫生、秩序）、"四美"（心灵、语言、行为、环境美）、"三热爱"（热爱祖国、社会主义、中国共产党）教育活动，区教委提出实施德育"7254"系统工程，它涵盖了德育工作的内容、途径和方法。具体要求是，"7"，德育工作做到七化：工作制度化、队伍专业化、阵地规范化、活动系列化、《守则》《规范》熟悉化、评估科学化、育人全员化。"2"，开展好两项工作：一是规范地唱国歌和举行升国旗仪式，二是上好思品课、政治课。"5"，坚持开展"五爱""五心"教育：爱祖国、爱社会主义、爱集体、爱人民、爱科学；把忠心献给祖国、爱心献给人民、关心献给他人、孝心献给父母、信心留给自己。"4"，平时学校做到"四无"：地面无果皮纸屑，墙面无污迹，学校无安全隐患，师生无脏话、无严重违纪行为。各校围绕德育"7254"工程，不断改进和创新德育工作，使学校德育工作步入规范化、制度化轨道。

德育教育活动　以活动为载体，寓教育于活动，是各学校开展德育教育的重要形式。各校充分利用各种法定节日、传统节日、重要历史人物和重大历史事件纪念日，开展丰富多彩的系列教育活动。有1997年的"盼统一，迎回归"爱国主义系列教育活动，1998年的十一届三中全会二十周年纪念活动，2005年的纪念抗日战争胜利六十周年庆祝活动等。平时，注重开展分层次有重点多形式的德育教育活动：以贯彻《公民道德建设实施纲要》《中小学生守则》《中小学生日常行为规范》为主要内容，坚持不懈地开展基础道德教育和良好行为习惯的养成教育；认真落实中宣部、教育部印发的《中小学生开展弘扬和培育民族精神教育实施纲要》，开展以爱国主义为核心的民族主义教育；结合学生实际，开展"创诚信校园、做诚信作业、进诚信考场、当诚信学生"的诚信教育，教育学生诚实待人，守时守信；以"三热爱"为主题，开展理想信念教育；以"珍惜生命，善待生命"为主题，教育学生抵制不良诱惑；聘请法制副校长、法制辅导员，举办法制教育讲座，印发学生安全知识手册，开展安全知识竞赛，召开"遵纪守法""珍视生命"为主题的班团（队）活动，持之以恒地开展法制教育、安全教育；开设劳动课进行劳动知识技能教育，同时结合社会实践，教育学生热爱劳动，参加力所能及的家务劳动、公益劳动，珍惜劳动成果，尊重劳动者；组织学生积极参与家庭道德实践活动，理解、关心、孝敬父母；适时地开展心理健康教育和青春期教育，化解学生成长过程中遇到的各种困惑。

榜样示范 学校开展创建校风示范校活动，评选师德标兵、德育先进工作者、优秀班主任；评选三好学生、优秀学生干部，发挥榜样的示范作用，引导师生积极向上。1996—2005年中，创建校风示范校：省级1所，市级1所，区级5所；评出全省中学德育先进单位1个，师德标兵3人；优秀班主任：省级1名，市级6名，区级26名；三好学生：省级25名，市级225名，区级3 907名；优秀学生干部：省级13名，市级92名，区级2 622名。

城北学校的德育工作 城北学校狠抓学生思想道德建设，突出德育首位，校风好，学风浓，教风正，教育质量综合评估连续获区一等奖。其主要特点是：1.队伍建设。学校自建校起就成立了德育工作领导组。校长兼支部书记任组长，分管德育工作的副校长任副组长，政教主任、年级组长、政治思品课教师、班主任为成员；学校每个教职工都是德育工作者，承担着教书育人、管理育人的职责。学校很重视对班主任的选拔和培养：选拔政治思想素质好、业务能力强的教师担任班主任，每个班主任还要带一个后备班主任，不合格的班主任随时免职；通过组织到外地参观学习和以会带训形式培训班主任和其他德育领导组人员。每周五召开一次班主任工作例会，总结交流工作经验；每学期召开一次班主任专题研讨会，有针对性地进行专项研究。2.阵地建设。每周星期一举行升国旗仪式，教师着装列队参加，对学生进行爱国主义教育。每周一节德育课，每节德育课必须有明确的主题。每班教室有板报，板报内容每月有大主题，每周有小主题。注重校园文化建设，发挥环境育人的作用。校园内、走廊墙壁上有学生守则、学生行为规范、八荣八耻、名人名言、格言警句、名人画像、文明用语等；经常性地举办学生作品展示，组织学生诵读经典作品；走廊上设置开放性书架，书由学生捐献充实，自由阅读；开通校园网络，开设红领巾广播台，每天中午半小时校园广播，开展贴近学生生活的教育活动。3.以活动为载体，寓德育于活动，开展生动活泼的政治思想品德教育。学校通过举办家长学校，开展敬老活动、科技艺术活动、礼仪活动、校外活动、演讲活动、主题班团（队）活动，进行基础道德教育、良好行为习惯的养成教育、爱国主义为核心的民族主义教育、理想信念教育、法制教育、安全教育、劳动教育、诚信教育、感恩教育、心理健康教育、青春期教育。学校以每年的四大活动来统筹各项教育：3—4月举办体育节，培养学生积极向上的精神风貌；5—6月科技节，培养学生的创新精神，展示学生的个性特长；9—10月开展法制教育、文明行为习惯的养成教育，配合新学年和新生入学，让学生知道该作什么，不该做什么；11—12月艺术节，展示"合格+特长"的素质教育成果。学校还采取走出去、请进来的方式进行教育，如参观爱国主义教育基地、请关工委作报告、请法制副校长讲法律知识等。1998年贯彻《公民道德建设实施纲要》，以问卷调查形式了解学生在家庭、社区的表现；以后开展的"八荣八耻"教育，学生人人会唱《八荣八耻歌》，人人知荣明耻，自觉遵守道德规范。

第二节　智　育

严格执行国家课程计划 按国家课程计划开齐课程，开足课时，保证学生接受系统全面的知识教育。从1997年秋期起执行国家新课程计划，城区小学、乡镇中心校一年级执行"五四"学制一类课程计划，村级小学（含完小）一年级执行"五四"学制二类课程计划。以后由"六三"学制转为

"五四"学制时，同样按不同类别的学校执行不同类别的课程计划。由于"五四"教材是城市教材，乡镇学生家长反映强烈，2001年区政府决定从2002年起，恢复"六三"学制。村级小学（含完小）执行"六三"学制二类课程计划，乡镇中心校、城区学校和初中执行一类课程计划。2003年2月市教育局下达调整后的教学计划，从秋期起执行。区教育局要求执行新课程计划时，遵循教学规律，科学排课，做到校校有总课表，班班有周课表，教师人人有分课表。村级学校课程表送中心校审定，报教办（中心学校）备案。中心小学及乡镇初中必须经教办审定，报教育局备案。课程表一经审定，不得随意更改。教师按审定的课程表安排教学，做到教学"六认真"（认真备课、上课、辅导、实验、批改作业、成绩考核）。

课程改革 教学中，过去强调的是"双基"（基础知识、基本技能），而忽视学生情感的培养；重视的是教师的主导作用，忽略了学生的主体作用；教学内容繁琐、陈旧，不适应现代社会科学技术日新月异的要求。2001年教育部颁发《基础教育课程改革纲要（试行）》，2003年省政府启动课程改革实验，全区成为首批课改实验区。按照基础教育课程改革的要求，区内各校不断更新教育理念、教学观念，改进教学方法和教学手段。在教学目标的确定上，做到知识、能力、情感并重；教学方法上，注重师生的互动和学生主体作用的发挥，面向全体，照顾不同层次学生的需求；课堂教学设计中，充分体现"师为主导，生为主体，疑为主轴，动为主线"；教学评价上，强调"合格＋特色"，注重学生创新精神和实践能力的培养。罗汉中学把"培养学生主体、探究、合作、创新意识，促进学生主动发展"作为培养目标；英才国语学校提出"课堂教学小班化，因材施教人性化，英语教学国际化，特长培养多样化"；城北学校提出"优质教育不仅是让人获取知识，形成能力，更是促进人的身心和谐发展，让学生成为成长的主人"；小街子小学积极进行校本课程建设研究，成为省校本教研基地。区教师进修校着手"素质教育与试题研究"，从不同侧面，反映了学校和教师们在教学中不断改进知识教育。

信息技术教育 1996—1999年间，全区信息技术教育只在城区部分中学开展。2000年起，逐步扩展到农村完小以上学校。2001年2月20日，省教育厅下发《关于印发四川省中小学现代技术教育配备标准及评估细则实施意见的通知》，按文件要求，借助区教育科技服务中心的投入，全区各中小学已经具备信息技术教育的必备设备，教研室专门配备了一名信息技术教研员对各学校教师进行培训指导，信息技术教育得以普遍开展。2003年起，全区三年级以上班级均开设信息技术课，信息技术教育处于全市领先地位。是年，教科局获全国第九届青少年信息技术奥林匹克赛组织奖；2004年，获市现代教育工作目标考核一等奖。

第三节 体 育

体育设施 1996年以后，经过一次次巩固"两基"成果复查，学校硬件设施逐渐完善，村级学校有30米直跑道、活动场地、沙坑、乒乓台、单杠、球场等，有篮球、乒乓、跳绳、拔河绳、垒球、铅球等体育活动器材。片区学校、中心学校、直属学校，都有运动场、篮球场、排球场，有沙坑、单杠、双杠、平衡木、乒乓台、60～100米直跑道、150～200米环形跑道，有球类、田径类体育活动器材，大型学校还有足球场，以满足体育教学和训练的需要。

教学与训练 区内各校都按国家标准开设体育课，每班每周2节，有的年级3节，向学生系统传授体育知识和技能；认真推行《国家体育锻炼标准》，开展体育达标活动；并把体育作为毕业、升学考试的必考科目。体育教师坚持教学"六认真"（认真备课、上课、辅导、训练、体育测试等），严肃上课纪律，向每一堂课要质量。各校坚持做好课间操、眼保健操，住校生坚持做早操，下午开展课外文体活动。区教育行政部门和文体局组织专业人员对各校体育达标进行不定期抽查检测，1996—1997学年度，对31所学校41个教学班2 037名学生的50米跑、25米往返跑、4×10米往返跑、立定跳远、跳绳、铅球、垒球等项目进行抽查，达标率为100%。每年依据抽查结果，进行评比表彰。1999年元月，泸州市教委、体委对全市施行《国家体育锻炼标准》进行评选表彰；区二中（现市十七中）、泸化中学评为1998年体育达标先进单位。2000年11月，全区评为施行《国家体育锻炼标准》先进区；小街子小学被省评为1999—2000年度施行《国家体育锻炼标准》先进单位。教师为提高学生的体育达标率，坚持一手抓教学，一手抓训练。一般学校都有篮球队、田径队、乒乓球队、体操队、举重队、柔道队、武术队等体训队一至多项，定期开展训练。

体育竞赛　学校定期举办体育运动会，普及体育运动，提高训练水平，同时也为参加区运动会选拔人才。一般是上半年举行球类比赛，下半年举行田径运动会。区教科局每年举办一次中小学生运动会，直属学校、乡镇教办（撤销教办后由中心学校）组队参赛。1997年1月，区教育局组织小学生开展"雏鹰起飞"体育活动，各小学广泛开展了50米跑、跳高、双摇跳绳、乒乓单打、踢毽等五项竞赛活动。3月28—29日，开展首届中小学生田径运动会，16个队315名运动员参加了62个项目的比赛；10月，开展首届中学生篮球运动会。是年区组队参加市中小学生田径运动会，获初中组团体总分第一名，高中组第三名。1998年开展中小学生田径运动会，设57个单项，34人次破20项区纪录；泸化中学、龙二中分别获高中组总分冠、亚军；泸化中学、石洞教办、龙二中、龙一中（现市十六中）、金龙乡教办、罗汉镇教办获初中组总分前六名；泸化小学、劳动街小学、胡市镇教办、石洞镇教办、小街子小学、特兴教办获小学组总分前六名。1999年区组队参加市中小学生田径运动会，分获初、高中组总分第二名。2000年参赛获初中组第三名，高中组第二名。2001年区教委分别举办第四、五届中小学生田径运动会。2003年3月在第七届中小学生田径运动会上，有4个项目刷新区纪录。2005年11月区教科局举办全区中学生篮球运动会。

通过学校多年体育训练与竞赛，全区学生体育达标率95.2%，评为市体育达标先进单位，以后连年评为推行《国家体育锻炼标准》先进单位。1996—2005年，全区有200人考入高等体育院校。2005年市十七中、小街子小学各向省技术运动学校输送一名举重运动员，分别被命名为省市传统体育项目示范学校。

四川省传统体育项目示范学校　市十七中是一所体育教育有特色的学校：一是领导重视。学校一直有一名副校长分管体育工作，2005年起学校成立体育工作领导组，校长任组长，一名副校长任副组长，德育、教务、总务3个处主任及体育教研组长为成员。期初订出计划、任务，职责落实到人，每学期举行4次以上研讨会。学校领导经常深入现场，检查指导，解决存在问题，保证体育工作正常开展。二是体育设施齐全。2005年又斥资150多万元，新建田径运动场，再用20多万元，改建扩建篮球场，运动区由2004年的1个扩展为3个。学校有标准、非标准田径运动场各一个，篮球场3个，羽毛球场1个，还有柔道队、举重队练功房。三是教学与训练一丝不苟。学校有专职体育教师5人，本科学历3人，专科学历2人，他们工作认真，任劳任怨，除认真上好每一节体育课外，每天辅导学生课余训练两小时以上。即使雨天也坚持室内训练，严寒酷暑不迟到、不缺席。由于他们工作出色，一名教师评为省贯彻《学校体育工作条例》先进个人，两名教师评为实施《国家体育锻炼标准实行办法》先进个人，两名教师评为市、区业余训练和体育贡献先进个人。1996—2005年，100多名学生考入全国各地体育高校，其中有北师大、天津体院、重庆师大等重点院校。2001级刘亚兰以97分的体育成绩名列全省第二考入成都体院。参加市、区运动会，获团体第一名1次，第二名2次；田径比赛有45人72次刷新市、区运动会纪录。2002年评为"四川省《国家体育锻炼标准实行办法》先进单位"；2005年被省教育厅、体育局授予"四川省传统体育项目示范学校"。

第四节　艺术教育

艺术教育概述　1996—2005年，全区学校艺术教育从组织领导、师资、设备、课程安排等，逐步趋于规范。学校有音乐、美术教学室，有专职教师（村级学校是兼职教师），且专业化程度越来越高。开设音乐、美术课，小学每班每周各2节，初中各1节，高中把艺术（或音乐或美术）作为必修课。根据学生的兴趣、爱好、特长，本着自愿原则，学校组建艺术团和鼓号、舞蹈、合唱、书法、绘画、文艺、摄影等活动团、队组织，教师定期辅导，学生自主练习，相互交流。为展示艺术教育成果，规模较大的学校每年举办一届艺术节（小街子有"小星星艺术节"，新民小学有"新苑艺术节"，石洞镇有师生艺术节等），以弘扬民族精神，体验艺术文化为宗旨，坚持以艺辅德、益智、怡情、育心。1997年，下大街小学成为市红领巾艺术团训练基地，2001年小街子小学成为省艺术教育特色学校。区教科局为促进艺术教育的普及和提高，也经常组织文艺调演和艺术教育成果展评，1998年9月，组织纪念十一届三中全会20周年文艺调演，小街子小学获一等奖。1999年5月，组织中小学生参加全市《让孩子们唱孩子的歌》歌咏比赛，劳动街小学获二等奖，泸化中学获三等奖。2002年8月，举办第四届书法美术展，2003年6月，举办"争做合格小公民"硬笔书画、作文展，教科局领导亲临现场，给予指导和鼓励。

小街子小学的艺术教育　小街子小学是全区少儿艺术团训练基地、省艺术教育先进单位、百所艺术教育特色学校。有美术室1间，音乐室3间，美术老师3人、音乐老师4人，都从专业学校毕业，具有扎实的专业功底。老师们除每周认真上好音乐、美术课，向学生系统传授专业知识和技能外，还组织学生参加腰鼓队、鼓号队、声乐合唱队、舞蹈队、绘画组、书法组等各种活动，培养学生的兴趣、爱好和特长。为展示才艺，检阅艺术教育成果，学校每年举办"庆六一"和"小龙人艺术节"大型活动，有学生文艺演出，有书画作品展评。1996年起，该校获得许多奖项，有市二运会开幕式文体表演特等奖，"王氏集团杯"中小学生艺术节文艺汇演二等奖；纪念十一届三中全会20周年文艺调演表演一等奖，区少先队鼓号检阅式特等奖，市"雏鹰练翅"技能大赛团体二等奖，区第四届书法美术展组织奖，"争做合格小公民"硬笔书画、作文展组织奖，省第四届"红帆少儿杯"中小学生艺术节舞蹈表演一等奖，合唱表演二等奖。学校围墙的文化橱窗、教学楼的文化走廊选登学生优秀书画作品，其中有荣获国际或国家级金奖的杰作。

江北小学的"周周艺术节"　江北小学从1995年3月起，改变了每周星期一升旗仪式校长讲、老师讲的模式，把它变为升旗仪式后文艺演出的形式，成为"周周艺术节"。每次文艺演出都有一个主题，时间半小时，每周由一个班依次负责一台演出。学生把课内外所学的知识，通过舞蹈、诗歌、小品、相声等形式，自编、自排、自演，全员参与，全程参与，寓教于乐，生动活泼，既激发了学生学习的热情，也培养了学生的兴趣、爱好和特长。每周星期四下午半天的第二课堂活动，学生们在老师的辅导下，分别参与绘画、书法、声乐、器乐（鼓号）、舞蹈、腰鼓、写作、奥数、英语、田径、球类等各项活动。学校的周周艺术教育系列活动坚持了10多年，逐步形成了"一条龙"的宝塔滚动运作模式：音乐、美术课堂教育活动—班会、队会活动—国旗下成长活动—智趣活动—演出排练活动

—校内文艺演出活动—校外演出或参赛活动。活动内容来自课本教材、外选校本教材、自创校本教材。师生们根据季节时令、节日、纪念日、国内外大事，结合市、区、街道、学校、教师、家长、学生、德智体美劳、安全、卫生、环保、和谐社会、可持续发展等各个方面，人人动脑动手，群策群力，或选、或编、或创，大胆创新。自活动开展以来，先后创作歌曲 53 首、校园歌舞剧 10 个、相声 5 个、小品 5 个；参加校外演出 50 多次，获省、市、区各种奖励 35 项。师生综合素质得到提高，学校充满生机和活力。

第五节　第二课堂教育

第二课堂教育活动　为促进学生综合素质发展，不少学校在教学之余，作为第一课堂的延伸和拓展，积极组织第二课堂教育。组建了学生艺术、腰鼓、鼓号、舞蹈、声乐合唱、书画、文学、写作、科技、英语、奥赛、篮球、田径、乒乓、体训等团、队、班、组，因地制宜地开展丰富多彩的第二课堂教育活动。学生参与面达 50% 以上。有的学校安排在星期三下午，有的是每天下午第三节课；有的一周安排一次活动，有的长期坚持每天训练。老师的辅导，加上学生的自主创新，不少新人苗壮成长：小街子小学吴正秋获全国架子鼓比赛一等奖；下大街小学徐瑞获省第三届优秀艺术人才大赛舞蹈一等奖，王莉、罗行获二等奖；新民小学唐艺获第十八届"双龙杯"全国少年儿童书画大赛银杯奖。1997—2005 年，全区共向大专院校输送艺体新生 336 名。

英才外国语学校的第二课堂教育　该校自创办以来，第二课堂教育开展得有声有色。设置钢琴室 2 间，有钢琴 3 台；音乐室 1 间，电子琴 45 台；民乐培训室 1 间，有葫芦丝、二胡、三弦、古筝、扬琴、柳琴、月琴、竹笛、琵琶等；舞蹈室 1 间，电视机、DVD 机各 1 台；西洋乐器培训室 1 间，有各种乐器，包括小提琴、小号、长号、古典吉他、中巴、次中巴、上低音巴、单簧管、架子鼓、萨克斯、长笛、竖笛等；美术室 1 间，范画百幅，画板 30 块，颜色、画笔、桌凳一应俱全。学校的第二课堂教育安排在周一至周六中午、下午、晚上的课余时间；活动地点，分别在各功能室进行。教育内容有绘画、书法、舞蹈、声乐、民乐、西洋乐、科学实践、科技制作、科幻画等。教育形式有教师指导、示范、个别辅导、集体练习、个别练习、定期还课、期末检测等。在老师的精心指导下，学生课内课外都得到很好发展。2004—2005 年获得市剑桥少儿英语节目一、二等奖各 1 人；英语节目和单词竞赛一等奖和"希望之星"英语风采大赛一等奖各 1 人；中小学生英语风采大赛市一等奖 1 人（同时获省三等奖）；2 个英语短剧表演节目获市一等奖。在市首届艺术人才选拔大赛中，分获声乐组、舞蹈组二等奖、钢琴组三等奖。西部民歌大赛获泸州赛区二等奖。"爱婴·花园宝宝杯"酒城少儿书画大赛，分获一、二、三等奖 1、2、3 项。市二十届青少年科技创新大赛，3 幅科幻画获一等奖，2 件小制作获三等奖。摄影作品获市一、二等奖各 1 件，三等奖 3 件。市首届"英才杯"百名少儿书画大赛，获一、二、三等奖 3、2、5 件。省第二十届科幻画大赛获二等奖 1 件。市二十一届科技创新大赛，获一、二、三等奖 2、6、4 件。市第十一届"红十字在我心中"绘画大赛，获一、二、三等奖 1、1、4 件。区科技创新大赛获二、三等奖 3、9 件。"节约用水从我做起"获区第二十一届青少年科技创新大赛优秀科技活动一等奖。2005 年 3 月参加区中小学生田径运动会，获团体第六名，800 米女子中长跑第二名，1 500 米女子长跑第二名，女子垒球第二、五名，男子跳高第二名、跳远第四名，男子垒球第三名，100 米短跑第五、六名。参加省艺术等级测试通过二级 1 人，达到钢琴考级初级丙等 1 人。

第八章　招　生

第一节　普通教育招生

公办学校招生　全区大中专和成人高校招生，由区大中专招生自考委员会办公室负责；普通中小学、职高招生，由教育行政部门负责，教育股实施。义务教育阶段普通中小学招生按地域管理，城区和乡镇分开进行。乡镇义务教育阶段招生，由当地政府按当年适龄儿童少年人数下达招生计划给教办，同时上报给区教育行政部门备案。乡镇教办（中心学校）按就近入学原则，分配招生计划到各中小学。城区义务教育阶段招生，由区政府办公室和教育局（教委、教科局）根据各街道当年适龄儿童少年人数、小学毕业生人数和城区各小学、初中办学规模，平衡协调，确定各校招生计划，按就近入学原则，划定各校招生范围。进城务工的农民工子女在城区入学，统一到教育行政部门报到，再分配到学校就读。普通高中和职业高中招生工作，由市教育局统一布置，各校上报招生计划，参加初中毕业会考暨高中招生统一考试，统一填报志愿，统一分批录取，其中泸化中学为首批录取，市十六中和十七中为第二批录取。

龙马潭区1996—2005年中小学招生及毕业生人数统计表

表17-8-1　　　　　　　　　　　　　　　　　　　　　　　　　　　　　　　单位：人

项目 年度	招 生 人 数				毕 业 人 数		
人数	小学	初中	高中	职高	小学	初中	高中
1996	3 337	2 172	404	—	2 512	2 190	220
1997	3 286	2 077	520	—	2 578	2 673	367
1998	3 731	3 589	636	—	4 259	2 632	318
1999	3 632	4 297	894	—	4 672	2 207	376
2000	3 600	3 821	1 058	—	4 135	2 896	488
2001	3 630	3 421	1 356	—	3 965	3 523	761
2002	3 964	3 788	7 953	—	3 702	3 780	699
2003	3 675	3 499	1 608	—	3 175	3 700	603
2004	3 651	4 067	1 509	—	3 887	3 231	1 115
2005	3 392	3 901	1 708	105	3 777	3 784	1 667

民办学校招生 民办小学、初中、高中实行自主招生，接受区、市教育行政部门监督审批。江北小学面向社会招生，主要招收外来人口和进城务工的农民工子女。1993年学校创建之初，招收4个班59人；2000年，8个班299人；2005年，24个班1 000多人。

第二节 职校及大中专招生

招生领导组 1997年3月22日，区大中专招生自考委员会成立，负责大中专招生工作的组织领导，副区长田怀聪兼任第一届招委主任。大中专及对口高职招生的具体日常工作由招委下设办公室负责实施，陈纪芬任主任。2003年5月区长陈冠松兼任招委主任，教科局局长王应淮任招委副主任和招办主任。

考试时间和科目 1997—2000年，高中毕业生参加大中专招生考试，时间为每年7月7—9日，文理分科进行。文科考试科目为语文、数学、政治、外语、历史五科；理科考试科目为语文、数学、外语、物理、化学等科目。2001年起实行3＋X考试，其中"3"指统一考试科目语文、数学、外语三科，"X"指分别加试文科综合（政治、历史、地理三科合卷）或理科综合（物理、化学、生物三科合卷）。2003年起国家将高考时间改为6月7—8日进行。

招生情况统计 1996—2005年全区参加高校招生考试的考生7 968人次，被普通高校录取4 655人（含专科），录取率58.42%；参加对口高职考试1 007人次，录取726人，录取率72.1%。

龙马潭区1996—2005年高考统计表

表17－8－2   单位：人

项目 人数 年度	普通高校								对口高职业		参考总人数	录取总人数
	参考总人数	本科上线人数	录取人数	录取率（%）	文科考生		理科考生		参考人数	录取人数		
					参考人数	录取人数	参考人数	录取人数				
1996	372	90	194	52.15	167	64	205	130	—	—	372	194
1997	435	131	197	45.29	193	87	242	185	53	44	488	241
1998	658	259	292	44.38	246	107	412	185	66	62	724	318
1999	488	167	273	55.94	164	100	324	173	98	58	586	331
2000	759	317	432	56.92	257	163	502	269	97	60	856	492
2001	878	475	591	67.31	272	212	606	379	98	81	975	672
2002	907	294	609	67.14	232	179	675	430	88	81	975	690
2003	782	304	532	68.03	244	174	538	358	133	73	915	605
2004	1 121	395	648	57.81	456	264	665	384	195	156	1 316	804
2005	1 568	378	887	56.57	738	411	830	476	179	147	1 747	1 034
合计	7 968	2 810	4 655	58.42	2 969	1 761	4 999	3 894	1 007	726	8 975	5 381

第九章　民族地区支教工作

第一节　组织领导与管理

支教任务　2000年4月6日，国家开始实施"两个工程"（东部地区学校对口支援西部贫困地区学校，西部大中城市学校对口支援本省贫困地区学校工程）。6月6日省委办公厅下发文件，首批安排8个市（地）的50个县（区、市）845所中小学校，对口支援阿坝、甘孜、凉山三州47个县的845所中小学校，规定了支教的内容、形式与管理。省委办、省政府办下达给区的任务是：区内10所学校对口支援凉山州喜德县10所学校。首期对口支援学校在6月底落实，7月底确定派往受援学校的具体人员，8月底上报。2001年3月28日，省民族地区教育发展十年行动计划协调领导小组办公室发文，规定龙马潭区的任务是对口支援喜德县34所学校。

支教工作组织领导　2000年7月成立对口支援工作领导组，区委副书记袁顺康任组长，副区长田怀聪、教委主任苏大烈、副主任张乃林任副组长，教育科长林跃明为领导组办公室负责人。2002年3月11日，区成立新一轮对口支援工作领导组，区委副书记付希任组长，区委常委、宣传部长牟红、副区长曾发海任副组长，成员有区委办公室副主任杨劲松、区政府办公室副主任赵志、教科局长王应淮、民政局长刘元华、财政局长胡维新、人事局长杨文学。王应淮、唐伟分别任领导组办公室正副主任。领导组制定了对口支援工作实施方案、细则，组织领导支教工作的开展。2000年9月3日，领导组副组长张乃林把10名支教教师送达喜德县。2002年4月24日，区教科局长王应淮与喜德县教育局长贾拉尔挺（加拉尔铁）达成对口支援协议。8月23日，派出支教教师20人，组成中小学讲学组、教研组和课题组。

支教政策　2000年8月2日，区政府出台有关支教工作的优惠政策：1.在同等情况下，支教教师优先晋升专业技术职务、晋升3%工资，优先评优秀（先进）；2.支教教师每人每天补助15元，每年按9个月、每月按30天计算；3.每期发给每个支教教师电话费100元；4.每期发给赴喜德县支教小组活动经费1 000元；5.支教教师每年报销4趟往返车费。2002年7月起，执行市教育局支教教师特殊待遇参考标准：1.支教教师在支教期间，工资、福利、奖金以及相关待遇由原单位比照同类人员发放；2.支教期间生活补助，每人每天不低于15元，每年按9个月计算；3.支教期间由原学校据实每年报销5次往返差旅费（其中含民族假一次）；4.支教教师每人每月补助电话费100元，每年按9个月计算；5.在同等条件下，支教教师优先晋升专业技术职务，晋升3%工资和评优评先。

第二节　支教形式和内容

支援形式　按中央要求分期实施"两个工程"，每期两年左右，第一轮对口支援时间为2000年9月1日至2002年6月30日；第二轮对口支援时间为2002年9月1日至2004年7月。支援形式分为人员交流和手拉手活动。受援学校派教师到龙马潭区学校工作、学习，取长补短，共同探索；支援学校派出教师到受援学校挂职锻炼，支援教育教学；受援学校同时也可派出学生到本区学校学习。手拉手活动是结对子，学校领导、教师、学生相互之间的交流、学习和帮助，它不仅使广大师生明白在远方还有大批贫困孩子需要帮助，后进地区面貌需要改变，更使他们懂得珍惜自己现有的工作、学习、生活环境，做一个乐于助人的人。

人力支援　2000年9月，区教科局从一中、二中、三中、小街子小学、劳动街小学、石洞中心校、新民小学、鱼塘小学、罗汉小学、安宁中心校抽调教师到喜德县10所中小学开展支教活动。12月1日石润镇第十三届"十佳教师"到喜德县冕山中心校开展支教献课活动。支教期间，每所学校定向帮助对方学校贫困生1~2人。2002年9月8日，区支教工作团11人分小学、初中、高中三个组到喜德中学、喜德民族职业中学、城关一小、城关二小、冕山中心校、冕山百合村校听课、评课。9月16日喜德县教育局副局长毛金平率领"教育管理观摩团"一行8人，来区参观城乡学校5所，参加区2002年秋期师训、教研、科研工作会。9月28日，教科局下文，落实黑日木呷等5名挂职锻炼干部工作安排。10月，区教研室制定《第二轮教育对口支援工作学科带头人培训学习指导计划》，为喜德县培训30名学科带头人。2003年教科局先后派教师60多人次，赴喜德县上示范课，开设专题讲座和开展"一帮一"教学观摩及中小学毕业班工作研讨会等一系列支教活动，参培400多人。同时为对方培训学科带头人33名；培养4名品学兼优的学生，给他们减免学费，提供食宿方便，第二年这4名学生高中毕业，其中一人考上重点大学。2004年4月26日，教科局印发《2004年教育对口支援工作要点》，确定继续派出18名教师长住喜德县；组织区特级教师、高级教师和骨干教师到喜德县讲学献课，开设讲座等教育交流活动1~2次；捐赠新课改书籍150套。7月10日喜德县教育局选送吉阿呼、金晓东、王昆翔、余将、张尉5名学生到泸化中学就读高一和高三年级。

龙马潭区2001—2005年支教教师情况统计表

表17-9-2　　　　　　　　　　　　　　　　　　　　　　　　　　　　　　单位：人

项目 数据 时间	派出教师合计	中共党员	学历			专业技术职务			承担工作任务			
			大学	大专	中师	高级	中级	初级	教研室	小学	中学	职业中学
2001—2002	20	5	1	15	4	—	10	10		13	6	1
2003—2004	18	6	5	12	1	3	8	7	—	11	7	—
2005—2007	15	4	—	15	—	—	1	14	1	10	4	—

财力物力支援　支教过程中，还从财力、物力方面支援喜德县教育工作，2000—2004年，全区捐款（含物资折款）40万元。捐款单位有石洞、金龙、胡市、安宁、鱼塘、罗汉、长安、双加8乡镇以

及区内各中小学，其中石洞中心校3次共捐2.51万元。全区对口支援教育工作得到受援学校和上级领导的好评，2001—2005年，教科局先后评为省教育对口支援工作先进单位（全市三个先进单位），王应淮、谭孝高、黄亚辉、谭桂林评为对口支援工作先进个人。

第十章　科技队伍

第一节　综　述

科技队伍概况　1997年全区有各级各类专业技术人才3 533人，占全区总人口1.1%，低于全国全省的比例。其中，高级26人，中级716人，初级2 791人，分别占专业技术人员总数0.7%、20.3%、79%。2005年底，全区拥有中专以上学历或取得初级以上技术职称的各级各类人员15 513人，包括公务员、国有企事业管理人员、专业技术人员、农村科技人才，人才总量比建区初明显增长，人才结构随着经济结构调整更趋合理。全区专业技术人才主要集中在教育、卫生、农业、建筑等行业。

国有企事业专业技术人员构成　1997年全区国有企事业专业技术人员2 809人，其中企业677人，事业2 132人。人员主要分布在工程技术（建筑）、教育、卫生、农业等行业。2000年国有企事业专业技术人员2 777人，企业423人，事业2 354人；2005年有企事业专业技术人员2 805人，企业155人，事业2 650人。由于企业改制等原因，企业管理和专业技术人员在减少，而国有事业专业技术人员队伍在壮大，特别是教育和卫生尤为明显，1997年卫生技术人员200人，教学人员1 576人，2005年卫生技术人员518人，教学人员1 892人。各项专业技术人员中，研究生学历：1997年为零，2002年2人，2005年上升到75人。高级技术职称：1997年18人，2000年133人，2005年上升到172人。55岁以上专业技术人员1997年112人，2000年比1997年增加20人，2005年又比2000年增加26人。

龙马潭区1997—2005年国有企事业单位专业技术人员统计表

表17-10-1　　　　　　　　　　　　　　　　　　　　　　　　　　　　　　　单位：人

项目 / 年度		1997年	2000年	2005年
总　数		2 809	2 777	2 805
文化知识结构	研究生	—	2	75
	大学本科	165	248	886
	大学专科	746	891	1 090
	中　专	1 235	1 209	626
	高中及以下	663	427	128

续上表

项目 \ 年度		1997 年	2000 年	2005 年
专业技术职务结构	高 级	18	133	172
	中 级	555	734	1 053
	初 级	1 236	1 503	1 338
	其他（领导职务、未评级）	1 000	407	242
行业结构（其他包括统计、档案、新闻出版、广播、艺术、政工等）	工程技术（建筑）	38	41	33
	农业技术	197	170	97
	卫 生	200	211	518
	教 育	1 576	1771	1 892
	会计（财政、政府办）	49	29	36
	经济（计划贸易、国土资源）	44	99	13
	经 贸	422	306	—
	其 他	283	150	216
政治面貌	共产党员	722	715	849
	民主党派	—	45	—
	共青团员	388	—	—
	其 他	1 699	2 017	1 959
年龄结构	30 岁以下	817	—	—
	31～35	636	1 218（35 岁以下）	1 080
	36～40	300	—	488
	41～45	441	813（36～45）	441
	46～50	339	—	327
	51～54	265	614（46～54）	311
	55 岁以上	112	132	158

省属科研机构 四川省农业科学院水稻高粱研究所是区内唯一的省属科研机构。研究所工作人员220 人，其中副研以上 36 人，助研 32 人，初级研究人员 48 人；具有硕士学位的科研骨干 6 人，享受政府津贴的专家 5 人，有突出贡献的省级中年专家 1 人。

第二节 专业分布与人才流动

专业分布 1997 年国有企事业专业技术人员 2 809 人，专业分布为：教学人员 1 576 人，科委 9人，劳动 10 人，财政 5 人，机械 16 人，城市建设 36 人，工业 119 人，轻工 69 人，交通 37 人，农业197 人，水利 18 人，林业 8 人，国内贸易 422 人，文化 20 人，卫生 200 人，计生 4 人，广播电视 24人，土地管理 6 人，政府办、司法、体育、审计、统计、档案等 13 人。2005 年全区国有经济单位从业人员 1.16 万人，专业分布为：企业 564 人，事业 3 911 人（含集体事业），机关 2 053 人，制造业 725 人，建筑业 4 570 人，交通运输邮政 310 人，信息技术 77 人，批发零售 7 人，金融 167 人，房地产 47 人，租赁商业 14 人，科技勘查 204 人，水利环境 34 人，卫生社保 590 人，文体娱乐 14 人，公共管理社会组织 2 650 人。

人才流动 全区人才调进调出基本平衡，大中专生录用和安排依年度工作需要而定。2005 年调出区 21 人，其中：研究生 3 人，大学本科 11 人，专科 6 人，初中 1 人；高级职称 1 人，中级 8 人，初级 12 人；跨行业 2 人，本行业 19 人。调入区 19 人，其中大学本科 7 人，专科 12 人；中级职称 11 人，初级 8 人；没有跨行业人员调入。区内人员调整 19 人，其中大学本科 2 人，专科 12 人，中专 1 人，高中 1 人，初中 3 人；中级职称 7 人，初级 12 人；跨行业 1 人，行业内人员调整 18 人；乡镇到城区 8 人，城区之间交流 4 人，乡镇之间交流 7 人。安置专业军人 10 人，其中大学本科 2 人、专科 3 人，中专 4 人，高中 1 人。全区还采取一系列措施为优秀人才施展才智搭建平台、制定优惠政策吸引人才。2001 年 4 月区委、区政府制定《关于招商引资的若干政策规定》，实行全程控股制、手续办结限时制及土地使用政策、奖励办法等一系列优惠政策，鼓励优秀人才前来发展和创业。与此同时，搭建事业拓展平台形成广聚人才的"洼地"效应。一是为党政干部发挥才干提供平台，实行党政干部绩效管理，鼓励干部加强学习，提高综合素质，对有杰出才干、成绩突出者予以重用。同时吸引优秀党政人才到区工作。二是以招商项目为平台聚集人才，大力开展招商引智工作。以区域优势、宽松环境、优惠政策、良好服务，先后引进一大批高新技术人才。实施"回引"工程，将外出务工人员的资金、技术引回区内发展。引回双加镇简国清回乡创建泸州益地园林有限公司、长安乡冷志金回乡创建蔺草加工厂。

第三节　人才培训与评选

人才培训 有以下几种形式：一、党政干部培训。2003 年培训区、乡镇党政干部 400 余人，村和社区干部 150 人，组织 72 名科级干部到成都参加"县域经济发展研修班"学习。2004 年培训党政干部 600 人次，村和社区干部 170 名。6 月组织 30 名党务干部到山东潍坊市委党校学习；10 月选派 10 名优秀年轻干部到西南财经大学财政税务学院学习两个月。2005 年围绕党的方针政策、专业要求、业务能力和知识更新等，举办各种培训活动。二、农村乡土人才培训。2003 年组织 10 多名畜牧技术人员赴北京参加奶牛养殖技术培训；安排乡土人才邹才巨和区农技站人员到各乡镇进行培训农村乡土人才 1 000 余人。2004 年各乡镇街开展各类种养技术培训 3.3 万人次。组织 5 名养猪专业户参加市上培训，回来又对其他养猪专业户进行培训。2005 年绕产业结构调整，开展专项培训。3 月，区委组织部、畜牧局联合举办农村实用技术培训班 4 期，每期 5 天，主要培训养猪、养兔、养鸡、高产奶牛养殖技术。10 月区人事局、畜牧局按照"2＋X"培训模式要求，采取课堂讲授与学员提问解答相结合，实地参观与现身说法相结合，培训与职称认定相结合，培训 110 人，经考试考核合格 80 人，获得农民技术员职称证书。三、企业管理人员培训。2003 年组织高新技术企业和部分民营科技企业，参加市科技局组织的科技企业管理培训和企业信息化培训。2005 年带领科技企业领导到青岛等地学习现代企业管理。

培训阵地建设 整合区内各类教育资源，在区委党校开设化工、电子等专业培训。既盘活了党校的闲置资产，又培养了目前较为紧缺的专业人才，尤其是注重加强卫生、教育、农业等系统专业人才的培训。

人才评选 建区以后，区委、区政府调整了科技领导小组，区长任组长；成立人才开发暨知识分子工作领导小组，区委书记任组长。科技领导小组建立了半年一次知识分子和创业拔尖人才座谈制度、两年一届优秀人才评选表彰制度，区财政每年安排 20 万元作为人才开发、培养、奖励资金。2002 年制定第二届拔尖人才评选办法，推荐 5 名优秀拔尖人才到市上参加评选。2003 年评选表彰 5 名优秀机关工作者，15 名优秀公务员。推荐工程精密铸造厂获市"人才开发先进单位"，泓江电解设备有限公司张祖良获市"创新人才奖"。2004 年评选表彰 5 个人才工作先进单位、5 名区级拔尖人才、5 名优秀企业人才。2005 年 7 月区委办下发《关于印发〈泸州市龙马潭区关于深入开展人才工作"双争双创"活动实施意见〉的通知》。9 月人才开发领导小组下发《关于下达"双争双创"活动人才开发示范单位和优秀人才示范岗参考数额的通知》，各单位、各部门制定活动规划，按照人才开发先进单位"五个好"、优秀人才"四个好"的标准，在 3 年内争创人才开发先进单位省级 1 个，市级 2 个，区级 10 个；优秀人才示范岗省级 4 个，市级 40 个，区级 60 个，逐步树立一批有影响、有示范带动作用的人才开发示范单位和优秀人才示范岗。年底有 6 名下派科技人员获区政府"优秀科技特派员"称号。

第十一章　科技宣传交流与科普活动

第一节　科普宣传

科普宣传概述　龙马潭区配合全市组织开展每年一度的"科技之春"科普宣传月和科技、文化、卫生"三下乡"活动。2002 年成立科普联系会领导组，办公室设在教科局。科普联系会领导组每年召开一次工作协调会和总结会，解决科普工作中的实际问题。从 2002 年起，全区开展创建全省科普示范区活动，区和乡镇进一步加大科普工作人力、物力、财力投入。每年"科技之春"宣传月和"三下乡"活动，参加部门 15 个以上，人员 800 多人次。活动形式包括科技赶场、现场培训、图像展览、影像放映、广播宣传，举办专利、科技讲座等，年受训受益人数 10 万人次以上。此外，规模性科技宣传还有"科技活动周""专利宣传月""党员科技比武""青少年创新大赛"等活动。区政府对科普工作投入的人均人头经费：2001 年 0.05 元，2003 年 0.10 元，2004 年 0.15 元；科普专项工作，则根据实际需要安排专项经费解决。区政府专门安排 2 万多元在区政府市政广场建设高标准画廊；在区事业办公楼安排 300 平方米作为科普活动场地。2002—2004 年，区财政共预算拨款 29 万元，用于科普工作开支。各乡镇也加大科普投入，均建有科普阅览室、科普培训阵地，并配备了办公设施；建有 10 米以上永久性科普画廊。金龙乡和长安乡张嘴村分别成为市级科技培训先进典型。2004 年区创建省级科普示范区，通过了省上组织的专家验收。

"科技之春"宣传月与"三下乡"活动　根据市委、市政府关于开展"科技之春"宣传月暨"三下乡"活动的文件精神，区委、区政府及时召开筹备工作会议，安排部署全区一年一度的科技宣传月活动。每次活动由宣传部牵头，科委（教科局）会同科协、文化、卫生、农林、农机、水电、畜牧、广播电视局等部门共同参与。1999 年、2000 两年的"科技之春"宣传月暨"三下乡"活动，发放科技资料 249 种 20.08 万份；设咨询台接待 4 500 人次；赠送春耕生产实用技术录像 7 盒；展出科技图片 214 幅，观众 6.29 万人次；放映科技影像 19 场，观众 1.44 万人；开展实用技术培训 21 期，参训 2.79 万人次；广播宣传 187 次，听众 18.44 万人次；开展科普讲座 40 场，听众 2 600 多人次；出科技专刊 22 期；出动宣传车 26 辆次，参加科普宣传活动人员 569 人次，受益群众 1.1 万人次；科技赶场 25 次，出售图书 1 000 多册。"十五"期间，发放科技资料 269 种 54.8 万余份；设立咨询台，接待咨询 1.69 万余人次；展出科技图片 1 408 幅，观众 5 万多人次；放映影像 18 场，观众 7 800 多人次；广播宣传 221 次，听众 40 多万人次；实用技术培训 71 期，参训 9 510 人次；科普讲座 27 场，听众 2 150 人次；出科技专刊 44 期；出动宣传车 110 辆次，参加科普宣传活动人员 2 650 人次，受益群众 41.52 万人次；科技赶场 12 次，销售图书 1 000 多册。2004、2005 年，B 超检查 240 人，开展义诊 10 多次，受诊近 4 000 人，发放避孕药具 4 种 1 200 盒。

第二节　青少年科技活动

科技教育活动　各学校按国家课程计划开设科技课（自然、物理、化学、生物、信息技术等），开展课外科技活动，进行科技教育。2003 年学校成立青少年科技辅导员协会，举办科技展览、科技讲座；开展科技"三小"活动、科技创新活动。4 月 11 日市科技局科普处白群和专利局赵平到小街子小学、劳动街小学，举办青少年科技创新和专利知识讲座，参听师生 300 多人。2005 年教科局、科协、团委联合下发《关于在全区中小学开展"四小"评比活动的通知》；教科局和科协在石洞中心学校、小街子小学、劳动街小学举办科普知识画展，开展科技"四小"活动培训和《神奇的宇宙》多媒体科技知识讲座，参观的学生 3 000 多人，参培和听讲座的学生 550 人。教科局还组织科技辅导员到市上接受培训，赴各校检查指导"四小"活动的开展。

英才外国语学校是区内科技教育活动的佼佼者，该校除按科技教材对学生进行科技教育以外，还利用课外活动时间广泛开展科技教育活动。学校成立科技教育领导组，建立科技教育网络。全校分成 3 个小组开展科技活动：一、二年级为低段组，三、四年级为中段组，五、六年级为高段组。按教育内容，将 3 个年段学生分为科幻画、科技小制作、科技小论文、科学实践活动 4 个小组开展活动。每组每周活动两次：星期一、四是高段，星期二、五是低段，星期三、六是中段。每次活动有专门教师指导，学生科幻画《太阳能汽车》《火山能源开发》《与外星人开奥运会》先后发表在《泸州晚报》上。学生参加市第二十届青少年科技创新大赛，《四方电视》等 3 幅科幻画获一等奖，《海水温差发电厂》等 6 件作品获其他奖；科技小制作《播种机》《洗气瓶》获三等奖。2005 年参加全区青少年科技创新大赛，《节约用水从我做起》获优秀科技活动一等奖；3 件作品获二等奖，9 件获三等奖。参加市第二十一届青少年科技创新大赛，2 人获一等奖，6 人获二等奖，4 人获三等奖。学生王家豪参加省第二十届科幻画大赛获二等奖。林奇老师被评为区科技教育先进个人。

科技竞赛活动　2002 年 12 月上旬，市举办第十八届青少年科技创新大赛展示活动。教科局与科协、建设环保局联合发出开展大赛活动的文件，4 个学校参赛作品 100 件，含集体创新项目、科技小制作、科幻画等。2004 年教科局与科协联合组织中小学生参加市第二十届青少年科技创新大赛展评活动，获一等奖 5 件，二等奖 15 件，三等奖 35 件。2005 年教科局组织中小学生参加"四小"评比活动，学校报区科幻画 91 幅、科技小论文 74 篇、科技小制作 12 项、科技实践活动 8 项。经区组织有关专家评选，有 57 幅科幻画、18 篇科技小论文、9 项科技小制作、8 项科技实践分获一、二、三等奖。

第三节 科技推广交流

科技交流 1997 年区组织参加 1997 全国双新博览会，制作规范展板，设置两个展位，宣传区内基本概况和产品优势。4 个重点企业和 5 个产品参展，申报的两个评奖产品获金奖，巨皇服装公司在展销会上实现收入 15 万元。1999 年罗沙贡米参评，获"四川名优特新博览会"银奖、"99 中国国际农业博览会"名牌殊荣，成为川内唯一名牌大米。2004 年 4 月贵州六枝特区考察团到区交流科技工作，集中调查了解科技企业和农村科技服务体系现状。2005 年 5 月教科局副局长唐伟与相关企业参加中科院项目对接洽谈会，并一起到太原、西安、广汉等地进行项目考察。

学会（协会）组织的科技交流 2000 年，全区有区级科技学会 6 个，会员 3.63 万人，其中自然科学学会 3 个，3.49 万人，社会科学学会 3 个，1 466 人。乡镇街科技协会 10 个，1.46 万人；工厂科技协会 2 个，193 人，农业专业技术学会 80 个，1.36 万人。2005 年，区级科技协会 14 个，3.7 万人。其中自然科学学会 9 个，3.54 万人，社会科学学会 5 个，1 668 人。乡镇街道协会 12 个，1.51 万人；工厂科技协会 2 个，204 人，农业专业技术协会 80 个，1.3 万人。学会、协会定期或不定期组织各种活动，广泛开展学术、技术、信息交流。

第四节 科技市场

引进人才 全区以科技市场为平台，引进人才、资金、技术，淘汰落后生产工艺，开发高新技术产品、专利产品，转让科技成果，促进经济发展。先后引进西华大学技术人才，创建"欣龙马现代农业技术研究所"；引进加拿大博士后何敏，创建正力三新环保科技公司。2002 年引进重庆高级工程师李发祥，支持建立"瑞宏生化研究所"，开展在粗茶叶中提取茶多酚和咖啡因等系列产品的研究和生产试验。试产产品茶多酚和咖啡因均达到国家标准，填补了西南地区空白。之后，该成果转入生产性开发，在罗汉镇丘坪村建立"汇志茶多酚厂"，10 月下旬投产，年产值 30 万元。2004 年，以西华大学和中科院园林研究所为技术支撑，引进业主在石洞花博园租地 1.33 公顷，建立现代农业植物快速繁育基地。精密铸造厂、倪岛电器、富邦化工等一批本地科技企业，相继引进和聚集一大批企业管理和技术人才，提高了企业的科技管理和技术创新能力。

引进技术 1998 年华美公司引进彩色激光照排电子分色制版系统。1999 年引进民营科技企业泸州天马物化研究所（主要从事物化技术生产领域和其他实用技术研究开发），以成果转让方式进行经营，已投资研究经费 10 多万元。2001 年引进新产品、新技术项目 5 项。2002 年引进"永申生态酿酒研究所"，在高坝村（科技试点村）落户，投资 50 万元，建立环保型生物调酒液生产厂，并于当年正式投产。2003 年引进和推广日本甜柿，南非、北美对虾等种养项目。四川煌盛管业有限公司引进钢丝骨架增强复合塑料管生产线，填补了中国西部 16 个省高新技术管材生产线的空白，第一期生产设备能力约 1 亿元。先后引进中海沥青、美国科氏、韩国天合花纸、温州煌盛、福建恒安、金健米业、竹沥汁及竹沥含片等企业，改变了传统工业结构，壮大了科技型企业队伍。长安乡从日本引进蔺草优良品种，为泸州宏远蔺草制品厂提供原料。该厂引进日本中村式榻榻米纺织机，采用新的加工工艺，产品柔软、平整、无双革、无花斑，前后颜色一致，草的纯度达 100%，使用寿命长，销路走俏日本和东南亚。

开发新产品 1999 年市电解设备厂开发生产的阳极片，列入市科委新产品鉴定计划，并于 11 月份获得国家质量认证。永红塑料厂开发的专利产品 CAT30020 复合拉筋带，深受市场欢迎。通过进一步技改扩建，产值达 1 600 万元，比上年增加 2 倍，利润 197 万元，比上年增加 13.78 倍。包装材料总厂生产的高档金属、塑料防盗瓶盖畅销川内各大名酒厂家。2001 年据泸州市"西部化工城"建设项目征集要求，区向市科委"西部化工城"项目库申报 FA－Ⅱ型氯酸盐外循环单极式电解槽、电解法纸浆漂白等四项科技含量高、市场前景广阔并有知识产权的高新技术化工项目。泸州永红工程塑料厂开发的新产品"双向土工格栅"，已申报国家专利并获受理。2002 年淘汰"环保之星"塑化油技术开发及万寿减肥菜、稀土复合铝系列塑料助剂三项实施水平低、技术创新开发能力差的项目。增加维维豆奶、农恩牌农肥、蜂产品加工等技术开发能力较强，并且有一定规模和发展潜力的 8 个新项目。将水晶料高档酒瓶开发、新型建材开发纳入市级重点高新技术项目。实施的龙马潭玻璃厂烤花瓶开发、己二醇系列产品开发、新型建材开发、电解设备厂项目、长江濒危优质鱼抢救开发、温室高效农业开发 6 大高新技术项目，共实现总产值 1.01 亿元，占全部项目总产值的 53%，实现利税 1481 万元，产值利税率 14.6%。2003 年，同有关领导对石梁轻质建材厂引进水泥轻质隔墙板技术、电解法纸浆漂白技术的转让和推广进行指导、中介和论证。2003—2004 年，隔膜法金属阳极电解槽、铸铁球态涡轮壳、扩张阳极开发、钢丝网缠绕 PE 复合管等四个项目列入市级技术创新基金项目。

第十二章 科学研究 科技应用
科技示范园区

第一节 科学研究

科研活动 为了让科研推动产业发展，提高产品竞争力，全区广泛开展科技研究活动，1998—2001 年，获市立项科研项目 9 项，由市科技局发文确认，并获得项目经费 27.5 万元。2001—2005 年，区开展重点科研项目 30 项（由区教科局和区财政局共同确认），下达科研经费 19.4 万元。

龙马潭区 1998—2005 年科技项目简介表

表 17 -12 -1

项目名称	立项时间或起始时间	主研单位人员或文号
乌骨乌皮鸡产业化基地建设	1998.12	泸市科（98）103 号
斜发沸石在畜牧生产中的推广应用	1999.7	泸市科（99）37 号
"罗沙贡米"产业化基地建设	1999.12	泸市科（99）86 号

续上表

项目名称	立项时间或起始时间	主研单位人员或文号
曲虫发生危害规律及综合防治技术研究	2000.1	泸市科计（2000）2 号
乌骨鸡良繁体系建设	2000.7	泸市科（2000）38 号
罗汉热带鱼苗基地建设	2000.7	泸市科（2000）38 号
龙马潭区蛋鸡产业开发	2000.12	泸市科（2000）89 号
优质米产业化开发	2000.12	泸市科（2000）90 号
龙马乌鸡良繁体系建设	2001.8	泸市科（2001）7 号
电解法纸浆漂白	2001.6—12	泸州天马物化研究所
长安乡肉鸽基地建设	2001.8—2002.8	长安乡科技站
石洞万亩生态农业科技园区	2001—2004	石洞镇科技站
胡市龙眼旅游休闲生态农业模式开发	2001.8—2002.10	胡市镇农业服务中心
科技信息研究及实用技术推广	2001	科技开发中心
龙眼小苗带子叶多站嫁接技术	2002—2004	金龙乡科协
珍稀水果观光园	2001—2005	石洞镇科技站
酿酒废液变废为宝	2002	永申生态酿酒研究所
胡市镇百亩特种鱼繁殖基地	2002—2003	胡市镇科技站
龙马乌鸡深加工研究	2002—2003	龙马乌鸡加工厂
蜂产品生产及深加工	2002—2003	区动物咨询研究所
环保新型轻质隔墙板生产技术改造	2003—2004	四川石梁新型建材有限公司　孔凡明
甜橙、肉牛种养示范基地建设	2003—2004	胡市镇科技站　刘开银
奶牛胚胎移植术应用研究	2003—2004	特兴镇农业服务中心　万立森
养殖南非北美对虾	2003	罗汉镇农业服务中心　范大礼
无公害蔬菜生产技术推广	2003—2005	石洞镇科技站　胡光彬
水稻施用农恩多元微肥技术应用研究	2004	石洞镇科技站　曹勇
优质农产品开发与配套服务体系建设	2004—2005	金龙乡农业服务中心　曹江
计算机智能控制育苗	2004—2005	龙马潭欣龙马现代农业技术研究所　范涛
科技综合管理	2004—2005	区教科局唐伟
"四川白鹅"良繁体系建设	2004—2005	龙马潭区动物科技协会　熊福军
胡市镇黑山羊产业化科技示范基地建设	2003—2005	胡市镇农业服务中心　刘开银
厚颌鲂人工繁育研究	2005—2006	龙马潭区水利农机局　贺光惠
水稻旱育保姆配套高产栽培技术示范推广	2005	龙马潭区农林局农技站　徐超
水稻玉米施用牧禾生物菌肥技术推广应用研究	2005—2006	石洞镇科技站　曹勇
2000 吨/年双氧水法 ABC 发泡剂	2005—2006	泸州华中化工厂　曾应华
龙马潭区中小学和谐校园建设研究	2005—2007	龙马潭区教科局　张国祥
水稻主要病虫综合防治技术研究	2003—2005	龙马潭区农林局　万兆祥
物流信息系统建设研究	2005—2007	泸州三友物流集团　刘世荣

主要科研单位　区内有区级科研单位 3 个，即区农业研究所、市天马物化研究所、区欣龙马现代农业技术研究所。省属科研机构有省农业科学院水稻高粱研究所。为实现工业强区目标，区委、区政府大力引进、培育和促进科技型企业发展，以高新技术改造传统工业，以招商引智发展科技型产业。

温州煌盛、富邦化工、精密制造厂、龙马玻璃厂、科迪电器公司、电解设备厂等科技企业依托技术改造和科技创新，促进自身快速发展，成为本区高新技术产业的亮点。

【四川省农业科学院水稻高粱研究所】 建于 1937 年，系农业科研单位，隶属省农业科学院。地址在大驿坝，占地 86.7 公顷，耕地面积 23.3 公顷，办公用房 2 996 平方米，实验室 5 195 平方米，固定资产 825 万元。全所在职职工 220 人，其中副研以上 36 人，助研 32 人，初研 48 人；具有硕士学位科研骨干 6 人，享受政府津贴专家 5 人，有突出贡献的省级中年专家 1 人。主要从事水稻、高粱遗传育种、生物技术、水稻生理生态、水稻增产保产技术及农作物产后加工研究。是南方稻区及四川省水稻区域试验基地、农业部高粱原种基地、省水稻育种攻关主持单位。常年承担国家、省重点科技项目及攻关项目 40 多项，与国内外多个单位建立多层次科研合作关系。新中国成立以来，获科研成果奖 129 项；科研成果在省内外累计使用面积约 3 千万公顷，平均每年为 53.3 万公顷，发挥的社会经济效益约 22 亿元，扣除科研、推广、新增生产投资以及折合科研应占份额后，直接创造经济效益约 22 亿元。在国内外公开学术刊物累计发表科技论文 450 余篇，其中属国家级核心期刊的有 70 余篇，参编出版有关水稻专著 9 部。

【泸州市天马物化研究所】 在玉带桥通用工程机械厂内，由董正康等 3 人合资兴办，主要从事物化技术在生产领域的应用研究。该所研究的电解法纸浆漂白技术等先后获三项国家专利，并与相关企业合作进入生产开发阶段。

【欣龙马现代农业技术研究所】 在石洞花博园，租地 1.33 余公顷，投资 10 多万元。负责人范涛，本科学历，工程师。主要从事工厂化设施快速育苗技术在红叶石楠产业化发展中的具体应用。

第二节　科技应用

科技运用概述 1997 年科技推广应用的重点项目有新型复合材料拉筋带、五层瓦楞纸生产线、灯心草榻榻米、畜禽产业深加工、水禽商品基地建设、珍稀特优水果基地建设等 15 项。1998 年有配套技术研究及推广、乌骨乌皮鸡产业化基地建设、免漆复合防火装饰板、花卉栽培技术开发、斜发沸石在畜牧生产中的推广应用等 5 个重点技项目。2000 年筛选龙马乌鸡良繁体系建设、罗汉镇的热带鱼基地建设、大棚蔬菜建设、蛋鸡产业化建设、土鸡良繁体系建设和水晶料高档酒瓶生产开发、钛金属阳极片生产开发 7 个重点科技项目，向市科委推荐立项。2001 年，省级重点科技项目 1 个，市级 3 个。组织专家对石洞万亩生态农业示范基地规划、淡季蔬菜丰产栽培技术研究推广、引进应用废热锅炉节能技术等 9 项科研成果进行鉴定。2002 年，FA－Ⅱ型氯酸盐电解槽以市级重点科技项目获准立项，其余 11 个列入区级重点科技项目。2003 年教科局根据部门、乡镇、街道的项目申报情况，结合产业结构调整要求，重点实施 8 项科技计划项目。其中以环保型轻质隔墙板生产开发项目为工业高新技术典范；以罗沙贡米无公害稻谷基地建设、无公害蔬菜生产技术示范推广项目的实施，推动全区绿色农业发展；通过日本甜柿的引进推广，珍稀水果示范园、甜橙、肉牛种养示范基地建设，南非北美对虾养殖等项目实施，促进农业新品种、新技术的推广和传统农业种养方式的改革。2004 年重点实施黑山羊产业化科技示范基地建设、金龙乡优质农产品开发与配套服务体系建设、奶牛胚胎移置基地建设、农村沼气建设及综合利用研究、水稻多元微肥"稻多能"技术推广应用研究、计算机控制育苗等项科技项目。推荐《龙马乌鸡无公害禽蛋基地建设项目》申报泸州市科技进步奖；推荐 4 个市级重点科技计划项目，其中农村沼气建设及综合利用研究列为 2004 年市级重点科技项目。2005 年教科局选择水稻旱育保姆配套高产栽培技术示范推广、水稻玉米施用牧禾生物菌肥技术推广应用研究、三友物流信息化建设等项目为区级重点科技计划安排对象。

实施"四亿工程" 1997年市政府提出科技兴市"35亿工程"目标任务。区政府提出实施科技兴区"四亿工程"。即"九五"期间，主要以实施"四亿工程"为载体，推广应用科技成果，到2000年"九五"结束，实现科技成果推广产值达到4亿元的目标，颁发《关于实施科技兴区"四亿工程"意见的通知》，建立实施"四亿工程"领导小组，与任务承担单位签订目标责任书，每年下达目标任务，将完成任务情况纳入政府年度目标考核。1997年实施科技成果推广项目28项，高新技术5项；1998年选择13个重点项目作为科技兴区"四亿工程"的骨干项目。1999年实施工业科技成果推广项目17项，实现产值1.51亿元，占完成总产值的48%。到2000年全区有2家企业通过市级高新技术企业认定，列入国家级高新产品1项、省级3项、市级2项，列入省科委火炬计划及重点攻关计划1项。

龙马潭区1997—2000年实施科技兴区"四亿工程"统计表

表17-12-2-1

项目 年度	市下达目标任务（亿元）	区自定目标任务（亿元）	完成增加值（亿元）	目标任务完成率（%）	
				市	区
1997	1.2	1.33	1.74	145	131
1998	1.8	2.11	2.53	141	120
1999	2.3	3.10	3.16	137	102
2000	2.8	4.00	4.43	148	103

落实"45233"科技行动计划 2001年区政府下发《关于实施泸州市"45233"科技行动计划的通知》和《实施"45233"科技行动计划管理办法》。"45233"科技行动计划的内容："4"是指实现四大目标，即建成川南经济强市、长江重要绿色生态屏障、四川对外开放沿长江和南通道出海口、川滇黔渝四省市结合部商贸中心。"5"是指依托生物、信息、新型材料、精细化工、绿色环保五大高新技术产业。"2"是指加强民营高新技术园区、农业科技园区建设。两个"3"分别指30个高新技术项目企业，高新技术项目企业产值达到30亿元。"十五"期间，以实施全市"45233"科技行动计划为载体，促进和推动全区科技成果的推广应用。到2005年，圆满完成了市政府下达的目标任务。

龙马潭区2001—2005年实施"45233科技行动计划"统计表

表17-12-2-2   单位：万元

项目 年度	增加值目标任务	利税目标任务	实施科技项目（个）	完成增加值	完成利税	实施重点科技		
						项目（个）	完成增加值	完成利税
2001	10 000	2 000	14	10 722	1 306	3	2 512	332
2002	12 000	2 400	19	18 933	3 454	6	10 090	1 481
2003	16 000	3 200	15	28 954	5 307	5	145 580	1 243
2004	25 000	5 000	13	32 326	7 891	4	13 991	2 935
2005	30 000	5 000	12	35 219	5 267	4	13 688	1 116
合计	93 000	17 600	73	126 154	23 225	22	54 861	7 107

第三节　科技示范园区

建区以来各级党委、政府着力调整农业和农村经济结构，依靠科技兴农，实施科技示范村、科技示范园区建设。十五期间，有科技模范村 14 个，科技标准村 18 个，农业科技园区 30 多个。科技示范户超过农户总数 10%，农业科技成果转化起着示范作用。

"罗汉蛋"蛋鸡基地　位于罗汉镇高坝村、泥大坝村，总投资 300 万元，常年存栏蛋鸡 6 万只，种鸡 2 万只，销售收入 300 万元，纯利润 60 万元。"罗汉蛋"于 1999 年注册商标。2004 年全镇在基地带动下，养鸡专业户发展到 70 户左右，年产鲜蛋 500 吨，产肉鸡 100 万只，孵化鸡苗 100 万只，销售收入 2 192 万元（其中鲜蛋收入 720 万元，肉鸡 1 200 万元，鸡苗 270 万元）。农户年纯收入 50 万元的 1 户，10 万元以上的 11 户。

金龙乡名优水果示范基地　位于金龙社区内，建于 2002 年 10 月，由乡建设土地中心与农业服务中心联合开发；占地近 13.3 公顷，种植果王枇杷近 12 公顷，美国红提葡萄 0.69 公顷，宝石梨 0.77 公顷；节水灌溉设施基本齐备，是金龙乡主要的科技信息培训基地。2003 年又为市上人才工作提供参观现场。2005 年初，实行"公司＋基地＋业主"的产业化经营，聘请省农科院 1 名果树栽培管理专家现场指导，聘用 6 名固定工人（其中技工 2 名）进行日常管理。

长安乡蔺草种植加工基地　该乡引进日本蔺草种植、加工。泸州宏运蔺草制品厂业主冷志金、伍良彬以租地费 300 元/亩分别在中石村 2 社、幸福村 1 社、3 社、长寿村 9 社、11 社、12 社租地 33.3 公顷种植蔺草，农户还可以自己种一季晚稻。蔺草制品厂引进日本中村式榻榻米纺织机，采用新工艺，产品走俏日本和东南亚。

石洞花博园基地　位于泸州城北郊、距泸州中心半岛 8 公里。占地近 200 公顷，由石洞镇党委、政府牵头，引进业主 30 多人成片开发，种植花木 100 多个品种，先后开拓了自贡、内江、宜宾、成都、重庆、云南、贵州、广州、郑州等地的花卉绿化市场。2004 年园区业主投入 510 万元，带动 210 户农民种植花木，为当地 400 多劳动力提供就业机会，务工收入达 100 多万元。随着"支部＋协会"的不断推进和产业结构调整规模不断扩大，镇党委充分发挥自身的服务和引导作用，以花博园为依托，汇集花卉专业户、经营户、技术员等 40 多人，共同组建石洞花卉技术协会，选举分管农业的副镇长为理事长，聘请镇党委书记为名誉理事长，显示出"党委＋协会"的特色。该园区的开发，为人们在泸州近郊休闲、观光、旅游、度假提供了理想场所。

胡市镇特种鱼繁殖基地　位于原小坝村 5 社、6 社，建于 1998 年，占地 3.56 公顷，有繁殖鱼池 8 口，养殖鱼池 12 口，繁殖设施 1 套。由业主经营承包，有员工 12 人，其中 3 人已获得初级技术职称。鱼池主要培育鲢鱼、青波、黄辣丁等高档品种，2003 年产各种水花 600 万尾，起水特种成鱼 1 万公斤，产值 457 万元。产品远销重庆、成都、宜宾、乐山等地。经过近几年的运作，实现水花生产、销售、回收成鱼、外销一条龙服务。

第十八篇　文化　体育

1996 年建区后，即设置文化、体育行政管理机构，不断加强内部建设，人员敬业，创先争优，经费基本得到保障，文化市场发育良好，监管到位，环境净化。文艺队伍力量雄厚，创作、表演成果丰硕。群众文化活动开展频繁，全民健身运动扎实有效。尤其是校园文化、校园体育名列前茅。其他各项文体工作亦健康发展。先后获得省级荣誉称号 5 项，石洞镇获国家级 1 项。

第一章　机构　经费

第一节　组织机构

文体局　建区时成立。内设新闻出版文化体育市场管理股、文化体育管理股和办公室。历任局长杨廷灿、马武慧、楚勤、林跃明。初建时干部职工 6 人，由原泸县文化局、体委分流而来。为加大新闻出版管理力度，于 2004 年成立新闻出版局，与文体局实行一套人马，两块牌子，局长由文体局长担任。至 2005 年底，全局在职干部职工 6 人，其中大专以上学历 5 人。10 年间，区、局、镇获得省级以上荣誉有：全区获省政府"文化先进单位"称号；区文化体育局获省爱卫办"无吸烟单位"、省全指委"全民健身先进单位"、省体育局"群众体育先进单位"、省委宣传部"送文化下乡先进单位"称号；石洞镇获国家体委"亿万农民健身活动先进乡镇"称号。区局还获得市、区荣誉 12 项。

文化馆　建区时，由原泸县文化馆分出成立，负责全区的群众文化组织辅导工作。原址在小市三倒拐 29 号。2003 年，区政府搬迁后，移至原区政府大楼内。初建时，职工 3 人，至 2005 年底职工 5 人，其中馆长 1 人，其余 4 人，分别负责舞蹈、音乐、戏曲等组织、辅导、创作工作。

图书馆　建区时，由原泸县图书馆分出成立。原址在小市三倒拐 29 号文化馆楼下。2003 年区政府搬迁后，移至原区政府大楼内。现设有办公室、微机室、采编室、图书阅览室、书库及宣传辅导部。初建时，职工 3 人，至 2005 年底职工 5 人。有基层图书室 16 个，基本形成了图书网络。

文化站　各乡镇均建立文化站，1997 年乡镇机构改革时，将文化站改为文体服务中心，保留编制和牌子，工作人员仍由财政支付工资。1999 年至 2001 年，石洞镇文化站和小市街道文化站被命名为省级先进文化站；石洞镇、金龙乡、胡市镇、罗汉镇、特兴镇被命名为省文化先进乡镇。

文化稽查中队 建区时，由原泸县文化稽查中队分出成立，负责全区文化市场、新闻出版市场的日常管理和稽查工作。原址在小市三倒拐29号。2003年，随区政府搬迁至龙马大道三段区党政大楼。初建时，有稽查队员3人，至2005年底有稽查队员5人。

业余体校 建区时，由原泸县业余体育学校分出成立，负责全区业余体育活动的训练和辅导工作。原址在小市三倒拐街29号。2003年，随区政府搬迁至龙马大道三段区党政大楼。初建时，有职工1人，至2005年底仍为1人。

第二节　基础设施

区政府迁入新办公大楼后，将原大楼划给文化馆、图书馆各600平方米，基本满足工作需要，建立文艺培训室和练功房，成立全区社区文化中心。1999—2001年，财政下拨110万元文化体育活动和建设经费。10年来文化体育事业经费支出占财政支出1%以上。至2001年建成金龙乡文化中心综合大楼及胡市、石洞、特兴、安宁、罗汉镇文化中心大楼。金龙乡文化中心综合大楼，是全区最大的文化建筑设施，面积1984平方米，设有图书室、阅览室、录像室、办公室、茶园等。同时，各村、居委会建起文化活动室。全区还建成较大的文化广场3个；田径场、门球场、乒乓室、棋牌室、剧场等文化娱乐场地131个，构建出多层次、多体制的文体网络，不断满足群众对文体生活的需求。

第二章　文化产业与市场

第一节　文化产业

区文体局一直大力提倡产业开发，鼓励基层单位修建文化活动中心，要求各乡镇街在修建各项文化设施时，必须考虑发展需要，在阵地建设中为产业开发打好基础。现全区12个乡镇街基本上都有文化活动中心，办有茶园、棋牌室、图书销售和其他服务项目，积累了一定资金。各村、社区以老年协会为主，办起文化茶园等经济实体，实力雄厚的村、社区，不动产资金多达数万元。区文化馆先后办起艺术培训班等业务，做到以文补文。

第二节　文化市场

市场规模 1997年10月底，全区有电影放映、音像录像、工艺美术、文化娱乐、书刊摊点、演出市场等文化经营单位585个，比上年增加138个。本着"重在建设，强化管理，扶持疏导，兴利抑弊"的指导思想，注重扶持个体户和私营企业兴办文化事业，多渠道多形式筹集资金，吸引社会闲散资金投放到文化体育经营项目上来。1999—2001年，引进文化经营户36家，引进资金100多万元，上交税金20多万元。2004年经过两个多月的努力，将城区24家网吧共603台电脑迁入两个绿色网吧，使黑网吧无立足之地，遏制违法经营行为。至2005年全区有文化经营户358家，从业人员1 044人，创利税200多万元。出版发行单位61家，从业人员105人，创利税40万元。民间演出团体3个，从业人员45人，创收30万元。引资200万元，修建大型文化娱乐场所2家，解决就业45人。

市场监管　坚决贯彻执行"一手抓繁荣，一手抓管理"的文化市场建设总方针，一开始就加强市场管理，使文化事业健康有序发展。1996—2005年，以文化稽查中队为主要力量的执法队伍，坚持公正执法，文明执法，杜绝吃拿卡要，所办案件无错案，无行政复议案和行政诉讼案发生。

第三章　群众文化

第一节　群众文化团体

1996年前，区内仅有两个文化社团。随着老年人增多和老年事业发展，1999年相继成立老年体育协会、老年门球协会。2004年区文化艺术联合会成立，下属作家协会、音乐舞蹈家协会、书法美书家协会、摄影家协会、戏剧曲艺家协会也先后建成。此外，区内还有文艺小分队、业余合唱团、健身舞蹈团、夕阳红艺术团、少儿艺术学校等。2001年，区政协成立诗书画院，聘请30多名研究创作员，经常开展活动。

第二节　农村文化

建区后，区委、区政府一直关心农村文化。在机构改革精简人员的情况下，各乡镇仍坚持建立文体办公室，有一名文体干部管理文体工作。同时，各乡镇建立文体服务中心，团结一批文体骨干和积极分子，从组织上保证农村文体工作开展。文体中心围绕党的各项中心工作和重大节庆日，经常开展群众喜闻乐见的文体活动。

自2000年以后，区文体局多次会同科技、卫生、计生、农业等部门，开展"三下乡"活动。因其活动面广、人多、声势大、实效好，2000年区文体局被评为市"三下乡"活动先进集体。

第三节　社区文化

2001 年城镇社区相继建立。市文化局确定莲花池街道宏达社区为社区文化建设试点单位，采取市补、区拨、社区筹相结合，扶持建起图书室、书画室、电教室、棋牌室和青少年活动中心、老年活动中心、法律咨询中心等活动阵地，组织老年健身队、腰鼓队、军鼓队、莲枪队等文艺队伍，协助举办"绿色环保"文艺演出、"大家乐"露天舞会、"文化、科技、卫生、法律四进社区"活动。2005 年成立综合性文艺团体，双休日、节庆日为群众演出文艺节目。2002 年，社区被省精神文明建设委员会授予"文明社区"称号；2006 年，中央精神文明建设指导委员会办公室、国家文化部授予宏达社区"全国文化先进社区"称号。其他社区也依托老协会组织不同形式的团队开展各种活动。

第四节　企业文化

1996 年建区后，民营企业逐渐崛起，竞争激烈。区内各企业为求生存、谋发展，努力培育团队精神，重视企业思想文化建设，普遍提出"内强素质，外树形象""诚信为本，质量领先"等理念，有的还提出"今天工作不努力，明天努力找工作"的警示，建立一系列激励机制，调动职工积极性。先后建起职工俱乐部、职工之家，文化活动室等阵地，有的组队参加全市、全省乃至全国大型文化活动。1999 年 2 月，王氏集团组队参加市上为纪念改革开放 20 周年举办的"九九文艺调演"；是年，宝光药业与市国税局举办"心连心"文艺晚会。2005 年 6 月，王氏集团健美教练李博在全国（洛阳）健美锦标赛上获男子 60 公斤第一名。

四川王氏集团有限公司自 1996 年成立以后，仅几年时间迅速发展壮大，成为集酒业、房地产开发、广告策划、商贸、运输、餐饮、娱乐、物业为一体的现代化企业集团。拥有王氏酒业公司、董酒集团四川分公司、王氏房地产开发公司、王氏广告策划公司、王氏商城、王氏保龄球馆、王氏大酒店、四川王氏玉蟾水泥公司等十余个下属企业。集团公司一直重视思想文化建设，首先是注重以人为本、以德为魂，增强企业的亲和力和凝聚力。以尊重人、关心人、理解人、爱护人为出发点，努力营造民营企业新型的管理人际关系，大到关心员工的成长进步，小到关心员工的困难和家庭的红白喜事，提倡团结互助，有难同帮，使广大员工真正感到自己是企业大家庭的一员，从而激发他们立足本职、爱岗敬业，为企业着想，为公司发展献计出力；第二是重视员工的素质培养，在成本核算中预先给各部门留足培训费用。多年来，公司除选送有关专业人员外出培训，还以部门为单位组织员工上岗前的再培训，使公司内部各部门特殊工种和专业岗位全部实现持证上岗，各窗口和服务单位基本做到普通话接待，标准化服务，程序化运作；第三是诚信守法经营，真情回报社会。广大王氏人在各自岗位上，立足本职、敬业奉献、明礼诚信、亲情服务、争优创先。

针对青年员工比重大且思想活跃、兴趣广泛的特点，集团公司充分发挥党政工团的作用，开展丰富多彩的文化生活，引导青年职工建立健全文明、积极向上的生活方式。

主要有五个方面：1. 每年春秋两季分别组织员工到风景区考察学习，做到劳逸结合。2002 年 4 月组织中干到九寨沟等风景名胜区度假。2. 建立宣传栏、宣传报道组、图书资料室，创办党团组织内部刊物《王氏月刊》，为丰富职工的精神文化生活和开展相互学习提供有力保证。3. 修建职工活动室和健身房，购置健身器材，聘请健美教练，引导大家积极开展文体活动。4. 配合"三优一学"创建文明城市、创卫迎国检活动，展开技术比赛，举办首届泸州市十大名厨选拔和十佳服务明星评选活动，充分体现集团公司员工艰苦创业精神。邀请专家学者举办法制讲座、普通话培训、礼仪培训，提高员工综合素质。5. 积极参与市、区组织的各项文体活动。集团公司在 2002 年由龙马潭区主办的"致富思源·富而思进"演讲中获一等奖；在纪念建党 80 周年文艺汇演上，王氏人以饱满的热情讴歌党和祖国。2000 年 4 月，区工会组织庆"五一"登山比赛，王氏队分获男女队冠军。2001 年 7 月，王氏集团党支部被龙马潭区委授予"先进党支部"称号。集团公司客运物业团支部被团市委、团区委授予"五四红旗团组织""标准化团支部创建单位"称号。

第五节　校园文化

学校思想道德文化工作逐渐加强，普遍以文化为载体，构建文化阵地，培养学生综合素质。建立文艺表演团体，举办艺术节活动，开辟写作园地，指导学生创作文艺作品。特别是结合建党 80 周年、新中国成立 50 周年、港澳回归等重大节庆活动，开展文艺表演，使学生受到爱国主义和集体主义教育，增强社会主义信念。

1998 年 12 月，由区委宣传部、区教委、区文体局、团区委主办，区文化馆承办的"纪念党的十一届三中全会 20 周年学校文艺调演"，规模大，参演单位有龙一中、龙三中、安宁中学、小街子小学、劳动街小学、泸化小学、矿区二校、罗汉小学、安宁小学、石洞小学、泸化幼儿园、小市幼儿园、江北幼儿园共 13 个单位，400 多名演员。演出质量高，受到观众欢迎。除了重大节庆外，平时也开展丰富多彩的文体活动。

小街子小学一向把校园文化建设当成学校工作的大事来抓，专设校园文化建设工作领导组，由学校主要负责人担任领导组组长，办公室、教导处、大队部等单位负责人为成员，并把实际成效纳入奖惩制度和个人工作业绩考核。学校十分重视文化教育阵地建设，建立红领巾广播电台，在少先队大队部的组织下，定期向学生开展广播、电视宣传活动；建立学校荣誉室，组织队员参观；每层教学楼建立文化走廊，张贴师生书画作品；操场边的围墙上建立校园文化橱窗，选登学生优秀书画，其中有获得国际和国家级金奖的作品，以此激励学生奋发向上。

学校以"弘扬民族精神，体验艺术文化"为宗旨，结合教本课程，开展丰富多彩的校园文化建设活动，做到以艺辅德，以艺益智，以艺怡情，以艺育心，用艺术教育培育学校精神，探索出一条艺术教育路子。作为龙马潭区少儿艺术团的训练基地，组建舞蹈队、腰鼓队、合唱队、科技活动队、体训队等长期开展训练活动；学生在完成"双基"学习的同时，在艺术、体育、科技、环保方面受到不同程度的训练。作为"百所艺术教育特色学校"，每年开展"庆六一"和"小龙人艺术节"大型活动。2003 年校舞蹈队的节目《生命之歌》参加省第四届小学生艺术节表演获一等奖，校声乐队的合唱节目《择菜调》获二等奖。

学校图书室定时向学生开放，供学生课外阅读。大队部每年组织开展"读好书故事演讲比赛""诗歌朗诵"等活动，丰富了学生课余生活。把校园文化活动带进社区，积极参与社区文化建设。

2003 年 5 月，在宏达社区开展"我为家乡描绘蓝图"主题活动，省少工委专家和数十名来自各县区的辅导员到现场观摩，评价很高。学校每年开展"三好生""优秀学生干部"的评选活动，树立学习榜样。大队部开展"校园之星"评选活动，每月在每个年级评选一名特长生为"校园之星"，在橱窗内张贴他们的照片，起到了带动作用。为了培养学生的文学素养，组织学生参加市每届"屈原魂诗词大赛"，聘请专家来校进行诗词创作培训，诗艺不断提高。在近年参加诗词大赛中，学生获奖人数和等级与同级学校相比，居全市前茅。体育训练队连续 8 年获区运动会小学组第一名。学校被评为市传统体育项目先进学校、省体育达标先进学校。科技方面，以班为单位，以科技辅导组为龙头，开展科技小制作、科技小论文、科幻画、环保手抄报等活动，把科技意识深深扎根在学生心中，被评为省科技示范学校。

第六节　广场文化

1996 年建区时，城乡无一处文化广场，各种健身娱乐活动，自寻空隙地进行。随着城市化迅猛发展，出现了利君广场、老窖广场、城北广场、羊大山广场、区政府大梯步广场等。至 2005 年底，全区文化广场有 12 个，其中小市 1 个，莲花池、红星各 3 个，安宁、石洞、双加、罗汉、长安各 1 个。各乡镇街道的舞蹈队、腰鼓队和各种健身活动以及放映电影、开展运动会均有了场地。尤其是区政府大梯步广场利用率更高，区和莲花池组织的文艺汇演调演、主题宣传演出和书画展、图片展、学生艺术作品展等多在此举行。

第七节　奇石文化

罗汉镇高坝村的长江沿岸盛产奇石。随着改革开放的深入，高坝村人开始认识到了奇石的价值，寻宝之风逐渐在高坝村兴起。至 2005 年有 40 多户农户经营奇石，17 户成为奇石专业户，有的专业户的奇石藏量多达近百吨，每年每户年收入可达几千元到上万元。高坝村已成为名副其实的奇石村。

高坝村的奇石名声在外，中央电视台、专业杂志《石道》《中华奇石》《中华石文化》等报刊先后报道，还受到省委组织部等各级领导的肯定支持，常有韩国、日本和国内台湾人士前来观赏和购石。但是，高坝村并不满足于此，他们说，新农村建设不仅是出门骑摩托（修一条好的水泥路）、进屋脱光脚（修一栋好楼房）、门前栽排树（注意生态环境改变）、电话通到户，而且还应有高雅、健康的文化注入才是理想的新农村建设。高坝村在打造"三个一点"，即把奇石产业作为高坝村新的经济增长点，发展旅游经济参观点，建设农村和谐文化示范点而奋斗。

区内除高坝村外，还有许多奇石爱好者藏石甚丰，有的建起家庭石馆。2001 年 6 月，区诗书画院成立时，即把奇石文化列入，每次办展、出刊都有奇石内容。

第四章 文学艺术

第一节 文艺创作

2003 年区文联、区作协成立后，文学创作活跃。兰永生的散文集《藕塘无藕》、董洪良的诗集《嵌骨的爱恨》、黄志勇的长篇小说《往事随风》等正式出版发行，并有诗歌、散文在省级《星星诗刊》《四川文学》，国家级《诗刊》发表。董洪良的诗歌获国家级刊物《人民文学》征文二等奖，兰永生的散文集《藕塘无藕》、黄志勇的长篇小说《往事随风》均获市政府首届文学艺术奖。

以区文化馆为中心，团结一批文艺骨干，组成创作队伍，围绕"出作品、出精品、出人才、走正路、走新路"，"以优秀作品鼓舞人"的指导思想，积极创作文艺作品。按照实际需要，通过专题讲授、研讨交流、以会代训等多种形式，进行业务培训、辅导，逐年不断。至 2005 年，较大型的培训 32 次，受训 1 200 余人次，辅导各门类 300 多次，约 1 万余人。先后在国家级载体发表作品 8 件，省级 50 件；获国家级奖 5 件，省级奖 12 件。

1997 年围绕"庆七一迎回归"主题，创作歌曲《送给香港的礼物》《共同的太阳·共同的月亮》，舞蹈《在欢腾的龙马大道上》《种太阳》，四川方言《我就干脆嫁给你》等作品均在市、区文艺调演会上演出，受到好评。同年，中华民族文化艺术交流中心、青春杂志社等共同主办的全国第三届"中国潮金曲"征歌大赛，由詹友洋、李乾南、刘开潜合作的《天宽地阔龙马潭》《追星赶月奔向 2000 年》，分获铜奖和优秀奖，并应邀赴京参加颁奖晚会和新闻发布会。各乡镇也积极创作文艺作品。2005 年胡市镇创作小品 6 件，快板 3 件，谐剧 1 件，三句半 1 件，歌曲 4 首，其中《婆婆的愿望》《巧媳妇》《胡豆开花》3 件小品演出后，受到一致好评。

第二节 文艺表演

建区以后，各级文艺演出活跃，围绕重大节庆、调演比赛、服务宣传等。形式多种多样，舞台演出、街头表演等节目丰富多彩，群众喜闻乐见。

重大节庆活动 1997 年为隆重开展"庆七一迎回归"系列活动，抽调 100 多名业余演员，全脱产、全封闭排练近 3 个月，向全区人民奉献一台高质量的文艺节目，并在市区举行专场演出。1999 年 9 月，庆祝建国 50 周年、建区 3 周年，组织一场大型歌舞晚会，并走上街头。同时，以"迎澳门回归·爱家乡爱祖国"为主题，开展送文化下乡活动，40 多名演职人员到金龙、石洞、特兴、胡市、罗汉、安宁及小市 7 个乡镇街巡回演出，观众 1 万多人次。同年 9 月 9 日，市上举办第二届名酒节，区抽调 48 人组成礼仪方队和 40 头舞狮方队参加开幕游行。

调演汇演 凡省、市组织文艺调演、汇演及比赛活动,区都积极组队参加。2004 年 1 月 17 日参加市团拜会演出;1 月 20 日参加市春节联欢晚会录播;4 月 25 日参加市女职工风采大赛;6 月 26 日参加市建设环保系统文艺汇演;11 月 8 日参加市文化局、文联举办的小品调演。

10 年间,参加省戏剧小品大赛,推出节目两个,分获二等奖和优秀奖。参加市文艺汇演调演,戏剧小品获一等奖 5 个,二等奖 3 个。舞蹈类获一等奖 25 个,二等奖 10 个。声乐类获一等奖 10 个,二等奖 12 个,三等奖 8 个。

服务性宣传演出 2005 年区文体局与国税局联办"国税杯"首届社区税法专场演出,小市、红星、莲花池 3 个街道所辖 12 支社区文艺队和区老年文艺队,演出腰鼓舞、莲枪舞、快板舞、健身舞、体操等 17 个节目,演员近 500 人。

第五章　影视书报文化

第一节　广播电视

建区时,区广播电视局(以下称广电局)成立,领导和管理区人民广播电台、有线电视台。时任局长成福臻。局设办公室、宣传股、事业股、财会股、音像股。职工 14 人。2001 年 7 月 18 日,原区广电局,改建为泸州市广播电视局龙马潭区分局。实行宣传、广电事业建设和行政管理为一体的体制。下设办公室、宣传股、社会管理股。历任局长成富臻、曾跃。

广　播　【有线广播】 建区时,全区人口 30 余万,8.28 万户。城区有线广播被收音机和有线闭路电视取代。农村有线广播沿用电杆、铁线传输模式进行宣传。1996 年(除罗汉镇用高音喇叭),共有广播喇叭 2.53 万只,电杆 1.87 万根,广播线长 4 197 公里;入户率 34.68%,通响率 33%,覆盖全区 7 个乡镇。农村有线广播普遍转播中央、省、市、区节目;乡镇开通自办节目,每天播音 3 次,约 8 小时。

【无线广播】 1996 年 7 月 1 日区人民广播电台开始播音,输出功率为 100 瓦,频道为调频 96.2MHZ,台址小市马鞍山,天线高度 25 米,天线增益 8ab,馈线损耗 2ab,辐射方向 360°,覆盖全区。2001 年 4 月 19 日停播。

电　视　【城区有线电视】 小市片区的有线电视,从 1989 年开始由泸县广电局安装一部分用户,市有线电视台也安装一部分用户,开始有线电视建设。区广电局成立后,参与管理、运营与维护,用户 1.2 万多户。区拥有前端输送信号到城区用户,并和乡镇前端联网。1998 年后县广电局不再参与管理和分成,由市广电局和龙马潭区广电局 5∶5 投入、管理、分成。

2001 年 7 月,区广电局上划市广电局管理后,小市城区有线电视划归市广电网络传输有限公司管理,时有 3 万多用户。

【农村有线电视】 区划时，农村有线电视只发展到乡镇场镇附近，设置微波传输机，传输中央、省、市、区电视信号，石洞、特兴等乡镇有自办节目。全区有线电视用户 7 086 户（其中小片网 450 户），线缆 124.5 公里。一般传输 6~7 套电视节目。

事业建设 【广播电视微波传输建设】 1997 年区广电局投资 17 万元，改造马鞍山调频、微波发射台和新建双嘉加祥微波发射台，实现全区广播电视联网。

【村村通工程建设】 2000 年 3 月 28 日，召开全区村村通广播电视工作会，安排部署全区 15 个村的村村通广播电视工作。会上，副区长田怀聪讲话，区广电局局长成福臻作具体安排，乡镇分管领导与区上签订责任书。到 2000 年 6 月 10 日，全区投入工程资金 19.45 万元，完成 15 个村有线电视联网，新发展用户 80 户。工程质量高，收视收听效果好。

2005 年 7 月区分局与泸州新视广播电视网络传输公司龙马潭分公司一起，开始实施全区 2004—2005 年 26 个 50 户以上自然村通广播电视工作。经过近两年努力，投资 42 万元，完成预定任务，发展用户 235 户，建成网点，用户可收听 2 套广播节目，32 套高清晰电视节目。

【光缆联网工程】 1999 年 3 月市到区县光纤主干线建设，市与区签订责任书，经广泛动员和安排部署，完成途经鱼塘、安宁、石洞三镇 17 公里多的光纤主干线架设任务。

第二节 电 影

区内未设电影公司，小市电影院由市电影公司管理，区内有 9 个电影放映队。莲花池街道自 2001 年以来，每年组织社区、辖区单位和企业资助，免费为群众放映露天电影 30 多场，放映故事片、科教片 60 多部，观众达 1.5 万人次。特别是夏天的消夏电影，倍受群众欢迎。

电影放映队在学校、农村也较活跃。为隆重纪念"五四"运动 80 周年，石洞镇中小学组织学生观看爱国主义影片。5 月 3—4 日，每天放映两场，每场 800 多人次。影片有《刘胡兰》《背起爸爸上学》《闪闪的红星》《离开雷锋的日子》等。

2005 年胡市镇进一步推进"2131 工程"，将电影放映融入"保先"教育中，全年放映电影 221 场，观众 10 万人次。

第三节 报 刊

1997 年 4 月，区委决定创办《龙马周报》作为机关报，报社属全额拨款的副科级事业单位，年底前为赠阅阶段。1998 年 1 月至 2003 年 12 月订阅发行。印数 3 000 余份。2004 年 1 月根据国家新闻出版署整顿地方报刊精神，《龙马周报》更名《龙马通讯》，由订阅改为赠阅，每期印 1 270 份。至 2005 年，《龙马周报》和《龙马通讯》共出版 400 多期，采用稿件 3.4 万多份，同时外送稿件在省级以上新闻单位发表 500 多篇，市级用稿 3 500 多件，有 5 件在省以上获奖，有 30 多篇作品被市委宣传部、市新闻学会、新闻协会评为好新闻。

第四节　图　书

图书阅览　建区时，成立区图书馆，由原泸县图书馆分建。当时，有人员而无图书、设备，后由财政拨款购置办公用具和采购图书，征订报刊，于1998年在小市上码头6幢楼对外开放。又争取省馆、市馆和党校图书馆赠书报架55个，目录柜4个。至2005年已有藏书近5万册。区政府迁入新址后，将原址（小市新街子74号）前楼第三层划给图书馆使用。经改造装修，于2004年11月开馆，年接待读者1万余人次，年借出图书1.5万余册。多次配合农业、科技、卫生等部门开展"三下乡"活动，到各乡镇开展兴农活动，发送各种资料2万多份。积极协助基层搞好图书馆室建设，至2005年已建成乡镇、中小学、村（社区）图书馆（室）16个；先后争取市馆捐赠图书7200多册分送特兴、胡市、鱼塘3镇图书馆和特兴魏园村图书室。还与区综治办配合成立青少年法制教育基地，展出相关图书资料，组织中小学生和各界人士观看，受教面2万多人次。

图书销售　原新华书店泸县支店建于1952年前，1958年改为泸县新华书店，为批零营销图书、音像的文化事业单位。改革开放后改为企业管理，以销售教材为主要业务。区划后，按省新闻出版局文件规定，龙马潭区不设新华书店，泸县新华书店迁至福集，原小市图书门市部随之消失。区内教材由市店组织供应，城北新区读者多到市区购书，乡镇则由私营书店（摊点）供应。

第六章　档案　史志

第一节　档　案

档案机构　建区时，成立区档案馆，挂"泸州市龙马潭区档案局"牌子。1997年8月11日区档案局成立，与区档案馆合署办公，实行一套人马两块牌子。2001年12月27日区档案局被列为区政府办公室内设机构。在区档案局指导下，乡镇村、企事业也先后建立档案机构。2005年底全区有区级机关档案机构64个，乡镇级档案机构12个，村级档案机构53个，企事业档案机构139个，共有立档单位268个。建区时，黎启全为区档案局（馆）负责人。其后，历任局长梁祖惠、王秋梅。2005年底，区、乡、村和行政企事业档案专职人员共130余人。

培　训　区档案局重视人员培训，提高思想素质和业务技能，多层次多形式进行，到2005年底，经省培训11人次，市培训56人次，区自培800多人次。

荣　誉　1996年8月梁祖惠被市委、市政府表彰为保密工作先进个人，12月石洞镇政府办公室殷君莲和黎启全被评为全市"二五"普法先进个人。1999年和2003年，局长梁祖惠分别被评为全市、全省先进档案工作者。2005年王堂勇被省评为"四五"普法先进个人。

建　设　【基础设施】　新建局（馆）时，基础设施十分薄弱。2002年，区党政大楼建成后，分得面积400平方米。2003年11月档案馆随区政府迁至新办公大楼，购置办公桌椅、档案铁皮柜等。区政府决定，分3年投入购置馆库内设施：计算机3台及打印机、复印机、刻录机、扫描仪、档案管理软件。至2005年第一期密集架经费11万元全部到位，113立方米的密集架安装完毕。区、乡镇街、村（社区）和各级企事业规范建档单位，凡达省三级标准的都有专门档案室、档案柜等基本设施。

【建档】　区划后，区属各部门建档是新起点。乡镇及各企事业单位，有的虽已建档，但都不规范，不健全，特别是村级建档全是空白，全区建档任务非常艰巨。区档案局（馆）的工作人员，到机关、村（社区）、企业、科教事业单位具体指导建档工作。1996—2005年指导机关整理档案1.54万卷；社区建档34个，其中规范建档7个；中医院、劳动街小学、市十二中、城北学校等已完成规范建档。1997年，村级建档实现零的突破。鱼塘镇红星村为建档试点单位。经过一个多月努力，整理文书档案84卷，照片71张，会计档案36卷（盒），编写《红星村档案全宗介绍》《红星村荣誉录》等，并建立档案保管、保密及查阅利用制度。后将红星村建档经验和档案达标升级资料汇编印发到各乡镇参阅。此后，村级建档工作发展很快，2003年底全部完成村级建档工作。其中罗汉镇石梁村是村级建档典型，于2005年达到省二级标准，为全市第一家。

【达标升级】　龙马潭区达标升级工作始于1997年。达标升级要经过严格考核、上报材料、省档案局审查批准，然后下达达标升级通知文件和等级证书。1997年5月23日和30日，省档案局批准鱼塘镇红星村、区个体劳动者协会、区工商分局为省三级达标。这是全区首批三标获得者。12月批准石洞镇国税分局达省一级标准。至2005年底，全区达省标单位88个，其中其中一级34个，二级10个，三级44个。

【现代化管理】　区档案馆重视采用档案现代化管理手段。2002年全区共有11个立档单位安装使用先进的"华川文档一体化"软件，年底全区又开始统一安装使用"兰光"软件，至2005年底全区立档单位安装使用"兰光"软件的增至41家，居全市第一。另外，还运用电子文档管理，并制作档案馆网页挂于党政网，使档案管理步入规范、快捷、方便的轨道。区档案局（馆）还重视档案资料的安全保护工作，重视利用档案资料为本地区政治、经济、精神文明建设服务。石梁村自1998年达省三标以来的两年间，利用档案资料为村民服务26次，涉及金额200万元，挽回经济损失80余万元；解决了与泸化厂、692厂用电用水纠纷、农贸市场纠纷、民事纠纷13起，保护了各自的合法权益。

【档案科研】　区档案局（馆），历来重视档案理论建设，用以指导实践，从1997年起，每年都订阅有关报刊资料，认真组织职工学习，并号召大家积极撰写科研论文。先后撰写了《浅谈市场经济条件下的档案管理工作》（梁祖惠1999年获区征文三等奖）、《发展档案事业服务经济建设》（梁祖惠2001年获区征文二等奖）、《我们是如何抓新区档案工作的》（区档案局2001年）、《浅谈立卷改革》（梁祖惠、王堂勇2002年）、《我区档案馆建设初探》（王秋梅、梁祖惠、王堂勇、饶开玲2005年）、《积极创造条件加强档案馆建设》（王秋梅2005年），其中《浅谈市场经济条件下的档案管理工作》《浅谈立卷改革》分别在1999年和2002年省内7市档案学术研讨会上交流。

第二节　史　志

文　史　1997年5月区政协文史资料委员会聘请一批兼职文史人员，随即召开文史工作会议，发动撰写文史资料。1998年5月组织编辑班子，将其中的20篇汇编成《龙马潭文史》第一辑，约12万字。为庆祝中华人民共和国成立50周年，区政协文史委又组织撰写文史资料近30篇，选取27篇于1999年8月汇编《龙马潭文史》第二辑，约9.4万字。2005年为纪念中国人民抗日战争和世界反法西斯战争胜利60周年，区政协教科文卫委员会特组织文史人员和社会各界人士撰写文史资料40多篇，选取41篇汇编《龙马潭文史》第三辑，约10多万字。以上3辑共载文88篇，约31万多字。绝大多数内容都反映解放后区内各项事业发展和社会历史事件，也有少量是解放前史料。第三辑《抗日烽火》专栏的6篇文章，实属对青少年进行爱国主义教育的好教材。

地方志　2006年7月，龙马潭区地方志编纂委员会成立，下设办公室，由区档案局局长王秋梅兼任主任。8月4日，区政府召开修志工作会议，正式启动区志编纂工作。整个进程分3步走，第一步：由区属各单位和乡镇街提供基础资料，形成"资料长编"。此项工作从2006年9月—2008年3月结束。各单位共提供资料约700多万字。第二步：组织编纂人员根据"资料长编"，按区志篇目要求，编写分纂稿，至2008年12月基本完成。第三步：在分纂基础上进行总纂（修正篇目，核实资料，查漏补缺，删繁就简，规范文风，处理表格，搞好图照，以及完善序言、凡例、总述、索引等）。此项工作预计从2009年1月起至12月结束，上报送审稿。

编纂人员的组成是：区志编辑部总编由常务副区长王波兼任；执行副总编罗大千，副总编殷朝在，并设多名非坐班编辑，分别完成《泸州市龙马潭区志》各篇编写任务。

第七章　传统文化

第一节　诗　书　画

为团结全区诗书画人士共同弘扬优秀传统文化，巩固和发展爱国统一战线，促进三个文明建设，经区政协主席会议研究决定，成立龙马潭区诗书画院，属区政协领导和管理的群众团体，下设诗词、书法、绘画等4个组。2001年6月29日，在区老干部活动中心成立，政协副主席熊文林任院长，文史委副主任关键任副院长兼秘书长。随即，与区文体局联合，在沿江路中码头举办"庆祝中国共产党诞辰80周年诗书画作品展"。从6月29日至7月2日共4天，展出作品有诗词20多首，书法90多幅，油画、国画、水粉画等40多幅，观众2 000多人次。

2004年8月，诗书画院与区文体局、宣教办、文化馆、书法美术家协会联合举办纪念世纪伟人邓小平诞辰100周年书画展，在区党政机关办公中心大厅展出全裱褙书画作品120多件，展期3天，观众2 300多人次。

为纪念抗日战争和世界反法西斯战争胜利60周年，诗书画院于2005年8月10日在区政协会议室举行专题座谈会，会议室还挂着部分创研员的诗联书画作品20多件进行交流。

熊文林退休后，区政协确定教科文卫委员会主任关键担任院长，设4名副院长，聘请7名顾问。并在原有基础上，重新聘任20多名诗书画作者为创研员。全区诗词爱好者积极创作，常有作品在各级载体发表，还有多人多次获奖。2007年5月区诗联学会成立，诗联作品更加丰富多彩。

除诗书画院，还有区文联系列的书法家协会和美术家协会也于1999年相继成立，2004年4月两协会合并为书法美术家协会，多次举办大型书画展。

龙马潭区诗联学会部分会员反映本区的部分诗词作品

登九狮山随想
刘祖荣

天降葱茏数小峦，川南紫气兆民安。

上苍神意生花木，沃土灵根育凤鸾。

斗转星移延万世，秋收春种历千难。

九狮名冠秦巴外，独领风骚在一坛。

龙马潭拾趣
陈万镒

朝雾浮芳岛，红霞映碧柯。春风乘醉意，轻吻一潭波。

颂龙马大道
李进维

大道长街坦又宽，琼楼丽阁与花园。

街呈画面双刀剪，路达江头一线牵。

碧伞遮阳千百座，华灯耀眼两行间。

星罗密布霞光灿，疑是银河落九天。

洞窝瀑布
罗大千

飞瀑来天上，咆哮荡激情。江河存浩气，龙马永奔腾。

参观石洞镇新农村建设
梁世铭

离城北去步芳丛，阡陌田园一望中。

绿绕楼房如画卷，村民无不笑春风。

第二节 楹 联

泸州市楹联学会于1999年决定在县区成立楹联小组，于是龙马潭区楹联小组成立，仅有会员3名。小组一方面积极发展新会员，一方面积极开展活动，决定每季度活动一次。学习《中国楹联报》有关文章，学习楹联的格律知识，或对某一副对联进行艺术探讨，或评佳联、改病联，以增长对联知识，提高创作水平。在此基础上，围绕时事开展创作活动。特别是每年春节，小组全体成员，走上街头，义务为群众书写春联。连续几年，泸州的《春联专辑》都刊载有小组每一个会员的作品，还在《泸州文苑》上发表过"七一""十一""九狮风景区""西坝农家乐"4个楹联专版。

创作的对联，除在泸州市刊载外，还发动会员向全国联书联刊投稿。2004年国家出版的《当代中华名胜楹联宝典》中，就收录了十位会员的100多副对联作品，把泸州的名胜景点推向全国。《中国楹联报》、四川《天府联苑》都分别刊登介绍龙马潭区楹联小组活动情况的文章。

为提高对联的创作水平，小组还举办"对联知识讲座"，印发李进维汇编的《对联基本知识简说》，人手一册。2004年泸州市楹联学会举办楹联艺术研讨会在龙马潭区召开，有4名会员撰写论文参加研讨。

在组织发展过程中，特别注重发展年轻会员，尤其是青年教师，希望他们在学生中传播对联知识，使优秀传统文化后继有人。2005年，本区楹联小组已有会员18名，其中教师8名。2007年5月由小组改建诗词楹联学会，有会员30多人。

第八章　民族民间文化

第一节　川剧玩友

川剧玩友协会是川剧爱好者组织起来的民间群众文化组织。其前身是泸县川剧玩友协会，1990年9月3日成立，有会员80余人。行政区划后，改建为龙马潭区川剧玩友协会。2000年会员增至92人。每周坚持一次"茶园座唱"，逢年过节举办庆祝会并为"满十"的会员座唱祝寿，同时还开展送戏下乡。2001年春节，出动30多名会员，组织两只花船和"八仙过海"等喜庆队伍到小市和石洞镇，表演《驼子回门》《秋江》《访友》等川剧剧目，吸引上千人观看。2001年2月龙马潭区川剧玩友协会石洞工作委员会成立，随后鱼塘、高坝也相继成立工作小组。2002年3月会员陈兴勇（艺术指导）、张德华夫妇在小市新华书店背后租房成立龙潭剧社，坚持演出不停。至2005年底，共演出1631场，观众21万人次。

第二节　耍　灯

龙灯、狮灯在民间流传已久。20世纪90年代中后期以后，龙灯队多由各乡镇老年人协会组织，在春节假期，到机关团体、企事业单位拜年，增强节日气氛。有些乡镇在元宵举行传统的"火龙烧花"活动，非常热闹。一些重大活动，龙灯狮灯大显身手。1999年，泸州举办第九届名酒节，龙马潭区组织40个狮灯参与游行表演。狮灯为龙马潭区一大特色。因安宁镇境内有九狮山风景区，并有"九头狮子一路游，一头狮子调了头"的民谣。舞狮这一民间文化，逐渐成为安宁镇的文化特色。为发展这一民间文化艺术，安宁镇政府斥资购买设备40余套，成立表演队伍和领导机构，活跃在大小舞台上。镇上曾组织声势浩大的"民族风情九狮游"活动，吸引了上万名中外游客。1997年10月11—12日，安宁狮子队代表泸州参加3省12县"赤水河之声音乐节"，受到领导和群众的高度赞扬。

第九章 文 物

1996年建区后至2007年前，区未设文物管理所，有关文物保护工作由区文化馆代行（市级以上文物由市文管所直管）。在有文物保护单位的乡镇，落实专人负责文物保护工作。

第一节 省市区级文物

省级文物 【泸州老窖窖池群及酿酒作坊—泉记作坊】 在泸州老窖罗汉酿酒基地内。始创人曾小泉建于清末民国初（1860—1912）年间。现保存334口百年以上窖池。其文物保护范围：东至鑫霸公司包装车间办公室，南至厂区公路，西至厂房通道，北紧挨消防过道。2006年3月和2007年6月，市政府、省政府先后公布为市、省级文物保护单位。

【泸州老窖窖池群及酿酒作坊—协成作坊】 在泸州老窖罗汉酿酒基地内。始创人商协成建于清末民国初（1860—1912）年间。现保存176口百年以上窖池。其文物保护范围：东至厂区围墙，南至厂区公路，西紧挨公司污水处理站，北至厂区公路。2006年3月和2007年6月，市政府、省政府先后公布为市、省级文物保护单位。

【泸州老窖窖池群及酿酒作坊—鸿盛祥、富生荣作坊】 在小市过江楼巷内。鸿盛祥作坊主梅洪均、富生荣作坊主张绍奎建于清道光（1821—1851）年间。现保存41口百年以上窖池。其文物保护范围：东至居民平房，南紧邻葆贞观，西至居民通道，北紧邻街道铺面。2006年3月和2007年6月，市政府、省政府先后公布为市、省级文物保护单位。

【泸州老窖窖池群及酿酒作坊—生发荣作坊】 在小市什字头24号。原作坊主陈光钰建于清咸丰（1851—1861）年间。现保存32口百年以上窖池。其文物保护范围：东至秀山园小区，南至泸高公路（小市街道），西至居民平房，北紧挨后山墙。2007年6月，省政府公布为省级文物保护单位。

【梦仙亭岩墓群】 位于千佛岩左侧，在石壁上凿成5个墓穴，面向长江。为东汉末岩墓。2007年6月，省政府公布为省级文物保护单位。

市级文物 【龙马潭】 在龙马潭公园内，1891年永宁道观察使黄云鹄题写"龙马归何处，仙人未可寻，惟余潭下水，终古照丹心"，镌刻在一块龟碑上。1984年，市政府将各种石刻公布为文物保护单位。

【洞宾亭】 又名梦仙亭，位于鱼塘镇望山村境内，紧临长江边，依山傍水而建，始于明代嘉靖

（1522—1566）年间。历经多次修缮。内有高 4.3 米的吕洞宾摩崖造像和 202 尊千佛岩摩崖造像（有八仙过海、睡佛、观音、罗汉等）。1984 年市政府将摩崖造像公布为市级文物保护单位。

【锁江塔】　又名新白塔，在罗汉镇建设村新白塔社区，为明代御史王藩臣主持修建。塔高 29.6 米，石砖组成，八方七层，塔内每层有佛殿佛像，螺旋形直上顶端，现已封闭，免致人为破坏。1994 年 5 月市政府公布为市级文物保护单位。

【牛场上牌坊】　在鱼塘镇望山坪村牛场上。原建有多座朝廷表彰贞节的石牌坊，现仅此一座，系清咸丰六年（1856）建，雕刻精美。1994 年 12 月，市政府公布为市级文物保护单位。

【杨氏节孝和乐善好施牌坊】　原在百子图附近宏道堂，2008 年 1 月移在洞宾亭旁。1989 年 12 月市政府公布为市级文物保护单位。

【清真寺】　在小市余公桥附近。民国 27 年（1938）由回族苏洪泰、蔡荣华、海裕如等捐大洋 1 400 元购买当时的盐仓建成。1994 年 11 月，市政府公布为市级文物保护单位。

【百子图滴水岩石刻题记】　原在百子图景区内，2008 年移入洞宾亭内。1989 年 12 月，市政府公布为市级文物保护单位。

【拙溪】　原名洗脚溪，在罗汉场老街侧。北宋大文人黄庭坚（1045—1105）寓泸时过而坠马，自以为拙，遂题"拙溪"二字于石壁。1988 年 2 月，市政府公布为市级文物保护单位。现景点封闭，交通不便，游人难至。

【蒋兆和故居】　在小市溪沟头。国画大师蒋兆和少年时曾在这里居住。1988 年 2 月，市政府公布为市级文物保护单位。

县区级文物　【玉龙寺】　在胡市场东 5 公里，明嘉靖十五年（1537）建。有八仙过海、十八罗汉等深浮雕崖造像精美石刻。1981 年，泸县政府公布为文物保护单位。

【革命烈士陵园】　在石洞镇场口，为解放泸县（含解放初期平息土匪暴乱）而牺牲的革命烈士建立的陵园。1981 年，泸县政府公布为文物保护单位。

【天生岩摩崖造像】　在双加镇双加社区境内，系清代石刻。1991 年，泸县政府公布为文物保护单位。

【瘦狗山恐龙化石遗址】　在九狮山风景区内。1994 年 4 月在石包丘村瘦狗山发掘出距今 1.7 亿年的巨型恐龙化石，为侏罗纪古脊椎动物化石—泸州峨眉龙化石，化石骨架长 17 米，高 1.6 米。1995 年，泸县政府将遗址公布为文物保护单位。

【九狮恐龙陈列馆】　在九狮山风景区内。1995 年建馆陈列开放，当年被泸县政府公布为文物保护单位。馆内存有 1.7 亿年前的食草恐龙化石，另有两条肉食性恐龙部分骨骼、蛋化石等。

第二节　未定级文物

古代遗存　区内除上述文物保护单位外，还有历代遗存、清代龙桥，现代渡槽 44 处，未申报定级，但在全区历史文化中占有重要地位。

龙马潭区 2005 年古代遗存表

表 18 - 9 - 2 - 1

名　称	年　代	类　别	地　址
碉堡山崖墓群	东　汉	墓　葬	金　龙
老罗基坝崖墓群	东　汉	墓　葬	石　洞
陈宫古墓葬	清	墓　葬	安　宁
柑子山崖墓群	汉	墓　葬	石　洞
龙踏桥	明	古建物	石　洞
来老寺	清	古建物	胡　市
聚灵宫山门牌坊	清	古建物	胡　市
金钗桥	清	古建物	石　洞
白思桥	1843 年	古建物	石　洞
月亮湾民居	清	古建物	石　洞
杨庙子惜字库	清	古建物	胡　市
清云桥	清	古建物	金　龙
半边寺摩崖造像	清	石　刻	胡　市
叮咚岩摩崖造像	清	石　刻	双　加
天神岩摩崖造像	1912 年	石　刻	石　洞
王生大庙石柱	明	石　刻	双　加
古驿道遗址	清	遗　址	石　洞

清代龙桥　位于双加、石洞、特兴和金龙乡龙溪河、濑溪河及其支流上，分布分散，人迹罕至，无人看护，经常年洪水冲刷破坏极大，亟需加强维护。这些龙桥均为石墩石梁式平板桥，在桥墩上设横梁，横梁两端一侧雕龙头，一侧雕龙尾，龙头向上，龙尾向下。龙雕多的 4 个，有的 1 个，以两个龙雕最多。龙雕特色鲜明，造型各异，雕刻手法多样，或简约或精美、或写意或夸张，线条明快流畅。

龙桥现状　【大沙涵龙桥】　位于金龙社区塘坡村与雪螺村交界处，建于清代，南北走向，2 墩 3 孔平板石桥。桥长 6.2 米，宽 0.86 米，桥面厚 0.27 米，每墩均雕有圆雕龙头，龙头长 0.5 米，宽 0.35 米，龙头龙尾雕刻均采用写意手法，在方形石条上简易雕刻出龙型，嘴角上翘，吐舌微张，轮廓方正，龙尾简单地雕刻为卷云形。南侧桥墩龙头嘴角上颚断裂。

【奎丰新桥】　位于特兴镇奎丰村 24 组，建于清代，东北西南向，平板拱桥，东北面为平桥，西南面为拱桥。桥长 98 米，桥面宽 1.96 米。桥墩有龙头圆雕 10 组，雕刻手法写意，简单勾勒出龙头龙尾的轮廓，表面风化严重。

【虎踏桥】　位于特兴镇安民村，又名苦丹桥，建于明代，东西走向，11 墩 12 孔平板石桥。1964 年在原桥上铺了一层石板。该桥现为旧桥上加新桥，旧桥西段被改建。老桥残长 38.5 米，宽 1.2 米，高 1.8 米；新桥长 31 米，宽 2.7 米；新桥比旧桥提高 1.25 米，引桥长 6 米。雕刻有 5 个龙头。

【桥头上新桥】　位于特兴镇河湾村 31 组，建于清代，南北走向，2 墩 3 孔平板石桥，桥长 7.7

米，宽1.1米，每墩上雕刻龙头一个，龙头长0.6米，宽0.3米，雕刻线条柔和流畅，嘴角略有风化残损。

【大桥】　位于金龙乡金龙社区6组，建于清代，东北西南走向，4墩3孔平板石桥，长8米，宽1.2米，桥面离水面高约0.15米，由2块厚0.4米石板合拢而成，中间两个石墩上各有圆龙头一个，雕刻清晰，保存完好。

【金龙石桥】　位于金龙社区4组，建于清代，东北西南走向，6墩5孔平板石桥，长10米，宽1.2米，北侧第二和第三墩各雕刻龙头一个，龙嘴微翘，表面略有风化。

【柏树桥】　位于石洞镇鱼眼滩村3组，建于清代，西北东南走向，9墩8孔平板石桥，长17米，宽1.14米，桥面由14块长2.2米、宽0.57米的石板构成，北侧第三、四墩各雕刻龙头一个，手法夸张、嘴角损毁，风化严重，仅可辨大致形态。

【三元宫龙桥】　位于金龙乡官渡社区5组，建于清代，西北东南走向，6墩5孔平板石桥，长2.1米，宽0.75米，北侧第二个桥墩刻圆龙头龙尾，龙头高昂，龙尾高耸，身上布满云纹。龙嘴断裂。

【大沙田龙桥】　位于金龙乡塘坡村3组大沙田，建于清代，西北东南走向，3墩2孔平板石桥，长5.4米，宽0.86米，桥面由3块宽0.86米，厚0.5米的石板组成，北侧两墩上雕刻圆雕龙头龙尾，龙嘴上翘。

【回龙桥】　位于金龙乡曹坝村8组，建于清代，东北西南走向，4墩3孔平板石桥，长5.05米，桥面由3块宽0.65米，长1.6~1.8米，厚0.33米的石板铺成，中间两个桥墩刻圆雕龙头。

【叮咚桥】　位于双加镇中伙铺村8社，建于清道光元年，东西走向，8墩7孔石板平桥，长19米，宽0.95米，离水面高2.3米，跨度17米，桥面由厚0.3米的石板铺成，中间两桥墩刻圆雕卧龙。

【新桥】　位于双加镇颜坪村3组，建于清代，东西走向，4墩3孔石板平桥，长9.4米，宽1.36米，桥面由10块石板拼合而成，每个桥墩均有龙头雕刻。

现代渡槽　龙马潭区渡槽群由分布在各村镇的渡槽组成，渡槽为条石修筑，由进出口、槽身、支撑结构和基础等组成。其形制包括梁式渡槽和拱式渡槽两种，以拱式渡槽为主，而拱式渡槽又分为带腹拱和不带腹拱两种。渡槽槽身横截面为"凹"字形或"回"字形，其中，槽身横截面为"凹"字形者为未封闭渡槽，槽身横截面为"回"字形者为封闭式渡槽，文化部门已将14处渡槽整理材料申报文物保护单位。

龙马潭区 2005 年渡槽一览表

表18-9-2-2　　　　　　　　　　　　　　　　　　　　　　　　　　　单位：米

渡槽名称	所在地点	形　态	长　度
罗基二队引水渡槽	双加镇罗基社区2组	封　闭	残存60（原长350）
凤凰湾引水渡槽	双加镇罗星村4组	梁　式	残存60
枷担湾渡槽	石洞镇鱼眼滩村2组	板　拱	1 100
永和渡槽	石洞镇鱼眼滩村1组	未封闭	2 400
豹子岩引水槽	石洞镇永远村19组	未封闭	2 000
黄泥堡渡槽	石洞镇永远村6组	未封闭	2 000
胜利渡槽	石洞镇雨珠岩村7组	未封闭	2 000

续上表

渡槽名称	所在地点	形 态	长 度
胜天渡槽	石洞镇河嘴村6组	未封闭	1 500
斑竹湾渡槽	金龙乡曹坝村	未封闭	1 1000
万里塘渡槽	金龙乡金龙社区	板 拱	141.5
互助村引水渡槽	石洞镇互助村13组	板 拱	—
群力渡槽	双加镇罗基社区9组	未封闭	—
互助60孔引水渡槽	石洞镇互助村5、6组	未封闭	—
太阳沟渡槽	特兴镇	板 拱	3 000

第三节 馆藏文物

区内馆藏文物仅有鱼塘镇境内出土的一处双人宋墓，共18块浮雕石刻。现收藏于区文管所库房。

1号石刻：总长100厘米，宽40厘米，高35厘米。该石刻断裂为两段编号为（1）、（2）。其中为（1）号长56厘米，宽40厘米，高35厘米；（2）号长56厘米，宽40厘米，高35厘米。为该墓葬墓室门楣，有简单花棱形状装饰。（1）号石刻右侧编号处有一块长约22厘米的石块脱落。

2号石刻：长58厘米，宽19厘米，高26厘米。

3号石刻：长58厘米，宽23厘米，高27厘米。2、3号均为墓梁，有凹槽，应为卡墓碑石板所用，据2、3号文物尺寸，应该为同一梁断裂而成。

4号石刻：长60厘米，宽58厘米，厚18厘米。为深浮雕，为侍女打帘图，表皮有脱落，整体轮廓清晰，侍女面部特征已不明显，仅从其头饰、服饰可判断。

5号石刻：长58厘米，高27厘米，宽30厘米。

6号石刻：长60厘米，高27厘米，宽20厘米。5、6号和2、3号造型基本相似，和2、3号一样应为墓梁。

7号石刻：高94厘米，宽64厘米，厚17厘米。为墓壁装饰图，浮雕菊花样式图案。图案位于整块石板的上半部分，左边叶子部分有条长约47厘米的裂纹。

8号石刻：高60厘米，宽60厘米，厚17厘米。为双人扶门图案。人物高48厘米，两位侍者均着衣帽，相向而站，手扶一门形建筑。

9号石刻：长105厘米，高35厘米，厚30厘米。应为墓葬的门楣装饰，图案与1号石刻相类似，但保存较1号完整，图案清晰，线条流畅。

10号石刻：长150厘米，高36厘米，厚21厘米。采用浅浮雕工艺，图案为青龙，长130厘米，宽36厘米。用简单线条勾勒出青龙的形态，造型生动。

11号石刻：长150厘米，宽36厘米，厚16厘米。采用浅浮雕工艺，图案为青龙，长115厘米，宽36厘米。该龙较10号石刻青龙做工更为精细，有龙鳞、龙须、云彩。四只龙爪纹路均雕刻得生动传神。

12号石刻：长150厘米，宽32厘米，厚16厘米。为白虎造型的浅浮雕石刻，该图案雕刻在长

130厘米、宽29厘米的凹槽内。老虎的毛发、胡须都有一定的表现，应该与11号石刻为一套"青龙白虎"图样。

13号石刻：高143厘米，宽45厘米，厚15厘米。为深浮雕的人物造型图案，人物高110厘米，宽37厘米。其造型为一身戎装的将军雕像，披甲戴盔、脚踩祥云。将军手中兵器顶部有残缺，其种类已不可考。该人物在四座石刻人物造型中较为特殊，嘴巴呈张开状。

14号石刻：长150厘米，宽37厘米，厚20厘米。为浅浮雕的白虎图样，长95厘米，高33厘米。脚踩祥云，工艺手法与10号石雕相近，应该是与10号石雕组成一组"青龙白虎"图案。

15号石刻：高90厘米，宽64厘米，厚15厘米。为牡丹花图样的深浮雕。共一株牡丹花，雕凿于一高29厘米，长18厘米的凹槽内。

16号石刻：高140厘米，宽47厘米，厚19厘米。为人物造型的深浮雕，高106厘米，宽40厘米。该人物是一头戴帽、手执斧、身着礼仪装束士兵形态。整体保存较好，手部石块有一定脱落。右脚处有一条长约30厘米的裂纹，左脚处有一条长25厘米的裂纹。

17号石刻：高143厘米，宽47厘米，厚15厘米。为人物造型的深浮雕，高90厘米，宽34厘米。该人物为一手持长剑、身披盔甲的戎装将士像。人物造型传神，神态威武。颈部有一条长13厘米的裂纹，肘部有一条长约10厘米的裂纹，飘带处有一条长9厘米的裂纹。

18号石刻：高144厘米，宽45厘米，厚16厘米。为人物造型的深浮雕，高108厘米，宽40厘米。该图案是一手执斧、身着长衫、头戴冠帽礼仪造型士兵站在一类似墙体的建筑上。应与16号石刻为一对。该人物造型保存完好。整块石头没有裂纹。

此外，洞宾亭内还保存了从历代古墓中出土的浮雕石刻39块。

第十章　体　育

第一节　体育管理

区体育行政工作，一直有一名区文体局副局长分管。办事机构有文化体育管理股、新闻出版文化体育市场管理股。前者主要协助分管副局长对体育法规的宣传贯彻，体育工作的计划安排，体育工作经验的总结交流，体育场地的规划建设，体育赛事的具体组织实施等。后者主要是与文化稽查中队密切配合，对体育市场进行检查、督促和管理。另设业余体育学校，对体育人才的业余培训进行协调管理。这些内设机构实行几块牌子一套人马，干部交叉任职。各乡镇街的体育工作由文体服务中心统一管理。老年体育、门球、信鸽放飞、垂钓等各项体育协会，由区文体局统管，依靠各专业协会积极开展活动。

第二节 体育宣传

1995 年，国家《体育法》和《全民健身计划纲要》颁布实施。1996 年建区后，年年开展一法一纲要的宣传，其中有两年的声势最大。1998 年 6 月全区城乡广泛开展全民健身宣传周活动，举行新颁布的第八套广播操比赛。一些乡镇街道开展 10 多项体育竞赛活动，有上千人参加。胡市镇党政领导带头参加长跑。2002 年 5 月初，全区开展声势浩大的宣传周活动，成立以分管副区长为组长的全民健身宣传活动领导组，召开动员大会，要求各地充分利用各种宣传工具，广泛深入宣传《体育法》和《纲要》；并结合开展丰富多彩的体育健身活动，使全民健身观念深入人心。5 月 20 日举行健身周开幕式，四大家领导出席。会后，四大家领导与群众一道在小市街上冒雨游行，把宣传周活动推向高潮。2003 年的全民健身活动周内，各级共设宣传点 23 处，贴标语 85 张，办墙报 27 期，展出图片 234 幅，印发宣传资料 32.5 万份。

第三节 全民健身运动

随着全民健身运动的宣传和开展，各地体育设施建设不断完善。2005 年底全区有群众体育活动场地 12 万多平方米，含 200 米以上田径场 9 个，篮球场 73 个，门球场 6 个，保龄球场馆 1 个，健身房 2 个，全民健身路径 3 条。体育工作专兼职人员 80 名。

几年来，全民健身运动蓬勃发展。2000 年全区开展较大型的体育运动 12 次，有 2 000 多人参加；观众 2 万多人。2002 年区乡两级开展田径、篮球、乒乓、羽毛球、龙灯、腰鼓、趣味体育等一系列比赛活动 40 多项，参加人数 6 000 多人，观众万余人次。2004 年是农村体育年，将全民健身周活动重点放在乡镇。金龙、胡市、罗汉、石洞、安宁、鱼塘、长安等乡镇都开展 3 项以上体育比赛。长安乡人少、场地少，也举办了首届农民运动会，有"挑公粮"、扳手腕、拔河、篮球等 5 个比赛项目。石洞镇首届农民运动会，有 7 个比赛项目，运动员近千人，观众 8 000 多人，市、区领导亲临现场呐喊助威，镇领导带头参赛。

1997—2001 年，龙马潭区被评为四川省群众体育运动先进单位。其中 2000 年、2001 年，还获省全民健身宣传周优秀组织奖和全民健身周先进单位称号。

第四节 学校体育

10 年间，区教育行政部门对每所中小学都配备了与专业基本相适应的体育教师，有的学校还派出去深造，不断提高文化业务水平。各学校都成立体育工作领导组，由校长或分管体育副校长任组长，各部门负责人、体育教研组长、各班班主任为成员，形成体育工作网络。做到期初有计划，平时有检查，期终有总结，件件讲落实，项项见成效。学校要求体育教师认真上好每节体育课，坚决按《国家体育锻炼标准》实施教育。对体育教师建立激励机制，与其他学科一样，实行目标考核，奖惩兑现。

各学校都组织业余体育训练代表队，由体育教师辅导训练。期期举办运动会，一般是春季球类，秋季田径。此外还有多项体育活动，参赛学生达到一半以上。1998 年由龙马潭区二中（泸州市十七中）承办的全区学生田径运动会，所设 57 个单项中，有 34 人次破 20 项区纪录。2000 年全区学校体育教育达标率 95.2%，被评为市级达标先进单位，其后连年被评为推行"国家体育锻炼标准先进单位"。21 世纪以后，有 3 所学校 6 人受省表彰，15 所学校获市表彰，1 人获国家体育总局表彰。10 年间，全区有近 200 人考入高等体育学校，其中最多的是市十七中，其次是泸化中学。

第五节　老年体育

20 世纪 90 年代，老年人口包括离退休职工逐渐增多，2004 年底，全区 60 岁以上的老人有 3.82 万人，占总人口的 12.4%，参加健身活动的老年人 1.98 万人，占老年总数的 51.8%。20 世纪 90 年代中后期，老年体育主要是以老年大学（学校）为依托，开展保健知识教育和门球、乒兵、健身操（舞）、太极拳（剑）等体育活动。2001 年 5 月后，全区各级老年人体育协会相继建立，形成老年体协工作网络。区政府迁到新址后，将原《龙马周报》住地给区老年体协办公用，区委宣传部、人事局、文体局共同为其解决了办公用具。2004 年底，全区老年人活动场所有棋牌室 168 个，健身活动室 20 个，乒兵球场地 27 个，门球场 10 个，有门球队 26 个，乒兵球队 12 个，健身操队 14 个，太极拳（剑）队 11 个，腰鼓队 24 个，秧歌队 18 个，舞蹈队 22 个，龙灯队 19 个，花枪队 3 个，莲枪队 1 个。群众性老年体育活动普遍开展，晨练、晚练随处可见。经费来源，主要是政府给一点，社会赞助一点，自筹一点解决。2003 年，区政府给区老年体协划拨 1.3 万元作活动经费，各乡镇、社区活动经费达 6.2 万元，其中双加镇为腰鼓队购置服装道具就花了 4 000 多元，罗汉镇唐朝老窖赞助镇老年体协 3 000 元。

老年体育最为活跃的是门球队。2002 年底，区门球协会会员多达 179 人，组队 23 个，当年参加市内外门球比赛 10 余次，其中市"敬老杯"门球比赛，参赛队 46 支，龙马潭区获第四名。胡市镇门球队在市举行的乡镇老年门球赛中获第二名。2003 年区组队参加市大赛 4 次，其中 1 次获第三名。2003 年、2004 年，罗汉镇队分别参加市举办的第三、四届农村老年门球赛均获第一名。区连年组织门球赛，2005 年即开展 4 次。此外，乒兵、健身球（操）、太极拳（剑）、腰鼓及钓鱼、信鸽放飞、棋牌等，也积极开展活动，赛事不断，取得了一系列好成绩。2004 年 9 月，全国老年体协主席张彩珍来区视察，对全区老年体协工作充分肯定。2005 年，市政府授予区老年体协常务副主席杨顺全为老年体育工作开拓者、贺霜为门球运动开拓者称号。

第六节　社区体育

21 世纪初建立社区以后，各社区都重视文化建设，把体育作为一项文化工作来抓，成绩显著，尤以莲花池街道宏达社区最为突出。

宏达社区 2001 年 5 月成立。辖 5 个居民小组，2 个村民小组，常住人口 3 897 人，流动人口 2 200 人，老年人有 400 余人；社区内共有省、市、区级单位 19 个，私营企业 5 个，个体工商户 276 户，属典型的城乡复合型社区，开展丰富多彩的文体活动，使老年朋友老有所乐。

加强领导　社区党总支、居委会坚持把社区老年工作摆上重要位置，列入议事日程。2002 年 7 月，成立老年体育协会，由社区党总支书记、主任徐光源任老年体协主任，社区副主任谢帮玉、李治全任副主任，社区老年体协把开展各种老年体育活动作为一项长期坚持的经常性工作来抓，做到日常工作有人管，具体工作有人干。

阵地建没　社区党总支、居委会千方百计筹措资金，加强社区老年活动队伍和场地建设，先后投资5 300多元为健身队购置大鼓、大镲及音响设备，建立起老年腰鼓队、健身队、门球队、钓鱼协会、棋牌协会、武术队，共有250多名老年朋友参加。又投资2 400元建立老年图书阅览室；投资8 700元，购买健身器材6台，乒乓球台一个，棋牌桌6套，购买图书1 300余册，文房四宝15件。建立老年健身活动室、书画室、电教室、棋牌室等活动场地，使老年朋友休闲、健身、娱乐场所得到改善。

开展活动　社区老年健身队、腰鼓队、武术队、门球队、钓鱼协会、棋牌协会经常性开展活动。老年健身活动室、书画室、棋牌室免费向老年朋友开放。同时社区还不定期组织开展"社区大家乐"露天舞会。2002年11月，由市总工会、妇联、文化局、团市委、江阳区政府、龙马潭区政府、纳溪区政府联合举办欢庆十六大"锦华房产"杯巾帼风采社区文化展比赛，宏达社区老年腰鼓队的扇子舞《中国大舞台》、竹板声歌《喜乐年华》分获三等奖和优秀奖。2003年2月15日，由市委宣传部、市精神文明办公室举办"泸化双五"杯新春腰鼓大赛，社区腰鼓队获二等奖。

第十九篇　医药卫生

1996 年建区前，城区有泸县人民医院、泸县中医医院、泸化医院等；石洞、胡市区所在地和全区各乡镇均有卫生院，这些医疗机构的设备优，技术实力比较雄厚。卫生防疫和妇幼保健机构健全；区乡村卫生网络形成。建区后，经过卫生体制改革，各级医疗机构有很大发展。特别是区中医医院，1996 年新建用房 4 100 平方米，其后不断发展。至 2005 年底，建筑面积扩大到 9 273 平方米。与原址相比，等于原来的两个中医医院。一些民营医院，如建平医院、利康医院、佳泰男科医院等相继新建或扩建。农村医疗卫生网络更加健全。大小医药店铺遍布城区场镇，缺医少药状况得到改善。

第一章　机　构

第一节　行政机构

区卫生局　1996 年建立时，内设医政药政股、防保股（挂区地方病防治办公室、狂犬病防治办公室和健康教育所牌子）、计划财务股和办公室（挂法制办牌子），机关行政编制 7 名。其中正副局长各 1 名，机关后勤服务人员（事业编制）1 名。1998 年 7 月增设地方病防治办公室、爱国卫生运动委员会办公室、狂防办。2001 年机关行政编制 6 名。其中正副局长各 1 名，副主任科员 1 名，科员 3 名。机关后勤服务人员（事业编制）1 名。2004 年增设副科级职数 1 名，主任科员 1 名；机关行政在职职工 10 人。其中大学本科 2 人，专科 4 人，中专 3 人，高中 1 人；中共党员 8 人。历任局长薛咏棠、曹晓丹、张光惠。为加大卫生监督力度，6 月成立卫生执法大队，编制 10 人，属财政全额拨款事业单位，驻小市新街子 74 号。该大队在区卫生局领导下，依法履行行政卫生监督执法职责。

区食品药品监督管理局　2005 年 8 月成立，此前的主要职能由区卫生局承担。2001 年 12 月，据区卫生局职能配置内设机构和人员编制规定，将药政、药检职能交泸州药品监督管理局，并向全区派出药品监督特派员，其工作班子挂四川省泸州药品监督管理局直属分局牌子，钟宁任局长。2002 年 7 月因机构调整，泸州药品监督管理局直属分局和泸州食品药品监督管理局联合办公，但直属分局的职能仍独立存在，并履行监管职责。2005 年根据省市县（区）食品药品监督管理系统机构改革方案要求，当年 8 月组建区食品药品监督管理局。内设食品安全协调监察股、综合股、食品药品稽查大队。有职工 11 人（其中工勤人员 1 人），执法人员 10 人；大学本科 8 人，专科 2 人，高中 1 人；中共党员 9 人；局长 1 名、副局长（兼纪检组长）1 名，党支部书记 1 名（副科级），股级干部 4 名，分别有股长、副股长各 2 名。

第二节　专业机构

医疗机构　1996 年底卫生局直属医疗机构 3 个（中医院、防疫站、妇幼保健院），下属中心卫生院 2 个（原石洞、胡市中心卫生院），乡镇卫生院 7 个（罗汉、鱼塘、特兴、安宁、石洞、金龙、胡市），地名卫生院 9 个（长安、奎丰、新民、齐家、永寿、双加、来龙、官渡、小市）。全区有全民所有制职工 234 人，集体所有制职工 172 人，个体行医人员 95 人，个体药品经营人员 72 人。有村卫生站 243 个，乡村医生 485 人，2005 年泸化医院移交区政府管理。至 2005 年底，全区直属医疗机构 6 个，经行政区划调整后，统一上划区管理的乡镇卫生院 7 个、街道卫生院 2 个，村卫生站 214 个，社区卫生服务站 13 个。有医疗卫生职工 467 人，其中乡镇街卫生院（站）职工 193 人。以区级医疗单位为中心，乡镇街卫生院为枢纽，农村卫生站为基础的三级医疗防保网络基本形成。其中医院设备先进，技术力量雄厚，医疗质量高的有区中医院、泸化医院和区红十字医院。

疾病防控机构　区疾病防控中心（原卫生防疫站）是 1996 年行政区划由原泸县防疫站分离成立，主要任务是开展传染病和地方病防控、儿童计划免疫、食品卫生、公共场所卫生、劳动卫生、学校卫生、环境卫生、生活饮用水卫生、放射卫生及消、杀、灭和寄生虫防治等。有在职职工 27 人。其中副高级职称 2 人，中级 12 人，初级 5 人。内设流行性病科、卫生监测科、行政后勤科。

妇幼保健机构　区妇幼保健院是 1996 年行政区划时，从泸县妇幼保健所分离人员成立泸州市龙马潭区妇幼保健院，时有在职职工 8 人。2000 年区编委定编 13 人。2003 年调整卫生编制为 25 人，在职职工 21 人，其中副高级职称 1 人，中级 8 人，初级 11 人，工勤人员 1 人。院内设妇产科、儿保科、婚检科、检验科、药房等科室。开展妇科、儿科等常见病、多发病、难杂症等诊治工作。住院病床由 1996 年的 8 张增至 2005 年的 20 张。1999 年省卫生厅命名该院为"爱婴医院"。

第二章　卫生体制改革

第一节　干部管理体制改革

区卫生局干部管理改革　1996 年卫生局成立时，设局长 1 名。1997 年 10 月增设局党委书记、副局长 1 名。1998 年 10 月起，党政主要领导职务一肩挑。2004 年 11 月起，区委在卫生局设专职纪委书记。2005 年卫生局职能调整，领导职数调为 1 正 2 副（局长 1 名，副局长、纪委书记各 1 名），实行局长负责制和任期目标管理责任制。并实行领导干部任期制与离任经济责任审计制。

区级医卫单位干部管理改革　1996 年 6 月至 2003 年 1 月，区中医医院、妇幼保健院、疾病防控中心和石洞、胡市中心卫生院的行政正副职领导由区卫生局考察任免。2003 年 1 月起，区委、区政府加强对卫生工作的领导与管理，区中医医院、妇幼保健院、疾控中心、石洞、胡市中心卫生院、泸化医院的行政正副职领导由区委考察任免。

乡镇街卫生院干部管理改革　1996 年 6 月至 1998 年 8 月，金龙、红星等 9 个乡镇街卫生院、奎丰等 5 个地名卫生院正副院长由区卫生局考察任免。1998 年 8 月乡镇街卫生院改革，9 个乡镇街卫生院、5 个地名卫生院的行政、人事等移交当地乡镇街政府领导管理，区卫生局只管业务，制订医疗质量标准，下达国家指令性医疗卫生工作和行政执法监督。2003 年起乡镇街卫生院再次改革，撤销石洞镇卫生院，其人员、职能并入石洞中心卫生院，撤销胡市镇卫生院和奎丰等 5 个地名卫生院，其人员分流，职能并入当地政府所在地卫生院。2004 年 6 月 30 日，所保留的乡镇街政府所在地卫生院，全部上划区卫生局领导管理，实行目标管理责任制。乡镇街卫生院党组织和综治、计生等综合性工作仍由乡镇街政府领导管理。

第二节　人事制度改革

2001 年 1—10 月，区委组织部、区人事局、区卫生局在区中医医院、石洞红十字医院试点，对区级卫生医疗单位和中心卫生院的正副职领导由过去的选聘制改为招聘制。各医疗卫生单位重新设置科室岗位，开展中层干部竞争上岗，科室人员双向选择。中层干部（科室负责人）对照条件写竞聘申请，领导组审查，组织竞聘演讲答辩，确定聘用对象并公示，在公示无异议后，由本人与单位法人代表签订任期综合目标责任书。科室按照单位确定的岗位职数考核聘用职工，推行全员聘用合同制。中层干部竞争上岗，科室人员双向选择后，由单位法人与竞聘上岗职工签订聘用合同，初步实行职工由身份管理向岗位管理。对落聘人员实行待岗辞退制，提前离岗。打破干部职称终身制，实行低职高聘，高职低聘制度。实行引进改革，区成立人才引进考核组，制定考核办法和录用条件，各单位在编制限额内，对所需专业人才，面向社会公开招聘，专业考试与面试结合，择优录用。由单位和录用人员签定试用合同（一年一签），经卫生局审核后报区人事局备案。2001—2005 年区级医疗单位引进人才 20 人，调进业务骨干 10 人，公开招聘大中专毕业生 43 人。推行占编制聘用制度，2003—2005 年区卫生系统占编制聘用卫生院技术干部 46 人。2004 年首次实行乡镇街卫生院专职公共卫生专业人员聘用制，聘用专职公共卫生员 24 人。

第三节　分配制度改革

2002 年 5 月 9 日，区属医疗卫生单位实行分配制度改革，将国家财政对卫生事业的经费补助，按各单位完成工作任务数量，比照制定的目标任务，通过考核打分计算补助。在岗职工实行绩效工资。其标准构成分为三部分，即医德医风工资、医疗质量工资、绩效工资。医德医风、医疗质量工资各占标准工资的 10%。在一个月中没有病人投诉，没有职工反映，领导考核没有违反规定，可以领取标准工资的20%。绩效工资占标准工资的80%。推行目标任务奖，设立科研发明奖、论文发表奖，评选为国家、省、市、区及本单位先进人物则按级给奖，特别优秀人物可实行低职高聘制度。

第五节　农村卫生体制改革

1998年7月，为强化卫生一体化管理，在鱼塘镇、罗汉镇开展"乡村卫生组织一体化管理"试点工作。加强对乡镇卫生院、村卫生站的行政、业务、药品、财务、核算、人员聘用的管理，强化乡镇卫生院业务管理职能。2003年1月起，加强三级防保网建设。区防疫站、保健院对全区卫防、妇幼工作进行全面指导、检查、培训、考核，开展应用性科研工作及推广科研成果。乡镇街卫生院是三级网络的枢纽。卫生院设立防保科，3万人以上的乡镇，由区卫生局聘任防保人员2~3人；3万人以下的乡镇至少聘任防疫、妇幼专职人员各1人；服从卫生局、卫防站、保健院的业务指导，面向社区、村、社、家庭，规范管理辖区卫生防疫和妇幼保健工作，开展健康教育等工作，对辖区内村级卫生防保工作进行指导、检查、培训、考核。村卫生站、社区服务站是三级防保网的网底，是信息的源泉，接受区卫生局管理和卫防站、保健院、乡镇卫生院的检查、培训和考核；承担预防保健工作，开展健康教育，提供卫生咨询和信息，服从卫生行政部门的调遣，积极完成上级交付的工作任务。乡镇（地名）、街道、村、社区防保人员的报酬，由区卫生局在卫生事业调节资金中列支。区卫生局与区卫防站、保健院，卫防站、保健院与各乡镇街道（地名）卫生院，乡镇（地名）街道卫生院与村卫生站（社区卫生服务站）之间，层层签订责任书，实行目标管理，年终根据考核分值实行奖惩。2004年，根据中央、省、市农村卫生体制改革精神，每个乡镇政府所在地必须留一所政府举办的卫生院。区政府将石洞镇卫生院人员、资产、工作职能合并到石洞中心卫生院，撤销镇卫生院。合并后的石洞中心卫生院实行人事工资分配制度改革，因事设岗，以岗定人，中层干部实行全院竞争上岗，职工上岗与卫生院实行双向选择，全员聘用。对卫生院总体功能发挥较好，干部群众反映良好的鱼塘镇、罗汉镇、红星卫生院的院长实行群众推荐、组织考核选聘的方法选聘院长。对管理不善、负债多、效益差的安宁镇、双加镇、金龙乡、长安乡、小市卫生院的院长实行面向社会公开招聘。是年6月26日，在《泸州日报》第四版刊登公开招聘院长公告。截至7月2日共有13人报名。7月7日经抽签排序进行演讲答辩，对前5名的思想政治素质、工作能力等进行考核，研究确定院长人选。分别进行上任前廉政谈话，并到各乡镇召开职工大会，宣布新院长上任，完成院长聘用协议签订及聘用工作。6月对9个乡镇街卫生院的公共卫生人员进行群众测评，对工作能力差、责任心不强、群众意见大的原有人员进行调换，选拔一批年轻有为的担任公共卫生员，并由区卫生局下文聘用，任期3年。落实养老保险，经与劳动局协商，同意未参加养老保险职工，在这次计算交费年限时，可不交滞纳金。根据乡镇街卫生服务半径和今后发展等情况拟定乡镇街卫生院编制，经区编委批准定编为130人。积极探索新型农村合作医疗的新路子，通过农村卫生体制改革，三级防保网络基本形成。各级医疗卫生单位的基础设施建设，技术设备更新，卫生技术人才培养提高，特别是通过农村甲级卫生站的创建，能按药物目录配备药品及必要的设备。全区有注册乡村医生182人，平均每村1.37人，承担预防保健任务，提供初级诊治。80%以上村民，基本上小病不出村，大病不出镇，看病不再难。

第五节　卫生监督体制改革

区卫生局依照国家卫生法律、法规规定，履行卫生行政监督执法职能。具有多部门、多机构、一人多职、分散实施卫生监督执法的大职能。为加大卫生监督执法力度，改变大卫生职能的现状，2004年6月经区编委同意成立区卫生监督执法大队。依法对全区公共卫生、妇幼保健等监督执法。在执法过程中，严肃纪律，执行省政府行政执法"十不准"规定和省卫生厅《卫生工作人员五严禁、五不准、五禁止》规定。卫生监督执法工作与区疾病防控中心分离。

第三章　医药管理

第一节　医政管理

医疗机构评审管理　1996年7月29日，为贯彻国务院《医疗机构管理条例》和《四川省医疗机构管理条例》，根据医疗机构评审委员会章程，决定成立区医疗机构评审委员会，由薛咏棠（卫生局长）等9人组成。办公室设在卫生局，医政股负责评委会日常工作，并建立健全各种管理制度。凡未取得《医疗机构执业许可证》的单位或个人不得从事诊疗活动。持有《医疗机构执业许可证》的外地单位或个人来龙马潭区执业，须经区卫生局批准换证，并交保证金1万元，未经换证者按无证行医处罚。医疗机构实行统一领导、统一核算、统一分配、统一购药，不得实行分组承包和个人承包。医疗机构只能向具备省卫生厅核发《药品经营企业许可证》的医药公司采购药品。查出假药劣药，按国家《药品管理法》从重论处。在采购药品中，个人收受回扣的按受贿论处。医疗机构积极预防医疗技术事故，杜绝医疗责任事故，一旦发生事故，立即报告，并保护证据，作好调解。医疗机构必须完成各项卫生工作任务，卫生局对区属医疗机构和中心卫生院实行行政管理和业务监督。对乡镇（地名）卫生院、村级卫生室及其他医疗机构实施业务指导和监督。依据《医疗机构基本标准》《医院评审标准》《全国医院工作制度》《医院工作人员岗位责任制》的要求，1999年对胡市、石洞中心卫生院，鱼塘镇、罗汉镇、石洞镇卫生院进行评审。2000年对金龙乡、特兴镇、小市街道、安宁乡卫生院进行评审。

医卫人员管理　区级医疗单位和中心卫生院属全民事业单位，乡镇卫生院属集体事业单位。1998年前全区中心卫生院、乡镇街各卫生院的行政、人事、财经均由当地政府管理。2003年胡市镇卫生院改制，由属地政府管理，石洞镇卫生院与当地中心卫生院合并，上交区卫生局管理。2002年卫生人事制度改革后，区属卫生医疗单位领导人进行公开、公平、公正竞聘；中层干部公开竞聘选任；卫生专业技术人员按结构比例定员、定岗，全员聘用，竞争上岗，双向选择，实行绩效工资制；签订聘用合同，建立解聘、辞聘制度；新进人员面向社会公开招聘，文化考试与面试相结合，择优录取。区、乡镇医护技术人员的调动，由区卫生局办理，报区人事部门备案。调出区由区组织、人事部门审批办理。大中专毕业生由组织、人事部门按人员编制安排。离退休、退职手续由区卫生局报人事局审批办理。

依法组织执业医师资格认定考核考试、护士执业考试和乡村医生资格认定考核考试的发证和注册工作。1999 年经市以上确认执业医师 270 人，执业助理医师 105 人，共 375 人。当年经考试考核合格的执业医师 12 人，执业助理医师 21 人，共 33 人。2000 年经考核合格的执业医师 6 人，执业助理医师 27 人，共 33 人。至 2005 年全区共有执业医务人员 441 人，其中执业医师 288 人，执业助理医师 153 人。当年又有 59 人报名参加全国统一执业医师考试。2004 年依法完成执业医师注册 118 人，变更注册 87 人。组织参加全国执业医师资格报名 181 人，完成 90 名护士再次注册，组织乡村医生资格考试。同时对全区 269 名申请注册的乡村医生进行全员培训。对不符合注册条件的 42 名乡村医生，按要求进行考试，对 40 名合格的予以注册。开展继续教育培训、学术讲座，严格年度考核，每年派出学习人员不低于医卫人员的 5%。

医疗事故管理 医疗事故的管理机构是区卫生局，医疗事故的处理是根据国家公布的《医疗事故处理条例》的有关规定，对构成医疗卫生事故本身的处理，由医方给患方一定的经济补偿。卫生行政机关对构成事故的责任人进行行政处理。一般本着教育从严、处理从宽的原则，对患者家属做耐心细致的解释说服工作，以求得谅解。2003 年 4 月 5 日，特兴镇卫生院执业医师曹某某为一产妇助产时，未观察心胎音和未作相应处理，在分娩过程中婴儿吸入羊水死亡；在产妇出现大出血时处理方法不当，延误抢救时机，致产妇大出血死亡。经市医学会医疗事故技术鉴定：婴儿死亡医方负全部责任，产妇死亡医方负主要责任，为一级甲等医疗事故。经区人民法院刑事判定：曹某某犯医疗事故罪，判处拘役 6 个月，缓刑一年。给予注销注册、收回执业医师证书的处罚。2003 年 4 月 30 日，对石洞镇向前村乡村医生谈某某在防治"非典"工作中不履行工作职责，给予暂停执业活动的处分。

第二节 药政管理

"两证"发放管理 1996 年建区后，按国家《药品管理实施办法》规定，沿袭泸县管理模式，由区计经委代行其药品生产经营行政主管部门职责，核发药品经营合格证，卫生局对药品行使监督权和行政执法职能，并核发药品经营许可证。工商行政管理依据计经委、卫生局核发的合格证、许可证办理工商登记，核发营业执照。严格按"一类一证、一地一证"管理，每年进行年度审验，需要换发两证的可同时办理，对不合格者吊销许可证。

医药市场管理 1996 年建区时，全区医药市场比较混乱，无批文号、无注册商标药品、淘汰药品进入流通领域。尤其是小市回龙湾，不到 500 米的地段就云集药品营销商 51 家。区卫生局先后制发《卫生执法责任制》《药品抽查程序》《药政监督规范》等一系列文件规范药品市场。1999 年区卫生局开展药品市场执法大检查，取缔无证行医 29 家，下发监督文书 12 份。没收中西医药品 210 余种，250 余公斤，现场处罚 14 家。对不合格药品立案 71 件，无一件错案，依法拔除钉子户 6 户。根据法律法规建立档案制度，对药品经营管理纳入规范化轨道。

特殊药品管理 1998 年 7 月，区卫生局下发关于进一步加强特殊药品管理的文件。要求各医疗机构建立健全毒性和限制药品的入库、验收、保管、发货等制度，做到专库、专柜贮存，专人、专账、上锁保管，包装上要有明显标记。专销人员必须具有相关业务技术知识，按照卫生部国家医药局规定：第一类毒性、限制药品，只限供应医疗单位和相关医疗门市配方使用，不得在门市零售；第二类毒性、限制药品必须凭盖有公章的医师处方，才能在医药门市发售，每次处方不得超过一日剂量。毒性药品的加工、保管、销售，严格控制执行专人、专账、专柜、专销、专章的"五专、一储"制度，乡村医生、个体药摊（店）不得销售毒性药品。每年开展毒麻药品的专项检查，10 年间，全区各单位和经销人员，严格遵守各项规章制度，未出现重大事故。

网络监督管理　在贯彻药政法律上，区卫生局对药品经营许可证每年进行一次年度审验，对药品经营从业人员每年进行一次业务培训。为发挥药品监督网络作用，每年召开两次以上药品协管员会议，开展定期或不定期的药品质量和特殊药品大检查，监督检查率达 100%。为加强执法队伍建设，从 1997 年起，全区先后聘任药品监督员 8 名，卫生检查员 34 名。针对个体、合伙经营药品人多面广的特点，1998 年又聘任 13 名卫生协管员。卫生检查员、协管员在区卫生局领导下，依法对药品和经营者进行检查监督，形成药品管理三级网络，做到层层有人抓，样样有人管。

第四章　疾病防控

第一节　公共卫生

食品卫生　区卫生局和工商局依法规范食品行业办理"食品卫生许可证"。确认区卫生防疫站为健康体检单位，负责食品从业人员健康检查。区卫生局先后聘任卫生监督员 24 名，乡镇街卫生检查员 57 名，统一着装，开展经常性的食品卫生监督管理。几年中组织培训食品从业人员 4 994 人次，培训面达 98%。食品从业人员体检率 95%，查出传染病患者，均作调离处理。审核换发食品卫生许可证 4 499 个，持证率 98.07%。1999 年鱼塘镇枣园村发生食物化学中毒 24 人，2001 年红星村唐人大酒店发生"大肠埃希氏菌"（大肠杆菌）食物中毒 40 人，由于医疗急救处理及时，均无人死亡。针对以上两件案例，区政府突出治理源头污染，对食品生产加工、批发、零售等流通环节进行专项整治。2000 年为宣传贯彻《食品卫生法》实施 5 周年，陈列人们常买的伪劣食品 20 余种，让群众鉴别真伪，讲解标准，直接受益 2 000 余人次。是年对城区医药店、医药公司、个体诊所进行检查，共检查经营行业 105 户，办卫生许可证 19 户，办证率 18.10%。检查保健食品 35 种、1 432 盒，不合格 2 种 2 盒，占 0.14%。2003 年由副区长吴伟与各乡镇各部门签定《食品安全专项整治工作责任书》，落实食品安全责任制。是年处理食物中毒 8 起，排除 4 起，确诊 4 起，中毒 18 人，无一例死亡。2005 年对生产、经营、流通、消费环节开展专项整治，着重检查食品添加剂、酒类、饮料等产品及生产企业、旅游景点、大中型餐饮业、批发市场等，查封假冒伪劣食品 854 件，假酒 300 公斤。收缴违法保健品 12 盒，取缔非法加工黑窝点 3 处，责令整改 110 家，专项整治中立案 26 件，全部结案，罚款 3.5 万元。

饮水卫生　1996 年，区卫生防疫站依法对辖区市政供水单位、乡镇自来水厂（站）、企业自备水单位等 29 家制水供水单位开展水质卫生监督监测。29 件中合格 6 件，占 20.69%。水源水监测 6 件，均不合格。全部水样指标中以细菌总数、大肠菌群数超标，显示生活饮用水受粪便污染严重。是年卫生局聘任生活饮用水卫生监测员 14 名，1999 年培训 31 名制水工人，对 16 家制水单位抽测水质 17 件，全不合格。2000 年卫生局制发《农村生活饮用水卫生状况调查方案》，对村民取水方式及水源开展调查，对农村饮用水质抽检，根据结果进行整改。是年监督全区集中式供水单位 10 户，仅 3 户办理卫生许可证。水质抽查 10 件，无一合格。不合格指标主要是自由微生物、砷、铅等。2005 年参与区水利农机局对农村饮水安全工程"十一五"规划调查、水质监测、统计及评审。对全区学校饮用水、乡镇集中式供水专项监督监测，在 10 户水厂中抽检 4 户，监测出厂水 2 件、末梢水 2 件，合格为零。对泸州市十七中学校突发不明原因腹泻事件立案调查，罚款 500 元。

劳动卫生　据 1999 年 10 月工业企业的摸底调查，全区有家具制造业、玻璃制造业、制砖业、化工工业企业等 165 家。其中有毒害企业 70 家，职工 2 610 人。对有毒有害作业工人均未作健康体检和卫生知识培训，无防尘防毒设备，无个人防护用品。2000 年区卫防站开始建立企事业单位劳动卫生和职工健康检查管理制度，要求净化生产工作环境。2001 年区卫生局和防疫站调查劳动卫生情况，监测覆盖面 78.51%。1999—2005 年间，区卫生局多次与区劳动局、发展计划局、经贸局、建环局、总工会等联合下文，要求厂矿企业切实做好劳动卫生安全防护和净化优化生产工作环境，确保职工身心健康。对新建、改建、扩建企业工程项目，在设计、施工、竣工时，均由防疫卫生和劳动部门监督审查。

学校卫生　1997 年 8 月在龙马潭区一中、二中、石洞镇中心小学、小街子小学建立学校卫生监测点，开展学生健康体检、学校卫生监测、常见病矫治、计划免疫等防治工作。是年开展预防接种 1.2 万人，流脑 5 600 人、乙脑 4 200 人、风疹 100 人，腮苗 150 人、乙肝 50 人、甲肝 180 人。1999 年 9 月增加龙马潭区三中、鱼塘中心小学为学校卫生监测点。2002 年抽查学校食堂 19 个，持有效卫生许可证的 5 个，占 26.3%。从业人员 104 人，办健康证 39 人，占 37.5%。2003 年全区在抗击"非典"中，认真整治学校食品卫生、校园卫生，师生均未发生病情。从 2004 年开始成立学生体检专业队伍，统一负责全区中小学学生的健康检查，组建 4 个学生体检专业组，分别由区疾病防控中心、区中医医院、石洞、胡市中心卫生院牵头承担，实行分片负责。建区 10 年来，对学生健康检查共 9.79 万人。

放射卫生　1998 年 8 月，区卫生局作出调整放射工作人员保健津贴的规定，对中医医院，石洞、胡市中心卫生院放射人员保健津贴调整为每月 35 元。乡镇卫生院放射人员每月 30 元。1999 年区卫生防疫站首次开展放射卫生的监测工作，测量 X 光机射线是否超标，机房空间、机器方位、墙体厚度、来往行人、防护设备是否符合要求，并对每台 X 光机建档，监测资料记录归档。2002 年对医疗单位放射人员个人剂量监测，建立监测档案，每年一次体检，并要求所有放射人员经培训和取得合格证后持证上岗。截至 2005 年底，全区有 X 光机和 CT 机 25 家，建档率 100%，25 名放射人员均建立健康监护档案。

第二节　爱国卫生运动

全区爱国卫生管理工作组织健全，机构完善，三级网络建设进一步加强，管理水平大大提高。大力开展形式多样，以人为本的爱国卫生教育和健康教育宣传活动，1997 年 4 月区长楚明、人大常委会主任刘汉洲、政协主席甘正福走上街头，参加四月全国爱卫宣传活动。2000 年 4 月 15 日，由区卫生局、广电局、卫生防疫站、中医医院、妇幼保健院等 10 余个单位分别在小市电影院、沱江市场、回龙湾等地设卫生宣传台 17 个，出动宣传车 3 辆，参加宣传人员 175 人，印发宣传资料 550 期，先后发放宣传资料 80 万余份。加大对传染病的防治工作，经受住了"非典""人—猪链球菌""禽流感""霍乱病"等疫情的考验。狠抓除"四害"工作，共投放除"四害"药物 90 余吨，有效防止了"四害"密度的上升和鼠传疾病的危害。创建工作稳定推进，爱卫"细胞工程"长足发展，其中指导和协助石洞镇成功创建为全区第一个省级卫生集镇，并为石洞镇花博园村成功争取到省爱卫办 CES 项目扩展暨农村改厕示范村建设项目及专项资金。指导胡市镇自来水厂成功创建为省级先进自来水厂。开展城市示范社区创建，新增公厕、垃圾库 50 个，果皮箱 260 个，完成鱼塘垃圾场的改造。另对长沱两江沿岸、拆迁或建设未完工工地、城郊结合部、小街小巷等环境卫生较差的区域进行大规模清除。区级各部门各乡镇街均将爱国卫生运动纳入工作范围，建立健全"每天小扫除，周末大扫除""门前三包，门内达标"等常规性卫生制度，保持清洁卫生经常化。积极配合有关部门治理"三废"污染，保护环境卫生。通过十年努力，以创先争优为载体，全方位、多层次的培育爱卫细胞，以点带面，点面结合，带动和促进全区爱卫意识大提高，市容环境卫生面貌大改观，圆满完成历次国家卫生城市复查和灭鼠先进城区复查任务。

第三节　防疫工作

传染病防治　【霍乱防治】　1996 年，区防疫站成立疫情处理应急队，开展肠道门诊专项检查，进行技术培训。实行首诊负责制，做到"逢疑必报、逢泻必查"。1999 年 8 月，成立霍乱防治小组，由副区长田怀聪任组长，办公室设在卫生局。2001 年 9 月后，长安乡幸福村 13 社、安宁镇安宁村 7 社等地先后发生霍乱疫情，核定霍乱病例 4 例，健康带菌 9 例，确诊菌型是霍乱弧菌 139 群菌株，属食源性霍乱暴发疫情。由于政府重视，按"分类指导、科学防治、快速反应"的要求开展扑疫工作，无二代病人发生，无一例死亡。

【脊髓灰质炎防治】　1996 年起，每年均对区内出生 0～47 月龄婴童开展脊髓灰质炎疫苗强化免疫。每轮接种率 95% 以上。1998 年，全区各乡镇单位脊灰疫苗接种率 90% 以上。从 2004 年起开展常规 AFP 监测，完成市下达任务。至 2005 年，全区无脊髓灰质炎病例发生。

【非典型肺炎防治】　"非典"是近年新发现的传染病。按卫生部规定，纳入甲类传染病管理。2003 年当全国"非典"疾病爆发时，区委、区政府行文要求各部门各乡镇街加强防治工作，广泛宣传引导，及时组织返乡人员严防死守，控制疫源输入，对公共场所消毒灭源。卫生系统成立防治领导组和应急处理技术工作组，加强日报和零病例报告。截至 8 月 18 日，对 3 537 名返乡人员跟踪观察，监测 1 例非典病人，密切接触者 29 人，住院观察 4 名。全区接到疑似非典疫情报告 203 起，参加疫情防治人员 821 人次。由于广大医务人员努力，无一人死亡，无当地和二代病例发生，赢得抗击"非典"阶段性胜利，此后由抗击防控转入常规监测防控。区政府、卫生局、防疫站由市委、市政府表彰为先进集体。区委副书记王波等 5 人，由省委、省政府表彰为先进个人。

1996 年建区后，区内传染病总体有所下降，白喉无病例发生，百日咳从 2001 年起无病例发生，狂犬病无一例发生，疟疾基本消灭，麻疹、痢疾等发病率维持较低水平。但有些病种呈上升趋势，性病就是其中的典型。

消毒杀虫灭鼠　1996 年后，为迎接国家卫生城市复查巩固工作，区卫生防疫站负责消毒、杀虫、灭鼠技术指导。对全区各类医疗卫生机构开展消毒剂、消毒器、一次性医疗用品消毒效果监测。举办医务人员血液传播疾病培训班两期，60 余人次参训；除"四害"培训班两期，180 人次参训；下发资料 1 万余份。对餐具饮具抽查消毒监测，合格率 30%。公共场所消毒监测合格率 72.2%。先后投放鼠药 7 888 公斤，敌敌畏 797 余公斤，敌杀死 567 余公斤等对疫区内外环境进行消、杀、灭。对城镇自来水厂、公厕、垃圾库、化粪池、屠宰加工场等地域，农村水井、水塘、臭水沟、粪便池、家禽饲养等场所进行消毒。由于对疫源和疫区内外环境的病源微生物消、杀、灭彻底，控制蚊媒昆虫和鼠害疾病的传染，达到国家卫生城市复检标准。

疫情报告 1996 年 8 月，区卫生局确定第一批法定疫情报告单位 44 个。其中驻区厂矿和区属医疗卫生单位 40 个，学校医务室 4 个。1997 年 4 月，调整法定传染病疫情报告单位 33 个。2003 年 3 月再次调为 26 个。2004 年 3 月，区防疫站开展传染病疫情及突发公共卫生事件网络直报工作，石洞、胡市中心卫生院、区中医医院、区妇幼保健院等 6 个单位实现网络直报。全区各级医疗卫生单位及所有医务人员、检验人员、卫生防疫人员、乡村医生均为法定报告单位或法定报告人。属国家规定的传染病，经确诊者必须按规定及时填写法定传染病报告卡片，经本单位审核后交区防疫站（疾控中心）。发现甲类传染病或疑似病人时，逐级上报，城区不超过 6 小时，农村不超过 12 小时。发现暴发疫情时，立即用网络直报，区防疫站（疾控中心）可随时检查疫情报告单位报告情况，按月写出疫情简报。对常见传染病作预测预报。如疫情严重，坚持 24 小时值班，实行日报告及零报告制度。

第五章 妇幼保健

第一节 妇女保健

妇女劳动保健 1996 年建区后，继续贯彻月经期、怀孕期、分娩期、哺乳期、更年期的妇女劳动保护。通过妇幼保健人员开展咨询宣传，由亲朋好友互相帮助，得到较好解决。机关、企事业单位实行晚婚晚育，且终生只生一个孩子的女职工，原产假 56 天延长至 70 天，工资照发。由于各厂矿企业工会关心妇幼卫生保健工作，使厂矿企业女职工生产劳动卫生条件得到保障。

妇女疾病防治 随着全区三级保健网络逐步建立健全，医疗检测仪器不断更新，农村妇幼保健工作得到进一步加强。1996 年，区妇幼保健院对全区妇女病，应查 2.41 万人，实查 1.54 万人，占就查人数 63.68%。查出滴虫性阴道炎 704 例，全部治疗；宫颈糜烂 2 143 例，治疗 2 052 例，治疗率 95.75%；尖锐湿疣 3 例，淋病 9 例，均得到治疗。此后，每年均对妇女病开展抽查或普查，逐步由普查普治转变为以防癌为重点的查治。除查出常见妇女病外，还发现有淋病等性病。2002 年应抽查 5.91 万人，实查 2.51 万人，查出 2 946 例病人，占实查数 11.74%，其中淋病和尖锐湿疣 397 例，与 1999 年 58 例相比，上升 339 例，是 1999 年的 6.84 倍，问题十分严重。由此加强对重点人群开展性病、淋病和艾滋病的监测和治疗。2005 年妇女病应查 6.69 万人，实查 4.67 万人，检查率 69.77%，查出妇科病 2 498 人，患病率 5.35%，与 2002 年相比，下降 6.39%。

贯彻《母婴保健法》 从 1996 年 8 月 1 日起，规范使用卫生部、公安部印发的《出生医学证明》。区妇幼保健院被确定为负责出生保健卡的管理和婚前医疗检查定点单位，是年批准 4 名婚查人员。区卫生局认可出具《出生医学证明》的医疗机构有区妇幼保健院、区中医医院、石洞红十字医院等 20 个医疗单位。区人大和区政府法制办、卫生局联合举办母婴保健培训班，学习"一法两办证"。医务人员经考试合格后，发给《母婴保健专项技术服务合格证》，对 12 个评审合格的医疗机构核发《母婴保健专项技术服务许可证》。凡未取得母婴保健技术许可证、合格证的医疗机构和人员，不得从事母婴保健技术服务。1997 年聘任母婴保健监督员 7 名。区妇幼保健院曾于 1999 年获省"爱婴医院"称号。2002 年底，区妇幼保健院、区中医医院、胡市中心卫生院被市卫生局授予"爱婴医院"称号。

科学接生 区卫生局和区妇幼保健院对各乡镇街及地名卫生院、村卫生站妇幼人员开展科学接生和《母婴保健法》专项培训，参培人员 85 人。2000 年市、区财政拨款 1 万元，作为妇产科设备专项经费，改善妇产科设备落后状况。此后，科学接生取代传统接生。科学接生认真执行无菌技术操作常规，保证助产质量，消除子宫破裂、新生儿破伤风、产褥热，减少产后感染及发生出血、会阴撕裂伤、新生儿窒息，确保产妇和新生儿健康。取缔家庭接生，使家庭接生转变为保送产妇住院分娩，并进行产后访视，努力建设绿色过道，降低孕、产妇和新生儿死亡率。

第二节 儿童保健

儿童保健管理 1996 年 8 月，区卫生局、教育局负责实施辖区内托儿所、幼儿园卫生保健的监督、检查和管理。区妇幼保健院负责托幼机构卫生保健技术指导、人员培训和业务服务。托幼机构工作人员和幼儿每年必须健康体检一次，同时搞好计划免疫和驱虫工作。1998 年 7 个乡镇开展儿童系统管理，覆盖面 82.12%。1999 年确立鱼塘镇为"NPA"监测计划监测点，了解 6 岁以下儿童健康状况，摸清儿童各种疾病发展规律、发病率、喂养、营养及死亡情况，进行系统管理。

儿童健康体检 1996 年 8 月，区卫生局、教科局联合下文，加强托儿所、幼儿园的卫生保健管理。规定幼托工作人员每年必须进行一次健康体检，取得合格证后方能上岗工作。托儿所、幼儿园的孩子每年进行一次健康体检，新生儿在入所入园前必须进行健康体检，合格后方能入所入园。从 1997 年开始，各乡镇街开展对 0~7 岁儿童体检业务，是年体检 2.13 万人。2001 年，首次开展幼托从业人员体检 112 人，合格 109 人，合格率 97.32%，对不合格从业人员全部调离。2005 年对小市、红星、莲花池街道幼儿园 3 498 人作了健康体检。

预防接种与计划免疫 1996 年，区、乡镇街两级冷链设备配全，投入运行。儿童预防接种和计划免疫工作，统一由区卫生防疫站组织实施。接种苗类主要有卡介苗、脊髓灰质炎、百白破三联、麻疹、乙型脑炎等。将常用生物制品疫苗分为三类，对疫苗的使用和免疫程序纳入计划免疫管理。各乡镇街免疫接种点，按程序开展常规免疫。接种对象为 6 月龄至 15 岁儿童。按国家卫生部实现儿童计划免疫接种单位资格认证要求，经区卫生局、防疫站考核批准，区、乡镇街、村共计 17 个单位取得免疫接种资格认证，36 名医卫人员取得免疫接种资格合格证。此后，坚持每年深入调查免疫接种质量，确保免疫接种效果，使每个儿童获得全程免疫，提高群体免疫力，相应降低传染病、流行病发生，形成免疫屏障。

第六章　医疗机构

第一节　医疗网络

1996 年，全区有直属医疗机构 3 个（中医医院、防疫站、保健院），下属医疗机构有石洞、胡市 2 个中心卫生院，罗汉、鱼塘、特兴、安宁、石洞、金龙、胡市 7 个乡镇卫生院和长安、奎丰、新民、齐家、永寿、双加、来龙、官渡、小市 9 个地名卫生院；有村卫生站 243 个，乡村医生 485 人；另有个体行医 95 人，个体药品经营者 72 人。2005 年 7 月，全区有区中医医院、疾控中心、卫生监督执法大队、妇幼保健院和石洞中心卫生院、胡市中心卫生院，乡镇卫生院 7 个，街道卫生院 2 个，农村卫生站 214 个，城市社区卫生服务站 13 个。2000 年，省卫生厅确认龙马潭区为乡村"两化"（系统化、正规化）达标合格县（区）。至 5 月，全区有行政村 133 个，其中 123 个村设有卫生站。

1996 年，泸县人民医院增挂"泸州市第二人民医院"牌子，原有在龙马潭区的设施及部分医技人员仍留在原地，继续为当地服务。2005 年 11 月 1 日，泸化医院移交龙马潭区，又称高坝社区卫生服务中心，至此全区有医疗机构 398 家，其中非营利性医疗机构 270 家（医院 3 家、门诊部 14 家、妇幼保健机构 1 家、乡镇卫生院 11 家、村卫生站 228 家、城市社区卫生服务站 13 家）；营利性医疗机构有利康医院、佳泰男科医院、华普东方妇产医院、建平医院、瑶安医院等 128 家（医院 6 家、门诊部 4 家、诊所 118 家）；有注册乡村医生 265 人；另有厂校医务室（所）16 个。区、乡、村已形成三级医疗网络。

第二节　主要医疗单位

龙马潭区中医医院　1984 年，泸县县委、县政府将小市镇卫生院第二门诊部 17 名集体所有制卫生人员转为全民卫生事业职工，并在泸县抽调 10 余名医务人员共同组建成泸县中医医院。当时只能用中医中药和西医西药治疗常见病、多发病和用 X 光机照光、简单化验、新法接生及简单外科手术，1995 年发展成为国家二级乙等中医医院。1996 年建区后，该院更名"泸州市龙马潭区中医医院"，1997 年增挂"龙马潭区人民医院"牌子，1999 年该院中医骨伤科被省卫生厅命名四川省重点骨伤专科建设单位的二级专科。

1996 年，区中医院在泸隆公路 59 公里处新建门诊医技大楼，面积 4 100 平方米。后规模不断扩大，到 2005 年底共占地 1.06 公顷，建筑面积 9 273 平方米，固定资产 1 100 多万元，医疗设备价值 400 多万元。有职工 147 人，其中卫生技术人员 119 人，含副主任医师 9 人，中级职称 40 人。设 2 个门诊，有 12 个临床科室、6 个医技科室。住院部编制病床 100 张，年住院病人 1 756 人次，年门诊

34 万余人次。

泸化医院 （高坝社区卫生服务中心）泸州化工厂医院于 1938 年迁来。2005 年 11 月 1 日移交龙马潭区政府管理，改为高坝社区卫生服务中心，保留泸化医院牌子。是一所集医疗、教学、防疫、卫生、康复保健、健康教育、计划生育服务、120 急救、社区卫生服务于一体的综合性国家二级乙等医院。有员工 156 人，其中副高级职称 7 人，中级 44 人，初级 77 人。占地 1.73 万平方米，房屋面积 1.1 万平方米，住院病房面积 3 926 平方米，设病床 160 张。2003 年投资 180 余万元装修住院部大楼，能满足各类住院病人需求。外科能开展椎间盘（突出）摘除、颅内异物取出、烧伤植皮、全髋置换等数十种高难手术。妇产科能开展剖宫产、宫颈癌根治、卵巢包块切除等多种手术。五官科能开展耳前瘘管切除、鼻息肉切除、扁桃体切除、鼻甲部分切除等手术。眼科能开展白内障超声乳化 + 人工晶体植入术、青光眼滤过术、眼睑内外翻矫正术、泪窦鼻腔吻合术等。内科能开展二级医院所开展的诊疗项目，B 超室开展介入穿刺治疗，对肝、肾、子宫附件的囊肿等置管引流，填补了该院超声介入治疗空白。

泸州建平中医医院（民营） 泸州建平中医医院建于 1993 年，创始人左建平为当代名中医，出生于行医五代、百年传承的左氏中医药世家。建院 10 多年来，发展为以专治胃病、骨病为主要特色的综合性医院。同时开展对肝胆病、结石病、肺病、鼻炎病、乳腺增生病以及中医科、内儿科、五官科、妇科等医疗业务。设有普通病房和高档温馨病房，有病床 40 张，配有 B 超、X 光机、电子胃镜、彩色经颅多普勒、心电图等检测设备。开展亚健康保健、健康体检、家庭病床、病员接送等项服务。

第七章　医疗队伍

第一节　构　成

1996 年建区时，全区有全民卫生事业职工 234 人，集体单位职工 172 人，乡村医生 485 人，个体开业行医人员 95 人，个体药品经营者 72 人。

2005 年有全民卫生事业职工 492 人，集体单位职工 91 人，社会办医卫生人员 181 人，共计 764 人。在 632 名卫生技术人员中，有执业医师 219 人，助理医师 79 人，护士 164 人，药剂人员 55 人，检验人员 33 人，其他技术人员 82 人。具有高级技术职称人员中有主任药学师 1 人，西医副主任医师 8 人，中医副主任医师 13 人，其他专业副主任医师 7 人。

2000 年在 133 个行政村中，有注册乡村医生 182 人，在接受系统化、正规化培训中取得大中专医学学历和《四川省乡村医生中专水平合格证书》《乡村医生逐项培训达标合格证书》者 156 人，到 2005 年，乡村医生 265 人。

在知名医师及管理者 10 余人中，评选出 1 名"十佳乡镇卫生院院长"、2 名"十佳卫生管理者"、2 名"泸州市名中医"。

第二节　高级医疗技术人员

　　全区600多名卫生技术人员中，有一批知名医生，他们的医疗技术得到上级和群众认可。胡市中心卫生院副主任医师罗开清是区以下卫生系统唯一副高医师，他基础理论、基本技能扎实，扎根基层数十年，外科、妇产科等临床经验丰富。1996年前在泸县牛滩区卫生院，首次作肝破修补手术成功。后在胡市中心卫生院完成多种开创性首例手术，有乳腺癌改良根治、甲状腺囊肿切除、胃大部切除、子宫次全切除、邻式子宫切除、前列腺扩裂、剖宫产美容切口、脾切除等高难手术。区中医医院骨科医师冉安政，从事骨伤治疗35年，用正骨复位外加小夹板固定，用药酒治疗各类骨折、各种创伤内固定等疗效显著，在川南骨科界享有盛誉。区中医医院内科主任兼门诊部主任、副主任医师刘生楠（女），对儿内科呼吸消化系统疾病、内科心脑血管疾病和各类危急重症的抢救等有独到之处。原泸县中医医院副主任医师林代敏，长期致力于临床医疗，重点对各类结石、胆道蛔虫、脾胃病、肝病、肾病、心脑血管病研究、治疗，特别在危急重症抢救及疑难病治疗上效果独特。退休后，仍继续开业看病。区中医医院原院长、区卫生局原局长薛咏棠，能熟练运用整体观念和辩证施治理论治疗危急重症和疑难病、绝症，着重心理治疗以调动患者主观能动性，创"调""通"二法以执简驭繁。遣药力求少、精、效、兼，被人称之为"薛八味"。退休后仍开业看病。

龙马潭区2005年副高级以上卫生技术人员一览表

表19-7-2

姓　名	性别	出生年月	毕业学校	高级职称	专　业	所在单位
余守阵	女	1957.12	华西医科大学	主任药师	药　学	泸化医院
石美刚	男	1952.9	泸州医学院	副主任医师	西医外科	区中医医院
陈　刚	男	1959.2	泸州医学院	副主任医师	西医外科	区中医医院
陈跃明	男	1954.3	成都中医学院	副主任医师	中医内科	区中医医院
邱建华	男	1954.11	成都中医学院	副主任医师	中医外科	区中医医院
刘生楠	女	1956.2	成都中医学院	副主任医师	中医内科	区中医医院
李学雄	男	1963.4	泸州医学院	副主任医师	西医内科	区中医医院
王　英	女	1964.11	川北学院	副主任医师	西医内科	区中医医院
徐　剑	女	1967.5	湖南医技大学	副主任医师	公　卫	区卫生监督执法大队
成兴泽	男	1957.1	宜宾卫校	副主任医师	西医内科	区妇幼保健院
赵　容	女	1965.1	重庆职工医学院	副主任医师	西医内科	石洞中心卫生院
罗开清	男	1954.11	泸州医学院	副主任医师	西医外科	胡市中心卫生院
常豫红	女	1969.1	华北煤矿医学院	副主任医师	公　卫	区疾控中心
雷益莲	女	1968.5	成都中医学院	副主任医师	中医内科	区疾控中心
曾一文	男	1952.6	泸化工大医科班	副主任医师	中医外科	泸化医院

续上表

姓　名	性别	出生年月	毕业学校	高级职称	专　业	所在单位
罗元玲	女	1964.5	华西医科大学	副主任医师	中医内科	泸化医院
汪　慰	女	1960.4	华西医科大学	副主任医师	中医内科	泸化医院
胡　伟	男	1968.9	泸州医学院	副主任医师	中医内科	泸化医院
卢科莲	女	1965.1	川北医学院	副主任医师	中医妇产科	泸化医院
罗玉辉	女	1968.3	泸州医学院	副主任医师	中医妇产科	泸化医院
冯大兴	男	1965.7	成都中医学院	副主任医师	中医内科	区中医医院
马　健	男	1965.7	泸州医学院	副主任医师	中医内科	区中医医院
刘世隆	男	1938.11	成都中医学院	副主任医师	中药剂	区中医医院（退休）
刘清忠	男	1959.9	成都医士学校	副主任医师	放　射	区中医医院（退休）
韦光瑶	男	1942.9	泸州医专	副主任医师	卫生管理	防疫站〔退休〕
石相荣	男	1942.8	四川医学院	副主任医师	中医内科	区妇幼保健院（退休）
方自凤	女	1947.11	宜宾卫校	副主任医师	卫生管理	区妇幼保健院（退休）
林代敏	男	1942.7	成都中医学院	副生任医师	中医内科	区中医医院（退休）
黄成勋	男	1941.6	重庆医学院	副生任医师	西医内科	区中医医院（退休）

第八章　医疗设备与医疗技术

第一节　医疗设备

1996 年建区后，投入资金增添医疗设备，至 2005 年，全区有 500 元以上医疗设备 636 台件，价值 1 000 多万元，其中：区中医医院有多参数监护仪、全自动生化分析仪等 41 台件；高坝社区卫生服务中心（泸化医院）有呼吸机、胎儿监护仪、蒸汽锅炉等 400 余台件；区疾控中心有半自动化分析仪、电子天平、数字酸度计等 42 台件；区妇幼保健院有心电监护仪、麻醉机、救护车等 6 台件；石洞、胡市两个中心卫生院有 500 毫安 X 光机、进口 B 超机等 40 台件；街道及乡镇卫生院有 200 毫安 X 光机、心电图机、洗胃机、电解质分析仪等 67 台件。

泸化医院 1938 年内迁现址时，就有骨科和普通外科手术器械、显微镜及分析天平等。1943 年购进德国西门子 200 毫安 X 光机，均为泸州始有。2005 年先进医疗设备达数十种之多。

第二节　医疗技术

建区 10 年间，全区各医疗单位随着国家科学技术的发展，医疗技术显著提升。

区中医医院中医骨伤科是泸州市唯一被省中医管理局命名为四川省重点骨伤科建设单位的二级专科。能应用传统医学和现代医学相结合，开展各种骨折内固定手术，腰椎间盘手术，胸腰段前路手术等，尤其是冉氏祖传秘方，治疗各类骨折，疗效显著，具有突出的中医特色；内科能开展穿刺术、胸腔闭式引流术，中西结合治疗脑血管意外、充血性心力衰竭、糖尿病、肾病等手术；外科能开展下、中、上腹部的肾脏实质切开取石、胃大部切除、乳腺癌根治等；妇产科能做安环、取环、男女结扎、剖宫术、膀胱切开取石等数十种手术；眼科能开展白内障超声乳化 + 人工晶体植入等多种手术；妇产科能作子宫瘤切除等手术。

高坝社区卫生服务中心（泸化医院）的医疗技术水平在泸州早有名气，不仅能治常见病、多发病，而且能处置很多疑难杂症，开展多种外科、五官科、妇产科手术。外科能开展疝囊修补、囊尾切除、前列腺切除、全髋置换、烧伤植皮、对胃癌、直肠癌、结肠癌根治、对肾、输尿管、膀胱切开取石数十种手术；眼科能开展白内障超声乳化、人工晶体植入等多种手术；妇产科能开展阴式子宫全切、卵巢囊肿包块切除、宫颈癌根治等手术；特别是 B 超技术在泸州有影响力。

中心卫生院和乡镇街卫生院能应用中医中药、西医西药治疗小伤小病和常见病、多发病及一些疑难病。各乡镇街卫生院都能开展 X 光机照光、照片、B 超、医学检验和预防保健、新法接生等服务。其中，石洞、胡市两中心卫生院技术力量和医疗仪器设备远胜其他乡镇卫生院，能开展骨伤科、外科、妇产科、五官科的数十种手术，四肢骨折切开复位固定、女扎管、子宫次全切、脾切除、乳腺癌根治等高难手术也能顺利开展。

第九章　中西医结合

第一节　人才培养

1996 年 2—8 月，原泸县中医医院派林代敏去成都中医学院参加"全国中西医结合急诊班"进修。

1995 年 8 月至 2003 年 7 月，泸州市卫校（在区内）与成都卫校联办成人中专"护理""中西医结合""社会医学"专业。2001 年 4 月 10 日与重庆第二卫生学校签订协议，联合举办"社会医学""中西医结合"专业。

第二节　中西医结合治疗

区中医医院，前身是泸县中医医院。1995年已发展成为国家二级乙等中医医院，1996年更名泸州市龙马潭区中医医院。1998年，贯彻《四川省中医条例》，坚持"中西医并重""中西医结合"同步发展。保持和发扬中医药的特色和优势，不断拓展服务领域及开展社区服务，提高中医学术水平。逐步建立健全与中医事业发展相适应的法律、法规、管理体系，形成完善的中医医疗、保健、教育、科研体系。

该院将骨伤科作为重点专科，有骨伤科医生14人，其中：初级9人，中级4人，副高级1人。医师结构形成梯队。在治疗上，坚持运用传统中医疗法，结合长期形成的临床经验，融会现代医学知识，采取中西医结合治疗各种骨科伤病，疗效较好。且在治疗疑难病方面也有突破，腰椎间盘突出症手法复位治疗，一次复位成功率高。小儿肱骨髁上骨折半屈肘位固定治疗，肘骨翻畸形发生率低。在开展手术方面，除四肢骨折内固定、骨病病灶清除等一般手术外，还在脊髓探查术、矫形术、植皮植骨术、缺损修补术等高难度手术方面取得成功经验。副主任医师刘生楠，擅长中西结合抢救心血管疾病急症，善于采取中西医结合的方法治疗儿科、内科各种疾病，对儿内科呼吸消化系统疾病，内科心脑血管疾病和各类危、急、重症的抢救有独到之处。其论文《中西结合治疗肺心病顽固性心衰伴腹水》在省第八次青年中医学术研讨会上交流；《中西结合抢救心性猝死》在《中华实用中西医杂志》上发表。

2003年，区中医医院增挂"泸州市第二中西结合医院"牌匾。

第十章　药品监督管理

第一节　药品质量监督

药品机构　食品药品监督管理始于2001年11月，据省市文件规定，将医政、药检职能交泸州药品监督管理局，并向龙马潭区派出药品监督特派员，其工作班子挂四川省泸州市药品监督管理局直属分局牌子，钟宁任局长兼党支部书记。2002年8月机构调整，泸州市药品监督管理局直属分局和泸州市食品药品监督管理局联合办公，但直属分局职能仍独立存在，并履行监管职责。2005年根据省市县（区）食品药品监督管理系统机构改革方案要求，8月组建龙马潭区食品药品监督管理局。内设食品安全协调监察股、综合股、食品药品稽查大队。有职工11人（其中：工勤人员1人，执法人员10人）。历任局长周孝全、钟宁。

药品经营商　四川永正药房连锁有限公司、四川永正药业有限公司泸州分公司、四川天寿药房连锁有限公司、四川天寿药业有限公司、四川利德药房连锁有限公司、四川利德药业有限公司、泸州市兴欣医药连锁有限公司、泸州市兴欣医药有限公司、四川本草堂药业有限公司泸州分公司、泸州市宏伟药房、泸州市众生药业有限公司、泸州地道钢印药堂12家企业于2004年起先后取得GSP（药品经营质量管理规范的简称）认证。至2005年8月，区食品药品监督管理局组建时，区内药品经营企业均基本通过认证检查，取得GSP认证证书。在巩固GSP认证成果的同时，区食品药品监督管理局采取有效措施，正确引导新开办的药品经营企业及尚未通过认证的企业实施GSP。

监督检查　区食品药品监督管理局，于2006年10月制定《药品医疗器械经营企业日常监督管理制度》，11月，印发《龙马潭区医疗机构药品管理办法（试行）》，出动检查人员425人次，共检查220多家药品经营企业。并对其中14家药品经营企业进行立案处理，认真开展GSP认证企业的日常抽查工作。建立各药品零售（连锁）企业日常监管卡，同时建立了违法违规企业档案，建档率90%以上。

特殊药品监管　对麻醉药品、一类精神药品实行"七统一""五专"管理；医疗用毒性药品、二类精神药品重点加强监管；同时成立特殊药品突发重大安全事故应急领导小组，开展全区特殊药品专项检查。2005年出动执法人员23次，车辆14台次，检查医疗机构10家，二类精神药品批发企业4家，责令整改3家，督促经营单位建立相关制度，严防特殊药品流失。

医疗器械质量监管　区食品药品监督管理局于2005年9—10月开展软性角膜镜（隐形眼镜）经营企业的日常检查，受检企业7家，出动稽查人员39人次，查出违法行为2起，发责令整改通知书2份。是年10月31日培训各医疗器械经营企业有关人员，重点讲解《医疗器械监督管理条例》等法律法规知识。次年，将医疗机构使用医疗器械作为医疗器械日常监督管理的重点。2月24日组织6家医疗器械专营企业、3家药业有限公司到四川坤龙公司下属医疗器械专营公司参观，并学习《四川省医疗器械经营企业许可证检查验收标准》。3月制定《药品和医疗器械突发群体不良事件应急预案（试行）》；5月召集区内24家医疗机构医疗器械负责人开会，从严管理医疗器械；6—12月，将区内医疗器械经营企业状况建档；10月制定《药品医疗器械经营企业日常监督管理制度》。对区内6家医疗器械批发企业的日常监督检查面达100%。

龙马潭区2005年药品医疗器械稽查统计表

表19-10-1

检查时间	检查人员（人次）	检查车辆（台次）	检查内容	受检单位（个）	查出问题	备　注
2005.9—10	30	7	隐形眼镜及护理液	11	违法5起，立案调查2起	没收物品30多个，发责令改正书3份
2005.9.29	9	2	食品药品专项检查	14	各类违法21起	现场处罚4起，没收劣药40个品种，没收医疗器械61套（件）价值1万余元
2005.2	14	3	个体诊所、零售药品	—	—	
2005.4	30	—	药械安全大检查	16	假劣药械案件1个	

续上表

检查时间	检查人员（人次）	检查车辆（台次）	检查内容	受检单位（个）	查出问题	备 注
2005—2006	40	12	药品	36		其中经营业 25 家，使用 11 家
2005.5	40	10	齐齐哈尔劣药	20	查获葡萄糖酸钙注射液、双黄连注射液等 4880 支	要求各批发企业召回已销售的齐齐哈尔第二制药厂的所有品种药品，各医疗机构立即停止使用。
2005.4	45	15	隐形眼镜及护理液	8	违法 2 起	发责令改正书 2 份
2005.8	12	4	特殊药品	13	1 家违法	责令整改 1 家
2005.5—10	52	20	中药材、中药饮片	24	违法 7 起	立案 3 起，责令整改 2 起，取缔无证经营 2 家。
2005.10	35	8	食品、药品安全专项检查	40	违法 3 起	立案 2 起，责令整改 1 起
2005.9	35	13	疫苗	72		检查范围覆盖全区乡、镇、街。
2005.10—11	36	13	药品分类管理	50		
2005.12	30	10	元旦期间药品专项检查	19	1 起违法	1 起立案调查

重大案件查处 稽查人员于 2005 年 10 月 12 日取缔一处无医疗器械经营企业许可证经营医疗器械摊点，没收医疗器械 30 余个品种。10 月 21 日查获一个个体诊所无医疗机构制剂许可证，擅自配制制剂案，没收其 46 个品种。11 月 21 日查获一起无药品生产许可证、药品经营许可证的企业购进药品案，没收药品 100 余个品种；28 日，查获一起出租药品经营许可证案。2006 年 4 月 5 日取缔 2 个无药品经营许可证经营药品摊点，没收药品 200 余个品种；14 日查获 1 台无注册证的 X 光机；28 日又查获 1 台。6 月 14 日在一家零售药店发现前列星 TM 力醇罗假药；16 日取缔 1 个无药品经营许可证经营药品摊点，没收药品 10 余个品种。

抽检快检工作 按照泸州食品药品监督管理局下达的药品抽检、快速鉴别任务，区食品药品监督管理局对药品经营、使用单位进行抽检。2006 年共抽检 30 个批次，其中合格 29 个批次。出动执法人员 110 人次，车辆 40 车次。

药品市场秩序的整顿和规范 2006 年 6 月开展整顿和规范药品市场秩序的专项行动，成立以周孝全为组长的领导组，区政府印发《整顿和规范药品市场秩序专项行动实施方案》，率先开展以中药材、中药饮片为主的 4 个专项检查。检查全区 125 家经营企业，取缔 2 处无证经营摊点，处罚销售包装无标签中药饮片的企业 4 家，罚金 2.1 万元，对 2 处中药饮片有轻微问题的责令改正，23 日到四川利德医药公司现场办公。7 月 23 日到四川永正药业有限公司开展 GSP 实施情况检查；10 月召开整顿和规范药品市场秩序专项行动工作会，动员和部署该项工作。

药品医疗器械广告监督 2006 年将虚假的药品、医疗器械、保健品广告作为日常监管中的一项重要内容，全年共移交工商局处理违法医疗器械广告 14 件，拆除违规广告牌及灯箱 10 余个。

第二节　食品卫生监督

2006 年 2 月 9 日，区政府调整区食品安全协调委员会，区长刘云任主任，副区长吴伟任常务副主任，区政府办副主任李彬、区食品药品监督管理局局长周孝全任副主任，20 个相关区级部门为成员，周孝全兼办公室主任，负责全区食品安全监督、组织协调和依法开展对重大食品安全事故查处。3 月 23 日召开全区食品安全工作会议暨"食安委"第一次全体会议。9 月区内 12 个乡镇街设立食品药品安全协调委员会，聘任食品药品安全监督员 6 名、协管员 12 名、信息员 90 名、食品安全专家 10 名，并对协管员和信息员初任培训。从而构筑起纵向到底、横向到边、反应敏捷、全覆盖无盲区的区、乡镇街、村（社区）三级食品安全监督网络。9—10 月区药品食品监督管理局专题研究全区食品工作，并向区政府报送《食品安全工作的调研报告》。

食品安全宣传活动 2006 年 3 月广泛开展以"关注食品安全，共建和谐社会"为主题的食品安全宣传月活动。12 个乡镇、27 家食品生产加工企业、20 个"食安委"成员参加宣传。在深入调查研究基础上，制定《关于进一步加强食品安全工作的意见》《食品安全协调委员会六项工作制度》《重大食品安全事故应急预案》《2006 年食品安全专项整治工作方案》《食品安全工作目标考评标准》等一系列制度和文件，为全面加强食品安全综合监管工作提供了制度保障。区委二届四十二次常委会和区政府二届三十次常务会研究，将全区食品安全工作列入党委政府综合目标责任体系。

食品市场整顿 2006 年全区食品安全联合行动 7 次，专项检查 11 次，对豆制品、奶粉、小作坊食品、"五小"餐饮、粮油、桶装饮用水流通环节、农业投入品、兽药、饲料等市场整顿取得较好效果。

污染源头控制 全区先后认定无公害农产品基地 7 万余亩，通过国家认证的无公害农产品 4 个，无公害畜产品 4 个，覆盖粮食作物、蔬菜、水果、奶牛、乌鸡、鸡蛋和蜂蜜产品等。2006 年农林、畜牧部门先后对红星等 9 个乡镇街的农业投入品市场及兽药饲料市场开展专项检查，出动执法人员 560 余人次，检查兽药饲料生产经营企业 593 个，规模养殖场 65 户，农资经营单位（网点）280 个，纠正违章经营 9 例，抽取种子样品 9 个，处罚经营过期农药、标识不全、经营档案不全的农药经营 1 户。受理举报投诉案件 19 起。并对国家从 2007 年 1 月 1 日起全面禁止销售和使用高毒高残留有机农药，进行了广泛宣传。

生产和加工环节监管 共出动执法人员 400 余人次，车辆 40 余台次，检查小曲酒、小榨菜油、糕点、糖果等 10 余类食品生产加工小企业小作坊 93 家。查处质量违法案件 21 起，涉案货值 12 万元，确保了生产加工环节的食品安全。

食品市场秩序规范 配合工商部门对东方牌劣质奶粉、儿童食品、月饼、矿泉水等进行多次专项整治行动。2006 年共办案 25 起，涉案货值 26.7 万元，取缔无照经营 7 户，罚没款 9.5 万元。

监管消费环节 卫生部门全面推行食品卫生监督量化分级管理，重点对小餐饮、学校食堂、旅游景区、豆制品等开展专项整治。共查处食品卫生违法案件 43 起，取缔无证食品摊贩 13 起，严厉打击了食品卫生违法行为。

定点屠宰管理 全区实行定点屠宰、集中检疫、分散经营的管理制度。强化肉品监督检查，执法人员共出勤 87 天，195 人次，督查乡镇 245 次，屠宰场 19 次，销售市场 278 次，摊位 8 831 个次，以保障区内肉类食品安全。

第十一章 医学教育与研究

第一节 医学教育

泸州医学院在区内的医学教育 该院是有名的高等医学院校，现有本科、专科、成教等基础医学及研究生、外国留学生近 6 000 余人在该校学习。学院分忠山、蓝田和城北三个校区。城北校区在龙马潭区内。2001 年 5 月破土动工，11 月投入使用。当年招收新生 2 500 名，全部入住新校区。校区规划用地 133.33 公顷，2005 年投入使用 66.67 公顷，建成 17 幢学生公寓，面积 4.5 万平方米，3 幢教学大楼，面积 4.2 万平方米，1 个标准化食堂，面积 6 300 平方米，1 个学生生活服务区，1 个可容 200 多人同时使用的学生澡堂，3 幢办公楼，1 个与泸州市体育中心共建的体育场，已投入使用。绿化面积 6 万多平方米，该校区设管理办公室，负责整个校区的管理、协调、监督、服务等日常工作。学院本着"严格管理，热情服务，温情育人"的原则，努力建成一个和谐的校园，温馨的家园，成才的乐园。

泸州市卫校在区内的医学教育 泸州市卫校前身是泸州市卫生干部进修校，1979 年始建，1981 年成立，1988 年更名泸州市中等卫生职业学校。1997 年 6 月由泸县卫校和泸州市卫校合并为泸州市中等卫生职业学校。事业编制 41 名，由徐承达任校长，亢小平（女）任校党支部书记，杨帆任副校长，校址在大驿坝。学校占地 0.86 公顷，建筑面积 8 000 多平方米，固定资产 1 000 多万元。有外科、病理、生理、化学、护理、诊断、查体、尸解 8 个实验室。有教师 130 人。开设 32 个班，共有在校生 2 567 人（中专班 23 个，学生 1 740 人；大专班 8 个，学生 562 人；乡医班 1 个，学生 265 人）。有 20 多个二级以上医院（龙马潭区 2 个）作为固定的临床实习基地，教学质量稳定。

该校由泸州市卫生局主办，由泸州市教育部门统筹，主要面向泸州市招生。1999 年 11 月增挂"泸州市医学教育培训中心"牌子，实行两牌子一套机构的运行机制。由亢小平任培训中心（泸州市中等卫生职业学校）党支部书记、主任。

2005 年，该校经省卫生厅批准为四川省全科医学培训站。承担基层医疗卫生技术人员的继续医学教育、业务培训、乡村医生的业务达标培训、社区卫生服务人员的培训、没有培训基地的区县医学教育培训工作。为四川省全科医学培训站承担理论培训任务。

学校有稳定的就业安置网络，毕业生就业有保障，与泸州、成都、广州、北京等地及周边地区的用人单位和就业安置服务机构建立长期合作关系，对毕业进行就业指导和推荐就业。从新生入学起，校方即与学生及家长签订毕业生推荐就业协议书，保障学生就业，历年来一直保持了毕业生的高就业率。现在该校毕业生遍布泸州市各医疗卫生单位，许多学生已成为所在单位的业务技术骨干。龙马潭区得天独厚，各级医疗卫生机构享受到该校的教育资源。

该校2000—2006年的历届毕业生中，属龙马潭区籍的分别为：12、9、15、11、17、23、18人。

第二节 医学研究

区内设有专门的医学科研机构，医学研究任务由部分医院承担。

龙马潭区中医医院医学研究 该院是区内一家集医疗、教育、科研为一体的综合性医院。在开展常见病、多发病、传染病、地方病治疗的同时，承担省、市、区级科研项目。大部分科室都有"接受上级下达的科研任务，开展临床科研，引进新技术，开展新项目，撰写学术论文"的岗位责任。

骨伤专科先后在县以上杂志发表或学术交流会交流文章39篇，其中，国家级8篇，省级5篇，市级3篇，县级23篇。其他科室也有多篇论文发表，涌现出刘生楠、冉安政等名医。

胡市中心卫生院学术活动 1996—2005年，先后对首例乳腺癌改良根治、首例甲状腺囊肿切除、首例胃大部切除、首例胆囊切除、首例前列腺扩裂、剖宫产美容切口、首例脾切除等手术均取得圆满成功。有数篇医疗论文在国家级刊物发表，涌现出罗开清、郑明春等名医。

中西结合抢救心性猝死一例（论文选录）——泸州市龙马潭区中医医院急诊科 刘生楠

心性猝死是临床急诊常见危重症，单纯应用西医或中医方法救治，成功率和远期疗效不佳，我科首次应用中西结合抢救成功一例心性猝死，且远期效果良好，现报道如下：

患者，女，57岁，于1998年1月10日9时20分突发性左胸窒闷绞痛难忍，呈进行性加重，十几分钟后被家人送入我院急诊科。时患者全身冷汗淋漓，不能发声，面青气冷，唇肢紫绀，脉微欲绝。初步诊断：冠心病，急性心肌梗塞（中医诊断为：真心痛）。我们立即按心肌梗塞进行抢救，在输氧、肌注肾上腺素1mg、参附针4ml时，患者突然意识丧失，瞳孔散大固定，紫绀快速加重变为紫黑，心跳停止，呈典型心性猝死征。我们立即行心肺复苏术，仰头开放气道、胸部捶击、胸外按压术、口对口人工呼吸、静脉快速推注肾上腺素1mg、阿托品0.5mg、可拉明0.75g、洛贝宁6mg。约2分钟后，按压心脏有颈动脉搏动，心跳出现。恢复心跳约1分钟后，出现自主呼吸，唇指紫绀减轻，有睫毛反射。我们在行心肺复苏术的同时，迅速建立三个静脉通道，分别快速输入参附针120ml + 10% G. S250CC、生脉针160ml + 10% G. S250CC、5% NaHCO$_3$。静脉推注肾上腺素lmg每5minl次。复苏后1小时患者生命体征：T. 36.4℃、P. 130次/分、R. 28次/分、BP. 160/100mmHg。患者感觉头痛剧烈，左胸闷痛明显，我们又给予静脉推注吗啡5mg每1小时1次，共4次，地塞米松20mg，每4小时1次；速尿20mg + 50% G. S40CC 静推一次，黄芪注射液40ml + 10% G. S250CC 静滴，硝酸甘油舌下含化，阿斯匹林100mg，Tid，以及肺脑合剂、补充电解质、抗感染等支持治疗。4小时后，患者头痛、胸痛减轻，T. 37.3℃. P. 106次/分、R. 20次/分、BP. 150/90mmHg。12小时后，患者生命体征平稳。心电图提示：左室前壁心肌梗塞、频发室性早搏。后经进一步恢复心脑肾功能、复律、扩管、活血化瘀、行气止痛、调整气血阴阳等中西结合治疗，40

天后，患者痊愈出院，院外随访至今，病人情况良好，生活正常。

经讨论，得出如下结论。

心脏骤停是最为严重的心脏急症，其抢救成败的关键是及时发现，准确诊断和积极合理的治疗，包含现场抢救（初级生命支持）和合理使用复苏设备和药物，避免神经系统伤残，恢复其智力与劳动力（高级生命支持）。我们抢救成功该例心性猝死病例，除了准确诊断，及时开展初级生命支持，进行现场抢救外，特点是在高级生命支持中采用了中西结合的方法。西医方面我们的重点是：1. 早期多次应用肾上腺素。目的是加强动脉和冠状动脉的灌注量，刺激心肌收缩，使心室细颤波变粗和正性肌力。2. 小剂量一次性使用阿托品。取其降低迷走神经张力，提高窦房结频率和促进房室传导的作用，同时避免因其引起的室性心律异常。3. 可拉明、洛贝林的中枢兴奋剂的应用。兴奋中枢，改善大脑缺氧状况。4. 吗啡小剂量多次使用。有效地中枢镇痛、防止梗塞面积扩大、严重心律失常、心脏破裂等并发症。5. 地塞米松、速尿、硝酸甘油、肺脑合剂的应用。扩张冠状动脉，改善心肌和脑缺氧，防止脑水肿等。中医方面我们主要采用：1. 参附注射液。中医理论主要用于阳气暴脱所至的呼吸衰微，脉微欲绝，起益阳气，回阳救逆作用。现代医学研究表明：人参、附片均有降低心肌耗氧量，提高心肌收缩力的功能。2. 生脉注射液。活血化瘀，益气固脱，养阴生津，主治气阴两亏脉虚欲脱。药理作用为扩张血管，改善微循环，特别具有强心升压和促进冠状动脉血流的作用。3. 川芎嗪。行气活血，祛风止痛，可有效地中止和缓解心绞痛的发生。其机理为：调节动脉粥样硬化 PGI2 和 TXA2 的平衡、抗血小板聚集、加速血氧自由基清除、抑制 TXA2 合成，促进 PGI2 合成。4. 黄芪注射液。补益脾肺、益气升阳，黄芪有显著的强心、扩张血管、降压和保护心肌细胞的作用，能提高心肌细胞抗缺氧，再给氧损伤的能力。

心脏骤停的抢救是临床上一个难点问题。我们本次采用中西相结合的救治方法，博取所长，相得益彰，取得了满意的效果，这一成功病例，提示在危重症的抢救中，中西结合是一个新的着眼点。

注：本文曾发表在国际中西医药权威性期刊《中华实用中西医杂志》1999 年第 12 卷第 14 期。入志时，个别字句略有改动。

第二十篇　社　会

　　龙马潭区处泸州城乡结合部,地理环境优越,有利经济发展,社会进步,人民生活水平提高,衣食住行条件改善。但社会治安、环境污染、违反计划生育政策、弱势群体增多、留守儿童得不到良好教育等问题不同程度存在。至于民风民俗,既有积极一面,也有消极一面,封建迷信思想有所抬头,信神信鬼者增多,道士、阴阳吃香,算命择字随处可见,农村土葬盛行,火化率降低。

第一章　社会基本状况

第一节　社会结构

　　城镇社会结构　建区后城镇人口社会结构,变动较大,1996年非农业人口8.58万人,占总人口29.52%,2007年全区常住人口发展到32.46万人,城镇人口21.29万人,城镇化率65.6%。全区户籍登记人口33.61万人,其中非农业人口12.77万人,比建区时增加4.19万多人,增长48.85%。其中绝大多数是城市扩张占地由农民转为城市居民,一部分是企业改制或退休退职职工户口转回原籍,一部分是外地迁入。城镇人口增多,就业压力增大,个体工商业、餐饮服务业、娱乐业、私营企业等第三产业迅猛发展。1996年第三产业产值仅1.73亿元,2007年增至12.57亿元,增长6.27倍,促进了商贸繁荣和社会进步。但失地农民中"40·50"人员年岁偏高,文化偏低,缺乏一技之长,仍然存在就业难。故有1万余人家庭贫困,需要政府和社会救助。

　　农村社会结构　从20世纪80年代末到21世纪初,农村社会阶层在市场经济和深化改革的推动下,发生了深刻变化。少数有一技之长,思想敏锐,勇于开拓的农民成为乡镇企业经营管理者,继而变成私营企业主或个体工商户。部分年富力强,有一定科学文化知识的青年农民不愿长期被束缚在土地上,渴望到外面的世界闯一闯、看一看,实现自己的理想。于是有的随建筑队(建筑公司)外出,从事建筑业务;有的到沿海打工,有的就近企业务工,成了离土离乡或离土不离乡的农民工。于是常住农村的纯粹农民出现老人多,妇女多,小孩多,人称"九九""三八""六一"部队。农村思想开拓者能率先致富,其经济、政治地位,社会声望皆高,成为农村出类拔萃的佼佼者。有的空手出门,抱财归家,家庭经济状况迅速改善,家家有存款,积极改善居住条件。绝大多数家庭草房变瓦房,瓦房改楼房,楼房穿衣裳(内外装饰),购进高档家具、电器,过着城市居民一样的生活,从而促进了城市化步伐加快。具体有以下变化:一是私营企业业主,业务纷纷向城镇扩展,在城镇购房置业,其从业人员收入增长,有了积蓄,家庭亦向城镇迁移;二是规模较大,经营有方的个体工商户积累增多,逐步向城市靠拢;三是过去农村"五匠"(泥、木、石、铁匠和裁缝师),部分成为业主或成为有专业技能的打工者;四是从事农业劳动者逐年减少,据石洞镇调查,1990 年约占劳动力的 43%~56%,1999 年占 37.9%~39.6%,2004 年占 25%~31%;唯有乡镇干部、中小学教师、医务人员比较稳定。

第二节　社会发展变化五十例

●至 2005 年城乡大多数人,不是愁没吃的,而是担心营养过剩会生病。

●由于物资丰富,人们对各种肉食都吃腻了,买菜人不是买菜难,而是"不知买啥为好"犯难。

●1996 年前,家庭餐桌和宴席上多以大荤为主,现在普遍转向以小荤为主。专营鸡鸭鱼兔鳅鳝等食店备受青睐。

●过去,人们普遍喝烧酒,逐步转为喝曲酒、啤酒、甜酒。即使农村招待帮工也极少用烧酒了。

●随着劳动强度的减轻,人们喝酒已向低度转化,38 度以下的白酒越来越受青睐。

●随着经济收入的不断增长,城市人到餐厅或近郊"农家乐"设宴会的越来越多。

●近些年来,各种水果遍及市场,一年四季都能满足消费者需求。

●人民群众特别是青年妇女和儿童的服装款式新颖,花色品种齐全。追求名牌的消费者越来越多。

●中山服已基本上被西服或休闲服取代,在售衣店很难买到中山服了。

●即使是下苦力的劳工也不再穿补疤衣服;农民不再包白帕;草鞋绝迹。

●20 世纪 80 年代兴盛一时的化纤产品很快被更高档次的衣料取代。享誉西南的小市化纤市场早已消失。

●居民小区、大中型单位普遍设立保安专业服务,使生活、生产经营和工作更加有序、安全。

●居民住房档次越来越高,跃式、错式、电梯公寓、花园式小区越来越多。居住仅仅是为遮风挡雨的概念早已消失。

●居民住宅设计越来越人性化,室内室外各种设施处处为业主着想,以舒适、方便、环保健康为目标。

●过去闻所未闻的电梯公寓,短短数十年间,龙马潭区出现近百幢。

●近些年间,城乡购置摩托的人越来越多,大有取代自行车之势。

●城区班车、公交车越来越多。还有的士车 1 000 多辆,日夜穿梭于泸州大街小巷,市民出行十分方便、快捷。

●解放后 40 多年间,泸州城区只在长、沱两江上各建桥梁 1 座。而近十多年来,却在两江上增建大桥 4 座直达中心半岛,沟通南北不再难。

●过去,泸州到成都需要 10 余个小时,成渝、隆纳高速公路通车后,3 小时即可到达。

●农村照明彻底改善,家家户户用上电灯。菜油灯、煤油灯随之绝迹。

●机关办公条件大大改善,普及电脑、打印传真,实现办公无纸化。

●邮政部门的电报业务，被座机、手机及传真所取代。

●近年兴起的网上查询、传递、监督、会晤等，十分方便、快捷。

●电扇、空调有益于办公室、店铺和家庭，新世纪出现的中央空调，使车站、码头、商场及办公大楼等密集人群受益。

●近些年来，沿街收售、服务者都由口喊改为电器扩音。

●20 世纪 70 年代"三转一响"（自行车、缝纫机、手表、收音机）是人们谈论的热门话题。逐步转为普遍关注住房，部分人关注小车（甚至豪华轿车）。

●20 世纪 80 年代初，一些单位开始购买电视机，且多是黑白屏幕。随之，彩电、冰箱、洗衣机、电脑等家用电器逐渐进入寻常百姓家。

●21 世纪以后，大小超市悄然兴起，消费者近距离选购商品十分方便。

●21 世纪以后，各级学校的办学条件大大改善，教学楼、实验室、体育场、学生公寓、食堂等焕然一新，教育装备不断丰富，多媒体电化教学很普遍。

●城市许多幼儿园都配备校车接送孩子，既安全，又解决了家长无暇顾及之忧。

●由于物质文化生活和医疗卫生条件的改善，人的寿命普遍提高，七八十岁老人随处可见。"人生七十古来稀"已变成"人生八十九十不为稀"了。

●机关单位联系敬老院形成制度，重大节日前往慰问，弘扬敬老传统美德。

●老年人进入老年大学（学校）学习活动，不仅"安定了一方"，而且做到老有所为、老有所学、老有所乐，人生价值得到充分体现。

●选拔干部普遍实行公示制，对于接受群众监督，防止用人上的不正之风等有积极作用。

●通过几个五年"普法"教育，人们的法制观念普遍增强，干部依法行政，群众依法办事成自觉。"法盲"越来越少。

●对弱势群体开展法律援助，使不少交不起诉讼费或投诉无门的公民，也能在法庭上讨回公道。

●为破案取证设的监控录像，逐步在营业大厅、交通要道等处普遍设立。

●各级政府普遍设立行政服务中心，方便群众办事，而且简化手续。办一件事跑几个、十几个甚至几十个机关的现象一去不复返。

●在物资缺乏的年代，票证很多，限制购买。当前是"卡"多，乘车卡、医疗卡、工资卡、银联卡、购物卡等，十分便民。

●卫生、科技、文化等部门年年开展"三下乡"服务，使农村广大群众直接受益。

●农业税和农村提留由减负直到全部取消，农民不但无负担，还享受国家多项政策补贴。

●通过红层找水工程，绝大多数农民饮用清洁卫生井水，许多农户还安上自来水。

●医疗卫生机构派人定点宣讲健康保健知识，并到小区定期查体，开展防治工作，形成制度。

●随着经济迅猛发展和景区景点建设，城乡人民越来越注重旅游消费。

●20 世纪 90 年代兴起的农家乐遍布城郊，为市民短足旅游和休闲娱乐提供方便。全区内有农家乐数十家，其中二星级 8 家，三星级 1 家。

●随着精神文明建设的深入开展，各阶层人士普遍增强爱心，在抗灾救灾、扶贫济困等活动中，自觉捐出善款善物。

●10 多年间，开展军民共建、警民共建、工农共建、城乡共建文明单位，取得了文明建设丰硕成果。

●随着文明程度的提高，宴会上劝酒多用"点点滴滴都是情""感情深，一口吞"等温馨话语。

划拳之声很难听到。

●由于和谐社会的深入发展，"谢谢""你好"等礼貌语言很普及，吵架、骂街及打架斗殴现象越来越少。

●在公交车上，青少年向老弱病残孕等让座蔚然成风。

第三节　主要社会问题

吸毒贩毒　1996 年发现区内有人吸毒贩毒，引起相关部门重视，次年区委、区政府下发《关于加强禁毒宣传工作意见》，坚持每年"六二六"前后集中力量，开展声势浩大的宣传活动，教育群众珍爱生命，拒绝毒品，自觉同涉毒行为作斗争。同时公安部门成立专门机构，普遍进行排查，狠抓侦察破案，惩办罪犯。次年破获吸毒、贩毒案件 86 起，缴获海洛因 14 克、罂粟壳 1 000 克和部分注射器具，查出吸扎毒人员 225 名。其中打击 12 人，审查违法人员 110 人，强制戒毒 42 人。继后公安机关不断充实警力，加大打击力度，开展专项斗争，采取"打、防、教、管"结合方法，控制了案件过快上升。2003 年全区 344 名吸毒人员中通过教育，强制戒毒，有 166 名 3 年以上未沾毒品。2005 年全区有吸扎毒人员 361 人，其中劳教 61 人，判刑 45 人，死亡 12 人，迁移 4 人。但从侦察破获贩毒案件看，2005—2008 年，收缴海洛因 1 851.4 克，冰毒 4 184.8 克，氯胺酮 1 570 克，比前 8 年成倍、成数倍增长。说明贩卖毒品犯罪活动有增无减。而且吸扎毒人员隐蔽性强，流动面广，反复性大，耗费毒资多，不便管控。一旦毒瘾发作，手里无钱，什么坏事都干得出来，必然是刑事案件、治安案件及一切不和谐、不稳定因素的制造者。

龙马潭区 1997—2005 年禁毒工作统计表

表 20－1－3－1

项目 年份	查破案件（件）	缴获毒品（克）					打击处理（人）								
		其他	海洛因	摇头丸（粒）	冰毒	氯胺酮	罂粟壳	逮捕	劳教	审查	强制戒毒	刑事拘留	治安拘留	抓获	罚款
1997	86	14	—	—	—	1 000	1	11	110	42	—	—	—	—	—
1998	142	7.6	—	—	—		4	6	166	49	15	—	—	—	—
2000	124	291.6	—	—	—		24	15	255	55	—	8	—	—	—
2001	152	177	—	—	—		13	21	265	63	—	2	—	95	11
2002	125	848.5	—	—	—		9	18	—	74	18	—	—	—	—
2003	97	120.5	—	—	—		6	18	—	57	9	—	97	—	—
2005	62	952	500	—	—		12	28	—	65	—	—	85	—	—

留守儿童问题　源于 20 世纪 80 年代初，党的十一届三中全会后，农村实行家庭联产承包责任制，农民生产积极性高涨，农业剩余劳动力与日俱增。为了给农村劳力找出路，各级党委、政府积极支持和鼓励青年农民跳出"农门"，就近或外出务工、经商、办企业，实施"空手出门、抱财归家"战

略，改善家庭生活。大批青壮年农民纷纷外出，把子女委托给祖辈或亲友照管，俗称"留守儿童"。1996年外出务工者1.81万人，2005年发展到4.88万人，年抱回现金由4260万元上升到2.62亿元。是年农村人均纯收入3957元，其中非农业收入占20.6%。农村留守儿童升至1.1万多人，约占中小学生三分之一，成为经济社会转型期最需关注的特殊群体之一。这部分人从小失去亲生父母的关爱、呵护，对他们的成长进步、思想品德养成和人生观、世界观、价值观的树立带来不利影响。这些儿童中，一部分成绩较差，坏习惯不少；有的迷恋网络，不求进取；有的自暴自弃，以滥为滥；有的痴于早恋，堕入情海；甚至有的思想忧郁，走上绝路。

离婚率增高 建区来，全区离婚数量呈急剧上升趋势，影响了社会和谐稳定。1996年，乡镇街办理结婚证2722对，协议离婚13对，占结婚对数0.47%；加上法院判决离婚和协解离婚年均480对，亦只占结婚对数18%。其后离婚率直线上升，2002年达37%，2005年升到51.54%（含法院判决离婚）。其原因是：70%为外出打工，思想和经济收入发生变化；8%为婆媳关系不和或家庭暴力；10%为第三者插足；6%对家庭经济状况不满；4%因一方好逸恶劳，或赌博酗酒；2%因感情不合。离婚后夫妻关系解除，家庭不幸，特别是子女不幸，他们得不到完整的家庭温暖和父爱母爱，精神上心灵上蒙受创伤，影响学习进步和健康成长。由此而造成家庭悲剧。

龙马潭区1996—2005年婚姻登记统计表

表20-1-3-2

项目 年度	当年结婚（对）	离婚（对）	离婚比率（%）
1996	2 724	13	0.47
1997	2 500	45	1.8
1998	2 416	54	2.23
1999	2 345	58	2.47
2000	2 803	77	4.27
2001	1 836	90	4.90
2002	1 794	185	10.32
2003	1 700	300	17.64
2004	2 060	532	25.82
2005	1 890	634	33.54（未含法院判决离婚）
合计	22 068	1 988	平均10.34

注：1. 此表未计法院判决和协解离婚数；2. 法院1996—2005年受理离婚案6 495件，占民事案件51.79%；3. 经法院判决离婚占18%协解离婚占56%，共计4 806对

贫困群体 是指由于各种原因造成困难，且不能凭借自身力量维持基本生活，需要政府救助帮扶的弱势群体。2007年，区内有贫困人口1.92万人，占全区总人口6%。其中城市1.02万人，农村8 000人，农村五保户1 003人，孤儿72人。其成因：一是下岗失业致贫1 598人，占8%；二是家庭无经济来源致贫5 560人，占29%；三是大病致贫3 245人，占17%；四是年老致贫3 620人，占19%；五是重残致贫2 100人，占11%；六是其他原因致贫3 121人，占16%。1998年7月起，实施

城市低保救助，当年 150 人，每人每月 100 元，后逐步扩大范围，做到应保尽保，低保人数逾万。保障标准提高到每月每人 210 元，全区累计发放城市低保救助金 5 730 多万元。2006 年开展农村低保救助，当年 1 900 人，每人每月 20 元，后扩展到 8 000 人，每人每月 46 元，共发放低保金 560 多万元。此外还及时开展自然灾害救助，下拨抗灾救灾资金 540 多万元，帮助灾民恢复生产，重建家园。开展农村五保救助，使五保人员应保尽保，累计供养五保老人 1.07 万人次，发放救助金 960 多万元；先后 19 次改造敬老院投入资金 880 多万元。及时开展城乡医疗救助，共救助城市居民大病医疗 1 760 多人次，农民 3 320 多人次，发放救助金 180 多万元。开展困难群众住房困难救助，投入资金 359 万多元，帮助 154 户特困群众解决了住房困难。尽管政府采取了种种措施加以救助，但贫富悬殊问题依然严重存在，且有加剧之势。

浅耕粗作 进入 21 世纪，农村浅耕粗作现象日益突出。表现在农村耕牛饲养锐减，过去讲究四犁四耙栽秧，平均一头耕牛负担 1～1.33 公顷地耕作，后来日渐减少，2005 年全区仅有耕作水牛 1 200 多头，每头牛负担耕地 6.67 公顷。年年收割水稻后又蓄再生稻，末季收割后已近立冬，气温下降不宜耕牛劳作，只好等到年后惊蛰至谷雨季节用牛耕田，所以多数稻田只能耕一遍，然后用锄头挖碎拉平插秧，导致耕作层日益变浅。部分稻田多年一次未耕，就靠一把锄头种田。由于耕作粗放，冬天板田过冬，田中稻桩林立，田坎路边杂草丛生，为越冬病虫留下栖息场所，致农作物病虫害越来越重。其次水稻、旱作物均很少有人薅秧除草，松土中耕，积造青肥、堆肥或厩肥，故田边地角、路边、杂草繁茂，草比禾苗高，并不鲜见。甚至有人将好端端耕地撂荒，成年不种，任由杂草生长。而今种庄稼靠三件宝：一靠良种，杂交水稻、杂交玉米种上就好；二是化肥随便买，品种多施下就好；三是农药、农膜敞开卖，多用就好。为什么造成浅耕粗作呢？农村耕作机械化水平低，尚未摆脱靠锄头、扁担、粪桶种地的传统模式，农民种地很苦且累；农业成本高，生产周期长，回报低，不划算；农业是露天工厂，仍未完全摆脱靠天吃饭局面，各种自然灾害均会影响农业生产，农业有风险，庄稼好，还要靠天好。农村近三分之一农民外出务工经商办企业，他们在当地生活和消费，家里种地是老人、妇女和儿童的事，一方面他们力不从心，一方面是粮食自给有余，所以有种"口粮田、应付田"的思想，必然就有浅耕粗作现象。

第二章　人民生活

第一节　收入与消费

随着政治经济体制改革的深入，全区城乡人民收入逐年增加。2005 年地区生产总值 32.51 亿元，比 1995 年 8.84 亿元增长 2.67 倍，年均增长 13.9%。农民人均纯收入：1996 年 1 600 元，2000 年 2 580 元，2005 年 3 957 元。

2005 年末，全区各项存款余额 27.87 亿元，比 2004 年增长 17.9%；城乡居民存款 23.44 亿元，比上年增长 19.7%，人均存款 7 791.92 元。其中金龙乡 1996 年末，村民储蓄 1 331 万元，人均存款 465.48 元；2005 年末，村民储蓄 9 973 万元，人均存款 4 588 元。2005 年比 1996 年人均增加存款 4 122.52 元。全区人民大众消费支出，2005 年人均 3 032 元。

第二节　物质生活

常　餐　改革开放前，农民过着"瓜菜半年粮"的生活，城镇居民、机关单位、企事业职工吃"计划粮"，每月小孩 7 斤，市民 25 斤，机关、企事管理干部 26 斤，中学生 32 斤，重体力人员 48 斤；每月每人供应菜油半斤。土地实行联产承包责任制后，推广杂交水稻产量持续增长，人们生活大大改善。金龙、胡市两乡镇，人均占有粮食 600 公斤，家家户户储足粮食。农民餐食以大米为主，小麦、玉米、红苕多用作猪饲料。2000 年后，城镇居民购买东北、山东及泰国优质大米为主食，副食有猪肉、鸡、鸭、鱼、蛋等就市选购。油类，农村以猪油为主，城镇以植物油为主。城乡居民普遍使用豆瓣、味精、辣椒、豆油、小葱、大蒜、生姜等调味品。每年冬至起居民农家腌制腊肉、香肠等口称"办年货"。

节日餐　农民逢年过节饮食丰盛：春节（初一天）必吃汤圆（俗称抢圆宝），过大年（正月十五）吃粑（称塞老鼠洞）；端午节吃粽子；中秋节吃月饼、鸭子、糍粑；冬至用猪、羊、狗肉煨补药吃补身体；腊月二十三以后吃年饭（又称团年饭），除吃猪、鸡、鸭肉外，还要吃鱼，以示"年年有余"。现仍有部分农民保持杀年猪的习惯，称"吃全猪汤"。

待工餐　栽秧时节吃猪儿粑或泡粑，中午吃腊肉、猪蹄炖豌豆及盐蛋等；打谷子时节生活丰盛，多用好酒好肉招待。

休闲餐　休闲时，居民、职工和郊区农民家有红白喜事，多去酒楼或到农家乐包席，烟酒、糖果自备，一般节假日，城市人到郊区农家乐休闲、娱乐的也不少，故区境内的"农家乐"生意甚好。

宴　席　农村婚丧、满十、迁居、升学、参军、娃娃满月、周岁等，要办宴席。过去是传统的"九大碗"，即九个主菜，现在一般都改为若干个凉菜，几个蒸菜，几个炒菜，以小荤为主。

衣　着　1996 年至 2005 年，人们的穿着变化快，普遍成衣化、款式化。年轻女性着装理念更为开放，吊带裙、牛仔裙、超短裙、秋冬裙，打破内外衣界限；套饰、休闲饰、旗袍饰、运动饰十分流行。男性以西装、唐装、夹克、运动装为主，衣物多用款式新、花色好、质量高的成衣。休闲鞋、高跟鞋、运动鞋流行城乡，从衣着上难以辨别城乡差异。全区人民年均穿着支出，乡镇 200 元以上，城镇 500 元以上。

住　房　20 世纪城镇居民：20 世纪 90 年代一家住 40 平方米，现在一家 3 口住约 120 平方米楼房。农民：20 世纪 80 年代茅草房逐渐换成土木结构瓦房，90 年代后建砖木结构楼房，2000 年发展到钢筋混凝土结构小洋房，讲究外装饰，以瓷砖代替清水墙。全区人均住房面积 45 平方米，人均住房投资 2 万多元。

家具及家电设备　沙发床、组合柜、梳妆台、转角沙发、茶几、电视柜、转角柜流行。塑料桶代替木桶，搪瓷盆代替土陶盆钵。打米机代替砻子，粉碎机和磨面机代替石磨子；抽水机、电动打谷机、饲料机等机械的发展代替传统生产工具。2000 年后，彩色电视机代替黑白电视，影碟机代替收音机，洗衣机、电冰箱、空调机、电风扇普及城乡，用电户 100%。农村经济发展，人民生活改善，贵重高档商品进入寻常百姓家。

抽查 100 户家庭，1997 年现代家具为零；2005 年发展到 633 件，彩色电视机由 22 台发展到 109，黑白电视机由 85 台下降到 21 台，洗衣机由 13 台发展到 71 台，电冰箱由 1 台发展到 20 台，空调机由零发展到 15 台，影碟机由 33 台发展到 71 台，抽油烟机由零发展到 12 台，电风扇由 50 台发展到 307 台，座机电话由零发展到 46 台，移动电话由零发展到 92 台，摩托车由 2 辆发展到 12 辆。另据安宁镇红岩村调查：2005 年，全村 710 户 2 371 人，拥有大型家具 4 970 件，洗衣机 820 台，电冰箱 350 台，空调机 260 台，电风扇 2 850 台，住宅电话 560 部，移动电话 2 850 部，彩色电视机 850 台，黑白电视机 71 台，影碟机 450 台。

燃　料　过去农家烧柴以蒿秆为主，一部分烧烟煤，90 年代发展到烧无烟蜂窝煤。2000 年后，城镇机关、企事业单位和居民都用上了天然气。现在部分农家也用上天然气、沼气、液化气，用电饭煲的逐年增多。据安宁镇红岩村 710 户调查，烧天然气 320 户，占 45%，烧沼气 205 户，占 29%，烧液化气 110 户，占 14.6%，烧蜂窝煤、稿秆等仅占总户数的 12%。

交　通　20 世纪 90 年代初，出现不少运输专业户，私有车辆快速发展。1996 年区内公路 155.92 公里，到 2005 年增加 424.05 公里，由碎石路发展到高等级公路、高速公路、铁路；各乡镇通水泥路，村村通公路，硬化路面占 90%；72% 的村通班车。客车由 1 034 辆发展到 3 574 辆，货车由 1 680 辆发展到 4 016 辆。安宁镇红岩村有自行车 120 辆，摩托车 60 余辆，各类汽车 71 辆。人们探亲访友，赶集购物，多以乘车代步行，很少人长途肩挑、搬运货物。机关企事业人员上下班坐交通车、摩托车、自行车，办事、购物坐公交车或"打的"。部分家庭购买了私车，有的还有高档轿车。

第四节　文体卫生

健　身　中老年人重视身体锻炼，练太极拳（剑），打腰鼓，扭秧歌，跳交谊舞、扇子舞、迪斯科等。区级机关、街道、社区还组织打门球活动，定期举行比赛，发展到练瑜珈，晨跑、竞走等。各级建有礼堂和露天活动场地，社区有娱乐广场，每天早晚都有中老年人健身。

胡市镇老年人协会，有会员 1 300 多人，9 个分会。实行规范化管理，有文艺宣传队、腰鼓队。在党的"十七大"召开期间，还组织彩旗队、腰鼓队、花枪队、秧歌队、少数民族服装队、扇子舞 6 个方队，在街上游行表演，其录像在市电视台播放。平时组织会员晚上跳舞，早上打太极拳等活动，重阳节组织分会搞文艺调演。该镇来寺村老协分会组织文艺宣传队，由分会长带头编排节目，村民的红白喜事前去祝贺，年均演出 20 多场。分会办有老年商店、茶园，给老人提供休闲娱乐场所。

莲花池街道宏达社区投资 1.95 万元组建健身队、腰鼓队、莲抢队、军鼓队、艺术团，实施老年星光工程，为社区中老年人提供健身、休闲、娱乐活动场所。每天坚持早晚练 2 个小时。参加市"锦华杯""泸化双五杯"比赛，获三等奖 3 次，二等奖 4 次，优秀奖 2 次。还举办"大家乐"露天舞台，放映露天电影 35 场 60 多部。

卫　生　全区有医疗机构 24 个，690 张床位，有卫生技术人员 632 人，执业医师 219 人，护士 148 人。其中乡镇街卫生院 9 个，152 张床位，技术人员 175 人，执业医师 48 人，护士 4 人。安宁镇红岩村建有 4 个医疗站，其中甲级卫生站 3 个，有卫生人员 6 名，98% 村民参加了新型农村合作医疗。良丰村卫生站，2001 年获区卫生局甲级（中西）卫生站，2004 年获市卫生局甲级卫生站、2008 年获市新型农村合作医疗定点医疗机构称号。做到小病不出村，大病不出乡镇，重病不出区。

游　乐　各乡镇街道社区都兴办了文化站，有电视、茶园、棋牌活动室，提供人们娱乐活动。节假日休闲，有的垂钓，有的去农家乐；长假"黄金周"、双休日出游很普遍。

第三章　民风民俗

第一节　生产习俗

农事习俗　解放以后，特别是改革开放以后，区内逐渐废弃原有一些落后的农事习俗。如：正月十五晚赶蝗虫、驱土蚕；立春后逢戊日忌动土；惊蛰不使牛；四月初八嫁毛虫，唱嫁毛虫歌谣；七月初一稻场生日，忌在稻场上打晒谷物等等。随着时代的进步，农民科学种田意识加强，农村大力推广培育壮秧、合理密植等先进农业栽培技术，同时按天气、病虫害的预测预报来安排生产，加之各种新式农具的介入，致使一些传统农事习俗逐渐成为历史。但是，也有一些农事习俗继续传承，如栽秧打谷，收早栽晚等农忙季节，劳动力不足的人户，就会按传统习俗和亲友邻居采取换工或给付报酬的形式互相支援，随着大批青壮年去东南沿海及其他省份打工，农村主要劳动力日渐减少，这种传统互助方式更加普遍。由于劳动中参与人数众多，很多有趣的习俗得以沿袭，例如栽秧季节，在约定去某家栽秧这天，主人一大早便先行下秧母田扯秧子，并在自家田里先插上三窝，俗称"开秧门"，前来帮忙的亲友邻居的开始耙田、扯秧、挑秧以及洗菜、煮饭，各司其职，有条不紊。在栽秧过程中，送加餐小吃（俗称打幺鼓）。

工商习俗　1. 看期会。择日看期习俗由来以久。建房乔迁，开张营业，商务活动等等都得看好期会，民间认为吉凶祸福、起落兴衰等都与择日看期有关。2. 打火炮。超市、商店开张，饭馆酒店落成，企业社团成立等等需要庆贺的日子，都要由发起者邀约多人或单独购买火炮，前往祝贺地点噼噼啪啪燃爆一通，同时送上锦旗、镜框、礼金、花篮等以示对主家的祝贺，主人则请鼓乐奏乐，发放宣传资料，办酒宴招待答谢，实力强的还要去电视台打广告造声势。此外，商店开业要用雄鸡毛血粘贴"开张鸿发"，旧房拆除，要送地脉龙神；新船下水，要有老鼠上船才开船，矿井凿成，要有动物进入坑道，工人始下井操作等等，生产习俗总体看属此消彼长。

第三节　生活习俗

服　饰　龙马潭区所辖乡镇大部分属城乡结合部，区政府所在地3个街道办事处与江阳区仅一江之隔，服饰穿着紧跟潮流，与江阳区着装无异。2000年后，男性冬春秋季服饰已由主打西服流行中逐渐向唐装、皮夹克、休闲装、羽绒服及牛仔系列过渡，夏季则以衬衫、T恤、无领针织衫为主。青年女性冬季束腰牛仔裤，夏天则吊带裙、露背衫、迷你裙、连衣裙、低胸小背心配灯笼式小短裤，脚穿各式新潮凉鞋，青春靓丽。男女服饰每年都有新款和色系变化，暗红甚至大红色系已逐渐成为中青年男士新宠。女性发型、发饰、拎包、鞋子的色彩样式逐年翻新，如女鞋 20 世纪 90 年代流行松紧鞋、大头高帮皮鞋；2000 年后流行尖头细跟皮鞋、高统长靴等。衣服质地不论男女老幼皆趋向轻薄、柔软、保暖功能。衣料崇尚真丝、羊绒、纯棉制品。图案富于祈福求顺寓意的衣饰设计很受欢迎。城乡中小学校则订制颜色样式一致的校服，学生统一着装，整齐美观。由于黄金铂金饰品涨幅巨大，20 世纪后期盛行的纯金饰品逐渐淡出本地，男性基本不配戴饰品，女性尤其女孩转向戴其他金属或人造珍珠一类饰品。

饮　食　改革开放以来，居民生活变化很快。20 世纪后期人们从一日三餐只求吃饱的物资匮乏年代逐渐步入丰腴富足，一度风行大鱼大肉，餐桌上油荤不断，尤其宴请，民间讲究全鸡、全鸭、全鱼、全肘子辅以山珍海味，桌面上重重叠叠，菜品少则十余个，多则可达二三十个，主食也尽量要求精细。2000 年后，饮食逐步回归理性消费，"绿色食品"成为时髦用语，蕨菜、红苕尖、马齿苋、南瓜尖、玉米窝头、麦粑稀饭等出现在餐桌上。食品讲究新鲜，科学搭配，以求营养均衡，牛奶、鸡蛋、各种时令水果蔬菜成为人们首选食品。

住　宅　1978 年后，广大农民陆续脱贫，简陋矮小、草瓦相间的老旧住房开始退出历史舞台。砖混结构的钢筋预制板楼房接踵兴建，农村住宅条件逐步改善。至 2000 年，全区农村住宅已今非昔比，室内陈设和用品也有翻天覆地的变化，老式家具淘汰，新式组合家具风行。冰箱、彩电、空调、洗衣机等家用电器和电话、摩托车等通讯交通工具大量进入农村家庭。城镇住房发生巨大变化，古旧狭窄的街道和平房基本拆除，代之设施完善、宽敞明亮的商品房、集资房。住房二室一厅、三室二厅增多，甚至四室三厅或更多房间也不稀罕。注重室内装修，厨房、卫生间更是人们装修投资重点。迁入新居，称"乔迁之喜"，亲朋好友必如约前往祝贺。

出　行　1996 年建区后，区政府对境内交通极为重视，至 2002 年，农村村村通公路，乡镇与乡镇之间的主要道路全部实现路面硬化，石板路遍布乡村。各场镇均拥有客运汽车，农民出门乘车普遍，小四轮车、拖拉机、摩托车日渐普及。街道社区居民出行多数乘坐公共汽车，少数乘坐出租车。回龙湾、王氏商城、驿通车站每天都有几百车次的各型长途客车开往全省、全国各地，安全快捷。

第三节　礼仪习俗

嫁　娶　随着历史的进展，中国婚姻法几经修订，至龙马潭区成立时，当地一些旧的婚姻习俗如"父母之命，媒妁之言"，近亲结婚如"随姑亲""姨表亲"等已很少见。政府提倡恋爱自由，婚事新办。法律上，只要有结婚意愿的青年男女双方，到婚姻登记机关登记取得结婚证书后，即为合法夫妻。但本地民间大部分新人经过婚姻登记后，仍按传统婚姻习俗操办婚礼。城市富有人家结婚者，时兴高档影楼拍摄婚纱照，拍照一套费用低则不下二千元，高则可达上万元。新房家具用品日益高档，新式家具十分讲究款式质量。彩电、冰箱、洗衣机、空调之外，新婚夫妻拥有电脑、高清数码照像机、微波炉等已不稀奇。举行婚礼当天，租用豪华小轿车作婚车，聘请专业婚庆主持人主持婚礼比较普遍。婚礼宴席以 2004 年为例，多在 300～500 元之间一桌，少则十余桌，多则可达六、七十桌。农村普遍讲究陪奁和彩礼，迎亲时礼金高达数千元至上万元。家具、用品、服饰也趋华贵，有的还要新修或修缮楼房，婚宴酒席也仿效城市，经济富裕者甚至仿效拍摄婚纱照。因此，结婚费用成为城乡广大家庭的沉重负担。共青团组织和媒体一再倡导节俭办婚事，收到了一定的成效，集体婚礼、旅行结婚等正在推行。

生 辰 当地旧习，婴儿出生后，用红蛋向岳父家报喜。第三天"洗三"，请"三朝酒"，亲朋多以鸡蛋、母鸡相送，岳父家要"打三朝"，送产妇吃的和小孩穿的，俗称"送粥米"，此习俗在城镇已逐渐淡化。但满月酒、周岁酒民间普遍重视，多摆酒席宴请亲朋，来客则送穿戴、玩具、蛋糕等以示祝贺。以后每逢"满十"（特别是50岁以上）做生最为隆重，亲友受邀赴宴祝寿，馈赠除服饰、实物外、多送以现金。一般生期称为"闲生"，可办可不办，随个人情况而定。本地民谚"做生不请客、回门不留歇"即指闲生而言。如不打算置席待客，于生日前下辞帖，或口头推辞亦可，如不辞客，就意味着要做生，亲朋到时前往祝贺。这种不辞请，顺其自然，来者舒心悦服。也有下辞帖后，平时十分要好的亲友，互相邀约，出资备办酒宴，请过生日者入席庆贺。这种主不负担，客不送礼，叫做"供生"。

丧 葬 当地民间旧习，人死后，即烧落气钱（纸钱）、放火炮，用温水将遗体擦净，男剃头、女梳发、穿老衣。接下来一串带有迷信色彩的繁礼缛节如入殓、请道士开路、披麻戴孝、手持戳丧棒行孝礼、亲友吊孝、哭丧、发引、撒买路钱、复山、念七、躲煞、除灵等等丧仪，致使丧家精神上体力上经济上穷于应对。新中国成立后，殡葬改革不断深化，政府大力宣传，提倡文明、简朴办丧事，反对封建迷信活动和铺张浪费，党员干部带头推行，以上丧仪逐渐取消、改变或简化。城镇居民由于住房条件限制，亲人去世后，多移至设有灵堂的专门地点停放。为表哀思，披麻戴孝改为戴青纱，发孝帕改为白花；端灵牌子改为死者照片；登门报丧改为电话通知或发讣告；哭丧改为请乐队唱歌或播放音乐（含哀乐）；祭吊改为开追掉会或告别仪式。祭礼除花圈外，多送踏花被、毛巾被、毛毯等实用品，新世纪以来，基本上都送现金。20世纪60年代初，推行火葬，泸州市在王氏商城附近修建火葬场，后移至南寿山，1993年区内建起状元山公墓，城镇居民逐步摈弃土葬，接受遗体火化、公墓安葬形式。在农村仍保留部分丧葬旧习，土葬习俗仍盛行，但提倡不占耕地，不留坟头，丧葬礼仪尽量从简。

第四节 信仰习俗

重用"狗"字 这是对小孩而言。迷信的人认为，有一种专门残害小孩的鬼，如果谁家的孩子老是夭折或生病，就认为是这种鬼在作祟。俗传狗有九条命，生命力极强，鬼邪会因惧怕而回避，所以称小孩生病为"装狗"，利于小孩痊愈。迷信的人还认为，鬼邪喜欢好听的名字，如给小孩起一些鬼邪不喜欢的贱名，就会引起厌恶，从而放过他们，小孩自然好养得多。故农村中时有给男孩取乳名叫"黄狗""毛狗""小狗"等等。因鬼邪喜欢乖、胖的小孩，所以忌讳说小孩"乖、胖"，而换用"脏、丑、瘦"等词代替。在小孩称呼后缀以"狗"字的还有：濑尿狗儿—爱尿床的小孩；油嘴狗儿——油嘴滑舌的小孩；好吃狗儿——喜欢吃零食的小孩；撵路狗儿——爱跟大人一块出门的小孩；守嘴狗儿——看见别人吃东西就守候在旁边的小孩；长眼狗儿——很晚了都无睡意的小孩；逃学狗儿——爱逃学的小孩等等。

画（号）水 一种治病巫术。当家人生病时，农村中信迷信的人便请来巫师治病，巫师打一碗清水，边念咒语，边用手指头在水中比画，再将此水给病人喝，宣称可使病人痊愈。

雄叫鸡 毛色红亮、鸡冠丰满的成年大公鸡。该地习俗，过年过节，婚丧嫁娶、做生祭祀都要用"雄叫鸡"。迷信的人认为雄叫鸡可以驱邪避祟，并且红色象征喜庆。

喝阳尘水 喝下放有少许厨房里的烟尘的热水，农村人认为这样做可以治疗咽喉疼痛。

躲摆子 在屋外躲避疟疾鬼。迷信的人认为，生疟疾是有疟疾鬼在作祟，故病人中午要到太阳坝去躲避，并且旁人不能与其讲话，否则这种方法便会失灵。

观 花 观看某个人在阴间的"花树"。迷信的人认为，每个人在阴间的花园里都有一棵关系到自己身体与命运的花树。如果某人生了病，其花树则会枯萎，如果他运气好，其花树也就枝繁叶茂。因此，每个人的健康状况及运气的好坏，仙娘（女巫）都可以从他的花树上了解到，并且要改变花树的情况，才能改善他本人的命运。

下 阴 当家中有人生病或遇上灾难时，迷信的人便要请仙娘（女巫）到阴间去走一遭，称为"下阴"或"走阴"。女巫在装神弄鬼后，便做出神鬼附体之态，假称到了阴间，见到了患病者本族的亡灵或作祟的恶鬼，然后占卜，焚烧香烛纸钱逐鬼，以便病人痊愈及前来求助的人时来运转。随着科学知识的普及，以上这些旧俗基本丧失其生存土壤了。

第五节　岁时习俗

民族传统节日

【春 节】 俗称"过年"，原指农历正月初一，但民间从腊月二十三日至正月十五，都叫"过年"。是传统三大节（春节、端午、中秋）之一。春节前夕，各机关单位纷纷张灯结彩，举行各种团拜会、座谈会，慰问当地驻军、公安干警、消防官兵、军属烈属、敬老院老人及本单位困难职工等。城乡一般人家则开始作过年准备，如办年货、相互请亲友"团年"，以及大扫除，挂檐灯，贴春联等等。除夕当天，家家都要准备丰盛的饭菜，祀奉完祖先后，全家开始吃团年饭。相传这顿饭吃的时间越久越好，寓意"长长久久"，吃到后来，天色稍暗，则要关门，然后开亮所有的灯，即表示越吃越亮（谐旺，取"兴旺"之意思），"吃年饭"时，一般不掺外人，也忌讳别人将家中的人喊走。年饭过后全家聚守观看中央电视台的春节联欢节目或谈天至深夜，称为"守岁"。当晚晚辈向尊长跪拜，称为"辞岁"，尊长发给晚辈"压岁钱"。正月初一子时烧香放鞭炮，谓之"接年"，天亮后，燃香烛祭祖先，再依次叩拜尊长，称为"拜年"。拜年后吃面食或汤圆，谓之"抢元宝"，初一早餐忌吃饭（因与"犯"同音），忌用刀，终日不扫地，不启箱柜，用水不可倒掉，忌说不吉利的话，忌打烂东西。初二、三起亲友间相互拜年吃年酒。

【元宵节】 农历正月十五为元宵节，俗称"过大年"。是日入夜，户户门前挂彩灯，焚香烛，男女老幼皆上街看龙灯游耍，爆竹之声此起彼伏，热闹非凡。在农村，除夕或元宵节晚上还有"偷青"习俗，"偷"别人地里的青叶菜、窝笋、蒜苗之类，有吃了免生病求吉利之意。

【清明节】 每年四月五日左右清明节前后几天内，民间习俗踏青扫墓，全家携香烛、酒、肉等祭品到祖茔祭祀、扫墓，表示怀念，称为"上坟"。更有男女野游，席地饮酌者。为加强革命传统教育，各企事业单位，各级学校组织职工、青少年学生去烈士陵园敬献花圈，植树栽花，凭吊、缅怀革命先烈光辉业迹。

【端午节】 农历五月初五日为端午节，又称端阳。家家悬挂艾蒿、菖蒲于门，中午吃粽子、皮蛋、盐蛋，饮雄黄酒，谓可不生疮疥。妇女儿童以各色绫绸巧制猕猴香包悬挂身上，谓可减少疾病。采百草煎汤沐浴，谓可驱除病疫。长沱两江河岸，曾有几年于端阳期间搞龙舟竞渡"抢彩"，两岸观者如潮，热闹非凡。

【中元节】 农历七月十五日为中元节，从农历七月十一日至十四日，民间沿袭请祖先亡魂，摆酒食供品奉献，如宴活人。另封纸钱成包，封面上写亡人和奉祀者的称谓、姓名于夜间烧化，以供死者"冥中使用"。十五日晚，到屋外烧化纸钱，泼水饭，叫做"施孤"。

【中秋节】 农历八月十五日为中秋节。居民住户，打糍粑，买月饼，互相馈送。晚上如皓月当空，全家团聚赏月吃月饼，讲故事，怀念远方亲人，儿童追逐游戏，深宵乃已。

【重阳节】 农历九月九日这天，居民有酿酒习俗，曰重阳酒。是日如天气晴朗文人多有去郊游，登高饮酒赋诗之举。民间称九月九日为老人节，节日前后，许多单位开展各种敬老活动，对离退休职工进行慰问。

【冬至节】 农历二十四节气之一。望族有宗祠者，于是日祭祀祖先。居民食羊肉，谓可御寒，农家开始宰杀年猪。

【腊八节】 腊月初八为腊八节，居民多以米、豆和干果煮成粥吃，称腊八粥。腊八节过后，大扫除，送灶神、办年货，结算账目，书写春联，家家忙碌至年关。

政府颁定的节日

【元旦节】 即公历 1 月 1 日，俗称"阳历年"，在民间，过元旦的气氛远不如过春节。但法定节日当日，机关、企事业单位、各学校放假一天，有的在元旦前举办文艺活动，开新年茶话会，表彰先进人物以表庆祝、迎新。

【妇女节】 公历 3 月 8 日为国际妇女节，国务院规定妇女放假半天，以示提高妇女地位，关心妇女生活。是日，全社会皆要举行不同形式的纪念活动，党政部门和妇联有时要隆重集会，表彰为"四化"建设作出贡献的妇女。

【植树节】 建国后，国务院明令规定每年公历 3 月 12 日（即中山先生逝世日）为植树节。区划后，区委、区政府多数年份于是日由区领导率领机关、学校、企事业单位人员一起开展植树活动。

【劳动节】 公历 5 月 1 日为国际劳动节。建国后，政务院订为法定节日，放假一天。从 1999 年开始，改为 3 天法定假日，加上 2 个双休日，放假 7 天，方便了"五一"黄金周旅行、出游。每年"五一"前，工厂、机关、学校等单位举行各种庆祝活动，表彰先进工作者和劳动模范。

【青年节】 新中国成立后，为继承和发扬"五四运动"光荣革命传统，国务院决定以每年公历 5 月 4 日为青年节。这天，团区委要举办纪念活动，进行革命传统教育或组织共青团员和青年到街头为群众做好事，发扬"五四"精神。乡镇团委还组织团员、青年开展球类、棋类文娱比赛，中学团组织举行成人宣誓仪式、新团员宣誓及读书会、演讲会等。

【儿童节】 1951 年起每年公历 6 月 1 日学校儿童放假 1 天。一般以学校为单位表彰先进，举行新队员宣誓仪式、文艺表演、游园活动。全社会亦用各种方式如赠送图书、学习用品、体育器具等表示庆祝，关心儿童的健康成长。

【建党节】 1941 年，中国共产党中央决定 1921 年 7 月 1 日为中国共产党诞生纪念日，简称建党节或七一节。这天，各级党组织都要开展庆祝活动，缅怀先烈，表彰优秀党员等。

【建军节】 公历 8 月 1 日为中国人民解放军建军节。节前驻军要举行庆祝活动和拥政爱民活动。党政及各界人士要开展庆祝活动，进行拥军优属工作，慰问驻军及召开复、退、转军人座谈会，检查落实优抚政策，各单位、学校亦开展军民共建活动。

【教师节】 1985 年起法定每年公历 9 月 10 日为教师节。城乡广泛宣传"尊师重教"，为教师办实事。学生则以各种形式向教师感恩或庆祝。教育主管部门开展评选、表彰优秀教师活动，努力提高教师政治经济地位。

【国庆节】 10 月 1 日为中华人民共和国国庆节。城乡均有各种文艺演出和庆祝活动，机关、企事业单位、街道、社区，纷纷大搞清洁卫生，挂红旗、扎牌坊、张灯结彩，悬挂横幅标语，召开座谈会、茶话会等等。从 1999 年起，法定 3 天假期加上两个双休日，放假 7 天，为"十一"黄金周。

第六节　流行时尚

流行时尚是社会进步的具体表现，渗透于现实生活的方方面面，试举例如下：

服饰方面，2003 年以后区内流行韩国衣裙及各种小饰品。运动服装如阿迪达斯、耐克、卡帕、李宁、安踏等品牌是时尚青年置衣首选。娜尔斯、哥弟、利郎、杰克琼斯、才子男装等则是白领男女最爱。

中餐方面，2000 年后普遍流行农家乐、各种烧烤、风吹排骨、自助火锅（菜品设二元区、四元区、六元区等，随意取用、方便实惠），中高档消费的饭店如王氏大酒店（龙南路）、东方酒店（南光路）、山海大酒店（蜀泸大道）、千椒百味（龙南路）是较为隆重的时尚宴请首选。西式快餐店如麦当劳、德克士、肯德基更受儿童和学生欢迎，豪客来牛排和比洛克西菜馆是白领男女和旅泸外籍人士聚会场所。冷热饮一般居民喜喝"坝坝茶"或上街头饮品小店，经济富裕者及成功人士爱光顾茶楼、咖啡吧、酒吧消闲。

户外健身在中青年中流行的有：攀岩、登山、观鸟、滑板、街舞、瑜伽、跆拳道等，老年人喜欢传统的太极拳、扭秧歌、打腰鼓、集体舞、晨跑、散步，儿童则对绷绷床、电动小车、溜旱冰一类感兴趣。

休闲娱乐时兴远足踏青、观光旅游、垂钓、逛超市、唱卡拉 OK，青年中流行看韩国电影、泡迪吧、慢摇吧（介于酒吧与迪吧之间的一种娱乐方式）。

随着电脑和手机的普及，生活节奏日益加快，去邮局发电报、打长途电话的通讯方式已被淘汰，书信联系方式被视为"老土"，网上聊天、视频通话、手机短信等正成为本地流行时尚内容之一。

第四章　方言新语

第二节　民间俗语

区内民间俗语，囊括风俗习惯、气候时令、社会经验、生活教训、律人德行、情感心理、社交处世等等。既有各种外来词汇的介入，也有本地居民自己的创意，是长期生活实践中不断完善发展的语言财富，具有鲜明的地方特色。有的虽已过时，甚至是消极的，但也可窥视其时代烙印。今选择使用最广部分按"十三辙"音韵编排（平声在前，仄声在后）。

眉毛胡子一把抓/豆渣粑，自己夸/捉鬼是他，放鬼也是他/人家豆腐渣，自己一枝花/树大分权，儿大分家/心头像猫抓/心中无冷病，不怕吃西瓜/好猫管三家/拣了芝麻丢了西瓜/找钱好比针挑土，用钱好比水推沙/骑马碰不到亲家，骑牛偏偏碰到亲家/千层纱抵不到一层棉花/啥子树开啥子花，啥子藤结啥子瓜/生意买卖眼前花，锄头落地长庄稼/有儿有女是冤家，无儿无女是菩萨/脑花哄来吃了，给你安砣豆渣/远走不如近拿抓/树正不怕影子斜/板凳当柴烧，吓得床儿怕/光看到强盗吃嘎嘎（肉），没看到强盗挨傻打/逢善不欺，逢恶不怕/丢了扬权捞扫把/聋子爱打岔，哑巴爱说话/能说不能行，空口讲白话/牛事不发马事发/人闲长指甲，心闲长头发/舌头跟牙齿再好有时也要打架/有钱钱打发，无钱话打发/顺到毛毛抹/你有关门计，我有跳墙法/人耍三年懒，稻种三年杂/茄子不开虚花，娃儿不说假话/艺高人胆大。

起早了得罪丈夫，起晚了得罪公婆/大哥不说二哥，两个都差不多/公不离婆，秤不离砣/到哪个山头唱哪首歌/酒逢知己千杯少，话不投机半句多/金窝银窝，不如自己的狗窝/浪子回头金不换，英雄只怕病来磨/不怕活路多，就怕你过拖/拣了便宜柴，烧坏夹底锅/各打米，另烧锅/好人不听狗挑唆/烧的纸多，惹的鬼多/带钱不会涨，带话容易多/撵得黄鳝来顾不得秧窝/树老根根多，人老见识多/顺风吹火，用力不多/叫化子欢喜打烂砂锅/宁肯砍脑壳，不肯割耳朵/和尚无儿孝子多/书倒读得多，料字认成科/出门看天色，进门看脸色/有了一百想两百，当了皇帝想外国/灯草落下来怕打到脑壳/口头喊哥哥，腰杆上摸家伙/是祸躲不脱，躲脱不是祸/针过得，线也过得/斑鸠上树各叫各/不怕不识货，就怕货比货/刀头不在大小，敬神要来得热烙/钓鱼有三得：跑得、等得、饿得/赌博赌博，越赌越薄/害人的话只要一句，闹人的药只要一颗/铁冷了打不得，话冷了说得/前三十年睡不醒，后三十年睡不着/三个厨子两个客，忙死厨子饿死客/玩不尽的格，丧不尽的德/十个说客，当不到一个戳客/你是你，我是我，鸭子不跟鸡打伙/有钱难买不卖货。

人老血气衰，屙尿打湿鞋/有好大的脚就穿好大的鞋/常在河边走，哪有不湿鞋/人穷怪屋基，房子漏怪格子稀/刮风走小巷，落雨走大街/没得两刷子，不敢在街边擦皮鞋/闭起眼睛捉麻雀/冤家宜解不宜结/官凭文书，民凭契约/说得闹热，吃得造孽/不冷不热，五谷不结/有钱难买二八月/量实虾子没有二两血。

人老骨头粗，正好加功夫/穷不丢猪，富不丢书/槽内无食猪拱猪/宁说千声有，不说一声无/人怕老来苦，树怕老来枯/又要喊我唱花旦，又要嫌我喉咙粗/刚学剃头就遇到络腮胡/跑得过初一，跑不过十五/前怕狼，后怕虎/多个朋友多条路/说竹就说竹，说木就说木/爱惜五谷，儿孙多福/嘴是江湖脚是路/不孝怨父母，欠账怨债主/正做不做，豆腐放醋/村比村，户比户，农民看的村干部/撵人不上一百步/鹅颈子再长也有下刀之处/耗子才知耗子路/脸上无肉，必定是怪物/男子吃饭要武，女子吃饭要数/男子无妻家无主，女子无夫身无主/三穷三富不到老，千年田土八百主/坛口封得住，人口封不住/笑破不笑补，笑懒不笑苦/一根牛尾巴，只遮得到一个牛屁股/三生当不到一熟/寒从脚起，病从口入/冷不过三九，热不过三伏/懒人有懒福，勤快人累得哭/一寸不补，撕烂尺五/说到粑粑要米做/左耳朵进，右耳朵出/大吃当小赌/秋裹伏，热得哭。

背起娃儿找娃儿/久病成良医/看菜吃饭，量体裁衣/走路怕踩死蚂蚁/嘴巴两块皮，说话有走移/天上晓得一半，地上全知/皇帝爱长子，百姓爱幺儿/大家马儿大家骑/人心隔肚皮，饭甑隔笆箕/蛇咬人有药医，人咬人无药医/好儿不吃分家饭，好女不穿嫁奁衣/江山易改，本性难移/人有失足，马有漏蹄/浑浑水捉昏昏鱼/饥不择食，寒不择衣，慌不择路，贫不择妻/男人有志，婆娘有势/你做得初一，我做得初二/吃家饭，屙野屎/打破砂锅问（纹）到底，问你家婆有几个女/惹不起，躲得起/眼中钉，肉中刺/不登高山，不显平地/一锅费柴，二锅费米/迟睡早起，有谷有米/隔场五里，先问盐米娃儿是哭大的，茄子豇豆是吊大的/屋檐水，点点滴/说者无心，听者有意/你有千条计，我有老主意/宁愿靠墙死，不愿倒架子/吊颈也要找颗大树子/生不带来，死不带去/吃下喉咙三寸屎/阳沟头的蔑片也有翻身之日/力气是压大的，胆子是吓大的/卖灰面遇到旋头风，卖凉水遇到绵绵雨/本想梳个光光头，怎奈癞毛不争气/饿起肚皮等饱饭吃/围到灶头转，是想锅巴吃/麻雀飞过有个影子/猫吃死耗子/狗改不了吃屎/清官难断家务事/偷鸡不成倒蚀把米/为人不学艺，挑断鸳篼系。

棋逢对手，将遇良才/瞎子见钱眼开/上梁不正下梁歪，中梁不正倒下来/吃人酒饭，与人担待；得人钱财，与人消灾/来者不怕，怕者不来/亲戚不过财，过财断往来/人在人情在，人走两丢开/生铁锅儿天天刮，又省时间又省柴/哪家烟囱不冒烟，哪家挂着无事牌/说出去的话收不回来，吐出去的口水舔不起来/脚正不怕鞋歪/开水不响，响水不开/蛇打七寸鱼抠腮/穷不舍命，富不舍财/鬼想钱要挨令牌/看到才靠拢，一篙杆又撑开。

油煎莴苣菜，各人心头爱/见怪不怪，其怪自败/酒醉心明白/染房不开牌子在，卖了麦子有口袋/扯了萝卜窝窝在/不是心头爱，硬是命上带/豆芽长齐天高总是小菜/人吵败，猪吵卖/老马不死旧性在/忍嘴不拖债，忍气家不败/洗脚不如洗铺盖，洗铺盖不如翻转盖/先有交待，后有买卖/有果必有因，有利必有害/只有错买，没有错卖/牙齿老缺，胡子老白/打是心痛骂是爱，不打不骂不自在/作揖买来磕头卖，不图赚钱只图快/鼻子生得矮，说话会转拐。

家鸡打得团团转，野鸡打得满天飞/吃得亏，打得堆，免得旁人说是非/家里不和邻里欺，邻里不和惹是非/国有国法，家有家规/好汉不吃眼前亏/和尚赚钱，木鱼吃亏/贪小便宜吃大亏/要得人不知，除非己不为/响鼓不用重槌/靠山吃山，靠水吃水/疑心生暗鬼/正月忌头，腊月忌尾/病人不忌嘴，医生跑断腿/嘴巴说起血泡子，别人当你是苋菜水/千千有个头，万万有个尾/少吃有滋味，多吃伤脾胃/客来添瓢水，也不要嘟起嘴/死要面子活受罪。

男人头，女人腰/嘴上无毛，办事不牢/船上人不得力，坎上人挣断腰/刀伤药虽好，不破手为高/酒醉聪明人，饭胀傻脓包/独柴难烧，独儿难教/好种出好苗，好树结好桃/三千与你好，八百与我交/伸头一刀，缩头还是一刀/出门不弯腰，家中无柴烧/月长毛毛，大雨瓢浇/砍了树子，免得老鸹叫/鸡母不抱，劈断脚杆也不抱/煮熟的鸭子怕它飞了/眼睛大，肚皮小，争来又吃不了/远强盗必有近熟脚/白天风都吹得倒，晚上狗都撵不到/要得公道，打个颠倒/本少利多利不多，本多利少利不少/不玩不笑，阎王不要/初来乍到，摸不到锅灶/操心不经老/吃稀饭要搅，走溜路要跑/家中有个老，等于拣个宝/人怕闹，火怕秒/说得轻巧，当根灯草/来得早不如来得巧/资格老不如运气好/各人吃饭各人饱，各人做事各人了/陕西骡子学马叫/好心无好报，烧香惹鬼叫/好马不吃回头草/会说惹人笑，不会说惹人跳/酒吃人情饭吃饱/君子要钱，取之有道；小人要钱，拉到就要/为人不做保，做保讨烦恼/又要马儿跑，又要马儿不吃草/有钱吃药，无钱泡脚/鱼吃跳，鸡吃叫/做到老，学到老，还有三分学不到/一笼鸡总有一个要叫/人要心好，树要根好/凡事要好，须问三老/痛处下下戳到，短处下下说到/走路认道，做事落教/饿鬼在叫，饱鬼也在叫/黄泉路上无老少/问病处方，对症下药/搬起石头打自己的脚。

虱多不咬，债多不愁/瞌睡来了遇到枕头/做事做到头，杀猪杀断喉/暗室逢灯，绝渡逢舟/叫鸡打架头对头，两口子吵嘴不记仇/螺蛳有肉在肚皮头/图相因，买老牛/细水长流，到老不愁/打不知痛，骂不知羞/肉烂了在锅头/白毛猪儿家家有/在家靠父母，出门靠朋友/见货添钱，逢人减寿（尽量说他年轻些）/不怕田瘦，就怕田漏/闭起眼睛诅死咒/手心手背都是肉/半夜说起五更走，天亮还在大门口/白布怕染缸，是非怕人口/一堆屎不臭挑开来臭/点点酒，常常有/编筐编篓，全在收口/没学爬，就学走/草房平，住不成；瓦房陡，住不久/吃饭打湿口，洗脸打湿手/打屁瞒得了响瞒不了臭/埋头汉，奓耳狗，口头没得心头有/锅头有，碗头才有/媒人不怪怪吹手/有癞子嫌癞子丑，没有癞子打断一只手/外头有个找钱手，屋头有个聚财斗/手不摸虫，虫不咬手/肯叫的麻雀不着肉/衣不如新，人不如旧/头道香，二道臭，三道四道脸皮厚/挂羊头，卖狗肉/只要不开口，神仙难下手/天干芝麻雨淋豆/品碗大的蜡烛照不到前后。

会说话的两头瞒，不会说话的两头传/麻雀虽小，肝胆俱全/癞疙宝没见过簸箕弄大一个天/人上一百，五艺俱全/有理三扁担，无理扁担三/壳子冲得圆，狗屎蜜蜜甜/吃饭垒尖尖，做事梭边边/不怕不卖钱，就怕货不全/军师多了打烂船/打人无好拳，骂人无好言/发财不见面，背时大团圆/教的山歌唱不圆/看人挑担不费力，事非经过不知难/牛蹄尖，马蹄圆，无事不到你门前/人多好种田，人少好过年/赶场无钱，不如犁田/运来红光满面，倒霉瞌睡连天/宋江难结万人缘/有钱无钱，剃头过年/有钱买马，无钱买鞍/养儿就不要算饭钱，打铁就不要算炭钱/一脉不和，周身不安/没有过不去的火焰山/差一线，隔一山/屋头不烧火，屋外不冒烟/穷得硬肘，饿得新鲜/隔行如隔山/要得小儿安，常带三分饥与寒/豆腐盘成肉价钱/不会行船怪河弯，不会使牛怪枷担/一个虼蚤顶不起被单/藕断丝不断/没吃过猪肉，总听过猪叫唤/黄鸡婆生白蛋，家家户户有长短/兵来将挡，水来土掩/做事留根线，日后好见面/人多不洗碗，鸭多不生蛋/山不转水转，人不转路转/少年夫妻老来伴，一天不见惊叫唤/不怕慢，就怕站/百步无轻担/比着簸簸买鸭蛋/病人听不得鬼叫唤，叫化子见不得热稀饭/好吃不过茶泡饭，好看不过素打扮/打人不打脸，吃饭不夺碗/曹操背时遇蒋干，胡豆背时遇稀饭/大路不平旁人铲/睡着的人好喊，装睡的人难喊/先说断，后不乱/吃人嘴软，拿人手短/你有七算，我有八算；你有长箩索，我有弯扁担/千选万选，选到个漏灯盏/身上穿的像叫化，肚皮头像油罐/绳打细处断，鞋从尖头烂/膏药是一张，各有各的熬炼/一根田坎三节烂/女大十八变，越变越好看。

除了青冈无好柴，除了郎舅无好亲/打锣听声，说话听音/吃了秤砣铁了心/穿针要个引线人/小时偷针，长大偷金/一斗米养个恩人，一石米养个仇人/吃饭千口，主事一人/扁担挑水平肩人/一样米养百样人/当家才知盐米贵，养儿才报父母恩/不是一家人，不进一家门/不会烧香得罪神，不会说话得罪人/不做亏心事，不怕鬼敲门/不走夜路，碰不到夜游神/弹琴费指甲，说话费精神/财不露白，货不离身/马上摔死英雄汉，河中淹死会水人/打虎亲兄弟，上阵父子兵/打坏一坛酒，结坏一门亲/大树底下好歇凉，父母脚下好为人/燕子盘儿枉费心/花花轿儿人抬人/防得了君子防不到小人/提刀割肉，起眼看人/饭熟米汤生，其中有原因/过目之事还有假，背后之言未必真/喝凉水也要个引路人/会打三通鼓，也要一帮人/会说说自己，不会说说别人/梁山弟兄，越打越亲/刘备招亲，弄假成真/秤砣虽小，能压千斤/端着刀头找不到庙门/宁拆十座庙，不坏一门婚/伸手不打笑脸人/乡为乡，邻为邻，和尚为着出家人/扯房草先看屋下人/远水难救近火，远亲不如近邻/浇花浇根，交人交心/不怕财心紧，只怕爪爪深/吃饭要知牛马苦，穿衣要知纺线人/宁亏自己，不亏他人/认得真来水都闹得死人/自不紧手，闹动四邻/胆大漂洋过海，胆小寸步难行/一篙竿打一船人/稳的不滚，滚的不稳/舍得本来本掉本/天热人又闷，有雨不用问/弯竹子生正笋/打铁还要砧墩硬。

山中无老虎，猴子称霸王/碰到绵羊是好汉，碰到好汉是绵羊/马屎外面光，里头一包糠/打锣卖糖，各干一行/晴带雨伞，饱带干粮/老山猪吃不来细糠/娃儿见了娘，无事哭一场/自己屁股流鲜血，还给别人医痔疮/早不忙，夜心慌，半夜起来补裤裆/先下手为强，后下手遭殃/一娘养九子，九子不像娘/衣有同样，人有同相/吃药不投方，怕你用船装/淡淡相交得久长/满壶水不响，半壶响叮当/每天节约一把粮，十年要拿仓来装/拿贼拿赃，拿奸拿双/男怕入错行，女怕嫁错郎/贫贱之交不可忘/糟糠之妻不下堂/人见稀奇物，必定寿延长/上山要防花蚊子，下田要防水蚂蝗/舍不得娃儿套不到狼/神仙打架，凡人遭殃/说话时短，记话时长/一颗耗子屎，搅坏一锅汤/黄鳝鱼鳅扯不到一样长/有钱就是罗汉肚，无钱就是屎肚腔/文穷烟背时，话长酒遭殃/一行服一行，泡菜服米汤/人争一口气，佛争一炉香/花木要向阳，栽秧要亮行/猫急上树，狗急跳墙/人是桩桩，全靠衣裳/你敬我一尺，我敬你一丈/人怕出名猪怕壮/死猪不怕开水烫/一个巴掌拍不响/人看从小，马看蹄掌/饭后躺一躺，不长半斤长四两/会打不在忙上/亲兄弟，明算账/面带猪象，心头明亮/这样那样，湾头坳上/弯木头，直木匠/要想吃鱼大家补网/蚀本算倒账/弹花匠的女儿，会弹不会纺/独脚戏难唱/一人舍死，万人难挡。

　　戏法人人会变，各有机关不同/秀才遇到兵，有理说不清/有理走遍天下，无理寸步难行/穿不穷，吃不穷，不会划算一世穷/安逸生懒汉，逆境出英雄/白日点灯灯不明，天黑走路路不平/描龙绘凤，难在点睛/扁担是条龙，一生吃不穷/家家有本难念的经/无娘儿子天看成/树老心空，人老颠东/好话不在多说，有理不在高声/但存方寸地，留与子孙耕/锅头不争碗头争/蓖头脸，剥了一层又一层/早起三朝当一工/磨刀不误砍柴工/路直有人走，人直无人逢/人怕老来病，稻怕钻心虫/人有人不同，花有几样红/灯不拨不亮，话不说不明/三天不唱口生，三天不写手生/有那个钉钉，才能挂那个瓶瓶/摔倒不痛爬起来痛/不怕生错命，就怕得坏病/好汉不提当年勇/龙生龙，凤生凤，耗子生儿会打洞/有来一顿耸（吃），无来吃谷种/家中有金银，隔壁有戥秤/闲时买来急时用，急时买来不中用/猫儿能钻鼠洞，耗子就要绝种/来言不好回言重。

第二节　歇后语

　　歇后语，俗称"展言子"，是通俗、定型的特殊语言形式，主要运用谐音、双关语等手法，设比恰当、生动，有鲜明的地方性，历来为人们喜闻乐道。在不断的文化积淀中，形成很多反映其时其地民情风俗、地理人物、经济生活等等的"言子"。当地使用最多的有：

缸钵头的鱼鳅——要团转

王三公看告示——凶凶凶

豆芽进蒸笼——蜷起脚脚受气

（年）三十晚上吃红苕——欢喜那一条

两口子吃斋——奇桠树（齐家素）

杀猪过年——样样有点

胡市场的灯杆——不用说（索）

包包锣敲三下——咚咚咚（形容人傻气）

天堂坝的槽房——考（烤）人

蚂蚂丁儿咬屁股——自己吃自己捐

小市的水淹土地——喊得答应

外侄打灯笼——照旧（舅）

小米滩赶船——要上当（荡）

四大天王流口水——越大越啰哆（讨厌）

泸州人抢杂包——得心应手

猪八戒照镜子——里外不是人

谢阳春的膏药——不贪（摊）

麻子打呵欠——总动员

石洞镇的神会——年年不改

狗吃牛屎——图多

七月间的土地会——热闹街坊

龙马潭的放生会——龟子沾光

猴子的屁股——自来红

汤粑打狗——有去无回

手扒岩的尼姑——跟河上（和尚）

校场坝的土地——管的宽

蓝田坝的猪儿粑——立起蒸

老婆婆吃腊肉——扯皮

连云洞下州——赶快

叫化子进朝门——得寸进尺

郭太医的药单——来得大方

蒙到眼睛哄鼻子——自欺欺人

土地祠的包子——多心

满口金牙齿——尽开黄腔

鬼冬哥仰起飞——抓天

鸳篼装狗——不识抬举

沙坝头写字——要不得重来

半夜吃桃子——按到粑处捏

一挑沙锅打烂了——没有一个好的

吹火筒做眼镜——长（藏）起眼睛看

耗子爬秤钩——自称

姜太公钓鱼——愿者上钩

耗子钻牛角——越钻越深

空起肚皮打饱嗝——装模做样

猫哭耗子——假慈悲

是块金砖不用你——怀才（财）不遇

尖担挑缸钵——两头都戳脱

干狗屎做鞭——文（闻）也文（闻）不得，
　　武（舞）也武（舞）不得

洋马儿下坡——不睬（踩）

电灯上点纸烟——不然（燃）

抱鸡婆打摆子——又扑又颤

花椒落到甑子头——麻烦（饭）

沙土萝卜——带着就来

秀才做诗——有两手（首）

红萝卜丝撒海椒面——显不出来

红萝卜雕人——饮食菩萨

墙上的冬瓜——两面滚

大什字摔跟斗——正南骑北

癞子头上的苍蝇——明摆着

城隍娘娘害喜——怀鬼胎

一辈子当寡妇——老手（守）

二两茶叶泡一碗——老实（色）

九格加一格——失（十）格

三张纸画个人脑壳——好大的面子

三月间的菜苔——不论（嫩）

土地菩萨死儿——绝妙（庙）

落雨天出太阳——假情（晴）

大年初一翻皇历——日子长

高射炮打蚊子——大材小用

叫化子伸脚——灯（蹬）草

路边上打草鞋——有的说长，有的说短

落雨天打麦子——难收场

肚皮头撑船——内行（航）

跛子进医院——自（治）觉（脚）

和尚的脑壳——没法（发）

瞎子戴眼镜——多余的圈圈

泥菩萨过河——自身难保

莴笋炒蒜苗——亲（青）上加亲（青）

猴子扳苞谷——吃一半，丢一半

开刀不上麻药——硬干

木匠弹墨线——睁只眼闭只眼

牛滚凼头洗澡——越搅越浑

月亮坝头耍刀——明砍

矮子爬楼梯——步步高升

半夜回来不点灯——乌归（龟）

哑巴吃汤圆——心头有数

老婆婆打呵欠——一望无涯（牙）

老者儿喝稀饭——屠胡子

城隍庙的鼓锤——一对

叫鸡打架——雄起

耗子钻风箱——两头受气

山头上吹喇叭——名（鸣）声远扬

孔夫子搬家——尽是输（书）

强盗进学堂——摸到尽是输（书）

叫化子打米——只有这一身（升）

冬水田种麦子——怪哉（栽）

干胡豆下酒——展牙巴劲

门坎上截萝卜——一刀两断

娃儿放火炮——又爱又怕

小和尚念经——有口无心

两个哑巴睡一头——没得话说

麻布洗脸——初（粗）相会

矮子过河——安（淹）了心

一分钱开当铺——周转不开

瞎子打婆娘——松不到手

菜刀打豆腐——两面起光生

三九天吃凌冰——寒心

叫鸡屙屎——头节硬

水煮石头——难熬

孔夫子唱戏——出口成章

田坎上点豌豆——一路

歪嘴婆娘照镜子——当面丢丑

老婆婆纺线——一手手的来

老婆婆穿针——隔得远

背起碓窝跳舞——吃力不讨好

老母猪打架——使嘴

猫扳甑子——替狗干

温温水烫鸡毛——难扯

新姑娘上轿——头回

三月间的樱桃——红不到好久

烧火棍吹火——一窍不通

三加二减五——等于零

竹林头的斑鸠——不知春秋

水面上的浮萍——没得脚脚

木鱼脑壳——经得敲

两条腿的板凳——站不住脚

陀螺的屁股——不稳

纸糊的灯笼——一戳就破

庙门前的旗杆——光棍一条

泡过水的黄豆——不干脆

砌墙的砖头——后来居上

铁公鸡——一毛不拔

黄瓜蒂蒂——苦得很

清明的韭菜——头刀

螺蛳的屁股——弯弯多

包文正断案——公事公办

刘备借荆州——不还

赵匡胤爬城墙——走投无路

诸葛亮借东风——神机妙算

程咬金的板斧——头三下厉害

宋江的军师——无（吴）用

三六九赶场——看人说话

大门口挂扫把——扫脸

大水冲了龙王庙——不识自家人

生米做成熟饭——难改

缺牙齿咬虱子——咬到一个算一个

脑壳上抹猪油——滑头

黄连树上挂猪胆——苦上加苦

棒槌当针——粗细不分

猴子上树——拿手好戏（耍）

狗咬乌龟——找不到脑壳

竹篮打水——一场空

问客杀鸡——虚情假意

蚊子咬菩萨——认错了人

两个山字重起来——请出

抵门杠做牙签——插不上嘴

罗汉请观音——客少主人多

头发贴膏药——毛病

哑巴吃黄连——有苦说不出

扁担挑水——一心挂两头

推屎婆搬家——走一路，臭一路

茶壶煮稀饭——难搞（搅）

桌子底下划拳——起手不高

大河头洗铺盖——随便摆布

豆花挡刀——招架不住

半天云吊口袋——装疯（风）

茅厕里的石头——又臭又硬

火炮脾气——一点就着

王大娘的裹脚——又臭又长

周瑜打黄盖——一个愿打，一个愿挨

赵匡胤赌钱——输打赢要

韩信点兵——多多益善

皇帝的脑壳——芋（御）头

怀兜头唱戏——逗（兜）到闹

第三节　缩脚语

　　缩脚语也称隐脚语，是民间文化中俗语类型之一，在广义上隶属歇后语却又自成一格。缩脚语多有诙谐俏皮成份。一般是将四字成语（或习惯用语）的最后一字故意不说出来，但听的人很易领会他要说的中心字，这一中心字可直指本意，也可利用谐音指别意，如买瓶酒，可说成买瓶天长地——久（酒），本地流传较广的有：

欢天喜——地（弟）　　　　　　八仙过——海

抛粮下——种（肿）　　　　　　城隍老——爷

刮骨熬——油　　　　　　　　　黎山老——母

下马威——风　　　　　　　　　家有贤——妻

安安送——米　　　　　　　　　死儿绝——女

细皮嫩——肉　　　　　　　　　遍地开——花

颠头换——尾　　　　　　　　　开门见——山

杀鸡打——粑　　　　　　　　　无中生——有

一年到——头　　　　　　　　　有眼无——珠

牛头马——面　　　　　　　　　清晨八——早（爪）

隔岸观——火　　　　　　　　　二龙抢——宝（饱）

改头换——面　　　　　　　　　瞎子算——命

第四节　吉语与忌语

　　吉语，即吉利话，又叫口彩，是几千年封建社会逐渐形成的一种语俗。许多人明明知道是不现实的，但仍然以讨个吉利的心情，自我安慰或慰藉他人，因而民间此种风尚长盛不衰。就本地而言，红白喜事、日常生活、新春佳节等等都离不开吉语，如婚配吉语有："百年偕老""早生贵子"；丧事吉语："跨鹤归天""子孙发达"；寿辰吉语："寿比南山、福如东海"等等。日常生活中，以讨谐音吉语为多，如车号、电话号码等将"八"讨作"发"，将"六"讨作"六六大顺"等等。过去，在农村，口才圆滑的人还往往将各种吉利语编成押韵、动听的"四言八句"如建房说："日吉时良，主人建房，儿孙发达，地久天长"，让主人喜欢而讨得"包封"钱。年头岁节，送《历书》的"春官"、扫"财"的"财神"，专说吉利话讨主人"打发"。新春佳节如吃团年饭必有"鱼"这道菜，即讨"年年有余"之意，大年初一早上吃汤圆说成是"抢元宝"，贴春联将"福"字倒贴，以讨"福到了"的口彩等等。

　　和吉利语同样流行的是"谶语"，也称忌（讳）语，就是人们以为将来会应验的话，须竭力回避、绕开，以求"避凶趋吉"。比如民间认为，农历正月是一年的第一个月，可预示一年运气的好坏，因此，正月尤其是大年初一的忌讳最多：初一全天不煮饭（讳主犯），不扫地、不倒垃圾、不倒水（讳倒财出门），忌讳有人来家哭泣（俗称犯了哭神），忌讳吵架、骂人、打碎东西。东西用完了不能说"没有了"，要改说"发财了"，如果犯了忌，则马上说"不忌不忌，大吉大利"之类的话。平日忌讳也多，祝寿日忌言"死丧"，婚庆日忌言"离散"，立宅乔迁忌言"火烧"，乘车行船忌言"翻破"。

　　为讳谐音"蚀"，猪舌改称"赚头""利子"；忌讳说"蛇"，姓"佘"的改称"梭"，蛇改称"梭老二"；忌讳"腐"字，腐烂的东西要改称"水了、朽了"，而与"腐"同音、近音的事物也要改换名称，因猫与虎同属猫科动物，为谐音讳，改称"寿头儿"，斧头改称"开山儿"，豆腐改称"灰门儿"，狐狸改称"毛狗儿"等等。因忌讳方言中骂人的下流话"日"，向日葵改称"向耳葵""葵瓜子"；因忌讳说"卵"，鹅卵石改称"鹅宝儿"；因忌讳说"pī"，故将与"pī"同音的字改读为

（pei），如"批评、批判、披衣服、披风、披麻带孝、披荆斩棘"等等。另如：添饭——盛饭，忌"沉"/壕竿——筷子，忌"快止"/皮了——烂了，忌"烂"/放起——搁着，忌"搁"/靠船——停船，忌"停"/撑子——撑花儿伞，忌"散"/老鸹——乌鸦，忌"无"/旺子——凝结了的动物血液，忌"血"/船篷——船帆，忌"翻"/欠安——生病，忌"病"/作古——人死，忌"死"等等。为了适应客观世界和人类自身的变化发展，以上种种吉利语与忌讳语及相关习俗随着社会的进步而逐渐变化发展。

第五节　土语词汇

土语词汇，可以考察俗语之所本，方言之嬗变和与民俗的渗透，举列如下：

睏瞌睡——睡觉/打眼——显眼，惹人注意/清醒白醒——无倦意、神志清楚/经试——结实、耐用/款款——标准、限制/臊皮——丢脸/不好——生病、感觉难受/清晨八早——早晨/打整——打扫、拾掇、引伸为对付、整人/杀贴——收拾，既指收拾（整理）东西，也指收拾人（整人）。/煞角——结束、完毕/撇脱——洒脱、做事干脆/躅——鼻子不通/活良点——别太过份/随口打哇哇——随声附和、含混其辞/打翻天印——下辈、下属背叛、翻脸/打假叉——做假/撒窝子——下鱼饵诱鱼上钩，引申为用小便宜使人上当受骗/开黄腔——说外行话/宝眉宝眼——土气、犯傻/麻麻鲊鲊——想蒙混过关/旮旮角角——偏僻的地方/赏你两耳屎——打你两耳光/整归一——做好点/克嘛——去吧/惊叫唤——大叫/遭不住——受不了/幺不到台——了不起/蛐蟮——蚯蚓/癞疙宝——蟾蜍/飞蛾儿——蝴蝶/蚂蚂丁儿——蜻蜓/炊壶——茶壶/打搞——出问题/日白——吹牛/闷墩——傻子/螺蛳拐——踝子骨/表得——不知道/茅厕——厕所/单碗——酒/走渣——出错、露馅/搓包包散——居中调停说和/涮坛子——开玩笑/绿眉绿眼——惊恐不知所措/捡疤货——捡便宜/整拐了——失误了/心翻翻的——恶心欲吐/搭带头——硬性搭配人或物/刮毒——缺德、心狠/老革革的——形容人苍老、形容物粗糙/打广去了——玩耍去了/麻广广——哄骗外行/冲壳子——吹牛、说大话/摆龙门阵——聊天、闲谈/弹眼皮——放任不管、假装看不见/鲊得很——难看、差劲/端甑子——被人抢占利益、也特指男女关系中第三者介入/猫洗脸——扫兴、碰钉子或受冷遇/吃混糖锅盔——乘机蒙混/落教——守信用、讲交情/下话——求情/吊粉肠——饿肚子/藏猫儿——捉迷藏、引申为有意躲避/房圈儿——卧室/走过场——做表面文章/歇稍——休息/负累你——谢谢你/謇巴郎——结巴、有口吃习惯的人/憨包——傻瓜/打财猫儿——猜谜语/提虚劲——虚张声势/褛馊——不整洁/马起脸——脸含怒色/打甩手——空着手/扯筋角孽——发生纠纷/磨照人——折磨人/却薄话——风凉话/弯酸——刁难/裸连——粗心大意、马虎/放黄——不兑现承诺/展班子——丢脸。

第六节　新词新语

民间新词新语主要来自以下三个方面：
（一）各时期江湖隐语行话的翻新使用。以下隐去原有用意，只略解引申含义：
跳槽——变换工作的代语/递点子——暗示性的语言或动作/点水——暗中告发/单丢——一个对一个/单线——单独行动/抬轿子——1. 对他人曲意逢迎；2. 谓扶持新人/敲边鼓——从旁帮腔、

揎掇或助势/眼线——暗中观察情况、担任引导的人/卧底——打进内部做接应/明了——被人知晓/遭烫了——受到伤害或损失/不感冒——没有兴趣/拍巴掌——赞成/金戈戈——钱的代称/出血——出钱/放血——伤人/丢翻——打死/拉稀——临阵退缩/喊醒——说清楚/下炕蛋——说软话/踩点——摸底/鲊起——撑腰、作后台、给人帮忙/打滚龙——四处流落/听上咐——听招呼/肘起——帮忙、支持/让一手——让步/吃得梭——受得住/兄弟伙——同一圈子的人/哥们儿——难兄难弟/下矮庄——跪着认错/踩假水——做假/涨水了——风声紧急危险临头。其他还有"对路子""翻船""二进宫""金盆洗手""上手""贴起""码头""回头客""色迷""避风头""看向口""窝家""打启发"等等。

（二）从过去有生命力的流行语中沿用和不断新造词汇。比如：

媒子、搭挡、滋润、狗火、举报、勾兑、走展、稳起、环保、胎教、优生、移民、大款、富婆、酒吧、街舞、瑜珈、走穴、派对、作秀、买单、的哥、的姐、打的、时尚、超女、沙发、房奴、宠物、二奶、白领、合租、观鸟、攀岩、炒作、没戏、到位、版税、扎板、叫板、下海、前卫、蹦迪、帅哥、美女、下课、包装、打造、策划、精品、漂流、休闲、观光、品牌、房改、盒饭、搞定、减肥、美容、移民、打包、超市、台商、粉丝、物流、改革、小康、普九、互动、中介、双赢、合资、死党、业主、物管、扶贫、招聘、拜拜、创收、茶楼、背包族、二传手、AA制、含金量、追星族、老人头、不摆了、切入点、消费者、廉租房、知名度、美誉度、新理念、旗舰店、跳楼价、健身房、志愿者、开发商、席梦思、北漂族、打工仔、打工妹、炒鱿鱼、挖墙角、低姿态、出租车、大哥大、原生态、股份制、信用卡、保护价、吃回扣、黄金周、咖啡吧、慢摇吧、跆拳道、农家乐、个体户、农民工、自助餐、方便面、收银员、地球村、亲和力、公务员、特困生、拆迁户、安乐死、招商引资、公益行动、物业公司、投资理财、公益广告、成功人士、文明社区、市民学校、团队精神、强强联手、私企老板、和谐社会、资源共享、环保理念、节能减排、闪亮登场、新鲜出炉、通货膨胀、价格指数、反腐倡廉、临终关怀、强化管理、民营企业、法制社会、网上聊天、素质教育、劳务输出、差额选举、退耕还林、计划生育、独生子女、人才市场、光亮工程、民心工程、形象工程、政绩工程、留守儿童、低保家庭、电梯公寓、风吹排骨、全民健身、岗前培训、市场经济、商业大潮、对外开放、虚拟社会、智力投资、组合家具、中介机构、垄断行业、八荣八耻、理性消费、丁克家庭、优胜劣汰、二道贩子、宏观调控、政策优惠、升值空间、户外运动、信息咨询、量身定制、网上购物、在线认证、交流平台、自驾车旅游、人性化管理、无纸化办公、高成本时代、送温暖工程、跟着感觉走、世界文化遗产等。

（三）网络语言的融入。网络词汇举例：

发飙——受刺激而情绪失控，发狠——突然爆发力量/雪藏——遭冷遇、冻结/逊——差劲/闪——离开、优雅的躲避/拍砖——批评、点评/抓狂——受不了刺激而行为失常/包子——长得难看或愚笨/晒客——把自己的生活、经历和心情展示在网上，与他人分享的人群/裸考——什么加分都没有完全靠实力参加考试的人/乐活族——健康、能自给自足/闷骚——假性贬义，表面上矜持，骨子里热情似火的人/撮一顿——吃一顿/菜鸟——原指电脑水平比较低的人，广泛用于现实生活中，指在某领域不太拿手的人/驴友——泛指爱好旅游，经常一起结伴出游的人/黑客——指在电脑领域有特殊才能或技巧的人/博客——以日记方式在网络上展现自己的人/狼族男人——热爱女色，但不会纠缠/蛋白质——笨蛋、白痴、神经质/白骨精——白领、骨干、精英/斑竹——版主、也可写作板猪，由于拼音输入造成的美妙谐音/泥——你/偶——我/酷——帅、COOL的音译/伊妹儿——电子邮件/美眉——网络上姑娘不叫姑娘，统称美眉/大虾——超级网虫/米国——美国/3166——沙哟娜拉，日语，再见/

7456——气死我了/9494——就是就是/616——遛一遛/54——无视的谐音/886——拜拜了/COOL——酷毙/cft——comfort，安慰，舒适/NOD——点头（动作）/BC—白痴/PMP——拍马屁/PPMM——婆婆妈妈。

第七节　农　谚

春云黑，冬云白，绵绵雨，不停歇。

雾罩雾不开，必定有雨来。

早晨下雨当晴，晚上下雨天明。

雨落雷头，夏雨堪愁。

雨打芒种头，阳沟无水流。

雨打初伏头，夜夜水长流。

天黄有雨地黄晴。

有雨天边亮，无雨顶上光。

天热人又闷，有雨不用问。

头九二九下了雪，头伏二伏雨不缺。

冬季水霜雪，来年雨水缺。

腊月逢大雪，来年米粮缺。

无雨先起风，定是一场空。

南风吹到底，北风有大雨。

急需等天晴，闪电雨将临。

乌云盖东，无雨必风。

梭子云，天要晴。

棉花云，雨将临。

雷打秋，干正沟。

雷打天边，大雨连天。

滥了白露，百日烂路。

重阳无雨一冬晴，重阳下雨一冬淋。

重阳无雨望十三，十三无雨一冬干。

十月十五晴，大雨等清明。

蜜蜂不出房，大风大雨狂。

蚂蟥鱼鳅水面游，预告有雨是兆头。

蜘蛛张网天要晴，蜘蛛收网有雨淋。

鸡晚不收笼，有雨两天中。

桐子花开早，寒潮来得少。

桐子花开红，雨少太阳雄。

桐子花开白，雨伞离不得。

桐子花边黄，雨匀喜气洋。

猪狂有雨狗狂晴。

羊儿起舞雨将临，蜻蜓高飞天要晴。

猫儿洗脸，雨水点点。

有雨山戴帽，无雨山没腰。

东虹日头西虹雨，南虹北虹涨大水。

蚯蟮滚沙要下雨，蚂蚁搬家要涨水。

日生焰，烈日见。

冻惊蛰，晒清明，一定是个好年辰。

早雾雨，晚雾晴。

雾里日头，晒破石头。

久晴必久雨，久雨必久晴。

青蛙叫在惊蛰前，高塝变成烂泥田。

阳雀叫在清明前，风调雨顺是好年。

阳雀叫在清明后，高塝干田改种豆。

雨中闻蝉叫，预告晴天到。

蚊子凶，大雨冲。

燕子低，披蓑衣。

小满不满，干断田坎。

暑到落雨头，干死秧苗渴死牛。

处暑天高，晒死岩蒿。

白露六日晴，稻草白如银。

秋分春分，昼夜平分。

寒露不打伞，葫豆起索索。

立冬之日怕逢壬，来岁高田枉费心。

小雪大雪，做饭不歇。

冬至出太阳，挑水栽高粱。

小寒大寒，冻死老蛮。

季节不等人，一刻值千金。

误了一年春，十年挣不伸。

春不忙，秋无粮。

春天不生产，秋来干瞪眼。

春天不展劲，冬来吃一顿。

一年之计在于春，一日之计在于寅。

一日春工十日粮，十日春工半年粮。

春争日，夏争时，百事宜早不宜迟。

三春顶一冬，三早顶一工。

早一日，早一春，早个时辰早定根。

早起三光，迟起三慌。

家兔饮水多又懒，不是阴天定打伞。

一鸪晴，二鸪雨，三鸪四鸪涨大水。

早晨斑鸠叫，当日雨来到。

老鼠树上做窝，倾盆大雨特多。

烟子不出门，大雨要来临。

山蚊子，起网网，不久雨会往下淌。

铁线草，起霉云，不久之后大雨淋。

立春天气晴，庄稼好收成。

雨水有雨庄稼好，雨水无雨不宜早。

惊蛰有雨早撒秧，惊蛰无雨不要忙。

春分一天晴，庄稼少收成。

清明南风起，收成好无比。

谷雨逢晴，抗旱不停。

立夏无雷鸣，庄稼少收成。

春早不宜早，春迟不宜迟。

过了立春节，耕田不停歇。

惊蛰种瓜，不开空花。

懵懵懂懂，春分泡种。

清明前好种棉，清明后好种豆。

清明高粱谷雨花（生），立夏包谷顶呱呱。

立夏小满正栽秧，农夫下田个个忙。

芒种忙忙栽，夏至谷怀胎。

处暑节，种荞麦。

立冬麦子霜降豆，油菜栽在寒露后。

水是庄稼血，有水粮不缺。

水是命，肥是劲。

有收无收在于水，多收少收在于肥。

蓄水如囤粮，水足粮满仓。

种田不用问，全靠水和粪。

水是庄稼娘，无娘命不长。

人靠粮食养，庄稼靠水长。

春雨贵如油，不让一滴流。

秧苗长得乖，无水不怀胎。

树怕折腰，谷怕干苞。

正月水过缺，谨防三四月。

田水莫关浅，天干才保险。

动得早，庄稼好，十年早，九年好。

要得庄稼好，一年四季早。

年怕中秋月怕半，庄稼就怕误时间。

修塘如修仓，积水如积粮。

要得田不干，夏秋把水关。

冬水关得满，不怕春雨晚。

秋水不关，板田难翻。

田缺不管好，有水也要跑。

冬田囤水是个宝，费省效宏投资少。

栽秧莫放水，以免干后悔。

栽秧莫嫌淹，谨防洗手干。

淹死得一半，干死光眼看。

干了板田，背时三年。

秋不蓄水冬不保，春耕无水种不好。

只要塘堰修得好，白米干饭吃得饱。

平时不把水管好，用时四处把水找。

不怕天干天旱，就怕靠天吃饭。

水利"三权"落实好，管用养护是非少。

兴修水利，百年大计。

治水治山，抗涝御干。

水利不修好，旱涝抗不了。

庄稼一枝花，全靠肥当家。

种田无粪，瞎子无棍。

人缺粮，面皮黄，地缺肥，少打粮。

人靠饭养，苗靠肥长。

鱼靠水养，秧靠肥长。

人是铁，饭是钢，庄稼有肥禾苗壮。

要得庄稼好，肥料不可少。

田中无好稻，只因少肥料。

肥料足，多打谷，一熟顶两熟。

钢要安在刀口上，肥要下在筋节上。

要得庄稼好，肥要施得巧。

除虫不迷信，迷信除不尽。

除虫没有巧，预防为主动手早。

除虫如除草，一定要趁早。

铲草要除根，杀虫要狠心。

禾怕枯心，草怕断根。

秧田治虫，费省效宏。

要想来年病虫少，冬天铲尽田边草。

要把病虫消灭掉，田园清洁最重要。

不打马前马后炮，适期施药听预报。

冷浸砂田下骨灰，多打谷子无处堆。

六月七月施把灰，九月红苕起堆堆。

喂猪不赚钱，肥了一冲田。

多养六畜，增产五谷。

种子壮，苗子胖。

良种壮秧，黄谷满仓。

种田选良种，一亩当两亩。

种子没选好，产量一定少。

要得产量高，良种数杂交。

要得质量好，米质透明腹白少。

一要质，二要量，增产增收有保障。

好种出好苗，好树结好桃。

选种选得好，苗壮谷粒饱。

种子不选好，收成总是少。

杂交玉米好，满尖籽粒饱。

良种小麦好，粉多麦麸少。

良种红苕好，质优产量高。

良种蔬菜好，市场好卖不愁销。

良种水果好，不愁销路价格高。

病虫不灭，祸殃不绝。

预测预报是前哨，病虫发生早知道。

除虫又防病，增产有保证。

惊蛰高粱春分秧，适时播种多打粮。

秧子栽得嫩，尤如上道粪。

立夏小满正栽秧，过了小满少半仓。

芒种忙忙插，夏至栽来光刷刷。

地尽其力田不荒，合理密植多打粮。

种下就管，一定增产；一管到底，颗粒饱满。

田头要过脚气，土头要过铁气。

田里长草，禾苗矮小；田中无草，收成可保。

早中耕，地发暖；多中耕，土不板；深中耕，防干旱。

不施肥料收一半，不治病虫光眼看。

治虫农药对口，防治效果才有。

综合防治效果好，粮经高产质量好。

人胖肉多，秧壮谷多。

十分稻子九分秧，秋收黄谷堆满仓。

杂交优质稻，米好产量高。

惊蛰早，清明迟，春分播种最适时。

一年劳动喜在秋，粮不入仓不算收。

人饿靠吃饭，地渴靠浇灌。

秋前十天无谷打，秋后十天满冲黄。

头伏秧，二伏谷，三伏四伏收进屋。

抢收抢收，不抢就丢。

当兵看打枪，种田看壮秧。

肥猪出好肉，好秧出好谷。

精打细收，颗粒不丢。

不丢一粒粮，日子过得长。

第八节　儿童歌谣

　　儿童歌谣篇幅短小，语言单纯，意思明白，是一种适合儿童传诵的民间文学作品。在经过长时期无数人的口耳相传以后，同样一首歌谣，字句上可能略有变化，但从总体上看，仍然保持了自身的基本内容和语言特色。不同时期的儿童歌谣涵盖了对当时社会生活自然现象的主观认识和生活体验。在传唱过程中，总是紧跟时代步伐，传统的形式下不断充实新的内容，例如家喻户晓的《拍手歌》这首歌谣，原来只是反映儿童自己感兴趣的身边事物，但由于社会的发展，就有了"你拍一，我拍一，上网先学计算机"这样非常时尚的内容。当地半个多世纪以来比较流行的儿童歌谣有：

五十年代

解放军慢慢走

解放军，慢慢走，你是我的好朋友。

穿军衣，戴军帽，打机枪，打大炮，打得敌人哇哇叫。

洋娃娃

洋娃娃，睡洋床，没得铺盖盖衣裳，

妈妈问我哭啥子？我要吃颗花生糖。

小燕子

小燕子，穿花衣，年年春天来这里，

我问燕子你为啥来，燕子说：这里的春天最美丽。

丢手巾

丢手巾，笑哈哈，大家不要告诉他，

快点快点抓住他，快点快点抓住他。

山螺蛳

山螺蛳，快出来，背边有人偷你青冈柴。

排排坐

排排坐，吃果果，你一颗，我一颗，妹妹睡了留一颗。

黄丝蚂依（蚁）

黄丝蚂蚂，黄丝蚂蚂，

家（外）公家（外）婆请你来吃嘎嘎（肉）。

大的不来小的来，牵起啷啷（行行）一起来。

六十年代

虫虫飞

虫虫虫虫飞哎，飞到外婆菜园里哎，

我帮外婆把虫虫捉哎，虫虫虫虫就飞了哎。

七十年代

小汽车

小汽车呀真漂亮，真呀真漂亮，

嘀嘀答答嘀嘀答答喇叭响，

我是汽车小司机，我是小司机，

我为革命运输忙，运输忙。

风婆婆

风婆婆，放风来，大风不来小风来，
大风刮得呜呜响，小风吹得怪凉快。

八十年代

小板凳

小板凳，真听话，和我一起等妈妈。
妈妈下班回来了，我请妈妈快坐下。

我保你

亮火虫，夜夜红，飞上天，雷打你，
飞下地，火烧你，快来快来我保你。

小蚱蜢

小蚱蜢，学跳高，一步跳上狗尾草，
狗尾草，摇一摇，小蚱蜢，摔了跤。

九十年代

燕子归

春风吹，燕子归，燕儿双双绕梁飞。
爸爸妈妈去南方，打工一年都未回。
燕儿燕儿去南方，把我爸爸妈妈陪。

我的朋友在哪里

一二三四五六七，我的朋友在哪里，
在学校，在家里，我的朋友在这里。

社会主义等不来

樱桃好吃树难栽，不下苦功花不开，
幸福不会从天降，社会主义等不来。
莫说我们家乡苦，只要我们勤劳动，
夜明珠宝土里埋，幸福花儿遍地开。

木头人

我们都是木头人，不能说话不能笑，
不能点头和弯腰，还有一个不许动！

笔的歌

钢笔写字先喝水，毛笔写字先湿嘴，

铅笔写字先脱衣，粉笔写字磨短腿。

金钩钩

金钩钩、银钩钩，你的东西给我吃，

我的东西给你吃，要好好到老，不好就算了。

小扫帚

小扫帚，扭呀扭，哪里脏，哪里走。

干完活儿怕表扬，悄悄躲在门后头。

彩虹架到台湾岛

雨过天晴白云飘，蓝天架起彩虹桥。

七彩虹桥七彩虹，请你架到台湾岛。

海峡两岸小朋友，站在桥上问声好。

小蜜蜂

小蜜蜂，嗡嗡嗡，飞到西，飞到东。

采花粉，做花蜜，做好花蜜好过冬。

小学生，学蜜蜂，天天来到学校中。

勤学习，勤动手，为国争光最光荣。

大头像

大头像，真美丽，色彩均匀颜色齐。

照出相片你随意，贴钱包，贴手机，快乐瞬间常记起。

没关系

小朋友，做游戏，你追我跳真有趣。

一不小心碰到你，赶快说声对不起。

没事没事没关系，礼貌用语别忘记。

二十一世纪

做个宇航员

坐上航天船，做个宇航员，电钮按一按，嘟嘟上蓝天。

绕地球，转哪转，遇见星星招招手，天上撒下歌一串。

红绿灯

哥哥走，我也走，我和哥哥手拉手，
手拉手，慢慢走，一走走到马路口，
看见红灯停一停，开见绿灯开步走。

水管哭了

小水管，低着头，滴滴答答泪直流。问它哭什么？
低头不开口。你要替我擦眼泪，快去拧紧水龙头。

会叫的鞋子

我的鞋子真好笑，走起路来叽叽叫。
小猫把我当老鼠，跟在后面喵、喵、喵。

牵牛花

牵牛花，吹喇叭，吹着喇叭树上爬。
爬到上边干什么？小鸟病了没人陪，
我去和它说说话。

找妈妈

小蝌蚪，小尾巴，游来游去找妈妈。
"妈妈，妈妈，你在哪儿?"
"来啦，来啦，我来啦!"
来了一只大青蛙。

轻 轻

云儿飘过轻轻，鸟儿飞过轻轻，
风儿吹过轻轻，小朋友走路轻轻。
老师工作艰辛，别把他们吵醒。

小钱罐

小钱罐，快快满，积存每天零花钱。
不吃零食不乱花，改掉以往坏习惯。
捐给贫困小朋友，寄去片片小心愿。

第二十一篇　人　物

　　龙马潭区人文底蕴厚重，人杰地灵，出现过许多杰出人物。人物传收录辛亥革命至 2005 年间去世的重要人物，立传标准为：本籍客籍工作贡献大、事迹突出者；本籍在外工作知名度高、影响巨大者；抗日战争、解放战争参加革命的老干部中的突出人物；其他杰出人物。

　　人物简介标准为：在区任正职的党政领导；对区内建设有突出贡献的企事业人员、专家学者；其他特别突出的优秀人物。入人物表的标准为：区正副职领导；人武部领导；受省以上表彰的劳动模范、先进人物；属地单位享受国务院特殊津贴的专家；科研成果或论文受省部级以上奖励者；其他知名度特高的人士以及各个时期的革命烈士。

一、人物考

尹吉甫故里考

　　尹吉甫，本姓兮，名甲，字伯吉父（一作甫）。尹是官名，后演变成姓氏。全球华人都认定他为尹氏家族的先祖。其生卒年月不详，只有个别网站说他卒于公元前 780 年，即周幽王二年。

　　尹吉甫是西周奴隶制王朝的一位政治家、军事家和文学家，是《诗经》的主要采编者，并创作了《崧高》《江汉》《韩奕》《烝民》等篇章，被中华民族尊称为诗祖。

　　公元前 877—840 年间，周厉王姬胡在位，暴虐无道，滥杀无辜，激起人民反抗，将其逐出都城镐京（今陕西长安县西北），后死于今山西霍州。时厉王之子姬静年幼，由周公、召公共同摄政，称为"共和"。前 827 年宣王姬静即位，励精图治，但厉王积弊甚深，虽经"共和"十余年的恢复，国力仍不强盛。北方猃狁（后为匈奴）乘机入侵，不仅迁居焦获（今陕西泾阳北），还挥师逼近镐京，形势极为严峻。宣王五年（前 823）六月，尹吉甫随宣王率军反攻，把猃狁赶到大原（亦作太原，今宁夏固原县北），时有诗人作《小雅·六月》以赞美他"薄伐猃狁，至于大原。文武吉甫，万邦为宪"。为防御猃狁再次作乱，宣王命尹师驻朔方（今山西平遥）筑城，至今平遥存有尹吉甫点将台等古迹。其后淮河流域的南淮夷叛乱，宣王命召虎前去平叛，将其制伏。尹吉甫又奉命在成周（今河南洛阳东）负责征收南淮夷等族的贡赋。至此，西周王朝逐渐兴盛。当时辅弼宣王复兴的大臣有尹吉甫、仲山甫、方叔、召虎等，而尹吉甫功劳最大，又文武全才，是朝政中枢忠臣。故宣王封之为太师（初为军队最高统帅，后为朝廷最高荣誉职务）。

尹吉甫的诗作，对后世影响很大。如《烝民》一诗，说的是仲山甫奉命去齐国筑城，临别时，尹吉甫作此诗赠他，以示慰勉，并祝他早日成功而返。后来，孔子称赞《烝民》："为此诗者，其知'道'乎？"此反问句，其实是肯定作者深知得民心之道理，因筑城防御符合国家和人民的利益。孟子也称赞《烝民》"引以明人性之善"，意即读此诗可以明白人性的善良。

由于尹吉甫文武双全，匡扶周室中兴，劳苦功高，周宣王令人将其征伐猃狁和对南淮夷征收贡赋的业绩，用金文镌刻在一块青铜器上，共133字，名"兮甲盘"，又名"兮伯吉父盘"。宋代在河北南陂县出土，为国家一级珍贵文物。足见尹吉甫在中国历史上影响之广泛而深远。

尹吉甫还有一个重大影响的事件是：其子伯奇遭后母嫉恨，在尹吉甫面前捏词诬陷他，吉甫信以为真，将他逐出家门。伯奇"晨朝履霜，穷无所归。乃集芰荷为衣，采樗花以食，抚琴而歌，自伤见放，不敢有怨词。卒自沉于江以死。""伯奇投江后，太师知其冤，沿江大恸三日，伯奇尸浮出山下，葬之山后。"遂将此山命名归子山（旧州县志均有载）。

此后的两千多年间，官方民间都公认尹伯奇为大孝子，不仅在归子山为他修建归子寺，作为纪念场所，还在祀奉尹吉甫的祠庙里也供奉伯奇牌位。最具影响的是将伯奇弹《履霜操》的那块巨石命名"抚琴台"。《广舆记》作了专载：抚琴台"在州北二里，山石生成，周围七尺，特立山腰。《皇舆考》'周孝子尹伯奇被后母谗逐，抚琴于此，作《履霜操》以自悲'。"历代诸多文人雅士纷纷为之题咏、凭吊。民国时期将"琴台霜操"列为泸县（州）八大景之一。

尹吉甫父子被历朝历代公认为非常杰出的忠臣孝子而受到尊崇。那么，尹吉甫是何方人氏呢？《辞源》《辞海》《中国人名大辞典》等权威文献都没有尹吉甫籍贯的直接记载，于是出现了众说纷纭的情况，其中最主要有两说，即湖北房县说和四川泸州说。

湖北房县说的根据，一是地方史志。明代《郧阳府志》记载当地有尹吉甫宅、墓、祠；还说"尹吉甫，房陵人，食采于房……卒葬房之青峰山。"明代《广舆志》也说尹吉甫是房陵人。清代《房县志》称："披览郡志，知房为尹公故里。"二是尹吉甫后裔从青峰镇等地迁到邻近地区繁衍生息。现（2008年）房县有尹姓201户753人。三是房县青峰山宝堂寺系古代石窟建筑岩庙，相传是周宣王封给尹吉甫的食地，在上面修建了"日月品字型"尹氏宗庙，为县级文物保护单位。四是青峰山森林垭等地相传有尹吉甫墓地12处，现搜集到9处。五是与尹吉甫采风《诗经》相关民歌，至今仍在青峰镇和房县五六个乡镇传唱。六是有关尹吉甫的民间故事、民歌在房县世代相传。传说有"石门沟出尹天官"等上十种，民歌有与《诗经》相关的12首。

四川泸州说的主要根据有：

一、北魏著名地理学家郦道元（约470—527）所撰地理巨著《水经注》卷三十三《江水》记述江阳县段水域时，全文引用西汉扬雄《琴清音·履霜操》琴曲题解说明。这说明三点：（一）尹氏父子之事，在公元四五世纪就有记载，比明代《郧阳府志》和《广舆志》至少要早800年以上。（二）既然尹伯奇之"悲遇"发生在江阳，证明尹吉甫故里无疑在泸州（公元前135年建江阳，后改泸川、泸州）。（三）郦道元是河北涿州（今涿州市）人，对泸州非常超脱，其记载当属客观公正。总之，这是尹吉甫为泸州人的最有力证据。

二、南宋庆元（1195—1200）中，泸州帅陈损之在南门外将报恩祠改建为尹公祠，名穆清祠（在今酒城宾馆内），以祀尹氏父子。元刘植在故址培祠绘像。明弘治、正德（1488—1521）中，兵部尹家言、知州萧敏清，康熙四十六年（1707年）知州朱载震先后修葺，并设奉祀生（管理人员）一人。乾隆二十四年（1759年）知州夏诏新重建。

关于穆清祠，明清典籍多有记载。明《一统志》云："（尹公祠）即穆清书院，后废为观。"正德二年（1507 年）赵鹤龄撰泸州《穆清祠碑记》中有"周太师尹吉甫为泸乡先生首，天下古今士望之冠冕也"句。文末还有《颂》曰："彝伦式法，启我泸人。维我泸川，公之居址。穆如清风，披拂桑梓。泸人感德，礼由义起。作祠城南，历有年纪……"该碑文还被收入《舆地记》中。清朱载震撰《修尹公祠碑记》云："以泸郡为太师父母之邦，旧有穆清祠，岁时祭祀……"清嘉庆《直隶泸州志》载："尹吉甫，州人，为周内史……全蜀乡贤及州乡贤俱崇祀其专祠，曰'穆清'。"民国《泸县志》卷三《祀典祀乡贤》云："……自周迄清入祀者，尹吉甫……等二十二人……"卷八《古迹志·碑记》援引《环宇记》称《尹吉甫祠堂记》为宋代许沉撰。

三、《广舆记通志》和李锴《尹吉甫传》俱确认尹吉甫为泸州人。《直隶泸州志》卷九《人物》载："泸属自尹氏以忠孝著闻于周，全蜀乡贤，实首太师……"《州旧志序五》云："泸，蜀之大郡也。自周尹吉甫以文武才翊赞中兴，功伐烂焉……"

四、民国《泸县志》卷一《舆地志·山脉》载："罗东山，一名尖峰，又名飞凤山……周太师尹吉甫故第及茔兆俱在焉。""周太师夫人马氏墓在州东六十里罗东山。尹吉甫夫人，伯奇母也。"又载："归子山，郡国志云：州东三里归子山有伯奇溺处……"该卷《庙坛》载："归子寺在县东三里归子山，周孝子尹伯奇归葬处。后人建寺傍梦仙亭（今废）"。

五、明嘉靖十三年（1534 年）雷洁撰山西平遥《重修周卿士尹吉甫庙记》曰："尹公吉甫者江阳人。"中华书局 2002 年版《平遥古城志》载："尹吉甫……古蜀国江阳（今四川省泸州市龙马潭区石洞镇）人。"（夹注原有）

六、林基深《驳吴省钦吉甫非泸里辩》："况郧阳志亦载泸之归子山为吉甫故里，太师祖墓垒垒，则吉甫何尝非蜀人乎……而吉甫之蜀人亦无可疑……考郧阳志，吉甫父子并祀乡贤，亦谓泸之归子山为吉甫故里，吉甫始为泸人，继为郧阳人也……吉甫或生于泸，卒于泸，葬于泸，乡贤则父子并祀于泸、郧，皆以忠孝感发两地之人心故也……"（见民国《泸县志》）。

七、尹伯奇《履霜操》和抚琴台，历来牵动无数文人墨客的心。唐代大文学家韩愈，宋代大文学家、大书法家黄庭坚，明代新都状元杨升庵及清代名士王世正、李九霞、李天瑛、何锡璠、方象瑛等都有题咏，有的诗直接提到尹吉甫或江阳，如杨升庵《病中秋怀》有"吉甫清风来玉麈"句，王士正《抚琴台》有"猿声何处去，今夜宿江阳"句，方象瑛《尹公祠》有"退哉尹吉甫，文武中兴才"句，这些都为尹吉甫是江阳人提供了有力证据。还有东汉著名文学家蔡邕著《琴曲·履霜操》题解歌辞，对《履霜操》作了考辨。这也是证据之一。

八、尹伯奇弹《履霜操》的"抚琴台"（巨石），在小市半边街半山腰上（现属龙马潭区鱼塘镇望山坪村谭园农业社），它原为一座山丘，1952 年修罗（汉）小（市）公路时，将山、石挖掉一半，至今犹存一半，被一座民房压了一部分。该屋基名抚琴台。后山一户"农家乐"取名"抚琴山庄"。据小市魏启明老人回忆：距抚琴台约 200 米处的路旁，曾立有一通石碑，碑文曰："三五之夜，月明星稀。荆洲在望，乌雀难（南）飞。儿兮儿兮，尸归浮来。汝娘异心，致汝沉亡（埋）。"也是修罗小公路时被毁。

九、清乾隆二十四年（1759 年），泸州知州夏诏新在石洞陈家场玉龙桥附近建造"周太师尹吉甫故里"石牌坊（州志、县志均有记载）。据石洞镇岳坡山村曾质彬、徐光万老人回忆，该坊一排四根石柱，中间两根高约四米，两边两根高约三米。其周太师的周字是出了头的，成'周'字。它的寓意可能是根据"万邦为宪"之意，说尹吉甫的影响大大超过了周土范围而名垂万代。当地人说，他们看到这座牌坊时，就已经塌了一部分，"文化大革命"初期被彻底摧毁。《嘉庆泸州志》载："周太师尹吉甫故里坊在州北三十里石洞镇。"民国《泸县志》更有详载。

十、尹吉甫后裔迁至各地繁衍生息,现已延至 100 多代。其中最发达的是泸县太伏镇万定照南山尹家湾一支,曾出现过乾隆进士尹仁等显宦。他们在尹家山建有尹氏宗祠,供奉尹吉甫等先祖。这一带的尹家祖坟也很多。2010 年清明节,尹氏宗族千余人聚此祭祀,最远有千里之外的贵阳尹氏后代也赶来寻根祭祖。

十一、民间有尹吉甫后妻在脸上抹蜂蜜,引诱尹伯奇给她抹脸驱蜂,使尹吉甫对后妻所诬被儿子调戏之事深信不疑,决心逐出伯奇等故事流传。

十二、当今一些网站也说尹吉甫是泸州人。如《开心 001 人人网新浪微博》(百度百科)发布:"尹吉甫晚年被流放房陵(房县古称)。死后葬于房县青峰山。房县有大量尹吉甫文化遗存。周宣王大臣……泸州人。"

从以上根据足以证明:尹吉甫是泸州市龙马潭区石洞镇人是确凿无疑的。那种认为尹吉甫是泸州人"系误传"之说根本立不住脚。

二、人物传

佘 英

佘英(1874—1910),原名佘俊英,泸州小市人,早年从师武举李孝思,长纵跳,能骑射,精剑击,善泅水。曾夜间游过沱江砍掉道台衙门旗杆做龙船舵筋。20 岁中武秀才,23 岁被推为袍哥义字舵把子,州官重其才,委以州衙堂勇管带。他不满官场腐败,弃职回家,在小市上码头开牛肉馆。因仗义疏财,抑强扶弱,时人称为"豪士",并有"任你歪人天下游,难过小市上码头"之说。

1904 年,佘英读《革命军》《警世钟》两书,坚信如不推翻清王朝,除去贪官污吏,就不能救民于水火。于是日持两书,到茶馆酒店、街头巷尾讲演,遭到官府明令禁止。他去乡场讲演,官府又派差役追踪,但差役钦佩佘英的为人,反成了他的保护者。

1906 年,同盟会四川分会负责人黄复生、杨兆蓉联名邀佘英东渡日本,他欣然前往,并于 8 月加入同盟会。先期到日本的孙中山对他非常器重,委为西南大都督。要他沟通川滇黔会党,晓以大义,为种族效命。并派熊克武、谢奉琦回川,嘱咐:"汝二人与佘英并肩斯任;吾国用兵多在扬子江流域四川及其上游,急宜图之。"

1907 年初,佘英等三人回到泸州,在小市邓西林家密设同盟会川南支部。佘英日夜奔驰,东至巫山,西至成都,南到滇黔,结纳会党首领和革命志士,吸收入盟,一时川东南先后加入同盟会者数以百计。同时,安排熊克武等加入会党,以利灌输革命道理。又以"万国青年会"名义,将川东南一带的会党组合为一,成为同盟会直接掌握的革命力量。

9 月,佘母病故,在小市西昌馆厅堂举行家奠。知州杨兆龙侦悉,派役卒乘奠后晚餐之际,涌入捉拿佘英,遍搜未获,拂晓佘英复现。原来他是趁大家惊乱时,纵身跳上堂前横匾隐匿脱险。随后佘英密信向成都党人征询秋后起义事,复信言明趁慈禧生日,在成都、泸州、叙府、江安同时起义。经佘英派人联络,各地会党 3 000 余人于 9 月下旬抵泸。不料参与江安起义的刑房典吏戴皮不慎泄密。十余人遇害。泸州知州获悉,全城戒严,大肆搜捕革命党人。佘英急召各路会党头领,泛舟沱江,密谋对策。许多人主张孤注一掷,佘英认为清吏有备,再举必败。"孤注"之议始罢。

1909 年春，佘英与熊克武在广安发动起义。集众数十人，伪装保甲获盗送官，直入州署，击伤教师爷，吓得州官弃城而逃，佘英率众攻巡防营。终因众寡悬殊和地形不利而失败。次年春，佘英按熊克武嘉定（乐山）起义通知，以带病之躯率众奔袭嘉属宋家场等处团练局和水师，获炮船 8 只，枪800 多支。正准备乘胜取嘉定时，却因病延误战机，致清军有备，凭河固守，难以取胜。佘英只身突围，欲赴川滇黔边境建立根据地，至叙府（宜宾）豆沙关断蛇坡，复陷重围被擒。在囚车上，他仍向群众宣传反清大义。

1910 年 2 月，佘英在叙府就义，年仅 36 岁。临刑前，慷慨吟诗："牡丹将放身先残，未捣黄龙死不甘。同志若有继我者，剑下孤魂心自安。"1936 年，国民政府追赠佘英为陆军中将。1947 年，县人在泸州中城公园为佘英、黄方合建纪念碑一座。

万 慎

万慎（1856—1923），又名慎子，字斐成，泸州安贤乡特兴人。清光绪初年，川学台张之洞莅泸主考，时万慎名万人敌，以童生应试，因书写试卷超出规格，被阅卷房师所黜。张评阅各房师推荐试卷，无一中意。乃将所黜试卷复核，发现万人敌文采飞扬，议论磅礴，颇为欣赏。遂在试卷上批：文在格内，字在格外，取为秀才。揭榜后，张召见，嘱其将原名"万人敌"改为万慎，以戒自满。于是万慎之名蜚声泸州士林。

万慎勤奋好学，立志远大，不屑于八股文章。清光绪八年（1882 年），挟其所学，遨游京师、省城 6 年，参加乡式 11 次，皆不第，后选拔为翰林院孔目，得一有职无权的闲官。

中日甲午战争爆发后，万慎怀匡国大志，奔赴海疆。至莱州，值山东巡抚李秉衡阅兵至此，诧为奇士，亟延纳之。遂投笔从戎，参加甲午战役，失败后，痛国家濒于危亡而救国无门，愤而出走。

光绪二十六年（1900 年），万慎惊闻庚子之变，八国联军侵京，急赴安徽，上书巡抚王之春，陈御敌之策，王很赏识，延为幕僚，但因清廷软弱无能，其策终未得采用。光绪二十八年（1902 年）后，任安岳凤山书院山长、泸州中学堂堂长、铜梁县知事；四川咨政局、北京咨政院议员；叙永、泸州修志局总纂。

万慎一生著述甚丰，但多遗失，仅存《山憨山房杂著》《南昌旅次怀人诗》等。其文充满抵御外侮、洗雪国耻的主战派观点和爱国忧民的政治热情。他在代山东巡抚李秉衡所拟奏折《山东缓撤防兵疏》中指出："和局可恃，而不可久恃；防兵可撤，而不可遽撤，山东之兵断不可撤""天下之势，不外势与理两端，而御敌国，而联邦交，但以势之强弱为凭。"其诗内容涉及政治、军事及南北各地风尚，既有对辛亥革命的拥护，对袁世凯的声讨，又有清新隽永的写景之作。如《怀温翰桢约游泸州龙马潭》：

> 滇海归来鬓渐丝，入山何早出山迟。
> 高名牛渚燃犀客，乐事龙潭载酒卮。
> 手笔几篇乾腾子，膝前生有宁馨儿。
> 况兼都督诸军事，白面谈兵正及时。

诗中勉励时任川南军政府副都督的温翰桢应不失时机，参加革命，表现了作者同情并拥护辛亥革命的态度。

万慎擅长对联，有"万大对子"之称，其对联讲求意境，对仗工稳，善于锤炼字句。

如题龙马潭联：

风满廊，月满湖，载酒满壶，一觞一咏，亦足以畅叙幽情。频年几度此勾留，岂徒赤壁重游，霜高木落黄泥板。

水如带，山如髻，轻舟如叶，半丘半壑，于此间得来佳趣。胜地千秋谁比并，好倩柳州作记，气迥天高钴鉧潭。

万慎总纂的光绪《续修永宁厅县合志》，54卷，40余万言。"除据正史、本省通志及邻近州县志外，皆以各里采访册表为依据，而采访皆周备详审，考核博洽"。尤在各篇都详记了清末新出现的事物，为人称道。

邓西林

邓西林（1878—1936），名邦植，泸州小市人。其父邓璧光，清光绪乙酉科举人，曾在山西省任知县。邓西林清庠生，因见清廷腐败无能，丧权辱国，渐萌反清思想。1906年加入同盟会，时熊克武走遍蜀中十余府县，确认泸州可率先发难，遂于次年在小市绫子街邓家设立同盟会川南支部。借其官宦门第作掩护，策划武装起义。并利用邓家宅舍宽敞，秘密制造炸弹备起义之用。他乐以身家性命担当风险。

1907年，泸州起义未遂。邓西林被通缉，清吏派员到邓家，翻箱倒柜，捉拿党人，幸他与熊克武、佘英事先闻讯，深夜去麟现乡亲戚家躲避，清兵探悉，跟踪追至。邓西林三人只好从老鹰岩跳下，化装潜逃，官府将其兄邓阶云下狱。

1908年后，同盟会在川南开展联官绅、结防军、发展哥老会等活动，均由邓西林与杨兆蓉负责。时川南支部经费困难，他毅然将祖遗仅有的田产80石变卖，并将妻子的金玉簪环全部出售，以充经费。

1911年，邓西林任川南军政府枢密院副院长。12月，滇军谋杀总司令黄方等百余人，群情震怒。时滇军一部占据忠山，军政府官兵都欲与滇军死战。为顾全大局，避免内讧，邓西林与杨兆蓉每日奔走各营，以"南北和议未定，当以国事为重"相劝，终使风波平息，泸城居民免遭战祸。

1912年，同盟会泸州分会成立，邓西林任副会长。不久，去重庆参加熊克武领导的讨袁之役，旋任渠县、荣县、南川等县知事。

龚选廉

龚选廉（1874—1947），字心让，号问泉，回族，泸州小市人。少年聪敏，刻苦读书。清光绪二十四年（1898年）参加考试，补为廪生。

1907年，龚赴日本留学，入东洋大学学习法政，后加入同盟会，从事民主革命活动。为振兴民族文化，1908年，龚选廉等30余名留日回族学生在东京组织"留东清真教育会"，创办《醒回篇》杂志，以期唤起全国回族人民，振兴民族文化，团结全国各民族为挽救国家民族危亡而共同奋斗。

1909年，龚毕业后返泸州，任泸州视学，并被选为咨议局议员。后任泸州中学堂校长，川南法政学校校长，为地方培育人才。辛亥革命后，四川省成立省议会。1913年，他被选为首届议员，后任将军署、督军署秘书，永川、綦江等县征收局长。

1931年龚弃职返乡，在小市小街子经营蓬莱春曲酒厂，并在支江街住宅修建一座"畅庐"简易花园。闲时种花赋诗，遣度时光。他热心于回族中的公益事业，曾协助集资建余公街清真寺。著有《畅庐诗稿》《畅庐联存》。

许剑霜

许剑霜（1895—1995），原名许颖，泸州麟现乡双嘉人。早年就读省立第一甲种工业学校；1920年9月，在四川陆军讲武堂毕业后，分到川军第二混成旅刘伯承团，因作战勇敢，练兵有方，深受器重，由候差逐级擢升至营长。

1926年12月，许剑霜参加泸州起义，任国民革命军第五路二团团长，他竭力拥戴刘伯承为起义军总指挥，在刘的影响下，加入中国共产党。次年春，刘伯承在泸州主办泸纳军团联合政治军事学校和泸县国民师范学校，许剑霜积极奔走筹备。后又兼职两校教员，并在起义军中带头实行政治指导员等新制。

1927年4月11日，刘湘纠集川滇联军28个团的兵力围攻泸城。许剑霜团担负从百子图至馆驿嘴的沱江岸防务，在40天守城战中，打退敌军30多次强攻。在粮匮援绝时，许又首先响应刘伯承号召，将每人每日两餐干饭改为一干一稀，勒紧裤带接济缺食居民。5月，起义军陈兰亭、皮光泽阴谋逮捕刘伯承，献城投向赖心辉。袁品文、许剑霜闻讯，坚决抵制，并对陈、皮二人晓以利害，化解了一场叛乱。刘伯承撤离泸州后，赖心辉欲招降许剑霜，委以旅长，他不受，乘夜和袁品文率众突围离泸，遂与党组织失去联系。

1928年，许剑霜应刘元璋电邀赴犍为任屯务处长，旋升雷马屏峨屯殖军第二区司令。1934年，刘伯承过西昌，致函许剑霜，言红军借路北上抗日，没有争夺地盘的打算，希转知贵军部队放心，不料误投总部，全军大哗。部分军官力主杀许，幸总司令刘元璋掩护，方免于难。后红军路过西昌，有掉队伤病员200余人被邓廷旅所俘，经许说服，全部释放。

1937年，经中共川南工委书记万敬修介绍，许剑霜恢复组织关系，分配做统战和秘密军运工作。翌年，泸县中心县委成立，机关设泸城中和街许公馆，利用其身份作掩护。不久，他辗转去延安"抗大"学习，毕业后任八路军总部参议、129师兵器教员。年余回泸，再次脱离中共组织。

1942年，七区专员刘幼甫授意泸县县长，力劝许剑霜出任泸永公路局长，他严词拒绝。刘恼怒，放出风声："如不照办，立即逮捕。"他仍坚不与之同流合污。

1947年6月，国民党七十九军军长方靖，以共党嫌疑之名将许剑霜逮捕。经温筱泉、李琴鹤等40余人奔走营救，许登报声明本人非共产党员而获释。

1949年，许剑霜秘密策动内政部警察总队长彭斌在荣昌起义。因另案牵涉，被罗国熙派队追捕，逃匿乡间，起义未遂。1950年1月，许就任泸州军分区剿抚委员会副主任，川南行署委员兼监察委员会主任，民革川南筹委会主任。1953年被选为省人民代表大会代表。后任四川省人民政府委员兼监察委员会副主任。

王少溪

王少溪（1889—1961），又名羲，泸州麟现乡安宁人。南京东南大学毕业后，曾任川南师范等校教师、教育局长、文献委员会委员长、南州艺术学院院长。解放后，任泸县各界人民代表大会常委、文化科副科长、四川省文史馆研究员。

　　王少溪以书法著称，他学书法，临摹名家碑贴，先由晋唐返汉魏，采名家之长。其书法既有颜体的肥壮，又有柳体的骨力；既有王体的劲削，又有赵体的流利，苏体的潇洒，为著名书法家于右任所推崇。1947 年，他为韩家坳戏园写的行草"乾坤大舞台"，笔势奔放，龙飞凤舞，一气呵成，获上海举办的全国书法展览第二名。其所书忠山和石洞镇"革命烈士纪念碑"碑名，庄重雄浑。

　　王少溪著有《风雨鸡鸣草》《上元渝州》《哭琴舫》《成都感怀》《丁丑杂俎》《追忆旧作》《咏史》等诗文集，饱含忧国优民之情，表现时代的进步思想。《挽章太炎先生》热情歌颂维新变法和辛亥革命，提醒人们谨防保皇派复辟；《慰忠亭》抒发他对护国讨袁阵亡将士的深切哀悼，对朱德功高不居的敬仰之情；《闻变口占》颂扬孙中山如"中天皎日耀乾坤"，谴责陈炯明叛变革命，其结果只能是螳臂挡车，留千古骂名；《七七国难歌以当哭》，则以沉郁、悲惨的笔调，描述日寇侵我大好河山"父老流离空饮泣"的凄惨景象，疾呼"谁将十万横磨剑，借与鲰生砍贼头"。

李育灵

　　李育灵（1900—1962），字世芳，泸州小市人。早年毕业于上海美术专科学校，长于西画。1920 年返乡，任教于川南师范学堂。他以反映社会现实为题材，创作了《贩夫走卒》等数十幅反映下层人民生活惨状的油画，在蜀中美术界引起强烈反响，深受该校校长恽代英的赞赏。

　　1922 年李在重庆广益中学任教时，与重庆美术界成立中西美术协会，举办画展。他展出的作品一售而空，将售画经费，培训一批西画人才。1925 年，李在武汉参加北伐军，任《农民宣传》和《农民画报》美术编辑，其作品多反映现实斗争。"四一二"反革命政变后，被迫逃亡上海卖画为生。

　　1928 年，李任杭州美术专科学校西画教授，曾去东北写生，并办画展。"九一八"事变后，日本驻哈尔滨领事拟以重金聘其作宣传画，李不愿为侵略者效劳，慨然拒绝。

　　1944 年，冯玉祥到泸为抗日募捐，李适返泸，并将自己的数十幅杰作及为冯速写之头像义卖，全作抗日捐献。此后，他目睹人民饥饿、死亡的惨景，创作 100 幅乞丐图，曾得章士钊的高度赞扬。1949 年返泸，任川南师范学校美师科主任、泸南艺术学院西画科主任。

　　解放后，李育灵曾任西南美术专科学校西画科主任、西南人民艺术学院副教授。著有《怎样画素描》一书。

罗忠信

　　罗忠信（1896—1962），名廉，泸州小市人。行伍出身，曾任川军排、连、营、团长。其间，奉命去湖北洪湖地区、四川宣汉县同贺龙领导的红军及红四方面军作战。

　　抗战爆发后，罗任新编十三师第二旅旅长，随川军赴江西南浔一线抗日，与日军作战年余。后因蒋介石排斥川军，不给支持，致使该旅孤军作战，伤亡惨重。以后，该旅被整编吞并，罗调任新编十六师副师长，愤而辞职返川。1940 年，任川陕鄂边区绥靖公署副长官、参谋长。

　　1943 年辞职后，罗任《华西日报》社长。因该报宣传进步思想，多次遭国民党当局警告。次年，加入中国民主同盟，被选为民盟中央委员，后赴重庆进行民主活动。在途经内江时，因军统特务搜出其反蒋文件而被监禁，幸经留川将领去成都营救，始获释放。

　　抗战胜利后，罗任《华西晚报》社长。因宣传民主，反对独裁和内战，报社几遭国民党反动派捣毁，罗被排斥出社。1946 年，成都"六二"大逮捕，该报社被查封，罗被列入"黑名单"。由于罗事前已返泸，幸免于难。次年，民盟被国民政府宣布为"非法"组织，罗被迫返泸隐蔽。

1949年，罗受中共川康特委指示，配合党组织在仁寿、龙泉驿等地策动成都自卫队和胡宗南残部起义。12月，川西人民保卫军成立，罗任副司令兼成都警备司令，维护成都地区社会治安秩序，保护人民生命财产安全。

解放后，罗历任川南行署副主任兼民政厅长、行署政法委员会主任委员、四川省人民代表、省人民政府委员兼民政厅长、副省长等职。先后当选民盟西南总支部组委会主任委员、民盟中央委员、民盟四川省委常委。1957年，被错划为右派分子。1962年摘帽。未久病逝。1975年5月，经省委统战部复查，恢复其名誉。

万树荣

万树荣（1916—1965），龙马潭区长安乡人。1961年起任长春公社前进11生产队长至病逝。上任时正值三年困难时期，全队耕地11.17公顷，产粮3.1万公斤，平均亩产180多公斤、人均产粮250公斤，除去种子、饲料、提留，上交国家公粮统购后，人均实际分配口粮不足300斤。他教育群众苦熬不如苦干，不能等、靠、要，于是利用冬春季节带领群众改田改土、开荒造地，扩大耕地面积；加宽加高田坎，扎牢田缺，确保稻田适时栽秧，抵御旱灾。在作物栽培上精耕细，精细管理，确保苗齐苗壮；积极推广良种，逐年扩大双季稻生产，增加粮食播种面积。1965年产粮7.33万公斤，人均分粮350多公斤，比上任前增长一倍多。同时积极发展多种经营，发展种猪8头，年出栏肉猪160多头，超过人均1头；利用青冈林，年养蚕12张，副业生产收入3.5万多元。其经验多次在宜宾地区各地推广。万树荣先后被县、地区和省评为劳动模范。致"万树荣生产队"远近闻名。1965年，他患食道癌住院，泸县县委领导亲自到医院看望，宜宾地委领导多次打电话慰问。是年8月因医治无效逝世，年仅49岁。

吴子俊

吴子俊（1885—1968），名极，泸州会文乡奇桠树人。1905年加入同盟会，1911年考入四川省师范学校，1913年毕业后一直在川南师范学堂执教。当时泸州理化师资奇缺，日本教师趾高气扬，漫天要价，各校只好以千元高薪相聘。吴子俊回泸，众人喜出望外，争相延聘。他欣然兼任泸县中学、泸县女子师范学校的理化课，每日往返各校，不知疲倦，尽心尽责。

1922年秋，恽代英任川南师范学校校长，辞退许多不称职教师，却钦佩吴子俊才德过人，不仅延聘，且与之推诚相见。永宁道尹张英逮捕恽代英入狱，吴冒险营救，力助学生开展"择师运动"，拒绝所派新校长。张英为缓和矛盾，转而请吴出任代校长，吴提出"要我担任代校长，必须先释放恽代英"。张英无奈，只得叫吴具结担保，将恽释放，安全离泸。

1928年后。吴子俊还先后兼任泸县女子中学、育群女子中学、树风中学、桐阴中学的理化课，并任川南师范附小、培基小学校长。他反对注入式教学，每上理化课都先教学生做实验，然后讲课文。并不时抽问，启发学生思考。他常说："学问学问，不能则学，不知则问。"

吴子俊一生节俭，周末回家，每至接官厅（小市宝莲街北段）必换成短衣、草鞋，回城时再穿上长衫、布鞋，故有人戏称"接官厅是吴子俊的更衣厅"。他罄其蓄积，用于捐助树风中学和培基小学。曾叹曰："吾老矣！一介儒生，既不能请缨杀敌，以纾国难，惟有兴办教育，广育人才以救国，区区积蓄，用于捐资兴学，吾愿足矣。"

解放后，吴子俊获川南行署文教厅特褒奖。被选为泸州市人大代表，是第一届政协委员。1954年，为庆祝吴子俊七十寿辰，泸州师范学校师生校友集资在川南师范学堂旧址修建"子俊楼"一座，以志其在该校连续执教40年的业绩。

岳元清

岳元清（1912—1973），8岁丧母，13岁丧父，帮人割草喂牛，当长工。解放后从茜草坝迁泸县胡市乡（现属龙马潭区）金山村种地。1951年10月率先组织8户贫下中农成立泸州城区第一个互助组。1953年3月加入中国共产党，被选为泸州地区第一个农业合作社——胡市乡泸锋社社长。1956年2月泸锋社扩大升级为高级农业生产合作社，他仍任这个拥有740户的大社社长。人民公社化后，任胡市公社党委副书记、贫协主席等职。曾被选为四川省党代会代表，省一至三届人大代表；泸县四至八届各界人民代表会议代表及六至八届各界人民代表大会常务委员会副主席；一至四届人民代表大会代表。

岳元清在任互助组长期间，积极推广先进种植经验，获得丰产。1952年该组实现旱年大丰收，比一般农民增产13%，人均稻谷376公斤，被评为川南区丰产模范互助组。本人被评为川南区农业劳动模范。1953—1956年，他领导的农业社连续增产，经济实力增强，办起民校、俱乐部、幼儿园、图书室，在泸州地区农业合作化运动中起到示范带头作用。他被评为四川省农业劳动模范。参加省慰问分团到西藏慰问解放军。1957年被评为全国农业劳动模范，获银质奖章。

在"文化大革命"中，岳元清被强加"五一六分子""三老会成员""伪保队附""现行反革命分子"等罪名，将其瘫痪的身躯抬到区、社、队批斗。后经查证，全部否定。1972年5月县委向他发出通知，宣布彻底平反。

陈锡三

陈锡三（1896—1979），泸县云龙人，少读私塾，16岁随父陈正坤研习中医，读中医经典，旁及各家学说。后在云龙联诊所行医。善用温热药治疗疑难重症，人称"火神"，是20世纪50年代初首批调入泸县人民医院的中医师。从医60余载，接诊80余万人次，在泸州地区有较大影响。为泸县第二、三、四届人民代表。

他医德好，认为学医先学德，行医先树德，此乃医学之道也，高低贵贱，一视同仁。又说：善为良医，必尽艰辛，终身好学，持之以恒。主张启蒙学《歌括》，入门读《内经》，提高法仲景，临床各家寻，前者后之师，虚心于医林。诊病应审症求因，辩证施治，入妙入微，勿草率，忌粗心，医者笔上重千斤。细审慎，确无误，才放行。医常病，勿轻心；治难症，树信心；久顽症，忌速成；初无效，不恢心；遵古训，集众经；细探索，求创新。已成经验之谈。

他医术精湛，临床经验丰富，善治疑难重症，对肿瘤、结石等病治疗效果显著。擅长用温热药如干姜、附子、桂枝、丁香、胡椒、安桂等治疗寒症积聚；常用猛药如四生汤（生南星、生半夏、生川乌、生草乌）加味治疗症瘕、癖块疑难怪症。用金石重镇之药龙骨、牡力、寒水石、紫石英、白石英、石膏、金晶石、石蟹等治疗癫、狂、眩晕病；用大剂量麻黄、细辛、附子等治哮喘、咳嗽等呼吸系统疾病；用温中汤加味治疗小儿疳疾、厌食症；用十全大补汤左、右归丸加减治疗月经不调、不孕不育、崩漏等病；用补阳还益汤、血府逐瘀汤加减治疗心脑血管病均获得独特疗效。他还培养一批中医接班人。晚年卧床时，前来求医者仍络绎不绝。

余良弼

余良弼（1882—1979），原籍江苏武进县，少随父迁居泸州小市。他精于拳术，对秘踪派内外功功底扎实，具有"丝绸勒项""悬身乘人""手劈卵石"等高超技能。朱德驻泸时，任城防司令部拳术教员；刘伯承领导泸州起义时，任民防大队国术教员。1918—1928年，先后执教于泸县中学、川南师范学校，按照"爱国强身"宗旨，培养了大量的武术人才。他长于中医内外科，诗词书画也有造诣，又是象棋能手。解放后，更不遗余力地献身于泸县中医事业。1960年以78岁高龄参加宜宾地区象棋比赛获第三名。曾当选为第二、三、四、五届县人民代表。

税西恒

税西恒（1889—1980），又名绍圣，泸州凤仪乡白云人。17岁就读上海中国公学。该校为同盟会据点，他经民主主义思想熏陶，立志献身革命。1911年由汪精卫、李石曾介绍加入同盟会，继加入京津同盟暗杀组织，谋刺清廷大员。事泄，部分同志被捕牺牲，税身藏两枚炸弹，随机应变，混入茶馆人群中，将炸弹塞进残茶桶内，得免于难。翌年，以公费考入德国柏林工业大学机械系。不久，第一次世界大战爆发，物价飞涨，辍学者众，他忍饥熬寒，不仅学完必修专业课，且选修水利、建筑、采矿等学科。1917年，以优异成绩毕业，获德国国家工程师称号，任德国西门子电力公司设计师，旋回国。

1921年，他任永宁道尹公署建设科长，时泸州照明皆用菜（桐）油灯或煤气灯，他四处奔走，八方呼吁，筹集股金，利用龙溪河水力，在罗汉洞窝修建济和发电厂，首创泸州工业文明。建厂期间，战乱频仍，人心惶惶，资金难筹。他心急如焚，无奈求计家中，向祖母陈词三日，从中国的贫弱讲到受列强欺侮，声泪俱下，祖母终被打动，同意他卖林木4 000株，用于建电厂。4年后，工程告竣，成为继云南石龙坝水电站后，我国自行设计、施工的第二个水电站。德国工程师参观后，赞叹不已："税工程师学识渊博，经验之丰富，诚属罕见。"1929年，重庆创办自来水公司，聘他为总工程师。时蜀中无水泥厂，省外运进水泥价格昂贵，人皆束手。他因地制宜，利用山城多石，巧用条石代替钢筋混凝土，修水池、筑水塔、建房屋。施工中，他不分昼夜，常临现场。在朝天门码头亲试跳板能否承受机器重量时，因跳板折断，身坠船舱，摔断肋骨三根，病床上，频频嘱咐工程人员高度注意工程质量。

他热心教育，为国储才。1935年秋，就任重庆大学工学院院长兼电机系主任，因师资奇缺，通过私人友谊，多方延揽国内外知名学者来校执教；他鉴于学院草创，工具书罕缺，又用自己工资，印制数百册德文《科技手册》，送全院师生人手一卷。是年，在他主持下，取校园之山石建成学府大楼。蜀都中学是中共地下党据点，校长随时有身陷囹圄甚至杀头的危险，当得知该校是在周恩来关怀下，由中共南方局帮助创办的，遂不惧风险，欣然就任，并设法筹措资金在盘溪租地2公顷作校址。在校5年未要过一分报酬；后货币严重贬值，学校经费拮据，连教职工吃饭也难，他又捐资5 000万元，苦苦支撑。他还担任过中国公学大学部代校长、重华学院院长及四川甲种工业学校教授，培养出众多的中华精英，连陈毅也自谦是在该校亲受教化的学生。

1936 年，他自费约请重庆大学教授刁泰乾、学生熊光义等人，涉急流，攀悬岩，完成龚滩首次勘测，在此前后，他还勘测了龙溪河、大渡河、岷江、乌江及二郎滩、狮子滩、高滩岩等水利工程，均写有建议方案和建设规划。为勘测灌县水利，他在二王庙住 9 个月，曾几次落水遇险。1941 年，他任川康经济技术室主任，延揽李斌都等专家，大量搜集川康各地工矿、农业、交通运输等经济建设资料，编辑川康 5 年和 10 年经济建设规划。该规划在 40 年代初期就能兼顾人口、资源、环境三大问题，符合科学化要求，被人誉为"西南建设之张本"。

抗战后期，许德珩、潘叙、涂长望、税西恒等在渝发起组织民主科学座谈会，广泛团结科教界人士，拥护中国共产党的抗战主张，投入反对国民党顽固派的斗争。1946 年，民主科学社更名"九三学社"，税西恒被选为中央常务委员会理事。是年，他以"九三学社"名义，约集重庆 21 个人民团体联合声明，呼吁全国同胞团结起来，制止国民党顽固派操纵的"国民代表大会"的召开。次年 2 月 9 日，税西恒发表宣言，呼吁重庆各界声援爱国学生抗议美军强奸北京大学女生沈崇的暴行，反对美国政府支持蒋介石发动全面内战。

解放后，中共中央西南局、西南军政委员会领导人邓小平、刘伯承在渝宴请税西恒等进步人士，感谢他们支持地下党工作，鼓励他们为新中国作更大贡献。1952 年，川南人民图书馆建成，他将珍藏的原济和发电厂的图书资料 3 000 余册捐献。1954 年，他担任中国人民赴朝慰问团副团长，亲临前线慰问将士。1956 年，他总结一生施工经验，在全国性学刊上发表有关石工结构的论文若干篇，为建筑界所推崇。1960 年，他不顾 70 高龄，爬山涉水，为扩建重庆自来水公司勘测，提供规划方案。

他曾任"九三学社"重庆分社主任委员及六届中央委员会副主席，西南军政委员会文教委员，重庆市政协副主席，第二、三届全国政协委员，第三、五届全国人大代表，四川省人大代表。

蒋兆和

蒋兆和（1904—1986），名万绥，祖籍泸县方洞乡力争村，后迁小市卿巷子。其曾祖、祖父、父亲均为前清秀才。他从小随父读书学画。1916 年母亲去世，父亲卧床不起，家道中落。1920 年从小市只身赴上海，先后以擦炭精像、画广告、设计橱窗商标等为生，开始自学西画。受"五四"新文化运动影响，1925 年创作油画《黄包车夫的家庭》处女作，受全国美术展览会好评。1927 年结识徐悲鸿，不断得到徐的支持和帮助。次年因参展《陆地行舟》别具一格，应李毅士邀请受聘于南京中央大学。1930 年任教上海美专。1932 年赶制几十幅抗日宣传画送到淞沪抗战前沿阵地张贴。在硝烟战火中，他往返前线为抗日将领蔡廷锴、蒋光鼐画肖像，鼓舞上海军民抗日杀敌。

1936 年在重庆目睹穷人的悲惨生活，他创作《卖小吃的老人》《缝穷》《算命》《儿子有了媳妇》《朱门酒肉臭》等数十幅水墨人物画。从此走上为民写真的艺术道路。1938 年任北平私立京华美术院素描课教授。此间，他的作品《与阿 Q 像》成为典范。抗战期间，他创作的《拾煤核》《流浪的小子》《乞妇》《卖子图》《日暮途穷》《耍猴》《劫后余生》等真实再现沦陷区人民的悲惨境遇。1943 年秋完成高 2 米、长 26 米的《流民图》，反映在日本帝国主义铁蹄蹂躏下失业、饥饿、疾病、死亡景象，曾在北京文化宫展出一天被没收，这是他最重要的代表作。1986 年泸县将其镌刻在玉蟾风景区。他的水墨人物画兼采中西艺术之长，自成一格。齐白石评其画"能用中国画加入外国笔法，此为中外特见"。1946 年任北平艺专教授至解放。

1950 年任中央美术学院教授。他下乡参加土改后创作《返乡图》《领到土地证》《添车买马买新犁》《庄稼好》《卖了千斤粮》《生活年年好》等歌颂新生活、拥戴共产党的作品。1953 年后，为屈原、张衡、李时珍、司马迁、杜甫、曹操等画头像和肖像。有的被制成特种纪念邮票，有的印成单幅画发行。1956年春赴朝鲜前线慰问志愿军，为援朝英雄们画了几十幅头像。1957年携《流民图》赴苏联参加现代中国画展览会，被誉为"中国的伦勃朗""东方的苏里科夫"，著有《国画的造型规律》《中国画的素描教学》等书，建立了中国画专业素描和水墨人物画造型基础课的教学体系，并把水墨人物画的技巧概括为：有准有则，形神兼备，尽精刻微，动笔施墨。他曾任全国第三、四、五、六届政协委员；中国文学工作者第四次全国代表大会代表，全国文联委员，中国民盟中央文教委员。"文化大革命"中，身心遭受折磨，被迫长期辍笔。1977年后再执教、作画。创作周恩来、朱德肖像及李白、白居易、诸葛亮、李清照等10余幅名人画像。晚年情系家乡父老。80寿辰后作诗寄泸县县委、县政府："少小离家未得归，蹉跎岁月八旬余，梦中常饮家乡酒，期与乡邻共举杯。"表达其深切的眷念之意。1991年泸县人民政府将小市"蒋兆和故居"公布为文物保护单位。

易体泉

易体泉（1909—1992），纳溪县龙车乡人，1923年只身进泸州拾破烂、做杂工、当学徒维生，1939年加入中国共产党，与泸县中心县委书记田家英单线联系。为获取敌方情况，田派易打入国民党泸县党部任会计，其办公室在会议室楼上，易常趴在楼上用耳贴着楼板缝静听，不断向田提供情报。1941年国民党加紧搜捕共产党，田受敌特监视，秘密潜伏重庆，辗转延安，并更名陈野苹。继任泸县中心县委书记郭福裕被捕叛变，易失掉组织关系，从此开始40年的找党历程，他曾冒着被捕危险到重庆四处打听无果。建国后一封封信寄到中南海、边疆、塞北均无回音。解放初期，易体泉在泸县粮食局工作，长期住小市。1953年"三反"运动中，易被定为"在国民党县党部任过职、在泸县粮食局代理局长期间贪污公粮几十万斤"等罪名判刑5年，开除公职，但他仍未放弃找党的念头。他说对自己不公，不是党的错，是个别人执行政策中的失误。1983年易的内弟邓本忠委托介绍他入党的省总工会主席余宁，利用进京开会之机打听田家英下落，终于得知中央组织部副部长陈野苹就是当年的田家英。1984年11月21日泸县人民法院给易送来撤销原判、宣布无罪的判决书。12月县人事局通知恢复公职，办理离休手续。1985年4月2日，县委组织部把恢复党籍通知书送到易的病榻。是年5月陈野苹来泸在市招待所约见易夫妇，陈对易说，让你受委屈了；易激动地说："我终于见到你了！"

易体泉落实政策时已年过七旬，体弱多病，仍十分关心党的前途命运，1989年北京发生政治风波，他心急如焚，多次写信给在西昌农学院任副教授的儿子要相信党的领导，不要上街游行闹事。他生活简朴，处处为公家着想，病重后坚持住家庭病床，减少开支。医生一次开了两盒蜂王浆，一次开了20支干扰素针药，他听说后大发脾气，拒不服用。1992年2月临终前留下一份遗嘱："我断气后，立即通知火葬场，把遗体运去火葬。用白布提包把骨灰盛在里面，用一张红纸剪成若干小块掺和在骨灰里，作为万点红灯伴我东流。由念游、亨远、邓平三人携于东门口码头搭船过江，把骨灰倾至江心，让它顺流东下。不开追悼会，不搞任何简单悼念仪式。不收任何人的礼物和变相的慰问品，有来要退还。希望组织上和有关老同志、老朋友，按我的遗嘱办事。不要向组织上提出任何要求。我是一个光杆而来，光杆而去的人，一生毫无积蓄，这里有300元，以100元作为我的党费上交，剩下的付与两个孙女——易勤、易雨，拿去买党史书籍来读，以教育自己，成为一个为人民服务的有用之人。望吾儿念游，随时以党性要求自己，多为党和人民做些工作，只许做好，不许做坏。感谢爱人邓本容同志供养我三十几年，在我含冤过程中，你所受的痛苦是难以形容的，希望你不要悲伤，你又是多病之躯，应该好好护理自己。"

蔡文泽

蔡文泽（1908—2002），四川宣汉人。1931年10月在达县参加游击队，1932年参加红军任班长，1933年2月加人中国共产党。1934年1月至1935年4月长征任副排长。

1935年至1937年在甘肃工农红军步兵学校学习。1937年至1942年在八路军129师警卫团任副连长。1942年至1946年在山西子弹厂任警卫大队长。1946年南下接管国库任主任至1980年。其后在泸州化工厂任顾问，1982年10月离休，享受地厅级待遇。

他在革命战争年代英勇杀敌，1934、1938年立一等功、二等功各一次。到兵工企业后，处处作群众表率。他忠于职守，克己奉公，兢兢业业，勇于负责，圆满完成各项任务，深受领导和群众尊敬。"文化大革命"期间，王茂聚一伙挑动群众斗群众，一手策划并亲自指挥1967年"九五"支泸，纠集2万多武斗队，围剿革命群众，9月10日数万群众聚集255厂，部分厂房被炮弹炸毁。在这紧急关头，蔡文泽说服厂区群众武装，不要主动进攻，死守阵地，保卫工厂，誓与工厂共存亡。一部分红卫兵、群众武装、职工、家属等乱了方寸，总想夺路逃走。他反复给大家讲"形势非常严峻，对方武装已封锁水陆通道，没有退路，盲目撤退，死伤更惨。而且泸化厂是国家大型国防企业，存有数百吨烈性炸药，一旦撤退，对方打来后果不堪设想，大家都要成为历史罪人"。并十分强硬地说，"我已在龙溪口架设重炮和机枪，谁要夺船逃走，就是逃兵，我就打谁。"终于稳住阵脚，保住了泸州化工厂。

他非常关心青少年成长。市内外各地邀请他去向学生、职工讲述亲身经历，总是有求必应。数以十万计的人玲听蔡老红军的讲述，受到革命传统和爱国主义教育。

杨国清

杨国清（1924—2003），龙马潭区石洞镇人。1956年4月加入中国共产党。从1952年起先后任初级、高级农业合作社社长、农科所所长、大队长、村党支部书记，直至1983年离任。先后当选泸县第七、八届党代表，龙马潭区首届、泸州市第四届党代表；为泸州市第四届劳动模范，龙马潭区、泸州市优秀共产党员。1994年被省评为"双文明户"。

杨国清有培植花卉、苗圃的技术，1965年被评为园艺工程师。离任时正临改革开放，允许一部分人先富起来。他租赁村民18亩地，栽种名贵花卉，迅速致富。他常说："饮水不忘掘井人，致富全靠政策好""幸福源于共产党，多做实事为人民。"他采取送苗木、借资金、传技术、帮销售等办法，带动10余户村民种植花卉，脱贫致富。他积极回报社会，20世纪80—90年代，国家收取农林特产税，由专业户自行申报，分期交纳。杨国清总是足额填报，年初一次性交清，从最初交300元、1 000元、2 000元，5 000元；至2002年累计上交农林特产税3.8万元，占全镇20多户种花专业户交税的50%以上。他自觉自愿多交党费以报党恩，按规定农村党员每年交党费几元即可，而他总是要交百元上千元，其中1996年、1998年、1999年各交2 000元，1997年交4 000元，截至2001年1月8次超交党费1.02万元，成为全区共产党员的楷模。他乐善好施，热心公益事业，先后捐款给泸州教育基金会，资助贫困学生，支持救灾扶贫，慰问残疾人、孤寡老人，祝贺世界第四次妇代会在京召开，支持泸州市创建国家卫生城市，纪念邓小平诞辰100周年，他都主动捐钱送物表达深情厚意。以上各项累计捐赠现金、实物折合人民币9万余元。而他生活非常简朴，致富后至去世都住的是旧瓦房。

薛哲明

薛哲明（1914—2003），泸县兆雅镇人。17岁学中医，4年业成在兆雅应诊。1951年参加兆雅联合诊所；1956年调石洞区卫生所；1961年调任县医院中医科门诊医师，日诊病百人次，住小市40余年，惠及周边无数群众。

薛哲明平生勤奋，治学严谨，秉承"学习经典，必须熟读深思，潜心领悟，在无字处求文，无治处求治"。他生活俭朴，为人宽厚，激励后学。在解放前所带的徒弟和解放后所教的学生及大专院校实习生七八十人，第一课就是医德。他说："医圣张仲景，药王孙思邈，这些著名医家的医德非常高尚，医之为道，无德者不可为医，不可传医。"20世纪50年代初在兆雅工作时，逢场天上午诊病七八十人次，下午还出诊于特兴、太伏、杨九、石马等地，往返二三十公里，常深夜归家。在县医院工作期间，因病人多，他坚持提前半小时上班，推迟半小时下班，至病人看完为止。且常为远方病员垫钱取药。

1978年贯彻中共中央、国务院关于振兴中医药事业的决定后，他更加勤奋工作，先后当选县人民代表、政协委员。1979年出席宜宾地区科学代表大会作大会发言，受到表彰；1982、1986年分别被宜宾地区行署、泸州市政府授予"名老中医"称号。

他从医66载，诊病约60万人次，积累大量临床经验，1985年所献医疗经验，受省中医管理局奖励。他长于内、妇、儿科，擅治"经方"疑难重病，屡起沉疴。遣药力求少、精、专、廉、效，享誉"薛小包"。他坚持学术创新，倡治结石病重在化气排石，用桂枝与芒硝相伍；疗血症注重调解人体阴阳平衡，心为离、肾为坎、水火相济，不止血，血自止；老年病注重扶正祛邪；脾胃病宜调理其气机升降，升降有节，脾胃自健，诸病可治愈。他用半夏泻心汤、小建中汤等加减治愈大量的萎缩性胃炎、浅表性胃炎、胃溃疡；慢性病遣药宜轻灵，谓"四两拨千斤，轻可去实"。对急性热性病投以大剂重剂；对恶症和顽疾非虎狼之剂不胜此任。1958年泸县脑炎、白喉大流行，他用银翘白虎汤石膏半斤，治愈不少脑炎患者；大剂量的五倍子熬膏外用，脱白喉假膜，内服清肺汤，治愈儿童白喉。他所治的急重症和疑难病，多用"经方"化裁，临床能执简驭繁，匠心独具。他用四逆散加红藤、败酱草治愈阑尾炎；加乳香、没药治肠粘连疼痛不休者；加黄连、砂仁、丹参疗慢性胃炎；大柴胡汤加减治愈急性胰腺炎；小青龙汤加减治愈急性支气管哮喘痛不欲生者；薯蓣丸治疗顽固肺结核诸药无效者；真武汤治愈肺心病心衰；桂枝配青蒿治愈大量孕妇患疟疾不能服奎宁者；水经配方治愈大量子宫瘤患者；乌梅丸加减治多例胆道死蛔虫退出等典型病例。

淳义容

淳义容（1937—2007），女，龙马潭区胡市镇人。家住胡市社区三街。她的婆母吴开惠，1972年59岁时患脑溢血瘫痪在床，生活不能自理。她毅然担起侍候老人重任，至2002年12月婆母89岁病逝，30年如一日，从无怨言。每天家里烧锅做饭、洗衣喂猪、养育子女，侍候老人，全部由她承担，每天给老人梳头，喂水喂药，定期洗澡。婆母大小便失禁，常常弄脏衣、被，一天数次换洗。每日三餐按时送到床前，一口一口地喂。为了给老人补充营养，她节衣缩食，常常上、下午给老人加餐，把蒸蛋、荷包蛋、糖果送到床前，婆母牙齿不好，她总是把饭菜做㸆点。老人在床上躺久了心里郁闷，她不时把老人背下楼来，晒太阳，与邻居们面谈。吴开惠常用吐字不清的语言对人说，"我的儿媳淳义容很善良，非常孝顺，不然我怎能活到今天。"淳义容多次被镇、区、市评为"三八"红旗手、好媳妇，受到表彰；1997年获全市"十大孝子"称号。

三、人物简介

韩永彬

韩永彬，重庆合川人，1943年生，大学学历，工程师，中共党员。历任泸县水电局局长，县委常委、县长，县委书记、人大常委会主任；1996年6月至2001年3月任龙马潭区临时区委书记、区委书记、人大常委会主任。在任期间，推进各项工作快速发展。全区国内生产总值、财政收入分别从10.26亿元、4653万元增加到16.8亿元、8800万元，率先被省委、省政府验收合格为小康区。他主持制定"充分发挥区位优势，以城区为中心，开发两江三线，走贸、工、农发展路子，实施大开放、大流通、大市场、大商贸和农业产业结构大调整，把龙马潭区建设成现代化新兴城区"的发展战略。次年提出把发展个体私营经济、乡镇企业、城郊型农业作为三个经济增长点；推行企业产权制度改革和企业综合配套改革；主持沱江路改造工程；实施龙马大道工程建设。农村大办交通，三级路网建设走在全市前列；狠抓农村基层组织建设、阵地建设、班子建设；大胆启用年轻干部和女干部。2000年获省委组织部、省妇联选拔培养妇女干部"伯乐奖"；2002年被省委评为首批"农村基层组织建设三级联创先进单位"。

谢帮知

谢帮知，泸县人，1956年生，大专学历，中共党员。1993年2月起，先后任泸县副县长、县委常委；泸州市江阳区副区长、副书记、区长。2001年3月至次年12月，任龙马潭区区委书记。率先提出"重点发展工业，加快新城建设，巩固商贸优势，调整农业产业结构，促进群众增收，建设税源财政"的工作思路。龙马大道及新城建设扎实推进，区党政办公大楼2003年10月落成，食品工业和涉酒产业快速发展；商贸物流形成40个专业市场，规范10大交易中心。成功引进罗沙米业（集团）公司、维维集团泸州豆奶粉厂龙头企业；形成蔬菜、罗沙贡米、罗汉蛋、龙马乌鸡四大品牌。党建工作以"三个代表"重要思想学习教育活动为中心，以"三级联创"为载体，积极推进干部人事制度改革，被省委评为基层组织建设和"三个代表"学教活动先进区。

谢　明

谢明，仁寿县人，1955年生，大专学历，中共党员。1995年8月起任纳溪县县委常委、副区长；龙马潭区区委副书记、区长；2002年12月至2004年6月任区委书记、人大常委会主任。任期内始终把发展作为第一要务，强化工业、城市、商贸、农业协调发展。提出"抢抓机遇、率先发展，加快工业强区步伐"，建设出川第一港目标。深化企业产权制度改革，用招商引资统揽经济发展全局，2003年引进美国科氏、维维豆奶粉厂二期工程等83个企业，引资6.93亿元，实现国内生产总值21.98亿元，同比增长 13.5%。完成财政收入 1.1 亿元，增长 30.5%。城镇建设形成半小时经济圈。随着泸州国际集装箱码头投入营运，积极发展物流业。全区有专业批发市场 46 个，面积 50 多万平方米，巩固和发展了川滇黔渝商贸物资集散地位。党建工作首创"党代表常任制"，非公有制党建工作被评为全国先进，其经验在中组部召开的经验交流会上介绍。

张　明

张明，河南安阳人，1956 年生，大学学历，中共党员。1992 年 11 月起，历任古蔺县委常委、组织部长、县委副书记、政法委书记；泸州市经委副主任，物价局局长。2004 年 7 月至 2006 年 5 月任龙马潭区区委书记、人大常委会主任。任期内坚持以经济建设为中心，把招商引资作为经济工作的重中之重，引进喜来多、龙马大商城等一批企业和项目，经济快速发展。2005 年国内生产总值比上年增长 13.9%。实施大市场、大商贸、大流通战略，形成川南商贸物流中心。两个文明建设协调发展，魏园村和宏达社区分别被命名为全国文明村和全国青年文明社区。推进村级建制调整，全区由 164 个单位减少到 91 个。开展"经济高速发展，干部廉政不倒"活动，受到普遍好评。

刘　云

刘云，纳溪人，1963 年生，大学文化，中共党员。2004 年 3 月起任合江县委副书记、县长；2005 年起任龙马潭区委副书记、区长；2006 年 5 月起任龙马潭区委书记，12 月起兼任区人大常委会主任。他提出"工业强区、物流兴区、新村惠民"发展战略，推动区域经济持续快速发展。建立招商引资绿色通道，强化项目跟踪服务，让投资者安心、放心、舒心。积极争取泸州经济开发区管理权，为全区工业发展搭建平台。协同上级，促成北方公司有机硅项目落户本区，促进临港工业园区强势起步。发展商贸物流业 110 家，年增税收上千万元。新村惠民扎实推进，农民人均年纯收入稳居全市第一。遵照稳定压倒一切精神，加快平安区创建步伐，2007 年 1 月被省委、省政府命名"平安县区"。积极倡导机关作风整顿，促进风清气正环境。

刘汉洲

刘汉洲，泸县人，1942 年生。中共党员，大专学历。历任泸县人事局副局长、县委常委、组织部长、县委副书记、县政协主席；龙马潭区委副书记。1996 年 9 月至 2000 年 1 月任区人大常委会主任。他主持一、二届换届选举工作，由于组织领导有力，工作扎实，均一次选举成功，两次选民参选率均在 98% 以上。共收到代表议案 58 件，均如期办复。人大常委会紧紧围绕全区发展战略，把握"改革、发展、稳定"大局，认真履行职责，对干部任免，开展"四五"普法，做了大量工作。自 1997 年 1 月起，刘汉洲染病，行动不便，仍不忘履职，常在病榻前听取汇报，指点工作，直至退休。他曾于 1996 年 7 月被中组部授予优秀党务工作者称号。

杨启高

杨启高，女，泸县人，1948 年生，中共党员，大学学历。历任泸县团委副书记、书记、县委常委、纪委书记。1996 年 7 月起任龙马潭区人大常委会副主任、代理主任、党组书记，2003 年 1 月任主任，3月退休。杨启高勤于学习，事业心强，龙马潭区建立以来前两任人大常委会主任为兼职。她主持人大常委会日常工作，思路清晰，团结同志，较好地完成了各项任务。一届三次常委会全会收到金龙乡代表"关于修建官渡大桥"提案，及时提交主席团会议审议，认为提案好，针对性强，应该为群众办好事。但涉及两个县区，3个乡镇，需要协调，于是转市政府作为建议处理，促成了问题解决。她作风民主，重大问题由班子集体讨论决定，正确履行职责。对"一府两院"工作，进行依法监督。同时注重机关自身建设，建立健全相关管理制度，2002年人大办公室建成区级最佳文明单位。

楚 明

楚明，泸县人，1956年生，研究生学历，中共党员。先后任泸县财政局长；泸县人民政府副县长、县委常委；龙马潭区临时区委副书记、区委副书记。1996年9月至2002年1月任区政府区长。任期内走"贸工农"发展路子，采取政治上给地位、经济上给优惠等办法，积极发展个体私营经济，培育新的经济增长点。深化企业产权制度改革，实行资源重组，使全区工业效益快速增长，促进农民年年增产增收。重点抓三级路网、小场镇建设和有线电视"村村通"工程，给群众办了实事。1988年起先后被市人民政府评为先进工作者、先进个人；被四川省委评为"三个代表"重要思想宣教活动先进个人。

陈冠松

陈冠松，重庆开县人，1968年生，中共党员，大学文化。2002年任纳溪区副区长。是年12月至2005年12月任龙马潭区政府区长。任期内提出"重点发展工业、加快新城建设，巩固商贸优势，调整农业产业结构、促进群众增收，建设税源财政"的工作思路。把招商引资作为突破口，次年引进项目112个，引资7.46亿元，到位资金4.2亿元，其中投资亿元以上的中海沥青、美国科氏沥青落户龙马潭区。这批企业建成后，年创税利过亿元。在农村工作中开展"12333"工程，即发展1万头奶牛，培育两个龙头企业，建设3个农业园区，打造3个农产品品牌，抓好3个小康示范村。通过几年努力已大部分落实，农民人均纯收入连年增长，2005年达到3 957元，名列全市前茅。

徐剑南

徐剑南，泸州人，1958年生，大学学历，中共党员。历任泸州市计经委处长、市经贸委副主任，纳溪区委副书记、副区长，龙马潭区委副书记、代理区长。2006年12月当选区长，任期内，坚决贯彻执行区委制定的"工业强区，物流兴区，新村惠民"发展战略，GDP年均增长17.8%。工业发展强劲，属地全社会工业总产值年均增长30.8%，规模以上工业企业由54个增加到85个；商贸物流业迅速崛起，社会消费品总额年均增长20.3%；农业快速发展，农民人均纯收入年均增加645元，增长14%；财政收入大幅增长，一般预算收入年均增长率40.9%；招商引资成效卓著，到位资金年均增加56.2%；西南商贸城、隆盛物流园等项目成功签约落地。此外城乡建设、农村面貌、社会保障、社会事业等均有长足进步。

甘正福

甘正福，江阳区人，1943 年生，高中文化，中共党员。历任军分区助理员、人武部科长、政治委员，泸县人武部部长。县政协副主席。1996 年 9 月至 2002 年 1 月任龙马潭区政协主席。退休后，享受副厅级待遇。在任区政协主席期间，先后制定和完善《区政协常委会工作规则》《区政协与区政府对口联系协商制度》等 14 个制度。积极开展调研活动，首届委员会视察调研 158 次，编写工作简报 112 期，《视察与建议》26 期；撰写建议案、调研报告 27 篇，反映《社情民意》15 期，其中 9 条被市政协采用。强化提案工作，首届共收提案 478 条，立案 455 件，办复率 100%。在委员中倡导"搞一个调查，提供一条信息，撰写一份提案，办一件实事，交一个朋友"活动。注重多党合作，1996 年起，政协党组成员每人联系一个民主党派，为其学习、活动提供服务。培训委员 500 多人次，成立诗书画院，编辑出版《龙马潭文史》2 辑。

赖朝祥

赖朝祥，泸州市原市中区新民乡（今属泸州市龙马潭区鱼塘镇）人，1995 年生，大学学历，中共党员。先后任乡政府办公室主任、副乡长、镇党委副书记、镇长；泸州市市中区人民政府区长助理；龙马潭区政府副区长。2002 年 1 月起任龙马潭区政协主席、党组书记。他围绕"民主"与"团结"两大主题，正确履行"政治协商、民主监督、参政议政"三大职能，促进全区经济发展，社会和谐，政治稳定。注重机关队伍建设，强调"外树形象，内建和谐机关"制定《政协委员管理暂行办法》，提高委员履职能力和服务意识。着力工作创新，加强与各民主党派的联系和合作，使政协工作不断适应新形势；规范提案撰写、收集、交办、督办、回复程序，使工作逐步规范化、制度化；注重社情民意收集上报工作，2006 年，区政协被省政协评为"优秀政协组织"。

席上信

席上信，河北邢台人，1920 年生，中共党员。解放后从部队转业到泸县工作，先后任区委组织委员，区委书记、副县长、县长、县委副书记，县政协主席。离休后享受厅级待遇。先后被选任泸县、龙马潭区离休干部协会主席、副主席，积极帮助老同志解决实际问题。任泸县、龙马潭区老年大学副校长（主持工作）期间，学校初建困难重重，他争取区政府拨款，或找相关单位赞助，上班时间没落实，晚上亦上门求援。使用经费精打细算。校内管理人员团结和睦，大家说和他一起工作感到开心、舒心。

姚建文

姚建文，河南孟县人，1924 年生，中共党员。从 1952 年 12 月起长期在泸县工作，历任县兵役局副政委、副县长、副书记、人大常委会主任。1988 年离休后，享受厅级待遇。他继续为党工作，先后被泸县、龙马潭区老年大学聘为顾问；当选为离休干部协会主席（后改为学习大组负责人）；被龙马潭区选为党代表、人民代表。他在离休前后，数次到北京、成都汇报，争取修建玉蟾山《流民图》石刻，被市列为爱国主义教育基地。后被聘为龙马潭区关工委顾问，积极参加革命传统教育报告团工作，2005 年为纪念抗日战争暨世界反法西斯战争胜利 60 周年，赴学校、社区报告 15 场．听众 13 900 多人。

陶俊儒

陶俊儒，龙马潭区石洞镇人，1932 年生。1948 年 12 月参加入中国共产党。1983 年 7 月—1987 年 4 月任中共泸县县委书记期间，认真贯彻执行中共中央党要管党，从严治党的指示精神，狠抓党风廉政建设。提出解放思想，从束缚生产力发展的老框框中解放出来，实现从单一抓粮食生产，向农工副全面发展，向农工商综合经营转变；从只抓生产不抓流通，向生产流通同时抓转变；从把农民固定在土地上搞饭吃，向把农民从土地上分离出来从事各行各业找钱用转变；从城乡分割，向城乡结合建设小集镇转变；从独立经营向多渠道经营，支持农民进入流通领域转变；从闭关自守，向开阔视野、用现代的观点发展商品生产转变。狠抓乡镇企业大发展，转移农村剩余劳动力 7 万余人。研究出台多项优惠政策，吸引农民务工经商。他重视计生工作，加大领导力度，1983—1986 年全县计划生育率和出生率均控制在上级下达的计划内，1986 年泸县成为全国计划生育先进县，他被评为全国计划生育先进个人。1987 年 4 月后任泸州市人大常委会副主任。

余安中

余安中，祖籍江苏常州武进，本籍泸州小市，1928 年生。多年任泸州市文物管理所和市博物馆副所长、副馆长，主持工作，职称文博副研究员。曾任市政协一、二、三届委员、市文联常务理事、市书法家协会一、二、三届主席。1982 年亲自考察、搜集整理资料，编成为泸州市申报历史文化各城的十多万字文本初稿（后精简为 3 万多字），并亲自赴蓉、赴京报送材料。1991 年和 1993 年，泸州市先后被批准为省级、国家级历史文化名城。他自幼酷爱中国传统文化，擅长书法、诗词、楹联，其作品在全国多种报刊发表。尤其书法遒劲挺拔，既遵崇传统又不泥于传统，多次举办书展，深爱社会好评，有的被一些博物馆收藏，有的被选入碑林、庙宇或摩崖镌刻。近 30 年来，为泸州培养了一大批书法人才。他是中华诗词学会、中国楹联学会会员，四川省楹联学会名誉理事，泸州市诗书画院副院长；市老年诗书画研究会、市诗词学会、市楹联学会、市书法家协会顾问。小传入编国家级书法、诗词楹联典籍 9 种；自行出版《未是集》等多种专著。

潘学贤

潘学贤，平昌人，1943 年生，民盟盟员，大学文化，农业技术推广研究员。历任省农科院水稻高粱研究所（驻龙马潭区）植保室副主任、民盟泸州市第八、九届主委，泸州市三、四、五届政协副主席，现任省农科院水稻高粱研究所学术委员会主任。他从事植物保护科学研究 40 余年，先后主持和参加国家、省、市重点科研课题 30 余项，获科技成果奖 13 项。其中《杂交稻粒黑粉病发生流行规律及综合防治技术研究》等 3 项获农业部、省政府科技进步二等奖。在全国性学术刊物上发表论文 50 多篇。1993 年起为享受国务院特殊津贴专家。2001 年、2002 年先后被评为民盟全国先进个人、省首届学术和技术带头人。

赵连富

赵连富，龙马潭区双加镇人，1944 年 5 月生，中共党员，中专文化。曾任泸县县委和宜宾地委招待所所长、党支部书记；宜宾地委行政科副科长，泸州市委行政处处长、市委办公室主任；市委、市政府副秘书长。在分管接待工作中，先后接待过胡耀邦、杨尚昆及中央和部省等众多领导。在机关后勤管理工作中，成绩突出，先进事迹曾载《四川机关后勤》；并应邀到日本传授经验。2001 年退休，享受副厅级待遇。2002 年创建泸州汇丰饭店，任董事长，两年后将其建成为龙马潭区第一家三星级饭店，并先后获省、市"最佳星级饭店""餐饮名店"，泸州市委、市政府授予的"文明单位"等称号。该饭店解决了 170 多人就业；6 年间先后向国家纳税 300 多万元。

陈利君

陈利君，龙马潭区红星街道人，1948 年生，肢残，大学文化，民建会员，市政协、工商联常委，残联副主席，肢残人协会主席。1989 年建立泸州市利君服装厂任厂长，1992 年与台湾、香港合资建立四川利君制衣有限公司任董事长、总经理。建厂时只有 7 名职工，其中 5 名残疾人，至 2005 年发展到有 300 台套进口电动缝纫机。加工机具的中型服装企业，以生产外贸服装为主，年产值 1 000 余万元。同时开发利君花园 11 幢楼房，产值 4 000 余万元，向国家纳税 300 余万元，企业被评为全国行业质量诚信示范单位。他先后吸收 200 余名残疾人，安置 100 余名下岗职工到厂就业。投资数十万元建设近千平方米的"利君广场"，供群众休闲娱乐。先后向希望小学、贫困残疾人捐赠 70 余万元。免费为泸州 4 县 3 区 60 名残疾人培训缝纫技术，包吃包住 60 天。他 3 次被市政协评为先进个人，被评为市第二届优秀创业人才；被省评为优秀私营企业先进个人、省十佳残障模范；民建全国优秀会员，全国自强模范。出席北京残联第四次代表大会和全国第三次自强与助残先进表彰大会，受到党和国家领导人接见。

祝昌焱

祝昌炎，龙马潭区金龙乡人，1949 年 7 月生，中共党员，大专文化。历任泸县检察院检察员、副检察长，泸州市检察院副检察长、法院院长。提出"三力"建院目标，即审判业务有竞争力，法官队伍有活力，后勤保障有实力。倡导审判业务目标管理考核责任制，一杆子插到人民法庭。在考核指标中，既有上诉率、二审改判发回复审率，一、二审立案正确率、结案率、高效结案率；又有执行结案率、兑现率；还有卷宗量合格率。激发了两级法院的审判积极性，年度结案率 1998 年 94.22%，2002 年增到 97.5%。他大胆改革人事制度，实行民主推荐，公开选拔，狠抓职业培训，使法官队伍充满生机和活力。特别是 1999 年，在全国率先出台《关于审理医疗损害赔偿案件若干意见》和审结"包二奶"案件后，20 多家中央和地方新闻媒体来泸采访报道。市中院先后获国家、省、市各种荣誉 50 余项，被省高院记集体二等功一次。

刘登堰

刘登堰，龙马潭区塘镇人，1952 年生。中共党员，高级工程师，泸州向阳集团有限公司董事长、党支部书记。1969 年起，历任市中区建筑公司施工员，鱼塘建筑队队长、开发公司经理，市四建司二分公司、二建司经理，后二建司改制为房地产开发民营企业，有子公司 7 个，关联企业 10 家。从1990 年起，开发鱼塘希望大道、泸州酒文化一条街综合楼、向阳花园综合楼、沱江路综合楼、泸州西干道三营盘、向阳百竹园小区等，面积 40 多万平方米。产值 6.1 亿元，上交税金 4 200 多万元。被评为泸州市"十强私营企业""重合同守信用企业"，省"效益百强企业"，累计为社会公益事业捐赠230 多万元。先后获"中国西部优秀企业家""省十大创业之星"称号。

张　斌

张斌，龙马潭区人，1956 年 8 月生。现任北京军区 2 区化学专家委员会主任，少将军衔，高级工程师。主要研究计算机网络、信息安全、信息工程。他在专业技术岗位上，刻苦钻研计算机网络技术，勇攀科技高峰，先后获国家科技进步一等奖 1 项，军队科技进步一等奖 2 项、二等奖 3 项。荣立一等功 1 次、二等功 2 次、三等功 4 次。1990 年被批准为国家级有突出贡献的中青年专家，1993 年享受国务院特殊津贴，1999 年获全军专业技术重大贡献奖，2001 年被评为全国先进科技工作者，2003年享受首届军队专业技术优秀人才岗位津贴，并当选为政协北京市第十届委员会委员。

刘本良

刘本良，龙马潭区罗汉镇人，1956 年生，中共党员。历任江阳曲酒厂厂长，龙马潭区乡镇企业局、贸易局副局长，现任唐朝老窖（集团）有限公司董事长、总经理。20 世纪 90 年代使江阳酒厂成为当地同行业龙头企业。2000 年后，面对激烈市场竞争，提出"以市场为导向，以质量求生存，以效益为中心，以拓销求发展"的思路，将酒厂改制为股份制公司。精减科室，裁减冗员，招聘专业人才上百人充实生产、销售第一线，激活了企业。2007 年产优质酒 3 000 吨，销售收入近亿元，创税利500 多万元，安置员工 200 余人。企业先后被评为"中国名星企业"、基础管理一级企业，个人被评为"四川省优秀企业家""优秀青年企业家"。

熊　洪

熊洪，遂宁人，1957 年生，中共党员，硕士，研究员，驻泸省农科院水稻高粱研究所党委书记。省作物学会、科技管理学会理事，农业部水稻产业科技体系岗位专家从事水稻生理生态、水稻高产栽培技术及稻田种植制度研究工作多年，曾赴国际水稻研究所研修，是省水稻栽培领域学术带头人之一。主持或参与省、部、国家重点项目再生稻品种选育和高产技术研究等 15 项，主笔或合作在《生态学报》等国内外刊物发表论文 50 余篇，获省"杰出青年科技创业奖"和省科技进步一、二、三等奖 7 项，国家科技进步二等奖 1 项，农业部科技进步二、三等奖 3 项。创造经济效益 40 多亿元，获省、市先进工作者称号。

邹才巨

邹才巨，龙马潭区人，1958年生，中共党员，大专学历。在金龙乡任农技校校长期间，学校被评为市级规范化农技校。借调乡政府工作后，满腔热情向干部群众传播科技文化知识，深入3 500多个甜橙户传授栽培技术，规范种植400多公顷。倡导利用园间隙地种西瓜、甜瓜、青豆、蔬菜等，使农民增收700多万元。调区农业局工作后，建立果技专业服务队，对全区240多公顷果树进行冬管，推动农业产业结构调整。19年来，总结和推广龙眼小苗带子叶嫁接、枇杷高密度种植等13门实用技术，撰写各种资料28种，印发1.6万多份。培训农民6万多人次，创造价值2 000余万元。1991年来连续16年被省、市、区评为先进个人，省科普工作先进个人，省劳动模范，获全国五一劳动奖章。

郑家奎

郑家奎，宜宾人，1961年生，中共党员，博士，驻泸省农科院水稻高粱研究所所长，研究员，重庆大学博士生导师。农业部超级稻研究与示范推广专家组成员，省水稻育种攻关组首席专家，第三届全国农作物品种审定委员会水稻评审专家和国家直接联系的高级专家。主持主研科目11项获省部以上科技进步奖。主持育成30个、参与育成15个杂交水稻品种新组合，通过国家或省审定，8项获得植物品种保护权。发表论文60余篇，科技成果用于生产后，产生经济效益40多亿元。先后被评为院、所和泸州市优秀共产党员，省劳动模范，省优秀科技工作者，享受国务院特殊津贴。

王德彬

王德彬，泸县人，1962年生，大专文化。四川王氏集团有限责任公司董事长兼总经理，市人大代表、区人大常委会委员、市酒业商会会长、省市杰出民营企业家。他于1996年组建四川王氏集团，至2005年已发展成为集酒业、房地产开发、汽车运输、商贸、酒店、广告策划、生猪定点屠宰、矿产资源开发为一体，拥有固定资产4.5亿元，员工1 000多人的民营企业。他回报社会，累计捐资1 800余万元。先后修建"王氏敬老公寓"；设立"王德彬教育基金"和"王德彬教师奖励基金"资助学生170多名，奖励教师300多名；先后为抗洪救灾、贫困山区、抗击"非典"、安置三峡移民捐款捐物。深入大江南北20余个军营，为部队订阅报刊杂志，购置电脑，资助100多名家境困难战士。公司安置复员退伍军人100余人。先后获中华十大孝亲敬老楷模、全国国防教育先进个人、中国优秀退伍军人企业家、全国敬老好儿女、四川省优秀退伍军人企业家、省十佳敬老好儿女等称号。

周良骥

周良骥，泸县人，1963年生，大专文化，工程师、经济师，四川泸州三溪酒类（集团）有限责任公司董事长兼总经理。龙马潭区政协常委、区十佳杰出青年；市人民代表、政协委员；省优秀青年厂长、省劳动模范。他于1997年成立泸州三溪酒类（集团）公司，泸州巨龙房地产开发公司。1999

年负责龙马大道主干道开发工程，当年销售收入 2 000 余万元。2002 年先后开发摇竹苑、金色城市花园 10 万平方米房屋。次年斥资 3 000 万元收购泸州酒城宾馆，将其打造成全市唯一五星级酒店。是年三溪集团拥有资产 1 亿多元，年销售收入 3 000 余万元，创税利 500 多万元。先后被评为市非公有制十佳企业，省先进企业，省重合同守信用企业，中国优质酒生产企业，国际质量体系认证企业，中国食品质量达标企业，中国最佳形象 AAA 级企业。个人为全国诚信守法乡镇企业家。先后为抗洪救灾、修建公路、支教助学、抗击非典、老年事业等捐款捐物 100 余万元。

四、人物表

（一）龙马潭区1996—2005年区委、人大、政府、政协领导表

表21-0-4-1

1. 中共泸州市龙马潭区委员会

临时区委（1996.7—1996.9）

职 务	姓 名	性别	任职时间
书 记	韩永彬	男	1996.7—1996.9
副书记	楚 明	男	1996.7—1996.9
副书记	刘汉洲	男	1996.7—1996.9
副书记	莫锦江	男	1996.7—1996.9
副书记	邱树琼	女	1996.7—1996.9

第一届区委（1996.9—2002.12）

职 务	姓 名	性别	任职时间
书 记	韩永彬	男	1996.9—2001.3
书 记	谢帮知	男	2001.3—2002.12
副书记	楚 明	男	1996.9—2001.3
副书记	刘汉洲	男	1996.9—1999.5
副书记	邱树琼	女	1996.9—2001.6
副书记	莫锦江	男	1996.9—1997.10省下派挂职
副书记	黄智平	男	1997.10—1998.12
副书记	袁顺康	男	1999.5—2001.7
副书记	谢 明	男	2001.3—2002.12
副书记	毛乐平	男	2001.6—2002.12
副书记	付 希	男	2001.7—2002.12
副书记	淳义成	男	2001.7—2002.12
常 委	肖荣华	男	1996.9—2001.3

续上表

职 务	姓 名	性别	任职时间
常 委	徐宽富	男	1996.9—2001.7
常 委	淳义成	男	1996.9—2001.7
常 委	王尊祥	男	1996.9—1999.11
常 委	刘卫平	男	1996.9—1997.11
常 委	刘 涛	男	1997.11—1999.11
常 委	张忠荣	男	1999.11—2002.12
常 委	牟 红	男	2000.12—2002.12
常 委	雷 敏	女	2001.7—2002.12
常 委	徐平玉	女	2001.7—2002.12

第二届区委 (2002.12—2006.11)

职 务	姓 名	性别	任职时间
书 记	谢 明	男	2002.12—2004.6
书 记	张 明	男	2004.7—2006.5
书 记	刘 云	男	2006.5—2006.11
副书记	陈冠松	男	2002.12—2005.12
副书记	刘 云	男	2005.12—2006.5
副书记	徐剑南	男	2006.5—2006.11
副书记	赖应强	男	2002.12—2006.11
副书记	毛乐平	男	2002.12—2003.3
副书记	付 希	男	2002.12—2005.12
副书记	牛 波	男	2003.5—2006.10
副书记	谭光军	男	2006.4—2006.11
常 委	郭 庆	男	2002.12—2005.1
常 委	游 泳	男	2003.5—2006.8

续上表

职 务	姓 名	性别	任职时间
常 委	王 波	男	2005.8—2006.11
常 委	方 莉	女	2006.4—2006.11
常 委	牟 红	男	2002.12—2006.10
常 委	雷 敏	女	2002.12—2006.4
常 委	邹 毅	男	2006.10—2006.11
常 委	吴文涛	男	2006.10—2006.11
常 委	张明社	男	2006.8—2006.11

第三届区委（2006.11—2008.12后）

职 务	姓 名	性别	任职时间
书 记	刘 云	男	2006.11—2008.12后
副书记	徐剑南	男	2006.11—2008.12后
副书记	谭光军	男	2006.11—2008.11
副书记	方 莉	女	2008.11—2008.12后
常 委	王 波	男	2006.11—2008.12后
常 委	方 莉	女	2006.11—2008.11
常 委	张明社	男	2006.11—2008.05
常 委	赵 飞	男	2006.11—2008.12后
常 委	吴 伟	男	2006.11—2008.12后
常 委	邹 毅	男	2006.11—2008.12后
常 委	吴文涛	男	2006.11—2008.12后
常 委	赖应强	男	2006.11—2008.12后
常 委	李秋霖	男	2008.05—2008.12后
常 委	姚新建	男	2008.11—2008.12后

2. 泸州市龙马潭区人大常委会

区人大筹备组（1996.7—1996.9）

职 务	姓 名	性别	任职时间
组 长	刘汉洲	男	1996.7—1996.9
副组长	杨启高	女	1996.7—1996.9

首届人大（1996.9—2003.1）

职 务	姓 名	性别	任职时间
主 任	刘汉洲	男	1996.9—2000.1
主 任	韩永彬	男	2000.1—2001.3
主 任、党组书记	杨启高	女	2001.3—2003.1
副主任	杨启高	女	1996.9—2001.3
副主任	刘文贵	男	1996.9—1998.6
副主任	赵伯阳	男	1996.9—2003.1
副主任	周隆品	男	1996.9—2003.1
副主任	方 向	男	1999.2—2003.1
副主任	程建荣	男	2001.3—2003.1

第二届人大（2003.1—2006.12）

职 务	姓 名	性别	任职时间
主 任	谢 明	男	2003.1—2004.5
代理主任	淳义成	男	2004.6—2005.1
主 任	张 明	男	2005.1—2006.6
代理主任	淳义成	男	2006.6—2006.12
副主任、党组书记	淳义成	男	2003.1—2006.12
副主任	卢 艳	女	2003.1—2006.12
副主任	周隆品	男	2003.1—2006.12
副主任	胡维新	男	2003.1—2006.12
副主任	程建荣	男	2003.1—2006.12

第三届人大（2006.12—2008.12后）

职 务	姓 名	性别	任职时间
主 任	刘 云	男	2006.12—2008.12后
副主任、党组书记	钟世琼	女	2006.12—2008.12后
副主任	卢 艳	女	2006.12—2008.12后
副主任	朱永平	男	2006.12—2008.12后
副主任	杨树华	男	2006.12—2008.12后

3. 泸州市龙马潭区人民政府

区政府筹备组（1996.7—1996.9）

职 务	姓 名	性别	任职时间
组 长	楚 明	男	1996.7—1996.9
成 员	肖荣华	男	1996.7—1996.9
成 员	田怀聪	男	1996.7—1996.9
成 员	赖朝祥	男	1996.7—1996.9
成 员	徐平玉	女	1996.7—1996.9

第一届区政府（1996.9—2003.1）

职 务	姓 名	性别	任职时间
区 长	楚 明	男	1996.9—2001.3
区 长	谢 明	男	2001.3—2002.12
代理区长	陈冠松	男	2002.12 — 2003.1
副区长	肖荣华	男	1996.9—2001.3
副区长	田怀聪	男	1996.9—2002.1
副区长	赖朝祥	男	1996.9—2001.12
副区长	徐平玉	女	1996.9—2002.12
副区长	滕中平	男	1997.1—1997.11
副区长	熊启权	男	2000.5—2003.1
副区长	曾发海	男	1999.1—2003.1
副区长	史乃广	男	2001.7—2002.12
副区长	牛 波	男	2001.12—2003.1

第二届区政府（2003.1—2006.12）

职 务	姓 名	性别	任职时间
区 长	陈冠松	男	2003.1—2005.12
代理区长	刘 云	男	2005.12—2006.1
区 长	刘 云	男	2006.1—2006.6
代理区长	徐剑南	男	2006.6—2006.12
副区长	郭 庆	男	2003.1—2005.1
副区长	牛 波	男	2003.1—2003.5
副区长	熊启权	男	2003.1—2005.8
副区长	曾发海	男	2003.1—2005.12
副区长	黄 露	女	2003.1—2006.4
副区长	赵 飞	男	2003.1—2006.10
副区长	吴 伟	男	2003.8—2006.12
副区长	王 波	男	2005.8—2006.12
副区长	苏 科	男	2005.2—2006.12
副区长	刘 著	女	2006.11—2006.12
副区长	刘 杰	男	2006.11—2006.12

第三届区政府（2006.12—2008.12后）

职 务	姓 名	性别	任职时间
区 长	徐剑南	男	2006.12—2008.12后
副区长	王 波	男	2006.12—2008.12后
副区长	赖应强	男	2006.12—2008.12后
副区长	曾发海	男	2006.12—2008.12后
副区长	苏 科	男	2006.12—2008.12后
副区长	刘 著	女	2006.12—2008.12后
副区长	刘 杰	男	2006.12—2008.12后
副区长	卢天润	男	2008.9—2008.12后

4. 政协泸州市龙马潭区委员会

区政协筹备组（1996.7—1996.9）

职 务	姓 名	性别	任职时间
组 长	甘正福	男	1996.7—1996.9
成 员	陈登高	男	1996.7—1996.9
成 员	傅以谦	男	1996.7—1996.9
成 员	熊文林	男	1996.7—1996.9

第一届区政协（1996.9—2003.1）

职 务	姓 名	性别	任职时间
主 席	甘正福	男	1996.9—2002.1
主 席	赖朝祥	男	2002.1—2003.1
副主席	陈登高	男	1996.9—1999.9
副主席	傅以谦	男	1996.9—1998.8
副主席	熊文林	男	1996.9—2002.1
副主席	翟忠会	男	2002.1—2003.1

第二届区政协（2003.1—2006.12）

职 务	姓 名	性别	任职时间
主 席	赖朝祥	男	2003.1—2006.12
副主席	骆仁初	男	2003.1—2006.12
副主席	张定友	男	2003.1—2006.12
副主席	杨中荣	男	2003.1—2006.12
副主席	翟忠会	男	2003.1—2005.6
副主席	甘立祥	男	2003.1—2006.12

第三届区政协（2006.12—2008.12后）

职 务	姓 名	性别	任职时间
主 席	赖朝祥	男	2006.12—2008.12后
副主席	骆仁初	男	2006.12—2008.12后
副主席	甘立祥	男	2006.12—2008.12后
副主席	易先炳	男	2006.12—2008.10
副主席	王应淮	男	2006.12—2008.12后

（二）龙马潭区1996—2005年人民武装部领导表

表21-0-4-2

职 务	姓 名	籍 贯	任职年月	军 衔	授衔时间
部 长	王尊祥	陕西岚皋县	1996.04—1999.08	上校	1990.03
	许 健	四川自贡市	1999.08—2000.04	上校	1993.02
	游 泳	四川泸县	2000.04—2004.04	上校	2003.03
	江 峰	山东金乡县	2004.04—2008.12后	上校	2004.04
政治委员	张忠荣	山西高平县	1996.04—2002.12	上校	1996.04
	崔广成	辽宁鞍山市	2003.03—2004.04	中校	2002.08
	游 泳	四川泸县	2004.04—2006.04	上校	2003.03
	张明社	陕西咸阳市	2006.04—2008.03	上校	1999.04
副部长	钟世和	四川乐山市	1996.04—1998.06	中校	1996.09
	马志强	四川叙永县	1998.06—2000.09	中校	1997.12
	吴云昌	河南新郑县	2000.09—2004.04	中校	1998.05
	张尚林	四川泸县	2005.04—2008.03	中校	2005.03

（三）龙马潭区1996—2005年获省以上先进人物表

表21-0-4-3

姓 名	单 位	获奖时间	颁奖单位（奖项）
邓广宇	区公安分局（刑警大队大队长）	2005年	获公安部"全国模范刑警中队"称号、集体一等功
徐森平	小市派出所（所长）	2004年	评为全国优秀公安基层单位一级派出所，经省委、省政府批准荣立集体一等功
田 亩	天立国际学校	2003年	被省教育厅评为省优秀校长、特级教师
罗 实	天立国际学校	2002年	被省经委评为十大青年企业家
李 静	英才外国语学校校长	2004年	省级特级教师、优秀女校长
石美刚	区中医医院	1999年	被省卫生厅评为先进工作者
刘先智（女）	区卫生防疫站	2000年	被省卫生厅评为优秀食品卫生监督员
唐胜玉	区卫生防疫站	2001年	被省卫生厅评为消灭脊髓灰质炎先进个人
曹小丹（女）	区卫生局	2001年	被省卫生厅评为"九五期间卫生系统法制宣传"先进个人
常豫红（女）	区卫生防疫站	2003年	被省人民政府评为"非典"防治先进个人
王泽辉	区中医医院	2005年	被省人事厅、卫生厅、中医管理局评为省首批农村卫生工作标兵

续上表

姓　名	单　位	获奖时间	颁奖单位
唐才禄（女）	区农林局	1998—2000 年	被省科委评为先进个人
毛先秀（女）	区农林局	2004 年	被省农业厅评为先进工作者
甘立祥	区农林局	1999 年	获全国农牧渔业部丰收奖二等奖
林少俊（女）	区农林局	1998 年	被省农业厅评为历史资料整理工作先进个人
徐　超	区农林局	2006 年	获全国农牧渔业部丰收奖三等奖
余春江	石洞中心卫生院	2005 年	获省卫生厅农村卫生院院长"管理优秀奖"
杨子莲（女）	区人口与计生局	1996 年 11 月 2006 年 12 月	获省计生委"八五"期间目标考核调查员先进个人 获省计生委信访工作先进个人
张德琼（女）	区人口与计生局	2004 年 9 月	获省计生委、人事厅计划生育先进个人
胡跃平（女）	区指导站（站长）	2005 年 12 月	获省计生委、人事厅"十五"期间计生工作先进个人
宋远琴（女）	区农林局	2006 年 2 月	被省农业厅评为"十五"期间农业统计工作先进个人
朱永芳（女）	区人口与计生局	2005 年 12 月	获省委宣传部、省计生委、省民政厅婚育新风进万家先进个人
邹建民	区科协	2003 年	人工繁殖研究中华倒刺鲃鱼成功获农业部一等奖
张启全	区委宣传部	2004 年	"这样的代表我们没选错"获省人大好新闻二等奖
殷朝在	区宣传部	1996 年	被省委宣传部、省科委、省科协评为先进个人
刘德芳（女）	鱼塘镇畜牧兽医站（站长）	2003 年 9 月	被省人事厅、农业厅、林业厅、水利厅、畜牧局授予省农村优秀人才称号
熊福均	区畜牧局（局长）	2004 年	被省咨询业协会评为科技咨询工作先进个人
余明富	泸州鑫福化工有限公司（助理工程师）	2005 年	被评为省劳动模范
谢　鲁	国营692厂（副厂长）	2005 年	被评为省劳动模范
陈天英（女）	泸州兆峰陶瓷厂	2001 年	获全国五一劳动奖章
朱春燕	石洞镇人武部部长	2002 年 6 月	被评为成都军区国防后备力量建设先进个人

（四）龙马潭区社会各界知名人士表

表 21 - 0 - 4 - 4

姓　名	工作单位及职务	主要业绩
梁世铭	泸县人民政府县长、泸州市科协常务副主席	为地方经济发展和社会人文进步作出贡献
白清波	泸州北方化学工业有限公司厂长	1992 年享受国务院特殊津贴专家
姚　鲁	泸州北方化学工业有限公司总工程师	1992 年享受国务院特殊津贴专家

续上表

姓　名	工作单位及职务	主要业绩
阳茂贵	泸州北方化学工业有限公司副总工程师	1992年享受国务院特殊津贴专家
李真华	泸州北方化学工业有限公司副厂长	1993年享受国务院特殊津贴专家
赵强先	泸州北方化学工业有限公司副厂长	1993年享受国务院特殊津贴专家
王常俊	泸州北方化学工业有限公司高级工程师研究员	1993年享受国务院特殊津贴专家
聂先林	泸州北方化学工业有限公司副厂长	1998年享受国务院特殊津贴专家
王德东	泸州北方化学工业有限公司高级工程师	1999年享受国务院特殊津贴专家
贺先文	泸州北方化学工业有限公司总调度长	1993年享受国务院特殊津贴专家
龚肖严	泸州北方化学工业有限公司主任工程师	1993年享受国务院特殊津贴专家
张晋盛	泸州北方化学工业有限公司所长	1992年10月享受国务院特殊津贴专家
赵其林	泸州北方化学工业有限公司总经理	1992年10月享受国务院特殊津贴专家 2005年评为有突出贡献优秀专家
梁文卓	泸州北方化学工业有限公司经理处长	1992年享受国务院特殊津贴专家
左建平	泸州建平医院院长	发明骨刺平消丸获中国爱迪生杯银奖
唐荣武	区教科局原文教局长	从教30年，为泸县、龙马潭区教育事业发展作出了重要贡献
黄留雄	原泸县县志办副主任	退休后在区关工委传统教育团工作多年
张谊元	区宣传部离休干部宣传部副部长	从事教育宣传工作30年，泸县二中原校长、离休后积极参加区关工委工作，奉献余年
梁炳奎	区法院退休干部法院院长	退而不休多年在区关工委法制教育团工作致力于向青少年宣传法制
方廷甫	区人大退休干部副主任	退而不休把区关工委工作搞得有声有色
李中英	原泸县农业局农艺师退休干部	退而不休，积极参加区科技服务团活动，送科技下乡
何全正	区农林局局长	退而不休，积极参加区科技服务团活动，送科技下乡
佘明久	来龙中学校长	先后获区优秀校长、劳动模范、市优秀教师、省优秀校长称号
李纳声	原区一中校长	省"三育人"先进个人，市优秀教师，任期8年高考5上台阶
李乾南	龙马潭区文化馆音乐股长	歌曲创作曾获国家铜奖及优秀奖
左永兴	安宁乡人民政府乡长	龙狮风景区创建者之一
王志刚	罗汉镇禽蛋开发技术协会理事长	规模养鸡，创罗汉蛋品牌，带领群众致富

（五）龙马潭区革命烈士英名表

表 21 - 0 - 4 - 5

姓 名	出生年月	籍 贯	参加革命年月	政治面貌	牺牲时间地点原因	牺牲时所在单位	牺牲时任何职	备 注
王德成	1930年5月	泸州市龙马潭区胡市镇来寺村	1953年2月		1953年6月在抗美援朝战争中牺牲	志愿军214团	战士	家属持有1953年10月25日颁发的革命军人家属光荣纪念证
王安荣	1936年10月	泸州市龙马潭区胡市镇敦和村	1956年3月		1958年12月在西藏拉萨平叛中牺牲	解放军9152部队	战士	解放军9152部队1959年1月16日批准为烈士
熊良贵	1944年	泸州市龙马潭区金龙乡曹坝村	1962年8月	党员	1970年2月28日在黑龙江省地区执行任务中牺牲	解放军3351部队	助理员	解放军3351部队1970年3月10日批准为烈士
颜昌贵	1954年	泸州市龙马潭区金龙乡金龙社区	1975年1月	团员	1975年12月20日在新疆执行战备施工任务中因公牺牲	解放军89323部队	战士	解放军89323部队1975年12月22日批准为烈士
许占清	1930年	泸州市龙马潭区金龙乡	1950年		1950年在新都县新农乡征粮遇匪作战中牺牲	新繁征粮工作队	队员	新都县民政局1981年12月12日通知
赵朝贵	1929年	泸州市龙马潭区金龙乡	1949年10月		1950年4月在泸县官渡乡大坝征粮剿匪中牺牲	泸县石洞区公所	工作员	泸州市民政局1981年1月4日通知
何学成	1936年	泸州市龙马潭区金龙乡官渡社区	1955年3月		1960年5月在昌都剿匪中牺牲	解放军9156部队	战士	家属持有1960年7月26日颁发的革命牺牲军人家属光荣纪念证
曾永桐	1940年	泸州市龙马潭区金龙乡塘坡村	1959年3月		1962年2月19日在熊乡执行任务中牺牲	解放军3478部队137支队9分队	战士	解放军3478部队1962年月10日批准为烈士

续上表

姓 名	出生年月	籍 贯	参加革命年月	政治面貌	牺牲时间地点原因	牺牲时所在单位	牺牲时任何职	备 注
刘建文	1934 年	泸州市龙马潭区金龙乡曹坝村	1951 年 7 月		1953 年 1 月 14 日在抗美援朝战争中牺牲	志愿军 3 营 8 连	战士	家属持有 1953 年 6 月 14 日颁发的革命牺牲军人家属光荣纪念证
武天云	1943 年	泸州市龙马潭区金龙乡官渡社区	1965 年 10 月	党员	1971 年 7 月 28 日在云南省沾益县执行施工任务中牺牲	解放军 7717 部队	战士	解放军 7717 部队 1971 年 8 月 8 日批准为烈士
梅海成	1926 年	泸州市龙马潭区金龙乡社区	1949 年 10 月		1950 年 4 月在泸县官渡乡大坝征粮剿匪中牺牲	泸县 14 区区中队	战士	宜宾地区民政局 1981 年 11 月 16 日通知
罗建焱	1938 年	泸州市龙马潭区金龙乡曹坝村	1956 年 2 月		1958 年在西藏拉萨市平叛中牺牲	解放军成都军区汽车团	战士	泸县人民政府 1982 年 5 月 20 日认定为烈士
郑尚兴	1929 年	泸州市龙马潭区金龙乡塘坡村	1953 年 2 月		1953 年 7 月在抗美援朝战争中牺牲	志愿军 214 部队	战士	泸县人民政府 1982 年 5 月 20 日认定为烈士
刘正海	1936 年 6 月	泸州市龙马潭区金龙乡曹坝村	1953 年 3 月		1953 年 9 月在雅安执行任务中因公牺牲	解放军成都军区汽车团	战士	泸县人民政府 1982 年 5 月 20 日认定为烈士
刘四财	1932 年	泸州市龙马潭区胡市镇来龙社区	1951 年 5 月		1951 年 10 月 12 日在抗美援朝战争中牺牲	志愿军大站 79 分站	副班长	志愿军大站 1953 年 1 月 3 日批准为烈士
刘正财	1939 年	泸州市龙马潭区胡市镇来龙社区	1959 年 3 月		1959 年 4 月 20 日在石渠县平叛中牺牲	解放军 9124 部队 1 中队	战士	解放军成都军区司令部 1959 年 11 月 16 日批准为烈士
潘章轩	1934 年	泸州市龙马潭区石洞镇岳坡山村	1952 年 2 月		1952 年 10 月在抗美援朝战争中牺牲	志愿军 24 军 72 师 216 团	战士	志愿军 24 军 72 师 216 团 1952 年 12 月 15 日批准为烈士

续上表

姓 名	出生年月	籍 贯	参加革命年月	政治面貌	牺牲时间地点原因	牺牲时所在单位	牺牲时任何职	备 注
张龙海	1924年	泸州市龙马潭区胡市镇三教村	1949年12月		1952年5月17日在朝鲜川平村里对敌作战中牺牲	志愿军29师侦察连	战士	志愿军29师1952年12月15日批准为烈士
陈寿星	1944年1月	泸州市龙马潭区石洞镇桥头村	1965年3月	党员	1967年4月25日在米易县大平子隧道施工中因公牺牲	解放军8726部队63分队	战士	米易县民政局1981年10月19日通知
余焱勋	1921年	泸州市龙马潭区胡市镇三教村	1951年6月		1952年9月在凉山剿匪中牺牲	解放军	战士	家属持有1956年4月21日颁发的革命牺牲军人家属光荣纪念证
刘子先	1930年	泸州市龙马潭区胡市镇三教村	1953年2月			志愿军24军72师215团	战士	宜宾地区民政局1982年3月20日通知
徐永跃	1935年	泸州市龙马潭区安宁镇良丰村	1953年2月	团员	1953年6月在抗美援朝战争中牺牲	志愿军209团8连	战士	志愿军209团1953年7月30日批准为烈士
刘明清	1925年	泸州市龙马潭区安宁镇齐家村	1948年12月		1949年12月29日在广东白沙县对敌作战中牺牲	解放军3兵团12军	战士	泸州市民政局1981年12月10日通知
杨海云	1925年	泸州市龙马潭区石洞镇	1949年12月		1951年1月30日在抗美援朝战争中牺牲	志愿军50军149师446团	战士	志愿军50军政治部1951年10月9日批准为烈士
梁中兴	1923年	泸州市龙马潭区石洞镇	1950年		1951年11月13日在抗美援朝战争中牺牲	志愿军15军高炮团	卫生员	志愿军15军高炮团1952年2月5日批准为烈士
陶举才	1934年	泸州市龙马潭区石洞镇	1949年12月		1951年11月13日在抗美援朝战争中牺牲	志愿军35师103团7连	副班长	志愿军35师政治部1952年9月2日批准为烈士
罗江河	1930年	泸州市龙马潭区石洞镇	1953年2月		1953年5月在抗美援朝战争中失踪	志愿军60军180师540团	战士	志愿军540团1953年9月1日批准为烈士

续上表

姓　名	出生年月	籍　贯	参加革命年月	政治面貌	牺牲时间地点原因	牺牲时所在单位	牺牲时任何职	备　注
梅银州	1934年	泸州市龙马潭区石洞镇阳嘴村	1953年1月		1969年9月7日在江苏省徐州国防施工中因公牺牲	志愿军	战士	泸县人民委员会1970年3月9日追认为烈士
潘定辉	1950年	泸州市龙马潭区石洞镇张家祠社区	1969年3月	团员	1959年11月27日在青海花海子兵站执行任务中牺牲	解放军6068部队	战士	解放军6068部队1969年9月13日批准为烈士
伍明照	1935年	泸州市龙马潭区石洞镇张家祠社区	1956年3月		1960年5月12日在西藏那曲地区剿匪战斗中牺牲	解放军0859部队	战士	解放军0859部队1961年1月24日批准为烈士
向春廷	1937年	泸州市龙马潭区石洞镇岳坡山村	1956年3月	团员	1960年5月12日在西藏那曲地区剿匪战斗中牺牲	解放军7894部队	副班长	解放军7894部队1960年12月30日批准为烈士
梅青贵	1937年	泸州市龙马潭区石洞镇永远村	1956年3月	团员	1960年6月25日在昌都地区剿匪战斗中牺牲	解放军9156部队	班长	解放军9156部队1960年8月19日批准为烈士
陈国树	1949年	泸州市龙马潭区石洞镇张家祠社区	1970年1月	团员	1971年10月24日在兴安岭地区执行任务中因公牺牲	解放军3006部队	战士	解放军3006部队1971年10月28日批准为烈士
梅维清	1923年10月	泸州市龙马潭区石洞镇河嘴村	1950年1月		1951年12月在抗美援朝战争中牺牲	志愿军	战士	泸县人民政府1982年5月20日追认为烈士
张吉林	1929年	泸州市龙马潭区石洞镇雨珠岩村	1951年7月		1953年5月29日在抗美援朝战争中牺牲	志愿军后勤4分部16大部辎重1连	战士	志愿军后勤4分部1953年6月8日批准为烈士
彭云清	1931年	泸州市龙马潭区石洞镇雨珠岩村	1953年2月		1953年6月在抗美援朝战争中牺牲	志愿军60军180师	战士	志愿军180师政治部1953年10月5日批准为烈士
许纪荣	1934年	泸州市龙马潭区石洞镇互助村	1953年3月		1953年8月28日在抗美援朝战争中牺牲	志愿军24军72师215团	战士	志愿军215团1953年11月17日批准为烈士
赵海云	1937年	泸州市龙马潭区石洞镇顺江村	1956年3月	团员	1958年12月18日在西藏拉萨平叛战斗中牺牲	解放军9152部队	战士	解放军9152部队1959年2月13日批准为烈士

续上表

姓 名	出生年月	籍 贯	参加革命年月	政治面貌	牺牲时间地点原因	牺牲时所在单位	牺牲时任何职	备 注
谢中文	1943 年	泸州市龙马潭区石洞镇雨珠岩村	1965年3月		1965 年 8 月 9 在云南宣威执行施工任务时牺牲	解放军 8726 部队	战士	解放军 8726 部队 1965 年 8 月 20 日批准为烈士
徐 培	1927 年	泸州市龙马潭区双加镇中伙铺村	1949年4月	团员	1951 年 10 月 11 日在华东地区对敌斗争中牺牲	解放军 255 团 1 营 1 连	班长	解放军 255 团 1953 年 3 月 23 日批准为烈士
林海山	1929 年	泸州市龙马潭区双加镇社区	1949年3月		1951 年 2 月在抗美援朝战争中失踪	志愿军	战士	泸县人民委员会 1964 年 4 月 9 日追认为烈士
王国伦	1932 年	泸州市龙马潭区双加镇罗基社区	1953年2月		1953 年 6 月 17 日在抗美援朝战争中牺牲	志愿军 540 团 1 营 2 连	战士	志愿军 540 团 1953 年 7 月 8 日批准为烈士
王国庆	1934 年	泸州市龙马潭区双加镇罗星村	1953年	团员	1953 年 6 月 15 日在抗美援朝战争中牺牲	志愿军 60 军 540 团 1 营 2 连	战士	志愿军 540 团 1953 年 10 月 5 日批准为烈士
范世荣	1938 年	泸州市龙马潭区双加镇枝子园村	1959年3月	团员	1960 年 6 月 17 日在昌都地区平叛战斗中牺牲	解放军 3644 部队	战士	解放军 3644 部队 1960 年 9 月 19 日批准为烈士
刘 银	1926 年	泸州市龙马潭区双加镇社区	1949年3月		1951 年 10 月在抗美援朝战争中失踪	志愿军	战士	泸县人民政府 1982 年 5 月 28 日追认为烈士
杨天益	1935 年	泸州市龙马潭区长安乡长春村	1956年3月		1959 年 4 月在西藏剿匪中牺牲	解放军西藏部队	战士	泸县人民政府 1983 年 10 月 19 日认定为烈士
谢定怀	1936 年 8 月	泸州市龙马潭区长安乡	1955年2月		1957 年 5 月 20 日在云南省中甸剿匪战斗中牺牲	解放军 0924 部队 2 分队	战士	家属持有 1957 年 7 月 3 日颁发革命牺牲军人家属光荣纪念证
李朝云	1941 年 3 月	泸州市龙马潭区长安乡	1960年8月	党员	1962 年 12 月 27 日在扑灭山火中牺牲	解放军 7655 部队	战士	解放军 7655 部队 1963 年 2 月 13 日批准为烈士
雷 震	1916 年 5 月	泸州市龙马潭区特兴镇	1936年	1936 年入党	1949 年 10 月 28 日在重庆市"中美合作所"宁死不屈壮烈牺牲	中共万县县委	书记	重庆市人民政府 1950 年 2 月批准为烈士

续上表

姓 名	出生年月	籍 贯	参加革命年月	政治面貌	牺牲时间地点原因	牺牲时所在单位	牺牲时任何职	备 注
李福成	1954年	泸州市龙马潭区特兴镇走马村	1973年1月	党员	1979年2月24日在中越边境自卫还击作战中牺牲	解放军35236部队	副连长	解放军35236部队1979年3月25日批准为烈士
王善初	1941年	泸州市龙马潭区特兴镇	1960年3月	1962年入团	1962年11月6日在西藏执行任务中牺牲	解放军7852部队	战士	解放军7852部队1962年12月16日批准为烈士
刘银楷	1941年2月	泸州市龙马潭区特兴镇罗沙村	1960年3月	1969年2月入团	1961年7月30日在马尔康县执行任务中牺牲	解放军成都军区81支队1分队	战士	解放军成都军区81支队1961年8月5日批准为烈士
曹世学	1936年	泸州市龙马潭区特兴镇	1956年2月		1960年5月在西藏索拉山剿匪中牺牲	解放军157团	战士	家属持有1961年7月3日颁发的《革命牺牲军人家属光荣纪念证》
雷清华	1937年2月	泸州市龙马潭区特兴镇	1959年3月		1959年4月27日在渠县剿匪战斗中牺牲	解放军9124部队1中队	战士	解放军成都军区司令部1959年10月20日批准为烈士
李世超	1925年	泸州市龙马潭区特兴镇奎丰村	1951年6月		1952年10月2日在朝鲜黄鸡山对敌作战中牺牲	志愿军355团1连	战士	志愿军355团政治处1952年12月20日批准为烈士
刘树成	1929年	泸州市龙马潭区特兴镇奎丰村	1951年6月		1952年9月28日在抗美援朝战争中牺牲	志愿军355团2连	战士	志愿军355团政治处1952年10月20日批准为烈士
甘炎祥	1939年	泸州市龙马潭区特兴镇魏园村	1959年3月		1971年8月15日在杭州钱江农场因公牺牲	解放军6287部队	副营长	解放军6287部队政治部1971年8月23日批准为烈士
李德华	1952年	泸州市龙马潭区特兴镇桐兴村	1973年1月	1972年12月入团	1974年1月4日在潼南县执行任务中因公牺牲	解放军0021部队75分队	战士	解放军0021部队1974年1月15日批准为烈士

续上表

姓 名	出生年月	籍 贯	参加革命年月	政治面貌	牺牲时间地点原因	牺牲时所在单位	牺牲时任何职	备 注
刘贵廷	1933年	泸州市龙马潭区特兴镇奎丰村	1950年7月	党员	1951年12月30日在朝鲜开城对敌作战中牺牲	志愿军188师563团3营	战士	志愿军563团政治处1952年9月5日批准为烈士
王开宣	1934年	泸州市龙马潭区特兴镇奎丰村	1956年3月		1958年11月17日在西藏日邱马平叛中牺牲	解放军9082部队	战士	泸县人民政府1982年12月7日认定为烈士
罗 俊	1926年	泸州市龙马潭区特兴镇河湾村	1949年2月		1952年10月在抗美援朝战争中牺牲	志愿军	战士	宜宾地区民政局1982年3月20日通知
梅海云	1923年	泸州市龙马潭区石洞镇	1949年12月		1951年1月3日在朝鲜云山里对敌作战中牺牲	志愿军50军149师	战士	宜宾地区民政局1982年3月20日通知
罗云华	1931年	泸州市龙马潭区	1951年8月		1952年10月在抗美援朝战争中牺牲	志愿军12军35师	战士	宜宾地区民政局1982年3月29日通知
熊树成	1919年	泸州市龙马潭区金龙乡	1948年12月		1952年10月在抗美援朝战争中牺牲	志愿军118师354团2营5连	战士	宜宾地区民政局1982年3月20日通知
郑伯君	1921年	泸州市龙马潭区金龙乡	1949年12月		1951年3月在抗美援朝战争中牺牲	志愿军	战士	宜宾地区民政局1982年3月20日通知
夏 涌	1927年	泸州市龙马潭区金龙乡官渡社区	1949年2月		1951年4月29日在抗美援朝战争中牺牲	志愿军3兵团12军35师	战士	宜宾地区民政局1982年3月20日通知
叶云高	1933年	泸州市龙马潭区金龙乡官渡社区	1949年12月		1953年3月20日在抗美援朝战争中牺牲	志愿军67师炮团1营	战士	宜宾地区民政局1982年3月20日通知
沈 云	1925年	泸州市龙马潭区小市			1949年11月12日在执行任务中牺牲	解放军10军司部军械处汽车连	驾驶员	据泸州市市中区区志
李长生	1930年	泸州市龙马潭区小市余公街			1951年3月在抗美援朝战争中牺牲	志愿军26军232团7连	战士	据泸州市市中区区志

续上表

姓名	出生年月	籍贯	参加革命年月	政治面貌	牺牲时间地点原因	牺牲时所在单位	牺牲时任何职	备注
陈纪东	1926年	泸州市龙马潭区小市余公街			1951年3月在抗美援朝战争中牺牲	志愿军40军120师359团3营9连	文化教员	据泸州市市中区区志
刘贵廷	1923年	泸州市龙马潭区小市			1951年12月在朝鲜开城牺牲	志愿军63军188师563团3营	电话员	据泸州市市中区区志
高德祥		泸州市龙马潭区小市上支江街			1951年1月2日在抗美援朝战争中牺牲	志愿军12军后勤部监工连	战士	据泸州市市中区区志
卢宏志	1931年	泸州市龙马潭区小市中码头			1952年7月27日在抗美援朝战争中牺牲	志愿军15军29师司令部	观测员	据泸州市市中区区志
王观青	1923年	泸州市龙马潭区小市			1951年9月4日在抗美援朝战争中牺牲	志愿军118师35团1营1连部	战士	据泸州市市中区区志
高银炳	1929年	泸州市龙马潭区小市绫子街			1953年1月在抗美援朝战争中牺牲	志愿军118师35团营连	战士	据泸州市市中区区志
肖洪均	1929年	泸州市龙马潭区小市洪济桥			1953年1月在抗美援朝战争中失踪	志愿军46军136师408团迫击炮连	战士	据泸州市市中区区志
张德明	1925年	泸州市龙马潭区小市余公街			1953年3月17日在剿匪中牺牲	解放军西北军区骑兵第2团1连	副排长	据泸州市市中区区志
刘德华	1935年	泸州市龙马潭区小市			1958年11月17日在日邱马牺牲	解放军9156部队10连	班长	据泸州市市中区区志
曾树清	1942年	泸州市龙马潭区小市绫子街			1967年7月25日在云南省国防建设中牺牲	解放军8336部队	排长	据泸州市市中区区志
刘桂华	1956年5月	泸州市龙马潭区小市上支江街			1977年2月9日在山西大同市施工中牺牲	解放军51083部队	战士	据泸州市市中区区志

续上表

姓 名	出生年月	籍 贯	参加革命年月	政治面貌	牺牲时间地点原因	牺牲时所在单位	牺牲时任何职	备 注
林青云	1920 年	泸州市龙马潭区高坝石梁村			1951 年 6 月 24 日在抗美援朝战争中牺牲	志愿军 26 军 230 团 1 营 3 连	战士	据泸州市市中区区志
彭世彬	1929 年	泸州市龙马潭区高坝油布村			1953 年 4 月 12 日在抗美援朝战争中牺牲	解放军海军青岛基地	战士	据泸州市市中区区志
商庆荣	1913 年	泸州市龙马潭区罗汉镇			1949 年 5 月 16 日在江苏南汇县京沪杭战役中牺牲	解放军 272 团	战士	据泸州市市中区区志
周明轩	1919 年	泸州市龙马潭区罗汉镇			1951 年在抗美援朝战争中失踪	志愿军 15 军	文化教员	据泸州市市中区区志
黄绍成	1926 年	泸州市龙马潭区罗汉镇			1951 年 9 月在抗美援朝战争中失踪	志愿军	战士	据泸州市市中区区志
张泽良	1960 年	泸州市龙马潭区			1979 年 3 月在中越边境自卫还击作战中牺牲		战士	区民政局提供
马应乖		贵州威宁黑石乡			1968 年 11 月 8 日安葬在石洞烈士陵园	0025 部队	战士	区民政局提供
罗华平		泸县玄滩镇			1998 年 1 月 4 日在江阳区市府路因舍己救人牺牲	龙马潭区粮食转运站	工人	区民政局提供
邓尚春	1969 年 8 月	泸县潮河镇	1987 年 11 月	1988 年被追认为中共党员	1988 年在中越边境对越还击作战中牺牲	56030 部队	战士	步兵第 111 团政治处于 1988 年 8 月 31 日批准为烈士
冯世财		泸州市龙马潭区石洞镇			1979 年 12 月 21 日在广东翁源县国防施工中牺牲	59244 部队	战士	据泸县志
杨仲华		泸县云锦镇			1987 年在家被本单位职工报复杀害	泸县邮电局	邮电局副局长	据泸县志
邓太明		泸县立石镇			1977 年 8 月 29 日牺牲后安葬于石洞烈士陵园	87162 部队	战士	据泸县志

续上表

姓　名	出生年月	籍　贯	参加革命年月	政治面貌	牺牲时间地点原因	牺牲时所在单位	牺牲时任何职	备　注
周宣灿		泸县云锦镇			1988年9月20日在对越还击作战中牺牲	56028部队	战士	据泸县志
周南林		原泸县华阳乡（江阳区）			1973年8月16日安葬在石洞烈士陵园	7854部队	战士	据泸县志
张运成		泸县玄滩镇			1979年对越自卫还击牺牲同年8月15日安葬在烈士陵园	00615部队	战士	据泸县志
周清六		泸州市龙马潭区官渡乡			1974年9月18日安葬在石洞烈士陵园	空军368部队	战士	据泸县志
粟洋		泸州市龙马潭区小市上大街人			2008年6月在广东佛山南庄镇万科公园抢救落水儿童牺牲			据泸州市市中区区志
朱强		泸州市龙马潭区杜家街			2008年5月12日四川汶川大地震中牺牲	武警阿坝自治州支队第六中队	二等兵	据泸州市市中区区志
汪国川		泸州市龙马潭区石洞镇	2007年12月	中共党员	2008年3月24日在四川炉霍县处突维稳行动中壮烈牺牲	武警128师384团1营1连	战士	据泸州市市中区区志
傅家驹	1928年	泸州市龙马潭区罗汉镇			1952年10月21日在抗美援朝战争中牺牲	志愿军29师87团2连	副排长	据泸州市市中区区志
刘贵华	1927年5月	泸州市龙马潭区罗汉镇			1953年3月在抗美援朝战争中牺牲	志愿军31师92团3营机枪连	副班长	据泸州市市中区区志
王开云	1940年	泸州市龙马潭区罗汉镇			1956年10月在云南剿匪中牺牲	解放军0924部队	战士	据泸州市市中区区志
章兴云	1935年	泸州市龙马潭区罗汉镇			1958年12月19日在拉萨地区平叛中牺牲	解放军9152部队8小队	战士	据泸州市市中区区志
孙祥华	1952年	泸州市龙马潭区罗汉镇			1971年12月10日在黑龙江省牡丹江温春公社因公牺牲	解放军空字058部队	战士	据泸州市市中区区志

续上表

姓 名	出生年月	籍 贯	参加革命年月	政治面貌	牺牲时间地点原因	牺牲时所在单位	牺牲时任何职	备 注
郑玉洲	1932 年	泸州市龙马潭区鱼塘镇			1952 年抗美援朝战争中牺牲	志愿军	战士	据泸州市市中区区志
吴树清	1931 年	泸州市龙马潭区鱼塘镇			1952 年 9 月 4 日在朝鲜开城对敌作战中牺牲	志愿军40 军 118 师354 团 1 营 1连	战士	据泸州市市中区区志
关文均	1934 年	泸州市龙马潭区鱼塘镇			1953 年 6 月抗美援朝战争中牺牲	志愿军 209新兵连	战士	据泸州市市中区区志
谢正中	1933 年	泸州市龙马潭区鱼塘镇			1953 年 6 月 24 日抗美援朝战争中牺牲	志愿军24 军 72 师214 团	战士	据泸州市市中区区志
雷廷光	1934 年	泸州市龙马潭区鱼塘镇			1953 年 7 月抗美援朝战争中牺牲	志愿军 210团运输连	战士	据泸州市市中区区志
肖福均	1937 年	泸州市龙马潭区鱼塘镇			1959 年 3 月 20 日在西藏拉萨对敌作战中牺牲	解放军炮兵308 团指挥连	战士	据泸州市市中区区志
刘德均		四川省内江市资中县铁佛乡			1950 年泸县征粮剿匪战斗，1951 年 8月 8 日牺牲	川南卫校	学员	据泸县志
王艺发		安徽			1950 年泸县征粮剿匪战斗，1950 年 10月 21 日牺牲	教导一团二大队五中队	中队长	据泸县志
谢云安		四川省巴县龙凤乡			1950 年泸县地征粮剿匪战斗，1950 年10 月 28 日牺牲	复员大队	战士	据泸县志
宋书增		河南省泌阳县			1950 年泸县征粮剿匪战斗，1951 年 3月 6 日牺牲（血中毒死亡）	军大三分校八中队	事务长	据泸县志
宋万林		热河省（现河北省）滦城县兴威村			1950 年泸县征粮剿匪战斗，1951 年 5月 2 日牺牲（血中毒，心力衰竭死亡）	犍为县大队	班长	据泸县志
贾明义		河北省丰远县			1950 年泸县征粮剿匪战斗，1951 年 6月 9 日牺牲（呼吸衰竭死亡）	军大三分校	战士	据泸县志

续上表

姓　名	出生年月	籍　贯	参加革命年月	政治面貌	牺牲时间地点原因	牺牲时所在单位	牺牲时任何职	备　注
李天才		四川省江津县中诚村			1950年泸县征粮剿匪战斗，1951年3月18日牺牲（败血症）	复员四中队		据泸县志
王明坚		湖北省光化县老口村			1950年泸县征粮剿匪战斗，1951年6月30日牺牲（脑出血而死）	44师野战医院		据泸县志
江银成		湖北省黄岗县			1950年泸县征粮剿匪战斗，1951年3月15日牺牲（心力衰竭死亡）	29师85团		据泸县志
宋行		四川省荣县和平路			1950年泸县粮剿匪战斗，1951年9月18日（心脏衰竭败血症死亡）	内江军分区		据泸县志
陈治		四川省仁寿县锦贤乡			1950年泸县征粮剿匪战斗，1951年5月9日牺牲（血中毒心力衰竭死亡）	88团		据泸县志
魏正海		四川省自贡市			1950年泸县征粮剿匪战斗，1951年4月15日牺牲（血中毒心力衰竭死亡）	自贡市区干队		据泸县志
邢树之					1950年泸县征粮剿匪战斗，1951年4月21日牺牲（因伤失血休克死亡）	后勤运输处汽车连		据泸县志
鲁来保		湖南省浏阳县断桥村			1950年泸县征粮剿匪战斗，1951年4月2日牺牲（失血休克至死）	后勤卫生处		据泸县志
张保银		江苏省徐州县九里乡村			1950年泸县征粮剿匪战斗，1951年3月15日牺牲（心力衰竭）	资中警卫营		据泸县志

续上表

姓 名	出生年月	籍 贯	参加革命年月	政治面貌	牺牲时间地点原因	牺牲时所在单位	牺牲时任何职	备 注
王啊良		浙江省定海县作甫乡			1950 年泸县征粮剿匪战斗，1951 年 4 月 12 日牺牲（血中毒心力衰竭死亡）	警卫营 4 连		据泸县志
张石忠		河南省南阳县			1950 年泸县征粮剿匪战斗，1951 年 3 月 23 日牺牲（血中毒心力衰竭死亡）	内江县大队		据泸县志
钱忠义		河南省密县			1950 年泸县征粮剿匪战斗，1951 年 11 月 29 日牺牲（血中毒）	复原大队一队		据泸县志
赵一昌		安徽省金河县赵家堡村			1950 年泸县征粮剿匪战斗，1950 年 12 月 6 日牺牲（血中毒肺机能衰竭）	自贡警备队警卫 2 连		据泸县志
周联聪					1950 年泸县征粮剿匪战斗，1951 年 12 月 28 日牺牲（贫血心衰死亡）	13 军警卫团 1 营 3 连		据泸县志
王文彬		四川省资阳县			1950 年泸县征粮剿匪战斗，1950 年 12 月 28 日牺牲（血中毒死亡）	29 师炮 2 连		据泸县志
王芳先		陕西省紫阳县乌盘乡			1950 年泸县征粮剿匪战斗，1950 年 10 月 7 日牺牲（血中毒死亡）	28 师 82 团 5 连		据泸县志
张文薄		安徽省亳县			1950 年泸县征粮剿匪战斗，1950 年 10 月 15 日牺牲（血中毒死亡）	军大三分校二中队		据泸县志
苏 楷		广西壮族自治区上思县			1950 年泸县征粮剿匪战斗，1950 年 10 月 4 日牺牲（心脏衰竭死亡）	第 10 军		据泸县志

续上表

姓　名	出生年月	籍　贯	参加革命年月	政治面貌	牺牲时间地点原因	牺牲时所在单位	牺牲时任何职	备　注
张泉发		江苏省光福县			1950年泸县征粮剿匪战斗1950年10月3日牺牲（脑细胞血堵塞）	后勤部		据泸县志
魏成义		广西省柳城县			1950年泸县征粮剿匪战斗，1950年9月27日牺牲（大量毒素被吸，心衰竭）	第10军警卫营		据泸县志
周文举					1950年泸县征粮剿匪战斗，1951年8月17日牺牲（呼吸困难死亡）	辅训九师43团5连		据泸县志
郭俊云		四川省南溪县一村			1950年泸县征粮剿匪战斗，1951年8月4日牺牲（呼吸困难死亡）	辅训九师13区队		据泸县志
李万友		河南省南阳县			1950年泸县粮剿匪斗，1951年4月25日牺牲（血中毒等死亡）	10军28师83团1营1连		据泸县志
姚健		河南省阌乡县（今属河南省灵宝市）			1950年泸县征粮剿匪战斗，1951年6月29日牺牲（血中毒等死亡）	28师82团教导队		据泸县志
覃四旺		广西壮族自治区东兰县同溪乡			1950年泸县征粮剿匪战斗，1951年7月25日牺牲（心衰竭死亡）	10军28师82团3连		据泸县志
周文志		四川省资中县太平村			1950年泸县征粮剿匪战斗，1951年3月2日牺牲（血中毒死亡）	后勤军管处		据泸县志
薛四保		浙江省			1950年泸县征粮剿匪战斗，1951年元月20日牺牲（血中毒死亡）	卫生部三所		据泸县志

续上表

姓 名	出生年月	籍 贯	参加革命年月	政治面貌	牺牲时间地点原因	牺牲时所在单位	牺牲时任何职	备 注
吴雁南		安徽省合肥县			1950年泸县地征粮剿匪战斗，1951年7月25日牺牲（心力衰竭死亡）	10军军大二大队七中队		据泸县志
于 林		四川省巫山县太平村			1950年泸县征粮剿匪战斗，1951年10月18日牺牲（酸中毒肺水肿）	川南军区警卫营		据泸县志
韩胜学		山东省平原县韩蕉村			1950年泸县征粮剿匪战斗，10月4日牺牲（心脏衰竭死亡）	步校二大队		据泸县志
张福连		陕西省长武县			1950年泸县征粮剿匪战斗，1950年10月3日牺牲（脑细胞血柱塞）	川南军区后勤医院		据泸县志
文 平		湖南			1950年泸县征粮剿匪战斗，8月27日牺牲（中毒呼吸衰竭）	警卫二营七连		据泸县志

注：龙马潭区共有革命烈士154名，其中安葬在烈士陵园的有58名（包括原泸县在征粮剿匪中牺牲的6名无名烈士。外籍人士牺牲后葬龙马潭区内，也烈入烈士英名表。

附　录

一、文　件

中共泸州市委关于市行政区划调整
有关问题的通知

（泸委发〔1996〕25 号）

各县（区）委，市委各部委，市级各部门党组（党委），市属以上企事业单位党委（总支）：

根据四川省人民政府《关于调整泸州市行政区划的批复》（川府函〔1996〕39 号）文件精神和我市《关于行政区划调整中若干问题的实施意见》以及有关规定，现就我市行政区划调整的有关问题通知如下：

一、我市的行政区划，经四川省人民政府同意并报经国务院批准，泸州市市中区更名为泸州市江阳区；撤销纳溪县，设立泸州市纳溪区；设立泸州市龙马潭区。泸县人民政府驻泸县福集镇，江阳区人民政府驻市府路；纳溪区人民政府驻友谊街，龙马潭区人民政府驻新街子街。

调整后的泸县辖福集、嘉明、喻寺、得胜、青龙、牛滩、兆雅、玄滩、太伏、云龙、石桥、毗卢、奇峰、潮河、云锦、立石 16 个镇和大田、天兴、方洞、百和、玉河沟、顺河、雨坛、海潮 8 个乡。江阳区辖原市中区的南城、北城、大山坪、茜草 4 个街道办事处和邻玉、蓝田、泰安 3 个镇及沙湾、华阳 2 个乡，泸县的弥陀、通滩、况场 3 个镇和石寨、黄舣、分水岭 3 个乡，原纳溪县的江北、石棚 2 个镇和丹林乡及棉花坡乡的石岭、红光、宝珠、新华、东风、火车、战斗、红星 8 个村。龙马潭区辖原市中区的小市、高坝 2 个办事处和罗汉、鱼塘 2 个镇，泸县的石洞、胡市、特兴 3 个镇和安宁、金龙 2 个乡。纳溪区辖原市中区的安富街道办事处和邻玉镇的先龙、紫阳 2 个村，原纳溪县的护国、花果、大渡口、白节、合面、上马、打古、丰乐 8 个镇和棉花坡、龙车、渠坝、新乐、乐登 5 个乡。经调整变更后，我市共辖泸县、合江县、古蔺县、叙永县、江阳区、纳溪区和龙马潭区。

二、调整后的泸县、江阳区和新设立的纳溪区、龙马潭区，其变更和设立日期一律以四川省人民政府〔1996〕39 号文批复批准之日，即 1996 年 1 月 26 日起计算。从 1996 年 7 月 1 日起，泸县、江阳区、纳溪区、龙马潭区均按新的行政区划对外正式办公，并按有关法律、法规、章程和程序以及市委、市政府的要求，尽快做好各项交接和完善工作。

　　三、行政区划调整后的泸县、江阳区、纳溪区的党代会、人代会、政协会的届次均连续计算，其代表、委员资格和由人代会、人大常委会选举产生，任命的干部由有关机关依照法律和程序办理。新设立的龙马潭区在首届党代会、人代会、政协会召开之前，设立中国共产党泸州市龙马潭区临时委员会，泸州市龙马潭区人民代表大会筹备组，泸州市龙马潭区人民政府筹备组，中国人民政治协商会议泸州市龙马潭区委员会筹备组，从 1996 年 7 月 1 日起负责实施对龙马潭区的政治、经济、社会事务进行管理，并在中共龙马潭区临时委员会领导下，负责各自的筹备工作，直到首届党代会、人代会、政协会召开。

　　四、原泸县、市中区、纳溪县的司法、纪检、监察等执法执纪机关已受理而未结的案件，由原受理机关继续办理审结；新设立的龙马潭区在正式对外办公后，执法机关尚未依法产生前，该区域所产生的司法案件，暂委托原管辖的泸县、江阳区的司法机关受理，直至龙马潭区执法机关依法产生。其他有关未尽事宜，由有关县（区）、部门相互协商解决。

　　五、这次区划调整虽大体结束，但由于政策性强，涉及面宽，还有很多工作需要完善。因此，有关县（区）要自始至终加强思想政治工作，严格组织纪律；始终坚持民主集中制，讲团结，顾大局，讲民主，守纪律；始终坚持出以公心，公平公正，实事求是，做到善始善终。市级有关部门，中央各有关单位，都要从工作出发，顾全大局，认真指导和帮助县（区）搞好区划调整及其完善工作。对在实施区划调整中反映出的重要情况和问题，必须及时报告市委和市行政区划调整协调指导组。

中共泸州市委

1996 年 6 月 25 日

中共泸州市龙马潭区临时区委、
泸州市龙马潭区人民政府筹备组关于泸州市
龙马潭区党政群机关机构设置的通知

（龙委发〔1996〕1 号）

各乡镇党委、人民政府，街道办事处，区级各部门：

　　受中共泸州市委、泸州市人民政府委托，泸州市龙马潭区党政群机关机构设置由中共泸县县委、泸县人民政府负责组建。中共泸县县委、泸县人民政府遵照中共中央中发〔1993〕7 号、中共四川省委川委发〔1995〕11 号文件规定和中共泸州市委，对泸州市龙马潭区党政群机关机构设置进行了认真研究，反复修改和调整，经请示市委、市政府同意，现将区级党政群机关机构设置通知如下：

一、指导思想和原则

为适应社会主义市场经济体制的要求，从有利于促进龙马潭区的改革开放、经济发展、社会稳定出发，按照政企职责分开，精简、统一、效能的原则，转变职能，理顺关系，精兵简政，提高效率，重点是转变政府职能。按照建立社会主义市场经济体制的要求，加强宏观管理和监督部门，强化社会管理，建立健全社会保障体系，弱化微观管理职能，积极培育和发展市场体系，合理划分市、区、乡（镇）、街道办事处职责权限，理顺各部门之间的关系，充分发挥各地各部门的积极性；审定机关人员编制，明确领导职数，提高行政效率；加强机关制度化建设，完善行政运行机制。围绕转变职能，理顺关系，精兵简政，提高效率的目标设置机构，避免交叉扯皮，尽量考虑同市级各部门的职能相衔接相适应，该加强的职能加强，该转移的职能转移，真正做到微观放开搞活，宏观管住管好。认真抓好职能转变，一是各有关部门要根据建立社会主义市场经济体制的要求和自身工作特点，分别提出转变职能的重点和具体要求，使每个部门都能明确转变职能的方向和任务；二是各部门对职能进行分解，明确哪些职能应当下放给企业，哪些职能应当转移给市场，哪些应当保留或加强；三是在职能分解的基础上，合理确定各部门的职责任务，明确每个部门的主要工作和职责范围以及同有关部门的合理分工；四是按照确定的职能和政企职责分开的原则，调整和确定机构的设置。

二、区级党政群机关机构设置

（一）区委机构：

1. 中国共产党泸州市龙马潭区委员会办公室：含信访、政策研究职能。

2. 中国共产党泸州市龙马潭区委员会组织部。

3. 中国共产党泸州市龙马潭区委员会宣传部：含精神文明建设职能，挂泸州市龙马潭区精神文明办公室牌子。

4. 中国共产党泸州市龙马潭区委员会统一战线工作部：含归国华侨、台湾事务管理、民族宗教职能，挂泸州市龙马潭区归国华侨联合会、中国共产党泸州市龙马潭区委员会台湾工作办公室、泸州市龙马潭区台湾事务办公室牌子。

5. 中国共产党泸州市龙马潭区委员会政法委员会：含社会治安综合治理职能。

6. 部委管理机构2个：

①中国共产党泸州市龙马潭区委员会机要科，由区委办公室管理。

②中国共产党泸州市龙马潭区委员会老干部局，由区委组织部管理。

（二）区人民政府机构：

1. 泸州市龙马潭区人民政府办公室：含法制、外事、侨务、信访、信息、档案管理职能。

2. 泸州市龙马潭区计划经济局：含工业、二轻工业管理、经济技术协作职能。

3. 泸州市龙马潭区财政局。

4. 泸州市龙马潭区人事局。

5. 泸州市龙马潭区劳动局：含劳动安全管理职能。

6. 泸州市龙马潭区国土局。

7. 泸州市龙马潭区地方税务局。

8. 泸州市龙马潭区统计局。

9. 泸州市龙马潭区乡镇企业管理局。

10. 泸州市龙马潭区交通局。

11．泸州市龙马潭区建设旅游局：含建工管理职能。

12．泸州市龙马潭区司法局。

13．泸州市龙马潭区监察局，同区纪律检查委员会合署办公。

14．泸州市龙马潭区民政局。

15．泸州市龙马潭区审计局。

16．泸州市龙马潭区贸易局。

17．泸州市龙马潭区经济体制改革办公室。

18．泸州市龙马潭区农村工作局：含农业、林业、畜牧、水电、农机管理职能。

19．泸州市龙马潭区广播电视局。

20．泸州市龙马潭区教育局：含大中专招生职能。

21．泸州市龙马潭区文化体育局。

22．泸州市龙马潭区科学技术监督局。

23．泸州市龙马潭区卫生局：含爱国卫生运动、公费医疗管理职能，挂泸州市龙马潭区爱国卫生运动委员会办公室牌子。

24．泸州市龙马潭区计划生育局。

25．泸州市龙马潭区粮食局。

26．局管理机构4个：

①泸州市龙马潭区人民政府法制科，由区人民政府办公室管理。

②泸州市龙马潭区国有资产管理局，由区财政局管理。

③泸州市龙马潭区物价局，由区计划经济局管理。

④泸州市龙马潭区环境保护局，由区建设旅游局管理。

（三）按有关法律和章程规定设立的机构：

1．泸州市龙马潭区人民代表大会常务委员会。

2．中国人民政治协商会议泸州市龙马潭区委员会

3．中国共产党泸州市龙马潭区纪律检查委员会：同区监察局合署办公，实行一个机构两块牌子。

4．中国共产党泸州市龙马潭区直属机关委员会。

5．泸州市龙马潭区人民法院。

6．泸州市龙马潭区人民检察院。

（四）人民团体5个：

1．泸州市龙马潭区总工会。

2．泸州市龙马潭区妇女联合会。

3．中国共产主义青年团泸州市龙马潭区委员会。

4．泸州市龙马潭区工商业联合会。

5．泸州市龙马潭区科学技术协会。

（五）直属事业单位1个：

泸州市龙马潭区档案馆，挂泸州市龙马潭区档案局牌子，由区人民政府办公室管理。

（六）议事协调机构2个：

1．中国共产党泸州市龙马潭区保密委员会，其办公室（保密局）为常设办事机构，由区委办公室管理。

2．泸州市龙马潭区机构编制委员会，其办公室为常设办事机构，同区人事局合署办公。

（七）区人民政府工作机构分为组成部门和办事机构，区人民政府办公室等25个单位为区人民政府组成部门，法制、国资、物价、环保等为有关部门管理的办事机构。

（八）区委工作机构、区人民政府组成部门，以及区委、区人民政府各部、委、局管理的办事机构，议事协调机构的常设办事机构，区直属事业单位，除区委机要科，区政府法制科，国资局、环保局为副科级建制外，其余均按正科级建制。

区级党、政、群机关的内设机构一律称股（室），为股级建制，其内设机构数一般设3～5个。区人大常委会内设4个综合办事机构和其他机构，一办三委，为正科级建制。

区政协内设3个综合性办公室，一办两委，为正科级建制。

三，机关人员编制

1．人员编制：根据中共中央中发〔1993〕7号文件和市委、市府的指示精神，结合龙马潭区的实际，定编250人。

2．领导职数设置：按中央、省、市有关文件规定执行。

各单位内设机构一般按1正1副配备，3人以下的股室只配1职，10人以上的股室可多配1副职。

四，乡镇党政机构改革

按照适应社会主义市场经济体制的要求，本着有利于乡镇经济发展，有利于农村基层政权建设，有利于加强党对农村工作的领导，进一步健全和强化乡镇的统筹协调能力，按照政企（事）职责分开和精简、统一、效能的原则，转变职能，理顺关系，精兵简政，提高效率。机构设置不搞上下对口，人员编制不搞一事一职。

1．乡镇类别划分：

根据中发〔93〕7号、中编〔93〕4号、中编办〔93〕3号文件规定，按人口、辖区面积、社会总产值三项分值之和（综合指数），将各乡镇划分为：一类乡镇5个：石洞镇、特兴镇、胡市镇、罗汉镇、鱼塘镇；二类乡镇2个：安宁乡、金龙乡。

2．机构设置：

不设中间层次机构，采取直接定职定岗的办法，将工作人员直接定到工作岗位，由党政分管书记、乡镇长领导，除少数人多的部门可任命负责人外，一般都在党委、政府领导下独立工作。称谓：党委系列称秘书、干事、委员；政府系列称秘书、助理员。

3．人员编制：

一类乡镇编制45人，二类乡镇编30人。各部门编制比例按有关文件规定确定。

五，事业单位改革

总的方向是实行政事分开，推进事业单位的社会化。按照政事职责分开的原则，减少党政机关对事业单位的直接管理，打破部门所有和条块分割，使事业单位成为面向社会提供服务的独立法人，在职能、人事制度、工资制度、管理体制等方面与党政机关区别开来。实行事业单位投资主体多元化，鼓励集体、企业、个人和社会力量兴办事业单位。推进事业单位法人登记与年检制度，保障事业单位的合法权益，促进各项事业健康，协调发展。鼓励全额拨款的事业单位向差额补贴，差额补贴向自收自支，自收自支向企业化过渡。

六，总体部署和实施

机构改革工作是一项艰巨的任务，直接关系着经济的发展和社会稳定，必须统筹规划，精心组织。各单位要按照中央、省、市的部署和安排，本着自上而下，积极慎重，分步实施的原则，切实加强领导，在认真搞好"定职能，定机构、定编制"工作的基础上实施。乡镇机构和事业单位改革，待统一安排部署后进行。

特此通知

附：泸州市龙马潭区 1996 年区级党政群机构设置一览表。

中共泸州市龙马潭区临时区委

泸州市龙马潭区人民政府筹备组

1996 年 6 月 25 日

泸州市龙马潭区 1996 年区级党政群机关机构设置一览表

党委工作部门						政府组成部门																							
1	2	3	4	5		1	2	3	4	5	6	7	8	9	10	11	12	13	14	15	16	17	18	19	20	21	22	23	24	25
区委办公室	区委组织部	区委宣传部	区委统一战线工作部	区委政法委员会	区纪律检查委员会	区人民政府办公室	区计划经济局	区财政局	区人事局	区劳动局	区国土局	区地方税务	区统计局	区乡镇企业管理局	区交通局	区建设旅游局	区司法局	区监察局	区民政局	区审计局	区贸易局	区经济体制改革办公室	区农村工作局	区广播电视局	区教育局	区文化体育局	区科学技术监督局	区卫生局	区计划生育局	区粮食局

议事协调机构的办事机构		部委管理机构					按党章、宪法、组织法等规定设置的机构					人民团体				直属事业单位	直属事业单位
区保密委办公室	区编委办公室	区机要科（副科级）	区委老干部局（正科级）	区法制科（副科级）	区物价局（正科级）	区国有资产管理局（副科级）	区环境保护局（副科级）	区人大常委会	区政协委员会	区人民法院	区人民检察院	区直属机关党委	区总工会	区妇女联合会	区团委	区工商业联合会	区科学技术学会	区档案馆	市工商局龙马潭区分局	市公安局龙马潭区分局

中共泸州市龙马潭区临时区委
关于龙马潭区各科局级单位负责人的通知

（龙委干〔1996〕3 号）

各乡镇党委、区级机关各部门、街道办事处、区属各企事业单位：

根据上级党委、政府关于区划调整和机构改革的要求，尽快适应工作的需要，现将龙马潭区各科局级单位负责人名单通知如下：

区委办公室负责人：王平同志（主持工作）

徐寿章同志

陈治英同志

区委机要科负责人：吴箐文同志

区委保密委员会办公室负责人：詹友洋同志

区委组织部负责人：徐宽富同志（主持工作）

张怀君同志

区委组织部老干部局负责人：郑友生同志

区委宣传部负责人：刘卫平同志（主持工作）

刘涛同志

聂福佑同志

区委统战部负责人：陈登高同志（主持工作）

周惠英同志

区委政法委员会负责人：杨中荣同志（主持工作）

区纪律检查委员会负责人：淳义成同志（主持工作）

周隆品同志

区监察局负责人：周隆品同志（主持工作）

刘昭文同志

区总工会负责人：刘朝秀同志

区妇联负责人：张运禄同志（主持工作）

刘树权同志

区团委负责人：任中榕同志

区工商联负责人：伍炳初同志

区科学技术协会负责人：王长海同志

区直属机关党委负责人：曹家佑同志

区人大办公室负责人：李维钧同志

区人大法工委负责人：刘佳明同志

区人大人事代表委负责人：邹素英同志（主持工作）

马武惠同志

区人大教科文卫委负责人：郑光辉同志

区政协办公室负责人：郭文质同志

区政协经济委负责人：刘中孝同志

区政协文史委负责人：关键同志

区政府办公室负责人：傅蜀麟同志（主持工作）

曹晓丹同志

杨应洪同志

区人事局负责人：徐宽富同志（主持工作）

张赤霞同志

区劳动局负责人：姜大钊同志

区建设旅游局负责人：张定友同志（主持工作）

詹友源同志

区环境保护局负责人：黄翠模同志

区国土局负责人：伍箭同志（主持工作）

李明菊同志

区审计局负责人：吴远奇同志（主持工作）

车惠玲同志

区工商分局负责人：曹刚同志（主持工作）

赵孝勤同志

区粮食局负责人：周天虎同志（主持工作）

罗永久同志

区乡镇企业局负责人：李应华同志（主持工作）

黄德贵同志

区经济体制改革办公室负责人：晏明书同志（主持工作）

鲁智勇同志

区卫生局负责人：薛咏棠同志

区计划生育局负责人：谢国友同志（主持工作）

刘治中同志

区教育局负责人：刘涛同志（主持工作）

张乃林同志

陈纪芬同志

区民政局负责人：李华明同志（主持工作）

胡怀明同志

区交通局负责人：徐平玉同志（主持工作）

杜超群同志

区广播电视局负责人：成福臻同志（主持工作）

袁燮棠同志

区贸易局负责人：谢永福同志（主持工作）

郭学熙同志

区财政局负责人：胡维新同志（主持工作）

邱斌同志

董琪同志

区地方税务局负责人：喻恩惠同志（主持工作）

张成华同志

区文化体育局负责人：杨廷灿同志（主持工作）

张治平同志

区物价局负责人：邓礼全同志

区统计局负责人：周映秋同志

区科学技术监督局负责人：詹崇焱同志（主持工作）

罗江西同志

区农村工作局负责人：方向同志（主持工作）

贺光惠同志

何全正同志

张征宇同志

区计划经济局负责人：杨树华同志（主持工作）

易先炳同志

宋代树同志

彭传鼎同志

区检察院负责人：程建荣同志（主持工作）

夏润容同志

区法院负责人：牟文明同志（主持工作）

许虹同志

谢维斌同志

区司法局负责人：赵明同志（主持工作）

张光琼同志

区档案局负责人：黎启权同志

区委党校负责人：刘卫平同志

区进修校负责人：李玉和同志

区供销社负责人：杨乾荣同志

区就业服务管理局负责人：黄亚平同志

殷朝在同志任龙马潭区宣传部正科级调研员

杨顺全同志任龙马潭区人事局正科级调研员

范文举同志任龙马潭区农村工作局正科级调研员

姜传凤同志任龙马潭区教育局副科级调研员

邱代芬同志任龙马潭区进修校副科级调研员

中共龙马潭区临时区委

一九九六年六月二十五日

二、报　告

艰苦奋斗　团结拼搏
为建设现代化新区而努力奋斗

——在中国共产党泸州市龙马潭区第一次代表大会上的报告

（1996 年 9 月 18 日）

韩永彬

同志们：

中国共产党泸州市龙马潭区第一次代表大会今天正式召开了！现在，我代表中共泸州市龙马潭区临时委员会向大会作报告。

这次大会是新组建的龙马潭区的第一次党代表大会，全区共产党员和全区人民都对这次大会寄予了很大的希望。我们相信，经过全体代表的共同努力，这次大会一定能开成团结的大会，鼓劲的大会，胜利的大会。

这次代表大会的主要任务是：选举中共泸州市龙马潭区第一届委员会，中共泸州市龙马潭区纪律检查委员会；分析和把握区情，找好发展路子，明确发展方向，提出发展战略和目标；动员全区共产党员和全区人民，团结拼搏，艰苦奋斗，自强不息，求实创新，为把我区建设成为现代化的新兴城区而努力奋斗。

一、临时区委主要工作

7 月 1 日对外办公以来，临时区委在市委的正确领导下，紧紧依靠全区共产党员和广大干部群众，主要抓了以下工作：

（一）明确工作思路和工作重点，统一思想认识。

我区对外办公以后，为确保各项工作顺利进行，使工作尽快正常运转，临时区委根据新建区的特殊情况和对外办公后的工作实际，提出健全机构、理顺关系、吃透区情、找准路子的工作思路，并要求近期重点抓好调查研究，党代会、人代会、政协会准备工作和区划遗留问题的处理，以及个体私营经济、建筑、酒类、乡镇企业发展、社会治安综合治理等。临时区委、区政府筹备组发出了《关于加强团结、严肃纪律等问题的通知》，从加强团结，协调配合；健全制度，严肃纪律；解放思想，更新观念；加强联系，理顺关系；调查研究，搞好规划；改进作风，艰苦创业六个方面提出了具体要求。

（二）集中抓好党代会、人代会、政协会准备工作，加强对筹备工作的领导。

按照市委要求，区划后要尽快理顺关系，工作步入正常。对于新组建的龙马潭区，理顺关系，最重要的就是开好党代会、人代会、政协会，产生区委、区纪委、区人大、区政府、区政协、区法院、区检察院及各部门领导班子，健全机构。为此，临时区委把党代会、人代会、政协会准备工作作为对外办公后的中心工作，集中抓了以下几个方面：一是及时进行了安排部署。临时区委及时召开全区党建工作会，对下半年党建工作作了总体部署，提出党建工作的指导思想、具体抓法和要求，对党代会、人代会、政协会准备工作作了初步安排。在选举工作会上，临时区委就党代表、人民代表的选举和政协委员的推荐工作进行了专题部署。二是下派选举工作指导组。在区级机关抽调50名干部，组成15个组，指导、协助乡镇、街道和各选区搞好选举工作。三是认真做好代表、委员名额分配和人事安排工作，确保代表、委员依法产生和结构科学合理。由于各级各部门高度重视，指导组全体成员共同努力，严格依法办事，克服困难，顺利完成了党代表、人民代表的选举工作和政协委员的推荐工作。共选出党代表180名、人民代表179名，推荐政协委员130名。

（三）加强对经济工作的领导，确保经济正常运行。

临时区委在积极处理和完善区划后各种遗留问题，统一思想认识，理顺各种关系，大力搞好调查研究，以及集中精力做好党代会、人代会、政协会准备工作的同时，没有放松经济工作，没有忽视发展问题。首先是在各种场合，强调坚持以经济建设为中心，坚持发展才是硬道理，强调先发展后规范，边发展边规范。二是十分注意政策的连续性和稳定性，提出今年在政策和目标考核上实行一区两制的原则。三是对农业生产、乡镇企业等重点工作进行了专题安排部署，并专题召开了个体工商户、建筑企业、酒类企业、乡镇企业厂长经理等座谈会，研究并正在制定有关政策。四是对发展中存在的个别问题，采取专门研究处理、现场办公等多种形式予以及时解决；保护了生产者、经营者的利益，促进了经济发展。

（四）高度重视稳定工作，保证各项工作顺利进行。

根据区划后新组建的龙马潭区的实际和我区尤其是小市等地区特殊的地理环境，临时区委高度重视稳定工作，把维护社会稳定作为一件大事来抓。在司法机构尚不健全的情况下，努力调动一切可以调动的因素，动员各方面的力量，采取法律的、行政的、经济的、社会的等各种综合措施，针对社会治安中存在的突出问题和突出的不稳定因素，重点加强对农村合作基金会、农民负担、中小学校收费的监督管理和重点部位、重点单位、重点人员的防范，积极化解矛盾，妥善处理热点、难点问题，维护了社会稳定，保证了各项工作顺利进行。

目前，全区干部群众精神振奋，思想高度统一，上下团结一致，社会基本稳定，各项工作进展顺利，工作秩序井然，运转正常。广大机关干部进一步解放思想，转变观念，在继续抓好农业和农村工作的同时，正在把工作重点转向城市的建设、管理和发展。各级各部门积极主动地加强与省、市有关部门联系，积极理顺与兄弟县区和部门与部门之间、部门与乡镇街之间和各单位内部的关系，正在把精力集中到全区的建设和发展上来。在临时区委的号召下，各级各部门大兴调查研究之风，领导干部带头深入基层、深入群众调查研究，基本摸清了区情，正在抓紧制定全区国民经济和社会发展"九五"计划和2010年规划。临时区委、区政府筹备组积极采取措施稳定经济形势，全区经济运行基本正常，正在朝着好的方向发展。

二、把握区情，认清形势

认清形势，是我们一切工作的前提和基础。认清形势，对于我们新组建的龙马潭区来说，首要的就是掌握区情，吃透区情。

龙马潭区根据1996年1月26日四川省人民政府川府函〔1996〕39号《关于调整泸州市行政区划的函》，1996年7月1日组建并对外办公。其基本情况是：全区辖石洞、特兴、胡市、罗汉、鱼塘5个镇，安宁、金龙2个乡和小市街道、高坝厂区办事处。有134个村民委员会，1 510个村民小组；50

个居民委员会，293 个居民小组。辖区面积 340.8 平方公里，总人口 298 643 人，在泸州市 4 县 3 区中面积最小，人口最少。总人口中，农业人口 215 006 人，占 72%；非农业人口 83 637 人，占 28%。1995 年全区国民生产总值 5.98 亿元，地区生产总值 5.1 亿元，工农业总产值 8.42 亿元，乡镇企业总产值 13.87 亿元，财政收入 3 300 万元，农民人均纯收入 991 元，计划生育率 96.68%。

龙马潭区区情特点：

一是区位优势明显。泸州市的主要经济流向在重庆、成都，而我区地处省辖泸州市城区，长江、沱江北岸，是泸州与重庆、成都之间的进出口通道。省级泸州经济技术开发区在我区境内，泸州一批重要的大型项目都规划在我区，政策十分优惠，发展前景广阔。辖区内中央、省、市属企业、学校、科研单位较多，规模较大，技术力量雄厚。

二是交通、通讯极为方便。泸永公路、泸荣公路、泸隆公路均在我区汇合，隆纳高速公路 321 国道穿越全境，泸州集装箱码头正在筹建之中。区委、区政府所在地的小市地处长江、沱江汇合处，紧靠金鸡渡码头，泸州机场近在咫尺。通讯网络健全，通讯功能齐备，电话直拨国内外。

三是商贸、建筑、酒类已成为我区支柱产业。全区有各类市场 24 个，其中专业市场 9 个，综合市场 15 个，仅小市就有市场 16 个。小市是川南乃至整个西南重要的商贸物资集散地，化纤、副食、鞋类、百货、纺织品、卷烟、蔬菜、建材、五金交电等市场门类齐全，商品丰富。全区有建筑施工企业 14 家，其中一级企业 2 家、二级 5 家、三级 6 家、四级 1 家。有酒类产销企业 45 家，年产销量 2 万多吨，有江阳头曲、玉蝉大曲、三溪大曲、名城大曲、青狮头曲 5 个部优以上产品。

四是城区经济结构特点明显。在产业结构上，表现为三、二、一的经济格局，一、二、三产业在地区生产总值中的比重分别为 26.4%、33.6%、40%。在所有制结构上，个体私营经济占有相当比重，全区共有个体工商户 10 224 户、私营企业 136 户，仅小市就有个体工商户 4 120 户、私营企业 46 户。

五是农业具有城郊型农业的生产特点。从事非农业人口在全区总人口的比重相对较高。总人口中，农业人口占 72%，但如果除开农村中从事非农产业人口，农业人口就只占 60.85%，而从事非农产业人口达 39.15%。农业在整个经济中的比重虽然较低，但农业生产水平较高。在国内生产总值中，农业增加值只占 26.4%；在工农业总产值中农业只占 25%、工业占 75%。全区人均产粮虽然只有 384 公斤，但农业人均达到 533 公斤，说明生产水平比较高。由于地处城郊，农业生产除满足农民自给外，更主要的是供应城市，为城市服务，所以农业商品率比较高，而且农产品种类比较丰富，质量较好，农产品的生产专业化、集约化具有一定规模。尤其蔬菜在我区占有优势，全区蔬菜面达 26 157 亩，其中蔬菜基地 2 982 亩，有专业蔬菜社 91 个。

正确分析形势，还必须看到我们所处的宏观环境，看到加快发展面临的大好机遇。首先是国际国内环境。和平与发展是当今世界的主流，党和国家坚持以经济建设为中心，使加快发展有一个理想的国际国内环境。二是国家在产业政策和区域经济布局中，更加重视中西部地区的资源开发和经济发展。四川是西部开发的前沿阵地，这为我们提供了更多的发展机会。三是中国对外开放格局，位于长、沱江畔的龙马潭区将可能在这种开放开发格局中获得更好的发展条件。四是随着重庆升为中央直辖市，泸州将成为四川第一个出海口，作为泸州市城市组成部分的龙马潭区，将获得直接的发展机遇。

正确分析形势，也必须清醒地认识到我区经济发展的不利条件，认识到存在的问题和困难。一是经济发展所需资金不足。人均耕地仅 0.6 亩，随着经济的发展和城市建设的加快，人地矛盾将日趋突出，土地资源严重不足，加之矿产资源以及其他工业资源比较匮乏，在一定程度上将制约我区经济发展。二是农业人口比重仍然偏高，离城市化的要求还有较大差距，转移农村剩余劳动力的任务十分艰巨，必须通过大力发展二、三产业，特别是通过加快发展工业、乡镇企业来加以解决。三是区属工业十分薄弱，基础差，底子薄，总量小，缺乏骨干企业和支柱工业。而且工业科技水平和科技含量不高，设备陈旧，技术落后，产品单一。这与工业化、城市化的要求不相适应。四是城市基础设施差，功能不完善，欠账多，城市改造和建设的任务重。五是财政总量小，调剂余地小，收支矛盾突出，难以满足经济发展和社会事业进步的需要。

面对机遇与挑战同在，优势与困难并存的局面。我们必须以高度的历史责任感和时代紧迫感，抓住机遇，解放思想，深化改革，加快发展。

三、加快发展的指导思想、发展战略和主要任务

加快龙马潭区发展，必须从我区的实际情况出发，确定正确的指导思想、发展战略和目标。

我区加快发展的指导思想是：坚持以邓小平建设有中国特色社会主义理论和党的基本路线、基本方针为指导，按照党中央确定的现代化建设三步走的战略部署，围绕建立社会主义市场经济体制的目标和全党全国的工作大局，正确处理改革、发展、稳定的关系，坚持以经济建设为中心，坚持"两手抓，两手都要硬"的方针，解放思想，深化改革，加快发展，全面推进经济体制和经济增长方式的根本转变，促进国民经济持续、快速、健康发展和社会全面进步。

我区经济发展战略是：充分发挥区位优势，以城区为中心，开发"两江三线"，走贸、工、农的发展路子，实施大开放、大通道、大市场、大商贸和农业结构大调整的发展战略，把我区建设成为现代化的新兴城区。

我区加快发展的战略目标是：

——国民生产总值"九五"期间年均递增13%，达到11亿元，2008年在2000年的基础上翻一番。

——把我区建成功能完善、布局合理的现代化新兴城区。"九五"末城市化水平达到45%以上，2010年达到70%以上。

—— "九五"末全区城乡人民生活实现小康，人均国民生产总值达到3 582元，城镇居民人均年生活费收入达到2 500元，农民人均纯收入达到1 100元；实现村村通公路；劳动力平均受教育程度农村达到8年以上，城市达到9年以上；全区财政收入实现6 600万元；计划生育率达到96.5%，2010年城乡人民生活在小康的基础上更加宽裕，城镇居民人均生活费收入达到5 920元以上，农民人均纯收入达到2 620元以上，全区财政收入实现1.5亿元。

——实现经济增长方式的转变和经济结构的改善。稳定发展第一产业，调整提高二三产业，突出发展城市经济使城市经济在国民经济中起主导作用，二三产业和非公有制经济在国民经济中的比重进一步提高。"九五"末一、二、三产业在地区生产总值中的比重分别调整为16.7%、40.6%、42.7%，2010年调整为8.1%、44.7%、47.2%。

——积极完善与经济发展相适应的商品市场以及劳动力、资金、技术、信息等生产要素市场，"九五"末初步形成市场体系。

抓住机遇，加快我区发展，实现宏伟目标，必须坚持以下几项原则：

（一）坚持解放思想，实事求是。解放思想、实事求是以邓小平建设有中国特色社会主义理论的精髓。思想不解放，就没有经济的大发展；只有思想大解放，才会带来经济的大发展。解放思想和实事求是是统一的。只有解放思想，才能达到实事求是；只有实事求是，才是真正的解放思想。解放思想，实事求是，就必须坚持"三个有利于"、发展才是硬道理，一切从我区的实际出发，善于用好、

用活、用足中央的大政方针政策。

（二）坚持改革开放，以改革求发展，以开放促发展。改革是动力，发展是目的。经济上新台阶，根本出路在于改革。尤其在传统计划经济向社会主义市场转变的过程中，新情况、新问题层出不穷，这些问题已经不能用传统计划经济的老办法来解决，只有在改革中找出路，通过改革发展生产力。所以，我们必须坚定不移地推进改革，包括企业产权制度改革、社会保障制度改革、机构改革等全方位的改革。开放也是改革，大开放促大发展。我们要抓住外资西移、内资西进的有利时机，改善投资软环境，强化对外宣传，坚持舍近利求远利，舍小利求大利，放开胆子，大开区门，招商引资。

（三）坚持因地制宜，分类指导，扬长避短，协调发展的原则。发挥区位优势，在城区重点发展商贸业等第三产业，在长、沱两江沿岸及隆纳高速公路、泸隆公路、泸永公路沿线重点发展工业，在城郊农村重点发展为城市服务的商品农业，在经济技术开发区重点发展高新技术产业。

（四）坚持推进经济体制和经济增长方式的根本转变。正确处理速度和效益、经济效益和社会效益的关系，充分发挥市场机制的作用，依靠科技进步和提高劳动者素质，优化产业产品结构、企业组织结构和所有制结构，全面提高国民经济的整体素质。

（五）坚持"两手抓，两手都要硬"的方针。一手抓物质文明建设，一手抓精神文明建设；一手抓经济建设，一手抓党的建设；一手抓改革开放，一手抓民主法制建设和打击犯罪；一手抓加快发展，一手抓控制人口和保护环境，促进物质文明和精神文明共同进步，经济和社会协调发展，实现社会全面进步。

抓住机遇，加快我区发展，实现宏伟目标，必须努力实现十个方面的任务：

（一）坚持农业的基础地位不动摇，大力发展城郊农业。我区经济虽然以城市经济为主，农业在国民经济中仅占26.4%，但农业人口却占总人口72%，农民增收和农村奔小康仍然是摆在我们面前的一项十分艰巨的任务，农业在国民经济中的基础地位没有变。没有农民的小康，就没有全区人民的小康。所以，各级党委、政府要坚持农业的基础地位不动摇，切实加强对农业的领导，重视农业，加强农业，解决好农业、农民和农村问题。坚持"稳粮调结构，增收奔小康"的指导思想，以奔小康统率整个农业和农村工作，把大幅度增加农民收入作为农村工作的出发点和落脚点，实施农业结构大调整，把调整优化农村产业结构和农业内部结构，大力发展农村二三产业作为农村经济新的增长点。促进农业和农村经济全面发展，农村一、二、三产业协调发展。

根据我区城郊型农业的特点，要围绕为城市提供有效供给和为城市服务发挥作用，调整农业内部结构，大力发展"三高"农业、商品农业和特色农业。思路是：以项目为依托，以基地为龙头，稳定粮食生产，增加经济作物，扩大农产品加工。抓好粮、肉、油、蛋、菜、菌、花、果八大项，建设畜禽、水产、水果、蔬菜、以罗沙米为龙头的优质米五大基地。突出发展以小家禽畜为重点的畜牧业，以蔬菜、名优水果、优质米、花卉等经济作物为重点的种植业，以优质鱼、特种鱼为重点的水产业。规划"九五"期间粮、经、饲种植比例调整为4：4：2，2010年调整为3：6：1。

解决好农业、农民和农村问题，必须稳定党在农村的基本政策，深化农村改革。要在稳定以家庭联产承包为主的责任制的基础上，完善统分结合的双层经营体制。在坚持土地基本国策，切实保护耕地的前提下，积极推进土地使用制度改革，鼓励土地使用权合理流动和耕地向种田能手集中，逐步发展适度规模经营。积极推进农业和农村经济产业化，走规模化生产、集约化经营、一体化服务的路子，积极发展农村股份合作制，发展公司连基地、公司加农户的新型经济组织，把农民引入市场，逐步实现农村经济商品化、产业化、社会化。坚持科教兴农，积极引进和推广农业先进适用技术，提高农业科技水平和农村劳动者科技文化素质。建立健全国家、集体、个人相结合的农业投入体系，多渠道增加对农业的投入，不断改善农业生产条件，提高农业综合生产能力。加强农业基础设施建设，坚持大搞农田水利基本建设，加快水库、山坪塘、渠道、冬囤水田坎整治和提灌设施建设。坚决制止不合理负担，保护和调动农民的生产积极性。

（二）大力发展乡镇企业，积极发展街道经济。乡镇企业是农村奔小康的必由之路，是转移农村剩余劳动力，实现农村工业化、城市化的重要途径，是乡镇财政收入的重要来源。要坚持乡镇企业在农村经济中的主体地位，坚持发展乡镇企业不动摇。当前我区乡镇企业存在的问题，首先是总量小，发展不足，差距较大；其次是现有企业规模小，缺乏骨干企业和支柱产业，产品档次低，科技含量不高，企业效益不佳。针对这种情况，我们必须坚持发展与提高并重，走外延与内涵相结合的发展路子，一手抓发展，一手抓提高。抓发展，首先要抓投入，没有投入就没有产出。要积极引导广大农民对乡镇企业的投入，逐步成为投资主体。银行、信用社、财政、合作基金会都要增加对乡镇企业的投入，积极探索建立乡镇企业发展基金，建立多层次、多渠道、多形式的乡镇企业投入体系。认真贯彻落实中央和省、市发展乡镇企业的有关政策，凡是没有明文规定取消的要认真执行，并把中央和省、市的方针政策同我区的实际结合起来，研究制定有利我区乡镇企业加快发展的税收、土地、资金等优惠政策，为乡镇企业发展创造宽松的政策环境。要加强与大专院校、科研单位、大型厂矿的联系与协作，尤其要充分发挥我区中央和省、市企事业单位较多的优势，引进技术，引进项目，引进人才，引进资金。在加快发展的同时，要立足于乡镇企业整体素质的提高，加快乡镇企业改革步伐，加快企业科技进步，加强企业内部管理，促进乡镇企业上规模，上档次，上水平，上效益。加快企业集团化步伐，积极培育骨干企业和支柱产业，探索建立酒类、建筑、机械等企业集团，促进乡镇企业由"船小好调头"向"船大抗风浪"转变，增强市场竞争实力。

街道经济是我区经济的组成部分，它对于增强街道经济实力，解决城镇就业有着积极的作用。发展街道经济，一要抓好现有街道企业的巩固和发展，突出重点抓骨干，抓好骨干促发展；二要积极兴办居委会经济实体，大力发展社区经济和微型经济；三要抓街道新的经济增长点，鼓励发展个体私营经济。

（三）重点发展工业，突出发展商贸业，巩固提高建筑业和酒类企业。江泽民同志曾经指出："工业仍然是我国整个经济发展的主要带动力。"工业是衡量一个国家、一个地区经济实力和发达程度的主要标志。省委、省政府、市委、市政府对工业十分重视，要求全党动员，领导动手，各方配合，用抓农业的劲头抓好工业。因此，我们度重视工业的发展，把工业作为国民经济的主导产业来抓，努力把工业搞上去。根据我区实际，要重点发展与市场相配套的加工工业，逐步形成以食品、服装、机电为主要支柱的工业体系。要加快企业技术改造，优化投资结构，提高技术改造投资在固定的资产投资中的比重。支持和鼓励企业积极开发新产品，集中发展一批规模大、技术含量高、投资回报快、市场覆盖面广、见效快的拳头产品和骨干企业，培育税利大户。对现有企业，要以建立现代企业制度为目标，改制、改组、改造相结合，改、转、租、并、卖并举，加快产权制度改革步伐，促进资产存量的流动和重组，提高资产营运效率和效益。在企业生产经营上，要外拓市场，内抓管理，狠抓销售和降低成本，提高经济效益。各经济主管部门、杠杆部门、监督部门要积极为企业服务，帮助企业搞好生产经营，帮助企业减轻不合理负担。

商贸业、建筑业、酒类企业是我区的三大经济优势，已经具有较好的基础。商贸业不仅具有较好的发展基础，而且由于我区尤其是小市的得天独厚的区位优势，使之具有较好的发展前景，是振兴我区经济的重要支柱和财政收入的重要来源。发展商贸业，关键是要搞好市场的规划和建设，为商贸发展提供阵地。实行国家、集体、个人一起上，多渠道筹集资金，调动各方面的积极性，动员全社会力量办市场，为市场建设和商贸发展创造最宽松环境，提供最优惠的政策和最优质的服务。要以城区为中心，建设一批既有利于商品聚集和扩散，又有利于统一管理和方便购销的各具特色、辐射面广的工业品市场、农副产品市场、生产资料市场和生产要素交易市场，形成大、中、小型市场协调发展，流通与生产相互促进的集贸市场流通格局和多层次、多种类、多形式、多功能的市场网络。"九五"和2010年期间，建设各类市场12个，建设面积11.5万平方米。把小市建成功能齐全、结构合理的"泸州沱江商业城"。

建筑业和酒类企业，主要是巩固提高，走规模经营和集团化的路子，使之发展壮大。建筑业要进一步提高队伍素质和技术水平，强化企业内部管理，不断拓展建筑劳务输出领域。酒类企业要提高产品质量，开发名牌，开拓市场。

（四）创造宽松环境，放手发展个体私营经济。个体私营经济是我区经济的又一优势，它在我区国民经济尤其在商贸业中占有相当比重，对发展我区经济发挥了不可替代的作用。个体工商户和私营企业资金自筹，风险自担，市场自找，不需政府直接投资和承担风险，又自行解决了就业问题，在财政税收上为国家作出了贡献，在机制上有国有和集体经济不能相比的优越性。因此，我们应当把调整所有制结构，提高非公有制经济在国民经济中的比重，作为我区经济发展的战略目标之一，放手发展个体私营经济。发展个体私营经济，总的原则是"先发展、后规范，边发展、边规范"，为发展个体私营经济创造宽松环境。各级有关部门要把个体私营经济纳入经济发展总体规划，积极为个体工商户和私营企业搞好服务，提供经营场地，在舆论宣传上给予正确引导，在资金上给予协调帮助和支持，在税收、土地等政策上给予积极扶持，在政治上与公有制经济平等对待，尤其要切实保护个体工商户和私营企业的合法权益。

（五）加强基础设施建设，不断改善投资环境。加强城市基础设施建设。在泸州市城市规划的指导下，加快城市建设，改造老城，建设沱江路，开发新区，打通黄金道。在城市布局上，小市片区以贸易咨询、文化娱乐、体育运动和高新技术产业为主，安宁、鱼塘片区以对外交通、仓储和外向型加工业为主，高坝片区以重化工、水陆联运和集装箱仓储为主。发展城市交通、给排水、供电、供气，搞好城市卫生和绿化，改善城市环境，增强服务功能。

以乡镇政府所在地为重点，实施集镇建设"七个一"工程。即：一条高档次的主街道，一个综合性的农贸市场和小商品市场，一个让群众休闲的小公园，一个文化娱乐中心，一个公寓房住宅小区，一所完整的中学，一幢象样的政府办公楼。

加强交通基础设施建设。以小市为中心，以干线为连接线，以乡、镇、街为控制点，实施"三个四"工程。1997年85%的村通公路，"九五"末实现村村通公路。"三个四"工程就是重点建设四条公路，四个客运站，四个码头。四条公路是：泸永路改造未完工9.2公里，胡市至沱二桥9公里高速公路引道，沱一桥、沱二桥交汇处至得胜，罗汉至小市四条干线公路；四个码头是：龙溪口集装箱码头、新货场码头、王爷庙码头、胡市客货小码头；四个客运站是：超长客运站、胡市小型客运站、安宁旅游小型客运站、回龙湾客运站。

加强电力设施建设。进一步健全电力网络，改善城网、农网结构，提高运行水平，提高供电电能质量，发展城网、农网，确保经济和各项事业加快发展以及提高人民生活水平的需要。

（六）加强财税金融工作，稳定市场物价。继续推进和完善财税体制改革，理顺财税管理体制，确保新税制正常运行。坚持一手抓税收征管，严格依法征税，防止税收流失；一手抓培植财源，帮助企业搞好生产经营，扶持生产发展。发扬艰苦奋斗、勤俭节约的优良传统和作风，严格控制财政支出，坚决压缩非生产性开支，集中财力保工资、保建设、保稳定。

支持金融部门深化金融体制改革和贯彻执行国家宏观调控政策，贯彻执行金融政策和货币政策。金融部门要支持我区经济建设，重点支持乡镇企业和"三高"农业发展，支持重点工程和基础设施建设，支持农副产品收购，支持企业搞好生产经营和提高效益。要加强资金调度，争取总量，盘活存量，用好增量，集中资金保重点。

物价是群众关心的热点，是关系社会稳定的大事，必须高度重视物价稳定工作。要加强物价管理，增加有效供给，严格控制物价上涨。切实加强市场监督检查，规范市场行为，严禁哄抬物价、擅自提价或搭车涨价。

（七）坚持基本国策，搞好计划生育和环境保护。人口不控制，经济的增长就会被人口的增长所抵消。必须坚定不移地贯彻执行计划生育的基本国策，严格控制人口增长，提高人口素质。计划生育是"天下第一难事"，各级党委、政府必须切实加强领导，党政一把手亲自抓，负总责，坚持一票否决制度，层层落实人口与计划生育目标责任制。要坚持计划生育"三为主"方针，切实做好计划生育"三结合"工作，重点抓好农村和流动人口的计划生育管理，确保人口控制目标的实现。

坚持经济效益和环境效益、生态效益相结合，增强环境意识，保护和合理利用土地、矿藏、森林、水等自然资源，努力改善生态环境。加强环境治理，严格控制污染，原则上不发展有污染的工业项目。

（八）发展科技、教育等各项社会事业。实施"科教兴区"战略，把经济建设转移到依靠科技和提高劳动者素质的轨道上来，提高全民的科技文化素质，推进科教兴农、科教兴工、科教兴企。牢固树立科学技术是第一生产力的思想，广泛推广和应用先进适用技术，提高各行各业的科技水平，努力提高科技进步在经济增长中的含量。尊重知识，尊重人才，充分发挥科技人员和知识分子在经济建设中的作用。

认真贯彻《中国教育改革和发展纲要》，落实教育优先发展的战略地位。依法加大教育投入，用足用好教育投资政策，进一步改善办学条件。合理调整学校布局和优化教育结构，大力加强基础教育，积极发展成人教育和职业教育。全面贯彻教育方针，全面提高教育质量，逐步实现由应试教育向素质教育转轨。"九五"期间办好一批示范学校，争创省、市重点学校。3—5年内新建或改建1所高完中和1所职业高中。

坚持广播与电视并重，城镇与农村并重，大力发展有线电视，巩固农村有线广播，实现广播电视协调发展。"九五"期间村广播电视室达到70%，2010年实现村村有广播电视室，有线电视入户率达到100%。文化工作要一手抓繁荣，一手抓管理，搞好社区文化、村镇文化、企业文化、校园文化建设。"九五"末建成先进文化区、省、市、区先进文化乡、镇、街分别达到三分之一。实施《全民健身计划》，加强群众性体育活动，增强人民体质。加强以地方病、传染病为重点的疾病防治。加强医疗医药市场管理，提高卫生水平。发展旅游事业，加快旅游资源的开发和建设，加强旅游景点的管理，改善旅游条件和服务设施。提高服务质量。

（九）加强社会主义精神文明建设。物质文明和精神文明都搞好，才是有中国特色的社会主义。精神文明建设要紧紧围绕经济建设这个中心，以培养有理想、有道德、有文化、有纪律的社会主义新人，提高全民族的思想道德素质和科学文化素质为根本任务，为经济建设和改革开放提高强大的精神动力和智力支持。要加强思想建设，组织广大党员、干部、群众认真学习马列主义、毛泽东思想、邓小平建设有中国特色社会主义理论和社会主义市场经济、法律、科技等理论知识。坚持用邓小平建设有中国特色社会主义理论武装和教育干部群众，在全社会形成建设有中国特色社会主义这一个共同理想和精神支柱。加强道德建设和爱国主义、集体主义、社会主义思想教育，树立正确的世界观、人生观、价值观，引导人们正确处理国家、集体、个体三者利益的关系。广泛开展群众性精神文明建设活动，在城区开展争做文明市民、创建文明城市的活动，在机关和企事业单位开展创文明单位活动，在场镇开展"三优一学"创文明场镇活动，在农村开展创"三户"活动，广泛开展军民、警民、工农共建和拥军优属、拥政爱民运动，争创双拥模范区。加强艰苦奋斗的优良传统教育，在全社会形成自力更生、艰苦创业、励精图治、奋发图强的社会风尚。

（十）加强民主法制建设和社会治安综合治理。人民代表大会制度是我国的根本政治制度，要加强和改善党对人大工作的领导，坚持和完善人民代表制度，充分发挥国家权力机关的作用，支持人大及其常委会依法行使职权。共产党领导的多党合作和政治协商制度是我国的一项基本政治制度，要加强和改善党对政协工作的领导，充分发挥人民政协在政治协商、民主监督、参政议政和发展爱国统一战线方面的作用。要充分听取和尊重人大代表、政协委员的建议、批评和意见，重视群众来信来访，体察民情，尊重民意，发挥各方面的聪明才智，促进决策民主化、科学化。

实施依法治区。加强党对政法工作的领导，改善司法、行政执法和执法监督，加强政法队伍和行政执法队伍建设，坚决纠正有法不依、执法不严、违法不究、滥用职权等现象。建立依法行政责任制，提高各级领导干部依法行政、依法管理的能力和水平。深入开展"三五"普法教育，提高全民的法律意识和法制观念。

坚持搞好社会治安综合治理，保一方平安，促一方发展，为改革开放和经济建设创造一个稳定的政治环境和社会环境。坚持一票否决权制度，层层落实社会治安综合治理责任制，力争1996年确保1997年把我区建成市级社会治安综合治理模范区，1998年建成省级模范区。坚持打击与防范相结合，严厉打击严重刑事犯罪和严重经济犯罪。严格区分和正确处理两类不同性质的矛盾，积极妥善地处理好物价、农民负担、企业负担、中小学收费、居民和困难企业职工生活等群众关心的热点问题，以及改革和发展中出现的新情况、新问题。加强流动人口管理、人民调解和信访工作，把不稳定因素解决在萌芽状态。

坚持党管武装，深化国防教育，强化国防意识，加强国防后备力量建设。开展民兵基层建设"创先"活动，充分发挥民兵和预备役人员在改革开放、经济建设和维护稳定中的重要作用。

加强对群团工作的领导，充分发挥工会、妇联、共青团、科协等群团组织联系党和群众的桥梁和纽带作用。

四、加强党的建设，改善党的领导

在党的领导下，全区人民团结奋斗，是加快我区发展，顺利实现宏伟目标的根本保证。各级党委要统揽全局，抓大事，管大局，在实现宏伟目标中发挥坚强的领导核心作用。江泽民同志讲："社会主义现代化是我们当前最大的政治，因为他代表着人民的最大利益，最根本的利益。无论形势发生怎样的变化，除了发生大规模的外敌入侵，都必须坚持以经济建设为中心，不能有任何的动摇。"党的基本路线以经济建设为中心，统揽全局，抓大事，管大局，首先要统揽经济这个全局，抓经济工作这件大事，管经济建设这个大局。各级党委要切实加强对经济工作的领导，不仅对经济工作的重大问题进行决策，而且要积极投入到经济建设中去，党委书记首先要抓经济工作，政府要协助党委抓好经济工作。要改进领导作风和工作方法，努力学习市场经济理论和现代科学知识，增强驾驭全局的能力，增强领导经济工作的能力。

要加强党的领导，必须改善党的领导，加强执政党的自身建设。这是加快发展，实现宏伟目标的关键。

加强党的建设，总的是要按照党的十四届四中全会的要求，全面加强党的思想建设、组织建设和作风建设，坚持不懈地抓好党的建设这个新的伟大工程。在具体抓法上要围绕经济抓党建，抓好党建促发展；坚持按照农村、街道、企业、学校、机关五个方面，有针对性地开展党建工作；坚持一级抓一级，一级管一级，层层落实党建目标责任制；坚持典型示范，突出重点，抓出特色，带动全面。

继续把思想建设放在首位，用邓小平建设有中国特色社会主义理论武装全党。邓小平建设有中国特色社会主义理论，是马克思主义同中国实际相结合的最新成果，是当代中国的马克思主义。用建设有中国特色的社会主义理论武装全党，是推进改革开放和社会主义现代化建设伟大实践需要，是新时期加强和改进党的建设的重大措施。是坚持党的基本路线一百年不动摇的根本保证。共产党员尤其是领导干部，要认真深入学习建设有中国特色社会主义理论，推动全党对建设有中国特色社会主义理论的学习不断向广度和深度发展。要努力掌握建设有中国特色社会主义理论的精神实质，紧紧抓住"解放思想，实事求是"这个精髓，紧紧抓住什么是社会主义、怎样建设社会主义这个基本问题，紧紧抓住坚持和改善党的领导这个关键。学习要理论联系实际，学以致用，紧密联系全党全国工作大局，正确处理改革、发展、稳定的关系；紧密联系贯彻落实党的十四届三中全会《决定》，增强建立社会主义市场经济体制，发展社会主义市场经济的坚定性和自觉性；紧密联系贯彻落实十四届四中全会《决定》，自觉增强党性锻炼，全面提高自身素质；紧密联系贯彻落实十四届五中全会精神，为实现宏伟目标而努力奋斗。同时，要在全体党员中认真开展学习《党章》的活动，教育广大党员按照党章规定认真履行义务，正确行使权利，树立共产主义理想，坚持全心全意为人民服务的宗旨，在改革和建设中建功立业。当前还要组织党员和干部认真学习江总书记《关于讲政治》等一系列重要讲话。宣传工作要坚持"以科学的理论武装人，以正确的舆论引导人，以高尚的精神塑造人，以优秀的作品鼓舞人"，坚持"团结、稳定、鼓励和正面宣传为主"的方针，自觉服务于经济建设，服从全党全国工作大局。

把党的组织建设作为突出环节来抓。首先要加强领导班子思想政治建设。领导干部要按照江总书记关于《领导干部一定要讲政治》《努力建设高素质的干部队伍》等重要讲话的要求，做讲理想、讲政治、讲纪律、讲团结、讲大局的模范，努力提高政治素质和业务，继续开展"学习、团结、勤政、廉洁"四好活动，把各级领导班子建成勤政廉洁、务实高效的战斗集体。二要认真贯彻党的民主集中制，正确处理民主与集中的关系，坚持民主与集中相结合，反对个人专断和极端民主化两种错误倾向，增强民主意识，坚决维护党的集中统一和中央权威，确保政令畅通。三要切实加强党的基层组织建设，充分发挥基层党组织的战斗堡垒作用和党员的先锋模范作用。党的基层组织是党的全部工作和战斗力的基础，是党联系广大党员、群众的桥梁和纽带，必须扎扎实实地做好加强和改进党的基层组织建设工作。要从实际出发，分类指导，突出重点。农村基层党组织要认真贯彻执行党的农村政策，在深化农村改革，全面发展农村经济，建设精神文明，带领农民群众奔小康，实现共同富裕和共同进步中发挥核心领导作用。要按照"五好"目标，继续整顿农村软弱涣散党支部，关键是解决好有钱办事，有人办事和有能人办事的问题。企业党组织建设，要充分发挥党组织的政治核心作用，监督和保证党和国家方针政策的贯彻执行，加强和改进企业思想政治工作，促进企业的改革和发展。学校党的建设要围绕学校的改革和发展，加强和改进德育工作，培养有理想、有道德、有文化、有纪律的社会主义事业的建设者和接班人来进行。机关党的基层组织要紧密结合本单位的业务工作，抓好思想政治工作，加强对党员和领导干部的监督。街道党的基层组织要围绕协助居委会搞好社区服务，创建文明卫生城镇，争做文明市民和维护街道社会治安来开展工作。党的基层组织要以提高素质、增强党性为目标，加强和改进党员教育和管理工作，严格党内生活，严肃党的纪律，保持党员队伍的先性和纯洁性。按照坚持标准、保证质量、改善结构、慎重发展的方针，做好党员发展工作，注重在知识分子、科技人员、生产第一线和青年中发展党员，解决党的组织后继有人的问题。四在大力培养和选拔优秀年轻领导干部，全面提高领导干部素质。加快干部人事制度改革，坚持党管干部的原则，改进党管干部的方法，继续扩大民主、完善考核、推进交流、加强监督。增强培养和选拔优秀年轻领导干部的紧迫感，正确执行"四化"方针和德才兼备原则，更新用人观念，开阔识人视野，拓展选人渠道。加强干部培养和干部后备队伍建设，既要加强理论业务学习培训，又要注重实践锻炼。加强干部培训阵地建设，高度重视、切实办好区委党校和区级机关、企业、事业、乡镇基层党校。认真做好老干部工作，切实从政治上生活上关心离退休干部，使他们老有所为，安度晚年。

加强党风廉政建设，深入持久地开展反腐败斗争。执政党的党风问题是关系党的生死存亡的问题。江泽民同志一再强调，腐败会葬送党、葬送人民政权、葬送社会主义现代化事业。我们必须深刻认识加强党风廉政建设，深入开展反腐败斗争的紧迫性、艰巨性和长期性。要坚持标本兼治，把教育、表率、建制、惩处结合起来。在全体党员干部中深入开展理想宗旨教育和反腐倡廉教育，坚定共产主义信念，全心全意为人民服务，树立正确的世界观、人生观、价值观。领导干部要以身作则，廉洁自律，做勤政为民的表率，自重、自省、自警、自励。加强制度建设，健全监督制约机制，健全党的民主生活，充分发挥党组织、人民群众和各方面的监督作用。正确处理反腐败与经济建设的关系，保护改革者，查处违纪者，打击违法者。严肃查处违纪违法案件。坚决惩治腐败分子。坚决纠正行业和部门不正之风，坚决制止乱摊派、乱罚款、乱收费，重点解决好农民负担、企业负担和中小学收费问题，推动社会风气的好转。切实加强对纪检、监察工作的领导，加强纪检、监察队伍建设，充分发挥纪检、监察机关在党风廉政建设和反腐败斗争中的职能作用。

同志们，加快改革，加快建设现代化新区的历史任务已经摆在我们面前，只要全区共产党员和全区人民紧密团结起来：艰苦奋斗，大胆开拓，我们的目标一定能够实现！

我们的目标一定要实现！

关于创建"经济高速发展　干部廉政不倒"示范区活动专题工作报告

赖应强

各位代表、同志们：

现在，我受区委全委会委托，就我区创建"经济高速发展，干部廉政不倒"示范区活动（以下简称创建活动）情况作专题工作报告，请予审议。

一，开展创建活动的背景

自建区以来，我区经济连续保持两位数的快速增长，经济建设步入良性发展时期。2003 年 12 月市委检查我区党建工作时，徐波书记提出"要打破经济高速增长，腐败问题相应增多的怪圈"，希望龙马潭区在党风廉政建设和反腐败工作上探索出一条新的路子。区委、区政府为认真落实市委指示，经报市纪委、市监察局批准，于 2004 年起在全区开展创建"经济高速发展，干部廉政不倒"示范区活动。创建活动采取集中创建与日常创建相结合，在不同行业、不同侧面、不同层次大胆探索、深入开展，取得了明显的成效。

二，创建活动的主要做法

创建活动始终坚持以邓小平理论和"三个代表"重要思想为指导，认真贯彻胡锦涛同志提出的"为民、务实、清廉"的要求，坚持标本兼治、综合治理的方针，惩防并举，注重预防，通过扎实有效的工作，深入推进党风廉政建设和反腐败斗争。2004年集中创建阶段，我区已初步建立起教育、制度、监督三位一体的惩防体系，从2005年起转入日常创建阶段。我区开展的创建活动内容与2005年中共中央颁发的《建立健全教育、制度、监督并重的惩治和预防腐败体系实施纲要》正好合拍。区委、区政府及时调整思路，重新定位，正确处理好深化创建活动与贯彻落实《实施纲要》的关系：创建活动是特殊阶段的特殊举措，是贯彻《实施纲要》的有效载体，《实施纲要》是抓好创建活动的方向和指南。抓《实施纲要》贯彻落实就是抓党风廉政建设和反腐败工作，抓《实施纲要》责任落实就是抓党风廉政建设责任制的落实，抓创建工作要与抓《实施纲要》和抓党风廉政建设有机结合，增强创建工作的针对性和实效性。

（一）健全机制，促进创建活动顺利开展

区委、区政府把创建工作摆在突出位置予以重视，成立了以区委书记为组长的全区创建活动领导组，领导组下设办公室及监督检查小组。从理性思考、组织发动、人员组成、经费保障、督促检查等各个环节切实加强领导。同时，各乡镇街、区级各部门也相应成立了创建领导小组，明确了党政一把手亲自抓，将创建活动列入重要议事日程，落实责任，层层负责，形成了全区上下整体配合、团结协作、齐抓共管、整体推进的创建工作局面。

（二）强化教育，筑牢拒腐防变思想防线

为强化治本，筑牢党员干部的思想道德防线，区委适时组织构建了由区委统一领导、宣传部门牵头、相关部门密切配合的"大宣教"格局。坚持把宣传教育的共性与创建示范区活动的个性结合起来，把宣传教育的针对性与先进性教育的普遍性结合起来，把宣传教育与党风廉政责任制的落实结合起来，把宣传教育与《实施纲要》的学习贯彻结合起来，切实搞好五大方面的宣传教育。一是依托媒体抓教育。在区党政网上开通反腐倡廉"大宣教"专栏，及时发布反腐倡廉信息；在《龙马通讯》上刊载《实施纲要》原文和廉政问答题，促进各级领导干部深入学习、加深理解；开辟"乡镇街一把手反腐倡廉论坛"，刊载领导干部反腐倡廉体会文章，强化交流，提高认识；召开党风廉政建设新闻发布会，及时通报全区反腐倡廉热点问题，有效进行舆论监督；制作宣传光碟《风景这边独好》，全面展现我区深化创建活动情况和贯彻落实《实施纲要》情况；积极向各级媒体报送有关信息，20余条信息在市级以上刊发。二是借助典型抓教育。将我区第一批参加"先教"活动的党员的部分心得体会文章和典型事迹汇编成册，加强正面宣传教育，用典型的精神和榜样的力量鼓舞和激励广大党员干部群众。同时，组织全区党员干部观看《汉源事件的背后》等反腐倡廉教育片，及时通报我区近年查处的7起典型案件，用反面典型警示广大干部群众。三是突出重点抓教育。在强化正职领导廉洁自律教育的同时，针对负责经济和社会事务的行政副职领导干部进行集体廉政谈话，弥补了此前的廉政教育空白。四是强化学习抓教育。区反腐倡廉"大宣教"领导小组制作了《创建"经济高速发展，干部廉政不倒"示范区活动法规知识读本》300余册，领导干部人手一册，提高了法规知识学习的普及率。五是开展活动抓教育。积极开展丰富多彩的活动，大力营造廉政教育氛围：充分利用宣传周或宣传月定点上街宣传和接待群众信访；举办反腐倡廉形势报告会，邀请省市委领导、专家作报告，各单位主要领导带头上反腐倡廉党课100余次；广泛开展知识测试和竞赛活动，全区近1 000名党员干部参加了反腐倡廉知识测试，47 人被市纪委评为优秀个人；重点针对教育与监督、自律与他律、惩治与预防的重要性，举办了 3 场反腐倡廉主题教育辩论赛；开展家庭助廉活动，20 余名领导干部及其配偶签订了"家庭廉洁承诺书"，有效构筑了家庭反腐倡廉的第一道防线；配合"五进"扎实开展"十个一"活动，建立廉政文化阅览室、廉政文化宣传长廊，开辟廉政漫画宣传栏，发放廉政文化进社区公开信，举办廉政书画展和征文活动，组织廉政建设签字活动、廉洁从政报告会、廉政建设主题文艺汇演和廉政知识竞赛活动等。通过广泛而深入的"大宣教"活动，形成了反腐倡廉大学习、大宣传、大教育的立体网络态势，达到了润物无声、入脑入心的良好效果。

（三）健全制度，推进反腐倡廉工作规范化

区委针对腐败现象易发多发的公共权力集中、自由裁量过大，特别是涉及"权、钱、人"的重点部门和重点岗位，创造性地建立健全公共权力配套机制、公共财政管理机制、公平择优用人机制、纠风专项治理工作机制、重点工程重点项目执纪执法工作机制、预防职务犯罪长效工作机制等"六大机制"，切实强化对领导干部权力运行的监督。2005 年，对照《实施纲要》关于制度机制建设的要求，在 2004 年创建活动创新"六大机制"的基础上，结合实际，本着"可行、实用、有效"的原则，进一步推进了反腐倡廉制度建设。一是认真领会《实施纲要》精神实质，将《实施纲要》对制度的要求梳理成具体的"六大制度"35 个小项，即："反腐倡廉基本制度"12 个小项，"干部人事制度"6 个小项，"行政审批制度"5 个小项，"财政、金融和投资体制改革制度"4 个小项，"司法体制改革制度"4 个小项，"规范工程招投标、土地使用权出让、产权交易和政府采购制度"4 个小项。使其更具实用性和可操作性。二是不断健全和完善相关制度，相继制定和修改完善了《党员领导干部民主生活会实施办法（试行）》《科级领导干部述职述廉制度》《领导干部涉廉事项报告制度》《领导干部谈话和诫勉制度》等反腐倡廉基本制度，并积极探索廉政保证金制度。针对"先教"活动中提出的意见和建议，对缺失和过时的制度及时进行了补缺和修改；针对公车私驾、公车私用的现象，制定并规范了《公务车辆管理规定》，加强对 8 小时以外的公车管理；为规范村（社区）干部管理，制定了《村（社区）干部管理办法》《村（社区）干部实行社会基本养老保险的通知》；为真实了解民情，切实解决农村特困群众看病难、吃药贵问题，分别制定了《区级部门副科级以上领导干部下基层调研的通知》《龙马潭区农村医疗救助实施细则》；为切实解决群众反映的突出问题，建立了以纪委监察牵头负责落实的信访排查机制，按照"属地管理""分级负责""归口办理""谁主管、谁负责"的原则，建立健全工作责任制，畅通了解决群众急难问题的渠道。三是根据实际制定机制制度建设规划，将 35 个小项中还有 25 项需要建立和完善的，专门制发通知，促进创建工作与《实施纲要》接轨，并将 25 项制度细化成 38 个具体的制度、机制，确定 23 个部门牵头负责，要求按时、保质完成。

（四）加强监督，提高机制制度实施效能

在集中创建阶段，区委强化了对领导干部权力运行的监督制约，重点进行了"三整合一规范"：整合信访资源，使监督公众化；整合监督资源，使监督有效化；整合办案资源，使监督严格化；规范监督行为，提高监督效率。2005 年在深化创建活动、贯彻落实《实施纲要》工作中，围绕建立"大监督"执行机制，着力实施"完善监督机制、整合信访资源、整合监督资源、整合办案资源、改进监督方式、畅通监督渠道"六大监督举措。一是建立并完善监督机制制度，制定了《龙马潭区督促检查工作重点联系制度》《关于进一步加强和改进督查工作的意见》等制度。二是整合信访资源，加强公众监督。在 2004 年建立的"八大制度"、构筑"四条线"基础上，借助贯彻《信访条例》，对信访资源进行整合，及时、全面地掌握信访信息，进行综合分析。进一步完善了区级领导信访接待制度，落实具体部门和乡镇街主要领导陪同接待，根据信访情况，明确责任，层层抓落实。三是认真组织和发挥各监督主体的作用。强化监督联席会作用，充分发挥了党内监督、人大监督、行政机关监督、政协监督、司法监督和社会舆论监督的作用，积极探索龙马潭区党政领导干部绩效审计制度，制定重点监督方案，全方位、多角度、多时段的监督体系逐渐形成。四是整合办案资源，调整充实了大要案协调小组，建立了大要案协调联席会议制度，整合纪检监察机关、检察机关、公安机关、审判机关和审计机关的办案力量，集中对重大腐败案件深挖细查，形成了协调配合的工作格局。五是改进监督方式。为进一步加强对干部选拔任用的监督，制定了《纪委参与干部考察工作暂行办法》，明确没有纪委的廉政意见，不得提拔任用，全年有3名干部由于没通过纪委"党风廉政关"而未得到组织提拔。同时，加强了干部日常监督，开展明查暗访，督促检查制度落实。在春节、"观音会""五一""十一"开展督促检查，主要对公车私驾私用、干部赌博及封建迷信等方面进行督查；对领导干部在元旦、春节和子女升学敏感时期进行廉政提示；对230名副科级以上领导干部按规定进行了述职述廉；对5名群众反映强烈的干部进行廉政谈话；对2004年党风廉政建设考评为三等的3个单位领导进行了诫勉谈话。六是在区党政网上开通了反腐倡廉网页，架起了党委政府与社会各界相互沟通的桥梁，效果良好。

（五）力求创新，不断深化治本抓源头工作

一是全面深入推进市场化资源配置。针对200万元以下的项目没有明确规定的情况，在全省率先出台了《龙马潭区国家投资项目管理办法》《龙马潭区建设项目基金管理办法》和小项目管理办法，规范了我区国家投资项目管理和招投标工作，堵住了漏洞；制定了《龙马潭区招标投标管理办法》《龙马潭区招标投标监督暂行办法》，规定了严格的比选程序，有效地预防了建筑工程中的腐败行为。二是深化干部人事制度改革。建立了《党政领导干部选拔工作落实群众公认制度》，实行了"两推一述""差额考察""差额票决"三项措施公开选拔领导干部；围绕推行公推直选基层党组织负责人、积极扩大全委会权力、建立社会评价机制、开放基层党务、认真开展"三联"活动等，切实推进党内基层民主，深化先进性教育长效机制建设。三是深化行政审批制度改革。按规定清理现有行政审批事项，积极探索和建立符合我区区情的审批和许可工作机制；为加强国有资产管理，制定了《国有资产处置办法》，区级各部门的国有资产收归区国资公司统一管理，有效盘活了存量资产，理顺了产权关系，减少了资产流失，缓解了区财政收支矛盾，使国有资产保值增值。四是深化财政管理制度改革。推进国库集中收付，制定了《国库集中收付改革实施方案》和《国库资金支付暂行办法》，将各类区级财政性资金纳入国库单一账户体系管理，收入直接缴入国库或财政专户，支出通过国库单一账户体系直接支付到商品和劳务供应者账户，形成财政资金规范、安全、有效运作的机制，有效防止腐败行为的发生。

三、创建活动的主要成效

一是群众关心支持和参与反腐倡廉的热情进一步提高。2004年，我区共受理群众来信来访和电话举报1 733件次，比2003年增加15%；2005年全区共受理群众来信来访2 031件次，比2004年增加17%，说明我区开展创建活动以来，更加得到社会和群众的大力支持和广泛参与。

二是党员干部宗旨意识有较大增强，党群干群关系进一步密切。从2004年我区组织的党员群众问卷调查情况看，有93%的群众认为我区党员干部能真正做到全心全意为人民服务，94%的群众认为党群关系、干群关系融洽。从2005年12月同类问卷调查情况看，上述2项的统计分别为97%和98%。

三是党员领导干部遵章守纪、廉洁自律的自觉性得到进一步提高。2004年调查有97%的群众认为我区党员干部能遵守不准收送现金、有价证券的规定，有96%的群众认为党员干部能遵守不准违规经商办企业及配偶子女从业的有关规定，有 97% 的群众认为党员干部能遵守不准参与赌博的规定，有 95% 的群众认为党员干部能遵守不准大操大办婚丧喜庆事宜借机敛财的规定。2005 年的同类调查中，上述 4 项的统计分别为 97%、99%、98% 和 96%。

四是进一步纠正了行业不正之风，营造了经济发展良好环境。2004 年调查有 92% 的群众认为区级各部门服务态度好、行业风气明显好转，95% 的企业主认为区级各部门不存在吃拿卡要行为。2005 年上述 2 项调查统计分别为 96.5% 和 98%。行业风气的好转和软环境的改善，有力促进了 2005 年的招商引资工作，92 个企业落户我区，投资上千万的企业 20 个，其中上亿元的 4 个；总投资 10.26 亿元，比上年同期增长 33.9%；实际到位资金 8.24 亿元，同比增长 18.5%，有力地推动了我区经济建设的快速发展。

五是教育、制度、监督三位一体的惩防体系进一步完善。2005 年底的问卷调查表明：开展创建活动后，99% 的群众认为教育工作对筑牢干部拒腐防变的作用较好；100% 的群众认为制度建设得到加强；80% 的群众认为监督机制的作用得到有力发挥。这一惩防体系的建立和完善，为下一步深化我区的创建工作奠定了坚实基础。

四、创建活动存在的主要问题

一是部分单位对创建工作重视程度不够，制度建立得多，落实兑现不很严格。二是全区创建活动发展不平衡，部分单位有敷衍应付、做表面文章现象。三是对创建活动的新情况、新问题研究得多，提出解决问题的对策办法少。四是由于创建活动是一项新举措，对创建活动的经验总结不够，好经验未能及时提炼并推广。

五、创建活动的下步打算

（一）继续发挥反腐倡廉"大宣教"优势，突出对领导干部进行廉政教育。坚持把宣传教育作为加强党风廉政建设和深入开展反腐败斗争的一项基础性工作来抓，贯彻落实《实施纲要》，巩固大宣传、大教育立体态势，切实增强宣传教育的针对性和有效性，进一步筑牢反腐倡廉的思想道德防线。

（二）按照《实施纲要》及四川省委《〈实施纲要〉实施意见》的要求，抓好机制制度的建立、完善和落实。将《〈实施纲要〉实施意见》中制度机制的要求进行梳理，制定龙马潭区贯彻落实《实施纲要》的补充意见，分解任务，确定牵头部门，制定完成时间，确保机制制度按时、保质完成，充分发挥制度在反腐倡廉中的保证作用。

（三）进一步抓好信访资源、监督资源和办案资源的整合工作，综合运用党内监督、国家专门机关监督、群众监督和舆论监督等多种形式，强化实施，有效防止权力失控、决策失误和行为失范，使党员干部少犯错误直至不犯错误，实现经济建设与反腐倡廉工作同步发展。

（四）积极探索创新，从严惩治腐败。按照省委《〈实施纲要〉实施意见》的要求，严格执行土地资源市场化配置制度，深化干部人事制度改革，深化行政审批制度改革，深化财政管理制度改革，深化投资体制改革，深入推进政务公开、厂务公开和村务公开。坚持惩处与保护并重，严格依纪依法办案，建立健全查案、纠风、建制工作机制，坚决查处违纪违法案件。

各位代表、同志们：我区在开展创建活动中做了一些工作，也取得了一点成绩，但还需要进一步坚持和完善。我们将按照上级的要求，扎实工作，务求卖效，努力营造一个风气正、民心顺，经济高速发展、干部健康成长的良好氛围。

（2005 年 1 月 9 日区委副书记、纪委书记赖应强在区委二届九次全委会上的专题报告）

区委书记刘云在建党 85 周年暨建区 10 周年
庆祝会大会上的讲话

（2006 年 6 月 30 日）

同志们：

我们今天在这里隆重集会，庆祝中国共产党成立 85 周年、龙马潭建区 10 周年。首先，我代表区委向全区共产党员致以节日的问候！向受表彰的先进党组织、优秀党务干部和优秀共产党员表示热烈的祝贺！同时，我代表区委、区人大、区政府、区政协，向 10 年来关心、支持、帮助龙马潭区发展的各级领导、各位朋友，向 10 年来为龙马潭区的繁荣和发展作出重要贡献的各类建设者和全区人民、社会各界人士表示衷心的感谢！

一、回顾共产党 85 年奋斗历史，我们的党伟大光荣而正确

中国共产党的 85 年，是艰苦奋斗、继往开来、成就辉煌的 85 年。85 年来，我们党经历了战争与和平、革命与执政、建设与改革、挫折与胜利的考验，战胜了重重艰难困苦，不断发展壮大，成为了推动历史前进的强大政治力量。85 年来，我们党前赴后继、勇往直前，探索救国图强真理，开辟了民族振兴的道路；带领全国人民不怕艰难险阻，勇于开拓创新，创造了辉煌的业绩。以毛泽东同志为核心的第一代中央领导集体，带领全国人民，取得了民族独立和人民解放，成立了中华人民共和国，建立了社会主义制度，实现了中国历史上最广泛最深刻的社会变革。以邓小平同志为核心的第二代中央领导集体，坚持解放思想，实事求是，带领我们开创了建设有中国特色的社会主义事业。以江泽民同志为核心的第三代中央领导集体，与时俱进，开拓创新，大力推进社会主义市场经济建设，综合国力明显增强。以胡锦涛同志为总书记的新一届中央领导集体，承前启后，继往开来，坚定不移地抓住发展要务，保证了国民经济持续、稳定、快速发展和社会安定团结，带领我们向全面建设小康社会阔步前进。在建设时期，我们党虽然走了一些弯路，但经过拨乱反正，全党团结一心，艰苦创业，竭尽全力搞建设，取得了举世瞩目的成就。特别是改革开放近 30 年来，取得了一个又一个辉煌的胜利，国民经济持续快速健康发展，社会事业全面进步，综合国力显著增强，人民生活水平持续提高，总体小康基本实现。

中国共产党的 85 年，是勇于正视不足、不断完善自我的 85 年。85 年来，为了促进中国共产党的坚强领导，我们党针对不同时期党内存在的错误思想和不良作风，先后进行了延安整风、"三讲"教育、"先教"活动等六次全党或领导干部范围内的整风教育活动。通过整风教育活动，纯洁了党的组织，改进了党的作风，提高了拒腐防变的能力，密切了党群关系，实现了思想、政治、组织上的高度统一。这表明，我们党始终坚持用科学理论武装头脑，始终坚持实事求是、探求真理，始终保持先进性、纯洁性和统一意志，使自身不断适应执政和发展的需要。在去年和今年全党开展的保持共产党员先进性教育活动中，我区按照中央和省市委的统一部署，利用一年半时间，分三个批次，在全区 13 057 名党员中开展了"先教"活动。区委把开展好这次先进性教育活动提高到提高党的执政能力、巩固党的执政地位的高度来认识，把提高党员素质、加强基层组织、服务人民群众、促进各项工作作为教育活动的目标，建立健全了机构，加强了组织领导，强化了责任落实，为先进性教育活动的顺利

开展提供了思想保障、组织保障和后勤保障。在活动期间，我们结合各个批次学习教育对象的不同特点，按照分类指导、分类实施的原则，认真抓好学习动员、分析评议和整改提高三个阶段各个环节的工作；按照"规定动作到位、自选动作出彩"的要求，坚持高标准，以查找解决突出问题为抓手，由浅入深抓学习、由表及里找问题、由此及彼抓整改。结合实际，狠抓亮点，突出特色。以开展"千人评风""千名干部进千家征千问帮千户解千难""共驻共建""结对帮扶"等一系列征求意见和主题实践活动为载体，着力解决与群众生产生活密切相关的热点、难点问题：收集各种意见建议2 000余条；慰问贫困党员、群众近4 000人，发放慰问金70余万元，捐赠衣物1万余件；为群众办好事1 256件，解决具体问题378个；从区级机关选派了71个部门和141名党员干部下村结对帮扶党员、群众1 016人；新建或改建公路18公里、石板路35公里；大力实施红层找水工程，共打井655口，解决了2 000多人的饮水问题。通过开展"先教"活动，全区党员进一步增强了宗旨意识、大局意识、责任意识、服务意识和群众观念，提高了思想政治素质，坚定了理想信念，密切了党群关系，党员干部队伍存在的突出问题得到有效解决。涌现了示范党支部46个、党员示范窗口68个、党员示范岗157个。经测评，党员群众对我区整个"先教"活动的成效给予了充分肯定，满意率达98.53%。为巩固活动成果，促进党员经常受教育、群众长期得实惠，我们将进一步建立并完善一系列自我纯洁、相互监督的保持共产党员先进性的长效机制，出台一系列保障群众利益、约束权力运行、强化各项管理的制度和办法，促进"先教"活动进一步深化。

中国共产党85年革命和建设的实践证明：中国共产党是马列主义、毛泽东思想、邓小平理论武装起来的党；是始终践行"三个代表"重要思想的党；是肩负中华民族伟大复兴的历史重任，深受全国各族人民拥护和爱戴的党。今天，我们重温党的历史，回顾党的丰功伟绩，就是要全区党员增强自豪感、永葆先进性，就是要全区党员进一步增强建设龙马潭、发展龙马潭、繁荣龙马潭的责任感和使命感；就是要全区党员牢记为民服务的宗旨，发扬不怕苦、不怕累、不怕难的精神，开拓创新，锐意进取，全力为人民谋富裕、谋安康、谋幸福。

二、翻开10年创业征程，我区"三个文明"建设成绩显著

龙马潭区自1996年建立以来，在各级党组织的正确领导下，高举邓小平理论和"三个代表"重要思想伟大旗帜，坚持以科学发展观统揽经济社会发展全局，艰苦创业，顽强拼搏，开拓进取，取得了一个又一个令人振奋的业绩，谱写了一曲又一曲催人奋进的战歌。

（一）建区10年，是国民经济实力显著增强的10年

10年来，坚持以经济建设为中心，以深化改革和对外开放为动力，以结构调整为主线，促进了经济结构的不断优化和经济总量的大幅增长。2005年与建区初相比，一、二、三产业的比重由23.1：48.3：28.6调整为14.2：52.8：33；国内生产总值由10.26亿元增加到31.51亿元，年均增长11.6%；财政收入由0.47亿元增加到1.39亿元，年均增长13%；全社会消费品零售总额、全社会固定资产投资分别以年均12%和19.2%的速度递增。工业方面，我区围绕工业强区目标，强化招商扩总量，培育支柱促发展，维维豆奶、中海沥青、金健米业等一批国内外知名企业纷纷落户我区，泓江电解、精密铸造、富邦化工等骨干企业不断发展壮大，"一业两廊三区"格局基本形成。工业经济在国民经济中的地位日趋突出，占GDP的比重由30.7%上升到42.6%。农业方面，结构调整不断向规模化、集约化、产业化方向发展，农业总产值由建区初的3.74亿元增加到2005年的7.07亿元，年均增长5.3%；畜牧业产值在农业总产值中的比重由38.21%上升到55.5%。一大批农业专业技术协会、农村专业合作经济组织、营销大户等中介组织不断兴起，万头奶牛、2万亩甜橙、3万亩生姜、5万亩马铃薯等农业基地建设步伐加快，奶牛、肉鸡、蛋鸡、蜂蜜四大生产基地被评为全省无公害畜产品生

产基地，天绿米业、龙马乌鸡、罗汉蛋、"河春"牌蜂蜜获得全国无公害农畜产品称号，我区还被评为全国无公害水产基地。第三产业方面，市场面积由建区初的14.3万平米发展到56.6万平米，商业用房面积由2.81万平米增加到20.37万平米。私营企业、个体工商户发展到1.04万户，从业人员达到17 823人。龙门大酒店、武陵山珍等高中档餐饮企业迅速兴起，科维商城、鹏达建材、龙马大商城等骨干市场健康发展，商贸优势地位得到巩固。泸州国际集装箱码头的建成运营，带动了三友物流、南京长江油运等现代物流企业快速发展。抓住泸州建成中国优秀旅游城市契机，龙马潭公园景区、九狮风景区、芙蓉岛景区、花博园旅游区等城郊休闲旅游不断发展，一批酒文化村、鱼文化村、果文化村及星级"农家乐"相继推出。在改革和对外开放方面，采取改组、改造、破产、兼并等措施，全区国有企业全部退出国有序列，一大批企业通过产权变更与重组获得新生。通过全力开展招商引资，仅2001年至今，共引进项目420个，总投资32.85亿元，到位资金23.47亿元。

我区经济连续10年以两位数速度增长，得益于深化改革，得益于抓住优势科学调整经济结构，得益于全力开展招商引资，为我区经济的进一步快速发展奠定了深厚的基础。

（二）建区10年，是各项社会事业协调推进的10年

10年来，坚持经济社会协调发展，大力推进各项社会事业快速进步。积极推进教育人事制度改革，加大教育投入，整合教育资源，使全区教育呈现稳步发展的势头。教育投入由1996年的1 218万元增加到2005年的3 465万元，学校数由94所减少到61所，教师专科以上学历达到74.2%。教育质量稳步提高，"两全普九"成效明显。积极探索多元化办学新体制，相继兴建了江北小学、英才外国语学校、天立国际学校等民办或民办公助学校顺利划归龙马潭区管理，我区被评为省级尊师重教先进集体。大力实施人才开发和科普工作，切实履行"一把手"抓第一生产力责任制，获得市科技进步奖3项，扶持和发展5家区内科技企业成为市级高新技术企业，仅2001—2005年，高新技术产值达12.6亿元。城乡卫生体制改革进展较快，公共卫生体系建设得到加强，突发公共卫生事件应急能力明显提高，突发事件医疗救助和传染病、地方病等疾病防控成效明显，妇幼保健功能进一步增强。各级各类医疗机构发展到164个，村卫生站228个，全区人均期望寿命达到70.8岁。广泛开展群众性文体活动，群众文化生活不断丰富，省级文化先进区创建成果得到巩固。坚持抓好"两个确保"和"三条保障线"的衔接工作，养老、失业保险工作有新进展，多层次医疗保险体系初步建立，劳动关系调整纳入法制化轨道，职工合法权益得到依法维护。帮助下岗职工和失业人员实现再就业2万余人，医疗保险实现了全覆盖，追讨民工工资上千万元。土地管理、计划生育、环境保护三大基本国策进一步落实，全国村民自治示范区、全省社区建设示范区、全国"青年文明社区"示范城（区）和全省双拥模范区成果进一步巩固。

我区各项社会事业在10年的发展进程中，始终坚持与经济发展相互促进，呈现出欣欣向荣的可喜局面，为全面建设小康社会奠定了坚实的基础。

（三）建区10年，是人民群众生活不断改善的10年

10年来，坚持以人为本，把增加群众收入，提高群众生活水平作为工作的出发点和落脚点，人民群众的文明程度、文化素质和生活质量不断提高。农民人均纯收入由1 600元增加到3 957元，年均增长10.4%；城乡居民储蓄存款余额23.44亿元，比1998年增加13.77亿元，年均增长13.5%；农民人均生活消费支出由1 659元增加到3 032元；全区广播电视入户率达50.6%，光纤入行政村达100%，自然村达63.4%。家用彩电、冰箱、空调、移动电话、机动车等消费品的购买力逐步增强。扶贫开发工作取得显著成效，帮助1 215名贫困人口越过了温饱线，1.55万名低收入人口改善了生产生活条件。进一步建立健全了农村最低生活保障、农村医疗救助、农村特困户救助、城市医疗救助等

制度，加大了力度救助弱势群体。建区以来，共发放失业保险金 685 万元，救济了 2.98 万人次；企业离退休人员基本养老金 7 472.21 万元。全区集镇基础设施建设累计投资 1.11 亿元，完成基础设施项目 253 个；村镇房屋建设投资 9.22 亿元，新改扩建房屋 374.78 万平方米；城区商品房面积由 1996 年的 4.09 万平方米增加到 2005 年的 101 万平方米，全区人均住房达到 41.6 平方米。启动中心村建设 18 个，特兴镇魏园村、安宁镇良丰村等 7 个中心村被列为市级重点中心村。交通建设方面，完成三级路网建设 71.7 公里，公路通车里程由建区之初的 187 公里增至 562.36 公里，公路通村率由 68% 上升到 100%，硬化率达 80%。公路密度达到 1.69 公里/平方公里，除胡市、金龙外，其余乡镇全部实现了公交化，"半小时经济圈"基本形成。龙马大道一纵三横全长 4.1 公里的主次干道全线贯通，道路绿化、路灯等配套设施全部完成，组团开发全面实施，已成为泸州城北的新亮点。城市建成区面积由 5.5 平方公里增加到 11 平方公里，城镇化水平由 28.52% 增长到 36.59%。城市绿化、美化、亮化水平进一步提高，城市综合功能大为增强。

建区 10 年来，全区广大人民群众共享改革开放的丰硕成果，吃、穿、住、行、用等生活质量不断提高，全区人民共创殷实富足生活的信心和决心进一步增强。

（四）建区 10 年，是民主、法制和精神文明建设成效显著，社会和谐稳定、人民安居乐业的 10 年。

10 年来，我区坚持依法治区，依法行政，不断提高依法管理经济社会事务的整体效能。认真贯彻《公民道德建设实施纲要》，广泛开展群众性精神文明创建活动，精神文明建设成绩裴然。全区共创建省级文明单位 5 个，市级文明单位 60 个，区级文明单位 91 个，文明行业 5 个。人大、政协充分发挥其法律监督、工作监督和政治协商、民主监督作用，人大代表建议和政协委员提案均能全部按规定时限办结。深入开展普法宣传教育，全面贯彻实施《行政许可法》，加强执法队伍建设，坚持依法行政，强化行政执法监督，依法行政水平不断提高。广泛开展基层民主建设，进一步完善基层政权、自治组织、企事业单位的民主管理，大力推进了政务公开、村务公开和厂务公开，基层民主不断扩大。10 年来，我区牢固树立"稳定压倒一切"的思想，完善信访工作机制，建立领导干部信访包案和信访接待制度，信访案件查办力度加大，各类矛盾纠纷得到有效排查。共受理群众来信来访 9 556 件次，办结率 95%。区检察院"零上访"事迹得到中央领导肯定，一些重复、越级上访的老大难问题和失地农民、失业下岗人员的生产生活问题得到妥善解决。建立了"打、防、控"长效机制，社会治安整体联动防范工程建设得到巩固，"处法防邪"工作扎实有效，社会治安综合治理得到加强。全面启动平安创建工作，完善安全生产责任体系，加强安全生产管理，切实抓好企业生产、建筑工程、水陆交通和消防安全，人民群众的生命财产安全得到保障。

建区 10 年来，全区人民共同当家作主、共建文明社会、共享和谐稳定，有力地促进了我区"三个文明"建设的健康协调发展。

（五）建区 10 年，是党的建设取得突出成效的 10 年

10 年来，区委紧紧围绕领导班子和干部队伍、基层组织、党风廉政等重点开展党建工作，取得了突出的成效。狠抓领导班子和干部队伍建设，严格执行《条例》，制定并实施了 17 项配套制度，强化了选任责任，切实落实基层党员的参与权、知情权、选举权、监督权，并严格实行常委会、全委会票决干部选任制度。提高了干部任用工作的透明程度和民主程度。去年，省市委组织部在我区实施推进党内民主、建立党员先进性长效机制试点，我区在金龙乡成功进行了公推直选党委书记和直选党委员、纪委委员。狠抓党员队伍建设，通过开展"三讲""先教"活动，以及全面实施党员分类管理、党代会常任制试点工作等，党员素质得到了提高，党内民主进一步扩大，长效机制更加完善，党员队

伍进一步壮大，由建区时的7 000多名发展到现在的13 000多名。狠抓基层组织建设，在全市率先进行村级建制调整，村级班子的领导能力进一步提高。大力推进"支部＋协会"工作，其经验在省委于我区召开的现场会期间，得到中办、中组部、中央政策研究室和中央电视台的总结和推广。积极开展"三级联创"工作，于2003年获"三级联创"先进区受到省委表彰。狠抓"六个起来"活动，积极推动"非公党建"工作向纵深发展，全区非公经济组织建党率和组织覆盖率均达到100%，得到上级的充分肯定。我区作为四川省唯一一个经验交流单位到北京参加了中组部召开的全国非公企业党建工作经验交流会。狠抓党风廉政建设，积极开展创建"经济高速发展，干部廉政不倒"示范区活动，建立健全了教育、制度、监督并重的预防和惩治腐败体系，开展了收受现金和有价证券等专项治理，有效地推动了党风廉政建设和反腐败斗争深入开展。通过扎实有效的廉政建设，全区消极腐败现象得到有效遏制，行业风气不断好转，促进了我区经济持续快速健康发展和社会各项事业的全面进步。

同志们，建区10年来，我区经济飞速发展，各项社会事业兴旺发达，人民群众生活水平日新月异，民主法制建设稳步推进，精神文明建设硕果累累，社会和谐稳定，人民安居乐业，呈现出一派欣欣向荣的大好局面。建区10年，是全区人民艰苦创业的10年！奋力拼搏的10年！成绩辉煌的10年！我们取得的这些令人振奋的成绩，离不开全区党员团结协作、奋发图强的拼搏，离不开在座各位自强不息、攻坚克难的创业。这里，我再一次向10年来，大力支持区委区政府工作、默默无闻奉献的全区人民表示衷心的感谢和崇高的敬意！

三、展望未来的美好前景，我们的任务重大而艰巨

同志们，回顾过去我们豪情满怀，展望未来我们信心百倍。在今后的工作中，我们要一如既往地、坚定不移地坚持"工业强区、物流兴区、新村惠民"战略，加强和改善党的领导，牢牢扭住发展这个党执政兴国的第一要务不放松，"围绕中心抓党建，抓好党建促发展"，团结和带领全区人民，把龙马潭区的各项事业推向崭新的阶段。

（一）必须坚持抓好党的自身建设

胡锦涛同志强调，不断开创中国特色社会主义事业新局面，关键在于坚持和加强党的领导，进一步把党建设好。作为执政党，我们必须始终不渝地搞好党的自身建设，巩固执政基础，提高执政能力，不断适应发展的要求。首先，要加强领导班子和干部队伍建设，不断增强执政能力。各级领导班子和干部队伍担负着党的各项事业的组织、领导和实施任务。搞好党的自身建设，首先必须把各级领导班子和干部队伍建设好。要从武装科学理论着手，突出性地抓好"三个代表"重要思想的学习和运用，坚持学在前面，入脑入心；用在前面，用有所成。在学用结合中不断提高全区党员干部的政治思想水平。要从增强抓发展的本领着手，充分认识新形势新任务的紧迫要求，在掌握新知识、解决新问题、积累新经验、增长新本领上下工夫，不断提高科学判断形势的能力、驾驭市场经济的能力、应对复杂局面的能力、依法执政的能力、总揽全局的能力。要从树立高尚形象着手，紧紧围绕密切党同人民群众的血肉联系这个核心，牢记"两个务必"，经得起各种考验和诱惑，不向法纪叫劲，不与群众争利，不以权谋私。说实话、做实事、重实效，全力推进全区改革、发展、稳定大业。在今年的换届选举中，我们要重点以政治思想水平、领导发展的能力、清正廉洁的程度三方面衡量和选拔任用干部，把想干事、能干事、会干事、干实事的人选拔到基层班子中来，努力创造一种政治清明、官场干净的环境。其二，要狠抓基层组织建设，构建坚强战斗堡垒。党的基层组织是党的各项方针政策的组织者、实践者、推动者。我们要以"三级联创"为抓手，以"党员先锋工程"和"帮带"活动为载体，不断提高基层组织的建设水平。要紧扣发展主题，始终坚持倾听群众呼声，帮助群众富裕，解决群众困难，维护群众利益，做到建设基层党建以"三个代表"为指导，推进基层党建以加快发展为动力，检验基层党建以群众满意为标准。大力推进基层民主政治建设，要积极探索和推进农村党建、社区党建、机关党建和其他经济活动中的党建工作，把基层党组织建立在专业协会中、产业链条上，建立到党和政府重大经济、社会活动的关键环节中去，做到经济发展到哪里，就把党的组织、党的作用建立和发挥到哪里，提高基层党建工作的覆盖面，增强党组织在经济社会生活中的影响力和号召力。

（二）必须抓住机遇，加快发展

龙马潭是泸州发展大城市战略的重要拓展区域，是泸州西部化工城的重要组成区，国际集装箱码头建在区内，商贸市场专业聚集化程度较高。隆叙铁路、隆纳高速公路、321国道、泸荣路、泸永路等骨干线穿境而过，全区三级路网全面完成，已形成"半小时经济圈"交通网络。10年来，我区经济总量迅速增长、经济结构进一步优化，三大产业基础进一步夯实，城镇化水平进一步提高。根据这些优势和条件，我们研究制定了"十一·五"发展规划，提出了奋斗目标：到2010年，全区实现生产总值59亿元、人均GDP1.78万元、财政总量2.73亿元、城镇居民人均可支配收入和农村居民人均纯收入分别达到1.15万元和6 000元；城镇化水平达到48%；全区城镇登记失业率控制在4.5%以内，下岗职工再就业率达到50%以上；经济结构、生态环境、社会治安进一步改善，社会保障体系进一步完善，各项社会事业进一步发展；民主法制、公平正义、诚信友爱、充满活力、安定有序、人与自然和谐相处的社会政治环境取得新的成果。要实现上述目标，加快发展，我们必须抢抓机遇。机遇是一笔重要的战略资源，错过一次机遇，就会失去一个时代；抓住一次机遇，就会赢得一次跨越。我们必须毫不犹豫地抓住中央继续推进西部大开发、加快成渝经济圈建设的机遇，争取从资金、项目、政策上得到国家更大的支持。抓住建设社会主义新农村机遇，大力实施"新村惠民"战略。重点发展以特色农业、观光农业和生态农业为支撑的农业产业，以沼气池建设为突破口，大力推广实施"一建五改"，促进全区农村尽早实现生产发展、生活改善、村容整洁、乡风文明、管理民主。抓住市委把临港工业集中发展区和泸州市经济开发区交给我区运作的契机，继续大力实施"工业强区"战略，切实抓好临港工业集中发展区和泸州市经济开发区的园区布局和工业化集聚，大力招商引资，不断壮大食品、化工、机械工业，使我区工业总产值到2010年达到100亿元，力争实现120亿元。抓住泸州发展大城市的机遇，大力实施"物流兴区"战略。以建设商贸物流中心为重点，在城区继续培育发展回龙湾、沱二桥、龙马新城3个商圈，构建回龙湾、迎宾路、龙南路、龙马大道、南光路5个商业中心，建设沿大件路为轴心的临港物流园区、以火车站为中心的安宁物流园区、以关口至齐家为中心的物流中心，建设好龙马潭公园、九狮旅游中心和特兴芙蓉岛、石洞生态花博园、胡市金山桂圆林景区。

（三）必须解放思想、真抓实干。近年来，我区经济社会的快速发展和进步，得益于思想的不断解放。要实现经济的超常规、跨越式发展，奋力赶超先进发达地区，我们的根本出路在于进一步解放思想，以新观念、新眼界、新思路指导经济社会发展。进一步解放思想，就是要学习借鉴先进县区的经验，解决影响我们发展的思想观念、体制机制、领导方式和工作作风等方面存在的突出问题；就是要冲破不思进取、小成即满的牢笼，砸碎固步自封、夜郎自大的枷锁，准确定位，找出差距，明确目标，奋力拼搏，就是要彻底改变陈旧的思维定式和习惯做法，强化创新意识，灵活运用市场手段，统筹发展、优化结构、提高效益；就是要吃透上级政策和区情镇情，把握机遇、抢占先机。同时，我们必须敢为人先，脚踏实地，真抓实干。再好的蓝图、再好的机遇、再好的思路，只说不干不行，等待观望没有出路。真抓实干，就是要全区党员干部进一步振奋精神，以务实的作风、求真的精神，积极投身于经济建设和社会发展的各项实践活动；就是要进一步转变工作作风，加强行政效能建设，促进各项工作上新台阶；就是要争创一流，把党员先进性落实到具体行动上，争做无私奉献的标兵、奋发有为的标兵、团结协作的标兵、求真务实的标兵、勤政廉洁的标兵，切实履行好兴一方经济、富一方百姓、建一方文明、保一方平安的重任。

同志们，85年建党历史和10年建区历程，无不激励着我们的斗志，鼓舞着我们的士气。我们要更加紧密地团结在以胡锦涛同志为总书记的党中央周围，清醒地认识到自身肩负的重大历史使命，倍加珍惜来之不易的大好局面，倍加维护团结，倍加努力工作，以昂扬向上、奋发有为的精神状态，以饱满的热情，振奋精神，抢抓机遇，不断增强发展的干劲和动力，以实际行动创造优异的成绩，为把我区建设成为经济繁荣、环境优美、社会和谐文明、人民生活富裕的小康社会作出更大的贡献。

谢谢大家！

三、文　存

让党员业主成为推动非公有制经济健康发展的中坚力量

谢　明

泸州市龙马潭区是1996年经国务院批准成立的县级行政区，幅员340.8平方公里，辖9个乡镇，3个街道，总人口31万人，建区以来，全区非公有制经济税收每年以600万元以上的速度递增。2002年，全区财政收入达到1.02亿元，其中，非公有制经济提供税收7 430万元，占财政收入的70.2%。目前，全区共有个体工商户1.14万个，从业人员1.15万人，私营企业337家，雇工4 231人，其中党员企业主42人。全区共建立24个私营企业党支部，6个个体工商户党支部，共有党员532人，已建支部中，企业业主是党员的有21人，占总数的87.5%；业主担任支部书记的16人，占总数的76.1%。近年来，区委根据全区非公有制经济发展的现实要求，注重引导和发挥党员业主的作用，加强对党员业主的规范化管理，逐步探索建立起适应非公有制经济领域党员业主特点的管理机制，有力地促进了非公有制企业的健康发展。我们的具体做法是：

一，强化教育培养，在示范引导上下功夫

一是领导定点联系，在思想上帮。党员企业主是一个特殊的党员群体，其特殊性主要在他们既是非公有制经济领域中思想最具先进性的代表，又是党的路线、方针、政策在非公有制领域的具体贯彻者。区委认为，通过加强对他们的教育培养与管理，充分发挥其在经济建设中主力军的作用，对巩固党的阶级基础，扩大党的群众基础，推进全区各项事业的发展将产生积极的推进作用，为此区委批准成立了"非公有制经济工作委员会"，作为区委的派出机构，负责对非公有制经济组织党建工作的领导和管理，并建立了四套班子党员领导联系党员企业主的制度，采取四个定期的办法，即定期到企业召开现场办公会，了解企业生产经营和党建工作状况；定期走访企业（一季度一次）；定期召开企业工作分析会；每年召开一次企业表彰会。通过定点联系，着重为企业理清思路、协调关系、解决发展问题，引导企业业主自觉接受党组织约束，发挥示范带头作用，为党的事业多做贡献，为社会发展多做贡献，同时，协助配好配强企业党组织班子，构建党组织活动的方式和基本制度。目前，全区个体私营企业党支部书记平均年龄42.5岁，具有中专以上文化的达到80.5%，私营企业党支部书记都是企业中层以上干部。

二是加强学习培训，在素质上促。区委坚持依托各级党校有计划、有目的地培训党员业主，每年都要聘请知名学者、专家、教授，进行党员企业主作用发挥的集中培训，通过开展"5·31"讲话、"十六大"报告、"三个代表"重要思想、WTO相关知识、"西部大开发"带来的机遇与挑战等培训，加深他们对十六大报告中有关非公有制经济的的重要论述，教育引导他们处理好自己"经济角色"和"政治角色"的关系，处理好作为党员企业主与所在党支部的关系，处理好自己与企业职工的关系，自觉把自己的行为与党的目标统一起来，与国家的发展前途结合起来，与群众的利益结合起来；既做市场经济中的竞争者，又做党的事业的"护旗人"；既做资本扩大化的企业主，又做扶贫帮困、先富带后富的"领头人"；既做企业生产经营的管理者，又作自觉帮助下岗职工再就业，为党为国分忧的"先行者"，自觉成为全区经济建设和社会事业发展的中坚力量。通过培训，党员企业主对党的认识更加深刻，理想信念更加坚定，不少企业主增强了提升自身素质的紧迫感。目前，42名党员企业主中，有31人参加工商管理等相应专业进修，占总数的73.81%。

三是加强典型示范，在待遇上激。区委加强了对党员业主典型的树立和培育，通过舆论宣传、组织评比优秀企业家、优秀党员、开展"光彩之星"争创活动等途径，提高党员业主的社会知名度。全区党员企业主中，先后有36人获得区级劳动模范、优秀共产党员、优秀私营企业家、纳税大户称号，3人获得省级先进个体工商户称号；有14人获得市区级"优秀共产党员"光荣称号，占党员企业主的33.3%；有38人获得市区级表彰的"光彩之星"荣誉称号。荣峰公司党支部书记李仙群获得全国"五一"劳动奖章，实现了人生价值的跨越。与此同时，对在地方社会经济发展中有突出贡献的党员企业主，区委采取在各级人民代表、政协委员、党代表中安排适当比例的方式，使其享受应有的政治待遇，目前，全区党员企业主中，有区党代表9人，市党代表2人，区级优秀共产党员7人，市级优秀共产党员2人，有市区人大代表11人，其中，区人大常委2人。区政协委员23人，其中，区政协常委4人。党代表、人大代表、政协委员与上届相比，分别增长80%、46.2%、80.9%。人大代表、政协委员中党员业主所提议案、建议件数分别比上届增长65%、49.5%。在全区政治生活中发挥着越来越重要的作用。

二，实施有效监督，在规范管理上下功夫

一是明确基础要求。非公有制经济组织具有自身的发展规律，对党员业主的要求也有不同的特点。区委从全区个体私营企业的实际出发，制定了相应的管理制度，提出了"五带头五查比"的具体要求，对党员业主的作用发挥赋予了新的时代内容。五带头，即带头执行党的基本路线，坚持贯彻国家法律法规，守法经营，照章纳税；带头处理好国家、企业与员工的关系，保障各方的合法权益；带头关心社会公益事业，为民谋利、多作贡献；带头遵守党内政治生活准则，杜绝靠金钱构建在政治生活中的特殊权威，自觉服从党组织的领导，认真完成党组织布置的各项任务；带头坚持两个文明一起抓的方针，推动地方两个文明建设共同向前发展。五查比，即查能否正确处理国家、集体和个人三者利益的关系，通过诚实劳动和合法经营发展壮大企业；能否坚持全心全意依靠工人阶级，关心职工生活，参与企业解困和再就业工程，维护安定团结的政治局面；查能否坚持以质取胜的公平竞争原则，尊重商业信用，维护交往双方的合法权益；查能否克服个人主义、拜金主义和享乐主义的影响，正确处理个人利益与群众利益和社会贡献的关系；能否遵守家庭美德和社会伦理道德，保持严肃认真的生活态度，排除一切腐朽思想的侵蚀和干扰。

二是健全管理制度。为促使党员企业主更好地发挥作用，区委推出了《党员企业主定期登记制度》《党员企业主行为公示制度》《党员企业主挂牌经营制度》，要求入党5年以上的非公有制企业党员业主以书面形式向党组织提出登记申请，对非公有制企业业主每年进行4次行为公示，接受党内监督和社会监督；党员业主实行"共产党员企业主经营户"挂牌经营，倡导在生产经营中坚持诚信原则，文明经商，优质服务，不制假售假，主动缴纳税费，取得了比较明显的效果。42户党员企业全部重新进行了党员登记，普遍增强了党的纪律意识。到目前为止，非公有制企业业主公示共达到140多人次，业主履行党员义务的自觉性普遍增强。党员企业主张世林在手机显示屏上输入"共产党员"的字样，时刻提醒自己时时事事不忘共产党员的身份。全区42户党员业主全部实行了挂牌经营，无一人出现偷税漏税、违法乱纪现象。

三是加强法纪监督。区委严格按照党纪党规及现行国家法律对非公有制组织党员业主进行监督管理，使其依法经营，按党员标准规范自己的作风、行为。同时，坚持党委、组织部门、纪检部门以及包点联系领导列席企业党组织民主生活会制度，发挥监督作用。每年由有关职能部门联合工商、税务部门对企业进行产值、年度利润等项目的审核，减少和防止经济活动过程中不规范行为发生。由纪检、执法部门对非公有制经济组织的监督，并对工商、税务职能部门实行履职监督，防止权钱交易的发生。

三，创新活动载体，在辐射带动上下功夫

一是开展"六个起来"活动，非公有制党建工作领域不断延伸。区委注重引导和辐射党员业主的带动作用，在全区非公有制经济组织中广泛开展"把党组织的牌子挂起来、把党员的身份亮起来、把党员的组织生活过起来、把党组织的战斗堡垒作用和党员的先模范作用发挥起来、把党员的发展工作抓起来、把群团工作带动起来"的"六个起来"活动。全区13个私营企业和6个个体工商户的党支部都有了固定活动室，所有的活动室都达到"六个有"，即有党旗、入党誓词、党员的权利和义务、党内制度、各种登记簿及办公用品、党员电教设备。私营企业党支部活动经费主要由私营企业提供、党员人均活动经费达到了60元以上，通过党建带工建、团建、以工建、团建促党建，形成了党工团互促共建的局面。全区现已建立个体私营企业联合工会和妇女工作委员会、非公有制经济团工委，建立私营企业工会或工会小组210个，发展私营企业工会会员3 220人，个体工商户工会会员10 833人。现有王氏集团团委和7个个体私营企业团支部，团员200多人。

二是开展"从事光彩事业，争塑光彩形象"活动，非公有制企业党员业主的带动作用不断延伸。区委在党员业主中开展"从事光彩事业，争塑光彩形象"活动，要求党员企业主热爱光彩事业，乐于奉献社会；热心公益事业，带头缴纳税费；争做行业标兵，创造更多财富。使党员业主的形象在广大个体户及私营企业中树立起来。"龙马乌鸡"党员业主胡绍中自筹资金发展农业产业化龙头企业"金凤凰"龙马乌鸡扩繁场，为周边群众提供种苗、技术和市场，带动了上百户农民群众致富增收，每人年均增收超过500元，泸州市金梦出租汽车贸易有限公司党员业主罗代榕要求公司出租车是共产党员驾驶的，必须标注"党员先锋车"字样近两年里，她在自己企业中安置500多名下岗职工。宏达房地产公司党员企业主熊亮洪在全市率先倡导开展"争做文明市民"万人签字活动。2002年，一位贫困学生考上大学面临失学时，他主动联系并承诺一直扶持到大学毕业。据不完全统计，近年来，全区党

员企业主累计为国家纳税超过亿元，主动为党和政府解决下岗职工再就业 3 000 多人，为社会公益事业捐助资金 600 多万元。党员业主作用的有效发挥，影响和带动了一批入党积极分子，一批思想进步的守法经营户和生产技术骨干纷纷向党组织靠扰。全区非公有制经济组织中现有入党积极分子 160 余人，2002 年，共发展新党员 32 名。

三是开展"五个一"活动，公有制企业党员群体作用发挥不断延伸。区委引导党员业主在非公有制企业党组织中开展"提出一项合理化建议、创造一项工作业绩、掌握一门过硬本领、帮助一名困难职工、培养一名入党积极分子"的"五个一"活动，发挥好参谋助手作用，服务协调作用、教育引导作用、监督保证作用。近两年来，全区非公有制企业党员共为业主提合理化建议 680 多条，被采纳 520 多条，宏达建筑公司党员在工程施工中，提出将条石基础改为混凝土条型基础，为公司节约材料 40%、工程量 60%，大大降低了成本，为公司节约 11 万元。荣峰公司进驻三江加工园区时，头两个月水费达到 9 000 多元，公司行政让党支部及时介入。支部书记李仙群带领一班人通过印制水票、安装水表、强化管理等措施，第三月水费下降到 3 000 多元，每年节约水费 3 万多元，赢得了公司员工一致称赞。四川王氏集团党员为企业发展提出合理化建议 70 余条，被公司领导采纳 50 多条，直接经济效益达 30 余万元。集团老总感慨地说，还是共产党员觉悟高、有本事。各支部党员捐款捐物，资助困难学生、慰问困难职工、看望孤寡老人等。小市个体一支部近两年先后收到党员捐款 2 万余元，援助受灾的古蔺县、叙永县进行灾区重建和资助贫困学生，目前全区非公有制企业中 94.6% 的党员是企业管理者、生产技术骨干、专业能手，非公有制企业中 67% 的中层干部是党员，262 个业主中有 31.5% 表达了入党的愿望。

（2003 年 8 月 21 日区委书记谢明在全国非公有制企业党建工作经验交流会上书面发言）

金龙乡调查：公推直选乡党委书记

金龙乡辖区 40.39 平方公里，耕地 15 839.5 亩，辖 5 个行政村，1 个社区，63 个村民小组。2004 年末总人口 2.13 万人，其中非农业人口 1 438 人。2005 年全乡地区生产总值 8 286 万元，农业总产值 1.06 亿元，财政收入 133.07 万元，农民人均收入 3 626 元。全乡种植优质龙眼树 20 万株，形成集中成片 7 000 多亩。养殖业主要以瘦肉型商品猪、黑山羊、鸡为龙头，乡内有泸州酒业、泸州华池酒厂等骨干企业。在 2005 年 11 月 15 日年至 2006 年元月 18 日的公推直选乡党委书记试点中，龙马潭区委农工办主任兰永智当选该乡党委书记。整个选举工作取得以下成效：

一、改变了基层党组织负责人传统的产生方式，党组织的凝聚力、战斗力和公信力进一步增强

与传统的基层党组织负责人产生过程由上届党组织提名、上级党组织审批、党员大会或党代表大会选举方法不同。在此次公推直选工作中，龙马潭区委主要做法是：建立健全组织机构，确定工作方案，明确公推直选职位；召开全区科级以上领导干部大会，利用各种媒体广泛宣传动员；组织符合条件的干部自愿报名或由党组织推荐、群众推荐、党员推荐等方式报名；对报名人员资格进行联合审查；开展结构推荐、组织考察、区委常委会审定候选人预备人选；区委全委会差额票决正式候选人；

党员大会差额选举乡党委书记。其结构推荐由4个层面组成：A层面为报名人员所在单位全体职工推荐（A票），B层面为金龙乡相关人员推荐（B票）、C层面为区级领导干部推荐（C票）、D层面为全区正科级领导干部推荐（D票）。上述四个层面的结构推荐分别按15%、30%、30%、20%的比重计入总分。有金龙乡村（社区）党支部书记、主任，乡机关干部，企事业单位负责人，党员代表、村（居）民代表、党代表、人大代表、政协委员等93人参加了B层面的推荐。有22名区级和71名正科级领导干部分别参加C、D层面的推荐。在10名竞职人员实地调研中，区公推办收集整理广大党员、群众提出的问题和意见，在公推直选大会上，区委常委、组织部长雷敏直接提问，有两名正式候选人当场回答。全乡党员直接差额选举乡党委书记、党委委员、纪委委员；党委委员、纪委委员分别选举党委副书记、纪委书记。公推直选所有环节全部公开，有序进行，扩大了社会影响，保证了基层党员的知情权、选举权、监督权，激发了广大干部群众的民主意识，在全区上下进一步营造了良好的民主氛围，提升了区、乡两级党组织的社会形象。

二、树立了正确的用人导向，对推进干部人事制度改革奠定了良好基础

在公选直选过程中，组织上不预先划定人选，不定框框，完全按照党员的意愿选举自己信任的当家人。虽然公选直选简章中明确报名方式可以由组织推荐，但在实际操作过程中，干部积极踊跃参加，10名报名人员全为自愿报名，组织没有推荐1个人。在调研过程中，区公推办组织10名竞职人员到金龙乡村（社区）和机关企事业单位开展集中调研，个人需要分散调研的，需经公推办同意，并由公推办组织。公推直选简章明确了乡党委书记的报名资格和条件为：具备大专及其以上学历。工龄5年以上，党龄3年以上；男性年龄在48周岁以下、女性年龄在45周岁以下的龙马潭区正科级领导干部，或男性年龄在45周岁以下、女性年龄在42周岁以下任职3年以上的龙马潭区副科级领导干部；身体健康，近三年年度考核为称职及其以上等次；近三年未受过任何党纪政纪处分。在年龄、文化、任职年限等方面的条件放得较宽，扩大了参与面，为优秀人才展示才能搭建了平台，一批想干事的干部积极投入其中，激发了广大党员、干部群众的参与热情，为全区干部人事制度改革的进一步展开奠定了良好基础。

三、整个工作过程科学规范，促进了区域内法制意识和法治观念的进一步强化

由于是试点工作没有现成模式，许多东西需要逐步探索，省、市委组织部门加强了这项工作的指导和支持。龙马潭区委高度重视，多次召开会议专题研究，区委书记张明亲自参加并严格把关公推直选的每一个环节。区委主要领导参加了2005年8月25日在成都市新都区召开的全省推进党内基层民主，深化先进性教育长效机制工作会议，了解了全省相关工作状态。9月，区委原副书记付希和区委常委、组织部长雷敏专程到省委组织部汇报工作方案，区委组织部借鉴一些试点县（区）的先进经验，结合龙马潭区实际，提出了实施意见（草案），在此基础上，经区委全委会充分酝酿形成决议后实施。公推直选从2005年11月15日启动至2006年元月18日选举结束，历时65天，其中宣传动员（10天），报名（6天），资格审查（6天），实地调研（10天），结构推荐组织考察、常委会审查和全委会票决正式候选人（15天），宣传正式候选人及差额直选（8天），整个过程非常有序，环环紧扣。从10人报名，资格审查，实地调研，A、B、C、D四个层面结构推荐按综合分由高到低确定考察对象3人（10进3）、全委会票决正式候选人2名（3进2）、再到全乡党员直接差额选举1名乡党委书记（2进1），逐轮淘汰，社会关注逐步升温。大家按"章程"出牌，没有任何差错。出局者信服，当选者服人，关注者普遍认同。

四、建立健全了相关制度，为进一步加快基层民主政治建设带来了新契机

公推直选乡党委书记不是简单地选举1个人，选出1个领导，而是要以此带动龙马潭区域内民主制度建设，推进党内民主，加强基层民主，从新的切入点和制度上保证科学发展观的进一步落实，建设社会主义新农村，构建和谐社会。龙马潭区公推直选乡镇党委书记有一系列配套制度，以保证促进区域党内民主政治建设；另有一系列措施来保证推进党内基层民主、深化先进性教育长效机制建设。公推直选乡党委书记的配套制度包括：公推直选乡镇党委书记、直选党委班子成员试点工作实施意见；"公选"日程安排；报名人审查办法；实地调研办法；候选人预备人选推荐办法；选举办法；监督制度；述职评议制度试行办法；考核奖惩试行办法；质询、罢免试行办法等。推进党内基层民主，深化先进性教育长效机制建设的配套措施包括：社会评价试点工作实施意见；区委委员联系党代表、党代表联系党员、党员联系群众"三联"制度实施方案；开放基层党务的实施方案；扩大区委全委会权力试行办法；全委会议事规则；全委会决定重大事项实施办法；全委会票决干部办法；常委会议事规则；区委常委会向全委会报告工作制度；区委委员视察督查制；区委委员质询、罢免制度等。特别是在 2006 年初召开的龙马潭区党代会、人代会、政协会上，龙马潭区开始正式启动社会评价工作机制。在区政治协商会议上，各代表对区委、区政府的工作进行认真讨论，在大会上公开讨论意见，区政协主席作大会综述。各代表团意见具体而中肯，一些意见还比较尖锐，涉及到了具体的人和事。在会议期间引起了较大的震动，在该区历史上尚属首次，对全区民主建设有着积极影响。

五、公推直选工作在区域内引起了良好反响，对地方"三个文明"建设有着积极的推动作用

公推直选乡党委书记如同一个冲击波，在龙马潭区内外引起了较大的反响，对推进区域内民主政治建设和"三个文明"建设奠定了良好的基础。一是给机关干部带来了比较大的震动。在龙马潭区报名参加公推直选乡党委书记的 10 人中，有乡镇领导干部 6 人，区级机关领导 4 人；正科级领导干部 4 人，副科级领导干部 6 人。其中，2 人有担任乡镇党政主要领导、机关部门主要领导多年的工作经历，主动要求到基层为百姓谋发展。公推直选工作为优秀人才锻炼和提高提供了非常好的机会，对区内其他干部有着明显的触动作用。二是把金龙乡党员关注地方发展的积极性有效地调动起来了。2006 年元月 18 日上午的直选现场会，时间刚到 8 点 30 分，和平时农村会议的拖拉现场完全不同，90% 的应到会党员就赶到了会场；开会过程中，尽管会议议程多，会议时间延到了下午 1 点多钟，会场秩序仍然非常好。选举过程中，不少流动在外、不能参加选举的党员还打电话询问可否代为投票。几位年逾 7 旬的老党员十分感慨地说："这个阵势，只有 1952 年才见过！"三是在区域内形成了更加良好的民主氛围和发展氛围。全区上下对"公推直选"乡党委书记非常关注，在区域范围内增强了民主氛围。大家更加关注发展，更愿意在发展中贡献自己的智慧。"组织为我搭平台，我能为民谋发展"的氛围进一步浓郁，尊重知识、尊重人才的氛围也进一步深化。

泸州市龙马潭区公推直选乡党委书记试点工作顺利开展，圆满完成，为下一步在全区全面推开公推直选乡镇党委书记工作奠定了良好基础，具有一定的指导作用，对其他地区相关工作也有积极的借鉴作用。从长远和推广的角度看，还有值得思考和解决的几个问题。

第一，关于候选人推荐问题。一是关于结构推荐产生候选人预备人选的问题。拓展了主渠道，把提名权交给了干部、群众、党员。龙马潭区金龙乡比较小，村和单位也不多，10 名竞职人员能够在较短的时间内完成调研工作，形成竞职报告。如果是范围较大、单位较多的乡镇如何组织调研、开展推荐？比如有的县（区）的乡镇有二、三十个村和社区，仅调研工作时间就比较长，开展结构推荐的难度也比较大。党组织在整个过程中如何体现党管干部的原则，如何把握和保证候选人预备人选能在好中选优，优中选优，并体现"公开、公平、公正"？二是关于正式候选人确定问题。此次试点工作正式候选人由区委全委会票决。如果是普遍推开，全委会的工作量是否过大（特别是乡镇比较多的地方更是如此）。因此，在积极扩大全委会权力的同时，如何做到有机的统一？

第二，关于民主基础问题。此次金龙乡544名党员中，因病卧床不起或流动在外无法联系、无法参选的有135人，应到会党员409人，实到会党员398名，有选举权和被选举权393名，当选党委书记得了318票。不能参选的人比较多，此种情况在各地都普遍存在。一是如何保证流动党员的民主权利？二是如何组织好党员参会，保证到会率？如果到会党员达不到应到会党员的五分之四，怎么办？如古蔺、叙永部分偏远乡镇，党员分散，往返困难，如何组织好党员参选？建议在操作中，建立健全相关监督制度，是否可以采取电话、短信、邮寄等多种表决方式。三是乡镇党员人数较多的如何选举，党员大会选举还是党代表会选举更切合实际？建议是否可以由党员、群众推荐，党代表选举？

第三，关于当选者地缘化倾向浓厚问题。此次金龙乡当选的党委书记兰永智是金龙乡人，曾在该乡担任过副乡长、乡长、乡党委副书记、书记，遂宁市船山区桂花镇当选者黄珏也是该镇原任镇长，成都市新都区"公推直选"中当选的乡镇党委书记也多是本地人或有比较长的本地工作经历，其他地方也有一些类似情况。当选者本地色彩比较明显，对促进乡镇自治有较大的益处，但会不会出现狭隘的地方主义？或者说，我们的基层党建工作如何适应这种形势？因此，在全面推开公推直选工作前，建议按照组织意图，提前调整部分乡镇党委书记，让他们在较短时间内，熟悉基层、熟悉党员、熟悉群众，以自己的实际行动争取干部、群众、党员的信任。

第四，关于成本问题。金龙乡公推直选党委书记历时长、程序繁多、工作量大、成本高。据不完全统计，这次活动直接开支的经费在3万元以上，还有市、区、乡投入的大量人力等；单是方案确定后，召开的大小会议就有30多个。在普遍推开的情况下，有无能力承担这么高的行政成本？在一些偏远的贫困乡镇，是否增加了相关的负担、甚至无法承担相关成本？是否有更为科学简洁的办法。

第五，关于身份问题。乡镇党委书记是否一定要具有公务员身份的领导干部才有资格报名竞职？随着民主法制进程的推进，参加公推直选者的资格条件应该逐渐放宽。按照省委组织部《关于加强和改进农村基层党建工作的意见》精神，"鼓励和支持优秀村党支部书记经过公推公选、公推直选等方式进入乡镇党政领导班子"，但是否可以进入公务员队伍，解决其身份问题？同样，事业人员如果通过公推直选方式进入了领导班子，其公务员身份又该如何解决？

第六，其他问题。一是如何进一步科学分配结构推荐比例，尤其是乡镇党员推荐票与群众代表推荐票的比例。以保证选举人对被选举人了解？二是在直选现场，在组织提问基础上，如果允许党员代表提问，又该如何把握？三是乡党委书记或党委委员落选后如何安排的问题？四是乡镇党委书记是直选的，而乡长不是直选的，如何保证乡镇党政班子齐心实现新当选乡镇党委书记的承诺？如何体现承诺的科学性与目标管理的统一？五是在广泛推开工作中，如何设立选举机构，避免原有党委成员既当指挥员、裁判员，又当运动员？六是如何更好解决对上负责和对群众负责相结合的问题？

课题组组长：雷　敏
课题组成员：陈春琼、刘仲平、徐海滨
责任编辑：张　义

学习实践科学发展观
推动龙马潭区跨越发展

中共泸州市龙马潭区区委书记　刘　云

近年来，泸州市龙马潭区委、区政府认真学习实践科学发展观，提出了建设泸州市"工业发展先行区、现代物流集中区、新农村建设示范区"的目标，加快发展，科学发展，区域经济实力显著增强，社会各项事业全面进步。2008年，GDP总量达到61.78亿元，按可比价计算增长17.7%，增速居全市第一，分别比全市、全省、全国高2.7、8.2、8.7个百分点；实现地方财政一般预算收入1.72亿元，增长39.8%；挺进四川省县域经济发展考核前20强。

一、优势优先，工业强区成效明显

龙马潭区将工业放在优先发展和重点发展的位置，以园区建设为载体，以培育增量、扶优扶强、技改扩能为抓手，走新型工业化道路，全力推进"工业强区"战略。

一是加强园区建设，三大支柱产业迅速发展。倾力打造四川泸州经济开发区和泸州军民结合工业园区。泸州经济开发重点发展食品和机械产业，形成了以老窖科技园、维维豆奶粉厂为核心的食品工业园区和以伊顿流体连接件、工程精密、长江石油为核心的机械工业园区。泸州军民结合工业园区重点发展化工产业，形成了以北方化工、鑫福化工、中海沥青为核心的化工园区。积极打造乡镇工业发展小区，在酒业发展基础好的乡镇建设纯粮白酒酿造园区。2008年，泸州经济开发区实现产值37.6亿元，泸州军民结合工业园区完成产值36.0亿元，三大支柱产业实现工业总产值73.98亿元，占全区工业总量的77.2%。

二是注重集约发展，培养产业集群。重点支持维维豆奶粉厂等龙头企业的发展，优化食品工业结构；依托泸州老窖酿造优质，提升泸酒产品档次；改造提升传统氯硬碟碱及纤维素化工工业，加快有机硅配套项目建设，围绕中海油泸州大力发展重胶沥青、改性沥青和润滑油等石油化工产业，中海油下游产品企业达6家；依托机械龙头企业伊顿流体连接件有限公司引进了重庆诚润机械公司等配套企业，分别在全区形成了重点企业与中小企业梯队型竞相发展的企业集群格局。2008年，食品、化工、机械产业实现产值17.02亿元、48.76亿元、8.2亿元，分别占全区规模以上工业总产值的17.8%、51.0%、8.3%。

三是注重扶优扶强，增强企业竞争力。加大对企业发展的指导力度、服务力度和对企业成长的扶持力度，加强煤、电、油、气、水等生产要素的调度，帮助符合产业政策的成长型企业申报技术改造，长江石油公司的石油机械设计加工能力达到国内领先水平，泓江电解公司的离子膜项目技术在国内同行业中领先，全区规模企业快速发展。2008年末，全区规模以上工业企业比年初增加21户，达到85户；实现工业总产值95.87亿元，同比增长37.8%；完成工业增加值35.46亿元，增长30.9%。

2008年，完成属地工业增加值36.72亿元，比2007年增长24.4%；工业增加值占GDP的比重达59.4%，比2004年提高22.2个百分点。

二、拓宽思路，物流兴区步伐加快

围绕省委"建设贯通南北、连接东西、通江达海的本部综合交通枢纽"和市委"打造现代商贸物流"的工作思路，龙马潭区积极发挥区位和港口优势，大力推进"物流兴区"战略。

一是进一步加强市场建设。发挥龙马潭区川、滇、黔、渝等省市商品交易集散地的优势，加快市场工程体系建设，加大市场培育力度，积极培育专业市场，大力发展零售市场，加大商圈要素配置力度，改善设施，扩展功能，引导市场发展品牌化经营，增强市场辐射力。加大特大市场的招商力度，投资 20 亿元的"西南商贸城"项目已与宇化集团广东瑞宏公司签订框架性协议。全年实现批零贸易总额 31.12 亿元，同比增长 23%；实现社会消费品零售总额 17.46 亿元，增长 22.6%。

二是打造川滇黔渝结合部物流中心。充分利用龙马潭区"铁公水"联运优势突出、拥有泸州唯一的大型集装箱码头"出川第一港"的口岸优势等条件，抓住成渝经济区建设步伐加快、区域合作日益紧密等战略机遇，以成都、泸州两市政府签署《成都泸州两市港口物流发展战略合作框架协议》。泸州加快国际集装码头建设（2009 年 6 月年吞吐能力达到 50 万标箱、2012 年年吞吐能力达到 100 万标箱）。泸州港进港专用铁路、成自泸赤高速公路建设等契机，将物流业作为全区新的经济增长点，加快物流兴区步伐。以建设精品物流园区、引进现代物流企业及改造提升传统运输仓储业为重点，高起点规划安宁物流中心、川南物流中心、临港物流中心三大物流园。制定《泸州市龙马潭区物流示范园区建设实施方案》，引进筹建园区开发业主，与广东南方物流集团达成了投资 10 亿元建设"泸州物流中心"的投资协议，隆盛物流有限公司成功入驻。2008 年，全区运输仓储企业达 1 111 户，物流业营业总收入达到 6.59 亿元。

三、统筹城乡，新村惠民积极推进

以促进农民增收为核心，坚持走特色、精品、高效的城郊型现代农业发展之路，加速推进农业产业化，加快转变农业发展方式，加强农业基础设施建设，全力推进"新村惠民"战略。

一是突出农业产业，增加农产品附加值。推进"一村一品"，大力发展生姜、高粱、龙马乌鸡、生猪等特色优势产业，转变农业发展模式，提升农业产业化组织程度。2008 年，全区生姜种植面积达 2 万亩，出栏乌鸡 220 万只，生猪出栏 22.98 万头，新发展市级以上农业产业化龙头企业 6 户，新成立农村专合组织 27 家，石洞花博园成功创建为国家级 AAA 农业旅游示范点。组建特兴镇魏园生姜专业合作社，带动农户连片种植生姜 1.2 万亩，通过注册"魏园"生姜商标、集中销售等，姜农增加销售收入 10%。2008 年，魏园村农民人均纯收入达 5 952 元。

二是强化城乡劳务开展，增加农民收入。扎实实施农民工培训，围绕就业抓培训、抓好培训促就业，大力开展缝纫、电工、机械加工、计算机操作等品牌培训和劳务培训，采取切实措施促进农村剩余劳动力转移就业、强化为返乡农民工服务、积极提供就业岗位等，增加农民收入。全年培训农民工 1.04 万人次，完成输出 7.9 万人，实现劳务收入 5.04 亿元，农民工资性收入拉动全区农民人均纯收入增加 303 元。

三是改善农业生产条件，推进新村建设步伐。积极整合项目资源，加强农田水利基本建设，加快农村生产生活条件整治。大力实施"金土地"工程，增加耕地和高标准基本农田面积，综合治理水土流失增加有效灌面，开展村庄人居环境治理，全区 11 个村的新农村建设试点工作有序推进。

2008 年，全区实现农林牧渔业总产值 10.21 亿元，同比增长 4.7%；农民人均纯收入 5 590 元，比上年增加 725 元，增长 14.9%。

四、求真务实，发展后劲更加充足

把招商引资和项目建设作为区域经济可持续发展的重要抓手，为全区经济的持续快速发展蓄势积力。

把招商引资作为经济的重中之重，主动承接产业转移。创新招商思路、改进招商方式、拓宽招商领域，实行重点招商项目跟踪洽谈制和招商，实施小分队招商和以商招商等，完善招商考核激励机制，建立招商引资风险保证金制度。实行区领导定点联系企业制度。2008 年，全区共引进市外国内项目 186 个，总投资 34.21 亿元，实际到位资金 29.94 亿元，同比增长 44.6%。其中上亿元的项目 8 个。

把项目建设作为推动经济发展的重要手段，增强发展后劲。以实施"项目年"为契机，事事抓项目，时时抓项目，积极向上争项目、争资金，加强项目监管，实施重点项目跟踪服务制度，坚持每月党政领导联席会通报项目进展情况。实行区领导定点联系企业制度，对确定的 35 个市、区重点建设项目均至少落实了一名区级领导协调处理项目实施的各项服务工作。到 2008 年底，泸州北方公司 3 万吨/年有机硅等 7 个项目全面完工，泸州港集装箱码头二期等 28 个项目按年度计划稳步推进，27 个市级重点建设项目完成投资 16.50 亿元。2008 年，全区争取各级预算内财政专项补助项目 274 个，实现全社会固定资产投资总额 28.80 亿元，同比增长 26.0%。

加快龙马潭区工业经济发展的思考

泸州市龙马潭区人民政府区长　徐剑南

近年来，我区坚持以打造四川工业强区为目标，优化发展环境，狠抓招商引资，加大目标考核和项目建设力度，工业经济呈现出良好的发展势头。如何乘势而上，扩大工业经济总量，提高工业经济运行质量，实现工业经济又好又快发展，成为全区当务之急的头等大事。

一、发挥优势，培育壮大产业集群

1. 培育产业支柱。发挥食品、化工、机械产业优势，选择一批基础条件好、市场前景好、发展潜力大的企业进行重点培育。落实领导联系制度，提高服务的针对性和实效性，促进产业做大做强。积极扶持青岛啤酒、维维豆奶、金健米业和酒类骨干企业发展，扶持壮大食品工业。发挥现有窖池资源优势和新老品牌优势，着力打造酒类重点乡镇和重点企业，进一步做强做大泸型酒核心产业区和优质白酒生产基地。坚定地推进与泸州老窖的战略合作，坚持走内涵发展路子，品牌和散酒共进，存量扩张和增量引进并举，规模与质量并重，发挥泸酒优势，拓展全国酒业市场。积极支持泸州酒、老泸州、泸州福等泸州老窖系列品牌拓展市场，扶持三溪、玉蝉、国粹、国用等新老品牌企业做大做强，积极促进泸州桂康酒业、安宁酒厂等生产企业发展。延伸酒业链条，扶持大鹏玻璃、龙马晶玻、轻工彩印等包材企业进一步做强做大，大力发展广告宣传、营销策划等配套服务业，发展酒类仓储物流业，培育发展酒类市场。积极跟踪中海沥青扩能技改和加氢项目、北方化工有机硅等重点工程，扩大生产规模，延伸产业链，发展化工产业。支持科迪电器、精密铸造、通用机械、泓江电解等企业技改扩能，努力壮大机械制造产业。

2. 抓好园区建设。通过整理市上移交的土地、加快处理历史遗留问题、盘活各类投资者手中的存量土地、调整土地使用方向等途径增加工业用地数量，尽力扩大土地供应。积极完善园区道路、排水等基础设施，完善开发条件。积极筹措资金和引进园区开发商，加快已经取得征地批文的 1 000 亩土地的规划和征用。督促已经引进的项目业主尽快开工建设，争取年内完成投资 4 亿元。新增中汕昆仑、安美科燃气、石油机械等10户工业企业，开发区有明显的形象进度和税收增长。在做好泸州经济开发区建设工作的同时，配合市上抓好临港工业集中发展区土地调规和园区开发规划工作，并积极引进发展潜力大、带动能力强的项目带动园区开发。

二、多措并举，扩大经济总量

1. 走好"盘活存量"的路子。对辖区内单位、企业、个人的存量厂房、土地等资源进行全面清理，有针对性地清理盘活存量资源，缓解发展制约"瓶颈"。引导停产、半停产的企业立足长远、谋划、运作好闲置资源，在项目推介、融资协调、政策服务、市场开拓等方面积极提供服务，最大限度地激活企业自身发展的潜力。

2. 走好"输血激活"的路子。积极搭建银、政、企沟通平台，充分调动金融系统扶持地方发展的积极性，健全中小企业融资担保体系，及时向金融单位推荐信誉好的企业和发展前景好的项目，努力破解融资难题，促进企业"输血"式发展。进一步激活民间资金，广泛吸引民间资金投入到工业领域。促进民间资金向民间资本转化。

三、加强技改，提升工业整体水平

1. 加强技改扩能。积极依托企业研发机构和大中院校等科研机构，面向市场，积极开发新产品、新技术和新工艺。引导企业加大技改力度，积极为企业技改创新和生产扩能提供好的发展环境。全力扶持好青岛啤酒"六改十"、希望饲料扩产、大鹏玻璃扩产等14个重点技改项目的建设工作。积极引导市场前景好的企业以广阔的市场和较强的技术优势，引进合作伙伴，缓解资金压力，实现企业快速扩张，占领市场制高点。

2. 发展循环经济。牢固树立以尽可能少的资源消耗和尽可能小的环境代价取得最大的经济效益的思想，认真制定循环经济实施方案，抓好循环经济试点企业和试点园区工作，积极引导企业运用高新技术和先进适用技术改造传统产业，淘汰落后工艺、技术和设备。

四、立足长远，抓好人力资源建设

1. 加强人才培养。通过聘请著名专家、学者讲课和组织外出考察学习等形式，培育一批经营理念新、管理水平高的企业经营管理人才。依托各类培训机构和企业，有计划地加强企业技术人才技能培训。

2. 营造人才健康发展的良好环境。积极搭建人才施展才华的平台，引导企业完善用人机制、分配机制、激励机制，不断吸引、培养、储备人才，为企业扩展提供人力支撑。注重招商引资与招商引智的结合，在引进资金的同时，引进先进技术、优秀人才和先进管理经验。发挥科技顾问团的作用，充分利用"外脑"为全区发展服务。

五、优化环境，全力招商引资

1. 优化软环境，打造招商引资优势。严格执行行政首长问责制、行政责任过错追究制，强化行政效能监察，努力提高政府执行力。组建政务服务中心，健全绿色通道，完善招商引资项目联审制度和定期联席会议制度，推行客商投资"审批代理"、项目建设"单位领办"制度，定期召开外来投资企业座谈会，促进企业与政府的沟通合作。

2. 突出重点，提高招商引资质量。主动承接东部、沿海等地区的产业转移。立足特色，找准定位，广泛合作，着眼于优势资源的开发和优势产业的发展。加强园区规划，积极探索开发区运作模式，多形式引进配套项目、优势企业入驻园区，促进产业向园区集中。积极引进酒类包装及涉酒行业、机械产品配套企业及石油、有机硅、硝化棉、甲醇等下游产业项目，做大产业集群。依托农业特色品牌和基地，积极引进农产品加工企业和农业产业化项目。

六、狠抓项目建设，增强发展后劲

1. 加强项目规划、储备工作。以科学发展观为指导，把握产业政策和资金投向，立足当前，放眼长远，认真抓好项目规划。通过邀请有关研究机构分析、论证和规划，加强对专业性强、涉及面广的项目论证工作，充实完善项目储备库。积极引导企业抓好项目规划、论证和储备工作，为争取国家支持和招商引资工作奠定基础。

2. 加快项目建设速度。进一步完善落实领导联系重点项目制度和项目协调服务机制，明确服务协调职责，及时解决项目建设中的具体困难和问题，增强联系实效。积极探索促进项目建设进度、加大项目投资力度的长效机制，科学制订项目投资计划，鼓励生产性建设项目提前建成投产。新引进项目要明确项目建设周期，努力克服项目来时"轰轰烈烈"、开展后"干干歇歇"的问题。

2007 年 5 月 25 日载《龙马通讯》第四版

四、资　料

2002—2004 年三峡移民迁入人口登记表

姓　名	性别	出生年月	搬迁时间	原居住地（乡村组）	现居住地（乡村组）
钟　魏	男	1993 年 02 月	2002 年 9 月 19 日	丰乐镇井泉村十组	石洞镇高山子村十七社
王兴建	女	1940 年 01 月	2002 年 9 月 17 日	丰乐镇井泉村十组	石洞镇高山子村十七社
罗喜明	女	1952 年 12 月	2002 年 9 月 18 日	丰乐镇井泉村十组	石洞镇高山子村十七社
陈明芝	女	1977 年 02 月	2002 年 9 月 18 日	丰乐镇井泉村十组	石洞镇高山子村十七社
徐传桂	女	1975 年 10 月	2002 年 9 月 18 日	丰乐镇井泉村十组	石洞镇高山子村十七社
唐孝虎	男	1979 年 10 月	2002 年 9 月 18 日	丰乐镇井泉村十组	石洞镇高山子村十七社
黎　军	男	1997 年 05 月	2002 年 9 月 18 日	丰乐镇井泉村十组	石洞镇高山子村十七社
查　勇	男	1973 年 01 月	2002 年 9 月 17 日	丰乐镇井泉村十组	石洞镇高山子村十七社
宴　子	女	1974 年 08 月	2002 年 9 月 17 日	丰乐镇井泉村十组	石洞镇高山子村十七社
查　安	女	1997 年 01 月	2002 年 9 月 17 日	丰乐镇井泉村十组	石洞镇高山子村十七社
查晓春	男	1987 年 04 月	2002 年 9 月 17 日	丰乐镇井泉村十组	石洞镇高山子村十七社
刘先凤	女	1952 年 10 月	2002 年 9 月 17 日	丰乐镇井泉村十组	石洞镇高山子村十七社
徐兴禄	男	1957 年 06 月	2002 年 9 月 19 日	丰乐镇井泉村十组	石洞镇高山子村十七社

续上表

姓　名	性别	出生年月	搬迁时间	原居住地（乡村组）	现居住地（乡村组）
于光池	女	1964 年 01 月	2002 年 9 月 19 日	丰乐镇井泉村十组	石洞镇高山子村十七社
李中福	女	1918 年 11 月	2002 年 9 月 19 日	丰乐镇井泉村十组	石洞镇高山子村十七社
徐传书	女	1983 年 07 月	2002 年 9 月 19 日	丰乐镇井泉村十组	石洞镇高山子村十七社
徐传术	男	1977 年 08 月	2002 年 9 月 18 日	丰乐镇井泉村十组	石洞镇高山子村十七社
徐　朋	男	1991 年 04 月	2002 年 9 月 19 日	丰乐镇井泉村十组	石洞镇高山子村十七社
李吉勉	男	1953 年 07 月	2002 年 9 月 19 日	丰乐镇井泉村十组	石洞镇高山子村十七社
余达翠	女	1954 年 09 月	2002 年 9 月 19 日	丰乐镇井泉村十组	石洞镇高山子村十七社
李月华	男	1980 年 06 月	2002 年 9 月 19 日	丰乐镇井泉村十组	石洞镇高山子村十七社
李载波	男	1990 年 10 月	2002 年 9 月 19 日	丰乐镇井泉村十组	石洞镇高山子村十七社
李明术	男	1956 年 01 月	2002 年 9 月 18 日	丰乐镇井泉村十组	石洞镇高山子村十七社
刘大凤	女	1956 年 06 月	2002 年 9 月 18 日	丰乐镇井泉村十组	石洞镇高山子村十七社
李　花	女	1983 年 06 月	2002 年 9 月 18 日	丰乐镇井泉村十组	石洞镇高山子村十七社
查天喜	男	1947 年 11 月	2002 年 9 月 19 日	丰乐镇井泉村十组	石洞镇高山子村十七社
于光美	女	1946 年 08 月	2002 年 9 月 19 日	丰乐镇井泉村十组	石洞镇高山子村十七社
查清华	女	1976 年 11 月	2002 年 9 月 19 日	丰乐镇井泉村十组	石洞镇高山子村十七社
徐兴汉	男	1952 年 12 月	2002 年 9 月 19 日	丰乐镇井泉村十组	石洞镇高山子村十七社
谭　宇	男	1997 年 12 月	2002 年 9 月 19 日	丰乐镇井泉村十组	石洞镇高山子村十七社
徐心安	男	1953 年 11 月	2002 年 9 月 19 日	丰乐镇井泉村十组	石洞镇高山子村十七社
陈长满	女	1959 年 01 月	2002 年 9 月 19 日	丰乐镇井泉村十组	石洞镇高山子村十七社
徐传练	男	1985 年 02 月	2002 年 9 月 19 日	丰乐镇井泉村十组	石洞镇高山子村十七社
徐传花	女	1989 年 01 月	2002 年 9 月 19 日	丰乐镇井泉村十组	石洞镇高山子村十七社
李载义	男	1965 年 04 月	2002 年 9 月 17 日	丰乐镇响水村十一组	石洞镇高山子村十七社
胡义兰	女	1962 年 10 月	2002 年 9 月 17 日	丰乐镇响水村十一组	石洞镇高山子村十七社
李兴辉	男	1986 年 10 月	2002 年 9 月 17 日	丰乐镇响水村十一组	石洞镇高山子村十七社
龚世菊	女	1951 年 02 月	2002 年 9 月 19 日	丰乐镇井泉村十组	石洞镇高山子村十七社
李兴华	女	1971 年 09 月	2002 年 9 月 18 日	丰乐镇井泉村九组	石洞镇高山子村十七社
李昌杰	男	1999 年 10 月	2002 年 9 月 18 日	丰乐镇井泉村九组	石洞镇高山子村十七社
李载文	男	1969 年 11 月	2002 年 9 月 17 日	丰乐镇响水村十一组	石洞镇高山子村十七社
王学琼	女	1972 年 10 月	2002 年 9 月 17 日	丰乐镇响水村十一组	石洞镇高山子村十七社
李　沙	女	1996 年 02 月	2002 年 9 月 17 日	丰乐镇响水村十一组	石洞镇高山子村十七社
李载春	男	1936 年 01 月	2002 年 9 月 17 日	丰乐镇井泉村八组	石洞镇高山子村十七社
谈发菊	女	1942 年 11 月	2002 年 9 月 17 日	丰乐镇井泉村八组	石洞镇高山子村十七社
李兴建	男	1973 年 07 月	2002 年 9 月 17 日	丰乐镇井泉村八组	石洞镇高山子村十七社
王　毅	女	1973 年 11 月	2002 年 9 月 17 日	丰乐镇井泉村八组	石洞镇高山子村十七社

续上表

姓　名	性别	出生年月	搬迁时间	原居住地（乡村组）	现居住地（乡村组）
李　豪	男	1996 年 03 月	2002 年 9 月 17 日	丰乐镇井泉村八组	石洞镇高山子村十七社
徐传芬	女	1982 年 03 月	2002 年 9 月 19 日	丰乐镇井泉村十组	石洞镇高山子村十七社
吴大明	男	1968 年 03 月	2002 年 10 月 8 日	丰乐镇迎仙村四组	石洞镇高山子村十七社
吴　璇	女	1990 年 10 月	2002 年 10 月 8 日	丰乐镇迎仙村四组	石洞镇高山子村十七社
李启英	女	1971 年 08 月	2002 年 10 月 8 日	丰乐镇迎仙村四组	石洞镇高山子村十七社
吴理跃	男	1996 年 06 月	2002 年 10 月 8 日	丰乐镇迎仙村四组	石洞镇高山子村十七社
徐　陈	男	1999 年 11 月	2002 年 9 月 18 日	丰乐镇井泉村十组	石洞镇高山子村十七社
于光清	男	1951 年 11 月	2002 年 9 月 19 日	丰乐镇井泉村十组	石洞镇高山子村十七社
李载会	女	1953 年 02 月	2002 年 9 月 19 日	丰乐镇井泉村十组	石洞镇高山子村十七社
徐传进	男	1985 年 08 月	2002 年 9 月 19 日	丰乐镇井泉村十组	石洞镇花博园村三十七村
于小平	男	1973 年 10 月	2002 年 9 月 19 日	丰乐镇井泉村十组	石洞镇花博园村三十七村
曾代英	女	1973 年 12 月	2002 年 9 月 19 日	丰乐镇井泉村十组	石洞镇花博园村三十七社
于　星	男	1998 年 09 月	2002 年 9 月 19 日	丰乐镇井泉村十组	石洞镇花博园村三十七社
徐裕财	男	1953 年 05 月	2002 年 9 月 18 日	丰乐镇井泉村九组	石洞镇花博园村三十七社
杜之六	女	1954 年 01 月	2002 年 9 月 18 日	丰乐镇井泉村九组	石洞镇花博园村三十七社
徐海燕	女	1978 年 11 月	2002 年 9 月 18 日	丰乐镇井泉村九组	石洞镇花博园村三十七社
徐罗琼	女	1981 年 03 月	2002 年 9 月 18 日	丰乐镇井泉村九组	石洞镇花博园村三十七社
赵昌祥	男	1976 年 10 月	2002 年 9 月 18 日	丰乐镇井泉村九组	石洞镇花博园村三十七社
赵　华	男	2000 年 06 月	2002 年 9 月 18 日	丰乐镇井泉村九组	石洞镇花博园村三十七社
徐兴元	男	1950 年 06 月	2002 年 9 月 18 日	丰乐镇井泉村十组	石洞镇花博园村三十七社
陈　平	男	1977 年 09 月	2002 年 9 月 17 日	丰乐镇井泉村九组	石洞镇花博园村三十七社
陈代银	女	1957 年 06 月	2002 年 10 月 3 日	丰乐镇井泉村九组	石洞镇花博园村三十七社
李载刚	男	1953 年 06 月	2002 年 9 月 18 日	丰乐镇井泉村九组	石洞镇花博园村三十七社
薛祥美	女	1955 年 09 月	2002 年 9 月 18 日	丰乐镇井泉村九组	石洞镇花博园村三十七社
向道会	女	1915 年 06 月	2002 年 9 月 18 日	丰乐镇井泉村九组	石洞镇花博园村三十七社
李薛兴	女	1980 年 11 月	2002 年 9 月 18 日	丰乐镇井泉村九组	石洞镇花博园村三十七社
李　兴	女	1983 年 06 月	2002 年 9 月 18 日	丰乐镇井泉村九组	石洞镇花博园村三十七社
徐桥中	男	1976 年 02 月	2002 年 9 月 18 日	丰乐镇井泉村九组	石洞镇花博园村三十七社
徐　良	男	2001 年 05 月	2002 年 9 月 18 日	丰乐镇井泉村九组	石洞镇花博园村三十七社
熊　志	男	1985 年 12 月	2002 年 8 月 31 日	丰乐镇井泉村九组	石洞镇花博园村三十七社
熊远惠	女	1983 年 02 月	2002 年 8 月 31 日	丰乐镇井泉村九组	石洞镇花博园村三十七社
李载成	男	1947 年 12 月	2002 年 9 月 18 日	丰乐镇井泉村九组	石洞镇花博园村三十七社
鲁帮碧	女	1952 年 08 月	2002 年 9 月 19 日	丰乐镇井泉村九组	石洞镇花博园村三十七社
李兴军	男	1973 年 11 月	2002 年 9 月 18 日	丰乐镇井泉村九组	石洞镇花博园村三十七社

续上表

姓　名	性别	出生年月	搬迁时间	原居住地（乡村组）	现居住地（乡村组）
许　英	女	1975 年 09 月	2002 年 9 月 18 日	丰乐镇井泉村九组	石洞镇花博园村三十七社
李昌盛	男	1999 年 10 月	2002 年 9 月 18 日	丰乐镇井泉村九组	石洞镇花博园村三十七社
徐兴华	男	1955 年 01 月	2002 年 9 月 19 日	丰乐镇井泉村十组	石洞镇花博园村三十七社
何祖祝	女	1954 年 01 月	2002 年 9 月 19 日	丰乐镇井泉村十组	石洞镇花博园村三十七社
徐传波	男	1988 年 06 月	2002 年 9 月 19 日	丰乐镇井泉村十组	石洞镇花博园村三十七社
徐小艳	女	1981 年 03 月	2002 年 9 月 19 日	丰乐镇井泉村十组	石洞镇花博园村三十七社
钟兴武	男	1968 年 09 月	2002 年 9 月 19 日	丰乐镇井泉村十组	石洞镇花博园村三十七社
徐传祝	女	1970 年 04 月	2002 年 9 月 19 日	丰乐镇井泉村十组	石洞镇花博园村三十七社
钟　来	女	1994 年 09 月	2002 年 9 月 19 日	丰乐镇井泉村十组	石洞镇花博园村三十七社
徐传荣	女	1952 年 01 月	2002 年 9 月 18 日	丰乐镇井泉村十组	石洞镇花博园村三十七社
陈守凤	女	1954 年 12 月	2002 年 9 月 18 日	丰乐镇井泉村十组	石洞镇花博园村三十七社
徐术堂	男	1933 年 09 月	2002 年 9 月 18 日	丰乐镇井泉村十组	石洞镇花博园村三十七社
徐　红	女	1978 年 09 月	2002 年 9 月 18 日	丰乐镇井泉村十组	石洞镇花博园村三十七社
熊弟平	男	1955 年 02 月	2002 年 8 月 31 日	丰乐镇井泉村十组	石洞镇花博园村三十七社
李　春	女	1992 年 01 月	2002 年 9 月 18 日	丰乐镇井泉村十组	石洞镇花博园村三十七社
汪正桃	女	1942 年 03 月	2002 年 9 月 17 日	丰乐镇响水村十一组	石洞镇花博园村三十七社
陈代杰	男	1973 年 12 月	2002 年 9 月 17 日	丰乐镇井泉村十组	石洞镇花博园村三十七社
陈立金	男			丰乐镇井泉村十组	石洞镇花博园村三十七社
查天才	男			丰乐镇井泉村十组	石洞镇花博园村三十七社
唐　毅	男			丰乐镇井泉村十组	石洞镇花博园村三十七社
程　豪	女	1998 年 04 月	2004 年 08 月 30 日	开县	特兴镇走马村二社
桂大群	女	1972 年 07 月	2004 年 09 月 02 日	赵家镇赵市村 5 组	特兴镇走马村二社
周林兰	女	1970 年 06 月	2004 年 08 月 31 日	赵家镇赵市村 3 组	特兴镇走马村二社
张联英	女	1980 年 08 月	2004 年 08 月 31 日	赵家镇赵市村 3 组	特兴镇走马村二社
郭　健	男	2002 年 08 月	2004 年 08 月 26 日	赵家镇赵市村 6 组	特兴镇走马村二社
喻昌芬	女	1977 年 08 月	2004 年 08 月 30 日	赵家镇赵市村 3 组	特兴镇走马村二社
程　爽	男	1998 年 10 月	2004 年 08 月 30 日	赵家镇赵市村 3 组	特兴镇走马村二社
徐太琼	女	1947 年 10 月	2004 年 08 月 31 日	开县	特兴镇走马村二社
程清洪	男	1975 年 09 月	2004 年 08 月 30 日	赵家镇赵市村 3 组	特兴镇走马村二社
杨　洋	男	1988 年 04 月	2004 年 08 月 26 日	赵家镇赵市村 4 组	特兴镇走马村二社
余正英	女	1959 年 06 月	2004 年 08 月 26 日	赵家镇赵市村 4 组	特兴镇走马村二社
周如芬	女	1972 年 12 月	2004 年 08 月 30 日	赵家镇赵市村 3 组	特兴镇走马村二社
周如琼	男	1968 年 10 月	2004 年 08 月 30 日	赵家镇赵市村 3 组	特兴镇走马村二社
张成玉	女	1942 年 10 月	2004 年 08 月 30 日	赵家镇赵市村 3 组	特兴镇走马村二社

续上表

姓 名	性别	出生年月	搬迁时间	原居住地（乡村组）	现居住地（乡村组）
赵朝光	男	1983 年 07 月	2004 年 08 月 30 日	赵家镇赵市村 10 组	特兴镇走马村二社
赵朝阳	男	1983 年 07 月	2004 年 08 月 30 日	赵家镇赵市村 10 组	特兴镇走马村二社
张元书	女	1962 年 02 月	2004 年 08 月 30 日	赵家镇赵市村 10 组	特兴镇走马村二社
赵世国	男	1956 年 07 月	2004 年 08 月 30 日	赵家镇赵市村 10 组	特兴镇走马村二社
赵世秀	女	1970 年 07 月	2004 年 08 月 30 日	赵家镇赵市村 10 组	特兴镇走马村二社
赵永林	男	1930 年 08 月	2004 年 08 月 30 日	赵家镇赵市村 10 组	特兴镇走马村二社
杨大明	男	1972 年 04 月	2004 年 08 月 30 日	赵家镇赵市村 2 组	特兴镇走马村二社
朱文宣	女	1975 年 02 月	2004 年 08 月 30 日	赵家镇赵市村 2 组	特兴镇走马村二社
杨 琳	女	1994 年 04 月	2004 年 08 月 30 日	赵家镇赵市村 2 组	特兴镇走马村二社
杨绍文	女	2001 年 02 月	2004 年 08 月 30 日	赵家镇赵市村 2 组	特兴镇走马村二社
丁再池	女	1945 年 06 月	2004 年 08 月 31 日	赵家镇赵市村 3 组	特兴镇走马村二社
付定凡	男	1969 年 06 月	2004 年 09 月 03 日	赵家镇赵市村 3 组	特兴镇走马村二社
袁小惠	女	1975 年 05 月	2004 年 09 月 03 日	赵家镇赵市村 3 组	特兴镇走马村二社
付 丽	女	1997 年 01 月	2004 年 09 月 03 日	赵家镇赵市村 3 组	特兴镇走马村二社
张振秀	女	1926 年 01 月	2004 年 09 月 03 日	赵家镇赵市村 3 组	特兴镇走马村二社
陈世菊	女	1948 年 11 月	2004 年 08 月 31 日	赵家镇赵市村 3 组	特兴镇走马村二社
周琪世	男	1974 年 08 月	2004 年 08 月 31 日	赵家镇赵市村 3 组	特兴镇走马村二社
周成英	女	2004 年 07 月	2004 年 08 月 31 日	赵家镇赵市村 3 组	特兴镇走马村二社
郭雯煜	女	2000 年 03 月	2004 年 08 月 31 日	赵家镇赵市村 3 组	特兴镇走马村二社
赵永秀	女	1952 年 06 月	2004 年 08 月 30 日	赵家镇赵市村 10 组	特兴镇走马村二社
吴绍东	男	1988 年 11 月	2004 年 08 月 30 日	赵家镇赵市村 10 组	特兴镇走马村二社
吴绍芹	女	1976 年 12 月	2004 年 08 月 30 日	赵家镇赵市村 10 组	特兴镇走马村二社
吴绍兰	女	1996 年 11 月	2004 年 08 月 30 日	赵家镇赵市村 10 组	特兴镇走马村二社
赵世蓉	女	1967 年 08 月	2004 年 08 月 30 日	赵家镇赵市村 5 组	特兴镇走马村二社
陈德明	男	1966 年 10 月	2004 年 08 月 30 日	赵家镇赵市村 5 组	特兴镇走马村二社
陈 豪	男	1987 年 11 月	2004 年 08 月 30 日	赵家镇赵市村 5 组	特兴镇走马村二社
桂本维	男	1930 年 06 月	2004 年 09 月 02 日	赵家镇赵市村 6 组	特兴镇走马村二社
张成菊	女	1935 年 08 月	2004 年 09 月 02 日	赵家镇赵市村 6 组	特兴镇走马村二社
桂大芬	女	1968 年 08 月	2004 年 09 月 02 日	赵家镇赵市村 6 组	特兴镇走马村二社
郭小微	女	1975 年 11 月	2004 年 08 月 26 日	赵家镇赵市村 6 组	特兴镇走马村二社
李万发	男	1976 年 02 月	2004 年 08 月 26 日	赵家镇赵市村 6 组	特兴镇走马村二社
李 郭	男	1999 年 10 月	2004 年 08 月 26 日	赵家镇赵市村 6 组	特兴镇走马村二社
何珍菊	女	1949 年 10 月	2004 年 09 月 01 日	赵家镇赵市村 6 组	特兴镇走马村二社
殷 婷	女	2003 年 02 月	2004 年 08 月 26 日	赵家镇赵市村 6 组	特兴镇走马村二社
郭晓玲	女	1979 年 04 月	2004 年 08 月 26 日	赵家镇赵市村 6 组	特兴镇走马村二社

续上表

姓名	性别	出生年月	搬迁时间	原居住地（乡村组）	现居住地（乡村组）
赵世元	男	1949 年 02 月	2004 年 08 月 30 日	赵家镇赵市村 10 组	特兴镇走马村二社
冯春桂	女	1953 年 10 月	2004 年 08 月 30 日	赵家镇赵市村 10 组	特兴镇走马村二社
赵朝俊	男	1976 年 11 月	2004 年 08 月 30 日	赵家镇赵市村 10 组	特兴镇走马村二社
赵朝芬	女	1973 年 11 月	2004 年 08 月 30 日	赵家镇赵市村 10 组	特兴镇走马村二社
赵朝兵	男	1973 年 07 月	2004 年 08 月 26 日	赵家镇赵市村 10 组	特兴镇走马村二社
赵世义	男	1935 年 09 月	2004 年 08 月 26 日	赵家镇赵市村 10 组	特兴镇走马村二社
袁刚菊	女	1939 年 07 月	2004 年 08 月 26 日	赵家镇赵市村 10 组	特兴镇走马村二社
赵世才	男	1943 年 07 月	2004 年 08 月 30 日	赵家镇赵市村 11 组	特兴镇走马村二社
陈明秀	女	1947 年 01 月	2004 年 08 月 30 日	赵家镇赵市村 11 组	特兴镇走马村二社
赵朝辉	女	1977 年 02 月	2004 年 08 月 30 日	赵家镇赵市村 11 组	特兴镇走马村二社
赵朝政	男	1979 年 06 月	2004 年 08 月 30 日	赵家镇赵市村 11 组	特兴镇走马村二社
李　鑫	男	2004 年 02 月	2004 年 08 月 30 日	赵家镇赵市村 11 组	特兴镇走马村二社
赵林艺	女	2003 年 10 月	2004 年 08 月 30 日	赵家镇赵市村 11 组	特兴镇走马村二社
卿小菊	女	1977 年 01 月	2004 年 08 月 30 日	赵家镇赵市村 11 组	特兴镇走马村二社
程海洪	男	1970 年 11 月	2004 年 08 月 30 日	开　县	特兴镇走马村二社
胡道琼	女	1975 年 05 月	2004 年 08 月 30 日	开　县	特兴镇走马村二社

注：以上移民皆为汉族

《泸州市龙马潭区志》（1996—2005）
资料提供单位和人员名单

单　位	责任人	撰稿人
区委办	吴　伟	刘永华
区人大办	杨应洪	刘佳明
区政府办	戴志林	刘　刚、易　华
区政协办	傅蜀麟	关　键
区纪委监察局	邹　毅	詹莺歌
人武部	江　峰	肖维斌

续上表

单 位	责任人	撰稿人
法 院	柳飏	范子文、许 虹
检察院	张明贵	田 青
区委组织部	方 莉	彭四军
区委宣传部	吴文涛	殷朝在
区委政法委	赵飞、安力	张有金
区委农工办	张征宇	殷朝在
区委统战部	易先炳	姚蜀萍
机关工委	彭跃苹	张 举
区委党校	刘仲平	胡和弟
总工会	吴伟、冯宇光	王树恒
团区委	肖剑春	徐香兰
妇 联	钟雅文	扈忠瑞
工商联	李厚明	涂丽娟
侨 联	王悦利	王悦利
残 联	穆 升	穆 升
科 协	舒大烈	丁国志
发展和改革局	杨道华	章声烈
经济和商务局	陈 玲	黄明辉
人事局	陈春琼	杨顺全、高舒
劳动局	刘元华	章述文、杨乾楷
民政局	吴国勇	施大贵
计生局	陈治英	张 举
交通局	谢 林	袁茂贵
招商局	王联英	殷朝在
统计局	胡怀明	丁治邦
审计局	董 琪	张文治、刘自祥
安监局	徐 平	殷朝在
质监局	王天俊	李进维
教科局	王应淮	赵胜柱、张自清、陈永强
档案局	王秋梅	罗大千
财政局	杨长缨	李进维
国税局	晋元井	曾 富
地税局	李 红	喻小军
工商局	赵孝勤	黄 良

续上表

单　位	责任人	撰稿人
供销社	彭华权	田　云
粮食局	冯正江	任鑫儒、曾仲华
农林局	陈家云	周亚东
畜牧局	鲁志勇	梅永红
水利农机局	贺光惠	杨家新
建设局	易和泽	朱仕奇
旅游局	陈俊洪	罗　森
国土资源局	崔迎兰	官清明
环保局	魏朝述	冯清泉
城管局	武正明	邓双、朱召祥
公安分局	黄一平	王　魏
司法局	殷忠祥	刘佳明
卫生局	张光惠	韦光瑶、雷震清、唐胜玉
食品和药品监管局	周孝全	张雨辰
文体局	楚　勤	罗大千
广电分局	曾　跃	胡天全
烟草专卖局	杨晓发	张中萍
信用联社	罗明华	田苏亚、舒畅
安宁镇	黄　峰	吴顺清
石洞镇	唐　伟	寇官桂
特兴镇	郭　志	余金泉
胡市镇	唐宣华	莫天华
鱼塘镇	杨劲松	陶诏宣
罗汉镇	刘本飞	古朝云
双加镇	杨奇贵	胡光银
金龙乡	余世文	税　利
长安乡	朱　勇	张海萍
小市街道	邹学明	秦宗富
红星街道	陈联英	徐德芬
莲花池街道	刘松梅	袁　勇、袁茂贵

注：

1. 本表系为志办提供资料长篇者；

2. 责任人以三次党代会后区委通讯录负责人为准（2007 年 1 月）；

3. 有两位负责人者，系常委兼任主要领导，如政法委、总工会

索　引

一、条目索引

二、人名索引

三、表格索引

跋

  我国具有优良传统的修志工作，历来是政府行为。现首部《泸州市龙马潭区志》即将面世，这是龙马潭区人民政府完成的一件大事、好事。

  我读志稿后，认为这部志书符合"观点正确、资料翔实、体例科学、特色突出、文风端正"这五条基本要求，可读性强，必将为"资政、教育、存史"发挥重要作用。

  第二轮修志的重要任务之一是"续、补、纠、创"。续是继前志之续写，补是补前志之空缺，纠是纠前志之错误，创是创新。我区是首轮修志，不存在续、补、纠的问题，只有创新可讲。这方面，《泸州市龙马潭区志》也做得比较好。

  国务院总理温家宝签署的第467号《中华人民共和国国务院令》，颁布的《地方志工作条例》第十条规定，"地方志书每20年左右编修一次。"《四川省第十届人民代表大会常务委员会公告》第六条规定，"省、市、县三级志书一般每10年至15年续修一次。"我区有了首轮修志的成功经验，无疑为下次修志奠定了良好基础。

泸州市龙马潭区常务副区长 穆 林

2011年3月

后 记

　　2006年7月28日，龙马潭区人民政府召开修志工作动员部署会，各乡镇街和区属机关企事业单位负责人参加。时任常务副区长王波在会上强调修志工作是全区的一件大事，是一项庞大的系统工程，是政府行为，要求必须上下一致、齐心协力，确保圆满完成任务。70多个承编或提供资料的单位当即与区政府签订了责任书，纳入目标管理进行考核。随后区上迅速成立由区级党政和有关部门组成区志编纂委员会，下设办公室，组建编纂班子，做到领导、机构、人员、经费、办公条件五落实，保证修志工作正常运行；并形成党委领导、人大监督、政府主持、政协支持、部门提供资料、志办专人编纂的修志格局。各单位亦迅即落实专管领导和编写人员投入资料长编的编写工作。至2007年3月，区志办共收到基础资料1 200多万字。

　　2007年起，区志办6名编纂人员全部投入为《泸州市志》提供基础资料编写工作，耗时4个多月，编成打印本2卷共20多万字。

　　2007年12月，重新组建编纂班子，设编辑部，聘请18名编辑，通过培训上岗，实行任务包干制，各自将资料拿回家，按区志篇目编写。经过一年的努力，20名编纂人员完成了区志主体工程。

　　2009年1月，区召开分纂工作总结表彰会，表彰邱有诰等6名先进个人，时任常务副区长王波、区政府办主任戴志林到会讲话。

　　2009年又由各副总编负责总纂，进行全面清理、调整章节、查漏补缺、部分改写、逐字修改、编写首尾有关部分、编排图片等工作，并将志稿分送各单位征求意见、核对史实，收到反馈意见500多条，一一作了妥善处理；同时还约请部分编委成员进行审稿座谈。2010年5月印出《泸州市龙马潭区志》审读本，分别报送区委、区政府、区志编纂委员会和市地方志办公室审核。

　　由于审核人员迟迟未落实等原因，志稿较长时间处于停顿状态，直至2012年9月18日，区政府召开区志审稿会，区上有10多个部门参加，邀请市志办领导、部分工作人员和第一、二轮市志的3名副总编共10余人莅会，听取他们的意见。会后，区志编辑部将市上评审的5份书面材料梳理成205条意见和建议，本着"遵守规范、兼顾实际、择善而从、慎重修改"的原则，完全照改或部分改动157条，还将10多个部门的反馈意见结合进行修改。对市上意见，有些改动较大，如几个篇章的调整、大事记的大量精简、内容的多处增删、图片的重新编排等，使志稿更加合理和完善。在此，特向所有为区志成书献计出力的领导和人士表示衷心的感谢！

编　者

二〇一三年六月